DER LITERATUR BROCKHAUS

Band 1

W0013930

DER

LITERATUR

BROCKHAUS

Grundlegend überarbeitete
und erweiterte Taschenbuchausgabe
in 8 Bänden

Herausgegeben
von Werner Habicht,
Wolf-Dieter Lange und der
Brockhaus-Redaktion

Band 1: A – Bos

B.I.-Taschenbuchverlag
Mannheim·Leipzig·Wien·Zürich

Redaktionelle Leitung: Gerhard Kwiatkowski
Redaktionelle Bearbeitung: Ariane Braunbehrens M.A.,
Heinrich Kordecki M.A., Dr. Rudolf Ohlig,
Heike Pfersdorff M.A., Cornelia Schubert M.A.,
Maria Schuster-Kraemer M.A.,
Dr. Margarete Seidenspinner, Birgit Staude M.A.,
Marianne Strzysch

Redaktionelle Leitung der Taschenbuchausgabe:
Maria Schuster-Kraemer M.A.
Redaktionelle Bearbeitung der Taschenbuchausgabe:
Vera Buller, Dipl.-Bibl. Sascha Höning,
Rainer Jakob, Birgit Staude M.A.

Die Deutsche Bibliothek – CIP-Einheitsaufnahme
Der **Literatur-Brockhaus**: in acht Bänden / hrsg. von
Werner Habicht, Wolf-Dieter Lange und der Brockhaus-Redaktion. –
Grundlegend überarb. und erw. Taschenbuchausg. –
Mannheim; Leipzig; Wien; Zürich: BI-Taschenbuchverl.
ISBN 3-411-11800-8
NE: Habicht, Werner [Hrsg.]
Grundlegend überarb. und erw. Taschenbuchausg.
Bd. 1. A – Bos. – 1995
ISBN 3-411-11811-3

Satz: Bibliographisches Institut (DIACOS Siemens) und
Mannheimer Morgen Großdruckerei und Verlag GmbH
Druck: Klambt-Druck GmbH, Speyer
Bindearbeit: Augsburger Industriebuchbinderei
Printed in Germany
Gesamtwerk: ISBN 3-411-11800-8
Band 1: ISBN 3-411-11811-3

Vorwort

Mit dem dreibändigen ›Literatur Brockhaus‹ (1988) stand erstmals im deutschen Sprachraum ein umfassendes Lexikon der Weltliteratur zur Verfügung, das in einer einzigen alphabetischen Anordnung Informationen nicht nur zu rund zwölftausend Autoren und zu über dreitausend Sachbegriffen lieferte, sondern auch etwa zweihundert Nationalliteraturen in Überblicksartikeln darstellte; komplementär dazu wurde in thematischen Artikeln, etwa über literarische Gattungen, Epochen und Richtungen, eine international vergleichende Zusammenschau gegeben. Der zugrunde gelegte Literaturbegriff zielte in erster Linie auf die traditionellen Hauptgattungen der sogenannten schönen Literatur; für die neuere Zeit fanden allerdings auch die Werke populärer Erfolgsautoren Berücksichtigung. Aus älterer Zeit – von der Antike über das Mittelalter bis zur frühen Neuzeit – wurden darüber hinaus Artikel aus Geschichtsschreibung, Philosophie, Theologie und Rhetorik aufgenommen; zur Gegenwart hin machte es die Differenzierung der Geisteswissenschaften erforderlich, ihre Anzahl durch Konzentration auf den Bereich der literaturkritischen Essayistik zu reduzieren. Es lag nahe, dieses Werk in einer preisgünstigen Ausgabe auch einem größeren Benutzerkreis zugänglich zu machen.

Die hier vorgelegte Taschenbuchaugabe des ›Literatur Brockhaus‹ ist den im Vorwort zur Originalausgabe vermerkten Prinzipien auch im weiteren treu geblieben: Wert gelegt wird auf die Darstellung von Traditionen, historischer Kontinuität und aktuellen Entwicklungen. Daß bei diesem Vorgehen der Perspektive des deutschsprachigen Benutzers von Fall zu Fall ein gewisser Vorrang vor der Erörterung aus komparatistischer Sicht eingeräumt wird, ist im Hinblick auf die zu erwartenden Leser und den begrenzten Gesamtumfang des Lexikons naheliegend, um so mehr, als die einzelnen Artikel zuverlässige Information mit Lesbarkeit zu verbinden suchen. Bei den Artikeln über Autoren sind deren wichtigste Werke angeführt, bei Vorliegen einer deutschen Übersetzung unter deren Titel. In den meisten Fällen sind den Artikeln Literaturangaben zur weiterführenden Lektüre und zum vertieften Studium beigegeben, die nach Möglichkeit den jeweils einschlägigen Forschungsstand im übernationalen Zusammenhang dokumentieren.

Hierfür war mehr als die selbstverständliche nochmalige Durchsicht der Originalausgabe zu leisten. Galt es doch unter anderem, die politischen Veränderungen in den osteuropäischen Ländern, aber auch in Deutschland seit 1989 zu berücksichtigen. Die von diesem Wandel betroffenen Artikel wurden entsprechend revidiert und zum Teil neu geschrieben. Auch sonst wurde der ›Literatur Brockhaus‹ auf den heutigen Stand gebracht: So sind eine Reihe weiterer Artikel eingefügt worden – zu Autoren, die erst seit den achtziger Jahren breite Beachtung gefunden haben, und zu Sachstichwörtern, die vermehrt in die Diskussion gelangt sind. Auch wurden die Überblicksartikel fortgeschrieben, die neueren Werke lebender Autoren vermerkt und gewürdigt sowie weitere Einzeldaten, so erforderlich, nachgetragen. Die bibliographischen Angaben zu Werkausgaben und Sekundärliteratur wurden, teils unter Verzicht auf Überholtes, um Hinweise auf wichtige Neuerscheinungen aktualisiert und ergänzt.

Allen, die auch an dieser Taschenbuchausgabe mitgearbeitet haben, sei sehr herzlich gedankt. Unser besonderer Dank aber gilt wiederum der Mannheimer Lexikonredaktion für die gewissenhafte und kompetente Betreuung des gesamten Unternehmens.

Mannheim, im Frühjahr 1995

Werner Habicht
Wolf-Dieter Lange

Mitarbeiter

Burghard Baltrusch M. A., Bonn
Dr. Hans-Hermann Bartens, Göttingen
Prof. Dr. Dr. Alexander Böhlig, Tübingen
Anna-Maria Brandstetter M. A., Wiesbaden
Prof. Dr. Dr. h. c. Hellmut Brunner, Tübingen
Prof. Dr. Martin Camaj (†), München
Dr. Antoine Cipriani, Reckange-sur-Mess
Freark Dam, Leeuwarden
Libuše Dražanová M. A., Heidelberg
Dr. Wulf-Otto Dreeßen, Stuttgart
Prof. Dr. Horst W. Drescher, Mainz
Dr. Christoph Dröge (†), Köln
Regine Elsässer, Mannheim
Prof. Dr. Wolfgang Emmerich, Bremen
Ulrike Emrich M. A., Mannheim
Dr. Heimo Ertl, Nürnberg
Prof. Dr. Harry Falk, Berlin
Prof. Dr. Karl Fehr, Frauenfeld
Prof. Dr. Manfred Fuhrmann, Konstanz
Prof. Dr. István Futaky, Göttingen
Prof. Dr. Franz Futterknecht, Heidelberg
Prof. Dr. Jan Goossens, Münster
Prof. Dr. Waltraud Guglielmi, Tübingen
Dipl.-Bibl. Alexa Gwinner, Mannheim
Dr. Wolfgang Haberland, Ahrensburg
Uta Hahn M. A., Bonn
Prof. DDDr. Ernst Hammerschmidt, Hamburg
Prof. Dr. Harald Hartung, Berlin
Prof. Dr. Walter Heissig, Rheinböllen
Prof. Dr. Wilhelm Heizmann, Göttingen
Gabriele Hoffmann, Heidelberg
Prof. Dr. Alfred Hornung, Mainz
Dr. Sybille Hubach, Mannheim
Wilhelm Hunsicker, Sankt Ingbert
Dr. Helmut C. Jacobs, Bonn
Dr. Werner Jost, Worms
Prof. Dr. Petra Kappert, Hamburg
Prof. Dr. Felix Karlinger, Kritzendorf
Prof. Dr. Otto Karow (†), Bad Homburg v. d. H.
Prof. Dr. Wolfgang Kasack, Köln
Regina Keil, Heidelberg

Prof. Dr. Raif Georges Khoury, Heidelberg
Gerlinde Klatte, Rheinbach
Prof. Dr. Albert Klein, Dortmund
Joachim Krause, Mannheim
Dr. Walter Kroll, Göttingen
Prof. Dr. Hans Martin Kümmel (†), Marburg
Dr. Elisabeth Lange, Bonn
Hans-Joachim Lanksch, München
Prof. Dr. Walther Ludwig, Hamburg
Jochen Manderbach, Siegen
Prof. Dr. Dieter Meindl, Erlangen
Prof. Dr. Horst Meixner, Mannheim
Prof. Dr. Volker Mertens, Berlin
Prof. Dr. Antonin Mestan, Freiburg im Breisgau
Josef Metzele, Bensheim
Prof. Dr. Dieter Möhn, Hamburg
Hedwig Müller, Köln
Ruth Müller-Reineke, Hannover
Dr. Irene Neander (†), Tübingen
Ingrid Nerlund, Göttingen
Prof. Dr. Beate Neumeier, Potsdam
Prof. Dr. Peter Nusser, Berlin
Prof. Dr. Francisco J. Oroz, Tübingen
Prof. Dr. Fritz Paul, Göttingen
Dr. Ernst-Joachim Pöhls, Hofgeismar
Peter Pörtner, Hamburg
Prof. Dr. Leo Prijs, London
Prof. Dr. Peter Rehder, München
Prof. Dr. Dieter Reichardt, Hamburg
Ingrid Reinke-Engbert, Göttingen
Prof. Dr. Karl Riha, Siegen
Ulrich Rose, Duisburg
Prof. Dr. Isidora Rosenthal-Kamarinea, Bochum
Dieter Roth M. A., Heidelberg
Dr. Lutz Rühling, Göttingen
Dr. Liisa Rumohr-Norio, Kiel
Prof. Dr. Reinhard Sander, Amherst (Mass.)
Prof. Dr. Thomas Michael Scheerer, Augsburg
Dr. Ulla Schild, Mainz
Prof. Dr. Annemarie Schimmel, Cambridge (Mass.)

Prof. Dr. Karl Horst Schmidt, Bonn
Prof. Dr. Paul G. Schmidt, Freiburg
  im Breisgau
Prof. Dr. Siegfried J. Schmidt, Siegen
Dr. Corona Schmiele, Darmstadt
Prof. Dr. Rüdiger Schmitt,
  Saarbrücken
Prof. Dr. Roland Schneider, Hamburg
Dr. Hans-Manfred Schuh, Bonn
Prof. Dr. Margarete Seidenspinner,
  Worms
Nobert Servos, Siegburg

Dr. Volker Steinkamp, Bonn
Alfred Strasser M. A., Roubaix
Bitten Jane Stuhlmann-Laeisz M. A.,
  Göttingen
Prof. Dr. Hans Stumpfeldt, Hamburg
Prof. Dr. Elmar Ternes, Hamburg
Prof. Dr. Heiko Uecker, Bonn
Dr. Klaus Volkert, Bexbach
Dr. Reiner Weick, Bruchsal
Prof. Dr. Wolfgang Weiß, München
Prof. Dr. Friedrich Wilhelm, München
Prof. Dr. Hans Wißmann, Mainz

Zur Einrichtung des Werkes

1. Alphabetisierung

Der Text ist nach Stichwörtern alphabetisch geordnet, die halbfett gedruckt am Anfang der ersten Zeile des betreffenden Artikels stehen. Bei der Alphabetisierung wurden diakritische Zeichen grundsätzlich nicht berücksichtigt, d. h., daß ä wie a, ï wie i, č wie c, ţ wie t usw. alphabetisiert wurden. Folgen jedoch zwei Stichwörter aufeinander, von denen das eine sich vom andern nur durch ein diakritisches Zeichen unterscheidet, dann steht das Wort ohne diakritisches Zeichen an erster Stelle.

Treten gleichlautende Personennamen und Sachstichwörter auf, so stehen sie in der eben genannten Reihenfolge.

Bei gleichlautenden Namen von Fürsten und Familiennamen von bürgerlichen Personen (z. B. **Heinrich VI.** und **Heinrich,** Willi) stehen die Namen der Fürsten an erster Stelle. Personennamen (v. a. des Mittelalters), die entweder aus Vornamen und einer deutlich erkennbaren Herkunftsbezeichnung oder aus Vornamen und Beinamen bestehen, werden unter dem Vornamen eingeordnet **(Wolfram von Eschenbach, Wernher der Gartenaere).** Bei der alphabetischen Einordnung der Personennamen werden kleingeschriebene Partikeln im allgemeinen hinter den Namen gestellt (**Balzac,** Honoré de, statt **de Balzac,** Honoré). Großschreibung und Voranstellung der Partikeln erfolgt gewöhnlich dann, wenn Namen in andere Sprachen gewandert sind (**De Morgan,** William Frend), entsprechend ändert sich dann die alphabetische Einordnung.

2. Schreibung

Die Schreibung der Stichwörter bzw. der Wörter im Text richtet sich grundsätzlich nach den Regeln der Duden-Rechtschreibung.

Namen und Begriffe aus lateinischschreibenden fremden Sprachen werden wie in den jeweiligen Sprachen geschrieben, also mit den dem Deutschen fremden besonderen Buchstaben und diakritischen Zeichen; eingedeutscht können z. B. die Geburts- und Sterbeorte werden (Praha/Prag, Warszawa/Warschau, Milano/Mailand).

Namen und Begriffe aus nicht lateinischschreibenden Sprachen, die z. B. die kyrillische (Russisch, Bulgarisch ...), arabische, griechische, chinesische, indische, japanische Schrift benutzen, werden entweder transkribiert, d. h., sie werden in einer die fremde Aussprache annähernd widerspiegelnden Form mit lat. Buchstaben wiedergegeben, oder sie werden transliteriert, d. h., sie werden aus dem fremden in das lat. Schriftsystem übertragen, und zwar so, daß man aus der transliterierten Form die Schreibung in der Ausgangssprache eindeutig wiederherstellen kann. Die Transkription gilt als mehr populäre, die Transliteration als wissenschaftliche Schreibung. Um von der transliterierten zur transkribierten Form zu gelangen, sind in der Regel entsprechende Verweise eingeführt (z. B. Čechov ↑ Tschechow).

3. Betonung

Betonungsangaben stehen grundsätzlich bei Personennamen, auch bei solchen, die einen geographischen Zusatz haben, sowie bei fremdwörtlichen und fremdsprachigen Sachstichwörtern. Auf Betonungsangaben wird jedoch verzichtet, wenn zum Stichwort eine phonetische Umschrift gegeben wird. Der beim Stichwort untergesetzte Punkt unter Vokalen bedeutet, daß der Vokal kurz und betont ist; der untergesetzte Strich unter Vokalen bedeutet, daß der Vokal lang und betont ist. Bei mehreren möglichen Betonungen steht die Betonungsangabe in eckigen Klammern.

4. Ausspracheangaben

Wenn die Aussprache eines Stichwortes Schwierigkeiten bereitet oder unklar erscheint, ist im Stichwortkopf in eckigen Klammern die korrekte Aussprache in phonetischer Umschrift angegeben. Steht dabei vor der Lautschrift keine Sprachangabe, dann handelt es sich um eine deutsche oder eingedeutschte Aussprache. Die Sprachangabe vor der Lautschrift kann zusätzlich signalisieren, daß es sich um eine Übernahme aus der betreffenden Sprache handelt (vgl. auch Herkunftsangabe, Ziffer 7). Gelegentlich werden nur die schwierigen Teile eines Stichwortes in Umschrift wiedergegeben.

Die Zeichen der Internationalen Lautschrift

In der ersten Spalte stehen die verwendeten Zeichen des Internationalen Phonetischen Alphabets (IPA), in der zweiten steht eine Erklärung oder Bezeichnung des Zeichens, in der dritten stehen dazugehörige Beispiele.

a	helles bis mittelhelles a	hat [hat], Rad [ra:t]	
ɑ	dunkles a	Father *engl.* ['fɑːðə]	
ɐ	abgeschwächtes helles a	Casa *portugies.* ['kazɐ]	
ã	nasales a	Gourmand [gʊrˈmãː]	
æ	sehr offenes ä	Catch *engl.* [kætʃ]	
ɐ̃	nasales abgeschwächtes vorderes a	Lousã *portugies.* [loˈzɐ̃]	
ʌ	abgeschwächtes dunkles a	Butler *engl.* ['bʌtlə]	
aɪ	ei-Diphthong	reit! [raɪt]	
aʊ	au-Diphthong	Haut [haʊt]	
b	b-Laut	Bau [baʊ]	
β	nicht voll geschlossenes b	Habana *span.* [aˈβana]	
ç	Ich-Laut	ich [ɪç]	
ɕ	ßj-Laut („scharf")	Sienkiewicz *poln.* [ɕɛŋˈkjɛvitʃ]	
d	d-Laut	Dampf [dampf]	
ð	stimmhafter englischer th-Laut	Father *engl.* ['fɑːðə]	
ð̞	stimmhaftes spanisches [θ]	Guzmán *span.* [guð̞ˈman]	
dʒ	dsch-Laut („weich")	Gin [dʒɪn]	
e	geschlossenes e	lebt [le:pt]	
ẹ	unsilbisches e	Sadoveanu *rumän.* [sadoˈvẹanu]	
ẽ	nasales e	Lourenço *portugies.* [loˈrẽsu]	
ɛ	offenes e	hätte ['hɛtə]	
ɛ̣	unsilbisches [ɛ]	Rovaniemi *finn.* ['rɔvaniɛ̣mi]	
ɛ̃	nasales [ɛ]	Teint [tɛ̃ː]	
ə	Murmellaut	halte ['haltə]	
f	f-Laut	fast [fast]	
g	g-Laut	Gans [gans]	
ɣ	geriebenes g	Tarragona *span.* [tarraˈɣona]	
h	h-Laut	Hans [hans]	
i	geschlossenes i	Elisa [eˈliːza]	
ị	unsilbisches i	Mario *italien.* ['maːrịo]	
ĩ	nasales i	Infante *portugies.* [ĩˈfɐntə]	

ḭ̃	unsilbisches nasales i	Karpiński poln. [kar'piḭ̃ski]
ɪ	offenes i	bist [bɪst]
ɨ	zwischen i und u ohne Lippen-rundung	Bytów poln. ['bɨtuf]
j	j-Laut	just [jʊst]
k	k-Laut	kalt [kalt]
l	l-Laut	Last [last]
ḷ	silbisches l	Myslbek tschech. ['misˌlbɛk]
ł	dunkles l	Shllak alban. [ʃłak]
ʎ	lj-Laut	Sevilla span. [se'βiʎa]
m	m-Laut	man [man]
n	n-Laut	Nest [nɛst]
ŋ	ng-Laut	lang [laŋ]
ɲ	nj-Laut	Champagne frz. [ʃã'paɲ]
o	geschlossenes o	Lot [lo:t]
o̯	unsilbisches o	Timişoara rumän. [timi'ʃo̯ara]
õ	nasales o	Bon [bõ:]
ɔ	offenes o	Post [pɔst]
ɔ̯	unsilbisches [ɔ]	Suomen finn. ['suɔ̯mɛn]
ø	geschlossenes ö	mögen ['mø:gən]
œ	offenes ö	könnt [kœnt]
œ̃	nasales ö	Parfum [par'fœ̃:]
œ̯	unsilbisches [œ]	Pyöli finn. ['pyœ̯li]
ɔʏ	eu-Laut	heute ['hɔʏtə]
p	p-Laut	Pakt [pakt]
pf	pf-Laut	Pfau [pfaʊ]
r	r-Laut	Rast [rast]
r̩	silbisches r	Krk serbokroat. [kr̩k]
s	s-Laut („scharf")	Rast [rast]
ʃ	sch-Laut	schalt [ʃalt]
t	t-Laut	Tau [taʊ]
θ	stimmloser englischer th-Laut	Commonwealth engl. ['kɔmənwɛlθ]
ts	z-Laut	Zelt [tsɛlt]
tʃ	tsch-Laut	Matsch [matʃ]
u	geschlossenes u	Kur [ku:r]
u̯	unsilbisches u	Capua italien. ['ka:pu̯a]
ũ	nasales u	Funchal portugies. [fũ'ʃal]
ʉ	zwischen ü und u	Luleå schwed. [ˌlʉ:lɔo:]
ʊ	offenes u	Pult [pʊlt]
v	w-Laut	Wart [vart]
w	konsonantisches u	Winston engl. ['wɪnstən]
x	Ach-Laut	Bach [bax]
y	ü-Laut	Tüte ['ty:tə]
y̯	unsilbisches [y]	Austurland isländ. ['œy̯stvrland]
ʏ	offenes ü	rüste ['rʏstə]
ɥ	konsonantisches ü	Suisse frz. [sɥis]
z	s-Laut („weich")	Hase ['ha:zə]
ʑ	sj-Laut („weich")	Zielona Góra poln. [zɛ'lɔna 'gura]
ʒ	sch-Laut („weich")	Genie [ʒe'ni:]
ʼ	Stimmritzenver-schlußlaut	abebben ['apˈɛbən] Verein [fɛrˈʼain]
:	Längezeichen, bezeichnet Länge des unmittelbar davor stehenden Vokals.	bade ['ba:də]
'	Hauptbetonung, steht unmittelbar vor der betonten Silbe; wird nicht gesetzt bei einsil-bigen Wörtern und nicht, wenn in einem mehrsil-bigen Wort nur ein silbischer Vokal steht.	Acker ['akər], Apotheke [apo'te:kə] Haus [haʊs] Johnson engl. [dʒɔnsn]
ˌ	Nebenbetonung, steht unmittelbar vor der neben-betonten Silbe.	Straßenbahn-schaffner ['ʃtra:sənba:nˌʃaf-nər]
̩	Zeichen für silbi-sche Konsonan-ten, steht unmit-telbar unter dem Konsonanten.	Krk serbokroat. [kr̩k]
̯	Halbkreis, unter-gesetzt oder über-gesetzt, bezeich-net unsilbische Vokale.	Mario italien. ['ma:ri̯o], Austurland isländ. ['œy̯stvrland]
-	Bindestrich, bezeichnet Silben-grenze.	Wirtschaft ['vɪrt-ʃaft]

5. Datierung

Bei Daten vor Christus entfällt der Zusatz ›v. Chr.‹ dann, wenn die Abfolge von zwei Jahreszahlen diese Tatsache deutlich erkennen läßt (z. B. 329–324). Bei einzeln stehenden Daten nach Christus steht der Zusatz ›n. Chr.‹ nur dann, wenn aus dem Sinnzusammenhang nicht eindeutig ersichtlich ist, daß es sich um eine Jahresangabe nach Christus handelt. Zwei aufeinanderfolgende Jahreszahlen werden mit einem Strich (–) verbunden (z. B. 839–847) bzw. mit Schrägstrich (/) bei unmittelbar aufeinanderfolgenden Jahren (z. B. 839/840).

6. Bedeutungsgleiche Wörter (Synonyme)

Gibt es für einen Sachverhalt mehrere Begriffe oder Bezeichnungen, so stehen diese in runden Klammern hinter dem Stichwort.

7. Herkunftsangabe (Etymologie)

Die Herkunftsangabe steht in eckigen Klammern, und zwar dort, wo sich ggf. auch die Ausspracheangabe in Lautschrift befindet (vgl. 4). Bisweilen ist nur eine Herkunftsangabe gesetzt, z. B. **Carmen** [lat.]. In allen Fällen, wo es angebracht erschien, wurden die Entlehnungsvorgänge bzw. die etymologischen Zusammenhänge ausführlicher dargestellt; hierzu gehören auch Hinweise auf die ursprüngliche oder eine frühere Wortbedeutung, die dann hinter einem = Zeichen steht, z. B. **Boulevardkomödie** [frz., von mittelniederdt. bolwerk = Bollwerk].

8. Weiterführende Literatur

In einer kleineren Schrift werden bei wichtigen Stichwörtern am Schluß des Artikels Hinweise auf Ausgaben und weiterführende Literatur gegeben. Dabei werden ältere Standardwerke, neuere Literatur und Zeitschriftenaufsätze berücksichtigt. Meist enthalten die angeführten Titel weitere bibliographische Angaben; auf eine besonders umfangreiche Bibliographie wird hingewiesen. Die angegebene Literatur ist chronologisch geordnet, beginnend mit dem frühesten Erscheinungsjahr. Werke, die in Neuauflagen vorliegen, werden chronologisch unter der letzten Auflage eingeordnet. Bei mehrbändigen, noch nicht abgeschlossenen Werken ist das Erscheinungsjahr des ersten Bandes mit dem Zusatz ›ff.‹ versehen, oft unter Hinzufügung der Zahl der bisher erschienenen Bände.

9. Angaben zu Werken fremdsprachiger Autoren

Bei übersetzten Werken wird im allgemeinen nur der Titel der deutschen Übersetzung angegeben (mit dem Jahr der Erscheinung des Originalwerkes und dem der deutschen Übersetzung). Bei Werken aus entlegeneren Sprachen (Finnisch, Ungarisch, Isländisch, Arabisch, Japanisch u. a.) wird hinter dem Originaltitel eine wörtliche deutsche Übersetzung angegeben, sofern dieser Titel nicht in deutscher Übersetzung vorliegt.

10. Metrische Zeichen

- – Zeichen für eine lange Silbe
- ˘ Zeichen für eine kurze Silbe

x   Zeichen für eine lange oder kurze Silbe: in der akzentuierenden Dichtung
    Zeichen für eine unbetonte Silbe
x́   in der akzentuierenden Dichtung Zeichen für eine betonte Silbe
≍   Zeichen für Silbe, bei der eine Länge häufiger als eine Kürze erscheint
≏   Zeichen für Silbe, bei der eine Kürze häufiger als eine Länge erscheint
≖   Zeichen für eine Länge, an deren Stelle auch zwei Kürzen erscheinen können
≗   Zeichen für zwei Kürzen, an deren Stelle auch eine Länge erscheinen kann

11. Abkürzungen

Außer den nachstehend aufgeführten Abkürzungen werden die Adjektivendun-
gen ...lich und ...isch abgekürzt sowie allgemein übliche Abkürzungen verwendet, z. B. für Monatsnamen. Die Abkürzungen gelten auch für die gebeugten
Formen des betreffenden Wortes, soweit dafür nicht ausdrücklich eine besondere Form angegeben ist, auch für die Mehrzahl.
Stichwörter im Text werden in abgekürzter Form, d. h. mit dem ersten Buchstaben des Wortes, wiedergegeben; die Beugung von in dieser Weise abgekürzten
Stichwörtern wird durch Hinzusetzen der Beugungsendung (an den substantivi-
schen Bestandteil) angezeigt, z. B.: **Roman,** ... in den R.en ...; **absurdes Theater,** ... des a. Th.s ...

A

Abb.	Abbildung
Abh[h].	Abhandlung[en]
Abk.	Abkürzung
Abt.	Abteilung
ags.	angelsächsisch
ahd.	althochdeutsch
Akad.	Akademie
Ala.	Alabama
Alas.	Alaska
Anl.	Anleitung
Anm.	Anmerkung
aram.	aramäisch
Arb[b].	Arbeit[en]
Arch.	Archiv
Ariz.	Arizona
Ark.	Arkansas
Art.	Artikel
ASSR	Autonome Sozialist. Sowjetrepublik
AT	Altes Testament
Aufl.	Auflage
Aufs[s].	Aufsatz [Aufsätze]
Ausg[g].	Ausgabe[n]
ausgew.	ausgewählt
Ausw.	Auswahl
Autobiogr.	Autobiographie

B

...b[b].	...buch [...bücher]
Bd.	Band
Bde[n].	Bände[n]
bearb.	bearbeitet
bed.	bedeutend
begr.	begründet
Beitr[r].	Beitrag [Beiträge]
ber.	berechnet
Ber[r].	Bericht[e]
bes.	besonders, besondere
Bez.	Bezeichnung
Bibliogr[r].	Bibliographie[n]
Biogr.	Biographie
Bl[l].	Blatt [Blätter]
Bln.	Berlin
BR Deutschland	Bundesrepublik Deutschland
Brsw.	Braunschweig
Bull.	Bulletin
bzw.	beziehungsweise

C

Calif.	Kalifornien
chin.	chinesisch
Colo.	Colorado
Conn.	Connecticut
CSCO	Corpus Scriptorum christianorum orientalium

D

d. Ä.	der Ältere
Darmst.	Darmstadt
Darst[t].	Darstellung[en]

D. C.	District of Columbia
Del.	Delaware
Dep.	Departement
dgl.	dergleichen, desgleichen
d. h.	das heißt
d. i.	das ist
Diss.	Dissertation
d. J.	der Jüngere
Do.	Dortmund
Dr.	Drama
dt.	deutsch
Düss.	Düsseldorf

E

E[n].	Erzählung[en]
EA	Erstaufführung
ebd.	ebenda
ehem.	ehemals, ehemalig
eigtl.	eigentlich
Einf.	Einführung
eingel.	eingeleitet
Einl.	Einleitung
Eins.	Einsiedeln
einschl.	einschließlich
Enc. Islam	The Encyclopedia of Islam, Leiden
Enc. Jud.	Encyclopaedia Judaica, Jerusalem
entst.	entstanden
Enzyklop.	Enzyklopädie
Erg[g].	Ergänzung[en]
erl.	erläutert
Erl[l].	Erläuterung[en]
ersch.	erschienen
europ.	europäisch
ev.	evangelisch

F

f.	für
f., ff.	folgendes, folgende
F.	Folge
Ffm.	Frankfurt am Main
Fla.	Florida
Forsch.	Forschungen
fortgef.	fortgeführt
fortges.	fortgesetzt
Forts.	Fortsetzung
Freib.	Freiburg im Breisgau
Frhr.	Freiherr
Frib.	Freiburg (Schweiz)
frz.	französisch
Fsp.[e]	Fernsehspiel[e]
FU	Freie Universität Berlin

G

Ga.	Georgia
geb.	geborene
Ged.	Gedicht[e]
gedr.	gedruckt
gegr.	gegründet
ges.	gesammelt[e]
Gesch.	Geschichte
...gesch.	...geschichte
Gft.	Grafschaft
Ggs.	Gegensatz
Gött.	Göttingen
Gouv.	Gouvernement
Grundl[l].	Grundlage[n]
Grundr.	Grundriß
Güt.	Gütersloh

H

H.	Heft
...h[h].	...heft[e]
Habil.	Habilitationsschrift
Hamb.	Hamburg
Hann.	Hannover
HdA	Handbuch der Altertumswissenschaft. Begründet v. I. v. Müller. Erweitert von W. Otto. Fortgeführt von H. Bengtson. Abt. I–XII. München
Hdb[b].	Handbuch [Handbücher]
Hdbg.	Heidelberg
Hdwb.	Handwörterbuch
hebr.	hebräisch
hg.	herausgegeben
Hg.	Herausgeber/in
hpts.	hauptsächlich
Hs[s].	Handschrift[en]
Hsp.[e]	Hörspiel[e]

I

Id.	Idaho
Ill.	Illinois
Ind.	Indiana
Innsb.	Innsbruck
insbes.	insbesondere, insbesonders
Inst.	Institut
internat.	international

J

J.	Journal
jap.	japanisch

Jb[b].	Jahrbuch [Jahrbücher]
Jg.	Jahrgang
Jh.	Jahrhundert
Jt.	Jahrtausend

K

Kans.	Kansas
Kap.	Kapitel
Karlsr.	Karlsruhe
Kat.	Katalog
kath.	katholisch
Kl.	Klasse
Komm.	Kommentar
Kom.[n]	Komödie[n]
Ky.	Kentucky

L

La.	Louisiana
lat.	lateinisch
latin.	latinisiert
Leitf.	Leitfaden
Lex.	Lexikon
Lfg[g].	Lieferung[en]
Lit.	Literatur
... lit.	... literatur
Losebl.	Loseblattausgabe, -sammlung
Lpz.	Leipzig
Lsp.[e]	Lustspiel[e]

M

MA	Mittelalter
Masch.	Maschinenschrift
Mass.	Massachusetts
Mchn.	München
Md.	Maryland
mex.	mexikanisch
mhd.	mittelhochdeutsch
Mhm.	Mannheim
Mich.	Michigan
Minn.	Minnesota
Miss.	Mississippi
Mitt.	Mitteilung[en]
mlat.	mittellateinisch
m. n. e.	mehr nicht erschienen
Mo.	Missouri
Monogr[r].	Monographie[n]
Mont.	Montana
Mrz.	Mehrzahl
Mschr.	Monatsschrift

N

Nachdr[r].	Nachdruck[e]
Nachr.	Nachrichten
nat.	national
Nbg.	Nürnberg
N. C.	North Carolina
n. Chr.	nach Christus
N. Dak.	North Dakota
Nebr.	Nebraska
Neuaufl.	Neuauflage
Neuausg.	Neuausgabe
Neudr.	Neudruck
Nev.	Nevada
N. F.	Neue Folge
N. H.	New Hampshire
nhd.	neuhochdeutsch
niederdt.	niederdeutsch
niederl.	niederländisch
N. J.	New Jersey
nlat.	neulateinisch
N. Mex.	New Mexiko
Nov.[n]	Novelle[n]
Nr.	Nummer
N. R.	Neue Reihe
N. S.	Neue Serie
NT	Neues Testament
Nw.	Neuwied
N. Y.	New York (Bundesstaat der USA)

O

Okla.	Oklahoma
Old.	Oldenburg (Oldenburg)
Oreg.	Oregon
österr.	österreichisch

P

Pa.	Pennsylvania
Pauly-Wissowa	Paulys Realencyclopädie der classischen Altertumswissenschaft. Neue Bearbeitung von G. Wissowa u. a., Stuttgart
Prof.	Professor
prot.	protestantisch
Prov.	Provinz

R

R.	Reihe
R.[e]	Roman[e]
Rbk.	Reinbek

Red.	Redaktion
ref.	reformiert
Reg.	Register
Reg.-Bez.	Regierungsbezirk
R. I.	Rhode Island

S

S.	Seite, Spalte
sanskr.	sanskritisch
Sb[b].	Sitzungsbericht[e]
S. C.	South Carolina
Schr[r].	Schrift[en]
Schsp.[e]	Schauspiel[e]
S. Dak.	South Dakota
skand.	skandinavisch
Slg.	Sammlung
sog.	sogenannt
SSR	Sozialistische Sowjetrepublik
Stg.	Stuttgart
Suppl.	Supplement
svw.	soviel wie

T

Tab.	Tabelle
Tb[b].	Taschenbuch [Taschenbücher]
Tenn.	Tennessee
Tex.	Texas
TH	technische Hochschule
tl.	transliteriert
Tl.	Teil
Tle[n].	Teile[n]
Trag.[n]	Tragödie[n]
TU	technische Universität
Tüb.	Tübingen

U

u.	und
UA	Uraufführung
u. a.	und andere[s], unter anderem
Übers.	Übersetzung
u. d. T.	unter dem Titel
Univ.	Universität
Unters[s].	Untersuchung[en]
usw.	und so weiter
u. U.	unter Umständen

V

v.	von
Va.	Virginia
v. a.	vor allem
v. Chr.	vor Christus
verh.	verheiratete
Veröff.	Veröffentlichungen
Verw.-Geb.	Verwaltungsgebiet
Verz.	Verzeichnis
vgl.	vergleiche
Vjbll.	Vierteljahr[e]sblätter
Vjh[h].	Vierteljahr[e]sheft[e]
Vjschr.	Vierteljahr[e]sschrift
Vortr[r].	Vortrag [Vorträge]
Vt.	Vermont

W

Wash.	Washington
Whm.	Weinheim
Wis.	Wisconsin
wiss.	wissenschaftlich
Wiss.	Wissenschaft
...wiss.	...wissenschaft
Witt.	Wittenberg
Wsb.	Wiesbaden
W. Va.	West Virginia
Wyo.	Wyoming
Wzb.	Würzburg

Z

z. B.	zum Beispiel
Zs[s].	Zeitschrift[en]
z. T.	zum Teil
Zü.	Zürich
zus.	zusammen
zw.	zwischen
z. Z.	zur Zeit

Zeichen

*	geboren
≈	getauft
∞	verheiratet
†	gestorben
✕	gefallen
⊔	begraben
↑	siehe

A

Aafjes, Bertus, eigtl. Lambertus Jacobus Johannes A., *Amsterdam 12. Mai 1914, niederl. Schriftsteller. – Der dt. Romantik verpflichteter kath. Lyriker, der in der Dichtung ›Een voetreis naar Rome‹ (1946) autobiographisch eine Romwanderung verarbeitete.

Weitere Werke: Briefe über ägypt. Kunst (1949, dt. 1956), Abend am Nil (Prosa, 1952, dt. 1961), Morgen blühen die Aprikosen (Reisebericht, 1954, dt. 1956), Der blinde Harfner (Ged., 1955, dt. 1958), Richter Ookas Fälle. Jap. Kriminalfälle aus dem 18. Jh. (1969, dt. 1981).

Aakjær, Jeppe [dän. 'ɔ:'kɛ:'r], *Hof Aakjær bei Skive (Jütland) 10. Sept. 1866, †Jenle bei Skive 22. April 1930, dän. Schriftsteller. – 1893–1900 ∞ mit Marie Bregendahl; Sozialist; Dichter der jütländ. Heimat, ihrer Bauern und Tradition mit starken sozialen Akzenten; neben Romanen schrieb er volkstüml. Gedichte in jütländ. Dialekt; 1928–34 erschienen seine Memoiren.

Werke: Die Kinder des Zorns (R., 1904, dt. 1912), Gärende Kräfte (R., 1916, dt. 1929).
Literatur: FUCHS, R.: Der dän. Bauerndichter J. A. Güt. 1940.

Aal, Johannes, *Bremgarten (AG) um 1500, †Solothurn 28. Mai 1551, schweizer. Dramatiker. – Flüchtete vor der Reformation nach Baden, wo er Priester wurde; 1538 Stiftsprediger, später Propst in Solothurn; auch Orgelspieler und Komponist; Verfasser der volkstüml., realist. ›Tragoedia Johannis des Täufers‹, die 1549 von seinen Solothurner Mitbürgern an zwei Tagen unter freiem Himmel aufgeführt wurde.

Weiteres Werk: Sankt-Ursen-Lied (1543).
Literatur: GOMBERT, L.: J. A.s Spiel von Johannes dem Täufer u. die älteren Johannes-Dramen. Breslau 1908. Nachdr. Hildesheim u. New York 1977.

Aalbæk Jensen, Erik [dän. 'ɔ:lbæg], *Ballerum (Thy) 19. Aug. 1923, dän. Schriftsteller. – War aktiv im Widerstand gegen die dt. Besatzung; kam 1944 ins KZ Dachau; seit 1977 Mitglied der Dän. Akademie; debütierte 1949 mit dem Roman ›Konkurs‹ (dt. 1974), der von kulturpessimist. und zivilisationskrit. Haltung getragen ist. A. J. schreibt eine nüchterne, von der Alltagssprache beeinflußte Prosa. Seine Herkunft aus dem nördl. Jütland, seine Kenntnis der Lebensumstände und -einstellungen in dieser Gegend finden ihren Niederschlag in mehreren seiner Romane; schrieb auch Sachbücher über das Leben auf den dän. Inseln.

Weitere Werke: Dæmningen (R., 1952), Das Perlentor (R., 1964, dt. 1977), Sagen (R., 1971), Kridtsregen (R., 1976), Livet på øerne (Bericht, 7 Bde., 1981–86).

Aanrud, Hans [norweg. ˌo:nrʉ:d], *Vestre Gausdal 3. Sept. 1863, †Oslo 10. Jan. 1953, norweg. Schriftsteller. – Theaterkritiker; schrieb Bauerngeschichten aus seiner Heimat, erzählte v. a. von Kindern und Jugendlichen, meist humorvoll, realistisch und volkstümlich; auch Bühnenautor (Lustspiele).

Werke: Der Storch (Kom., 1895, dt. 1911), Eine Winternacht u. a. Erzählungen (1896, dt. 1928), Sidsel Langröckchen (En., 1903, dt. 1907), Sölve Solfeng, das Sonntagskind (E., 1910, dt. 1911).
Literatur: BOLCKMANS, A.: The stories of H. A. Gent 1960.

Aarestrup, Emil [dän. 'ɔ:rəsdrob], *Kopenhagen 4. Dez. 1800, †Odense 21. Juli 1856, dän. Lyriker. – Arzt; besang in seinen formschön, graziös und anschaulich geschriebenen Gedichten anakreontisch-heiteren Lebensgenuß; übersetzte u. a. H. Heine ins Dänische.

Aaron, Vasile [rumän. 'aron], *Glogoveţ (Gemeinde Valea Lungă, Verw.-Geb. Alba) 1770, †Hermannstadt 1822, rumän. Dichter. – Jurist in Hermannstadt. Sein Hauptwerk ist die von F. G. Klopstocks ›Messias‹ (1748–73) beeinflußte Passionsdichtung in 10 Gesängen ›Patimile şi moartea a Domnului şi Mîntuito-rului nostru Isus Hristos‹ (= Leiden und Tod unseres Herrn und Erlösers Jesus Christus, 1815). Er übertrug und bearbeitete außerdem eine Reihe klass. Werke, u. a. Vergils ›Georgica‹ und Ovids ›Pyramus und Thisbe‹.

Aasen, Ivar [norweg. 'o:sən], * Sunnmøre 5. Aug. 1813, † Kristiania (heute Oslo) 23. Sept. 1896, norweg. Sprachforscher und Schriftsteller. – Erforschte die norweg. Dialekte, aus denen er das sog. Landsmål (heute Nynorsk) schuf, das das Riksmål (Bokmål) ersetzen sollte und seit 1907 mit diesem offiziell gleichberechtigt ist. A. trat auch mit eigenen Dichtungen hervor, die die neue Sprache literaturfähig machen sollten, u. a. ›Ervingen‹ (Kom., 1855), ›Symra‹ (Ged., 1863).
Literatur: LIESTØL, K.: I. A. Oslo 1963.

Abaelard, Peter [abɛ'lart, '- - -], frz. Theologe und Philosoph, † Abälard, Peter.

Abaelardus, Petrus [abɛ...], frz. Theologe und Philosoph, † Abälard, Peter.

Abai Kunanbajew (tl.: Abaj Kunanbaev) [russ. a'baj kunam'bajıf], * im heutigen Rayon Abai (Gebiet Semipalatinsk) 10. Aug. 1845, † ebd. 6. Juli 1904, kasach. Aufklärer und Schriftsteller. – A. K. stammte aus wohlhabender feudaler Familie; Kenner der oriental. und der russ. Literatur; wandte sich in seinen Gedichten (die er z. T. selbst vertonte) gegen die Rückständigkeit und die Mißstände in Kasachstan. A. K. ist der Begründer der modernen kasach. Literatur; bed. auch als Übersetzer russ. Literatur ins Kasachische; zwei Romane über ihn schrieb M. O. † Auesow.

Abälard, Peter [abɛ'lart, '- - -] (Petrus Abaelardus, Pierre Abélard, Pierre Abailard, P. Abaelard), * Le Pallet bei Nantes 1079, † Kloster Saint-Marcel bei Chalon-sur-Saône 21. April 1142, frz. Theologe und Philosoph. – Schüler Roscelins von Compiègne, später Wilhelms von Champeaux. Lehrte insbes. Dialektik in Melun, Corbeil und Paris, wo seine Liebe zu Héloïse (* 1101, † 1164), seiner Schülerin, begann, deren Onkel, der Kanoniker Fulbert, ihn entmannen ließ. Wurde dann Mönch, Héloïse Nonne. Gilt als

richtungweisender Vertreter der Frühscholastik v. a. auf den Gebieten der Logik, Erkenntnistheorie und einer philosophisch fundierten Theologie. Literarisch hervorgetreten ist A. mit einem moralisch-didakt. Gedicht an seinen und Héloïses Sohn Astrolabius (›Ad Astrolabium‹), mit über 130 auf Wunsch Héloïses für das Kloster Le Paraclet verfaßten Hymnen, sechs großen Klageliedern (›Planctus‹) sowie weitverbreiteten, aber bisher nicht aufgefundenen Liebesliedern. Für seine Nachwirkung am bedeutendsten sind zweifellos die zwischen 1133 und 1136 entstandene, in Form eines Trostbriefes an einen Freund gekleidete Autobiographie ›Historia calamitatum mearum‹ und der in ihrer Folge entstandene Briefwechsel mit Héloïse (›Epistulae‹), der die Bildung der Liebenden und ihre Bindung aneinander eindrucksvoll und bewegend überliefert. Vor dem rationalen Kontext von Scholastik und höf. Liebeskasuistik im 12. Jh. und dem sich zusehends logozentrischer vollziehenden Prozeß der Zivilisation der Folgezeit entwickelten sich A. und Héloïse vom 13. Jh. an zu Beispielen von menschl. Möglichkeiten der Sehnsucht und der Leidenschaft, des Verlustes und der Trauer. Das Schicksal von A. und Héloïse hat in Deutschland als erster Ch. Hofmann von Hofmannswaldau in seinen ›Heldenbriefen‹ (1678) dichterisch behandelt. Berühmt wurde bes. die von A. Pope 1717 verfaßte Epistel ›Eloisa to Abelard‹. Mit dem Schicksal von A.s Sohn setzt sich der Roman ›Abaelards Liebe‹ (1991) von L. Rinser auseinander.
Ausgaben: Abelard's letter of consolation to a friend – Historia calamitatum. Hg. v. J. TH. MUCKLE. In: Mediaeval Studies 12 (1950). – P. A. Historia calamitatum. Hg. v. J. MONFRIN. Paris ⁵1972. – Abaelard. Die Leidensgesch. u. der Briefwechsel mit Heloisa. Dt. Übers. u. hg. v. E. BROST. Hdbg. ⁴1979.
Literatur: DRONKE, P.: Medieval Latin and the rise of European love-lyric. London ²1969. 2 Bde. – DRONKE, P.: Poetic individuality in the Middle Ages. New departures in poetry 1000–1150. London 1970. – PEPPERMÜLLER, R., u. a.: Artikel Abaelard. In: Lex. des MA. Bd. 1. Mchn. u. Zü. 1980. – PERNAUD, D.: Heloise u. Abaelard. Ein Frauenschicksal im MA. Dt. Übers. Neuausg. Mchn. 1994.

Abaschidse (tl.: Abašidze), Grigol Grigorjewitsch [russ. aba'ʃidzı], * Sedargani 1. Aug. 1914, georg. Schriftsteller. – Verfaßte mehrere, dem sozialist. Realismus entsprechende Gedichtzyklen. In dt. Übersetzung erschienen u. a. die histor. Romane ›Lascharela‹ (1957, dt. 1975) und ›Die lange Nacht‹ (1962/63, dt. 1978).

Abaschidse (tl.: Abašidze), Irakli Wissarionowitsch [russ. aba'ʃidzɪ], * Choni (Prov. Kutaisi) 23. Nov. 1909, georg. Schriftsteller. – Studierte in Tiflis bis 1931; danach Redakteur; veröffentlicht seit 1928; schrieb u. a. dem sozialist. Realismus verpflichtete Gedichte; 1953–67 Vorsitzender des georg. Schriftstellerverbandes.

Abasıyanık, Sait Faik, türk. Schriftsteller, † Sait Faik Abasıyanık.

Abba, Giuseppe Cesare, * Cairo Montenotte (Prov. Savona) 6. Okt. 1838, † Brescia 6. Nov. 1910, italien. Schriftsteller. – Bekannt v. a. durch die Darstellung seiner Teilnahme an G. Garibaldis ›Marsch der Tausend‹ (1860) nach Sizilien (›Noterelle di uno dei Mille, edite dopo vent'anni‹, 1880 [Zeitraum 3. Mai bis 21. Juni 1860]; 2. Ausgabe: ›Da Quarto al Faro. Noterelle d'uno dei Mille‹, 1882 [Zeit bis zum 20. Aug. 1860]; endgültige Ausgabe: ›Da Quarto al Volturno. Noterelle di uno dei Mille‹, 1891 [Zeit bis zum 9. Nov. 1860]), spiegelt A.s Werk mit einem histor. Roman (›Le rive della Bormida nel 1794‹, 1875), einem pathet. Poem (›Arrigo: da Quarto al Volturno‹, 1886), mit Gedichten, Novellen und Studien (u. a. über Garibaldi) die Entwicklung der italien. Literatur im 19. Jh. von der Romantik zu Realismus und Verismus wider.
Literatur: RUSSO, L.: Scrittori-poeti e scrittori-letterati. Salvatore Di Giacomo. G. C. A. Bari 1945. – TROMBATORE, G.: Memorialisti dell'Ottocento. Mailand 1953.

Abbas, Khwaja Ahmad [engl. ə'bɑːs], * Panipat (Haryana) 7. Juni 1914, ind. Schriftsteller. – Seit 1935 Journalist; schrieb auf Urdu und Englisch eine Reihe realist. Romane (u. a. ›Seit vielen tausend Nächten brennt die Lampe‹, 1949, dt. 1954) sowie Drehbücher zu sozialkrit. Filmen, die internat. Anerkennung fanden, wie ›Dhartī ke lāl‹ (= Die Kinder der Erde, 1946).

Weitere Werke: Tomorrow is ours (R., 1945), Avadh kī šām (= Der Abend von Avadh, En., 1956), Do būⁿd pānī (= Zwei Tropfen Wasser, R., 1972).

Abbey, Edward [engl. 'æbɪ], * in Arizona 29. Jan. 1927, † Tuscon (Ariz.) 14. März 1989, amerikan. Schriftsteller. – Einer der bedeutendsten Vertreter der neuen Literatur des Westens in den USA; knüpft an die Tradition der naturverbundenen Cowboys an, die einen beständigen Kampf gegen die Übermacht der Technik führen. Die Verteidigung der Natur wird bes. deutlich in den z. T. autobiographisch gefärbten Romanen ›The brave cowboy‹ (1956), ›Fire on the mountain‹ (1963), ›Black sun‹ (1971), ›Die Universal-Schraubenschlüssel-Bande‹ (1975, dt. 1987), ›The journey home‹ (1977), ›Back roads of Arizona‹ (1978), ›Good news‹ (1980) und ›Beyond the wall‹ (1984).
Weitere Werke: The fool's progress (R., 1988), Hayduke lives! (R., 1989).
Literatur: RONALD, A.: The New West of E. A. Albuquerque (N. Mex.) 1982. Neudr. 1988. – Resist much, obey little. Some notes on E. A. Hg. v. G. MCNAMEE. Salt Lake City (Utah) 1985.

Abbey Theatre [engl. 'æbɪ 'θɪətə], das ir. Nationaltheater in Dublin. Das Haus, 1904 von Miss A. E. F. Horniman für die Irish National Theatre Society gestiftet, gab unter der Gründungsdirektion von W. B. Yeats, Lady I. A. Gregory und J. M. Synge der 1899 mit dem Irish Literary Theatre begonnenen ir. Theaterbewegung eine künstler. Heimstätte. Es wurde zur Keimzelle der neueren ir. Dramatik und brachte poet. Stücke aus ir. Leben und ir. Mythologie, nach 1910 auch kämpferisch-realistische Dramen. 1951 wurde das Haus durch Feuer zerstört, der Neubau wurde 1966 eröffnet.
Literatur: ROBINSON, L.: Ireland's A. Th. A history, 1899–1951. London 1951. Nachdr. Folcroft (Pa.) 1973. – HUNT, H.: The Abbey. Ireland's National theatre 1904–1979. Dublin u. New York 1979. – The A. Th. Hg. v. E. H. MIKHAIL. Basingstoke 1988. – FRAZIER, A.: Behind the scenes. Yeats, Horniman and the struggle for the A. Th. Berkeley (Calif.) 1990.

Abbreviaturen [lat., zu brevis = kurz], paläograph. Begriff für systemat. Abkürzungen in Handschriften und alten Drucken; druckersprachlich für alle Arten von Wortabkürzungen.

Abd Al Hamid Al Katib (tl.: ʿAbd Al-Hamīd Al-Kātib), † 750, arab. Schriftsteller. – In seiner Jugend umherziehender Lehrer; später Schreiber des Omaijadenkalifen Merwan II.; führte den Brief als Gattung in die arab. Literatur ein.
Literatur: Enc. Islam Bd. 1, ²1960, S. 65.

Abd Allah (tl.: ʿAbd Allāh), Jahja At Tahir, * in Oberägypten 1942, ägypt. Schriftsteller. – Seine häufig in Oberägypten spielenden Kurzgeschichten trugen wesentlich zur Erneuerung der Sprache und Erzähltechnik bei.
Werke: Talāt šağarāt kabīraʰ taṭmur burtuqālan (= Drei große Bäume tragen Apfelsinen, En., 1970), Ad-Difʾ waṣ-ṣundūq (= Wärme und Kasten, En., 1974).

Abd Ar Rahman (tl.: ʿAbd Ar-Rahmān), Aischa, geb. Bint Asch Schati, * Kairo 6. Nov. 1913, arab. Schriftstellerin. – Tritt engagiert für die Werte der islam. Vergangenheit ein; die angesehene Stellung und Freiheit der islam. Frau im Frühislam stehen v. a. im Mittelpunkt ihres wiss. Werkes.
Werke: Nisāʾ An-Nabī (= Die Frauen des Propheten, 1966), Umm An-Nabī (= Die Mutter des Propheten, 1966).

Abdul Hadi, W[iji] M[uthari], * Sumenap (Madura) 1946, indones. Lyriker und Essayist. – Im Mittelpunkt seiner symbolträchtigen, gefühlsbetonten Lyrik steht im Spannungsfeld von Leben und Tod der in seiner existentiellen Verlassenheit auf sich selbst gestellte Mensch.
Werke: Laut belum pasang (= Einsetzende Flut, Ged., 1971), Potret panjang seorang pengunjung pantai Sanur (= Ausführl. Porträt eines Besuchers der Küste von Sanur, Ged., 1975), Cermin (= Der Spiegel, Ged., 1975), Meditasi (= Meditation, Ged., 1976).
Literatur: AVELING, H.: Arjuna in meditation. Kalkutta 1976. S. 19. – TEEUW, A.: Modern Indonesian literature. Bd. 2. Den Haag 1979. S. 135.

Abdülhak Hamit Tarhan, * Konstantinopel (heute Istanbul) 2. Jan. 1852, † ebd. 12. April 1937, türk. Dichter. – Wuchs in Konstantinopel, Paris und Teheran auf; Diplomat in verschiedenen Hauptstädten; angeregt von der europ. Literatur, brach er mit der klass. türk. Tradition und führte, beeinflußt von Shakespeare, Racine und Corneille, neue Themen, Gattungen und literar. Techniken ein; wenig bühnenwirksame Dra-

men; schrieb philosophisch und sozial gestimmte Lyrik, später romantisch-kontemplative Gedichte.
Werke: Makber (= Das Grab, Ged., 1876), Tarık (Dr., 1879), Eşber (Dr., 1880), Tezer (Dr., 1881), Geister (Ged., 1919, dt. 1941).

Abdullah bin Abdul Kadir, Munshi, * Malakka 1797, † Mekka 1854, malaiischer Schriftsteller. – Gilt als Begründer der modernen malaiischen Literatur durch Einbeziehung der Umgangssprache und krit. Anteilnahme am polit. Geschehen sowie engagierte realist. Beschreibung bed. Zeitgenossen wie Th. S. Raffles, J. Crawford usw., in deren Diensten er stand. Seine Autobiographie ›Hikayat Abdullah‹ (= Die Erzählung Abdullahs, 1849) wurde 1874 und erneut 1970 ins Englische übersetzt.
Literatur: Mohd. Taib bin Osman: Classical and modern Malay literature. In: Hdb. der Orientalistik. Hg. v. B. SPULER. Abt. 3, Bd. 3,1. Leiden 1976. S. 142.

Abe, Kobo, eigtl. A. Kimifusa, * Tokio 7. März 1924, † ebd. 21. Jan. 1993, jap. Schriftsteller. – Medizinstudium; veröffentlichte 1947 erste Gedichte, später Essays, Romane, gesellschaftskrit. Schriften sowie Dramen; schilderte, beeinflußt von E. A. Poe, F. Kafka, J. Joyce und B. Brecht, dem Surrealismus, Existentialismus sowie S. Freud, einsame Menschen auf der Identitätssuche in einer seelenlosen Massengesellschaft.
Werke: Die vierte Zwischeneiszeit (R., 1958, dt. 1975), Die Frau in den Dünen (R., 1962, dt. 1967), Das Gesicht des anderen (R., 1964, dt. 1971), Der verbrannte Stadtplan (R., 1967, dt. 1993), Freunde (Dr., 1967, dt. 1971), Der Mann, der zum Stock wurde (Dr., 1969, dt. 1971), Der Schachtelmann (R., 1973, dt. 1992), Mikkai (= Heiml. Rendezvous, R., 1977), Hakobune Sakuramaru (= Die Arche Sakuramaru, R., 1984), Kangarū nōto (= Känguruh-Notizen, R., 1992).

Abecedarium [lat. Benennung der Buchstabenreihe nach den ersten vier Buchstaben des lat. Alphabets],
1. Elementarbuch für Schüler mit alphabet. Anordnung des Stoffes, eine bis etwa 1850 gebräuchl. Bez. der † Fibel.
2. alphabetisch geordnetes Register oder Repertorium (Inhaltsübersicht) röm., römisch-kanon. und dt. Rechtsbücher und ihrer Glossierungen († Glosse) aus dem 14. und 15. Jahrhundert.

3. alphabet. ↑ Akrostichon; jede Strophe, jeder Vers oder jedes Wort eines Gedichts beginnt mit einem neuen Buchstaben des Alphabets. Neben dem einfachen A. finden sich auch verschlungene Formen (AZBWCV). Nach biblisch-hebr. Vorbild (der Psalm 119 z. B. besteht aus 22 Strophen zu je 8 Versen; die 8 Verse der 1. Strophe beginnen mit Aleph, die 8 Verse der 2. Strophe beginnen mit Beth usw.) beliebte Form in der jüd. und christl. Liturgie (z. B. die Lamentationes der Karfreitagsliturgie der röm.-kath. Kirche) und religiösen Lyrik (u. a. hebr. geistl. Gedichte des 6. bis 13. Jh., die sog. ›Pijjutim‹; lat. und dt. Marien-Abecedarien des Spät-MA; Qu. Kuhlmann, ›Der Kühlpsalter‹, 1684–86).

Abecedarium Nordmannicum, Runengedicht dän. Ursprungs, überliefert in einer oberdt. Handschrift des 9. Jh.; zugrunde liegt die jüngere nord. Runenreihe (›Futhark‹); altertüml. Form: in sich stabende Kurzzeilen (↑ Stabreimvers); unabhängig von den anderen german. Runenliedern. – Das A. N. beruht, wie auch das alphabet. Akrostichon in religiösen Gedichten, auf der Verwendung des Alphabets zu mag. Zwecken.
Literatur: BAESECKE, G.: Das A. N. In: Berr. zur Runenforschung 1 (1941), S. 76.

Abel, Hans Karl, * Bärenthal bei Saargemünd 8. Aug. 1876, † Mühlbach bei Colmar 11. März 1951, dt. Schriftsteller. – Lebte nach 1918 als freier Schriftsteller in Südwestdeutschland, ab 1940 in Colmar. Dramatiker, Romancier und Lyriker seiner elsäss. Heimat; schrieb u. a. ›Die elsäss. Tragödie‹ (R., 1911, 1916 u. d. T. ›Ruf in die Nacht‹).

Abel, Kaspar, * Hindenburg (Altmark) 14. Juli 1676, † Westdorf bei Aschersleben 11. Jan. 1763, dt. Schriftsteller. – War ev. Prediger und Rektor in Helmstedt und Halberstadt, auch Historiker; veröffentlichte neben eigenen theolog. Abhandlungen u. Schriften für die Schule sowie z. T. niederdt. Satiren (›Auserlesene satir. Gedichte‹, 1714) eine hochdt. Übersetzung der Satiren Boileaus sowie hoch- und niederdt. Übersetzungen Vergils, Horaz' und Ovids.

Abélard, Pierre [frz. abe'la:r], frz. Theologe und Philosoph, ↑ Abälard, Peter.

Abele, Kārlis [lett. 'a:bele], * Baunu Kinkas 22. Aug. 1896, † Adelaide (Australien) 24. Jan. 1961, lett. Schriftsteller. – Studierte in Petersburg, Dorpat und Riga Naturwissenschaften; 1940 Prof. für Pflanzenphysiologie in Riga; emigrierte 1944 nach Deutschland, 1949 Auswanderung nach Australien; gilt als bedeutendster Balladendichter der modernen lett. Literatur; schrieb auch Dramen und Novellen.

Abele spelen (Abelespiele) [zu mittelniederl. abel = kunstvoll, schön], älteste niederl. weltl. Schauspiele, aus der Mitte des 14. Jh.; in der van-Hulthemschen Sammelhandschrift (Brüssel) sind anonym überliefert: ›Esmoreit‹, ›Gloriant‹, ›Lanseloet van Denemarken‹, selbständig konzipiert nach mittelalterl. höf. Romanstoffen, ferner eine Allegorie, ›Van den Winter ende van den Somer‹. Die A. s. sind gekennzeichnet durch einfache Sprache und Handlungsführung sowie freien Schauplatzwechsel. Den Aufführungen folgte meist die ↑ Klucht, ein possenhaftes Nachspiel. Im 15. Jh. wurden die A. s. von den ↑ Sinnespelen (Moralitäten) verdrängt.
Literatur: STELLINGA, G.: Zinsformen en zinsfuncties in de a. s. Groningen 1955. – ROEMANS, R.: Een abel spel van Lanseloet van Denemerken. Amsterdam ³1966. – HUMMELEN, W. M. H.: Abel spel. In: Lex. des MA. Bd. 1 Mchn. u. Zü. 1980.

Abele von und zu Lilienberg, Matthias, * Steyr (Oberösterreich) 17. Febr. 1618 (1616?), † gest. 14. Nov. 1677, österr. Jurist und Schriftsteller. – War u. a. Stadtschreiber in Krems und seit 1648 Sekretär der Innerberger Eisengewerkschaft in Steyr; wurde 1652 als ›Der Entscheidende‹ Mitglied der Fruchtbringenden Gesellschaft. Verfasser von volkstümlich gewordenen Fabel-, Schwank- und Anekdotensammlungen, u. a. ›Metamorphosis telae judiciariae ...‹ (3 Bde., 1651/52), ›Vivat, oder Künstl. Unordnung‹ (5 Bde., 1669–73).

Abell, Kjeld, * Ripen 25. Aug. 1901, † Kopenhagen 5. März 1961, dän. Schriftsteller. – Studium der Staatswissenschaft und Studium an der Kunstakademie Kopenhagen; mehrere Jahre in Paris; Büh-

nenbildner; widmete seit seinem ersten großen Bühnenerfolg (›Melodien, der blev væk‹, 1935) sein literar. Werk fast ausschließlich dem Theater; Tendenz betont humanistisch, gesellschaftskritisch, formal antinaturalistisch, symbolistisch.
Weitere Werke: Anna Sophie Hedwig (Dr., 1939, dt. 1956), Silkeborg (Dr., 1946), Dage på en sky (Dr., 1947), Fußnoten im Staub (Reisebericht, 1951, dt. 1957).
Literatur: SCHYBERG, F.: K. A. Kopenhagen 1947. – En bog om K. A. Hg. v. S. MØLLER KRISTENSEN. Kopenhagen 1961.

Abellio, Raymond [frz. abɛ'ljo], eigtl. Georges Soulès, * Toulouse 11. Nov. 1907, † Nizza 26. Aug. 1986, frz. Schriftsteller. – Ingenieur; war in den 30er Jahren leitendes Mitglied der Section Française de l'Internationale Ouvrière (SFIO); nach 1945 wegen Kollaboration verurteilt, bis 1953 im Schweizer Exil. Veröffentlichte 1946 seinen ersten Roman ›Heureux les pacifiques‹, der an Hand des Entwicklungsgangs eines Intellektuellen vom Kommunismus zur Idee der Gewaltlosigkeit das Spiegelbild

Abenteuerroman. Titelblatt der Erstausgabe von Johann Jakob Christoffel von Grimmelshausens Roman ›Der Abentheurliche Simplicissimus Teutsch‹ (1669)

einer Art polit. ›condition humaine‹ vor 1939 entwirft. Essayist, der sich in seinen nichtfiktionalen Texten auf der Basis phänomenologisch-strukturalist. ebenso wie alchimistisch-okkultist. Ansätze um die Versöhnung von Glauben und Freiheit, von Wort und Tat, von Gefühl und Verstand bemühte.
Weitere Werke: Les yeux d'Ézéchiel sont ouverts (R., 1949), La Bible, document chiffré (Essay, 2 Bde., 1950), Assomption de l'Europe (Essay, 1954), La fosse de Babel (R., 1962), Ma dernière mémoire (Erinnerungen, 3 Bde., 1971–80), La fin de l'ésotérisme (Essay, 1973), Approches de la nouvelle gnose (Essay, 1981), Visages immobiles (R., 1983).
Literatur: A. Hg. v. J.-P. LOMBARD. Cahier de l'Herne, 36. Paris 1979. – LOMBARD, J.-P.: Dialogue avec R. A. Paris 1985. – PARVULESCO, J.: Le soleil rouge de R. A. Paris 1987.

Aben Ẹsra, Abraham Ben Meir, span.-jüd. Dichter, ↑ Abraham Ben Meir Ibn Esra.

Aben Ẹsra, Mose Ben Jakob, * Granada um 1060, † in Nordspanien 1139, span.-jüd. Dichter. – Schrieb in hebr. und arab. Sprache bed. geistl. und profane Gedichte, in denen er die arab. Kunstregeln anwandte.
Literatur: Enc. Jud. Bd. 8, 1972, S. 1170.

Abenteuerroman, vielschichtiger Begriff, der den Rahmen für die verschiedensten Handlungs- und Ereignisromane abgibt. Den A. gibt es in allen Jahrhunderten, er wird zurückverfolgt bis in die babylon. Literatur (›Gilgamesch-Epos‹, 2. Jt. v. Chr.) und die Antike (Homer, ›Odyssee‹, 2. Hälfte des 8. Jh. v. Chr.; G. Petronius, ›Satiricon‹, 1. Hälfte des 1. Jh. n. Chr.; Apuleius, ›Der goldene Esel‹, 2. Jh., auch u. d. T. ›Metamorphosen‹, u. a.) und wandert dann mit jeweils verschiedenen Akzentsetzungen vom 16. und 17. Jh. über das 18. und 19. Jh. bis in die Gegenwart.
Als idealtyp. Kernelement kann das ursprünglich Romanhafte, die spannende, mitreißend unterhaltende Erzählung von außergewöhnl., phantast., nicht alltägl., (rasch) wechselnden Situationen, Ereignissen und Erlebnissen genannt werden, die für den Helden selbst unabsehbar sind; der Held steht in jeder Beziehung jenseits seiner alltägl. Umwelt, er hat Charisma, ist ständig Gefahren ausgesetzt und von Widersachern umgeben,

die er schließlich besteht bzw. besiegt; der Abenteurer ist ständig unterwegs, die Erfahrung der Fremde (mit Sog zurück zur Ausgangssituation) gehört notwendig zum Schema des Abenteuerromans. Als Vorläufer des A.s der Neuzeit gelten der mittelalterl. Artusroman (und in dessen Folge die ↑ Ritterromane), der ↑ Amadisroman sowie die sog. ↑ Spielmannsepen (›Herzog Ernst‹, vor 1186) und die ↑ Volksbücher des 16. Jh. (›Fortunatus‹, 1509). – Romantechnisch ist, neben einfacher, beschreibender Sprache, die Verkettung von einzelnen, oft nicht oder nur an den Rändern zusammenhängenden Geschichten, eingeschobenen Episoden und Erzählungen für den A. ein wesentl. Merkmal, wobei sich die Handlung in direkter und anschaul. Weise auf das augenblickl. Ereignis konzentriert. Auffallend in der Geschichte des A.s sind seine zahlreichen satir. Varianten (meist als Antwort auf belehrende oder moralisierende Romane) und deren jeweils in Massenproduktion folgenden Bearbeitungen und Nachahmungen, dies auf höchst unterschiedl. literar. Niveau.

Zu den vorherrschenden Typen des A.s gehört seit dem 16. Jh. der in Spanien aufgekommene Pikaro- oder Schelmenroman (›Lazarillo de Tormes‹, 1554, dt. 1617), der auch in Deutschland durch J. J. Ch. Grimmelshausen (›Simplicissimus‹, 1669), J. Beer, Ch. Reuter und Ch. Weise, in Frankreich durch A. R. Lesage, in England u. a. durch T. Smollett literarisch bed. Fortsetzung fand. Den zahlreichen Simplizian. Schriften Grimmelshausens schließen sich in allen europ. Literaturen unzählige ↑ Simpliziaden an; im 18. Jh. entstand in Folge von D. Defoes ›Robinson Crusoe‹ (1719/20, dt. 1720/21) das Genre der ↑ Robinsonaden, in Deutschland ist hier bes. J. G. Schnabels ›Wunderliche Fata einiger Seefahrer...‹ (4 Bde., 1731–43, 1828 von L. Tieck hg. u. d. T. ›Die Insel Felsenburg‹) bemerkenswert. Auch trat der A. als Reiseroman und Lügenroman (J. K. A. Musäus, M. A. von Thümmel) sowie als ↑ Schauerroman und Räuberroman (Ch. A. Vulpius, ›Rinaldo Rinaldini, der Räuberhauptmann‹, 1798) in Erscheinung. Weitere Varianten des A.s waren im 19. Jh. verbreitet; hier sind bes. E. Sue,

A. Dumas d. Ä., J. F. Cooper, H. Melville, J. London, Ch. Sealsfield, R. L. Stevenson, M. Dauthendey und K. May zu nennen. Um die Jahrhundertwende entstand in den USA der ↑ Wildwestroman. Die Nachfolge bis in die Gegenwart ist unübersehbar. A.e erschienen als Fortsetzungsromane in Zeitungen (E. Sue, ›Die Geheimnisse von Paris‹, Juni 1842 bis Okt. 1843; A. Dumas d. Ä., ›Der Graf von Monte Christo‹, Juni 1844 bis August 1845) und v. a. auch in Heftchenreihen. Im 20. Jh. findet sich der A. im Gewand des ↑ Landstreicherromans (H. Hesse, ›Knulp‹, 1915) und des modernen zeitkrit. Schelmenromans (J. Wain, ›Hurry on down‹, 1953; Th. Mann, ›Bekenntnisse des Hochstaplers Felix Krull‹, 1954; G. Grass, ›Die Blechtrommel‹, 1959).

Literatur: PLISCHKE, H.: Von Cooper bis Karl May. Eine Gesch. des völkerkundl. Reise- u. A.s. Düss. 1951. – AYRENSCHMALZ, A.: Zum Begriff des A.s. Diss. Tüb. 1962. – HÖLDER, A.: Das Abenteuerbuch im Spiegel der männl. Reifezeit. Ratingen 1967. – KLOTZ, V.: A.e. Mchn. u. Wien 1979. – STEINBRINK, B.: Abenteuerlit. des 19. Jh. in Deutschland. Studien zu einer vernachlässigten Gattung. Tüb. 1983. – Lex. der Reise- u. Abenteuerlit. Hg. v. F. SCHEGK. Losebl. Meitingen 1988 ff.

Abeozen [frz. abeo'zɛn], eigtl. Yann-Fañch Eliès, * Tre-Nevez bei Brest 1896, † 1963, breton. Dichter. – Gab der kelt. Erneuerungsbewegung mit Aufsätzen über die breton. Literatur und zahlreichen eigenen Gedichten und Erzählungen (am bekanntesten ist ›Hervelina Geraouell‹, 1943) wichtige Impulse.

Abercrombie, Lascelles [engl. ˈæbəkrɒmbɪ], * Ashton-upon-Mersey 9. Jan. 1881, † London 27. Okt. 1938, engl. Schriftsteller. – Prof. für engl. Literatur in Leeds (1922–29), London (1929–35) und Oxford (ab 1935); der klass. Tradition, bes. R. Browning nahestehender Lyriker und Dramatiker (Versdramen); auch Literarhistoriker und Literaturkritiker.

Werke: Interludes and poems (Ged., 1908), Thomas Hardy, a critical study (1912), Deborah (Dr., 1912), Emblems of love (Ged., 1912), Four short plays (Dramen, 1922), The idea of great poetry (Abh., 1925), Romanticism (Abh., 1926), The sale of Saint Thomas (Dr., 1930), Poetry – its music and meaning (Abh., 1932), Lyrics (Ged., hg. 1940).

abessinische Literatur ↑äthiopische Literatur.

Abgesang (Gebände), Schlußteil der aus drei Teilen bestehenden Strophe des mittelalterl. Minne- und Meistersangs (Kanzonenstrophe oder Stollenstrophe). Im Ggs. zum ↑Aufgesang, der aus metrisch gleich gebauten ↑Stollen besteht, erlaubt der A. rhythm. Variationen und ist länger als jeder Stollen des Aufgesangs, aber kürzer als beide zusammen. – ↑auch Epode.

Abhandlung,
1. im dt. Barockdrama svw. ↑Akt.
2. theoretisch-wiss. Auseinandersetzung mit bestimmten Positionen, Darlegung einer These, eines Problems.

Abhidhamma-Piṭaka [Pāli = Korb der Lehrbegriffe], 3. Hauptteil des buddhist. Pali-Kanons (↑›Tripiṭaka‹). Das A.-P. ist jünger als die beiden anderen großen Sammlungen (›Vinaya-Piṭaka‹ und ›Sutta-Piṭaka‹); es umfaßt 7 Werke mit Katechismen, Definitionen und Klassifikationen der wichtigsten Lehrbegriffe.

Abildgård, Ove Johannes [dän. 'abilgɔ:'r], *Lemvig (Jütland) 17. Sept. 1916, †Frederiksberg 11. Okt. 1990, dän. Schriftsteller. – Studierte Jura und Literatur in Kopenhagen; debütierte 1946 mit der Gedichtsammlung ›Ulvegylp‹. Sein eher schmales, aber bed. Werk besteht aus Gedichtbänden und der Essaysammlung ›Det langsomme forår‹ (1957). Wärme und feiner Humor kennzeichnen seine Gedichte.

Weitere Werke: Sommerens ekko (Ged., 1954), Lises hånd i min (Ged., 1972), Mariehønen (Ged., 1976).

Abish, Walter [engl. 'æbɪʃ], *Wien 24. Dez. 1931, amerikan. Schriftsteller österr. Herkunft. – Verbrachte Kindheit und Jugend in Schanghai, acht Jahre in Israel, dann Übersiedlung nach New York; seit 1960 amerikan. Staatsbürger; unterrichtete an verschiedenen Universitäten des amerikan. Nordostens engl. und vergleichende Literaturwiss. – seit 1979 v. a. an der Columbia University in New York; gehört mit seinen experimentellen Fiktionen zur Gruppe der postmodernen Schriftsteller, die die Krise der Gegenwartsliteratur durch die Aufgabe traditioneller Strukturen sowie durch die Selbstbezüglichkeit der Sprache thematisieren. Neben dem ersten Roman, ›Alphabetical Africa‹ (1974), in dem das Strukturierungsprinzip auf der Reihenfolge des Alphabets (A–Z/Z–A) beruht und in den 52 Kapiteln jeweils ein Buchstabe dominant verwendet wird, und zwei Kurzgeschichtensammlungen (›Das ist kein Unfall‹, 1975, dt. 1982, 1987 u. d. T. ›Das ist kein Zufall‹; ›Quer durch das große Nichts‹, 1977, dt. 1983), die mit formalen Experimenten auf die amerikan. Gegenwartskultur Bezug nehmen, ist bes. der Roman ›Wie deutsch ist es‹ (1980, dt. 1982) durch die Vision des vermeintlich ›neuen Deutschland‹ nach dem Weltkrieg bed. geworden; ›99. Der neue Sinn‹ (En., 1990, dt. 1990) ist eine Textcollage mit Auszügen aus Werken moderner Schriftsteller. 1993 erschien sein Roman ›Sonnenfieber‹ (dt. 1994).

Ableman, Paul [engl. ɛɪblmən], *Leeds 13. Juni 1927, engl. Schriftsteller. – Verfasser z. T. experimenteller Romane, die oft mehrere Realitätsebenen gegeneinander ausspielen (›I hear voices‹, 1957; ›As near as I can get‹, 1962; ›Vac‹, 1968; ›A killing on the exchange‹, 1987). Von seinen Dramen war ›Green Julia‹ (1966) erfolgreich.

Ablessimow (tl.: Ablesimov), Alexandr Onissimowitsch [russ. a'bljesiməf], *im Gouv. Kostroma 7. Sept. 1742, †Moskau 1783, russ. Schriftsteller. – Verfasser der volkstüml. kom. Oper ›Mel'nik, koldun, obmanščik i svat‹ (= Der Müller als Zauberer, Betrüger und Brautwerber, 1779; Musik von

Walter Abish

M. M. Sokolowski, 1792 umgearbeitet von J. I. Fomin); auch Fabeln, Märchen, Komödien, Satiren.

About, Edmond [frz. a'bu], * Dieuze 14. Febr. 1828, † Paris 16. Jan. 1885, frz. Schriftsteller. – Antiklerikaler Republikaner; glänzender Journalist; schrieb Sittenromane (›Le roman d'un brave homme‹, 1880; z. T. autobiographisch), wiss. und Reiseromane, phantast. Romane (›Der Mann mit dem abgebrochenen Ohre‹, 1862, dt. 1885) und Novellen in der Art P. Mérimées (›Pariser Heirathen‹, 1856, dt. 1856, 1886 u. d. T. ›Pariser Ehen‹; ›Les mariages de province‹, 1868). 1884 wurde er Mitglied der Académie française.
Weitere Werke: Der Bergkönig (E., 1857, dt. 1857, 1901 u. d. T. Der Fürst der Berge, 1962 u. d. T. Lösegeld nur gegen Quittung), Die Nase eines Notars (E., 1862, dt. 1863, 1947 u. d. T. Die Nase des Herrn Notar).

Abowjan (tl.: Abovjan), Chatschatur [russ. aba'vjan], * Kanaker 1805, bei Jerewan seit dem 14. April 1848 verschollen, armen. Schriftsteller. – Lehrer in Tiflis; maßgebl. Förderer eines neuzeitl. Erziehungswesens in Armenien; Begründer der modernen ostarmen. Literatur und Literatursprache, steht zwischen Romantik und Realismus; Hauptwerk ist der histor. Roman ›Die Wunden Armeniens‹ (1858) aus der Zeit des russisch-pers. Krieges 1826–28; auch Lyriker.
Ausgabe: Ch. A. Russ. Übers. Moskau 1897.
Literatur: INGLISIAN, V.: Die armen. Literatur. In: Hdb. der Orientalistik. Hg. v. B. SPULER. Abt. 1, Bd. 7. Leiden 1963. S. 241.

Abraham a Sancta Clara (Abraham a Santa Clara) ['zaŋkta 'kla:ra, 'zanta], eigtl. Johann Ulrich Megerle, * Kreenheinstetten bei Meßkirch 2. (1.?) Juli 1644, † Wien 1. Dez. 1709, Prediger und Schriftsteller. – 1662 Eintritt in den Orden der Augustiner-Barfüßer bei Mariabrunn (heute zu Wien); 1668 Priesterweihe; wirkte in Taxa bei Bayern und in Wien als Prediger; 1677 Hofprediger und Kanzelredner, später Prior des Konvents und, nach einigen Jahren in Graz, Ordensprovinzial; volkstümlichster und sprachgewaltigster christl. Prediger dt. Sprache im 17. Jh.; seine derben, anklagenden Worte verkündeten in mittelalterl. Tradition gottgewollte ständ. Gebundenheit, Beschränkung geistiger Interessen allein auf religiöse Zwecke und bekämpften den Lebensgenuß als sündhaft (›Huy! und Pfuy!‹, 1707). Seine Wirkung ist auf die umfassende Thematik und seine volkstüml. Ausdrucksweise zurückzuführen. Die anschaul. Beschreibung des Wiener Lebens machen seine Predigten zu kulturhistor. Denkmälern von barocker Farbigkeit. Die Bußpredigten ›Mercks Wienn‹ (1680) und ›Auff auff, ihr Christen‹ (1683; von Schiller als Vorbild für die Kapuzinerpredigt in ›Wallensteins Lager‹ genommen) sind unter dem Erlebnis der Pest und der Türkengefahr verfaßt. Auch sein satirisches Hauptwerk, ›Judas der Ertz-Schelm‹ (4 Bde., 1686–95), ist eine Sammlung predigtartiger Abhandlungen. Ein Teil seiner Schriften, so auch die lateinischen Mysterienspiele, sind verlorengegangen.
Ausgaben: A. a S. C. Sämmtl. Werke. Passau u. Lindau 1835–47. 21 Bde. – A. a S. C. Werke. Aus dem handschriftl. Nachlaß hg. v. der Akademie der Wiss. in Wien. Bearb. v. K. BERTSCHE. Wien 1943–45. 3 Bde. – Hui u. Pfui der Welt u. a. Schrr. Ausgew. v. J. VON HOLLANDER. Mchn. 1963.
Literatur: KARAJAN, TH. G. V.: A. a S. C. Wien 1867. – BERTSCHE, K.: A. a S. C. Mönchengladbach ²1922. – HORBER, A.: Echtheitsfragen bei A. a S. C. Weimar 1929. Nachdr. Hildesheim 1978. – BERTSCHE, K.: Die Werke A.s a S. C. in ihren Frühdrucken. Wien u. a. ²1961. – HEIDEGER, M.: Über A. a S. C. Meßkirch 1964. – MAURER, F.: A. a Santa C.s Huy u. Pfuy der Welt. Eine Studie ... Hdbg. 1969. – EYBL, F. M.: A. a S. C. Tüb. 1992.

Abraham Ben Meir Ibn Esra (tl.: Avraham Ben Me'ir Ibn 'Ezra; Aben Esra), * Toledo oder Tudela 1092 oder 1093, † Calahorra 23. Jan. 1167, span.-jüd. Dichter, Philosoph, Astronom, Astrologe, Grammatiker und Exeget. – Sein bedeutendstes Werk sind die umfangreichen Bibelkommentare, deren berühmtester, der Pentateuchkommentar, allen rabbin. Bibeln beigedruckt ist. Er gilt als Vorläufer des Rationalismus in der Bibelexegese. Von ihm stammen außerdem formal vollendete Gedichte und religiöse Lieder, in denen er die Nähe des messian. Reiches preist. Seine nichtreligiösen Gedichte (v. a. Wein- und Liebeslieder) sind im Diwan (hg. 1886) zusammengefaßt; auch bed. Übersetzer aus dem Arabischen ins Hebräische. Eine Auswahl seiner Gedichte wurde u. d. T.

›Reime und Gedichte des Abraham Ibn Esra‹ ins Deutsche übersetzt (2 Bde., 1885–94).
Literatur: Enc. Jud. Bd. 8, 1972, S. 1163. – PRIJS, L.: A. I. E.s Komm. zu Genesis, Kap. 1. Wsb. 1974. S. 7.

Abrahams, Lionel [engl. 'ɛɪbrəhæmz], * Johannesburg 1928, südafrikanischer Schriftsteller. – Zentrale Themen seines Werkes sind der Stellenwert religiöser (jüdisch/christl.) und eth. Werte sowie die von der sozialen Realität errichteten ›Hemmschwellen‹, an denen er individuelle Ideale wie Nächstenliebe, Verständnis und Toleranz mißt.
Werke: Thresholds of tolerance (Ged., 1975), The celibacy of Felix Greenspan (R., 1977).

Abrahams, Peter [engl. 'ɛɪbrəhæmz], * Vrededorp (heute zu Johannesburg) 19. März 1919, südafrikan. Schriftsteller. – Verließ 20jährig Südafrika und ging nach England, siedelte 1957 nach Jamaika über; schreibt in engl. Sprache. Mit Ausnahme des in der Karibik angesiedelten Romans ›This island now‹ (1966) spielen seine Romane in Afrika, die meisten in seiner durch Trennung der Rassen gekennzeichneten Heimat Südafrika.
Weitere Werke: Dark testament (R., 1942), Schwarzer Mann im weißen Dschungel (R., 1946, dt. 1961, 1994 auch u. d. T. Xuma Reiter der Nacht (R., 1948, dt. 1957), Wilder Weg (R., 1950, dt. 1952), ... dort, wo die weißen Schatten fallen (autobiograph. R., 1954, dt. 1956), A wreath for Udomo (R., 1956), A night of their own (R., 1965).
Literatur: OGUNGBESAN, K.: The writing of P. A. New York u. London 1979.

Abramow (tl.: Abramov), Fjodor Alexandrowitsch [russ. a'braməf], * Werkola (Gebiet Archangelsk) 29. Febr. 1920, † Leningrad (heute Petersburg) 14. Mai 1983, russ.-sowjet. Schriftsteller. – 1956–60 Hochschullehrer für sowjet. Literatur in Leningrad; beschrieb in seiner Prosa kritisch und realistisch die Lebensumstände der ländl. Bevölkerung während des 2. Weltkriegs; Verfasser der Romantrilogie ›Prjasliny‹ (1974) mit den Teilen ›Brüder und Schwestern‹ (1959, dt. 1976), ›Zwei Winter und drei Sommer‹ (1969, dt. 1976) und ›Wege und Kreuzwege‹ (1973, dt. 1976), zu der er mit dem Roman ›Das Haus‹ (1979, dt. 1980) eine Fortsetzung schrieb, sowie u. a. des

Essays ›Ein Tag im Neuen Leben‹ (1963, dt. 1963).
Weiteres Werk: Żarkim letom (= In einem heißen Sommer, En., 1984).

Abramowitsch, Schalom Jakob, jidd. Schriftsteller, ↑ Mendele Moicher Sforim.

Abravanel, J[eh]uda León [abrava-'neːl, portugies. ɐβrɐvɐ'nɛl], portugies.-jüd. Philosoph und Dichter, ↑ Leo Hebräus.

Abreu, Casimiro José Marques de [brasilian. a'breu], * Barra de São João (Bundesstaat Rio de Janeiro) 4. Jan. 1839, † Nova Friburgo (Bundesstaat Rio de Janeiro) 18. Okt. 1860, brasilian. Dichter. – Lebte 1853–57 in Lissabon, wo er 1856 das Theaterstück ›Camões e o Jau‹ veröffentlichte. A., der noch zur ersten brasilian. Romantikergeneration gehört, wurde bekannt und volkstümlich durch seine Gedichte ›As primaveras‹ (1859), deren Hauptmotive Liebesleid und Heimweh sind.
Ausgabe: C. J. Marques de A. Obras. Hg. v. S. DE SILVEIRA. Rio de Janeiro ²1955.

Abrogans, ältestes bekanntes, auf Veranlassung des Bischofs Arbeo von Freising etwa 765–770 entstandenes Literaturdenkmal in dt. Sprache; es handelt sich um die Bearbeitung einer lat. Synonymensammlung, benannt nach dem ersten Stichwort; die bair. Urfassung ist verloren, bekannt sind drei alemann. Umarbeitungen.
Literatur: BAESECKE, G.: Der dt. A. u. die Herkunft des dt. Schrifttums. Halle/Saale 1930. Nachdr. Hildesheim 1970. – SPLETT, J.: A.-Studien. Wsb. 1976.

Abschatz, Hans Aßmann Freiherr von, * Würbitz (Schlesien) 4. Febr. 1646, † Liegnitz 22. April 1699, dt. Dichter. – Rechtsstudium in Straßburg, Reisen in Frankreich und Italien; Liegnitzischer Landesbestallter; übersetzte G. B. Guarinis ›Il pastor fido‹ (u. d. T. ›Der treue Schäfer‹) und italien. Lyrik; in seinen eigenen Gedichten erweist er sich als schlichter und unmanierierter Barockdichter (›Poet. Übersetzungen und Gedichte‹, hg. 1704).
Literatur: WEGENER, C. H.: H. A. Frhr. v. A. Bln. 1910. Nachdr. Hildesheim 1978.

Abse, Dannie [engl. 'æbzɪ], * Cardiff 22. Sept. 1923, walis. Schriftsteller. – Studierte in Cardiff und London Medizin, praktizierte seit 1950 als Arzt. Wurde bes. durch seine Lyrik bekannt (›White coat, purple coat. Collected poems 1948 bis 1988‹, Ged., 1989), die, von seiner jüd. Herkunft geprägt, mit der Betonung des Ungewöhnlichen auf die Uniformität der modernen Welt reagiert. A. schrieb auch Romane, Dramen, Hörspiele und die Autobiographien ›A poet in the family‹ (1974) und ›A strong dose of myself‹ (1983); er ist auch Hg. von ›The music lover's companion‹ (1989).

Weitere Werke: Asche an eines jungen Mannes Ärmel (R., 1954, dt. 1991), Fire in heaven (Dr., 1956), The eccentric (Dr., 1961), O. Jones, O. Jones (R., 1970), The dogs of Pavlov (Dr., 1973), Pythagoras (Dr., 1979), Remembrance of crimes past (Ged., 1990), There was a young man from Cardiff (R., 1991).

Literatur: The poetry of. D. A. Critical essays and reminiscences. Hg. v. J. COHEN. London 1983. – CURTIS, T.: D. A. Cardiff 1985.

absolute Dichtung, Literatur, die Sprache absolut setzt, losgelöst von außersprachl. Ebenen; in diesem Sinne versteht sich a. D. als absichtslos, wesentlich ist das Experimentieren mit den einzelnen Wortkörpern, das Bewirken bildhafter Formen und Assoziationen. Die Geschichte der **absoluten Prosa** geht auf F. Schlegels theoret. Forderung eines ›absoluten Romans‹, der alle Romane in sich einschließt, zurück, auf die Entdeckung, daß der Roman ›die größten Disparaten‹ zulasse, da er ›Poesie in Prosa‹ (J. G. von Herder) sei. Im 19. Jh. erreichte die absolute Prosa (Th. Gautiers Formel des ↑L'art pour l'art folgend) im frz. Symbolismus einen ersten Höhepunkt: v. a. mit J.-K. Huysmans ›Gegen den Strich‹ (1884, dt. 1905), mit A. Gides ›Paludes‹ (1895, dt. 1905), P. A. Valérys Romanfragment ›Herr Teste‹ (1896, dt. 1927) und S. Mallarmés Fragment einer Erzählung ›Igitur‹ (hg. 1925, dt. 1957), das sich ›an die Intelligenz des Lesers‹ wendet, ›die selbst die Dinge in Szene setzt‹. Einen zweiten Höhepunkt markierten der A. Gide gewidmete Roman ›Bebuquin ...‹ (1912) C. Einsteins und G. Benns Fragment ›Roman des Phänotyp‹ (1944).

Für die **absolute Poesie** kann allgemein gelten, was C. Einstein bezüglich Mallarmés ›Ein Würfelwurf hebt den Zufall nicht auf‹ (1. Fassung 1897, 2. Fassung hg. 1914; dt. erstmals 1957) festhält: die Suche nach dem ›schwierigen Punkt, wo die Sprache sich durch Fixiertsein allein rechtfertigen kann, durch den Gegensatz des geschriebenen Schwarz und das unerschlossene Weiß des Papiers‹. Entwicklungsgeschichtlich gehen der Lyrik Mallarmés nach aphoristisch-fragmentar. Ansätzen in der dt. Romantik hier v. a. E. A. Poe (›The raven‹, 1845), Ch. Baudelaire (›Die Blumen des Bösen‹, 1857, dt. 1901; ›Kleine Prosagedichte‹, 1869, dt. 1920) und A. Rimbaud voran. Wie die absolute Prosa spielt die absolute Poesie nach dem Symbolismus noch einmal in der Wortkunst des ↑Sturmkreises um H. Walden eine auch theoret. Rolle bei A. Stramm und mit Übergängen zur akust. Dichtung bzw. visuellen Dichtung (↑experimentelle Dichtung) bei R. Blümner bzw. O. Nebel.

Für die Literatur nach 1945 könnte man außer bei H. Heißenbüttel auch bei F. Mon und F. Mayröcker u. a. von neuen ›Versuchen ,absoluter' Poesie und Prosa‹ in Richtung auf eine ↑konkrete Poesie sprechen. – ↑auch Gesamtkunstwerk, ↑Poésie pure, ↑autonome Dichtung.

Literatur: GÜNTHER, W.: Über die absolute Poesie. In: Dt. Vjschr. f. Literaturwiss. u. Geistesgesch. 23 (1949), S. 1; 24 (1950), S. 144. – GRIMM, R.: Romane des Phänotyp. In: GRIMM: Strukturen. Gött. 1963. – LANDMANN, M.: Die a. D. Essays zur philosoph. Poetik. Stg. 1963. – MAIER, RUDOLF N.: Absolute Wortkunst. In: MAIER: Paradies der Weltlosigkeit. Unterss. zur abstrakten Dichtung seit 1909. Stg. 1964. – BÖSCHENSTEIN, B.: Studien zur Dichtung des Absoluten. Zü. u. Freib. 1968. – ADAMS, J. T.: Stefan Georges ›Algabal‹ u. Eduard Mörikes ›Orplid‹. Zur Problematik des a. D. in Deutschland. In: Neue Beitr. zur George-Forschung 7 (1982), S. 54.

abstrakte Dichtung ↑experimentelle Dichtung.

absurdes Theater, Anfang der 50er Jahre in Frankreich entstandenes Theater (↑Antitheater), das u. a. aus dem Bruch mit traditionellen ›realist.‹ Auffassungen von Wirklichkeit und Sprache hervorgegangen ist; das a. Th. bricht auch mit der Dramaturgie anderer Formen des modernen Theaters (u. a. der des ep. Theaters). Der Begriff des a. Th.s, der nachträglich geprägt worden ist, entzieht

sich einer eindeutigen Definition, seine Dramatiker vertreten weder eine literar. Gruppe noch ein gemeinsames Programm.
Wegbereiter des a. Th.s sind seit Ende des 19. Jh. v. a. A. Jarry (›König Ubu‹, 1896, dt. 1958), die Surrealisten (bes. G. Apollinaire, ›Die Brüste des Tiresias‹, hg. 1918, dt. 1987) sowie A. Artaud (›Das Theater und sein Double‹, 1938, dt. 1969, u. a. mit dem Manifest ›Das Theater der Grausamkeit‹). Von hier führt die Entwicklung zu den Dramatikern E. Ionesco (›Die kahle Sängerin‹, 1953, dt. 1959; ›Die Stühle‹, 1954, dt. 1960), A. Adamov, S. Beckett (›Warten auf Godot‹, 1953, dt. 1953; ›Endspiel‹, 1956, dt. 1957), J. Tardieu, Roland Dubillard (* 1933), J. Genet u. a., die als Hauptvertreter des frz. a. Th.s gelten können.
Die **Stücke** des a. Th.s haben keine logisch entwickelte Handlungsstruktur (oft ohne Anfang und Ende), sie weisen auch keine Figuren im Sinne von Charakteren auf, sondern marionettenhaft agierende Akteure; statt Handlung gibt es eher Geschehensrhythmen: sich steigernde, zum Höhepunkt treibende Vorgänge (Ionesco), kreisende Rituale oder sich immer weiter reduzierende Abläufe (Becket); die Stücke sind aufgrund ihrer parabelhaften Konstruktion relativ kurz.
Thema des a. Th.s ist das unmittelbare Darstellen (Ausgesagtes und Form der Aussage decken sich) der Irrealität des Wirklichen, verbunden mit der unmittelbaren Gestaltung der Erstarrtheit und Zerstörung von Sprache als Ausdruck der Sprachlosigkeit der Menschen. ›Die Worte haben sein keine Bedeutung mehr‹ (Ionesco). Im Unterschied zum existentialist. Theater wird das Bewußtsein der Absurdität, der Leere und Sinnlosigkeit des menschl. Daseins ohne Deutung und Argumentation zum Ausdruck gebracht, wobei das Komische identisch ist mit dem Tragischen (trag. Farce); das Komische gilt als unmittelbare Erkenntnis des Absurden. – Neben der frz. Literatur haben tschech. (V. Havel) und poln. Autoren eine ähnl. Wendung zum a. Th. vollzogen (S. I. Witkiewicz, ›Die da‹, hg. 1962, dt. 1968; W. Gombrowicz, S. Mrożek). Verwandte Erscheinungen finden sich in England (H. Pinter, J. Saunders) und in den USA (E. Albee); in der deutschsprachigen Literatur erhielt das a. Th. neben W. Hildesheimer, G. Grass und M. Frisch neue Impulse durch P. Handke. Wichtige absurde Dramen sind auch die des frz. schreibenden Spaniers F. Arrabal.
Literatur: BÜTTNER, G.: A. Th. u. Bewußtseinswandel. Bln. 1968. – VEINSTEIN, A.: Le théâtre expérimental. Tendances et propositions. Brüssel 1968. – HEIDSIECK, A.: Das Groteske u. das Absurde im modernen Drama. Stg. u. a. ²1971. – DAMIAN, M.: Zur Geschichtlichkeit des Theaters des Absurden. Ffm. 1977. – DAUS, R.: Das Theater des Absurden in Frankreich. Stg. 1977. – PICARD, H. R.: Wie absurd ist das a. Th.? Konstanz 1978. – Modernes frz. Theater. Adamov-Beckett-Ionesco. Hg. v. K. A. BLÜHER. Darmst. 1982. – QUINT-WEGEMUND, U.: Das Theater des Absurden auf der Bühne u. im Spiegel der literaturwiss. Kritik. Ffm. 1983. – ESSLIN, M.: Das Theater des Absurden. Dt. Übers. Neuausg. Rbk. 76.–78. Tsd. 1987.

Abu Firas Al Hamdani (tl.: Abū Firās Al-Ḥamdānī), * in Mesopotamien 932, † 4. April 968, arab. Dichter. – Vetter des in Aleppo regierenden Emirs Saif Ad Daula, aus hamdanid. Geschlecht; Statthalter; geriet im Kampf gegen Byzanz in Gefangenschaft; seine Werke sind ein Spiegel seiner Zeit; Bedeutung erlangten v. a. die persönlich empfundenen, während der Gefangenschaft in Konstantinopel entstandenen Elegien. Sein Diwan wurde 1959/60 teilweise ins Deutsche übersetzt.
Literatur: DVOŘÁK, R.: Abû Firâs, ein arab. Dichter u. Held. Mit Taâlîbî's Ausw. aus seiner Poesie, in Text u. Übers. mitgeteilt. Leiden 1895. – Enc. Islam Bd. 1, ²1960, S. 119.

Abul Ala Al Maarri (tl.: Abū'l-'Alā' Al-Ma'arrī), * Maarrat An Numan bei Aleppo (Syrien) 26. Dez. 973, † ebd. 10. (oder 21.) Mai 1057, arab. Dichter. – Im Kindesalter erblindet, erwarb er sich trotzdem eine umfassende Bildung; begann als Bewunderer Al Mutanabbis (in seinen herkömml. Jugendgedichten ›Saqt az-zand‹ [= Feuersteinfunken]) und wandte sich in späteren Gedichten, bekannt unter dem Namen ›Luzūmiyyāt‹, in tiefem Pessimismus gegen den Offenbarungsglauben des Islams. Er schrieb ferner in Reimprosa ein iron. ›Sendschreiben‹ und ein von manchen als Parodie auf den Koran aufgefaßtes polem. Werk.

Literatur: BROCKELMANN, C.: Gesch. der arab. Litteratur. Suppl. 1. Leiden 1937. – Enc. Islam Bd. 5, ²1984, S. 27.

Abul Atahija (tl.: Abū'l-'Atāhiya[h]), * Al Kufa 748, † Bagdad um 826, arab. Dichter. – In Al Kufa erzogen; Günstling der Kalifen Al Mahdi und Harun Ar Raschid; schrieb Ghasele und Lobgedichte; unerwiderte Liebe soll ihn zu seiner schlichten asketisch-religiösen Lyrik inspiriert haben, deren Gegenstand vorwiegend der Tod und die Vergänglichkeit des Daseins sind und die ihm eine Anklage wegen Freidenkertums einbrachte; sein Diwan erschien 1887 in Beirut (dt. 1928).
Literatur: Enc. Islam 1, ²1960, S. 107.

Abul Faradsch, arab. Name des syr.-jakobit. Bischofs † Barhebraeus.

Abul Faradsch Al Isfahani (tl.: Abū'l-Farağ Al-Iṣfahānī), * Isfahan 897, † Bagdad 20. Nov. 967, arab. Schriftsteller und Geschichtsschreiber. – Lebte zeitweilig am Hof Saif Ad Daulas in Aleppo; sammelte in seinem ›Kitāb al-ağānī‹ (= Buch der Lieder) 100 zeitgenöss. arab. Gesänge, denen er genaue biograph. Angaben über Dichter und Musiker beifügte und die heute eine der wichtigsten Quellen für das arab. und frühislam. Leben, seine Sitten und Gebräuche sowie für die altarab. Literaturgeschichte sind.
Literatur: Enc. Islam Bd. 1, ²1960, S. 118.

Abul Hasan, span.-jüd. Dichter und Philosoph, † Juda Halevi.

Abu Madi (tl.: Abū Mādī), Ilijja, * Al Muhaiditha (Libanon) 15. Mai 1889, † New York 23. Nov. 1957, libanes. Dichter. – Um 1911 Emigration in die USA; Journalist; einer der profiliertesten Dichter der modernen arab. Welt; trug zur Erneuerung der arab. Sprache, Dichtung und Gesellschaft bei; berühmt v. a. durch eine Reihe von Diwanen und Gedichtsammlungen: ›Taḏkār al-māḍī‹ (= Erinnerung an die Vergangenheit, 1911), ›Dīwān A. M.‹ (= Diwan des A. M., 1916), ›Al-Ğadāwil‹ (= Die Bäche, 1927), ›Al-Ḥamā'il‹ (= Die Dickichte, 1947), ›Tibr wa-turāb‹ (= Erz und Staub, 1960).
Literatur: JAYYUSI, S. KH.: Trends and movements in modern Arabic poetry. Leiden 1977. S. 123. – Enc. Islam, Suppl. 1980, S. 27.

Abu Mihdschan (tl.: Abū Miḥğan), † Massaua (Äthiopien) nach 637, arab. Dichter. – Wurde wegen seiner Vorliebe für den Wein, den er in seinen Dichtungen besingt, an die abessin. Küste verbannt. Sein Diwan erschien 1886 in Leiden (hg. v. C. Landberg).
Literatur: Enc. Islam Bd. 1, ²1960, S. 140.

Abundanz [lat. = Überströmen, Überfluß], stilist. Begriff (so schon bei Quintilian, ›Institutio oratoria‹, 1. Jh.), der die Fülle sprachl. Ausdrucksformen bezeichnet, mit der derselbe Gedanke in verschiedener Form wiedergegeben werden kann.

Abu Nuwas (tl.: Abū Nuwās), * Ahwas (Iran) zwischen 747 und 762, † Bagdad um 814, arab. Dichter. – Sohn eines Arabers und einer Perserin; studierte in Basra und Al Kufa Poetik und Philologie; Wanderjahr bei Beduinen, deren Sprache er studiert haben soll; Günstling Harun Ar Raschids; wegen seines Lebenswandels zeitweise gefangengesetzt; vielseitiger Dichter, Meister eines brillanten Stils; schrieb Lieder zum Preis des Weins, der Jagd, der Knabenliebe, ferner panegyr. und religiösen Inhalts; sein Diwan erschien dt. 1855.
Literatur: Enc. Islam Bd. 1, ²1960, S. 143. – WAGNER, EWALD: Abū Nuwās. Wiesb. 1965.

Abu Schabaka (tl.: Abū Šabaka[h]), Iljas, * New York 1903, † 1947, libanes. Dichter. – Von der frz. Literatur v. a. des 18. und 19. Jh. beeinflußt; übersetzte Werke von Molière, Voltaire, A. de Lamartine u. a.; gilt als führender Vertreter der libanes. romant. Poesie. Sein Diwan, ›Afā'ī-l-firdaus‹ (= Schlangen des Paradieses, 1938), machte ihn zum ›poète maudit‹.
Literatur: JAYYUSI, S. KH.: Trends and movements in modern Arabic poetry. Leiden 1977. S. 424. – Enc. Islam, Suppl. 1980, S. 33.

Abu Schanab (tl.: Abū Šanab), Adil, * Damaskus 1931, syr. Schriftsteller. – Seine Erzählungen und Kurzgeschichten zeugen von seinem Engagement für den Sozialismus und beschreiben das Alltagsleben.
Werke: ›Ālam wa-lākinnahu ṣağīr (= Welt, aber sie ist klein, 1957), Zahra[h] istiwā'iyya[h] fī l-quṭb (= Trop. Blume am Pol, 1961), Ṯuwwār marrū bi-baytinā (= Rebellen gingen an unserem Haus vorbei, 1962), Aḥlām sā'a[t] aṣ-ṣifr (= Träume der Stunde Null, 1972).

Abu Tammam (tl.: Abū Tammām), *Dschasim (Syrien) um 805, †Mosul (Irak) 845 oder 29. Aug. 846, arab. Dichter. – Sohn eines christl. Syrers; Günstling verschiedener Kalifen; verdankt seinen Ruhm weniger seinen eigenen Dichtungen (panegyr. und Liebesgedichte u. a.) als seinen umfangreichen Anthologien arab. Poesie, von denen die ›Hamāsah‹ (dt. Übers. von F. Rückert, 2 Tle., 1846) die berühmteste ist und zu einem der wichtigsten Quellenwerke für die früharab. Literaturgeschichte wurde.
Literatur: Enc. Islam Bd. 1, ²1960, S. 153.

Abutsu-ni, †1283, jap. Dichterin. – Verfasserin des Reisetagebuchs ›Isayoinikki‹ (= Tagebuch vom Sechzehnten) im klassisch-höf. Stil mit in dieser Zeit seltenem Langgedicht. Ihre Gedichte fanden Eingang in die offizielle kaiserl. Sammlung ›Zoku-Kokinshū‹ (= Fortgesetzte Gedichte aus alter und neuer Zeit).

Abvers, zweiter Teil einer ↑ Langzeile oder eines ↑ Reimpaares oder Schlußvers eines ↑ Stollens. – ↑ auch Anvers.

Abzählreime, gereimte kindersprachl. Verse, die bei Gruppenspielen aufgesagt werden, um Spielteilnehmer auszulosen. Das Kind, das den Abzählreim spricht, zeigt oder tippt bei jeder Silbe (oder bei jedem Wort) auf einen Mitspieler; derjenige, auf den die letzte Silbe trifft, gilt als ausgelost.
Literatur: RÜHMKORF, P.: Über das Volksvermögen. Rbk. 102.–104. Tsd. 1988.

Académie française [frz. akademifrã'sɛ:z], Akademie für frz. Sprache und Literatur; ging aus einem privaten Dichterzirkel hervor; wurde 1635 unter Richelieu zu einer offiziellen Institution zur Vereinheitlichung und Pflege der frz. Sprache und Dichtung. Ziel war die Erarbeitung eines Wörterbuchs, einer Grammatik, Rhetorik und Poetik, von denen im 17. Jh. nur der ›Dictionnaire de l'Académie françoise‹ (2 Bde., 1694, ⁹1986 ff., Bd. 1 [A–Enz] vollständig 1992, auf 3 Bde. ber.) und erst 1932 eine Grammatik fertiggestellt wurden. – 1793 aufgrund des konservativen Charakters im Zuge der Frz. Revolution aufgelöst, 1803 neu gegr. als eine der fünf Akademien des Institut de France. Die A. f. besteht seit ihrer Gründung aus 40 gewählten Mitgliedern (les quarante immortels [= die vierzig Unsterblichen]), deren Aufgabe die Beobachtung, Pflege und Auslegung der frz. Sprache und Literatur ist; durch die zahlreichen jährlich verliehenen Preise für literar. Werke von bed. Einfluß auf die Literatur. 1980 wurde mit M. Yourcenar erstmals eine Frau und 1983 mit L. S. Senghor erstmals ein afrikan. Autor in die A. f. aufgenommen.
Literatur: Trois siècles de l'A. f. par les quarante. Paris 1935. – PETER, R.: L'A. f. et le 20ᵉ siècle. Paris 1949. – OSTER, D.: Histoire de l'A. f. Vialetay 1970. – Le 41ᵉ fauteuil de l'A. f. par vingt-six Académiciens. Paris 1971. – CASTRIES, R. DE LA CROIX: La vieille dame du quai Conti. Paris 1978. – CAPUT, J.-P.: L'A. f. Paris 1986. – SILATSA, N.: La tribu des immortels. Paris 1989.

Académie Goncourt [frz. akademigõ'ku:r], literar. Gesellschaft, die von den Brüdern E. und J. de Goncourt schon zu Lebzeiten geplant, aber erst nach dem Tod E. de Goncourts (1896) testamentarisch zur Herausgabe der umfangreichen Tagebücher der Brüder und zur Förderung junger begabter Autoren eingesetzt wurde. Sie besteht aus zehn Schriftstellern, die nicht der Académie française angehören dürfen und jährlich einen Literaturpreis **(Prix Goncourt)** für eine belletrist. Prosaveröffentlichung verleihen.
Literatur: CAFFIER, M.: L'A. G. Paris 1994.

Accademia della Crusca [italien. crusca = Kleie (in der Sprache soll ›das Mehl von der Kleie getrennt‹ werden)], 1582 in Florenz gegründete Akademie zur Pflege der italien. Sprache; gab 1612 das in Venedig erschienene erste normative Wörterbuch der italien. Literatursprache, das ›Vocabolario degli accademici della Crusca‹ heraus. Die Institution der A. d. C. wurde zum Vorbild anderer italien. und bed. europ. Sprachakademien. Seit 1955 bereitet die A. d. C. ein großes histor. Wörterbuch der italien. Sprache, den ›Dizionario storico della lingua italiana‹, vor.
Literatur: MIGLIORINI, B.: L'A. d. C. Florenz 1952. – L'A. d. C. Hg. v. G. GRAZZINI. Florenz ³1968. – TANCKE, G.: Die italien. Wörterbücher von den Anfängen bis zum Erscheinen des ›Vocabolario degli Accademici della Crusca‹. Tüb. 1984.

Accademia dell'Arcadia (Arcadia, Arkadia), 1690 von Schriftstellern aus dem Kreis um Königin Christine von

Schweden in Rom gegründete literar. Gesellschaft zur Bekämpfung der manierierten Dichtung des 17. Jh.; Vorbild waren die Dichtung F. Petrarcas sowie die pindar. und anakreont. Lyrik G. Chiabreras. Die Mitglieder der Gesellschaft trugen altgriech. Schäfernamen. Die Akademie, die bald an vielen Orten ›Kolonien‹ gründete, wurde 1925 in die noch heute bestehende **Accademia letteraria italiana dell'Arcadia** umgewandelt.

Literatur: TOFFANIN, G.: L'Arcadia. Bologna ³1958. – GIANANTONIO, P.: L'Arcadia napoletana. Neapel 1962. – PIROMALLI, A.: L'Arcadia. Palermo 1963.

Accius, Lucius, * Pisaurum (Umbrien) 170, † nicht vor 86, röm. Dichter. – Sohn eines Freigelassenen, ließ sich in Rom nieder, wo er bald als Dramatiker allgemein bekannt wurde; von seinen zahlreichen Tragödien nach griech. Vorbildern sind etwa 40 Titel bekannt und etwa 700 Verse erhalten. A. behandelte auch philolog. Fragen (z. T. in Versform); seine ›Didascalica‹ (= Didaktisches) enthielten u. a. Abhandlungen über poet. Gattungen. A. strebte auch eine Reform der Rechtschreibung an.

Ausgabe: Remains of old Latin. Hg. v. E. H. WARMINGTON. London 1935–40. 4 Bde. **Literatur:** A. Lexicon Accianum. Hg. v. A. DE ROSALIA. Hildesheim 1982.

Accolti, Bernardo, genannt L'Unico Aretino, * Arezzo 1458, † Rom 1535, italien. Dichter. – Führte ein unstetes Leben, hielt sich an den Höfen von Urbino, Mantua und Neapel, zuletzt am päpstl. Hof in Rom auf, wo er wegen seiner glänzenden Gedichtimprovisationen in petrarkisierendem Stil gefeiert wurde. Bed. ist seine Komödie ›Virginia‹ (UA 1493, hg. 1513), die er nach einem Stoff aus G. Boccaccios ›Decamerone‹ (9. Geschichte des 3. Tages) verfaßte.

Accoramboni, Vittoria, * Gubbio 15. Febr. 1557, † Padua 22. Dez. 1585, italien. Adlige. – Bekannt durch ihre Schönheit und ihr trag. Schicksal. Sie war mit Francesco Peretti, dem Neffen des späteren Papstes Sixtus V., unglücklich verheiratet; ihr Bruder Marcello beseitigte 1581 ihren Gatten, um eine Ehe zwischen ihr und Paolo Orsini, Herzog von Bracciano, zu ermöglichen, der seine Frau Isabella Medici deswegen erdrosselte und dann Vittoria A. heiratete. Aus Angst vor dem Papst floh das Paar nach Padua, wo Vittoria A. nach dem Tod Orsinis und einem Erbstreit mit Ludovico Orsini auf dessen Betreiben und dem der Medici ermordet wurde. – Dichter. Behandlung des Stoffes u. a. durch J. Webster (›Der weiße Teufel‹, Dr., 1612, dt. 1880), Stendhal (›Renaissance-Novellen‹, vollständig hg. 1855, dt. 1904), L. Tieck (›V. Accorombona‹, R., 1840).

Acernus, poln. Satiriker, † Klonowic, Sebastian Fabian.

Acevedo Díaz, Eduardo [span. ase-'βeðo 'ðias], * Montevideo 20. April 1851, † Buenos Aires 18. Juni 1921, uruguay. Schriftsteller. – Nahm auf der Seite des Partido Blanco aktiv an den Revolutionen von 1870, 1875 und 1897 teil. Sein Hauptwerk, die Romantetralogie ›Ismael‹ (1888), ›Nativa‹ (1890), ›Grito de gloria‹ (1893) und ›Lanza y sable‹ (1914) behandelt die Geschichte Uruguays von den Unabhängigkeits- bis zu den von ihm miterlebten Bürgerkriegen.

Weitere Werke: Brenda (R., 1884), Soledad (R., 1894), Minés (R., 1907).

Achad Haam (tl.: Aḥaḏ-Haʿam), eigtl. Ascher Ginzberg, * Skwira (Ukraine) 5. Aug. 1856, † Tel Aviv-Jaffa 2. Jan. 1927, jüd. Schriftsteller, Soziologe und Philosoph. – Studierte Philosophie in Odessa, Berlin, Wien, Brüssel und war Redakteur und Herausgeber in Odessa, seit 1907 in London, danach in Tel Aviv; vertrat in seinen zahlreichen, stilistisch als vorbildlich angesehenen Essays (›Am Scheidewege‹, 1895, dt. 1923) einen auf das gemeinsame jüd. Kulturerbe gegründeten Zionismus (im Ggs. zu Th. Herzls politisch ausgerichtetem Zionismus), den sog. Achad-Haamismus. Dt. erschienen auch ›Briefe‹ (4 Bde., 1923–25).

Literatur: BENTWICH, N. DE MATTOS: Ahad Ha'am and his philosophy. Jerusalem 1927. – KOHN, H.: L'humanisme juif. Paris 1931. – SIMON, L.: Ahad ha-am, Asher Ginzberg. Philadelphia (Pa.) 1960.

Achard, Marcel [frz. a'ʃaːr], eigtl. Marcel Augustin Ferréol A., * Sainte-Foy-lès-Lyon 5. Juli 1899, † Paris 4. Sept. 1974, frz. Dramatiker. – Stammt aus bäuerl. Verhältnissen; studierte in Lyon, ging dann nach Paris, wo er 1924 mit ›Voulez-vous jouer avec moâ?‹ seinen ersten

Theatererfolg hatte. Einer der erfolgreichsten Autoren des modernen frz. Boulevardtheaters; von seinen über 30 Komödien wurde ›Jan der Träumer‹ (1929, dt. 1948) am bekanntesten; schrieb auch Drehbücher, u.a. zu den Filmen ›Mam'zelle Nitouche‹ und ›Madame de ...‹, sowie Lyrik. 1959 wurde er Mitglied der Académie française.

Weitere Werke: La muse pérégrine (Ged., 1924), La cendre empourprée (Ged., 1927), Mistigri (Kom., 1931, dt. 1932), Domino (Kom., 1932), La femme en blanc (Kom., 1933), Le corsaire (Kom., 1938), Adam (Kom., 1939), Mademoiselle de Panama (Kom., 1942), La demoiselle de petite vertu (Kom., 1950), Patate (Kom., 1956), Die aufrichtige Lügnerin (Kom., 1960, dt. 1962), Gugusse (Kom., 1968).
Literatur: BOURDET, D.: Pris sur le vif. Paris 1957. – LORCEY, J.: M. A. ou cinquante ans de vie parisienne. Paris 1977.

Achebe, Chinua [engl. ɑːˈtʃɛɪbɛɪ], * Ogidi (Ostnigeria) 15. Nov. 1930, nigerian. Schriftsteller. – Prof. für Literatur an der University of Nigeria in Nsukka; schildert in seinen Romanen die Konflikte, die durch das Aufeinanderstoßen der afrikan. und europ. Kulturen entstehen. Am Beispiel der Ibo und unter Vermeidung von Schwarzweißmalerei macht A. klar, daß die afrikan. Gesellschaften Würde besaßen, bevor ihre Kulturen unter der westl. Zivilisation zusammenbrachen.

Werke: Okonkwo oder Das Alte stürzt (R., 1948, dt. 1959), Obi (R., 1960, dt. 1963), Der Pfeil Gottes (R., 1964, dt. 1965), A man of the people (R., 1966), Beware, soul brother and other poems (Ged., 1971), Girls at war, and other stories (En., 1972, erweitert 1982), Morning yet on creation day (Essay, 1975), The trouble with Nigeria (Essay, 1983), Termitenhügel auf der Savanne (R., 1987, dt. 1991), Hopes and impediments. Selected essays 1965–1987 (1988).
Literatur: BÖTTCHER, K.-H.: Tradition u. Modernität bei Amos Tutuola u. Ch. A. Bonn 1974. – WREN, R. M.: A.'s world. The historical and cultural context of the novels of Ch. A. Washington 1980. – CARROLL, D.: Ch. A. London ²1990. – INNES, C. L.: Ch. A. Cambridge 1990. – GIKANDI, S.: Reading Ch. A. Cambridge 1991.

Achikar (tl.: Aḥīqar), Weiser aus dem Vorderen Orient. – Überliefert sind Weisheitssprüche und Parabeln, von romanhafter Handlung umrankt. Das älteste erhaltene Fragment (6. Jh. v. Chr.; altaramäisch) wurde bei Elephantine ge-

funden. A., Siegelbewahrer Sanheribs, empfiehlt dessen Nachfolger Asarhaddon seinen Neffen Nadan als seinen Nachfolger am Hof. Obwohl A. Nadan erzogen hat, verleumdet ihn dieser beim König, der seinen Tod befiehlt. Nur durch Dankbarkeit des Vollzugsbeamten am Leben geblieben, wird A. schließlich rehabilitiert. Das bibl. Buch Tobias kennt bereits A. (dort Achiachar; u.a. 1, ˅21 f.; 2, 10); Tobias bezeichnet A. als seinen Neffen. – In ihrer überlieferten Fassung ist die A.-Tradition Teil der jüd. Literatur, sie dürfte aber nach höf.-histor. Hintergrund, den Namen (A. ist keilschriftlich belegt) und der religiösen Thematik auf ein verlorenes älteres mesopotam. Vorbild in der babylon. Weisheitsliteratur Assyriens zurückgehen. Seine volkstüml. Züge ließen es in die Literatur des Mittelmeerraumes eingehen, wobei es erweitert und verändert wurde. Syr., neusyr., armen., arab., türk., slaw. Fassungen liegen vor. Elemente aus dem Werk sind im AT und im NT zu finden.

Ausgaben: CONYBEARE, F. C., u. a.: The story of Aḥikar from the Aramaic, Syriac, Arabic, Armenian, Ethiopic, Old Turkish, Greek and Slavonic versions. Cambridge ²1913. – COWLEY, A.: Aramaic papyri of the fifth century b. C. Oxford 1923. S. 204. – Altoriental. Texte zum AT. Hg. v. H. GRESSMANN. Bln. ²1926. S. 454. Nachdr. 1970.

Achịlleus Tạtios (tl.: Achilleùs Tátios), griech. Schriftsteller des ausgehenden 2. Jh. in Alexandria. – Verfasser des umfangreichen spätantiken Liebesromans ›Leukippe und Kleitophon‹, der sich in Byzanz lange Zeit außerordentl. Beliebtheit erfreute.

Achleitner, Friedrich, * Schalchen (Oberösterreich) 23. Mai 1930, österr. Schriftsteller. – Architekt; gehörte ab 1955 zur avantgardist. ›Wiener Gruppe‹ von H. C. Artmann, K. Bayer, G. Rühm und O. Wiener, beteiligte sich an Gemeinschaftsproduktionen und am ›literar. cabaret‹; verfaßte Dialektgedichte und Arbeiten im Bereich der konkreten Poesie, wobei insbes. die Möglichkeiten der visuellen Textgestaltung als Ausdrucksmittel benutzt werden; auch Publikationen aus den Bereichen Architekturgeschichte und -kritik (›Österr. Architektur im 20. Jh.‹, auf 3 Bde. ber., 1980 ff.; ›Nieder mit Fischer von Erlach‹, 1986).

Weitere Werke: hosn, rosn, baa (1959; mit H. C. Artmann u. G. Rühm), prosa, konstellationen, montagen, dialektgedichte, studien (1970), quadrat-roman (1973), Kaaas. Dialektgedichte (1991).
Ausgabe: F. A. u. Gerhard Rühm. Super Record 50 + 50. Hg. v. H. BÄCKER. Linz 1980.

Achmadulina, Bella (Isabella) Achatowna, * Moskau 10. April 1937, russ. Lyrikerin. – Zunächst Betriebsjournalistin, Absolventin des Gorki-Literaturinstituts; schrieb in Auseinandersetzung mit der sowjet. Gesellschaft dynamisch-rhythm., teils schwermütige Verse.
Werke: Struna (= Die Saite, Ged., 1962), Uroki muzyki (= Musikstunden, Ged., 1969), Sveča (= Die Kerze, Ged., 1977), Tajna (= Geheimnis, Ged., 1983), Sad (= Der Garten, Ged., 1987).
Literatur †Jewtuschenko, Jewgeni Alexandrowitsch.

Achmatowa (tl.: Achmatova), Anna Andrejewna, eigtl. A. A. Gorenko, * Odessa 23. Juni 1889, † Domodedowo (Gebiet Moskau) 5. März 1966, russ.-sowjet. Lyrikerin und Übersetzerin. – 1910–18 ∞ mit N. S. Gumiljow. Ihr Vorbild war A. S. Puschkin. Ihre ersten Gedichtbände › Večer‹ (= Abend, 1912) und ›Četki‹ (= Der Rosenkranz, 1914) gewannen ihr einen großen Leserkreis. Es folgten ›Belaja staja‹ (= Die weiße Schar, 1917), ›Anno Domini MCMXXI‹ (1922). A. begann mit leidenschaftl., schlichten, aber formvollendeten Schilderungen der Liebe. Später kam sie auch zu anderen Themen: Krieg, Revolution u. a. polit. Geschehnisse brachten trag. Töne; schrieb auch religiös-prophet. Verse. Sie gilt als bedeutende Vertreterin des †Akmeismus. Nach rund 20jährigem Schweigen erschien ›Iz šesti knig‹ (= Aus sechs Büchern, 1940). 1946–50 war der Druck ihrer Werke verboten.
Weitere Werke: Requiem (Ged., München 1963, in der Sowjetunion 1987, dt. 1964), Das Echo tönt (Ged., dt. Auswahl 1964), Ein nie dagewesener Herbst (Ged., dt. Ausw. 1967), Poem ohne Held (Ged., hg. 1978, russ. u. dt. 1979), Im Spiegelland (Ged., dt. Ausw. 1982), Gedichte (russ. u. dt., hg. 1988), Die roten Türme des heimatlichen Sodom (Ged., russ. u. dt., hg. 1988).
Ausgaben: A. A. Achmatova. Sočinenija. Washington 1967–83. 3 Bde. – A. A. Achmatova. Stichotvorenija i poėmy. Leningrad 1985. – A. A. Briefe, Aufsätze, Fotos. Hg. v. S. HEINRICHS. Bln. 1991.

Literatur: VINOGRADOV, V. V.: A. Achmatova. Petrograd 1922. Nachdr. Mchn. 1970. – MAURINA, Z.: A. In: MAURINA: Porträts russ. Schriftsteller. Memmingen 1968. – ŽIRMUNSKIJ, V. M.: Tvorčestvo A. Achmatovoj. Leningrad 1973. – HAIGHT, A.: A. Achmatova. London 1976. – TOPOROV, V. N.: Achmatova i Blok. Berkeley (Calif.) 1981. – KUSMINA, J.: A. A. Ein Leben im Unbehausten. Dt. Übers. Bln. 1993. – †auch Tschukowskaja, Lidija Kornejewna.

Achtal, Al (tl.: Al-Aḫṭal), * um 640, † um 710, arab. Dichter. – Angehöriger des christl. Stammes der Taghlib im nördl. Mesopotamien; als Dichter traditioneller Lob- und Schmähgedichte Vertreter des Geistes der vorislam. Dichter in der Omaijadenzeit; sein Diwan erschien 1891.

Achterberg, Gerrit [niederl. 'αxtərbɛrx], * Langbroek 20. Mai 1905, † Oud-Leusden 17. Jan. 1962, niederl. Lyriker. – Gilt als bedeutendster niederl. Dichter seiner Generation; in ›Afvaart‹ (Ged., 1931) findet sich schon das Motiv von Liebe und Tod, das in späteren Gedichtbänden, v. a. in ›Eiland der ziel‹ (1939) im Mittelpunkt steht. Seine Gedichte sind zunächst frei gebaut, haben eine expressionistisch anmutende Bildhaftigkeit und enthalten manchmal Formulierungen, die an Wissenschaftssprache erinnern. In seiner späteren Dichtung wird die Thematik breiter und variantenreicher, die Form wird traditioneller.
Weitere Werke: Cryptogamen (Ged., 1946), Oude cryptogamen (Ged., 1951), Cryptogamen III (Ged., 1953), Cryptogamen IV (Ged., 1961), Verzamelde gedichten (1963).
Literatur: MEIJER, R. P.: Contribution to the study of the poetry of G. A. Diss. Melbourne 1958. – Sondernummern der Zss. De Gids (1962), Hh. 3 u. Maatstaf (1964), Hh. 10–11. – Nieuw kommentaar op A. Hg. v. B. BAKKER u. A. MIDDELDORP. Den Haag 1966.

Achternbusch, Herbert, * München 23. Nov. 1938, dt. Schriftsteller und Filmemacher. – Studierte Malerei und übte dann verschiedene Tätigkeiten aus; lebt heute bei München. Literar. Einzelgänger, dessen Bücher und Filme keiner gängigen literar. oder polit. Bewegung zuzuordnen sind. Das Bewußtsein des Individuums bestimmt in allen Arbeiten A.s Thema, Sprache und Erzählform. Er versucht, sich selbst, seine Erfahrungen unmittelbar, d. h. unfiktional, zu Papier zu bringen. Den ihm 1977 verliehenen Pe-

Herbert
Achtern-
busch

trarca-Preis wies er zurück; Bundesfilm-
preis 1982.

Werke: Die Macht des Löwengebrülls (E.,
1970), Die Alexanderschlacht (E., 1971), Der
Tag wird kommen (R., 1973), Das Andechser
Gefühl (Film, 1974), Die Stunde des Todes (R.,
1975), Land in Sicht (R., 1977), Servus Bayern
(Film, 1978), Ella (Stück, 1978), Der Komant-
sche (Film, 1979), Es ist ein leichtes beim Gehen
den Boden zu berühren (Theaterstücke [u.a.
Gust, Susn], Filmtexte, 1980), Das letzte Loch
(Film, 1981), Der Frosch (Stück, 1981), Der
Depp (Film, 1982), Das Gespenst (Film, 1982),
Mein Herbert (Stück, 1982), Die Olympiasiege-
rin (Film, 1983), Wellen (Prosa, 1983), Weg (au-
tobiograph. Prosa, 1985), Breitenbach (autobiograph. Prosa, 1986), Das Ambacher Exil (Prosa,
Ged. u.a., 1987), Die blaue Blume (1987), Mix-
wix (Prosa, Ged., Drehb., 1990), Es ist niemand
da (Texte, 1992).
Literatur: H. A. Hg. v. J. DREWS. Ffm. 1982. –
JACOBSEN, W., u.a.: H. A. Mchn. u. Wien 1984.

Achundsadạ (tl.: Āhundzādaʰ),
Mirsa Fath Ali, russ. Mirsa Fatali Achun-
dow (Achundov), * Nucha (heute Scheki)
12. Juli 1812, † Tiflis 10. März 1878, aserbaidschan. Schriftsteller und Philosoph. – Studium der russ. Sprache und
Literatur, gilt als Begründer der neueren
aserbaidschan. Literatur; aufklärer. Materialist und Atheist, von W. G. Belinski
beeinflußt; schrieb sozialkrit. Komödien
und satir. Erzählungen.

Achwerdow (tl.: Achverdov), Ab-
durragim [russ. ax'vjɛrdɐf], * Schuscha
28. Mai 1870, † Baku 12. Dez. 1933, aserbaidschanisch-sowjet. Schriftsteller. –
Führte die von M. F. A. Achundsada begründete literar., bes. die dramat. Tradition fort; Verfasser realist. sozialkrit.
Dramen und histor. Tragödien, von Erzählungen und Feuilletons.

Acker, Kathy [engl. 'ækər], * New
York 18. April 1947, amerikan. Schriftstellerin. – Studium der Philosophie,
Lehrtätigkeit am San Francisco Art Institute; nach Aufenthalt in London
(1986–90) lebt A. seit 1990 in San Francisco. Die avantgardist. Punkromane der
engagierten Feministin und Popkünstle-
rin verweigern sinnstiftende Strukturen
konventionellen Erzählens und leben
vielmehr von einem aus Pornographie,
Plagiaten und Punkprovokation bestehenden intertextuellen Beziehungsge-
flecht, das der Leser zusammensetzen
muß. So zitiert ›Harte Mädchen weinen
nicht‹ (R., 1978, dt. 1985) S. Freud,
N. Hawthorne und G. Boccaccio, ›Große
Erwartungen. Ein Punk-Roman‹ (1982,
dt. 1988) Ch. Dickens und der mit einer
weibl. Figur besetzte Roman ›Die Geschichte der Don Quixote. Ein Traum‹
(1986, dt. 1988) den span. Schelmenroman. In ›Im Reich ohne Sinne‹ (R., 1988,
dt. 1989) wird der Abbau von hierarch.
Autoritätsstrukturen auf die Erzählin-
stanz und die Sprache selbst ausgeweitet,
um eine hierarchiefreie Zone in der Literatur und schließlich auch in der Realität
zu schaffen.
Weitere Werke: I dreamt I was a nymphoma-
niac. Imagining (R., 1974), Kathy auf Haiti (R.,
1978, dt. 1991), Mein Tod, mein Leben. Die Geschichte des Pier Paolo Pasolini (R., 1987, dt.
1987), In memoriam to identity (R., 1990), Hannibal Lecter, my father (R., 1991), Portrait of an
eye (R., 1992).

Ackermann, Hans, dt. Dichter der 1.
Hälfte des 16. Jahrhunderts. – Lebte in
Zwickau; verfaßte von der Reformation
beeinflußte lehrhafte Dramen (›Der ver-
lorene Sohn‹, 1536; ›Spiel vom barmher-
zigen Samariter‹, 1545) und Spruchge-
dichte.
Literatur: HAHN, K.: Biographisches von Paul
Rebhun u. H. A. In: Neues Arch. f. Sächs.
Gesch. 43 (1922).

Ackermann, Louise Victorine [frz.
akɛr'man], geb. Choquet, * Paris 30. Nov.
1813, † Nizza 2. Aug. 1890, frz. Lyrikerin. – War zu Studien in Berlin, wo sie
1843 den prot. Theologen und Prinzen-
erzieher Paul A. heiratete; führte nach
dessen Tod (1846) in der Nähe von Nizza
ein zurückgezogenes Leben; ab 1874 in Paris. Beeinflußt u. a. von A. Schopenhauer,
schrieb sie bes. philosoph. Dichtungen

stoischen, pessimist. und glaubensfeindl. Charakters: ›Poésies. Premières poésies. Poésies philosophiques‹ (Ged., 1874), ›Pensées d'une solitaire‹ (mit Autobiogr., 1882); auch phantast. Erzählungen (›Contes‹, 1855). Literatur: SCOTTI, U.: Una poetessa del dolore. Luisa A. Florenz 1910.

Ackroyd, Peter [engl. 'ækrɔɪd], * London 5. Okt. 1949, engl. Schriftsteller. – Nach dem Studium in Cambridge und Yale verfaßte er krit. und kulturgeschichtl. Schriften sowie Gedichte (›London Lickpenny‹, 1973; ›Country life‹, 1978); als Biograph profilierte er sich mit ›T. S. Eliot‹ (1984, dt. 1988) und ›Dickens‹ (1990). Seine Romane lassen Fiktionen aus vorhandenen Texten entstehen und untergraben diese: ›The great fire of London‹ (R., 1982) gibt sich als Fortschreibung eines Dickens-Romans; ›Hawksmoor‹ (R., 1985, dt. 1988 u. d. T. ›Der Fall des Baumeisters‹) stellt Konventionen des histor. Romans bloß; ›Chatterton‹ (R., 1987, dt. 1990) thematisiert die Biographen-Erfahrung im Geflecht von Authentizität, Fälschung und subjektiver Imagination. Weitere Werke: Notes for a new culture (Abh., 1976), Dressing up, transvestism and drag (Abh., 1979), Ezra Pound and his world (Abh., 1980), The last testament of Oscar Wilde (R., 1983), The diversions of Purley and other poems (Ged., 1987), First light (R., 1989, dt. 1992 u. d. T. Die Uhr in Gottes Händen), English music (R., 1992), The house of Doctor Dee (R., 1993), Dan Leno and the Limehouse Golem (R., 1994).

Actius Sincẹrus, italien. Dichter, ↑ Sannazaro, Iacopo.

Acuña, Hernando de [span. a'kuɲa], * Valladolid um 1520, † Granada 1580, span. Dichter. – Kämpfte als Soldat u. a. in Italien und Deutschland; befreundet mit Garcilaso de la Vega. Verfaßte von F. Petrarca beeinflußte Lyrik (hg. 1591), übersetzte Ovid, Teile von M. M. Boiardos ›Orlando innamorato‹ und 1553 ›Le chevalier délibéré‹ von O. de La Marche. Ausgabe: Varias poesías. Hg. v. E. CATENA DE VINDEL. Madrid 1954. Literatur: ALONSO CORTÉS, N.: Don H. de A. Noticias biográficas. Valladolid 1913. – MENÉNDEZ Y PELAYO, M.: H. de A. In: MENÉNDEZ Y PELAYO: Biblioteca de traductores españoles. Bd. 1. Santander 1952. – LANGE, W.-D.: Trennungen. Poetolog. Reflexion, Humanismus u.

Zeitgesch. in Werk H. de A.s. In: Span. Lit. im Goldnen Zeitalter. F. Schalk zum 70. Geburtstag. Hg. v. H. BAADER u. E. LOOS. Ffm. 1972. S. 209.

Adam de la Halle (Hale) [frz. adãdla'al], genannt A. d'Arras oder A. le bossu (= der Bucklige), * Arras um 1237 (1245?), † Neapel (?) 1287, frz. Dichter und Komponist. – Stand nach Universitätsstudien (Theologie) in Paris im Dienste Roberts II. von Artois, mit dem er an den Hof von dessen Onkel, Karl von Anjou, nach Neapel kam; wohl der bedeutendste Trouvère; verfaßte und komponierte Chansons, Rondeaus, Motetten, Streitgedichte, Balladen und lyrischweltl. Spiele (›Le jeu de Robin et de Marion‹, 1283; ›Le jeu de la feuillée‹). Bed. sind seine dreistimmigen Kompositionen (erhalten: 5 Motetten, 15 Rondeaus, eine Ballade). Ausgabe: A. de la H. Das Laubenspiel. Hg. v. R. BORDEL u. a. Zweisprachig. Mit Bibliogr. Mchn. 1972. Literatur: BARTH-WEHRENALP, R.: Studien zu A. de la H. Diss. Wien 1974. – DUFOURNET, J.: A. à la recherche de lui-même. Paris 1974. – DUFOURNET, J.: Sur le jeu de la feuillée. Études complémentaires. Paris 1977.

Adam von Sạnkt Vịktor (A. de Saint-Victor), * in der Bretagne (?) oder in England (?) um 1112, † Paris 1177 oder im Juli 1192, frz. Dichter. – Lebte in Paris als Augustiner-Chorherr in der Abtei Saint-Victor, in der ihm das Amt des Kantors übertragen war. Seine zahlreichen lat. Sequenzen wurden in ganz Europa gesungen. Stilistisch sind sie mit ihrer rhythm. Glättung und gleichmäßigen Behandlung des Reimes maßgebende Ausprägungen der Sequenzen der sog. (auf den Übergangsstil folgenden) zweiten Epoche. Ausgabe: A. v. St. V. Sämtl. Sequenzen. Lat. u. dt. Einf. u. Übers. v. F. WELLNER. Mchn. ²1955. Literatur: SZÖVÉRFFY, J.: Die Annalen der lat. Hymnendichtung. Bd. 2. Bln. 1965. – BERNT, G.: A. v. S. V. In: Lex. des MA. Bd. 1. Mchn. u. Zü. 1980.

Adam, Artur, poln. Literaturkritiker und Schriftsteller, ↑ Międzyrzecki, Artur.

Adam, Juliette [frz. a'dã], geb. Lamber, *Verberie (Oise) 4. Okt. 1836, † Callian (Var) 24. Aug. 1936, frz. Schriftstellerin. – Gründete 1879 die Zeitschrift ›La Nouvelle Revue‹, die den Revanchegedanken pflegte; ihr Salon war Treffpunkt vieler Literaten, Politiker der 3. Republik und Revanchisten. Sie veröffentlichte, meist unter ihrem Mädchennamen, zahlreiche Erzählungen, Romane (u. a. ›Païenne‹, 1883; ›Chrétienne‹, 1913), Gesellschaftsschilderungen und Erinnerungen (›Mémoires‹, 7 Bde., 1902–10) aus der Zeit der Belagerung von Paris und aus dem polit. Leben.

Adam, Paul [frz. a'dã], * Paris 7. Dez. 1862, † ebd. 1. Jan. 1920, frz. Schriftsteller. – Begann als Naturalist (›Chair molle‹, R., 1885), wandte sich dann dem Symbolismus zu (›Soi‹, R., 1886; ›Être‹, R., 1888); pflegte v. a. den zeitgeschichtl. Roman (Hauptwerk ist die Familiengeschichte ›Le temps et la vie‹: ›La force‹, 1899; ›L'enfant d'Austerlitz‹, 1902; ›La ruse‹, 1903; ›Au soleil de juillet‹, 1903), schrieb auch histor. und soziale Romane (›Le trust‹, 1910; gegen das Kapital). **Literatur:** DUNCAN, J. A.: Les romans de P. A. Bern u. a. 1977.

Adama van Scheltema, Carel Steven [niederl. 'a:dəma van 'sxɛltəma], * Amsterdam 26. Febr. 1877, † Bergen (Nordholland) 6. Mai 1924, niederl. Schriftsteller. – War Schauspieler; v. a. Lyriker, trat zuerst mit Sonetten hervor: ›Een weg van verzen‹ (1900); wandte sich dem Sozialismus zu und forderte eine neue volkstüml. Gemeinschaftskunst; seine antinaturalist. Theorie legte er in der Schrift ›De grondslagen eener nieuwe poëzie‹ (1908) nieder.

Adamič, Louis [engl. 'ædəmık, ə'dæmık], * Blato (Slowenien) 21. März 1898, † Milford (N. J.) 4. Sept. 1951, amerikan. Schriftsteller slowen. Herkunft. – Lebte ab 1913 in den USA; schrieb in engl. Sprache [prosozialist.] Romane und Essays über zeitgeschichtl. Themen, insbes. Emigrantenproblematik. Zahlreiche seiner Werke wurden ins Slowenische übersetzt, u. a. ›Grandsons‹ (R., 1935, slowen. 1951 u. d. T. ›Vnuki‹).

Adamov, Arthur [frz. ada'mɔf], * Kislowodsk (Kaukasus) 23. Aug. 1908, † Paris 15. März 1970 (Selbstmord), frz. Dramatiker russ.-armen. Herkunft. – Wurde mit seiner Familie in Deutschland vom 1. Weltkrieg überrascht; besuchte in der Schweiz und später in Mainz die frz.

Schule; lebte ab 1924 meist in Frankreich (1957 frz. Staatsbürger). Experimentierfreudiger, avantgardist. Dramatiker; versuchte in seinen Dramen abstrakte ›lebensphilosoph. Sinnbilder‹ der modernen Existenz und innere Vorgänge optisch sinnfällig zu gestalten. Handlung, Gestik, Mimik und Bühnenbild dienen ihm dabei zur Demonstration, die Personen sind Puppen. In dem Stück ›Die Invasion‹ (1950, dt. 1952) wird demonstriert, wie der Mensch von seiner eigenen Arbeit, durch den Alltag und durch seine Umwelt belastet und allmählich erdrückt wird. Im Drama ›Der Appell‹ (1950, dt. 1951) ist die innere Verstümmelung des Menschen durch den polit. Terror physisch sichtbar gemacht. Ähnlich verfährt A. in der meisterhaften komödiant. Allegorie ›Ping-Pong‹ (1955, dt. 1957).

Weitere Werke: L'aveu (R., 1946), Das Rendezvous (Dr., 1952, dt. 1958), Alle gegen alle (Dr., 1953, dt. 1959), Paolo Paoli (Dr., 1957, dt. 1959), Le printemps 71 (Dr., 1960), Off limits (Dr., 1969), Si l'été revenait (Dr., hg. 1970).
Ausgaben: Théâtre. Paris 1953–66. 3 Bde. – A. A. Theaterstücke. Dt. Übers. Nw. 1959.
Literatur: SERREAU, G.: A. In: SERREAU: Histoire du ›nouveau théâtre‹. Paris 1966. – REILLY, J. H.: A. A. New York 1974. – CHAHINE, S. A.: Regards sur le théâtre d'A. Paris 1981. – Modernes frz. Theater. A. – Beckett – Ionesco. Hg. v. K. A. BLÜHER. Darmst. 1982. – FLOECK, W.: A. A. In: Krit. Lex. der roman. Gegenwartsliteraturen. Hg. v. W.-D. LANGE. Losebl. Tüb. 1984 ff. – RUHE, E.: A. A. In: Frz. Lit. des 20. Jh. Gestalten u. Tendenzen. Hg. v. W.-D. LANGE. Bonn 1986. S. 323. – BECKER, N./FLOECK, W.: La parodie, la politique du restes. Analysen u. Dokumente zum Theater des Absurden in Frankreich. Ffm. 1989.

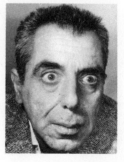

Arthur
Adamov

Adamọwitsch (tl.: Adamovič), Georgi Wiktorowitsch, * Moskau 7. April 1894, † Nizza 21. Febr. 1972, russ. Lyriker. – Ab den 20er Jahren maßgebender Vertreter der russ. Emigrantenliteratur in Paris; war in Rußland Mitglied der akmeist. ›Dichtergilde‹ N. S. Gumiljows und stand bes. A. Blok nahe; veröffentlichte etwa 100 Gedichte; bed. auch als Essayist und Literaturkritiker.

Adams, Henry [engl. 'ædəmz], * Boston (Mass.) 16. Febr. 1838, † Washington (D. C.) 27. März 1918, amerikan. Historiker, Geschichtsphilosoph und Schriftsteller. – Enkel des 6. Präsidenten der USA John Quincy A.; war 1870–77 Prof. (Mediävist) an der Harvard University; schuf mit seiner ›History of the United States during the administrations of Thomas Jefferson and James Madison‹ (9 Bde., 1889–91) ein epochemachendes Werk. Aus dem Zweifel am menschl. Fortschritt durch die Technik, unter bes. Einfluß Ch. A. H. C. de Tocquevilles und seines Bruders, des Historikers Brooks A., entstand seine Kulturkritik in Konfrontation des geschlossenen Weltbilds des MA mit dem des 20. Jh. ; auf der Suche nach ›neuer Einheit‹ entwickelte A. in Anwendung naturwiss. Theorien seine geschichtsphilosoph. Spekulation. Stadien sind die anonym erschienenen Romane ›Democracy – An American novel‹ (1880) und ›Esther‹ (1884), die kulturgeschichtl. Studie über die got. Konzeption des Lebens im 12. und 13. Jh., ›Mont-Saint-Michel and Chartres‹ (1904), die postum von Brooks A. veröffentlichten Werke ›The degradation of the democratic dogma‹ (1919) und ›Die Erziehung des Henry A.‹ (1918, dt. 1953), zugleich ein klass. Werk der amerikan. Literatur.

Ausgabe: H. A. Letters. Hg. v. W. C. FORD. Boston (Mass.) u. New York 1930–38. 2 Bde.

Literatur: JORDY, W. H.: H. A. Scientific historian. New Haven (Conn.) 1952. Nachdr. Hamden (Conn.) 1970. – LEVENSON, J. C.: The mind and art of H. A. Boston (Mass.) 1957. – ROWE, J. C.: H. A. and Henry James. The emergence of a modern consciousness. Ithaca (N. Y.) 1976. – HARBERT, E. N.: The force so much closer home. H. A. and the A. family. New York 1977. – BLACKMUR, R. P.: H. A. Hg. v. V. A. MAKOWSKY. New York 1980. – Critical essays on H. A. Hg. v. E. N. HARBERT. Boston (Mass.) 1981. – NAGEL,

Henry Adams

P. C.: Descent from glory. Four generations of the John A. family. Oxford 1983.

Adams, Richard [engl. 'ædəmz], * Newbury (Berkshire) 9. Mai 1920, engl. Schriftsteller. – Verfasser erfolgreicher Tierfabeln, so des Bestsellers ›Unten am Fluß‹ (R., 1972, dt. 1975), der die Suche einer Kaninchensippe nach unzerstörtem Lebensraum in Berkshire topographisch genau beschreibt.

Weitere Werke: Shardik (R., 1974, dt. 1977), Die Hunde des schwarzen Todes (R., 1977, dt. 1979), Der eiserne Wolf u. a. Geschichten (1980, dt. 1980), Maia (R., 1984, dt. 1986), The beaurocats (Kinder-En., 1985), Traveller (R., 1989), The day gone by (Autobiogr., 1990).

Adamson, Hendrik, * Kärstna 6. Okt. 1891, † ebd. 7. März 1946, estn. Lyriker. – A., der abseits des literar. Leben stand, schuf unter Verschmelzung von Elementen der Volksdichtung eine ganz eigene Natur- und Gedankenlyrik, die großenteils in südestn. Mundart verfaßt ist und sich durch überraschende Assoziationen und Tropen auszeichnet.

Adamsspiel (frz. Jeu d'Adam), ältestes erhaltenes, in Acht- und Zehnsilbern abgefaßtes geistl. Drama in altfrz. (anglonormann.) Sprache, dessen Uraufführung zwischen 1175 und 1225 anzusetzen ist. Das mit lat. Szenenanweisungen versehene Stück ist in drei Teile gegliedert: in die Geschichte Adams und Evas, Kains Mord an Abel und den Aufzug der Propheten, die die Ankunft des Messias weissagen; es umfaßt damit in z. T. höfisch-feudalrechtl. Verhüllung den christl. Heilsplan von der Schöpfung bis zum Jüngsten Gericht. Für ein zeitgenöss. aristokrat. Publikum geschrieben, entwirft das A. exemplarisch Aspekte religiöser Individuation im hohen MA.

Ausgaben: Le mystère d'Adam. Hg. v. P. AEBISCHER. Genf Neuaufl. 1964. – Das frz. A. Übers. u. eingel. v. U. EBEL. Zweisprachig. Mchn. 1968 (mit Bibliogr.).

Literatur: ACCARIE, M.: Artikel Jeu d'Adam. In: Dictionnaire des littératures de langue française. Bd. 2. Hg. v. J.-P. DE BEAUMARCHAIS u. a. Paris 1984.

Adán, Martín [span. a'ðan], Pseudonym des peruan. Lyrikers Rafael de la ↑ Fuente Behavides.

Adapa-Epos, unvollständig erhaltenes akkad. Kurzepos, überliefert seit dem 14. Jh. v. Chr. (Amarna), v. a. in der Bibliothek Assurbanipals in Ninive (7. Jh.): Adapa, sterbl. Sohn des Gottes Ea in

Joseph Addison (Gemälde von Michael Dahl d. Ä.)

Eridu, bricht nach Schiffbruch dem Südwind die Flügel durch Fluch; zur Rechenschaft gezogen, gelangt er zwar mit dem Rat Eas vor den Himmelsgott Anu, lehnt aber himml. Nahrung ab und verscherzt die Chance der Unsterblichkeit, wird aber wohl König in Eridu. Er galt als einer der sieben Weisen Babyloniens.

Literatur: PICCHIONI, S. A.: Il poemetto di A. Budapest 1981.

Adaptation (Adaption) [zu lat. adaptare = anpassen], Umarbeitung eines literar. Werkes, z. B. eines ep. Textes in eine andere Gattung (Drama, Oper u. a.) oder für Funk, Film und Fernsehen (Hörspiel, Fernsehspiel, [Drehbücher für] Verfilmungen u. a.); auch modernisierende Neugestaltung (bes. beim Drama); die A.en stammen nur in relativ seltenen Fällen vom ursprüngl. Autor. – ↑ auch Dramatisierung, ↑ Fassung.

Literatur: SCHAUER, H.-E.: Grundprobleme der A. literar. Prosa durch den Spielfilm. Diss. Bln. 1965.

Addison, Joseph [engl. 'ædɪsn], * Milston (Wiltshire) 1. Mai 1672, † London 17. Juni 1719, engl. Schriftsteller. – Studierte klass. Philologie in Oxford, wo er ab 1698 als Dozent wirkte; 1699–1703 ausgedehnte Reise auf den Kontinent. A. war mit bed. Dichtern seiner Zeit befreundet, u. a. mit R. Steele, J. Swift, J. Dryden und W. Congreve, und verkehrte in einflußreichen Parteikreisen der Whigs. 1706–18 war er – mit Unterbrechungen – im Staatsdienst in verschiedenen Ämtern tätig, u. a. als Unter-

staatssekretär. Er schrieb für die von Steele herausgegebenen moral. Wochenschriften ›The Tatler‹ (1709–11) und ›The Guardian‹ (1713) essayist. Beiträge. 1711/12 gab er zus. mit Steele und 1714 für kurze Zeit allein die Zeitschrift ›The Spectator‹ heraus, mit der er seinen Ruhm als Essayist und glänzender Stilist in Charakter- und Sittenschilderung begründete. Ein großer Erfolg wurde das nach den Regeln des frz. Klassizismus verfaßte Trauerspiel ›Cato‹ (1713), das J. Ch. Gottsched u. d. T. ›Der sterbende Cato‹ (1732) für die dt. Bühne bearbeitete.

Weitere Werke: The campaign (Ged., 1704), Remarks on several parts of Italy (Reiseb., 1705), Rosamund (Oper, 1707), The drummer (Kom., 1716).

Ausgaben: J. A. Works. Hg. v. G. W. GREENE. New York 1856. 6 Bde. – J. A. The miscellaneous works. Hg. v. A. C. GUTHKELCH. London 1914. Nachdr. Clair Shores (Mich.) 1978. 2 Bde. – J. A. The Spectator. Hg. v. D. F. BOND. Oxford Neuaufl. 1965. 5 Bde. – The Tatler. Hg. v. D. F. BOND. Oxford 1987. 3 Bde.

Literatur: SMITHERS, P.: The life of J. A. Oxford u. London ²1968. – BOND, R. P.: The Tatler. The making of a literary journal. Cambridge (Mass.) 1971. – RAU, F.: Zur Verbreitung u. Nachahmung des Tatler u. Spectator. Hdbg. 1980. – ORTMEIER, A.: Taste u. Imagination. Unterss. zur Lit.-Theorie J. A.s. Ffm. u. Bern 1982.

Ade, George [engl. ɛɪd], * Kentland (Ind.) 9. Febr. 1866, † Brook (Ind.) 16. Mai 1944, amerikan. Schriftsteller. – Verfasser von zahlreichen Kurzgeschichten (berühmt: ›Fables in slang‹, 1900), erfolgreichen Dramen und auch Romanen. Seine Werke sind im Slang der Jahrhundertwende geschrieben und wirken durch ihre Sprache, durch Witz und Satire in der Personenzeichnung.

Weitere Werke: The sultan of Sulu (Dr., 1903), The county chairman (Dr., 1903), People you know (Kurzgeschichten, 1903), The college widow (Dr., 1904), Hand-made fables (Kurzgeschichten, 1920).

Ausgabe: The permanent A. The living writings of G. A. Hg. v. Ch. F. Kelly. New York 1947. Nachdr. Westport (Conn.) 1979.

Adema, Gratian (›Zalduby‹) [bask. aðema], * Senpere (Saint Pée-sur-Nivelle, Pyrénées-Atlantiques) 14. April 1828, † Bayonne 20. Dez. 1907, bask. Schriftsteller. – Neben zahlreichen religiösen Liedern, die noch immer populär sind, schrieb er Lieder profanen, z. T. patriot. Inhalts; wegen seiner Fabeln wurde A. ›der bask. La Fontaine‹ genannt.

Adenet le Roi [frz. adnɛləˈrwa], * in Brabant um 1240, † um 1300, altfrz. Dichter. – Lebte teils am brabant. Hof, teils am Königshof in Paris; Günstling Herzog Heinrichs III., mit dem er am letzten Kreuzzug (1270) teilnahm; galt als ›König‹ (›roi‹) der Spielleute; erneuerte drei ältere Chansons de geste im Stil der späthöf. Zeit: ›Enfances Ogier‹, ›Berte aus grans piés‹, ›Bueve de Commarchis‹, und schrieb um 1275 den 18 688 Achtsilber umfassenden Abenteuerroman ›Cléomadès‹ (dt. 1923, in: ›Frz. Volksmärchen‹).

Literatur: Adnès, A.: A., dernier grand trouvère. Paris 1971. – Vuijlsteke, M.: A le R. In: Lex. des MA. Bd. 1. Mchn. u. Zü. 1980.

Adespota [griech. = Herrenlose], Schriften, deren Verfasser nicht bekannt sind. – ↑ auch anonym.

Ādigrantha [sanskr. = Urbuch], das heilige Buch der Sikhs, um 1604 von Arjan Dev, dem 5. Guru, zusammengestellt. Der Ā., in Althindi geschrieben, enthält religiöse Hymnen der ersten fünf Gurus sowie des Dichters ↑ Kabir.

Adıvar, türk. Schriftstellerin, ↑ Halide Edib Adıvar.

Adjunktion [lat. = Anschluß, das Hinzufügen], rhetor. Figur; sie besteht in der Koordinierung bedeutungsverschiedener, syntaktisch voneinander abhängi-

ger Wortgruppen zur näheren Erläuterung eines übergeordneten Gedankens (der nicht immer ausdrücklich genannt zu sein braucht), z. B. ›Auch Eurer wird er dann gedenken, wird Euch / Aus diesem Neste ziehen, Eure Treu / In einem höhern Posten glänzen lassen‹ (Schiller, ›Wallensteins Tod‹, 1800). – ↑ auch Akkumulation, ↑ Zeugma.

Adler, Friedrich, * Amschelberg (Böhmen) 13. Febr. 1857, † Prag 2. Febr. 1938, dt.-böhm. Schriftsteller. – Rechtsanwalt in Prag, freier Schriftsteller; vorwiegend Lyriker und Dramatiker, auch Übersetzer tschech. und Bearbeiter span. Autoren.

Werke: Gedichte (1893), Neue Gedichte (1899), Freiheit (3 Einakter, 1904), Der gläserne Magister (Schsp., 1910).

Adler, H[ans] G[ünther], * Prag 2. Juli 1910, † London 21. Aug. 1988, österr. Schriftsteller, Sozialhistoriker und -psychologe. – Während des 2. Weltkrieges in KZ-Lagern (u. a. Theresienstadt und Auschwitz), ab 1947 freier Schriftsteller in London; wurde 1973 (8.) Präsident des P. E. N.-Zentrums deutschsprachiger Autoren im Ausland; schrieb neben dokumentarischen Studien (›Theresienstadt, 1941–1945. Das Antlitz einer Zwangsgemeinschaft‹, 1955; ›Der verwaltete Mensch. Studien zur Deportation der Juden aus Deutschland‹, 1974) und soziolog. Werken (›Die Juden in Deutschland. Von der Aufklärung bis zum Nationalsozialismus‹, 1960) eine Reihe von Erzählungen, den Roman ›Panorama‹ (1968) sowie Gedichte.

Weitere Werke: Unser Georg (En., 1961), Eine Reise (E., 1962), Der Fürst des Segens (Prosa, 1964), Sodoms Untergang. Bagatellen (1965), Ereignisse (En., 1969), Fenster (Ged., 1974), Die Freiheit des Menschen. Aufsätze zu Soziologie und Geschichte (1976), Spuren und Pfeiler (Ged., 1978), Blicke (Ged., 1979), Stimme und Zuruf (Ged., 1980), Panorama (R., 1988), Die unsichtbare Wand (R., hg. 1989).

Literatur: H. G. A., Buch der Freunde. Hg. v. W. P. Eckert u. W. Unger. Köln 1975.

Adler, Renata [engl. ˈædlə], * Mailand 19. Okt. 1938, amerikan. Schriftstellerin italien. Herkunft. – Studierte u. a. an der Harvard University und an der Sorbonne; danach Tätigkeit als Journalistin, u. a. Filmkritikerin der ›New York Times‹, seit 1964 ständige Mitarbeiterin des ›New Yorker‹. Schildert in den beiden autobiographisch gefärbten Romanen ›Rennboot‹ (1976, dt. 1979) und ›Pechrabenschwarz‹ (1983, dt. 1987) auf originelle Weise Episoden aus dem Leben einer jungen Journalistin und die komplexen Verhältnisse zwischenmenschl. Kommunikation.

Adlersfeld, Eufemia von, geb. Gräfin Ballestrem, * Ratibor 18. Aug. 1854, † München 21. April 1941, dt. Schriftstellerin. – Lebte u. a. in der Schweiz und in Italien, zuletzt in München; schrieb erfolgreiche Unterhaltungsromane und Erzählungen, v. a. aus der Offiziers- und Adelswelt, u. a. ›Haideröslein‹ (1880), ›Komtesse Käthe‹ (1894).
Weitere Werke: Die Falkner vom Falkenhof (R., 2 Bde., 1890), Pension Malepartus (R., 1901), Das wogende Licht (R., 1914), Ave (R., 1917), Die Fliege im Bernstein (R., 1919), Schwarze Opale (R., 1938).

Admonitions of an Egyptian sage [engl. ædmə'nıʃənz əv ən ı'dʒıpʃən 'sɛıdʒ] ↑ Mahnworte des Ipuwer.

Adolph, Karl, * Wien 19. Mai 1869, † ebd. 22. Nov. 1931, österr. Schriftsteller. – Zunächst Malergehilfe, dann Verwaltungsbeamter in Wien; Mitarbeiter der ›Arbeiterzeitung‹; schilderte in seinen naturalist. Romanen die bedrückenden Verhältnisse der Arbeiterbevölkerung in den Wiener Vorstädten.
Werke: Lyrisches (1897), Haus Nr. 37 (R., 1908), Schackerl (R., 1912), Töchter (R., 1914), Am 1. Mai (Kom., 1919).
Literatur: HARRER, E.: A. Diss. Wien 1948.

Adoneus (Adonius, adonischer Vers) [griech.-lat.], Kurzvers der antiken Lyrik, der seinen Namen von den griech. Totenklagen um Adonis ableitet (nach dem Vers ›ὄ τòν 'Ἀδῶνιν‹); Schema: –‿‿–‿ ; er ist metrisch identisch mit dem Schluß des ↑ Hexameters. Der A. wirkt abschließend: er bildet den letzten Vers der ↑ sapphischen Strophe (Horaz, ›Carmina‹ 1, 2: ›terruit urbem‹, F. G. Klopstock, ›Der Frohsinn‹).

Adonias Filho [brasilian. ado'nias 'fiʌu], Pseudonym des brasilian. Schriftstellers Adonias ↑ Aguiar Júnior.

Adonis (arab. Adunis, tl.: Adūnīs), eigtl. Ali Ahmad Said, * Al Ladhakijja (Syrien) 1930, arab. Lyriker. – Seit 1960 libanes. Staatsbürger; lebt in Paris; gehört zu den Wegbereitern einer freien Dichtung in der modernen arab. Poesie. Ihre theoret. Grundlagen veröffentlichte er in den Zeitschriften ›Šiʻr‹ (= Dichtung) und ›Mawāqif‹ (= Standpunkte), zu deren Begründern A. zählt. Sein Diwan ›Aġānī Mihyār ad-dimašqī‹ (= Die Lieder des Damasceners Mihjar, 1961, frz. 1982 u. d. T. ›Chants de Mihyar le Damascène‹) gilt als deren reinste Verwirklichung.
Weitere Werke: Kitāb at-taḥawwulāt wa-l-hiǧraʰ fī aqālīm an-nahār wa-l-layl (= Das Buch der Metamorphosen und der Auswanderung in die Regionen des Tages und der Nacht, 1965), Al-masraḥ wa-l-marāyā (= Die Bühne und die Spiegel, 1968), Der Baum des Orients (Ged., dt. Ausw. 1989), Chronique des branches (Ged., arab. u. frz., 1991).
Literatur: MOREH, S.: Modern arabic poetry, 1800–1970. Leiden 1976. – HAYWOOD, J. A.: Modern arabic literature, 1800–1970. New York Neuaufl. 1980.

Adorno, Theodor W., früher Th. Wiesengrund, * Frankfurt am Main 11. Sept. 1903, † Visp (Kanton Wallis) 6. Aug. 1969, dt. Philosoph, Soziologe und Musikwissenschaftler. – Studium der Philosophie und Musikwissenschaft; 1934 Emigration nach Oxford, 1938 nach New York, dort Mitarbeiter des ›Institute of Social Research‹ unter Max Horkheimer (* 1895, † 1973). 1947 entstand das Hauptwerk ›Dialektik der Aufklärung‹ (zus. mit Horkheimer), an das die ›Negative Dialektik‹ (1966) anknüpft. In beiden Werken geht es um die Notwendigkeit von Aufklärung für die Herstellung des menschenwürdigen Daseins. Jene muß man aber, um sie vor der Erstarrung zu einer neuerl. Herrschaft, die die Menschen unter Verwertbarkeit und Berechnung subsumiert, zu bewahren, der permanenten Kritik aussetzen. 1949 kehrte A. nach Frankfurt zurück, um Philosophie und Soziologie zu lehren. Er übernahm mit Horkheimer die Leitung des ›Instituts für Sozialforschung‹. A. erlangte als Gesellschaftskritiker heterodox-marxist. Ausrichtung großen Einfluß, insbes. auf die Studentenbewegung. Er ist als Mitbegründer der sog. Frankfurter Schule der krit. Theorie anzusehen. – Fragen der Literatur und allgemein der Ästhetik beschäftigten A. zu allen Zeiten. Er beabsichtigte, seine Überlegungen zu diesem Thema in einem weiteren großen Werk, der ›Ästhet. Theorie‹, in systemat. Form darzulegen. Dieses blieb jedoch Fragment und wurde 1970 postum veröffentlicht. Sie sollte eine Summa der Essays bilden, die A. ästhet. Analysen gewidmet hatte. Bes. bekannt geworden ist die Aphorismensammlung ›Minima Moralia‹. Reflexionen aus einem beschädigten Leben‹ (1951). A. beriet in enger persönl. Zusammenarbeit mit Th. Mann die Entstehung von dessen Roman ›Dr. Faustus‹.

Weitere Werke: Noten zur Lit. (4 Bde., 1958–74), Aufss. zur Lit. (2 Bde., hg. 1973). **Ausgabe:** Th. W. A. Ges. Schrr. Hg. v. R. TIEDEMANN. Ffm. 1970–87. 20 Bde. in 23 Tlen. **Literatur:** WELLMER, A.: Zur Dialektik von Moderne u. Postmoderne. Vernunftkritik nach A. Ffm. ⁴1990. – SCHEIBLE, H.: T. W. A. Rbk. 14. bis 16. Tsd. 1993. – WISCHKE, M.: Kritik der Ethik des Gehorsams. Zum Moralproblem bei T. W. A. Ffm. 1993.

Adoum, Jorge Enrique [span. a'ðun], *Ambato 29. Juni 1923, ecuadorian. Schriftsteller. – War 1945–47 Sekretär P. Nerudas; lebte lange Zeit im Exil in Paris. Noch unter dem Einfluß der starkfarbigen Metaphorisierung Nerudas entstand der lyr. Zyklus ›Los cuadernos de la tierra‹ (4 Bde., 1952–62), der die Geschichte Ecuadors von der Inka-Zeit bis zur neokolonialist. Ausbeutung durch die USA behandelt. Die zunehmend konzentriertere, kombinatorisch-erfindungsreiche Sprache seiner weiteren Lyrik kennzeichnet auch seinen einzigen Roman ›Entre Marx y una mujer desnuda‹ (1976), in dem das Kulturleben Lateinamerikas kritisch reflektiert wird.

Weitere Werke: Ecuador amargo (Ged., 1949), Die Sonne unter den Pferdehufen (Dr., 1973, dt. 1979), La subida a los infiernos (Dr., 1977), No son todos los que están. Poemas 1949–1979 (Ged., 1979), La gran literatura ecuatoriana del 30 (Abh., 1984).

Adson, Artur, *Dorpat 3. Febr. 1889, †Stockholm 5. Jan. 1977, estn. Dichter, Bühnenschriftsteller und Theaterkritiker. – Gehörte zur 1917 gegründeten literar. Siuru-Gruppe; floh 1944 nach Schweden; trat bes. durch Kindheitsmotive enthaltende Gedichte in Mundart und Liebeslyrik hervor; schrieb Dramen mit vorwiegend histor. Thematik; bed. ist seine deutschsprachige Abhandlung ›Das estn. Theater‹ (dt. 1933).

ad spectatores [lat. = an die Zuschauer], an das Publikum gerichtete Äußerungen einer Dramenfigur, die ein Durchbrechen der Illusion und ein Heraustreten aus der Bühnensituation bewirken, oft der kom. Wirkung wegen verwendet, daher ein beliebtes Stilmittel der Komödie (Aristophanes, Plautus); ↑ auch Beiseitesprechen, ↑ Parabase. – Im modernen Drama hat dieses Stilmittel oft die Funktion der Kommentierung des Bühnengeschehens zur Aktivierung des Publikums: der ›Heutige‹ bei M. Frisch (›Die chin. Mauer‹, 1947, Neufassungen 1955, 1972), der ›Sprecher‹ bei J. Anouilh (›Antigone‹, 1946, dt. 1946), im ↑ epischen Theater B. Brechts (›Der gute Mensch von Sezuan‹, 1953, u. a.).

ad usum Delphini (in usum Delphini) [lat. = zum Gebrauch des Dauphins], eine Wendung, die sich ursprünglich auf Textausgaben antiker Klassiker bezog, die auf Veranlassung Ludwigs XIV. von J. B. Bossuet und P. D. Huet in den Jahren 1674–1730 für den Unterricht des Dauphins, des frz. Thronfolgers, zusammengestellt wurden. Mit Rücksicht auf die Jugend des Benutzers waren sie von allen polit. oder moralisch anstößigen Passagen gereinigt worden. Seither wendet man diese Bez. allgemein für Bearbeitungen literar. Werke für die Jugend an, z. B. von D. Defoes Roman ›Robinson Crusoe‹ (1719/20, dt. 1720/1721).

Adventsspiel, geistl. Spiel, das aus dem prot. ↑ Schuldrama und dem städt. Brauchtum Mitteldeutschlands entstanden ist. Ende des 16. Jh. erstmals bezeugt als Schülerumzug, erfuhr es seine eigtl. Entfaltung seit der Mitte des 17. Jh.: um diese Zeit entwickelten sich unabhängig davon eigenständige Formen im kath. Ostmitteldeutschland. Der mitteleurop. Kernbereich war Ausstrahlungszentrum für z. T. ausgedehnte Spielwanderungen, v. a nach dem weiteren Osten sowie nach Südosteuropa. Ursprünglich Schülerbrauch, ging die A. über auf Bauern und Bergleute (bes. des Erzgebirges, wo es im 19. Jh. sehr weit verbreitet war); dabei Ausweitung zu großen Christfahrten usw. und Aneignung weiterer Teile der Weihnachtsspielüberlieferung (z. B. Hirtenszenen). Szen. und mim. Elemente sind vorherrschend; der Text gestaltet die Einkehr Christi in Bethlehem und die christl. Unterweisung der Kinder.

Literatur: SCHMIDT, LEOPOLD: Das dt. Volksschauspiel. Ein Hdb. Bln. 1962. – Wir gehen zur Krippe. Advents- u. Weihnachtsspiele. Hg. v. M. BAUMOTTE. Güt. 1985.

Ady, Endre [ungar. 'ɔdi], * Érmindszent 22. Nov. 1877, † Budapest 27. Jan. 1919, ungar. Lyriker. – Aus kalvinist. Kleinadelsfamilie; studierte Rechtswissenschaft in Debrecen; 1899 Redakteur in Nagyvárad (heute Oradea); seine Liebe zu einer verheirateten Frau, die er als Leda besang, veranlaßte ihn, die schönsten Verse der ungar. Liebesdichtung zu schreiben. A. unternahm drei Reisen nach Paris, von denen er menschlich, politisch und künstlerisch gereift zurückkehrte. Bald danach erschienen neben Novellen seine wichtigsten Gedichtsammlungen. Seine neuartige Lyrik ist die Synthese moderner westeurop. Strömungen und ungar. Tradition, leidenschaftlich, sehr persönlich und national. Die Symbolwelt entstammt der ungar. Wirklichkeit, neu ist die an Metaphern reiche, mitreißende Sprache. A.s Themen sind Gott, Liebe, Tod, Angst, seine nat. Sendung und immer wieder die Forderung der Revolution. Aus seinen späten Dichtungen klingt Resignation. 1914 protestierte er gegen den Krieg. Seiner Frau, die er 1915 geheiratet hatte, widmete er die ›Csinszka‹-Verse. In dt. Sprache erschienen ausgewählte Gedichte, u. a. ›Auf neuen Gewässern‹ (dt. 1921), ›Von der Ér zum Ozean‹ (dt. 1925), ›Auf dem Flammenwagen der Lieder‹ (dt. 1926), ›Zu Gottes linker Hand‹ (dt. 1941), ›Gedichte‹ (dt. 1965), ›Gedichte‹ (dt. 1977), ›Mensch in der Unmenschlichkeit‹ (dt. 1979), ›Weil ich für and're focht‹ (dt. 1987); ferner ›Der Kuß der Rosalia Mihály‹ (Ged. und Nov.n, dt. 1988), ›Ninis Augen u. a. Erzählungen‹ (dt. 1991).

Literatur: KIRÁLY, I.: A. E. Budapest 1970. 2 Bde.

Adynaton [griech. = das Unmögliche], emphat. Umschreibung († Periphrase) des Begriffes ›niemals‹ durch Berufung auf das Eintreten eines unmögl. Naturereignisses (Vergil ›Aeneis‹; Schiller, ›Maria Stuart‹: ›Eh mögen Feu'r und Wasser sich in Liebe / Begegnen und das Lamm den Tiger küssen‹).

Literatur: DUTOIT, E.: Le thème de l'a. dans la poésie antique. Paris 1936.

A. E., Pseudonym des ir. Dichters und Essayisten George William † Russell.

Ælfric [engl. 'ælfrɪk], genannt Grammaticus, * um 955, † um 1025, ags. Mönch, Prosaist und Übersetzer. – Ging aus der Schule von Winchester hervor und wurde 1005 Abt von Eynsham. Sein umfangreiches Werk umfaßt zwei Bücher Homilien (990–94) sowie Heiligenleben (993–96), Teilübersetzungen des AT, Hirtenbriefe u. a. und gewährt Einblicke in die religiöse Lehre und Praxis im England des 10. Jahrhunderts. In Weiterführung der Schule Alfreds des Großen entwickelte er einen nuancenreichen, durch stabreimende und rhythm. Wirkungen poetisierten Prosastil, der einen Höhepunkt altengl. Kunstprosa bildet. Für den Unterricht bearbeitete er in altengl. Sprache eine lat. Grammatik mit Glossar.

Literatur: HURT, J.: Æ. New York 1972. – WHITE, C. L.: Æ. Neu hg. v. M. R. GODDEN. Hamden (Conn.) 1974.

Aelianus, Claudius [ε...], * Praeneste (heute Palestrina) bei Rom um 170, † um 235, röm. Schriftsteller. – Schrieb in griech. Sprache u. a. das moralisierende Werk ›Perì zōōn idiótētos‹ (= Über die Eigenart der Tiere; 17 Bücher); bekannter Vertreter der sog. Buntschriftstellerei (Sammlung von Wissenswertem und Kuriosem).

Aelianus der Taktiker [ε...] (A. Tacticus; tl.: Ailianòs Taktikós), griech. Kriegsschriftsteller des 1./2. Jahrhunderts. – Lebte in Rom, schrieb ein Lehrbuch der Taktik über die Hoplitenschlachtordnung der hellenist. Zeit.

Aemilius Macer [ε...], † in Asien 16 v. Chr., röm. Dichter. – Stammte aus Verona; befreundet u. a. mit Vergil; von Ovid als Verfasser dreier Lehrgedichte erwähnt, die nur fragmentarisch erhalten sind.

Aerschot, Bert van [niederl. 'a:rsxɔt], * Lier 3. März 1917, fläm. Schriftsteller. –

Verfasser von Romanen und Novellen, die durch naturalist. Darstellung und psycholog. Einfühlungsvermögen gekennzeichnet sind.

Werke: De lift (R., 1957), Einde van een reis (R., 1959), De gebroeders (R., 1961), Kinderen van Atlas (R., 1962), De dochters van Delphi (R., 1964).

Aerts, José [niederl. a:rts], fläm. Schriftsteller, ↑ Westerlinck, Albert.

Aesopus [ε...], griech. Fabeldichter, ↑ Äsop.

Aeternisten [ε...] ↑ Äternisten.

Aetios (tl.: Aétios), griech. Schriftsteller des 1. Jh. v. Chr. – Verfasser einer für die Kenntnis der antiken Philosophie wichtigen Doxographie, in der die Lehren der Naturphilosophen von Thales bis zur Zeit des Poseidonios zusammengestellt sind. Die Schrift selbst ist verloren, Auszüge liegen bei Plutarch (der fälschlich als Verfasser betrachtet wurde) sowie bei Stobaios und Theodoret von Kyrrhos vor.

afghanische Literatur ↑ Paschtuliteratur.

Afinogenow (tl.: Afinogenov), Alexandr Nikolajewitsch [russ. afina'gjɛnɐf], * Skopin (Gouv. Rjasan) 4. April 1904, † Moskau 29. Okt. 1941, russ.-sowjet. Schriftsteller. – Mitglied des literar. Zirkels ›Proletkult‹; starb bei einem Luftangriff; erfolgreicher Bühnenschriftsteller; verfaßte 26 Dramen, die Themen aus der sowjet. Gegenwart realistisch, teils auch kritisch behandeln.

Werke: Strach (= Angst, Dr., 1930), Der Punkt in der Welt (Dr., 1935, dt. 1946), Großvater und Enkelin (Dr., 1940, dt. 1946).

Afrahat (tl.: Aphraátēs), † nach 345, syr. Kirchenvater. – Wird ›der pers. Weise‹ genannt (seine Heimat gehörte zum pers. Reich); verfaßte 23 Abhandlungen, von denen 22 mit ihren Anfangsbuchstaben dem syr. Alphabet entsprechen; die 23. ist später hinzugefügt worden; Datierungsmöglichkeit: 1–10 im Jahr 337, 11–22 im Jahr 344, 23 im Jahr 345. A. behandelt asket. Fragen, setzt sich mit dem Judentum auseinander und nimmt zur Politik Schapurs II. Stellung.

Ausgaben: Aphrahat's, des pers. Weisen Homilien. Hg. v. G. BERT. Dt. Übers. Lpz. 1888. – Werke. Hg. v. I. PARISOT (mit lat. Übers.). In: Patrologia Syriaca. Bd. 1,1 u. 1,2. Paris 1894–1907.

Literatur: BLUM, G. G.: A. In: Theolog. Realenzyklop. Hg. v. G. KRAUSE u. GERHARD MÜLLER. Bd. 1. Bln. u. New York 1977. S. 625. – ALTANER, B./STUIBER, A.: Patrologie. Freib. ⁹1981. S. 342.

Afranius, Lucius, röm. Dramatiker der 2. Hälfte des 2. Jh. v. Chr. – Über sein Leben ist nichts bekannt; Hauptvertreter des röm. Volksstückes (↑ Togata) nach dem Vorbild des Menander und des Terenz; mit Ausnahme der Titel seiner zahlreichen Stücke sind nur unzusammenhängende Bruchstücke erhalten.

afrikanische Literatur, ursprünglich gab es eine fast ausschließlich mündlich überlieferte (deshalb **Oralliteratur** genannt) gesprochene oder gesungene Dichtung der einzelnen afrikan. Völker. Nur bei wenigen Völkern (z. B. Swahili, Haussa, Ful) wurde unter dem Einfluß arab.-islam. Traditionen Literatur in arab. Schrift aufgezeichnet. Seit Mitte des 19. Jh. begannen Missionare, Linguisten und Völkerkundler a. L. in Sammlungen in lat. Schrift aufzuzeichnen und zu veröffentlichen, z. T. auch nur in Übersetzungen in europ. Sprachen. Während der direkten mündl. Wiedergabe vor einer mehr oder weniger in den Vortrag einbezogenen Zuhörerschaft haben Erzähler und Dichter/Sänger die Möglichkeit zur kreativen literar. Gestaltung, deren Ausmaß mit den Vorträgern und den literar. Gattungen variiert von einer fast wortgetreuen Interpretation über die Veränderung von Wörtern und Abschnitten bis hin zur völligen Umgestaltung.

Poetische Gattungen: Hierzu gehören die *Preisgedichte* (und -namen), die öffentlich für die Herrscher von spezialisierten Barden rezitiert wurden; die *Trauer-* und *Begräbnisgedichte* und die *religiösen Gedichte,* die in regional sehr verschiedenen Formen verbreitet sind; Gedichte für spezielle Zwecke wie Krieg, Jagd und Arbeit und nicht zuletzt der große Reichtum an *Liedern* zu verschiedensten Anlässen und Themen wie Arbeits-, Jagd-, Kriegs-, polit., Liebes-, Hochzeits-, Schlaf- und Kinderlieder. *Epen* gibt es sowohl in Gedicht- als auch in Prosaform; erst von wenigen Völkern sind bisher epn. Gedichte bekannt, u. a. von den Swahili, Mandingo, Fang und Nkundo. Meist handelt es sich bei den

44 afrikanische Literatur

Heldenepen, die z. T. eine beträchtl. Länge aufweisen, um das ›Nationalepos‹ der jeweiligen Volksgruppe. **Prosagattungen:** *Mythen* handeln vom Entstehen der Welt, der übernatürl. Kräfte, der Menschen, Tiere und Pflanzen, vom Erwerb von Kulturgütern (Feuer, Werkzeuge, Kulturpflanzen) sowie -techniken und erklären den Ursprung von Tod, Herrschaft und Sozialordnung. *Historische Erzählungen,* in die auch myth. Elemente verwoben sein können, schildern Wanderungen von Völkern, Kriege, den Aufbau von Reichen und die Etablierung von Herrscherdynastien. Die *Märchen* erzählen v. a. von Menschen und Tieren, aber auch von Geistern, Monstern und Menschenfressern, von personifizierten Pflanzen, Körperteilen oder Abstrakta wie Hunger, Tod oder Wahrheit, die in vielen Märchen gemeinsam als Akteure auftreten. Alltagsleben und wunderl. Ereignisse werden in den Märchen miteinander verbunden. In den *Tiermärchen* symbolisieren die Tiere meist menschl. Charakterzüge und Verhaltensweisen. Bes. hervorzuheben ist die Figur des Tierschelms oder Tricksters: ein kleines listiges, gerissenes Tier (z. B. Hase oder Spinne), das die größeren und mächtigeren Tiere betrügt und aussticht. Märchen mit aitiolog. Zügen erklären bestimmte Erscheinungen in der Umwelt und im menschl. Leben. *Sprichwörter* enthalten in relativ gedrängter, mehr oder weniger fixierter bildhafter Form die Erfahrungen und Handlungsanweisungen von Völkern, weshalb sie ohne deren genaue Kenntnisse und ohne Interpretation unverständlich bleiben. Dies gilt auch für das *Rätsel,* dessen Auflösung nicht unbedingt gefunden werden muß, sondern vielfach als bekannt vorausgesetzt wird. Die Bandbreite des afrikan. *Schauspiels* reicht von den Jagdspielen der Buschleute über die Puppenspiele in Westafrika hin zu den satir. Komödien bei den Mandingo über Heirat, Mißgeschick in der Ehe und andere Aspekte des tägl. Lebens und zum Maskentheater (mit Tanz und Musik) in Südnigeria (Yoruba, Igbo, Ibibio).

Literatur: BLEEK, W. H. I.: Reineke Fuchs in Afrika. Dt. Übers. Weimar 1870. – MEINHOF, C.: Die Dichtung der Afrikaner. Bln. 1911. – Atlantis: Volksmärchen u. Volksdichtungen Afrikas. Hg. v. L. FROBENIUS. Jena 1921–28. 12 Bde. – WERNER, A.: Myths and legends of the Bantu. London 1933. Nachdr. Totowa (N. J.) 1968. – BAUMANN, H.: Schöpfung u. Urzeit des Menschen im Mythus der afrikan. Völker. Bln. 1936. Nachdr. 1964. – HERZOG, G./BLOOAH, CH. G.: Jabo proverbs from Liberia. London 1936. – EVANS-PRITCHARD, E. E.: The Zande trickster. London 1967. – FINNEGAN, R.: Oral literature in Africa. London 1970. – GRIAULE, M.: Schwarze Genesis. Dt. Übers. Freib. 1970. Nachdr. Ffm. 1980. – PEPPER, H.: Un mvet. Chant épique fang de Zwè Nguéma. Paris 1972. – BASCOM, W. R.: African dilemma tales. Den Haag 1975. – Der Hasenschelm. Hg. v. L. KOHL-LARSEN. Kassel 1976. – Forms of folklore in Africa. Hg. v. B. LINDFORS. Austin (Tex.) 1977. – KNAPPERT, J.: Four centuries of Swahili verse. London 1979.

Die **geschriebene Literatur** (früher **neoafrikanische Literatur** genannt) entstand um die Wende des 19. zum 20. Jh. nach Einführung der Schrift durch Mission und Kolonialverwaltung zuerst in den Missionsstationen des südl. Afrika. Einige nach Europa und Amerika verbrachte Sklaven waren allerdings vorher schon zu literar. Ruhm gelangt: u. a. Juan Latino (* 1516, † 1606?) aus Guinea, Professor für Latein an der Universität Granada, der 1572 das gelehrte lat. Preislied ›Austrias‹ auf den Sieger von Lepanto schrieb. Anton Wilhelm Amo (* 1703, † 1753?) aus dem heutigen Ghana, Professor in Jena, der mit seinem ›Tractatus de arte sobrie et accurate philosophandi‹ (1738) auf der Höhe des zeitgenöss. Denkens stand. James Eliza John Capitein († 1747), aus Westafrika nach Amsterdam verschleppt, der in seiner ›Dissertatio politico-theologica de servitute ...‹ (1742) die Sklaverei verteidigte, und die als Wunderkind berühmte Phillis Wheatley aus Senegal, die in Boston eleg. Gelegenheitsgedichte schrieb (↑ afroamerikanische Literatur).

Die a. L. war zunächst größtenteils religiös und edukativ bestimmt. Soweit sie kreativ war, schwankte sie zwischen romant. Eskapismus und Protest. 1912 erschien der Roman ›Moeti oa bochabela‹ (engl. 1934 u. d. T. ›The traveller of the East‹) von Th. Mofolo aus Basutoland (heute Lesotho) in Sotho in der Missionszeitschrift ›Leselinyana‹, eine Schilderung traditionellen afrikan. Lebens, die mit religiöser Suche verbunden ist. In Mofolos bedeutendstem Werk, ›Chaka‹, der Zulu‹ (R., 1925, dt. 1953), tritt der christl. Einfluß nicht mehr offen zutage, obwohl Mofolo die Figur des Zuluherrschers mehr als Moralist denn als Historiker betrachtet. S. T. Plaatje aus Südafrika, der den ersten histor. Roman in engl. Sprache schrieb (›Mhudi‹, 1930), sah seine Helden dagegen mehr als Politiker und Historiker.

Danach spaltete sich die *südafrikan. Literatur* auf in eine weitgehend unbedeutende, sich den polit. Gegebenheiten anpassende Literatur in den Stammessprachen und in eine englischsprachige Protestliteratur. Autobiographien und Erzählungen in den Zeitschriften ›Drum‹ und ›The Classic‹ waren die vorherrschenden Gattungen der Zeit nach dem 2. Weltkrieg (A. Hutchinson, Bloke Modisane [* 1923, † 1986], Can Themba [* 1923, † 1968]). In den 70er Jahren hatte die Lyrik Vorrang (D. Brutus, O. Mtshali, Keorapetse Kgositsile [* 1938], J. Matthews). Romane wurden zunächst v. a. von im Exil lebenden Autoren (u. a. B. Head, A. La Guma) verfaßt, seit Ende der 70er Jahre, auch von (wieder) in Südafrika lebenden Autoren (E. Mphahlele, S. Sepamla, Mbulelo Mzamane [* 1948] u. a.).

Der erste Versuch, bewußt a. L. zu schreiben und eine afrikan. Philosophie zu formulieren, wurde von den Autoren der *Négritude* unternommen. Ihr Beginn lag im Jahre 1934, als A. Césaire aus Martinique, L. S. Senghor aus Senegal und L.-G. Damas aus Guyana als Studenten in Paris die Zeitschrift ›L'Étudiant Noir‹ gründeten. Césaire gab den Namen (1939), Senghor übernahm v. a. die Definition: Négritude ist demnach das So-Sein des Schwarzafrikaners, die Summe seiner Ausdrucksweisen in sozialer und kultureller Hinsicht. Senghor stellte den Afrikaner als Menschen des Gefühls dem Europäer als Menschen des Verstandes gegenüber. In der Praxis versuchten die Vertreter der Négritude, einen afrikan. Stil in der Literatur zu schaffen: Césaire brachte afrikan. Metaphern ein, die zunächst als surrealistisch mißverstanden wurden. Senghor skandierte Verse nach afrikan. Tanzrhythmen. Neue, fremdartige Bilder und neue, andersartige Rhyth-

men verwandelten so das Französisch der Kolonialherren in ein afrikan. Französisch. Mit diesem geborgten, aber verfeinerten Instrument kämpften die Autoren der Négritude für polit. und geistige Unabhängigkeit. Ihr Organ war die (noch bestehende) Zeitschrift ›Présence africaine‹, die von der ›Société africaine de culture‹ getragen wird. Die Autoren der Négritude entdeckten die afrikan. Werte wieder und verherrlichten sie in Versen und histor. Romanen (Ibrahime M. Ouane [* 1908] aus Mali, A. Sadji aus Senegal). Die Selbstbehauptung führte bald zu polit. Argumentation. Es folgten, v. a. aus Kamerun, antikolonialist. Romane wie ›Der arme Christ von Bomba‹ (1956, dt. 1980) von M. Beti und ›Flüchtige Spur Tundi Ondua‹ (1956, dt. 1958) sowie ›Der alte Neger und die Medaille‹ (1956, dt. 1957) von F. Oyono.

Die englischsprachigen Staaten *Westafrikas* betraten mit Erreichung der Unabhängigkeit die literar. Szene. Das Thema der 60er Jahre hieß Kulturkonflikt. Die Elite der anglophonen Staaten war durch die Politik der ›indirect rule‹, die die autochthone polit. Struktur weitgehend unangetastet ließ, ihrem Ursprung weit weniger entfremdet als die der frankophonen Staaten, die durch die Politik der Assimilation zu schwarzen Franzosen erzogen wurden. Aufgewachsen in der Tradition, ausgestattet mit westl. Bildung suchten die anglophonen Afrikaner einen Weg zwischen den konkurrierenden Wertesystemen. Der Nigerianer Ch. Achebe wurde das Vorbild einer ganzen Generation von Autoren. In den 70er Jahren wurden die Autoren politischer, allen voran immer noch der nigerian. Schriftsteller. Die Kritik setzte nun am eigenen Staat an. Während der Nigerianer W. Soyinka in seinem Theaterstück ›Kongi's harvest‹ (1967) der Tradition noch eine Chance gegenüber dem autoritären Regime einräumte, zeigte er in seinem zweiten Roman ›Die Plage der tollwütigen Hunde‹ (1973, dt. 1979) kaum noch Hoffnung auf ein Leben unter humanitären Gesichtspunkten. Korruption und Machtmißbrauch, Sippenwirtschaft und Personenkult waren die Themen der 70er Jahre (Ch. Achebe, ›A man of the people‹, 1966; Ahmadou Kourouma

[* 1940], ›Der schwarze Fürst‹ [1968, dt. 1980]; T. M. Aluko, ›Chief, the honourable minister‹, 1970). Neben der Literatur für die Gebildeten entstand in Nigeria eine volkstüml. und eine triviale Literatur. D. Ladipo u. a. spielen Theater in der Yoruba-Sprache. Die Stücke, dramatisierte Legenden, histor. Dramen oder auch Stücke mit urbanen Themen, vereinen Trommel, Gesang, Tanz und Pantomime zu einem Volkstheater, das über den eigentl. Sprachraum hinweg verständlich bleibt. Wesentlich anspruchsloser ist die sog. ›Onitsha-Literatur‹, eine Trivialliteratur in Heftchenform, die sich aber mit den Problemen der neuen urbanen Klasse auseinandersetzt und teilweise erfrischende Neuerungen in die engl. Sprache einbringt.

Die Entwicklung in *Ostafrika* setzte vergleichsweise spät ein. Den Anfang machte der ›Writers' Workshop‹, der 1962 in Makerere bei Kampala (Uganda) stattfand und westafrikan. Autoren zusammenbrachte. Zwei Jahre später erschien der erste ostafrikan. Roman ›Abschied von der Nacht‹ (1964, dt. 1969) von James Ngugi (später Ngugi wa Thiong'o) aus Kenia. Theoretisch setzte sich die ostafrikan. Literatur mit der Bewegung der Négritude auseinander, als diese längst vorbei war, praktisch brachte sie nur ein Werk hervor, das ihr im weiteren Sinne zugerechnet werden kann: ›Lawinos Lied‹ (1966, dt. 1972) von Okot p'Bitek aus Uganda, ein ep. Gedicht, in dem die Acholifrau Lawino das traditionelle Afrika verteidigt. Themen der ostafrikan. Literatur sind Landnahme durch die weißen Siedler und der Mau-Mau-Aufstand, der als nat. Freiheitskampf gesehen wird (Ngugi wa Thiong'o). Jüngere Romane behandeln v. a. urbane Themen und spielen in der Welt der kleinen Leute (Meja Mwangi [* 1947]). In den 80er Jahren ist in vielen afrikan. Ländern eine starke literar. Entwicklung zu spüren, v. a. in den erst später unabhängig gewordenen Ländern wie Angola und Simbabwe. Während in Angola und Moçambique eine durch ein staatl. Literaturbüro gelenkte anspruchsvolle Literatur auf Portugiesisch entstand (Pepetela, eigtl. Artur Pestana [* 1941], L. Vieira), wird in Simbabwe Wert auf Literatur in den afri-

kan. Sprachen gelegt (Ndebele, Shona usw.).

Moderne afrikan. Literatur, entstanden als Imitation und Auseinandersetzung mit Europa, hat sich zunehmend eigenen Problemen zugewandt; der themat. Hinwendung entspricht eine stilist. Veränderung der adaptierten Sprachen Englisch, Französisch oder Portugiesisch. Die Sprache wird lokalen Gegebenheiten angepaßt, nimmt nicht nur afrikan. Vokabular auf, sondern auch afrikan. Metaphern und Satzstrukturen. Das oktroyierte Instrument der fremden Sprache wird so zum eigenen Ausdrucksmittel, mit dem man sich identifizieren kann. Neben der Literatur in Englisch, Französisch und Portugiesisch entsteht aber zunehmend eine Literatur in afrikan. Sprachen, in denen sich auch Schriftsteller von internat. Rang versuchen (z. B. Ngugi wa Thiong'o in Kikuyu).

Literatur: JAHN, J.: Gesch. der neoafrikan. Literatur. Düss. u. Köln 1966. – JAHN, J., u. a.: Who's who in African literature. Tüb. u. Basel 1972. – JAHN, J./DRESSLER, C. P.: Bibliography of creative African writing. Millwood (N. Y.) 1973. – Black African literature in English. A guide to information sources. Hg. v. B. LINDFORS. Detroit (Mich.) 1979. – GÉRARD, A.: The African language literatures. An introduction to the literary history of Sub-Saharan Africa. Wash. (D. C.) 1981. – KESZTHELYI, T.: A. L. Dt. Übers. Budapest 1981. – KANE, M.: Roman africain et traditions. Dakar 1982. – A new reader's guide to African literature. Hg. v. H. M. ZELL u. a. London u. New York ²1983. – Bibliografia das literaturas africanas de expressão portuguesa. Hg. v. G. MOSER u. M. FERREIRA. Lissabon 1983. – SEILER-DIETRICH, A.: Die Lit. Schwarzafrikas. Mchn. 1984. – A. L. – afrikan. Identität. Hg. v. K. ERMERT. Rehburg-Loccum ⁴1988. – Semper aliquid novi. Littérature comparée et littératures d'Afrique. Hg. v. J. RIESZ u. a. Tüb. 1990.

afroamerikanische Literatur, Bez. für die von Afroamerikanern in den USA geschriebene Literatur. Phillis Wheatley, als Sklavin 1761 von Senegal nach Boston gebracht, gehört mit ihren religiösen Gedichten zu den Pionieren der a. Literatur. Eine der ersten ›slave narratives‹, bis zur Sklavenemanzipation populärstes Genre, war ›The interesting narrative of the life of Olaudah Equiano, or Gustavus Vassa, the African‹ (1789). Ihr folgte u. a. ein Bestseller der amerikan. Literatur:

die ›Narrative of the life of Frederick Douglass, an American slave‹ (1845). Gegen Ende des 19. Jh. entstand mit William Wells Brown (* 1815, † 1884), Charles W. Chesnutt (* 1858, † 1932) und P. L. Dunbar der afroamerikan. Roman. Geistig vorbereitet durch die Auseinandersetzung zwischen W. E. B. Du Bois und B. T. Washington über die Bildung der Schwarzen, entwickelte sich nach dem 1. Weltkrieg die sog. ›Harlem Renaissance‹: J. W. Johnson behandelte das Thema des ›Passing‹, d. h. des ›Sich-für-weiß-Ausgebens‹, C. McKay, ein Immigrant aus Jamaika, wandte sich in seinen Dialektgedichten gegen die Rassendiskriminierung, Jean Toomer (* 1894, † 1967) schrieb mit seinem Hauptwerk ›Cane‹ (1923) eine keiner literar. Gattung zugehörende Mischung aus Vers, Prosa und Drama. C. Cullen benutzte in seiner die eigene Psyche erforschenden Lyrik europ. Versformen. L. Hughes verwendete in seinen Romanen und Versen Bluesformen. Ch. B. Himes ging in seinen Kriminalromanen das Rassenproblem satirisch an. R. Wright sah die Ursache für das Scheitern seiner Helden in der Rassendiskriminierung. Nicht weniger drastisch im Detail ist der Roman ›Unsichtbar‹ (1952, dt. 1954) von R. W. Ellison. Auch J. Baldwin nahm in seinen Werken zum Rassenproblem Stellung. Eine zunehmend militante Haltung führte schließlich zu den revolutionären Autoren der Black-Power-Bewegung, u. a. L. Jones mit Theaterstücken, Malcolm X mit seiner Autobiographie (›Der schwarze Tribun‹, 1965, dt. 1966) und E. Cleaver (›Seele auf Eis‹, autobiograph. Bericht, 1968, dt. 1970). Bes. Bedeutung kommt dem von A. Haley verfaßten Werk ›Roots‹ (1976, dt. 1977) zu, das die kollektive Geschichte der Afroamerikaner von ihren Anfängen in Afrika bis zur jüngsten Gegenwart beleuchtet. Die wichtigsten Impulse in der a. L. gehen heute von Frauen aus, wie z. B. von A. Walker, T. Morrison, A. Lorde und R. Dove.

Literatur: PLESSNER, M.: Ich bin der dunklere Bruder. Die Lit. der schwarzen Amerikaner. Hagen 1977. – Black literature. Zur afrikan. und a. L. Hg. v. E. BREITINGER. Mchn. 1979. – ENSSLEN, K.: Einf. in die schwarzamerikan. Lit. Stg.

1982. – DIEDRICH, M.: Ausbruch aus der Knechtschaft. Stg. 1986.

Afzelius, Arvid August [schwed. af-'se:liʊs], * Fjällåkra (Västergötland) 6. Mai 1785, † Enköping 25. Sept. 1871, schwed. Folklorist und Dichter. – Studierte Theologie in Uppsala und war Pfarrer in Enköping; mit E. G. Geijer Herausgeber der literarhistorisch bed. Sammlung altschwedischer Volkslieder ›Svenska folkvisor från forntiden‹ (3 Bde., 1814–16, dt. Ausw. 1830 und 1857). Die Volkslieder sind, wie auch seine Sagensammlungen (›Svenska folkets sagohäfder‹, 1839–70, dt. 3 Bde., 1842 u. d. T. ›Volkssagen und Volkslieder aus Schwedens älterer und neuerer Zeit‹), aus mündl. Tradition unkritisch gesammelt und bearbeitet. Sie hatten bed. Wirkung auf die zeitgenöss. Dichtung und Erforschung der Volksüberlieferung. Als Dichter weniger bedeutend; auch Übersetzer; mit R. Rask Hg. der ›Älteren Edda‹.

Aganoor Pompilj, Vittoria [italien. aga'nɔ:or pom'pi:li], * Padua 26. Mai 1885, † Rom 7. Mai 1910, italien. Lyrikerin. – Aus ursprünglich armen. Familie; veröffentlichte Dichtungen, die ihre unerfüllte Liebe zu dem Lyriker D. Gnoli romantisch verklärten (›Leggenda eterna‹, 1900), wandte sich dann – allerdings nicht überzeugend – Themen des familiären Glückes und der umbr. Landschaft zu (›Nuove liriche‹, 1908).
Literatur: TITTA ROSA, G.: I nuovi marmi. Mailand 1965.

Ağaoğlu, Adalet [türk. ɑːˈɑɔːlu], * Nallıhan (Verw.-Geb. Ankara) 1929, türk. Schriftstellerin. – Eine der bedeutendsten Vertreterinnen der zeitgenöss. türk. Prosaliteratur, Verfasserin von Romanen, Erzählungen, Theaterstücken und Hörspielen.
Werke: Ölmeye Yatmak (= Sich zum Sterben hinlegen, R., 1973), Die zarte Rose meiner Sehnsucht (R., 1976, dt. 1979), Bir düğün gecesi (= Eine Hochzeitsnacht, R., 1979), Yaz sonu (= Ende des Sommers, En., 1980), Hadi gidelim (= Laß uns gehen!, En., 1982).

Agatangeghọs (tl.: Agatʻangeg̣os; Agathangelos), unter diesem Autor läuft eine Lebensbeschreibung des Gregor Illuminator (4. Jh.) um, die diesen als Missionar und Oberhirten Armeniens schildert. A. gibt sich zwar als Zeitgenosse,

dürfte aber erst um 491 die Gesamtredaktion des Werkes vorgenommen haben. Problematisch sind die sachl. Varianten in den zahlreichen Übersetzungen (griech., syr., kopt., arab., georgisch). Ein Fremdkörper dürfte die ›Lehre Gregors‹ sein, die der Theologie des Maschtoz nahesteht und so die Datierung des Gesamtwerkes in die oben genannte Zeit bestätigt.
Ausgaben: A. Gesamtwerk. Hg. v. G. TĒR-MKRCH'EAN u. ST. KANAYEANTS'. Tiflis 1909. Neuausg. Venedig 1930. – The teaching of Saint Gregory. Hg. v. R. W. THOMSON. Engl. Übers. der ›Lehre‹. Cambridge (Mass.) 1970. – Agat'angeghos. History of the Armenians. Hg. v. R. W. THOMSON. Engl. Übers. (ohne die ›Lehre‹). Albany 1976.
Literatur: INGLISIAN, V.: Die armen. Lit. In: Hdb. der Orientalistik. Hg. v. B. SPULER. Abt. 1, Bd. 7. Leiden 1963. S. 161.

Agathias (tl.: Agathías), genannt Scholastikos, * Myrina (Kleinasien) um 536, † Konstantinopel (heute Istanbul) 582, byzantin. Dichter und Geschichtsschreiber. – War Rechtsanwalt in Konstantinopel. Schrieb im Anschluß an Prokop ein Geschichtswerk in 5 Büchern, das die Zeit Justinians I. von 552 bis 558 behandelte, ferner ›Daphniaká‹: erot. Mythen in Versen (verloren), sowie zahlreiche Epigramme (in der ›Anthologia Palatina‹ [um 980] größtenteils überliefert).
Ausgabe: A. Myrinaeus. Historiarum libri quinque. Hg. v. R. KEYDELL. Bln. 1967.
Literatur: CAMERON, A.: A. London 1970.

Agathon (tl.: Agáthōn), * Athen (?) um 446, † Pella (heute Nea Pella bei Saloniki) zw. 405 und 400, griech. Tragödiendichter. – Mit seinem ersten Stück siegte er 416 bei den Lenäen. Seit um 407 hielt sich A. am makedon. Hof des Königs Archelaos zu Pella auf, wo auch Euripides lebte. Von den Tragödien A.s sind nur Bruchstücke erhalten, die nicht nur einen präzisen Stil, sondern auch eine hochentwickelte Redekunst bezeugen. Neu ist, daß er z. T. Personen und Handlung frei erfindet und daß seine Chorlieder zu den Stücken keine Beziehung haben.

Agee, James [engl. 'eɪdʒɪ], * Knoxville (Tenn.) 27. Nov. 1909, † New York 16. Mai 1955, amerikan. Schriftsteller. – Studierte an der Harvard University, war dann Mitarbeiter verschiedener Zeitschriften, Filmkritiker, schrieb nach 1948 hauptsächlich für Film und Fernsehen (›Agee on film. Reviews and comments‹, hg. 1958; ›Agee on film. Five film scripts‹, hg. 1960). A. verfaßte außer Gedichten (›Permit me voyage‹, 1934) einen Dokumentarbericht über das Leben der Farmpächter in Alabama (›Zum Lob großer Männer‹, 1941, dt. 1975, 1989 u. d. T. ›Preisen will ich die großen Männer. Drei Pächterfamilien‹; zus. mit dem Photographen W. Evans) und zwei in seiner Heimat Tennessee spielende psycholog. Romane, ›Die Morgenwache‹ (1951, dt. 1964) und ›Ein Schmetterling flog auf‹ (hg. 1957, dt. 1962; dramatisiert 1960 u. d. T. ›All the way home‹). 1962 erschien die Sammlung seiner Briefe an seinen Lehrer und Mentor ›Letters of J. A. to Father Flye‹.
Literatur: Remembering J. A. Hg. v. D. MADDEN. Baton Rouge (La.) 1974. – KRAMER, V. A.: J. A. Boston (Mass.) 1975. – MOREAU, G.: The restless journey of J. A. New York 1977. – HUSE, N. L.: John Hersey and J. A.: A reference guide. London 1978. – BERGREEN, L.: J. A. A biography. New York 1984. – KRAMER, V. A.: A. and actuality. Troy (N. Y.) 1990.

Agîrbiceanu, Ion [rumän. agîr-bi'tʃeanu], * Cenade bei Hermannstadt 19. Sept. 1882, † Klausenburg 28. Mai 1963, rumän. Schriftsteller. – War griech.-unierter Priester in Siebenbürgen, Journalist und Abgeordneter; beschrieb in realist. Romanen und Novellen, mitunter mit moralisierender Tendenz, das Leben siebenbürg. Dorfbewohner, bes. das der Armen. In seinem besten Roman ›Arhanghelii‹ (= Die Erzengel, 2 Bde., 1914) schildert er das abenteuerl. Leben der Goldsucher in den Bergen.
Weitere Werke: De la ţară (= Vom Land, E., 1906), Două iubiri (= Zwei Liebende, E., 1910), Popa Man (E., 1920), Sectarii (= Die Sektierer, R., 1938), Amintirile (= Erinnerungen, 1940), Din copilărie (= Aus der Kindheit, Erinnerungen, 1956), Fefeleaga und die Mähre. Geschichten aus dem siebenbürg. Erzgebirge (dt. Ausw. 1965).
Ausgabe: I. A. Opere. Bukarest 1962–72. 7 Bde.

Agirre (Aguirre), Joseba Mirena (José María) [bask. aɣirrɛ], Pseudonym Lizardi, * Zarauz 18. April 1896, † Tolosa 12. März 1933, bask. Schriftsteller. – Einflußreicher Erneuerer der bask. Literatursprache; seine Dichtung stellt einen Höhepunkt der bask. Lyrik dar.

Werke: Biotz-begietan (= Im Herzen und in den Augen, Ged., 1932), Umezurtz-olerkiak (= Verwaiste Gedichte, 1934), Itz lauz (= Auf Prosa, Essays, 1934), Ezkondu ezin ziteken mutilla (= Der Junge, der nicht heiraten konnte, Kom., 1953).

Agirre Badiola (Aguirre), Domingo (de) [bask. aɣirrɛ βaðịola], *Ondárroa (Vizcaya) 4. Mai 1864, †Zumaya (Guipúzcoa) 14. Jan. 1920, bask. Schriftsteller. – Schrieb Gedichte und Essays, verdankt aber seinen Ruf v. a. drei Romanen: ›Auñamendiko lorea‹ (= Die Blume der Pyrenäen, 1896), ein histor. Roman vor dem Hintergrund krieger. Auseinandersetzungen zwischen Basken und Franken im 7. Jh. im frz. Baskenland, ›Kresala‹ (= Meerwasser, 1906) über das Leben und die Bräuche seines Geburtsortes Ondárroa, über Freuden und Leiden der Fischer; ›Garoa‹ (= Farnkraut, 1907, 1918 ins Kastilische, 1958 ins Französische übersetzt) schildert das Bauern- und Hirtenleben im Baskenland.

Agitpropttheater, eine in der Sowjetunion nach 1917 entstandene Form des Laientheaters. Das A. (Agitprop ist Kurzwort aus Agitation und Propaganda) soll durch Verbreitung der marxistisch-leninist. Lehre der allgemeinen polit. Bildung dienen (Propaganda) und, ausgehend von aktuellen Problemen, die Zuschauer zu polit. Aktionen aufrufen (Agitation). Aufführungspraxis (oft als ↑ Straßentheater) und Zielsetzung bedingen eine einfache Form der Stücke: kurze Spielszenen wechseln mit Sprechchören, die in einprägsamen Parolen die Konsequenzen des Gezeigten verkünden. In Deutschland gab es in den 20er Jahren rund 200 Agitpropgruppen; bestimmte Elemente des A.s wurden u. a. auch von E. Busch, E. Piscator und Friedrich Wolf aufgenommen. Die Annäherung an die Gebrauchsform des A.s ist eine der Tendenzen des sozialistisch bestimmten deutschen Theaters der Gegenwart (u. a. P. Weiss, ›Viet Nam Diskurs‹, 1968; ›Gesang vom lusitan. Popanz‹, 1969). Die Lehrstücke B. Brechts (u. a. ›Die Maßnahme‹, 1931) sind dem A. formal ähnlich, sollen aber nach Brechts Konzeption v. a. der Belehrung der Spielenden selbst dienen.

Literatur: KALNINS, B.: Agitprop. Die Propaganda in der Sowjetunion. Wien u. a. 1966. – Agit-prop to theatre workshop. Hg. v. H. GOORNEY u. a. Manchester 1986.

Agnon (tl.: ʿAḡnôn), Samuel (Schmuel) Josef, eigtl. S. J. Czaczkes, *Buczacz (Galizien) 17. Juli 1888, †Rehovot bei Tel Aviv-Jaffa 17. Febr. 1970, israel. Schriftsteller. – Ließ sich 1909 in Palästina nieder, lebte während des 1. Weltkriegs in Deutschland, ab 1924 in Jerusalem; schrieb zunächst jiddisch, dann in Iwrith. Seine zahlreichen Romane, Erzählungen und Kurzgeschichten berichten vornehmlich vom Leben der Juden in den Ghettos seiner galiz. Heimat, aus dem Milieu der assimilierten westeurop. Juden und von den Schwierigkeiten der jüd. Siedler in Palästina. Kennzeichnend für A. ist sein altertümelnder Stil, der an die Erzählweise der Chassidim anknüpft. Im Zusammenhang damit stehen auch seine Forschungen über jüd. Brauchtum. Bereits im Frühwerk finden sich symbolhafte und surrealist. Züge, die seine Werke zunehmend bestimmten. Ein zentrales Thema war für A. die religiöse Krise des modernen Menschen, v. a. des Juden. A. gilt als einer der bedeutendsten hebr. Prosaisten; sein Werk wurde in viele Sprachen übersetzt. 1966 erhielt er, zus. mit N. Sachs, den Nobelpreis für Literatur. **Werke:** ʿAḡûnôṭ (E., 1907), Und das Krumme wird gerade (R., 1909, dt. 1918), Im Herzen der Meere (En., 1935, dt. 1966), Eine einfache Geschichte (R., 1935, dt. 1967), Gestern, Vorgestern (R., 1936, dt. 1969), Nur wie ein Gast zur Nacht (R., 1939, dt. 1964), Šîrâ (R., hg. 1971), Herrn Lublins Laden (R., hg. 1974, dt. 1993). **Literatur:** BAND, A. J.: Nostalgia and nightmare. A study in the fiction of S. Y. A. Berkeley (Calif.) 1968. – S. J. A. Eine Bibliogr. seiner Werke. Hg. v. W. MARTIN. Hildesheim 1980. – ABERBACH, D.: At the handles of the lock. New York 1984.

Agon [griech.],
1. im antiken Griechenland zunächst jede Versammlung und jeder Versammlungsplatz, dann der einzelne bei solchen Versammlungen ausgetragene Wettkampf. A.e fanden bei den großen, in bestimmten zeitl. Abständen wiederkehrenden Festen zu Ehren der Götter (Zeus, Apollon, Dionysos, Poseidon, Athena) sowie bei Beerdigungsfeierlichkeiten o. ä. für Helden statt. Die Griechen un-

terschieden drei Arten von A.en: die gymnischen, hippischen (sportl.) und musischen Agone.
2. Die musischen A.e umfaßten Wettbewerbe in Musik, Dichtung, Tanz und Rhetorik. Es gab u. a. den A. der Tragödien und Komödien, einschließlich der Dithyramben und der Satyrspiele sowie den A. der ↑ Rhapsoden. Bei den ↑ Dionysien in Athen z. B. standen je drei Dichter mit je drei Tragödien und jeweils einem anschließenden Satyrspiel im Wettbewerb. Auch die Darsteller und ↑ Choregen standen untereinander im Wettbewerb. Ein Sieg war mit hohem Ansehen für den Sieger und seine Geburtsstadt verbunden. Über die Preisvergabe entschied eine Jury von gewählten bzw. ernannten Bürgern.
3. Streitgespräch, Hauptbestandteil der att. Komödie (Aristophanes), auch in der Tragödie (Euripides) und im Epos. In der dt. Dichtung v. a. in den barocken Trauerspielen (A. Gryphius, ›Leo Armenius, Oder Fürsten-Mord‹, 1650).
Literatur: GELZER, TH.: Der epirrhemat. A. bei Aristophanes. Mchn. 1960. – PICKARD-CAMBRIDGE, A.: The dramatic festivals of Athens. London ²1968. – DUCHEMIN, J.: L'A. dans la tragédie grecque. Paris ²1968.

Agon Homers und Hesiods, in einer Handschrift des 14. Jh. enthaltene Erzählung aus der späteren röm. Kaiserzeit, deren Kern spätestens aus dem 3. Jh. v. Chr., vielleicht aber schon aus klass. Zeit stammt; sie enthält die Schilderung eines Wettkampfes zwischen Homer und Hesiod in Chalkis auf Euböa, bei dem Hesiod für seine Dichtung über den Landbau der Preis zuerkannt wird. Zugrunde liegt die Vorstellung, daß die beiden Dichter Zeitgenossen gewesen seien.
Ausgabe: Vitae Homeri et Hesiodi. Hg. v. U. v. WILAMOWITZ-MOELLENDORFF. Bonn 1916.
Literatur: HESS, K.: Der Agon zwischen Homer u. Hesiod. Winterthur 1960.

Agoult, Marie Gräfin d' [frz. a'gu], geb. de Flavigny, Pseudonym Daniel Stern, * Frankfurt am Main 31. Dez. 1805, † Paris 5. März 1876, frz. Schriftstellerin. – Tochter eines emigrierten frz. Offiziers und einer dt. Bankierstochter, heiratete 1827, verließ ihren Mann 1835. Sie war Mittelpunkt eines schöngeistigen Salons. Ihr Liebesverhältnis mit F. Liszt,

dem sie drei Kinder gebar (darunter Cosima Wagner), verewigte sie in ›Nélida‹ (1846), einem romant. Liebesroman. Nach 1848 wandte sie sich der Politik zu. Sie schrieb u. a. ›Lettres républicaines‹ (1848) und ›Histoire de la révolution de 1848‹ (3 Bde., 1851–53).
Weitere Werke: Daniel Sterns Moral. Skizzen und Reflexionen (1849, dt. 1862), Memoiren (1877, dt. 1929).
Literatur: VIER, J.: La Comtesse d'A. et son temps. Paris 1955–63. 6 Bde. – DESANTI, D.: Daniel ou Le visage secret d'une comtesse romantique, M. d'A. Paris 1980. – DUPÊCHEZ, C.: M. d'A. Paris 1989.

Agras, Tellos, eigtl. Evangelos Ioannu, * in Nordepirus 1899, † Athen 1944, neugriech. Lyriker. – Symbolist; übersetzte J. Moréas u. a. ins Griechische.
Werke: Bukolika kai engōmia (= Bukolisches und Preislieder, Ged., 1934), Kathēmerines (= Alltag, Ged., 1939), Triantaphylla mianēs hēmeras (= Rosen eines Tages, Ged., 1970), Kritika (Literaturkritik, 3 Bde., hg. 1980–84).

Agricola, Johann, eigtl. J. Schnitter, * Eisleben 20. April 1499 (1494?), † Berlin 22. Sept. 1566, dt. ev. Theologe. – Schüler und lange Zeit Freund Luthers; 1525–36 Schulleiter in Eisleben und Schöpfer der ersten ev. Schulordnung; gab 1528 die erste hochdt. Sprichwörtersammlung heraus; ab 1540 Hofprediger in Berlin bei Joachim II. von Brandenburg; schrieb die ›Tragedia Johannis Huss‹ (1537) und geistl. Lieder; Terenz-Übersetzer.
Ausgabe: J. A.: Die Sprichwort-Slg.en. Hg. v. S. L. GILMAN. Bln. u. New York 1971. 2 Bde.
Literatur: GRAU, H.-D.: Die Leistung J. A.s als Sprichwortsammler. Diss. Tüb. 1968.

Aguiar Júnior, Adonias [brasilian. a'giar ʒu'nior], Pseudonym Adonias Filho, * bei Itajuípe (Bahia) 27. Nov. 1915, † ebd. 26. Juli 1990, brasilian. Schriftsteller. – 1961 Direktor der Brasilian. Nationalbibliothek, 1965 Mitglied, 1969 auch Generalsekretär der Academia Brasileira de Letras. Seine Romane und Erzählungen sind thematisch an den Staat Bahia gebunden. In ihnen verbinden sich Soziologie und Folklore zu atmosphärisch dichten, trag. Mythen.
Werke: Os servos da morte (R., 1946), Memórias de Lázaro (R., 1952), Modernos ficcionistas brasileiros (Essays, 2 Bde., 1958–65), Corpo vivo (R., 1962, dt. 1966), Das Fort (R., 1965, dt. 1969), Léguas da promissão (En., 1968), As ve-

lhas (R., 1975), Fora da pista (R., 1978), Noite sem madrugada (R., 1983).

Aguilera Malta, Demetrio [span. aɣi-'lera 'malta], * Guayaquil 24. Mai 1909, † Mexiko 29. Dez. 1981, ecuadorian. Schriftsteller. – Gehörte zur sozialkrit. ›Guayaquil-Gruppe‹; lebte ab 1958 in Mexiko. Nach seinem Vorbild, dem Spanier B. Pérez Galdos, suchte er in seinen z. T. lyrisch verdichteten Romanen eine von Magie, Mythen und Fatalismus geprägte Saga ganz Lateinamerikas zu gestalten. Schrieb auch satir. Theaterstücke.
Werke: Don Goyo (R., 1933), La isla virgen (R., 1942), La caballeresa del sol (R., 1964), El Quijote de El Dorado (R., 1964), Un nuevo mar para el rey (R., 1965), Siete lunas y siete serpientes (R., 1970), El secuestro del general (R., 1973), Jaguar (R., 1977), Requiem para el diablo (R., 1978).
Ausgabe: Teatro completo. Mexiko 1970.

Aguirre, Domingo de [span. a'ɣirrɛ], bask. Schriftsteller, † Agirre Badiola, Domingo.

Agustí, Ignacio [span. aɣus'ti], * Llisá de Vall (Prov. Barcelona) 3. Sept. 1913, † Barcelona 26. Febr. 1974, span. Schriftsteller. – Schrieb anfangs Lyrik in katalan. und seit dem Bürgerkrieg Romane in span. Sprache; verfaßte eine Romanserie über das Leben in Barcelona im 19.Jh. bis zu den großen Krisen der katalan. Gesellschaft zur Zeit der Industrialisierung: ›La ceniza fue árbol‹ (Bd. 1: ›Mariona Rebull‹, 1944; Bd.2: ›El viudo Ríus‹, 1944; Bd.3: ›Desiderio‹, 1957; Bd.4: ›19 de julio‹, 1965; Bd.5: ›Guerra civil‹, 1972); Memoiren (›Ganas de hablar‹, hg. 1974).
Literatur: MIRANDA, W.: I. A., el autor y la obra. Wash. (D. C.) 1982.

Agustín, José [span. aɣus'tin], * Guadalajara (Jalisco) 19. Aug. 1944, mex. Schriftsteller. – Repräsentant der ›Onda‹ (= Welle, Mode), einer Gruppe junger Autoren der Stadt Mexiko. Seine sprachschöpfer., stark mit Argot und Anglizismen versetzten Romane spielen im kosmopolit., von Beat, Rock und Depressionen gezeichneten Milieu der mex. Jugend.
Werke: La tumba (R., 1964), De perfil (R., 1966), Rock. La nueva música clásica (Essay, 1968), Abolición de la propiedad (Dr., 1969), El rey se acerca a su templo (R., 1978), Ciudades

desiertas (R., 1982), Cerca del fuego (R., 1986), Luz interna (R., 1989).

Agustini, Delmira [span. aɣus'tini], * Montevideo 24. Okt. 1886, † ebd. 6. Juli 1914, uruguay. Lyrikerin. – Aus angesehenem Elternhaus; wurde nach kurzer Ehe von ihrem Mann ermordet; verdankt ihren Ruhm der außerordentl. Kühnheit, mit der sie in ihren in Metaphorik und Symbolik noch vom Modernismo geprägten Gedichten ihre erot. Sehnsüchte und Phantasien zum Ausdruck brachte.
Werke: El libro blanco (Ged., 1907), Cantos de la mañana (Ged., 1910), Los cálices vacíos (Ged., 1913).
Ausgabe: Poesías completas. Hg. v. M. ALVAR. Barcelona 1971.

ägyptische Literatur, unter der großen Fülle dessen, was an schriftl. Aufzeichnungen der alten Ägypter erhalten geblieben ist (Briefe und Rechnungen, Protokolle, wissenschaftl. Werke, Urkunden), nimmt die eigtl. Literatur nur einen geringen Platz ein. Das meiste ist gewiß verlorengegangen, und nur bei Texten, die in der Schule gelehrt und abgeschrieben wurden, kann man durch Schülerarbeiten eine dichtere Überlieferung erwarten. Daneben läßt sich eine nur mündl. tradierte Literatur nachweisen, die Arbeits-, Jubel- und Trauerlieder, aber auch Tiergeschichten, Märchen, Mythen, Anekdoten, Zaubersprüche und vielleicht auch Kultsprüche umfaßte. Der große Teil der Literatur im engeren Sinn ist auf Papyrusrollen oder Kalksteinscherben in hierat. Schrift aufgezeichnet, doch finden sich manche Textarten, v. a. religiöser Natur, auch oder ausschließlich in Hieroglyphen auf Tempel- und Grabwänden. Träger der Tradition war das an Tempel oder Verwaltungsbehörden angeschlossene ›Lebenshaus‹, in dem Texte aufbewahrt, abgeschrieben und komponiert wurden. Erst im letzten Jt. v.Chr. trat die Priesterschaft als Traditionsträger der Literatur hervor, vorher waren es Beamte. Dichternamen sind nur bei den Lebenslehren überliefert, aber auch da lassen sich Persönlichkeiten kaum fassen. Ihrem Wesen nach besteht die ä. L. in künstler. Zusammenfügen, aber auch zeitgemäßem Verändern bewährter, tradierter Elemente, also aus Kompositionen, bei denen

Geist, Humor und Einfall hoch geschätzt waren. Literar. Formen und Gattungen, teils aus Sprechsitten entwickelt, haben sich erst allmählich herausgebildet, da die ä. L. als älteste auf keiner Tradition aufbauen konnte.

Totenliteratur: Aus dem ägypt. Totenglauben zu verstehen ist die Sitte, dem Verstorbenen Texte mit ins Grab zu geben, sei es als Inschrift auf den Grab- oder Sargwänden, sei es auf Papyrusrollen. Die älteste Sammlung religiöser Texte verschiedener Herkunft und verschiedener literar. Form bilden die Pyramidentexte, die auf den Wänden der Königsgräber der 6. Dynastie stehen und später auch in anderem Zusammenhang erscheinen. Im Mittleren Reich (um 2040–1650) stehen entsprechende Texte auf den Särgen *(Sargtexte)*. Sie gehören ganz in die magische Sphäre und sollten den Toten vor Mangel und Gefahren im Jenseits schützen und ihm zur Seligkeit verhelfen. Im Neuen Reich (1551–1070) erhielten die Toten oft eine Rolle mit Texten des Totenbuches. Dies ist eine erst später kanonisierte Sammlung von etwa 200 einzelnen Sprüchen, von denen der 125. das Bekenntnis vor den Totenrichtern und dabei das ethisch-kult. Ideal des Ägypters enthält. Gleichzeitig stehen an den Wänden der Königsgräber die Unterweltsbücher, Schilderungen der nächtl. Fahrt des Sonnengottes. Das bedeutendste dieser Dichtwerke ist das ›Amduat‹ (um 1500 v. Chr.). Diese erst kürzlich erschlossene umfangreiche Literatur verwendete gleichberechtigt Text und Bild.

Kultliteratur: Der tägl. Tempeldienst wie der Festdienst erforderten ein reiches Textmaterial, dessen Grundbestand zahlreiche Rituale bildeten, zu denen Hymnen und Lieder traten. Nur gelegentlich sind myth. Erzählungen erhalten, da diese im allgemeinen nicht in den Tempeln fixiert waren. Religiös bestimmt waren auch die Texte zu Dramen, genauer zu kult. Spielen. Erhalten sind nur Fragmente, die die Sprechenden, die Requisiten, die Szene und den Beginn der Reden angeben. Ob auch außerhalb des Kultes, zur Unterhaltung von Zuschauern, solche Aufführungen stattfanden, ist umstritten, aber wahrscheinlich.

Die **schöne Literatur** kennt eine Fülle von Erzählungen. Das bedeutendste Werk ist die ›Geschichte des Sinuhe‹ (Mitte des 20. Jh. v. Chr.), eines ägypt. Beamten, der aus polit. Gründen nach Asien flieht und gegen Ende seines Lebens heimkehrt. Aus dem Mittleren Reich, das eine Blüte der ä. L. hervorbrachte, stammen auch die ›Geschichte des Schiffbrüchigen‹, der auf einer Insel einem Schlangengott begegnet, sowie die ›Märchen des Papyrus Westcar‹, die in eine Rahmenerzählung eingefügt sind. Aus dem Neuen Reich seien nur genannt das ›Brüdermärchen‹ (um 1200 v. Chr.), der ›Streit zwischen Horus und Seth‹, eine myth. Geschichte voller humorist. Details, und das ›Märchen vom verwunschenen Prinzen‹. Im letzten Jt. v. Chr. wurden die Erzählungen kunstloser und länger. Beim ›Sagenkreis des Petubastis‹ ist der Einfluß Homers unverkennbar, während griech. Geist sich bei den Zaubergeschichten um den Prinzen Chaemwese und seinen Sohn Si-Osire nur an wenigen Stellen bemerkbar macht. Neben den Erzählungen standen die Autobiographien, die nur wenige persönl. Einzelheiten aus dem Leben der Verstorbenen brachten, aber die tradierten Elemente eines dem Ideal entsprechenden Lebens kunstvoll auswählten und – soweit wir sehen können – individuell aneinanderfügten. Bes. im letzten Jt. v. Chr. wurden sie künstlerisch geformt und persönlich abgewandelt.

Bed. ist der religiöse und geistige Gehalt bei den Werken der Auseinandersetzungsliteratur, die in der Notzeit des Zusammenbruchs nach dem Ende des Alten Reiches aufblühte. Fragen der Theodizee und der menschl. Verantwortung für diese Welt, Probleme der Willensfreiheit, des Wertes von Riten, der Wahrheit des Totenglaubens sind es, die Werke wie die ›Mahnworte des Ipu-wer‹, das ›Gespräch eines Lebensmüden mit seinem Ba‹ u. a. aufwerfen, während die ›Reden des Chu-enanup‹ um das Recht und sein Verhältnis zur Macht kreisen; alle diese Gedanken wurden in dichter. und bildreicher Sprache vorgetragen.

Die **Poesie** formte einfache Lieder, die bei Arbeit, Gastmählern oder Begräbnissen vorgetragen wurden, aber auch kompliziert gebaute Hymnen, Lieder über die Vergänglichkeit des Lebens (Harfnerlieder), Lieder auf den König (Schlacht bei Kadesch) und – bes. reich erhalten – Liebeslieder, die von frischer Naivität bis zu raffinierter Artistik reichten.

Hohe Bedeutung hatten für Ägypten selbst wie auch für die Forschung die **Lebenslehren**, in denen ein weiser, älterer Mann einen jüngeren, oft seinen Sohn, in der richtigen Lebensführung unterweist. Von der Mitte des 3. Jt. bis zur Zeitenwende sind solche Lehren entstanden. Nur die bedeutendsten seien genannt: die des Ptahhotep (um 2400?), die für König Merikare (2100), die Lehre des Königs Amenemhet I. (um 1970?), des Anii (um 1400), des Amenemope (um 1000?), des Anch-Scheschonk (um 600?) und die des Papyrus Insinger (um 300 v. Chr.). Der Meister, der die tradierten Lehren kannte und seine Lebenserfahrung ergänzend oder korrigierend hinzufügte, zeigte dem Schüler ›Gottes Weg‹ oder den ›Weg des Lebens‹, d. h. das dem Menschen gebotene Verhalten in den einzelnen Lebenssituationen, wie es sich bei aufmerksamem Beobachten der Weltläufe aus Erfolg und Mißerfolg erkennen läßt. Im letzten Jt. v. Chr. trat Glück und Unglück als Maßstab zurück hinter einem reinen Begriff von Gut und Böse als Gott wohlgefällig oder mißliebig. Gelegentlich folgte der Lehre ein Zwiegespräch zwischen Vater und Sohn, das in einem Fall (›Lehre des Anii‹) Fragen der Erziehbarkeit des Kindes bei gegebenen Naturanlagen behandelte.

Schulliteratur: In der Schule wurde dem Unterricht außer diesen Lebenslehren, die auswendig zu lernen waren, Lesestoff zugrunde gelegt, der möglichst viele Wörter, deren Rechtschreibung gelernt werden sollte, aber auch möglichst viel Sachinformation enthielt: dabei schwankte die Form von trockenen Wortlisten *(Onomastika)* bis zu geistreichen, humorvollen und sogar satirischbissigen Darstellungen; Beispiele bilden die ›Lehre des Cheti‹ (um 1970 v. Chr.), in der die handwerkl. Berufe unter Verwendung von Wortspielen und Amphibolien negativ geschildert werden und der Beamtenberuf als einzig begehrenswert erscheint, oder, aus der Zeit um

1200 v. Chr., der witzige Brief eines Militärbeamten an seinen Kollegen, dem er Ignoranz und Hilflosigkeit vorwirft (Papyrus Anastasi I.).

Die **wissenschaftl. Literatur** war v. a. auf die prakt. Bedürfnisse ausgerichtet. Unter den erhaltenen Texten nehmen die *medizin. Papyri,* die aus dem 2. Jt. v. Chr. stammen, aber auf ältere Vorlagen zurückgehen, den größten Raum ein und bestätigen den hohen Stand und die Spezialisierung der ägypt. Medizin, von der man aus der antiken Überlieferung Kenntnis hatte. Neben ›Fachbüchern‹ (u. a. zur Chirurgie, Gynäkologie, inneren Medizin und Tierheilkunde) gibt es mehrere Sammelhandschriften, die verschiedene Krankheitsfälle und Behandlungsmethoden aufführen. Erhalten sind *mathemat. Aufgabensammlungen* und *Rechentabellen.* Die Kenntnisse beruhten ausschließlich auf Erfahrungswerten und waren auf Zweckmäßigkeit abgestimmt (Feldermessung, Verwaltungspraxis). Der Sache nach handelte es sich um bloßes Rechnen, doch entwickelten die Ägypter eine beachtl. Fertigkeit darin: das Dezimalsystem (aber ohne Stellenschreibung und Null), die Bruchrechnung (fast nur Stammbrüche), eine Näherungslösung für die Zahl π, Berechnung von Flächen und Körpern (Kreis, Trapez, Pyramidenstumpf). Auf dieser rein empir. Ebene der Mathematik war nur eine bescheidene *Astronomie* zu errichten. Für die prakt. Bedürfnisse des Kalenders, des Kultes und der Orientierung des Toten am Nachthimmel reichten die groben, auf Naturbeobachtung basierenden Kenntnisse aus. Die astronom. Texte bestehen v. a. aus Dekanlisten (2200–2100 v. Chr.), Erklärungen zu Himmelsbildern und Planetentafeln (2. Jh. n. Chr.). Die *Astrologie* und der Tierkreis waren ursprünglich unbekannt und blühten erst unter mesopotam. und hellenist. Einfluß in Ägypten.

Die Wirkung der ä. L. war bedeutend, und zwar sowohl auf die Bibel, wo bestimmte Gattungen übernommen sind, andere Stellen ägypt. Einfluß verraten und sogar ein Teil der ›Lehre des Amenemope‹ ins Hebräische übersetzt worden ist, als auch auf Griechenland. Es scheint, daß Hesiods ›Werke und Tage‹

(um 700 v. Chr.) Anleihen bei einer ägypt. Lehre gemacht haben, und auch bei griech. Fabeln und Hymnen sind ägypt. Einflüsse wahrscheinlich. Ägypt. Märchen belegen erstmals viele Motive, die aus anderen Teilen der Welt bekannt sind, doch verliert sich hier der Wanderweg im Dunkel der Vorgeschichte.

Literatur: HERMANN, A.: Die ägypt. Königsnov. Glückstadt 1938. – LEFÈBVRE, G.: Romans et contes de l'égyptiens de l'epoque pharaonique. Paris 1949. – Altägypt. Liebeslieder. Einl. u. dt. Übers. v. S. SCHOTT. Zü. 1950. – OTTO, E.: Die biograph. Inschrr. der ägypt. Spätzeit. Leiden 1954. – Altägypt. Lebensweisheit. Einl. u. dt. Übers. v. F. W. VON BISSING. Zü. 1955. – DRIOTON, É.: Le théâtre égyptien. In: DRIOTON: Pages d'égyptologie. Kairo 1957. – HERMANN, A.: Altägypt. Liebesdichtung. Wsb. 1959. – BRUNNER, H., u.a.: Ägyptologie. Lit. In: Hdb. der Orientalistik. Hg. v. B. SPULER. Abt. 1, Bd. 1, 2. Leiden [2]1970. – The literature of ancient Egypt. Hg. v. W. K. SIMPSON. New Haven (Conn.) 1973. – LICHTHEIM, M.: Ancient Egyptian literature. Berkeley (Calif.) 1973–80. 3 Bde. – Ägypt. Hymnen u. Gebete. Eingel., übers. u. erl. v. J. ASSMANN. Zü. u. Mchn. 1975. – BRUNNER, H.: Grundzüge einer Gesch. der altägypt. Lit. Darmst. [3]1980. – Altägypt. Märchen. Dt. Übers. u. Bearb. v. E. BRUNNER-TRAUT. Düss. u. Köln [6]1983. – BRUNNER-TRAUT, E.: Altägypt. Tiergesch. u. Fabel. Darmst. [7]1984. – Ägypt. Unterweltsbb. Eingel., übers. u. erl. v. E. HORNUNG. Zü. u. Mchn. [3]1989.

Ägyptologie [griech.], die wiss. Erforschung des alten Ägypten. Zu ihrem Forschungsbereich gehören: Ägypten seit der frühesten Zeit der Besiedlung des unteren Niltales (einschließlich des Nordteils des Sudan), die Geschichte bis zur Eroberung des Landes durch Alexander d. Gr. (332 v. Chr.), die Kunst und Religion bis zum Erlöschen altägypt. Traditionen in der röm. Kaiserzeit und die ägypt. Sprache bis zum Aussterben ihrer jüngsten Stufe des Koptischen, im 15. oder 16. Jahrhundert. Neben der Archäologie und Kunst beschäftigt sich die Ä. v. a. mit den schriftl. Zeugnissen der Kultur. Nach der Phase der Entzifferung der Hieroglyphen durch J.-F. Champollion ([* 1790, † 1832]; 1822), des Kopierens der Denkmäler (I. Rosellini, R. Lepsius) und der Erstellung eines chronolog. Gerüstes folgte die bis heute noch nicht abgeschlossene Phase der großen Texteditionen (H. Brugsch, A. Erman, K. Sethe, W. Spiegelberg [Demotisch],

G. Steindorff [Koptisch], A. H. Gardiner, J. Černý [Hieratisch], É. Chassinat, H. Junker, S. Sauneron, F. Daumas [Tempelinschriften griech.-röm. Zeit]). Die moderne Philologie und grammat. Forschung begann mit A. Erman, der zusammen mit H. Grapow das ›Wörterbuch der ägypt. Sprache‹ (12 Bde., 1926–63) herausgab. Eine erste zusammenfassende Darstellung der ägypt. Kultur mit einem Überblick über die Literatur verfaßte Erman (›Ägypten und ägypt. Leben im Altertum‹, 1886); etwa gleichzeitig begann man Sammlungen von Übersetzungen literarischer Werke zu veröffentlichen (G. C. Ch. Maspéro, ›Les contes populaires de l'Égypte ancienne‹, 1882; A. Erman, ›Die Literatur der Ägypter‹, 1923; G. Lefèbvre, ›Romans et contes égyptiens de l'époque pharaonique‹, 1949); in weiterem Rahmen: J. H. Breasted, ›Ancient records of Egypt‹ (5 Bde., 1906/07) und J. B. Pritchard, ›Ancient Near eastern texts relating to the Old Testament‹ (1950). Diese Arbeit wurde in jüngster Zeit u. a. von M. Lichtheim (›Ancient egyptian literature‹, 3 Bde., 1973–80) und J. Assmann (›Ägypt. Hymnen und Gebete‹, 1975) fortgesetzt.

Größere Fortschritte wurden im Bereich der Stilistik, der Metrik und der literar. Struktur der Liebesdichtung (A. Hermann) erzielt, während die Formgeschichte, Textkritik und Literaturgeschichte bislang lediglich in Einzeluntersuchungen bzw. in kurzen Abrissen erfaßt sind.

Literatur: HORNUNG, E.: Einf. in die Ä. Stand, Methoden, Aufgaben. Darmst. 1967. – Lex. der Ä. Begr. v. W. HELCK u. E. OTTO. Hg. v. W. HELCK u. W. WESTENDORF. Wsb. 1975–86. 6 Bde. u. Index-Bde.

Aharonjan, Awetis, * Igdirmawa 4. Jan. 1866, † Marseille 20. April 1948, armen. Schriftsteller. – Bis zur Schließung der armen. Schulen im Kaukasus (1896) Lehrer; danach Studium in Lausanne und Paris; 1901 Journalist in Tiflis; 1909 von den Russen verhaftet; bis 1916 in der Schweiz; dann führender Politiker in der Freien Republik Armenien; 1918 Parlamentspräsident; 1923 Emigration nach Frankreich; bringt in seiner Dichtung seine liebevolle Verbundenheit mit seinem Volk zum Ausdruck.

Ausgabe: A. Aharonean. Armen. Erzählungen.
Dt. Übers. Lpz. 1909.
Literatur: INGLISIAN, V.: Die armen. Lit. In:
Hdb. der Orientalistik. Hg. v. B. SPULER. Abt. 1,
Bd. 7. Leiden 1963. S. 245.

Ahdab, Al (tl.: Al-Aḥdab), Ibrahim,
* Tripoli 1826, † Beirut 1891, libanes.
Dichter. – Übte großen Einfluß auf die
Entwicklung der modernen arab. Renaissance aus; schrieb etwa 20 Theaterstücke, von denen viele Bearbeitungen
aus der islam. Geschichte und aus europ.
Sprachen sind. Sein Werk umfaßt ferner
rund 40 Monographien, u. a. einen Diwan (1867) und eine Sammlung von arab.
Sprichwörtern in Poesie und Prosa.

Ahlgren, Ernst [schwed. ˌɑːlgreːn],
schwed. Schriftstellerin, † Benedictsson,
Victoria.

Ahlin, Lars Gustav, * Sundsvall
4. April 1915, schwed. Schriftsteller. – Im
Arbeitermilieu aufgewachsen, schloß er
sich früh der Arbeiterbewegung an, besuchte die Volkshochschule und betrieb
autodidakt. Studien. A. begann seine literar. Tätigkeit als Arbeiterdichter. Seine
Prosa ist v. a. von F. M. Dostojewski und
E. Hemingway beeinflußt. Sein Erstling,
der polit. Roman ›Tobb mit dem Manifest‹ (1943, dt. 1948) über das Arbeitslo-
senelend der 30er Jahre, hat einen jungen
Marxisten zum Helden und übt Kritik
am Kommunismus. A. schrieb experimentelle Romane von umstrittener Qualität. ›Fromma mord‹ (R., 1952) und
›Kanelbiten‹ (R., 1953) waren sehr erfolgreich. Daneben verfaßte er programmat. Aufsätze und Manifeste. A. wendet
sich gegen den realist. Illusionsroman.
Nicht nur seine leicht naturalist. Darstellungsweise, sein volkstümlich-grotesker
Humor und die überströmende Phantasie machten ihn zu einem bekannten und
bed. Vertreter der modernen schwed. Literatur, sondern auch die Menschlichkeit
in seinem Werk, das immer Auseinandersetzung mit Ideologien und Wertsyste-
men ist.
Weitere Werke: Inga ögon väntar mig (Nov.,
1944), Jungfrun i det gröna (R., 1947), Eld av eld
(Dr., 1949), Kvinna kvinna (R., 1955), Natt i
marknadstältet (R., 1957), Gilla gång (R., 1958),
Bark och löv (R., 1961), Hannibal segraren (R.,
1982), De sotarna! (R., 1990).
Literatur: LINDER, E. H.: Guds pennfäktare och
andra essäer. Stockholm 1955. – FURULAND, L.:

Synpunkter på L. A. Stockholm 1971. – MEL-
BERG, A.: På väg från realismen. En studie i
L. A.s författarskap, dess sociala och litterära
förutsättningar. Stockholm 1973. – EKMAN,
H.-G.: Humor, grotesk och pikaresk. Studier i
L. A.s realism. Staffanstorp 1975. – LUNDELL,
T.: L. A. Boston (Mass.) 1977.

Ahlqvist, August Engelbrekt, * Kuopio 7. Aug. 1826, † Helsinki 20. Nov.
1889, finn. Sprachforscher, Literarhistoriker und Lyriker. – Professor für finn.
Sprache und Literatur in Helsinki (seit
1863); sammelte Sagen und Volksdichtung in Karelien und Ingermanland;
schrieb als einer der ersten Lyrik in finn.
Sprache (unter dem Pseudonym Oksa-
nen), überwiegend patriotisch-romant.
Gedichte.

Leopold
Ahlsen

Ahlsen, Leopold, eigtl. Helmut Alz-
mann, * München 12. Jan. 1927, dt. Dramatiker und Hörspielautor. – Kriegsteil-
nehmer; dann Studium der Germanistik,
Geschichte und Theaterwissenschaft.
Danach Schauspieler und Regisseur, ab
1949 Lektor in der Hörspielabteilung
beim Bayer. Rundfunk, seit 1960 freier
Schriftsteller. In seinen Stücken gestaltet
A. die Problematik des modernen Menschen in einer vielfach bedrohten Welt.
Sein Drama ›Philemon und Baukis‹
(1956) zeigt ein altes griech. Ehepaar, das
während des 2. Weltkrieges griech. Partisanen und verwundeten dt. Soldaten bei-
steht und für seine Menschlichkeit zum
Tode verurteilt wird. In späteren Stücken
stellt A. Grenzsituationen dar, wie To-
desangst (›Sie werden sterben, Sire‹,
1964) und Verlassenheit im Rückblick
auf ein als gescheitert empfundenes Le-

ben (›Der arme Mann Luther‹, Fsp., 1965, Dr., UA 1967).

Weitere Werke: Zwischen den Ufern (Dr., UA 1952), Pflicht zur Sünde (Dr., UA 1952), Wolfszeit (Dr., UA 1954), Raskolnikoff (Dr., 1960), Alle Macht der Erde (Hsp. und Fsp., Ursendung 1962), Berliner Antigone (Fsp. nach Hochhuth, Ursendung 1968), Drehbuch zum Fernsehfilm ›Wallenstein‹ (4 Tle., 1978; nach G. Mann), Der Gockel vom goldenen Sporn alias Jakob Hyronimus C. (R., 1981), Die Wiesingers (R., 1984), Der Satyr und sein Gott (Nov., 1988).
Literatur: DURZAK, M.: Lit. auf dem Bildschirm. Analysen u. Gespräche mit L. A., ... Tüb. 1989.

Ahmedî, Tacceddîn Ibrahîm, *Sivas 1334, † Amasya 1413, türk. Dichter. – Bedeutendster türk. Vertreter der höf. Poesie im 14. Jh.; verfaßte am Hofe der osman. Prinzenresidenz Amasya (Anatolien) sein berühmtes ›İskendernâme‹ (= Alexanderbuch, entstanden 1390), in dem er den gängigen oriental. Stoff um eine Chronik der Osmanen und andere stoffl. Zutaten erweiterte.

Ahmet Midhat, *Konstantinopel (heute Istanbul) 1844, † ebd. 28. Dez. 1912, türk. Schriftsteller. – Verwaltungsbeamter, Journalist, Universitätsdozent für allgemeine und Philosophiegeschichte; galt als ›Lehrer‹ der Reformzeit der Tanzimat; die Beliebtheit seiner Romane und Novellen beruht auf der Verbindung von erzähler. Naturalismus und erzieher. Idealismus, der immer spürbar ist; bearbeitete häufig frz. Stoffe; schrieb auch Dramen. In dt. Sprache erschienen 1898 eine Novellenauswahl und 1913 das Drama ›O weh!‹ (1874).

Ahmet Nedîm, türk. Dichter, ↑ Nedîm, Ahmet.

Ahmet Paşa [türk. pɑ'ʃɑ], *Edirne 1420 (?), † Bursa 1497, osman.-türk. Dichter. – Wichtigster höf. Dichter des 15. Jh.; rettete – beim Sultan in Ungnade gefallen – durch eine Kasside sein Leben; beeinflußte mit seiner Größe die Dichtung nachfolgender Jahrhunderte.
Ausgabe: Ahmed P. Divanı. Hg. v. ALI NIHAD TARLAN. Istanbul 1966.

Aho, Juhani, eigtl. Johannes Brofeldt, *Lapinlahti bei Kuopio 11. Sept. 1861, † Helsinki 8. Aug. 1921, finn. Schriftsteller. – Kam aus pietist. Pfarrersfamilie, studierte in Helsinki, war Mitbegründer

der jungfinn. Zeitung ›Päivälehti‹ und führend im ›Jungen Finnland‹. A. verfaßte Romane, Dramen, Reisebücher und Memoiren. Unter nord., russ. und frz. Einfluß schrieb er stimmungsvolle Miniaturen und Episoden aus seiner Heimat, in denen romant. und realist. Elemente verschmelzen, und wurde damit zum Wegbereiter des modernen finn. Realismus. Das Geschehen in seinen bekannten Romanen ›Ellis Jugend‹ (1885, dt. 1899) und bes. ›Ellis Ehe‹ (1893, dt. 1896) spielt sich v. a. im psycholog. Bereich ab. Meisterhaft malt er Stimmungen des nord. Ödlands und seel. Vorgänge, reflektiert in der Landschaft. Der kulturhistor. Roman ›Panu‹ (1897, dt. 1899) behandelt den Konflikt zwischen Christentum und Heidentum im Finnland des 16. Jahrhunderts. Von Bedeutung sind auch seine Übersetzungsarbeiten.
Weitere Werke: Die Eïsenbahn (E., 1884, dt. 1922), Einsam (R., 1890, dt. 1902), Schweres Blut (R., 1911, dt. 1920).

Ahrenberg, Jac[ob] [schwed. ‚ɑ:rənbærj], eigtl. Johan Jacob, *Wyborg 30. April 1847, † Helsinki 10. Okt. 1914, schwedischsprachiger finn. Schriftsteller. – Studierte in Stockholm, war Architekt und Architekturmaler; schrieb Reiseschilderungen, Novellen, Erzählungen und Romane, u. a. ›Der Stockjunker‹ (1892, dt. 1895), ›Rojalister och patrioter. Ein sommarsaga från 1788‹ (1901); am wertvollsten sind seine Skizzen und Schilderungen aus Karelien (u. a. ›Från Karelen‹, 1893); auch Memoiren.

Ahtal, Al- ↑ Achtal, Al.

Ahundzādaʰ, Mīrzā Fath ʻAlī ↑ Achundsada, Mirsa Fath Ali.

Aibek (tl.: Ajbek) [russ. aj'bjɛk], eigtl. Mussa Taschmuchammedow, *Taschkent 10. Jan. 1905, † ebd. 1. Juli 1968, usbek.-sowjet. Schriftsteller. – Verfasser von Gedichten und Poemen, bed. jedoch v. a. durch seine Romane, mit denen er die usbekisch-sowjet. Prosa begründete; übersetzte auch Werke aus dem Russischen (u. a. A. S. Puschkin).

Aicard, Jean [frz. ɛ'ka:r], *Toulon 4. Febr. 1848, † Paris 13. Mai 1921, frz. Schriftsteller. – Besang als Lyriker die Landschaft der Provence und die Welt des Kindes: ›Poèmes de Provence‹ (1874), ›Das Lied vom Kinde‹ (1875, dt. 1888); trat auch als Dramatiker (›Le père Lebonnard‹, 1889) und als Romancier (›Roi de Camargue‹, 1890; ›Maurin des Maures‹, 1908) hervor; 1909 Mitglied der Académie française.

Aichbichler, Wilhelmine, österr. Schriftstellerin, † Viesèr, Dolores.

Ai Ch'ing (Ai Qing) [chin. aịtɕɪŋ], * I-wu (Tschekiang) 27. März 1910, chin. Lyriker. – Geprägt durch seinen Studienaufenthalt 1928–32 in Frankreich, schrieb er danach biographisch gefärbte und polit. Gedichte; experimentierte mit neuen Formen; engagierte sich seit 1935 in der kommunist. Literaturpolitik, fiel 1957 in Ungnade; wurde 1979 rehabilitiert und wendet sich gegen neue Strömungen in der chin. Lyrik; nur vereinzelt wurden Gedichte ins Deutsche übersetzt; eine engl. Übersetzung von Gedichten erschien 1982 in Peking u. d. T. ›Selected poems‹.

Aichinger, Ilse, * Wien 1. Nov. 1921, österr. Schriftstellerin. – Fand unter den Eindrücken des österr. ›Anschlusses‹ und des Krieges zur Literatur; ihr erstes Werk, der Roman ›Die größere Hoffnung‹ (1948), trägt autobiograph. Züge; arbeitete nach einigen Semestern Medizinstudium ab 1950 als Verlagslektorin und an der Ulmer Hochschule für Gestaltung; ab 1953 ∞ mit G. Eich; war Mitglied der Gruppe 47. A. gilt als bedeutende Repräsentantin der dt. Nachkriegsliteratur. Bisweilen auch surrealist. Stilmittel verwendend, ist es ihr gelungen, die moderne Erzählform einer parabol. Vermittlung der Wahrheit in der Nachfolge F. Kafkas auszubauen. Das Mögliche und Tatsächliche, Vergangene und Gegenwärtige, Besondere und Allgemeine der Existenz fügt sie zu einer sprachl. Synthese, die so selbstverständlich einfach wie traumhaft vielschichtig erscheint. Sie erhielt zahlreiche Literaturpreise, u. a. 1952 den Preis der Gruppe 47.

Weitere Werke: Rede unter dem Galgen (En., 1952, 1953 u. d. T. Der Gefesselte), Knöpfe (Hsp., Ursendung 1953, Dr., 1953), Zu keiner Stunde (Szenen, Dialoge, 1957), Besuch im Pfarrhaus (Hsp., Dialoge, 1961), Eliza, Eliza (En., 1965), Auckland (4 Hsp.e, 1969), Schlechte

Wörter (En., Prosa, ein Hsp., 1976), Meine Sprache und ich (En., 1978), Kleist, Moos, Fasane (Prosa, 1987).

Literatur: LORENZ, D. C. G.: I. A. Königstein im Taunus 1981. – I. A. Materialien zu Leben u. Werk. Hg. v. S. MOSER. Ffm. 1990. – I. A. Hg. v. K. BARTSCH u. a. Graz 1993.

Aigi (tl.: Ajgi), Gennadi Nikolajewitsch [russ. 'ajgi], * Schaimurschino (Tschuwaschien) 21. Aug. 1934, tschuwasch.-russ. Schriftsteller. – Schrieb nach tschuwasch. Gedichte ab 1960 auf Anraten von B. Pasternak auch in russ. Sprache, doch durften seine Gedichte in der Sowjetunion (mit einzelnen Ausnahmen) nicht erscheinen; eine erste Sammelausgabe (Gedichte und Aufsätze) erschien 1975 u. d. T. ›Stichi‹: 1954–1971‹ in der BR Deutschland, in dt. Übersetzung liegt u. a. der Auswahlband ›Beginn der Lichtung‹ (dt. 1971) vor. A. erhielt 1993 den Petrarca-Preis.

Weitere Werke: Veronikas Heft (Ged., dt. 1986), Aus Feldern Rußland (Ged. [russ. u. dt.] und Prosa, 1991), Widmungsrosen (Ged., russ. und dt. 1991), Gruß dem Gesang (Ged., dt. 1992), Und: Für Malewitsch (Ged., dt. 1992), Im Garten Schnee (Ged., russ. und dt. 1993).

Aiken, Conrad Potter [engl. 'eɪkɪn], * Savannah (Ga.) 5. Aug. 1889, † ebd. 17. Aug. 1973, amerikan. Schriftsteller. – Studierte an der Harvard University zus. mit T. S. Eliot und V. W. Brooks, bereiste Frankreich, Italien und England, wo er sich immer wieder aufhielt. Ab 1917 war er Hauptmitarbeiter der Zeitschrift ›The Dial‹. Sein lyr. Schaffen zeigt am Anfang den Einfluß von E. A. Poe, J. Keats, R. Browning und E. Dickinson (deren literar. Ruhm er mit seinem Vorwort zu einer Ausgabe ihrer Gedichte, 1924, be-

Ilse Aichinger

gründete), die Wirkung der Imagisten und T. S. Eliots. Weitere Werke verraten seine Neigung zur Musik und Psychoanalyse sowie den Einfluß von S. Freud und J. Joyce. Für die ›Collected poems‹ (1953) wurde er als ›Künder der beiden großen Themen Liebe und Tod‹ mit dem National Book Award ausgezeichnet. Sowohl thematisch – durch psycholog., erot. und patholog. Probleme – als auch formal – durch die schwierige Schreibweise – kompliziert und daher schwer zugänglich sind seine Kurzgeschichten und Romane, u. a. ›Blue voyage‹ (R., 1927), ›Costumes by Eros‹ (Kurzgeschichten, 1928), ›Great circle‹ (R., 1933) und ›King Coffin‹ (R., 1935). A. war auch ein bed. Kritiker.

Weitere Werke: Punch. The immortal liar (Ged., 1921), Priapus and the pool (Ged., 1922), The pilgrimage of Festus (Ged., 1923), Selected poems (1929; Pulitzerpreis 1930), Time in the rock (Ged., 1936), Ein Platz, den Mond zu sehen (R., 1940, dt. 1988), Brownstone eclogues (Ged., 1942), The soldier (Ged., 1944), The kid (Ged., 1947), The short stories of C. A. (1950, dt. Ausw. 1964 u. d. T. Fremder Mond), Ushant (Autobiogr., 1952), A letter from Li Po (Ged., 1955), A reviewer's ABC (Essays, 1958), The morning song of Lord Zero (Ged., 1963).

Ausgaben: C. P. A. The collected novels. Hg. v. R. P. BLACKMUR. New York 1964. – Collected criticism. Hg. v. R. A. BLANSHARD. London u. New York 1968. – Collected poems. Nineteen sixteen to nineteen seventy. New York ²1970. – The collected short stories of C. A. Hg. v. R. P. WARREN. New York 1982.

Literatur: HOFFMAN, F. J.: C. A. Boston (Mass.) 1962. – MARTIN, J.: C. A. A life of his art. Princeton (N. J.) 1962. – LORENZ, C. M.: Lorelei two. My life with C. A. Athens (Ga.) 1983. – BUTSCHER, E.: C. A., poet of White Horse Vale. Athens (Ga.) 1988.

Aikio, Matti, eigtl. Mathis Isaksen, * Karasjok 1872, † ebd. 1924, norweg. Schriftsteller. – Erster lapp. Erzähler, der – in norweg. Sprache – das schwere Leben der Lappen schildert.

Werke: I dyreskind (R., 1906), Ginungagap (R., 1907).

Ailianos Taktikos (tl.: Ailianós Taktikós), griech. Kriegsschriftsteller, ↑ Aelianus der Taktiker.

Aimard, Gustave [frz. εˈmaːr], eigtl. Olivier Gloux, * Paris 13. Sept. 1818, † ebd. 20. Juni 1883, frz. Schriftsteller. – Lernte als Schiffsjunge die Welt kennen, lebte lange unter den Indianern Nordamerikas, durchwanderte Spanien, die Türkei und den Kaukasus und veröffentlichte zahlreiche spannende, auch ins Deutsche übersetzte Romane und Erzählungen im Stile J. F. Coopers, u. a. ›Die Trapper in Arkansas‹ (1858, dt. 1859), ›Der Fährtensucher‹ (1858, dt. 1860), ›Die Prairie-Piraten‹ (1859, dt. 1860), ›Das Goldfieber‹ (1861, dt. 1912), ›Les bandits de l'Arizona‹ (1882); auch Reisebeschreibungen.

Aimeric de Peguilhan [frz. εmrikdəpegi'jã], * Toulouse um 1175, † in Norditalien um 1225, provenzal. Troubadour. – Trug mit 50 überlieferten Texten aus den verschiedenen südfrz. Liedgattungen und durch seine Aufenthalte in Kastilien und Italien wesentlich zur Verbreitung der provenzal. Lyrik bei, ohne daß sein überliefertes Werk die strengen Grenzen der Troubadourlyrik je sprengte. Nicht zuletzt dürfte auch sein abenteuerl. Leben Anlaß zu seiner Bekanntheit gewesen sein.

Ausgaben: A. de P. The poems. Hg. v. W. P. SHEPARD u. F. M. CHAMBERS. Evanston (Ill.) 1950. – GENNRICH, F.: Der musikal. Nachlaß der Troubadours. Darmst. 1958–65. 3 Bde.

Literatur: BOUTIÈRE, J., u. a.: Biographies des troubadours. Paris ²1964.

Aineias der Taktiker (tl.: Aineías), griech. Militärschriftsteller des 4. Jh. v. Chr. – Vielleicht mit dem Feldherrn des Arkad. Bundes, Aineias von Stymphalos, identisch; erhalten ist eine Schrift über Belagerungskunst, die erste bekannte antike kriegstechn. Schrift.

Aini (tl.: Ajni), eigtl. Sadreddin Saidmuradowitsch, * Soktare 27. April 1878, † Duschanbe 15. Juli 1954, tadschik.-sowjet. Schriftsteller. – Stammte aus einer Bauernfamilie; bildete sich v. a. autodidaktisch; gilt als Begründer der tadschik. Sowjetliteratur; Reformer der tadschik. Literatursprache; schrieb in tadschik. und usbek. Sprache mehrere Romane, Novellen und Essays; seine Dichtung ist von den pers. Klassikern (Hafes, Rudaki und Sadi) beeinflußt.

Ainsworth, William Harrison [engl. 'εɪnzwəːθ], * Manchester 4. Febr. 1805, † Reigate 3. Jan. 1882, engl. Schriftsteller. – Begann seine literar. Laufbahn mit einer Reihe von Schauer- und Verbrecherromanen, von denen bes. ›Rookwood‹ (3 Bde., 1834) und ›Jack Sheppard‹ (1839) großen Erfolg hatten; seine pseudohistor. Romane (›The Tower of London‹, 1840; ›Windsor Castle‹, 3 Bde., 1843) sind von W. Scott, A. Dumas d. Ä. und V. Hugo beeinflußt.

Literatur: WORTH, G. J.: W. H. A. New York 1972. – ELLIS, S. M.: W. H. A. and his friends. Nachdr. New York 1979.

Ainu-Literatur, die bis ins 20. Jh. mündlich überlieferte Literatur der Ainu (Selbstbezeichnung [eigtl. = Menschen] eines zu den Paläosibiriern gehörenden Volkes auf der jap. Insel Hokkaido, bis zum 18. Jh. auch auf Kamtschatka, bis Anfang des 20. Jh. auch auf den Kurilen und auf Sachalin) ist nach Poesie und Prosa zu unterscheiden; vorgetragen wurden die Werke von Rezitatoren. In gebundener Rede sind sowohl **ep. Gesänge** als auch **lyr. Gedichte** abgefaßt (nicht immer scharf voneinander zu trennen). Bei den ep. Gesängen sind vier Typen charakteristisch: 1. Die Göttergesänge, ursprünglich in Schamanenliedern überliefert, sind aitiolog. Versepen in gehobener Literatursprache, in der ersten Person gehaltene Berichte der Götter. 2. Den Mythen zugehörig sind auch die ›oina‹ genannten Versepen um den Kulturbringer Ainu-rakkur (Okikurumi), die künstlerischer ausgestaltet sind als die vorigen. 3. Die Heldengesänge, ebenfalls Versepen, kreisen um den Poiyaunpe und schildern seine Abenteuer; je nach der Anzahl der bestandenen Kämpfe spricht man hier von Berichten mit 6, 8 oder mehr Gängen. Diese nichtreligiösen, unterhaltsamen Epen können sehr lang sein; da sie von den Rezitatoren oft erweitert, stilistisch gefeilt und ausgeschmückt wurden, bildet diese Gruppe als die literarisch kunstvollste den eigtl. Kern der A.-L.; von diesem Typ gibt es auch lokale Varianten. 4. Frauengesänge stellen die letzte Gruppe der Versepen dar. Ihre Helden sind die Frauen Schinutapkaun-mat oder Otasa-mun-mat; sie sind stilistisch schlichter als die vorigen; inhaltlich steht die Liebe im Vordergrund. – An lyr. Gedichten sind Trauerlieder sowie Liebeslieder und das populäre Volkslied zu unterscheiden. – Die **Prosaliteratur** ist am stärksten gegliedert. In gehobener Umgangssprache geben die Göttererzählungen und die Menschenerzählungen in der 1. Person myth. Berichte, die teilweise als Prosafassungen des 1. Typs der Versepen gelten können. In der 3. Person erzählen die übrigen Typen: Erfolgs- und Mißerfolgsgeschichten, jap. Stoffe, für Kinder bestimmte Ursprungssagen u. a. Übersetzungen in europ. Sprachen gibt es bisher kaum.

Literatur: PILSUDSKI, B.: Materials for the study of the Ainu language and folklore. Krakau 1912. – ADAMI, N. R.: Verz. der europ.-sprachigen Lit. über die Ainu. Wsb. 1981.

Aïol [frz. a'jɔl], altfrz. Heldenepos (Chanson de geste) vom Ende des 12. Jh.; es behandelt in Zehn- und Zwölfsilbern die Abenteuer des jungen fränk. Ritters A. bei seinem Kampf um die Wiedererlangung des väterl. Erbes; bruchstückhaft erhalten sind auch eine flämischbrabant. und eine limburg. Fassung, die wahrscheinlich aus dem letzten Teil des 12. Jh. stammt und in einer Handschrift aus dem ersten Jahrzehnt des 13. Jh. überliefert ist. Sie stellt das älteste erhaltene mittelniederl. Literaturdenkmal dar.

Ai Qing, chin. Lyriker, ↑Ai Ch'ing.

Aira, César [span. 'aira], *Coronel Pringles (Prov. Buenos Aires) 1949, argentin. Schriftsteller. – Seine Romane und Erzählungen zeichnen sich aus durch absurden Humor und subtile Vexierspiele von Geschichte und Aktualität, Realität und Fiktion. Auf die Literatur und Geschichte Argentiniens im 19. Jh. verweisen teils parodistisch die Romane ›Moreira‹ (1979), ›Ema, la cautiva‹ (1981) und ›La liebre‹ (1991).

Weitere Werke: La luz argentina (R., 1983), Canto castrato (R., 1984), Vestido rosa/Las ovejas (R., 1984), El bautismo (R., 1991).

Aischines ['aɪsçinɛs] (tl. Aischínēs; lat. Aeschines; Äschines), *Athen 390 oder 389, †auf Rhodos um 315, griech. Rhetor. – Stammte aus einfachen Verhältnissen; vertrat eine extrem makedonenfreundl. Politik im Gegensatz zu Demosthenes, der ihn wegen seines Verhaltens anläßlich einer gemeinsamen Friedensgesandtschaft zu König Philipp von Makedonien (346) zweimal vergeblich des Hochverrats anklagte. Die Verteidigungsreden des A. ›Gegen Timarchos‹ (den Kläger im Auftrag des Demosthenes) und ›Über die Truggesandtschaft‹ (›Peri parapresbeías‹) sind erhalten. 336 klagte A. gegen den Athener Ktesiphon, der eine Ehrung des Demosthenes beantragt hatte. 330 verlor er diesen Prozeß, aus dem die Rede ›Gegen Ktesiphon‹ erhalten ist, und ging in die Verbannung nach Kleinasien und Rhodos, wo er eine Rednerschule gegründet haben soll. Sein Stil wurde bes. von den Vertretern des Attizismus geschätzt.

Ausgabe: Aeschinis orationes. Hg. v. F. BLASS. Lpz. 1908. Neubearb. v. U. SCHINDEL. Stg. 1978.

Aischylos [ˈaɪsçylɔs] (tl.: Aischýlos; lat. Aeschylus; Äschylus), * Eleusis (Attika) 524, † Gela (Sizilien) 455, griech. Tragiker. – Sohn des adligen Gutsbesitzers Euphorion; A. nahm an den Schlachten von Marathon und Salamis teil und hielt sich wohl zwischen 471 und 469 am Hof Hierons in Syrakus auf, wo er die ›Perser‹ aufgeführt haben soll; nach 458 unternahm er eine zweite Sizilienreise. Die Suda schreibt ihm 90 Stücke zu, von denen 79 Titel überliefert sind; vollständig erhalten sind nur sieben Dramen: ›Perser‹ (472), ›Sieben gegen Theben‹ (467), ›Hiketiden‹ (um 463), die ›Orestie‹ (458; mit den drei Tragödien ›Agamemnon‹, ›Choephoren‹, ›Eumeniden‹), ›[Der gefesselte] Prometheus‹ (Datierung unsicher, die Echtheit wird heute kaum noch angezweifelt). Der erste Sieg in einem Agon, dem weitere 12 folgten, fiel ins Jahr 484. A. ist der eigtl. Begründer der Tragödie als literar. Kunstform; durch die Einführung des 2. Schauspielers wurden die Handlung und der dramat. Dialog dem Chor gegenüber verstärkt; die schöpfer. Gestaltung der Trilogie und der Tetralogie (d. h. der Verbindung von drei Tragödien und einem Satyrspiel) zu einer zykl. und handlungsstarken Einheit, ermöglichte die Darstellung eines bestimmten Stoffes über mehrere Generationen hinweg. Dabei ging es A. weniger um das Äußere der Handlung als um ihre ›theolog.‹ Deutung und ihre metaphys. Durchdringung. Überzeugt von der göttl. Gerechtigkeit, steht der Mensch erschauernd vor der Allmacht der Götter, die ihn strafend dem sicheren Untergang weihen, sobald er sich gegen ihr Gesetz auflehnt und es in seiner Hybris überschreitet. Dem erhabenen Gehalt der Tragödie entspricht eine erhabene und pathet. Sprache; ungewöhnl. Metaphern und Wortschöpfungen zeugen von der sprachl. Kraft, die alle Möglichkeiten dichter. Ausdrucks auszuschöpfen weiß. Bereits in der Antike war man von der Größe des A. überzeugt, dem Aristophanes in der Agonszene seiner ›Frösche‹ (405 v. Chr.) ein bleibendes Denkmal gesetzt hat.

Ausgaben: A. Sämtl. Tragödien u. Fragmente. Dt. Übers. Bearb. v. F. STOESSL. Zü. u. Stg. 1952. – A. Tragödien in einem Bd. Dt. Übers. Einl. u. Anm. v. W. STEFFEN. Bln. 1968. – A. Tragödien u. Fragmente. Griech.-dt. Hg. v. O. WERNER. Mchn. ³1980. – Tragicorum Graecorum Fragmenta. Bd. 3: Aeschylus. Hg. v. S. RADT. Gött. 1985.

Literatur: PORZIG, W.: A., die att. Tragödie. Lpz. 1926. – REINHARDT, K.: A. als Regisseur u. Theologe. Bern u. Mchn. 1949. – ROMILLY, J. DE: La crainte et l'angoisse dans le théâtre d'Eschyle. Paris 1958. – WILAMOWITZ-MOELLENDORFF, U. V.: A. Interpretationen. Bln. u.a. ²1967. – MURRAY, G.: A. Dt. Übers. Velber 1969. – Wege zu A. Hg. v. H. HOMMEL. Darmst. 1974. 2 Bde. – EDINGER, H. G.: Index analyticus graecitatis Aeschyleae. Hildesheim u.a. 1981. – THIEL, R.: Chor u. trag. Handlung im ›Agamemnon‹ des A. Stg. 1993.

Aisopos (tl.: Aísōpos), griech. Fabeldichter, ↑ Äsop.

Aist, Dietmar von, mhd. Minnesänger, ↑ Dietmar von Aist.

Aistis, Jonas [litauisch ˈaịstis], ursprünglich J. Aleksandravičius, Pseudonyme Kossu-Aleksandravičius, Kuosa-Aleksandriškis, * Kampiškės 7. Juli 1904, † Washington (D.C.) 13. Juni 1973, li-

Aischylos

tauischer Schriftsteller. – Studierte Romanistik in Kaunas und Frankreich, emigrierte 1944 in die USA; brachte unter dem Einfluß Ch. Beaudelaires neue Impulse in die litauische Lyrik.

Werke: Eileraščiai (= Gedichte, 1932), Imago mortis (Ged., 1933), Intymios giesmes (= Vertraul. Gesänge, Ged., 1935), Nemuno ilgesys (= Sehnsucht nach der Memel, Ged., 1947), Kristaliniam karste (= Im Kristallsarg, Ged., 1957).

aitiologisch [griech., zu aitía = Ursache, Grund], Sagen, Legenden, Märchen und Mythen (Aitien) werden a. genannt, wenn in ihnen versucht wird, Ursprung und Eigenart bestimmter Phänomene zu erklären, etwa Naturerscheinungen (Mann im Mond, Stürme als Wodans Heer), Kultformen (antike Mythen, Heiligenlegenden), techn. Errungenschaften des Menschen (Feuer, von Prometheus den Menschen gebracht), Namen (Ägäisches Meer nach Ägeus, Watzmann). – Bes. frühen und einfachen Kulturstufen eigentümlich, aber bereits im Hellenismus in verschiedene Literaturformen aufgenommen; ein Beispiel in der Neuzeit ist die Sage von der Loreley (C. Brentano, H. Heine).

Aitmatow (tl.: Ajtmatov), Tschingis [russ. ajt'matɐf], * Scheker 12. Dez. 1928, kirgis.-russ. Schriftsteller. – Schreibt (v. a. in russ. Sprache) v. a. Erzählungen, u. a. ›Djamila‹ (1958, dt. 1960, auch u. d. T. ›Dshamilja‹), ›Das Kamelauge‹ (1961, dt. 1962), ›Der Weg des Schnitters‹ (1963, dt. 1964, auch u. d. T. ›Goldspur der Garben‹) und ›Wirf die Fesseln ab, Gülsary‹ (1967, dt. 1967, 1968 u. d. T. ›Abschied von Gülsary‹). Seit 1990 Botschafter in Luxemburg. Erhielt den Österr. Staatspreis für europ. Literatur 1993.

Weitere Werke: Aug in Auge (E., 1958, dt. 1989), Der erste Lehrer (R., 1966, dt. 1980), Der weiße Dampfer (Nov., 1970, dt. 1971), Du meine Pappel im roten Kopftuch (E., 1970, dt. 1986), Frühe Kraniche (E., 1975, dt. 1976), Der Junge und das Meer (R., 1977, dt. 1978), Ein Tag länger als ein Leben (R., 1981, dt. 1981, dramatisiert, UA 1985), Der Richtplatz (R., 1987, dt. 1987), Karawane des Gewissens (Prosa, dt. Ausw. 1988), Die Klage des Zugvogels (En., dt. Ausw. 1988), Die weiße Wolke des Tschinggis Chan (E., 1990, dt. 1994), Begegnung am Fudschijama. Ein Dialog (dt. 1992; mit Daisaku Ikeda), Liebeserklärung an den blauen Planeten

(Essays und Gespräche, dt. 1993), Das Kassandramal (R., dt. 1994).

Literatur: CHLEBNIKOV, B./FRANZ, N.: Čingiz Ajtmatov. Mchn. 1993.

Ajalbert, Jean [frz. aʒal'bɛːr], * Clichy (Hauts-de-Seine) 10. Juni 1863, † Cahors (Lot) 14. Jan. 1947, frz. Schriftsteller. – Jurist; bekannt durch sein Eintreten für A. Dreyfus (Kampfschriften: ›Sous le sabre‹, ›Les deux justices‹, beide 1898); reiste im Auftrag der Regierung nach Siam und Laos; 1907 Mitglied der Académie Goncourt. Schrieb Gedichte (›Sur le vif‹, 1886; ›Paysages de femmes‹, 1887), Romane (›La tournée‹, 1901; ›Sao Van Di‹, 1905; ›Raffin Su-Su‹, 1911), Dramen (›La fille Élisa‹, 1890) und Reisebeschreibungen (›Notes sur Berlin‹, 1894; ›L'Auvergne‹, 1896).

Ajar, Émile [frz. a'ʒaːr], Pseudonym des frz. Schriftstellers Romain ↑ Gary.

Ajñeya, ind. Dichter, ↑ Vatsyāyan.

Ajni, tadschik.-sowjet. Schriftsteller, ↑ Aini.

Ajtmatov, Čingiz, kirgis.-russ. Schriftsteller, ↑ Aitmatow, Tschingis.

Akademie [griech.], zunächst Name der von Platon um 385 v. Chr. in Athen gegründeten Philosophenschule, benannt nach einem Heiligtum des altatt. Helden Akademos. – Seit der Renaissance bezeichnet der Begriff A. Gesellschaften, Vereinigungen oder Institutionen zur Förderung von Wissenschaften, Literatur und Kunst. Die Förderung besteht u. a. in der Unterstützung von Forschungsprojekten der A.mitglieder, der Verleihung von Auszeichnungen und Preisen, der Gründung von Forschungsinstituten sowie der Herausgabe von Gesamtausgaben, wiss. Reihen und Standardwerken. Die A.en sind meist in Abteilungen (z. B. eine philosophisch-histor. und eine mathematisch-naturwissenschaftl.) unterteilt, die meist wiederum in einzelne Sektionen oder Klassen aufgegliedert sind.

Die **Geschichte** der A.n für Literatur und Sprache beginnt mit der Gründung von Gelehrtenvereinigungen der italien. Renaissance, die unter bewußtem Rückgriff auf die A. Platons ihre Gesellschaften A.n nannten. Als erste namhafte ist die *Accademia Platonica* (Mitglieder waren

u. a. M. Ficino und G. Pico della Mirandola) zu nennen, die Mitte des 15. Jh. in Florenz mit der Unterstützung von Cosimo de' Medici mit dem Anspruch der Rekonstruktion und Erforschung der Lehren Platons sowie der griech. Literatur gegründet wurde. – Damit setzte eine Bewegung ein, die zahlreiche, mit Beginn des 16. Jh. v. a. auch naturwissenschaftl. A.n entstehen ließ. Für die weitere eigenständige Entwicklung der europ. Literatur- und Sprach-A.n war v. a. die 1582 ebenfalls in Florenz gegründete ↑ Accademia della Crusca von entscheidender Bedeutung, ihr Einfluß ist bis heute noch wirksam (↑ auch Accademia dell'Arcadia).

Unter dem Einfluß der italien. A.n gründete mit anderen J. A. de Baïf 1570 in Paris die Académie de musique et de poésie; die bis heute einflußreichste A. Frankreichs, die ↑ Académie française, wurde, nachdem sie mehrere Jahre als privater Gelehrtenzirkel gearbeitet hatte, 1635 von Richelieu als nat. A. institutionalisiert; 1663 folgte u. a. die Académie des inscriptions et belles-lettres und 1666 die Académie des sciences. Die 1896 aufgebaute ↑ Académie Goncourt verleiht seit 1903 jährlich den Prix Goncourt. – In Deutschland ist in der Reihe der in der Tradition der Accademia della Crusca stehenden ↑ Sprachgesellschaften als erste und bedeutendste die 1617 in Weimar gegründete ↑ Fruchtbringende Gesellschaft zu nennen. – Das 17. und 18. Jh. kann als Blütezeit der A.n in ganz Europa betrachtet werden, wobei die Preußische Akademie der Wissenschaften als erste A. mehrere Wissenschaftsbereiche zusammenfaßte. Die erste dt. *Dichterakademie* entstand 1926 in Berlin als Sektion für Dichtkunst der Preußischen Akademie der Künste (bis 1945); in der ehem. DDR wurde sie 1950 als Sektion Dichtkunst und Sprachpflege innerhalb der Deutschen Akademie der Künste wieder eingerichtet. In der BR Deutschland wurde als Nachfolgerin der Sektion für Dichtkunst der Preuß. Akademie der Künste 1949 in Darmstadt die ↑ Deutsche Akademie für Sprache und Dichtung eröffnet; sie verleiht u. a. den ↑ Georg-Büchner-Preis. Neben der Darmstädter A. arbeitet u. a. in Mainz seit 1949 die ↑ Akademie der Wissenschaften und der Literatur.

Literatur: ERKELENZ, P.: Der A.gedanke im Wandel der Zeiten. Bonn 1968. – Der A.gedanke im 17. u. 18. Jh. Hg. v. F. HARTMANN u. R. VIERHAUS. Wsb. 1977. – KANTHAK, G.: Der A.gedanke zw. utop. Entwurf u. barocker Projektmacherei. Zur Geistesgesch. der A.bewegung des 17. Jh. Bln. 1987.

Akademie der Wissenschaften und der Literatur, 1949 in Mainz gegründete Vereinigung von Wissenschaftlern und Schriftstellern; unterteilt in eine mathematisch-naturwissenschaftl., eine geistes- und sozialwissenschaftl. sowie eine Klasse für Literatur. Sie hat 34 Kommissionen.

akatalektisch [zu griech. akatálēktos = ohne Ende], ein Vers wird a. genannt, wenn sein letzter Fuß vollständig ausgefüllt ist, z. B. ein trochäischer Vers mit weiblichem (unbetontem) Versausgang (Kürze); Schema: –◡–◡; Ggs. ↑ katalektisch.

Aken, Hein van [niederl. 'a:kə], * wahrscheinlich Brüssel, † vor 1330, niederl. Dichter. – War Pfarrer in der Nähe von Löwen; übersetzte in stroph. Form die altfrz. didakt. Erzählung ›De l'ordene de chevalerie‹ (›Van den Coninc Saladijn ende van Hughen van Tabarijen‹) und den altfrz. Rosenroman (›Roman van de roos‹); ungesichert ist seine Verfasserschaft des Romans ›Van Heinrich en Margriete van Limborch‹ und des Lehrgedichts ›Vierde Martijn‹.

Aken, Piet van [niederl. 'a:kə], * Terhagen (Belgien) 15. Febr. 1920, † Antwerpen 2. Mai 1984, fläm. Schriftsteller. – Verfasser v. a. von realist. Romanen und Novellen aus dem Leben der Arbeiter des Rupellandes, über die Nachkriegszeit und die Verhältnisse im Kongo.

Werke: Het hart en de klok (R., 1944), De duivel vaart in ons (R., 1946), Alleen de doden ontkomen (R., 1947), Das Begehren (R., 1952, dt. 1958), Klinkaart (Nov., 1954), Die wilden Jahre (R., 1958, dt. 1960), De nikkers (R., 1959), Slapende honden (R., 1965).

Akenside, Mark [engl. 'ɛɪkɪnsaɪd], * Newcastle upon Tyne 9. Nov. 1721, † London 23. Juni 1770, engl. Dichter. – Arzt; verfaßte in Nachahmung A. Popes das philosoph. Lehrgedicht ›Die Vergnügungen der Einbildungskraft‹ (1744, dt. 1757), das in Anlehnung an Shaftesburysche Anschauungen den Begriff der Phantasie theoretisch erörtert, deren Bedeutung für das Seelenleben darlegt und im Aufklärungszeitalter hohen Beifall fand.

akephal [griech. = kopflos],
1. in der *Metrik:* am Anfang um die erste Silbe verkürzt (vom Vers oder Metrum gesagt).
2. *literar.* *Werk,* dessen Anfang nicht oder nur verstümmelt erhalten ist (z. B. Hartmann von Aues ›Erec‹).

Åkesson, Sonja [schwed. ˌoːkəsɔn], * Buttle (Gotland) 19. April 1926, † Stockholm 5. Mai 1977, schwed. Schriftstellerin. – Schrieb Lyrik und Prosatexte, oft mit Tendenz zur konkreten Poesie, in denen sie, bes. unter Verwendung von Collagetechniken, Mechanismen der Unterdrückung der Frau in der zeitgenöss. schwed. Gesellschaft auf verschiedenen Ebenen aufzeigt.
Werke: Skvallerspegel (R., 1960), Husfrid (Ged., 1963), Kändis (Ged., 1969; mit J. Hammarberg-Åkesson), Sagan om Siv (Ged., 1974), Hästens öga (Ged., 1977).

Akhat-Epos (tl.: Aqhat) (Danel-Epos), Heroenerzählung aus Ugarit (14. Jh. v. Chr.), lückenhaft erhalten auf drei Tafeln in ugarit. Keilalphabetschrift: Dem kinderlosen Danel (Daniil) wird nach einem Opfer der Sohn Akhat geboren. Ihm schenkt der Handwerksgott Kothar einen Wunderbogen, den die Göttin Anat begehrt, den Akhat aber auch um den Preis der Unsterblichkeit nicht herausgibt. Anat rächt sich, indem sie Akhat durch einen Adler töten läßt. Darauf folgen Dürre und Unfruchtbarkeit. Vermutlich brachte im nicht erhaltenen Ende des Epos die Rache für Akhats Tod Regen und neue Fruchtbarkeit, kaum seine Auferstehung.
Literatur: FRONZAROLI, P.: Leggenda di Aqhat. Florenz 1955.

Akiba, Ben, Pseudonym des serb. Schriftstellers Branislav ↑ Nušić.

Akiba Ben Joseph (tl.: 'Aqîvä Ben Yôsef; Rabbi Aqiba), * um 50, † um 135, jüd. Schriftgelehrter, Tannait. – Haupt einer Schule in Bené Beraq bei Jaffa. Sein Schüler Rabbi Jehuda Hanassi erstellte nach Vorarbeiten und Grundsätzen A.s B. J. die kanonisch gewordene jüd. Gesetzesauslegung (↑ Mischna). Bekannt ist A. B. J. insbes. durch seine Methode der Gesetzesauslegung, derzufolge kein einziger Buchstabe der Bibel nebensächlich sei; sein Einfluß macht sich im späteren ↑ Talmud stark bemerkbar.
Literatur: BILLERBECK, P.: Rabbi A. In: Nathanael 32 (1916), S. 81. – FINKELSTEIN, L.: A. Scholar, saint, and martyr. New York 1936. Nachdr. 1970. – KONOVITZ, J.: Rabbi A. Jerusalem 1956 [hebr.]. – STRACK, H. L.: Einl. in Talmud und Midrasch. Völlig neu bearb. v. G. STEMBERGER. Mchn. ⁷1982.

Akif [Ersoy], Mehmet, * Konstantinopel (heute Istanbul) 1873, † ebd. 27. Dez. 1936, türk. Lyriker. – Anhänger panislam. Gedanken, schloß sich zunächst der säkularist. Nationalbewegung Kemal Atatürks an, entwickelte sich später jedoch zum Gegner der Republik und ging 1925 für 10 Jahre ins Exil nach Ägypten; schrieb in den klass. Metren gestaltete Gedichte mit vorwiegend religiös-didakt. Thematik; verfaßte den Text zur türk. Nationalhymne.
Werke: Safahât (= Phasen, Ged., 1911), Hâtıralar (= Erinnerungen, Ged., 1917), Gölgeler (= Schatten, Ged., 1933).

Akin, Gülten, * Yozgat (Anatolien) 1933, türk. Dichterin. – Als wohl bedeutendste türk. Lyrikerin schildert sie die anatol. Landschaft und Natur mit ihren Menschen u. a. in den traditionell vorgegebenen Formen etwa der Totenklage (›ağıt‹).
Werke: Kırmızı karanfil (= Rote Nelke, Ged., 1971), Ağıtlar ve türküler (= Elegien und Lieder, Ged., 1976), Ilâhiler (= Religiöse Lieder, Ged., 1984).

Akinari, jap. Schriftsteller, ↑ Ueda Akinari.

Akkad, Al (tl.: Al-'Aqqād), Abbas Mahmud, * Assuan 28. Febr. 1889, † Kairo 12. März 1964, ägypt. Schriftsteller. – Veröffentlichte 1916 den ersten Teil seines Diwans, der u. d. T. ›Diwân al-'Aqqâd‹ (= Diwan des A.) 1929 in vier Teilen erschien; zahlreiche Publikationen (v. a. Biographien und Arbeiten zum Islam); einer der ersten ägypt. Schriftsteller, der ästhet. Probleme und Einführung neuer literar. Begriffe zur Diskussion stellte; übte durch seine breite schriftsteller. Tätigkeit großen Einfluß aus.

Literatur: KHOURI, M. A.: Poetry and the making of modern Egypt. Leiden 1971. – SEMAH, D.: Four Egyptian literary critics. Leiden 1974. S. 1. – Enc. Islam, Suppl. 1980, S. 57.

akkadische Literatur ↑ babylonisch-assyrische Literatur.

Akkad-Klage ↑ Fluch über Akkade.

Akkerman, Paulus, * Oldeboorn 13. Juni 1908, † Drachten 24. Sept. 1982, westfries. Schriftsteller. – Bes. beliebt sind seine volkstüml., oft humorist. Kurzgeschichten; als sein bestes Werk gilt der Bauernroman ›Hessel Ypma‹ (1949).

Weitere Werke: It Freark Jabiks folk (R., 1946), Wankend ljocht (R., 1950), Just, jawol (Nov.n, 2 Bde., 1953–59), In man allinne (R., 1956), De lêste fan de Kampenaers (R., 1964), In haven bisyld (R., 1972), Lytse optocht (Nov.n, 1975), Fan alle wâllen (R., 1976).

Akkumulation [zu lat. accumulare = anhäufen], rhetor. Figur, in der ein zusammenfassender Begriff durch untergeordnete Begriffe spezifiziert wird. Der Oberbegriff kann genannt sein (›Ist was, das nicht durch Krieg, Schwert, Flamm und Spieß zerstört‹, A. Gryphius, ›Auf den Sonntag des letzten Greuels‹) oder fehlen (›Und es wallet und siedet und brauset und zischt‹, Schiller, Ballade ›Der Taucher‹). Solche syndet. oder asyndet. Reihungen dienen der Veranschaulichung oder Intensivierung in pathet. Dichtung (v. a. im Barock beliebt). – ↑ auch Klimax.

Akl (tl.: 'Aql), Said, * Zahla 1912, libanes. Dichter und Journalist. – Berühmtester Vertreter des Symbolismus in der modernen arab. Poesie; seine Verse sind reich an eigenen Wortschöpfungen; auch Meister der Dichtung im libanes.-arab. Dialekt, mit einem Reformprogramm für Schrift und Sprache. In seinen Theaterstücken verwirklicht er am vollkommensten in der arab. Welt die Regeln des klass. Theaters.

Werke: Bint Yaftāḥ (= Jephtahs Tochter, Dr., 1935), Al-Maǧdaliyyaʰ (= Die Magdalena, Dr., 1937), Qadmūs (= Cadmus, Dr., 1944), Rindalā (Ged., 1954), Aǧmal minnak lā (= Schöner als Du nein, Ged., 1960), Yārā (Ged., 1961).

Literatur: JAYYUSI, S. KH.: Trends and movements in modern Arabic poetry. Leiden 1977. S. 489.

Akmeismus [russ.; zu griech. akmē = Gipfel, Höhepunkt], Strömung in der russ. Dichtung zwischen 1910 und 1920, die als Reaktion auf den ↑ Symbolismus entstanden ist. Der A. entwickelte sich im Kreis der ›Dichtergilde‹ (1911 von N. S. Gumiljow und S. M. Gorodezki gegr.), deren Organ die Zeitschrift ›Apollon‹ (1909–17) war. Für die Dichter des A. hat jedes Ding seine eigene Poesie und kann Gegenstand eines Gedichtes werden, ohne im Sinne der symbolist. ›Entsprechung‹ auf Analoges, Metaphysisches, Jenseitiges zu verweisen. Jede Erscheinung habe ihren Eigenwert, betont Gumiljow in seinem Manifest des A. (1913). Hauptvertreter des A. waren u. a., neben Gumiljow und Gorodezki, A. A. Achmatowa, O. E. Mandelschtam und M. A. Kusmin.

Literatur: HOLTHUSEN, J.: Russ. Gegenwartslit. Bern u. Mchn. 1963–68. 2 Bde.

Akopjan, Akop [russ. aka'pjan], * Jelisawetpol (heute Gjandscha) 29. Mai 1866, † Tiflis 13. Nov. 1937, armen.-sowjet. Schriftsteller. – Begründer der armen. proletar. Dichtung; Verfasser von Hymnen, Poemen und Gedichten über Themen des Arbeitslebens und des Sozialismus.

Literatur: INGLISIAN, V.: Die armen. Lit. In: Hdb. der Orientalistik. Hg. v. B. SPULER. Abt. 1, Bd. 7. Leiden 1963. S. 245.

Akrostichon [griech. akrós = das äußerste, oberste, stichos = Vers, erster Buchstabe eines Verses], die Anfangsbuchstaben (-silben oder -wörter) aufeinanderfolgender Verse oder Strophen eines Gedichts, die hintereinander gelesen ein Wort, einen Namen oder einen Satz ergeben. Ursprünglich wohl magischer Funktion, enthält das A. später Hinweise auf Autor oder Empfänger und dient als Absicherung gegen Einschübe oder Auslassungen. A. wird auch das Gedicht selbst genannt. Frühestes Vorkommen des A.s in babylon. Gebeten, bei Aratos, Nikandros und Eudoxos; sehr gut belegt in der geistl. Dichtung von Byzanz, in antiker lat. Dichtung (bei Ennius, in den ›Instructiones‹ des Commodianus). Beliebt in lat. und dt. Dichtung des MA (Otfrid von Weißenburg) und barocker Dichtung (M. Opitz, J. Ch. Günther). Bes. Spielarten: das ↑ Abecedarium und das seltene ›versetzte A.‹: das Wort ergibt sich hier aus dem 1. Buchstaben des 1.

Verses, dem 2. Buchstaben des 2. Verses usw., z. B. das A. ›Hölderlin‹ in ›Hier schließ das tor ...‹ von S. George. – ↑ auch Akroteleuton, ↑ Mesostichon, ↑ Telestichon.

Literatur: DORNSEIFF, F.: Das Alphabet in Mystik u. Magie. Lpz. ²1925. Nachdr. Wsb. 1988. – SCHOLTE, J. H.: Gottfrieds von Straßburg Initialenspiel. In: Beitrr. zur Gesch. der dt. Sprache u. Lit. 65 (1942), S. 280. – KROGMANN, W.: Das A. im ‚Ackermann‘. In: Festschr. f. Wolfgang Stammler ... Hg. v. G. EIS u. a. Bln. u. Bielefeld 1953.

Akroteleuton [griech.], Verbindung von ↑ Akrostichon und ↑ Telestichon: die Anfangsbuchstaben der Verse oder Zeilen eines Gedichts oder Abschnittes ergeben von oben nach unten gelesen, die Endbuchstaben von unten nach oben gelesen das gleiche Wort oder den gleichen Satz.

Aksakov, Ivan Sergeevič, russ. Schriftsteller, ↑ Axakow, Iwan Sergejewitsch.

Aksenov, Vasilij Pavlovič, russ. Schriftsteller, ↑ Axjonow, Wassili Pawlowitsch.

Akt [lat.], größerer, in sich geschlossener Handlungsabschnitt eines Dramas; im deutschsprachigen Drama wird lat. ›actus‹ nach humanist. Vorbild zuerst 1527 gleichzeitig bei B. Waldis (›Vam Verlorn Szon‹; 2 Actus) und H. Sachs (›Lucretia‹; 1 Actus) verwendet; seit dem 17. Jh. dt. Bez.: Abhand[e]lung (A. Gryphius, D. C. von Lohenstein), Handlung (J. Ch. Gottsched), Aufzug (Gryphius; allgemein seit dem 18. Jh., J. E. Schlegel, G. E. Lessing). – Das klass. griech. Drama und die röm. Komödie kennen keine feste A.einteilung; die A.gliederungen in den Ausgaben sind Zutaten humanist. Editoren. Das spätantike Drama und das Drama der Neuzeit seit der Renaissance bevorzugen im Anschluß an die antike Poetik die Gliederung in drei oder fünf A.e; diese sollen den notwendigen Stufen des Handlungsablaufes entsprechen. Die Dreiteilung findet sich im Anschluß an Aristoteles (›Poetik‹: 1. ›Anfang‹, ↑ Exposition der Handlung; 2. ›Mitte‹, Entfaltung der Handlung; 3. ›Ende‹, Abschluß der Handlung) und Donatus (Terenzkommentar) v. a. im italien. und span. Drama; nach italien. Vorbild seit dem 17. Jh. häufig in der frz. und dt. Komödie. Die Fünfteilung ist im Anschluß an Horaz zuerst bei Seneca d. J. durchgeführt; daran knüpfen nach der Edition durch K. Celtis (1487) an: die Dramentheorie J. C. Scaligers (1561), das lat. ↑ Humanistendrama des 16. Jh., das dt. ↑ Schuldrama des 16. und 17. Jh., das schles. Kunstdrama und die frz. haute tragédie (↑ Tragödie). Die A.grenzen werden bei Seneca und seinen Nachahmern durch den kommentierenden Chor (Gryphius, Lohenstein: ↑ Reyen), seit dem 17. Jh. durch den Vorhang markiert. Die A.gliederungen im volkstüml. dt. Drama des 16. Jh. sind oft unbeholfen und nur äußerlich den traditionellen Dramenformen wie dem geistl. ↑ Volksschauspiel (›Luzerner Passionsspiel‹, Text von 1616) aufgesetzt; die Anzahl der A.e ist dabei variabel (H. Sachs, ›Der hürnen Seufried‹, 1557: 7 Actus). Im klassizist. dt. Drama seit Gottsched (›Der sterbende Cato‹, 1732) und in der dt. Klassik ist der fünfteilige Aufbau nach frz. Vorbild die Norm (Ausnahme: ›Faust I‹, 1808). Seltener sind Einakter (H. von Kleist, ›Der zerbrochene Krug‹, 1811; H. von Hofmannsthal, A. Schnitzler) und Vierakter (H. Sudermann; seltener bei G. Hauptmann). – Größere A.zahlen findet man, vom dt. Drama des 16. Jh. abgesehen, nur im außereurop. Drama (altind. Kunstdrama: 5 bis 10 A.e). – Seit dem Drama des Sturm und Drangs (Goethe, ›Götz von Berlichingen‹, 1773; J. M. R. Lenz, ›Die Soldaten‹, 1776) macht sich, zunächst unter dem Einfluß Shakespeares (A.einteilung erst durch die Herausgeber), zunehmend die Auflösung der strengen A.gliederung (die äußerlich jedoch häufig beibehalten wird) zugunsten einer ep. lockeren Aneinanderreihung einzelner Bilder und Szenen bemerkbar: A. von Arnim (›Halle und Jerusalem‹, 1811), Ch. D. Grabbe, G. Büchner (›Dantons Tod‹, 1835), F. Wedekind (›Frühlings Erwachen‹, 1891), dann v. a. im Expressionismus, z. T. im Anschluß an A. Strindberg (›Ein Traumspiel‹, 1902), es folgen B. Brecht mit seinem ↑ epischen Theater und W. Borchert (›Draußen vor der Tür‹, 1947; ↑ auch Dokumentarspiel). Daneben gibt es bis in die Gegenwart Dramen mit in sich geschlossenen A.en (R. Hochhuth, ›Soldaten‹, 1967; G. Grass, ›Davor‹, 1969). **Literatur:** HOCHGREVE, W.: Die Technik der A.schlüsse im dt. Drama. Lpz. 1914. Nachdr. Nendeln 1978. – VRIESEN, H.: Die Stationentechnik im neueren dt. Drama. Diss. Kiel 1934. – DONATH, L.: A.gliederung u. A.schluß im Drama Heinrich von Kleists. Ein Beitr. zur Technik des Dramas. Diss. Jena 1935. – KLAIBER, J.: Die A.form im Drama u. auf dem Theater. Ein Beitr. zur dt. Theatergesch. des 19. Jh. Diss. Freib. 1936. – WIESPOINTNER, K.: Die Auflösung der architekton. Form des Dramas durch Wedekind u. Strindberg. Diss. Wien 1949. – BALDWIN, T. W.: Shakespeare's five-act structure. Urbana (Ill.) ²1963. – KLOTZ, V.: Geschlossene u. offene Form im Drama. Mchn. ¹³1992.

Aktionskreis, Kreis von Linksintellektuellen, bes. Schriftstellern um die von F. Pfemfert 1911 gegründete und bis 1932 herausgegebene literarisch-polit. Zeitschrift ›Die Aktion‹ mit den Untertiteln ›Zeitschrift für freiheitl. Politik und Literatur‹ (1911), ›Wochenschrift für Politik, Literatur, Kunst‹ (1912–18) und ›Zeitschrift für revolutionären Kommunismus‹ (ab 1918). Mitarbeiter waren u. a. Y. Goll, G. Heym, E. Lasker-Schüler, H. Mann, C. Sternheim, L. Rubiner, F. Hardekopf, J. van Hoddis, J. R. Becher. – ↑ auch Aktivismus, ↑ Expressionismus, ↑ Sturmkreis. **Ausgabe:** Die Aktion. Hg. v. F. PFEMFERT. Jg. 1–8. Bln. 1911–18. Nachdr. mit Einf. u. Komm. v. P. RAABE. Mchn. 1968. 6 Bde. **Literatur:** PISCATOR, E.: Die polit. Bedeutung der ›Aktion‹. In: Imprimatur 3 (1961–62), S. 211. – RAABE, P.: Die Zss. u. Slg.en des literar. Expressionismus. Repertorium 1910–1921. Stg. 1964.

Aktivismus [lat.], Nebenströmung des ↑ Expressionismus. Als A. bezeichnet man v. a. die in den von K. Hiller herausgegebenen fünf Jahrbüchern ›Das Ziel‹ (1916–24) vertretenen sozialist. und pazifist. Thesen und Programme. Als Aktivisten im engeren Sinne gelten K. Hiller und L. Rubiner; im weiteren Sinne zählen dazu fast alle Mitarbeiter der ›Ziel‹-Jahrbücher (u. a. A. Kerr, M. Brod, H. Blüher, L. Nelson, G. Wyneken). Programmat. Bedeutung hat H. Manns Essay ›Geist und Tat‹ (1910; 1916 das erste ›Ziel‹-Jahrbuch einleitend), dessen Titel in Variationen aufgegriffen wird, z. B. von Hiller als ›Geist und Praxis‹, ›tätiger Geist‹, ›geistige Politik‹, ›Literat und

Tat‹; 1918 Gründung eines nur kurzlebigen ›Polit. Rats Geistiger Arbeiter‹. – ↑ auch Aktionskreis. **Literatur:** PAULSEN, W.: Expressionismus u. A. Bern 1935. – Der A. 1915–1920. Hg. v. W. ROTHE. Mchn. 1969. – MÜLLER, HORST W.: Kurt Hiller. Hamb. 1969 (mit Bibliogr.). – HABEREDER, J.: Kurt Hiller u. der literar. A. Ffm. u. Bern 1981.

Akunian, Ilse, dt. Schriftstellerin, ↑ Frapan-Akunian, Ilse.

Akurāters, Jānis, * Dignāja 13. Jan. 1876, † Riga 25. Juli 1937, lett. Schriftsteller. – Studium in Moskau; wegen Teilnahme an der Revolution von 1905 Verhaftungen und erzwungener Aufenthalt in Pleskau, Finnland und Norwegen; schrieb revolutionäre Lyrik sowie Erzählungen, in denen neben lebendigen, starken Charakteren die Landschaft seiner Heimat mit tiefem Empfinden für ihre eigentüml. Schönheit geschildert wird. **Ausgabe:** Kopoti raksti. Riga 1923–28. 12 Bde.

akustische Dichtung ↑ experimentelle Dichtung.

Akutagawa, Riunosuke, * Tokio 1. März 1892, † ebd. 24. Juli 1927, jap. Novellist. – Verbindet in seinen zahlreichen Novellen, deren Stoffe er oft der Geschichte des mittelalterl. Japan entlehnte, Dämonie und Realismus. **Werke:** Rashomon (Nov., 1915, dt. 1932), Die Nase (Nov., 1916, dt. 1959), Der Kappa (Nov., 1927, dt. 1934), Der Chrysanthemen-Ball (Nov.n, dt. Ausw. 1959), Jap. Novellen (dt. Ausw. 1964), Rashomon (Kurzprosa, dt. Ausw. 1985).

Akzent [lat.; eigtl. = das Antönen, Beitönen],
1. Tonfall; Aussprache, Sprachmelodie; typ. Lautform bestimmter Personen (z. B. er spricht mit *dän. Akzent*).
2. Hervorhebung einer Silbe im Wort (Wort-A.), eines Wortes in der Wortgruppe oder im Satz (Satz-A.) durch größere Schallfülle (dynam. oder expirator. A., Druck-A., Intensitäts-A.) oder durch höhere Tonlage (musikal. A.). In der Regel verfügt eine Sprache über dynam. und musikal. A.e, eine der beiden A.arten dominiert jedoch. Der Wort-A. liegt in manchen Sprachen auf einer bestimmten Silbe des Wortes (fester A.), in anderen Sprachen auf verschiedenen Silben des Wortes (freier A.). Wort- und Satz-A. als

feste Bestandteile von Wort und Satz (objektiver A.) können emphatisch (↑Emphase) verändert werden (subjektiver A.). – Der altgriech. A. war vorwiegend musikalisch, etwa zu Beginn unserer Zeitrechnung gewann jedoch der dynam. A. die Oberhand. Der alttat. A. war vorwiegend dynamisch und in vorliterar. Zeit auf der ersten Silbe des Wortes festgelegt (Initial-A.), später in Abhängigkeit von der Quantität der vorletzten Silbe des Wortes (Pänultima) bedingt frei. Der A. der klass. lat. Literatursprache war, vermutlich unter griech. Einfluß, überwiegend musikalisch; in nachklass. Zeit setzte sich der in der Volkssprache nie ganz verdrängte dynam. A. wieder durch. Der A. der german. Sprachen ist überwiegend dynamisch und in der Regel als Initial-A. auf der ersten Silbe des Wortes festgelegt; Ausnahmen sind sprachgeschichtlich erklärbar. – Die Behandlung der Sprache richtet sich in der klass. griech. und lat. Poesie zur Zeit des musikal. A.s nach der Quantität der Silben (↑quantitierendes Versprinzip); der Wortakzent der Prosasprache bleibt dabei unberücksichtigt. Er setzt sich jedoch in nachklass. Zeit unter dem wachsenden Einfluß des dynam. A.s, zugleich den Verfall der festen Quantitäten und damit der quantitierenden Metrik bedingt, als rhythm. Prinzip durch (↑akzentuierendes Versprinzip). In der Dichtung der german. Völker richtet sich die metr. Behandlung der Wörter grundsätzlich nach dem [dynam.] Wort-A.; Wort-A. und Versiktus (↑Iktus) stimmen im allgemeinen überein; die Quantitäten der Tonsilben werden, bis zu ihrer Nivellierung durch die Beseitigung der kurzen offenen Tonsilben, bedingt berücksichtigt (↑Hebungsspaltung; ↑beschwerte Hebung). Während sich die altgerman. ↑Stabreimvers, nach Ausweis der Stabsetzung, darüber hinaus auch an den objektiven Satz-A. hält, kommt es später, bei wachsender Tendenz zur Alternation (alternierende Versmaße) zu einer bedingten Unterordnung des Wort-A.s unter die Versbetonung (↑akzentuierendes Versprinzip). – Die Termini ›prosōdía‹ und ›accentus‹ meinen, ihrer griech. und lat. Herkunft gemäß, zunächst nur den musikal. A.; mlat. ›accentus‹ bezeichnet dar-

über hinaus das Rezitieren mit der Gesangsstimme (im Ggs. zur entfalteten Melodie des ›concentus‹). Die Übertragung der Begriffe auf den dynam. A. setzte sich endgültig erst im 18. Jh. (J. Ch. Gottsched) durch. Entsprechend dienen die A.zeichen zunächst nur der Wiedergabe des musikal. A.s: lat. accentus acutus für griech. prosōdía ›Hochton‹, ›steigender Ton‹; lat. accentus gravis für griech. prosōdía bareía ›Tiefton‹, ›fallender Ton‹; lat. accentus circumflexus für griech. prosōdía perispoménē ›steigendfallender Ton‹.

Literatur: SIEVERS, E.: Zur Accent- u. Lautlehre der german. Sprachen. In: Beitrr. zur Gesch. der dt. Sprache u. Lit. 4 (1877), S.522; 5 (1878), S.63. – SCHMITT, ALFRED: Unterss. zur allgemeinen A.lehre mit einer Anwendung auf den A. des Griech. u. Lat. Hdbg. 1924. – DIETH, E.: Vademekum der Phonetik. Bern u. Mchn. ²1962. – GARDE, P.: L'accent. Paris 1968. – Indogerman. Gramm. Hg. v. J. KURYŁOWICZ. Bd. 2: A. u. Ablaut. Hdbg. 1968. – D'ALQUEN, R.: Germanic accent, grammatical change and the laws of unaccented syllables. New York u. a. 1988.

Akzente, Zeitschrift für Literatur; von W. Höllerer und H. Bender begründete, in München seit 1954 erscheinende Zweimonatsschrift; Hg. (bis 1968) W. Höllerer und H. Bender, danach H. Bender, seit 1981 M. Krüger.

akzentuierendes Versprinzip, ein Versprinzip, bei dem die rhythm. Gliederung der Sprache auf dem (freien oder geregelten) Wechsel druckstarker und druckschwacher Silben beruht. Das a. V. setzt damit einen dynam. ↑Akzent voraus, nach dem sich die metr. Behandlung der Wörter richtet; der natürl. Wortakzent wird zum Träger des metr. ↑Iktus. Im Ggs. dazu beruht das ↑quantitierende Versprinzip auf dem Wechsel prosodisch langer und kurzer Silben, das ↑silbenzählende Versprinzip auf der Regelung der Silbenzahl rhythm. Reihen. Die klass. griech. und lat. Verskunst ist quantitierend; aufgrund der sprachgeschichtl. Entwicklung setzen sich jedoch in nachklass. Zeit das akzentuierende und das silbenzählende Versprinzip durch. Der Dichtung der german. Völker liegt das a. V. zugrunde; im altgerman. ↑Stabreimvers richtet sich dabei die metr. Behandlung der Sprache nicht nur nach dem Wortakzent, sondern auch nach dem objektiven Satzakzent. Die wachsende Tendenz des dt. Verses zur Alternation (↑alternierende Versmaße) seit Otfrid von Weißenburg führt zu einer bedingten Unterordnung des Wort- und Satzakzents unter die Versbetonung: Wort- und Satzakzent werden stilisiert (auch sprachlich schwach betonte oder unbetonte Silben können im Vers dynamisch ausgezeichnet werden: ›Dies ist die Zéit der Kónigé nicht méhr‹ [J. Ch. F. Hölderlin, ›Der Tod des Empedokles‹, 1826]); umgekehrt kann es zur Unterdrückung von Wortakzenten kommen. Zu Durchbrechungen des a. V.s in der dt. Dichtung kommt es seit dem späten MA im ↑Meistersang, im 16. und 17. Jh. in der Gelehrtendichtung nach roman. und antiken Vorbildern (Silbenzählung bei Vernachlässigung des Wortakzents zugunsten strenger Alternation nach Versikten im Meistersingervers). Die Wiedereinsetzung des a. V.s ist v. a. das Verdienst von M. Opitz (›Buch von der Dt. Poeterey‹, 1624); Opitz gestattet zunächst jedoch nur alternierende Versmaße; die adäquate Nachbildung nichtalternierender antiker Versmaße unter Beachtung des alternierenden Versmaßes gelang zuerst J. Ch. Gottsched (↑Hexameter) und F. G. Klopstock (↑Odenmaße).

Literatur ↑Metrik.

Alain [frz. a'lɛ̃], eigtl. Émile Chartier, * Mortagne-au-Perche (Orne) 3. März 1868, † Le Vésinet (Yvelines) 2. Juni 1951, frz. Philosoph und Schriftsteller. – 1889 Student der École normale supérieure; ab 1892 Gymnasiallehrer für Philosophie in der Provinz, ab 1909 in Paris; Mitarbeiter zahlreicher Zeitungen; Meister des Essays, der aphorist. ›Propos‹ (›Les cent et un propos‹, 5 Serien, 1908–29), dessen Analysen sich durch Kühnheit und Kraft des Ausdrucks und klass. Klarheit auszeichnen. Keiner philosoph. Schule angehörend und gegenüber religiösen und philosoph. Traditionen (bes. Platon, R. Descartes, I. Kant, G. W. F. Hegel, aber auch A. Comte) aufgeschlossen, behandelt er ohne systemat. Begriffsbildung Fragen der Erkenntnistheorie, Ästhetik, Moral- und Religionsphilosophie. Als religionsloser Rationalist prägte A. im Glauben an den ›peuple‹

und das frei entscheidende und unabhängige Individuum als überzeugter Demokrat und Pazifist nach dem Ersten Weltkrieg den französischen Radikalsozialismus.

Weitere Werke: Système des beaux-arts (1920), Die Pflicht, glücklich zu sein (1925, dt. 1960), Éléments d'une doctrine radicale (1925), Wie die Menschen zu ihren Göttern kamen (1934, dt. 1965), Propos de politique (1935), Histoire de mes pensées (1936), Gedanken über die Religion (1938, dt. 1948), Spielregeln der Kunst (1939, dt. 1961), Über die Erziehung (1948, dt. 1963), Propos d'un Normand (5 Bde., hg. 1952–60), Humanités (hg. 1960), Die Kunst sich und andere zu erkennen. Fünfundfünfzig Propos und ein Essay (dt. Ausw. 1991).

Ausgabe: A. Propos. Paris 1956.

Literatur: DEWIT, S.: A. Essai de bibliographie, 1893–juin 1961. Mémoire. Brüssel 1961. – HALDA, B.: A. Paris 1965. – REBOUL, O.: L'homme et ses passions d'après A. Paris 1968. 2 Bde. – PASCAL, G.: L'idée de philosophie chez A. Paris 1970. – SERNIN, A.: A., un sage dans la cité. Paris 1985. – GIL, D.: A. La république ou le matérialisme. Paris 1990.

Alain de Lille [frz. alɛ̃'dlil], frz. scholast. Philosoph, Theologe und Dichter, ↑Alanus ab Insulis.

Alain-Fournier (undatierte Zeichnung von André Lhote)

Alain-Fournier [frz. alɛ̃fur'nje], eigtl. Henri-Alban Fournier, * La Chapelle-d'Angillon (Cher) 3. Okt. 1886, ✕ bei Saint-Rémy 22. Sept. 1914, frz. Schriftsteller. – Besuchte die Handelsmarineschule, später das Lycée Lakanal in Paris, wo er mit J. Rivière Freundschaft schloß. Von ihrer fruchtbaren Verbindung zeugen die Briefe der ›Correspondance avec Jacques Rivière 1905 à 1914‹ (hg. 1926–28, dt. Ausw. 1954 u. d. T. ›Jugendbildnis Alain-Fournier. Briefe‹).

A.-F. wurde mit A. Gide, Ch. Péguy und P. Claudel bekannt. Er stand unter dem Einfluß des Symbolismus (›Miracles‹, Ged., hg. 1924). Ab 1909 Journalist (Literaturkritiker). Erst in den 20er Jahren wurde sein einziger vollendeter, 1913 geschriebener symbolist. Roman ›Le grand Meaulnes‹ (dt. 1930 u.d.T. ›Der große Kamerad‹, u.a. auch 1951 u.d.T. ›Der große Meaulnes‹) verstanden und gewürdigt. Dieses Werk, ein traumhaft-poet. Abenteuer um die romant. Freundschaft und Liebe eines Siebzehnjährigen, übte großen Einfluß auf den modernen frz. Roman aus. Ein zweiter Roman, ›Colombe Blanchet‹ (hg. 1922), blieb Fragment.

Literatur: DÉSONAY, F.: Le Grand Meaulnes d'A.-F. Paris 1963. – LOIZE, J.: A.-F. Sa vie et Le Grand Meaulnes. Paris 1968. – JÖHR, W.: A.-F., le paysage d'une âme. Neuenburg 1972. – GIBSON, R. D. B.: The land without a name. A.-F. and his world. London 1975. – VIDAL, G.: Les masques d'A.-F. Paris 1981. – GURNEY, S.: A.-F. Boston (Mass.) 1987. – ECHAVIDRE, C.: L'amour chez A.-F. Quimper 1991.

Alamanni, Luigi, * Florenz 28. Okt. 1495, † Amboise (Indre-et-Loire) 18. April 1556, italien. Dichter. – War in polit. Affären verwickelt und mußte deshalb nach Frankreich emigrieren, wo ihn Franz I. freundschaftlich aufnahm und mit verschiedenen diplomat. Missionen, die ihn wieder nach Italien führten, betraute. Sein berühmtestes Gedicht ist das Lehrgedicht vom Ackerbau ›La coltivazione‹ (1546), eine Nachahmung der ›Georgica‹ Vergils; zu nennen sind ferner die Heldengedichte ›Girone il cortese‹ (1548) und ›L'Avarchide‹ (hg. 1570) sowie die petrarkisierenden ›Opere toscane‹ (1532).

Alamodeliteratur [ala'mo:t; frz.; lat.], im frühen 17.Jh. entstandene höf. Unterhaltungsliteratur. Sie entstand in Anlehnung an z.T. satirisch gemeinte Wendungen wie ›à la mode‹, ›Monsieur Alamode‹, welche die damals ›moderne‹ Nachahmung ausländ., v.a. frz. (auch italien.) Mode, dann auch der Sitte und Sprache bezeichnen. Typisch für die A. sind oberflächl. Übernahme, Schilderung und Wertung fremder Vorbilder, ausländ. Redewendungen und eine renommierende Vorliebe für Fremdwörter. Als A. bezeichnet man auch die gegen

diese Modeströmung gerichtete satirischliterar. Bewegung, die v.a. von den † Sprachgesellschaften ausging, aber auch von einzelnen Dichtern, z.B. J. M. Moscherosch, F. von Logau, J. Lauremberg, Abraham a Sancta Clara, J. J. Ch. von Grimmelshausen, die polem. Satiren oder Gegenbilder schufen.

Literatur: SCHMIDT, ERICH: Der Kampf gegen die Mode in der dt. Lit. des 17.Jh. In: SCHMIDT: Charakteristiken. Bd. 1. Bln. ²1902. – SCHRAMM, F.: Schlagworte der Alamodezeit. Straßburg 1914. – COUPE, W. A.: Broad theets of the ›Alamodezeit‹. In: German Life and Letters 14 (1961), S. 282.

Alanus ab Insulis, eigtl. Alain de Lille, * Lille zw. 1115 und 1128, † Cîteaux um 1202, frz. scholast. Philosoph, Theologe und Dichter. – Studierte und lehrte in Paris, lebte später als Zisterzienser in Cîteaux. Verfaßte neben theolog. Schriften auch Lehrgedichte, die großen Einfluß auf die mittelalterl. Epik hatten. Im ›Planctus naturae‹ (zw. 1160 und 1170) schildert er satirisch menschl. Laster, in seinem ›Anticlaudianus‹ (um 1183) trägt er allegorisch ein Lehrgedicht vor, in dem die göttl. Vorsehung und die moral. Vollendung des Menschen miteinander verbunden werden.

Literatur: RAYNAUD DE LAGE, G.: Alain de Lille, poète du XIIᵉ siècle. Paris 1951. – CILENTO, V.: Alain de Lille. Neapel 1958. – HÖDL, L., u.a.: A. ab I. In: Lex. des MA. Bd. 1. Mchn. u. Zü. 1980.

Alarcón y Ariza, Pedro Antonio de [span. alar'kon i a'riθa], * Guadix (Andalusien) 10. März 1833, † Valdemoro bei Madrid 10. Juli 1891, span. Schriftsteller, Journalist und Politiker. – Gehörte einem Kreis revolutionärer Künstler und Schriftsteller an; war politisch tätig und leitete die radikale Zeitschrift ›El Látigo‹. Später wandte er sich den Konservativen zu, wurde Abgeordneter, 1875 Staatsrat und 1877 Mitglied der Span. Akademie. A. y A. schrieb Erzählungen, Romane, Gedichte, Reiseberichte und krit. Feuilletons. Seine nat. Skizzen, seine in ›Cuentos amatorios‹ (1881), in die lebendigen, realist. ›Historietas nacionales‹ (1881) und die ›Narraciones inverosímiles‹ (1881) eingeteilten Novellen und die Romane geben ein bunte, lebensnahe Schilderung der span. Gesellschaft. Sie sind trotz des leicht satir. Tones echt und warm empfunden. Sein Tagebuch des marokkan. Feldzuges, ›Diario de un testigo de la guerra de África‹ (1859), war eines der meistgelesenen Bücher seiner Zeit. Die volkstümlich-heitere Erzählung ›Der Dreispitz‹ (1874, dt. 1886), ein Genrebild aus der Zeit Karls IV., gilt als eine der besten span. Erzählungen. Der moralisierende Roman ›Der Skandal‹ (1875, dt. 1959) ist sein bekanntestes Buch. Die Romane ›Manuel Venegas‹ (1880, dt. 1882) und ›Die Verschwenderin‹ (1882, dt. 1942) sowie seine lyr. und dramat. Texte waren dagegen weniger erfolgreich.

Ausgaben: Obras completas de P. A. de A. y A. Einl. v. L. M. KLEISER. Madrid ³1968. – P. A. de A. y A. Novelas completas. Einl. v. J. CAMPOS. Madrid 1974.
Literatur: FERNÁNDEZ MONTESINOS, J.: P. A. de A. Zaragoza 1955. – PARDO CANALÍS, E.: P. A. de A., estudio y antología. Madrid 1966. – GÁLVEZ RODRÍGUEZ, E.: Perfil de P. A. de A. Orjiva 1973. – LIBERATORI, F.: I tempi e le opere di P. A. de A. Neapel 1981.

Alarcón y Mendoza, Juan Ruiz de, span. Dramatiker, ↑ Ruiz de Alarcón y Mendoza, Juan.

Alas y Ureña, Leopoldo García de las [span. 'alas i u'reɲa], Pseudonym Clarín, * Zamora 25. April 1852, † Oviedo 13. Juni 1901, span. Schriftsteller und Kritiker. – War Prof. für Wirtschaftspolitik und Recht in Salamanca, Zaragoza und Oviedo. Wurde als Romancier durch seinen realistisch-psycholog. Roman ›Die Präsidentin‹ (2 Bde., 1884/85, dt. 1985) und als Literaturkritiker durch die entschiedene Geißelung des Mittelmäßigen (›Solos de Clarín‹, Essays, 1881; ›Mezclilla‹, Essays, 1889; ›Palique‹, Essays, 1893) berühmt; gilt als einer der wesentl. Inspiratoren der Generation von 98.

Weitere Werke: Su único hijo (R., 1890), Doña Berta (R., 1892), Cuentos morales (En., 1896).
Ausgabe: Obras. Hg. v. J. M. MARTÍNEZ CACHERO. Barcelona 1963 ff.
Literatur: NÚÑEZ DE VILLAVICENCIO, L.: La creatividad en el estilo de L. A., ›Clarín‹. Oviedo 1974. – GARCÍA SARRIÁ, F.: Clarín o la herejía amorosa. Madrid 1975. – VALIS, N. M.: The decadent vision in L. A. A study of ›La regenta‹ and ›Su único hijo‹. Baton Rouge (La.) 1981.

Alavi (tl.: Alawī), Bosorg [pers. æləæ-'vi:], * Teheran 2. Febr. 1904, pers. Schriftsteller und Literaturwissenschaft-

ler. – 1922–28 Studium der Pädagogik in Deutschland, dann Lehrer in Iran; in den 30er Jahren enger Freund von Hedajat, mit dem er die Künstlergruppe ›Vier‹ gründete; 1937 als Mitglied der linken Vereinigung ›Erani‹ verhaftet, 1941 entlassen; später Mitbegründer der kommunist. ›Tudeh-Partei‹; wurde 1954 Prof. an der Humboldt-Univ. in Berlin (Ost); realist. und psychologisierender Erzähler; Verfasser der ›Geschichte und Entwicklung der modernen pers. Literatur‹ (1964), eines persisch-dt. Wörterbuches und eines Lehrbuches der pers. Sprache; schrieb u. a. Romane (u. a. ›Ihre Augen‹, 1952/53, dt. 1959), Novellen und in dt. Sprache die kulturhistor. Werke ›Kämpfendes Iran‹ (1955) und ›Das Land der Rosen und Nachtigallen‹ (1957). Mehrere Novellen sind in der Sammlung ›Die beiden Ehemänner‹ (1984), weitere Erzählungen in ›Moderne Erzähler der Welt – Iran‹ (1978) und ›Pers. Meistererzählungen‹ (1961) übersetzt.

Literatur: RYPKA, J.: Iran. Literaturgesch. Dt. Übers. Lpz. 1959. S. 396. – SUNDERMANN, W.: B. A. In: ALAVI, B.: Die beiden Ehemänner. Prosa aus Iran. Bln. 1984. S. 5.

Alba [altprovenzal.; eigtl. = Morgendämmerung, Tagesanbruch (zu lat. albus = weiß, hell)], Gattung der Troubadourlyrik, die den Abschied der Liebenden im Morgengrauen besingt. Dichter: Guiraut de Borneil, Bertran d'Alamanon, Raimon de las Salas sowie einige Anonymi. Als **Aube** in der Trouvèredichtung, als ↑ Tagelied im dt. Minnesang; Gegenstück ↑ Serena.
Literatur ↑ Tagelied.

albanische Literatur, die Entwicklung der a. L. wurde und wird maßgeblich von außerliterar. Faktoren (politisch-histor. Polarisierung und patriot., religiösem sowie sozialem Engagement) bestimmt und wurzelt in zwei starken Traditionen: der bed. und reichen Volksliteratur und den aus den Anfängen des alban. Schrifttums (meist religiösen Inhalts) erhaltenen Werken von Autoren wie Gjon Buzuku (1555), Luka Matranga (1592) und Pjeter Budi (1621). Der Begründer der alban. Prosa ist Pjetër Bogdani (* 1630, † 1688) mit seinem ›Cuneus prophetarum‹ (Padua 1685, mit italien. Übersetzung). Begründer der alban.

Versdichtung ist der Kalabro-Albaner Jul Variboba (* 1725, † 1788). Infolge seiner geograph. Lage und der osman. Präsenz auf dem Balkan stand Albanien unter dem Einfluß nicht nur westl., sondern auch östl. geistiger Strömungen. Im 18. und 19. Jh. entwickelte sich unter dem Einfluß arab. und pers. Schriftsteller in den Städten eine Dichtung, die sich auch mit den mündl. Überlieferungen verflocht. Das erste bis heute bekannt gewordene Werk dieser Art ist der Diwan von Ahmet Bey Dukagjini. Der erste Dichter, der Schule machte, ist Nezim Frakulla (†1760), Verfasser vieler Diwans. Wie er schrieb auch Hasan Zyko Kamberi (2. Hälfte des 18. Jh.) Verse in alban. Sprache und arab. Schrift. N. Frashëri gehört ebenfalls dem von orientalisch-muslim. Kultur geprägten Kreis an, unterscheidet sich jedoch von diesen Autoren durch seine Thematik (islam. Mystik, alban. Nationalbewußtsein).

Die *a. L. in engerem Sinn* beginnt mit dem ›Milosao‹ von J. De Rada (Neapel 1836). Daß die Anfänge der nat. a. L. in Italien liegen, ist durch die türk. Herrschaft über Albanien bedingt, die die Entwicklung einer nat. Kunstdichtung behinderte. Anstoß für die Entfaltung einer einheitl. a. L. gab die Bewegung der ›nat. Wiedergeburt‹ (›Rilindja‹). Die als Klassiker der a. L. geltenden Dichter, der Gege Gj. Fishta, ein Franziskaner, der der Muslimsekte der Bektashi angehörende Toske N. Frashëri und J. De Rada, Sohn eines orthodoxen Priesters aus Süditalien, haben in ihren Werken eine grundlegende Idee gemeinsam: die Freiheit des alban. Volkes und die Schaffung eines einheitl. Staates. Die kulturelle und geistige Einheit der Albaner profilierte sich in den Werken des in Sizilien geborenen Dichters Z. Schirò. Der kalabroalban. Romantiker Antonio Santori (* 1819, † 1894) verfaßte das erste alban. Drama.

Zwischen den beiden Weltkriegen drangen in die a. L. neue Strömungen ein. Es entstanden die ersten Versuche moderner Prosa von F. S. Noli, Novellen und Romane mit sozialer Problematik (u. a. von E. Koliqi, Vedat Kokona, * 1913, Haki Stërmilli, * 1895, † 1953) sowie kürzere Novellen in literar. Zeitschriften. Als Begründer des alban. Romans gilt Ndoc Nikaj (* 1864, † 1951), ein kath. Geistlicher aus Shkodër. Als bed. Stilist zeichnete sich der Toske Faik Konica (* 1875, † 1942) aus. – Die patriot. Dichter der ›Wiedergeburt‹ blieben auch nach der Ausrufung eines unabhängigen Albanien (1912) ihren Motiven und Formen treu, so daß diese Dichtung bis zum Beginn des sozialistischen Realismus vorherrschte, hauptsächl. vertreten durch N. Mjedja, Çajupi (eigtl. Andon Zako, * 1866, * 1930), Asdreni (eigtl. Aleks Stavri-Drenova, * 1872, † 1947) und L. Poradeci, der als erster alban. Dichter eine von ideolog. Prämissen freie, reine Lyrik schrieb, eine künstler. Richtung, die erst nach dem 2. Weltkrieg durch M. Camaj fortgeführt wurde.

Der soziale Realismus von Migjeni (eigtl. Millosh Gjergj Nikolla *1909, † 1938) bahnte den sich nach 1944 durchsetzenden sozialist. Realismus an. Vorbilder des alban. sozialist. Realismus sind M. Gorki, W. W. Majakowski, A. A. Fadejew u. a. sowjet. Schriftsteller, seine Hauptvertreter sind die Lyriker Llazar Siliqi (* 1924), Aleks Çaçi (* 1916), Dritëro Agolli (* 1931), die Prosaschriftsteller S. Spasse, Dh. Shuteriqi, I. Kadare, Jakov Xoxa (* 1923), der Dramatiker Kolë Jakova (* 1916).

In der von Albanern bewohnten autonomen Provinz Kosova (serbokroat. Kosovo) in Jugoslawien, deren Autonomie 1989/90 aufgehoben wurde, entwickelte sich seit 1944 eine Literatur mit Motiven aus der dortigen Folklore, jedoch mit modernen Formen und stark beeinflußt von der serb. Literatur.

Die Albaner Süditaliens knüpfen an ihr reiches literar. Erbe an; auch die alban. Kolonien in den USA und in Syrien pflegen ihr literar. Leben.

Ausgaben: LAMBERTZ, M.: Alban. Lesebuch. Lpz. 1948. 2 Bde. – LAMBERTZ, M.: Die Volksepik der Albaner. Halle/Saale 1958. – Alban. Märchen. Hg. u. übers. v. M. CAMAJ u. U. SCHIER-OBERDORFFER. Düss. u. Köln 1974.
Literatur: MANN, S. E.: Albanian literature. London 1955. – SCHIRÒ, G.: Storia della letteratura albanese. Mailand 1959. – PIPA, A.: Albanian literature: Social perspectives. Mchn. 1978. – Historia e letërsisë shqiptare. Tirana 1983.

Albe, eigtl. Renaat Antoon Joostens, * Mecheln 8. Juni 1902, † Brüssel 10. Okt. 1973, fläm. Schriftsteller. – Lyriker, Verfasser von gehobenen Volksromanen und Jugendbuchautor.

Werke: Paradijsvogel (Ged., 1931), Annunciata (R., 1944, dt. 1952), Ossewagens op de kim (R., 1946), Aurita (R., 1954, dt. 1960), Der junge Odysseus (Jugendbuchtrilogie, 1969, dt. 1971).

Edward
Albee

Albee, Edward [Franklin] [engl. 'ɔːlbɪ], * Washington (D.C.) 12. März 1928, amerikan. Dramatiker. – Als Adoptivsohn eines Theaterunternehmers kam er früh mit dem Theater in Berührung. Nach Tätigkeit in verschiedenen Berufen wurde er durch die Uraufführung des Einakters ›Die Zoogeschichte‹ 1959 in Berlin (erschienen 1960, dt. 1962) schlagartig berühmt. Aus der Philosophie des Existentialismus und der Praxis des absurden Theaters in Europa kreiert er eine typisch amerikan. Form des Gegenwartstheaters. In seinen Dramen mischt er Wirklichkeit und Traumwelt, um die geistige Unbeweglichkeit, die Konformität und Überheblichkeit der Menschen zu entlarven und ihre Entfremdung in der modernen Gesellschaft zu zeigen. Sein erstes abendfüllendes Schauspiel ›Wer hat Angst vor Virginia Woolf?‹ (1962, dt. 1963) ist die scharfe Seelenanalyse und Anatomie einer Ehe, die das menschl. Scheitern bloßlegt. In späteren Stücken wie ›Kiste – Worte des Vorsitzenden Mao Tse-tung – Kiste‹ (Szenenfolge, 1969, dt. 1969), ›Seeskapade‹ (Dr., 1975, dt. 1981), ›Zuhören. Ein Kammerspiel‹ (1976, dt. 1976) und ›Spielarten. Ein Vaudeville‹ (1976, dt. 1976) experimentiert A.

mit der Auflösung der Charaktere, während er in den Dramen ›Die Dame von Dingsville‹ (1980, dt. 1982) und ›Der Mann, der drei Arme hatte‹ (1984, dt. 1984) zu eher konventioneller Darstellung zurückkehrt.

Weitere Werke: Fam and Yam (Einakter, 1960), Der Tod von Bessie Smith (Dr., 1960, dt. 1962), Winzige Alice (Schsp., 1965, dt. 1966), Empfindliches Gleichgewicht (Dr., 1966, dt. 1967; Pulitzerpreis 1967), Alles im Garten (Dr., 1968, dt. 1970), Alles vorbei (Dr., 1971, dt. 1973), Three tall women (Dr., UA 1991).

Ausgaben: E. A. Stücke. Dt. Übers. Ffm. 1968. Bd. 1 (m. n. e). – E. A. The plays in five volumes. New York 1981 ff.

Literatur: E. A. A collection of critical essays. Hg. v. C. W. E. BIGSBY. Englewood Cliffs (N. J.) 1975. – KERJAN, L.: Le théâtre d'E. A. Paris 1979. – E. A. An interview and essays. Hg. v. J. N. WASSERMAN u. a. Syracuse (N. Y.) 1983. – E. A. Hg. v. H. BLOOM. New York 1987. – ROUDANÉ, M. C.: Understanding E. A. Columbia (S. C.) 1987.

Alberdi, Juan Bautista [span. al-'βɛrði], * San Miguel de Tucumán 20. Aug. 1810, † Neuilly-sur-Seine 18. Juni 1884, argentin. Schriftsteller und Politiker. – Studierte Jura, ging 1838 z. Z. der Diktatur von J. M. de Rosas ins Exil, war 1855–62 diplomat. Vertreter Argentiniens in Paris, wo er – zwangsweise exiliert – bis zu seinem Tod lebte. Bedeutendster Theoretiker des argentin. Liberalismus, mit dessen oligarch. Flügel er jedoch bald in Konflikt geriet; schrieb neben staats- und zivilrechtl., historiograph., biograph. und philosoph. Essays u. a. den allegor. Roman ›Peregrinación de Luz del Día o viaje y aventuras de la verdad en el Nuevo Mundo‹ (1871), eine Satire auf das zeitgenöss. Argentinien seiner Kontrahenten D. F. Sarmiento und B. Mitre.

Ausgaben: J. B. A. Obras completas. Buenos Aires 1886–87. 8 Bde. – J. B. A. Escritos sobre estética y problemas de la literatura. Buenos Aires 1965.

Alberdingk Thijm, Josephus Albertus [niederl. 'ɑlbərdɪŋk 'tɛim], * Amsterdam 13. Aug. 1820, † ebd. 17. März 1889, niederl. Schriftsteller. – Vater von L. van Deyssel; seit 1876 Prof. für Kunstgeschichte in Amsterdam; Haupt der niederl. Katholiken in Kunst und Literatur, Anhänger der romant. Schule und Bewunderer des MA; veröffentlichte mehrere Gedichtbände (u. a. ›De klok van Delft‹, 1846), die Prosaerzählungen ›Verspreide verhalen in proza‹ (4 Bde., 1879–84), eine niederl. Literaturgeschichte und die literarhistor. Skizze ›Portretten van Joost van den Vondel‹ (1876).

Alberdingk Thijm, Karel Joan Lodewijk [niederl. 'ɑlbərdɪŋk 'tɛim], niederl. Schriftsteller, † Deyssel, Lodewijk van.

Albéric de Besançon [frz. alberikdəbəzã'sõ] (A. de Briançon, A. de Pizançon, Alberich von Besançon), frz. Dichter der 1. Hälfte des 12. Jahrhunderts. – Gilt als Autor der ältesten, um 1120 entstandenen Fassung des altfrz. † Alexanderromans, von der nur die ersten 106 Verse in Achtsilbern erhalten sind. A.s Roman wurde um 1150 von dem Pfaffen Lamprecht ins Deutsche übertragen.

Albert, Heinrich, * Lobenstein (Reuß) 8. Juli 1604, † Königsberg (Pr) 6. Okt. 1651, dt. Komponist und Liederdichter. – 1622 Schüler seines Vetters H. Schütz in Dresden; wurde 1630 Organist am Dom von Königsberg. Selbst dichterisch tätig, machte A. mit seinem Freund S. Dach Königsberg zu einem führenden Zentrum des dt. Barockliedes. Seine 1638–50 in 8 Teilen erschienenen ›Arien‹ umfassen ein- und mehrstimmige weltl. und geistl. Lieder und Gesänge. Ob A. oder S. Dach der Verfasser des 1642 in A.s ›Arien‹ veröffentlichten Liedes ›Anke van Tharaw‹ ist, ließ sich bis heute nicht eindeutig klären.

Literatur: MÜLLER-BLATTAU, J.: H. A. u. das dt. Barocklied. In: Dt. Vjschr. f. Literaturwiss. u. Geistesgesch. 25 (1951), S. 401. – WIORA, W.: Das dt. Lied. Wolfenbüttel u. Zü. 1971.

Albert, Michael, * Trappold bei Schäßburg 21. Okt. 1836, † Schäßburg (heute Sighişoara) 21. April 1893, siebenbürg. Dichter. – Bäuerl. Herkunft; studierte in Jena, Berlin und Wien; Gymnasiallehrer in Schäßburg; steht als Lyriker in der Nachfolge H. Heines und F. Rückerts; bedeutend u. a. seine Heimaterzählungen ›Die Dorfschule‹ (1869), ›Die Candidaten‹ (1872), ›Traugott‹ (1874) sowie die Schauspiele ›Die Flandrer am Alt‹ (1883), ›Harteneck‹ (1886), ›Ulrich von Hutten‹ (1893).

Ausgabe: M. A. Ausgew. Schrr. Hg. v. D. SCHLESAK. Bukarest 1966.

Alberti, Konrad, eigtl. K. Sittenfeld, * Breslau 9. Juli 1862, † Berlin 24. Juni 1918, dt. Schriftsteller. – Studierte Literaturgeschichte, war Schauspieler, Redakteur bei der ›Berliner Morgenpost‹; als Kritiker (u. a. bei M. G. Conrads programmat. Zeitschrift ›Die Gesellschaft‹), Essayist, Roman- und Bühnenautor (und Mitbegründer der ›Dt. Bühne‹) engagierter Anhänger der naturalist. Bewegung. Hauptwerk: ›Der Kampf ums Dasein‹ (R., 6 Bde., 1888–95).

Weitere Werke: Bettina von Arnim (Schrift, 1885), Gustav Freytag. Sein Leben und Schaffen (1885), Plebs (Nov.n, 1887), Brot! (Schsp., 1888), Der moderne Realismus in der dt. Literatur ... (1889), Natur und Kunst (Essays, 1890), Fahrende Frau (R., 1895), Die Büßerin (Schsp., 1896), Die schöne Theotaki (R., 1899), Ablösung vor! (R., 1911).

Alberti, Leon Battista, * Genua 14. Febr. 1404, † Rom 19. (25.?) April 1472, italien. Humanist, Baumeister, Schriftsteller und Kunsttheoretiker. – Gilt als der erste in der Reihe der sog. Universalmenschen (›uomo universale‹) der Renaissance; studierte an der Univ. Bologna und erwarb 1428 den Grad eines Doktors der Rechte. 1432–64 stand er in päpstl. Diensten. Nach seinem ersten Romaufenthalt 1432–34 begann er mit dem Studium der Baukunst. A. schuf bed. Bauwerke, u. a. in Rimini, Florenz und Mantua. Ebenso wegweisend wie seine Bauten waren seine kunsttheoret. Schriften, u. a. ›Drei Bücher über die Malerei‹ (entst. 1435, hg. 1540, dt. 1877) und ›Zehn Bücher über die Baukunst‹ (hg. 1485, dt. 1912). Sein literar. Werk umfaßt außer einer frühen lat. Komödie (›Philodoxeos‹, 1426) u. a. eine Reihe moralphilosoph., z. T. polem. Traktate in Dialogform, von denen die vier Bücher über die Institution der Familie (›Über das Hauswesen‹, entst. 1437–41, hg. 1844, dt. 1963) am bedeutendsten sind. In ihnen setzt sich A., ebenso wie in dem 1441 in Florenz auf seine Anregung hin veranstalteten Dichterwettstreit, nachdrücklich für eine Literatur in der Volkssprache ein und beeinflußte damit maßgeblich das italien. Schrifttum des 15. Jahrhunderts.

Ausgaben: L. B. A. Opera inedita et pauca separatim impressa. Hg. v. H. MANCINI. Florenz 1890. – L. B. A. Della pittura. Hg. v. L. MALLE.

Florenz 1950. – L. B. A.: Opere volgari. Hg. v. C. GRAYSON. Bari 1960–73. 3 Bde. **Literatur:** GADOL, J.: L. B. A. Universal man of the early Renaissance. Chicago (Ill.) 1969. – TATEO, F.: A., Leonardo e la crisi dell'umanesimo. Bari 1971. – PONTE, G.: L. B. A. Umanista e scrittore. Genua 1981.

Alberti, Rafael [span. al'βɛrti], * El Puerto de Santa María (Prov. Cádiz) 16. Dez. 1902, span. Lyriker. – Begann in Madrid als kubist. Maler, bevor er sich der Literatur zuwandte; wurde 1930 Mitglied der span. KP; gründete 1936 mit F. García Lorca und J. Bergamín den Verband antifaschist. Intellektueller; lebte seit dem Bürgerkrieg im Exil und kehrte erst 1977 nach Spanien zurück. Sein dichter. Werk stand zunächst im Zeichen des ›neopopularismo‹, dann L. de Góngora y Argotes und J. R. Jiménez', des Surrealismus und schließlich sozialer, kommunistisch-revolutionärer und – in den neueren Dichtungen – humanitärer Ideen; schrieb auch Dramen. 1983 erhielt er den Premio Miguel de Cervantes. **Werke:** Zu Lande, zu Wasser (Ged., 1925, dt. 1960), Cal y canto (Ged., 1929), Über die Engel (Ged., 1929, span. und dt. 1981), An die Malerei (Ged., 1945, dt. 1977), Blühender Klee (Tragikom., 1950, dt. 1958), Ora marítima (Ged., 1953), Kriegsnacht im Pradomuseum (Dr., 1956, dt. 1976 in: Span. Stücke), Stimme aus Nesselerde und Gitarre (Ged., dt. Ausw. 1959), Der verlorene Hain (Erinnerungen, 1959, dt. 1976), Abierto a todas horas, 1960–1963 (Ged., 1964), Ich war ein Dummkopf, und was ich gesehen habe, hat mich zu zwei Dummköpfen gemacht (Ged., span. und dt. Ausw. 1982). **Ausgabe:** R. A. Obras completas. Madrid 1972. 3 Bde. **Literatur:** SALINAS DE MARICHAL, S.: El mundo poético de R. A. Madrid 1968. – OPHEY, B.: R. A. als Dichter des verlorenen Paradieses. Ffm. 1972. – BAYO, M.: Sobre A. Madrid 1974. – R. A. Hg. v. M. DURÁN. Madrid 1975.

Albertinus, Ägidius, * Deventer um 1560, † München 9. März 1620, dt. Schriftsteller und Übersetzer. – Sekretär und Bibliothekar des Kürfürsten Maximilian I. von Bayern; schrieb kulturgeschichtlich wertvolle Werke, teils nach span. Vorbild (bes. A. de Guevara), teils nach dem J. Fischarts; wichtig wegen seiner Bearbeitung von M. Alemáns Schelmenroman ›Vida del pícaro Guzmán de Alfarache‹ (›Der Landstörtzer Gusman von Alfarache ...‹, 1615).

Alberus (Alber), Erasmus, * Bruchenbrücken (Hessen) um 1500, † Neubrandenburg 5. Mai 1553, dt. Dichter und ev. Theologe. – Schüler und Freund Luthers und Vorkämpfer der Reformation; war zuletzt Generalsuperintendent in Neubrandenburg; schrieb zahlreiche Pamphlete zur Verteidigung der Reformation, Kirchenlieder sowie eine Sammlung z. T. satir., gereimter Fabeln ›Das Buch von der Tugent und Weißheit ...‹ (1550; 1. Fassung 1534 u. d. T. ›Etliche Fabeln Esopi‹), die Äsop bzw. einer lat. Fabelsammlung nachempfunden sind. **Literatur:** KÖRNER, E.: E. A. Lpz. 1910.

Albinovanus Pedo, röm. Epiker und Epigrammatiker des 1. Jh. v. Chr./1. Jh. n. Chr. – Freund Ovids; schrieb das (nicht erhaltene) Epos ›Theseis‹ und ein (nur in einem kurzen Fragment überliefertes) Epos über den Zug des Germanicus nach Germanien.

Albrecht, mhd. Dichter der 2. Hälfte des 13. Jahrhunderts. – Bayer., Näheres unbekannt; soll den sog. ›Jüngeren Titurel‹ (mit über 6000 Versen) verfaßt haben; er enthält eine Vorgeschichte und eine Fortsetzung von Wolfram von Eschenbachs ›Parzival‹; Wolframs Titurelfragmente sind hier eingearbeitet. Die Frage der Identität A.s mit † Albrecht von Scharfenberg ist bislang ungeklärt. **Ausgabe und Literatur** † Albrecht von Scharfenberg.

Albrecht von Eyb [aıp], * Schloß Sommersdorf bei Ansbach 24. Aug. 1420, † Eichstätt 24. Juli 1475, dt. Schriftsteller. – Päpstl. Kammerherr und Domherr in Eichstätt; schrieb ein Buch über die Ehe (›Ob einem Manne sey zunemen ein eelichs Weyb oder nicht‹, 1472, Nachdr. 1993) und einen ›Spiegel der Sitten‹, dem er im Anhang zwei meisterhafte Übersetzungen von Plautus' ›Menaechmi‹ und ›Bacchides‹ beifügte (hg. 1511). **Ausgabe:** A. v. E. Dt. Schrr. Hg. u. eingel. v. M. HERRMANN. Bln. 1890. 2 Bde. Nachdr. Hildesheim 1984. **Literatur:** HERRMANN, M.: A. v. E. u. die Frühzeit des dt. Humanismus. Bln. 1893. – HILLER, J. A.: A. v. E. Medieval moralist. Washington (D. C.) 1939. Nachdr. New York 1970.

Albrecht von Halberstadt, * Halberstadt um 1180, † Stift Jechaburg bei Sondershausen nach 1251, mhd. Dichter. –

Verfaßte um 1215 eine Nachdichtung von Ovids ›Metamorphosen‹ in thüring. Mundart, von der außer einem Bruchstück nur die Bearbeitung von J. Wickram (1545) erhalten ist.
Literatur: BARTSCH, K. F.: A. v. H. u. Ovid im MA. Lpz. 1861. Nachdr. Amsterdam 1965. – HEINZMANN, G.: A. v. H. u. Jörg Wickram. Diss. Mchn. 1969.

Albrecht von Jo̱han[n]sdorf, mhd. Dichter um 1200. – Urkundlich belegt zwischen 1180 und 1209; A. v. J. stand wahrscheinlich im Dienst des Bischofs Wolfger von Passau († 1204); bedeutend für die Entwicklung des Minnesangs, da er die frühe donauländische Tradition dem Geiste der modernen höfischen Lyrik anpaßte.
Literatur: BERGMANN, R.: Unterss. zu den Liedern A.s v. J. Diss. Freib. 1963.

Albrecht von Scha̱rfenberg, mhd. Dichter der 2. Hälfte des 13. Jahrhunderts. – Schrieb die Versromane ›Seifrid de Ardemont‹ und ›Merlin‹ (nach einem frz. Gralsroman), die jedoch beide nur in U. Füetrers ›Buch der Abenteuer‹ überliefert sind; die Frage der Identität A.s v. Sch. mit ↑Albrecht, dem Verfasser des sog. ›Jüngeren Titurel‹, ist nicht geklärt.
Ausgabe: A. v. Sch. Jüngerer Titurel. Hg. v. W. WOLF. Bln. 1955–92. 3 Bde. in 5 Tlen.
Literatur: RÖLL, W.: Studien zu Text u. Überlieferung des sog. Jüngeren Titurel. Hdbg. 1964. – BRODE, H.: Unterss. zum Sprech- u. Werkstil des ›Jüngeren Titurel‹ v. A. von Sch. Diss. Freib. 1966.

Albrecht, H., dt. Dichter, ↑Münchhausen, Börries Freiherr von.

Albrecht, Johann Friedrich Ernst, Pseudonym J. F. E. Stade, * Stade 11. Mai 1752, †Altona (heute zu Hamburg) 11. März 1814, dt. Schriftsteller. – Arzt, auch Buchhändler und Theaterdirektor; verfaßte Dramen sowie weitverbreitete Ritter- und Räuberromane; gab u. a. eine Prosabearbeitung von Goethes Lustspiel ›Die Mitschuldigen‹ u. d. T. ›Alle strafbar‹ (1795) heraus.
Literatur: THIEL, M.: J. F. E. A. (1752–1814). Arzt, medizin. Volksschriftsteller, polit. Belletrist. Diss. FU Bln. 1970.

Albrizzi Teotochi, Isabella [italien. al'brittsi teo'tɔːki], * Korfu 1760, † Venedig 27. Sept. 1836, italien. Schriftstellerin griech. Herkunft. – Tochter des Grafen

Teotochi, in 2. Ehe ∞mit dem Staatsinquisitor Giuseppe Albrizzi; stand im Mittelpunkt des literar. und künstler. Lebens Venedigs; zu ihren Freunden zählten U. Foscolo, I. Pindemonte, M. Cesarotti und A. Canova. Ihr bekanntestes Werk sind die ›Ritratti‹ (1807), eine Sammlung von Essays über bed. Zeitgenossen.
Literatur: MALAMANI, V.: I. A. T., i suoi amici e il suo tempo. Turin 1882. – JACOBS, H. C.: Lit., Musik u. Gesellschaft in Italien u. Österreich in der Epoche Napoleons u. der Restauration. Studien zu Giuseppe Carpani (1751–1825). Diss. Bonn 1987.

Album [lat. = das Weiße], in der Antike weiße Tafel für Bekanntmachungen, dann auch öffentl. Liste; seit dem 18. Jh. Gedenk-, Stamm-, Sammelbuch, u. a. für Briefmarken, Bilder.

Alca̱eus, griech. Dichter, ↑Alkaios.

Alchari̱si, span.-jüd. Dichter und Übersetzer, ↑Juda Al Charisi Ben Salomo.

Alciati, Andrea [italien. al'tʃaːti] (Alciato, Alciatus), * Alzate Brianza (Prov. Como) 8. Mai 1492, † Pavia 11. oder 12. Jan. 1550, italien. Humanist und Jurist. – Lehrte röm. Recht; mit Budaeus (* 1468, † 1540) Begründer der humanistisch-histor. Rechtsschule von Bourges. Einflußreich in Literatur und Kunst war in 150 Auflagen erschienener, vielfach übersetzter und nachgeahmter ›Emblematum liber‹ (1531).
Literatur: A. Alciato and the emblem tradition. Essays in honor of Virginia Woods Callahan. Hg. v. P. M. DALY. New York 1989.

Alcipe [portugies. al'sipə], eigtl. Leonor de Almeida, Marquesa de Alorna, * Lissabon 31. Okt. 1750, † ebd. 11. Okt. 1839, portugies. Lyrikerin. – War ∞mit Graf K. A. von Oeynhausen († 1793), dem portugies. Gesandten in Wien; lebte 1803–14 im Exil in London. Lyrikerin zwischen Klassizismus (A. Pope, Ch. M. Wieland, Voltaire, dessen Humanitätsideal sie übernahm) und Romantik (befreundet mit Madame de Staël); von nachhaltigem Einfluß auf die Literatur ihres Landes; machte in ihrem Salon die zeitgenöss. Literatur bekannt; bed. Übersetzerin (u. a. Pope, J. Thomson, Goethe, E. Young). Erhielt ihren arkad. Beinamen A. von F. M. do Nascimento.

Ausgaben: A. Obras poéticas. Lissabon 1844. 6 Bde. in 3 Bden. – A. Inéditos, cartas e outros escritos. Hg. v. H. CIDADE. Lissabon 1941. 2 Bde.

Alcoforado, Mariana [portugies. alkufu'raðu], * Beja (Alentejo) 22. April 1640, † ebd. 28. Juli 1723, portugies. Nonne im Kloster Conceição. – Sie galt als Verfasserin der ›Portugies. Briefe‹ (dt. 1751), fünf leidenschaftl. Liebesbriefe, die angeblich an Noël Bouton de Chamilly, Graf von Saint-Léger, gerichtet waren. Eine portugies. Fassung der Briefe gibt es nicht, eine frz. Ausgabe u. d. T. ›Lettres portugaises‹ erschien in den Niederlanden 1669; ebenfalls 1669 erschien eine Neuausgabe, die M. A. als Verfasserin bezeichnet und Gabriel Joseph de Lavergne, Graf von Guilleragues (* 1628, † 1685), der heute als Autor gilt, als Übersetzer. Die Briefe, die zu den schönsten Liebesbriefen der Weltliteratur zählen, wurden 1913 von R. M. Rilke ins Deutsche übertragen.

Ausgaben: Lettres portugaises, Valentins, et autres œuvres de Guilleragues. Hg. v. F. DELOFFRE u. J. ROUGEOT. Paris 1962. – La correspondance de Guilleragues, G.-J. de la Vergne. Hg. v. F. DELOFFRE u. J. ROUGEOT. Genf u. Paris 1976. 2 Bde. – A. M. Portugies. Briefe. Aus dem Portugies. v. R. M. RILKE. Stg. 1979. **Literatur:** KRÖLL, H.: Zur Frage der Echtheit der Lettres portugaises. In: Aufss. zur portugies. Kulturgesch. Bd. 10. Münster 1970. – PETOUS, J.-M.: Une héroïne romanesque... In: Revue d'histoire littéraire de la France 77 (1977).

Alcott, Amos Bronson [engl. 'ɔ:lkət], * Wolcott (Conn.) 29. Nov. 1799, † Concord (Mass.) 4. März 1888, amerikan. Pädagoge, Philosoph und Schriftsteller. – Lehrer und Schulinspektor; Mitglied der Transzendentalistengruppe in Concord, Freund R. W. Emersons; bekannt durch das (erfolglose) idealist. Experiment einer Mustersiedlung auf der Grundlage des Gemeineigentums (Fruitlands, 1844/45); trat auch als Lyriker hervor (›Sonnets and canzonets‹, 1882).

Alcott, Louisa May [engl. 'ɔ:lkət], * Germantown bei Philadelphia (Pa.) 29. Nov. 1832, † Boston (Mass.) 6. März 1888, amerikan. Schriftstellerin. – Tochter von Amos Bronson A., durch dessen Kontakte zu H. D. Thoreau und R. W. Emerson ihre geistige Entwicklung in Boston und Concord bestimmt wurde; schilderte das englisch-amerikan. Familienleben in zahlreichen, außerordentlich beliebten realistisch-humorvollen Jugendschriften.

Werke: Kleine Frauen (2 Bde., 1868/69, dt. 1877, u. a. 1948 auch u. d. T. Vier Schwestern), Ein Mädchen aus der guten alten Schule (1870, dt. 2 Bde., 1872/73), Kleine Männer (1871, dt. 1877), Aunt Jo's scrap-bag (6 Bde., 1872–82). **Literatur:** L. M. A. Life, letters, and journals. Hg. v. E. D. CHENEY. Boston (Mass.) 1889. Nachdr. New York 1980. – WORTHINGTON, M.: Miss A. of Concord. A biography. Garden City (N. Y.) 1958. – BEDELL, M.: The A.s. Biography of an American family. New York 1980. – MAC-DONALD, R. K.: L. M. A. Boston (Mass.) 1983. – Critical essays on L. M. A. Hg. v. M. B. STERN. Boston (Mass.) 1984.

Alcover i Maspons, Joan [katalan. əlku'βɛr i məs'pɔns], * Palma de Mallorca 3. Mai 1854, † ebd. 26. Febr. 1926, span.-katalan. Schriftsteller. – Nach dem Studium in Barcelona Jurist (Palma de Mallorca) und Abgeordneter; sensibler Lyriker von klassizistisch reinem Stil, schrieb zunächst in span., seit der Jahrhundertwende in katalan. Sprache; auch Essayist.

Werke: Cap al tard (Ged., 1909), Poemes bíblics (Ged., 1910), Poesies (Ged., 1921). **Ausgabe:** J. A. i M. Obres completes. Barcelona 1951. **Literatur:** LLOMPART, J. M.: J. A. Palma de Mallorca 1964. – COMAS, A.: J. A. Barcelona 1973. – VIDAL ALCOVER, J.: Les literatures de J. A. In: J. A. en els seus millors escrits. Hg. v. J. VIDAL ALCOVER. Barcelona 1976.

Alcuinus, ags. Gelehrter, † Alkuin.

Aldanow (tl.: Aldanov), Mark [russ. al'danʊf], eigtl. Mark Alexandrowitsch Landau, * Kiew 7. Nov. 1886, † Nizza 25. Febr. 1957, russ. Schriftsteller. – Emigrierte 1919 nach Paris, ging 1941 in die USA; bed. Vertreter des russ. histor. Romans; schrieb u. a. den vielgelesenen Romanzyklus ›Der Denker‹ (4 Tle., 1923–27, dt. in 3 Tlen., 1925–29) aus der Zeit der Frz. Revolution und der Befreiungskriege, den Roman aus dem vorrevolutionären Rußland ›Der Schlüssel‹ (1930, dt. 1930), den Roman ›Načalo konca‹ (= Der Anfang vom Ende, 1939), ferner ›Das Rätsel Tolstoi‹ (1928, dt. 1928), die Essaysammlung ›Zeitgenossen‹ (1928, dt. 1929).

Aldecoa, Ignacio [span. alde'koa], * Vitoria 25. Juli 1925, † Madrid 15. Nov. 1969, span. Schriftsteller. – Gilt als einer der bedeutendsten modernen Erzähler Spaniens. Stellt in seinen realist. Erzählungen und Romanen in knapper, ausgefeilter Sprache v. a. Leben und Schicksal von Menschen der untersten Volksschichten dar. Sein bekanntestes Werk ist der Roman ›Gran sol‹ (1957) über das Leben der Hochseefischer.

Weitere Werke: Glanz und Blut (R., 1954, dt. 1961), Espera de tercera clase (En., 1955), Mit dem Ostwind (R., 1956, dt. 1963), El corazón y otros frutos amargos (En., 1959), Bitter wie eine Zitronenschale (En., dt. Ausw. 1970).
Ausgabe: I. A. Cuentos completos. Hg. v. A. BLEIBERG. Madrid 1973. 2 Bde.
Literatur: GARCÍA-VIÑÓ, M.: I. A. Madrid 1973. – FIDDIAN, R.: I. A. Boston (Mass.) 1979.

Aldegonde, Heer van Sint [niederl. ɑldəˈxɔndə], niederl. Staatsmann und Schriftsteller, † Marnix, Philips van.

Aldhelm von Malmesbury [ˈalthɛlm, engl. ˈɔːldhɛlm; ˈmɑːmzbəri], hl., * in Wessex um 640, † Doulting (Somerset) 25. Mai 709, ags. Schriftsteller und Gelehrter. – Wurde in Malmesbury und Canterbury erzogen, missionierte in Essex, war Abt von Malmesbury und erster Bischof von Sherborne; besaß eine umfassende Kenntnis klass. und patrist. Autoren; verfaßte Prosa und Verse in verschnörkeltem Latein und in ags. Sprache, u. a. die Abhandlung ›De virginitate‹ und die Briefabhandlung ›Ad Acircium‹ über die lat. Metrik (mit 100 Rätseln).

Ausgaben: Opera. Hg. v. R. EHWALD. In: Monumenta Germaniae historica, Auctores Antiquissimi, Bd. 15. Bln. 1919. – The riddles of A. Hg. v. J. H. PITMAN. Mit Übers. New Haven (Conn.) 1925. Nachdr. Hamden (Conn.) 1970.
Literatur: BROWNE, G. F.: St. A. His life and times. London 1903. – DUCKETT, E. S.: Anglo-Saxon saints and scholars. New York 1947. – DÜCHTING, R.: A. In Lex. des MA. Bd. 1. Mchn. u. Zü. 1980.

Aldington, Richard [engl. ˈɔːldɪŋtən], * Portsmouth (Hampshire) 8. Juli 1892, † Sury-en-Vaux (Cher, Frankreich) 27. Juli 1962, engl. Schriftsteller. – Gehörte zum Kreis der Imagisten; wurde 1913 literar. Redakteur der Imagisten-Zeitschrift ›The Egoist‹; nach Teilnahme am 1. Weltkrieg 1919 kurze Zeit Mitarbeiter der ›Times‹; lebte ab 1939 in den USA, ab 1946 in Frankreich; war 1913–37 ∞ mit H. Doolittle, unter deren Einfluß seine frühe Lyrik stand: ›Images,

old and new‹ (1915), ›War and love‹ (1918), ›Images of desire‹ (1919), ›Exile and other poems‹ (1923). Erbitterter Kritiker der zeitgenöss. Gesellschaft; schrieb erfolgreiche, thematisch von seinen Kriegserlebnissen geprägte pazifist. Romane (›Heldentod‹, 1929, dt. 1930) und Erzählungen (›Roads to glory‹, 1930), nach dem 2. Weltkrieg v. a. Werke über histor. Gestalten: die humoristisch-iron. Biographie ›Leben und Leistungen A. Wellesleys, ersten Herzogs von Wellington‹ (1943, dt. 1948), den Roman ›Als Casanova liebte‹ (1946, dt. 1948) und ›Der Fall T. E. Lawrence‹ (1955, dt. 1955), ein psychoanalysierender Versuch, die Gloriole eines Helden zu zerstören.

Weitere Werke: A fool in the forest (Versdichtung, 1925), Collected poems (1923, dt. Auszüge 1947 u. d. T. Bilder), A dream in the Luxembourg (Versdichtung, 1930), The colonel's daughter (R., 1931), Soft answers (En., 1932), All men are enemies (R., 1933), Women must work (R., 1934).
Literatur: R. A. An intimate portrait. Hg. v. A. KERSHAW u. F.-J. TEMPLE. Carbondale (Ill.) 1965. – SMITH, R. E.: R. A. Boston (Mass.) 1977. – DOYLE, CH.: R. A., a biography. Carbondale (Ill.) 1989.

Aldiss, Brian W[ilson] [engl. ˈɔːldɪs], * East Dereham (Norfolk) 18. Aug. 1925, engl. Schriftsteller. – Gilt neben J. G. Ballard und M. Moorcock als profilierter Vertreter der traditionellen Grenzen der Gattung sprengenden New Wave innerhalb der Science-fiction (›Report über Probabilität A‹, R., 1968, dt. 1976; ›Barefoot in the head‹, R., 1969); verfaßt auch konventionelle Romane wie ›Groß durch eigene Hand‹ (1970, dt. 1971), ›A soldier erect‹ (1971) und ›A rude awakening‹ (1978) sowie theoret. Arbeiten zur Science-fiction (›Der Millionen-Jahre-Traum. Die Geschichte der Science-fiction‹, 1973, dt. 1980; ›New arrivals, old encounters‹, 1979) und die Autobiographie ›Bury my heart at W. H. Smith's. A writing life‹ (1990); Hg. von Science-fiction-Anthologien (›The Penguin science fiction omnibus‹, 1973).

Weitere Werke: Am Vorabend der Ewigkeit (R., 1962, dt. 1964), Aufstand der Alten (R., 1964, dt. 1967), Tod im Staub (R., 1965, dt. 1970), Der unmögl. Stern. Science-Fiction-Geschichten (1965, dt. 1972), Kryptozoikum (R., 1967, dt. 1976), Der entfesselte Frankenstein (R., 1973,

78 Aldrich

dt. 1984), Der Malacia-Gobelin (R., 1976, dt. 1978), Brothers of the head (R., 1977), Doktor Moreaus neue Insel (R., 1980, dt. 1985), Helliconia, Frühjahr (R., 1982, dt. 1983), Helliconia, Sommer (R., 1983, dt. 1985), Helliconia, Winter (R., 1985, dt. 1985), Forgotten life (R., 1988), Dracula unbound (R., 1991), Remembrance day (R., 1993), Somewhere east of life (R., 1994). **Literatur:** MATHEWS, R.: A. unbound. The science fiction of B. W. A. San Bernardino (Calif.) 1977. – COLLINGS, M. R.: B. A. Mercer Island (Wash.) 1985.

Aldrich, Thomas Bailey [engl. 'ɔːldrɪtʃ], * Portsmouth (N. H.) 11. Nov. 1836, † Boston (Mass.) 19. März 1907, amerikan. Schriftsteller. – War Journalist in Boston, mehrfach in Europa; trat mit formgewandter Lyrik unter dem Einfluß H. W. Longfellows (›The bells‹, 1855; ›Cloth of gold‹, 1874), mit Romanen (›Die Geschichte eines bösen Buben‹, autobiograph. R., 1870, dt. 1875) und launigen Erzählungen (›Marjorie Daw u. a. Erzählungen‹, 1873, dt. 1900) hervor. Als Hg. der Zeitschrift ›The Atlantic Monthly‹ (1881–90) übte er großen Einfluß auf die Entwicklung der amerikan. Literatur aus.
Ausgabe: Writings of Th. B. A. Boston (Mass.) u. New York 1907. 9 Bde. Nachdr. Works. New York 1970.

Al-e Ahmad (tl.: Āl-i Aḥmad), Dschalal [pers. 'aːle æh'mæd], * in Nordiran 1920, † Teheran 1969, pers. Schriftsteller und Kulturkritiker. – Entstammte einer Theologenfamilie; war Lehrer; Abkehr von seiner Familie und publizist. Kritik an der islam. Religion, vorübergehend Mitglied der kommunist. ›Tudeh-Partei‹; später entdeckte er den Islam wieder als geistige Grundlage der iran. Identität. Die Kritik an der Imitation westl. Lebensart durch seine Landsleute gipfelt in der Schrift ›Ġarbzadegi‹ (= Leiden durch Verwestlichungs-Infektion, 1961); bereitete die islam. Revolution in Iran (1979) geistig vor; außerdem Autor des Romans ›Modīr-e madrase‹ (= Der Schuldirektor, 1958), mehrerer Novellensammlungen und volkskundl. Texte, in denen er das alltägl. Leben genau beobachtet und scharfe Gesellschafts- und Kulturkritik übt. Dt. Übersetzungen von Teilen seines Erzählwerks in: ›Die beiden Ehemänner‹ (1984), ›Moderne Erzähler der Welt – Iran‹

(1978) und ›Im Atem des Drachens. Moderne pers. Erzählungen‹ (1981).
Literatur: ALAVI, B.: Gesch. u. Entwicklung der modernen pers. Lit. Bln. 1964. S. 221.

Aleardi, Aleardo, eigtl. Gaetano A., * Verona 14. (nicht 4.) Nov. 1812, † ebd. 17. Juli 1878, italien. Dichter. – Studierte Jura in Padua und war ab 1864 Prof. für Ästhetik und Kunstgeschichte in Florenz; nahm an Verschwörungen gegen Österreich teil und wurde 1852 und 1859/60 eingekerkert; er schrieb zahlreiche meist vaterländ. Dichtungen, die Italiens Leiden und Hoffnungen schildern.
Werke: Lettere a Maria (Ged., 1846), Le città italiane marinare e commercianti (Ged., 1856), Monte Circello (Ged., 1856), I sette soldati (Epos, 1861).

aleatorische Dichtung ↑experimentelle Dichtung.

Alecsandrescu, Grigore, rumän. Schriftsteller, ↑Alexandrescu, Grigore.

Alecsandri (Alexandri), Vasile [rumän. aleksan'dri], * Bacău 2. Aug. 1821(?), † Mircești 3. Sept. 1890, rumän. Schriftsteller. – Studierte in Paris; 1840–42 Mitdirektor des Nationaltheaters in Jassy; nach Teilnahme an der Revolution von 1848 zeitweilig im Exil (u. a. in Paris), 1857–66 Abgeordneter; setzte sich für die polit. Vereinigung der rumän. Fürstentümer ein; 1859 Außenminister, 1885–90 rumän. Gesandter in Paris. Als Lyriker und Epiker Bewunderer der Volksdichtung, die er sammelte (›Poezii populare și balade‹, 2 Bde., 1852, und ›Poezii populare ale Românilor‹, 1866; dt. ›Rumän. Volkspoesie‹, 1857, und ›Rumän. Volkslieder‹, 1888) und nachahmte; bes. seine patriot. und schlicht volksliedhaften Gedichte wurden außerordentlich populär. A. schrieb auch zahlreiche Dramen und Lustspiele, in denen er Kritik an der moldauischen Gesellschaft seiner Zeit übte; typ. Vertreter des lat. (roman.) Geschichtsbewußtseins seines Volkes.
Weitere Werke: Coana Chirița în Iași (Lsp., 1850), Boieri și ciocoi (Lsp., 1874), Pastelle (1868–70 in: Convorbiri literare, Buchausg. 18'/6, dt. 1904), Fürst Despot (Dr., 1880, dt. 1973), Am Blandusischen Quell (Dr., 1884, dt. 1885), Ovid (Dr., 1885/86 in: Convorbiri literare, dt. 1886).
Ausgabe: A. V. Opere. Hg. v. G. C. NICOLESCU. Bukarest 1965–78. 11 Bde.

Literatur: RUFFINI, M.: V. A. Brescia 1949. – CIORĂNESCU, A.: V. A. New York 1973. – SCHUPPERT, D.: L'image de la société roumaine dans l'œuvre comique de V. A. et de I. L. Caragiale. Diss. Bonn 1982.

Alegría, Ciro [span. ale'ɣria], * Quilca (Prov. Huamachuco) 4. Nov. 1909, † Lima 17. Febr. 1967, peruan. Schriftsteller. – Trat als Jugendlicher der Alianza Popular Revolucionaria Americana (APRA) bei; wurde aus polit. Gründen mehrmals inhaftiert und 1934 nach Chile abgeschoben; lebte 1941–49 in den USA, dann in Puerto Rico und Kuba; 1960 Rückkehr nach Peru. Seine Romane, in denen Naturgewalten und Unterdrükkung das Leben der mestiz. und indian. Bauern, Hirten, Flößer usw. beherrschen, gelten als Klassiker des indigenist. Realismus und als Ausgangspunkt des modernen peruan. Romans.
Werke: Menschen am Marañón (R., 1935, dt. 1954, 1971 u. d. T. Die goldene Schlange), Hirten, Herden, Hunde (R., 1939, dt. 1957, 1978 u. d. T. Die hungrigen Hunde), Taita Rumi (R., 1941, dt. 1945, 1980 u. d. T. Die Welt ist groß und fremd), Duelo de caballeros (En., 1963), Lázaro (R., hg. 1973), Mucha suerte con harto palo (Erinnerungen, hg. 1976).
Ausgabe: C. A. Novelas completas. Hg. v. A. DEL HOYO. Madrid 1959.
Literatur: EARLY, E.: Joy in exile. C. A.'s narrative art. Washington (D. C.) 1980.

Alegría, Fernando [span. ale'ɣria], * Santiago de Chile 6. Okt. 1918, chilen. Schriftsteller und Literaturwissenschaftler. – Lebt seit 1940 in den USA (1947–67 Prof. an der University of California in Berkeley), war zur Zeit der Präsidentschaft S. Allende Gossens' Kulturattaché in Washington; veröffentlichte neben literaturwiss. Essays Lyrik, Erzählungen und Romane, in denen sich techn. Raffinement und pikaresker Humor mit antiimperialist. Engagement verbinden. Einer seiner berühmtesten Romane, ›Caballo de copas‹ (1951), behandelt die Situation der Lateinamerikaner in den USA. ›Stechschritt‹ (R., 1975, dt. 1978) ist die erste literar. Behandlung des chilen. Militärputsches von 1973.
Weitere Werke: Camaleón (R., 1950), Las noches del cazador (R., 1961), Der Frühling der jungen Krieger (R., 1964, dt. 1975), Amerika, Amerikka, Amerikkka. Manifiestos de Vietnam (R., 1970), El poeta que se volvió gusano y otros cuentos (En., 1979), El evangelio según Cristián, el fotógrafo (R., 1988), Mi vecino el presidente (biograph. Essay, 1989).

Aleichem, Scholem, jidd. Schriftsteller, ↑ Scholem Aleichem.

Vicente
Aleixandre

Aleixandre, Vicente [span. alɛik'sandre], * Sevilla 26. April 1898, † Madrid 14. Dez. 1984, span. Lyriker. – Studierte Rechts- und Wirtschaftswiss.; war Lehrer an einer Handelshochschule und Wirtschaftsjournalist; führte ab 1925 krankheitsbedingt (Nierentuberkulose) ein zurückgezogenes Leben; gehörte zur Generation von 1927, befreundet u. a. mit F. García Lorca und J. Guillén; ab 1949 Mitglied der Span. Akademie. – Schrieb v. a. Gedichte in einem rhythmisch exakt berechneten freien Versmaß, die ihn als Vertreter eines romantisch-visionären Surrealismus zeigen. Die ab 1944 veröffentlichte Lyrik bringt immer klarer seinen Humanismus und seinen trotz Krankheit ungebrochenen Lebensmut zum Ausdruck. 1977 wurde er mit dem Nobelpreis für Literatur ausgezeichnet.
Werke: Ámbito (Ged., 1928), Espadas como labios (Ged., 1932), Die Zerstörung oder die Liebe (Ged., 1935, dt. 1978), Sombra del paraíso (Ged., 1944), Nacimiento último (Ged., 1953), Historia del corazón (Ged., 1954), Los encuentros (Prosa, 1958), Nackt wie der glühende Stein (Ged., dt. Ausw. 1963), Poemas de la consumación (Ged., 1968), Diálogos del conocimiento (Ged., 1974, beide zus. dt. 1978 u. d. T. Gesicht hinter Glas), En gran noche. Últimos poemas (Ged., hg. 1991).
Literatur: CELAYA, G.: Cantata en A. Madrid 1959. – LUIS, L. DE: V. A. Madrid 1970. – GALILEA, H.: La poesía superrealista de V. A. Santiago de Chile 1971. – CABRERA, V.: Tres poetas a la luz de la metáfora. Salinas, A. y Guillén. Madrid 1975. – GRANADOS, V.: La poesía de V. A.,

formación y evolución. Madrid 1977. – Critical views on V. A.'s poetry. Hg. v. V. CABRERA u. H. BOYER. Lincoln (Nebr.) 1979. – SCHÄRER-NUSSBERGER, M.: V. A. Création et poétique. Neuenburg 1992.

Aleksandravičius, Jonas [litauisch alæksan'dra:vɪtʃjvs], litauischer Lyriker, † Aistis, Jonas.

Alekseev, Sergej Aleksandrovič, russ. Schriftsteller, † Naidjonow, Sergei Alexandrowitsch.

Alemán, Mateo [span. ale'man], ≈ Sevilla 28. Sept. 1547, † in Mexiko nach 1614 (verschollen), span. Schriftsteller. – Studierte Philosophie, später Medizin, lebte in Armut und Geldnot; betätigte sich in den verschiedensten Berufen; ging 1608 mit seiner Familie nach Mexiko. Schrieb einen pessimistischen Schelmenroman in Ichform, ›Das Leben des Guzmán von Alfarache‹ (2 Tle., 1599–1604, dt. 1964, 1615 u. d. T. ›Der Landstörtzer Gusman von Alfarache‹), der ungewöhnl. Erfolg hatte und in viele Sprachen übersetzt wurde. Der Held dieses pikaresken Romans, Küchenjunge, Soldat, Student, Bettler und Hochstapler, vagabundiert durch die großen Städte Spaniens und Italiens. Weitschweifig und moralisierend philosophiert A. über Leben und Welt. Der Fluß der Handlung wird immer wieder von Legenden und gelehrten Ausführungen unterbrochen, dennoch machen die plast. Schilderung und die starke sprachl. Ausdruckskraft den Roman zu einem Höhepunkt seiner Gattung; er wurde viel nachgeahmt (bed. sein Einfluß auf J. J. Ch. von Grimmelshausen). **Ausgabe:** M. A.: Guzmán de Alfarache. Hg. v. S. GILI Y GAYA. Madrid 1926–36. 5 Bde. **Literatur:** ÁLVAREZ, G.: M. A. Buenos Aires 1953. – McGRADY, D.: M. A. New York 1968. – CROS, E.: M. A. Introducción a su vida y a su obra. Madrid 1971.

Alembert, Jean Le Rond d' [frz. alā-'bɛ:r], * Paris 16. Nov. 1717, † ebd. 29. Okt. 1783, frz. Mathematiker, Philosoph und Schriftsteller. – Ausgesetzter Sohn der Marquise de Tencin und L. Destouches' (Bruder des Dichters Ph. Destouches), als Findelkind aufgezogen, später Schüler des jansenist. Collège des Quatre Nations (Collège Mazarin). Wandte sich nach anfängl. Studien der Theologie, Jurisprudenz und Medizin der Mathematik zu und wurde bereits 1741 Mitglied der Académie des sciences, 1754 der Académie française und 1772 deren ständiger Sekretär. 1743 veröffentlichte d'A. sein wiss. Hauptwerk, den ›Traité de dynamique‹, in dem er u. a. die Gesetzmäßigkeiten der Bewegung von Massenpunkten unter dem Einfluß äußerer Kräfte und insbes. das nach ihm benannte d'Alembertsche Prinzip entwickelte. Außer zahlreichen anderen mathematisch-naturwiss. Arbeiten verfaßte er eine Fülle von Schriften histor., literar., musikal. und philosoph. Inhalts. Neben D. Diderot war d'A. (bis Bd. 7) der maßgebl. Hg. der frz. ›Encyclopédie‹ (35 Bde., 1751–80), für die er die mathemat., physikal. und den Großteil der philosoph. Stichwörter bearbeitete. In der von ihm verfaßten Einleitung (›Discours préliminaire‹, 1751), einer der bedeutendsten programmat. Schriften der Aufklärung, verbinden sich angelsächs. Empirismus und Traditionen des kontinentalen Rationalismus. Seine von J. Locke und E. B. de Condillac beeinflußte rational-sensualist. Erkenntnistheorie, in der er die empir. Wissenschaften zu begründen suchte, wurde grundlegend für den Positivismus. **Weitere Werke:** Mélanges de littérature, d'histoire et de philosophie (5 Bde., 1753–67), Essai sur les éléments de philosophie (1759). **Ausgabe:** J. Le R. d'A. Œuvres philosophiques, historiques et littéraires. Paris 1805. 18 Bde. in 10 Bden. **Literatur:** GRIMSLEY, R.: J. d'A., 1717–83. Oxford 1963. – HANKINS, TH. L.: J. d'A. Oxford 1970. – J. d'A., savant et philosophe. Hg. v. M. EMERY u. P. MONZANI. Paris 1989.

Alencar, José Martiniano de [brasilian. aleŋ'kar], Pseudonym Sênio, * Mecejana (Ceará) 1. Mai 1829, † Rio de Janeiro 12. Dez. 1877, brasilian. Schriftsteller. – Studierte Rechtswiss., war Journalist, Abgeordneter und 1868–70 Justizminister, später als Advokat tätig. Bed. Vertreter der brasilian. Romantik; schrieb Romane, Novellen und Dramen mit Stoffen aus der Kolonialzeit, auch Lyrik und polit. Schriften. Er begeisterte sich für die ursprüngl. Werte Brasiliens, die Tradition der Eingeborenen, die idealisiert, im Mittelpunkt vieler seiner histor. und sozialen Gesellschaftsromane stehen. Schöpfer einer eigenständigen brasilian. Prosa.

Werke: Der Guarany (R., 1857, dt. 1873), O demônio familiar (Dr., 1858), Mãe (Dr., 1859), Iracema (R., 1865, dt. 1896), Die Silberminen (R., 3 Bde., 1865/66, dt. 3 Bde., 1925), O gaúcho (R., 2 Bde., 1870), Ubirajara (R., 1873, dt. 1896), Senhora (R., 1875), O sertanejo (R., 1876). **Ausgaben:** J. M. de A. Obra completa. Hg. v. M. CAVALCANTI PROENÇA. Rio de Janeiro 1958–60. 4 Bde. – J. M. de A. Ficção. Edição comemorativa. Rio de Janeiro 1977. 7 Bde. **Literatur:** SCHWAMBORN, I.: Die brasilian. Indianerromane ›O Guarani‹, ›Iracema‹, ›Ubirajara‹ von J. de A. Ffm. u. a. 1987.

Aleramo, Sibilla, eigtl. Rina Faccio, * Alessandria 14. Aug. 1876, † Rom 13. Jan. 1960, italien. Schriftstellerin. – Wurde bekannt mit ihrem ersten Roman, ›Una donna. Geschichte einer Frau‹ (1907, dt. 1977), der autobiograph. Züge trägt; in ihm schildert sie mit einer für ihre Zeit erstaunl. Offenheit die Liebeserlebnisse und die Emanzipation einer Frau.

Weitere Werke: Momenti (Ged., 1921), Trasfigurazione (R., 1922), Endimione (Dr., 1923), Gioie d'occasione (Prosa, 1930), Orsa minore (Prosa, 1938), Dal mio diario (Tagebuchaufzeichnungen, 1945), Selva d'amore (Ged., 1947), Luci della mia sera (Ged., 1956), Diario di una donna: 1945–60 = Tagebuch einer Frau (hg. 1978, dt. 1980).

Alexander, Meister, genannt ›der wilde A.‹, fahrender dt. Spruch- und Liederdichter der 2. Hälfte des 13. Jahrhunderts. – Seiner Sprache nach Alemanne; gehört mit mehreren Minneliedern, einem Leich und vier erhaltenen Melodien zu den qualitativ hochstehenden Liedschöpfern der Zeit um 1300. **Literatur:** BIEHL, J.: Der wilde A. Diss. Hamb. 1970.

Alexanderroman, die Gestalt Alexanders des Großen erfuhr früh eine myth. Überhöhung, so im spätgriech. A. des 3./2. vorchristl. Jh. *(Pseudo-Kallisthenes),* der um märchenhafte oriental. Episoden angereichert in volkstüml. Varianten zum Basisstoff der Fassungen im MA wurde. Es vermischen sich dabei Charakterzüge des schlauen Abenteurers mit solchen des weisen Monarchen und des kühnen Helden und Ritters.

Über lat. Bearbeitungen des Iulius Valerius (›Res gestae Alexandri Macedonis‹, nach 300) und des ›Itinerarium Alexan-

dri Magni‹ (Flavius Arrianus, 2. Jh.) sowie der ›Historia de preliis‹ Leos (10. Jh.) entstanden unter Einfluß der oriental. Iskendersage legendäre Versionen, in denen Alexander teilweise zum Weltherrscher und religiösen Heilsbringer aufsteigt. Fast 80 Bearbeitungen in rund 30 Sprachen zeigen die starke Faszination, die von diesem Stoff ausging und bis hin zum Volksbuch führte.

Neben Alexandre de Bernay (um 1180) und Lambert le Tort waren Alberic de Besançon (um 1130) und Walther von Châtillon (2. Hälfte des 12. Jh.) die wichtigsten Vermittler des Komplexes. Der Pfaffe Lamprecht (›Alexanderlied‹, um 1150) und Rudolf von Ems (um 1250) machten den A. auch in Deutschland bekannt. Von Frankreich her ist der span. ›Libro de Alexandre‹ (um 1240) beeinflußt, der jedoch stärker phantast. Elemente mit wissenschaftl. Kenntnissen zu verbinden versuchte. Das enzyklopäd. Werk zählt 11 000 Verse. Die späteren dt. Fassungen von Ulrich von Eschenbach (um 1270), Seifrit von Österreich (1352) und Johannes Hartlieb (1444) schränken die märchenhaften Züge ein und tendieren (vielleicht unter Einfluß der hebr. ›Iter ad paradisum‹-Parabel) mehr zur Legende. Im weiteren Verlauf setzen sich jedoch in wachsendem Maße phantast. Abenteuer gegenüber Bemühungen um Gelehrsamkeit durch, und die Begegnungen und Kämpfe mit wunderbaren Gestalten, Monstren und Zauberwesen überwuchern und sichern dem Roman seine Popularität, die in einer Fahrt zum Meeresgrund und einem mit Hilfe von Greifen ermöglichten Flug zum Himmel gipfelt.

Vom 16. Jh. ab wird der Stoff auch dramatisiert, verliert charakterist. Züge und spaltet sich in volkstüml. und literar. Versionen. Die Gestalt Alexanders wurde teils als die eines Heiden verworfen, teils christianisiert, im Persischen islamisiert. Von Ferdousi und Nesami im Osten bis Spanien im Westen sollte so die heroische Figur als Motiv dienen, wobei stets im Widerstreit Versuche einer histor. Annäherung mit Mythisierungen standen. Der A. hat auch auf andere Bücher des MA starken Einfluß ausgeübt, insbes. mit der phantast. Reiseliteratur

Elemente ausgetauscht. Die bei diesem Stoff erstmals verwendete Dichtungsform hat dem ↑ Alexandriner seinen Namen gegeben.

Ausgaben: Der altfrz. Prosa-A. Nach der Berliner Bilder-Hs. nebst dem lat. Original der Historia de Preliis. Hg. v. A. HILKA. Halle/Saale 1920. Nachdr. Genf 1974. – Der A. Übers. v. F. PFISTER. Meisenheim 1978. – Leben u. Taten Alexanders von Makedonien. Der griech. A. Hg. v. H. VAN THIEL. Darmst. ²1983. **Literatur:** MEYER, P.: Alexandre le Grand dans la littérature française du moyen âge. Paris 1886. 2 Bde. Nachdr. Genf 1970. – CARY, G.: The medieval Alexander. Cambridge 1956. – ROSS, D. J. A.: Alexander historiatus. A guide to medieval illustrated Alexanderliterature. London 1963. – BRUMMACK, J.: Die Darst. des Orients in den dt. Alexandergeschichten des MA. Bln. 1966. – BUNTZ, H.: Die dt. Alexanderdichtung des MA. Stg. 1973. – SETTIS-FRUGONI, CH.: Historia Alexandri elevati per griphos ad aerem. Rom 1973. – MERKELBACH, R.: Die Quelle des griech. A.s. Mchn. ²1977. – WESSEL, K., u. a.: Alexander der Große in Kunst u. Lit. In: Lex. des MA. Bd. 1. Mchn. u. Zü. 1980. – DUȚU, A.: Alexandria. Bukarest 1984. – Kleine Texte zur Alexandersage. Hg. v. C. LECOUTEUX. Göppingen 1984.

Alexandre de Bernay [frz. alɛksãdrə-dbɛr'nɛ] (A. de Paris), frz. Dichter der 2. Hälfte des 12. Jahrhunderts. – Vermutlich aus Bernay; um 1180 einer der Hauptverfasser und -bearbeiter des mehr als 20 000 Verse umfassenden altfrz. ↑ Alexanderromans (›Roman d'Alexandre‹); A. de B. wurde früher auch der Roman ›Athis et Prophilias‹ zugeschrieben.

Alexandre de Paris [frz. alɛksãdrədpa'ri], frz. Dichter, ↑ Alexandre de Bernay.

Alexandrescu, Grigore [rumän. aleksan'dresku], * Tîrgoviște 6. März 1810, † Bukarest 7. Dez. 1885, rumän. Schriftsteller. – Nahm in seiner Jugend an der sozialpatriot. Bewegung teil und arbeitete später in der Redaktion der Tageszeitung ›Poporul suveran‹, dem Organ der revolutionären Bewegung von 1848; setzte sich für die Vereinigung der rumän. Fürstentümer ein. Romantischpatriot. Lyriker, schrieb unter frz. Einfluß romant. wie auch satir. Verse auf die gesellschaftl. Zustände, ein Lied auf die Freiheit (›Anul 1840‹) sowie volkstüml. Fabeln (dt. Teilübersetzungen: ›Episteln, Fabeln‹, dt. 1957; ›Fabeln‹, dt. 1957).

Ausgabe: G. A. Opere. Hg. v. I. FISCHER. Bd. 1. Bukarest 1972.

Alexandri, Vasile, rumän. Schriftsteller, ↑ Alecsandri, Vasile.

Alexandriner, sechshebiger jamb. Reimvers mit (je nach männl. oder weibl. Ausgang) 12 oder 13 Silben; der A. weist eine feste Zäsur nach der 3. Hebung auf und gliedert sich somit in zwei Halbverse; benannt nach dem altfrz. Alexanderroman (um 1180; ↑ Alexandre de Bernay), aber schon Anfang des 12. Jh. in dem Werk ›Pèlerinage de Charlemagne à Jérusalem‹ verwendet. Durch P. de Ronsard und seine Schule (Pléiade) um die Mitte des 16. Jh. wiederentdeckt, im 17. Jh. der bevorzugte Vers für Epos, Tragödie und Lyrik (bes. Sonett); gelegentlich auch für heitere Gedichte verwendet (Voltaire, A. de Musset). In Deutschland im 16. Jh. durch P. Schede Melissus und A. Lobwasser, endgültig erst durch M. Opitz (1624) eingeführt, von den Barockdichtern übernommen, wurde er zum beherrschenden Vers des 17. Jh. in Drama (A. Gryphius, D. C. von Lohenstein) und Lyrik (bes. Sonett); in der ersten Hälfte des 18. Jh. noch häufig vorkommend, dann immer stärker zurückgedrängt durch den ↑ Hexameter (F. G. Klopstock, ›Messias‹, 1748–73) und den ↑ Blankvers (G. E. Lessing, ›Nathan der Weise‹, 1779); bei Goethe noch im ›Faust II‹ (hg. 1832). – Nach der Reimstellung Unterscheidung in heroische A. (aabb) und eleg. A. (abab). Der dt. A. ist alternierend-akzentuierend im Gegensatz zu seinem frz. Vorbild, das silbenzählend gebaut ist und nur 2 feste Tonsilben (6 und 12) aufweist; deshalb müssen im frz. A. Zäsur und Reim syntaktisch gestützt werden, während im dt. A. das metr. Schema vom Satzrhythmus überspielt werden kann. Schema:
xxxxxx / xxxxxx(x)   (frz.)
◡–◡–◡– / ◡–◡–◡–(◡)   (dt.).
Im klass. A. (frz. und dt.) begünstigt die strenge Einhaltung der Zäsur (›Zweischenkligkeit‹) die Parallelität oder Antithetik der Aussage sowie epigrammat. Pointierungen ›Was dieser heute baut, reißt jener morgen ein‹ (Gryphius, ›Es ist alles eitel‹). – In der frz. Romantik herrscht die Tendenz zur Schwächung der Mittelzäsur durch eine rhythm. Drei-

teilung des Verses (›alexandrin ternaire‹).

Literatur: LOTE, G.: L'Alexandrin français d'après la phonétique expérimentale. Paris ²1912–14. 3 Bde. – TRUNZ, E.: Die Entwicklung des barocken Langverses. In: Euphorion 39 (1938). – STORZ, G.: Ein Versuch über den A. In: Festschr. f. Paul Kluckhohn u. Hermann Schneider. Tüb. 1948. – BUCK, TH.: Die Entwicklung des dt. A.s. Diss. Tüb. 1957. – FORSTER, L.: Christoffel van Sichem in Basel u. der frühe dt. A. Amsterdam 1985.

Alexandrinus, Titus Flavius Clemens, griech. Kirchenschriftsteller, ↑ Clemens, Titus Flavius C. Alexandrinus.

Alexandros Aitolos (tl.: Aléxandros Aitōlós; Alexander Ätolus), * Pleuron (Ätolien; beim heutigen Mesolongion) um 315 v. Chr., griech. Dichter. – War um 285 Bibliothekar in Alexandria und um 275 am Hofe des Antigonos Gonatas von Makedonien. A. gehörte zur alexandrin. ›Pleias‹. Er verfaßte Tragödien, Elegien und Epigramme.

Alexandros Polyhistor (Aléxandros ho Polyístōr), * Milet um 100, † Lanuvium (Latium) nach 40, griech. Grammatiker. – Kam als Kriegsgefangener nach Rom, wo er als Lehrer und Schriftsteller Ansehen erlangte. Er verfaßte u. a. Länder- und Völkergeschichten des Ostens (u. a. Geschichte der Juden) und ein Werk über Rom, außerdem philolog. und wohl auch philosoph. Werke. Seine Arbeit hatte, soweit ersichtlich, kompilator. Charakter.

Alexandru, Ioan, eigtl. Ion A., * Topa Mică bei Klausenburg 25. Dez. 1941, rumän. Lyriker. – Nach Studien in Rumänien und in der BR Deutschland 1973 Promotion; dann Dozent für rumän. Literaturgeschichte an der Univ. Bukarest. Sucht in seiner von L. Blaga beeinflußten Bekenntnislyrik nach Möglichkeiten der Vermittlung zw. Intellekt und Naivität, Spontaneität und Kontemplation. Nach antikem Vorbild ist der Dichter für ihn Sänger, Visionär und Prophet, der aus heimatl. Mythen und der Schlichtheit des Konkreten schöpft, um Themen wie Zeit und Geschichte, Glauben und Zweifel, Leiden und Tod emotional und rational faßbar zu machen; auch Übersetzer Pindars und R. M. Rilkes.

Werke: Cum să vă spun (Ged., 1964), Viaţa deocamdată (Ged., 1965), Poeme (Ged., 1970), Jurnal de poet (Tagebuch, 1970), Imnele bucuriei (Ged., 1973), Iubirea de patrie (Ged., 1978), Imnele Moldovei (Ged., 1980).
Literatur: DUŢĂ, M.: I. A. In: Lit. Rumäniens 1944–1980. Einzeldarstt. Hg. v. einem Autorenkollektiv unter Leitung v. Z. DUMITRESCU-BUŞULENGA u. M. BUCUR. Bln. 1983. S. 419.

Alexejew (tl.: Alekseev), Sergei Alexandrowitsch [russ. alık'sjejıf], russ. Schriftsteller, ↑ Naidjonow, Sergei Alexandrowitsch.

Alexis (tl.: Aléxis), * Thurii (Unteritalien) um 372, † 270, griech. Dramatiker. – Gilt neben dem älteren Antiphanes als bedeutendster Dichter der mittleren att. Komödie, in die er den Typus des Parasiten eingeführt haben soll; Lehrmeister Menanders; von seinen 245 Stücken sind neben etwa 130 Titeln nur Fragmente erhalten.

Alexis, Jacques Stéphen [frz. alɛk'si], * Gonaïves (Haiti) 22. April 1922, † Haiti 1962(?), haitian. Schriftsteller. – Schul- und Collegebesuch zuerst in Frankreich und dann in Haiti; Medizinstudium in Port-au-Prince und in Paris; 1946 aktive Teilnahme an einer polit. Bewegung gegen die Regierung; 1961 geheime Festnahme und Tod in der Haft; schildert in seinen Romanen und Erzählungen den Kampf von Bauern und Kleinbürgern gegen Unterdrückung und Ausbeutung.

Werke: Es brennt wie Dornen im Blut (R., 1955, dt. 1959, 1985 u. d. T. General Sonne), Die singenden Bäume (R., 1957, dt. 1961), Die Mulattin (R., 1959, dt. 1985).

Alexis, Paul [frz. alɛk'si], * Aix-en-Provence 16. Juni 1847, † Triel-sur-Seine (Yvelines) 28. Juli 1901, frz. Schriftsteller. – Freund É. Zolas und getreuester Anhänger von dessen Kunstauffassung, Mitglied des Kreises von Médan; schrieb naturalist. Romane und Novellen (›La fin de Lucie Pellegrin‹, 1880; ›Le besoin d'aimer‹, 1885; ›Madame Meuriot‹, 1890), Dramen (bes. ›Celle qu'on n'épouse pas‹, 1879, und ›Monsieur Betsy‹, mit O. Méténier, 1890) sowie die biograph. Skizze ›Émile Zola, notes d'un ami ...‹ (1882).

Alexis, Willibald, eigtl. Georg Wilhelm Heinrich Häring, * Breslau 29. Juni 1798, † Arnstadt 16. Dez. 1871, dt. Schriftsteller. – Studierte Jura in Berlin und Breslau, arbeitete in Berlin als Kammergerichtsreferendar, war Redakteur beim ›Berliner Konversationsblatt‹, gründete Lesekabinette und Buchhandlungen; seit 1851 lebte er in Arnstadt. Seine ersten Romane (›Walladmor‹, 3 Bde., 1824; ›Schloß Avalon‹, 3 Bde., 1827) gab er als Werke W. Scotts aus, der ihn neben L. Tieck und den Jungdeutschen am meisten beeinflußte. Er verfaßte einige vortreffl. Novellen, Reiseschilderungen, Bühnenstücke, Balladen u. a., aber sein Schaffen galt in erster Linie dem episch breiten Geschichtsroman. Seine kulturhistorisch interessanten Schilderungen aus der brandenburgisch-preuß. Geschichte brachten ihm den Ehrennamen eines ›märk. Scott‹ ein. Die bedeutendsten dieser Romane sind ›Cabanis‹ (6 Bde., 1832), ›Der Roland von Berlin‹ (3 Bde., 1840), ›Der falsche Woldemar‹ (3 Bde., 1842), ›Die Hosen des Herrn von Bredow‹ (2 Bde., 1846–48), ›Ruhe ist die erste Bürgerpflicht‹ (5 Bde., 1852), ›Isegrimm‹ (3 Bde., 1854) und ›Dorothee‹ (3 Bde., 1856). 1842 begann A. mit J. E. Hitzig eine Sammlung von Kriminalgeschichten herauszugeben (›Der neue Pitaval‹, bis 1862).

Ausgabe: W. A. Ges. Werke. Bln. [2]1874. 20 Bde. **Literatur:** THOMAS, L.: W. A. Oxford 1964. – BEUTIN, W.: Königtum u. Adel in den histor. Romanen von W. A. Bln. 1966. – EGGERT, H.: Studien zur Wirkungsgesch. des dt. histor. Romans 1850–1875. Ffm. 1971. – GAST, W.: Der dt. Gesch.-Roman im 19. Jh., W. A. Freib. 1972.

Alexiu (tl.: Alexiou), Elli (Daskalaki), * Iraklion (Kreta) 22. Mai 1894, † Athen 28. Sept. 1988, neugriech. Erzählerin. – Lehrerin in Griechenland, 1946 Studien u. a. an der Sorbonne in Paris, seit 1949 in Rumänien am Aufbau des Schul- und Erziehungswesens für die Kinder der griechisch-polit. Flüchtlinge maßgeblich beteiligt; 1962 Rückkehr in die Heimat; schrieb sozial engagierte Prosa.

Werke: Sklēroi agōnes gia mikrē zōē (= Harte Kämpfe für ein kleines Leben, En., 1931), Trito christianikon parthenagōgeion (= Dritte christl. Mädchenschule, R., 1934, dt. 1963 u. d. T. ›Die dritte Mädchenschule‹), Lumpen (R., 1940), Me tē lyra (= Mit der Leier, 1959), Despozusa (= Die Überragende, R., 1972).

Alexiuslied (frz. Vie de Saint Alexis), altfrz. hagiograph. Text in gebundener Sprache (125 assonierende zehnsilbige Fünfzeiler) aus der Mitte des 11. Jh., der in rhetorisch komplexer und psychologisch durchdachter Komposition die Legende des hl. Alexius erzählt. Als eines der ältesten literar. Zeugnisse in frz. Sprache verdeutlicht der Text nicht nur den hohen Standard geistl. Gelehrsamkeit im 11. Jh., sondern verweist formal und inhaltlich auch auf Entwicklungen in der bis dahin weitgehend mündlich tradierten populären volkssprachl. Literatur, die sich um 1100 in den Chansons de geste glanzvoll artikulieren und gegenüber der gelehrt inspirierten Literatur zu behaupten beginnen.

Ausgaben: La vie de Saint Alexis. Hg. v. G. PARIS. Paris [7]1933. – Sankt Alexius. Altfrz. Legendendichtung des 11. Jh. Hg. v. G. ROHLFS. Tüb. [5]1968. **Literatur:** WALTZ, M.: Rolandslied – Wilhelmslied – A. Zur Struktur u. geschichtl. Bedeutung. Hdbg. 1965. – REMY, P./GNÄDINGER, L.: A. In: Lex. des MA. Bd. 1. Mchn. u. Zü. 1980.

Alfieri, Vittorio Graf, * Asti 16. Jan. 1749, † Florenz 8. Okt. 1803, italien. Dichter. – Stammte aus reichem Adelsgeschlecht; besuchte 1758–66 die Militärakademie in Turin; 1767–72 Reisen durch ganz Europa. Ein Selbstmordversuch, ein Duell und seine Liebe zu Penelope Pitt sind bemerkenswerte Episoden seiner Jugend; lebte mit Luisa von Stolberg-Gedern, Gräfin von Albany (* 1753, † 1824) ab 1778 abwechselnd in Rom, Florenz, London und 1787–92 in Paris zusammen, danach in Florenz. A. gilt als der bedeutendste italien. Tragödiendichter des 18. Jahrhunderts. ›Cleopatra‹ (1775) ist die erste einer Reihe von Tragödien zu den Themen von Vaterland,

Vittorio Graf Alfieri

Freiheit und Tyrannei. Zu den bekanntesten gehören: ›Philipp II.‹ (1783, dt. 1824), ›Virginia‹ (1783, dt. 1804), ›Saul‹ (1783, dt. 1829) und ›Myrrha‹ (1789, dt. 1856). Sie sind sprachlich knapp und formal einfach, nach den Regeln der aristotel. Poetik in ihrer klassizist. Adaptation komponiert. Die Tragödien, in denen A. den Konflikt zwischen der großen Persönlichkeit und den Leidenschaften anderer gestaltet, zeigen den Verfasser als glühenden Republikaner. A. schrieb auch sechs Komödien (›Il divorzio‹, 1804, u. a.), 17 Satiren, Liebeslyrik und sechs Oden mit vorwiegend polit. Charakter, ferner das Epos ›L'Etruria vendicata‹ (1789). Biographisch interessante Einblicke gewährt seine Prosaschrift ›Denkwürdigkeiten seines Lebens; von ihm selbst geschrieben‹ (1806, dt. 2 Bde., 1812, 1949 u. d. T. ›Mein Leben‹); in anderen Essays legt er seine polit. Ansichten über Freiheit und Tyrannei dar: u. a. ›Von der Tyrannei‹ (entst. 1777, ersch. 1789, dt. 1822) und ›Del principe e delle lettere‹ (entst. 1778–86, ersch. 1789).

Ausgaben: V. A. Opere. Edizione del centenario. Turin u. a. 1903. 11 Bde. – V. A. Opere. Edizione astese. Hg. vom Centro nazionale di studi alfieriani. Asti 1951 ff. – V. A. Opere. Hg. v. A. DI BENEDETTO. Mailand 1977 ff. Nur Bd. 1 erschienen. **Literatur:** FUBINI, M.: V. A. Florenz ²1953. – BERNASCONI, C.: Il pensiero politico-morale di V. A. Como 1960. – BINNI, W.: Saggi alfieriani. Florenz 1969. – SIGNORINI, A.: Individualità e libertà in V. A. Mailand 1972. – BONI, M.: L'A. e la Rivoluzione francese con altri scritti alfieriani. Bologna 1974. – MENSI, P.: Gli affetti nella tragedia di V. A. Padua 1974. – MÜLLER, PETER: Alessandro Pepoli als Gegenspieler V. A.s. Mchn. 1974. – NICASTRO, G.: V. A. Bari 1974. – CAPPELLO, G.: Invito alla lettura di V. A. Mailand 1990. – ↑ auch Sannazaro, Iacopo.

Alf Laila Wa Laila ↑ Tausendundeine Nacht.

Alfons X., der Weise, * Toledo 23. Nov. 1221, † Sevilla 4. April 1284, König von Kastilien und León (seit 1252). – Sohn Ferdinands II., des Heiligen, und der Beatrix, Tochter Philipps von Schwaben. Wurde 1257 zum Röm. König gewählt. Obwohl A. nie nach Deutschland oder Italien kam und seine Wahl auch infolge des Widerstandes der Päpste nicht realisieren konnte, verzichtete er de jure nie auf das Reich. Wegen äußerer Miß-

erfolge und innenpolit. Versagens wurde er von seinem Sohn Sancho IV. aus der Regierung verdrängt; ab 1282 war seine Herrschaft auf Andalusien beschränkt. A. erhielt seinen Beinamen als der größte Förderer von Kunst und Wiss. im MA. Er reformierte die Univ. von Salamanca und förderte die span. Sprache. Er beschäftigte sich mit Astronomie, Alchimie, Dichtkunst und Musik, veranlaßte die Gesetzessammlung der ›Siete partidas‹, ließ eine umfassende Chronik der span. Geschichte (›Crónica general‹, um 1289 vollendet) schreiben und eine monumentale Weltgeschichte (›General estoria‹, fragmentarisch) beginnen. Ferner sind ihm naturwiss. Werke zu verdanken, die z. T. Übersetzungen aus dem Arabischen darstellen. Er schrieb auch Gedichte in altportugies. Sprache, viele von ihnen zum Preis der Jungfrau Maria (enthalten in der 427 Gedichte umfassenden Sammlung ›Cantigas de Santa María‹, hg. 1889). A. gilt als Begründer sowohl der kastilischen Prosaliteratur als auch der Geschichtsschreibung.

Weitere Werke: Libros del saber de astronomía (5 Bde., hg. 1863–67), El lapidario (hg. 1881), Libros de acedrex, dados e tablas (hg. 1941). **Ausgabe:** Afonso X, o Sábio. Cantigas de Santa Maria. Hg. v. W. METTMANN. Coimbra 1959–72. 4 Bde. **Literatur:** Alfonso X, el Sabio. Hg. v. M. CARDENAL DE IRACHETA. Madrid 1946. – SCHOEN, W. FRHR. VON: A. X. v. Kastilien. Mchn. 1957. – SÁEZ, E., u. a.: A. X. der Weise. In: Lex. des MA. Bd. 1. Mchn. u. Zü. 1980. – Alfonso X. Ausstellungskatalog. Toledo 1984. – Alfonso X y su época. Revista de Occidente 43 (1984), Sondernummer.

Alfred der Große, * Wantage (Berkshire) 848, † 26. Okt. 899, ags. König (seit 871). – Festigte als König der Westsachsen deren Vorherrschaft in England, die er gegen Angriffe der Wikinger und der Dänen verteidigte. Seine kulturpolit. Bedeutung liegt in seiner Bemühung um Einigung des Reiches durch Bildung. Er berief namhafte Gelehrte, schuf einen Gesetzeskodex und machte seinen Hof in Winchester zu einem Kulturzentrum. Insbes. betrieb er die Übersetzung lat. Werke, darunter die ›Dialogi‹ und die ›Cura pastoralis‹ Papst Gregors des Großen, Boethius' ›De consolatione philosophiae‹ (mit christlich akzentuierenden

Zusätzen), die ›Soliloquien‹ des Augustinus und Teile des Psalters. Vielleicht stammt auch die Übertragung der Weltgeschichte des P. Orosius ›Historiae adversus paganos‹ (mit Ergänzungen zur Geographie der Germania) aus seinem Umkreis. Die ihm schon im 10. Jh. zugeschriebene Übersetzung von Bedas ›Historia ecclesiastica gentis Anglorum‹ dürfte allerdings früheren mercischen Ursprungs sein. Auch sorgte A. für die Sammlung und Weiterführung der Annalen ags. Geschichte (›Angelsachsenchronik‹). Obschon nicht auf künstler., sondern praktisch erzieher. Zwecke abgestellt, kann A.s Übersetzungswerk als der Ausgangspunkt engl. Literaturprosa gelten.

Literatur: PLUMMER, CH.: Life and times of A. the Great. Oxford 1902. Nachdr. New York 1970. – DUCKETT, E. S.: A. the Great, the king and his England. Chicago (Ill.) 1956. – WHITELOCK, D.: The prose of A.'s reign. In: Continuations and beginnings. Hg. v. E. G. STANLEY. London 1966. S. 57. – A. the Great. Asser's life of King A. and other contemporary sources. Hg. u. übers. v. S. KEYES u. M. LAPIDGE. Harmondsworth 1984. – FRANTZEN, A. J.: King A. Boston (Mass.) 1986.

Alfvén, Inger [schwed. al've:n], *20. Febr. 1940, schwed. Schriftstellerin. – Beschreibt mit psycholog. Einfühlungsvermögen zwischenmenschl. Beziehungen unter z. T. ungewöhnl. äußeren Bedingungen, wobei Problemen des Zusammenlebens von Mann und Frau bes. Aufmerksamkeit gewidmet wird.

Werke: Vinbergssnäckan (R., 1964), Tusentals äpplen (E., 1969), Lena-Bell (R., 1971), Ta ner månen (R., 1972), Städpatrullen (R., 1976), Dotter till en dotter (R., 1977), s/y Glädjen (R., 1979), Arvedelen (R., 1981), Ur kackerlackors levnad (R., 1984), Wie Muscheln am Strand (R., 1992, dt. 1994).

Algarotti, Francesco Graf, *Venedig 11. Dez. 1712, †Pisa 3. Mai 1764, italien. Schriftsteller und Gelehrter. – Aufgeklärter Literat mit enzyklopäd. Bildung; schrieb in einfachem, zugängl. Stil Essays, Dialoge und Briefe über Kunst und Wissenschaft. 1737 veröffentlichte er ›Newtonianismo per le dame‹ (dt. 1745 u. d. T. ›Jo. Newtons Welt-Wiss. für das Frauenzimmer‹), eine Erläuterung der Newtonschen Optik, und kam damit zu europ. Ruf. Sein bestes Werk, die ›Lettere sulla Russia‹ (1733), ist das Ergebnis

einer Reise nach Petersburg. 1740–53 lebte er am Hofe Friedrichs des Großen, der ihn in den Adelsstand erhob. 1754 kehrte er nach Italien zurück.

Ausgaben: Opere di F. A. Hg. v. F. AGLIETTI. Venedig 1791–94. 17 Tle. in 8 Bden. – F. A. Viaggi in Russia. Hg. v. P. P. TROMPEO. Turin 1942. – F. A. Saggi. Hg. v. G. DA POZZO. Bari 1963. **Literatur:** BEDARIDA, P.: Stato presente degli studi su F. A. In: Problemi di lingua e letteratura italiana del settecento. Wsb. 1965.

Alger, Horatio [engl. 'ældʒə], *Revere (Mass.) 13. Jan. 1834, †Natick (Mass.) 18. Juli 1899, amerikan. Schriftsteller. – Strenge puritan. Erziehung und Theologiestudium an der Harvard Divinity School; ein Jahr als Bohemien in Paris, dann Weihe zum unitar. Geistlichen. Lebte ab 1866 als Schriftsteller in New York, wo er rund 130 Romane für Jungen verfaßte, die die moral. Überwindung der Armut und den Aufstieg zu Reichtum und Ruhm durch Fleiß und Ausdauer darstellen. Entsprechend den Titelhelden ordnen sich die Romane in drei Gruppen: ›Ragged Dick‹ (1867 ff.), ›Luck and Pluck‹ (1869 ff.) und ›Tattered Tom‹ (1871 ff.). Die Verwirklichungsmöglichkeit des ›American dream‹ zeigt A. auch in verschiedenen Biographien bed. amerikan. Staatsmänner (›Abraham Lincoln, the backwoods boy‹, 1883).

Literatur: GARDNER, R. D.: H. A., or the American hero era. New York 1978.

Algren, Nelson [engl. 'ælgrɪn], *Detroit (Mich.) 28. März 1909, †Sag Harbor (N. Y.) 9. Mai 1981, amerikan. Schriftsteller. – Wuchs im poln. Einwandererviertel von Chicago auf; schildert in seinen Romanen und Short stories die sozialen und menschl. Verhältnisse in den Slums v. a. Chicagos. Für seine Darstellungen wählte er mehrfach die Zeit der großen Depression in den 30er Jahren. Stilistisch zeigt er teilweise eine Überfülle metaphor. Wendungen. Am bekanntesten wurde sein Roman ›Der Mann mit dem goldenen Arm‹ (1949, dt. 1952); schrieb auch Essays.

Weitere Werke: Nacht ohne Morgen (R., 1942, dt. 1956), Im Neon-Dschungel (En., 1947, dt. 1964), Wildnis des Lebens (R., 1956, dt. 1959), Who lost an American? (Skizzen, 1963), Notes from a sea diary. Hemingway all the way (Essays, 1965), The last carousel (Prosa und Ged., 1973).

Literatur: Cox, M. H./Chatterton, W.: N. A. Boston (Mass.) 1975.

Älianus, Claudius, röm. Schriftsteller, ↑ Aelianus, Claudius.

Aliger, Margarita Iossifowna [russ. ali'gjɛr], * Odessa 7. Okt. 1915, russ. Lyrikerin. – Veröffentlichte seit ihrem berühmten Versepos ›Zoja‹ (1942; zu Ehren eines ermordeten Partisanenmädchens) etl. Lyriksammlungen (u. a. ›Leninskie gory‹ [= Die Leninberge], 1953; ›Četvert' veka‹ [= Ein Vierteljahrhundert], 1981), die z. T. unter dem Einfluß von A. A. Achmatowa stehen; auch Erinnerungen (›V poslednij raz‹ [= Zum letzten Mal], 1974).

Alighieri, italien. Dichter, ↑ Dante Alighieri.

Alione, Giovan Giorgio, * Asti 1460, † ebd. 1521, italien. Dichter. – Bereiste Europa als fahrender Sänger; Parteigänger der Franzosen während ihrer Herrschaft über Asti. Seine in der Mundart von Asti geschriebenen zehn Possen wurden wegen ihres volkstüml. und derben Humors bei Karnevalsfesten vorgetragen. In seinen frz. Gedichten nimmt A. den Dichter C. Marot zum Vorbild. Die ›Macharonea contra macharoneam Bassani‹ (hg. 1864) ist eine makkaron. Dichtung zur Verteidigung der Franzosen.
Ausgabe: G. G. A. L'opera piacevole. Hg. v. E. Bottasso. Bologna 1953.

Aliscans [frz. alis'kã], altfrz. Heldengedicht (Chanson de geste) aus dem Wilhelmszyklus, entstanden gegen Ende des 12. Jahrhunderts. Es schildert in über 8000 assonierenden Zehnsilbern die Niederlage des Grafen Wilhelm von Orange auf den Alyscamps (Arles) gegen die Sarazenen, den Tod seines Neffen Vivien sowie den Sieg Wilhelms bei einem späteren Zug gegen die Ungläubigen. A. ist eine Erneuerung des älteren ›Wilhelmsliedes‹ (›Chanson de Guillaume‹); es schließt sich inhaltlich an die Chanson de geste ›Le covenant Vivien‹ an; Wolfram von Eschenbach benutzte es als Vorlage für seinen ›Willehalm‹.
Literatur: Becker, Ph. A.: Der Liederkreis um Vivien. Wien 1944. – Frappier, J.: Les chansons de geste du cycle de Guillaume d'Orange. Paris 1-21955–67. 2 Bde.

Alischan (tl.: Ališan), Ghewond, * Konstantinopel (heute Istanbul) 18. Juli 1820, † Venedig 22. Nov. 1901, armen. Schriftsteller, Philologe und Historiker. – Kam 1832 nach Venedig; gehörte der Kongregation der Mechitaristen an; schrieb zahlreiche Werke zur Geschichte, Geographie und Ethnographie Armeniens; bed. sind seine patriot. Gedichte in neuwestarmen. Sprache; Übersetzungen aus verschiedenen Sprachen; Mitarbeiter mehrerer Zeitschriften.
Literatur: Thorossian, H.: Historie de la littérature arménienne. Paris 1951. S. 234. – Inglisian, V.: Die armen. Lit. In: Hdb. der Orientalistik. Hg. v. B. Spuler. Abt. 1, Bd. 7. Leiden 1963. S. 226.

Alisjahbana, Sutan Takdir [indones. aliʃah'bana], * Natal (an der Westküste Sumatras) 11. Febr. 1908, indones. Schriftsteller, Essayist und Linguist. – Wegbereiter der modernen indones. Sprache und Literatur und Vorkämpfer für eine neuzeitl., an westl. Vorbildern orientierte Gesellschaft.
Werke: Tebaran mega (= Zersprengte Wolken, Ged., 1935), Lajar terkembang (= Geschwellte Segel, R., 1936), Tatabahasa baru bahasa Indonesia (= Neue indones. Grammatik, 1949/50), Grotta auzzura kisah cinta dan cita (= Erzählung von Liebe und Idealen, R., 3 Bde., 1970/1971).
Literatur: Braasem, W. A.: Moderne Indones. literatuur. Amsterdam 1954. S. 76. – Teeuw, A.: Modern Indonesian literature. Bd. 2. Den Haag 1979. S. 165.

Aljamiado-Literatur [span. alxa-'mjaðo], die in Aljamía, der mit arab. Buchstaben geschriebenen span. bzw. portugies. Sprache, geschriebene Literatur; sie umfaßt Werke mehr oder weniger stark polem. bzw. apologet. Charakters antichristl. Tendenz und entstand v. a. in der Zeit zwischen der Eroberung Granadas durch die Kath. Könige (1492) und der Vertreibung der Morisken aus Spanien unter Philipp III. (1609). Der literarisch-ästhet. Wert der poet. Werke ist im allgemeinen nicht sehr groß. Das bedeutendste Werk dieser Art ist das ›Poema de José‹ von einem Anonymus des 14. Jh. (hg. 1883 von H. Morf, von R. Menéndez Pidal u. d. T. ›El poema de Yúçuf‹, 21952). Erhalten sind außerdem Werke jurist. Charakters, Anleitungen zur Ausübung der Schwarzen Kunst, Haushaltsaufstellungen und Privatbriefe.
Literatur: Kontzi, R.: A.-L. In: Lex. des MA. Bd. 1. Mchn. u. Zü. 1980. – Vespertino-Ro-

DRÍGUEZ, A.: Leyendas aljamiadas y moriscas sobre personajes bíblicas. Madrid 1983.

Alkaios (tl.: Alkaîos; Alkäus; lat. Alcaeus), griech. Dichter um 600 v. Chr. aus Mytilene (Lesbos). – Neben seiner Zeitgenossin ↑ Sappho bedeutendster äol. Lyriker. Entstammte einem alten Adelsgeschlecht und war in Mytilene auf der Seite des Adels führend an den Parteifehden zwischen Aristokratie und aufkommender Demokratie beteiligt, weshalb er längere Zeit in der Verbannung leben mußte. Polit. Tendenzdichtung, Kampf- und Haßgesänge gegen die Tyrannen, Jubellieder über deren Sturz, Zech- und Liebeslieder sowie Götterhymnen zeugen von einem leidenschaftl. Temperament. Seine meist in vierzeiligen Strophen (↑ alkäische Strophe) abgefaßten, nur fragmentarisch erhaltenen Lieder sind reich an metr. Formen und haben bes. die Dichter der röm. Klassik entscheidend beeinflußt.

Ausgabe: A. Lieder. Griech. u. dt. Hg. v. M. TREU. Mchn. ³1980.
Literatur: PAGE, D. L.: Sappho and Alcaeus; an introduction to the study of ancient Lesbian poetry. Oxford 1955.

alkäische Strophe, vierzeiliges, antikes Odenmaß, das, zuerst von Alkaios und Sappho verwendet, aus ↑ alkäischen Versen (2 Elfsilbler, 1 Neunsilbler, 1 Zehnsilbler) besteht. Die a. S. wurde von Horaz (›Odi profanum volgus...‹) in die röm. Lyrik übernommen. In der dt. Dichtung verwendete zuerst F. G. Klopstock die a. S. (›An Johann Heinrich Voß‹, ›An Fanny‹), später auch L. Ch. H. Hölty (›Auftrag‹) und bes. J. Ch. F. Hölderlin (›An die Parzen‹, ›Rousseau‹).

Literatur: BROCKS, E.: Das Fortleben der alcäischen S. im lat. Kirchenlied des MA u. in der neueren dt. Dichtung. In: German.-roman. Monatsschr. 13 (1926), S. 363. – VIÊTOR, K.: Gesch. der dt. Ode. Darmst. u. Hildesheim ²1961.

alkäische Verse, nach Alkaios benannte antike Verse mit fester Silbenzahl. Man unterscheidet den alkäischen Elfsilbler (seit Horaz mit fester Länge vor obligater Zäsur: ‿−‿−−/−‿‿−‿‿), den alkäischen Zehnsilbler (−‿‿−‿‿−‿−‿) und den alkäischen Neunsilbler (seit Horaz mit fester Länge im 5. Element: ‿−‿−−‿−‿), aus denen die ↑ alkäische Strophe gebildet wird.

Alkiphron (tl.: Alkíphrōn), griech. Schriftsteller des 2. Jh. n. Chr. – Vollständig erhalten sind 118 Briefe, deren Verfasser und Adressaten – att. Fischer, Bauern, Parasiten und Hetären des 4. Jh. v. Chr. – fingiert sind; in sprachl. Bemühen des Attizisten und antiquar. Beflissenheit gelingt es A. oft, in seiner Liebe für ein verklärt dargestelltes Athen das Charakteristische jener Zeit in vorbildl. Stimmungsmalerei nachzugestalten.

Alkman (tl.: Alkmán), griech. Lyriker der 2. Hälfte des 7. Jh. v. Chr. – Kam angeblich als Sohn eines Sklaven aus Sardes (Lydien) nach Sparta, wo er choreographisch tätig war; erster Vertreter der Chorlyrik, von dessen Liedern wenige Fragmente erhalten sind: Hymnen (darunter Partheneia [Mädchenchöre]), gesellige Poesie und Liebeslieder.

Alkmar, Hinrek van, niederl. Dichter, ↑ Reinaert.

Alkuin (Alcuinus, Alchwine), * York um 732, † Tours 19. Mai 804, ags. Gelehrter. – Aus northumbr. Adel; ab 778 Lehrer an der Domschule in York; von Karl dem Großen 782 ins Frankenreich berufen, wo er bis an sein Lebensende blieb. A. wurde Mittelpunkt des Hofkreises von Gelehrten und Dichtern, Freund und Lehrer Karls des Großen, Initiator der karoling. Renaissance. Ab 796 war er Abt von Saint-Martin in Tours. Seine theolog. Schriften wenden sich gegen den Adoptianismus, widmen sich der Revision des Bibeltextes, exeget. und liturg. Fragen und greifen in den Bilderstreit ein. Durch seine Schriften (bes. Briefe) und seine persönl. Wirksamkeit erscheint A. als der große Inspirator und Organisator des gesamten Studien- und Unterrichtswesens im Frankenreich. In seinem Bestreben, die Sieben Freien Künste (↑ Artes liberales) und die Philosophie in den Dienst der Theologie zu stellen, knüpfte er bildungsgeschichtlich an spätantike Überlieferungen an und wies damit zugleich der mittelalterl. Schule und der christl. Pädagogik auf Jahrhunderte hinaus ihren Weg. Von A. stammen auch Fabeln und Gedichte.

Literatur: WALLACH, L.: Alcuin and Charlemagne. Ithaca (N. Y.) 1959. Nachdr. New York 1968. – EDELSTEIN, W.: Eruditio u. sapientia.

Weltbild u. Erziehung in der Karolingerzeit. Unterss. zu Alcuins Briefen. Freib. 1965. – HEIL, W., u. a.: A. In: Lex. des MA. Bd. 1. Mchn. u. Zü. 1980.

Allayne, Ellen [engl. æ'lɛɪn, 'ælɪn], Pseudonym der engl. Lyrikerin italien. Herkunft Christina Georgina ↑ Rossetti.

Allegorese [griech.], Interpretation von Texten, bei der hinter dem Wortsinne eine verborgene Bedeutung aufgezeigt wird. Die älteste bekannte A. ist die Homer-A., entstanden aus der Homerkritik der Vorsokratiker (6. Jh. v. Chr.) zur Rechtfertigung Homers gegenüber der Philosophie; sie resultiert aus einer Grundvorstellung des griech. religiösen Denkens, daß Götter sich in Orakeln und Mysterien äußern. In der Spätantike wurde dieses hermeneut. Verfahren von dem hellenistisch gebildeten Juden Philon (1. Jh. n. Chr.) auf die Deutung des AT übertragen (z. B. die Auslegung des Hohen Liedes: Braut = menschl. Seele, Bräutigam = Christus oder Kirche); von da aus gelangt die A. in die Vergil-Deutung (4. Ekloge) und zu den Kirchenvätern. Im MA wurde die A. Grundlage der Interpretation religiöser, philosoph. und dichter. Texte: durch allegorisierende Moralisierung konnte z. B. auch Ovid zum Schulautor werden; naturkundl. Werke wurden ebenfalls allegorisiert (›Physiologus‹: Löwe = Christus). Die A. findet sich bes. häufig in myst. Schriften, sie reicht bis ins Barock, die theolog. A. bis ins 19. Jahrhundert. – ↑ auch Allegorie, ↑ Hermeneutik.

Literatur: WEHRLI, F.: Zur Gesch. der allegor. Deutung Homers im Altertum. Diss. Basel 1928. – HEINEMANN, I.: Altjüd. Allegoristik. Breslau 1936. – ELLSPERMANN, G. L.: The attitude of the early christian latin writers toward pagan literature and learning. Washington (D. C.) 1949. – HUNGER, H.: Allegor. Mythendeutung in der Antike u. bei Johannes Tzetzes. In: Jb. Österr. Byzantin. Gesellschaft 3 (1954). – SEZNEC, J.: Survival of the pagan gods. Neuausg. Princeton (N. J.) 1972. – FREYTAG, H.: Die Theorie der allegor. Schriftdeutung u. die Allegorie in dt. Texten bes. des 11. u. 12. Jh. Bern u. Mchn. 1982. – KLAUCK, H.-J.: Allegorie u. A. in synopt. Gleichnistexten. Münster ²1986. – BERNARD, W.: Spätantike Dichtungstheorien. Stg. 1990.

Allegorie [griech. = das Anderssagen], Darstellung eines abstrakten Begriffs durch ein Bild, oft mit Hilfe des spezif. Darstellungsmittels der Personifikation, z. B. ›Justitia‹ (die personifizierte Gerechtigkeit) als blinde Frau. Von der A. zu unterscheiden sind ↑ Symbol und ↑ Metapher, wenngleich die Grenzen bisweilen fließend sind.

In der *Literatur* bestehen seit der Antike eine ganze Reihe fixierter, immer wieder verwendeter und daher im Laufe der Zeit ohne weiteres verständl. A.n, so z. B. Justitia, Fortuna, das Glücksrad. Traditionsbildend für allegor. Dichtungen waren bes. die A.n des Prudentius Clemens (›Psychomachia‹, 405), Boethius (›De consolatione philosophiae‹), Martianus Capella (›De nuptiis Mercurii et Philologiae‹). Das MA mit seiner Vorliebe für allegorisierende Interpretationen (↑ Allegorese) brachte durch freie Komposition immer neue A.n in breiter Ausführung hervor: z. B. Gottfried von Straßburg (Minnegrotten-A.), Guillaume de Lorris (›Rosenroman‹), Hadamar von Laber (Jagd-A.); ›Der Renner‹ (um 1313) Hugos von Trimberg bringt mit didakt. Zielsetzung eine Fülle damals gängiger Allegorien. Auch die Werke Dantes und F. Petrarcas, die spätmittelalterl. Jedermannsspiele, der ›Theuerdank‹ (1517), in England Spensers ›Faerie queene‹ (1590) enthalten Allegorien. Bes. beliebt sind A.n auch im Barock: Jesuitentheater, Trauerspiele von A. Gryphius oder J. Bunyan (›The pilgrim's progress‹, 1678–84, dt. 1685 u. d. T. ›Eines Christen Reise ...‹). A.n finden sich noch in den Fabeln und Parabeln G. E. Lessings, in Goethes Spätwerk (›Faust II‹, hg. 1832), bei E. T. A. Hoffmann (›Prinzessin Brambilla‹, 1821) bei J. von Eichendorff (›Das Marmorbild‹, 1819). Als allegorischsymbol. Mischform wird Novalis' ›blaue Blume‹ interpretiert. Auch in der modernen Dichtung finden sich Elemente, die als A.n verstanden werden können (z. B. in den Dramen P. Claudels). Der Begriff A. ist aber für die vielschichtige moderne Dichtung nur noch bedingt anwendbar, da die verschiedenen Formen des übertragenden und verschlüsselnden Darstellens eng zusammenrücken. – ↑ auch Gleichnis.

Literatur: TUVE, R.: Allegorical imagery. Princeton (N. J.) 1965. – HAHN, R.: Die A. in der antiken Rhetorik. Diss. Tüb. 1967. – JAUSS,

H. R.: Entstehung u. Strukturwandel der allegor. Dichtung. In: Grundr. der roman. Lit. des MA. Hg. v. H. R. JAUSS u. E. KÖHLER. Bd. 6, 1. Hdbg. 1968. – Formen u. Funktionen der A. Hg. v. W. HAUG. Stg. 1979. – GRUBER, J., u. a.: A., Allegorese. In: Lex. des MA. Bd. 1. Mchn. u. Zü. 1980. – SCHLAFFER, H.: Faust zweiter Teil. Die A. des 19. Jh. Stg. 1981. – HONIG, E.: Dark conceit. The making of allegory. Neuausg. Hanover (N. H.) 1982. – WHITMAN, J.: Allegory. Oxford 1987. – A. u. Melancholie. Hg. v. W. VAN REIJEN. Ffm. 1992. – KURZ, G.: Metapher, A., Symbol. Gött. ³1993. – ↑ auch Allegorese.

allegorische Schriftdeutung, Auslegungsmethode, die dem bibl. Wort einen über die unmittelbare Bedeutung hinausgehenden Sinn beimißt. Diesen geheimen Sinn will die a. Sch. erkennen. Sie wurde seit dem 2. Jh. v. Chr. bes. in Alexandria gepflegt, wo Aristobulos und Philon ihre Hauptvertreter waren. Von dort gewann sie Einfluß auf das palästinens. Judentum. – Während die Evangelien keine allegor. Auslegung des AT kennen, wird sie von Paulus (z. B. 1. Kor. 10, 1–11; Gal. 4, 21–24) und im Hebräerbrief (z. B. 7, 2 f.) maßvoll angewandt. In die christl. Exegese drang sie durch die Alexandrin. Schule, bes. Origenes, ein, umfaßte nun auch das NT und blieb bis in die jüngste Zeit einflußreich. Bes. die Gleichnisse Jesu verfielen der Gefahr irreführender allegor. Auslegung, als man jeden Zug in ihnen tiefsinnig zu deuten versuchte. Seit A. Jülicher lehnt man diese Deutung der Gleichnisse ab.

Literatur: JÜLICHER, A.: Die Gleichnisreden Jesu. Tüb. ²1910. 2 Tle. in 1 Bd. Nachdr. Darmst. 1976. – LUBAC, H. DE: Exégèse médiévale. Les quatre sens de l'écriture. Paris 1959–64. 4 Bde. – CHRISTIANSEN, I.: Die Technik der allegor. Auslegungswiss. bei Philon v. Alexandrien. Tüb. 1969.

Allen, [William] Hervey [engl. 'ælın], * Pittsburgh (Pa.) 8. Dez. 1889, † Miami (Fla.) 28. Dez. 1949, amerikan. Schriftsteller. – Studierte in Annapolis und Pittsburgh, nahm am 1. Weltkrieg teil (autobiograph. Roman ›Flammen vor uns‹, 1926, dt. 1937); war Englischlehrer in Charleston, wo er mit DuBose Heyward die ›Poetry Society of South Carolina‹ grundete und mit ihm die ›Carolina chansons‹ (1922) schuf. Schrieb v. a. histor. Romane, darunter den erfolgreichen romantisch-abenteuerl. Roman ›Antonio Adverso‹ (3 Bde., 1933, dt.

1937) aus der Zeit Napoleons I. und ›Oberst Franklin‹ (1937, dt. 1937) aus der Zeit des Bürgerkriegs; verfaßte auch einige Bände Lyrik und die biograph. Studie ›Israfel: The life and times of E. A. Poe‹ (2 Bde., 1926).

Weitere Werke: Der Wald und das Fort (R., 1943, dt. 1944), Das Dorf am Rande der Welt (R., 1944, dt. 1946), Dem Morgen entgegen (R., 1948, dt. 1949; alle drei zus. 1950 u. d. T. The city in the dawn, dt. 1951 u. d. T. Die Enterbten).

Allen, James Lane [engl. 'ælın], * Lexington (Ky.) 21. Dez. 1849, † New York 18. Febr. 1925, amerikan. Schriftsteller. – Gab in seinen Romanen und Kurzgeschichten warme, z. T. idealisierende Schilderungen seiner Heimat: ›A Kentucky cardinal‹ (R., 1895), ›The choir invisible‹ (1897), The landmark (Kurzgeschichten, 1925).

Allen, Walter [Ernest] [engl. 'ælın], * Birmingham 23. Febr. 1911, engl. Schriftsteller. – Studium der Anglistik, Journalist, Gastprofessor an mehreren amerikan. Universitäten; schrieb regional geprägte, politisch reflektierte Romane aus der Arbeiterwelt; später v. a. literaturwissenschaftl. Arbeiten zur Erzählliteratur und zur Geschichte des engl. Romans (u. a. ›The English novel‹, 1954).

Weitere Werke: Innocence is drowned (R., 1938), Blind man's ditch (R., 1939), Living space (R., 1940), Rogue elephant (R., 1946), Ein guter Mensch (R., 1959; dt. 1961), George Eliot (Abh., 1964), The short story in English (Abh., 1980), Accosting profiles (R., 1989).

Allende, Isabel [span. a'jende], * Lima 2. Aug. 1942, chilen. Schriftstellerin. – Nichte des chilen. Präsidenten Sal-

Isabel
Allende

vador A. Gossens; arbeitete als Journalistin; ging 1976 ins Exil nach Venezuela; lebt seit 1988 in San Francisco. Sehr erfolgreich war ihr erster Roman ›Das Geisterhaus‹ (1982, dt. 1984), eine psychologisch subtil, farbig und handlungsreich erzählte Familiensaga, die mit dem Terror des Militärputsches von 1973 endet. Die anschließenden Jahre behandelt sie in ›Von Liebe und Schatten‹ (R., 1984, dt. 1986), in der themat. Verknüpfung von Liebe und Widerstand gegen die Diktatur.

Weitere Werke: Eva Luna (R., 1987, dt. 1988), Geschichten der Eva Luna (En., 1989, dt. 1990), Der unendl. Plan (R., 1991, dt. 1992).
Literatur: SCHEERER, M. M./SCHEERER, TH. M.: I. A. In: Krit. Lex. der roman. Gegenwartsliteraturen. Hg. v. W.-D. LANGE. Losebl. Tüb. 1984ff. (11. Lfg., 1993). – Critical approaches to I. A.'s novels. Hg. v. S. RIQUELME ROJAS u. a. New York u. a. 1991.

Allgemeine Deutsche Bibliothek,
1765 von F. Nicolai in Berlin begründete und herausgegebene literarisch-krit. Zeitschrift der Aufklärung; polemisierte gegen die neueren literar. Richtungen, v. a. gegen den Sturm und Drang, den Pietismus und alle Formen des Irrationalismus. Einer ihrer Mitarbeiter war bis zu seinem Bruch mit Nicolai (1784) J. G. Herder; 1793–1805 erschien die A. D. B. in Kiel unter dem Namen ›Neue A. D. B.‹; sie umfaßt insgesamt 107 Bände und 10 Registerbände.

Literatur: OST, G.: Friedrich Nicolais A. D. B. Bln. 1928. Nachdr. Nendeln 1967.

Allgemeine Deutsche Biographie,
Abk. ADB, von R. von Liliencron und F. X. von Wegele 1875 bis 1912 in Leipzig herausgegebene Biographiensammlung des dt. Sprachbereichs (56 Bde. mit Generalregister; etwa 26 300 Biographien). Sie fand ihre Fortsetzung durch das ›Biograph. Jahrbuch und dt. Nekrolog für 1896–1913‹, hg. von A. Bettelheim (18 Bde. sowie Register, 1897–1917) sowie durch das ›Dt. biograph. Jahrbuch für 1914–29‹ (1925–32). Eine Neubearbeitung erscheint u. d. T. ›Neue Deutsche Biographie‹ (Abk. NDB), 1953 ff., hg. von der Bayer. Akademie der Wissenschaften.

Allgemeine Literatur-Zeitung,
1785–1803 in Jena, 1804–49 in Halle/ Saale von G. Hufeland und Ch. G. Schütz, seit 1833 von E. Gerhard herausgegebene literar. Zeitschrift, die als das führende Organ der dt. Klassik und Romantik galt. Zu ihren Mitarbeitern gehörten u. a. Goethe, Schiller, I. Kant, W. von Humboldt und A. W. von Schlegel. Die A. L.-Z. enthielt Rezensionen und Nachrichten aus dem literar. Leben von hohem Niveau und war zunächst durch die Lehre Kants geprägt. Gegen Ende des 18. Jh. führten die Versuche der Vertreter der Romantik, auf das Journal Einfluß zu gewinnen, zu heftigen Diskussionen innerhalb der Zeitschrift und zur Verlegung der A. L.-Z. nach Halle/ Saale. Auf Initiative von Goethe wurde daraufhin 1804 in Jena die *Jenaische Allgemeine Literatur-Zeitung* gegründet (sie erschien 1842–48 u. d. T. *Neue Literatur-Zeitung*).

Literatur: NAUMANN, E.: Die A. Literaturzeitung u. ihre Stellung zur Lit. in den Jahren 1804 bis 1832. Diss. Halle/Saale 1935. – BULLING, K.: Die Rezensenten der Jenaischen Allgemeinen Literaturzeitung. Weimar 1962–65. 3 Bde. – CARLSSON, A.: Das krit. Forum der ALZ (1785–1804). In: CARLSSON: Die dt. Buchkritik. Bd. 1. Stg. 1963.

Allinger,
Jeannie, österr. Schriftstellerin, ↑ Ebner, Jeannie.

Allingham,
Margery [engl. 'ælɪŋəm], * London 20. Mai 1904, † Colchester (Essex) 30. Juni 1966, engl. Schriftstellerin. – Schrieb zahlreiche Kriminalromane und -erzählungen mit guter psycholog. Charakterisierung der handelnden Personen, u. a. ›Achten Sie auf die Dame‹ (R., 1930, dt. 1968), ›Für Jugendliche nicht geeignet‹ (R., 1936, dt. 1964), ›Die Handschuhe des Franzosen‹ (En., 1939, dt. 1969), ›Die Spur des Tigers‹ (R., 1952, dt. 1970), ›The mind readers‹ (R., 1965).

Literatur: THOROGOOD, J.: M. A., a biography. London 1991.

Alliteration
[zu lat. ad = zu und littera = Buchstabe] (Anreim), gleichklingender Anlaut von betonten Stammsilben. Der Terminus, eine Prägung des italien. Humanisten G. Pontano (in seinem Dialog ›Actius‹) in Anlehnung an ↑ Annominatio, setzte sich erst im 18. Jh. gegenüber den bei den Rhetorikern gebräuchl. Bezeichnungen Parechese, Ho-

möoprophoron und Paromoion durch. Der Ursprung der A. liegt im magisch-religiösen Bereich der Beschwörungs- und Gebetsformeln (↑ Carmen), wobei sie aus den älteren Figuren der Annominatio und des ↑ Polyptoton erwachsen ist (2. Merseburger Zauberspruch [10. Jh.]: ›ben zi bena, bluot zi bluoda, lid zi geliden‹). Die Verwendung der A. als eines versbildenden Prinzips (neben anderen) in der ältesten italischen und ir. und in der altgerman. Dichtung (einschließlich rhythmisch gestalteter Sprichwörter und der feierl. Rechtsrede) beruht auf dem starken Initialakzent der italischen, kelt. und altgerman. Mundarten; in der west- und nordgerman. Epik und in der norwegisch-isländ. ↑ Skaldendichtung hat die A. dabei die spezif. Form des ↑ Stabreims mit seinen festen Stellungsregeln angenommen (↑ Stabreimvers). Die griech. und lat. Poesie und Kunstprosa kennt, von den Anfängen (Homer) bis in die Neuzeit, die A. sporadisch als ein die Klangintensität steigerndes Kunstmittel; in der rhetor. Tradition gilt sie, sofern sie nicht gehäuft auftritt (Ennius: ›O Tite tute Tati tibi tanta tyranne tulisti‹), als geduldeter ↑ Solözismus. Die dt. Dichtung gebraucht die A., abgesehen von den Versuchen F. de la Motte Fouqués, R. Wagners, W. Jordans, F. Dahns, den german. Stabreimvers zu erneuern, ebenfalls als Klangfigur; eine Anzahl der german. Rechtsrede entstammender alliterierender ↑ Zwillingsformeln haben sich in der dt. Umgangssprache erhalten (Land und Leute, Haus und Hof, Kind und Kegel). – Die A. als Klangfigur hat doppelte Funktion: sie wirkt gruppierend, indem sie z. B. koordinierte Begriffe hervorhebt (Nibelungenlied: ›hirze oder hinden / kunde im wênic engân‹; J. Ch. F. Hölderlin, ›Abendphantasie‹: ›... und möge droben / In Licht und Luft zerrinnen mir Lieb und Leid‹), einem Substantiv das zugehörige typisierende ↑ Epitheton fest zuordnet (›Nibelungenlied‹: ›diu minneclîche meit‹; Hölderlin: ›heiliges Herz‹) u. a.; in den meisten Fällen aber hat sie lautmaler. oder rein sprachmusikal. Bedeutung (C. Brentano: ›Komm Kühle, komm küsse den Kummer, / Süß säuselnd von sinnender Stirn‹).

Literatur: SPLETT, J.: Der Stabreim im Nibelungenlied. Vorkommen u. Stilistik. In: Beitrr. zur Gesch. der dt. Sprache u. Lit. 86 (1964), S. 247. – KABELL, Å.: Der A.svers. Mchn. 1978. – KÜHNEL, J. B.: Unterss. zum german. Stabreimvers. Göppingen 1978.

Allmers, Hermann, * Rechtenfleth (heute zu Sandstedt, Landkreis Cuxhaven) 11. Febr. 1821, † ebd. 9. März 1902, dt. Dichter. – Fries. Abkunft; Landwirt in Rechtenfleth; Heimatdichter der brem. Marschenlandschaft (›Marschenbuch‹, 1858); daneben wiss., bes. volkskundl. Studien; auch Epiker und Dramatiker, an klass. Vorbildern geschult.
Weitere Werke: Dichtungen (1860), Röm. Schlendertage (En., 1869), Die Pflege des Volksgesangs im dt. Nordwesten (1878), Hauptmann Böse (E., 1882), Fromm und Frei (Ged., 1889).
Ausgabe: H. A. Werke. Hg. v. KURD SCHULZ. Gött. 1965.
Literatur: SIEBS, TH.: H. A. Bln. 1915. – HUCKER, B. U.: H. A. u. sein Marschenhof. Old. 1981.

Allonym [aus griech. állos = fremd und ónyma = Name], Sonderform des ↑ Pseudonyms, bei der der Name einer bekannten Persönlichkeit verwendet wird: z. B. Wolfram von Eschenbach im ›Jüngeren Titurel‹ für Albrecht (von Scharfenberg?), Bonaventura für F. W. J. von Schelling (?), J. W. Goethe für O. Ph. Zaunschliffer; oft an der Grenze des Legalen (das Motiv des Zusammentreffens von echtem und falschem Namensträger gestaltet Jean Paul in ›Dr. Katzenbergers Badereise‹). – ↑ Pseudepigraph.

Allston, Washington [engl. 'ɔ:lstən], * auf der Familienfarm am Waccamaw River (S. C.) 5. Nov. 1779, † Cambridge (Mass.) 9. Juli 1843, amerikan. Maler und Dichter. – Studierte an der Harvard University, dann an der Kunstakademie in London bei B. West sowie in Rom, wo er sich u. a. mit S. T. Coleridge befreundete. Erster romant. Maler der USA. Als Schriftsteller trat A. u. a. mit Gedichten (›The sylphs of the seasons‹, 1813) und der Erzählung ›Monaldi‹ (1841, dt. 1843) hervor; postum erschienen 1850 ›Lectures on art‹.

Allusion [lat., eigtl. = das Spielen, Scherzen], Anspielung; das – anders als beim ↑ Zitat indirekte – Aufrufen des von Autor und Leser geteilten kulturellen Gedächtnisses und Wissens, auf dem oft,

namentlich in moderner und postmoderner Literatur, Wirkung und Bedeutung
beruhen.

Almafuerte, Pseudonym des argentin. Lyrikers Pedro Bonifacio ↑Pala-
cios.

Almanach [mlat.], ursprünglich im
Orient verwendete astronom. Tafeln. In
Europa ist der Ausdruck A. seit 1267 als
Synonym für Kalender nachweisbar (Roger Bacon). Die ersten gedruckten A.e
von G. von Peuerbach (Wien 1460, lat.)
und Regiomontanus (Nürnberg 1475 ff.,
lat. und dt.) informieren über kalendar.
astronom. Daten (Einteilung des Jahres,
Beschreibung der Sonnen- und Mond-
bahn, Sternkunde). Im 16., 17. und 18. Jh.
wurden neben den Angaben zur Zeitrechnung zunehmend belehrende und
unterhaltende Themen in die A.e aufgenommen, z. B. Prophezeiungen, Liebesgeschichten, Anekdoten, Gedichte, Mo-
deberichte, Hofklatsch, amtl. Mittei-
lungen, Stammtafeln der Fürstenhäuser
und medizin. Ratschläge (›Almanach de
Liège‹, Lüttich 1625 ff., ›Vox Stellarum‹,
später ›Old Moore's Almanac‹, London
1700 ff.). Neben diesem A.typus fanden
sich schon im 17., dann v. a. im 18. und
19. Jh. A.e, die auf einen Stand, einen Beruf, eine Landschaft oder ein Sachgebiet
ausgerichtet sind. Zu letzteren zählen
der prachtvoll ausgestattete ›Almanach
Royal‹ (Paris 1699 ff.), dann bes. die im
18. Jh. vorherrschenden belletrist. A.e
(↑Musenalmanach und ↑Taschenbuch)
und die Theater-A.e des 19. Jh. (Go-
thaischer Theater-A.). Das 20. Jh. kennt
einen neuen Typus, den Verlags-A. (›In-
sel-Almanach‹, Leipzig 1900, 1906 ff.),
einen zu den Anlässen oder aus Werbe-
gründen veröffentlichten Querschnitt aus
der Jahresproduktion eines Verlags.
Literatur: CHAMPIER, V.: Les anciens almanachs
illustrés, histoire du calendrier depuis les temps
anciens jusqu'à nos jours. Paris. 1886. – GRAND-
CARTERET, J.: Les almanachs français. Biblio-
graphie-iconographie des almanachs, années ...
et autres publications annuelles éditées à Paris
(1600–1845). Paris 1896. – Bibliogr. der A.e,
Kalender u. Tbb. f. die Zeit von ca. 1750–1860.
Bearb. u. hg. v. H. KÖHRING. Hamb. 1929. –
LANCKORONSKA, M. GRÄFIN/RÜMAN, A.: Gesch.
der dt. Tbb. u. A.e aus der klass.-romant. Zeit.
Mchn. 1954. – MIX, Y.-G.: Die dt. Musen – A.e
des 18. Jh. Mchn. 1987.

Almeida, José Valentim Fialho de [por-
tugies. al'mɐiðɐ], portugies. Schriftsteller, ↑Fialho de Almeida, José Valentim.

Almeida, Nicolau Tolentino de [por-
tugies. al'mɐiðɐ], portugies. Schriftsteller, ↑Tolentino de Almeida, Nicolau.

Almeida Faria, Benigno José de [por-
tugies. al'mɐiðɐ fɐ'riɐ], * Montemor-
o-Novo (Distrikt Évora) 6. Mai 1943,
portugies. Schriftsteller. – Gibt mit seinen von den Erzähl- und Schreibtechni-
ken J. Joyces, W. Faulkners und der Vertreter des Nouveau roman inspirierten
Romanen, die auf die Versöhnung von
nat. Neorealismus und Bewußtseinstex-
ten zielen und in denen die Wirklichkeit
durch Perspektivenvielfalt und Vermischung von Zeit- und Traumebenen auf-
gebrochen wird, der portugies. Gegenwartsliteratur ein unverwechselbares Ge-
präge.
Werke: Rumor branco (R., 1962, veränderte
Fassung ²1970), Passionstag (R., 1965, veränderte Fassung ³1970, dt. 1968), Cortes (R., 1978),
Lusitânia (R., 1980; alle drei zus. 1982 u. d. T.
Trilogia lusitana), Cavaleiro andante (R., 1983).

Almeida Garrett [portugies. al'mɐiðɐ
ɣɐ'rrɛt], portugies. Schriftsteller und Politiker, ↑Garrett, João Baptista da Silva
Leitão de Almeida.

Carl Jonas
Love
Almqvist

Almqvist, Carl Jonas Love [schwed.
ˌalmkvist], * Stockholm 28. Nov. 1793,
† Bremen 26. Sept. 1866, schwed. Dichter. – Studium in Uppsala, 1815–23 Beamter in Stockholm. Er begeisterte sich
für J.-J. Rousseau und führte 1824/25
nach dessen Ideen ein einfaches Bauernleben in Värmland; später wurde er Lehrer und Schulleiter in Stockholm. 1833

begann A., seine Arbeiten zu dem großen Sammelwerk ›Törnrosens bok‹ zusammenzufassen, dessen Einzelbeiträge durch die Rahmengeschichte ›Das Jagdschloß‹ (1832, dt. 1925) verbunden werden. Während die Arbeiten aus der ersten Hälfte der 1830er Jahre der Romantik zuzurechnen sind (bekannt v. a. ›Der Königin Juwelenschmuck‹, R., 1834, dt. 1842; ›Ramido Marinesco‹, Dr., 1834, dt. 1913; ›Signora Luna‹, Dr., 1835), zeigen die späteren Arbeiten Merkmale des poet. Realismus. Neben Schilderungen aus dem Volksleben und dem kulturkrit. Essay ›Schwedens Armut und ihre Bedeutung‹ (1838, dt. 1912) stammt aus dieser Zeit auch der kleine Roman ›Es geht an‹ (1839, dt. 1845), der durch seine Kritik an der Ehe als Institution viel Aufsehen erregte. Nach einem Moralprozeß verlor A. sein Amt. Als freier Schriftsteller ständig in Geldnot lebend, schrieb er in den 40er Jahren Sensationsromane. Unter der Anklage des versuchten Giftmordes an einem Freund und Gläubiger floh er nach Amerika. 1865 kehrte er nach Europa zurück und lebte unter falschem Namen in Bremen.

Ausgaben: Karl J. L. Almquists Werke. Übers. u. eingel. v. A. MENS. Lpz. 1912. 2 Bde. – C. J. L. A. Samlade skrifter. Stockholm 1920–38. 32 Bde. **Literatur:** WERIN, A. G.: C. J. L. A. Stockholm 1923. – OLSSON, H.: Törnrosdiktaren och andra porträtt. Stockholm 1956. – WESTMAN BERG, K.: Studier i C. J. L. A:s kvinnouppfattning. Göteborg 1962. – ROMBERG, B.: C. J. L. A. Boston (Mass.) 1977. – ASPELIN, K.: ›Det europeiska missnötjet‹: Samhällsanalys och historiespekulation. Studier i C. J. L. A:s författarskap åren kring 1840. Stockholm 1979. – ASPELIN, K.: ›Poesi i sak‹. Estetisk teori och kunstnärlig praxis under folklivssildringarnas skede. Studier i C. J. L. A:s författarskap åren kring 1840. Stockholm 1980.

Alnæs, Finn [norweg. ˌalne:s], * Bærum 20. Jan. 1932, norweg. Schriftsteller. – In seinen oft politisch akzentuierten Romanen werden realist. Handlungsmuster durch Intellektualisierung und Abstrahierung verfremdet. In seinen beiden letzten Romanen (›Musica‹, 1978; ›Dynamis‹, 1982), die eine auf 8 Bände angelegte Serie (›Ildfesten‹) einleiten, wird ein ›kosm. Bewußtsein‹ angestrebt.

Weitere Werke: Rote Laterne und weißer Schnee (R., 1963, dt. 1968), Festningen faller (R., 1971, dt. 1974 in Auszügen u. d. T. Die

Festung, in: Norwegen, hg. v. H. von Born-Pilsach).

Alomar, Gabriel [katalan. əluˈma], * Palma de Mallorca 7. Okt. 1873, † Kairo 7. Aug. 1941, katalan. Schriftsteller. – Vertreter des Futurismus; trat mit Lyrik in katalan. Sprache sowie zahlreichen Essays und Zeitungsartikeln (vorwiegend in span. Sprache) hervor, die seine liberale Einstellung zeigen.

Werke: La columna de foc (Ged., 1904), El futurisme (Essay, 1905), La estética arbitraria (Essays, 1906), El frente espiritual (Ged., 1918), Verba (Essays, 1918), La formación de sí mismo (Essays, 1920), La política idealista (Essays, 1922).

Alonso, Dámaso, * Madrid 22. Okt. 1898, † ebd. 25. Jan. 1990, span. Lyriker und Romanist. – Prof. in Valencia und Madrid; war 1968–82 Präsident der Span. Akademie. Verfasser bed. literarhistor. Arbeiten zum europ. MA und zum span. Siglo de oro (bes. L. de Góngora y Argote) und bed. Stilkritiker; seine Gedichte sind z. T. surrealistisch inspiriert (›Söhne des Zorns‹, 1944, dt. 1954). 1978 erhielt er den Premio Miguel de Cervantes.

Weitere Werke: La lengua poética de Góngora (1935), Span. Dichtung. Versuch über Methoden und Grenzen der Stilistik (1950, dt. 1962), Estudios y ensayos gongorinos (1955), De los siglos oscuros al de oro (1958).

Literatur: DEBICKI, A. P.: D. A. New York 1970. – BÁEZ SAN JOSÉ, V.: La estilística de D. A. Sevilla 1971. – FERRERES, R.: Aproximación a la poesía de D. A. Valencia 1976.

Alorna, Leonor Almeida, Marquesa de [portugies. ɐˈlɔrnɐ], portugies. Lyrikerin, † Alcipe.

Alpamysch-Epos, Heldenepos, das bei den turksprachigen Völkern Zentralasiens weit verbreitet ist, so bei den Usbeken, den Kasachen und den Karakalpaken (als Alpamys), den Altaiern (als Alyp-Manasch), auch bei den Baschkiren und den Kasaner Tataren. Das Epos entstand in Zentralasien etwa im 16./17. Jh., jedoch sind bed. frühere Elemente darin enthalten. Die verschiedenen Fassungen sind einander sehr ähnlich, zeigen aber auch nationale Eigenarten. Die baschkir. und die tatar. Version sind im Gegensatz zu den zentralasiat. Fassungen in Prosa. Tradiert wurde das Epos durch den mündl. Vortrag der

Volkserzähler und -sänger, der Bachschi und Akyn. Als beste Version gilt die des Usbeken Juldasch-ogly Fasil (aufgeschrieben 1928, hg. 1939) mit etwa 14000 Versen. Kompositorisch und motivisch ist das Epos in zwei Teile gegliedert (1. Kampf um die Geliebte und Rivalität der Bewerber. 2. Heimkehr des Ehemannes am Tage der erzwungenen Wiederverheiratung der Frau). In die Handlung sind histor. Ereignisse einbezogen. Stilistisch trägt das Epos die Merkmale der Volksdichtung.

Ausgabe: Alpamyš. Uzbekskij narodnyj èpos. Hg. v. F. JULDAŠ. Moskau 1958.
Literatur: ŽIRMUNSKIJ, V. M.: Skazanie ob Alpamyše i bogatyrskaja skazka. Moskau 1960. – Enc. Islam Bd. 1, ²1960, S. 421.

Alphabet [griech.], festgelegte Reihenfolge der Schriftzeichen einer Sprache, benannt nach den ersten beiden Buchstaben des griech. A.s (Alpha und Beta). Das erste A. ist vermutlich im 2. Viertel des 2.Jt. v.Chr. im Semitischen entstanden. Von hier wurde das A. wahrscheinlich über phönik. Vermittlung Ende des 2.Jt. v.Chr. ins Griechische übernommen; gleichzeitig damit auch die semit. Namen für die Schriftzeichen, deren Bedeutung Gegenständen des tägl. Lebens entspricht, z.T. aber dunkel bleibt. Der phonet. Wert des Schriftzeichens entspricht dem ersten Buchstaben des Namens (akrophon. Prinzip). Nach der Übernahme ins Griechische (um 1000 v.Chr.) wurde das A. wesentlich verbessert (Einführung der Vokale und einiger neuer Konsonantenzeichen). Die Reihenfolge, die schon im Semitischen festlag, da die Schriftzeichen auch Zahlzeichen waren, wurde im Griechischen kaum verändert. Aus dem griech. A. haben sich sämtl. europ. A.e entwickelt. Nicht erhalten geblieben ist die alte semit. Zeichenfolge im Arabischen, wo v.a. die Ähnlichkeit der Schriftzeichen Ordnungsprinzip ist; in ind. Schriften sind die Schriftzeichen nach lautl. Gesichtspunkten geordnet.

Literatur: BAUER, H.: Der Ursprung des A.s. Lpz. 1937. – GELB, I.J.: Von der Keilschrift zum A. Dt. Übers. Stg. 1958. – MERCER, S.A.B.: The origin of writing and our alphabet, a brief account. London 1959. – Das A. Hg. v. G. PFOHL. Darmst. 1968. – DIETRICH, M.: Die Keil-A.e Münster 1988. – MEIER, GERT: Und das Wort ward Schrift ... Ein Beitr. zur Entstehung des A.s. Bern u.a. 1991.

Alphen, Hieronymus van [niederl. 'ɑlfə], *Gouda 8. Aug. 1746, † Den Haag 2. April 1803, niederl. Dichter. – Jurist und Kunsttheoretiker; schrieb geistl. Dichtungen und ursprünglich für seine eigenen Kinder bestimmte ›Kleine Gedichte für Kinder des zarteren Alters‹ (3 Bde., 1778–82, dt. 1830), Meisterstücke kindlich-naiver Darstellung; er übersetzte Werke F. G. Klopstocks und Ch. M. Wielands und bearbeitete Friedrich Justus Riedels (*1742, †1785) ›Theorie der schönen Künste und Wissenschaften‹.

altaische Literatur (oirotische Literatur), die a.L. war bis ins 19.Jh. ausschließlich Volksdichtung (Epen, Märchen, Sagen, Lieder, Sprichwörter und Rätsel), die von Erzählern und Sängern weitervermittelt wurde. Die Themen sind eng mit Leben und Kultur der altaischen Nomadenstämme verknüpft. Im 19.Jh. schuf M. W. Tschewalkow (*um 1818, †1899) Übersetzungen aus dem Russischen und eigenständige Gedichte. Nach der Fixierung der Schriftsprache entwickelte sich in sowjet. Zeit eine eigtl. a. L., deren bedeutendste Vertreter der 30er und 40er Jahre Pawel Wassiljewitsch Kutschijak (*1897, †1943) und T. I. Jentschinow (*1914) sind und die in neuerer Zeit von zahlreichen Autoren repräsentiert wird.
Literatur: BRANDS, H. W.: Nachrevolutionäre Lit. sibir. Turkvölker. In: Zs. der Dt. Morgenländ. Gesellschaft 113 (1963), S. 565.

altamerikanische Literaturen, die Literaturen des präkolumb. Amerika, bes. der Kulturen des Zentralen Andengebietes und Mesoamerikas. Die erhaltenen Fassungen sind in indian. Sprachen oder Spanisch überliefert; niedergeschrieben nach Übernahme der lat. Schrift durch Indianer und nach dem Erlernen der Indianersprachen durch span. Mönche. Zuvor war allgemein eine mündl. Tradierung üblich, da in Altamerika eine vollentwickelte Schrift nur in der klass. Maya-Kultur vorhanden war. Die sog. mex. Bilderhandschriften enthalten auch literar. Themen, sie waren jedoch nur mnemotechn. Hilfsmittel zusätzlich zur mündl. Tradierung. In Peru

96 **Altamirano**

sollen Bildtafeln die mündl. Tradition unterstützt haben.

Die heute bekannten Werke der a. L. sind nur kleine beispielhafte Ausschnitte eines einstmals reichen Bestandes. Ergänzungen sind gelegentlich die Überlieferungen gegenwärtiger Indianerkulturen. Stilistisch zeichnen sich die a. L. durch Neigung zu Wiederholungen, symbol. und metaphor. Ausdrücke und gemessenen Sprachduktus aus. Religiös-mytholog. Themen und histor. Berichte mit legendärem und sagenhaftem Einschlag überwiegen. Die Verfasser der vorspan. Aufzeichnungen sind fast immer anonym.

Die meisten der erhaltenen Texte aus dem Andenraum stammen von Völkern des Inkareiches; sie zeigen vielfältige Ausdrucksformen: Götterhymnen und Gebete (bei Cristóbal de Molina de Cuzco [† 1589], Juan de Santacruz Pachacuti Yamqui, 16./17. Jh.), mytholog. Berichte (bei Francisco de Ávila, 16./17. Jh., Antonio de Calancha [* 1584, † 1654], Molina de Cuzco u. a.) sowie eine thematisch reiche und empfindsame Lyrik (verstreute Belege): Elegien, Liebeslieder, scherzhafte Wechselgesänge hatten, von Musik und Tanz begleitet, im Rahmen des jährl. Fest- und Anbauzyklus ihren Platz. Zahlreiche Tierfabeln sind bekannt. Das Theater (in dem Leben und Taten verstorbener Inka dargestellt wurden) könnte sich eventuell im ↑›Ollantay‹ widerspiegeln.

In Mesoamerika gab es zwei Schwerpunkte literar. Überlieferung: Die Literatur des Hochtals von Mexiko und die Literatur in den Mayasprachen. Von anderen Völkern (z. B. Tarasken, Mixteken, Zapoteken) blieben nur wenige literar. Zeugnisse erhalten, die kaum bearbeitet sind. Während für die Maya der Halbinsel Yucatán nur spärl. Reste von der einst blühenden Literatur zeugen (Schöpfungs- und Göttermythen, Lyrik in Blankversen; u. a. in den [nachspan.] sog. Büchern des ›Chilam Balam‹), ist reiches Material von den Quiché und Cakchiquel im guatemaltek. Hochland bekannt: Neben dem großen Schöpfungsepos ›Popol Vuh‹ und dem Tanzdrama ›Rabinal Achi‹ eine Reihe histor. Aufzeichnungen der führenden Geschlechter die

ser Völker; im Bereich der Frühzeit mischt sich geschichtl. Überlieferung mit Mythos und Legenden (z. B. ›Annalen der Cakchiquel‹, ›Rechtstitel der Herren von Totonicapán‹). Die Literatur anderer Gebiete (Nicaragua, Kolumbien, Nordamerika) hat bisher wenig Beachtung gefunden.

Literatur: Chilam Balam books. El libro de los libros de Chilam Balam. Übers. v. A. BARRERA VÁSQUEZ. Mexiko 1948. – Crónicas indígenas de Guatemala. Hg. v. A. RECINOS. Guatemala 1957. – LARA, J.: La literatura de los quechuas; ensayo y antología. Cochabamba 1961. – LEÓN PORTILLA, M.: Pre-Columbian literatures of Mexico. Engl. Übers. v. G. LOBANOV u. M. LEÓN PORTILLA. Norman (Okla.) 1969. – Traditional literatures of the American Indian. Texts and interpretations. Hg. v. K. KROEBER. Lincoln (Nebr.) 1981.

Altamirano, Ignacio Manuel, * Tixtla (Guerrero) 13. Nov. 1834, † San Remo 13. Febr. 1893, mex. Schriftsteller und Politiker. – Indian. Abstammung; beteiligte sich auf seiten von B. Juárez García am Kampf gegen die Franzosen; Abgeordneter der liberalen Partei; später Diplomat; gründete 1869 die einflußreiche literar. Zeitschrift ›Renacimiento‹. Als Kritiker und Autor von Gedichten (›Rimas‹, 1880), Romanen (›Clemencia‹, 1869; ›El Zarco‹, hg. 1901) und Erzählungen (›La navidad en las montañas‹, 1870), in denen er für das autochthon Mexikanische eintrat, wurde er zum Wegbereiter einer neuen Kultur- und Nationalidentität.

Ausgabe: I. M. A. Obras literarias completas. Hg. v. S. REYES NEVARES. Mexiko 1959.

Altan, Çetin, * Istanbul 1926, türk. Erzähler und Dramatiker. – Als Journalist für verschiedene bed. türk. Tageszeitungen tätig; nach der Militärintervention 1971 für seine polit. Artikel verurteilt, aus gesundheitl. Gründen amnestiert; beschreibt in seinen zeitkrit. Romanen die vielfältigen sozialen Probleme der türk. Gesellschaft, in seinen Stücken v. a. den Werte- und Normenwandel in der türk. Kleinbürgerschicht.

Werke: Çemberler (= Ringe, Dr., 1964), Suçlular (= Die Schuldigen, Dr., 1965), Büyük gözaltı (= Ständig unter Beobachtung, R., 1972), Bir avuç gökyüzü (= Ein Stück Himmel, R., 1974).

altaztekische Literatur, die Literatur der Azteken und verwandter Völker im Hochland von Zentralmexiko, reichstes Korpus der ↑ altamerikanischen Literaturen, obwohl nur in relativ geringen Bruchstücken erhalten; v. a. in Nahuatl (klass. Aztekisch) während des 16. Jh. aufgezeichnet, z. T. nur in span. Versionen erhalten; geht auf mündl. Überlieferungen und bilderschriftl. (mnemotechn.) Aufzeichnungen zurück. Die früheste bekannte Niederschrift stammt bereits aus dem 1. Jahrzehnt nach der span. Eroberung (Teile der ›Annalen von Tlatelolco‹). Als Hauptwerk gilt die durch Initiative des Franziskaners Bernardino de Sahagún entstandene, von Azteken u. a. Bewohnern Zentralmexikos diktierte ›Historia general de las cosas de Nueva España‹, eine Gesamtdarstellung des Lebens und Glaubens der Azteken. Die in Nahuatl geschriebenen histor. Berichte meist anonymer Verfasser weisen auf eine tiefverwurzelte Tradition hin, trotz der aztek. Bücherverbrennung unter Itzcoatl (regierte 1426–40). Die stark ethnozentrisch gefärbten Berichte haben strenge Annalenform; Ausgangspunkt ist meist die Wandersage der jeweiligen Volksgruppe, in der sich Geschichten und Legende mischen (u. a. ›Crónica Mexicayotl‹, ›Historia Tolteca-Chichimeca‹). – Die Schöpfungsmythen beschreiben die fünffache Schaffung der Welt, daneben zahlreiche Göttersagen. – Philosoph. Bruchstücke, teils in Gedichtform, werden oft dem Tezcocoherrscher Nezahualcoyotl (regierte 1418–72) bzw. seinem Sohn Nezahualpilli (regierte 1472–1515) zugeschrieben (u. a. Teile der ›Romances de los señores de la Nueva España‹). – Für die reiche Lyrik sind die ›Cantares Mexicanos‹ (die sog. ›Altaztek. Gesänge‹) beispielhaft (z. T. ebenfalls Nezahualcoyotl zugeschrieben). Neben historischen Themen finden sich gefühlvolle Gedichte, in denen Gedanken an den Tod, an Mühsal und die Flüchtigkeit des Lebens im Mittelpunkt stehen. Es sind aber auch Liebesgedichte vorhanden. – Die didaktische Literatur spiegelt sich in moralisierenden Erzählungen sowie in den sprachlich eindrucksvollen ›huehuetlatolli‹ (= Gespräche der Alten). – Dichtkunst und literarische Überlieferung wurden bei den Völkern des zentralmex. Hochlandes im Rahmen der allgemeinen Erziehung gepflegt.

Ausgaben: Corpus codicum americanorum medii aevi. Litterarum monumenta in lingua nahuatl et maya etc. Hg. v. E. MENGIN. Kopenhagen 1942–52. 4 Bde. – SAHAGÚN, B. DE: General history of the things of New Spain. Florentine Codex. Engl. Übers. Salt Lake City (Utah) u. Santa Fe (N. Mex.) 1950–82. 13 Tle. in 12 Bden. – Quellenwerke zur Alten Gesch. Amerikas. Hg. v. der Ibero-Amerikan. Bibliothek Berlin. Bd. 6: Alt-aztek. Gesänge. Übers. u. erl. v. L. SCHULTZE-JENA. Stg. 1957. – GARIBAY KINTANA, A. M.: Poesía náhuatl. Mexiko 1964–68. 3 Bde. – Popol Vuh: Das hl. Buch der Quiché-Indianer von Guatemala. Dt. Übers. v. L. SCHULTZE. Hg. v. G. KUTSCHER. Stg. u. a. ²1972.
Literatur: LEÓN PORTILLA, M.: Pre-Columbian literatures of Mexico. Engl. Übers. v. G. LOBANOV u. M. LEÓN PORTILLA. Norman (Okla.) 1969.

altbulgarische Literatur ↑ kirchenslawische Literatur.

altdeutsche Strophe ↑ Meistersangstrophe.

Altena, Ernst Rudolf van, * Amsterdam 11. Dez. 1933, niederl. Dichter. – Bekannt als Übersetzer F. Villons (Martinus-Nijhoff-Preis 1964) und von Chansons sowie als Bearbeiter mittelniederl. Dichtung (›Reinaert de Vos‹, 1979).

Altenberg, Peter, eigtl. Richard Engländer, * Wien 9. März 1859, † ebd. 8. Jan. 1919, österr. Schriftsteller. – Studierte Jura und Medizin, war Buchhändler, angesehener Wiener Kaffeehausliterat und Bohemien. Er ist durch sprachlich meisterhafte, gedanklich komprimierte Prosaskizzen, seine im Plauderton gehaltenen kulturkrit. Aphorismen und die formvollendeten impressionist. Stimmungsbilder aus dem Alltag der Großstadt berühmt geworden. A. selbst nannte seine kleinen Dichtungen ›Extrakte des Lebens‹.

Werke: Wie ich es sehe (1896), Ashantee (1897), Was der Tag mir zuträgt (1900), Prodromos (1906), Märchen des Lebens (1908), Bilderbögen des kleinen Lebens (1909), Semmering 1912 (1913), Fechsung (1915), Nachfechsung (1916), Vita ipsa (1918), Mein Lebensabend (1919).
Ausgaben: P. A. Hg. v. K. KRAUS. Zü. 1963. – Das große P. A. Buch. Hg. v. W. J. SCHWEIGER. Wien u. Hamb. 1977. – P. A. Ausgew. Werke: Aphorismen, Skizzen u. Geschichten. Hg. v. D. SIMON. Mchn. 1979. 2 Bde. – P. A. Ausgw. v. H. CH. KOSLER. Ffm. 1984. – P. A. Ges. Werke in 5 Bden. Hg. v. W. J. SCHWEIGER. Ffm. 1987 ff.

98 Altendorf

Literatur: RANDAK, E.: P. A. oder das Genie ohne Fähigkeiten. Graz u. Wien 1961. – WY-SOCKI, G. VON: P. A. Bilder u. Geschichten des befreiten Lebens. Mchn. 1979. – SCHAEFER, C.: P. A. oder die Geburt der modernen Seele. Wien 1992.

Altendorf, Wolfgang, * Mainz 23. März 1921, dt. Dramatiker, Lyriker und Erzähler. – Während des 2. Weltkrieges Soldat, danach in verschiedenen Berufen tätig, seit 1950 freier Schriftsteller; experimentierfreudiger Dramatiker, der die Problematik seiner Stücke im Erlebnis des Kriegs und im zeitgenöss. Geschehen findet; auch humorist. Erzähler und Lyriker, Hörspielautor, Maler und Bildhauer; tritt auch als wiss. Publizist hervor.

Werke: Der arme Mensch (Dr., UA 1952), Die Mücke und der Elefant (Kom., UA 1953), Die Feuer verlöschen (Dr., UA 1954), Das Dunkel (Dr., UA 1956), Leichtbau (Ged., 1956), Thomas Adamsohn (Dr., UA 1956, Hsp. 1957), Odyssee zu zweit (R., 1957), Der Transport (R., 1959), Hauptquartier (R., 1964), Haus am Hang (R., 1965), Gesicht am Fenster (Hsp., 1967), Morgenrot der Partisanen (R., 1967), Vom Koch, der sich selbst zubereitete (En., 1973), Das Stahlmolekül (R., 1983), Die Braut im Weinfaß (En., 1989).

Alter, Moshe Jacob, jidd. Dichter, ↑ Rosenfeld, Morris.

Altercatio [lat. = Wortwechsel], rhetor. Form der Wechselrede (z. B. Platon, ›Apología‹); auch für literar. Streitgespräche und bes. im MA für ↑ Streitgedichte.

Alterman (tl.: Alterman), Nathan, * Warschau im Juli 1910, † Tel Aviv-Jaffa 28. März 1970, israel. Schriftsteller. – A. ging 1925 nach Israel; in seinen Gedichten von der russ. Lyrik (bes. von W. W. Majakowski) beeinflußt, steht in der Nähe von B. Brecht und Erich Kästner. A. gilt als einer der Mitbegründer der israel. Literatur. Als Journalist Meister der Umgangssprache, kommentierte er in satirisch-polit. Zeitgedichten aktuelle Ereignisse und soziale Umwälzungen; diese Arbeiten wurden später teilweise in einem Sammelband zusammengefaßt. Er übersetzte auch die frz. und engl. Klassiker für das israel. Theater (u. a. J. Racines ›Phädra‹ 1945; Shakespeares ›Othello‹ 1950) und schrieb selbst Theaterstücke. Seine Werke wurden auszugsweise ins Deutsche übersetzt (›Aus neuer hebr. Dichtung‹, 1949).

Literatur: Enc. Jud. Bd. 2, 1971, S. 773.

alternierende Versmaße, sie beruhen bei ↑ akzentuierendem Versprinzip auf dem regelmäßigen Wechsel druckstarker und druckschwacher, bei ↑ quantitierendem Versprinzip auf dem regelmäßigen Wechsel langer und kurzer Silben. Man unterscheidet steigend-alternierende (↑ Jambus) und fallend-alternierende (↑ Trochäus) Versmaße. Nichtalternierend sind im Gegensatz dazu außer daktyl. und anapäst. Versen (↑ Daktylus, ↑ Anapäst) u. a. der german. ↑ Stabreimvers mit seiner freien Füllung, die eigenrhythm. Verse F. G. Klopstocks und J. Ch. F. Hölderlins (in den ›Vaterländ. Gesängen‹), die ↑ freien Rhythmen des jungen Goethe, H. Heines u. a. sowie der freie ↑ Knittelvers.

Strenge Alternation kann in der antiken Metrik durch die Auflösung einer Länge in zwei Kürzen aufgelockert werden. Der altdt. Vers zeigt schon bei Otfrid von Weißenburg eine gewisse Tendenz zur Alternation, die sich unter dem Einfluß der altfrz. Dichtung im Verlauf der 2. Hälfte des 12. Jh. verstärkt (Heinrich von Veldeke, ›Eneit‹); Durchbrechungen des alternierenden Prinzips sind jedoch relativ häufig (↑ Tonbeugungsspaltung, ↑ Senkungsspaltung, ↑ beschwerte Hebung). In den Versen der Meistersinger und in der frühen Gelehrtendichtung nach frz. Vorbild (G. R. Weckherlin) ist die Alternation, bei gleichzeitiger Silbenzählung (↑ silbenzählendes Versprinzip), streng durchgeführt, oft auf Kosten des Wortakzents; erst M. Opitz stellte die Einheit von Wortakzent und Versiktus (↑ Iktus) wieder her (›Buch von der Deutschen Poeterey‹, 1624); er forderte dabei die Verwendung ausschließlich a. V.; seine Versreform ermöglichte jedoch zugleich die Verwendung nichtalternierender Versmaße unter Wahrung des akzentuierenden Versprinzips, die in der Generation nach ihm einsetzte (S. von Birken, G. Ph. Harsdörffer, J. Klaj d. J.).

Literatur ↑ Metrik.

Altes Testament ↑ Bibel.

Althaus, Peter Paul, * Münster (Westf.) 28. Juli 1892, † München

16. Sept. 1965, dt. Lyriker. – War Schauspieler, Redakteur und Rundfunkautor; erwarb sich nach 1945 Verdienste um die Wiederbelebung des Kabaretts in seiner Wahlheimat München-Schwabing; bekannt durch seine heiter-iron., poetisch verspielten Gedichtsammlungen; auch Übersetzer.

Werke: In der Traumstadt (Ged., 1951), Dr. Enzian (Ged., 1952), Laßt Blumen sprechen. Flower tales (Ged., 1953), Wir sanften Irren (Ged., 1956), Seelenwandertouren (Ged., 1961), PPA läßt nochmals grüßen (Ged., hg. 1966).

altisländische Literatur ↑altnordische Literatur.

altkirchenslawische   Literatur ↑kirchenslawische Literatur.

altnordische Literatur, die a. L. umfaßt die schriftl. Überlieferung der altwestnord. (= norrönen) Sprachen, d. h. des Altisländischen und Altnorwegischen, und erstreckt sich über einen Zeitraum, der vom Beginn einer faßbaren – in der Tradition überlieferten – dichter. Tätigkeit (um 800) bis zur Einführung des Buchdruckes im Zeitalter der Reformation reicht. Das geograph. Einzugsgebiet des Altnordischen umfaßt Norwegen und seine neugewonnenen Siedlungsgebiete: Island, die nördl. von England liegende Inselwelt (bes. Orkneyinseln und Färöer) und Grönland. Die handschriftl. Überlieferung begann spät: Anfänge der Schreibtätigkeit sind in den kirchl. und weltl. Schulen Islands (Skálholt, Hólar, Oddi, Haukadalr) zu suchen. Das altnorweg. Schrifttum tritt demgegenüber an Umfang und Bedeutung zurück. Die ältesten überlieferten Handschriften datieren aus der Mitte des 12. Jahrhunderts. – In der (der lat. Schreibtechnik vorausliegenden und sie teilweise begleitenden) Runenschrift sind allein Kleinformen dichter. Tätigkeit (Runenverse) bezeugt, und zwar insbes. im Bereich der altostnord. Sprachen. – Das Fortleben der Runenpraxis offenbart eine Eigenheit der a. L. gegenüber der kontinentalen und altengl.: das teilweise Fortleben altgerman., d. h. von kirchl. und antiker Bildung freier Traditionen (Island bekannte sich erst im Jahre 1000 zum Christentum). Die a. L. bestimmt daher in entscheidender Weise unser Bild des Altgermanischen. – Im

Mutterland Norwegen und den sich verselbständigenden Siedlungsgebieten herrschten sehr unterschiedliche Sozialstrukturen. In Island fehlte im Ggs. zu Norwegen jede Zentralgewalt und damit jeder höf. Mittelpunkt. In Norwegen festigte sich die Königsherrschaft, während auf Island die Geschlechterfehden des 13. Jh. zum Verlust der Eigenstaatlichkeit führten. – Nach Inhalts- bzw. Formkriterien läßt sich die a. L. gliedern in edd. und skald. Dichtung, Sögur und gelehrte mittelalterl. Literatur.

Eddische Dichtung: Benannt nach einer Sammlung stabreimender Lieder, die inhaltlich von Götter- und Weltgeschehen (↑›Völuspá‹), von Heldenschicksalen und von allgemeiner Lebensweisheit berichten. Vereinigt sind in dieser Sammlung altnord. und altisländ. Sondergut, aber auch dem Norden zugekommene Lieder aus german. Zeit (↑›Edda‹).

Skaldische Dichtung: Im Ggs. zu der anonymen edd. Dichtung sind die Autoren dieser Gattung (skáld = Dichter) in der Regel bekannt. Spielten die Götter- und Heldenlieder eine zeitlos Einst, so entstanden die Preislieder der Skalden aus einem aktuellen Anlaß. Die isländ. Überlieferung bewahrte die Erinnerung an einen der frühen Skalden, den im 9. Jh. lebenden Norweger Bragi Boddason. Seine ›Ragnarsdrápa‹, ein bildbeschreibendes Gedicht zu Ehren des dän. Seekönigs Ragnarr loðbrók, zeigt bereits die Kennzeichen entwickelter Skaldenkunst: ein Kehrreim (Stef) gliedert die einzelnen Schilderungen der kunstvollen ›drápa‹ (Großform skald. Dichtung). Zum Stabreim tritt, wenn auch noch nicht in der strengen Regelung späterer Zeit, der Binnenreim (↑ Hending). Bereits dieses frühe Skaldengedicht zeigt so kunstvolle Variationen und Umschreibungen (↑ Heiti, ↑ Kenning), daß eine vorangehende Entwicklung dieser Dichtungsgattung zwangsläufig anzunehmen ist. Die skald. Dichtung wurde nach Bragi an den norweg. Fürstenhöfen weitergepflegt. Seit dem Ende der heidn. Zeit traten dort jedoch Isländer das Erbe an und führten die Skaldik an den Fürstenhöfen des Nordens und Englands zu einem großen Reichtum an Formen und Inhalten. Egill Skallagrimsson, Held der gleichnamigen Saga und bedeutendster Skalde des 10. Jh., verwendete in seiner ›Haupteslösung‹ (›Höfuðdlausn‹) den Endreim. Bereits in der Zeit des Niedergangs der skald. Kunst schrieb Snorri Sturluson sein Skaldenlehrbuch (die sog. ›Jüngere Edda‹). Mit fremdem Inhalt lebte die skald. Form weiter in der geistl. Dichtung Islands. Bedeutendes Zeugnis dieser Fortsetzung war die ›Lilja‹, ein kunstvolles Mariengedicht des Eysteinn (um 1340).

Sögur: Die kunstvolle Prosaepik, die diesen Namen trägt (altnord. saga, Plural: sögur), ist eine ausschließlich isländ. Erscheinung. Keine andere altgerman. Überlieferung kennt Vergleichbares. Die Anfänge liegen im dunkeln: einfache Formen der mündl. Volkspoesie sind vorauszusetzen, doch trat das Phänomen der Saga erst im Schreibzeitalter zutage. Nach inhaltl. Gesichtspunkten lassen sich unterscheiden: *1. Isländergeschichten* (›Íslendinga sögur‹). Sie spielen etwa in der Zeit von 930 (d. h. der Zeit der Besiedlung) bis 1030, der ›Sagazeit‹. Es sind Bauerngeschichten, mit einem starken Bewußtsein von Familienzugehörigkeit und genealog. Abkunft. Die handelnden Personen bestimmt ein verletzl. Ehrgefühl und das Verlangen, das eigene Schicksal in einem steten Wagnis von Leib und Leben zu erproben. Der stets anonym bleibende Erzähler tritt hinter der dramat. Gestaltung seines Stoffes zurück. Die Sprache ist lebensnah und alltäglich. Höhepunkte der Sagaschreibung bilden die ↑›Njáls saga‹, ↑›Egils saga‹, ↑›Laxdæla saga‹, ↑›Grettis saga Asmundarsonar‹, ↑›Gísla saga Súrssonar‹. Auf das Niveau der Geschichtsschreibung erhebt sich die ↑›Sturlunga saga‹, eine Sammlung zeitgenöss. Sögur aus der Zeit des Niedergangs des isländ. Freistaates. – *2. Königsgeschichten* (›Konunga sögur‹). Das früh bezeugte histor. Interesse der Isländer und Norweger – zu nennen wären u. a. Sæmunds lat. Werk, Aris Isländerbuch, die ›Landnámabók‹, d. h. das Besiedlungsbuch Islands, das ›Ágrip‹, d. h. eine kurze Geschichte der norweg. Könige und Jarle – gipfelt schließlich in Snorri Sturlusons ↑›Heimskringla‹ (um 1230), die in ihrer episch-dramat. Gestaltung des Stoffes

den Isländergeschichten am nächsten steht. In die gleiche Zeit fallen ›Morkinskinna‹ und ›Fagrskinna‹, ebenfalls Darstellungen norweg. Königsgeschichte. Die dän. Geschichte ist Gegenstand der ›Knytlinga saga‹ und (einer nur im lat. Auszug überlieferten) ›Skjöldunga saga‹. Wikingerschicksale im Rahmen der dän. Geschichte behandelt die ›Jómsvikinga saga‹. Auf die westl. Siedlungen greift diese geschichtl. Saga mit der ›Orkneyinga saga‹ und ›Færeyinga saga‹ aus. – *3. Vorzeitgeschichten* (›Fornaldar sögur‹). Im Gefolge der ep. Großform der ›Islendinga sögur‹ blühte auch im Bereich der Heldensage der Roman auf: die Vorzeit (d. h. die Zeit vor dem Norwegerkönig Harald) und ihre Helden sind ihr Gegenstand (z. B. die ›Ragnars saga loðbrókar‹). Die moderne Prosaform siegte schließlich auch über das Lied. Die Liedstoffe (erhaltener Lieder der edd. Sammlung, aber auch nicht überlieferter Lieder) wurden eingeschmolzen in den Heldenroman (z. B. ↑›Völsunga saga‹, ›Hrólfs saga kraka‹). Ersthändige Prosa und Prosaauflösungen brachten auch – im Vergleich zum Lied – eine veränderte geistige Haltung zum Ausdruck: im scheinhistor. Gewand wuchern hier Phantastisches und Übernatürliches.

Gelehrt-mittelalterliche Literatur: Neben den altgerman. Erbformen und den altwestnord. bzw. isländ. Sproßformen bestimmen die a. L. auch die Einflüsse und Übernahmen mittelalterl., d. h. christlich-antiker Kultur. Unter dem Norwegerkönig Håkon wurden im 13. Jh. frz. Ritterromane in die Sagaform übertragen (›Tristrams saga‹, ›Möttuls saga‹, ›Ívents saga‹, ›Strengleikar‹, ›Parcevals saga‹, ›Erex saga‹ u. a.) und die ›Late medieval Icelandic romances‹ (›Samsons saga fagra‹, ›Victors saga ók bávus‹ u. a.) gehören zur beliebten Lektüre der Zeit. In den weiten Bereich der Übersetzungsliteratur gehören die Überlieferungen von Karl dem Großen (die ›Karlamagnús saga‹) und die Kompilation dt. Sagenstoffe um den Helden Dietrich (in der Geschichte Theoderich der Große), die ↑›Þiðreks saga‹. Anzuschließen sind die geistl. Sagawerke. Sie schildern die Einführung des Christentums auf Island (›Kristni saga‹, ›Hungrvaka‹), das Leben der Bischöfe (›Biskupa sögur‹), übertragen aber auch aus lat. Quellen: Heiligenlegenden, Apostelgeschichten, Bibelkommentare. Auch die Rechtsquellen liegen im Norden in heimischer Sprache vor: die älteren landschaftl. Rechtsbücher (›Grágás‹ auf Island, ›Gulaþings lög‹ und ›Frostaþings lög‹ in Norwegen) werden durch das Königsrecht abgelöst. ›Jarnsíða‹ (1273) und ›Jónsbók‹ (1281) besiegelten die Abhängigkeit Islands von Norwegen und bedeuteten auch für die Geschichte der a. L. einen wichtigen Einschnitt.

Literatur: JÓNSSON, F.: Den oldnorske og oldislanske litteraturs historie. Kopenhagen ²1920–24. 3 Bde. in 2 Bden. – Litteraturhistorie. Hg. v. S. J. NORDAL. Stockholm 1943–53. 2 Bde. – TURVILLE-PETRE, E. O. G.: Origins of Icelandic literature. Oxford 1953. – VRIES, J. DE: Altnord. Literaturgesch. Bln. ²1964–67. 2 Bde. – BEKKER-NIELSEN, H., u.a.: Norrøn fortællekunst, kapitaler af den norsk-islandske middelalderlitteraturs historie. Kopenhagen 1965. – SEE, K. VON: Skaldendichtung. Mchn. u. Zü. 1980. – SEE, K. VON: A. L. In: Lex. des MA. Bd. 1. Mchn. u. Zü. 1980. – SCHIER, K.: Die Literaturen des Nordens. In: Neues Hdb. der Literaturwiss. Bd. 7. Wsb. 1981. S.535. – SIMEK, R./PÁLSSON, H.: Lex. der a. L. Stg. 1987. – BAETKE, W.: Wb. zur altnord. Prosalit. Bln. ⁵1993.

Altolaguirre, Manuel [span. altola-'ɣirrɛ], * Málaga 29. Juni 1905, † Burgos 26. Juli 1959, span. Lyriker. – War Drukker und Verleger in Madrid, Paris und London; lebte nach dem Span. Bürgerkrieg in Mexiko; Lyriker unter anfängl. Einfluß von J. R. Jiménez und P. Salinas mit Neigung zur Romantik.

Werke: Las islas invitadas (Ged., 1926), Ejemplo (Ged., 1927), Un día (Ged., 1931), Antología de la poesía romántica española (1933; Hg.), La lenta libertad (Ged., 1936), El ciervo herido (Ged., 1940), Nube temporal. Fin de un amor (Ged., 1949), Poemas en América (Ged., 1955), Últimos poemas (Ged., 1959).
Ausgabe: M. A. Poesías completas, 1926–1959. Mexiko 1960. Neuausg. 1974.
Literatur: HERNÁNDEZ DE TRELLES, C. D.: M. A., vida y literatura. Río Piedras 1974. – CRISPIN, J.: Quest for wholeness. The personality and works of M. A. Valencia u. a. 1983.

Altorientalistik (Assyriologie, Keilschriftforschung), die Wiss. von Sprachen, Geschichte und Kulturen des Alten Orients, vorwiegend aufgrund der philolog. Auswertung von Texten in Keilschrift und davon abgeleiteten Schriftsystemen. Von der Keilschriftentzifferung im 19.Jh. ausgehend, die zunächst das Verständnis der assyr. Geschichtsquellen ermöglichte (daher die traditionelle Bez. *Assyriologie*), erweiterte sich das Forschungsgebiet durch die Erschließung weiterer Keilschriftsprachen (Sumerisch, Hethitisch, Churritisch, Urartäisch, Elamisch, Altpersisch, Ugaritisch, zuletzt der Texte von Ebla). Zugleich wurde die A. von der anfänglich starken Bestimmung durch Fragestellungen der Wiss. vom AT unabhängig. Die wachsende Menge von Texten aus neuen Ausgrabungen hat zu einer fortschreitenden Bildung von Spezialdisziplinen geführt: Sumerologie, Akkadistik, Hethitologie usw., aber auch z. B. Keilschriftrecht.

altpersische Literatur, das Schrifttum in Altpersisch, der offiziellen Hofsprache der Achämeniden, erhalten nur in deren mehrsprachigen Inschriften von 520 bis etwa 350. Die längste Inschrift findet sich am Felsen von Bisutun, wichtigere Texte stammen ferner aus Persepolis und dem nahen Naghsch e Rostam, Susa, Hamadan sowie vom Sueskanal. Die Inschriften sind auf Felswänden (neben Reliefs), an Bauwerken, auf Gold-, Silber-, Ton- und Steintafeln, Gefäßen und Schalen, Siegeln und Gewichten angebracht, teils historisch-chronist. Inhalts (Thronbesteigung durch Darius I., Wiederherstellung der Ordnung im Reich), teils Bauurkunden (über den Bau des Palastes von Susa, eines Kanals vom Roten Meer zum Nil). Historisch bed. ist bes. die Inschrift von Bisutun, während v.a. die kürzeren Texte sich in Formeln und Aufzählungen erschöpfen. Der Erhaltungszustand ist nicht immer gut, doch ist eine sichere Textherstellung fast durchgehend dadurch möglich, daß die Texte in mehreren Versionen erhalten sind.

Ausgaben: Die Keilinschrr. der Achämeniden. Bearb. v. F. H. WEISSBACH. Lpz. 1911. Nachdr. Lpz. 1968. – KENT, R. G.: Old Persian. Grammar, texts, lexicon. New Haven (Conn.) ²1953. – MAYRHOFER, M.: Suppl. zur Slg. der altpers. Inschrr. Wien 1978. – SCHMITT, R.: Altpersisch-Forschung in den Siebzigerjahren. In: Kratylos 25 (1980). S. 1.
Literatur: WEISSBACH, F. H.: Die altpers. Inschrr. In: Grundr. der iran. Philologie. Hg. v.

W. Geiger u. E. Kuhn. Bd. 2. Straßburg 1904. S. 54.

altslawische Literatur ↑ kirchenslawische Literatur.

Altswert, Meister, elsäss. Dichter der 2. Hälfte des 14. Jahrhunderts. – Von ihm sind vier allegor. Minnegedichte erhalten: ›Altswert‹ (= Das alte Schwert), ›Der Kittel‹, ›Der Tugenden Schatz‹, ›Der Spiegel‹.

Aluko, Timothy Mofolorunso [engl. ɑ:'lu:koʊ], * Ilesha (Nigeria) 14. Juni 1918, nigerian. Schriftsteller. – Beschreibt in seinen Romanen die Periode der Neuorientierung und die Suche nach neuen Werten in Nigeria nach der Unabhängigkeit.

Werke: One man, one wife (R., 1959), One man, one matchet (R., 1964), Kinsman and foreman (R., 1966), Chief the honourable minister (R., 1970), His worshipful majesty (R., 1973), Wrong ones in the dock (R., 1982).

Álvares de Azevedo, Manuel António [brasilian. 'alvariz di aze'vedu], * São Paulo 12. Sept. 1831, † Rio de Janeiro 25. April 1852, brasilian. Dichter. Neben Erzählungen, einem Drama und dem Epos ›O conde Lopo‹ (hg. 1886) schrieb er Gedichte (›A lira dos vinte anos‹, hg. 1853), in denen neben der dominierenden romant. Thematik von Tod und Eros bereits Gegenstände des Alltags angesprochen werden.

Ausgabe: M. A. A. de A. Obras completas. Rio de Janeiro 1942. 2 Bde.

Álvares do Oriente, Fernão [portugies. 'alvɐrɪʒ ðu o'rɪentə], portugies. Dichter, ↑ Oriente, Fernão Álvares do.

Álvarez de Cienfuegos, Nicasio [span. 'alβareð ðe θɪen'fueɣos], span. Schriftsteller, ↑ Cienfuegos, Nicasio Álvarez de.

Álvarez Quintero, Serafín [span. 'alβarɛθ kin'tero], * Utrera (Prov. Sevilla) 26. März 1871, † Madrid 12. April 1938, und Joaquín, * Utrera 20. Jan. 1873, † Madrid 14. Juni 1944, span. Dramatiker. – Die beiden Brüder verfaßten gemeinsam – bis zum Tod des älteren – rund 200 außerordentlich erfolgreiche, bühnenwirksame Theaterstücke, meist Komödien, Sainetes und Zarzuelas mit Motiven aus ihrer andalus. Heimat (u. a. ›El ojito derecho‹, 1897; ›El amor que pasa‹, 1904; ›Los galeotes‹, 1900; ›Las de Caín‹, 1908; ›Mariquilla Terremoto‹, 1930; ›El rinconcito‹, 1932).

Ausgabe: S. Á. Qu.: Obras completas. Madrid 1947–54. 7 Bde.

Alvaro, Corrado, * San Luca (Prov. Reggio di Calabria) 15. April 1895, † Rom 11. Juni 1956, italien. Schriftsteller. – Redakteur und Theaterrezensent in Mailand und Rom (u. a. ›Corriere della Sera‹, ›La Stampa‹); Lyriker (›Poesie grigioverdi‹, 1917) und Erzähler. Hauptwerk sind die realist. Erzählungen ›Die Hirten vom Aspromonte‹, 1930, dt. 1942, mit Schilderungen der rückständigen sozialen Verhältnisse seiner kalabr. Heimat.

Weitere Werke: Italien. Reisebuch (1933, dt. 1956), L'uomo è forte (R., 1938), L'età breve (R., 1946), Quasi una vita (Tageb., 1950).

Literatur: Paladino, V.: L'opera di C. A. Florenz 1968. – Tancredi, M. I.: C. A. Florenz 1969. – Balduino, A.: C. A. Mailand ²1972. – Reina, L.: Cultura e storia di A. Neapel 1973.

Alver, Betti, eigtl. Elisabet A., * Jõgeva 23. Nov. 1906, † Dorpat 16. Juni 1989, estn. Dichterin. – Debüt als Prosaistin, dann Lyrik und Poeme, in denen sich bei gleichbleibender sprachl. Meisterschaft der Wandel vom abstrakten Gedankengedicht, Hymnen an Kunst und Geist, zu Schlichtheit und größerer Realität vollzog; bed. Übersetzerin, u. a. von A. S. Puschkin, der ihr Vorbild war.

Werke: Tolm ja tuli (= Staub und Feuer, Ged., 1936), Tähetund (= Sternstunde, Ged., 1966), Lendav linn (= Die fliegende Stadt, Ged., 1979).

Alverdes, Paul, * Straßburg 6. Mai 1897, † München 28. Febr. 1979, dt. Schriftsteller. – Erlitt im 1. Weltkrieg eine schwere Kehlkopfverletzung; studierte Jura, Germanistik und Kunstgeschichte; seit 1922 freier Schriftsteller; mit K. B. von Mechow 1934–44 Hg. der Zeitschrift ›Das Innere Reich‹. Schrieb v. a. Erzählungen und Gedichte, aber auch Dramen sowie Spiele und Kindermärchen; geprägt wurde sein Werk v. a. durch die Jugendbewegung und das Fronterlebnis. Seinen Ruf begründete A. mit der knappen, autobiograph. Kriegserzählung ›Die Pfeiferstube‹ (1929).

Weitere Werke: Kilian (Nov., 1922), Die Nördlichen (Ged., 1922), Die feindl. Brüder (Trauerspiel, 1923), Novellen (1923, erweitert u. d. T. Die Flucht, 1935), Reinhold oder die Verwan-

Amadis auß Franckreich. 451

Das X X. Capitel.

Wie Amadis vom Arcalao verzaubert worden/
als er das Fräwlin Grindalia/ vnd andere auß der Ge=
fencknuß erlöst. Folgendes wie er von solcher Zauberey
durch der Organden hülff/erlöst worden.

Als Fräwlin Grindalia / welche
Amadis auß d' gefecknuß erledigt/
befürchtert vn stellet sich so erbärm=
lich vmb jne/ daß solches billich mittleidens ver=
dient habe folt/vn sagt zu des Arcalaus weib vn
Gg ij   andern

Amadisroman. Holzschnitt von Virgil
Solis (1569)

delten (En., 1931), Die Freiwilligen (Hsp.,
1934), Grimbarts Haus (E., 1949), Die Grotte
der Egeria (Tageb., 1950), Die Traum-Pferd-
chen (Märchen, 1957), Vom Schlaraffenland
(Märchen, 1965).

Alverfors, Ann-Charlotte, * Eksjö
23. Jan. 1947, schwed. Schriftstellerin. –
Begann mit Lyrik (›Paternosterhissar‹,
1972; ›Jönköping 6‹, 1975). Der Romanzyklus ›Sparvöga‹ (1975), ›Hjärteblodet‹
(1976) und ›Snabelros‹ (1977) trägt autobiograph. Züge. Ihr Werk ist durch eine
realist. Bildersprache gekennzeichnet.
Weitere Werke: Linneas resor (R., 1979), Mid-
vintersaga (R., 1982).

Alves, Antônio de Castro, brasilian.
Dichter, ↑ Castro Alves, Antônio de.

Alxinger, Johann Baptist Edler von
(seit 1794), * Wien 24. Jan. 1755, † ebd.
1. Mai 1797, österr. Dichter. – Hofagent
und 1794 Hoftheatersekretär; außer Gedichten (1780, 1788, 1794) schrieb er als
geschickter Nachahmer Ch. M. Wielands, den er 1794 in Weimar besuchte,
die Rittergedichte ›Doolin von Maynz‹
(1787) und ›Bliomberis‹ (1791), die jedoch weitgehend auf Ablehnung stießen;
ferner schrieb er u. a. das Trauerspiel
›Eduard der Dritte‹ (1784).
Literatur: RITTER, E. F.: J. B. v. A. and the
Austrian enlightenment. Bern 1970.

Alzaga, J. M. Toribio [bask. alsaɣa],
* Donostia (San Sebastián) 16. April
1861, † ebd. 27. Mai 1941, bask. Schriftsteller. – Schrieb v. a. Theaterstücke, in
der Mehrzahl Komödien.
Werke: Aterako gera (= Wir werden hinausge-
hen, Kom., 1888), Txanton Piperri (Libretto,
1899), Irritsa (= Die Ambition, Adaptation von
Shakespeares Macbeth, 1926).

Amadisroman, wichtigster Ritterro-
man des ausgehenden MA und der Früh-
renaissance, dessen Autor und Original-
sprache noch unbekannt sind. Der A. findet sich bereits im 14. Jh. in Spanien erwähnt, als Verfasser wurde Vasco de Lo-
beiro vermutet; doch erst G. Rodríguez
de Montalvo übersetzte oder bearbeitete
um 1492 drei Bücher und fügte einen
weiteren Teil an (gedruckt 1508 in Zaragoza). Amadis ist das illegitime Kind des
Königs Perion von Gaula und der Prinzessin Elisena. In vielen Abenteuern
durchzieht er zahlreiche Länder, kämpft
mit Zauberern und Riesen und erringt
endlich seine Braut Oriana. Der A.
wurde in viele Sprachen übersetzt (u. a.
von N. d'Herberay des Essarts 1540–48
[8 Bde.] ins Französische und von
B. Tasso 1560 ins Italienische; die erste
dt. Ausgabe erschien 1569–94 in
24 Bden.). Er schwoll, bedingt durch den
Erfolg, zu einer Fortsetzungsserie von
insgesamt 24 Bänden an und verbreitete
sich über ganz Europa als Prototyp des
Ritterbuchs. Obwohl der A. dem Artus-
Komplex viel verdankt, unterscheidet er
sich von diesem durch größere Phantastik und ein nur mehr fingiertes Ritter-
tum. Als Ausklang und Übergang zeigt er
den Wechsel der Ideologie und des Geschmacks.
Ausgaben: Amadís de Gaula. Hg. v. E. B. PLACE.
Madrid 1959–65. 3 Bde. – Amadis de Gaula.
Hg. v. F. COSTA MARQUES. Coimbra 1960. –
Amadis von Gallien. Hg. u. übers. v. F. R. FRIES.
Stg. ³1981. 2 Bde.
Literatur: BARET, E.: De l'Amadis de Gaule et
son influence sur les mœurs et la littérature au
XVIᵉ et XVIIᵉ siècle. Paris ²1873. Nachdr. Genf
1970. – ARMES-PIERANDREÏ, D.: Amadis de
Gaule. In: Lex. des MA. Bd. 1. Mchn. u. Zü.
1980.

Amado, Jorge [brasilian. ɐˈmadu],
* Pirangi (Bundesstaat Bahia) 10. Aug.
1912, brasilian. Schriftsteller. – Als Journalist politisch tätig; mehrfach inhaftiert

und jahrelang im Zwangsexil; kämpft in seinen urwüchsig-realist. Romanen für die unterdrückten Schichten der Bevölkerung von Bahia. In seinen Werken seit 1958 treten Humor und Ironie in den Vordergrund, erweitert sich sein soziales Panorama und gewinnen v. a. seine weiblichen Charaktere psychologische Komplexität.
Werke: Cacau (R., 1933), Suor (R., 1934, beide zus. dt. 1966 u. d. T. Leute aus Bahia), Jubiaba (R., 1936, dt. 1950), Tote See (R., 1936, dt. 1950), Herren des Strandes (R., 1937, dt. 1951), Gabriela, wie Zimt und Nelken (R., 1950, dt. 1963), Die Abenteuer des Kapitäns Vasco Moscoso (R., 1961, dt. 1964), Nächte in Bahia (R., 1964, dt. 1965, 1967 auch u. d. T. Hirten der Nacht), Dona Flor und ihre zwei Ehemänner (R., 1966, dt. 1968), Die Geheimnisse des Mulatten Pedro (R., 1969, dt. 1978, 1972 auch u. d. T. Werkstatt der Wunder), Viva Teresa (R., 1973, dt. 1975), Tieta aus Agreste (R., 1977, dt. 1979), Das Nachthemd und die Akademie (R., 1979, dt. 1985), Tocaia grande. Der große Hinterhalt (R., 1984, dt. 1987), Das Verschwinden der heiligen Barbara (R., 1988, dt. 1990).
Literatur: TATI, M.: J. A. Vida e obra. Belo Horizonte 1961. – DAUS, R.: J. A. als engagierter Schriftsteller. Do. u. Bad Homburg v. d. H. 1968. – JURT, J.: J. A. In: Lateinamerikan. Lit. der Gegenwart. Hg. v. W. EITEL. Stg. 1978. S. 108. – TAVARES, P.: Criaturas de J. A. Rio de Janeiro ²1985. – ENGLER, E.: J. A. Mchn. 1992.

Amador de los Ríos, José [span. ama'ðɔr ðe lɔr'rrios], * Baena 1. Mai 1818, † Sevilla 17. März 1878, span. Historiker, Literarhistoriker und Lyriker. – Prof. an der Univ. Madrid; veröffentlichte u. a. eine grundlegende Geschichte der span. Literatur von den Anfängen bis ins 15. Jh. (›Historia crítica de la literatura española‹, 7 Bde., 1861–65) und eine Geschichte des Judentums auf der Iber. Halbinsel (›Historia social, política y religiosa de los judíos en España y Portugal‹, 3 Bde., 1875/76) sowie einen Band Gedichte (›Poesías‹, 1839).

Amalrik (tl.: Amal'rik), Andrei Alexejewitsch [russ. a'maljrik], * Moskau 12. Mai 1938, † Guadalajara (Spanien) 12. Nov. 1980 (Verkehrsunfall), russ. Schriftsteller. – Wiederholt in Verbannung und Lagerhaft; durfte 1976 die Sowjetunion verlassen; schrieb neben Dramen in der Tradition des absurden Theaters (›P'esy‹ [= Stücke], Amsterdam 1970) v. a. den Bericht ›Unfreiwillige Reise nach Sibirien‹ (New York 1970, dt. 1970), ferner den Essay ›Kann die Sowjetunion das Jahr 1984 erleben?‹ (Amsterdam 1969, dt. 1970).
Weiteres Werk: Aufzeichnungen eines Revolutionärs (dt. 1983).

Amann, Jürg, * Winterthur 2. Juli 1947, schweizer. Schriftsteller. – Nach Studium in Berlin und Zürich Dramaturg und Literaturkritiker in Zürich, seit 1976 freier Schriftsteller. Schreibt Dramen, Hörspiele, Erzählungen, Kurzgeschichten und Romane, in denen er u. a. versucht, Persönlichkeiten vor allem der Literatur (F. Kafka, Goethe, Novalis, R. Walser), aber auch der Geschichte (Kaspar Hauser) von innen heraus zu begreifen; erhielt u. a. 1982 den Ingeborg-Bachmann-Preis.
Werke: Hardenberg (E., 1978), Verirren oder Das plötzl. Schweigen des Robert Walser (R., 1978), Die Kunst des wirkungsvollen Abgangs (En., 1978), Die Korrektur (Dr., UA 1980), Die Baumschule (En., 1982), Nachgerufen. Elf Monologe und eine Novelle (1983), Ach, diese Wege sind sehr dunkel (Dramen, 1985), Patagonien (Prosa, 1985), Robert Walser (Essay, 1985), Fort (E., 1987), Tod Weidigs (En., 1989), Zwei oder drei Dinge (Nov., 1993), Über die Jahre (R., 1994).

Amanshauser, Gerhard * Salzburg 2. Jan. 1928, österr. Schriftsteller. – Charakteristisch für ihn ist die Position des Beobachters, woraus sich eine Erzählperspektive ergibt, die bestimmt wird durch die Distanzierung zur erfahrenen Welt. Dementsprechend besitzen seine kurzen Prosatexte meist eine iron., satir. oder parodist. Tendenz und rühren an die geistigen Bereiche von Utopie und Aussteigertum.
Werke: Aus dem Leben der Quaden. Eine Satire (1968), Der Deserteur (En., 1970), Satz und Gegensatz. Essays (1972), Ärgernisse eines Zauberers. Satiren und Marginalien (1973), Schloß mit späten Gästen (R., 1975; verfilmt vom ORF 1982), Grenzen. Aufzeichnungen (1977), Aufzeichnungen einer Sonde. Parodien (1979), List der Illusionen (Aphorismen, 1985), Gedichte (1986), Der Ohne-Namen-See. Chin. Impressionen (1988), Lektüre (1991).
Literatur: G. A. Gegen-Sätze. Hg. v. J. DONNEN-BERG. Salzburg 1993.

Amarasiṃha [...ṇha], ind. Lexikograph, Lebensdaten unbekannt, etwa 6.–8. Jahrhundert. – Verfasser des ›Nāmaliṅgānuśāsana‹ (sanskr. = Belehrung über die Nomina und ihr Geschlecht), gewöhnlich ›Amarakośa‹ (= Amaras Thesaurus) genannt, ein synonym. Wörterbuch, das aus drei Abschnitten besteht (deshalb auch ›Trikāṇḍī‹ genannt). Zum Werk des A. hat es zahlreiche Kommentare gegeben (etwa 50), von denen jedoch nur einige bekannt sind.

Ausgabe: Amara-Simha. Amarakocha, ou Vocabulaire d'Amarasimha. Sanskrit u. frz. Hg. v. A. L. DESLONGCHAMPS. Paris 1839–45. 2 Bde. **Literatur:** VOGEL, C.: Indian lexicography. Wsb. 1979.

Amaru, ind. Dichter wohl des 7. oder 8. Jahrhunderts. – Über sein Leben weiß man so gut wie nichts; bekannt als Verfasser des berühmten Werkes der erot. Sanskritlyrik, des ›Amaruśataka‹ (= A.s Hundert), einer Sammlung von 100 Strophen, erhalten in 4 Rezensionen, denen nur 51 Strophen gemeinsam sind.

Ausgaben: SIMON, R.: Das Amaruçataka in seinen Beziehungen dargestellt. Kiel 1893. – Die hundert Strophen des A. Aus dem Sanskrit metr. übers. v. F. RÜCKERT. Hg. v. J. NOBEL. Hann. 1925.

Amateurtheater [...'tøːr] ↑ Laienspiel.

Amaya Amador, Ramón [span. a'maja ama'ðor], * Olanchito (Dep. Yoro) 26. April 1916, † bei Preßburg 24. Nov. 1966 (Flugzeugunglück), honduran. Schriftsteller. – Gelegenheitsarbeiter, Journalist; lebte aus polit. Gründen viele Jahre im Exil (Mitglied der Kommunist. Partei, zuletzt in Prag. Seine realist. und sozialkrit. Romane, in denen viele persönl. Erfahrungen verarbeitet sind, behandeln das Elend der Plantagenarbeiter und des Stadtproletariats in Mittelamerika.

Werke: Das grüne Gefängnis (R., 1952, dt. 1958), Morgendämmerung (R., 1952, dt. 1956), Aufstand in Tegucigalpa (R., 1958, dt. 1962).

Ambesser, Axel von, eigtl. A. Eugen von Oesterreich, * Hamburg 22. Juni 1910, † München 6. Sept. 1988, dt. Schauspieler, Regisseur und Schriftsteller. – 1930 erstes Engagement an den Hamburger Kammerspielen, später in Augsburg, Berlin (Dt. Theater), Wien (Burgtheater, Staatsoper) und München (Kammerspiele). A. führte bei zahlreichen Komödien und Filmen Regie und schrieb mehrere Stücke für die Bühne, von denen

›Das Abgründige in Herrn Gerstenberg‹ (1946) bes. erfolgreich war.

Weitere Werke: Nimm einen Namen mit A. (Erinnerungen, 1985), Aber fragt mich nur nicht, wie ... (R., 1987).

Ambiguität [zu lat. ambiguus = zweideutig, doppeldeutig], allgemein Bez. für die Mehrdeutigkeit von Wörtern, Werken, Motiven, Charakteren und Sachverhalten; in der Rhetorik Begriff sowohl für die ungewollte Mehrdeutigkeit im lexikal. oder syntakt. Bereich, die als Fehler gilt, als auch für die gewollte Mehrdeutigkeit, die wegen ihres Effekts als rhetor. Figur anerkannt ist. A. eignet sich bes. für die satir., iron. und humorist. Schreibweise und ist v. a. in literar. und subliterar. Kleinformen (z. B. Witz, Rätsel) beliebt. In weiterem Sinne ist A. für jede Art von Dichtung Wesenselement, da sie eine Vielfalt von Bezügen gestaltet oder andeutet, die der Leser interpretierend entdecken kann.

Ambivalenz [lat.], Gleichzeitigkeit verschiedener widersprüchl. (oder nur scheinbar widersprüchl.) Strömungen innerhalb einer Epoche oder Mehrschichtigkeit von Wörtern. Man spricht auch von der A. des in einer Dichtung gestalteten Weltbildes oder von der A. des Charakters einer Dramenfigur.

Ambler, Eric [engl. 'æmblə], * London 28. Juni 1909, engl. Schriftsteller. – Ausbildung zum Ingenieur in London; seit 1937 freier Schriftsteller; lebt seit 1969 in der Schweiz. Verfasser von Drehbüchern, Abenteuer- und Kriminalromanen, insbes. vom Typ des darstellerisch realist., handlungsbetonten Thrillers.

Werke: Die Maske des Dimitrios (R., 1939, dt. 1957), Der Fall Deltschew (R., 1951, dt. 1953), Schirmers Erbschaft (R., 1953, dt. 1955), Topkapi (R., 1962, dt. 1969), Die Begabung zu töten (R., 1963, dt. 1988), Schmutzige Geschichte (R., 1967, dt. 1968), Der Levantiner (R., 1972, dt. 1973), Bitte keine Rosen mehr (R., 1977, dt. 1978), Mit der Zeit (R., 1981, dt. 1981), Ambler (Autobiogr., 1985, dt. 1986).

Literatur: Über E. A. Hg. v. G. HAFFMANS. Zü. ²1989.

Ambraser Heldenbuch ↑ Heldenbuch.

Ambraser Liederbuch, 1582 in Frankfurt gedruckte Sammlung von 262 Liedertexten (ohne Melodien). Die bekanntesten der enthaltenen Lieder sind das jüngere ›Hildebrandslied‹, die Tannhäuserballade und das ›Lindenschmidlied‹.

Literatur: Das A. L. vom Jahre 1582. Hg. v. J. BERGMANN. Stg. 1854. Nachdr. Hildesheim 1971.

Ambrogini, Angiolo [italien. ambro-'dʒi:ni], italien. Humanist und Dichter, ↑ Poliziano, Angelo.

Ambrosius, hl., *Trier um 340, † Mailand 4. April 397, lat. Kirchenlehrer. – A. wurde in Rom erzogen und hatte eine bed. Stellung im kaiserl. Dienst inne. Als Bischof von Mailand (seit 374) bekämpfte er die Arianer. A. war als ausgebildeter Rhetor ein wortgewaltiger Prediger. Grundlage seiner Werke ›Hexaemeron libri VI‹ (nach 386; Kommentar zu 1. Mose) und ›Expositio Evangelii secundum Lucan‹ (386/387; 10 Bücher) sind seine Reden und Predigten. V. a. sein ›Hexaemeron‹ – orientiert an dem gleichnamigen Werk Basileios des Großen – zeigt in brillanten Naturbeschreibungen sein literar. Können. ›De officiis ministrorum‹ (386) gilt, obwohl in der Konzeption ihrem stoischen Gegenstück ›De officiis‹ Ciceros folgend, als erste zusammenfassende Darstellung christl. Ethik. A. ist der Schöpfer des hymn. Gesangs und Begründer des lat. Kirchenlieds. Einige der sicher von ihm verfaßten Gesänge (z. B. ›Aeterne rerum conditor‹, ›Deus creator omnium‹) sind noch heute in Gebrauch. Die exakte Klärung der Autorschaft des A. bei einer Reihe weiterer ihm zugeschriebener Hymnen und Gesänge wird v. a. dadurch erschwert, daß der von A. geschaffene Typ (acht Strophen mit je vier Zeilen zu je vier Jamben) schon früh als ›Ambrosianus‹ gekennzeichnet wurde.

Literatur: DUDDEN, F. H.: The life and times of St. Ambrose. Oxford 1935. 2 Bde. – NAGL, M. A.: Der heilige A. Münster 1940. – Das Leben des hl. A. Die Vita des Paulinus. Texte aus den Werken des Heiligen u. a. Zeitdokumente. Eingel. v. E. DASSMANN. Düss. 1967. – KRAFT, H.: A. In: Lex. des MA. Bd. 1. Mchn. u. Zü. 1980.

Ambrus, Zoltán [ungar. 'ɔmbruʃ], *Debrecen 22. Febr. 1861, † Budapest 28. Febr. 1932, ungar. Schriftsteller und Kritiker. – Studierte Jura in Budapest,

Literatur in Paris. Als Vermittler frz. Geistes, als hervorragender Übersetzer, durch seine krit. Arbeiten und Essays, seine Mitarbeit an der Zeitschrift ›Nyugat‹ hatte er große Bedeutung für die Erneuerung der ungar. Literatur; Vorbild war ihm die frz. Prosa, der analysierende Roman und das psycholog. Drama; schilderte und ironisierte in satir. Erzählungen und Romanen das großstädt. Bürgertum.

Werke: Midás király (= König Midas, R., 1894), Giroflé és Girofla (= Giroflé und Girofla, R., 1901).

Amduat [ägypt. = das, was in der Unterwelt ist], altägypt. Dichtung aus der Zeit um 1500 v. Chr.; Gegenstand ist die Fahrt des Sonnengottes bei Nacht durch die Unterwelt. Bedrohungen durch Feinde, durch Versiegen des Wasserstromes wie durch Altern gilt es zu überwinden; gleichzeitig spendet der Gott den Toten Lebensmöglichkeit und verurteilt Frevler. Bild und Wort stehen gleichberechtigt nebeneinander. Der Dichter bedient sich der Worte, um Nichtdarstellbares, und der Bilder, um Nichtsagbares auszudrücken.

Literatur: HORNUNG, E.: Ägypt. Unterweltsbücher. Mchn. ²1984. S. 57.

Amenemhet I. (Ammenemes I.), fiktiver Verfasser der ›Lehre des A. für seinen Sohn Sesostris I.‹, die unter Sesostris I., dem Sohn und Nachfolger des ägypt. Königs entstand und diesem postum zugeschrieben wurde, deren Verfasser jedoch der Dichter ↑ Cheti gewesen sein dürfte (A. I. war ägypt. König 1991–62, sein Sohn Sesostris I. war ägypt. König 1971–26, zunächst als Mitregent). Das in die Form einer Lehre gekleidete polit. ›Testament‹ war noch im Neuen Reich (1550–1070) weit verbreitet. Es enthält neben den Verhaltensmaßregeln auch biograph. Teile, z. B. die Ermordung des Königs. Bemerkenswert ist die Darstellung der ird. Institution des Königtums, die im krassen Gegensatz zum Dogma vom Gottkönig steht und eine von tiefem Pessimismus geprägte Beurteilung der menschl. Wesensart.

Literatur: HELCK, W.: Der Text der ›Lehre A.s I. für seinen Sohn‹. Wsb. 1969.

Amenemope (Amenope), abgekürzter Name für die aus der 20. Dynastie

(1186–1070 v. Chr.) stammende ›Lehre des A.‹, die den Höhepunkt ägypt. Weisheitsliteratur bildet. In einem ausgeprägten religiösen Grundton schildern die 30 Kapitel das ägypt. Ideal des ›rechten Schweigers‹ (des vor Gott und den Menschen Demütigen) und fordern zu gerechtem, unbestechl. Verhalten auf. Wegen ihrer z. T. sogar wörtl. Übereinstimmung mit den Sprüchen Salomos (22, 27–23, 11) gab sie wichtige Anstöße für die Erforschung ägypt. und alttestamentl. Weisheitsliteratur.

Literatur: GRUMACH, I.: Unterss. zur Lebenslehre des A. Bln. u. Mchn. 1972.

Amenta, Niccolò, * Neapel 18. Okt. 1659, † ebd. 21. Juli 1719 (nicht 1717), italien. Dichter. – Verfasser von sieben einstmals erfolgreichen Komödien im klassisch-toskan. Stil (u. a. ›La costanza‹, 1699; ›La somiglianza‹, 1706; ›Le gemelle‹, 1718).

American Book Awards, The [engl. ðɪ əˈmɛrɪkən ˈbʊk əˈwɔːdz], Abk. TABA, 1979 von der Association of American Publishers begründete amerikan. Literaturpreise, die 1980 die bis dahin verliehenen ›National Book Awards‹ ablösten. Die Preise werden jährlich in 17 Kategorien für ein jeweils im Vorjahr erschienenes Buch der verschiedensten Genres und Bereiche (u. a. Roman, Lyrik, Autobiographie/Biographie, Kinderbuch, aktuelles Sachbuch, Kunst, Wissenschaft) vergeben. Außerdem werden drei Preise für Buchdesign verliehen.

amerikanische Literatur ↑ USA-Literatur.

Amerikanistik, im Unterschied zur ethnolog. A. des 19. Jh., die sich mit den Sprachen und Kulturen der nord- und südamerikan. Völker befaßte, ist die A. im 20. Jh. eine relativ junge Disziplin, die sich zum einen parallel zur ↑ Anglistik innerhalb des Faches Engl. Philologie, zum anderen aufgrund polit. Gegebenheiten mit verschiedenen Vorzeichen vor und nach dem 2. Weltkrieg in Deutschland entwickelte. Im Rahmen der Beschäftigung mit englischsprachiger Literatur versteht sich die A. zunächst als Amerikakunde über die Kultur der USA. Ein in Berlin seit 1910 als außeruniversitäres Informationszentrum bestehendes Amerika-Institut wurde 1926 durch den von F. Schönemann (* 1886, † 1956) betreuten Aufbau der Amerika-Abteilung des Engl. Seminars an der Univ. ergänzt. Seine nationalsozialist. Einstellung verhalf Schönemann 1936 zur ersten dt. Professor für ›amerikan. Literatur- und Kulturgeschichte‹ und 1940 zur Leitung der Amerika-Abteilung der Auslandswiss. Fakultät. Nach dem 2. Weltkrieg setzte der von der Vergangenheit unbelastete W. Fischer (* 1889, † 1961) seine in Dresden und Gießen begonnene erfolgreiche Lehr- und Forschungsarbeit als Amerikanist in Marburg fort. 1953 gründete er zus. mit Fachkollegen die Dt. Gesellschaft für Amerikastudien und wurde ihr erster Präsident. In Analogie zu den schon in den 30er Jahren in den USA entstandenen ›American Studies‹ konzipierte der 1950 aus der Emigration in den USA zurückgekehrte Kulturhistoriker und Politikwissenschaftler A. Bergsträsser (* 1896, † 1964) im ersten Band des ›Jahrbuchs für Amerikastudien‹ (1956; seit 1974: ›Amerikastudien/American Studies‹) die Amerikastudien als eine Kooperation verschiedener wiss. Disziplinen. Der interdisziplinäre Charakter der A., der die Lehre und Forschung der unter dem Einfluß des amerikan. Reeducation-Programms gegr. Amerika-Institute (Frankfurt am Main, 1946; München, 1949; Berlin [West], 1952) bestimmt, ist am besten in Berlin verwirklicht, wo an der von dem Politologen E. Fraenkel (* 1898, † 1975) 1963 in John F. Kennedy-Institut für Nordamerikastudien umbenannten Amerika-Abteilung der FU eine Zusammenarbeit von Literatur, Politik, Kultur, Geschichte, Geographie, Wirtschaft, Sprache und Soziologie angestrebt wird. Die amerikanist. Abteilungen in Erlangen (seit 1947) und Mainz (seit 1952) sowie die inzwischen an den meisten Universitäten eingerichteten A.lehrstühle konzentrieren sich auf die Sprache, Literatur und Kultur der Vereinigten Staaten von Amerika. Bed. Beiträge zur A.forschung haben H. Galinsky ([* 1909, † 1991]; Mainz) und U. Brumm ([* 1919]; Berlin) geleistet.

Literatur: Amerikastudien, Theorie, Gesch., interpretator. Praxis. Hg. v. M. CHRISTADLER u. H. LENZ. Stg. 1977. – FINKENSTAEDT, TH.: Kleine

Gesch. der Anglistik in Deutschland. Eine Einführung. Darmst. 1983.

Amery, Carl ['ameri], eigtl. Christian Anton Mayer, * München 9. April 1922, dt. Schriftsteller und Publizist. – Teilnahme am 2. Weltkrieg, seit 1950 freier Schriftsteller. 1976/77 Vorsitzender des Verbandes dt. Schriftsteller und 1989–91 Präsident des dt. P.E.N. Vertreter eines krit. Katholizismus, wurde bes. durch die polem. Schrift ›Die Kapitulation – oder: Dt. Katholizismus heute‹ (1963) bekannt. Seit der Mitte der 70er Jahre beschäftigt sich A. zunehmend mit Fragen der Umwelt und fordert einen ›ökolog. Materialismus‹ (›Natur als Politik. Die ökolog. Chance des Menschen‹, 1976). In dem Roman ›An den Feuern der Leyermark‹ (1979) überlegt der patriot. Bayer A., was aus einem Deutschland ohne die Vorherrschaft Preußens hätte werden können; schrieb auch Hörspiele, ein Fernsehspiel sowie das aus einem Hörspiel entstandene Theaterstück ›Ich stehe zur Verfügung‹ (UA 1967).
Weitere Werke: Der Wettbewerb (R., 1954), Die große dt. Tour (R., 1958), Das Ende der Vorsehung. Die gnadenlosen Folgen des Christentums (1972), Das Königsprojekt (R., 1974), Leb wohl geliebtes Volk der Bayern (1980), Die starke Position des Mannes oder Ganz normale Mamus (Satiren, 1985), Die Wallfahrer (R., 1986), Das Geheimnis der Krypta (R., 1990).

Améry, Jean [frz. ame'ri], eigtl. Hans Mayer, * Wien 31. Okt. 1912, † Salzburg 17. Okt. 1978, österr. Schriftsteller. – Studium der Literatur und Philosophie in Wien. 1938 Flucht nach Belgien, Internierung in Südfrankreich, Häftling in den KZ von Auschwitz, Buchenwald und Bergen-Belsen; nach 1945 wieder in Brüssel, zunächst als Journalist, dann, mehr und mehr die eigene Person miteinbeziehend, als Verfasser von literarischphilosoph. Essays. Beeinflußt von J.-P. Sartre, geprägt von der Grundidee des Existentialismus, daß der Mensch sich selbst in die Zukunft hinein entwirft und Verantwortung trägt für diesen Entwurf, setzte sich A. mit persönl., gesellschaftl. und literar. Problemen auseinander. Sprache und Schreiben waren ihm lange lebenswichtige Basis, doch veranlaßte ihn der hartnäckig geführte Dialog mit seiner Umwelt auch zur Infragestellung des eigenen Daseins. Sein Freitod erscheint als Konsequenz dessen, was in ›Hand an sich legen‹ (1976) noch ›Diskurs‹ und sprachlich-geistiges Erkunden war.
Weitere Werke: Geburt der Gegenwart. Gestalten und Gestaltung der westl. Zivilisation seit Kriegsende (1961), Jenseits von Schuld und Sühne (1966), Über das Altern (1968), Unmeisterl. Wanderjahre (1971), Lefeu oder der Abbruch (R.essay, 1974), Charles Bovary, Landarzt. Porträt eines einfachen Mannes (1978), Weiterleben – aber wie? Essays 1968–1978 (hg. 1982), Der integrale Humanismus. Aufsätze und Kritiken eines Lesers 1966–1978 (hg. 1985).
Literatur: Über J. A. Hg. v. I. HEIDELBERGER-LEONARD. Hdbg. 1990. – LORENZ, D.: Scheitern als Ereignis. Der Autor J. A. im Kontext europ. Kulturkritik. Ffm. u. a. 1991.

Amfiteatrow (tl.: Amfiteatrov), Alexandr Walentinowitsch [russ. amfitɪ-'atrɐf], * Kaluga 26. Dez. 1862, † Levanto (Italien) 26. Febr. 1938, russ. Schriftsteller. – Mitarbeiter an Zeitschriften; reiste viel; schrieb Feuilletons, u. a. über die Zarenfamilie ›Gospoda Obmanovy‹ (= Die Herren Obmanow, 1901); daraufhin nach Sibirien verbannt; emigrierte 1905 nach der Begnadigung nach Paris; auch dort publizistisch tätig, 1916 Rückkehr nach Rußland, nach 1920 erneute Emigration. A. schrieb Versdichtungen, Dramen, Skizzen und v. a. Erzählungen, die zur unterhaltenden Belletristik zu rechnen sind.

Amichai (tl.: Ammîḥay), Jehuda [hebr. ami'xaj], eigtl. Ludwig Pfeuffer, * Würzburg 3. Mai 1924, israel. Schriftsteller. – Kam 1936 nach Palästina; diente während des 2. Weltkrieges in der brit. Armee im Nahen Osten; veröffentlichte Gedichtsammlungen (u. a. ›Šîrîm‹ [= Gedichte], 1963; ›Wie schön sind deine Zelte, Jakob‹, dt. Ausw. 1988; ›Auch eine Faust war einmal eine offene Hand‹, 1989, dt. 1994), zwei Romane (›Nicht von jetzt, nicht von hier‹, 1963, dt. 1992), Erzählungen (›Die Nacht der schreckl. Tänze‹, dt. Ausw. 1990), Theaterstücke und Hörspiele; übersetzte 1964 R. Hochhuths Schauspiel ›Der Stellvertreter‹ ins Iwrith.
Literatur: Enc. Jud. Bd. 2, 1971, S. 838.

Amicis, Edmondo De, italien. Schriftsteller, † De Amicis, Edmondo.

Amicus und Amelius, lat. Hexametergedicht des Mönchs Radulfus Tortarius (um 1090). Die einander sehr ähnl. Freunde Amicus und Amelius bestehen eine Reihe von Abenteuern: Amicus vertritt Amelius bei einem gottesgerichtl. Zweikampf und gewinnt seinem Freund die Tochter des Königs Gaiferus zur Frau. Amelius hilft später durch die Opferung seiner Kinder dem vom Aussatz befallenen Amicus. Durch ein Wunder werden die Kinder wieder lebendig. – Der Stoff wurde in der ›Vita sanctorum Amici et Amelii‹ (Italien, 1. Hälfte des 12. Jh.) zu einer Heiligenbiographie umgeformt; dabei wurden die ›Vita Hadriani‹ und die ›Gesta regum Francorum‹ mitverwendet. Das altfrz. Heldengedicht ›Amis et Amiles‹ (um 1200) zeigt bereits die Verknüpfung mit der Karlssage.

Literatur: BUSETTO, G.: Ami(s) et Amile. In: Lex. des MA. Bd. 1. Mchn. u. Zü. 1980.

Amiel, Denys [frz. a'mjɛl], * Villegailhenc (Aude) 5. Okt. 1884, † La Gaude (Alpes-Maritimes) 8. Febr. 1977, frz. Dramatiker. – War jahrelang Sekretär H. Batailles; befreundet mit A. Obey, mit dem er zusammenarbeitete (z. B. bei ›La souriante Madame Beudet‹, 1921, Drama nach G. Flauberts Bovary-Motiv). A. bildete mit J. J. Bernard u. a. eine Gruppe des ›Théâtre de l'inexprimé‹, die den dramat. Effekt weniger in der traditionellen Intrige als hinter der scheinbar belanglosen, unbeachteten Geste suchte (u. a. ›Le voyageur‹, Dr., 1923); neben die psycholog. Analyse tritt bei A. auch die Zeitkritik.

Weitere Werke: Le joueur (Dr., 1922), Monsieur et Madame un tel (Dr., 1926), L'âge du fer (Dr., 1932), Le nouvel amour (Dr., 1946), Les naufragés (Dr., 1956).

Ausgabe: D. A. Théâtre. Paris 1925–51. 9 Bde.

Amiel, Henri Frédéric [frz. a'mjɛl], * Genf 27. Sept. 1821, † ebd. 11. Mai 1881, schweizer. Schriftsteller. – Aus prot. frz. Familie; studierte in Genf und Deutschland (bes. G. W. F. Hegel) und bereiste Frankreich und Italien; ab 1849 Prof. für Ästhetik und ab 1854 für Philosophie in Genf; gab in seinen Gedichten grübler. Weltschmerzstimmungen Ausdruck (›Il penseroso‹, 1858; ›La part du rêve‹, 1863; ›Jour à jour‹, 1880); Aufmerksamkeit erregten jedoch erst nach seinem Tod die ›Tagebücher‹ (2 Bde., 1883/84,

dt. 1905) mit ihrer rückhaltlosen Seelenanalyse. Sie trugen wesentlich zur Weiterentwicklung einer in der Rousseau-Nachfolge stehenden autobiograph. Literatur in Frankreich bei († Leiris, Michel).

Ausgabe: H. F. A. Journal intime. Hg. v. B. GAGNEBIN u. PH. M. MONNIER. Lausanne 1976 ff. (bisher 8 Bde. erschienen).

Literatur: PFISTER, S.: Expansion et concentration dans la pensée d'A. Bern u. Ffm. 1971. – TRAHARD, P.: H. F. A., juge de l'esprit français. Paris 1978. – VUILLEUMIER, J.: Le complexe d'A. Lausanne 1985.

Amillet, Henri [frz. ami'jɛ], frz. Schriftsteller, † Reboux, Paul.

Amin (tl.: Amīn), Ahmad, * Kairo 1. Nov. 1878, † ebd. 30. Mai 1954, ägypt. Schriftsteller. – Prof. an der Univ. Kairo; schrieb u. a. philosoph., histor. und v. a. literarhistor. Studien, die die Geisteswissenschaften in Ägypten und in der arab. Welt nachhaltig geprägt haben.

Werke: Faǧr al-Islām (= Morgendämmerung des Islams, 1928), Ḍuḥā l-Islām (= Vormittag des Islams 3 Bde., 1933–36), Ẓuhr al-Islām (= Mittag des Islams, 2 Bde., 1945), Yawm al-Islām (= Tag des Islams, 1952).

Amin (tl.: Amīn), Kasim, * Alexandria oder Kairo 1863, † Kairo 1908, ägypt. Schriftsteller kurd. Herkunft. – A. widmete sein Leben den sozialen Problemen seines Landes, insbes. denen der Frau, deren Emanzipation er in ›Taḥrīr al-mar'aʰ‹ (= Die Befreiung der Frau, 1899), das ihm heftige Kritik einbrachte, und erneut in ›Al-mar'aʰ al-ǧadīdaʰ‹ (= Die moderne Frau, 1901) verteidigte.

Literatur: BROCKELMANN, C.: Gesch. der arab. Litteratur. Suppl.-Bd. 3. Leiden 1940–42. – Enc. Islam Bd. 4, ²1978, S. 720.

Amir Ḥusraw Dihlawi [pers. æ'mi:r xos'rou dehlæ'vi:], * Patiali (Uttar Pradesh, Indien) 1253, † Delhi 1325, Dichter pers. Sprache. – Lebte am Hofe in Delhi; stand bei verschiedenen Herrschern in Gunst, deren polit. Haltung er sich anpaßte; erhalten sind fünf Diwane, fünf romant. Epen (Chamse), Ghasele, Prosawerke und histor. Gedichte, die seine Gönner verherrlichen. Die Echtheit der ihm zugeschriebenen Verse in Hindi ist umstritten.

Amis, Sir (seit 1990) Kingsley [engl. 'ɛɪmɪs], * London 16. April 1922, engl. Schriftsteller. – Studierte in Oxford, war

---

110 Amis

Kingsley Amis

1942–1945 Leutnant, lehrte 1949–1961 engl. Literatur an der Univ. Swansea, dann in Cambridge sowie als Gast-Prof. an amerikan. Universitäten; seit 1963 freier Schriftsteller. Sein erster Roman ›Glück für Jim‹ (1954, dt. 1957) stellt komisch-satirisch soziales Verhalten der Etablierten am Beispiel des Universitätslebens dar; die lässig-rebell., antiheroische Hauptgestalt James Dixon wurde zu einer Identifikationsfigur der intellektuellen Nachkriegsgeneration (↑ Angry young men). Weitere Romane steigern die Komik der Anpassungs- und Beziehungsschwierigkeiten bis zur Groteske (›That uncertain feeling‹, 1955; ›Take a girl like you‹, 1960, und dessen spätere Fortsetzung ›Difficulties with girls‹, 1988). Zudem verwendet A. Elemente des Phantastischen (›Zum grünen Mann‹, 1969, dt. 1972) und des Detektivromans (›Die Falle am Fluß‹, 1973, dt. 1974). U. a. mit Science-fiction und Spionageromanen befaßte er sich auch in literaturkrit. Arbeiten (›New maps of hell. A survey of science fiction‹, 1960, bzw. ›Geheimakte 007 James Bond‹, 1965, dt. 1966). Er schrieb ferner Kurzgeschichten sowie Hör- und Fernsehspiele. Seine dem ↑ Movement zugehörige Lyrik (›Collected poems, 1944–1979‹, 1979) ist antiromantisch und wendet sich gegen intellektuelle Anmaßung.

Weitere Werke: I like it here (R., 1958), The anti-death league (R., 1966), I want it now (R., 1968), Girl, 20 (R., 1971), Ending up (R., 1974), The alteration (R., 1977), Jake's thing (R., 1978), Russian hide-and-seek (R., 1980), Stanley and the women (R., 1984), The old devils (R., 1986; Booker-Preis 1986), The folks that live on the

hill (R., 1990), Memoirs (Autobiogr., 1991), The Russian girl (R., 1992), You can't do both (R., 1994).
Literatur: SCHLEUSSNER, B.: Der neopikareske Roman. Pikareske Elemente in der Struktur moderner engl. Romane 1950–1960. Bonn 1969. – MCDERMOTT, J.: K. A., an English moralist. New York 1989. – SALWAK, D.: K. A., modern novelist. New York 1992.

Amis, Martin [engl. 'ɛɪmɪs], * Oxford 25. Aug. 1949, engl. Schriftsteller. – Sohn von Kingsley A.; Autor erfolgreicher Romane, deren gemeinsames Thema die Identitätssuche in einer Zeit verfallender Ideale ist. Ihr satir. Stil vereint düstergrausame Schilderungen mit optimist. Humor.

Werke: The Rachel papers (R., 1973), Dead babies (R., 1975), Success (R., 1978), Gierig (R., 1984, dt. 1992), The moronic inferno and other visits to America (Essays, 1986), Einsteins Ungeheuer (En., 1987, dt. 1988), London fields (R., 1989), Pfeil der Zeit (R., 1991, dt. 1993).

Ammenemes I. ↑ Amenemhet I.

Ammenhausen, Konrad von, mhd. Dichter, ↑ Konrad von Ammenhausen.

Ammers-Küller, Jo[hanna] van, geb. Küller, * Noordeloos (Südholland) 13. Aug. 1884, † Bakel (Nordbrabant) 22. Jan. 1966, niederl. Schriftstellerin. – Schrieb vielgelesene und -übersetzte histor. Romane und Frauenromane, von denen bes. die beiden Trilogien ›De Opstandigen‹ (›Die Frauen der Coornvelts‹, 1925, dt. 1926; ›Frauenkreuzzug‹, 1930, dt. 1930; ›Der Apfel und Eva‹, 1932, dt. 1932) und ›De Tavelincks‹ (›Herren, Knechte, Frauen‹, 1934, dt. 1935; ›Tanz um die Guillotine‹, 1936, dt. 1936; ›Die Treue der Tavelincks‹, 3 Bde., 1935–38, dt. 1938) zu nennen sind.
Weitere Werke: Der stille Kampf (R., 1916, dt. 1928), Maskerade (R., 1919, dt. 1929), Familie Quist (R., 1942, dt. 1943).

Ammianus Marcellinus, * Antiochia am Orontes um 330, † um 395, röm. Geschichtsschreiber. – Aus angesehener griech. Familie; diente in einer Elitetruppe des röm. Heeres; Anhänger des Kaisers Julian Apostata, nahm an dessen Perserfeldzug (363) teil; lebte nach dem Tod des Kaisers in Antiochia in engem Kontakt mit seinem Lehrer, dem Rhetor Libanios; übersiedelte um 380 nach Rom, wo er dem Kreis der heidn. Aristokratie um Symmachus nahestand und das letzte bed. Geschichtswerk der Antike (›Res gestae‹), eine Fortsetzung von Tacitus' ›Historiae‹, schrieb. Von 31 Büchern sind 18 erhalten (14–31) für die Jahre 353–378; die Darstellung zeichnet sich durch psycholog. Einsicht und weltanschaul. Toleranz aus; der Stil ist überladen und mit Gräzismen durchsetzt.

Ausgaben: A. M. Rerum gestarum libri qui supersunt. Hg. v. C. U. CLARK u. a. Bln. 1910–15. 2 Bde. Nachdr. 1963. – A. M. Rerum gestarum libri qui supersunt. Hg. v. V. GARDTHAUSEN. Stg. Neuaufl. 1967. 2 Bde. – A. M. Röm. Gesch. Lat. u. dt. mit einem Komm. v. W. SEYFAHRT. Bln. [2-5]1978–83. 4 Bde. **Literatur:** DEMANDT, A.: Zeitkritik u. Geschichtsbild im Werk Ammians. Diss. Marburg 1963. – SYME, SIR R.: A. and the Historia Augusta. London u. a. 1968. – SZIDAT, J.: Histor. Komm. zu A. M. Wsb. 1977–81. 2 Bde. – ROSEN, K.: A. M. Darmst. 1982. – A. M. Index verborum Ammiani Marcellini. Hg. v. E. M. CHIABÒ. Hildesheim 1983. 2 Bde.

Ammons, A[rchie] R[andolph] [engl. 'æmǝns], * Whiteville (N. C.) 18. Febr. 1926, amerikan. Lyriker. – Seit 1964 Professor für Creative writing an der Cornell University (N. Y.). Von den Transzendentalisten beeinflußter, bed. Gegenwartslyriker, der naturwiss. Kenntnisse mit einer scharfen Beobachtungsgabe für natürl. Phänomene und deren Auswirkungen auf Menschen verbindet.

Werke: Ommateum with doxology (Ged., 1955), Expressions of sea level (Ged., 1964), Tape for the turn of the year (tagebuchartiges Langged., 1965), Diversifications (Ged., 1975), Highgate Road (Ged., 1977), The snow poems (Ged., 1977), A coast of trees (Ged., 1981), Worldly hopes (Ged., 1982), Lake effect country (Ged., 1983). **Ausgaben:** Collected poems 1951–1971. New York 1972. – The selected poems. New York 1986. **Literatur:** A. R. A. Hg. v. H. BLOOM. New York 1986.

Amoibaion [griech. = Das Abwechselnde], Wechselgesang zwischen Schauspielern oder zwischen Chor und Schauspieler in der griech. Tragödie.

Amorim, Enrique [span. amo'rin], * Salto 25. Juli 1900, † ebd. 28. Juli 1960, uruguay. Schriftsteller. – Stammte aus einer Großgrundbesitzerfamilie; gehörte in den 20er Jahren der sozial-engagierten argentin. ›Boedo‹-Gruppe an und war Mitglied der Kommunist. Partei. Schrieb Gedichte, Dramen, Filmdrehbücher, Romane und Erzählungen. Am bedeutendsten sind die Romane, in denen die sozialen, psych. und vitalen Probleme der uruguay. Landbevölkerung dargestellt werden: ›Tangarupá‹ (1925), ›Die Carreta‹ (1932, dt. 1937), ›El paisano Aguilar‹ (1934), ›El caballo y su sombra‹ (1941). Danach wandte er sich anderen sozialen Schichten zu. Einer seiner besten späteren Romane, ›Corral abierto‹ (1956), schildert das Leben in den Elendsvierteln von Montevideo.

Amorim, Francisco Gomes de, portugies. Schriftsteller, ↑ Gomes de Amorim, Francisco.

Amphibolie [griech. = Doppeldeutigkeit], Ausdruck der antiken Rhetorik für die Mehrdeutigkeit eines Wortes (↑ Homonym), einer Wortgruppe oder eines Satzes. – ↑ Ambiguität.

Amphibrachys [griech. = beidseitig kurz], dreisilbiger antiker Versfuß; Schema: ◡–◡ (nicht als selbständiges Versmaß vorkommend); vielfach ist schwer zu entscheiden, ob amphibrach. Verse nicht als ↑ Anapäste mit ↑ akephalem (also jamb.) Anfang zu deuten sind. – In der dt. Dichtung erstmals im 17. Jh. häufiger verwendet als Versuch, auch nicht ↑ alternierende Versmaße nachzubilden: ›Die Sonne mit Wonne den Tagewachs mindert‹ (J. Klaj d. J., ›Vorzug des Herbstes‹). In späterer Zeit nur noch selten: ›Lied der Parzen‹ (Goethe, ›Iphigenie auf Tauris‹, 1787), ›Chor der Toten‹ (C. F. Meyer). – Eine ›Amphibrachienschaukel‹ entsteht im Hexameter, wenn die Zäsur ›post quartum trochaium‹ (= nach dem vierten Trochäus) nicht gemieden wird: ›Pfingsten, das liebliche Fest, war gekommen; es grünten und blühten‹ (Goethe, ›Reineke Fuchs‹, 1794).

Amphimakros (Amphimacer, Amphimazer) [griech. = beidseitig lang], dreisilbiger antiker Versfuß; Schema: –◡–; üblicherweise als ↑ Kretikus bezeichnet.

Amplifikation [lat. = Erweiterung], kunstvolle Ausweitung einer Aussage über das zum unmittelbaren Verstehen Nötige hinaus; sie dient zur stilist. Ausschmückung und rhetor. Steigerung. Die A. wird bes. in der manierist. und pathet.

Dichtung verwendet (Schiller, ›Don Carlos‹, 1787). – ↑auch Variation, ↑Digression.

Amr Ibn Kulthum (tl.: 'Amr Ibn Kultūm), arab. Dichter des 6.Jahrhunderts. – In der Gedichtsammlung ↑›Muallakat‹ findet sich seine Kasside an König Amr Ibn Hind, in der er sich selbst, seinen Stamm und die arab. Mannestugend preist.

Literatur: Die sieben Mu'allakât. Text, vollständiges Wörterverz., dt. u. arab. Kommentar. Bearb. v. L. ABEL. Bln. 1891. – NICHOLSON, R. A.: A literary history of the Arabs. Cambridge 1956. – Enc. Islam Bd. 1, ²1960, S. 452.

Amrilkais, altarab. Dichter, ↑Umru Al Kais.

Amru Al Kais, altarab. Dichter, ↑Umru Al Kais.

Amyot, Jacques [frz. a'mjo], *Melun 30.(?) Okt. 1513, †Auxerre 6.(?) Febr. 1593, frz. Humanist. – Prof. für klass. Sprachen in Bourges; Studienaufenthalt in Italien; Erzieher der Söhne Heinrichs II., seit 1570 Bischof von Auxerre; übersetzte beispielhaft aus dem Griech. Heliodors ›Aithiopiká‹ (›Histoire éthiopique‹, 1547), Longos ›Daphnis et Chloé‹, 1559) und Plutarchs Biographien (›Vies des hommes illustres‹, 1559) und ›Moralia‹ (›Œuvres morales‹, 1572); seine lange Zeit in ganz Europa geschätzte Plutarch-Übersetzung diente auch Shakespeare und P. Corneille als Quelle; sie war von bed. Einfluß auf die frz. Moralisten.

Literatur: STUREL, R.: J. A., traducteur des ›Vies parallèles‹ de Plutarque. Paris 1908. Nachdr. Genf 1974. – CIORANESCU, A.: Vie de J. A. Paris 1941. – AULOTTE, R.: A. et Plutarque. Genf 1965.

Anachronismus [griech.],
1. Verstoß gegen den Zeitablauf, gegen die Chronologie, falsche zeitl. Einordnung von Vorstellungen, Sachen oder Personen, entweder naiv (antike oder german. Sagengestalten als höf. Ritter in mhd. Epen; antike Helden mit Allongeperücken im barocken Theater) oder versehentlich (z. B. der im 17.Jh. aufgekommene Weihnachtsbaum in J. V. von Scheffels im 10.Jh. spielenden Roman ›Ekkehard‹; Kanonen- und Gewehrschüsse in Shakespeares ›Hamlet‹; Champagner in Goethes ›Faust‹ [Auerbachs Keller]) oder absichtlich entweder

zur Erzielung kom. Wirkungen, meist in ↑Travestien (z. B. A. Blumauers ›Aeneis‹-Travestie, 1783), oder im 20.Jh. zur Betonung überzeitl. Aktualität in Inszenierungen histor. Geschehnisse (z. B. ›Hamlet‹ im Frack; Schillers ›Räuber‹ in modernen Uniformen).
2. durch die Zeit überholter Gegenstand oder Sachverhalt, der seinen Sinn verloren hat, aber noch existiert.

Anadiplose (Anadiplosis) [griech. = Wiederholung, Verdoppelung], rhetor. Figur, Sonderform der ↑Epanalepse (Gemination): sie besteht in der Wiederholung des letzten Wortes oder der letzten Wortgruppe eines Verses oder Satzes am Anfang des folgenden Verses oder Satzes zur semant. oder klangl. Intensivierung, z. B. ›Ha! wie will ich dann dich höhnen! Höhnen? Gott bewahre mich!‹ (Schiller, ›An Minna‹).

Anagnorisis [griech. = das Wiedererkennen], plötzl. Erkennen einer Person oder eines Tatbestandes: nach Aristoteles (›Poetik‹) eines der drei entscheidenden Momente der trag. Fabel (neben ↑Peripetie und ↑Katastrophe). Am häufigsten ist das Erkennen von Verwandten und Freunden: Sophokles, ›König Ödipus‹, ›Elektra‹; Schiller, ›Die Braut von Messina‹ oder die feindl. Brüder‹ (1803; ↑analytisches Drama). Die A. kann einen Konflikt lösen (Goethe, ›Iphigenie auf Tauris‹, 1787), oder die Tragik der Katastrophe vertiefen (A. Camus, ›Das Mißverständnis‹, 1944, dt. 1950).

Anagramm [griech.], Umstellung der Buchstaben eines Wortes (Namens oder einer Wortgruppe) in einer neuen, sinnvollen Lautfolge. Lykophron von Chalkis (3.Jh. v.Chr.) wird als Erfinder genannt, doch gilt als eigtl. Heimat der Orient, wo das A. durch religiöse Geheimschriften, bes. der jüd. Kabbalisten, weite Verbreitung fand. Auch im MA suchte man mit dem A.v.a. symbol. Bezüge aufzudecken, z. B. ›Ave – Eva‹, oder man fand in der Pilatusfrage (Joh. 18, 38) ›Quid est veritas?‹ anagrammat. die Antwort: ›Est vir qui adest‹. Das A. wurde bes. beliebt im 16. und 17.Jh. (Frankreich: Pléiade), z. B. auch für ↑Anspielungen in Briefen und für Buchtitel. Im 17.Jh. diente das A. auch zur Verschlüsselung und vorläufigen Geheimhaltung wiss. Entdeckungen (z. B. von G. Galilei). Am häufigsten wurde das A. als ↑ Pseudonym verwendet, etwa von François Rabelais (Alcofrybas Nasier), F. von Logau (Golaw), Christoffel von Grimmelshausen (zwei seiner 7 A.e sind: German Schleifheim von Sulsfort, Melchior Sternfels von Fuchshaim), Arouet l[e] j[eune] (Voltaire), Paul Verlaine (le Pauvre Lélian), Antschel (Celan). – Eine strenge Form stellt das rückläufige A. dar: ›Roma – Amor‹ (↑ Palindrom). Daneben finden sich auch weniger exakte Kombinationen, so das berühmt gewordene ›Rose de Pindare‹ aus Pierre de Ronsard. Sammlungen lat., griech. und dt. A.e (›Teutscher Letterwechsel‹, 1667) stellte erstmals F. D. Stender zusammen. – ↑ auch Kryptonym.

Literatur: WHEATLEY, H. B.: Of anagrams. A monograph treating of their history from the earliest ages to the present time. Hertford 1862. – DISRAELI, I.: Curiosities of literature. Hg. v. E. V. MITCHELL. Neuausg. London 1932.

Anaklasis [griech. = das Zurückbiegen],
1. Umstellung benachbarter langer und kurzer Silben in griech. Versmaßen (z. B. ‿‿–‿ zu –‿‿‿; ↑ auch Anakreonteus) oder für die gleichwertige Verwendung der Gruppen –◡ und ◡– im Versmaß.
2. rhetor. Figur (Sonderform der ↑ Diaphora), Wiederholung desselben Wortes oder Ausspruchs durch einen Dialogpartner mit anderer, meist emphatisch betonter Bedeutungsnuance, z. B.: Odoardo: ›... Der Prinz haßt mich.‹ – Claudia: ›Vielleicht weniger, als du besorgest.‹ – Odoardo: ›Besorgest! Ich besorg' auch so was!‹ (G. E. Lessing, ›Emilia Galotti‹, 1771).

Anakoluth [griech. = ohne Zusammenhang, unpassend], nicht folgerichtige Konstruktion eines Satzes; wird stilistisch als Fehler gewertet (Satzbruch), kann aber auch rhetor. Kunstmittel sein zur Charakterisierung einer sozial oder emotional bestimmten Redeweise, z. B.: ›deine Mutter glaubt nie, daß du vielleicht erwachsen bist und kannst allein für dich aufkommen‹ (U. Johnson, ›Mutmaßungen über Jakob‹, 1959); führt häufig zu einem absoluten Nominativ: ›Der Prinz von Homburg, unser tapfrer

Vetter/.../ Befehl ward ihm von dir ...‹ (H. von Kleist, ›Prinz Friedrich von Homburg‹, 1821).

Anakreon (Rom, Konservatorenpalast)

Anakreon (tl.: Anakréōn), griech. Lyriker des 6. Jh. v. Chr. aus Teos. – Ging nach der Eroberung seiner Heimat durch die Perser mit vielen seiner Landsleute um 545 nach Abdera in Thrakien; lebte danach am Hof des Tyrannen Polykrates von Samos und nach dessen Sturz am Hof des Hipparchos von Athen. A. schrieb Dichtung in lyr. Maßen, Jambendichtung, Elegien und Epigramme. Von seinen Werken sind nur drei Lieder ganz erhalten. Er besang den Genuß des Augenblicks: Freundschaft, Frauen- wie auch Knabenliebe und den Wein. Seine Dichtungen sind von virtuoser gefälliger Form und in ion. Dialekt geschrieben. Die sog. **Anakreonteia**, die auf die europ. Dichtung so nachhaltig gewirkt und das Abbild lange Zeit bestimmt haben, sind jedoch spätere (späthellenist. bis byzantin. Zeit) Nachbildungen, in denen die Lebensfreude oberflächlicher ist als bei A. selbst. Zügellosigkeit, die ihm spätere Epigrammatik (›Anthologia Palatina‹) zuschreibt, war nicht sein Lebensausdruck. A. bemühte sich um eine Veredlung der Geselligkeit.

Ausgaben: A. u. die Anakreont. Lieder. Dt. Übers. v. E. MÖRIKE. Neuausg. Hdbg. 1955. – Poetae melici Graeci. Hg. v. D. L. PAGE. Oxford 1962. Nachdr. Oxford 1983. – Frühgriech. Lyriker. Griech. u. dt. Tl. 3. Übers. v. Z. FRANYÓ, bearb. v. B. SNELL. Bln. 1976.
Literatur: MCHELANGELI, L. A.: Anacreonte e la sua fortuna nei secoli. Bologna 1922.

Anakreonteia [griech.] ↑ Anakreon, ↑ auch Anakreontik.

Anakreonteus [griech.; nach Ana-kreon] (anakreontischer Vers), griech. Vers, anaklast. ion. Dimeter, d. h. aus dem ion. Dimeter (⏑⏑−−⏑⏑−−) durch ↑Anaklasis in der Versmitte gebildet: ⏑⏑−⏑−⏑−−; stichisch und in Verbindung mit ion. oder jamb. Metren in der Lyrik und in lyr. Partien der att. Tragödie verwendet.

Anakreontik, im engeren Sinn Nachahmungen der Anakreon zugeschriebenen Oden in hellenist. Zeit **(Anakreonteia).** Im weiteren Sinn Gedichte, die Themen und Motive der ›Anakreonteia‹ aufnahmen, die die Freude an der Welt und am Leben verherrlichen. Vorbilder sind neben Anakreon Horaz in seinen heiteren Oden, Catull u. a. – Anakreont. Dichtung findet sich im 16. Jh. in Frankreich im Kreis der ↑Pléiade. Unter dem Einfluß des Philosophen P. Gassendi (›De vita, moribus et doctrina Epicuri‹, 1647) dichteten im 17. Jh. G. A. Chaulieu, Chapelle u. a. im Geiste Anakreons, im 18. Jh. Voltaire und die ›petits poètes‹ J.-B. J. W. de Grécourt, A. Piron u. a. (↑Poésie fugitive).

In der dt. Literatur versteht man unter A. die Lyrik des Rokoko, die jedoch neben anakreont. auch Einflüsse der engl. Naturlyrik und der ↑galanten Dichtung verrät, die über den eher formelhaften Themenkreis der A. hinausführen. Auch in Deutschland gab es schon vom 16. bis zum frühen 18. Jh. anakreont. Dichtung, doch blieb sie vorläuferhafte Nachahmung. Erst ein neues Lebens- und Weltgefühl ermöglichte um 1740 auch in Deutschland eine Dichtung, in der A. nicht nur formales Vorbild war, sondern zum Inbegriff einer Haltung wurde, die dem verfeinerten Hedonismus eines Epikur huldigte und die nicht aus Furcht vor dem Tode, sondern aus Freude am Leben das ›carpe diem‹ des Horaz literarisch gestaltete. Eine begrenzte Zahl von Themen wurde immer aufs neue variiert: Liebe, Wein, Natur, Freundschaft und Geselligkeit, das Dichten (ein speziell dt. Thema ist die ›fröhl. Wiss.‹). Schauplatz ist die liebl. Landschaft; hier treiben Venus, Amor und Bacchus, Faune und Nymphen, Musen und Grazien (↑Graziendichtung) ihr Spiel, mit ihnen der

Dichter und seine Geliebte, nicht selten im Schäferkostüm. In der Gestaltung wurden kleine Formen (neben der anakreont. Ode Epigramm, Liedchen, Triolett) bevorzugt, die trotz ihrer graziösen Leichtigkeit in Ausdruck und Versbau zumeist sehr bedacht konzipiert und nicht selten zielstrebig auf eine Pointe am Ende ausgerichtet waren. In das heitere Bekenntnis zur Diesseitigkeit mischten sich neben Ironie auch Züge der Empfindsamkeit.

Die A. des dt. Rokokos ging vom ↑Halle-schen Dichterkreis aus. Um 1740 begannen J. W. L. Gleim, J. N. Götz und J. P. Uz die Lieder Anakreons zu übersetzen und nachzuahmen. Daneben wurde Hamburg mit dem Freundeskreis um F. von Hagedorn zu einem Zentrum der dt. Anakreontik. Zu einem dritten, von Halle/Saale und Hamburg beeinflußten Zentrum wurde Leipzig. Auch außerhalb dieser Anakreontikerkreise wurde von vielen Dichtern der Epoche, zumindest zeitweilig, anakreontisch gedichtet. Zu nennen sind der Halberstädter Kreis um Gleim, die ↑Bremer Beiträger, der ↑Göttinger Hain, F. G. Klopstock, K. W. Ramler, G. E. Lessing, H. W. von Gerstenberg, M. Claudius, Goethe und Schiller.

Die kunsttheoret. Grundlagen der A. wurden (unter engl. Einfluß, bes. A. A. C. Shaftesburys) von A. G. Baumgarten in der systematisierten Lehre vom Schönen (›Aesthetica‹, 1750–58) gelegt, in den Schriften seines Schülers Georg Friedrich Meier (* 1718, † 1777), der in Halle den Freundeskreis anregte, sowie von M. Mendelssohn und Friedrich Justus Riedel (* 1742, † 1785). Nachwirkungen der A. finden sich u. a. bei F. Rückert, Wilhelm Müller, A. von Platen, H. Heine, E. Mörike, E. Geibel, J. V. von Scheffel, P. Heyse, D. von Liliencron, R. Dehmel, O. J. Bierbaum und M. Dauthendey.

Literatur: ANGER, A.: Dt. Rokoko-Dichtung. Stg. 1963. – ANGER, A.: Literar. Rokoko. Stg. ²1968. – SCHENK, D.: Studien zur anakreont. Ode in der russ. Lit. des Klassizismus u. der Empfindsamkeit. Stg. 1972. – ZEMAN, H.: Die dt. anakreont. Dichtung. Stg. 1972.

anakreontischer Vers, svw. ↑Anakreonteus.

Anakrusis [griech. = das Anschlagen des Tones, das Präludieren], in der klass.

Philologie seit R. Bentley gebräuchl. und von der Germanistik des 19. Jh. aufgegriffene Bez. der Eingangssenkungen speziell jamb. und anapäst. Verse. Seit dem Aufkommen der Taktmetrik im späteren 19. Jh. (R. Westphal) durch den Terminus Auftakt ersetzt.

Anakyklesis [griech. = Wiederkehr in regelmäßigem Kreislauf] (Antapodosis), die Wiederholung eines festen Verssystems in bestimmter Reihenfolge zur Kennzeichnung und Hervorhebung der Strophen.

Analekten [griech. = Aufgelesenes, Gesammeltes], Sammlung von Auszügen oder Zitaten aus dichter. oder wiss. Werken oder von Beispielen bestimmter literar. Gattungen, z. B. ›Analecta hymnica medii aevi‹, die wichtigste Sammlung mittelalterl. Hymnen. – ↑ auch Kollektaneen, ↑ Anthologie, ↑ Katalekten.

Analyse [griech. = Auflösung], in der Literaturwiss. unterscheidet man verschiedene Aspekte der A., mit denen ein Text in seiner Besonderheit erfaßt und untersucht werden kann: **Formanalyse** (Zerlegung der Form eines Werkes in konstituierende Bestandteile: Abschnitt, Kapitel, Strophe, Vers, Reim usw.), **Strukturanalyse** (Bestimmung der Elemente, die einem Werk seinen spezif. Charakter verleihen: Aufbau, Motivgeflecht usw.), **Stilanalyse** (Stilebenen, Bildlichkeit, Satz-, Periodenbau usw.). Die Ergebnisse der einzelnen A.n werden in der **Werkanalyse** zusammengefaßt. – ↑ auch Interpretation.

Literatur: GLINZ, H.: Grundbegriffe u. Methoden inhaltbezogener Text- u. Sprach-A. Düss. 1965. – GLINZ, H.: Text-A. u. Verstehenstheorie. Wsb. ¹⁻²1977–78. 2 Bde – BEHRMANN, A.: Einf. in die A. von Prosatexten. Stg. ⁵1982.

analytisches Drama (Enthüllungsdrama), Dramenform, für die ein rückwärtiger Beziehungspunkt kennzeichnend ist: entscheidende Ereignisse, die den dramat. Konflikt begründen, werden als vor Beginn der Bühnenhandlung geschehen vorausgesetzt. Die auf der Bühne sich anbahnende Katastrophe erscheint als äußere und innere Folge vorangegangener Verwicklungen. Gegenstand des a. D.s ist die Enthüllung von Tatbeständen und Verhältnissen, die den Bühnenfiguren nicht oder nicht in voller Tragweite bekannt sind. Für die analyt. Technik, d. h. das schrittweise Aufdekken der vor der Handlung liegenden Fakten, für das Zusammenfügen der ›Wahrheit‹ aus den Teilaspekten, die jeweils nur einzelnen Personen bekannt sind (↑ Anagnorisis), eignet sich bes. die Form des Verhörs. Als Musterbeispiel des a. D.s gilt ›König Ödipus‹ von Sophokles. Typ. analyt. Dramen sind ›Die Braut von Messina oder die feindl. Brüder‹ (1803, Schiller), ›Der zerbrochene Krug‹ (1811, H. von Kleist), ›Maria Magdalene‹ (1844, Ch. F. Hebbel); weitere Beispiele finden sich in der romant. Schicksalstragödie, z. B. ›Die Ahnfrau‹ (1818, F. Grillparzer), und im naturalist. Drama, z. B. ›Meister Oelze‹ (1892, J. Schlaf), ›Der Biberpelz‹ (1893, G. Hauptmann). Analyt. Dramen verfaßten ferner H. Ibsen (›Die Gespenster‹, 1881, dt. 1884), in neuerer Zeit etwa C. Goetz (›Hokuspokus‹, 1928) und H. Kipphardt (›In der Sache J. Robert Oppenheimer‹, 1964). – Daneben finden sich Mischformen: Dramen, in denen die dramat. Konflikte auf zurückliegenden Geschehnissen basieren, sich aber neue Konflikte während der Bühnenhandlung entfalten, z. B. ›Nathan der Weise‹ (1779, G. E. Lessing). – Gegenstück zum a. D. ist das ↑ Zieldrama.

Literatur ↑ Drama.

Anand, Mulk Raj [engl. ˈɑːnænd], * Peshawar 12. Dez. 1905, ind. Schriftsteller engl. Sprache. – Ausgebildet in Lahore, London, Cambridge; Lehrtätigkeit an den Univ. London, Kalkutta und in Simla; Mitglied der ›Sahitya Academy‹ (Akademie der Literatur), Vorsitzender der ›Lalit Kala Academy‹ (Akademie der Künste); lebt heute in Bombay; Romancier und Essayist; verfaßte zahlreiche sozialkrit. Schriften.

Werke: Kuli (R., 1933, dt. 1953), Der Unberührbare (R., 1935, dt. 1954), Zwei Blätter und eine Knospe (R., 1937, dt. 1958), Seven summers (R., 1951), Maharaja privat (R., 1953, dt. 1961), Morning face (R., 1968), The bubble (R., 1984), Autobiography (Bd. 1, 1985).

Ānandavardhana, lebte um 850 in Kaschmir, Theoretiker der ind. Poetik. – Gilt als Begründer der ästhet. Schule. – In seinem in Sanskrit abgefaßten Kommentar ›Dhvanyāloka‹ (= Betrachtungen über den ›dhvani‹) legt A. dar, daß das Unausgesprochene (als ›dhvani‹ = Ton in Anlehnung an die Terminologie der ind. Sprachphilosophie bezeichnet) das Wesentliche aller Poesie ausmacht. A. überwindet so seine Vorgänger Daṇḍin und Vāmana, die die sprachl. Form als Seele des Kunstwerks ansehen.

Ananjew (tl.: Anan'ev), Anatoli Andrejewitsch [russ. a'nanjıf], * Dschambul (Kasachstan) 18. Juli 1925, russ. Schriftsteller. – Wurde 1974 Chefredakteur der Zeitschrift ›Oktjabr'‹; seine Themen sind der Krieg und das russ. Dorf; Chronist der Breschnew-Zeit.
Werke: Brennende Horizonte (R., 1963, dt. 1970), Meilen der Liebe (R., 1971, dt. 1974), Gody bez vojny (= Die Jahre ohne Krieg, R., 4 Tle., 1975–84), Skrižali i kolokola (= [Schrift]tafeln und Glocken, R., 1990).

Ananym [griech.], Sonderform des ↑ Pseudonyms, die aus der rückläufigen Schreibung eines Namens besteht, z. B. Th. von Remark für Th. von Kramer, M. Tenelli für J. H. Millenet. – ↑ auch Anagramm.

Anapäst [griech. = zurückgeschlagener (d. h. umgekehrter) ↑ Daktylus], antiker Versfuß der Form ‿‿– ; mit Auflösung bzw. Zusammenziehung ‿‿ ‿‿ ; Verwendung in antiken Marsch- und Schlachtliedern, in Prozessionsliedern (Einzugs- und Auszugsgesänge des Chors in der Tragödie: ↑ Parodos, ↑ Exodos) und in Spottliedern, namentlich in den ↑ Parabasen der Aristophanischen und Plautinischen Komödien. – Nachbildungen anapäst. Verse in der dt. Dichtung finden sich zuerst bei A. W. Schlegel (›Ion‹, 1803) und Goethe (›Pandora‹, 1810), z. T. mit Reim und der Lizenz, daß neben A.en mit zweisilbiger Senkung auch solche mit einsilbiger und dreisilbiger Senkung erscheinen (als Nachbildung griechischer Zusammenziehungen und Auflösungen), z. B. ›Sie schwébet auf Wássern, sie schreitet auf Gefílden‹, Goethe, ›Pandora‹ (x X́xxxX́xxX́xxxX́x für –́ ́| ‿‿–́ |‿‿‿|‿‿|‿). Die Aristophanischen Parabasen bildete A. von Platen in seinen Literaturkomödien nach.

Anapher [griech. = das Hinauftragen, die Beziehung (auf etwas)], häufig verwendete rhetor. Figur, bei der ein Wort oder eine Wortgruppe am Beginn

aufeinanderfolgender Sätze, Teilsätze oder Verse wiederholt wird (Ggs. ↑ Epiphora; ↑ auch Symploke). Seit der antiken Kunstprosa häufig als Mittel der syntakt. Gliederung und des rhetor. Nachdrucks verwendet, z. B.: ›Wer nie sein Brot mit Tränen aß, / Wer nie die kummervollen Nächte / Auf seinem Bette weinend saß...‹ (Goethe, ›Lied des Harfners‹ in ›Wilhelm Meisters Lehrjahre‹, 1795/96), ›lies keine oden, mein sohn, lies die fahrpläne‹ (H. M. Enzensberger, ›ins lesebuch für die oberstufe‹, 1957).

Anastase Marie de Saint Élie le carmélite [frz. anastazdəsɛtelilkarme-'lit] (arab. tl.: Anastās Mārī Al-Kirmilī), * Bagdad 5. Aug. 1866, † ebd. 2. Jan. 1947, libanes. Schriftsteller. – Studierte arab. Philologie und zahlreiche oriental. und europ. Sprachen in Beirut und Europa; sein Werk umfaßt histor., literar. und zahlreiche philolog. Arbeiten, wie z. B. ›Aġlāṭ al-luġawiyyin al-aqdamin‹ (= Die Fehler der alten Philologen, 1932), und v. a. die Zeitschrift ›Luġaᵗ al-'Arab‹ (= Sprache der Araber), die neun Jahre lang zwischen 1911 und 1931 erschien und eine wichtige sprachl. und histor. Quelle darstellt.
Literatur: BROCKELMANN, C.: Gesch. der arab. Litteratur. Suppl.-Bd. 2. Leiden 1944. S. 493.

Anastasio el Pollo [span. anas'tasjo ɛl 'poʎo], Pseudonym des argentin. Dichters Estanislao del ↑ Campo.

Anastrophe [griech. = das Umkehren, Umlenken], Begriff der Rhetorik für die Umkehrung der übl. Wortfolge. Oft ist die A. bedingt durch Zwänge von Reim oder Metrum, sie kann aber auch bewußt gesetzt werden; die Sprache gewinnt, etwa durch die Voranstellung des Genitivs, einen altertüml. oder emphat. Klang, z. B. ›...des Sängers Schläfe zu umwinden, bestrahlt von seines Ruhmes Glanz‹ (Schiller, ›Die Kraniche des Ibikus‹). Die Nachstellung des Adjektivs findet sich häufig im Volkslied, z. B. ›Brüderlein fein‹. – Der Wortfigur A. entspricht als Gedankenfigur das ↑ Hysteron-Proteron. – ↑ auch Hyperbaton, ↑ Inversion.

Anaxandrides (tl.: Anaxandrídēs), griech. Dichter des 4. Jh. v. Chr. – Stammte aus Kamiros auf Rhodos oder

Kolophon; Vertreter der mitteren Komödie; mit 65 Stücken, von denen 42 Titel bekannt sind, errang er zehn Siege (zum ersten Mal 376 v. Chr.).

Anaya, Rudolfo A. [engl. ɔn'aɪə], * Pastura (N. Mex.) 30. Okt. 1937, amerikan. Schriftsteller. – Studium an der University of New Mexico in Albuquerque, wo A. heute Prof. für Chicano-Literatur (die Literatur der spanischsprechenden Bevölkerung mex. Herkunft in den USA) und Creative writing ist. Einer der bedeutendsten Chicano-Autoren, die vornehmlich im Südwesten der USA leben und in ihren Schriften an die myth. Vergangenheit ihrer mex. Pueblos anknüpfen wollen. Folglich schildert A. in seinen Romanen den Gegensatz zwischen weißer Stadtkultur und den mag. Kräften einer naturverbundenen Stammesexistenz. Mit Mitteln des mag. Realismus versucht er, eine eigenständige Chicano-Identität zu verwirklichen. Sein bekanntester Roman ist ›Segne mich, Ultima‹ (1972, dt. 1984).
Weitere Werke: Heart of Aztlan (R., 1976), Tortuga (R., 1979), The silence of the Llano (Kurzgeschichten, 1982), A Chicano in China (Autobiogr., 1986), Lord of the dawn. The legend of Quetzalcóatl (Prosa, 1987).
Literatur: The magic of words. R. A. A. and his writings. Hg. v. P. VASSALLO. Albuquerque (N. Mex.) 1982.

Ancelot, Jacques Arsène [frz. ɑ̃'slo], * Le Havre 9. Febr. 1794, † Paris 7. Sept. 1854, frz. Dramatiker. – Ursprünglich Marinebeamter; schrieb Dramen klass. Stils, u. a. ›Louis IX‹ (1819), ›Fiesque‹ (1824, nach Schillers ›Fiesko‹), später auch Vaudevilles und Komödien; wurde 1884 Mitglied der Académie française.

anceps (anzeps) [lat. = doppelsinnig, schwankend],
1. Bez. der *antiken Metrik* für eine Stelle im Versschema (v. a. am Anfang und Ende), die sowohl durch eine lange als auch durch eine kurze Silbe ausgefüllt werden kann (= elementum anceps; ≗ oder x).
2. Bez. der antiken *Prosodie* für eine Silbe, die im Vers als Länge oder als Kürze verwendet werden kann (= syllaba anceps).

Ancourt, Florent Carton, Sieur d' [frz. ɑ̃'ku:r], frz. Dramatiker, ↑ Dancourt.

Anczyc, Władysław Ludwik [poln. 'antʃits], * Wilna 12. Dez. 1823, † Krakau 28. Juli 1883, poln. Dramatiker. – Pflegte das bühnenwirksame Volksstück, das oft in bäuerl. Milieu spielt; patriot. und didakt. Tendenzen. A. unterstützte mit Revolutionsdichtungen (v. a. Poeme und Lieder) die polit. Ziele der demokrat. Kreise der 1840er Jahre.

Andachtsbuch, vorwiegend privatem Gebrauch dienendes Gebetbuch, etwa Ph. Kegels ›Zwölf geistl. Andachten‹ (1606) oder die zahllosen, teils anonymen ›Andachtbücher‹, ›Andachtsflammen‹, ›Andachtfunken‹, ›Andachtsspiegel‹, ›Andachtübungen‹, ›Andachtwecker‹ u. a. – ↑ auch Erbauungsliteratur.

Anday, Melih Cevdet [türk. an'daɪ], * Istanbul 1915, türk. Dichter. – 1941 mit O. V. Kanık und O. Rifat Begründer einer der bedeutendsten türk. Lyrikströmungen des 20. Jh., der sog. ›Gârip‹-Bewegung (= fremdartige Dichtung), in der es um die Versachlichung der Sprache, die Humanisierung und das Bewußtmachen des Alltäglichen, des bis dahin nicht ›Lyrikfähigen‹, scheinbar Nebensächlichen und Banalen ging; der Einfluß der nach den drei Autoren benannten Poesie der ›Neuen Ersten‹ ist bis heute zu spüren; schrieb auch Romane, Dramen und Essays.
Werke: Gârip (= fremdartige Dichtung, zus. mit O. V. Kanık und O. Rifat, Ged., 1941), Sözcükler (= Worte, Ged., 1978), Tanıdık dünya (= Welt, die wir kennen, Ged., 1984).

Anderberg, Bengt [schwed. ‚andərbærj], * Göteborg 17. April 1920, schwed. Schriftsteller. – Wurde bekannt durch seinen Kriegsroman ›Kain‹ (1948, dt. 1953), in dem er in unverhüllt realist. Sprache am Beispiel des Schicksals eines Deserteurs, der zum Mörder wird, eine schonungslose Analyse seiner Zeit vornimmt; verfaßte auch Gedichte, Dramen, Hörspiele, Kinderbücher.
Weitere Werke: Fåglar (Ged., 1946), Fanny (R., 1946), Niklas och paljan (Kinderb., 1950), En förtrollad värld (Essays, 1986).

Anders, Günther, eigtl. G. Stern, * Breslau 12. Juli 1902, † Wien 17. Dez. 1992, dt. Schriftsteller. – Sohn des Psychologen und Philosophen William Stern; Studium der Philosophie (u. a. bei E. Husserl und M. Heidegger); 1928–36

∞ mit Hannah Arendt (* 1906, † 1975); emigrierte 1933 nach Frankreich, 1936 in die USA, lebte ab 1950 in Wien. In seinen Essays, Novellen, Gedichten und Fabeln setzte er sich u. a. mit dem Faschismus auseinander, warnte vor der Gefahr von Atomkriegen (›Endzeit und Zeitenende‹, 1972), verurteilte den Vietnamkrieg (›Visit beautiful Vietnam. ABC der Aggression heute‹, 1968). Als sein Hauptwerk gilt die Essaysammlung ›Die Antiquiertheit des Menschen‹ (Bd. 1: ›Über die Seele im Zeitalter der zweiten industriellen Revolution‹, 1956; Bd. 2: ›Über die Zerstörung des Lebens im Zeitalter der dritten industriellen Revolution‹, 1980); Thema ist die Gefahr, die von der durch den Menschen geschaffenen, von ihm jedoch nicht mehr beherrschten Welt der Maschinen und Geräte ausgeht.

Weitere Werke: Kafka. Pro und contra (Essay, 1951), Bert Brecht. Gespräche und Erinnerungen (1962), Die Toten. Rede über drei Weltkriege (1964), Philosoph. Stenogramme (1965), Die Schrift an der Wand. Tagebücher 1941–1966 (1967), Der Blick vom Turm. Fabeln (1968), Der Blick vom Mond. Reflexionen über Weltraumflüge (1970), Hiroschima ist überall (1982), Ketzereien (1982), Mensch ohne Welt. Schriften zur Kunst und Literatur (1984), Tagebücher und Gedichte (1985), Lieben gestern. Notizen zur Geschichte des Fühlens (Tageb., 1986), Mariechen. Eine Gutenachtgesch. ... (1987), Die moluss. Katakombe (R., 1992). **Literatur:** LIESSMANN, K. P.: G. A. zur Einf. Hamb. ²1993.

Alfred
Andersch

Andersch, Alfred, * München 4. Febr. 1914, † Berzona (Kanton Tessin) 21. Febr. 1980, dt. Schriftsteller. – Buchhändlerlehre, engagierte sich früh bei der polit. Linken, von der er sich später wieder löste. Als Funktionär des Kommunist. Jugendverbandes von Südbayern 1933 zweimal im KZ Dachau; nahm am 2. Weltkrieg teil und desertierte 1944 zu den Amerikanern. 1946/47 gab er mit H. W. Richter die literarisch-polit. Wochenschrift ›Der Ruf‹ heraus. 1955–57 war er Hg. der Zeitschrift ›Texte und Zeichen‹; gehörte zu den Gründungsmitgliedern der Gruppe 47; 1948–58 arbeitete er bei verschiedenen Rundfunkanstalten. 1952 erschien sein viel diskutierter, provozierender Roman ›Die Kirschen der Freiheit‹, in dem er über seine Desertion berichtet und seine Flucht begründet. Sein Roman ›Sansibar oder der letzte Grund‹ (1957) thematisiert ebenfalls das Problem der Freiheit: fünf Menschen, alle auf der Flucht vor dem totalen System, die Sehnsucht nach erlösender Freiheit ist ihnen gemein, die Befreiung hat aber jeweils individuelle Bedeutung; schrieb auch Essays, Filmdrehbücher, Fernsehspiele, Features und Hörspiele.

Weitere Werke: Dt. Literatur in der Entscheidung (Essays, 1948), Piazza San Gaetano (E., 1957), Fahrerflucht (Hsp., 1958), Geister und Leute (En., 1958), Die Rote (R., 1960), Wanderungen im Norden (Reisebericht, 1962), Ein Liebhaber des Halbschattens (En., 1963), Aus einem röm. Winter (Reisebericht, 1966), Efraim (R., 1967), Hohe Breitengrade oder Nachrichten von der Grenze (Reisebericht, 1969), Tochter (E., 1970), Mein Verschwinden in Providence (En., 1971), Norden Süden, rechts und links (Prosa, 1972), Hörspiele (1973), Winterspelt (R., 1974), Empört euch, der Himmel ist blau. Gedichte und Nachdichtungen 1946–1977 (1977), Der Vater eines Mörders (E., hg. 1980). **Ausgaben:** A. A. Sämtl. Erzählungen. Zü. 1983. – Das A.-A.-Leseb. Hg. v. G. HAFFMANS. Neuausg. Zü. 1989. **Literatur:** BURGAUNER, CH.: Zur Romankunst A. A.s. In: A. A.: Bericht, Roman, Erzählungen. Olten u. Freib. 1965. – DREWITZ, I./DEMETZ, P.: A. A. oder Die Krise des Engagements. In: Merkur 20 (1966), S. 669. – WEBER, W.: Über A. A. Zü. 1968. – A. A. Beitr. v. W. KOEPPEN u. a. Mchn. 1979. – Über A. A. Hg. v. G. HAFFMANS. Zü. ³1987. – REINHART, S.: A. A. Eine Biogr. Zü. 1990. – A. A. Perspektiven zu Leben u. Werk. Hg. v. I. HEIDELBERGER-LEONARD u. a. Opladen 1994.

Andersen, Astrid Hjertenæs [norweg. ¡anɔrsən], * Horten 5. Sept. 1915, † 21. April 1985, norweg. Schriftstellerin. – Schrieb zunächst konventionelle sensualist. Naturgedichte, später bilder- und assoziationsreiche modernist. Lyrik und lyr. Prosawerke.

Werke: Skilpaddehagen (Ged., 1957), Vandrersken (Ged., 1957), Pastoraler (Ged., 1960), Frokost i det grønne (Ged., 1964), Doktor Gnomen (R., 1967), Hyrdefløyten (Reiseb., 1968), Rosenbusken (Ged., 1972), De tyve landskaper (Ged., 1980).

Andersen, Benny [dän. 'anərsən], * Kopenhagen 7. Nov. 1929, dän. Schriftsteller. – Dem dän. Modernismus der 60er Jahre stark verbunden; analysiert in seiner witzigen, oft doppelbödigen Lyrik und in grotesk-kom. Hör- und Fernsehspielen absurde soziale Haltungen und Handlungen seiner Zeitgenossen. Seine Themen sind die Gespaltenheit des Menschen und dessen Nichtangepaßtsein.

Werke: Kamera med køkkenadgang (Ged., 1962), Puderne (Nov., 1965), Her i reservatet (Abh., 1971), Svantes viser (Ged., 1972), Personlige papirer (Ged., 1974), Das Leben ist schmal und hoch (Ged., dt. Ausw. 1977), Himmelspræt eller kunsten at komme til verden (Ged., 1979), Kolde fødder (Dr., 1980), På broen (autobiograph. R., 1981).

Andersen, Hans Christian [dän. 'anərsən], * Odense 2. April 1805, † Kopenhagen 4. Aug. 1875, dän. Schriftsteller. – Verließ früh die Schule, widmete sich dem Puppenspiel und dem Lesen. 1819 ging er nach Kopenhagen, um Sänger zu werden; er war auch Tanzschüler; seine Ausbildung setzte er mit königl. Unterstützung fort und machte eine Europareise. Seine ersten Werke waren Reisebeschreibungen und Skizzen, die ihm nur eine kleine königl. Pension brachten. Bekannt wurde A. mit dem Roman ›Der Improvisator‹ (1835, dt. 1909). Seinen Weltruhm begründeten die ›Märchen und Erzählungen für Kinder‹ (1835–41, 1843–48, 1852–55, 1858–72; erste dt. Übersetzung 1839), die sich erst auf dem Umweg über das Ausland durchsetzten. A. ist ein Erzähler mit Humor, Ironie und Sentimentalität, einer zart-femininen Psyche, einem kindl. Herzen und ausgesprochener Lebensweisheit. Im Märchen fand er die ihm gemäße Ausdrucksform. Die Märchen seiner ersten Sammlung sind kurz und naiv für Kinder erzählt, später hat er sie bewußt weiterentwickelt und vertieft. Im Unterschied zu den derben, alten Volksmärchen zeigt er eine Vorliebe für zarte, intime Ausgestaltung

Hans
Christian
Andersen
(Kupferstich)

des Details. Neben dän., dt. und griech. Märchenquellen benutzte er Stoffe aus Geschichte und Sage; v. a. aber schöpfte er aus eigener Phantasie. Die Wirkung der dt. Romantik auf ihn ist nicht zu verkennen. Bei aller Phantastik verläßt er nie ganz den realen Boden.

Weitere Werke: Lebensbuch (Autobiogr., entst. 1832, hg. 1926, dt. 1993), Nur ein Spielmann (1837, dt. 1847), Bilderbuch ohne Bilder (1840, dt. 1891), Das Märchen meines Lebens (Autobiogr., zuerst dt. 1845/46, dän. 1855).

Ausgaben: H. Ch. A. Ges. Werke. Dt. Übers. Lpz. 1847–72. 50 Bde. – H. Ch. A. Märchen u. Historien. Dt. Übers. Mchn. u. Hamb. 1964–67. 4 Bde.

Literatur: STIRLING, M.: Der wilde Schwan. H. Ch. A., Leben u. Zeit. Dt. Übers. Mchn. 1965. – JØRGENSEN, A.: H. Ch. A. litteraturen. 1875–1968. Århus 1970. – GRØNBECH, B.: H. Ch. A. Levnedsløb – digtning – personlighed. Kopenhagen 1971. – BERENDSOHN, W. A.: Phantasie u. Wirklichkeit in den ›Märchen u. Geschichten‹ H. Ch. A.s. Dt. Übers. Vaduz 1972. – NIELSEN, E.: H. Ch. A. Dt. Übers. Hamb. ²1980. – BREDSDORFF, E.: H. Ch. A. Eine Biogr. Dt. Übers. Rbk. 1993.

Andersen, Tryggve [norweg. ˌanərsən], * Ringerike 27. Sept. 1866, † Gran bei Oslo 10. April 1920, norweg. Schriftsteller. – Hauptvertreter der norweg. Neuromantik; schilderte als Romanschriftsteller die Gesellschaft um 1800 (›Aus den Tagen der Kanzleirates‹, R., 1897, dt. 1904); seine Novellen stehen unter dem Einfluß E. T. A. Hoffmanns und E. A. Poes.

Literatur: GIERLØFF, CH. B. G.: T. A. Oslo 1942.

Andersen-Nexø, Martin [dän. 'anərsən'nɛgsø:] (Andersen Nexö), * Kopenhagen 26. Juni 1869, † Dresden 1. Juni 1954, dän. Arbeiterdichter. – Sohn eines

Martin
Andersen-
Nexø

Steinmetzen (11 Kinder), wuchs in den Armenvierteln von Kopenhagen auf, war später auf Bornholm Hirtenjunge und Knecht, arbeitete als Steinbrecher, Schuhmacherlehrling und Maurer. Nach dem Besuch der Volkshochschule wurde er Lehrer. Gönner ermöglichten ihm, ein Lungenleiden in Spanien und Italien auszuheilen. Während dieser Zeit arbeitete er für dän. Zeitungen. A.-N.s Klassenbewußtsein ist in den Erfahrungen seiner Jugend begründet, die sein Leben und Werk maßgeblich bestimmt haben. 1919 wandte er sich dem Kommunismus zu (vorher war er Sozialist). 1923 ließ A.-N. sich in Deutschland nieder, er lebte dann in Dänemark, flüchtete vor der dt. Besetzung nach Schweden, ging in die Sowjetunion und lebte in der Nachkriegszeit in Dresden. – A.-N.s Jugenddichtung steht unter dem Eindruck des Symbolismus; er findet dann über den Naturalismus zu einem lebensnahen Realismus. Er beschreibt das Leben des dän. Volkes, den Kampf der Arbeiterklasse, die Verelendung des Bauerntums. Sein Entwicklungsroman ›Pelle der Eroberer‹ (4 Bde., 1906–10, dt. 1912) schildert den Lebensweg eines Landarbeitersohnes. In ›Ditte Menschenkind‹ (5 Bde., 1917–21, dt. 1948, 1918–23 u. d. T. ›Stine Menschenkind‹) beschreibt er das trostlose Dasein des unehel. Mädchens Ditte. Der Pessimismus wird allerdings durch die Liebe gemildert. ›Im Gottesland‹ (2 Bde., 1929, dt. 1929) ist ein zeitgeschichtl. Bauernroman. In Schweden schrieb er sein letztes großes Werk, ›Morten der Rote‹ (R., 1945, dt. 1949)

und die Fortsetzung ›Die verlorene Generation‹ (R., 1948, dt. 1950). Die polit. Tendenz seiner Werke beeinträchtigt seine Kunst nicht, sein soziales Bewußtsein ist überzeugend und echt, alle seine Werke sind von tiefer Menschlichkeit erfüllt.

Weitere Werke: Skygger (Nov.n, 1898), Überfluß (R., 1902, dt. 1914), Fliegender Sommer (En., 1908, dt. 1911), Bornholmer Novellen (1913, dt. 1924).

Ausgaben: M. A.-Nexö. Ges. Werke. Dt. Übers. Mchn. 1–15. Tsd. 1926–31. 8 Bde. – M. A.-Nexö. Ges. Werke in Einzelausgg. Dt. Übers. Bln. [1-10]1951–55. 14 Bde. – M. A.-N. Taler og artikler. Kopenhagen 1954–55. 38 Bde. – M. A.-Nexö. Ges. Werke in Einzelbden. Dt. Übers. Hg. im Auftrag der Dt. Akad. der Künste zu Bln. Bln. u. a. 1966 ff.

Literatur: NICOLAISEN, K. K.: M. A. Nexö. Dt. Übers. Konstanz 1923. – BERENDSOHN, W. A.: M. A. Nexös Weg in die Weltlit. Bln. 1949. – ZIMMERING, M.: M. A. Nexö. Bln. 1963. – HOUMANN, B.: M. A. Nexö u. sein Verhältnis zu Deutschland. In: Wiss. Zs. der Univ. Greifswald 15 (1966), S. 43. – HOLST, L./WENTZEL, K.: Solidaritet og individualitet. En analyse af N.s Pelle Eroberen. Kopenhagen 1975. – HOUMANN, B.: M. A.-N. og hans samtid. Kopenhagen 1981 ff. 3 Bde. – HOUMANN, B.: 60 Jahre mit M. A.-N. In: Nordeurop. Jb. für nord. Studien (1982), S. 63.

Anderson, Maxwell [engl. ˈændəsn], * Atlantic (Pa.) 15. Dez. 1888, † Stamford (Conn.) 28. Febr. 1959, amerikan. Dramatiker. – War nach dem Studium Sprachlehrer und Mitarbeiter verschiedener Zeitungen. Verfaßte u. a. polit. und sozialkrit. Stücke, histor. Versdramen, romant. Komödien und Singspiele, in denen er Traditionelles mit den Techniken des modernen Theaters verband. Sein Gesamtwerk stellt einen Querschnitt durch die dramat. Literatur der Gegenwart dar. Vorbilder waren ihm die Griechen und das elisabethan. Theater. Seine erfolgreichsten Dramen sind die Verarbeitung des Sacco-Vanzetti-Falls in ›Wintertag‹ (1935, dt. 1954) sowie der frz. Geschichte in ›Johanna aus Lothringen‹ (1947, dt. 1953). Zu der Musikkomödie ›Knickerbockers‹ (1938, dt. 1948) schrieb K. Weill die Musik. A. trat auch als Theaterkritiker hervor (›Off Broadway. Essays about the theater‹, 1947).

Weitere Werke: White desert (Dr., 1923), Rivalen (Dr., 1924, dt. 1929; mit L. Stallings), Elizabeth the queen (Dr., 1930), Night over Taos

(Dr., 1932), Both your houses (politisch-satir. Dr., 1933; Pulitzerpreis 1933), Maria von Schottland (Dr. 1933, dt. 1947), The masque of kings (Dr., 1936), Anna, Königin für tausend Tage (Dr., 1948, dt. 1950).
Ausgabe: Dramatist in America. Letters of M. A. 1912–1958. Hg. v. L. G. AVERY. Chapel Hill (N. C.) 1977.
Literatur: BAILEY, M. D.: M. A.: The playwright as prophet. London 1957. – SHIVERS, A. S.: M. A. Boston (Mass.) 1976. – COX, M.: M. A. A bibliography. Norwood 1978. – SHIVERS, A. S.: The life of M. A. Briarcliff Manor (N. Y.) 1982.

Anderson, Sherwood [engl. 'ændəsn], * Camden (Ohio) 13. Sept. 1876, † Colón (Panama) 8. März 1941, amerikan. Schriftsteller. – Verlebte eine trostlose Jugend, nahm 1898 am Span.-Amerikan. Krieg teil; Arbeiter, 1907–13 Leiter einer Farbenfabrik; verließ Arbeitsplatz und Familie und ging nach Chicago, wo er, von Th. Dreiser, C. Sandburg und F. Dell ermutigt, zu veröffentlichen begann. Aufenthalt in Paris (Einfluß von G. Stein), dann Farmer und Zeitungsbesitzer in Virginia. ›Der Erzähler erzählt sein Leben‹ (1924, dt. 1927, 1963 u. d. T. ›Eines Geschichtenschreibers Geschichte‹) schildert A.s Werdegang mit aufschlußreicher Offenheit. Mit Romanen und naturalistisch beeinflußten Kurzgeschichten eroberte er sich schnell eine führende Rolle in der amerikan. Literatur. A. schrieb über das Leben des kleinen Mannes, den Alltag und die Enge der Kleinstadt des amerikan. Mittelwestens. Beeinflußt von den Erkenntnissen der Psychoanalyse und von D. H. Lawrence, sah er in seelisch-sexuellen Triebkräften die Befreiung aus Routine und Zwang des Alltags. Seine bedeutendsten Werke sind ›Winesburg, Ohio‹ (Kurzgeschichten, 1919, dt. 1958) und ›Dunkles Lachen‹ (R., 1925, dt. 1962).
Weitere Werke: Many marriages (R., 1923), Das Ei triumphiert (Kurzgeschichten, 1921, dt. 1926), Horses and men (Kurzgeschichten, 1923), Death in the woods (Kurzgeschichten, 1933), Kit Brandon (R., 1936), Kleinstadt in Amerika (Essays, 1940, dt. 1956), Sh. A.s Memoirs (Erinnerungen, hg. 1942).
Ausgaben: Sh. A. Werke. Dt. Übers. Olten u. Freib. 1963. 4 Bde. – A., SH./STEIN, G.: Briefwechsel u. persönl. Aufss. Aus dem Amerikan. übers. v. J. DIERKING. Ffm. 1985.
Literatur: HOWE, I.: Sh. A. Stanford (Calif.) ²1966. – Sh. A. A collection of critical essays. Hg. v. W. B. RIDEOUT. Englewood Cliffs (N. J.)

1974. – Sh. A. Centennial studies. Hg. v. H. H. CAMPBELL u. CH. E. MODLIN. Troy (N. Y.) 1976. – WELFORD, D. T.: Sh. A. New York 1977. – GÖBEL, W.: Sh. A.: Ästhetizismus als Kulturphilosophie. Hdbg. 1982. – TOWNSEND, K.: Sh. A. Boston (Mass.) 1987.

Anderson Imbert, Enrique [span. 'andɛrson im'bɛr], * Córdoba 12. Febr. 1910, argentin. Schriftsteller und Literaturwissenschaftler. – Lebt seit 1947 als Prof. (seit 1965 an der Harvard University) in den USA (1953 naturalisiert); schrieb einige Bände phantast. Erzählungen (u. a. ›El grimorio‹, 1961) und Romane (›Vigilia‹, 1934; ›Fuga‹, 1953). Als Wissenschaftler befaßte er sich theoretisch v. a. mit Problemen der Narrativik und Literaturkritik und veröffentlichte neben dem Standardwerk ›Historia de la literatura hispanoamericana‹ (1954) zahlreiche Einzeluntersuchungen.
Weitere Werke: El gato de Cheshire (En., 1965), La Sandía y otros cuentos (En., 1969), Los domingos del profesor (Essays, 1972), Victoria (R., 1977), Teoría y técnica del cuento (Abh., 1979).
Ausgabe: E. A. I. En el telar del tiempo. Narraciones completas. Buenos Aires 1979–86. 5 Bde.

Andersson, Claes [schwed. ‚andərsɔn], * Helsinki 1937, schwedischsprachiger finn. Schriftsteller. – Psychiater; als Lyriker, Erzähler und Dramatiker scharfsinniger Beobachter der Problematik des menschl. Miteinanders; auch Übersetzer.
Werke: Ventil (Ged., 1962), Staden heter Helsingfors (Ged., 1965), Bakom bilderna (R., 1972), Den fagraste vår (R., 1976), En mänska börjar likna sin själ (R., 1983), Som lyser mellan gallren (1989).

Andersson, Dan [schwed. ‚andərsɔn], * Skattlösberg (Dalarna) 6. April 1888, † Stockholm 16. Sept. 1920, schwed. Dichter. – Sohn eines Dorfschullehrers, in großer Armut aufgewachsen; war zunächst Arbeiter, besuchte die Volkshochschule, wurde Lehrer und Mitarbeiter der ›Ny Tid‹ in Stockholm; fiel in jungen Jahren einem Blausäureunfall zum Opfer; seit 1912 als Schriftsteller tätig. Seine Schriften aus dem Köhlermilieu, ›Kolarhistorier‹ (Nov., 1914) und ›Kolvaktarens visor‹ (Ged., 1915), machten ihn zu einem der bedeutendsten Arbeiterdichter Schwedens. Auch in ›Det kallas vidskepelse‹ (Nov., 1916) wandte er sich gegen die Auffassung, daß das soziale Problem durch Aufklärung oder polit. Manipula-

122 Andersson

tion zu lösen sei. Daneben nahm sich A.
immer wieder religiöser und metaphys.
Probleme an, so in den autobiograph.
Romanen ›De tre hemlösa‹ (1918) und
›David Ramms arv‹ (1919). Viele seiner
Gedichte, u. a. aus der Sammlung ›Svarta
ballader‹ (1917), sind Teil des schwed.
Liedguts.

Literatur: ODSTEDT, A.-M.: D. A., liv och diktning. Stockholm 1965. – ÅGREN, G.: Kärlek som
i allting bor. D. A.s liv och diktning 1916–1920.
Diss. Göteborg 1971.

Andersson, Lars Gunnar [schwed.
,andərson], * Karlskoga 23. März 1954,
schwed. Schriftsteller. – Hatte seinen ersten Erfolg mit dem Roman ›Brandlyra‹
(1974) und erzielte mit dem Roman
›Schneelicht‹ (1979, dt. 1981) den großen
Durchbruch. Von Marxismus und Existentialismus beeinflußt, setzt er sich mit
den sozialen und existentiellen Bedingungen der Freiheit auseinander, gestaltet die Identitätssuche in einer Mischung
von Realismus, Mythos und Utopie. A.
ist auch Essayist.

Weitere Werke: Vi lever våra spel (R., 1976),
Gleipner (Nov., 1977), Der Eistaucher (R., 1982,
dt. 1986), Pestkungens legend (R., 1988).

Andokides (tl.: Andokídēs), * Athen
um 440, †nach 390, griech. Rhetor. –
War als Mitwisser in den Hermenfrevel
verwickelt, an dem er jedoch nicht beteiligt war; 415 verriet er als Angeklagter im
Prozeß die Schuldigen; trotz zugesicher-
ter Straffreiheit mußte er ins Exil gehen.
Nach zwei vergebl. Versuchen gelang
ihm 402 die Rückkehr. Als er nach dem
Korinthischen Krieg für den in Sparta
ausgehandelten Friedensplan sprach,
wurde er wieder angeklagt und ging endgültig ins Exil. Von den vier unter seinem
Namen überlieferten, der Umgangssprache nahe kommenden Reden sind drei
echt.

Andrade, Carlos Drummond de [bra-
silian. ɐn'dradi], * Itabira (Minas Gerais)
31. Okt. 1902, † Rio de Janeiro 17. Aug.
1987, brasilian. Lyriker. – Gilt als bedeutendster, aus dem brasilian. Modernismo
hervorgegangener Lyriker seines Landes.
Seine Dichtungen bleiben, bei allem Her-
metismus, persönl. Ausdruck eines hoch-
gebildeten, iron. und sarkast. Geistes,
dem sozialkrit. Engagement nicht fremd
ist.

Werke: Alguma poesia (Ged., 1930), Sentimento do mundo (Ged., 1940), Contos de
aprendiz (En., 1951), Viola de bôlso (Ged.,
1952), Lição de coisas (Ged., 1962), Poesie
(Ged., portugies. und dt. Ausw. 1965), Os dias
lindos (En., 1977), Gedichte (portugies. und
dt. Ausw. 1982), O observador no escritório
(Ged., 1985), Amar se aprende amando (Ged.,
1985).

Andrade, Eugénio de [portugies. ɐn-
'dradi], eigtl. José Fontinhas, * Póvoa da
Atalaia (Distrikt Castelo Branco) 19. Jan.
1923, portugies. Lyriker. – Herausragen-
der, keiner gängigen Stilrichtung zuzu-
ordnender portugies. Lyriker der zweiten
Hälfte des 20. Jahrhunderts. Verfaßt seit
den 1940er Jahren Lyrik, seit den 1970er
Jahren auch Reflexionen über Kunst und
menschl. Grundsituationen in Kurzprosa. Thematisiert häufig die Sprache
selbst sowie myth. Vorstellungen vom
erdgebundenen Ursprung des Menschen
und seiner Welt. Die Musikalität seiner
Sprache und die häufige Verwendung
des Parallelismus erinnern an den portugies. Symbolismus (C. Pessanha) und die
Tradition der altgalic. Lyrik.

Werke: As mãos e os frutos (Ged., 1948), Osti-
nato rigore (Ged., 1964), Os afluentes do silên-
cio (Prosa, 1968), Obscuro domínio (Ged.,
1972), Escrita da terra (Ged., 1974), O peso da
sombra (Ged., 1982), Branco no branco (Ged.,
1984), Rente ao dizer (Ged., 1992), A sombra da
memória (Prosa, 1992).

Ausgabe: E. de A. Poesia e prosa. Lissabon
⁴1990. 2 Bde.

Literatur: 21 ensaios sobre E. de A. Hg. v. M. A.
VALENTE. Porto 1971. – LOPES, Ó.: Uma espécie
de música. A poesia de E. de A. Lissabon 1981.

Andrade, Mário [Raul] Morais de
[brasilian. ɐn'dradi], * São Paulo 9. Okt.
1893, † ebd. 25. Febr. 1945, brasilian. Mu-
sikforscher und Schriftsteller. – Wurde
1922 Prof. für Musikgeschichte am Kon-
servatorium in São Paulo, 1938–40 Prof.
für Kunstgeschichte an der Univ. von
Rio de Janeiro; trat führend für eine sich
auf eigene Traditionen besinnende brasilian. Musik ein; maßgebl. Vertreter des
brasilian. Modernismo; veröffentlichte
außer literarhistor. und -krit. Schriften
(›O movimento modernista‹, 1942;
›Aspectos da literatura brasileira‹, 1943)
v. a. Gedichtsammlungen (›Há uma gota
de sangue em cada poema‹, 1917; ›Pauli-
céia desvairada‹, 1922) sowie Romane
(›Amar, verbo intransitivo‹, 1924; ›Ma-

cunaíma. Der Held ohne jeden Charakter‹, 1928, dt. 1982) und Erzählungen.
Ausabe: M. R. M. de A. Obras completas. São Paulo 1960 ff.
Literatur: KNOLL, V.: Paciente arlequinada. Uma leitura da obra poética de M. de A. São Paulo 1983. – LAFETÁ, J. L.: Figuração da intimidade. Imagens na poesia de M. de A. São Paulo 1986.

Andrade, Olegario Víctor [span. an-'draðe], * Alegrete (Rio Grande do Sul) 6. März 1839, † Buenos Aires 30. Okt. 1882, argentin. Dichter. – Positivist; Fortschrittsglaube, Patriotismus und das Pathos V. Hugos kennzeichnen seine großen Oden ›San Martín‹, ›El nido de cóndores‹, ›Prometheus‹ (1877, dt. 1910).
Ausgabe: O. V. A. Obras poéticas. Buenos Aires 1887.

Andrade, [José] Oswald de Sousa [brasilian. ɐn'dradi], * São Paulo 11. Jan. 1890, † ebd. 22. Okt. 1954, brasilian. Schriftsteller. – Aktivste und radikalste Gestalt des Modernismo. Sein provokator. ›Manifesto antropófago‹ (1928) forderte die Rückkehr zur ursprüngl. Einheit von Kultur und vitalen Instinkten. Als Lyriker und Romancier entwickelte er aus konsequenter Negation der literar. Konventionen heraus eine innovator. Ästhetik.
Weitere Werke: Memórias sentimentais de João Miramar (R., 1924), Pau Brasil (Ged., 1925), Serafim Ponte Grande (R., 1934), Um homem sem profissão (R., 1954).
Literatur: NUNES, B.: Oswald canibal. São Paulo 1979. – HELENA, L.: Totens e tabus da modernidade brasileira. Símbolo e alegoria na obra de O. de A. Rio de Janeiro 1985.

Andrea da Barberino, * Barberino di Val d'Elsa (Prov. Florenz) um 1370, † Florenz nach 1431, italien. Dichter. – Fahrender Volkssänger in Florenz, der die frz. Ritterromane ins Italienische übersetzte und mit viel Erfolg öffentlich vortrug, bes. ›Guerrin meschino‹ (hg. 1473) und ›I reali di Francia‹ (Kompilation des Karlszyklus, hg. 1491).

Andreä, Johann Valentin, * Herrenberg 17. Aug. 1586, † Stuttgart 27. Juni 1654, dt. luther. Theologe und Schriftsteller. – Wuchs in humanist. Tradition auf; war u. a. Hofprediger in Stuttgart; ab 1646 Mitglied der ›Fruchtbringenden Gesellschaft‹; versuchte mit seinen volkstüml. Predigten und Lehrgedichten

ein auf werktätige Nächstenliebe gerichtetes Christentum durchzusetzen. Sein Lehrgedicht ›Christenburg‹ (1626) schildert die Kirche unter dem Bild einer belagerten Stadt, die vier Dialoge des ›Theophilus‹ (veröffentlicht 1649) enthalten bes. auch pädagog. Gedanken. Aufgrund einiger früher Schriften über die Bruderschaft eines legendären (von A. erfundenen?) Christian Rosenkreuz (mit derber Zeitsatire) kam es zur Gründung der Geheimbünde der Rosenkreuzer.
Literatur: J. V. A., ein schwäb. Pfarrer im Dreißigjährigen Krieg. Heidenheim 1970.

Andreae, Illa [an'dre:ɛ], eigtl. Elisabeth Aloysia A., geb. Große-Lackmann, * Wolbeck (heute zu Münster) 8. Febr. 1902, † Bochum 3. Febr. 1992, dt. Schriftstellerin. – Dem kath. Bekenntnis und der Tradition ihrer westfäl. Heimat verhaftete Verfasserin von Familienromanen; auch Wahl histor. Stoffe.
Werke: Der sterbende Kurfürst (En., 1942, erweitert u. d. T. Das versunkene Reich, 1952) Die Hamerincks (R., 1950, 1959 u. d. T. Glück und Verhängnis der Hamerincks), Der wunderliche Spielgefährte (En., 1969), Tüsken Angel un Deergaoren (R., 1979).

Andreas von Kreta (tl.: Andréas), * Damaskus um 660, † wahrscheinl. 4. Juli 740, Metropolit von Kreta mit dem Sitz Gortyne (seit etwa 692). – War Mönch in Jerusalem, Diakon in Konstantinopel; bed. als Prediger und Verfasser liturg. Dichtungen, gilt als Begründer einer neuen Gattung von Kirchenliedern, der ›Kanones‹. Sein ›Großer Kanon‹, ein Bußgesang in 250 Strophen, hat sich bis heute in der griech. Liturgie gehalten, wobei unsicher ist, ob die heute noch gesungene Melodie auf A. zurückgeht.

Andreas Capellanus (André le Chapelain), lat. Schriftsteller um 1200. – Vermutlich Kaplan am Hof des frz. Königs, später bei der Gräfin Marie von Champagne. Von ihm stammt das bekannte, in lat. Sprache abgefaßte Regelbuch über die höf. Liebe, ›De amore‹ (zwischen 1174 und 1186, dt. 1482). Stoff für seine Zusammenstellungen sollen ihm die Aufzeichnungen von Diskussionen über die Liebe in adligen Kreisen gegeben haben. A. C. gliederte sein Werk in drei Bücher,

in denen er die Liebesgewohnheiten einzelner Stände, u. a. der Kleriker, der Bauern und der Hetären behandelt, er definiert den Begriff Liebe, charakterisiert den Liebenden und geht auf verschiedene Formen der Liebe ein. Der Einfluß Ovids auf das Werk ist unverkennbar.
Ausgabe: A. C. De amore. Hg. v. E. TROJEL. Mchn. Neuausg. 1964.
Literatur: SCHLÖSSER, F.: A. C. Seine Minnelehre u. das christl. Weltbild des 12. Jh. Bonn ²1962. – FINOLI, A. M., u. a.: A. C. In: Lex. des MA. Bd. 1. Mchn. u. Zü. 1980. – SCHNELL, R.: A. C. Mchn. 1982. – KARNEIN, A.: De Amore in volkssprachl. Lit. Unterss. zur A.-C.-Rezeption in MA u. Renaissance. Hdbg. 1985.

Lou Andreas-Salomé

Andreas-Salomé, Lou ['zaːlome], Pseudonym Henry Lou, * Petersburg 12. Febr. 1861, † Göttingen 5. Febr. 1937, dt. Schriftstellerin. – Tochter eines russ. Generals hugenottisch-dt. Herkunft; verbrachte ihre Jugend in Petersburg, studierte in Zürich Theologie, Philosophie, Philologie und Kunstgeschichte, war kurze Zeit mit F. Nietzsche befreundet, ab 1887 ∞ mit dem Orientalisten F. K. Andreas. Pflegte vielfältige Kontakte in literar. Kreisen (G. Hauptmann, W. Bölsche, A. Strindberg, M. Reinhart, F. Wedekind, A. Schnitzler u. a.). Mit R. M. Rilke, dessen enge Vertraute sie war, unternahm sie zwei Rußlandreisen. Studierte ab 1912 bei A. Adler und S. Freud. Sie schrieb Studien, Essays und Erzählungen mit vorwiegend psycholog. Problematik und Romane. Sie ist v. a. durch die Anregungen, die sie ihren Freunden gab, bedeutsam.
Werke: Im Kampf um Gott (R., 1885), Henrik Ibsen's Frauen-Gestalten ... (Essays, 1892), Friedrich Nietzsche in seinen Werken (Biogr., 1894), Ruth (E., 1895), Fenitschka. Eine Ausschweifung (En., 1898), Ma (R., 1901), Im Zwischenland (En., 1902), Das Haus (E., 1921), Ródinka (E., 1923), Mein Dank an Freud (offener Brief, 1931), Lebensrückblick (Autobiogr., hg. 1951).
Literatur: MACKEY, I. S.: L. Salomé, inspiratrice et interprète de Nietzsche, Rilke et Freud. Paris 1956. – PETERS, H. F.: Lou. Das Leben der L. A.-S. Dt. Übers. Mchn. 1964. – Die Dokumente ihrer Begegnung. Friedrich Nietzsche, Paul Rée, L. von Salomé. Hg. v. E. PFEIFFER. Ffm. 1971. – MÜLLER-LORECK, L.: Die erzählende Dichtung L. A.-S.s. Stg. 1976. – ROSS, W.: L. A.-S. Bln. 1992.

Andreev, Leonid Nikolaevič, russ. Erzähler und Dramatiker, ↑ Andrejew, Leonid Nikolajewitsch.

Andreini, Giovan Battista, * Florenz 9. Febr. 1579 (?), † Reggio nell'Emilia 7. (8.?) Juni 1654, italien. Schauspieler und Dramatiker. – Sohn des zu seiner Zeit berühmten Schauspielerehepaars Francesco (* um 1548, † 1624) und Isabella A. (* 1562, † 1604), Mitglied der Theatertruppe der ›Gelosi‹, später der ›Fedeli‹, deren Direktor er 1620 wurde und mit denen er Europa bereiste; stand mehr als 30 Jahre im Dienste des Herzogs von Mantua. Verfasser von Komödien (›La Veneziana‹, 1619; ›Le due comedie in comedia‹, 1623) und religiösen Dramen wie ›Adamo‹ (1613) und ›La Maddalena‹ (1617), an deren musikal. Komposition er sich neben C. Monteverdi, S. Rossi, M. Effrem und A. Ghivizzani beteiligte; schrieb auch zahlreiche Sonette.
Literatur: PUMA, F.: La tragedia del Seicento e Giambattista A. Messina 1950.

Andrejew (tl.: Andreev), Leonid Nikolajewitsch [russ. an'drjejif], * Orel 21. Aug. 1871, † Mustamäki (Finnland) 12. Sept. 1919, russ. Erzähler und Dramatiker. – Rechtsanwalt und Journalist. Nach dem Scheitern der Revolution 1905 und dem Tod seiner Frau kam er zu einer irrationalistisch-pessimist. Geisteshaltung; Einfluß A. Schopenhauers, E. A. Poes, L. N. Tolstois und F. M. Dostojewskis. A. wechselte zu den Konservativen über, war während des Krieges Chauvinist und floh 1917 nach Finnland. Sein Erzählwerk beginnt in der Tradition A. P. Tschechows und M. Gorkis, zu des-

sen Kreis er etl. Jahre gehörte, in realist. Darstellungsweise, wird bald stimmungsmäßig dekadent und zunehmend von symbolist. Zügen geprägt (›Der Abgrund‹, Nov., 1902, dt. 1905; ›Das Leben Wassili Fiweiski's‹, Nov., 1904, dt. 1906). Die Novelle ›Das rote Lachen‹ (1904, dt. 1905) hat den Russisch-Jap. Krieg zum Thema. Unter dem Eindruck der Revolution von 1905 entstand die nun wieder realist. Novelle ›Die Geschichte von den sieben Gehenkten‹ (1908, dt. 1909). Auch in Dramen ging A. im allgemeinen den Weg vom Realismus zum Symbolismus. Hier steht er unter dem Einfluß von M. Maeterlinck. Abstraktionen und eine sarkastisch-resignierende Grundstimmung beherrschen die Werke.
Weitere Werke: Žili-byli (= Es waren einmal, E., 1901), Der Gouverneur (Nov., 1906, dt. 1906), Judas Ischariot und die anderen (E., 1907, dt. 1908), Das Leben des Menschen (Dr., 1907, dt. 1908), König Hunger (Dr., 1908, dt. 1924), Černye maski (= Die schwarzen Masken, Dr., 1909), Anathema (Dr., 1910, dt. 1911), Professor Storizyn (Dr., 1913, dt. 1924).
Literatur: WOODWARD, J. B.: L. Andreyev. Oxford 1969. – MARTINI, A.: Erzähltechniken L. N. Andreevs. Mchn. 1978.

André le Chapelain [frz. ãdrelʃa-'plɛ̃], lat. Schriftsteller, ↑ Andreas Capellanus.

Andres, Stefan, * Dhrönchen (heute zu Trittenheim, Landkreis Bernkastel-Wittlich) 26. Juni 1906, † Rom 29. Juni 1970, dt. Schriftsteller. – Aus kath. Bauernfamilie, studierte Theologie, Philosophie, Kunstgeschichte und Germanistik; seit 1937 im Exil in Positano bei Salerno, kehrte 1949 in die BR Deutschland zurück; lebte seit 1961 in Rom. In seinem ersten Buch, ›Bruder Luzifer‹ (R., 1932), zeichnet er seine Jahre der Vorbereitung auf den Ordensstand nach; bekannt wurde er v. a. mit den beiden Novellen ›El Greco malt den Großinquisitor‹ (1936) und ›Wir sind Utopia‹ (1943; dramatisiert u. d. T. ›Gottes Utopia‹, UA 1950); er erweist sich als ursprüngl. Fabuliertalent, seine Sprache ist bildsam und temperamentvoll. Lebensfreude und -genuß einerseits, Auseinandersetzung mit den Problemen der menschl. Schuld und Todesbedrohtheit andererseits umfassen die Spannweite seines Werkes. Christliches und Antikes sucht A. zu ver-

einen, die Diktatur brandmarkt er als zerstörerisch. A. trat auch als Dramatiker und Lyriker hervor.
Weitere Werke: Eberhard im Kontrapunkt (R., 1933), Die unsichtbare Mauer (R., 1934), Vom hl. Pfäfflein Domenico (E., 1936), Moselländ. Novellen (1937, 1949 u. d. T. Gäste im Paradies), Der Mann von Asteri (R., 1939), Die Hochzeit der Feinde (R., 1947), Ritter der Gerechtigkeit (R., 1948), Die Sintflut (R.-Trilogie: Das Tier aus der Tiefe, 1949; Die Arche, 1951; Der graue Regenbogen, 1959), Der Granatapfel (Ged., 1950), Der Reporter Gottes (Hörfolge, 1952), Der Knabe im Brunnen (R., 1953), Die Reise nach Portiuncula (R., 1954), Positano (En., 1957), Der Mann im Fisch (R., 1963), Der Taubenturm (R., 1966), Ägypt. Tagebuch (1967), Noah und seine Kinder (1968), Die Dumme (R., 1969), Die Versuchung des Synesios (R., hg. 1971), Das Fest der Fischer (En., hg. 1973), Der Dichter in dieser Zeit. Reden und Aufsätze (hg. 1974).
Literatur: S. A. Eine Einf. in sein Werk. Hg. v. H. HENNECKE u. a. Mchn. ²1965. – Utopia u. Welterfahrung. S. A. u. sein Werk im Gedächtnis seiner Freunde. Mchn. ²1973. – WAGENER, H.: S. A. Bln. 1974. – KLEIN, U.: S. A. Innere Emigration in Deutschland u. im ›Exil‹. Diss. Mainz 1991.

Andreus, Hans, [niederl. ɑn'dre:ʏs], eigtl. Johan Willem van der Zant, * Amsterdam 21. Febr. 1926, † Putten 9. Juni 1977, niederl. Schriftsteller. – Gehört mit Lucebert und G. Kouwenaar zur experimentellen literar. Gruppe der ›Vijftigers‹ (= Fünfziger); schrieb außer Novellen, Hörspielen und Kinderbüchern v. a. Lyrik, in der er in bildstarker, musikal. Sprache seinem Lebensgefühl Ausdruck verleiht.
Werke: Misschien (Ged., 1956), De sonnetten van de kleine waanzin (Ged., 1957), Gedichten I (1958), Gedichten II (1959), Bezoek (Nov., 1960), Luisteren met het lichaam (Ged., 1960), Denise (Nov., 1962).

Andrews, Dame Cecily Isabel [engl. 'ændru:z], angloirische Schriftstellerin, ↑ West, Rebecca.

Andrian-Werburg, Leopold Freiherr von, * Wien 9. Mai 1875, † Freiburg (Schweiz) 19. Nov. 1951, österr. Dichter und Diplomat. – Enkel des Komponisten G. Meyerbeer; als Diplomat u. a. in Südamerika und Rußland, 1918 Generalintendant der Wiener Hoftheater; seit 1938 in der Schweiz; als Dichter stand er dem Kreis um S. George nahe, in dessen ›Blättern für die Kunst‹ seine formal vollendeten Jugendgedichte 1894–1901 erstmalig veröffentlicht wurden.

Weitere Werke: Der Garten der Erkenntnis (Nov., 1895), Die Ständeordnung des Alls (1930).
Ausgabe: L. Andrian u. die Bll. f. die Kunst. Hg. u. eingel. v. W. H. PERL. Hamb. 1960 (Gedichte u. Briefwechsel mit Stefan George u. a.).
Literatur: SCHUMACHER, H.: L. A., Werk u. Weltbild eines österr. Dichters. Wien 1967. – RENNER, U.: L. A.s ›Garten der Erkenntnis‹: Literar. Paradigma einer Identitätskrise in Wien um 1900. Ffm. 1981.

Ivo Andrić

Andrić, Ivo [serbokroat. ˌandritɕ], * Dolac bei Travnik (Bosnien) 10. Okt. 1892, † Belgrad 13. März 1975, serb. Schriftsteller und Essayist. – A. gehörte der nat. Organisation ›Junges Bosnien‹ an. In Zagreb gründete er eine literar. Zeitschrift. Bald darauf trat er in den diplomat. Dienst, Botschafter in europ. Ländern, bei Ausbruch des 2. Weltkriegs Gesandter in Berlin. Während des Kriegs lebte er in Belgrad und Zagreb. Nach dem Krieg war er Präsident des jugoslaw. Schriftstellerverbandes. 1961 erhielt er den Nobelpreis für Literatur. ›Ex ponto‹ (1918) und ›Nemiri‹ (= Unruhe, 1920), lyrisch-philosoph. Dichtungen, waren seine ersten Werke. Dann schrieb er bunte, realistisch-eindrucksvolle Erzählungen. Sein Hauptwerk ist die ep. Chronik von Višegrad ›Die Brücke über die Drina‹ (R., 1945, dt. 1953), mit der alten steinernen Brücke, der von ihr abhängigen Stadt und ihren Bewohnern im Mittelpunkt; sie begleitet das Schicksal der Menschen am Schnittpunkt von Orient und Okzident durch Jahrhunderte. Ebenfalls in dieser Welt spielt der Roman ›Wesire und Konsuln‹, die Travniker Chronik (1945, dt. 1961). A. ist ein meisterhafter Schilderer von Charakteren und Natur.

Weitere Werke: Das Fräulein (R., 1945, dt. 1959), Der Elefant des Wesirs (Nov., 1948, dt. 1962), Der verdammte Hof (E., 1954, dt. 1957), Omer-Pascha Latas (R., hg. 1976, dt. 1979).
Ausgaben: I. A. Sämtl. Erzählungen. Dt. Übers. Mchn. 1962–64. 3 Bde. – I. A. Sabrana dela. Sarajevo 1984. 17 Bde.
Literatur: MINDE, R.: I. A. Studien über seine Erzählkunst. Mchn. 1962. – I. ANDRIĆ. Bibliografičeskij ukazatel'. Moskau 1974. – LEOVAC, S.: Pripovedač I. A. Novi Sad 1979. – HAWKESWORTH, C.: I. A. Bridge between East and West. London 1984.

Andrieux, François Guillaume Jean Stanislas [frz. ãdri'ø], * Straßburg 6. Mai 1759, † Paris 9. Mai 1833, frz. Schriftsteller. – Jurist, während des Konsulats Sekretär, dann Präsident des Tribunats; 1804 Prof. für Literatur an der École polytechnique, 1814 am Collège de France; ab 1803 Mitglied der Académie française. Einer der Wortführer der Romantikgegner; schrieb geistreich-witzige Lustspiele (›Les étourdis‹, 1787, nach J.-F. Regnards ›Der Universalerbe‹, 1708, dt. 1757) sowie Verserzählungen (›Le meunier de Sans-Souci‹, 1798).

Andronicus, Livius, röm. Dichter, † Livius Andronicus, Lucius.

Andrzejewski, Jerzy [poln. andʒɛ-'jɛfski], * Warschau 19. Aug. 1909, † ebd. 19. April 1983, poln. Schriftsteller. – Theaterkritiker, während des Krieges illegale Kulturarbeit, danach im Vorstand des poln. Schriftstellerverbandes; vor dem Krieg Einflüsse des frz. kath. Romans auf A.; in seinen Romanen stellte er die Existenzprobleme des poln. Volkes während und nach der dt. Besetzung dar. In dem Roman ›Asche und Diamant‹ (1948, dt. 1961) setzte sich A. kritisch mit den Bemühungen der durch die Kriegswirren erschütterten poln. Gesellschaft um eine neue Lebensordnung auseinander; in den 60er Jahren zunehmendes polit. Engagement; kultur- und ideologiekrit. Reflexionen; es entstanden die Romane ›Siehe, er kommt hüpfend über die Berge‹ (1963, dt. 1966) und ›Appellation‹ (1968, dt. 1968); ab 1968 bis in die 70er Jahre Konflikt mit der Partei; Hinwendung zu mytholog. und bibl. Themen

(›Jetzt kommt über dich das Ende‹, E., 1976, dt. 1977); auch Dramen.

Weitere Werke: Ordnung des Herzens (R., 1938, dt. 1970), Die Karwoche (E., 1945, dt. 1948), Der goldene Fuchs (E., 1955, dt. 1968), Finsternis bedeckt die Erde (R., 1957, dt. 1962), Die Pforten des Paradieses (R., 1960, dt. 1963), Nikt (= Niemand, R., 1983).

Ausgabe: J. A. Die großen Erzählungen. Dt. Übers. Mchn. u. Wien 1968.

Literatur: SADKOWSKI, W.: A. Warschau 1973. – SCHREIBER, J.: J. A.s Roman ›Ciemności kryją ziemię‹. Mchn. 1981.

Anegenge [mhd. = Anfang, Ursprung], mhd. Gedicht eines unbekannten österr. Geistlichen um 1160; behandelt in lehrhafter Weise theologisch-spekulative Themen wie Trinität, Wesen Gottes, Schöpfung; als Quellen benutzt der Dichter neben der Bibel v. a. Hugo von Saint-Victors ›De sacramentis‹ und ›Summa sententiarum‹.

Literatur: NEUSCHÄFER, D.: Das A. Textkrit. Studien. Diplomat. Abdruck. Krit. Ausg. Anmerkungen zum Text. Mchn. 1966. – MURDOCH, B.: The garments of paradise. A note on the Wiener Genesis and the A. In: Euphorion 61 (1967), S. 375.

Aneirin [engl. ə'naɪərɪn], kymrischwalis. Dichter um 600. – Die erhaltene späte Handschrift ›The book of A.‹ (um 1250) enthält den verstümmelten Text eines heroischen Gedichts ›Y Gododdin‹, das von Kämpfen der Briten gegen die Angeln in einfachem unmittelbarem und kraftvollem Stil berichtet.

Anekdote [griech. = nicht Herausgegebenes, Unveröffentlichtes], skizzenhafte Erzählung, die in raschem Tempo auf eine Pointe am Schluß zielt; kennzeichnend ist das völlig Unerwartete. Erzähltechnisch ist die A. sozusagen vom Schluß her aufgebaut. Sie verzichtet auf das Erzählen des genauen Verlaufs einer Begebenheit und konzentriert sich auf einen bestimmten Aspekt als Teil für das Ganze. Im Mittelpunkt steht oft eine histor. Persönlichkeit, ein Menschentyp in seiner charakterist. Besonderheit oder eine bezeichnende Begebenheit (Nähe zu ↑Witz, ↑Aphorismus, ↑Epigramm). In diesem Sinne wird A. erstmals in der frz. Memoirenliteratur des 17./18. Jh. verwendet. Ursprünglich bezieht sich A. auf die Schrift ›Anékdota‹ (lat. ›Arcana historia‹) von Prokop (6. Jh.), die entlarvende Geschichten vom byzantin. Hof erzählt, die er in seiner offiziellen Geschichte der Regierung Justinians nicht veröffentlicht hatte.

Anekdotenartige Geschichten finden sich, wenn auch nicht unter diesem Begriff, seit ältester Zeit als Einschübe in Historien, Viten und Chroniken, in Predigt, Traktat und Satire. In der antiken Literatur entspricht die A. in etwa das ↑Apophthegma, in der mittelalterl. Literatur das ↑Bispel. A.n sind enthalten in Schwanksammlungen des 16. Jh., im 17. Jh. bei J. J. Ch. von Grimmelshausen (›Ewig währender Kalender‹, 1670; ›Rathstübel Plutonis‹, 1672) oder bei Abraham a Sancta Clara. Durch die ›novella‹ G. Boccaccios und deren Nachahmung und v. a. durch die lat. ↑Fazetie des Humanisten G. F. Poggio Bracciolini entsteht die A. als eigene literar. Form, die jedoch nicht immer klar von ↑Exempel, ↑Fabel, ↑Schwank und ↑Novelle zu unterscheiden ist. Zur meisterhaften Kunstform wird die A. durch H. von Kleist (in den ›Berliner Abendblättern‹, 1810/11) und J. P. Hebel (›Der Rheinländ. Hausfreund‹, 1808–11, Ausw. 1811 u. d. T. ›Schatzkästlein des rhein. Hausfreundes‹, erschien später im Kalender ›Rhein. Hausfreund ...‹, 1813–15 und 1819). Die meisten A.n späterer Zeit können nicht als strenge Ausprägungen ihrer Art gelten. Nah verwandt ist die ↑Kalendergeschichte (M. Claudius, Hebel, J. Gotthelf u. a.). Zur Novelle, ↑Kurzgeschichte oder ↑Short story tendiert die A. im 20. Jh. bei W. Schäfer und P. Ernst. Die Prägnanz und die Nähe zur Realität lassen die A. auch zum Kristallisationspunkt anderer literar. Werke werden: Th. Fontane z. B. verwendet die A. als Kunstmittel im Roman (leitmotivartig in ›Vor dem Sturm‹, 1878); B. Brecht verarbeitet vielfach Anekdotisches (›Kalendergeschichten‹, 1949, z. T. die ›Geschichten vom Herrn Keuner‹, 1930–49, oder im ›Augsburger Kreidekreis‹, 1949, und im ›Kaukas. Kreidekreis‹, 1949). Die Zahl populärer A.n, die v. a. Biographisches erfassen, wird im 19. und 20. Jh. unübersehbar.

Literatur: PONGS, H.: Die A. als Kunstform zwischen Kalendergeschichte u. Kurzgeschichte In: Deutschunterricht 9 (1957). – ACKER-

128 **Anély**

MANN, F.: Das Komische in der A. In: Deutschunterricht 18 (1966). – FRIEDENTHAL, R.: Vom Nutzen u. Wert der A. In: Sprache u. Politik. Hg. v. C.-J. FRIEDRICH u. B. REIFENBERG. Hdbg. 1968. – MOSER-RATH, E.: A.nwanderungen in der dt. Schwanklit. In: Volksüberlieferung. Hg. v. F. HARKORT u. a. Gött. 1968. S. 249. – SCHÄFER, R.: Die A. Mchn. 1982. – JOLLES, A.: Einfache Formen. Tüb. ⁶1982. – GROTHE, H.: A. Stg. ²1984. – HERTSLET, W. L./HELMOLT, H. F.: Der Treppenwitz der Weltgesch. Bearb. v. W. HOFMANN. Bln. ¹³1984. – WEBER, V.: A. Tüb. 1993.

Anély, Max [frz. ane'li], Pseudonym des frz. Schriftstellers Victor Ambroise ↑ Segalen.

Anepigrapha [griech.], unbetitelte Schriften.

Anet, Claude [frz. a'nɛ], eigtl. Jean Schopfer, *Morges (Schweiz) 28. Mai 1868, † Paris 9. Jan. 1931, frz. Schriftsteller. – Journalist und Korrespondent vieler Zeitungen. Bereiste mit Fahrrad und Auto Italien, Persien und Rußland; wurde bekannt durch seine spannend geschriebenen Reiseberichte über Italien (›Voyage idéal en Italie‹, 1899), Persien (›La Perse en automobile‹, 1906) und Rußland z. Z. der Revolution (›La révolution russe de mars 1917 à juin 1918‹, 4 Bde., 1918/19); seine Romane spielen in der frz. Provinz oder in Rußland (›Kleinstadt‹, 1901, dt. 1927; ›Les bergeries‹, 1904; ›Ariane‹, 1920, dt. 1925).

Weitere Werke: Russ. Frauen (Nov.n, 1920, dt. 1926), Als die Erde bebte ... (R., 1921, dt. 1930), La fille perdue (Dr., 1924).

Anfangsreim, Reim der ersten Wörter zweier Verse, z. B. ›Krieg! ist das Losungswort./Sieg! und so klingt es fort.‹ (Goethe, ›Faust II‹). – ↑ auch Reim.

Angeli, Pietro degli [italien. 'andʒeli], latin. Pier Angelo Bargeo, *Barga 22. April 1517, † Pisa 29. Febr. 1596, italien. Dichter und Gelehrter. – 1546–48 Prof. für Latein und Griechisch in Reggio nell'Emilia, 1549–73 in Pisa; verfaßte in der Volkssprache Liebes- und Hirtengedichte, in lat. Sprache Gedichte nach dem Vorbild Catulls (›Poemata omnia‹, 1585). A. übersetzte den ›Ödipus‹ des Sophokles ins Italienische, er beriet T. Tasso bei dessen Umarbeitung des ›Befreiten Jerusalems‹, da das Hauptwerk A.s (›Syrias‹, 1591) denselben Stoff behandelte.

Angell, Olav, *Drontheim 4. Aug. 1932, norweg. Schriftsteller. – Schreibt experimentierende, mitunter vom Surrealismus beeinflußte Lyrik.

Werke: Burlesk (Ged., 1966), Den elektriske blomsten (R., 1968), Topkapi (R., 1981), Tiden en korketrekker som forvandler kjærligheten til konkylier (Ged., 1982).

Angelou, Maya [engl. 'ændʒəlu:], *Saint Louis (Mo.) 4. April 1928, amerikan. Schriftstellerin. – Musik- und Tanz(bei M. Graham) sowie Schauspielausbildung; verschiedene Aufenthalte in Afrika, dort Mitarbeit an Zeitungen in Kairo und am Institute for African Studies in Accra (Ghana); Tätigkeit als Bühnen- und Filmschauspielerin sowie Tänzerin, seit 1966 Dozentin, zuletzt in Wake Forest (N. C.). In ihren autobiograph. Romanen bekennt sich A. zu ihrer afroamerikan. Vergangenheit und schildert den Werdegang einer jungen schwarzen Frau in den USA: ›Ich weiß, daß der gefangene Vogel singt‹ (1970, dt. 1980, als Fsp. 1977), ›Gather together in my name‹ (1974), ›Singin' and swingin' and gettin' merry like Christmas‹ (1976), ›The heart of a woman‹ (1981), ›All God's children need traveling shoes‹ (1986), ›Now Sheba sings the song‹ (1987). Daneben auch Gedichte: ›Poems‹ (1980).

Literatur: Women's autobiography. Essays in criticism. Hg. v. E. C. JELINEK. Bloomington (Ind.) 1980. – Black women writers (1950 bis 1980). A critical evaluation. Hg. v. M. EVANS. New York 1984. – McPHERSON, D. A.: Order out of chaos. The autobiographical works of M. A. New York 1990.

Angelus Pauper, Pseudonym des dt. Schriftstellers und Malers Lothar ↑ Schreyer.

Angelus Silesius, eigtl. Johann Scheffler, ≈ Breslau 25. Dez. 1624, † ebd. 9. Juli 1677, dt. Liederdichter und Epigrammatiker. – Stammte aus prot. Familie; studierte 1643–48 in Straßburg, Leiden und Padua. Nach seiner Rückkehr wurde er 1649 Leibarzt des Herzogs Sylvius Nimrod zu Oels; kam, angeregt von der Lektüre J. Böhmes und anderer Mystiker, mit den Kreisen um A. von Frankenberg und D. Czepko in Verbindung. Kehrte 1652 nach Breslau zurück, wo er 1653 zum Katholizismus übertrat. Seit 1654 war A. S. kaiserl. Hofarzt; wurde 1661 zum Priester geweiht; 1664 verlieh

ihm der Fürstbischof von Breslau das Amt eines Hofmarschalls, das er jedoch bereits 1666 wieder aufgab; er führte dann bis zu seinem Tod ein zurückgezogenes Leben. Sein Hauptwerk sind die ›Geistreichen Sinn- und Schlussreime‹ (1657, erweitert u. d. T. ›Cherubin. Wanders-Mann ...‹, 1675), epigrammat. Sinngedichte, die den Einfluß Böhmes und V. Weigels sowie der span. Mystiker erkennen lassen. In alexandrin. Zweizeilern, knappen, sprachlich kunstvollen Sprüchen, reiht er, ohne direkten inhaltl. Zusammenhang, Einsichten, Gedanken aus dem Augenblick aneinander, denen aber ein großes Thema gemeinsam ist: die Beziehung zwischen Gott und Mensch, die Überwindung des Zwiespaltes durch myst. Versenkung, die schließl. Einswerdung von Gott und Seele. A. S. schrieb viele, z. T. noch heute lebendige Kirchenlieder (u. a. ›Ich will dich lieben ...‹, ›Mir nach, spricht Christus‹) und eine Reihe religiöser Streitschriften gegen Lutheraner.
Weitere Werke: Heilige Seelen-Lust oder Geistl. Hirten-Lieder ... (1657), Sinnl. Beschreibung Der Vier Letzten Dinge (1675).
Ausgaben: A. S. Sämtl. poet. Werke u. eine Ausw. seiner Streitschrr. Hg. v. G. ELLINGER. Bln. 1924. 2 Bde. – A. S. Sämtl. poet. Werke. Hg. v. H. L. HELD. Mchn. ³1949–52. 3 Bde. (mit Biogr.). – Cherubin. Wandersmann. Krit. Ausg. Hg. v. L. GNÄDIGER. Stg. 1984.
Literatur: ELLINGER, G.: A. S. Breslau 1927. – ALTHAUS, H.: Johann Schefflers ›Cherubin. Wandersmann‹. Mystik u. Dichtung. Gießen 1956. – REICHERT, E. O.: Johann Scheffler als Streittheologe. Güt. 1967. – SAMMONS, J. L.: A. S. New York 1967. – FÖLLMI, H.: Czepko u. Scheffler. Diss. Zü. 1968.

Angely, Louis [ãʒə'li:], *Leipzig 31. Jan. 1787, †Berlin 16. Nov. 1835, dt. Lustspieldichter. – Schauspieler, seit 1822 gefeierter Komiker am Königstädter Theater Berlin. Verfaßte über 100 bühnenwirksame, häufig gespielte, aber nur z. T. gedruckte Stücke: Einakter nach frz. Vorlagen, drast. Schwänke, oft in Mundart, und Singspiele, u. a. ›Das Fest der Handwerker‹ (1828), ›Sieben Mädchen in Uniform‹ (1830); A. schuf damit die Frühform der Berliner Lokalposse.

Anghel, Dimitrie [rumän. 'aŋgel], *Coreşti bei Jassy 28. Juli 1872, †Jassy 26. Nov. 1914, rumän. Schriftsteller. –

Freund Ş. O. Iosifs; schrieb unter dem Einfluß der frz. Symbolisten Verse voll Poesie, Phantasie und Wohlklang, vorzugsweise über Motive der Wehmut und Besinnlichkeit (›În grădină‹, 1903; ›Fantazii‹, 1909); als Dramatiker arbeitete er mit Iosif zusammen; auch Übersetzer (J. Moréas, P. Verlaine).

Angilbert, hl., *um 745, †18. Febr. 814, fränk. Geistlicher und Dichter. – Abt von Centula (Saint-Riquier) in der Picardie; lebte meist am Hof Karls des Großen, mit dessen Tochter Bertha er zwei Söhne hatte, darunter den späteren Chronisten Nithard. A. wird das Bruchstück eines Epos über Karl den Großen zugeschrieben; außerdem schrieb er lat. Gedichte sowie eine Chronik des Klosters Centula.
Literatur: BEUMANN, H.: A. In: Lex. des MA. Bd. 1. Mchn. u. Zü. 1980.

Angioletti, Giovanni Battista [italien. andʒo'letti], *Mailand 27. Nov. 1896, †Neapel 2. Aug. 1961, italien. Schriftsteller. – War lange als Lektor und im italien. Auslandskulturdienst tätig; Mitarbeit an zahlreichen Zeitschriften; Theaterrezensent; Erzähler und Essayist, dessen Stärke v. a. auf dem Gebiet der Kritik liegt.
Werke: Il giorno del giudizio (R., 1927), Ritratto del mio paese (Essays, 1929, erweitert 1947 u. d. T. L'Italia felice), Giobbe, uomo solo (E., 1955).

Angiolieri, Cecco [italien. andʒo-'liɛːri], *Siena um 1260, †ebd. um 1312, italien. Dichter. – Mit seinen 150 Sonetten, in denen er u. a. seine Liebe zur Schuhmacherstochter Becchina besingt, war er Hauptvertreter der burlesk-realist. Lyrik. Mit kräftigen, witzigen und iron. Sprachspielereien stellt er sich in einen starken Gegensatz zum Dolce stil nuovo; er schrieb gegen Dante einige Streitsonette.
Ausgaben: C. A. Il canzoniere. Hg. v. S. BLANCATO. Mailand 1946. – C. A. Poeti giocosi del tempo di Dante. Hg. v. M. MARTÍ. Mailand 1956. S. 119.
Literatur: FIGURELLI, F.: La musa bizzarra di C. A. Neapel 1950. – FRIEDRICH, H.: Epochen der italien. Lyrik. Ffm. 1964. S. 46. – BLOMME, R.: A. In: Lex. des MA. Bd. 1. Mchn. u. Zü. 1980.

Anglistik (englische Philologie), Wiss. von der engl. Sprache und Literatur. Als akadem. Disziplin ging sie in der zweiten Hälfte des 19. Jh. aus traditionelleren Fächern hervor, in England v. a. aus den klass. Studien, in Deutschland aus der Germanistik und der Verbindung mit der Romanistik. Zunächst dominierte die Erforschung des Alt- und Mittelenglischen und der laut- und formengeschichtl. Entwicklung der engl. Sprache. In Verbindung damit gedieh die Herausgabe und Kommentierung dichter. Texte bes. des MA (in England v. a. von F. J. Furnivall [* 1825, † 1910] angeregt) sowie Shakespeares und seiner Zeit (z. B. H. H. Furness [* 1833, † 1912]; in Deutschland N. Delius [* 1813, † 1888] u. a.). Die Bestandsaufnahme der Literaturgeschichte führte zu ersten (positivist.) Gesamtdarstellungen (G. E. B. Saintsbury, H. Taine, R. Wülker [* 1845, † 1910], A. Brandl [* 1855, † 1940] u. a.). Die literaturwiss. Forschung wird seit dem 1. Weltkrieg in großem Umfang in Großbritannien und in den USA betrieben; bed. kontinental-europ. Beiträge gingen z. T. von geistes- und sozialgeschichtl. Ansätzen aus (L. L. Schücking [* 1814, † 1883], H. Schöffler [* 1888, † 1946], W. F. Schirmer [* 1888, † 1984], É. Legouis [* 1861, † 1937]), betonten aber auch die ästhet. Bedingungen literar. Erscheinungen (M. Praz, W. Clemen [* 1909, † 1990] u. a.). Die zwischen den beiden Weltkriegen (v. a. von W. Dibelius [* 1876, † 1931]) versuchte Ausgestaltung der A. zu einer Kulturwiss. fand seit den 60er Jahren im Konzept der ›English studies‹ zunehmende Neubelebung. Im ags. Bereich zeichnete sich seit den 30er Jahren ein Nebeneinander historisch-gelehrter und kritisch interpretierender Methoden der Literaturbetrachtung ab, letztere z. T. bestimmt vom ↑ New criticism (C. Brooks [* 1906], I. A. Richards [* 1893, † 1979], F. R. Leavis [* 1895, † 1978] u. a.). Dieser ist seither von Einbindungen der literaturwiss. Forschung in soziolog., strukturalist., kommunikative, semiot., rezeptionsästhet., diskurskrit. sowie auch polit. und feminist. Konzepte abgelöst worden. Zudem kennzeichnet die Situation der A. seit etwa 1960 einerseits eine stärker gegenwartsbezogene Erweiterung des Forschungsgegenstands, andererseits die Auffächerung in speziellere Teildisziplinen und das Bemühen um deren theoret. Begründung. Die Literaturwiss. deckt neben Großbritannien auch die überseeischen englischsprachigen Bezirke ab, was schon zur weitgehenden Verselbständigung der ↑ Amerikanistik geführt hat und jetzt auch die postkolonialen literar. Identitäten der Commonwealth-Länder ins Blickfeld rückt. Überdies erstreckt sich nun das Forschungsfeld über die sog. schöne Literatur hinaus auf Texte schlechthin, einschl. der Trivial-, Sach- und Medienliteratur. Hierin macht sich der Einfluß der anglist. Linguistik bemerkbar, die ihrerseits in der Erprobung von Modellen zur Beschreibung bes. der Gegenwartssprache samt ihren geograph., sozialen und stilist. Varianten zunehmend eigene Wege geht, sich jedoch andererseits in Gestalt der Textlinguistik der Literaturwiss. annähert.

Literatur: Annual bibliography of English language and literature. Jg. 1 ff. (1920 ff.). – The year's work in English studies. Jg. 1 ff. (1921 ff.). – DIBELIUS, W.: England. Hg. v. P. MEISSNER. Stg. ⁶1931. 2 Bde. – PALMER, D. J.: The rise of English studies. London u. a. 1965. – WATSON, G.: The study of literature. London 1969. – BARTH, A./HALFMANN, U.: Das A.studium. Tüb. 1979. – WEISS, W.: Das Studium der engl. Lit. Stg. 1979. – FINKENSTAEDT, TH.: Kleine Gesch. der A. in Deutschland. Eine Einführung. Darmst. 1983. – Ein anglist. Grundkurs. Hg. v. B. FABIAN. Bln. ⁷1993. – Studium A., Beitrr. v. M. HANOWELL u. a. Mchn. 1994. – KRANZ, D.: Arbeitsmittel der A. Bln. 1994.

Angry young men [engl. ˈæŋgrɪ ˈjʌŋ ˈmɛn = zornige junge Männer], Bez. für die junge Generation engl. Schriftsteller, die in den 50er Jahren in der engl. Literatur eine wesentl. Rolle spielten; benannt nach dem Charakter der Hauptfigur in J. Osbornes Drama ›Blick zurück im Zorn‹ (1956, dt. 1957). Die A. y. m. bildeten keine Gruppe, doch allen gemeinsam ist der Protest gegen das engl. Klassen- und Herrschaftssystem. Die meisten von ihnen lebten, aus der Arbeiterklasse stammend, bis zu ihren ersten Erfolgen unter schwierigen sozialen und finanziellen Bedingungen. In einer für engl. Autoren neuartigen Weise äußert sich ihr Protest offen, direkt und in drast. Sprache; sie zeigen den [klein]bürgerl. Alltag, den die Dramen- und Romanfiguren, von Weltekel, Selbstmitleid, Resignation,

ohnmächtigem Zorn erfaßt, nicht entrinnen können oder wollen. Die *Dramen* einiger der Autoren waren zunächst aggressiv realistisch (neben J. Osborne bes. A. Wesker, B. Kops, Sh. Delaney, J. Mortimer, A. Owen); sie wurden zunehmend auch vom ep. Theater B. Brechts beeinflußt (bes. J. Arden, B. Behan). Der Theaterkritiker Kenneth Tynan (* 1927, † 1980) verschaffte dieser Richtung Widerhall. Andere knüpften an Tendenzen des absurden Theaters an, so H. Pinter, N. F. Simpson, A. Jellicoe u. a. *Roman*autoren erneuerten z. T. die Tradition des Schelmenromans, so J. Wain (›Hurry on down‹, 1953), K. Amis (›Glück für Jim‹, 1954, dt. 1957), I. Murdoch (›Unter dem Netz‹, 1954, dt. 1957), J. Braine, A. Sillitoe u. a. Seit Anfang der 60er Jahre sind die meisten der genannten Autoren (auch Autorinnen) eigene künstler. Wege gegangen. Zur *Lyrik* † Movement.
Literatur: TAYLOR, J. R.: Zorniges Theater. Dt. Übers. Rbk. 1965. – KREUZER, I.: Entfremdung u. Anpassung. Die Lit. der A. Y. M. im England der fünfziger Jahre. Mchn. 1972. – HEWISON, R.: In anger. Culture in the cold war. London 1981. – ALLSOP, K.: The angry decade. Wendover ²1985. – ANTOR, H.: Die Narrativik der a. y. m. Hdbg. 1989.

Anhava, Tuomas, * Helsinki 5. Juni 1927, finn. Schriftsteller. – Studierte in Helsinki Literaturwissenschaft; Redakteur, Kritiker und Essayist; schrieb v. a. Lyrik in knappem, epigrammat. Stil; auch Übersetzer jap., engl. und finn. Lyrik in schwed. Sprache.
Werke: Runoja 1955 (= Gedichte 1955), 36 runoja (= 36 Gedichte, 1958), Runoja 1961 (= Gedichte 1961), Kuudes kirja (= Das sechste Buch, Ged., 1966).
Ausgabe: T. A. Runot [Gedichte] 1951–1965. Helsinki 1967.

Anh-Tho' [vietnames. aɪɲ θə], eigtl. Vu'o'ng-Kiêu-Ân, * Ninh-Giang Jan. 1919, vietnames. Dichterin. – War Mitarbeiterin an literar. Zeitschriften und schloß sich der ›Tu'-lu'c‹-Gruppe unabhängiger junger Literaten an. In tiefempfundenen Versen besingt sie wirklichkeitsgetreu und ohne sentimentales Pathos früherer Epochen die Landschaft ihrer Heimat, für deren Befreiung sie sich nach 1945 literarisch engagierte.

Werke: Bu'c tranh quê (= Landschaftsbilder, Ged., 1941), Xu'a (= Einst, Ged., 1941; zus. mit dem Dichter Bang-Ba-Lân verfaßt), Rang den (= Schwarze Zähne, R., 1942), Theo cánh chim câu (= Dem Flug der Taube folgend, Ged., 1954), Mùa Xuân màu xanh (= Das Grün des Frühlings, Ged., 1967).

Aniceto el Gallo [span. aniˈθeto ɛl ˈɣaʎo], Pseudonym des argentin. Schriftstellers Hilario † Ascasubi.

Anii, ägypt. Verfasser einer aus der 18. Dynastie (1551–1306) stammenden Lebenslehre für seinen Sohn. Diese beschreibt das richtige Verhalten gegenüber Vorgesetzten, Freunden, Gastgebern, Fremden, insbes. fremden Frauen, und als Ehemann. Sie ermahnt zur Pietät gegenüber den Eltern, zur rechten Frömmigkeit, zum Schweigen und zum Gedenken an den Tod. Wichtig ist ihr als Dialog gestalteter Epilog, in dem der Sohn mit bemerkenswerter Freiheit die traditionellen Erziehungsmethoden des Vaters in Frage stellt.

Ankäsä berhan (tl.: 'Äneqäṣä berehan) [amhar. ankʼɛsʼɛ bərhan] † Weddase wägenai läemmä Adonai.

Anker, Nini Roll, geb. Roll, * Molde 3. Mai 1873, † Asker 19. Mai 1942, norweg. Schriftstellerin. – Thema ihrer Romane und Novellen ist v. a. die Frau des gehobenen Bürgerstandes, die versagt, weil ihre Erziehung nicht den Anforderungen des Lebens entspricht; aber auch Mißstände in der Lage der Arbeiter forderten ihre Kritik heraus. Unter dem Pseudonym Kåre P. schrieb sie witzig und geistreich über die moderne Jugend (›Liv und ich‹, R., 1927, dt. 1929). Ihr letztes Werk, ›Die Frau und der schwarze Vogel‹ (hg. 1945, dt. 1984), ist ein leidenschaftl. Appell für den Frieden.
Weitere Werke: Lill-Anna og andre (Nov., 1906), Benedicte Stendal (R., 1909), Det svake kjøn (R., 1915), Romantrilogie: Huset i søgaten (1923), I amtmandsgaarden (1925), Under skraataket (1927).
Literatur: KIELLAND, E. M.: N. R. A. i liv og arbeid. Oslo 1948.

Anker Larsen, Johannes [dän. 'aŋgər], * Heminge (Langeland) 18. Sept. 1874, † Kopenhagen 12. Febr. 1957, dän. Schriftsteller. – In seinen Werken (Romane, Novellen und Komödien), die stark vom eigenen religiösen Erlebnis

geprägt und von S. Kierkegaard und
V. P. Grønbech beeinflußt sind, vereinigt
A. L. Mystizismus und Heimatdichtung.
Werke: Der Stein der Weisen (R., 1923, dt.
1924), Martha und Maria (R., 1925, dt. 1925),
Bei offener Tür (Memoiren, 1926, dt. 1926), Die
Gemeinde, die in den Himmel wächst (R., 1928,
dt. 1928), Olsens Torheit (R., 1941, dt. 1943),
Liebe (En., 1946, dt. 1946).

Anmerkungen, Ergänzungen, Erläuterungen und Quellennachweise zu einem Text, von diesem [typo]graphisch
teils als ↑Fußnote, ↑Marginalie oder als
Anhang abgesetzt. A. sind in der wiss. Literatur und in wiss. Textausgaben die Regel; nach diesem Vorbild werden sie
auch in Dichtungen verwendet. Gewisse
Übertreibungen, bes. in der ↑Gelehrten-
dichtung seit dem Barock (z. B. bei
M. Opitz, A. Gryphius, D. C. von Lohenstein), wurden in der Aufklärung ver-
spottet (z. B. G. W. Rabener, ›Hinkmars
von Repkow Noten ohne Text‹, in:
›Sammlung satyr. Schriften‹, 1751–55).
Als Stilmittel bei Jean Paul (›Des Feld-
predigers Schmelzle Reise nach Flätz,
mit fortgehenden Noten‹), Romanen des
Romanen des 19. Jh. (W. Hauff, ›Lichten-
stein‹, 1826; J. V. von Scheffel, ›Ekkehard‹, 1855) und in der modernen Literatur (z. B. R. Hochhuth, ›Der Stellvertreter‹, 1963) sollen A. die Authentizität der
Darstellung dokumentieren. – ↑auch
Glosse, ↑Scholien.

Anmut [ursprünglich = Verlangen,
Lust, Vergnügen (eigtl. = der an etwas
gesetzte Sinn)], ebenso wie ›Grazie‹ Ausdruck einer natürl. Geschlossenheit von
Geist und Sinnlichkeit, in der nach Schiller die bloß architekton. Schönheit der
Natur durch den Ausdruck ›moral. Empfindungen‹ umgebildet wird. ›Anmut ist
eine Schönheit, die nicht von der Natur
gegeben, sondern von dem Subjekte
selbst hervorgebracht wird‹ (›Über Anmut und Würde‹, 1793). A. wird bei
Schiller nicht nur als ein ästhet., sondern
auch als ein moral. Begriff aufgefaßt, womit Schiller in Ggs. zu I. Kants Begriff
der Pflicht gerät. Dieser in Kants Ethik
fundamentale Begriff enthält, wie Kant
selbst gegenüber Schillers Versuch einer
Verbindung von Ethik und Ästhetik
durch den Begriff der A. erläutert, ›unbe-
dingte Nötigung, womit Anmut in gera-

dem Widerspruch steht‹. H. von Kleist
hat die der A. eigentüml. Dialektik von
Natürlichkeit und Bewußtsein auf die
Formel gebracht, daß A. (er spricht an
dieser Stelle von Grazie) am reinsten in
demjenigen Körperbau gegenwärtig sei,
›der entweder gar keins, oder ein unendl.
Bewußtsein hat, d. h. in dem Gliederer-
mann, oder in dem Gott‹ (›Über das
Marionettentheater‹, 1810). Als ein von
der Schönheit unterschiedener positiver
ästhet. Wert tritt A. in jüngster Zeit in
den ästhet. Schriften R. Ingardens auf.

Annalen [lat.; zu annus = Jahr],
1. Aufzeichnungen geschichtl. Ereignisse
nach Jahren geordnet, wodurch chronolog. Übersichtlichkeit erreicht, zugleich

C. CORN. TACITI

ANNALIVM

LIBER PRIMVS

BREVIARIVM

I. Romanarum rerum ſtatus ab Urbe condita ad Au-
guſti exceſſum. V. Tiberius imperium ſuſcipit, tarde,
& cupidinem diſſimulans.   Roma in ſervitium ruit.
XVI. Pannonicas legiones tres ſeditio gravis inceſſit.
Ea, miſſo Druſo, Tiberii filio, aegre componitur.
XXXI. Idem in Germania inferiore motus, qui con-
ſedit, non ſine ſanguine & caede. L. Germanicus
Caeſar in hoſtem ducit: eaque expeditione Marſi,
Tubantes, Bructeri, Uſipetes vaſtati, aut caeſi. LIII.
Julia, Auguſti filia, Rhegii vitam finiit. LIV. So-
dales in honorem Auguſti, & ludi Auguſtales inſti-
tuti. LV. Germanicus iterum Rhenum tranſmittit,
in Cattos ducit: agros, domos, homines, vaſtat,
urit, caedit: Segeſtem obſidione Arminii liberat.
Ob haec imperator conſalutatus. LIX. Bellum de-
inde in Cheruſcos geſtum. Reliquiae Vari & mili-
tum ledae: ſupremaque iis ſoluta. LXIII. Romani
in reditu, ſub Caecina duce, periclitati. Hoſtes
tamen proſpera eruptione fuſi, fugati. LXXII. Ma-
jeſtatis lex reducta, & aſpere exercita. LXXVI. Ti-
beris inundat. LXXVII. Theatri licentia erumpit:
& per eam cauſam decreta patrum expreſſa ad coer-
cendos hiſtriones. LXXIX. Poſtremo actum de ſub-
ducendis Tiberi aquis. Eoque nomine querelae ci-
vitatum Italiae, & legationes.

Haec biennio fere geſta.

An. V. C.   Aer. Chr.

DCCLXVII.   14. *Coſſ.* { SEXTO POMPEIO,
                          { SEXTO APPVLEIO.

DCCLXVIII.   15. *Coſſ.* { DRVSO Caeſare,
                          { C. NORBANO Flacco.

                                        D 4

Annalen. Titelblatt einer Ausgabe der ›Annales‹
des Cornelius Tacitus (1780)

aber stofflich Zusammengehörendes getrennt wird. A. gab es im Altertum bei den Ägyptern, Assyrern, Hethitern, Juden, Chinesen, Griechen (Hóroi) und Römern (Annales). Im lat. Sprachgebrauch wurden als A. die histor. Darstellungen der Vergangenheit im Ggs. zu reinen Darstellungen der Zeitgeschichte (Historiae) bezeichnet. Die Verfasser der A. (**Annalisten**) pflegten allerdings auch (neben breiter Darstellung der Königszeit, knapper Darstellung der älteren Republik) die eigene Zeit ausführlich zu behandeln. – Mit der Edition der ›Annales maximi‹ in 80 Büchern durch den Oberpriester Publius Mucius Scaevola (etwa zwischen 130 und 115) endete der Brauch, daß Aufzeichnungen jährlich von den Oberpriestern auf Holztafeln aufgestellt wurden. Aus diesen sollen die ›Annales maximi‹ das geschichtl. Material bezogen haben. Nach Nennung der Konsuln und der übrigen Beamten des Jahres wurden alle Begebenheiten vermerkt: innen- und außenpolit. Geschehen, Naturkatastrophen, Feste, Hungersnöte usw. Dies Gliederungsschema findet sich auch in der Annalenschreibung (**Annalistik**). Die Annalistik in lat. Sprache beginnt in Rom mit dem Epos des Ennius und dem Prosawerk des Cato Censorius, auf die die sog. ältere Annalistik (2. Hälfte des 2.Jh. v.Chr.) folgte. Das Werk des Titus Livius gewann einen solch beherrschenden Einfluß auf die spätere Geschichtsschreibung, daß die A. seiner Vorgänger (sog. jüngere Annalistik ab etwa 80 v.Chr.) nur noch in Fragmenten erhalten sind. Ein bed. Vertreter der Spätzeit war Tacitus. Die A. des MA sind wenig von der literar. Tradition und dem Vorbild antiker Vorläufer bestimmt, obwohl Bez. und Ursprung aus dem Kalender gemeinsam sind (Tafeln, die den für das Kalenderjahr bestimmenden Ostertermin verzeichneten, wurden zugrunde gelegt). Zunächst dienten die A. als Aufzeichnungen für den Eigengebrauch von Klöstern und Domstiften. Sie wurden meist anonym, ohne Titel und Vorwort durch Generationen geführt. Später entwickelten sich die A. zu einer literarisch anspruchslosen Gattung mittelalterl. Geschichtsschreibung, z.T. offiziös wie die

im Hofkreis Karls des Großen entstandenen Fränk. Reichsannalen (›Annales regni Francorum‹). Im 11. und 12.Jh. trat die Darstellung der Zeitgeschichte sehr stark in den Vordergrund. Seit der 2. Hälfte des 11. Jh. verschmolzen A., ↑ Chronik und ↑ Historie, bes. durch die Publizistik des Investiturstreites (Wendepunkt: Lampert von Hersfeld). Solche Mischformen sind auch die A. der Zeit des Humanismus.
2. Titelbestandteil meist jährlich erscheinender wiss. (nicht nur histor.) Publikationen.
Literatur: GRUNDMANN, H.: Geschichtsschreibung im MA. Gött. ³1978. – JAESCHKE, K.-U.: A. In: Lex. des MA. Bd. 1. Mchn. u. Zü. 1980.

Annenkow (tl.: Annenkov), Pawel Wassiljewitsch [russ. 'annɪnkɐf], * Moskau 1. Juli 1813 oder 30. Juni 1812(?), † Dresden 20. März 1887, russ. Literarhistoriker. – Stand N. W. Gogol, A. I. Herzen, I. Turgenjew und W. G. Belinski nahe, dessen Werke und Briefe er veröffentlichte; Hg. der ersten wiss. Ausgabe der Werke A. S. Puschkins; Verfasser bed. Memoiren.

Annenski (tl.: Annenskij), Innokenti Fjodorowitsch [russ. 'annɪnskij], * Omsk 1. Sept. 1856, † Petersburg 13. Dez. 1909, russ. Dichter. – Übersetzer des Euripides und der Dichter des Parnasse, Ch. Baudelaires, P. Verlaines und S. Mallarmés; schrieb außer Tragödien nach dem Vorbild des Euripides von den Symbolisten geschätzte Gedichte, die die Akmeisten und Futuristen beeinflußten (›Kiparisovyj larec‹ [= Das Kästchen aus Zypressenholz], 1910). Seine melanchol. Lyrik zeichnet sich durch Kolorismus und impressionist. Elemente aus; wird der Dekadenz zugerechnet; auch polemischkrit. Essays.
Literatur: SETCHKAREV, V.: Studies in the life and work of I. Annenskij. Den Haag 1963. – IN-GOLD, F.: I. Annenskij. Diss. Basel 1970. – CON-RAD, B.: I. F. Annenskijs poet. Reflexionen. Mchn. 1976.

Annolied, Legende in Reimpaaren (878 Verse) zu Ehren des hl. Erzbischofs Anno II. von Köln, bald nach dessen Tod, wahrscheinlich um 1080, vermutlich von einem Kölner Geistlichen oder einem Mönch aus dem Kloster Siegburg verfaßt; nach einleitender ›Weltgeschichte‹ eine Heiligenvita; durch liedhaften Stil und kraftvolle Darstellung gekennzeichnet.

Ausgabe: Das Anno-Lied. Hg. v. M. OPITZ. Bearb. v. W. BULST. Danzig 1639. Nachdr. Hdbg. ³1974.
Literatur: KNAB, D.: Das A. Probleme seiner literar. Einordnung. Tüb. 1962. – NELLMANN, E.: A. In: Lex. des MA. Bd. 1. Mchn. u. Zü. 1980.

Annominatio [lat.], [pseudo]etymolog. Wortspiel, das in der Zusammenstellung von Wörtern gleicher oder ähnl. Lautung, aber unterschiedl., im Zusammenhang oft gegensätzl. Bedeutung besteht, z. B.: ›Kümmert sich mehr um den Krug als den Krieg, /Wetzt lieber den Schnabel als den Sabel/...‹ (Schiller, ›Wallensteins Lager‹, 1800). – Mit der A. verwandte und daher ihr häufig zugerechnete Figuren sind das ↑ Polyptoton und die ↑ Figura etymologica; als Sonderform der A. gilt gelegentlich die ↑ Alliteration.

Annunzio, Gabriele D', italien. Schriftsteller, ↑ D'Annunzio, Gabriele.

anonym [griech.], a. sind Werke **(Anonyma),** deren Verfasser unbekannt ist **(Anonymus).** Die Formen der Anonymität reichen vom Fehlen jegl. Verfassernachweises (z. B. ›Nibelungenlied‹, Volkslieder, Märchen) über falsche Zuschreibungen durch Spätere (z. B. pseudoaugustin. Schriften) bis hin zur bewußten Wahl eines ↑ Pseudonyms. Gründe für die Anonymität können sein: unzulängl. Überlieferung oder mangelndes Interesse am Autor, häufig bei mittelalterl. Werken (so bes. in der ahd. oder frühmhd. Literatur) oder volkstüml. Dichtung, oder Scheu des Autors vor der Öffentlichkeit (bes. bei satir., theolog. und polit. Schriften, z. B.: ↑›Epistolae obscurorum virorum‹, ›Karsthans‹, Schillers ›Räuber‹, 1781). – Seit dem 17. Jh. Aufschlüsselung der Anonyma in einschlägigen Lexika; wichtigstes dt. *Anonymenlexikon* (über 70 000 Anonyme): M. Holzmann u H. Bohatta, Dt. Anonymen-Lexikon 1501–1926, 7 Bde., 1902–28, Nachdr. 1984. – ↑ auch Pseudepigraph.

Anouilh, Jean [frz. a'nuj], * Bordeaux 23. Juni 1910, † Lausanne 3. Okt. 1987, frz. Dramatiker. – Jurastudium an der

Jean Anouilh

Sorbonne; Werbetexter, Sekretär von L. Jouvet und Redakteur; seit 1932 freier Schriftsteller. Schrieb, angeregt u. a. von J. Giraudoux, G. B. Shaw und L. Pirandello, Dramen und Filmtexte; der Einfluß Molières und Marivaux' ist deutlich. A. ist mit der Technik des Theaters und der Dramaturgie des modernen Dramas vollkommen vertraut, seine Stücke haben dramat. Kraft, doch überbewertet er das Handwerkliche oft auf Kosten des Gehalts. Die Stärke seiner Dramen (eingeteilt in ›pièces roses‹, ›pièces noires‹, ›pièces brillantes‹, ›pièces grinçantes‹, ›pièces costumées‹, ›pièces baroques‹ und ›pièces secrètes‹) bilden der scharfsinnige psycholog. Aufbau und der geistreiche, iron. Dialog. Der menschl. Gesellschaft gegenüber zeigt A. eine skept. Haltung, Pessimismus und eine nihilist. Stimmung beherrschen die antiken, bibl. und modernen Stoffe, in denen er aktuelle psycholog. und gesellschaftl. Probleme behandelt, deren Konsequenzen er mit poet. Phantasie verkleidet. Resignation lastet nicht auf den Tragödien, den ›pièces noires‹: ›Das Weib Jesebel‹ (1932, dt. 1949), ›Romeo und Jeannette‹ (1946, dt. 1949), ›Medea‹ (1946, dt. 1949) u. a., sie ist schon für seine frühen Stücke chrakteristisch: von der Tragikomödie ›Der Reisende ohne Gepäck‹ (1937, dt. 1946), einer Satire auf die Habsucht und den Egoismus der Menschen, bis zu ›Antigone‹ (1946, dt. 1946), in der die Heldin an der Staatsräson scheitert. Etwas versöhnlicher, aber von gleicher Grundhaltung sind seine phantasievollen ›pièces roses‹: ›Ball der Diebe‹ (1942, dt. 1958, 1946 u. d. T. ›Lumpenball‹), eine problemat. Komödie, ›Das Rendezvous im Geisterhaus‹ (1937, dt. 1946), die moderne Märchenkomödie ›Leocadia‹ (1942, dt. 1947) und ›Einladung ins Schloß‹ (1948, dt. 1955). Auch in den Komödien ›Ardèle oder Das Gänseblümchen‹ (1949, dt. 1949), ›Die Probe‹ (1950, dt. 1956) und ›Colombe‹ (1951, dt. 1956) weist er auf die zerstörenden Kräfte der Gesellschaft hin.

Weitere Werke: Hermelin (Dr., 1934, dt. 1950), Die Wilde (Dr., 1938, dt. 1947), Eurydike (Dr., 1942, dt. 1946), Cécile oder Die Schule der Väter (Dr., 1951, dt. 1955), Der Walzer der Toreros (Dr., 1952, dt. 1957), Jeanne oder Die Lerche (Dr., 1953, dt. 1954), Der Herr Ornifle oder Der erzürnte Himmel (Dr., 1955, dt. 1957), Der arme Bitos oder Das Diner der Köpfe (Dr., 1956, dt. 1959), Becket oder Die Ehre Gottes (Dr., 1959, dt. 1961), General Quixotte oder Der verliebte Reaktionär (Dr., 1959, dt. 1959), Bäcker, Bäckerin und Bäckerjunge (Dr., 1969, dt. 1969), Cher Antoine oder Die verfehlte Liebe (Dr., 1969, dt. 1970), Die Goldfische oder Mein Vater, der Held (Dr., 1970, dt. EA 1970), Wecken Sie Madame nicht auf! (Dr., 1970, dt. 1971), Die Verhaftung (Dr., 1975, dt. 1976), Das Drehbuch (Dr., 1976, dt. 1977), Seltsame Vögel (Ausw., 1977, dt. 1977), La culotte (Dr., 1978), Le nombril (Dr., 1981), Das Leben ist unerhört (Erinnerungen, 1987, dt. 1987).

Ausgaben: J. A. Le théâtre complet. Paris 1962. 6 Bde. – J. A. Dramen. Dt. Übers. Mchn. u. Wien 1964–70. 8 Bde.

Literatur: VANDROMME, P.: J. A. Dt. Übers. Mchn. 1966. – CANARIS, V.: J. A. Velber 1968. – GINESTIER, P.: J. A. Paris 1969. – THEISEN, J.: J. A. Bln. 1972. – VIER, J.: Le théâtre de A. Paris 1976. – COMMINGES, E. DE: A., littérature et politique. Paris 1977. – MALACHY, TH.: A. Les problèmes de l'existence dans un théâtre de marionnettes. Paris 1978. – McINTYRE, H. G.: The theatre of A. London 1981. – ARENS, A.: J. A. In: Krit. Lex. der roman. Gegenwartsliteraturen. Hg. v. W.-D. LANGE. Losebl. Tüb. 1984 ff. – ANOUILH, C.: Drôle de père. Paris 1990.

Anquetil-Duperron, Abraham Hyacinthe [frz. äktildypε'rõ], * Paris 7. Dez. 1731, † ebd. 17. Jan. 1805, frz. Reisender und Orientalist. – Reiste 1755–62 nach Indien, um genauere Kenntnis des Awesta zu erlangen; studierte in Surat bei Parsenpriestern deren hl. Schriften und brachte bei seiner Rückkehr zahlreiche Handschriften und eine neupers. Übersetzung des Awesta mit. Diese gab er in frz. Übersetzung heraus in seinem Hauptwerk ›Zend-Avesta ...‹ (1771). Damit wurde A.-D. zum Begründer der Ira-

nistik und insbes. der iran. Religionswiss. in Europa. Bedeutendes leistete A.-D. auch für die Vedaforschung: Als erster machte er ved. Schriften in seiner lat. Übersetzung einer neupers. Bearbeitung von 50 Upanischaden in Europa bekannt.

Anreim, dt. Bez. für ↑ Alliteration.

Anrufung, seit Homers ›Ilias‹ und ›Odyssee‹ gebräuchlich, um Beistand und Wohlwollen bittende Hinwendung an ein höheres Wesen, einen Gott oder eine Muse, damit das begonnene Werk gelingen möge (bes. im Prolog). Die A. findet sich in vielen Dichtungsformen; teilweise modifiziert im MA, z. B. bei Wolfram von Eschenbach (›Willehalm‹, um 1212 bis 1217 [?]), und in der Neuzeit, z. B. bei E. Spenser (›The faerie queene‹, 1590–1609), F. G. Klopstock (›Messias‹, 1748–73) und Ch. M. Wieland (›Der neue Amadis‹, 1771).

Anshelm, Valerius, eigtl. V. Rüd, * Rottweil um 1475, † Bern zwischen 1. Aug. 1546 und 21. Febr. 1547, schweizer. Chronist dt. Herkunft. – 1505 Schulmeister, 1509 Stadtarzt in Bern. Verfaßte im Auftrag des Rates seit 1529 eine Chronik Berns für die Jahre 1477–1536, wobei er als bürgerl. Anhänger der Reformation in gewissen Gegensatz zu seinen patriz. Auftraggebern geriet. Ferner stammt von A. ein weltgeschichtl. Abriß in lat. Sprache (1540).

Ausgabe: V. A. Die Berner-Chronik. Hg. v. E. BLOESCH. Bern 1884–1901. 6 Bde.

An-Ski, S., eigtl. Salomon Sainwil Rapaport, * Tschaschnik (Weißrußland) 1863, † Warschau 8. Nov. 1920, jidd. Schriftsteller. – Nahm aktiven Anteil an der sozialrevolutionären Bewegung in Rußland, emigrierte 1894 zunächst nach Paris, dann in die Schweiz, kehrte aber 1905 nach Rußland zurück; war im 1. Weltkrieg russ. Soldat, ging nach der Revolution 1918 nach Polen. Sein Werk umfaßt Memoiren, Erzählungen, Gedichte (u. a. die Hymne des jüdisch-sozialist. ›Bund‹), Dramen (am erfolgreichsten ›Der Dybbuk‹, UA 1920, hg. 1928, dt. 1921, aus Motiven jüdisch-myst. Legendarik).

Anslo, Reyer [niederl. 'ɑnslo:], * Amsterdam 1626, † Perugia 16. Mai 1669,

niederl. Dichter. – War zunächst Menno-
nit, emigrierte 1649 nach Italien, wo er
zum Katholizismus konvertierte; stark
von J. van den Vondel beeinflußt; sein
Drama ›Parysche bruyloft‹ (1649) über
die Bartholomäusnacht war lange Zeit
ein Repertoirestück. In Italien schrieb er
ein umfangreiches Gedicht in Alexandrinern über eine Pestepidemie: ›De pest tot
Napels‹ (1656).

Anspielung, Form der Rede, in der
eine beim Hörer oder Leser als bekannt
vorausgesetzte Person, Sache, Situation,
Begebenheit usw. nicht direkt benannt,
sondern durch Andeutungen bezeichnet
wird, oft in Form einer ↑ Trope, einer
↑ Antonomasie oder ↑ Periphrase; Grund-
prinzip in der ↑ Schlüsselliteratur.

Anstandsliteratur, Werke, die sich
mit den gesellschaftl. Umgangsformen
befassen. Beispiele im MA finden sich
v. a. in der provenzal. und frz. Literatur,
als ↑ Hofzuchten und ↑ Tischzuchten in
der dt. Literatur, die im 15. und 16. Jh.,
ins Ironisch-Satirische gewendet, als
↑ grobianische Dichtung fortlebten. Die
mehr die äußeren Umgangsformen regle-
mentierenden Komplimentierbücher des
Barock wurden Ende des 18. Jh. durch
das Erziehungsbuch des Freiherrn von
Knigge, ›Über den Umgang mit Menschen‹ (1788), abgelöst. Durch N. Elias
(›Über den Prozeß der Zivilisation‹,
2 Bde., 1977) wurde die A. als wesentl. sozialgeschichtl. Zeugnis für die Entwicklung des neuzeitl. Bewußtseins erkannt.

Ansu-Mythos (tl.: Anzû), akkad. Fa-
beldichtung um den löwenköpfigen Adler Ansu (veraltete Lesungen Zu, Imdu-
gud; häufig dargestellt u. a. auf Rollsie-
geln), nur teilweise erhalten in altbabylon.
(aus Susa) und neuassyr. Fassung
auf einst vier bzw. drei Tafeln: Ansu
raubt dem Gott Enlil die Allmacht verlei-
henden Schicksalstafeln. Erst der krieger. Gott Ningirsu bzw. Ninurta kann
durch Zauberei Ansu überwältigen und
so die göttl. Ordnung wiederherstellen.
Literatur: HRUŠKA, B.: Der Mythenadler Anzu
in Lit. u. Vorstellung des alten Mesopotamien.
Budapest 1975.

Antagonist [griech. = Widersacher,
Gegner], der ↑ Gegenspieler des Haupthelden, v. a. im Drama.

Antara Ibn Schaddad (tl.: ʿAntara[h]
Ibn Šaddād), vorislam. arab. Dichter des
6. Jahrhunderts. – Sohn eines Arabers
aus dem Stamm Abs und einer schwarzen Sklavin; als volkstüml. Held im
Antar-Roman (einem anonymen Ritter-
roman) verherrlicht. Seine Gedichte
(Beduinengedichte) sind nur fragmentarisch erhalten, am bekanntesten ist seine
sog. ›Muallaka‹ mit farbenprächtigen
Schlachtszenen.
Literatur: THORBECKE, H.: Antarah, des vorislam. Dichters Leben. Hdbg. 1866. – Enc.
Islam Bd. 1, ²1960, S. 521.

Antepirrhem (Antepirrhema)
[griech.] ↑ Parabase.

Anthologia Latina [nlat.], im engeren Sinn eine Sammlung lat. Gedichte
aus dem 1. bis 6. Jh., die gegen Ende der
Vandalenherrschaft in Afrika ihre endgültige Form erhielt; am vollständigsten
im Codex Parisinus (7./8. Jh.) überliefert,
der dem Philologen Claudius Salmasius
(* 1588, † 1653) gehörte (›Salmasianische
Sammlung‹); enthält sowohl Einzelge-
dichte (u. a. von Seneca d. J., Petronius
und röm. Kaisern) als auch komplette
Gedichtbücher (u. a. ↑ Symphosius); in
modernen Ausgaben mit in anderen mittelalterl. Handschriften sowie auf Stein
überlieferten lat. Gedichten (›Carmina
Latina epigraphica‹) zur A. L. im weiteren Sinn vereinigt.
Ausgabe: A. L. Hg. v. D. R. SH. BAILEY u. F. BUE-
CHELER. Stg. Neuaufl. 1964–82. 5 Bde.

Anthologia Palatina [nlat.] (Anthologia Graeca), Sammlung griech. Epigramme verschiedenster Dichter von den
Perserkriegen bis zum byzantin. MA, an-
gelegt um 980 in Konstantinopel auf der
Grundlage der um 900 entstandenen,
heute verlorenen Anthologie des Kon-
stantinos Kephalas am byzantin. Hof,
der wiederum die Sammlungen von Me-
leagros von Gadara († um 70 v. Chr.),
Philippos von Thessalonike (um 40
n. Chr.) und Agathias († 582 n. Chr.) zugrunde liegen. Die berühmte ›Blütenlese‹, die über das Werk des Kephalas
weit hinausgeht (erweitert um christl. Inschriften des 4.–10. Jh., Inschriften eines
Tempels in Kyzikos u. a.), wurde benannt
nach der wichtigsten, um 1600 in der
Heidelberger Bibliotheca Palatina wie-
derentdeckten Handschrift (›Codex Pa-

latinus‹). 13 Bücher liegen heute in der Heidelberger Universitätsbibliothek, Buch 14 und 15 werden in der Pariser Nationalbibliothek verwahrt. – Um 1300 nahm der byzantin. Dichter Maximos Planudes Gedichte der A. P. in eine enger begrenzte Anthologie **(Anthologia Planudea)** auf. Sie enthält rund 2 400 Gedichte (mit etwa 15 000 Versen), während die A. P. 3 700 Epigramme (mit etwa 23 000 Versen) umfaßt. Ausgaben: Anthologia Graeca. Griech. u. dt. Hg. v. H. BECKBY. Mchn. u. Zü. ²1964. 4 Bde. – Die griech. Anthologie. Dt. Übers. v. D. EBENER. Bln. 1981. 3 Bde. Literatur: GOW, A. S. F.: The Greek anthology. Sources and ascriptions. In: Society for the promotion of hellenic studies. Supplementary paper nr. 9. London 1958. – LENZINGER, F.: Zur griech. Anthologie. Diss. Bern 1965.

Anthologie [griech. = Blumensammeln, Blütenlese], Sammlung von literar. (seltener auch philosoph. oder wiss.) Texten, v. a. von Gedichten, Kurzprosa oder von Romanausschnitten, die jeweils unter verschiedenen Aspekten ausgewählt sein können, so z. B. zur Vermittlung eines Überblicks über das Schaffen eines oder mehrerer Autoren oder zur Charakteristik einer literar. Epoche oder einer Literaturgattung. – Für die Anfänge schriftl. Überlieferung spielt die A. eine wichtige Rolle. Frühzeitl. Teilsammlungen liegen häufig späteren Sammlungen zugrunde (z. B. die Logien-Sammlung als eine der Vorstufen des Matthäus- und Lukas-Evangeliums). – Bed. A.n sind die ↑ Psalmen, die ↑ Hamasas des vor- und frühislam. Bereichs, die Diwane, für die Antike die Sammlung des Johannes Stobaios (5. Jh.), die ↑ Anthologia Latina und die ›Anthologia Graeca‹ (↑ Anthologia Palatina). In der Spätantike, im MA und bes. in der Renaissance sind A.n, v. a. im Unterricht, weit verbreitet. Sie enthalten meist Auszüge aus Werken klass. Autoren und der Kirchenväter, moral. Sprüche und Sprichwörter; dieser Typus kulminiert in den ›Adagia‹ des Erasmus von Rotterdam (↑ auch Analekten, exeget. ↑ Katene, ↑ Chrestomathie, ↑ Florilegium, ↑ Kollektaneen). – A.n in dt. Sprache erscheinen erst seit dem 17. Jh. häufiger; im 18. Jh. spielen sie eine bedeutende Rolle im literarischen Leben, z. B. K. W. Ramlers ›Lieder der Deut-

schen‹ (1766, eine repräsentative A. der Anakreontik), J. G. von Herders ›Volkslieder‹ (1778/79), Schillers ›A. auf das Jahr 1782‹. Die Zahl der unter den verschiedensten Gesichtspunkten erschienenen Anthologien wird im 19. und 20. Jh. unübersehbar. Literatur: LACHÈVRE, F.: Bibliographie des recueils collectifs de poésies publiés de 1597 à 1700. Paris 1901–05. 4 Bde. Nachdr. Genf 1967. – WIFSTRAND, A.: Studien zur griech. A. Lund 1926. – Die dt.sprachige A. Hg. v. J. BARK u. D. PFORTE. Stg. 1969–70. 2 Bde. – GRUBER, J.: A. In: Lex. des MA. Bd. 1. Mchn. u. Zü. 1980.

Antibacchius (Palimbacchius), Umkehrung des ↑ Bacchius, dreisilbiger antiker Versfuß aus zwei Längen und einer Kürze ($--\smile$); als selbständiges Metrum nicht gebräuchlich.

Antichristdichtung, Sammelbegriff für ep. oder dramat. Dichtungen des MA, in deren Zentrum die Vision der mit dem Erscheinen des Antichrists beginnenden Endzeit der Welt steht. So werden in dem ahd. Gedicht ›Muspilli‹ (entst. wahrscheinlich im 9. Jh.) der Kampf des Elias mit dem Antichrist, der Weltenbrand und Christi letztes Gericht geschildert. Vorstellungen von der endzeitl. Herrschaft des Antichrists erscheinen auch in heilsgeschichtl. Darstellungen von Christi Erlösungstag bis zum Weltende, etwa die ›Leben Jesu‹ der Frau Ava (um 1120, schließt mit einem ›Antichrist‹ und ›Jüngsten Gericht‹), im ›Friedberger Christ und Antichrist‹ (erhalten in Bruchstücken des frühen 12. Jh.), in der allegorisch-typolog. Ausdeutung des Jakobsegens in den ›Vorauer Büchern Mosis‹ (um 1130–40), übernommen aus der ›Wiener Genesis‹ (um 1060–65). Um 1160 schrieb ein Tegernseer Geistlicher den lat. ›Ludus de Antichristo‹, die bedeutendste mittelalterl. dramat. Gestaltung des Stoffes, verbunden mit einem aktuellen polit. Programm: dem universalen Reichsgedanken und dem Herrschaftsanspruch der Staufer. Quellen für dieses wie überhaupt für mittelalterl. A.en sind neben Bibelkommentaren das Werk des Benediktinerabtes von Montier-en-Der (Haute-Marne) Adso (* nach 920, † 992) ›De ortu et tempore Antichristi‹ (vor 954) und Schriften des Petrus Damiani (* 1007, † 1072). – Für das

Spät-MA sind Aufführungen von Anti-christspielen u. a. in Frankfurt am Main (1469 und später) sowie Xanten (1473–81) belegt. Der Antichriststoff wird auch als Fastnachtsspiel verarbeitet, etwa im ›Entechrist‹ (wahrscheinlich 1354) oder in dem H. Folz zugeschriebe-nen ›Herzog von Burgund‹ (wahrschein-lich 1493). In der Reformationszeit wird das Antichristthema zur literar. Waffe, z. B. das scharf satir., gegen das Papsttum gerichtete lat. Drama ›Pammachius‹ des Th. Naogeorgus (1538, fünfmal ins Deut-sche übersetzt). Antichristspiele leben weiter bis in die Zeit der Aufklärung, bes. lange in Tirol, meist als religiöse ↑ Volks-schauspiele. – Die A.en sind jedoch kei-neswegs auf das deutschsprachige Ge-biet allein beschränkt, sondern ebenso in der alt- und mittelengl. Literatur (›Blick-ling-Homilien‹, Nummern 7 und 11, um 1000; Homilien 1–5 des Erzbischofs Wulfstan [† 1023]; ›Cursor mundi‹, An-fang 14. Jh., u. a.) wie in den roman. Lite-raturen (Frankreich: anonyme Überset-zung von Adsos Schrift zw. 1160 und 1180; Geoffroy de Paris, ›Bible des sept estats du monde‹, 1243; Huon le Roi de Cambrai, ›Regrets Nostre Dame‹, 1244–48; Italien: ›Poema sull'avvento dell'Anticristo‹, 13. Jh., u. a.) anzutref-fen. – Wiederbelebung des A.stoffes seit dem späten 19. Jh. (F. M. Dostojewski, ›Die Legende vom Großinquisitor‹, 1880, dt. 1884; S. Lagerlöf, ›Die Wunder des Antichrist‹, 1897, dt. 1899; J. Roth, ›Der Antichrist‹, 1934).

Literatur: BOUSSET, W.: Der Antichrist in der Überlieferung des Judentums, des NT u. der al-ten Kirche. Gött. 1895. – STEIGLEDER, P.: Das Spiel vom Antichrist. Eine geistesgeschichtl. Unters. Wzb. 1938. – GÜNTHER, G.: Der Anti-christ. Der stauf. Ludus de Antichristo. Hamb. 1970 (mit dt. Textausg.). – AICHELE, K.: Das An-tichristdrama des MA, der Reformation u. Ge-genreformation. Den Haag 1974. – MAN-SELLI, R., u. a.: Antichrist. In: Lex. des MA. Bd. 1. Mchn. u. Zü. 1980.

Antiheld, Figur in Drama und Ro-man, die die Kehrseite des traditionellen aktiven ↑ Helden darstellt. Der A. führt den positiven, initiativen Helden ad ab-surdum, idealtypisch gesehen ist er ohne feste Identität und Orientierung. Als frühe Prototypen gelten u. a. I. A. Gont-scharows Oblomow in dem Roman ›Oblomow‹ (1859, dt. 1869) und G. Büch-ners Leonce in ›Leonce und Lena‹ (hg. 1842). Der Typ des A.en bekommt im Roman und Drama nach 1945 (bes. im ↑ absurden Theater) bestimmende Bedeu-tung. Ausgenommen bleiben jedoch die Werke des ↑ sozialistischen Realismus, für die der positive Held unverzichtbar bleibt.

Literatur: BUTOR, M.: Le roman comme recher-che. In: Les Cahiers du Sud 42 (1955), S. 347. – ROBBE-GRILLET, A.: Une voie pour le roman fu-tur. In: La Nouvelle Revue Française N. F. 4 (1956), S. 77. – ZELTNER-NEUKOMM, G.: Das Wagnis des frz. Gegenwartromans. Hamb. 1960. – DUWE, W.: Die Kunst u. ihr Anti von Dada bis heute. Bln. 1967. – SARRAUTE, N.: Das Zeitalter des Mißtrauens. Dt. Übers. Ffm. 1975. – ZIMA, P. V.: Der gleichgültige Held. Dt. Übers. Stg. 1983.

Antike [zu lat. antiquus = alt], Zeit des griechisch-röm. oder klass. Alter-tums, das um 1100 v. Chr. beginnt und im 4.–6. Jh. endet. Gelegentlich wird auch die kretisch-myken. Zeit (1900–1100) zur A. gerechnet. Die geschichtl. Einheit der A. beruht sowohl auf der einmaligen Ge-schlossenheit des Quellenmaterials als auch auf der Kontinuität der geistigen Überlieferung und einem gemeinsamen Traditionsbewußtsein. Der Mittelmeer-raum bildet die geograph. Einheit in der griech. (griech. Kolonisation, Hellenis-mus) wie in der röm. Geschichte (Impe-rium Romanum) und wurde mit seinen Randländern als die Ökumene (orbis ter-rarum), die bewohnte Kulturwelt, ver-standen. Die A. legte die gemeinsamen geistigen Grundlagen der europ. Völker, insbes. für das Abendland; sie wurde seit Humanismus, Klassizismus und Neuhu-manismus zum klass. Bildungsprinzip. – ↑ auch griechische Literatur, ↑ römische Literatur.

antiker Vers, der quantitierende Vers der Antike; er beruht auf einem durch Versregeln bestimmten Wechsel kurzer und langer Silben, im Gegensatz zum ↑ akzentuierenden Versprinzip der Germanen, bei dem betonte und unbe-tonte Silben wechseln, und dem silben-zählend-alternierenden Vers der Roma-nen. – ↑ auch quantitierende Dichtung.

antikisierende Dichtung, literar. Werke, in denen antike Formen oder

Stoffe bewußt nachgebildet werden. An-
tikisierend waren schon die lat. geschriebenen Werke der Dichter der Akademie
um Karl den Großen (›karoling. Renaissance‹, um 800); an spätantiker christl.
Epik maß Otfrid von Weißenburg (9. Jh.)
seine Evangelienharmonie; Vergil war
formales Vorbild für das otton. Hexame-
terepos ›Waltharius manu fortis‹
(9./10. Jh.); als Nachahmungen des Terenz bezeichnete Hrotsvit von Ganders-
heim (10. Jh.) ihre christl. Märtyrerdra-
men. – Standen die Dichtungen der karoling. und otton. Zeit stärker unter dem
Einfluß antiker Formkunst, so überwog
in den Dichtungen des Hoch-MA das
stoffl. Interesse an der antiken Literatur
(eine Vielzahl von Alexanderdichtungen,
Trojaromanen usw.). In Renaissance und
Barock finden sich in lat. und dt. Sprache
dann wieder Versuche formaler Nachahmung, so bei K. Celtis, U. von Hutten,
M. Opitz (↑Ode, ↑Epigramm, ↑Elegie).
Antike Dramentheorie wurde durch frz.
Vermittlung im 18. Jh. für J. Ch. Gottsched und seine Schule bestimmend.
Ch. M. Wielands Werke im Geiste des
Lukianos von Samosata zeichnen sich
durch eine an antiken Vorbildern orientierte Formvirtuosität aus. Höhepunkte
der dt. antikisierenden Dichtung, vornehmlich unter dem Einfluß griech. Vorbilder, waren dann die Werke F. G. Klopstocks, der sich selbst einen ›Lehrling der
Griechen‹ nannte (›Messias‹, 1748–73;
Oden), Goethes ›Iphigenie auf Tauris‹
(1787), ›Reineke Fuchs‹ (1794), ›Die
röm. Elegien‹ (1795), Schillers ›Braut
von Messina‹ (1803), Goethes und Schillers ›Xenien‹ (1796) sowie v. a. J. Ch. F.
Hölderlins Oden. – Im 19. Jh. versuchte
R. Wagner eine Neuschöpfung der
griech. Tragödie ›aus dem Geiste der
Musik‹ (F. Nietzsche), wie überhaupt die
Oper eine entstehungsbedingte Vorliebe
für antike Stoffe besitzt. Die modernen Bearbeitungen antiker Stoffe von
G. Hauptmann, H. von Hofmannsthal,
J. Giraudoux, J.-P. Sartre, J. Anouilh,
E. O'Neill, T. S. Eliot zeigen die Aktualität antiker Sagen und Mythen, die als
überzeitl., vorbildhafte Exempel der existentiellen Problematik des Menschen
immer neue Auseinandersetzungen pro-
vozieren.

Antiklimax, rhetor. Figur, deren einzelne Glieder nicht nach dem Prinzip der
Steigerung (↑Klimax), sondern in abstei-
gender Folge aneinandergereiht sind,
z. B.: ›Urahne, Großmutter, Mutter und
Kind‹ (G. Schwab, ›Das Gewitter‹);
›Kaiser, Fürsten und Grafen waren ver-
sammelt‹. – ↑auch Bathos.

Antilabe, griech. Dramenvers, der im
Wechsel von verschiedenen Personen ge-
sprochen wird, meist in emphat., pathet.
Rede, häufig mit ↑Ellipse; z. B.: Gräfin:
›O halt ihn! halt ihn!‹ Max: ›Tu es nicht, / Jetzt nicht.‹
(Schiller, ›Wallensteins Tod‹, 1800). –
↑auch Stichomythie.

Antilegomena [griech. = Bestrit-
tene], bei Eusebios von Caesarea eine
Reihe von Schriften, deren Zugehörigkeit zum Kanon des NT im Gegensatz zu
den ↑Homologumena bestritten wird. Es
sind: Jakobusbrief, 2. Petrusbrief, 2. und
3. Johannesbrief, Judasbrief.

Antilogie [griech. = Gegenrede, Wi-
derspruch], Fachausdruck der pyrrhon.
Skepsis. Die A. ist der Widerspruch, der
sich (wie man glaubte) daraus ergibt, daß
miteinander unverträgliche philosoph.
Aussagen sich gleichermaßen begründen
lassen. Als Methode der antiken Skepti-
ker diente die A. dazu, das ›Gleichgewicht‹ (isosthéneia) der Argumente für
und gegen eine These aufzuzeigen, das
dann die ›Zurückhaltung‹ (epochḗ) des
Urteils zur Folge hatte. Hauptdokumente
für die antilogist. Methode in der Antike
sind die Schriften Ciceros: u. a. ›Acade-
mici libri‹, ›De finibus‹.
Literatur: BOCHEŃSKI, I. M.: Grundr. der Logi-
stik. Dt. Übers. Bearb. v. A. Menne. Paderborn
⁵1983.

Antimachos von Kolophon (tl.: An-
tímachos), †vor 348/347, griech. Schriftsteller. – Begründer der Gelehrtendichtung, der sich in dem Epos ›Thēbaïs‹ bewußt und erfolgreich um Erneuerung
und Steigerung der Kunstmittel Homers
bemühte, während er in der ep. Elegie
›Lýdē‹, die er anläßlich des Todes seiner gleichnamigen Geliebten schrieb,
Schicksale unglückl. Liebender aus der
Mythologie dichterisch gestaltete; gehörte zum Kanon der fünf Klassiker des

Epos; sein Werk ist nur fragmentarisch erhalten.

Anti-masque [frz. ãti'mask] ↑ Masque.

Antimetabole [griech. = Umänderung, Verwandlung], bes. in der Antike häufig verwendete rhetor. Figur, bei der in parallel gebauten Sätzen (↑ Parallelismus) zwei gegensätzl. Begriffe vertauscht werden (↑ Chiasmus), um dadurch eine Antithese pointiert zum Ausdruck zu bringen (lat. meist: commutatio); z. B. ›Ihr Leben ist dein Tod! Ihr Tod dein Leben!‹ (Schiller, ›Maria Stuart‹, 1801).

Antiphanes (tl.: Antiphánēs), *zwischen 408 und 404, † um 330, griech. Komödiendichter. – Gilt als einer der bedeutendsten Dichter der mittleren att. Komödie; widersprüchl. Angaben über Leben und Werk; soll 260, nach anderen 280 oder gar 365 Stücke verfaßt haben, von denen 134 Titel bekannt sind; ein Teil behandelt mytholog. Themen in parodierender Gestaltung, ein anderer Charakter- und Berufstypen. Über 300 Fragmente sind erhalten.

Antiphon (tl.: Antiphōn), *Rhamnus (Attika) um 480, † Athen 411, griech. Logograph und Lehrer der Rhetorik. – Als führender Initiator des oligarch. Putsches 411 hingerichtet. Erhalten sind 15 Reden (davon drei echte Prozeßreden und 12 Musterreden, die umstritten sind) sowie Fragmente seiner eigenen Verteidigungsrede. Seine Reden bezeugen die zunehmende Rolle einer auf innere Wahrscheinlichkeit gründende Argumentation im Prozeßablauf. Ungeklärt bleibt, ob es zwei Träger dieses Namens, einen Redner und einen Sophisten, gab, wie man aus stilistischen Gründen schloß.

Literatur: SOLMSEN, F.: A.studien. Bln. 1931. – VOLLMER, G.: Studien zum Beweis antiphon. Reden. Diss. Hamb. 1958 [Masch.]. – ERBSE, H.: A.s Rede über den Choreuten. In: Hermes 91 (1963), S. 19. – Kleinere att. Redner. Hg. v. A. ANASTASSIOU u. D. IRMER. Darmst. 1977.

Antiphon [griech.-lat.; eigtl. = entgegentönend, antwortend], liturg. Gesang der christl. Kirche seit dem 4. Jh., im Vortrag von Psalmen und Hymnen als Kehrvers verwendet, mit dem eine versammelte Gemeinschaft einer Vorsängergruppe antwortet. Neben seit den Anfän-

gen frei geschaffenen Texten wurden für die A.en vielfach auch Bibeltexte verwendet. Im Gregorianischen Gesang werden A.en sowohl im Offizium als auch in der Messe verwendet.

Literatur: HUEBNER, D. VON: A. In: Lex. des MA. Bd. 1. Mchn. u. Zü. 1980.

Antiphonar [griech.-mlat.] (Antiphonarium, Liber antiphonarius, Antiphonale), im MA liturg. Buch der lat. Kirche, das die Antiphonen und Responsorien zu Messe und Stundengebet enthielt; später im der röm. Liturgie auf das Offizium des Tages beschränkt. Das heutige ›Antiphonale ... pro diurnis horis‹ (1912) enthält u. a. auch Psalmen, Hymnen und Gebete.

Literatur: HUEBNER, D. VON: A. In: Lex. des MA. Bd. 1. Mchn. u. Zü. 1980.

Antiphrase [griech.], rhetor. Wortfigur, die ironisch das Gegenteil des Gesagten meint; z. B.: ›eine schöne Bescherung‹. – ↑ auch Litotes, ↑ Meiosis.

Antiquar [lat.; zu antiquus = alt], Altbuchhändler; bei den Römern ein Nachahmer der älteren, voraugusteischen Literatursprache, im MA ein Kenner von Büchern in veralteter Schrift, die er abschrieb. Im heutigen Sprachgebrauch der Händler mit gebrauchten, z. T. wertvollen Büchern, Zeitschriften, Kunstblättern, Handschriften und Noten.

Antiquariat [lat.] (Antiquariatsbuchhandel), ein bes. Zweig des Buchhandels, der sich mit im histor. Sinne alten oder neueren gebrauchten Büchern oder mit verlagsneuen Büchern, für die der Ladenpreis aufgehoben ist, befaßt. Das A. ist oft mit dem Sortimentsbuchhandel verbunden, es ergänzt seinen Bestand durch den Kauf einzelner Werke oder ganzer Bibliotheken, meist aus Privathand oder auf Auktionen. Sein Hauptvertriebsmittel ist der oft bibliographisch wertvolle A.skatalog, dessen Sonderform, der Auktionskatalog, zu den von den großen A.en veranstalteten Auktionen herausgegeben wird.

Die Anfänge des A.s gehen bis in die Antike zurück. Als eigtl. Vorläufer der Antiquare aber kann man wohl die ›stationarii‹ der italien. Universitäten des MA bezeichnen, die u. a. auch den Nachlaß von Gelehrten oder Bücher von Studenten verkauften, ferner die Drucker und Buchbinder des späten 16. und des 17. Jh., die auf den holländ. Messen Bücher und ganze Bibliotheken aus Nachlässen anboten. Auf sie gehen u. a. die Pariser ↑Bouquinisten zurück. Die heutige Form des A.s bildete sich erst im 18. Jh. heraus, zuerst in Frankreich und in England. Man unterscheidet heute das bibliophile, das wiss. und das sog. moderne Antiquariat. Während das **bibliophile Antiquariat** (das in Deutschland erst gegen Ende des 19. Jh. entstand) außer Büchern auch alte Handschriften, Inkunabeln, Stiche, Kunstblätter, Noten, Autographen, Urkunden, Karten, Siegel, Wappen u. a. vertreibt und sich damit in vielen Fällen mit dem Kunsthandel überschneidet, besteht die Hauptaufgabe des **wissenschaftl. Antiquariats** (seit Beginn des 19. Jh. in Deutschland) darin, wiss. Bücher und Zeitschriften, die nicht mehr im Buchhandel erhältlich sind, für einzelne Interessenten oder für wiss. Bibliotheken und Institute zu beschaffen. Die wiss. A.e sind oft nur auf ganz bestimmte Teilgebiete spezialisiert. Das **moderne Antiquariat** (auch **Rest-** oder **Ramschbuchhandel**) ist kein echtes A., da es mit verlagsneuen Büchern, die teilweise mit wertmindernden Schäden behaftet sind, handelt und sie zu herabgesetzten Preisen verkauft. Das Groß-A. erwirbt Restauflagen und Remittenden von den Verlagen und vertreibt (›verramscht‹) sie nach Aufhebung des Ladenpreises an Einzelhändler. Diese Bücher werden jedoch nur in seltenen Fällen vom bibliophilen oder wiss. A. übernommen.

Literatur: UNGER, F.: Die Praxis des wiss. A.s Lpz. 1900. – SCHROERS, P./HACK, B.: Das A. Söcking 1949. – OTTO, P.: Das moderne A. Güt. 1966. – CARLSOHN, E.: Der A.sbuchhandel. In: Der dt. Buchhandel. Hg. v. H. HILLER u. W. STRAUSS. Hamb. ⁴1968. – WENDT, B.: Der A.sbuchhandel. Stg. ³1974. – FABER-CASTELL, CH. VON: Antiquitäten – Alte Bücher. Mchn. 1980.

antiquarische Dichtung, Sonderform ↑historischer Romane, Novellen und Dramen, v. a. aus der 2. Hälfte des 19. Jh., die sich durch genaue Wiedergabe kulturhistor. Details auszeichnen. Die Verfasser waren zum großen Teil vom Positivismus und Historismus geprägte [Altertums]wissenschaftler (daher die Bez. der antiquar. Romane als **Professorenromane**). Die im Altertum oder MA spielende Handlung ist meist reich an Effekten und Sensationen und wirkt oft unwahrscheinlich, bisweilen soll sie weltanschaul. Thesen der Gegenwart am histor. Beispiel exemplifizieren. Die a. D. ist eine gesamteurop. Erscheinung (E. G. Bulwer-Lytton, ›Die letzten Tage von Pompeji‹, 1834, dt. 1834; V. Hugo, ›Der Glöckner von Notre Dame‹, 1831, dt. 1948, 1831 u. d. T. ›Die Kirche Notre Dame zu Paris‹; G. Flaubert, ›Salambo‹, 1862, dt. 1900; H. Sienkiewicz, ›Quo vadis?‹, 1896, dt. 1898; D. S. Mereschkowski, Romantrilogie ›Hristos i Antihrist‹, 1896–1905, dt. 1903–05: ›Julian Apostata‹, ›Leonardo da Vinci‹, ›Peter der Große und sein Sohn Alexei‹). Wichtigste dt. Vertreter sind: G. M. Ebers (›Eine ägypt. Königstochter‹, 1864; ›Serapis‹, 1885; ›Die Nilbraut‹, 1887), E. Eckstein (›Die Claudier‹, 1881; ›Nero‹, 1889), W. Walloth (›Octavia‹, 1885; ›Kaiser Tiberius‹, 1889), F. Dahn (›Ein Kampf um Rom‹, 1876), G. Freytag (Trauerspiel ›Die Fabier‹, 1859; Romanzyklus ›Die Ahnen‹, 1873–81), F. von Saar (Dramenzyklus ›Kaiser Heinrich IV.‹, 1865–67), W. H. Riehl (›Culturgeschichtl. Novellen‹, 1856; ›Geschichten aus alter Zeit‹, 1863/64).

Antiroman, vager Begriff für einen experimentellen Roman; im Vorwort zu N. Sarrautes ›Porträt eines Unbekannten‹ (1948, dt. 1962) bezeichnete J.-P. Sartre die Werke V. Nabokovs, E. Waughs, in gewissem Sinne auch A. Gides ›Falschmünzer‹ (1925, dt. 1928) und v. a. die Werke Sarrautes als Antiromane. Als erster konsequenter A. in dt. Sprache kann C. Einsteins ›Bebuquin‹ oder die Dilettanten des Wunders‹ (1912) angesehen werden.

Antistrophe [griech. = Umdrehung, Gegenwendung],
1. im griech. Drama ursprünglich eine Bewegung, genauer eine Gegenwendung des Chores beim Schreiten und Tanzen in der ↑Orchestra, dann die diese Bewegung begleitende Strophe des Gesangs. Strophe und A. sind metrisch gleich gebaut, ihnen folgt meist eine metrisch anders gebaute ↑Epode. Strophe und A.

können auf Halbchöre aufgeteilt sein, die Epode wird dagegen immer vom ganzen Chor gesungen. – A. wird auch der zweite Teil der ebenfalls diesem triad. Schema folgenden ↑pindarischen Ode genannt.
2. rhetor. Figur, ↑Epiphora.

Antitheater, vager Begriff für verschiedene Formen des ↑experimentellen Theaters. Der Begriff A. ist seit E. Ionesco gebräuchlich, der sein erstes Stück, ›Die kahle Sängerin‹ (1953, dt. 1959), als ›Antistück‹, als eine ›Parodie eines Stückes‹, bezeichnete.
Literatur: HAYMAN, R.: Theatre and antitheatre. London 1979.

Antithese, Gegenüberstellung gegensätzl. Begriffe und Gedanken, z. B.: Krieg und Frieden; oft durch andere rhetor. Mittel unterstützt, z. B. durch ↑Alliteration (Freund und Feind) oder durch ↑Chiasmus (›Die Kunst ist lang, und kurz ist unser Leben‹; ›Faust I‹, 1808). Zum ersten Mal systematisiert von Gorgias (* um 485, † um 380); bes. häufig in rhetor. Literatur seit der Antike. Manche Dichtungsformen (↑Epigramm, ↑Sonett) oder Versarten (↑Alexandriner) tendieren zu antithet. Strukturierung.

Antizipation [lat.; zu anticipare = vorhernehmen],
1. rhetor. Figur, bei der entweder durch ein Attribut der Inhalt eines Folgesatzes bereits im Vordersatz vorweggenommen wird, in dem erst von den Voraussetzungen dafür die Rede ist – z. B. bei Schiller: ›Und mit des Lorbeers muntern Zweigen / bekränze dir dein festlich Haar‹ (= so daß es festlich aussieht) – oder ein vermuteter Einwand vorweggenommen wird; schon in antiker Gerichtsrede, bes. in auktorialer Erzählung (↑Erzählsituation) angewendet. – ↑auch Prokatalepsis.
2. als erzähltechn. Verfahren: Vorgriff auf chronologisch spätere Handlungsteile (↑Vorausdeutung).

Antode [griech. = Gegengesang], Entgegnung auf die ↑Ode in der ↑Parabase einer altatt. Komödie. ↑auch Antistrophe.

Antokolski (tl.: Antokol'skij), Pawel Grigorjewitsch [russ. anta'koljskij], * Petersburg 1. Juli 1896, † Moskau 9. Okt. 1978, russ.-sowjet. Schriftsteller. –

Schauspieler und Regisseur. Bevorzugte in seiner oft pessimist. Lyrik, die anfangs von der frz. Dichtung wie von den Akmeisten beeinflußt war, Stoffe aus der Geschichte der Frz. Revolution, später in seiner Prosa auch russ. Themen; gilt als ›Romantiker‹, doch ist seine Dichtung mehr vom Intellekt als von der Intuition geprägt; auch Essays über Dichter (v. a. A. S. Puschkin), ein Reisebericht über Vietnam (1958) und Märchen.

Antonelli, Luigi, * Atri (Prov. Teramo) 22. Jan. 1882, † Pescara 21. Nov. 1942, italien. Schriftsteller. – Verfasser von Lustspielen, die in ihren märchenhaften und grotesken Zügen mit L. Pirandellos Dramen verwandt sind (u. a. ›L'uomo che incontrò se stesso‹, 1919; ›La fiaba dei tre maghi‹, 1920; ›Il dramma, la commedia, la farsa‹, 1927; ›La rosa dei venti‹, 1929). Schrieb auch Erzählungen (›Il pipistrello e la bambola‹, 1919; ›Primavera in collina‹, 1929).

Antonides van der Goes, Joannes [niederl. xus], eigtl. Jan Antoniszoon, * Goes 3. Mai 1647, † Rotterdam 18. Sept. 1684, niederl. Dichter. – Freund J. van den Vondels; verdankt seinen Ruhm v. a. dem Epos ›De Ystroom‹ (1671), in dem er Amsterdam verherrlicht; auch Dramen (u. a. ›Frazil of overrompelt Sina‹, 1666) und Gedichte (ges. ersch. 1685, 1705 und 1714).

Antonisen, Ole Arthur, norweg. Schriftsteller, ↑Omre, Arthur.

Antonius, Marcus, * 143, † 87, röm. Rhetor. – War im Jahr 99 Konsul; einer der bedeutendsten Rhetoren der Generation vor Cicero, in dessen Dialog ›De oratore‹ (= Über den Redner) er eine wichtige Rolle spielt; von Anhängern des Marius ermordet.
Literatur: SCHOLZ, U. W.: Der Redner M. A. Diss. Erlangen-Nbg. 1962.

Antonius von Pforr, * Breisach am Rhein, † Rottenburg nach 1477, dt. Dichter. – Geistlicher in Endingen und Rottenburg, wo er zum literar. Kreis der Pfalzgräfin Mechthild gehörte. Seine Übertragung des ind. ›Pañcatantra‹ (nach einer lat. Fassung des Johannes von Capua) ins Deutsche (›Das Buch der Beispiele der alten Weisen‹, neu hg. 1860 von W. L. Holland) fand weite Verbreitung.

Antonomasie [griech. = andere Benennung],
1. Umschreibung eines Eigennamens durch bes. Kennzeichen des Benannten (↑Synekdoche); als ↑Trope meist stereotyp gebraucht, dient im Kontext als Variation eines öfter vorkommenden Namens oder als verhüllende Anspielung. Zu unterscheiden sind das **Patronymikon** (nach dem Namen des Vaters): der Atride = Agamemnon, Sohn des Atreus; das **Ethnikon** (nach der Volkszugehörigkeit): der Korse = Napoleon; die **Umschreibung** durch ein bes. Charakteristikum: der Dichterfürst = Homer; der Erlöser = Jesus; die **mehrgliedrige Umschreibung** (↑Periphrase): Vater der Götter und Menschen = Zeus.
2. in analoger Umkehrung des ursprüngl. Begriffs die Ersetzung des Namens einer Gattung (Appellativum) durch den Eigennamen eines ihrer typ. Vertreter (z. B. Eva für Frau, Judas für Verräter, Casanova oder Don Juan für Frauenheld; Kaiser und Zar nach lat. Cäsar).

Antonow (tl.: Antonov), Sergei Petrowitsch [russ. an'tɔnɛf], * Petrograd (heute Petersburg) 16. Mai 1915, russ. Schriftsteller. – Bauingenieur; schrieb Erzählungen und Skizzen über Themen aus der sowjet. Arbeitswelt, bes. der des Dorfes, u. a. ›Aljonka‹ (E., 1960, dt. 1962), ›Leerfahrt‹ (E., 1960, dt. 1963), ›Der zerrissene Rubel‹ (E., 1966, dt. 1968), ›Trudnyj den'‹ (= Ein schwerer Tag, E., 1978), auch den Roman ›Waska in der Unterwelt‹ (1988, dt. 1989) und literar. Essays.

Antonowitsch (tl.: Antonovič), Maxim Alexejewitsch, * Belopolje (Gouv. Charkow) 9. Mai 1835, †14. Nov. 1918, russ. Philosoph, Literaturkritiker und Naturforscher. – Wandte sich unter dem Einfluß von W. G. Belinski, N. G. Tschernyschewski und N. A. Dobroljubow dem Atheismus und Materialismus zu. Er war Mitarbeiter an der von A. S. Puschkin gegründeten Zeitschrift ›Sovremennik‹ (= Der Zeitgenosse); Schriften gegen Hegelianismus und Kantianismus; seine literarkrit. Arbeiten schließen an die ästhet. Arbeiten Tschernyschewskis an.

Anton Ulrich, Herzog von Braunschweig-Wolfenbüttel, * Hitzacker 4. Okt. 1633, †Salzdahlum bei Wolfenbüttel 27. März 1714, dt. Dichter. – Erhielt eine umfassende wiss. Erziehung und Ausbildung von Gelehrten wie S. von Birken und J. G. Schottel; 1685 Mitregent seines Bruders Rudolf August, 1704 nach dessen Tod Alleinherrscher; prunkliebender Barockfürst; seit 1659 Mitglied der ›Fruchtbringenden Gesellschaft‹. Schrieb außer prot. Kirchenliedern, geistl. Oden und Singspielen (mit bibl. und antiken Stoffen) die bed. erotischheld. Staatsromane ›Die Durchleuchtige Syrerinn Aramena‹ (5 Bde., 1669–73) und ›Octavia, Röm. Geschichte‹ (6 Bde., 1677–1707; umgearbeitet u. d. T. ›Die Röm. Octavia‹, 1712–14).
Ausgabe: A. U. Herzog zu Braunschweig u. Lüneburg: Werke. Histor.-krit. Ausg. Hg. v. R. TAROT. Stg. 1982–85. 4 Tle.

Antschel, Paul, Lyriker, ↑Celan, Paul.

Antun (tl.: Anṭūn), Farah, * Tripoli 1874, †Kairo 1922, libanes. Schriftsteller. – Bedeutendster Vertreter der Säkularisierungstendenzen am Anfang des 20. Jh. in der arabisch-islam. Welt; gab 1899–1910 die Zeitschrift ›Al-Ǧāmi'ah‹ heraus, die Übersetzungen von frz. romant. Werken und anderen europ. Freidenkern brachte.
Literatur: REID, D.: The odyssey of F. A. Minneapolis (Minn.) u. Chicago (Ill.) 1975. – BALLAS, S.: La nouvelle Jérusalem ou la république utopique de F. A. In: Arabica 32 (1985), S. 1.

Anvers, erster Teil einer ↑Langzeile oder erster Vers eines ↑Reimpaares. – ↑auch Abvers.

Anwar, Chairil, * Medan (Sumatra) 26. Juli 1922, †Jakarta 28. April 1949, indones. Lyriker. – Führte nach seiner Übersiedlung nach Jakarta (1940) ein unstetes und ärml. Dasein, frei von allen Banden bürgerl. Konventionen und Moralbegriffe. Seine von niederl. Dichtern zuweilen thematisch beeinflußte Poesie ist die ungeschminkte Lebensbeichte eines Bohemiens und Revolutionärs, der den anarch. Individualismus propagiert und existentiell auslebt. Sie steht in scharfem Gegensatz zu den Idealen der ›Pujangga-Baru‹-Bewegung durch ihren eigenwilligen Stil, die Wahl bisher unbekannter Wortkombinationen und spannungsgeladener, assoziativer Dynamik und durch die Subjektivität des Inhalts. A., der bedeutendste Dichter des modernen Indonesien und Vorbild der ›Angkatan 45‹ (= Die Generation von 1945, Nachkriegsgeneration junger Literaten), gab der indones. Dichtung der Gegenwart richtungweisende Impulse.

Werke: Deru Campur debu (= Gedröhn im Staub, Ged., hg. 1949), Kerikil tajam dan yang terampas dan yang putus (= Scharfe Kieselsteine und das Geplünderte und Geraubte, Ged., hg. 1949). **Ausgabe:** A. Ch. Feuer und Asche. Sämtl. Gedichte; indones.-dt. Hg. v. W. KARWATH. Wien 1978. **Literatur:** BALFAS, M.: Modern Indonesian literature in brief. In: Hdb. d. Orientalistik. Hg. v. B. SPULER. Abt. 3, Bd. 3, 1. Leiden 1976. S. 77.

Anwari (tl.: Anwarī), Ouhad od-din Mohammad, *Maihane oder Abiward (Turkmenistan), †Balch (Afghanistan) zwischen 1168 und 1170, pers. Dichter. – Nur spärl. Nachrichten über sein Leben, obwohl er zu seiner Zeit und später als einer der größten Dichter und Gelehrten galt. Klassiker der Hofpanegyrik, bes. unter dem Seldschukensultan Sandschar. A. blieb auch nach dem Einfall türk. Stämme in Ost-Iran den Seldschuken treu, obwohl die Dynastie verfiel. Gelehrtenausbildung in allen Wissenschaften der Zeit. Er verknüpft Herrscherlob mit Metaphern aus Philosophie und Naturwissenschaft. Die Verwendung gelehrten Bildungsgutes machen das Verständnis seiner stilistisch meisterhaften Verse schwierig. Sein Diwan (etwa 10000 Verse) erschien 1850 (Neuausg. 1959).

Anyte von Tegea (tl.: Anýtē), griech. Dichterin um 300 v. Chr. – Gehörte zur sog. peloponnes. Schule; von ihren Epigrammen sind zahlreiche in der ›Anthologia Palatina‹ erhalten; ihre anmutigen Landschaftsbilder und Grabschriften für Tiere wurden zum literar. Typus. **Literatur:** LUCK, G.: Die Dichterinnen der griech. Anthologie. In: Museum Helveticum 11 (1954), S. 170.

Anzengruber, Karl, *Wien 5. Juni 1876, †ebd. 5. Juli 1927, österr. Volksschriftsteller. – Sohn von Ludwig A.; war Inspektor der städt. Straßenbahnen in Wien; schrieb Volksstücke (›In großer Zeit‹, 1914), Possen (›Fesche Wienerin‹,

1907), Einakter, Erzählungen (›Seegeschichten‹, 1912) und einen Roman (›Insel der Seligen‹, 1925).

Anzengruber, Ludwig, Pseudonym Ludwig Gruber, *Wien 29. Nov. 1839, †ebd. 10. Dez. 1889, österr. Dramatiker und Erzähler. – Stammte aus oberösterr. Bauernfamilie; war Buchhändlerlehrling, Schauspieler bei einer Wandertruppe und Polizeikanzlist in Wien. Zunächst wenig erfolgreiche dramat. und journalist. Versuche. Die Aufführung des liberalen Tendenzstückes ›Der Pfarrer von Kirchfeld‹ (Volksstück, 1871), das charakteristisch für die Kulturkampfperiode ist, machte ihn berühmt. A. befreundete sich mit P. Rosegger, wurde Theaterdichter am Theater an der Wien, später am Volkstheater. Daneben war er Redakteur beim Wochenblatt ›Heimat‹ und beim Wiener ›Figaro‹. Seine zeitgemäßen Volksstücke ›Der Meineidbauer‹ (1871), ›Die Kreuzelschreiber‹ (1872), ›Der G'wissenswurm‹ (1874), ›Das vierte Gebot‹ (1878) u. a. sind moralisierend, ganz im Sinne des liberalen Zeitgeists. Sie knüpfen an das Wiener Volksstück an, bereichern es durch neue Figuren, sorgfältige psycholog. Charakterisierung und sind von großer Bühnenwirksamkeit. Auch seine Romane, u. a. ›Der Schandfleck‹ (1877) und ›Der Sternsteinhof‹ (2 Bde., 1885), sind realistisch und lebenswahr und weisen auf den Naturalismus hin. Sie sind Vorläufer des modernen Bauern- und Dorfromans.

Weitere Werke: Doppelselbstmord (Dr., 1876), Alte Wiener (Dr., 1879), Dorfgänge (En., 1879), Die Trutzige (Dr., 1879), Launiger Zuspruch und ernste Red' (En., 1882; darin u. a. Zu fromm und Die Märchen des Steinklopferhanns), Heim g'funden (Dr., 1885), Wolken und Sunn'schein (En., 1888), Der Fleck auf der Ehr (Dr., 1889). **Ausgaben:** L. A. Sämtl. Werke. Hg. v. R. LATZKE u. O. ROMMEL. Wien 1–2 1920–28. Nachdr. Nendeln 1976. 15 Bde. in 17 Tlen. – A. Ausgew. Werke. Hg. v. C. W. NEUMANN. Lpz. 1956. 4 Bde. – A.s Werke in 2 Bden. Ausgew. u. eingel. v. M. KUHNE. Bln. 1971. **Literatur:** BETTELHEIM, A.: L. A. Der Mann, sein Werk, seine Weltanschauung. Bln. ⁷1898. – KLEINBERG, A.: L. A. Stg. 1921. – BAUMER, F.: L. A. Volksdichter u. Aufklärer. Weilheim 1989.

anzeps ↑anceps.

Aöde [griech.], Dichter und Sänger der griech. Frühzeit, der zur Leier (Phorminx) Lieder v. a. von den Taten der Heroen sang; literarisch u. a. bei Homer (Demodokos und Phemios) belegt. – ↑auch Rhapsoden.

äolische Basis, in der antiken Metrik die ersten beiden Elemente in bestimmten ↑äolischen Versmaßen, hpts. im ↑Glykoneus, ↑Pherekrateus und ↑Hipponakteus archaischer Zeit. Sie sind in ihrer Quantität frei (doppelte ↑anceps).

äolische Versmaße, in archaischer Zeit hpts. von den äol. Dichtern Sappho und Alkaios verwendete, aber nicht auf diese beschränkte Versmaße. Die Zahl der Silben ist jeweils fest *(silbenfeste Versmaße).* Es gibt 17 Grundformen, die gruppenweise eng verwandt sind und durch Kombination und Erweiterung variiert werden können. Ein Teil verwendet die ↑äolische Basis. Charakteristikum ist bei vielen der ↑Choriambus. Die wichtigsten wurden durch die Oden des Horaz der späteren europ. Literatur vermittelt (↑Glykoneus, ↑Pherekrateus, ↑Hipponakteus, ↑alkäische Strophe, ↑asklepiadeische Strophen, ↑sapphische Strophe).

Apabhraṁśa-Literatur ↑indische Literaturen.

à part [frz. a'pa:r = beiseite, abgesondert], im Drama das ↑Beiseitesprechen.

Apaydın, Talip [türk. αpaɪ'din], *Ömerler Köyü/Polatlı (Anatolien) 1926, türk. Schriftsteller. – Bed. Vertreter der sog. ›Dorfroman‹-Literatur, die das literar. Leben in der Türkei zwischen 1950 und 1975 wesentlich mitbestimmte; problematisierte in Romanen und Erzählungen Lebensweise und Konflikte des dörfl. anatol. Lebens mit didakt. Unterton.
Werke: Sarı traktor (= Der gelbe Traktor, R., 1958), Toprağa basınca (= Die Erde betretend, R., 1966), Vatan dediler (= Sie nannten es Heimat, R., 1981).

Apel, Johann August, *Leipzig 17. Sept. 1771, †ebd. 9. Aug. 1816, dt. Dichter. – Schrieb zuerst klassizist. Dramen, dann v. a. Schauer- und Gespenstergeschichten; eine Erzählung aus dem ›Gespensterbuch‹ (4 Bde., 1810–12; mit F. Laun) lieferte den Stoff zu J. F. Kinds Textbuch für C. M. von Webers Oper ›Der Freischütz‹.

Weitere Werke: Polyidos (Trag., 1805), Die Aitolier (Trag., 1806), Kunz von Kauffungen (Dr., 1809), Wunderbuch (3 Bde., 1815–17), Zeitlosen (En. und Ged., 1817).

Apel, Paul, *Berlin 2. Aug. 1872, †ebd. 9. Okt. 1946, dt. Schriftsteller. – Studierte Philosophie, begann mit philosoph. Werken (›Geist und Materie‹, 2 Bde., 1904–07), wandte sich aber bald der Bühnendichtung zu und hatte bes. mit der tragikom. Groteske ›Liebe‹ (1908), dem Traumspiel ›Hans Sonnenstößers Höllenfahrt‹ (1911), dem Trauerspiel ›Gertrud‹ (1913) und dem romant. Spiel ›Hansjörgs Erwachen‹ (1918) Erfolg; auch Hörspielautor.

Aperçu [apɛr'sy:; frz. = kurzer Überblick], geistreich pointierter Ausspruch.

Aphärese [griech.; eigtl. = Das Wegnehmen], Abfall eines Lautes, mehrerer Laute oder einer Silbe bzw. eines Buchstabens oder mehrerer Buchstaben am Wortanfang, z. B. wie es [vi:ɛs] wie's [vi:s], heraus [hɛ'raʊs] raus [raʊs], eine ['aɪnə] 'ne [nə]. – ↑auch Synkope, ↑Apokope.

Aphorismus [griech.; eigtl. = Abgrenzung, Bestimmung], kürzeste Form der Prosa, meist nur ein Satz, durch den eine Aussage schlaglichtartig formuliert wird, z. B. ›Man sollte mit dem Licht der Wahrheit leuchten, ohne einem den Bart zu versengen‹ (G. Ch. Lichtenberg, ›Aphorismen‹, hg. 1902–08). Der A., Ausdruck einer auf Überraschung zielenden subjektiven Meinung, meldet satir., provokativen, zugespitzten Widerspruch gegen allgemein verbreitete, generalisierende Anschauungen, Urteile oder Lehrmeinungen an, gegen die der A. oft Paradoxa und Mehrdeutigkeiten setzt. ›Ein Charakteristikum des A. ist, daß man mehr Worte für seine Charakterisierung braucht als für den A. selbst‹ (G. Laub). – Aphorismen sind seit der Antike bekannt, so die medizin. Bemerkungen und Lebensregeln (›Corpus Hippocraticum‹) des Hippokrates (um 400 v. Chr.), z. B. ›vita brevis – ars longa‹ (= Das Leben ist kurz, die Kunst währt lange), oder bei Mark Aurel (2. Jh. n. Chr.). Antike Aphorismen sammelte im 16. Jh. Erasmus von Rotterdam in seiner ›Adagia‹ (1500). F. Bacon verwandte die A. in seinen Essays ebenso wie M. E. de Montaigne. Meister der aphorist. Formgebung waren die frz. Moralisten des 17. Jh. (F. de La Rochefoucauld, J. de La Bruyère), v. a. auch B. Pascal und der Spanier B. Gracián y Morales (›Handorakel‹, 1647, dt. 1862), im 18. Jh. Vauvenargues und Chamfort. In Deutschland brillierte im 18. Jh. G. Ch. Lichtenberg mit seinen Aphorismen, ihm folgten Goethe (›Maximen und Reflexionen‹; hg. 1907, 1840 u. d. T. ›Sprüche in Prosa‹), Jean Paul, F. Schlegel und Novalis, später H. Heine, Ch. F. Hebbel, A. Schopenhauer, F. Nietzsche, A. Kerr, S. George, F. Kafka und K. Kraus. Aus jüngster Zeit sind u. a. die zwischen Paradox und Absurdität balancierenden Aphorismen von S. J. Lec (u. a. ›Unfrisierte Gedanken‹, 1957, dt. 1959), die Aphorismen von J. Fowles (›The aristos‹, 1964), G. Laub (u. a. ›Denken verdirbt den Charakter‹, 1984) und des Slowenen Ž. Petan (u. a. ›Himmel in Quadraten‹, dt. 1981, und ›Vor uns die Sintflut‹, dt. Ausw. 1983) zu nennen.

Literatur: GREINER, B.: Friedrich Nietzsche. Versuch u. Versuchung in seinen Aphorismen. Mchn. 1972. – Der A. Hg. v. G. NEUMANN. Darmst. 1976. – NEUMANN, G.: Ideenparadiese. Unterss. zur Aphoristik von Lichtenberg, Novalis, Friedrich Schlegel u. Goethe. Mchn. 1976. – RACKMANN, K.: Von den Randbeeten der literar. Gärten. Aphoristisches zum A. In: Neue dt. Lit. 31 (1983). – CANTARUTTI, G.: Aphoristikforschung im dt. Sprachraum. Hg. v. H. SCHUMACHER. Bern u. a. 1984. – FEDLER S.: Der A. Begriffsspiel zw. Philosophie u. Poesie. Stg. 1992.

aphoristischer Stil [griech.; lat.], Schreibweise, in der die Gedankensplitter und ↑ Sentenzen aneinandergereiht werden. Die vom Autor gewählte Anordnung des Textes erscheint zufällig. Der Leser kann fast an jeder beliebigen Stelle des Textes mit der Lektüre beginnen. In der Antike bei Seneca d. J., in der dt. Literatur bes. bei G. E. Lessing, J. G. Hamann und F. Nietzsche.

Apin, Rivai, * Padangpandjang (Sumatra) 30. Aug. 1927, indones. Schriftsteller. – A., der als Mitglied der seit 1965 verbotenen kommunist. ›Liga für Volkskultur‹ (LEKRA) auf der Insel Buru inhaftiert war, führt in seinem Werk einen unerbittl. Kampf gegen die sozialen Mißstände, für deren Beseitigung er die Einführung eines ›realist. Sozialismus‹ propagiert. Sein Hauptwerk ist ›Tiga menguak takdir‹ (= Drei trotzen dem Schick-

sal [*Takdir* ↑ Alisjahbana, Anspielung auf diesen], Ged., 1950; mit Ch. Anwar und Asrul Sani; auszugsweise engl. Übers. in ›Anthology of modern Indonesian poetry‹, 1968).

Literatur: TEEUW, A.: Modern Indonesian literature. Den Haag 1967. S. 207.

Apitz, Bruno, * Leipzig 28. April 1900, † Berlin (Ost) 7. April 1979, dt. Schriftsteller. – Zwischen 1917 und 1945 mehrmals aus polit. Gründen (ab 1927 Mitglied der KPD) inhaftiert, zuletzt im KZ Buchenwald. A. wurde v. a. durch seinen Roman ›Nackt unter Wölfen‹ (1958) bekannt, in dem er am Beispiel des Lagers Buchenwald die Unmenschlichkeit des Nationalsozialismus schildert.

Weitere Werke: Der Regenbogen (R., 1976), Schwelbrand (unvollendeter R., hg. 1984).

Apograph [griech.], Abschrift nach einem Original (↑ Autograph).

Apokalypsen [zu griech. apokálypsis = Enthüllung, Offenbarung], religiöse Texte des nachexil. Judentums (2. Jh. v. Chr. – 1. Jh. n. Chr.) und des frühen Christentums, in denen die Ereignisse des Weltendes in einer bewußt verhüllenden und verrätselnden Sprache geschildert werden. Die sie hervorbringende geistige Strömung, die **Apokalyptik,** ist einerseits geprägt von jüdischen messian. Hoffnungen auf ein endzeitl. Friedensreich, andererseits von der Hoffnung auf eine den guten Menschen *aller* Völker bevorstehende endgültige Herrschaft Gottes und schließlich von, wohl durch iran. Vorstellungen beeinflußten, eschatolog. Anschauungen über das ewige und jenseitige Geschick der einzelnen Seele. Die A. schließen sich formal häufig an die alttestamentl. Prophetie und ihre literar. Gattungen an (z. B. Droh- und Mahnworte, Visions- bzw. Auditionsberichte, Abschiedsreden) und bedienen sich meistens der Namen bibl. Autoritäten (z. B. Moses, Henoch, Baruch oder Petrus, Paulus, Johannes) als Verfassernamen. Mit Ausnahme des Buches *Daniel* (AT) und der *Apokalypse des Johannes* (NT) sind die A. nicht in den Kanon der ↑ Bibel aufgenommen worden.

Ausgaben: Die Apokryphen u. Pseudepigraphen des AT. Dt. Übers. hrsg. v. E. KAUTZSCH. Tüb. 1899–1900. 2 Bde. Nachdr. Hildesheim 1975. – Neutestamentl. Apokryphen. Begr. v.

E. Hennecke. Hg. v. W. Schneemelcher. Tüb.
⁵1987–89. 2 Bde. – Altjüd. Schrifttum außerhalb
der Bibel. Dt. Übers. u. erl. v. P. Riessler. Freib.
u. a. ⁶1988.
Literatur: Riedlinger, H., u. a.: A. In: Lex. des
MA. Bd. 1. Mchn. u. Zü. 1980.

Apokoinu [zu griech. koinós = ge-
meinsam], grammat. Konstruktion, bei
der sich ein Satzteil oder Wort zugleich
auf den vorhergehenden und den folgenden Satz bezieht; findet sich häufiger in
der mhd. Literatur, z. B.: ›dō spranc von
dem gesidele her Hagene alsō sprach‹
(Kudrun 538, 2); in der Neuzeit seltener.
Literatur: Kiefner, G.: Die Versparung. Wsb.
1964.

Apokope [griech. = Abschneidung,
Weglassung], bewußte Weglassung eines
oder mehrerer Buchstaben am Ende eines Wortes, z. B. ›wart'‹ statt ›warte‹, ›ich
hätt'‹ statt ›ich hätte‹.

Apokryphen [griech. = Verborgenes,
Heimliches], die jüd. und frühchristl.
Schriften, die nicht in den Kanon der Bibel aufgenommen wurden. Im Protestantismus werden mit A. die sog. deuterokа-
non. Bücher des AT der kath. Bibel bezeichnet, während diese A. im kath.
Sprachgebrauch Pseudepigraphen genannt werden. Bei den A. des NT deckt
sich der Sprachgebrauch. – Die apokryphen Schriften weisen literarisch und inhaltlich bestimmte Ähnlichkeiten mit
den kanon. Büchern der Bibel auf. Zumeist wurden die A. unter einem Pseudonym veröffentlicht und bestimmten
bibl. Personen zugeschrieben. Sie dienten der religiösen Erbauung, indem sie,
an bibl. Stoffe anknüpfend, diese legen-
där ausmalten, oder zum Trost in Zeiten
polit. Bedrückung durch den Ausblick
auf das baldige Kommen des Reiches
Gottes; sie verbreiteten daneben aber
auch abweichende Lehren in Form von
kosmolog. Spekulationen, Weltzeitalter-
lehren und Berechnungen über das Ende
der Welt.
Ausgaben ↑ Apokalypsen.
Literatur: Rädle, F.: A. In: Lex. des MA. Bd. 1.
Mchn. u. Zü. 1980. – ↑ auch Apokalypsen.

Apollinaire, Guillaume [frz. apoli-
'nɛːr], eigtl. Wilhelm Apollinaris de Kos-
trowitski, * Rom 26. Aug. 1880, † Paris
9. Nov. 1918, frz. Schriftsteller und Kritiker. – Unehel. Sohn einer poln. Adligen

Guillaume
Apollinaire

und eines italien. Offiziers, besuchte in
Monaco, Cannes und Nizza die Schule,
lebte ab 1899 als Bohemien in Paris und
eine Zeitlang als Hauslehrer in Deutschland. In Paris schlug er sich mit der Abfassung und Herausgabe erot. Literatur
durch, meldete sich 1914 als Freiwilliger und wurde 1916 schwer verwundet.
Er war u. a. mit P. Picasso, R. Dufy,
G. Braque, H. Matisse befreundet, deren
Malerei seiner Dichtung verwandt ist,
über die er Aufsätze schrieb (›Die Maler
des Kubismus‹, 1913, dt. 1956) und als
deren Entdecker, Förderer und Anreger
er gelten kann. A. verhalf auch 1914 dem
Werk H. Rousseaus zum Durchbruch. In
›Antitradition futuriste‹ (1913) verkün-
dete er seinen neuen Stil. Seine ersten
Gedichte stehen unter dem Einfluß der
Symbolisten. Das bedeutendste seiner
Werke, die revolutionäre Vers- und Pro-
salyrik ›Alkohol‹ (1913, dt. 1976), steht
über der Dichtung dieser Zeit und leitete
eine umwälzende Bewegung ein. In ›Cal-
ligrammes‹ (Ged., hg. 1918, dt. 1953
u. d. T. ›Kalligramme‹) ›entdinglicht‹ A.
die Dinge zu Farben, Linien oder Bewegungen, löst er sich von Grammatik und
Form. In seiner Lyrik, die von F. Villon
und A. Rimbaud ausgeht, leben überströmende Phantasie und das literar. Erbe
nebeneinander. Dominierend sind einfache Metaphern, Bilder der modernen
Welt und ihre Assoziationen. A. gab wesentl. Impulse für die moderne Dichtung,
bes. für die Surrealisten. Mit dem Unter-
titel ›drame surréaliste‹ seines antitradi-
tionellen Bühnenwerkes ›Les mamelles

de Tirésias‹ (UA 1917, hg. 1918, dt. 1987 u. d. T. ›Die Brüste des Tiresias‹) erhielt die Richtung den Namen.

Weitere Werke: L'enchanteur pourrissant (Prosa, 1909, dt. Ausw. 1991 u. d. T. Der verwesende Zauberer), Erzketzer u. Co (En., 1910, dt. 1987), Bestiarium oder das Gefolge des Orpheus (Ged., 1911, dt. 1978), Der gemordete Dichter (En., 1916, dt. 1967), Die sitzende Frau (R., hg. 1920, dt. 1992), Ombre de mon amour (Ged., hg. 1947), Tendre comme le souvenir (Briefe, hg. 1952, dt. Ausw. 1962 u. d. T. ... zart wie dein Bild), Le guetteur mélancolique (Ged., hg. 1952), Textes inédits (hg. 1952), Chroniques d'art 1902–1918 (Kunstkritiken, hg. 1960), Lettres à Lou (Briefe, hg. 1969).

Ausgaben: G. A. Œuvres complètes. Hg. v. M. DÉCAUDIN. Paris 1965–66. 4 Bde. – G. A. Poet. Werke/Œuvres poétiques. Frz. u. dt. Ausgew. u. hg. v. G. HENNIGER. Nw. 1969. – G. A. Œuvres en prose complètes. Hg. v. P. CAIZERGUES u. M. DÉCAUDIN. Paris 1977–93. 3 Bde.

Literatur: MACKWORTH, C.: G. A. u. die Kubisten. Dt. Übers. Ffm. u. Bonn 1963. – BILLY, A.: G. A. Dt. Übers. Nw. 1968. – HARTWIG, J.: A. Frz. Übers. v. J.-Y. ERHEL. Paris 1972. – DEBON, C.: G. A. après ›Alcools‹. Bd. 1. Paris 1980. – A. Hg. v. E. LEUBE u. A. NOYER-WEIDNER. Wsb. 1980. – BORDAT, D./VECK, B.: A. Paris 1983. – PABST, W.: Frz. Lyrik des 20. Jh. Theorie u. Dichtung der Avantgarden. Bln. 1983. – LENTENGRE, M.-L.: A. et le nouveau lyrisme. Modena 1984. – WILSON, K. D.: Poetry of the first world war. A comparative study of A., W. Owen and S. Stramm. Diss. Durham 1984. – PIA, P.: G. A. Mit Selbstzeugnissen u. Bilddokumenten. Dt. Übers. Rbk. 61.–63. Tsd. 1985. – GRIMM, J.: G. A. Mchn. 1993. – PARINAND, A.: A. (1880–1918). Paris 1994.

Apollinaris Sidonius, lat. Schriftsteller, ↑Sidonius Apollinaris.

apollinisch-dionysisch, von F. W. J. von Schelling formuliertes und von F. Nietzsche (›Die Geburt der Tragödie aus dem Geiste der Musik‹, 1872) popularisiertes Begriffspaar, welches das von Form und Ordnung bestimmte Wesen des griech. Gottes Apollon der rauschhaften Ekstase des griech. Gottes Dionysos gegenüberstellt. Das Apollinische wird dargestellt als das Maßvolle, Erhabene, Harmonische, Ausgeglichene, Rationale, das Dionysische als die Wut der Schrankenlosigkeit, des Rausches, der Sinnlichkeit, der emotionalen Irrationalität. Nietzsche sieht die beiden Begriffe als die grundsätzl. Extremmöglichkeiten jegl. künstler. Schaffens an; ihre Synthese findet er in der griech. Tragödie

und im Musikdrama Wagners verwirklicht.

Literatur: KEIN, O.: Das Apollinische u. Dionysische bei Nietzsche u. Schelling. Bln. 1935. – RINTELEN, F. J. VON: Von Dionysos zu Apollon. Wsb. 1948. – NESSLER, B.: Die beiden Theatermodelle in Nietzsches Geburt der Tragödie. Meisenheim 1972. – ALWAST, J.: Logik des dionys. Revolte. Meisenheim 1975. – REMMERT, G.: Leiberleben als Ursprung der Kunst. Zur Ästhetik Friedrich Nietzsches. Mchn. 1978.

Apollodoros von Athen (tl.: Apollódōros), * um 180, † Athen zwischen 120 und 110, griech. Gelehrter. – Schüler des Stoikers Diogenes von Seleukeia und des Aristarchos von Samothrake, mit dem er in Alexandria zusammenarbeitete. A. schrieb philolog., religionswiss. und histor. Werke. Sein philolog. Hauptwerk war der Kommentar in 12 Büchern zu Homers Schiffskatalog. Die ihm wohl fälschlich zugeschriebenen ›Chroniká‹ (4 Bücher) waren das in der Antike maßgebende chronolog. Werk neben den ›Chronographíai‹ des Eratosthenes. Mit dem Gesamtwerk gingen die 24 Bände der Religionsgeschichte und Mythologie ›Perì theōn‹ (= Über die Götter) bis auf einige Fragmente verloren. – Die sog. ›Apollodori Bibliotheca‹, ein mythograph. Werk, ist eine Kompilation wahrscheinlich des 1. Jh. n. Chr.

Literatur: JACOBY, F.: Apollodors Chronik. Eine Slg. der Fragmente. Bln. 1902. – ZUCKER, F.: Spuren von Apollodors Peri theōn bei christl. Schriftstellern der ersten 5 Jahrhunderte. Diss. Mchn. 1904. – SÖDER, A.: Quellenunters. zum 1. Buch der Apollodor. Bibliothek. Diss. Wzb. 1939. – NEUMANN, G.: Fragmente von Apollodoros' Kommentar zum homer. Schiffskatalog im Lex. des Stephanos Byzantios. Diss. Gött. 1953 [Masch.].

Apollodoros von Karystos (tl.: Apollódōros), griech. Komödiendichter des 3. Jh. v. Chr. – Bekannter Vertreter der neueren att. Komödie; 47 Stücke und 5 Siege werden ihm zugeschrieben; Menander verpflichtet, ohne je jedoch nicht erreichte; Terenz übertrug die Komödien ›Epidikazómenos‹ (= Die Erbtochter; bei Terenz ›Phormio‹) und ›Hékyra‹ (= Die Schwiegermutter; bei Terenz ›Hecyra‹).

Apollonios von Rhodos (tl.: Apollōnios; A. Rhodios), griech. Epiker und Gelehrter des 3. Jh. v. Chr. aus Alexandria. – Leiter der Alexandrin. Bibliothek; wohl Schüler des Kallimachos, mit dem er möglicherweise in einen grundsätzl. Konflikt wegen dessen Ablehnung der Form des Heldenepos geriet. Vielleicht siedelte er aus diesem Grund nach Rhodos über. Von seinen Großepen ist nur sein Hauptwerk ›Argonautiká‹ in vier Büchern erhalten. Es wurde bei den Römern viel gelesen, von Gaius Valerius Flaccus und Publius Terentius Varro nachgeahmt und beeinflußte Vergil. Seine Bedeutung liegt v. a. in psychologisch hervorragend durchgeführten Einzelszenen. Bes. hervorzuheben ist die Zeichnung der Entwicklung der Liebe Medeas.

Ausgaben: Apollonius Rhodius: Die Argonauten. Dt. Übers. v. TH. VON SCHEFFER. Wsb. 10.–15. Tsd. 1947. – Apollonii Rhodii Argonautica. Hg. v. H. FRÄNKEL. Oxford 1961. **Literatur:** HÄNDEL, P.: A. Rhodios. In: A. KÖRTE: Die hellenist. Dichtung. Neubearb. v. P. HÄNDEL. Stg. ²1960. – EICHGRÜN, E.: Kallimachos u. A. Rhodios. Diss. FU Bln. 1961. – FRÄNKEL, H.: Einl. zur krit. Ausg. der Argonautika des A. Gött. 1964. – THIEL, K.: Erzählung u. Beschreibung in den Argonautika des A. Rhodios. Stg. 1993.

Apollonius von Tyrus, der Held des lat. Romans ›Historia Apollonii regis Tyri‹, der wahrscheinlich im 6. Jh. verfaßt wurde und auf ein verlorengegangenes griech. Original aus dem 2. oder 3. Jh. n. Chr. zurückgeht. A. erleidet auf der Flucht vor König Antiochus, dessen blutschänder. Beziehung zur eigenen Tochter er entdeckt hat, mancherlei Schicksale, bis er um die Hand der Prinzessin von Kyrene wirbt und nach Antiochus' Tod zum König gewählt wird. Auf der Fahrt nach Antiochien verliert er seine Gattin, später wird er auch von seiner Tochter Tarsia getrennt, schließlich aber durch die Hilfe Dianas wieder mit beiden vereint. – Der Roman (Erstdruck um 1471, dt. 1836, lat. hg. 1893) fand im MA weite Verbreitung. Sein erster Teil wurde in den ›Gesta Apollonii‹ (10. Jh.) in Verse übertragen, eine poet. Bearbeitung ging in das ›Pantheon‹ (um 1190) des Gottfried von Viterbo, ein Auszug in die ›Gesta Romanorum‹ (13./14. Jh.) ein. Auf diesen drei lat. Fassungen fußen zahlreiche Behandlungen des Stoffes in vielen europ. Sprachen, u. a. Versionen in engl.,

frz., dt., span., griech., ungar., russ. und tschech. Sprache.

Apolog [griech.], in der griech. Antike Bez. für eine kurze Erzählung in mündl. Vortrag (z. B Alkinoos-Erzählung in Platons ›Staat‹). Von den Römern als rhetor. Begriff übernommen für eine beispielhafte, humoristisch-phantast. Erzählung. Im 17. und 18. Jh. noch gelegentlich als Bez. für scheinbar aus dem Leben gegriffene moral. Erzählungen, aber auch für Fabeln gebraucht.

Apologeten [griech. = Verteidiger], in der altchristl. Literaturgeschichte eine Reihe griech. Schriftsteller aus dem 2. und 3. Jh.; ihre Schriften sind Verteidigungsreden für die christl. Kirche und Aufklärungsschriften über das Wesen des Christentums gegen populäre Verdächtigungen, amtl. Verfolgungen und philosoph. Angriffe. Die A. entkräften die Vorwürfe und stellen die Christen als loyale und zuverlässige Staatsbürger vor. Gleichzeitig führen sie die geistige Auseinandersetzung mit antiken Philosophien und Religionen sowie mit dem Judentum, mit dem Ziel, die Höherwertigkeit des Christentums zu erweisen. Überall, wo sie Erkenntnis des Guten und Wahren der nichtchristl. Philosophie zugestehen, erklären sie es als Frucht des schon vor Christus wirkenden göttl. Logos. Die großen Philosophen werden so zu ›vorchristl. Christen‹. – Die Apologien sind meist in Form offizieller Eingaben an die röm. Kaiser veröffentlicht. Wichtigste Vertreter: Aristides von Athen, Athenagoras, Justin, der Philosoph und Märtyrer, Tatian, der Syrer, und Theophilos von Antiochia, Titus Flavius Clemens Alexandrinus, Origenes, Quintus Septimius Florens Tertullianus und Hippolyt.

Literatur: ALTANER, B./STUIBER, A.: Patrologie. Freib. ⁹1980. S. 58.

Apologie [griech. apología = Verteidigungsrede], Verteidigungsrede oder -schrift; am bekanntesten sind die A.n des Sokrates, die dessen Schüler Platon und Xenophon fingierten; bed. A.n aus späterer Zeit sind die ›A. der Augustana‹ von Melanchthon, die ›A. des Raimond Sebond‹ (1580, dt. 1753/54) von M. Eyquem de Montaigne und die ›Apologia pro vita sua‹ (1864) von Kardinal Newman. – ↑auch Apologeten.

Apopęmptikon [griech.; zu apopém-pein = wegschicken, entlassen], in der Antike Abschiedsgedicht eines Schei-denden an die Zurückbleibenden, die ihm ihrerseits ein ↑Propemptikon (Ge-leitgedicht, Segensspruch) mit auf den Weg geben können.

Apophthęgma [griech.], gewandt und pointiert formulierter Ausspruch. Im Ggs. zur ↑Gnome wird das A., der ↑Anekdote vergleichbar, durch Angaben über die Situation und die beteiligte[n] Person[en] eingeleitet. A.ta bilden sich hpts. um bekannte Persönlichkeiten, im Griechischen sind z. B. A.ta von den Sie-ben Weisen, Sokrates, Alexander dem Großen, im Lateinischen (hier auch ›dic-tum‹ genannt) von Cato d. Ä., Cicero, Augustus überliefert. Sammlungen von A.ta sind zahlreich erhalten; als bes. wertvoll gelten die als Bestandteile von Plutarchs Werk überlieferten ›A.ta regum et imperatorum‹ und ›A.ta Laco-nica‹, das ›Gnomologium Vaticanum‹ sowie die ↑›Apophthegmata Patrum‹.

Literatur: VERWEYEN, TH.: A. u. Scherzrede. Die Gesch. einer einfachen Gattungsform u. ihrer Entfaltung im 17. Jh. Bad Homburg v. d. H. u. a. 1970.

Apophthęgmata Pạtrum [griech.; lat.], Sammlung von Aussprüchen, Anek-doten und Kurzbiographien aus dem ägypt. Mönchtum, die eine der Haupt-quellen für das altchristl. Mönchtum sind. Die Vätersprüche wurden seit dem 5. Jh. gesammelt; erhalten sind eine griech. und lat. Sammlung und Samm-lungen in verschiedenen oriental. Spra-chen.

Literatur: Weisung der Väter. A. P. Einl. u. Übers. v. B. MILLER. Freib. 1965. – SAR-TORY, G./SARTORY, TH.: Die Meister des Weges in den großen Weltreligionen. Freib. 1981. – NOUWEN, H. J.: Feuer, das von innen brennt. Freib. ⁵1984.

Aporịe [griech. = Ratlosigkeit, Schwierigkeit; eigtl. = Unwegsamkeit], rhetor. Figur (identisch mit der ↑Dubita tio): ein Sprecher erörtert fiktiv oder auch tatsächlich unlösbare Probleme, die im Stoff vorgegeben sein können oder aber bei der Darstellung auftauchen. Die A. kann z. B. von einem auktorialen Er-

zähler (↑Erzählsituation) verwendet oder im Drama zur Aktivierung des Zuschau-ers eingesetzt werden, so etwa in B. Brechts Drama ›Der gute Mensch von Sezuan‹ (1953), wenn im ↑Epilog des Stückes ein Sprecher vor das Publikum tritt und seiner Unzufriedenheit mit dem Ausgang des Geschehens Ausdruck ver-leiht: ›Wir stehen selbst enttäuscht und sehn betroffen / Den Vorhang zu und alle Fragen offen.‹ Diese Feststellung mün-det in die Aufforderung an die Zu-schauer, ihrerseits eine passende Lösung zu finden.

Aposiopęse [griech. = das Verstum-men], rhetor. Figur: das bewußte Abbre-chen der Rede oder eines begonnenen Gedankens vor der entscheidenden Aus-sage, wobei entweder die syntakt. Kon-struktion ganz abgebrochen oder ledig-lich der Gedanke in einem vollständigen Satz nicht zu Ende geführt wird. Der Hö-rer oder Leser muß das Verschwiegene aus dem Zusammenhang erraten. Oft als Ausdruck des Zorns, der Emphase, emo-tionaler Erregung und Erschütterung; umgangssprachlich (›Euch werd' ich!‹) und in der Dichtung des Sturm und Drangs und des Expressionismus, aber auch im Drama bei G. E. Lessing, Schil-ler und bes. H. von Kleist (›Penthesilea‹ [1808]: ›Was! ich? Ich hätt' ihn – ? Unter meinen Hunden – ?‹), ferner im natura-list. Schauspiel (G. Hauptmann) als Nachahmung der Alltagssprache. Wäh-rend bei der A. das Wesentliche ungesagt bleibt, entfällt bei der ↑Ellipse Unwe-sentliches.

Literatur: HOLZ, H. H.: Macht u. Ohnmacht der Sprache. Unterss. zum Sprachverständnis u. Stil Heinrich von Kleists. Ffm. u. Bonn 1962. – LAUSBERG, H.: Elemente der literar. Rhetorik. Ismaning ¹⁰1990.

Apọstata, Pseudonym des dt. Publi-zisten und Schriftstellers Maximilian ↑Harden.

Apọstelgeschichten, Texte der re-ligiösen Volksliteratur, die im 2. bis 6. Jh. aus dem Bestreben entstanden, die **Apo-stelgeschichte** des NT (↑Bibel) mit fikti ven Nachrichten über das Leben der ein-zelnen Apostel zu ergänzen (z. B. An-dreas-, Johannes-, Petrus-, Paulus- und Thomasakten). In den stilistisch und in-haltlich höchst unterschiedl. A. finden sich phantast. Wundererzählungen, romanhafte Reiseschilderungen, Bekehrungsgeschichten mit z.T. erot. Motiven oder fiktive Briefwechsel, wobei sie Elemente des zeitgenöss. Volksglaubens aufnehmen und häufig hellenist. Einflüsse erkennen lassen. In den Kanon der Bibel wurden sie nicht aufgenommen.

Literatur: ALTANER, B./STUIBER, A.: Patrologie. Freib. ⁹1980. S. 132.

Apostelspiel, Form des ↑geistlichen Spiels. Im A. werden nach den Evangelien, nach Legenden und apokryphen Schriften Ereignisse aus dem Leben der Apostel (bes. Bekehrung und Tod des Paulus) oder die ganze Geschichte der Apostel dargestellt. Im 15.–18. Jh. war das A. in Europa verbreitet, bes. gepflegt wurde es als ↑Schuldrama; in der Zeit der Reformation und der Glaubenskämpfe stand es im Dienst der konfessionellen Auseinandersetzung. Während es sich anfangs um streng geistl. Spiele handelte, stand später eher das Interesse am individuellen Schicksal der Apostel im Vordergrund. Die Dramen neuerer Zeit, die Stoffe aus dem Leben der Apostel behandeln (A. Strindberg, F. Werfel, M. Mell, R. Henz u.a.), sind nicht mehr den geistl. Spielen zuzuordnen.

Literatur: STEENBERGEN, G. J.: Het Apostelspel. In: Koninklijke Vlaamse Academie voor Taalen Letterkunde. Verslagen en mededelingen. Gent 1952. S. 429.

Apostolidis (tl.: Apostolidēs), Renos, * Athen 2. März 1924, neugriech. Schriftsteller. – Kritiker; Hg. der Zeitschrift ›Nea Hellēnika‹ und der Anthologie neugriech. Dichtung und neugriech. Erzählung.

Werke: Pyramida 67 (= Pyramide 67, E., 1950), Stē gemisē tu phengariu (= Bei Vollmond, En., 1967), A 2 (En., 1968), Apo ton kosmo Ra (= Aus der Welt Ra, En., 1973), Hoi exangeloi (= Die Boten, 1984).

apostolische Väter, in der altchristl. Literatur Bez. für die Schriftsteller der nachapostol. Zeit (etwa bis zum Jahre 150), die jedoch nur teilweise unmittelbare Schüler der Apostel sind. Ihre literarisch und theologisch sehr unterschiedl. Schriften, die nur durch die zeitl. Klammer (›nachapostol. Zeit‹) zusammengehalten werden, behandeln v.a. Fragen der Gemeindeordnung, Rechtgläubigkeit und Ketzerei, der christl. Buße und des Verhältnisses der christl. Gemeinde zur Synagoge, weiter der Deutung des AT im Lichte des NT.

Apostrophe [griech. = das Abwenden, das Sichabwenden], ursprünglich in der griech. Gerichtsrede Wegwendung des Redners von den Richtern zum Kläger hin; dann, in übertragenem Sinn, von der Antike bis zur Neuzeit beliebte ↑rhetorische Figur: überraschende Hinwendung des Rhetors oder Dichters zum Publikum oder zu anderen, meist abwesenden (auch toten) Personen (häufig in Totenklagen), direkte Anrede von Dingen (z.B. Apostrophierung von Waffen im ›Rolandslied‹, um 1075–1100) oder Abstrakta (in mittelalterl. Dichtung z.B. Frau Welt, Frau Minne, der Tod). Zur A. zählt auch die ↑Invokation Gottes, der Götter, der Musen (bei Homer, Vergil, Wolfram von Eschenbach, F. G. Klopstock u.a.). Die A. dient v.a. der Verlebendigung; häufig als Ausruf oder Frage formuliert, ist sie ein Stilmittel emphat. oder pathet. Rede.

Apotheose [griech. = Vergötterung], Erhebung eines Menschen zur Gottheit, Vergöttlichung eines Herrschers, insbes. Alexanders des Großen und der röm. Kaiser. Herkunft aus dem oriental. Herrscherkult. Wirkungsvollsten literar. Ausdruck fand die Herrscher-A. in der ↑Hofdichtung (frühes Beispiel: 4. Ekloge Vergils), bes. in der Gattung des ↑Panegyrikus und in der Propaganda. Bevorzugte Anwendung der Allegorie. Das ausgeprägte Zeremoniell und die entsprechenden Ausdrucksschemata an der Sprache der Literatur zur Betonung der gottnahen Stellung des Herrschers wurden abgewandelt von den christl. Kaisern beibehalten. Die spätantiken Topoi der A. wirkten im ganzen MA nach. Ein erneutes Aufleben und eine Ausweitung der A. im Sinne einer allgemeinen Verherrlichung und Verklärung erfolgte unter direktem Rückgriff auf antike Vorbilder in der Hofdichtung und den ↑Trionfi der Renaissance. Das Barock brachte die üppigste Blüte dieser Form der A. auf allen Gebieten der Literatur. Die mit großem szen. Aufwand (↑Schaubild) ausgestaltete Schluß-A. des barocken geistl. und weltl. Schauspiels brachte alle überkommenen literar. und bildkünstler. Elemente zu höchster Steigerung. Bedeutendste Nachwirkung in der späteren Dramatik im Schluß von Goethes ›Faust II‹ (1832).

Apparat [lat. apparatus = Zubereitung, Einrichtung, Werkzeuge], Gesamtheit der zu einer wiss. Arbeit nötigen Hilfsmittel. – ↑auch kritischer Apparat.

Appel, Paul, * Wolfskehlen bei Groß-Gerau 12. Juni 1896, † Hamburg 16. März 1971, dt. Schriftsteller. – Nach Studium der Germanistik, Romanistik und Kunstgeschichte bis 1956 Lehrer an höheren Schulen. Schrieb zahlreiche Gedichte, oft autobiographisch bestimmt, u. a. ›An Marie‹ (1934), ›Blut und Lächeln‹ (1934), ›Garten im Herbst‹ (1964), ›Liedgedichte und Bildgedichte‹ (1965).

Appelfeld, Aharon, * Tschernowzy (Bukowina) 16. Febr. 1932, israel. Schriftsteller. – Hauptthema seines Werkes sind die Zeit des Nationalsozialismus und die Konzentrationslager, in die er als Kind deportiert wurde. Nach der Flucht aus dem KZ lebte er drei Jahre versteckt in den ukrain. Wäldern, bis er 1946 in Palästina einwanderte. Eine Sammlung seiner Erzählungen trägt den Titel ›Ạšän‹ (= Rauch, 1962) – symbolisch für den Rauch des Krieges, der alle seine Erzählungen überschattet. Weitere Erzählbände sind ›Be-gai ha-pōrē‹ (= Im fruchtbaren Tal, 1964), ›Kefōr 'al ha-ārez‹ (= Reif auf der Erde, 1965). Der Roman ›Zeit der Wunder‹ (1978, dt. 1984) beinhaltet die Geschichte einer österreichisch-jüd. assimilierten Familie vor, während und nach der Hitlerzeit.
Weitere Werke: Ha-'ōr we-ha-kuttonet (= Die Haut und das Hemd, R., 1971), Badenheim 1939 (R., 1980, dt. 1982), Tzili (R., 1983, dt. 1989), Der unsterbl. Bartfuß (R., 1988, dt. 1991), Für alle Sünden (R., 1989, dt. 1993).
Literatur: Enc. Jud. Bd. 3, 1972, S. 222. – Enc. Jud., Decennial book, 1973–82, S. 297.

Appendix [lat. = Anhang, Anhängsel], Anhang eines Buches oder mehrbändiger Textausgaben, mit weiteren Überlieferungen, Textzeugen, Kommentaren, Registern (z. B. Personen-, Sachregister), Tafeln, Tabellen u. a.; zuweilen enthält der A. auch den ↑kritischen Apparat überhaupt.

Appendix Vergiliana [lat.] ↑ Vergil.

Appianos (tl.: Appianós; Appian), griech. Geschichtsschreiber des 2. Jh. n. Chr. aus Alexandria. – Hoher Beamter in Alexandria, ›advocatus‹ in Rom, wohl unter Mark Aurel Prokurator (wahrscheinlich in Ägypten); schrieb in griech. Sprache eine röm. Geschichte (›Rhōmaikḗ historía‹), die von den Anfängen der Sage (Äneas) bis ins 2. Jh. n. Chr. reicht; die Bedeutung des Werkes liegt in der vollständig erhaltenen Darstellung der röm. Bürgerkriege in Buch 13–17 (einzige ausführl. historiograph. Quelle für die Zeit von den Gracchen bis zum Bundesgenossenkrieg, für die spätere Zeit die wichtigste Quelle neben Cassius Dio und Caesar); von den 24 Büchern sind Vorrede, 6 + 7, 11–17, 8 z. T., der 2. Teil von 9, Stücke u. a. von 2–5 und 24 erhalten; die Quellenfrage blieb bis heute ungelöst; fest steht, daß A. mehrere Vorlagen zur Verfügung hatte.
Ausgaben: Appianus. Historia Romana. Hg. v. P. VIERECK u. A. G. ROOS. Lpz. 1905–39. 2 Bde. Nachdr. Bd. 1. 1962. – A. Bella civilia. Hg. v. E. GABBA. Florenz 1958.
Literatur: GABBA, E.: Appiano e la storia delle guerre civili. Florenz 1956. – SCHWARTZ, E.: A. In: SCHWARTZ: Griech. Geschichtsschreiber. Lpz. 1957.

Apron [engl. 'eɪprən], Vorbühne im engl. Theater; das elisabethan. Theater benutzte v. a. diesen Raum, der meist die Breite des Proszeniumsloge hatte und vor dem Bühnenrahmen lag, als Spielfläche.

Aprosdoketon [griech. = Unerwartetes], Ausdruck oder Redewendung, die für den Leser oder Hörer unerwartet anstelle der zu erwartenden Fortsetzung eines Satzes oder Gedankens eingesetzt wird.

Apuchtin, Alexei Nikolajewitsch, * Bolchow (Gouv. Orel) 27. Nov. 1840 oder 1841(?), † Petersburg 29. Aug. 1893, russ. Dichter. – Aus altadliger Familie; schrieb, sprachlich an I. Turgenjew geschult, melanchol. und eleg. Gedichte, die oft das Vanitasmotiv variieren; einige Gedichte wurden durch die Vertonung von P. I. Tschaikowski u. a. populär; auch Novellist. – In dt. Übersetzung erschien ›Das Tagebuch des Pawlik Dolskij‹ (Prosa, 1891, dt. 1903).

Apuleius (Apulejus), *Madaura (Madaurus; Nordafrika) um 125, †um 180, röm. Schriftsteller. – Studierte in Karthago und Athen Rhetorik und Philosophie, ließ sich in Griechenland und Asien in Mysterienkulte einweihen, war Rhetor und Rechtsanwalt in Rom. Die Heirat mit der viel älteren, reichen Aemilia Pudentilla brachte ihm eine Klage wegen Liebeszauberei ein, gegen die er seine ›Apologie‹ (um 157/158) richtete. Danach lebte er als Priester des Kaiserkults in Karthago und wurde als Rhetor hochberühmt (Auszüge seiner Prunkreden in den ›Florida‹ [= Blumenlese]). – Sein Hauptwerk ist der vollständig erhaltene Roman ›Metamorphosen‹ (auch u. d. T. ›Der goldene Esel‹ bekannt, in 11 Büchern [um 170]): Die Verwandlung eines jungen Mannes in einen Esel und seine Erlösung durch die Göttin Isis. Der auch als Mysterientext gedeutete Roman nach einer griech. Vorlage enthält reizvolle novellenartige Einlagen, neben Spukhaftem, Abenteuerlichem, derb Erotischem auch das zarte Märchen von Amor und Psyche. Die mystisch-philosoph. Schrift ›De deo Socratis‹ (= Über den Gott des Sokrates) ist eine Lehre von den Dämonen. Die Echtheit der Schriften ›De Platone et eius dogmate‹ (= Über Platon und seine Lehre) und ›De mundo‹ (= Über die Welt; eine Bearbeitung der wohl pseudoaristotel. Schrift) ist umstritten.

Ausgaben: Apulei opera quae supersunt. Hg. v. R. HELM u. P. THOMAS. Lpz. [1-3]1908–31. 3 Bde. in 4 Bden. Nachdr. Stg. 1962–67. – A. Der goldene Esel. Metamorphosen. Lat. u. dt. Hg. v. E. BRANDT u. W. EHLERS. Zü. u. Mchn. [4]1981. **Literatur:** RIEFSTAHL, H.: Der Roman des Apulejus. Ffm. 1938. – LESKY, A.: Apulejus v. Madaura u. Lukios v. Patrai. In: Hermes 76 (1941), S. 43. – REDFORS, J.: Echtheitskrit. Unters. der apuleischen Schrr. De Platone u. De mundo. Lund 1960. – MERKELBACH, R.: Roman u. Mysterium in der Antike. Mchn. 1962. – SCOBIE, A.: A. Metamorphoses. A commentary. Meisenheim 1975.

Apu Ollantay [span. 'apu ojan'tai̯] ↑Ollantay.

Aquin, Hubert [frz. a'kɛ̃], *Montreal 24. Okt. 1929, †ebd. 17. März 1977, kanad. Schriftsteller. – Universitätsstudien in Montreal und Paris, künstler. Mitarbeiter bei Radio Canada und am Natio-

nal Film Board, dann im Zeitschriften- und Verlagswesen. Engagiert in der Separatismusbewegung Quebecs und inhaftiert, schrieb er in einer psychiatr. Klinik seinen bekanntesten Roman, ›Prochain épisode‹ (1965), eine komplexe, kafkaeske Doppelgängergeschichte, die im Gewand des Agententhrillers teilweise allegorisch die inneren Widersprüche Quebecs widerspiegelt; strebte nach dem ›totalen Roman‹; war beeinflußt von J. Joyce und V. Nabokov.

Weitere Werke: Trou de mémoire (R., 1968), L'antiphonaire (R., 1969), Neige noire (R., 1974). **Literatur:** LAPIERRE, R.: H. A., l'imaginaire captif. Montreal 1981.

Arabeske [italien.-frz.; zu italien. arabo = arabisch], ursprünglich Blattrankenornament der islam. Kunst, das auf hellenistisch-röm. Vorbilder zurückgeht. F. Schlegel übertrug den Begriff A. auf literar. Phänomene. Bei Schlegel bezeichnet A. nicht nur eine poet. Gattung (neben Roman, Märchen und Novelle), sondern auch die ideale romant. Formmöglichkeit, ›die unendl. Fülle in der unendl. Einheit‹ zu gestalten. A. erscheint mehrfach in Buchtiteln oder Untertiteln: N. W. Gogol, ›Arabesken‹ (1835), K. L. Immermann, ›Münchhausen. Eine Geschichte in Arabesken‹ (1838/39), E. A. Poe, ›Tales of the grotesque and arabesque‹ (1840). Seit dem 19. Jh. wird A. häufig als Titel in der Trivialliteratur verwendet.

Literatur: KAYSER, W.: Das Groteske. Oldenburg 1957. – POLHEIM, K. K.: Die A. Mchn. u. a. 1966.

arabische Literatur, man unterscheidet fünf Epochen: 1. die altarab. oder vorislam. Epoche (um 475–622), 2. die Epoche der orthodoxen Kalifen und der Omaijaden (622–750), 3. die Epoche der Abbasiden (749–1258), 4. die Epoche der Dekadenz (1258–1798), 5. die Epoche der modernen Renaissance (von 1798 bis heute). Obwohl die a. L. bis zum Ende des 5. Jh. n. Chr. zurückreicht, wurde sie erst seit Ende des 8. Jh. systematisch aufgezeichnet.

Poesie: Die ältesten Denkmäler sind die altarab. Gedichte, ↑Kassiden genannt. Zu diesen gehören die Kassiden der Sammlung ›Al ↑Muallakat‹. Mit Sicherheit ist von diesen Gedichten kaum etwas in der Urform überliefert, da sie erst vom Ende des 8. Jh. an gesammelt, gesichtet und in Diwanen oder Anthologien schriftlich fixiert wurden. Sie waren für die Entwicklung der Gattung sehr wichtig, da die Dichtung der folgenden Jahrhunderte unter ihrem Einfluß blieb und sich dann nur zögernd und teilweise davon befreite. Zu den bedeutendsten Dichtern gehören Umru Al Kais, Tarafa, Antara Ibn Schaddad und An Nabigha. Die Themen waren dem Leben des Dichters selbst, der Natur und der Gesellschaft entnommen und reichten vom Liebeslied mit dem Beweinen der verlassenen Wohnstätte einer Geliebten (›nasib‹) über die Beschreibung des Kamels, des Pferdes oder der Wüste (›wasf‹) bis zum Selbst- oder Stammeslob (›fachr‹) zum Trauer- (›ritha‹), Schmäh- (›hidscha‹), Kampf- oder Weisheitsgedicht. Mit den vorislam. Kassiden entstand die arab. Prosodie: ein Wechsel von kurzen und langen Silben und ein Reim (des 2. Halbverses) im ganzen Gedicht. Die zugrundeliegenden Regeln wurden erst im 8. Jh. von Al Chalil (†um 786) entdeckt. Er erkannte 16 verschiedene Metren.

Mit dem Aufkommen des Islams trat die Poesie etwas in den Hintergrund. Eine neue Blüte erlangte sie durch das vielfarbige Leben am Hofe der Omaijaden. Begabte Dichter schufen nach altarab. Vorbild Gedichte mit neuer oder erweiterter Thematik. Neben der militanten Poesie, die der Islam veranlaßte und deren Verfassern es an dichter. Substanz mangelte, erschien zunächst ein polit. Genre, deren Schöpfer die Gunst der Omaijaden zu gewinnen suchten: so der Christ Al Achtal, den die Omaijaden zu ihrem Hausdichter erhoben und der sich bemühte, deren Anspruch auf das Kalifat in seinen Dichtungen zu rechtfertigen, oder Dscharir und Al Farasdak. Diesen Dichtern verdankt die altarab. Kasside einen Höhepunkt. Ein 2. Charakteristikum der Dichtung der Omaijadenzeit ist die Erhebung des ↑Ghasels zur selbständigen literar. Gattung. Verinnerlichter als das altarab. ›nasib‹ und sprachlich dem Volkslied näher, zeichnet es sich durch größere Musikalität aus. Das luxuriöse Leben mit seinen Vergnügungen in der Hauptstadt

Damaskus sowie in Mekka und Medina begünstigte eine urbane Liebespoesie (›ghasal hadari‹), die ihre hervorragendsten Vertreter im Kalifen Walid II. (regierte 743/744) und v. a. in dem aus Medina stammenden Umar Ibn Abi Rabia hatte, dessen Diwan fast ausschließlich dem Ghasel gewidmet war. Eine andere Gattung dieser Zeit war die beduin. Liebesdichtung (›ghasal badawi‹), die platonisch blieb und zur Mystik tendierte.

Mit den Abbasiden wurde Bagdad zum Zentrum der Kultur; der polit. Umsturz blieb nicht ohne Folgen für die Poesie: einige Gattungen starben allmählich aus, da sie an Aktualität eingebüßt hatten, so die polit., die unter den Omaijaden eine so wichtige Rolle gespielt hatte. Die platon. Liebesdichtung wurde durch anakreont. Trink- und Liebeslieder verdrängt: Abu Nuwas gilt als unerreichbarer Meister dieser Gattung. Zusammen mit Baschschar Ibn Burd wurde er zum Führer der poet. Erneuerung. Dennoch mußten die Dichter mit Rücksicht auf ihre Mäzene immer wieder auf die Tradition zurückgreifen. Die altarab. Kasside in ihrer strengen Form gab es jedoch nicht mehr; Bilder des modernen Lebens ersetzten die alten, und die einzelnen ›Sätze‹ eines Gedichts wurden selbständig, ohne jedoch den traditionellen Rahmen zu sprengen.

Im 9. Jh. zeichnete sich eine organisierte Reaktion gegen die Erneuerungsbestrebungen ab, deren Hauptvertreter Abu Tammam und Al Buhturi waren. Schon Abul Atahija wandte sich gegen die obszöne Poesie und stellte ihr seine melodiösen, weltentsagenden Verse entgegen. Als größter Dichter des 10. Jh. und als größter der a. L. überhaupt gilt noch heute Al Mutanabbi. Die arab. Poesie entfaltete sich weiter und ihre Zentren verlagerten sich an die Höfe mächtiger Fürsten. Eine ihrer wesentlichsten Erneuerungen war das Entstehen einer philosoph. und myst. Richtung, die das Ghasel auf das Geistige, auf Gott hin lenkte; hier sind der blinde Abu Ala Al Maarri, genannt ›Philosoph der Dichter und Dichter der Philosophen‹, und der große Mystiker Ibn Arabi, v. a. aber der ›Iman der myst. Dichter‹, Ibn Al Farid, zu nennen. Mit dem 11. Jh. begann die arab. Poesie zu erstarren: Plagiat und Manierismus nahmen überhand. Im neugegründeten Reich in Spanien (Andalusien) hatte die große Musikalität der Poesie zur Bildung einer neuen Form in Stanzen mit Doppelreimen, genannt ›Al Muwaschschahat‹, geführt, die sich großer Beliebtheit erfreute, zumal sie in Vulgärarabisch abgefaßt war. Der aus Córdoba stammende Ibn Kusman († 1160) war der große Meister dieser Gattung der ›sadschal‹.

Prosa: Aus vorislam. Zeit ist im Gegensatz zur Poesie sehr wenig Prosa überliefert. Es handelt sich dabei um Sprichwörter und Reden, als deren Autoren u. a. Kuss Ibn Saida († um 600) und Aktham Ibn Saifi († um 630) zu nennen sind, schließlich um Geschichten, deren Zentralthema die altarab. Kämpfe (›aijam al arab‹) sind. Die ›Reden‹ sind in Reimprosa abgefaßt. – Mit dem Islam entstand das erste Buch der arab. Prosa: der Koran, der in Stil und Erzähltechnik an die altarab. Vorbilder anknüpfte. Mit ihm öffnete sich der a. L. eine neue Welt. Der Koran half, die klass. Sprache zu fixieren und zu erhalten. Neue Zweige der Wissenschaften verdankten ihm ihre Entstehung: Philologie, Religionswissenschaft, Rechtswissenschaft, Korankommentare und Hadith (= islam. Überlieferung). Der Koran gab den Anstoß zur schriftl. Fixierung der Literatur in der 2. Hälfte des 8. Jahrhunderts. Um Nichtarabern den Koran verständlich zu machen, waren *philolog. Arbeiten* notwendig, die in den Koranschulen der Moscheen durchgeführt wurden. Al Chalil († 786) verfaßte das erste arab. Wörterbuch. Sein Schüler Sibawaih († um 793) hinterließ die erste Grammatik der arab. Sprache, die bis heute maßgebend geblieben ist. Philolog. Schulen wurden in Basra, Kufa (8. Jh.) und Bagdad (9. Jh.) gegründet; grammat. Monographien und lexikograph. Arbeiten nahmen zu. Ende des 10. Jh. wurde Al Ashar in Kairo gegründet, andere Akademien in Bagdad folgten. Philologie und islam. Religionswissenschaft liefen parallel; Korankommentare, wie der des At Tabari, spiegeln diese Tendenz wider. Umfangreiche Sammlungen der islam. Überlieferung, wie die des Buchari († 870), wurden zu-

sammengestellt. Das Interesse übertrug sich auf die Überlieferer und die gesamten Wissenschaften; es entstanden alphabet. oder nach der islam. Zeitrechnung angeordnete biobibliograph. Nachschlagewerke: neben den Bücherverzeichnissen des Ibn An Nadim († 995?), und des Haddschi Chalifa († 1657) verdienen hier die Biographen Al Marsubani († 994), Jakut († 1229), Adh Dhahabi († 1348) und Ibn Challikan († 1282) besondere Erwähnung.

Auch die *Historiographie,* deren Anfänge bis auf die Zeit kurz nach dem Tod Mohammeds zurückreichen, verdankte dem Koran ihre Entstehung. In der theolog. Schule von Medina erweckten die Taten des Propheten solche Beachtung, daß sie zu einem Entwurf seiner Biographie und seiner Feldzüge führten: Ibn Ishak († 767) verfaßte das erste größere Werk dieser Art, das in der Überlieferung des Ibn Hischam († 833) erhalten ist. Andere Werke, wie das Klassenbuch des Ibn Sad († 845), erweiterten das Thema. Gleichzeitig mit den islam. Eroberungen wurde im Irak (Kufa, Basra) eine Schule gegründet, deren Tätigkeit an die altarab. Schlachttage (›aijam al arab‹) anknüpfte und zur Abfassung der ersten Chroniken, z. B. von Abu Michnaf († 774), v. a. aber von Al Madaini († 839), führte. Nach und nach wurden die geschichtl. Werke zahlreicher. Unter ihnen sind v. a. die Annalen des aus Persien stammenden At Tabari zu erwähnen, ein bed. Sammelwerk vorislam. und islam. Überlieferung. Neben bibl. benutzte er pers. Gedankengut und erweiterte somit den Gesichtskreis der arab. Historiographie beträchtlich. Biograph. Werke und Wörterbücher sowie Werke über Städte wurden abgefaßt: Al Chatib Al Baghdadi († 1071) schrieb die ›Geschichte Bagdads‹ und Ibn Asakir († 1176) die von Damaskus; Ibn Al Athir († 1234) verfaßte eine Weltchronik. Trotz zahlreicher histor. Werke, Spezialuntersuchungen über die Geschichte einzelner Länder und erweiterter Chroniken darf erst Ibn Chaldun als moderner Historiker angesehen werden, bei allen Schwächen seiner monumentalen Weltgeschichte, in deren Prolegomena er die erste sozialgeschichtl. Untersuchung im modernen Sinne des Wortes unternahm.

Bis zur modernen Renaissance blieb er jedoch selbst den Arabern unbekannt.

Mit den islam. Eroberungen wurde das Interesse an fremden Ländern geweckt. Vor allem die arab. *Geographen* schilderten die auf den verschiedensten Gebieten herrschenden Verhältnisse. Die phantasiereichen ersten Beschreibungen des Frühislams wurden korrigiert, und mit Ibn Chordadbeh († um 912), Al Masudi († 956) und Al Makdisi (oder Mukaddasi, † 985) erreichten die Darstellungen einen ersten Höhepunkt. In das gleiche Jh. gehören u. a. Ibn Fadlan und Ibrahim Ibn Jakub, deren Reisen 922/923 bzw. um 965 oder 973 stattfanden und deren Berichte oft die einzigen wichtigen Quellen für die Erforschung der Geschichte einiger Gebiete Europas darstellen. Ibn Dschubair († 1217) und v. a. Ibn Battuta († 1377[?]) stießen das Tor zum Fernen Osten auf. Andere Autoren verfaßten Kompilationswerke, wie Al Idrisi († um 1165) oder Jakut († 1229), der ein wichtiges ›Länderlexikon‹ hinterließ. Daneben entstanden Kosmographien, z. B. von Al Kaswini († 1283) und Ad Dimaschki († 1327).

Eine bes. Bereicherung erfuhr die arab. Prosa durch das Entstehen des Kalifenreiches. Hauptsächlich waren es christl. Syrer, die dem Wunsch der Obrigkeit nachkamen und als Übersetzer der griech. Philosophie und Wissenschaften fungierten. Obwohl die Bewegung schon auf das Ende des 7. Jh. zurückging, erreichte sie erst im 9. Jh. ihren Höhepunkt. Nicht nur auf die Sprache, sondern auf die ganze islam. Gedankenwelt übten die Übersetzungen einen starken Einfluß aus. Dabei nahmen die Gelehrten das in Anspruch, was dem Islam geistig oder wiss. von Nutzen war; Lyrik, Epos oder Drama z. B. blieben den Arabern bis zur modernen Renaissance unbekannt.

Eine neue Gattung, die der *›feinen Bildung‹* (›adab‹), ist die einzige literar. Form in der Zeit der Hochblüte der arab. Klassik. Auch hier standen Übersetzungen durch Autoren pers. Herkunft, wie Ebn Al Moghaffa, am Anfang. Ziel war die Erziehung und Bildung der bed. Männer des islam. Reiches. Im *9. Jh.* löste sie Al Dschahis, dessen Werke eine Enzyklopädie des Wissens seiner Zeit darstellen und der als Vater der moder-

nen Prosa in die a. L. einging, aus ihrer Zweckgebundenheit. Nach ihm versuchte noch einmal Ibn Kutaiba eine Synthese des arab. und pers. Gedankengutes, die maßgebend für die nachfolgenden Jahrhunderte blieb.

Im *10. Jh.* erstarrte die Prosaliteratur. Didaktik, Kommentare oder Kompilationen herrschten vor. Unter Ibn Al Amid († 970/71) lebte die Reimprosa wieder auf und führte zu den eigenartigen Makamen (eine Art Kunstprosa) des Badi As Saman Al Hamadhani. Schon bei dessen Nachfolger Al Hariri entwickelte sie sich zum Schwulst. In dieser Zeit wurden Stoffe von *Erzählungen,* die durch die Jahrhunderte hindurch mündlich überliefert worden waren und deren Helden aus der vor- und frühislam. Epoche stammten, schriftlich fixiert, wie z. B. die ›Sirat Antara‹ aus dem *10. Jh.,* aber auch Übertragungen aus dem Persischen, die mit arab. Stoffen vermischt wurden; hier ist die Sammlung ↑›Tausendundeine Nacht‹ zu erwähnen, die erst zu Beginn des *16. Jh.* ihre endgültige Fassung erhielt.

Moderne Literatur: Seit dem europ. MA dämmerte der arab. Orient in geistiger Lethargie dahin. Die moderne arab. Renaissance begann erst am Ende des *18. Jh.* mit dem Feldzug Napoleons I. in Ägypten. Wichtigste Zentren dieser geistigen Bewegung wurden der Libanon und Ägypten: zahlreiche Schulen, Bibliotheken, Zeitschriften und Zeitungen, wiss. und literar. Gesellschaften wurden gegründet, der Buchdruck fand immer größere Verbreitung, und Arabisten aus aller Welt machten die Araber auf die reichen Schätze ihrer Literatur aufmerksam. Eine *Übersetzertätigkeit* ohnegleichen begann. Im Libanon dominierte zu Anfang die von Geistlichen (v. a. Jesuiten und amerikan. Missionaren) angeregte erbaul., in Ägypten die naturwissenschaftl. Literatur. Seit der *2. Hälfte des 19. Jh.* trat die Belletristik in den Vordergrund. Übersetzungen regten nach und nach zu eigenen, wenn auch anfangs mehr nachahmenden Schöpfungen an: 1848 rief Marun An Nakkasch in Beirut das *Theater* ins Leben. Das klass. Theater verselbständigte sich mit dem ägypt. Dichter A. Schauki und erreichte unter

S. Akl seinen Höhepunkt. Der *Roman* hielt Einzug in die arab. Literatur: Die Themen reichten und reichen vom histor. Gemälde bis zu modernen gesellschaftl. und polit. Problemen. Als Autoren sind u. a. D. Saidan, M. Nuaima, Muhammad Taimur († 1921) und M. Taimur, T. Husain und T. Al Hakim zu nennen. Eine bes. Bereicherung erfuhr die moderne Literatur durch die Entstehung der *polit. Prosa*, die sich zuerst gegen die Willkürherrschaft der Türken und seit dem 1. Weltkrieg ganz allgemein gegen Kolonialisten und Imperialisten wandte (v. a. A. Ar Rihani), aber auch durch die Literaturkritik, die in S. Al Bustani und T. Husain ihre bedeutendsten Vertreter fand. Die Erneuerungsversuche machten auch vor der *Geschichtsschreibung* nicht halt, deren Anfang die Beschreibung des Feldzuges Napoleons I. durch den Ägypter Al Dschabarti († 1822) ist. Seit dem *20. Jh.* wurden und werden krit. Studien häufiger. Die literar. Prosa erweitert ihren Themenkreis, unterstützt durch die Modernisierung des arab. Wortschatzes (z. B. I. Al Jasidschi). Es kommen ständig Neuschöpfungen hinzu und erfassen das Alltagsleben sowie die polit. Umwälzungen (z. B. G. Kanafani).

Auf dem Gebiet der *Poesie* wandte man sich zuerst der antiken Dichtung zu. Zum ersten Mal wurden die ›Ilias‹ durch S. Al Bustani und die Sinnsprüche des Omar Chaijam durch Wadi Al Bustani († 1954), beide in Versen, meisterhaft ins Arabische übertragen. Auf die erste Welle der Erneuerer, die sich noch der Tradition verbunden fühlten und zu der u. a. N. Al Jasidschi und Jusuf Al Asir († 1889) gehörten, folgte eine zweite, die die Poesie aus den überkommenen Fesseln befreite. Mit Fausi Al Maluf († 1930), S. Akl, Salah Labaka (* 1906) u. a. fand sie zum maßvollen Kunstwerk zurück, das den Menschen in seinem ganzen Wesen erfaßt. Was sich trotz aller Fremdwörter und Neubildungen immer noch nicht in der heutigen arab. Schriftsprache ausdrücken läßt, wird von nun an im Dialekt niedergeschrieben: diese Richtung erfreut sich zur Zeit bes. im Libanon großer Beliebtheit. Die Poesie löst sich zunehmend, v. a. seit den sechziger Jahren, von klass. Normen und wendet sich

dem freien Vers zu (z. B. Adonis). – ↑ auch christlich-arabische Literatur.

Literatur: ŠAYḤŪ, L.: Al-ādāb al-ʿarabiyyaʰ fī alqarn at-tāsiʿ ʿašar. Beirut 1908–10. 2 Bde. – BROCKELMANN, C.: Gesch. der a. L. Leiden ²1943–49. 2 Bde. Ebd. 1937–42. 3 Suppl.-Bde. – DĀĠIR, Y. A.: Maṣādir ad-dirāsāʰ al-adabiyyaʰ. Beirut 1951–70. 2 Bde. – PELLAT, CH.: Langue et littérature arabes. Paris 1952. – BLACHÈRE, R.: Histoire de la littérature arabe des origines à la fin du 15ᵉsiède de J.-C. Paris 1952–66. 3 Bde. – ZAYDĀN, Ǧ.: Tārīḫ ādāb al-luǧaʰ al-ʿarabiyyaʰ. Hg. v. Š. Ḍayf. Kairo ²1957. 4 Bde. – GIBB, H. A. R.: Arabic literature. Oxford ²1963. – NAǦM, M. Y.: Al-masraḥiyyaʰ fī al-adab al-ʿarabī al-ḥadīṯ 1847–1914. Beirut ²1967. – SEZGIN, F.: Gesch. des arab. Schrifttums. Leiden 1967–75. 5 Bde. – GIBB, H. A. R./LANDAU, J. M.: A. Literaturgesch. Dt. Übers. Zü. u. Stg. 1968. – MOREH, S.: Modern Arabic poetry 1800–1970. Leiden 1976. – AL-JAYYŪSI, S. K.: Trends and movements in modern Arabic poetry. Leiden 1977. 2 Bde. – HAYWOOD, J. A.: Modern Arabic literature, 1800–1970. New York 1980. – Islam. Geisteswelt: von Mohammed bis zur Gegenwart. Hg. v. R. JOCKEL. Wsb. 1981.

Arabistik [griech.], wiss. Erforschung der arab. Sprache und Literatur. Die Anfänge der A. in Europa reichen in das MA zurück (im 12. Jh. wurde in Spanien der Koran zum ersten Male ins Lateinische übersetzt), von einer historischkrit. Disziplin kann man jedoch erst seit dem 19. Jh. sprechen, als der Franzose A. I. Silvestre de Sacy (* 1758, † 1838) Paris zum Mittelpunkt arabist. Studien machte. Zahlreiche Schüler aus ganz Europa sammelten sich um ihn, zu denen auch Deutsche wie G. W. Freytag (* 1788, † 1861), G. L. Flügel (* 1802, † 1870) oder H. L. Fleischer (* 1801, † 1888) gehörten. Heutzutage findet sich an fast jeder dt. Univ. ein Lehrstuhl für A. (meistens in Verbindung mit anderen semit. oder islam. Sprachen).

Aragon, Louis [frz. araˈgõ], * Paris 3. Okt. 1897, † ebd. 24. Dez. 1982, frz. Schriftsteller. – Begann 1916, Medizin zu studieren; nahm am 1. Weltkrieg teil; gründete 1919 mit A. Breton und Ph. Soupault die Zeitschrift ›Littérature‹ und 1924 die surrealist. Bewegung. Gegen Ende der 20er Jahre wandte er sich dem Kommunismus zu – ab 1927 Mitglied der KP Frankreichs, 1954 Mitglied des Zentralkomitees – und verschrieb sich, hpts. unter dem Einfluß seiner Frau Elsa Trio-

Louis Aragon

let, dem sozialist. Realismus. War im
2. Weltkrieg führend in der frz. Wider-
standsbewegung. 1953–72 war er Hg. der
Zeitschrift ›Les Lettres françaises‹. Pro-
vozierend sind seine ersten, überwiegend
dadaist. Gedichte in dem Band ›Feu de
joie‹ (1920) wie auch seine bed. surrealist. Beiträge, bes. ›Pariser Landleben‹
(Prosa, 1926, dt. 1969), eine geistreiche
Attacke auf die bürgerl. Welt. In der
Dichtung ›Front rouge‹ (1931), den Gedichtbänden ›Persécuteur persécuté‹
(1931) und ›Hourra l'Oural‹ (1934) nähert er sich dem sozialist. Realismus. Aus
seinem lyr. Schaffen sind bes. ›Le crève-
cœur‹ (1941) aus der Zeit der Besatzung,
die für seine Frau geschriebenen Bände
›Les yeux d'Elsa‹ (1942), ›Elsa‹ (1959)
und ›Le fou d'Elsa‹ (1963) berühmt, daneben die sich stark an die frz. Tradition
anschließenden Bände ›Le musée
Grévin‹ (1943) und ›La Diane française‹
(1945). Bed. ist ferner die Romanfolge
›Die wirkl. Welt‹ mit den Bänden ›Die
Glocken von Basel‹ (1934, dt. 1948), ›Die
Viertel der Reichen‹ (1936, dt. 1952),
›Die Reisenden der Oberklasse‹ (1942,
dt. 1953) und ›Aurélien‹ (1944, dt. 1952),
die die Auflösungserscheinungen und
den Verfall der bürgerl. Gesellschaft be-
leuchten. Starkes polit. Engagement zeigt
v. a. das mächtige Werk ›Die Kommu-
nisten‹ (5 Bde., 1949–51, dt. 6 Bde.,
1953–61). Künstlerisch wertvoller ist der
histor. Roman aus der Zeit Napoleons I.
›Die Karwoche‹ (1958, dt. 1961) sowie
›Blanche oder das Vergessen‹ (R., 1967,
dt. 1972).
Weitere Werke: Anicet oder das Panorama (R.,
1921, dt. 1972), Die Abenteuer des Telemach

(E., 1922, dt. 1980), Le mouvement perpétuel
(Ged., 1926), Abhandlung über den Stil (Essays,
1928, dt. 1987), Pour un réalisme socialiste (Essays, 1935), L'homme communiste (Essays,
1946), Le nouveau crève-cœur (Ged., 1948), Les
yeux et la mémoire (Ged., 1954), Mes caravanes
et les autres poèmes (Ged., 1954), Il n'est Paris
que d'Elsa (Ged., 1964), Leere Spiegel (R., 1965,
dt. 1968), Henri Matisse. Roman (1971, dt.
2 Bde., 1974), Theater. Roman (1974, dt. 1977),
Das Wahr-Lügen (En., 1980, dt. 1983), Pour ex-
pliquer ce que j'étais (autobiograph. Schrift, hg.
1989), Projet d'histoire littéraire contemporaine
(Schrift, hg. 1994).
Ausgaben: Œuvres romanesques croisées d'Elsa
Triolet et A. Paris 1964–74. 42 Bde. – L. A.
L'œuvre poétique. Paris 1989–90. 7 Bde.
Literatur: SADOUL, G.: A. Paris 1967. – GEOGHE-
GAN, C.: L. A., essai de bibliographie. London
1979–85. 2 Bde. – SCHMIDT, DELF: A. Hamb.
1980. – DESANTI, D.: Les clés d'Elsa. A., Triolet,
Roman vrai. Paris 1983. – NEYER, H. J.: Kunst u.
Politik bei A. Ffm. 1984. – A. romancier. Zs.
›Europe‹, 717/718. Paris 1989. – DAIX, P.: A.
Une vie à changer. Neuausg. Paris 1994.

Aragona, Tullia d', * Rom 1510,
† ebd. 1556, italien. Dichterin. – Gehörte
zu den gefeiertsten Kurtisanen und Dichterinnen ihrer Zeit; zu ihren Bewunde-
rern zählten u. a. B. Tasso und B. Varchi;
führte ein bewegtes Leben, hielt sich u. a.
in Rom, Ferrara, Venedig, Florenz und
Siena auf. Sie verfaßte Gedichte (›Rime‹,
1547) in petrarkisierendem Stil, den pla-
tonisierenden ›Dialogo dell'infinità di
amore‹ (1547) und das Epos ›Meschino
altramente detto il Guerrino‹ (hg. 1560).
Literatur: BIAGI, G.: Fiorenza fior che sempre
rinnovella. Florenz ²1926.

Arai [griech. = Gebete, Flüche], die
Verfluchung einer Person oder Sache
entweder innerhalb eines literar. Werkes
(z. B. Sophokles, ›König Oedipus‹) oder
als selbständiges Schmähgedicht (z. B.
auf Inschriften gegen den eventuellen
Zerstörer eines Denkmals oder Grab-
steins). – ↑auch Dirae.

aramäische Literatur, keine einheitl., den sprachl. Idiomen entsprechend zu gliedernde Literatur (Schrifttum im weitesten Sinne).
Das **älteste aram. Schrifttum** besteht aus
Inschriften, von denen ein Denkmal des
8. Jh. v. Chr. bereits als Dokument begin-
nender Historiographie betrachtet werden kann. Vom Reichsaramäischen der
Achämenidenzeit sind zahlreiche Zeugnisse aus Ägypten erhalten (Papyri von

Elephantine und Hermupolis Magna, Lederdokumente des Arscham); an literar. Texten sind darunter Fragmente des Achikarromans (↑Achikar) sowie eine aramäische Übersetzung der Inschrift Darius' I. von Behistun. Das **Palmyrenische** und das **Nabatäische** bieten nur Inschriften. Um so reicher ist die a. L. des **Judentums.** Das hebr. Esrabuch enthält aram. Originaldokumente der Achämenidenzeit (4, 8–6, 18; 7, 12–26). Ebenfalls aram. ist ein Abschnitt des Danielbuches (2, 4b–7, 28) verfaßt. Die Verwendung des Aramäischen als Umgangssprache machte die Übersetzung der hl. Schriften im Gottesdienst notwendig; erfolgte sie auch zunächst aus dem Stegreif, so wurde sie doch später in den ↑Targumen schriftlich niedergelegt. Sowohl aus Kumran wie aus der rabbin. Tradition sind solche erhalten. Ferner ist die Mischna begleitet von Diskussionsbeiträgen, die im jerusalem. Talmud im palästinens., im babylon. Talmud im babylon. Dialekt des Aramäischen verfaßt sind. Auch die **Samaritaner** besitzen einen Pentateuchtargum. Die **Mandäer** haben ebenfalls ein umfangreiches theolog. und liturg. Schrifttum entwickelt, das allerdings infolge seiner verwirrten Überlieferung sorgfältiger Schichtenanalyse bedarf (›Ginsa‹, ›Johannesbuch‹, ›Kolasta‹, ›Haran-Gawaitha-Legende‹, ›Taufe des Hibil-Siwa‹ u. a.). Das **Christentum** bediente sich des Aramäischen im christlich-palästinens., ganz bes. aber im syr. Schrifttum (↑syrische Literatur).

Arana Goiri, Sabin [bask. arana γọiri], * Bilbo (Bilbao) 26. Jan. 1865, † Pedernales (Vizkaya) 25. Nov. 1903, bask. Schriftsteller und Politiker. – Gründer der Baskischen Nationalpartei (PNV); Autor zahlreicher Arbeiten über das Baskische, die trotz der starken Kontroversen wegen der extrem purist. Haltung des Verfassers, großen Einfluß auf die Pflege des Baskischen hatten; ein Gedichtband wurde u. d. T. ›Olerkiak‹ (= Gedichte) 1919 herausgegeben.

Arand, Charlotte, Pseudonym des österr. Schriftstellers Leopold Ritter von ↑Sacher-Masoch.

Arango Arias, Gonzalo [span. a'raŋgo 'arias], * Andes (Dep. Antioquia)

18. Jan. 1931, † Tocancipá (Dep. Cundinamarca) 25. Sept. 1976, kolumbian. Schriftsteller. – Gründete mit anderen Autoren in Bogotá 1957 den ›Nadaísmo‹ (von span. ›nada‹ = nichts), der radikal alle Konventionen und Lebenswerte in Frage stellte. Mit makabrem Witz und beißender Ironie vertrat A. A. diese Doktrin in Gedichten, Erzählungen und Theaterstücken.

Werke: Sexo y saxofón (En., 1963), La consagración de la nada (Dr., 1964), El oso y el colibrí (Ged., 1968), Fuego en el altar (En., 1974).

Aranha, José Pereira da Graça [brasilian. a'rɐɲa], * São Luís (Maranhão) 21. Juni 1868, † Rio de Janeiro 26. Jan. 1931, brasilian. Schriftsteller. – Erlangte Bedeutung durch den Roman ›Canaã‹ (1902), der die soziokulturellen Probleme der europ. Einwanderer in Brasilien behandelt; schrieb auch Dramen (›Malazarte‹, 1911) und kulturkrit. Essays (›O espírito moderno‹, 1925).

Ausgabe: J. P. da G. A. Obra completa. Rio de Janeiro 1969.

Arany, János [ungar. 'ɔrɔnj], * Nagyszalonta (heute Salonta) 2. März 1817, † Budapest 22. Okt. 1882, ungar. Dichter. – Stammte aus verarmter Kleinadelsfamilie und wuchs in engen bäuerl. Verhältnissen auf; war Lehrer und Amtmann. A. war scheu und empfindsam, er lebte völlig zurückgezogen. Bereits sein erstes Werk erregte Aufmerksamkeit; sein Meisterwerk ›Toldi‹ (1846, dt. 1855) wurde von der Kisfaludy-Gesellschaft ausgezeichnet. Im Mittelpunkt dieses Epos, das auf Volksüberlieferungen und einer Historiendichtung des 16. Jh. basiert, steht Toldi, ein Volksheld, der am königl. Hof zu großen Ehren kommt. Das Werk ist mit naiven Mitteln in einfacher Sprache geschaffen und in ungar. Versmaß gehalten. Es ist das erste ›klass.‹ Werk des ungar. Realismus. Der ›Toldi‹ gewann ihm Petőfi zum Freund. ›Toldi's Abend‹ (1854, dt. 1856) und ›Toldi's Liebe‹ (1879, dt. 1883) haben mit ›Toldi‹ den Helden gemeinsam. In vaterländ. Gedichten leistete A. seinen Beitrag zum Freiheitskampf. Nach 1848 durchzieht Pessimismus sein Werk; Verhöhnung der Revolution und allegor. Darstellungen des despot. Regimes. Aus seinen Balladen spricht Glaube an nat. und menschl.

Werte. A. war auch als Übersetzer, mit Studien über literar. Themen und die Poetik richtungweisend. In dt. Übersetzung liegen ferner vor: ›König Budas Tod‹ (Epos, 1863, dt. 1879) sowie Auswahlen aus seinen Gedichten ›Balladen‹ (dt. 1886), ›Ausgewählte Gedichte‹ (dt. 1908), ›Gedichte‹ (dt. 1982).

Literatur: VOINOVICH, G.: A. J. életrajza. Budapest 1929–38. 3 Bde. in 1 Bd. – BENEDEK, M.: A. J. Budapest 1970.

Āraṇyakas, Texte, die gegen Ende der Lehrzeit eines Veda-Schülers in der Wildnis (sanskr. ›araṇya‹) zu erlernen sind. Die ältesten A. behandeln teilweise orgiast. Feierlichkeiten, wie das Mahāvrata-Ritual. Sie kontrastieren mit den ↑Brāhmaṇas, die das gesittete Soma-Opfer ausdeuten. Dem Ausbildungsgang folgend erscheinen die A. als Anhang zu den Brāhmaṇas.

Literatur: WINTERNITZ, M.: Gesch. der ind. Litteratur. Bd. 1. Lpz. 1909. Nachdr. Stg. 1968. – GONDA, J.: Vedic literature. Wsb. 1975. – MYLIUS, K.: Gesch. d. Lit. im alten Indien. Lpz. 1983.

Arator, christlich-lat. Dichter der 1. Hälfte des 6. Jh. aus Ligurien. – Bearbeitete als Subdiakon in Rom um 544 die Apostelgeschichte u. d. T. ›De actibus apostolorum libri II‹ (= 2 Bücher von den Taten der Apostel) in Hexametern und verfaßte mytholog. Gedichte, die nicht erhalten sind.

Aratos von Soloi (tl.: Áratos; Arat), *Soloi (Kilikien) um 315, †um 245, griech. Schriftsteller. – Studierte in Athen stoische Philosophie und wirkte ab 277 am makedon. Hof in Pella, später am syr. Königshof Antiochos' I. Sein Ruhm bei der Nachwelt beruht auf dem 1154 Hexameter umfassenden astronom. Lehrgedicht ›Phainómena‹ (= Himmelserscheinungen), das Fixsterne, Planeten und Wetterzeichen beschreibt, aber auch Mythen über die Entstehung von Sternbildern enthält. Das Werk, das in der Antike geschätzt, gelegentlich wegen wiss. Unselbständigkeit (astronom. Kenntnisse größtenteils von Eudoxos übernommen) kritisiert wurde, war durch Übersetzungen ins Lateinische (u. a. Cicero) und zahlreiche Kommentare weit verbreitet.

Ausgaben: A. v. S. Phaenomena. Hg. v. E. MAASS. Bln. 1893. Nachdr. 1955. – Aratus.

Phainomena. Sternbilder u. Wetterzeichen. Griech. u. dt. Hg. v. M. ERREN. Mchn. 1971. Literatur: ERREN, M.: Die Phainomena des A. v. S. Unterss. zum Sach- u. Sinnverständnis. Wsb. 1967.

Arbaud, Joseph d' [frz. ar'bo], eigtl. J. Darbaud, *Meyrargues (Bouches-du-Rhône) 6. Okt. 1874, †Aix-en-Provence 2. März 1950, provenzal. Schriftsteller. – Sohn der provenzal. Dichterin Azalaïs Darbaud, geb. Valère-Martin (*1844, †1917); Studium der Rechte; ging mit 20 Jahren als Rinderhirte in die Camargue und wandte sich ganz der provenzal. Poesie zu; Hg. der Zeitschrift ›Le Feu‹; einer der bedeutendsten Vertreter des Félibrige, von F. Mistral gefördert und bewundert; Lyriker (›Lou lausié d'Arle‹, 1913) und Romancier (›Pan im Vaccarès‹, 1924, dt. 1954).

Literatur: FOUQUÉ, M.: Étude de ›La bête du Vaccarès‹ de J. d'A. Paris 1980. – JOUVEAU, M.-T.: J. d'A. Aix-en-Provence 1984.

Arbeiterlied, das polit., der Bildung und dem Kampf gegen Ausbeutung dienende Lied der Arbeiter. Nach Ansätzen um 1848 entwickelte es sich bes. während der Formierung der Arbeiterbewegung um 1860 und in den Krisenjahren nach dem 1. Weltkrieg. Meist werden bekannte, volkstüml. Melodien mit neuen, aktuellen Texten unterlegt (›Leunalied‹, 1921); v. a. gegen Ende der 20er Jahre entstanden viele Neukompositionen (B. Brecht/H. Eisler, ›Solidaritätslied‹, 1932). Neben dem dt. ist das russ., engl. und US-amerikan. A. bes. bedeutend. – ↑dagegen Arbeitslied.

Arbeiterliteratur, im weitesten Sinn die Literatur, in deren Mittelpunkt die Lebensumstände der proletar. Schichten stehen (**soziale Dichtung**); geschichtlich präziser die literar. Aktivität von Arbeitern und Journalisten, die in enger Beziehung zur Arbeiterbewegung und deren polit. Zielen stehen.
Unter dem Eindruck der Industrialisierung wandten sich seit dem frühen 19. Jh. Vertreter des Bürgertums wie G. Büchner und G. Weerth (in England bereits Ende des 18. Jh. W. Godwin, R. Bage, später Ch. Dickens, in Frankreich V. Hugo, H. de Balzac, E. Sue und É. Zola) der Lebenswirklichkeit der Arbeiter zu. Ge-

dichte aus dem Vormärz (H. Heine, F. Freiligrath) lieferten die Losungen der Arbeiterbewegung. G. Herwegh schloß sich der sozialist. Bewegung an und wurde zum Vorbild für die Arbeiterliteraten der 1860er und 1870er Jahre. Ähnliches gilt für Rudolf Lavant (* 1844, † 1915) und Ludwig Jacoby (* 1840, † 1895). Die Naturalisten beeinflußten nicht nur die A., sondern waren auch selbst von der Programmatik der Arbeiterbewegung inspiriert (K. Henckell, A. Holz, O. E. Hartleben, G. Hauptmann, R. Dehmel). Das proletar. Milieu wurde bei den Expressionisten (v. a. bei E. Toller, ›Die Maschinenstürmer‹, 1922), Ö. von Horváth, M. Fleißer u. a. dargestellt.

Um 1848 entstanden die ersten Arbeiterkampflieder. Nach Gründung der 1. Internationale leitete F. Lassalle eine sozialist. Kulturpolitik ein, deren Programm in Herweghs ›Bundeslied für den Allgemeinen Deutschen Arbeiterverein‹ und in den literaturpolit. Thesen Johann Philipp Beckers (* 1809, † 1886) zum Ausdruck kam. Seit den 60er Jahren entwikkelte sich eine breite literar. Aktivität von schreibenden Arbeitern und aus dem Arbeitermilieu kommenden Schriftstellern. Viele Texte erschienen anonym. Die sozialdemokrat. Zeitungen erhielten feuilletonist. Beilagen; es wurden satir. Zeitschriften gegründet (›Süd-Deutscher-Postillon‹, 1882 ff.; ›Der wahre Jacob‹, gegr. 1879, 1881–84 verboten, 1924–27 u. d. T. ›Lachen links‹, 1933 verboten). Nach 1918 suchten vom Expressionismus, Dadaismus und russ. Proletkult beeinflußte Autoren nach einer Literatur als Instrument des Klassenkampfes (G. Grosz, J. Heartfield, W. Herzfelde, F. Jung, F. Pfemfert, E. Piscator, E. Mühsam). 1928 wurde der ›Bund proletar. revolutionärer Schriftsteller‹ (Abk. BPRS) gegründet (Zeitschrift ›Die Linkskurve‹, 1929–32).

Das verbreitetste Genre der A. war das Gedicht – als Massenlied, Flugblattgedicht, Streik- und Wahlkampfgedicht oder als Prolog für Arbeitergedenktage und -feste (Jakob Audorf [* 1835, † 1898], ›Lied der dt. Arbeiter‹, 1864 [die sog. Arbeitermarseillaise]; Johann Most [* 1846, † 1906], ›Die Arbeitsmänner‹, 1870; Max

Kegel [* 1850, † 1902], ›Die Pariser Kommune‹, 1871). Nach dem Erlebnis der Pariser Kommune schlug sich die polit. Radikalisierung auch in der Literatur nieder (so bei Friedrich Wilhelm Fritzsche [* 1825, † 1905], Andreas Schen [* 1844, † 1927] und August Geib [* 1842, † 1919]). Zu den bedeutendsten Arbeiterlyrikern gehörten Wilhelm Hasenclever (* 1837, † 1889), Adolf Lepp (* 1847, † 1906), der sich als ›Chansonnier‹ und ›Dichter-Proletar‹ bezeichnete, Josef Schiller (* 1846, † 1897), Ernst Klaar (* 1861, † 1920), Clara Müller-Jahnke (* 1860, † 1905) und Ernst Preczang (* 1870, † 1949; ›Lied eines Arbeitslosen‹, 1902; Sammelband ›Im Strom der Zeit‹, 1908). Die frühe Arbeiterlyrik fand nach 1918 – v. a. im Umkreis der KPD – ihre Forsetzung im satir. Alltagsgedicht und in zu Pointe und Anekdote tendierenden Kurztexten. Das proletar. Kampflied wurde schließlich von der nationalsozialist. Propaganda entstellt und übernommen. Die traditionell so genannten ›Arbeiterdichter‹, die zu den Mitbegründern der † Nylandgruppe gehören (M. Barthel, K. Bröger, G. Engelke, H. Lersch) gerieten mit ihrer Ästhetisierung der Technik und ihrer Natur- und Kriegsmetaphorik in die Nähe der faschistischen Ideologie (Sammelband ›Das proletarische Schicksal‹, 1929).

Einen Rahmen für die Entfaltung einer antibürgerl. Gegenkultur bildeten die Arbeitervereine (›Dramatische Klubs‹, Lesezirkel und Bibliotheken für Arbeiter). Mit den Arbeiterbühnenstücken begann die Geschichte des **Arbeitertheaters.** In Berlin entstand eine ›Freie Bühne für Arbeiter‹. Wichtige Autoren sind Friedrich Bosse (* 1848, † 1909), Johann Baptist von Schweitzer (* 1833, † 1875), August Otto-Walster (* 1834, † 1898) und Max Kegel. Die agitator. Zielsetzung dokumentieren die Gegenwartsstücke, Streikdramen und Wahlkampfstücke von Wilhelm Ludwig Rosenberg (* 1850, † 1914) und ›Scaevola‹ (nicht aufgedecktes Pseudonym). Das operative, aus der Praxis entstandene Arbeitertheater, das die Trennung von Bühne und Publikum aufzuheben versuchte, wurde jedoch zunehmend von der Volksbühnenbewegung († Volksbühne) verdrängt. Seine bedeutendsten Vertreter nach 1900 waren Lu Märten (* 1879, † ?) mit ›Bergarbeiter‹ (1909), E. Preczang mit Dramen und Schwänken für Gewerkschaftsfeste sowie Rosenow mit sozialkrit. Stücken, die ep. Züge tragen, und der ersten großen proletar. Komödie (›Kater Lampe‹, hg. 1906). Nach 1918 machte sich der sozialdemokrat. ›Verband der Freien Volksbühnen‹ (seit 1914) die Vermittlung bürgerl. Literatur zur Aufgabe. Dagegen gründeten E. Piscator und die kommunist. Volksbühnenjugend 1930 die ›Junge Volksbühne‹. Daneben gab es eine Vielzahl von kommunistisch orientierten Laienspielgruppen und Berufsschauspielertruppen, die vom sowjet. Proletkult-Theater beeinflußt waren. Gleiches galt für die seit 1922 reaktivierte ›Sprechchorbewegung‹. Der Deutsche Arbeitertheaterbund (Abk. DAThB) wurde 1928 in ›Arbeiter-Theater-Bund-Deutschlands‹ (Abk. ATBD) umbenannt (Zeitschrift ›Arbeiterbühne und Film‹, bis 1931); die neuen Massenmedien Rundfunk und Film wurden in die Arbeit einbezogen. Theorie und Praxis des neuen Literaturverständnisses manifestierten sich in den Reden und Stücken von F. Wolf (›Cyankali. § 218‹, 1929) und in den Lehrstücken B. Brechts (›Der Jasager und der Neinsager‹, 1929/30; ›Die Maßnahme‹, entst. 1929/30, gedr. 1931). Aus den Berichten für die Arbeiterpresse entstanden Skizzen, Erlebniserzählungen, dann auch Geschichten mit frei erfundener Fabel, eine Entwicklung, die durch das sozialdemokrat. Verlagswesen und die Arbeiterkalender gefördert wurde (u. a. ›Grüwels Deutscher Arbeiterkalender‹, 1870–74 in Berlin; ›Volksstaatskalender‹, 1873–75 in Eisenach). Es entstanden die Bauernkriegsromane von Robert Schweichel (* 1821, † 1907; u. a. ›Florian Geyers Heldentod‹, 1876), Erzählungen und Romane über den Aufstand der schles. Weber, über die Pariser Kommune sowie ›sozialpolit. Romane‹ (u. a. August Otto-Walster, ›Ein Held des Geistes und des Schwertes‹, 1874). Die ›rote Marlitt‹, Minna Kautsky (* 1837, † 1912), behandelte in ihren Romanen und Kalendergeschichten die Themen der Frauenemanzipation und der Fabrikarbeit.

Zwar kam es in Deutschland nicht zu einem großen Roman im Rang von M. Gorkis ›Mutter‹ (engl. 1906, russ. 1907, dt. 1907) oder M. Andersen-Nexøs ›Pelle der Eroberer‹ (1906–10, dt. 1912, 1911/12 als Fortsetzungsroman im Berliner ›Vorwärts‹), doch seit 1901 erschien eine Reihe von Arbeiterautobiographien von Carl Fischer (* 1841, † 1906), Moritz Wilhelm Theodor Bromme (* 1873, † 1926), Adelheid Popp (* 1869, † 1939), Franz Rehbein (* 1867, † 1909), nach 1918 von O. M. Graf und Ludwig Turek (* 1898, † 1975) und autobiograph. Romane von Albert Daudistel (* 1890, † 1955) und K. Held, dem Herausgeber der ›Roten-Eine-Mark-Romanreihe‹ (1930–32). Im Roman, so bei F. Jung, wurde die geschlossene Form aufgelöst und der positive Held durch das Kollektiv ersetzt. Bei W. Bredel wurde die enge Wechselbeziehung von Reportageroman und Arbeiterkorrespondenz deutlich. Nach 1945 kann in der BR Deutschland nicht mehr von einer A. gesprochen werden. 1961 entstand in Dortmund die ↑ Gruppe 61; zu den wenigen Autoren, die aus der industriellen Arbeitswelt heraus schreiben, gehören M. von der Grün, G. Wallraff und E. Runge. 1970 konstituierte sich der ›Werkkreis Literatur der Arbeitswelt‹. F. X. Kroetz behandelt Themen aus den sozialen Unterschichten (›Nicht Fisch, nicht Fleisch‹, UA 1981; ›Furcht und Hoffnung der BRD‹, UA 1984). In der ehem. DDR versuchte man mit dem ↑ Bitterfelder Weg eine ›neue Etappe des künstler. Laienschaffens‹ einzuleiten, doch der schreibende Arbeiter hatte sich an die allgemeinen Richtlinien zu halten (›Handbuch für schreibende Arbeiter‹, 1969). In den 70er Jahren wandte sich die offizielle Kulturpolitik allerdings vom ›Bitterfelder Weg‹ ab.

Literatur: KLEIN, J.: A. In: Arch. f. Sozialgesch. 3 (1963), S. 265. – KNILLI, F./MÜNCHOW, U.: Frühes dt. Arbeitertheater 1847–1918. Mchn. 1970. – MÖBIUS, H.: A. in der BRD. Köln 1970. – RÜLCKER, CH.: Ideologie der A. 1914–1933. Stg. 1970. – BRAUNERT, J.: A. nach 1945 in der BRD. Diss. FU Bln. 1974. – GERLACH, I.: Bitterfeld. A. u. Lit. der Arbeitswelt in der DDR. Hamb. 1974. – HEIST, W.: Die Entdeckung des Arbeiters. Der Proletarier in der frz. Lit. des 19. u. 20. Jh. Mchn. 1974. – Lit. im Klassenkampf. Hg. v. W. FÄHNDERS u. M. REC-

TOR. Ffm. 1974. – LUDWIG, M. H.: A. in Deutschland. Stg. 1976. – SPORKHORST, K.: Arbeitertheater als Instrument polit. Propaganda u. als proletar. Kulturausdruck der KPD während der Weimarer Republik. Diss. Bochum 1976. – FÄHNDERS, W.: Proletar.-revolutionäre Lit. der Weimarer Republik. Stg. 1977. – KNAPP, H.-W.: Die frz. Arbeiterdichtung in der Epoche der Julimonarchie. Bonn 1978. – SCHÜTZ-GÜTH, G./SCHÜTZ, H.: Typen des brit. Arbeiterromans. Gießen 1979. – HENSEL, H.: Werkkreis oder die Organisierung polit. Lit.-Arbeit. Köln 1980. – MÜNCHOW, U.: Arbeiterbewegung u. Lit. 1860–1914. Bln. u. Weimar 1981. – STÜDEMANN, P. E.: Schreiben u. Arbeiten. Ffm. 1983. – BOGDAL, K.-M.: Zw. Alltag u. Utopie. A. als Diskurs des 19.Jh. Opladen 1991.

Arbeitertheater ↑ Arbeiterliteratur.

Arbeitslied, Lied, das Tempo, Rhythmus, oft auch Geräusche einer körperl. Arbeit nachahmt und das, bei der Arbeit gesungen, diese fördert, indem es deren Rhythmus und Bewegungen reguliert. A.er gibt es v. a. für bäuerl. Arbeiten (Flachsbereitungslieder, Spinn-, Dreschlieder u. a.) und Handwerkertätigkeiten (Schmiede-, Zimmermannsarbeiten usw.); sie sind formal anspruchslos, häufig Zweizeiler, oft mit lautmalendem Kehrreim. Das A. wird während der Arbeit endlos auf einfache Melodien fortgesungen, oft im Wechsel von Vorsänger und Chor, z. T. auch in Kombinationen von gesungenen und gesprochenen Partien. Inhaltlich stellt das A. einen einfachen, teils erotisch-derben, oft witzig gefärbten Bezug zur Arbeit her, Spott und Scherz sind beliebt. A.er entstanden in den kulturellen Frühstufen und wurden wie der Tanz als magisch wirksam angesehen. Sie wurden, als Kollektivgut unliterarisch, mündlich tradiert. Literar. Spuren von A.ern finden sich schon in der nord. Frühzeit; Gottfried von Neifen verarbeitete in einem seiner Gedichte Elemente eines Flachsschwingerliedes. – Zu trennen vom ›echten‹ A. ist das ›unechte‹, ein vorhandenes Lied, meist Volkslied, das lautmalend oder rhythmisch zu einer bestimmten Arbeit paßt und deshalb zu dieser Arbeit gesungen wird. Inhaltlich besteht bei diesen ›A.ern‹ kein Bezug zur betreffenden Arbeit. – Zu unterscheiden sind ferner künstlerisch gestaltete literar. ›A.er‹, in denen konstituierende Elemente des echten A.s wie Rhythmus und Lautmalerei

bewußt zur Versinnbildlichung eines Arbeitsvorganges eingesetzt sind (z. B. G. Engelke: ›Lied der Kohlenhäuer‹). – ↑ auch Shanty, ↑ Work-Song.

Arberg, Peter Graf von, dt. Dichter, ↑ Peter von Arberg.

Arbes, Jakub, * Prag 12. Juni 1840, † ebd. 8. April 1914, tschech. Schriftsteller. – Journalist und Redakteur; Begründer des tschech. sozialen Romans, dessen Muster er in der dt. Literatur fand. Er gestaltete gesellschaftl. Probleme, bes. seiner Prager Umwelt; Vorliebe für Exzentrisches, Bizarres, wiss. Experimente und die Effekte der Schauerromantik; für A.' eigenartige Erzählgattung fand J. Neruda den Namen ›Romanetto‹; auch Abhandlungen über Probleme der polit. Geschichte und der Literaturkritik.
Werke: D'ábel na skřipci (= Der Teufel auf der Folter, E., 1866), Newtonův mozek (= Newtons Gehirn, R., 1877), Kandidáti existence (= Kandidaten der Existenz, R., 1878).

Arblay, Frances d' [frz. ar'blɛ], engl. Schriftstellerin, ↑ Burney, Fanny.

Arbó, Sebastián (Sebastià) Juan [katalan. ər'βo, span. ar'βo], * San Carlos de la Rápita (Prov. Tarragona) 28. Okt. 1902, † Barcelona 4. Jan. 1984, katalan.-span. Schriftsteller. – Sein vom Realismus des 19. Jh. beeinflußtes, in Spanisch und Katalanisch geschriebenes Werk umfaßt außer einigen Gedichten und Theaterstücken v. a. Romane und Erzählungen.
Werke: L'inútil combat (R., 1931), Terres de l'Ebre (R., 1932), Camins de la nit (R., 2 Bde., 1935), Cervantes (Biogr., 1946), Sobre las piedras grises (R., 1947; Premio Nadal 1948), Verdaguer, el poeta, el sacerdot i el món (Biogr., 1952), Martín de Caretas (R., 1956), Los hombres de la tierra y del mar (Kindheitserinnerungen, 1961), Pío Baroja y su tiempo (Biogr., 1963), Relatos del delta (R., 1965), Entre la tierra y el mar (R., 1966), La espera (R., 1968), La masía (R., 1975).

Arbusow (tl.: Arbuzov), Alexei Nikolajewitsch [russ. ar'buzǝf], * Moskau 26. Mai 1908, † ebd. 20. April 1986, russ.-sowjet. Dramatiker. – Schloß sich den Bestrebungen des ep. Theaters an, behandelte sowjet. Jugendprobleme.
Werke: Der weite Weg (Dr., 1935, dt. 1959), Tanja (Dr., 1939, dt. 1946), Verschlungene Wege (Dr., 1954, dt. 1954), Irkutsker Geschichte (Dr., 1959, dt. 1960), Leningrader Romanze (Dr., 1965, dt. 1965), Erwartung (Dr., 1976, dt. 1977), Erinnerung (dramat. Szenen, 1981, dt. 1982).

Literatur: TRAUTMANN, E.: Der Konflikt in der Dramatik A. Arbuzovs (1930–1970). Diss. Lpz. 1973 [Masch.].

Arbuthnot, John [engl. ɑ:'bʌθnət], *Arbuthnot (Kincardineshire) 29. April 1667, †London 27. Febr. 1735, schott. Schriftsteller. – Arzt und Mathematiker; ab 1705 Leibarzt der Königin Anna. Zusammen mit A. Pope, J. Swift, J. Gay und W. Congreve 1713 Mitbegründer des Scriblerus Club. Schrieb neben medizin. Werken zahlreiche Prosapamphlete und Satiren (u. a. ›The art of political lying‹, 1712) sowie satir. Beiträge zu dem Fragment gebliebenen Roman ›Memoirs of the extraordinary life, works and discoveries of Martinus Scriblerus‹ (hg. 1741 in Popes Werken), einer geplanten Gemeinschaftsproduktion des Klubs. Berühmt wurde seine Figur des John Bull, die Verkörperung des typ. Engländers, Hauptgestalt einer ursprünglich 1712 unter Einzeltiteln veröffentlichten Pamphletsammlung, die 1727 zusammengefaßt in Popes und Swifts ›Miscellanies‹ u. d. T. ›The history of John Bull‹ erschien und gegen den Herzog von Marlborough und die Kriegspartei gerichtet war. Literatur: BEATTIE, L. M.: J. A.: Mathematician and satirist. New York 1967.

Arbuzov, Aleksej Nikolaevič, russ.-sowjet. Dramatiker, ↑Arbusow, Alexei Nikolajewitsch.

Arce, Gaspar Núñez de [span. 'arθe], span. Schriftsteller und Politiker, ↑Núñez de Arce, Gaspar.

Archaismus [griech.; zu archaῖos = alt, altertümlich], Rückgriff auf veraltete Wörter, Sprachformen oder Stilmittel, 1. um einem Text einen histor. Anstrich, eine poetisch wirkende Altertümlichkeit zu geben, 2. zur Spracherneuerung durch Wiederbelebung untergegangener Sprachformen. – A. findet sich in antiker Literatur, u. a. bei Lukrez, Vergil und Sallust. Mit dem Aufkommen histor. Perspektiven wurde der A. zu einem geläufigen Stilmittel: im 18. Jh. bei den Dichtern des Göttinger Hains, Goethe und Schiller lehnten sich gelegentlich bewußt an das Deutsch der Lutherbibel an. Der A. war auch bei den Romantikern von L. Uhland bis zum Spätromantiker R. Wagner beliebt: Er begegnet in histor. Novellen,

Romanen und Dramen. Ironisierend oder parodierend sind Archaismen bei Th. Mann und auch bei A. Holz gebraucht.

Archer, William [engl. 'ɑ:tʃə], *Perth 23. Sept. 1856, †London 27. Dez. 1924, schott. Kritiker und Dramatiker. – Studierte Jura in Edinburgh, wo er 1875 journalistisch tätig wurde; ab 1883 Theaterkritiker mehrerer Zeitungen in London. A. setzte sich für die in England zunächst geschmähten Dramen H. Ibsens ein, von denen er einige übersetzte. Sein Wirken förderte und begleitete die Erneuerung der engl. Dramatik um die Jahrhundertwende, deren Geschichte er in mehreren Theaterbüchern (u. a. ›Playmaking‹, 1912; ›The old drama and the new‹, 1923) reflektierte. Seine eigenen Theaterstücke, u. a. ›The green goddess‹ (1921), blieben dagegen relativ erfolglos.

Archetypus (Archetyp) [griech. = Urbild, Urform (eigtl. = das zuerst Geprägte)],

1. in der Literaturwiss. wird der Begriff im Anschluß an die Archetypenlehre C. G. Jungs (›Über die Archetypen‹, 1937) für archaische Bildvorstellungen der Menschheit verwendet. Bes. die angelsächs. sog. mytholog. Literaturkritik will hinter den Dichtungen, als Produktion eines kollektiven Unbewußten, urtüml. Mythen entdecken.

2. in der ↑Textkritik älteste überlieferte oder erschließbare Textfassung, die einer Gruppe von Handschriften als Vorlage diente. Literatur: STRICH, F.: Das Symbol u. die Dichtung. In: STRICH: Der Dichter u. die Zeit. Bern 1947. – BODKIN, M.: Studies of type-images in poetry, religion, and philosophy. London u. New York 1951. Nachdr. Folcroft (Pa.) 1970. – BODKIN, M.: Archetypal patterns in poetry. Neuausg. London 1978. – JUNG, C. G./KERÉNYI, K.: Einf. in das Wesen der Mythologie. Hildesheim 1980. – MARKS, S.: Hüter des Schlafes. Bln. 1983. – NEUMANN, E.: Amor u. Psyche. Olten ⁷1990.

Archias, Aulus Licinius (tl.: Archías), *Antiochia um 118, †nach 62, griech. Schriftsteller. – Kam 102 nach Rom, wo er zum Freundeskreis Ciceros gehörte; 62 der widerrechtl. Anmaßung des Bürgerrechts angeklagt (Verteidigungsrede Ciceros); schrieb Epigramme, von denen einige in die Anthologia Palatina aufgenommen wurden, sowie zwei (nicht erhaltene) Epen.

archilǫchische Strophen, drei Odenformen, die Horaz aus ↑ archilochischen Versen bildete und die sich jeweils aus zwei Zweizeilern zusammensetzen.

archilǫchische Verse, Versformen, die auf den griech. Lyriker Archilochos von Paros zurückgehen. A. V. sind Kombinationen aus vollständigen Versen wie daktyl. ↑ Hexameter, jamb. ↑ Trimeter, jamb. ↑ Dimeter oder zäsurbedingten Teilen dieser Verse wie dem ↑ Hemiepes (= dem halben Hexameter bis zur Zäsur ↑ Penthemimeres), dem daktyl. ↑ Tetrameter (= daktyl. Hexameter bis zur bukol. ↑ Diärese) oder dem Ithyphallikus (= 2. Teil des katalekt. jamb. Trimeters). Es gibt zwei Kombinationsarten: 1. Ohne Pause gefügte Kombinationen ergeben Asynarteta (↑ Asynarteton), wie z. B. den ↑ Enkomiologikus, bestehend aus einem halben Hexameter (= Hemiepes) und dem Anfang des jamb. Trimeters bis zur ersten Zäsur. Die a. V. wurden auch von Alkaios, Anakreon, Pindar u. a. verwendet: −⏑⏑−⏑⏑− / x−⏑−−//. 2. Kombinationen mit einer Pause zwischen dem (meist längeren) ersten und dem zweiten Teil ergeben die sog. Epodenform, einen dem ↑ Distichon verwandten Zweizeiler, z. B. die ↑ Epoden des Horaz.

Archilochos von Pạros (tl.: Archílochos), griech. Lyriker um die Mitte des 7. Jh. v. Chr. – Die von ihm erwähnte Sonnenfinsternis vom 6. April 648 ist der erste genaue Anhaltspunkt für die Datierung eines griech. Dichters. Erstmals werden in seinen fragmentarisch überlieferten Gedichten persönl. Gefühle in großer Intensität ausgesprochen; Äußerungen leidenschaftl. Hasses und der Schmähsucht, zarter Empfindung wie auch der Freude am derb Erotischen, des geduldigen Ertragens von Unglück sowie des Maßhaltens im Glück prägen seine Lyrik. Mit nüchternem Realitätssinn verspottete er v. a. die traditionellen Wertvorstellungen der Adelsgesellschaft seiner Zeit. A. schuf vermutlich die literar. Gattung des Jambus (↑ Jambendichtung). Er fiel nach einem unruhigen Söldnerleben im Kampf gegen Naxos.

Ausgabe: Frühgriech. Lyriker. Griech. u. dt. Tl. 2. Dt. Übers. v. Z. FRANYÓ u. P. GAN. Griech. Text bearb. v. B. SNELL. Bln. ²1981.
Literatur: RANKIN, H. D.: Archilochus of Paros. Park Ridge (N. J.) 1978. – DAVENPORT, G.: Archilochus, Sappho, Alkman. Three lyrik poets of the seventh century b. C. Berkeley (Calif.) 1984.

Archipoẹta, * zwischen 1130 und 1140, mlat. Schriftsteller. – Der eigtl. Name ist unbekannt; vielleicht ritterl. Abstammung, theologisch und klassisch gebildet und weitgereist. Er gilt als bedeutendster mlat. Vagantendichter, der in seinen 10 erhaltenen, sprachlich und rhythmisch eleganten Gedichten (darunter Zech- und Bettellieder sowie eine Huldigung an Kaiser Friedrich Barbarossa) nicht nur heitere, sondern auch nachdenkl., vom Wissen um die Vergänglichkeit des Irdischen erfüllte Töne anzuschlagen vermochte. Am bekanntesten ist A.s Vagantenbeichte ›Estuans intrinsecus‹ (= Im Innern glühend, entst. um 1163) mit ›Meum est propositum in taberna mori‹ und das Barbarossas Kanzler Rainald von Dassel gewidmete Gedicht ›Archicancellarie vir discrete mentis‹.

Ausgabe: H. WATENPUHL: Die Gedichte des A. Hg. v. H. KREFELD. Hdbg. 1958.
Literatur: LANGOSCH, K.: Profile des lat. MA. Darmst. 1965. S. 295. – SCHALLER, D.: A. In: Lex. des MA. Bd. 1. Mchn. u. Zü. 1980.

Archiv [griech. = Regierungs-, Amtsgebäude], Einrichtung zur systemat. Erfassung, Erhaltung und Betreuung rechtl. und polit. Schriftguts (im weiteren Sinn auch jegl. anderen Schrift-, Bild- oder Tonguts, das aus einer amtl. oder privaten Geschäftsführung erwachsen ist); ↑ Literaturarchiv.

Arciniegas, Germán [span. arsi'nieɣas], * Bogotá 6. Dez. 1900, kolumbian. Historiker und Schriftsteller. – War Diplomat, 1941/42 und 1945/46 Erziehungsminister; Berater der UNESCO und Prof. für Literatur, u. a. an der Columbia University in New York. Wichtig sind seine Essays über Kultur, Geschichte und Sozialstruktur Lateinamerikas, deren frühere liberalist. demokrat. Grundeinstellung zunehmend in Konservatismus umgeschlagen ist.

Werke: El estudiante de la mesa redonda (1932), América, tierra firme (1937), Karib.

Rhapsodie (1945, dt. 1960), Kulturgeschichte Lateinamerikas (1965, dt. 1966), Nueva imagen del Caribe (1971), América en Europa (1975), El revés de la historia (1980), Bolívar y la revolución (1984).

Arcipreste de Hita [span. arθi'preste ðe 'ita], span. Schriftsteller, ↑ Ruiz, Juan.

Arcipreste de Talavera [span. arθi-'preste ðe tala'βera], span. Schriftsteller, ↑ Martínez de Toledo, Alfonso.

Arcybašev, Michail Petrovič, russ. Schriftsteller, ↑ Arzybaschew, Michail Petrowitsch.

Ardelius, Lars O., * Falun (Prov. Dalarna) 1. Nov. 1926, schwed. Schriftsteller. – In seinen frühen Romanen und Erzählungen schreibt A. eine experimentelle, vom frz. Nouveau roman beeinflußte Prosa, während er sich später verstärkt psycholog. und gesellschaftl. Fragestellungen zuwendet. In nüchternen und detaillierten Schilderungen werden die Einflüsse der Umwelt auf das Individuum dargestellt.
Werke: Dagligt allehanda (Nov., 1958), Rök (R., 1964), Rätt man (Fsp., 1967), Gösta Berglunds saga (R., 1970), Kronprinserna (R., 1972), Smorgasbordet (Nov., 1974), Provryttare (R., 1981), Nya dromboken (Nov., 1982).

Arden, John [engl. ɑ:dn], * Barnsley (York) 26. Okt. 1930, engl. Dramatiker. – Experimentiert als Dramatiker mit einer Vielzahl unterschiedl. Anregungen (B. Brecht, Volksballade, Commedia dell'arte, elisabethan. Theater). Zentrales Thema der z. T. zus. mit seiner Frau, der Schauspielerin Margaretta D'Arcy, verfaßten Stücke ist die Auseinandersetzung zwischen Individuum und Kollektiv, zwischen anarch. Revolte und Ordnungsmacht. In den frühen, stärker realistisch ausgerichteten Dramen handelt es sich überwiegend um eine Darstellung des Gleichgewichts der Gegensätze, so in dem das Asozialenmilieu problematisierenden Stück ›Leben und leben lassen‹ (Dr., 1961, dt. EA 1966), in dem in einem Altersheim spielenden Drama ›Der glückliche Hafen‹ (1962, dt. um 1964) oder in der die lokalpolit. Korruption behandelnden Komödie ›Der Packesel‹ (1964, dt. 1964). Allmählich zeigt sich eine zunehmende Vorliebe A.s für [pseudo-]histor. Stoffe, die zur objektivierenden Distanzierung aktueller Be-

John Arden

züge dienen, so in ›Der Tanz des Sergeanten Musgrave‹ (Dr., 1960, dt. 1961) ein Bergarbeiteraufstand im 19. Jahrhundert, in ›Armstrong sagt der Welt Lebwohl‹ (Dr., 1965, dt. 1967) das schott. Raubrittertum im 16. Jh., in ›Left-handed liberty‹ (Dr., 1965) die Entstehung der Magna Charta, in ›The island of the mighty‹ (Dr., 1973) die röm. Herrschaft in Britannien und in ›The non-stop Conolly cycle‹ (Dr., 5 Bde., 1977/78) der ir. Osteraufstand von 1916. Das autobiograph. Hörspiel ›The bagman‹ (1971) markiert dabei die unter dem Eindruck einer Indienreise (1969) erfolgte Wende zu einer eindeutig marxist. Position, wie sie erstmals in ›Das Erbe von Ballygombeen‹ (Dr., 1972, dt. 1976) zum Ausdruck kommt. Seit den achtziger Jahren trat. A. auch als Erzähler hervor, u. a. mit dem historisch-biograph. Roman ›Books of Bale‹ (1988).
Weitere Werke: Soldier, soldier (Fsp., 1967), Schott. Freitag (Kurzdrama, 1967, dt. 1965), The hero rises up (Dr., 1969), To present the pretence (Essays, 1977), Pearl (Hsp., 1979), Vandaleur's folly (Dr., 1981), Silence among the weapons (R., 1982), Whose is the kingdom? A nine-part radio series (Hsp., 1988), Awkward corners (Essays, 1988).
Literatur: TRUSSLER, S.: J. A. New York 1973. – HUNT, A.: A. A study of his plays. London 1974. – ANDERSON, MICHAEL J.: Anger and detachment. A study of A., Osborne and Pinter. London 1976. – GRAY, F.: J. A. London 1982. – PAGE, M.: J. A. Boston (Mass.) 1984. – GÖRING, M.: Melodrama heute. Die Adaption melodramat. Elemente u. Strukturen im Werk v. J. A. u. M. A.-d'Arcy. Amsterdam 1986.

Arenas, Reinaldo, * bei Holguín 16. Juli 1943, † New York 7. Dez. 1990 (Selbstmord), kuban. Schriftsteller. –

Emigrierte 1980 in die USA; seine Romane behandeln mit der Technik vielschichtig gebündelter Monologe in einer Verbindung von halluzinator. Phantastik und Autobiographie das ländl. Kuba.

Werke: Celestino antes del alba (R., 1967), Wahnwitzige Welt (R., 1969, dt. 1982), Con los ojos cerrados (En., 1972), Der Palast der blütenweißen Stinktiere (R., 1975, dt. 1977), Otra vez el mar (R., 1982), Arturo, la estrella más brillante (R., 1984), Reise nach Havanna (R., 1990, dt. 1994), Bevor es Nacht wird (Autobiogr., hg. 1992, dt. 1993).
Literatur: La escritura de la memoria. R. A. Textos, estudios y documentación. Hg. v. O. Ette. Ffm. 1992.

Arendt, Erich, * Neuruppin 15. April 1903, † Wilhelmshorst bei Potsdam 25. Sept. 1984, dt. Lyriker und Übersetzer. – Bankangestellter, Journalist, Erzieher; 1926 Beitritt zur KPD; seine ersten, an A. Stramm erinnernden Gedichte wurden in H. Waldens Zeitschrift ›Der Sturm‹ veröffentlicht; ging 1933 in die Emigration (Schweiz, Spanien, Frankreich, später Kolumbien), 1936–39 Teilnahme am Span. Bürgerkrieg; 1950 ließ er sich nach seiner Rückkehr nach Europa in Berlin (Ost) nieder. Schrieb v. a. eleg. Gedichte in bildhafter Sprache, in denen er Erlebnisse aus der Exilzeit und aus dem Span. Bürgerkrieg verarbeitete; in den ›Flug-Oden‹ (1959) Reflexion der Menschheitsgeschichte; die Gedichte des Lyrikbandes ›Ägäis‹ (1967) sind von mehreren Griechenlandreisen Anfang der 60er Jahre inspiriert; bed. als Vermittler und Nachdichter span. und lateinamerikan. Gegenwartslyrik (u. a. P. Neruda, R. Alberti, V. Aleixandre, N. Guillén).

Weitere Werke: Trug doch die Nacht den Albatros (Ged., 1951), Bergwindballade (Ged., 1952), Gesang der sieben Inseln (Ged., 1957), Über Asche und Zeit (Ged., 1957), Feuerhalm (Ged., 1973), Memento und Bild (Ged., 1976), Zeitsaum (Ged., 1978), Entgrenzen (Ged., 1981), Das zweifingrige Lachen. Ausgew. Gedichte 1921–1980 (1981), Reise in die Provence – Unterwegs. Tagebuchnotizen aus dem Jahr 1929 (1983).
Literatur: Laschen, G./Schlösser, M.: Zerstückter Traum. Hommage à E. A. Bln. 1978. – E. A. Hg. v. H. L. Arnold. Mchn. 1984. – Vagant, der ich bin. E. A. zum 90. Geburtstag. Hg. v. H. Röder. Bln. 1993.

Arène, Paul Auguste [frz. a'rɛn], * Sisteron (Basses-Alpes) 26. Juni 1843, † Antibes 17. Dez. 1896, frz. Schriftsteller. – Lehrer; war der ungenannte Mitarbeiter an A. Daudets ›Briefen aus meiner Mühle‹ (En., 1869, dt. 1892); zeigt sich in seinen Gedichten (z. T. provenzalisch), Romanen (›Jean des figues‹, 1870; ›La chèvre d'or‹, 1888), Komödien (›Pierrot héritier‹, 1865), Novellen und Erzählungen (›Au bon soleil‹, 1881) als Dichter der Provence und Schüler F. Mistrals und Th. Aubanels.

Aresti, Gabriel [bask. arecti], * Bilbao 15. Okt. 1933, † ebd. 5. Juni 1975, bask. Schriftsteller. – Schrieb philolog. Arbeiten zum Baskischen, Theaterstücke, Erzählungen, verfaßte Übersetzungen aus verschiedenen Sprachen; verbindet in seiner Dichtung in Form und Inhalt meisterhaft traditionelle und moderne Elemente. Der Band ›Maldan behera‹ (= Bergab, 1959) ist stark vom Symbolismus geprägt; später wandte sich A. mehr und mehr der sozialen Dichtung zu. Das Gedicht ›Nire aitaren etxea‹ (= Das Haus meines Vaters), eine Hymne an die Freiheit, aus seinem meistgelesenen Buch ›Harri eta heri‹ (= Stein und Volk, 1964), wurde in über 500 Sprachen übersetzt.

Weitere Werke: Euskal harria (= Der bask. Stein, Ged., 1967), Harrizko herri hau (= Dieses Volk aus Stein, Ged., 1970), Hazken harria (= Der letzte Stein, Ged., hg. 1980).

Aretalogie [griech.], Gattung der griech. religiösen Literatur in hellenistisch-alexandrin. Zeit, in der die **Aretai** (= die Wundertaten) einer Gottheit oder eines wundertätigen Helden verkündet werden. Der Vortrag erfolgte öffentlich in den griech. Tempeln durch **Aretalogen.** Der Ursprung der A. weist in den Orient.

Literatur: Reitzenstein, R.: Hellenist. Wundererzählungen. Lpz. 1906. – Kiefer, A.: Aretalog. Studien. Diss. Freib. 1929. – Weinreich, O.: Fabel, A., Novelle. Hdbg. 1931. – Engelmann, H.: Die del. Sarapisaretalogie. Meisenheim 1964.

Aretino, italien. Humanist, † Bruni, Leonardo.

Aretino, Pietro, * Arezzo 20. April 1492, † Venedig 21. Okt. 1556, italien. Dichter. – Sohn eines Schusters und einer Dirne; wollte Maler werden; ging 1517 nach Rom. Wurde durch Skandale, offene Briefe, Spottschriften und Satiren gegen zeitgenöss. Persönlichkeiten berühmt und gefürchtet; sein Schweigen ließ er sich bezahlen, für Geld verfaßte er Preislieder. A. stand im Dienst Papst Leos X.; unter Hadrian VI. mußte er Rom verlassen, unter Klemens VII. kehrte er zurück; verfolgt flüchtete er zum Condottiere Giovanni de' Medici und ging nach dessen Tod 1526 nach Venedig. Hier führte er, der gefeierte Dichter des Cinquecento, ein großes Haus. Seine Popularität beruhte zum großen Teil auf dem Aufwand, den er mit sich und seinem Werk trieb. Von Livius inspiriert ist seine (nach Akt III auch komödienhafte) Tragödie ›L'Orazia‹ (1546); kultur- und zeitgeschichtlich interessant sind sein von ihm selbst veröffentlichter Briefwechsel mit berühmten Zeitgenossen (›Lettere‹, 6 Bde., 1537–57), ferner ›Die Gespräche‹ (2 Tle., 1533–36, dt. 3 Bde., 1924, 1904 u. d. T. ›Dichtungen und Gespräche‹, 1924 auch u. d. T. ›Kurtisanengespräche‹) und etliche seiner Komödien, so ›La cortigiana‹ (1526), ›Il marescalco‹ (1533), ›Lo ipocrito‹ (1542), ›La Talanta‹ (1542) und ›Il filosofo‹ (1546).

Ausgaben: P. A. Commedie. Mailand 1930. – P. A. Lettere sull'arte. Mailand 1957–60. 3 Bde. – P. A. Lettere. Hg. v. F. FLORA. Mailand 1960. – P. A. Sei giornate. Hg. v. G. AQUILECCHIA. Bari 1969. Nachdr. 1975. – P. A. Teatro. Hg. v. G. PETROCCHI. Mailand 1971.
Literatur: PETROCCHI, G.: P. A. Tra rinascimento e controriforma. Mailand 1948. – LAINI, G.: Il vero A. Florenz 1955. – HÖSLE, J.: P. A.s Werk. Bln. 1969. – LARIVAILLE, P.: L'Arétin entre renaissance et maniérisme, 1492–1537. Lille 1972. 2 Bde. – CAIRNS, C.: P. A. and the Republic of Venice. Florenz 1985. – MARCHI, C.: L'A. Mailand 1989.

Arévalo Martínez, Rafael [span. a'reβalo mar'tines], * Guatemala 25. Juli 1884, † ebd. 12. Juni 1975, guatemaltek. Schriftsteller. – Gelangte als Lyriker zur persönl. Aussage eines trag. Lebensgefühls (u. a. ›Las rosas de Engaddi‹, 1927; ›Por un caminito así‹, 1947). Bedeutender sind seine Erzählungen (›El hombre que parecía un caballo‹, 1914; ›El mundo de los maharachías‹, 1938; ›El embajador de Torlandia‹, 1960), in denen sich Lyrismen mit alptraumhaften Visionen verbinden. Die Diktatur

M. Estrada Cabreras behandelt sein auch soziologisch aufschlußreicher Essay ›Ecce Pericles‹ (1945).

Arganonä weddase (tl.: 'Äreganonä wedasē) [amhar. arganonε wǝddase = Harfe des Lobpreises; auch Arganonä dengel = Harfe der Jungfrau oder Arganonä Marjam dengel = Harfe der Jungfrau Maria], ein umfangreiches äthiop. Marienoffizium, das der ›Armenier‹ Abba Gijorgis um 1400 im Auftrag des Kaisers Sära Jakob schuf. Nach dem Vorbild des † Weddase Marjam gliedert sich der Text in sieben Lektionen für die sieben Wochentage, mit dem Montag beginnend. Die Texte schöpfen v. a. aus dem AT und NT sowie aus der Reihe apokrypher Schriften. Das A. w., eines der bedeutendsten eigenständigen Werke der äthiop. Literatur, zeichnet sich durch gewählten Stil und poet. Gedankenreichtum aus.

Argens, Jean-Baptiste de Boyer, Marquis d' [frz. ar'ʒã:s], * Aix-en-Provence 24. Juni 1704, † Château de la Garde bei Toulon 11. Jan. 1771, frz. Schriftsteller. – War ursprünglich Offizier; hielt sich ab 1734 längere Zeit in Holland auf, wo er eine Reihe freigeistiger, von Montesquieus ›Pers. Briefen‹ beeinflußter Werke veröffentlichte (›Jüd. Briefe‹, 6 Tle., 1738, dt. 6 Tle., 1763–66; ›Chines. Briefe‹, 5 Tle., 1739/40, dt. 5 Tle., 1768–71; ›Kabbalist. Briefe‹, 6 Tle., 1741, dt. 6 Tle., 1773–77); ging dann auf Einladung Friedrichs II. nach Potsdam, wurde 1744 zum Kammerherrn und Direktor der Klasse für Literatur der Akademie zu Berlin ernannt, fiel 1769 in Ungnade und kehrte in die Provence zurück. Von ihm stammen zahlreiche ästhet. und philosoph. Schriften, in denen er die Ideen der Aufklärung verbreitete, ferner Romane und Memoiren (›Die Philosophie der gesunden Vernunft‹, 1737, dt. 1756; ›Mémoires secrets de la république des lettres‹, 9 Tle., 1737–48, 1765–68 erweitert [14 Bde.] u. d. T. ›Histoire de l'esprit humain‹; ›Mémoires du Marquis d'Argens‹, hg. 1807).

Literatur: JOHNSTON, E.: Le Marquis d'A., sa vie et ses œuvres. Paris 1928. Nachdr. Genf 1971. – Le Marquis d'A. Actes du colloque international de 1988 ... Hg. v. J.-L. VISSIÈRE. Aix-en-Provence 1990.

Argensola, Bartolomé Juan Leonardo de [span. arxen'sola], span. Schriftsteller, † Leonardo de Argensola, Bartolomé Juan.

argentinische Literatur, anders als in Mexiko oder Peru entwickelte sich in Argentinien während der **span. Kolonialzeit** keine starke literar. Tradition. Nennenswert sind allein das Epos ›La Argentina‹ (1602) des gebürtigen Spaniers Martín del Barco Centenera (* 1544[?], † 1605 [?]) und einige Gedichte von Luis de Tejeda (* 1604, † 1680). Noch zur Zeit des **Klassizismus** folgte der in Buenos Aires geborene Lyriker und Dramatiker Manuel José de Lavardén (* 1754, † 1809) span. Vorbildern. Unter deren Einfluß stehen auch Vicente López y Planes (* 1787, † 1856) und Esteban de Luca (* 1786, † 1824), die in vaterländ. Hymnen den Sieg über die engl. Invasoren und im Anschluß an die Mairevolution von 1810 die Befreiung des Landes von der span. Herrschaft besangen.

Die bis zu dieser Zeit nur mündlich tradierte Volksdichtung der Gauchos, die entsprechend deren ethn. Charakter auch indian. Elemente enthält, erlebte durch die Nachdichtungen des Uruguayers B. Hidalgo eine erste Aufwertung. Von hier nahm eine Entwicklung ihren Ausgang, die über H. Ascasubi und E. del Campo zu einem der bedeutendsten Werke ganz Lateinamerikas im 19. Jh., dem Versepos ›Martín Fierro‹ (2 Tle., 1872–79, dt. 1945) von J. Hernández hinführte, in dem lyr.-impressionist. Roman ›Das Buch vom Gaucho Sombra‹ (1926, dt. 1934) von R. Güiraldes zu einem weiteren Höhepunkt gelangte und in den psychologisierenden Gauchoromanen B. Lynchs auslief.

Im Anschluß an die frz. **Romantik** suchten die Autoren um E. Echeverría, die sich 1838 in der ›Asociación de Mayo‹ vereinten, eine nationale, auf histor., geograph. und ethnolog. Besonderheiten des Landes abgestimmte Kunst zu verwirklichen. Durch die Situation des brutalen Regimes J. M. Rosas' wurde eine enge Beziehung zw. Literatur und polit. Meinungskampf hergestellt. Spätestens 1840 waren alle Mitglieder der ›Asociación‹ ins Ausland, meistens nach Uruguay oder Chile geflüchtet. Zu den Meister-

werken der politisch engagierten Exilliteratur gehören der romanhafte Essay ›Civilización y barbarie. Vida de Juan Facunda Quiroga‹ (1845, dt. Auszug 1911 u. d. T. ›Facunda Quiroga oder Zivilisation und Barbarei‹) des späteren Präsidenten D. F. Sarmiento, der den Terror in Argentinien schildernde Roman ›Amalia‹ (2 Bde., 1855, dt. 3 Bde., 1873) und die lyr. Dichtung ›Cantos del peregrino‹ (Tle. 1846, 1847, 1857, vollständig hg. 1889) von J. Mármol sowie die Novelle ›El matadero‹ (entstanden um 1838, hg. 1871) von Echeverría. Die Romantik wurde fortgesetzt und perfektioniert in den langen, ambitiösen Gedichten von O. V. Andrade, C. Guido y Spano und R. Obligado. Hohen literar. Rang erreichte die Essayistik, u. a. in den histor. Abhandlungen und Polemiken von B. Mitre, J. B. Alberdi und Vicente Fidel López (* 1815, † 1903). **Realismus** in Verbindung mit einem neuen Interesse für Psychologie kennzeichnet die Schriften von Miguel Cané (* 1851, † 1905), Eduardo Wilde (* 1844, † 1913) und L. V. Mansilla, dessen autobiograph. Bericht ›Die letzten wilden Indianer der Pampa‹ (1870, dt. 1925) wegen seiner außerordentl. Sympathie für die Gauchos und Indios im Zusammenhang mit der Kritik am zivilisator. Glauben große Bedeutung erlangte.

Zunehmend wuchs das Interesse am Roman. Anerkannte und bed. Autoren der Zeit waren E. Cambaceres mit ›Sin rumbo‹ (1887), Lucio V. López (* 1848, † 1894) mit ›La gran aldea‹ (1882) und J. Miró mit ›La bolsa‹ (1891). Sie übernahmen weitgehend die Techniken des Zolaschen **Naturalismus.** Ihren Höhepunkt fand diese Strömung im Werk von R. J. Payró, der u. a. mit ›El casamiento de Laucha‹ (1906) an die Tradition des span. Schelmenromans anknüpfte.

1893, mit der Ankunft des aus Nicaragua stammenden R. Darío, begann in Buenos Aires die Bewegung des **Modernismo.** Neben Darío wurde bald L. Lugones als größter Lyriker der Richtung angesehen. Sein Gedichtband ›Lunario sentimental‹ (1909) bezeichnet den Abschluß seiner modernist. Phase. Das Werk wurde in den zwanziger Jahren zum direkten Vorläufer des formal an keinen Kanon gebundenen, allein die Metapher als poet. Instrument anerkennenden **Ultraismo** deklariert. Eine Fortsetzung sehr individueller Ausprägung fand der Modernismo in den Werken der Lyriker E. Banchs, Rafael A. Arrieta (* 1889, † 1968), B. Fernández Moreno und der emanzipatorisch engagierten A. Storni. Der namhafteste modernist. Roman ist ›Versuchungen des Don Ramiro‹ (1908, dt. 1929) von E. R. Larreta.

Gegenüber dem Ultraismo, den J. L. Borges aus Spanien eingeführt hatte und dessen Organ die Zeitschrift ›Martín Fierro‹ wurde, entwickelte sich eine andere, sozialkrit., politisch aktive Gruppe, die sich nach dem hauptstädt. Proletarierviertel ›Boedo‹ nannte. ›Florida‹, der Name einer aristokrat. Straße, wurde darauf die Gruppen-Bez. der Ästhetizisten um ›Martín Fierro‹. Zu den letzteren gehörten u. a. O. Girondo, R. E. Molinari, L. Marechal, F. L. Bernárdez, Carlos Mastronardi (* 1905) und, etwas abseits stehend, M. Fernández. Mitglieder der ›Boedo‹-Gruppe waren u. a. Á. Yunque, R. Mariani, E. Castelnuovo, L. Barletta und u. a. R. Arlt. Er wurde bes. von der Generation der ›Vatermörder‹ (›parricidas‹) oder ›Zornigen‹ (›enojados‹), z. B. Julio Ardiles Gray (* 1922), A. Di Benedetto, H. A. Murena, Beatriz Guido (* 1924), D. Viñas, als Vorläufer betrachtet. Beziehungen gab es aber auch zw. Arlt und E. Mallea oder E. Sábato, die als Essayisten und Romanciers Arlts existentiellen Pessimismus vertieft haben. Eine bes. breite literar. Tradition wurde durch die phantast., teils grotesken, teils unheiml., teils metaphysisch-spekulativen Erzählungen des gebürtigen Uruguayers H. Quiroga sowie L. Lugones' eingeleitet. Zu den namhaftesten Vertretern der phantast. Literatur zählen J. L. Borges, A. Bioy Casares, E. Anderson Imbert und J. Cortázar. Die kühnen Romanexperimente des letzteren, ›Die Gewinner‹ (1960, dt. 1966) und ›Rayuela. Himmel-und-Hölle‹ (1963, dt. 1981), sind allerdings nur noch mittelbar dieser Erzählart verbunden.

Die Entwicklung der Dramatik nimmt sich im Vergleich mit Lyrik und erzählender Prosa unbedeutender aus. Das spätromant., volkstüml. Gaucho-Stück wurde um 1900 vom realist.-naturalist. Drama abgelöst. Auch hier ist ein Uruguayer, F. Sánchez, Initiator eines fruchtbaren Prozesses. Von ihm aus läßt sich eine direkte Verbindung zu den psychologisierenden Theaterstücken von S. Eichelbaum oder den ›Grotescos‹ von A. Discépolo, aber auch zu dem politisch-didakt. Theater von O. Dragún oder A. Cuzzani ziehen.

Den Entwicklungsstand der Prosaliteratur der **70er Jahre** kennzeichnen u. a. die Collagenromane von M. Puig oder Eduardo Gudiño Kieffer (* 1935). Die hervorstechende Tendenz der Lyrik im Anschluß an die Autoren der Zeitschrift ›Zona de la Poesía Americana‹ (1963–65) ist die Zuwendung zur Thematisierung konkreter Alltagserfahrung sowie die Einbeziehung der Umgangssprache, u. a. bei J. Gelman, F. Urondo, Miguel Ángel Bustos (* 1933). Das zunehmende Interesse an der Kultur der argentin. Provinzen führt zur Rehabilitierung des großen Lyrikers J. L. Ortiz und des Romanciers J. Filloy.

Nach der **Machtübernahme durch die Militärs 1976** kam das Kulturleben in Argentinien nahezu zum Erliegen, da zahlreiche Schriftsteller ins Exil gehen mußten, wie A. Di Benedetto, Humberto Costantini (* 1924), D. Viñas, P. Orgambide, J. Gelman, M. Puig, O. Soriano u. a., einige verschleppt wurden und seitdem verschollen sind, wie M. A. Bustos, H. Conti (1977 ermordet), Robert Jorge Santoro (* 1939), R. Walsh. Vom neugewählten demokrat. Präsidenten R. Alfonsín **Ende 1983** dazu aufgefordert, kehrten viele Autoren wieder nach Argentinien zurück. In diesen letzten, von der anhaltenden Wirtschaftskrise und politischer Perspektivlosigkeit geprägten Jahren haben sich mehrere jüngere Prosaautoren auch international profiliert: C. Aira, J. Asís, M. Giardinelli, Alberto Laiseca (* 1941), Ricardo Piglia (* 1941), J. C. Martini, Horacio Vázquez Rial (* 1947). Ihre Werke charakterisiert gegenüber den Literaturexperimenten der 70er Jahre die Rückkehr zu einfacheren Formen des Erzählens, zugleich zeichnen sie sich durch phantasievolle Fabulierlust sowie ein diskretes Raffinement intertextueller Beziehungen aus.

Literatur: Historia de la literatura argentina. Hg. v. R. A. ARRIETA. Buenos Aires 1958–60. 6 Bde. – Capítulo. La historia de la literatura argentina. Hg. v. A. PRIETO. Buenos Aires 1967. – Enciclopedia de la literatura argentina. Hg. v. P. ORGAMBIDE u. R. YAHNI. Buenos Aires 1970. – Encuesta a la literatura argentina contemporánea. Buenos Aires 1982. – SOSNOWSKI, S.: Represión y reconstrucción de una cultura. El caso argentino. Buenos Aires 1988. – Literatura argentina hoy. De la dictadura a la democracia. Hg. v. K. KOHUT u. A. PAGNI. Ffm. 1989. – La novela argentina de los años 80. Hg. v. R. SPILLER. Ffm. 1991.

Tudor
Arghezi

Arghezi, Tudor [rumän. ar'gezi], eigtl. Ion N. Theodorescu, * Bukarest 21. Mai 1880, † ebd. 14. Juli 1967, rumän. Schriftsteller. – Autodidakt; war u. a. 1899–1905 Mönch; ging 1906 nach Genf; verschiedene Berufe (u. a. Uhrmacherlehrling) in der Schweiz und in Frankreich; 1910 Rückkehr nach Rumänien; Hg. bzw. Mitarbeiter zahlreicher Zeitschriften (u. a. von ›Bilete de papagal‹). Größter Dichter seines Landes nach M. Eminescu; gilt als Erneuerer der rumän. Dichtung. Sein Werk, das keiner literar. Richtung zuzuordnen ist, vereinigt die unterschiedlichsten sprachl. Elemente; es umfaßt neben Lyrik (in der Frühzeit beeinflußt von Ch. Baudelaire, den A. teilweise übersetzte) Romane, Novellen und ep. Dichtungen, Kinderbücher und Fabeln sowie Essays und zahlreiche Streitschriften, mit denen A. zu aktuellen Fragen Stellung nahm. Berühmt wurde v. a. sein Gedichtband ›Flori di mucigai‹ (= Schimmelblumen, 1931), in dem er Eindrücke eigener polit. Gefängnishaft 1918/19 verarbeitete.

Weitere Werke: Cuvinte potrivite (= Passende Worte, Ged., 1927), Poarta neagrǎ (= Die schwarze Pforte, R., 1930), Ochii Maicii Domnului (= Die Augen der Mutter Gottes, R., 1934), Der Friedhof Mariä Verkündigung (R., 1936, dt. 1984, 1991 u. d. T. Der Friedhof), Ce-ai cu mine, vîntule? (= Was hast du gegen mich, Wind?, En., 1937), Hore (= Tänze, Ged., 1939), Lina (R., 1942), Cîntarea omului (= Gesang vom Menschen, Ged., 1956), Gedichte (dt. Ausw. 1961), Ausgewählte Gedichte (dt. 1964), Schreibe, Feder ... (Prosa, dt. Ausw. 1964), Ritmuri (Ged., 1966), Ketzerbeichte (Ged., dt. Ausw. 1968), Gedichte (dt. Ausw. 1980).
Ausgabe: T. A. Scrieri. Bukarest 1962–78. 32 Bde.
Literatur: MANU, E.: T. A. Bukarest 1977. – MANU, E.: T. A. In: Lit. Rumäniens: 1944–1980. Hg. von einem Autorenkollektiv unter Leitung v. Z. DUMITRESCU-BUŞULENGA u. M. BUCUR. Bln. 1983. S. 56 (mit Bibliographie).

Argote y Góngora, Luis de [span. ar'γote i 'γoŋgora], span. Dichter, ↑ Góngora y Argote, Luis de.

Arguedas, Alcides [span. ar'γeðas], * La Paz 15. Juli 1879, † Chulumani 6. Mai 1946, bolivian. Schriftsteller. – Als Diplomat u. a. in Paris, London, Madrid; sein Hauptwerk ist der Roman ›Raza de bronce‹ (1919), mit dem die Überleitung vom idealisierenden Indianismo zum sozialkrit. Indigenismo in Lateinamerika vollzogen wurde.
Weitere Werke: Wata-Wara (E., 1904), Vida criolla (R., 1905), Pueblo enfermo (Essay, 1909), Historia general de Bolivia 1809–1921 (Studie, 1922), Los caudillos bárbaros (Essay, 1929).
Ausgabe: A. A. Obras completas. Madrid 1959. 2 Bde.

Arguedas, José María [span. ar'γeðas], * Andahuaylas (Apurímac) 18. Jan. 1911, † Lima 2. Dez. 1969, peruan. Schriftsteller und Ethnologe. – Wuchs auf der Hazienda seiner Stiefmutter unter den Indios des peruan. Hochlands auf; studierte Philologie, war dann u. a. Lehrer, ab 1958 Prof. für Ethnologie an der Univ. von San Marcos in Lima, zuletzt Direktor des Nat. Geschichtsmuseums in Lima. Einer der bedeutendsten Vertreter des Indigenismo; nimmt in seinen Romanen und Erzählungen die indian. Perspektive einer von mag. Kräften beherrschten Natur ein bei gleichzeitig scharfer Durchdringung der kulturellen und sozialen Prozesse seines Landes..
Werke: Fiesta des Blutes (R., 1940, dt. 1980), Diamantes y pedernales (R., 1954), Die tiefen

Flüsse (R., 1958, dt. 1965), El Sexto (R., 1961), Trink mein Blut, trink meine Tränen (R., 1964, dt. 1983), El zorro de arriba y el zorro de abajo (R., hg. 1971), Formación de una cultura nacional indioamericana (Essay, hg. 1975). **Literatur:** CASTRO KLARÉN, S.: El mundo mágico de J. M. A. Lima 1973. – MUÑOZ, S.: J. M. A. y el mito de la salvación por la cultura. Minneapolis (Minn.) 1980.

Argumęnt [lat.; eigtl. = was der Erhellung und Veranschaulichung dient (zu arguere = erhellen, beweisen)], in der Literaturwiss. Gegenstand, Stoff, der einer literar. Darstellung zugrunde liegt. Als schriftl. Einleitung in Versen oder Prosa (im Ggs. zum gesprochenen ↑ Prolog) liefert das A. in der Antike, in der Renaissance und im Barock Erläuterungen zu einem Schauspiel oder auch nur eine kurze Zusammenfassung seines Inhalts. In der Commedia dell'arte stellt das A. die Vorlage dar, nach der aus dem Stegreif gespielt wird. A.e finden sich auch in ep. Dichtung, z. B. in J. Miltons ›Das verlorene Paradies‹ (1667, dt. 1682): jedem Buch steht eine als A. bezeichnete Inhaltsübersicht voran.

Arif, Ahmet, * Diyarbakır 1927, türk. Dichter. – Bed. Lyriker der von Kurden besiedelten Südosttürkei. Sein schmales lyr. Werk ist durch lokale Idiomatik sowie düster gefärbte Imaginationskraft gekennzeichnet; sein Werk ›Hasretinden prangalar eskittim‹ (= Aus Sehnsucht nach dir trug ich meine Sträflingsketten ab, Ged., 1968) erlebte zahlreiche Auflagen.

Arion (tl.: Aríōn), griech. Lyriker des 7./6. Jh. v. Chr. aus Methymna (Lesbos). – Hervorragender Kitharöde; lebte am Hofe des Tyrannen Periander von Korinth; soll den Dithyrambus als Kunstform geschaffen haben; wurde damit bed. für die Entwicklung der Tragödie; keines seiner Lieder blieb erhalten. Nach variantenreicher Legende wurde er von einem Delphin gerettet, als ihn die Besatzung eines Schiffes zum Sprung ins Meer zwang.

Ariosto, Ludovico, * Reggio nell'Emilia 8. Sept. 1474, † Ferrara 6. Juli 1533, italien. Dichter. – Sohn eines Schloßhauptmanns; in Reggio und Ferrara erzogen; begann 1489 Jura zu studieren, wandte sich jedoch 1494 huma-

nist. Studien zu. Stand 1503–17 im Dienst des Kardinals Ippolito d'Este. In dieser Zeit entstand neben italien. und lat. Gedichten und Lustspielen nach lat. Muster (›Die Kastenkomödie‹, UA 1508, dt. 1909; ›Die Untergeschobenen‹, UA 1509, dt. 1909) sein Epos in 40 Gesängen ›Orlando furioso‹ (1516, dt. 1631–36 u. d. T. ›Die Historie vom rasenden Roland‹, 1908 in 2 Bden. u. d. T. ›Der rasende Roland‹). 1518 trat A. in den Dienst von Alfonso I d'Este, der ihn 1522 zum Gouverneur von Garfagnana ernannte. 1524 wurde er Hoftheaterdichter und Leiter des Hoftheaters in Ferrara, 1525 zog er sich ins Privatleben zurück. In Ferrara ließ er 1528 seine Komödie ›Der Nekromant‹ (entstanden 1520, dt. 1909) und 1529 ›Lena, die Kupplerin‹ (hg. 1537, dt. 1909) aufführen. Daneben schrieb er auch Satiren und Episteln. Bis 1521 nahm er Verbesserungen an seinem Hauptwerk ›Orlando furioso‹ vor, das ihm Weltruhm als Vollender der italien. Renaissance einbrachte. 1531 erweiterte er es um 6 Gesänge (gedruckt 1532). Der ›Orlando furioso‹ setzt M. M. Boiardos ›Orlando innamorato‹ fort. In vollendeten Stanzen geschrieben, wird die zum Liebeswahn gesteigerte Liebe Orlandos zu der morgenländ. Prinzessin Angelica geschildert. Die Handlung besteht aus vielen verworrenen Episoden, die mit antiken Fabeln, Teilen der Artussage, Motiven der Karlsepik u. a. verwoben sind. Farbig und romantisierend, auch ironisch und mit kom. Zügen wird die Welt des sich dem Ende zuneigenden Rittertums elegant dargestellt.

Ausgaben: L. A. Sämtl. poet. Werke. Übers. v. A. KISSNER. Bln. 1922. 4 Bde. – L. A. Lirica. Hg. v. G. FATINI. Bari 1924. – L. A. Orlando furioso secondo l'edizione del 1532 con le varianti delle edizioni del 1516 e del 1521. Hg. v. S. DE BENEDETTI u. C. SEGRE. Bologna 1960. – L. A. Opere minori. Hg. v. C. SEGRE. Mailand u. Neapel 1961. – L. A. Commedie. Hg. v. A. BORLENGHI. Mailand 1962. 2 Bde.
Literatur: MOMIGLIANO, A.: Saggio sull'›Orlando furioso‹. Bari ⁵1959. – GRIMM, J.: Die Einheit der A.'schen Satire. Ffm. 1969. – BINNI, W.: Metodo e poesia di L. A. Messina u. Florenz ³1970. – ZANETTE, E.: Personaggi e momenti nella vita di L. A. Mailand 1970. – DELCORNO BRANCA, D.: L'Orlando furioso e il romanzo cavalleresco medievale. Florenz 1973. – KREMERS, D.: Der Rasende Roland des L. A. Stg.

1973. – SANTORO, M.: Letture ariostesche. Neapel 1973. – BAILLET, R.: Le monde poétique de l'Arioste. Paris 1977. – BORSELLINO, N.: L. A. Bari ²1989.

Ariphron von Sikyon (tl.: Aríphrōn), griech. Schriftsteller des 5./4. Jh. v. Chr. – Lebte in Athen; von ihm ist ein auch inschriftlich überlieferter, wohl um 420 entstandener Hymnus auf die Göttin Hygieia erhalten.

Arischima (tl.: Arishima), Takeo, *Tokio 4. Febr. 1878, † Karuisawa 9. Juni 1923, jap. Schriftsteller. – Entstammte einer Adelsfamilie, wurde Christ; in seinen Werken wird seine Neigung zur literar. Strömung des Idealismus deutlich; schrieb Romane, Dramen und Essays.
Werke: Aru onna (= Eine Frau, R., 1911, frz. 1926 u. d. T. Cette femme-là), Shi to sono zengo (= Der Tod, das Davor und Danach, Schsp., 1917, engl. 1930 u. d. T. Death), Ein Nachkomme Kains (R., 1917, dt. 1975 in: Träume aus 10 Nächten, hg. v. J. Berndt), Meinen Kleinen (Essays, 1918, dt. 1942 in: Flüchtiges Leben), Umare izuru nayami (= Leiden beim Eintritt ins Leben, R., 1918, engl. 1956 u. d. T. The agony of coming into the world).

Aristeas (tl.: Aristéas) [arıs'te:as, a'rısteas], jüd.-hellenist. Schriftsteller des 1. Jh. v. Chr. – Von seinem Werk ist nur eine Zusammenfassung der Hioberzählung erhalten. Mit ihrer Gleichsetzung Hiobs mit dem im 1. Buch Mose 36, 33 f. genannten Edomiterkönig Jobab stellt sie das bisher älteste Zeugnis für die griech. Übersetzung des Hiobbuches dar.

Aristeasbrief, Schrift, wahrscheinlich Fälschung, aus dem 2. oder 1. Jh. v. Chr.; legendar. Bericht eines Aristeas, eines Beamten des Königs Ptolemaios II. Philadelphos, über die griech. Übersetzung des Pentateuchs durch 72 jüd. Gelehrte (je sechs aus den zwölf Stämmen Israels) in 72 Tagen. Die Zahl 72 wurde auf 70 abgerundet, und so entstand der Name der Übersetzung Septuaginta (lat. = 70). Die ausführl. Einlagen berichten über den tieferen Sinn der jüd. Speisegesetze und erörtern eth.-religiöse Fragen; deshalb wird die A. zu den erzählenden Apokryphen des AT gezählt.

Aristeides (tl.: Aristeídēs; als röm. Bürger: Publius Aelius Aristides), *Adrianutherai (Mysien) wohl 117, †wohl um 187, griech. Rhetor. – Einer der bis in die Neuzeit berühmtesten antiken Rhetoren, bed. Vertreter des Attizismus, an Demosthenes geschult, u.a. Schüler des Herodes Atticus. A. lebte v.a. in Smyrna, unternahm zahlreiche Reisen (u.a. Ägypten, Rom [143/144], Griechenland). Seine 55 erhaltenen Reden sind bes. als topograph., kultur- und religionsgeschichtl. Quellen wertvoll. Seine bekannten ›Hieroì lógoi‹ (= Hl. Reden) sind Dokumente der ihn prägenden Asklepiosverehrung, daneben Ausdruck einer eitlen und überspannten Persönlichkeit.
Ausgaben: P. A. A. Opera omnia. Hg. v. W. DINDORF. Lpz. 1829. 3 Bde. Nachdr. Hildesheim 1964. – A. Griech. u. engl. Übers. u. hg. v. C. A. BEHR. London 1973–81.
Literatur: LENZ, F. W.: A.studien. Bln. 1964.

Aristeides von Milet (tl.: Aristeídēs; Aristides), griech. Prosaschriftsteller um 100 v. Chr. – Schrieb die nach ihrem Schauplatz benannten ›Milēsiaká‹ (= Milesische Geschichten), eine Sammlung von erotisch-frivolen Novellen, vermutl. in der Art des ›Decamerone‹; sie sind nicht erhalten.

Aristie [griech.], überragende Tat eines (antiken) Helden und deren literar. Verherrlichung.

Aristobulos (tl.: Aristóboulos), jüd.-alexandrin. Schriftsteller des 2. Jh. v. Chr. – Ziel seines zu einem geringen Teil erhaltenen Werks ist die Anleitung zum rechten Verständnis des (griech.) Pentateuchs, das er durch symbol. Deutung der Anthropomorphismen und den Nachweis einer Abhängigkeit der griech. Philosophie von jüd. Überlieferung und der Übereinstimmung der griech. Dichtung mit den Gedanken und Vorstellungen des A. T. zu erweisen sucht. Die von ihm erstrebte Aussöhnung von griechischer Bildung mit jüdischer Tradition läßt ihn als Vorläufer Philons erscheinen.
Ausgabe: Altjüd. Schrifttum außerhalb der Bibel. Übers. u. erl. v. P. RIESSLER. Freib. u. Hdbg. 1928. Nachdr. Freib. ⁴1979.
Literatur: WALTER, N.: Der Thoraausleger A. Bln. 1964.

Aristophanes (tl.: Aristophánēs), *Athen vor 445, †ebd. um 385, griech. Komödiendichter. – Zusammen mit Kratinos und Eupolis bedeutendster Repräsentant der alten att. Komödie; folgende 11 seiner etwa 40 Stücke sind dank der

Hochschätzung der Attizisten erhalten: ›Die Acharner‹ (425), ›Die Ritter‹ (424), ›Die Wolken‹ (423), ›Die Wespen‹ (422), ›Der Friede‹ (421), ›Die Vögel‹ (414), ›Lysistrate‹ (411), ›Thesmophoriazusen‹ (= Frauen beim Fest der Thesmophorien; 411), ›Die Frösche‹ (405), ›Ekklesiazusen‹ (= Frauen in der Volksversammlung; wahrscheinlich 392) und ›Plutos‹ (= Reichtum; 388). Themenvielfalt wie Friedenssehnsucht, Frauenherrschaft, Tragödienparodie und beißende Kritik an führenden Politikern sowie der Sophistik, dazu eine burleske, auf weiten Strecken drast. Komik kennzeichnen seine Stücke. Vor dem Hintergrund des Peloponnes. Krieges und der scheiternden athen. Demokratie erweist sich A. trotz utop. Züge in einigen seiner Komödien als konservativer Kritiker und sieht deren Aufgabe darin, ›der Polis durch guten Rat und Lehre zu nützen‹ (›Die Frösche‹, 686 f.). In seinen Alterswerken wird u.a. durch das Zurücktreten des Chores der Übergang zur mittleren Komödie deutlich.

Ausgaben: Aristophane. Hg. v. V. COULON u. H. v. DAELE. Paris 1923–30. 5 Bde. (mit frz. Übers.). – A. Sämtl. Komödien. Dt. Übers. Hg. u. eingel. v. O. WEINREICH. Zü. u. Stg. ²1968. **Literatur:** SEEL, O.: A. oder Versuch über Komödie. Stg. 1960. – HÄNDEL, P.: Formen u. Darstellungsweisen in der aristophan. Komödie. Hdbg. 1963. – EHRENBERG, V.: A. u. das Volk v. Athen. Zü. u. Stg. 1968. – GELZER, TH.: A. In: Pauly-Wissowa, Suppl. 12. Zü. u. Stg. 1970. S. 1392. – A. u. die Alte Komödie. Hg. v. H.J. NEWIGER. Darmst. 1975. – ZIMMERMANN, B.: Unterss. zur Form u. dramat. Technik der Aristophan. Komödien. Bd. 1. Königstein i. Ts. 1984.

Aristophaneus [griech.-lat.], nach dem griech. Komödiendichter Aristophanes benannter, äolischer Vers (↑äolische Versmaße), den auch Horaz in der 2. ↑sapphischen Strophe verwendet:

$$-\cup\cup-\cup-\cup.$$

Aristoteles (tl.: Aristotélēs), * Stagira (Makedonien) 384, † Chalkis (Euböa) 322, griech. Philosoph. – Neben Sokrates und Platon prominentester und einflußreichster Philosoph der Antike und Begründer der klass. philosoph. Tradition des Abendlandes. – A. kam mit 18 Jahren nach Athen, wo er sich dem philosoph. Zirkel um Platon anschloß, dessen Mit-

glied er bis zum Tod des Meisters blieb. Da er die Weiterentwicklung der Akademie nach Platons Tod nicht billigte, ging er 347 nach Kleinasien. Philipp von Makedonien bestellte ihn 343 zum Erzieher seines Sohnes, des späteren Alexander des Großen. Nach Athen zurückgekehrt, gründete A. 335 eine eigene Philosophenschule, die nach ihrem Tagungsort, der Wandelhalle (griech. perípatos) des Lykeions, ›peripatet.‹ Schule genannt wird. Nach dem Tod Alexanders des Großen mußte er wegen der makedonenfeindl. Grundstimmung in Athen die Stadt verlassen; er starb auf der Flucht. Vom breiten Gesamtwerk des A. ist im wesentl. nur das philosoph. Werk erhalten geblieben. Nach traditioneller Unterteilung umfaßt es die 1. log., 2. naturwiss., 3. ethisch-polit. und 4. ästhet. Schriften sowie 5. die Metaphysik. Auf Inhalt und Bedeutung der im engeren Sinn philosoph. Lehre kann hier nur hingewiesen werden: Sie entstand über die krit. Auseinandersetzung mit dem Platonischen Konzept und entwickelt in eigenständiger Weise ein komplexes System, das mit verschiedenen Teilaspekten bis weit in die Neuzeit hinein von außerordentl. Einfluß auf die Geschichte des abendländ. Denkens ist. – Die Gruppe der ästhet. Schriften umfaßt die Rhetorik und die Poetik: 1. *Rhetorik:* Überlegungen zur Rhetorik (griech. ›Kunst der Rede‹) haben in der griech. Antike aus der Einsicht in die Relevanz der Rede für die Meinungsbildung in der polit. Praxis bereits vor A. (z.B. in der Sophistik) Tradition. Entsprechend versteht auch A. Rhetorik als eine Kunst des Überredens, wobei er das techn. Mittel und Methoden zur Erreichung dieses Zwecks (Gattungen der Rede, Formen der Beweisführung, sprachl. Schmuck) ohne theoret. Rücksicht auf die Wahrheit der vorgetragenen Argumentation und ohne prakt. Rücksicht auf das gute Ziel dieser Überredung erörtert. – 2. *Poetik:* Von der Poetik sind nur der Teil, der sich mit der Tragödiendichtung befaßt, und weite Passagen einer Theorie des Epos erhalten, während jener Teil, in dem Jambendichtung und Komödie behandelt werden, verlorengegangen ist. Zwar handelt es sich (nicht allein wegen der rudimentären Überlieferung) nur um eine kleine Schrift, doch ist sie nichtsdestoweniger von nachhaltigem Einfluß auf die Entwicklung einer abendländ. Literatur-, bes. Dramentheorie geworden. Historisch gesehen, stellt diese Poetik den ersten Versuch dar, Literatur nicht nach pädagog., moralisch-polit. oder therapeut. Funktionen zu analysieren, sondern ausschließlich unter den Bedingungen ihrer Konstruktion, d. h. ihrer spezifisch ästhet. Dimension, zu erörtern. Ausgangspunkt der aristotel. Dichtungstheorie ist der Gedanke der *Mimesis,* d. h. der wirklichkeitsnachahmenden Darstellung. Anders als Platon gelangt A. zu einer positiven Bewertung des mimet. Prinzips. Dies beruht zum einen auf seiner krit. Distanz zur Ideenlehre, zum anderen auf einer Aufwertung der im Menschen angelegten Nachahmungslust; zudem beinhaltet Mimesis für A. die Möglichkeit zur antizipator. Darstellung idealer Lebensvollzüge. Kennzeichnend für Dichtung ist nach A. auch der Umstand, daß sie auf den Sinn des Menschen für Harmonie und sprachl. Rhythmus gründet, was ihren ästhet. Reiz ausmacht. Von bes. Interesse für die abendländ. Dramentheorie wurde ein Zentralbegriff der aristotel. Wirkungsästhetik: der Begriff der *Katharsis* (griech. ›Reinigung, Läuterung‹). Nach Auffassung des A. löst die Tragödie, indem sie ›éleos‹ und ›phóbos‹ (griech. ›Jammer‹ und ›Schauder‹) bewirkt, eine Reinigung des Zuschauers ›von derartigen Affekten‹ aus. Dieser theoret. Ausgangspunkt wurde in den literaturtheoret. Erörterungen der Neuzeit Gegenstand unterschiedl. Auslegungen. Seit dem Humanismus bediente man sich des Begriffspaars ↑ Furcht und Mitleid, das im Ansatz allerdings eher Neuinterpretation als einfache Übersetzung der griech. Termini bedeutet. Gemeinhin herrscht die Ansicht, daß nach A. die Tragödie durch ihre die Psyche des Zuschauers erschütternde Wirkung zu einer Reinigung jener Leidenschaften führe, die im trag. Spiel zur Darstellung gelangen. Insbes. das Drama der frz. Klassik beansprucht unter Berufung auf diese Position, die antike Theorie adäquat zu präsentieren. Gegen diesen Anspruch führt die Lessingsche Kritik an, daß über

die Katharsis die durch die Tragödie erregten Affekte in tugendhafte Fertigkeiten umgewandelt würden. – Auch für ein weiteres ihrer konstituierenden Strukturelemente beruft sich die Theorie des klass. frz. Dramas auf A.: nämlich für die *Lehre von den drei Einheiten.* Allerdings legt A., um einen Grundzug klass. Kunstproduktion, stoffl. Konzentration und Ökonomie zu gewährleisten, nur die Einheit der Handlung zugrunde, und zwar nicht allein für das Trauerspiel. Die Einheit der Zeit wird von ihm nur mit einer knappen Anmerkung bedacht, die Einheit des Ortes in der Poetik gar nicht angeführt. Dies zeigt, daß die Geschichte der A.auslegung auch im Bereich der ästhet. Theorie von Mißverständnissen, Umdeutungen oder erweiternden Interpretationen nicht frei ist.

Ausgaben: A. Opera. Hg. v. I. Bekker. Bln. 1831–70. 5 Bde. Nachdr. Darmst. u. Bln. 1960–61 (Bde. 1, 2, 4 u. 5). – A. Hauptwerke. Ausgew., übersetzt u. eingel. v. W. Nestle. Stg. [8]1977.
Literatur: Allan, D. J.: Die Philosophie des A. Dt. Übers. Hamb. 1955. – Düring, I.: A. Hdbg. 1966. – Fuhrmann, M.: Einf. in die antike Dichtungstheorie. Darmst. 1973. – Van Steenberghen, F., u. a.: A. In Lex. des MA. Bd. 1. Mchn. u. Zü. 1980. – Kommerell, M.: Lessing u. A. Ffm. [5]1984. – Forschner, M.: Über das Glück des Menschen. A., ... Darmst. 1993. – Zemb, J. M.: A. Rbk. 59.–60. Tsd. 1993.

aristotelische Dramatik, von B. Brecht geprägter Begriff für eine Dramatik, auf die sich die aristotel. Wirkungsästhetik der Tragödie (↑ Katharsis durch ↑ Furcht und Mitleid) anwenden läßt; als ›Hauptpunkt‹ der a. D. wertet Brecht den psycholog. Akt der ›Einfühlung‹ der Zuschauer in die handelnden Personen. Seine Konzeption einer ›nichtaristotel. Dramatik‹ geht von histor. Zusammenhang dieser ›Einfühlung‹ mit der bürgerlich-liberalen Vorstellung der ›freien‹ Einzelpersönlichkeit aus; er fordert, parallel zur Emanzipation der Produktivkräfte von ihrer Bindung an die ›Einzelpersönlichkeit‹ des bürgerl. Unternehmers im Zuge der Sozialisierung der Produktionsmittel, eine Emanzipation der Emotionen der Zuschauer im Theater von der individuell ausgerichteten ›Einfühlung‹; die Emotionen, die damit also nicht aus der Wirkungsästhetik des Dramas verbannt werden, sollen durch ihre Koppelung mit rationalen und krit. Reaktionen der Zuschauer an ein spezif. Klasseninteresse gebunden werden und damit einen kollektiven Charakter erhalten; das Mittel dazu ist die ↑Verfremdung, die eine Distanz des Zuschauers zum Bühnengeschehen bewirkt und dem Zuschauer eine veränderbare Welt gegenüberstellt. Mit der ›aristotel. Einfühlung‹ sollten also zugleich die letzten ›Reste des Kultischen im Theater‹ beseitigt werden, die nichtaristotel. Dramatik Brechts sollte ›die Welt nicht nur verschieden interpretieren, sondern verändern helfen‹ (Brecht). – ↑auch episches Theater.

Literatur: HULTBERG, H.: Die ästhet. Anschauungen Bertolt Brechts. Dt. Übers. Kopenhagen 1962. – BRECHT, B.: Über eine nicht-aristotel. Dramatik. In: BRECHT: Ges. Werke. Bd. 15. Ffm. ²1968.

Ari Porgilsson [isländ. ˈaːrɪ ˈθɔrgjilsɔn], * 1068, † 1148, isländ. Geschichtsschreiber. – Verfaßte um 1122/32 die erste Geschichte Islands in altnord. Sprache (›Íslendingabók‹), in der er die Landnahme, Christianisierung und kirchl. Organisation Islands und Grönlands für die Jahre 870–1120 beschreibt. Erhalten ist nur die 2. Redaktion des Werks, dessen ältere von Snorri Sturluson benutzt wurde.

Ausgaben: Íslendingabók, er skrifað hefir A. Þorgilsson, og Landnámabók. Hg. v. V. ÁSMUNDARSON. Reykjavík 1891. – Are. Isländerbuch. Dt. Übers. Hg. v. W. GOLTHER. Halle/Saale ²1923. **Literatur:** SIGFUSSON, B.: Íslendingabók. In: Kulturhistorisk leksikon for nordisk middelalder Bd. 7. Kopenhagen 1962.

arkadische Poesie, Hirten- und Schäferdichtung. Der Name geht auf die griech. Landschaft Arkadien (Peloponnes) zurück, die als Land der Hirten und Jäger und als Heimat des Hirtengottes Pan gilt. Seit Vergil (›Bucolica‹, auch ›Eclogae‹ genannt, entst. 42–39) wird Arkadien im ganzen Abendland als Schauplatz der Hirtenpoesie gewählt, wobei die geograph. Landschaft nur den Namen gibt. – ↑auch bukolische Dichtung.

Literatur: PETRICONI, H.: Das neue Arkadien. In: Antike u. Abendland 3 (1948), S. 187. – SNELL, B.: Arkadien. Die Entdeckung einer gei-stigen Landschaft. In: SNELL: Die Entdeckung des Geistes. Gött. ⁶1986.

Arland, Marcel [frz. arˈlã], * Varennes-sur-Amance (Haute-Marne) 5. Juli 1899, † Paris 12. Jan. 1986, frz. Schriftsteller. – Philologiestudium, 1924–29 Lehrer; 1953–68 Mit-Hg. und 1968–77 Hg. der Zeitschrift ›La Nouvelle Revue Française‹; Verfasser psychologisch eindringl. Romane und Erzählungen; sein Roman ›Heilige Ordnung‹ (1929, dt. 1932; Prix Goncourt 1929) spiegelt die Umwälzung der frz. Gesellschaft in den Jahren nach dem 1. Weltkrieg; auch Kritiker und Essayist. Seit 1968 Mitglied der Académie française.

Weitere Werke: La vigie (R., 1935), Essais et nouveaux essais critiques (1952), À perdre haleine (Nov.n, 1960), Le grand pardon (Nov.n, 1965), Attendez l'aube (Prosa, 1970), Proche du silence (Essays, 1973), Avons-nous vécu? (Erinnerungen, 1977), Ce fut ainsi (Erinnerungen, 1979), Mais enfin qui êtes-vous? (Erinnerungen, 1981), Lumière du soir (Erinnerungen, 1983). **Literatur:** DUVIGNAUD, J.: A. Paris 1962. – BOSQUET, A.: En compagnie de M. A. Paris 1973. – DOUCET, J.: Pour saluer A. Troyes 1989.

Arlecchino [arlɛˈkiːno; italien.; aus der altfrz. Fügung maisnie Hellequin = Hexenjagd, wilde, lustige Teufelsschar], neben ›Pantalone‹, ›Dottore‹ und ›erstem Zanni‹ ist der derb-schelm. Diener A., aus Bergamo mit entsprechendem Dialekt, eine der typ. kom. Figuren der Commedia dell'arte. Sein Kostüm bestand aus einem mit bunten, dreieckigen und rhombenförmigen Flecken besetzten Wams und einer schwarzen Halbmaske, sein Kopf war geschoren. In Italien hieß er ursprünglich ›der zweite Zanni‹. In Frankreich nannte man ihn, seit er in der 2. Hälfte des 16. Jh. durch italien. Theatertrupps dort populär gemacht wurde, nach einer kom. Teufelsmaske ›(h)arlequin‹. Dieser Name wurde in der Form A. ab dem 18. Jh. auch für Italien verbindlich. – ↑auch Harlekin, ↑Commedia dell'arte.

Literatur: NIKLAUS, T.: Harlequin, or the rise and fall of a Bergamasque rogue. New York 1956. NICOLL, A.: The world of harlequin, a critical study of the Commedia dell'arte. Cambridge 1963.

Arlt, Roberto, * Buenos Aires 2. April 1900, † ebd. 26. Juni 1942, argentin. Schriftsteller und Journalist. – Sohn einer Österreicherin und eines Deutschen. Erzähler, Romancier und Dramatiker, gehörte zur anarchistisch-sozialist. ›Boedo‹-Gruppe; führte die Großstadtlandschaft und den Jargon der niederen Viertel von Buenos Aires, das ›Lunfardo‹, in die argentin. Literatur ein. Seine pessimist. Kritik an den sozialen Zuständen in Verbindung mit einer halluzinator. expressiven Darstellungsweise machten ihn zum Vorläufer von Autoren wie J. C. Onetti, D. Viñas u. a.

Werke: El juguete rabioso (R., 1926), Die sieben Irren (R., 1929, dt. 1971), Die Flammenwerfer (R., 1931, dt. 1973), El amor brujo (R., 1932), El jorobadito (En., 1933), Saverio el cruel (Dr., 1938).
Ausgaben: R. A. Novelas completas y cuentos. Buenos Aires 1963. 3 Bde. – R. A. Teatro completo. Buenos Aires 1968. 2 Bde. – R. A. Obra completa. Buenos Aires 1981. 2 Bde.
Literatur: FLINT, J. M.: The prose works of R. A. Durham 1985.

Armah, Ayi Kwei [engl. ɑ:'mɑ:], *Takoradi (Ghana) Okt. 1939, ghanaischer Schriftsteller. – Schrieb Romane, in denen er sich mit der Rolle des Intellektuellen im modernen Afrika auseinandersetzt.

Werke: Die Schönen sind noch nicht geboren (R., 1968, dt. 1971), Fragments (R., 1970), Why are we so blest? (R., 1972), Two thousand seasons (R., 1973), The healers (R., 1978).

Arman de Caillavet, Gaston [frz. armãdkaja'vɛ], frz. Schriftsteller, ↑ Caillavet, Gaston Arman de.

arme Mann von Nippur, Der, moderner Titel eines altoriental. Schwanks, überliefert in jungbabylon. Fassung des 1. Jt. v. Chr., die aber Verhältnisse altbabylon. Zeit (19./18. Jh.) schildert: Gimil-Ninurta, ein armer Bürger von Nippur, rächt sich durch Schlauheit dreifach an seinem korrupten Bürgermeister. Das Volkssagenmotiv ist weit verbreitet.

Literatur: GURNEY, O. R.: The Sultantepe tablets (continued). The tale of the poor man of Nippur. In: Anatolian Studies 6 (1956), S. 145. – GURNEY, O. R.: The tale of the poor man of Nippur and its folktale parallels. In: Anatolian Studies 22 (1972), S. 149.

Armenbibel ↑ Biblia pauperum.

armenische Literatur, für die Entwicklung der a. L. ist die Stellung Armeniens als Pufferstaat zwischen Großmächten und die aus dem polit. Druck erwachsene Diaspora bedeutsam. – Nach der Christianisierung, die der Nation die feste Einheit auch in der Welt des Islams erhielt, schufen sich die Armenier zusammen mit einer eigenen Schrift eine Literatur, die ihr nationales Selbstbewußtsein durch die Fülle von Historikern, ihre christl. Glaubenswelt durch theolog. und kirchl. Schriftsteller, ihre geistigen Kräfte durch wissenschaftlich-philosoph. Werke zum Ausdruck brachte. Da die armen. Sprache zudem nie ausstarb, konnte die Literatur bis in die Gegenwart produktiv bleiben und im Gegensatz zu anderen ↑ christlich-orientalischen Literaturen einen umfangreichen weltl. Zweig entwickeln.

Die **altarmenische Literatur.** Das ›goldene Zeitalter‹ (407–451) bot reiche Übersetzungstätigkeit (Bibel, patrist., hagiograph., liturg. Schriften und histor. Werke, z. B. von Eusebios von Caesarea und Faustus von Byzanz). Die Übersetzungen stammten teils aus dem Griechischen, teils aus dem Syrischen. In dieser Epoche gab es auch große Originalschriftsteller, so Esnik von Koghb (5. Jh.), Agatangeghos (um 491), Koriun (5. Jh.). Das ›silberne Zeitalter‹ (ab 451) wies starken Einfluß der Umgangssprache auf. Unter den Historikern ragte Ghasar von Parp (um 500) hervor, aus der Übersetzungsliteratur ist neben patrist. Texten der ›Alexanderroman‹ zu nennen. War schon in den Übersetzungen ein gewisser Einfluß des Griechischen auf die Sprache der Übersetzer zu bemerken, so entwickelte sich am Ende des 6. Jh. direkt eine hellenist. Schule, die das Armenische in die Regeln des griech. Grammatikers Dionysios Thrax pressen wollte. Bei aller Kritik an dieser Methode kann ihr eine große Vermittlerrolle nicht abgesprochen werden. Patrist. Literatur, aber auch griech. Philosophen wurden übersetzt (im Matenadaran, der Staatsbibliothek Armeniens, befinden sich fast 300 Aristoteleshandschriften). Doch die sprachl. Überfremdung konnte sich nicht durchsetzen. Bis in die Kreuzzugsepoche zeigte sich die altarmen. L. sehr fruchtbar. Bes. die Historiker (allgemeine Geschichte, Dynastiengeschichte, Provinzialgeschichte) traten hervor: Eghische (Elisäus) Wardapet (7. Jh.), Se-

beos (7. Jh.), Ghewond (8. Jh.), Aristakes
von Lastiwert (nach 1071), Moses von
Choren (9. Jh.), Johannes Katholikos der
Historiker (* 850, †931), Toma Arzruni
(um 1000), Uchtanes (10. Jh.), Stepanos
von Tarawn (um 1000). Als theolog. Literatur sind die im ↑ Buch der Briefe gesammelten Dokumente anzusehen, aus
denen die Einbeziehung Armeniens in
die konfessionellen Auseinandersetzungen verfolgt werden kann. An Einzelau-
toren sind bes. zu nennen: Wrtanes Ker-
dol (* um 550, †617), Johannes Oznezi
(* 650, †729), Chosrowik Targmanitsch
(8. Jh.), Grigor von Narek, Stepanos von
Siunik (†735). Auch kirchl. Literatur
wurde verfaßt. Unter den Autoren wissenschaftl. Literatur ist v. a. auf Ananias
von Schirak (* um 600, †670), Gregorios
Magistros (11. Jh.) und David den Unbe-
siegten aus Hark hinzuweisen. In der
Zeit des kleinarmenisch-kilik. Staates
lebte die altarmen. L. weiter. Historiker
waren u. a. Mchitar von Ani (Anfang des
13. Jh.), Wardan der Historiker (* 1200/
1210, †um 1270), Kirakos von Ganzak
(* 1200, †1271), König Hetum II.
(1289–1305), Stepanos Orpelean (* um
1260, †um 1305), Theologen und Dichter
u. a. Nerses Schnorhali, Nerses von Lam-
bron, Chatschatur von Taron (12. Jh.),
Mchitar Gosch (* 1130/40, †1213).
Daneben wurde auch die Volkssprache
zur Schriftsprache erhoben, so daß während dieser Epoche von einer speziell
mittelarmen. Schriftsprache und **mittel-
armenischen Literatur** gesprochen werden kann. Mit den behandelten Gegenständen, medizin., jurist. und landwirt-
schaftl. Schriften, auch Historie und
Dichtung, wurde ein weiterer Leserkreis
angesprochen. Mit dem Untergang des
kilik. Reiches und der Verwüstung Groß-
armeniens durch Timur-Leng sank vom
Ende des 14. Jh. an die a. L. immer weiter
ab. Zwar hatten die Fratres unitores neue
Anregungen aus abendländ. Schrifttum
eingeführt, aber erst mit Mchitar von Se-
baste (* 1676, †1749) und der von ihm
begründeten Kongregation konnte der
weitergehenden Verwahrlosung von
Sprache und Stil Einhalt geboten werden. San Lazzaro bei Venedig und Wien
wurden zu Zentren, in denen man sich
auf die alte Literatur besann, sie neu er-

schloß und bearbeitete, so daß die Armenier nun ihre eigene Literaturgeschichte
in der eigenen Sprache behandelten. Bediente man sich dazu seit dem 19. Jh. des
Neuarmenischen, so war dies auch das
Mittel, um eine moderne schöne Literatur zu schaffen, dabei wurde die **neuwest-
armenische Literatur** mehr von frz., die
neuostarmenische Literatur mehr von dt.
Vorbildern beeinflußt. Hatte es vom
13. Jh. ab mit den armen. Troubadouren
(›Aschugen‹, Nahapet Kutschak, Sajat-
Nowa) schon eine Art weltl. Literatur gegeben, so entstanden im 19. Jh. Drama,
Lyrik, Roman und Satire. Die Sowjetisie-
rung lenkte die ostarmen. Literatur in die
Richtung der Arbeiterdichtung und der
politisch-gesellschaftl. Literatur. Unter
den Westarmeniern ragen u. a. hervor:
G. Alischan, M. Mezarenz, D. Varu-
schan, H. Paronjan, A. Arpiarean, Gregor
Schrab (* 1861, †1915), Tigran Kamsara-
kan (* 1866, †1940), unter den Ostarme-
niern u. a.: Ch. Abowjan, R. G. Patkan-
jan, M. Nalbandjan, S. Schahasis, Raffi,
Schirwansade, A. Aharonjan, H. Tuman-
jan, A. Issahakjan, unter den sowjeti-
schen Schriftstellern u. a.: A. Akopjan,
Eghische Tscharenz (* 1897, †1937) und
Frau Schuschanik Kurginjan (* 1876,
†1927). Die zeitgenöss. a. L. wird z. B.
durch W. Ananjan (* 1905, †1980),
H. Matewosjan (* 1935) und W. Petrosjan
(* 1932) geprägt; bes. die Lyrik erfährt
einen Aufschwung.

Literatur: THOROSSIAN, H.: Histoire de la littérature arménienne. Paris 1951. – INGLISIAN, V.:
Die armen. Lit. In: Hdb. der Orientalistik. Hg.
v. B. SPULER. Abt. 1, Bd. 7. Leiden 1963.

Arnarson, Örn [isländ. 'ardnarsɔn],
eigtl. Magnús' Stefánsson, * Kverkár-
tunga 12. Dez. 1884, † Hafnarfjörður
25. Juli 1942, isländ. Dichter. – A. schrieb
neuromat., oft iron. Gedichte in vollendeter Form.
Werke: Illgresí (Ged., 1924), Rímur af Oddi
sterka (Ged., 1938).

Arnau, Frank, * Wien 9. März 1894,
† München 11. Febr. 1976, dt. Publizist
und Schriftsteller. – Journalist; emigrierte 1933 über Frankreich und Spanien nach Brasilien, wo er 1939–55 lebte;
arbeitete nach seiner Rückkehr für verschiedene Zeitungen und Zeitschriften;
war Präsident der Dt. Liga für Men-

schenrechte. Verfaßte zahlreiche Dramen, Romane (v. a. Kriminalromane wie ›Die Maske mit dem Silberstreifen‹, 1944; ›Nur tote Zeugen schweigen‹, 1959), Novellen und Sachbücher, bes. zur Kriminalistik.

Weitere Werke: Brasilia. Phantasie und Wirklichkeit (1960), Kunst der Fälscher, Fälscher der Kunst (1964), Die Straf-Unrechtspflege in der Bundesrepublik (1967), Menschenraub (1968), Tatmotiv Leidenschaft (1971), Gelebt, geliebt, gehaßt: ein Leben im 20. Jh. (Autobiogr., 1972), Watergate: der Sumpf (1974).

Arnaud, François Thomas de Baculard d' [frz. ar'no], frz. Schriftsteller, † Baculard d'Arnaud, François Thomas de.

Arnaud, Georges [frz. ar'no], eigtl. Henri Girard, * Montpellier 16. Juli 1917, † Barcelona 4. März 1987, frz. Schriftsteller. – Wurde v. a. durch seinen realist. Roman ›Lohn der Angst‹ (1950, dt. 1953, 1951 u. d. T. ›Ladung Nitroglyzerin‹; verfilmt 1953) bekannt, dessen Erfolg seine anderen Romane (u. a. ›Le voyage du mauvais larron‹, 1951; ›Lumière de soufre‹, 1952) nicht erreichten; verfaßte auch Kriminalromane, Novellen, polit. Essays und Reportagen sowie ein Theaterstück (›Les aveux les plus doux‹, 1954).

Arnault, Antoine Vincent [frz. ar'no], * Paris 22. Jan. 1766, † Goderville (Seine-Maritime) 16. Sept. 1834, frz. Schriftsteller. – Vertreter der klassizist. Tragödie (›Marius à Minturnes‹, 1791); sein Bestes sind seine Fabeln und Gedichte (›Fables‹, 1812; ›Fables et poésies‹, 1826); zeitgeschichtlich wertvoll sind ›Vie politique et militaire de Napoléon‹ (1822) und ›Souvenirs d'un sexagénaire‹ (1835); 1799 Mitglied der Académie française.

Arnaut de Mareuil [frz. arnodma'rœj], * Mareuil (Dordogne), provenzal. Troubadour der 2. Hälfte des 12. Jh. – Von ihm sind 26 Liedtexte, davon sechs mit Melodien, sowie einige ›saluts d'amour‹, eine Form poet. Liebesbriefe, erhalten; sein Lehrgedicht (Ensenhamen) zu Fragen der höfischen Ethik benennt zentrale Forderungen christlich-ritterlicher Lebensweise im hohen MA.

Ausgaben: Les poésies lyriques du troubadour A. de M. Hg. v. R. C. JOHNSTON. Paris 1935. – Les saluts d'amour du troubadour A. de M. Toulouse 1961.

Literatur: GENNRICH, F.: Der musikal. Nachlaß der Troubadours. Darmst. 1958–65. 3 Bde.

Arnaut Daniel [frz. arnoda'njɛl], provenzal. Troubadour der 2. Hälfte des 12. Jh., vermutlich aus Ribérac (Dordogne). – Pflegte den dunklen, gesuchten Stil (›trobar ric‹), zu dem auch kunstvolle Reime und Reimbindungen gehören, und ist wahrscheinlich der Erfinder der Sestine, die später in der italien. Literatur eine bes. Rolle spielte. Von seinem Werk sind 18 Kanzonen erhalten, davon zwei mit Melodien.

Ausgaben: Les poésies d'A. D. Krit. Neuausg. nach Canello mit frz. Übers. u. Anm. Hg. v. R. LAVAUD. Toulouse 1910. Nachdr. Genf 1973. – Le canzoni di A. D. Hg. v. M. PERUGI. Mailand 1978. 2 Bde.

Arnd (Arndt), Johann, * Edderitz (Anhalt) 27. Dez. 1555, † Celle 11. Mai 1621, dt. luther. Theologe und Schriftsteller. – Erbauungsschriftsteller und Verfasser religiöser Lieder, stark beeinflußt von der mittelalterl. Mystik, weshalb er von orthodoxen luther. Theologen angegriffen wurde. Aus seinen zahlreichen Schriften erlangten Bedeutung die ›Vier (sechs) Bücher vom wahren Christentum‹ (1606–10) und sein Gebetbuch ›Paradiesgärtlein aller christlichen Tugenden‹ (1612).

Literatur: KRUMMACHER, H.-H.: A. Gryphius u. J. Arndt. In: Formenwandel. Hg. v. W. MÜLLER-SEIDEL u. W. PREISENDANZ. Hamb. 1964.

Arndt, Ernst Moritz, * Groß Schoritz (Rügen) 26. Dez. 1769, † Bonn 29. Jan. 1860, dt. Schriftsteller und Publizist. – War Sohn eines zum Gutspächter aufgestiegenen Leibeigenen; studierte Geschichte und ev. Theologie im damals schwed. Greifswald und in Jena, war dann Hauslehrer und unternahm eine Bildungsreise, die ihren Niederschlag in seinen Erinnerungen ›Reisen durch einen Theil Teutschlands, Ungarns, Italiens und Frankreichs in den Jahren 1798 und 1799‹ (4 Bde., 1804) fand. 1805 Prof. für Geschichte in Greifswald. Sein 1803 erschienener ›Versuch einer Geschichte der Leibeigenschaft in Pommern und Rügen‹ trug entscheidend zur Aufhebung der Leibeigenschaft (1806) im damals schwed. Teil Vorpommerns bei. Mit seinem Werk ›Geist der Zeit‹, dessen 1. Band 1806 erschien (3 weitere Bde.

1809–18), rief er zum Kampf gegen Napoleon auf. Er stellte darin dem reinen Rationalismus und der übersteigerten Aufklärung, die er in der Frz. Revolution und in Napoleon verkörpert sah, eine aus den natürl. Anlagen der german. Völker und ihrer Uridee der Freiheit gewachsene Gesamtkultur gegenüber, die jetzt von den Völkern und Fürsten unter Aufgabe ihrer bislang eigennützigen Ziele verwirklicht werden müsse. A. mußte aufgrund dieses Werks 1806 vor den Franzosen fliehen und hielt sich bis 1808 in Schweden auf. 1812 folgte er dem Freiherrn vom Stein als Privatsekretär nach Petersburg. Nach seiner Rückkehr ergriff er mit seinen mitreißenden patriot. ›Liedern für Teutsche‹ (1813; darunter: ›Der Gott, der Eisen wachsen ließ‹, ›Teutsches Herz, verzage nicht‹, ›Was ist des Teutschen Vaterland?‹, ›Was blasen die Trompeten?‹) und seiner Flugschrift ›Der Rhein, Teutschlands Strom, aber nicht Teutschlands Grenze‹ (1813) leidenschaftlich Partei für die nationale Sache. Seinem Unmut über die einsetzende Restauration gab er in seiner Zeitschrift ›Der Wächter‹ (1815–17) Ausdruck. 1818 Prof. in Bonn, wurde er bereits 1820 im Zuge der Demagogenverfolgung suspendiert. Erst Friedrich Wilhelm IV. rehabilitierte ihn 1840. Dem preuß. Staat, den er zunächst abgelehnt hatte, näherte er sich immer mehr; als Abgeordneter der Frankfurter Nationalversammlung 1848/1849 schloß er sich dem rechten Zentrum an und forderte einen dt. Nationalstaat mit Erbkaisertum unter preuß. Führung.

Weitere Werke: Fragmente über Menschenbildung (3 Bde., 1805–19), Kurzer Katechismus für teutsche Soldaten nebst einem Anhang von Liedern (1812), Gedichte (2 Bde., 1818), Märchen und Jugenderinnerungen (2 Bde., 1818–43), Erinnerungen aus dem äußeren Leben (Autobiogr., 1840), Schriften für und an seine lieben Deutschen (4 Bde., 1845–55), Geistl. Lieder (1855), Meine Wanderungen und Wandelungen mit dem Reichsfreiherrn Heinrich Karl Friedrich vom Stein (4 Bde., 1858). **Ausgaben:** E. M. A. Werke. Hg. v. H. RÖSCH u. a. Lpz. u. Magdeburg 1892–1909. 14 Bde. in 15 Tlen. (ab Bd. 7 u. d. T. Sämtl. Werke). – E. M. A. Ein Lebensbild in Briefen. Hg. v. H. MEISNER u. R. GEERDS. Bln. 1898. – E. M. A. Werke. Ausw. Hg. v. A. LEFFSOHN u. W. STEFFENS. Bln. 1912. 12 Tle. in 4 Bden. – E. M. A.

Ausgew. Ged. u. Schrr. Hg. v. G. ERDMANN. Bln. 1969. – Briefe. Hg. v. A. DÜHR. Darmst. 1975. 3 Bde. **Literatur:** MÜSEBECK, E.: Der junge A. 1769–1815. Gotha 1914. – GUNDOLF, F.: Hutten, Klopstock, A. Hdbg. 1924. – FRÖMBGEN, H.: E. M. A. u. die dt. Romantik. Diss. Münster 1927. – ARNDT, H. VON: Das Abenteuer der Befreiung. E. M. A. u. die Forderung seiner Zeit. Berg 1960. – OTT, G.: E. M. A. Bonn 1966. – LOH, G.: A.-Bibliogr. Greifswald 1969. – PAUL, J.: E. M. A. ›Das ganze Teutschland soll es sein‹. Hg. v. G. FRANZ. Gött. 1971. – SCHÄFER, K. H./SCHAWE, J.: E. M. A. Ein Bibliograph. Hdb. 1769–1969. Bonn 1971. – SCHÄFER, K. H.: E. M. A. als polit. Publizist. Bonn 1974. – HRUBY, I.: Imago Mundi. Eine Studie zur Bildungslehre E. M. A.s. Ffm. u. Bern 1981.

Arnér, Ernst Nils Sivar [schwed. ar'ne:r], * Arby (Kalmar) 13. März 1909, schwed. Schriftsteller. – Verfasser von sozialkrit. Romanen und Erzählungen, später auch Dramatiker, v. a. Autor von Hörspielen. Hauptthemen seines durch einen klaren und knappen Stil gekennzeichneten Werkes sind die Problematik staatl. Macht und moral. Handelns sowie das Verhältnis zwischen den Geschlechtern, das oft von einem psychoanalyt. Standpunkt aus geschildert wird.

Werke: Plånbok borttappad (R., 1943), Du själv (R., 1946), Säkert till sommaren (Nov.n, 1954), Fem hörspel (Hsp.e, 1959), Querbalken (R., 1963, dt. 1973), Där är han (Autobiogr., 1975), När man är flera (R., 1982), Drottningen (Dr., 1984), Jag Jan (Hsp., 1984).

Arngrímr Brandsson [isländ. 'ardngri:mr 'bransɔn], † 1361 (1362?), isländ. Geistlicher und Schriftsteller. – Abt des nordisländ. Klosters Þingeyrar (seit 1351); verfaßte um 1343 eine Lebensbeschreibung des isländ. Bischofs Gudmundr, in der er eine große Kenntnis von Werken der einheim. wie der kontinentalen Literatur ausbreitet. Über denselben Bischof dichtete er 1345 eine umfangreiche Drápa (Preisgedicht). Neuere Forschung schreibt ihm neben anderen Werken auch eine Version der ›Thomas saga erkibyskups‹ zu.

Arniches y Barrera, Carlos [span. ar'nitʃes i βa'rrɛra], * Alicante 11. Okt. 1866, † Madrid 16. April 1943, span. Dramatiker. – Schrieb in der Nachfolge R. de la Cruz' (vielfach in Zusammenarbeit mit anderen) über 200 Madrider Volksstücke und Sittenkomödien typ. span.

Prägung (Sainetes, Zarzuelas, Grotesken).
Literatur: LENTZEN, M.: C. A. Vom ›género chico‹ zur ›tragedia grotesca‹. Genf u. Paris 1966. – Ríos CARRATALÁ, J. A.: A. Alicante 1990.

Arnim, Achim von, eigtl. Ludwig Joachim von A., * Berlin 26. Jan. 1781, † Wiepersdorf bei Jüterbog 21. Jan. 1831, dt. Dichter. – Stammte aus altem märk. Adel; studierte Jura und Naturwissenschaften, wandte sich früh der Literatur zu; unternahm Bildungsreisen in Deutschland, Frankreich, England und Schottland. 1801 lernte er C. Brentano kennen, mit dem ihn lebenslange Freundschaft verband. 1806–08 gemeinsame Herausgabe der dreibändigen Volksliedersammlung ›Des Knaben Wunderhorn‹, etwa 600 Volkslieder, die von den beiden Romantikern frei bearbeitet worden waren. 1808 gab A. in Heidelberg die ›Zeitung für Einsiedler‹ heraus (in Buchform ›Tröst Einsamkeit‹, 1808), an der u. a. C. Brentano, J. von Görres, J. und W. Grimm, L. Tieck und J. Kerner mitarbeiten (Höhepunkt der sog. Heidelberger Romantik). Ende 1808 in Berlin, Mitglied der ›Christlich-dt. Tischgesellschaft‹; 1811 heiratete er Bettina Brentano, 1813 Teilnahme am Freiheitskrieg. 1814 zog er sich auf sein Gut Wiepersdorf zurück. A. gehört zu den bedeutendsten Vertretern der Romantik. Durch Rückbesinnung auf die dt. Geschichte, nationale und religiöse Vertiefung versuchte er an der Erneuerung des ›dt. Wesens‹ mitzuwirken. Befreundet mit den meisten Vertretern der Romantik, ist seine anregende Wirkung nicht zu unterschätzen. Sein Roman ›Armuth, Reichthum, Schuld und Buße der Gräfin Dolores‹ (2 Bde., 1810) half die Kunst- und Weltanschauung der Romantik prägen; sein unvollendeter histor. Roman ›Die Kronenwächter‹ (Bd. 1: 1817; Bd. 2: 1854 aus dem Nachlaß hg.) gibt ein breitangelegtes Bild des späten MA und prägt eine neue dichter. Form des histor. Romans in Deutschland.
Weitere Werke: Hollin's Liebeleben (R., 1802), Kriegslieder (1806), Der Wintergarten (Nn.n, 1809), Halle und Jerusalem (Dr., 1811), Isabella von Aegypten ... (En., 1812), Die Gleichen (Dr., 1819), Landhausleben (En., 1826).
Ausgaben: Ludwig A. v. A.s sämtl. Werke. Hg. v. W. GRIMM. Bln. 1853–56. 22 Bde. – A. v. A.

Sämtl. Romane u. Erzählungen. Hg. v. W. MIGGE. Mchn. 1962–65. 3 Bde. – Achim u. Bettina in ihren Briefen. Hg. v. W. VORDTRIEDE. Neuausg. Ffm. 1985. 2 Bde.
Literatur: A.-Bibliogr. Hg. v. O. MALLON. Bln. 1925. Nachdr. Hildesheim 1965. – LENZ, H.-U.: Das Volkserlebnis bei Ludwig A. v. A. Bln. 1938. Nachdr. Nendeln 1967. – GUIGNARD, R.: A. v. A. Paris 1953. – RUDOLPH, G.: Studien zur dichter. Welt A. v. A.s. Bln. 1958. – HAUSTEIN, B.: Romant. Mythos u. Romantikkritik in Prosadichtungen A. v. A.s. Göppingen 1974. – KNAACK, J.: A. v. A., nicht nur Poet. Darmst. 1976. – KASTINGER RILEY, H. M.: A. v. A. in Selbstzeugnissen u. Bilddokumenten. Rbk. 1979.

Arnim, Bettina von (Bettine von A.), eigtl. Anna Elisabeth von A., geb. Brentano, * Frankfurt am Main 4. April 1785, † Berlin 20. Jan. 1859, dt. Dichterin. – Schwester C. Brentanos, Enkelin der Sophie von La Roche, befreundet mit Karoline von Günderode, bekannt mit Goethes Mutter. Nach ihrer Heirat mit Achim v. A. (1811) lebte sie in Wiepersdorf, nach dessen Tod 1831 in Berlin, wo sie u. a. mit F. H. Jacobi, L. Tieck, F. Schleiermacher, den Grimms und Humboldts befreundet war. Mit Goethe traf sie mehrmals zusammen (1807, 1810, 1811, 1824). Sie verehrte ihn schwärmerisch, wegen seiner Ehe mit Christiane Vulpius kam es 1811 zum Zerwürfnis. ›Goethe's Briefwechsel mit einem Kinde‹ (3 Bde., 1835) geht auf eine Korrespondenz zurück, ist jedoch sehr frei umgestaltet und ergänzt. In ihm, wie auch in ihren Büchern für ihren Bruder Clemens und die Günderode, zeigt sich Bettinas romant. Lebensgefühl, ihre Eigenwilligkeit, Leidenschaftlichkeit und

Bettina von Arnim (Ausschnitt aus einer Bleistiftzeichnung von Ludwig Emil Grimm, 1809)

Begeisterungsfähigkeit. Ihr polit. Interesse zeigte sich u. a. in der unter ihrem Pseudonym St. Albin verfaßten Schrift ›An die aufgelöste Preussische National-Versammlung‹ (1849), in der sie die Aufstände in Polen (zur Wiederherstellung der poln. Souveränität) kommentierte. Ihr Eintreten für soziale Ideen und für die polit. und geistige Emanzipation der Frau wird bes. in ihren Spätwerken deutlich.

Weitere Werke: Die Günderode (Brief-Slg., 2 Bde., 1840), Dies Buch gehört dem König (Brief-R., 1843), Clemens Brentano's Frühlingskranz ... (Brief-R., 1844), Ilius Pamphilius und die Ambrosia (Briefe, 2 Bde., 1848), Gespräche mit Dämonen. Des Königsbuch 2. Band (1852). **Ausgabe:** B. v. A.: Briefwechsel 1838–41. Hg. v. H. SCHULTZ. Ffm. 1984. **Literatur:** KAHN-WALLERSTEIN, C.: Bettine. Bern 1952. – ZIMMERMANN, M. J.: B. von A. als Dichterin. Diss. Basel 1958. – HAHN, K.-H.: B. v. A. in ihrem Verhältnis zu Staat u. Politik. Weimar 1959. – ARNIM, H. VON: B. v. A. Bln. 1963. – MILCH, W.: Die junge Bettine. 1785 bis 1811. Hdbg. 1968. – B. v. A. Bearb. v. G. DISCHNER. Bln. 1977. – HIRSCH, H.: Bettine v. A. Rbk. 1987. – DREWITZ, I.: B. v. A. Romantik, Revolution, Utopie. Neuausg. Hildesheim 1992.

Arnobius, * 2. Hälfte des 3. Jh., † 1. Drittel des 4. Jh., lat. Schriftsteller. – Stammte wahrscheinlich aus Afrika, unter Diokletian Lehrer der Rhetorik in Sicca (Numidien); schrieb nach seiner Bekehrung zum Christentum (305) die Kampfschrift ›Adversus nationes‹ (etwa 304/310; dt. u. d. T. ›Gegen die Heiden‹, hg. 1875) in 7 Büchern. In ihnen bekämpft er die heidn. Göttermythen, bes. wegen ihrer Unsittlichkeit, und stellt ihnen die christl. Ethik gegenüber; die christl. Theologie vermischt er u. a. mit neuplaton. Gedankengut. A. verwendate wertvolles außerchristl. wie auch christl. Quellenmaterial.

Arnold (Priester A.), mhd. Dichter des 12. Jh., vermutlich aus der Steiermark. – Verfasser des mystisch-spekulativen Lehrgedichts ›Von der Siebenzahl‹, ein Lobpreis des Hl. Geistes; das Werk wurde wahrscheinlich um 1130 verfaßt und ist ein bed. Zeugnis der deutschsprachigen mittelalterl. Zahlenmystik. Bestritten wird, daß A. identisch ist mit dem Verfasser der Legendendichtung ›Juliane‹; hier wird eher ein etwas späterer

Autor aus dem alemann. Bereich angenommen.

Literatur: MOHR, W.: Vorstudie zum Aufbau von Priester A.s ›Lobiied auf den Hl. Geist‹ (›Siebenzahl‹). In: Die Wiss. von dt. Sprache u. Dichtung. Hg. v. S. GUTENBRUNNER u. a. Stg. 1963. – GEITH, K.-E.: Priester A.s Legende von der hl. Juliana. Diss. Freib. 1965.

Arnold, Gottfried, * Annaberg (Erzgebirge) 5. Sept. 1666, † Perleberg 30. Mai 1714, dt. ev. Theologe und Dichter. – Wandte sich unter dem Einfluß Ph. J. Speners dem Pietismus zu; 1697/98 Prof. für Geschichte in Gießen. Großen Einfluß u. a. auf Herder, Lessing, Goethe und F. Schleiermacher hatte sein Werk ›Unparteiische Kirchen- und Ketzerhistorie von Anfang des Neuen Testaments bis 1688‹ (4 Bde., 1699–1700), in dem die Frömmigkeit des einzelnen (auch des sog. Ketzers) als geschichtstragend dargestellt wird; schrieb auch pietist. Lyrik und Kirchenlieder, u. a. ›Göttl. Liebesfuncken‹ (Ged., 2 Bde., 1698), ›Poet. Lob- und Liebes-Sprüche ...‹ (1700).

Literatur: SEEBERG, E.: G. A., die Wiss. u. die Mystik seiner Zeit. Meerane 1923. Nachdr. Darmst. 1964. – DÖRRIES, H.: Geist u. Gesch. bei G. A. Gött. 1963. – STÄHLIN, T.: G. A.s geistl. Dichtung. Gött. 1966. – FRIEDRICH, R.: Studien zur Lyrik G. A.s. Zü. 1969.

Arnold, Johann Georg Daniel, * Straßburg 18. Febr. 1780, † ebd. 18. Febr. 1829, dt. Jurist und Dichter. – Studierte in Göttingen; 1806 Prof. in Koblenz, 1809 in Straßburg; schrieb neben jurist. Werken u. a. das bekannte Lustspiel im elsässischen Dialekt ›Der Pfingstmontag‹ (1816; erweiterte Aufl. 1850), das Goethes Lob erntete; auch Gedichte.

Arnold, Matthew [engl. ɑ:nld], * Laleham (heute zu Staines) 24. Dez. 1822, † Liverpool 15. April 1888, engl. Kritiker und Dichter. – Studierte in Oxford, war dort 1857–67 Prof. für Dichtung. Als Schulinspektor (1851–86) setzte er sich für Reformen im engl. Schulwesen ein. Neben Themen aus diesem Gebiet gelten seine Essays v. a. der Literaturkritik (›Essays in criticism‹, 1865 und 1888), mit der er sich gegen geistigen Provinzialismus und kapriziöses Philistertum der viktorian. Zeit wendet und die objektiven Werte und den hohen Stil der Literatur beschwört, der er eine lebensdeutende und kulturschaffende Funktion zuweist. Literaturkritik wird ihm in einem für die Moderne wegweisenden Sinn zur Kulturkritik (›Culture and anarchy‹, 1869, u. a.), die in den späten theolog. Essays zur Religionskritik weiterführt (z. B. ›Literature and dogma‹, 1873). Die Lyrik A.s strebt nach straffem Aufbau und ist oft melancholisch im Ton (›Poems‹, 2 Bde., 1853; ›Poems, second series‹, 1855; ›New poems‹, 1867).

Weitere Werke: Merope (Trag., 1858), On translating Homer (Essays, 2 Bde., 1861/62), On the study of Celtic literature (Essays, 1867). **Ausgaben:** M. A. Complete prose works. Hg. v. R. H. SUPER. Ann Arbor (Mich.) 1960–77. 11 Bde. – M. A. Complete poetical works. Hg. v. C. B. TINKER u. H. F. LOWRY. London u. a. ⁵1974. **Literatur:** TINKER, C. B./LOWRY, H. F.: The poetry of M. A., a commentary. Oxford 1950. Nachdr. New York 1970. – COULLING, S.: M. A. and his critics. Athens (Ohio) 1954. Nachdr. 1976. – BUSH, D.: M. A. A survey of his poetry and prose. London 1971. – M. A. Hg. v. K. ALLOT. London 1975. – HONAN, P.: M. A. A life. New York 1981. – M. A. in his time and ours. Centenary essays. Hg. v. C. MACHANN u. F. D. BURT. Charlottesville (Va.) 1988.

Arnold von Sachsen (Arnoldus Saxo), dt. Scholastiker um die Wende vom 12. zum 13. Jahrhundert. – Verfasser der ersten naturkundl. Enzyklopädie (um 1225) des lat. MA auf der Grundlage der Schriften des Aristoteles; sein Werk war die (selten genannte) Quelle für fast alle Enzyklopädisten des 13. und 14. Jahrhunderts.

Arnoldus Saxo, latinisierter Name des dt. Scholastikers ↑ Arnold von Sachsen.

Arnoux, Alexandre Paul [frz. ar'nu], * Digne (Basses-Alpes) 27. Febr. 1884, † Boulogne-Billancourt (Hauts-de-Seine) 4. Jan. 1973, frz. Schriftsteller. – Vertreter der ›poésie fantaisiste‹ (›La belle et la bête‹, R., 1913; ›Huon de Bordeaux‹, Dr., 1922), aber auch aktuellen Fragen zugewandt; glänzender Stilist; schrieb Gedichte, Romane, Novellen, Dramen, Essays und für den Film; Übersetzer von P. Calderón de la Barca und Goethe. Seit 1947 Mitglied der Académie Goncourt.

Weitere Werke: Le cabaret (Nov.n, 1919), Le chiffre (R., 1926), Carnet du Juif errant (R., 1930), Le rossignol napolitain (R., 1937), L'amour des trois oranges (Kom., 1947), Contacts allemands, journal d'un demi-siècle (Essay, 1950), Le siège de Syracuse (R., 1962), Flamenca (R., 1964).

Arnpeck, Veit, * Freising vor 1440, † Landshut Ende 1495, dt. Chronist. – Verfasser volkstüml. Chroniken, die sich durch umfassende Quellenkenntnisse auszeichnen. Sein Hauptwerk ist die bis 1495 reichende ›Chronica Baioariorum‹, von der er auch eine dt. Fassung herstellte.

Ausgabe: V. A. Sämtl. Chroniken. Hg. v. G. LEIDINGER. Mchn. 1915. Nachdr. Aalen 1969. **Literatur:** LEIDINGER, G.: V. A.s ›Chronik der Bayern‹. Mchn. 1936.

Arolas, Juan, * Barcelona 20. Juni 1805, † Valencia 23. Nov. 1849, span. Lyriker. – War Mitglied des Ordens der Piaristen; starb in geistiger Umnachtung. Zeichnet sich in seinen oft glühend erot. Gedichten, die im Spannungsfeld zwischen Religion und Sinnlichkeit entstanden, durch romantisch-schöne Form und glänzende Phantasie aus. Übersetzer F. R. de Chateaubriands.

Werke: Poesias amoriles y amatorias (Ged., 1823), Poesias caballerescas y orientales (Ged., 1840), Cartas amatorias (Ged., 3 Bde., 1842). **Literatur:** LOMBA Y PEDRAJA, J. R.: El padre A., su vida y sus versos. Madrid 1898.

Aronsohn, Adolph, dt. Theaterleiter und Schriftsteller, ↑ L'Arronge, Adolph.

Aronson, Stina, geb. Andersson, * Stockholm 26. Dez. 1892, † Uppsala 24. Dez. 1956, schwed. Schriftstellerin. – Schrieb Romane und Erzählungen, in denen sie mit Realismus und psycholog. Einfühlungsvermögen Menschen und Landschaft des nördl. Schweden zeichnet.

Werke: Hitom himlen (R., 1946), Sång till Polstjärnan (Nov.n, 1948), Den fjärde vägen (R., 1950), Sanningslandet (Nov.n, 1952).

Arouet, François Marie [frz. a'rwɛ], frz. Philosoph und Schriftsteller, ↑ Voltaire.

Arp, Hans (Jean), * Straßburg 16. Sept. 1886, † Basel 7. Juni 1966, dt.-frz. Maler, Graphiker, Bildhauer und Dichter. – Studium der bildenden Kunst in Weimar und Paris; verschiedene Wohnorte hpts. in Frankreich und der Schweiz. 1911 Mitbegründer des schweizer. Malerkreises ›Der Moderne Bund‹, 1912 Beteiligung an der Ausstellung des

184 **Arpiarean**

>Blauen Reiters< in München. Mitarbeit
(Texte, Graphiken) an H. Waldens Zeitschrift >Der Sturm<. Einer der aktivsten
Verfechter des Dadaismus, zu dessen Begründern er gehört. In den 20er Jahren
Anschluß an den Surrealismus. 1926 zog
A. mit seiner Frau, der schweizer. Künst-
lerin Sophie Taeuber-Arp (*1889,
†1943), nach Meudon; von den Nationalsozialisten als entartet verfolgt, floh er
1940 nach Grasse (bei Nizza), 1941 nach
Zürich. – Seine Tätigkeit als Künstler
entsprach der dadaist. Auffassung, daß
Kunst und Natur verwandt, wenn nicht
identisch seien; getreu der Devise
H. Balls, Wort und Bild seien eins, korre-
spondieren seine literar. und bildner. Arbeiten eng miteinander. Seine Lyrik und
Prosa sind häufig nur noch auf Lautwir-
kung abgestellt, auf Klangassoziationen.
Der spontane Einfall diktiert Wortfolgen
und Bildreihen. Daneben gibt es aber
auch volksliedhaft-eleg. Gedichte, in denen Zeiterfahrung, Trauer über die un-
menschl. Zustände in der Welt und persönl. Leid zum Ausdruck kommen. A.,
der auf dt., frz. und engl. schrieb, wider-
setzte sich sprachl. und künstler. Ein-
engungen. Er illustrierte auch Werke von
Freunden sowie eigene literar. Arbeiten;
viele seiner graph. Blätter, die oft seine
plast. Formsymbole resümieren, wurden
in literar. Zeitschriften veröffentlicht.
Sein Werk ist als lebenslanges Bemühen
aufzufassen, menschl. Ausdrucksformen
in eine künstler. Einheit zu verwandeln.

Werke: Der vogel selbdritt (Ged., 1920), Die
wolkenpumpe (Ged., 1920), Der Pyramiden-
rock (Ged., 1924), weisst du schwarz du (Ged.,
1930), Muscheln und Schirme (Ged., 1939),
Auch das ist nur eine Wolke (Prosa, 1951), Auf
einem Bein (Ged., 1955), Unsern täglichen
Traum ... Erinnerung, Dichtungen und Betrachtungen aus den Jahren 1914–1954 (1955), Worte
mit und ohne Anker (Ged., 1957), Mondsand
(Ged., 1960), Sinnende Flammen (Ged., 1961),
Logbuch des Traumkapitäns (Ged., 1965).
Ausgabe: H.A. Ges. Gedichte, 1903–1966. Zü.
u. Wsb. 1963–84. 3 Bde.
Literatur: GIEDION-WELCKER, C.: H.A. Stg.
1957. – USINGER, F.: Die dichter. Welt H.A.s.
Wsb. 1965. – DÖHL, R.: Das literar. Werk H.As
1903–1930. Stg. 1967. – LAST, R.W.: H.A. The
poet of Dadaism. London 1969. – USINGER, F.:
Huldigung für H.A. Merzhausen 1981. – Tatü
Dada. Dada u. nochmals Dada bis heute. Aufss.
u. Dokumente. Hg. v. K. RIHA. Hofheim 1987.

Arpiareạn (tl.: Arp'iarean), Arpiar,
*Konstantinopel (heute Istanbul) 1852,
†Kairo 12. Febr. 1908 (ermordet), armen.
Schriftsteller. – Verfaßte polit. und so-
ziale Romane (>Das rote Almosen<, 1903;
>Das goldene Halsband<, 1906; >Bis
wann<?, 1906) sowie satir. Schriften.
Seine aktive polit. Tätigkeit für die Frei-
heit der Armenier zwang ihn zur Flucht
nach Westeuropa (u.a. nach London).
Literatur: INGLISIAN, V.: Die armen. Lit. In:
Hdb. der Orientalistik. Hg. v. B. SPULER. Abt. 1,
Bd. 7. Leiden 1963. S. 238.

Arpino, Giovanni, *Pola (heute Pula)
27. Juni 1927, italien. Schriftsteller. –
Nach dem Studium der Philologie in Turin Mitarbeiter verschiedener Verlage;
journalist. Tätigkeit. Setzt sich in seinen
Romanen bes. mit Zeitproblemen auseinander; bekannt wurde v.a. der Roman
>Im Schatten der Hügel< (1964, dt. 1966;
Premio Strega 1964); auch Lyrik und
Kinderbücher.
Weitere Werke: Barbaresco (Ged., 1954), Ein
ungleiches Paar (R., 1959, dt. 1969), Rafè e Mi-
cropiede (Kinderb., 1959), Aus gekränkter Ehre
(R., 1961, dt. 1964), Il buio e il miele (R., 1969),
Randagio è l'eroe (R., 1972), Domingo il favo-
loso (R., 1975), Il primo quarto di luna (R.,
1976), La sposa segreta (R., 1983), Sei stato felice, Giovanni (R., 1988).

Arrabal, Fernando [span. arra'βal],
*Melilla 11. Aug. 1932, span. Schriftstel-
ler. – Jurastudium; kam 1955 nach
Frankreich; schreibt meist in frz. Sprache. Seine z.T. exzessiv-phantast. Dramen tragen Züge des surrealist. sowie des
absurden Theaters; Thema seiner z.T.
schockierenden Stücke ist oft der aus ver-
drängter Sexualität erwachsende [polit.]
Terror; auch Verfasser von Romanen,
Erzählungen, Lyrik und Essays. Drehte
auch Filme (u.a. >Viva la muerte<, 1970).
Weitere Werke: Picknick im Felde (Dr., 1952,
dt. 1961), Baal Babylon (R., 1959, dt. 1964; 1971
von A. auch verfilmt), Guernica (Dr., 1959, dt.
1963), Der Architekt und der Kaiser von Assy-
rien (Dr., 1966, dt. 1971), Riten und Feste der
Konfusion (R., 1967, dt. 1969), Garten der Lüste
(Dr., 1969, dt. 1969), Und sie legen den Blumen
Handschellen an (Dr., 1969, dt. 1971) Der tau-
sendjährige Krieg (Dr., 1972, dt. 1972), Brief an
General Franco (Essay, 1972, dt. 1976), Der
Turm zu Babel (Dr., 1976, dt. 1977), Klau mir
eine kleine Milliarde (Kom., 1978, dt. EA 1979),
Hohe Türme trifft der Blitz (R., 1983, dt. 1986;
Premio Nadal 1983), Im Schatten der roten In-

quisition. Kuba heute = Orwell 1984? (Essay, 1984, dt. 1984), Die rote Jungfrau (R., 1986, dt. 1990), L'extravagante croisade d'un castrat amoureux ou Comme un lys entre les épines (R., 1989), La tueuse du jardin d'hiver (R., 1994). **Ausgabe:** F. A. Théâtre. Paris 1958–90. 18 Bde. **Literatur:** RAYMOND-MUNDSCHAU, F.: A. Paris 1972. – BERENGUER, A.: L'exil et la cérémonie. Le premier théâtre d'A. Paris 1977. – PODOL, P. L.: F. A. Boston 1978. – DONAHUE, TH. J.: The theater of F. A. New York 1980. – WAGNER, H.: F. A. In: Frz. Lit. des 20. Jh. Gestalten u. Tendenzen. Hg. v. W.-D. LANGE. Bonn 1986. S. 333. – STUDENY, D.: Ep. Verfahren bei F. A. Ffm. 1990. – CASSANELLI, R.: El cosmos de F. A. New York 1991.

Arráiz, Antonio [span. a'rrais], * Barquisimeto 27. März 1903, † New York 16. Sept. 1962, venezolan. Schriftsteller. – Kämpfte gegen die Diktatur von J. V. Gómez und war 1928–35 inhaftiert. Durch Übernahme avantgardist. Techniken der Gestaltung und Thematisierung des Alltäglichen vollzog er als einer der ersten Autoren Venezuelas die endgültige Abkehr vom Modernismo.
Werke: Aspero (Ged., 1924), Puros hombres (R., 1939), Dámaso Velázquez (R., 1943, 1950 u. d. T. El mar es como un potro), Todos iban desorientados (R., 1944), Tío tigre y tío conejo (En., 1945).

Arrebo, Anders Christensen [dän. 'arəbo:'], * Ærøskøbing (Amt Svendborg) 2. Jan. 1587, † Vordingborg 12. März 1637, dän. Dichter. – Seine bedeutendste Leistung war die Übersetzung der Psalmen nach dem neuen Prinzip der Silbenzählung; sein in Alexandrinern geschriebenes ›Hexaemeron‹ (hg. 1661), eine Nachdichtung von Du Bartas' Schöpfungsepos ›La semaine ...‹, ist der erste bedeutende Versuch einer Kunstdichtung in der dän. Literatur.

Arreola, Juan José [span. arrɛ'ola], * Zapotlán el Grande (heute Ciudad Guzmán, Jalisco) 21. Sept. 1918, mex. Schriftsteller. – Erzähler und Dramatiker; bes. seine konzentrierten, teils grotesken, teils ironisch-satir. Erzählungen (u. a. ›Varia invención‹, 1949, und ›Confabulario‹, 1952, beide zusammengefaßt 1955, 1961 erweitert als ›Confabulario total‹ erschienen; dt. Ausw. 1980 u. d. T. ›Confabularium‹) machten ihn berühmt. Sein einziger Roman ›La feria‹ (1963) behandelt das kulturelle Szenarium seiner Heimatprovinz.

Weitere Werke: La hora de todos (Dr., 1954), Palindroma (En., 1971), Confabulario personal (En., 1979). **Ausgabe:** J. J. A. Confabulaciones. Hg. v. R. HERNÁNDEZ NOVAS. Havanna 1990.

Arrianos, Flavios (tl.: Arrianós; Flavius Arrianus, Arrian), * Nikomedeia (Bithynien) um 95, † Athen um 175, griech. Schriftsteller. – Entstammte einer angesehenen Familie; wohl 117–120 in Nikopolis (Epirus) Schüler Epiktets; schlug eine glänzende Laufbahn ein (consul suffectus, Statthalter der Prov. Kappadokien um 130–um 137); lebte danach in Athen. A. war einer der Hauptvertreter des Attizismus seiner Zeit und bes. Xenophon, daneben Herodot und Thukydides verpflichtet. Von seinen Schriften sind die Aufzeichnungen der Lehre Epiktets als deren einzige zuverlässige Quelle von Bedeutung, A.' eigtl. Ruhm hat jedoch seine um Objektivität bemühte Darstellung der Geschichte Alexanders d. Gr. (in 7 Büchern) begründet (Quellen: Ptolemaios I., Aristobulos von Kassandreia), die durch die ›Indikē‹ (Beschreibung Indiens und der Expedition des Nearchos) ergänzt wird. Weitere erhaltene Werke sind u. a. ein Periplus des Pontos Euxeinos (Schwarzes Meer), eine Schrift über Taktik und eine Abhandlung über die Jagd. Verloren sind eine bithyn. Geschichte (bis um 74 v. Chr.), eine parth. Geschichte (bis Trajan) und eine Geschichte der Diadochen (bis 321 v. Chr.).
Ausgaben: A. History of Alexander and Indica. Griech. u. engl. Übers. v. E. I. ROBSON. Cambridge (Mass.) u. London 1954–58. 2 Bde. – Arrianus, Flavius: Quae exstant omnia. Hg. v. A. G. ROOS u. G. WIRTH. Lpz. 1967–68. 2 Bde. – A. Der Alexanderzug – Ind. Gesch. Griech. u. dt. Hg. u. übers. v. G. WIRTH u. O. v. HINÜBER. Zü. u. Mchn. 1985 (mit Bibliogr.).
Literatur: BOSWORTH, A. B.: A historical commentary on A.'s history of Alexander. Oxford 1980 ff. – STADTER, PH. A.: Arrian of Nicomedia. Chapell Hill (N. C.) 1980.

Arrom, Cecilia de [span. a'rrɔn], span. Schriftstellerin, † Fernán Caballero.

Arschak (tl.: Aržak), Nikolai [russ. ar-'ʒak], Pseudonym des russisch-sowjetischen Schriftstellers Juli Markowitsch † Daniel.

Ars dictandi [lat. = Kunst des Schreibens] (A. dictaminis), Bez. für die

Kunst, regelrichtig, d. h. mit dem Formel-schatz und nach den Theorien der jeweils gültigen rhetor. Lehrbücher, zu schreiben (schriftl. Mustersammlungen in ↑For-melbüchern). Im engeren Sinne bezeich-net A. d. ein neues System der Rhetorik, das sich seit der Frühscholastik (12. Jh.) von den herrschenden rhetor. Lehrge-bäuden (z. B. des Alberich von Monte-cassino [* um 1030, † nach 1105]) distan-ziert und eine flüssige, zweckmäßig-praktikable Diktion ohne bilderreiche und gelehrte Ausschmückung (↑Asianis-mus) entwickelt. Die erste A. d. stammt von Adalbertus Samaritanus (Adalbert von Samaria, ›Praecepta dictaminum‹, zw. 1111 und 1115). Wichtigstes Zentrum für die Ausbildung des neuen Stils wurde im 12. Jh. und 13. Jh. Bologna.

Literatur: SCHALLER, H. M.: Ars dictaminis, Ars dictandi. In: Lex. des MA. Bd. 1. Mchn. u. Zü. 1980.

Arsis [griech. = Hebung], im Griechi-schen auf die Hebung des Fußes bei der Taktmarkierung bezogen, meinte also den leichteren Taktteil (Ggs.: Senkung = ↑Thesis). Bei den lat. Grammatikern be-zeichnete A. die Hebung der Stimme und, in Umkehrung der ursprüngl. Be-deutung, eine lange oder betonte Silbe; so von dem klass. Philologen R. Bentley in die neuere Metrik eingeführt. Die Bez. A. wird heute wegen ihrer widersprüchl. Bedeutung gemieden.

Arslan, Schakib, * Schuaifat (Liba-non) 1870, † 9. Dez. 1946, libanes. Schrift-steller und Politiker. – War lange Jahre Vertreter seines Landes im Völkerbund in Genf, hinterließ ein Tagebuch mit etwa 20 000 Seiten in frz. Sprache; seine rund 30 000 Briefe bekunden seine viel-fältigen Beziehungen zu arab. Macht-habern und Gelehrten.

Werke: Al-Bākūra[h] (= Diwan, 1887, erw. Ausg. 1935), Šawqī aw ṣadāqa[t] arba'īn sana[h] (= Schauki oder die vierzigjährige Freundschaft, 1936).

Ars moriendi [lat. = Kunst des Ster-bens] (Sterbebüchlein), Anfang des 15. Jh. unter dem Eindruck der Pest auf-kommende Literaturgattung, die das Sterben des Menschen darstellt. Zu-nächst für den Klerus konzipiert, dann (in der Volkssprache) mit stärker asket. Zügen auch für Laien. – Die illuminierte

Ausgabe des Meisters E. S. (um 1450), eine Kupferstichfolge, ist wohl die erste A. m. mit Bildern. Diese Folge war weit verbreitet, v. a. in Deutschland und in Frankreich, und wichtig für die Ge-schichte des Buchdrucks; um 1460 ent-stand eine niederl. Blockbuchausgabe, die oft kopiert worden ist.

Literatur: RUDOLF, R., u. a.: A. m. In: Lex. des MA. Bd. 1. Mchn. u. Zü. 1980.

Ars poetica [lat. = Dichtkunst], Bez. für Horaz' Epistel ›Ad Pisones‹ (voll-endet um 13 v. Chr., dt. 1639, 1952 u. d. T. ›Die Dichtkunst‹). Sie enthält seine theo-ret. Überlegungen zur Dichtkunst und zur Aufgabe der Dichter, u. a. ›Aut pro-desse volunt auf delectare poetae‹, d. h. ›nützen‹ und ›erfreuen‹ sei das Ziel einer guten Dichtung. In Renaissance und Ba-rock wurden zahlreiche poetolog. Schrif-ten mit dem gleichen Titel veröffent-licht, v. a. in Frankreich (N. Boileau-Despréaux, ›L'art poétique‹, 1674, dt. 1745, 1899 u. d. T. ›Die Dichtkunst‹).

Literatur: BORINSKI, K.: Die Antike in Poetik und Kunsttheorie vom Ausgang des klass. Altertums bis auf Goethe und Wilhelm von Humboldt. Lpz. 1914. Nachdr. Darmst. 1965. 2 Bde. – FUHRMANN, M.: Einf. in die antike Dichtungstheorie. Darmst. 1973. – DÜCH-TING, R.: A. p., Ars versificatoria. In: Lex. des MA. Bd. 1. Mchn. u. Zü. 1980.

Artapanos (tl.: Artápanos), jüd.-hel-lenist., in Ägypten lebender Schriftsteller des 2. Jh. v. Chr. – Die überlieferten Teile eines histor. Romans tragen apologe-tisch-missionar. Charakter, der in der Darstellung der großen Gestalten der bibl. Geschichte (Abraham, Joseph, Mo-ses) als Erfinder und Kulturbringer gip-felt.

Ausgabe: Altjüd. Schrifttum außerhalb der Bi-bel. Übers. u. erl. v. P. RIESSLER. Nachdr. der Ausg. Freib. u. Hdbg. 1928. Freib. [4]1979.

Artaud, Antonin [frz. ar'to], * Mar-seille 4. Sept. 1896, † Ivry-sur-Seine (Hauts-de-Seine) 4. März 1948, frz. Schriftsteller. – Ging 1920 nach Paris und wurde Schauspieler, spielte mit Ch. Dullin, L. Jouvet, G. Pitoëff; schloß sich einige Zeit (bis 1926) den Surreali-sten an; Filmschauspieler und Theaterre-gisseur; hatte mit seinen theatertheoret. Schriften (Sammlung ›Das Theater und sein Double‹, 1938, dt. 1969, darin ›Le manifeste du théâtre de la cruauté‹ als

Entwurf eines absoluten Theaters) großen Einfluß auf die Dramatiker der
Avantgarde nach dem 2. Weltkrieg; unternahm Reisen nach Mexiko (1936) und
Irland (1937); stets auf der Suche nach
dem Wesen der Existenz, stützte er danach sein Schreiben zunehmend auf be-
wußtseinserweiternde Drogen, die auch
seine paranoide Veranlagung stärker her-
vortreten ließen; lebte mehrere Jahre (bis
1946) in Heilanstalten. Außer Essays
schrieb A. auch Gedichte und Dramen
(u. a. ›Les Cenci‹, UA 1935, nach Stendhal und P. B. Shelley).
Weitere Werke: L'ombilic des limbes (Ged.,
1925), Die Nervenwaage (Ged., 1925, dt. 1961),
Heliogabal oder der Anarchist auf dem Theater
(Essay, 1934, dt. 1972), Van Gogh, der Selbst-
mörder durch die Gesellschaft (Biogr., 1947, dt.
1977), Schluß mit dem Gottesgericht (Essay,
1948, dt. 1980).
Ausgaben: A. A. Ges. Schrr. in Einzelausgg. Hg.
v. R. WITTKOPF u. a. Mchn. 1975. – A. A. Œuvres
complètes. Paris 1976 ff. Bisher 26 Bde.
Literatur: VIRMAUX, A.: A. A. et le théâtre. Paris
1970. 2 Bde. – DERRIDA, J.: Die Schrift u. die
Differenz. Ffm. 1975. – GOUHIER, H.: A. A. et
l'essence du théâtre. Paris 1975. – KAPRALIK, E.:
A. A. Mchn. 1977. – VIRMAUX, A./VIRMAUX, O.:
A., un bilan critique. Paris 1979. – LEVEQUE,
J.-J.: A. Paris 1985. – BONARDEL, F.: A. Paris
1987. – BLÜHER, K. A.: A. A. u. das ›Nouveau
Théâtre‹ in Frankreich. Tüb. 1991.

Arte mayor [span. 'arte ma'jɔr; eigtl.
verso de a. m. = Vers der höheren
Kunst], vielgestaltiger, in seiner Deutung
umstrittener span. Vers, der ursprünglich
(im 14. Jh.) ein nichtsilbenzählender
Langvers war (8–16 Silben), der sich
dann aber mehr und mehr zu einem regelmäßigen Zwölfsilber mit vier Akzenten entwickelte. Blütezeit im 15. Jh. bei
J. de Mena. – ↑ auch Copla.
Literatur: SAAVEDRA MOLINA, J.: El verso de
a. m. Santiago de Chile 1946. – BAEHR, R.: Span.
Verslehre auf histor. Grundlage. Tüb. 1962.

Arte menor [span. 'arte me'nɔr; eigtl.
verso de a. m. = Vers der geringeren
Kunst (auch: verso de arte real)], alter,
seit dem 11. Jh. belegter achtsilbiger, zä-
surloser Vers; beliebtester und sehr
volkstüml. Vers der span. Dichtung; thematisch nicht gebunden, rhythmisch sehr
variabel. – ↑ auch Copla.
Literatur: NAVARRO TOMÁS, T.: Métrica española. Syracuse (N. Y.) 1956. – BAEHR, R.: Span.
Verslehre auf histor. Grundlage. Tüb. 1962.

Artemidoros von Ephesus (tl.: Arte-
mídōros), * Daldis (Lydien), griech.
Schriftsteller der 2. Hälfte des 2. Jahrhunderts. – Wohl stoischer Verfasser von
Handbüchern über Vogelschau und
Handlesekunst, die eine wichtige Quelle
für den antiken Aberglauben darstellen;
kulturgeschichtlich bed. ist sein 5teiliges
Traumbuch ›Oneirokritiká‹, das 95 erfüllte Träume enthält.
Ausgabe: The interpretation of dreams. The
Oneirocritica of Artemidorus. Übers., kommen-
tiert u. hg. v. R. J. WHITE. Park Ridge (N. J.)
1976.

Artes incertae [lat. = ungewisse
(d. h. unzuverlässige, dunkle) Künste]
(verbotene Künste, A. magicae), die im
MA von kirchl. und weltl. Seite ›verboto-
nen Künste‹, bes. der Magie und der
Mantik. Die A. i. werden in der ↑ Artesliteratur beschrieben.

Artes liberales [lat. = Freie Künste],
als A. l. wurden in der röm. Antike diejenigen Wissenschaften bezeichnet, die
von ›freien‹ Bürgern gepflegt wurden
und nicht zum Broterwerb dienten. Vorbild war die Vorstellung der griech. ›enzyklopäd. Bildung‹, wie sie von Isokra-
tes, einem Zeitgenossen Platons, als Propädeutik zur Philosophie vorausgesetzt
wurde. In der Spätantike bildete sich für
die A. l. ein fester Kanon von sieben Fächern heraus: Grammatik, Rhetorik,
Dialektik, Arithmetik, Geometrie, Astronomie, Musik. Vorher schwankte ihre
Zahl zwischen vier und elf Disziplinen:
M. T. Varro (* 116, † 27) z. B. zählt in seinen ›Disciplinae‹ insgesamt neun Fächer
auf (mit Architektur und Medizin zusätzlich). Einer der ältesten Belege für die
Siebenzahl der A. l. findet sich bei Seneca d. J. (* um 4 v. Chr., † 65 n. Chr.);
v. a. durch die philosoph. Allegorie des
Martianus Capella ›De nuptiis Mercurii
et Philologiae‹ (4./5. Jh.) wurde dann das
Siebenersystem für das ganze MA verbindlich. Die mathemat. Disziplinen
(Arithmetik, Geometrie, Astronomie,
Musik) wurden im **Quadrivium** (= Vier-
weg) zusammengefaßt (erster Beleg bei
Boethius, 5. Jh.), die grammatisch-literar.
Fächer (Dialektik, Grammatik, Rhetorik)
entsprechend im **Trivium** (= Dreiweg;
erst im 9. Jh. n. Chr.). Die A. l. wurden im
MA in der Artistenfakultät gelehrt; sie

bildeten die Propädeutik für die höheren Fakultäten (Theologie, Recht, Medizin). Den gleichen Rang wie diese erhielt die Artistenfakultät als philosoph. Fakultät erst im Zeitalter des Humanismus. Der Schwerpunkt lag in der mittelalterl. Artistenfakultät auf dem Trivium; oft nahm die Rhetorik eine zentrale Stelle ein. – Analog den A. l. wurde der Bereich der Technik und Arbeit in den sieben **Artes mechanicae** (= Handwerkskünste, Eigenkünste) organisiert und den A. l. im 12. und 13. Jh. wissenschaftstheoretisch gleichgestellt; soziologisch wirkt aber die antike Abwertung dieses Bereichs bis in die Neuzeit fort. – Die Schriften der A. l. waren überwiegend in Latein, der Gelehrtensprache des MA, abgefaßt; Übersetzungen in die Volkssprachen finden sich jedoch schon früh (z. B. wurde das Werk des Martianus Capella schon um 1000 durch Notker Labeo verdeutscht). – ↑ Artesliteratur.

Literatur: METTE, H. J.: Enkyklios Paideia. In: Gymnasium 67 (1960), S. 300. – DOLCH, J.: Lehrplan des Abendlandes. Ratingen ³1971, Nachdr. Darmst. 1982. – Histor. Wörterb. der Philosophie. Hg. v. J. RITTER u. K. GRÜNDER. Bd. 1. Basel 1971. – A. l.: Von der antiken Bildung zur Wiss. des MA. Hg. v. J. KOCH. Leiden u. Köln. Neudr. 1976. – MARROU, H. I.: Gesch. der Erziehung im klass. Altertum. Mchn. 1977. – BERNT, G., u. a.: A. l. In: Lex. des MA. Bd. 1. Mchn. u. Zü. 1980. – MARROU, H. I.: Augustinus u. das Ende der antiken Bildung. Paderborn 1982. – CURTIUS, E. R.: Europ. Lit. u. lat. MA. Bern u. Mchn. ¹⁰1984.

Artesliteratur [lat.; zu ars (Plural: artes) = Kunst, Fertigkeit], mittelalterl. Fach- und Zweckliteratur; sie diente der Erläuterung der drei Artesreihen, der ›Freien Künste‹ (↑ Artes liberales), der ›Eigenkünste‹ (Artes mechanicae) und der ›verbotenen Künste‹ (Artes incertae). Aus antiken Quellen teils direkt, teils über arab. Zwischenstufen vermittelt, erst spät an der erlebten Wirklichkeit orientiert. Zunächst überwiegend lat., schon vom 9. Jh. an auch dt. (›Basler Rezepte‹), größtenteils Prosa.

Literatur: EIS, G.: Mittelalterl. Fachprosa der Artes. In: Dt. Philologie im Aufriß. Hg. v. W. STAMMLER. Bd. 2. Bln. ²1966. S. 1103. – EIS, G.: Mittelalterl. Fachlit. Stg. ²1967. – Fachlit. des MA. Hg. v. G. KEIL u. a. Stg. 1968. – Artes liberales. Von der antiken Bildung zur Wiss. des MA. Hg. v. J. KOCH. Neuausg. Leiden u. Köln

1976. – Fachprosa-Studien. Hg. v. G. KEIL u. a. Bln. 1982. – CURTIUS, E. R.: Europ. Lit. u. lat. MA. Bern u. Mchn. ¹⁰1984.

Articulus [lat. = (kleines) Gelenk, Glied, Teilchen], in der Stilistik svw. ↑ Asyndeton.

Artikel [aus lat. articulus = (kleines) Gelenk, Glied, Teilchen], Beitrag (Aufsatz, Leit-A., Glosse) in einer Zeitung, Zeitschrift, einem Sammelband, Lexikon.

Artikulation [lat.], aus der Phonetik übernommener Begriff für neuere (seit dem Ende der 1950er Jahre) literar. Texte, in denen einzelnen Lauten poet. Funktion übertragen wird. Ausgangspunkt ist die Auffassung, daß ›unmittelbar an der artikulationsschwelle, wahrnehmbar im genauen, kauenden bewegen der sprechorgane‹ bereits ›die schicht von ‚kernworten‘... diesseits der bildhaftigkeit‹ liege. Der als A. bezeichnete Text soll ›des selbstverständlichsten, das unter den komplizierten und aufreibenden arbeiten der sprache vergessen wurde, habhaft‹ (Mon) werden, so bei F. Mon und Carlfriedrich Claus im Anschluß an R. Hausmann und die Lettristen (↑ Lettrismus).

Artmann, H[ans] C[arl], * Wien 12. Juni 1921, österr. Schriftsteller. – Wurde bekannt durch seine Wiener Dialektgedichte ›med ana schwoazzn dintn‹ (1958); bis 1958 Mittelpunkt der avantgardist. ›Wiener Gruppe‹, für die u. a. die artist. Sprachbehandlung der Barockdichtung, Surrealismus und Dadaismus anregend waren; neben vielfältiger Lyrik auch Prosa, Theaterstücke, Hörspiele und Kinderbücher; bed. Übersetzer (v. a. aus dem Schwedischen, Englischen und Spanischen); erhielt 1974 den Großen Österr. Staatspreis.

Weitere Werke: Von denen Husaren und anderen Seil-Tänzern (Prosa und Ged., 1959), Das suchen nach dem gestrigen tag (Prosa, 1964), Fleiß und Industrie (Prosa, 1967), Grünverschlossene Botschaft (1967), Die Anfangsbuchstaben der Flagge (En., 1968), Frankenstein in Sussex (Prosa, 1969), Ein lilienweißer Brief aus Lincolnshire (ges. Ged., 1969), Die Fahrt zur Insel Nantucket (ges. dramat. Spiele, 1969), Das im Walde verlorene Totem (Prosa-Slg., 1970), Unter der Bedeckung eines Hutes (Prosa, 1974), Die Jagd nach Dr. U. oder Ein einsamer Spiegel, in dem sich der Tag reflektiert (R., 1977), Nachrichten aus Nord und Süd (Prosa, 1978),

Die Sonne war ein grünes Ei. Von der Erschaffung der Welt und ihren Dingen (1982), Im Schatten der Burenwurst. Skizzen aus Wien (1984), Gedichte von der Wollust des Dichtens in Worte gefaßt (1989), Wiener Vorstadtballade (1991), Der zerbrochene Krug. Nach Heinrich von Kleist (1992).

Ausgabe: H. C. A. Grammatik der Rosen. Ges. Prosa. Hg. v. K. REICHERT. Salzburg u. Wien 1979. 3 Bde. **Literatur:** A., H. C., Dichter. Ein Album ... Hg. v. J. JUNG. Salzburg 1986. – H. C. A. Hg. v. G. FUCHS. Graz 1992.

Artusdichtung, mittelalterl. Versepik, in deren Mittelpunkt der sagenhafte britann. König Artus mit seiner Tafelrunde von vorbildl. Rittern steht. Der histor. Artus, dessen Name sich von lat. Artorius herleitet, ist nur schwer zu fassen. Die älteste Quelle, das walis. Gedicht ›Y Gododdin‹ des Dichters Aneirin (um 600), ist von geringem Wert, da nicht ausgeschlossen werden kann, daß es sich bei der kurzen Erwähnung von Artus um eine Interpolation handelt. Das erste verläßlichere Zeugnis findet sich in der ›Historia Britonum‹ des Nennius, einer um 826 erfolgten Bearbeitung eines 672 entstandenen Originals. Darin erscheint Artus als ›dux bellorum‹, der die Sachsen in zwölf Schlachten besiegt. Der histor. Artus scheint also ein britann. Heerführer gewesen zu sein, der um 500 sein Volk gegen die Invasion der Angelsachsen verteidigte und in der Schlacht am Camlann (537) zusammen mit Medraut (Mordred) den Tod fand. In der ›Historia regum Britanniae‹ (vor 1139) des Geoffrey of Monmouth wird Artus vom kelt. Lokalhelden zum glanzvollen Herrscher von weltgeschichtl. Bedeutung erhoben. Geoffrey beschreibt seine von Geheimnis umgebene Geburt als Sohn des Königs Uther Pendragon und der Igerne. Mit seiner Gattin Guenhuvara (Ginover) hält Artus prunkvollen Hof zu Caerleon. Nach der Unterwerfung vieler Länder tritt er sogar zum Kampf gegen Rom an. Auf seinem Siegeszug wird er erst durch einen in der Heimat ausgeübten Verrat seines Neffen Mordred aufgehalten und zur Rückkehr gezwungen. In der letzten Schlacht werden Artus und Mordred tödlich verwundet. Artus wird auf die Feeninsel Avalon entführt. Daran knüpfte sich der im MA unter den Kelten verbreitete Glaube, Artus werde dereinst wiederkehren, um ihr Reich von der Fremdherrschaft zu befreien. Die ›Historia‹ ist zum größten Teil das geschickte Produkt der Erfindungsgabe ihres Verfassers. Schon bald übertrug sie der anglonormann. Dichter Wace in frz. Verse (›Le roman de Brut‹, beendet 1155). Er stilisierte Artus zum feudalhöf. Kriegsherrn und berichtete als erster von der Tafelrunde auserwählter und vorbildl. Ritter. Aus Waces ›Brut‹ wiederum entstand das frühmittelengl. Versepos ›Brut‹ des Layamon (um 1200). Nunmehr breitete sich die A. von Wales, Cornwall und der Bretagne (Armorika) über Frankreich und Deutschland auf ganz Europa aus. Ursprünglich selbständige Stoffe (Tristan-Sage, Lanzelot-Stoff, Verbindung mit der mystisch-religiösen Geschichte vom hl. Gral) wurden integriert. Eine Vorstufe zu den großen frz. Versromanen bildeten die ›contes‹ und ›lais‹ (novellenartige Prosa- und Verserzählungen, bes. die ›lais‹ der Marie de France, um 1167 oder um 1180). Beginn und Höhepunkt zugleich des frz. Artusromans sind die Werke des Chrétien de Troyes (Entstehungszeit etwa 1170–88): ›Erec et Énide‹, ›Cligès‹, ›Lancelot‹, ›Yvain‹, ›Perceval‹. Bei Chrétien und seinen Nachfolgern ist Artus das große eth. Vorbild des Rittertums. Zum passiven Mittelpunkt einer Schar tapferer Ritter, den Haupthelden der Romane, geworden, greift er selbst jedoch kaum in das Geschehen ein. Die bedeutendsten Vertreter der dt. Artusepik waren Hartmann von Aue (›Erec‹, Ende des 12. Jh., ›Iwein‹, um 1200), Gottfried von Straßburg (›Tristan und Isolt‹, um 1210) und Wolfram von Eschenbach (›Parzival‹, um 1200–10, ›Titurel‹, um 1215). Schon neben den großen mhd. Epikern und v. a. nach ihnen entstand eine Fülle von Artusromanen, die dem stoffl. Interesse des Publikums entgegenkam (niedere A.). Diese Epigonendichtung reichte in der Form der Prosaauflösung bis in die Volksbücher und an die Anfänge des frühnhd. Prosaromans heran. Von bes. Bedeutung für die spätere A. ist der aus fünf Teilen bestehende große altfrz. Prosazyklus (›Vulgate‹ oder ›Grand Saint Graal‹, um 1225). Auf ihm beruhen der dt. Prosaroman von Lanzelot (um 1230), der engl. Prosaroman ›Le morte Darthur‹ von Th. Malory (vollendet um 1469/70) u. a. Artusgestalt und arthur. Sagenstoff sind durch die Jahrhunderte hindurch lebendig geblieben und erleben immer wieder Zeiten intensiverer literar. Rezeption. So z. B. im 19. Jh. durch A. Tennyson, R. Wagner oder Mark Twain und im 20. Jh. u. a. durch J. Cocteau, T. S. Eliot, J. Steinbeck, T. H. White, J. Gracq. Die Fantasy-Mode der siebziger und achtziger Jahre des 20. Jh. begünstigt neben der fortwährenden literar. Rezeption (T. Dorst, Marion Zimmer Bradley) auch wieder Filme zum Artus-Stoff, wie z. B. R. Bressons ›Lancelot du Lac‹ (1974) oder E. Rohmers ›Perceval le Gallois‹ (1979). Die in Chicago seit 1984 erscheinende Spezialzeitschrift ›Avalon to Camelot‹ ist nur ein weiterer Beleg für die jeweils zeitspezifische Adaptationsfähigkeit der Geschichten um König Artus und seine Tafelrunde.

Literatur: Bulletin bibliographique de la Société internationale Arthurienne. 1949 ff. – Reallex. der dt. Lit.gesch. Begr. v. P. MERKER u. W. STAMMLER. Hg. v. W. KOHLSCHMIDT u. W. MOHR. Bd. 1. Bln. ²1958. S. 106 (mit Bibliogr.). – LOOMIS, R. SH.: The development of Arthurian romance. London 1963. – MARX, J.: Nouvelles recherches sur la littérature Arthurienne. Paris 1965. – ASHE, G. u. a.: The quest for Arthur's Britain. London 1968. – Der arthur. Roman. Hg. v. K. WAIS. Darmst. 1970. – BROGSITTER, K. O.: Artusepik. Stg. ²1971. – FRAPPIER, J.: Étude sur la mort le roi Artu. Genf u. Paris ³1972. – LANGE, W.-D.: Keltisch-roman. Lit.-Beziehungen im MA. In: Grundr. der roman. Literaturen des MA. Hg. v. H. R. JAUSS u. a. Bd. 1. Hdbg. 1972. S. 163. – Arthurian literature in the middle ages. Hg. v. R. SH. LOOMIS. Neuausg. Oxford 1979. – BEZZOLA, R. R., u. a.: Artus (Arthur), Artussage, Artusromane. In: Lex. des MA. Bd. 1. Mchn. u. Zü. 1980. – The Arthurian bibliography. Hg. v. C. E. PICKFORD u. a. Cambridge 1981. – König Artus u. seine Tafelrunde. Nhd. in Zusammenarbeit mit W.-D. LANGE. Hg. v. K. LANGOSCH. Neuausg. Stg. 1982. – MORRIS, R.: The character of King Arthur in medieval literature. Cambridge 1982. – The legend of Arthur in the Middle Ages. Hg. v. P. B. GROUT u. a. Cambridge u. a. 1983. – Artusrittertum im späten MA. Hg. v. F. WOLFZETTEL. Gießen 1984. – MARKALE, J.: Lancelot et la chevalerie arthurienne. Paris 1985. – GOTTZMANN, C. L.: A. Stg. 1989. – Moderne Artus-Rezeption 18.–20. Jh. Hg. v. K. GAMERSCHLAG. Göppingen 1991. –

The new Arthurian encyclopedia. Hg. v. N. A. LACY u. a. New York 1991. – Fiktionalität im Artusroman. Hg. v. V. MERTENS u. a. Tüb. 1993.

Arx, Caesar von, * Basel 23. Mai 1895, † Niedererlinsbach bei Aarau 14. Juli 1949, schweizer. Dramatiker. – Regisseur in Leipzig und Zürich, seit 1925 freier Schriftsteller; Verfasser erfolgreicher Dramen und Spiele, bes. aus der Geschichte der Eidgenossenschaft.
Werke: Die Schweizer. Histor. Festspiele (1924), Die Geschichte vom General Johann August Suter (Dr., 1929), Hörspiel zum Jubiläum der Gotthardbahn (1932), Vogel friß oder stirb (Kom., 1932), Das Drama vom verlorenen Sohn (1934, nach H. Salat), Der Verrat von Novara (Schsp., 1934), Der heilige Held (Schsp., 1936), Land ohne Himmel (Schsp., 1943), Das Solothurner Gedenkspiel (1949).
Ausgabe: C. v. A. Werke in 4 Bden. Hg. v. A. ARNOLD u. a. Olten 1986 ff.
Literatur: MOSER, J.: Studien zur Dramentheorie von C. v. A. Sempach 1956.

Āryaśūra [aːrjaˈʃuːra], buddhist. ind. Dichter etwa des 4. Jh. n. Chr. – Von ihm ist in Sanskrit die ›Jātakamālā‹ (= Kranz der Wiedergeburtsgeschichten [des Buddha]) erhalten. Sie enthält 34 erbaul. Geschichten in kunstvoller Sprache, in denen Prosa mit Versen vermischt ist. Weitere Werke A.s sind nur aus chin. Übersetzungen bekannt.
Ausgaben: The Jātakamālā. Hg. v. H. KERN. Boston (Mass.) 1891. – Jātakamalā, garland of birth-stories. Engl. Übers. Hg. v. J. S. SPEYER. London 1895.

Aržak, Nikolaj, russ.-sowjet. Schriftsteller, ↑ Daniel, Juli Markowitsch.

Arzybaschew (tl.: Arcybašev), Michail Petrowitsch, * Achtyrka (Gouv. Charkow) 5. Nov. 1878, † Warschau 3. März 1927, russ. Schriftsteller. – Entstammte dem Landadel; 1917 emigriert. Erregte mit dem Roman ›Sanin‹ (1907, dt. 1909), dessen Held ein unbedingter Amoralist ist, Aufsehen und wegen erot. Deutlichkeiten Anstoß; Vorliebe für die Verbindung des Makabren mit dem Erotischen. Von den bedeutenderen zeitgenöss. Schriftstellern wurden seine Werke, deren Grundhaltung pessimistisch war, als epigonal erkannt; auch Dramen und Essays.

A'šā, Al- ↑ Ascha, Al, Maimun Ibn Kais.

Asachi, Gheorghe [rumän. aˈsaki], * Herţa (heute Gerza, Ukraine) 1. März

1788, †Jassy 12. Nov. 1869, rumän. Schriftsteller. – Studierte in Lemberg, Wien und Rom und war ab 1813 Prof. für Mathematik und Architektur in Jassy; wurde in jungen Jahren durch seine klass. Muster (Horaz) nachahmenden Verse berühmt; schrieb außer Lyrik auch histor. Novellen und Dramen sowie Fabeln; war 1835 Mitbegründer der ersten rumän. Univ. in Jassy; gründete in der Moldau die erste rumän. Mittelschule, das erste rumän. Theater und die ersten literar. Zeitschriften; einer der wichtigsten Repräsentanten des kulturellen Lebens seiner Heimat in der ersten Hälfte des 19. Jahrhunderts.

Ausgaben: G. A. Scrieri literare. Bukarest 1957. 2 Bde. – G. A. Opere, Krit. Ausg. v. N. A. URSU. Bukarest 1973–81. 2 Bde.
Literatur: SORESCU, G.: G. A. Bukarest 1970.

Asadi (tl.: Asadī), Abu-Mansur Ali [pers. æsæ'di:], *Tus (Ostpersien) um 1012, †um 1080, pers. Dichter. – Bed. durch sein Wörterbuch, das als ältestes in pers. Sprache gilt; jedes Wort wurde durch Zitate aus Werken verschiedener Dichter belegt, deren Originale z. T. unbekannt, z. T. verloren sind. Zwischen 1064 und 1066 entstand das histor. Epos ›Garšāspnāme‹ (= Buch des Garschasp). A. führte die Tenzone als dichter. Form wieder in die pers. Literatur ein.

Ausgabe: Asadi's neupers. Wörterbuch Lugughat-i furs. Hg. v. P. HORN. Bln. 1897 (erweiterte Ausg.: Tcheran 1941. Hg. v. A. EQBAL).
Literatur: RYPKA, J.: Iran. Lit.gesch. Lpz. 1959. S. 164.

Asbaje y Ramírez de Santillana, Juana Inés de [span. az'βaxe i rra'mirez ðe santi'jana], mex. Dichterin, †Juana Inés de la Cruz, Sor.

Asbjørnsen, Peter Christen [norweg. 'asbjœrnsən], *Kristiania (heute Oslo) 15. Jan. 1812, †ebd. 6. Jan. 1885, norweg. Schriftsteller. – Nach dem Vorbild der Brüder Grimm und aus nationalromant. Impulsen sammelte er mit J. I. Moe norweg. Volksmärchen, die sie in einer sprachl. Mischform aus Dialekt und dän.-norweg. Schriftsprache publizierten (›Norweg. Volksmärchen‹, 2 Bde., 1841–44, dt. 1847); allein gab er ›Norske huldreeventyr og folkesagn‹ heraus (1845–48, dt. Auswahl 1881 u. d. T. ›Nor-weg. Volksmärchen und Waldgeistersagen‹).

Literatur: LIESTØL, K.: P. Ch. A., mannen og livsverket. Oslo 1947.

Ascasụbi, Hilario [span. aska'suβi], *Fraile Muerto (Prov. Córdoba) 14. Jan. 1807, †Buenos Aires 17. Nov. 1875, argentin. Schriftsteller. – Bekämpfte unter dem Pseudonym Paulino Lucero mit satir., in der Sprache der Gauchos abgefaßten Gedichten die Diktatur von J. M. de Rosas, danach, als Aniceto el Gallo, den ehemaligen Kampfgefährten J. J. de Urquiza. Sein Hauptwerk ist das kostumbrist. Gaucho-Epos ›Santos Vega o Los mellizos de La Flor‹ (1872).

Schalom
Asch

Asch (tl.: Aš), Schalom, *Kutno (Polen) 1. Jan. 1880, †London 10. Juli 1957, jidd. Schriftsteller. – Ging 1899 nach Warschau, lebte 1906–10 in Palästina, dann in den USA, England und in den letzten Jahren in Israel; unternahm viele Reisen in Europa. A. schrieb ursprünglich hebr., später jiddisch, aber auch dt. u. englisch. Er gehört zu den bedeutendsten Vertretern des jidd. Schrifttums im 20. Jh. Er begann mit Skizzen und Erzählungen aus dem Leben der Ostjuden. Ein breites Bild vom Untergang des Ostjudentums zeichnete er in seiner Romantrilogie ›Vor der Sintflut‹ (1927–32, Bd. 1: ›Petersburg‹, Bd. 2: ›Warschau‹, Bd. 3: ›Moskau‹; dt. 1929/30). A. wählte für seine Dramen und Romane sowohl histor. Themen als auch solche, die das Schicksal ausgewanderter Juden aufgreifen. Seine bühnenwirksamen sozialen Dramen und Komödien machten ihn weithin bekannt (1908 Aufführung des Dramas ›Der Gott der Rache‹ [1907, dt. 1907] durch M. Reinhardt). In seinen Spätwerken verwendete A. v. a. urchristl. Stoffe mit der Absicht, die Kluft zwischen Judentum und Christentum zu überbrücken.

Weitere Werke: Mottke der Dieb (E., 1916, dt. 1929), Die Kinder Abrahams (Nov.n, 1931), East River (R., 1932, dt. 1947), Der Trost des Volkes (R., 1934, dt. 1934), Der Apostel (R., 1943, dt. 1946), Der Nazarener (R., 1939, dt. 1950), Maria (R., 1949, dt. 1950), Moses (R., 1951, dt. 1953), Reise durch die Nacht (R., 1953, dt. 1955), Der Prophet (R., 1955, dt. 1957). Literatur: LIEBERMANN, CH.: The christianity of Sholem A. An appraisal from the Jewish viewpoint. Engl. Übers. New York 1953.

Ascha, Al (tl.: Al-A'šā), Maimun Ibn Kais, * Durna bei Ar Rijad um 550, † nach 625, altarab. Dichter. – Durchzog als wandernder Sänger ganz Arabien und die umliegenden Länder; durch seine ausgedehnten Reisen eignete er sich eine umfangreiche Bildung an; Beschäftigung mit religiösen Fragen; verherrlichte in seinen meist konventionellen Kassiden u. a. seine Gönner, die er mit rhetor. Phrasen überschüttete.
Literatur: Enc. Islam Bd. 1, ²1960, S. 689.

Aschajew (tl.: Ažaev), Wassili Nikolajewitsch [russ. aˈʒajıf], * Sozkoje (Gouv. Moskau) 12. Febr. 1915, † Moskau 27. April 1968, russ.-sowjet. Schriftsteller. – Wurde besonders durch seinen im Sinne des sozialist. Realismus konzipierten ›Produktionsroman‹ ›Fern von Moskau‹ (1948, dt. 1950), in dem er den heroischen Sowjetmenschen schildert, bekannt; ferner ›Prolog des Lebens‹ (R., 1961, dt. 1962).

Ascham, Roger [engl. ˈæskəm], * Kirby Wiske (York) 1515, † London 30. Dez. 1568, engl. Humanist. – Studierte und lehrte an der Univ. Cambridge, wo er für die Kenntnis des Griechischen eintrat; hatte verschiedene offizielle Ämter inne, u. a. als Erzieher Elisabeths I. Seine englisch geschriebenen Werke – ›Toxophilus‹ (1545), eine König Heinrich VIII. gewidmete Abhandlung über das Bogenschießen, und das Erziehungsbuch ›The schoolmaster‹ (hg. 1570) – sind Marksteine eines nat. geprägten Humanismus ebenso wie eines ungekünstelten engl. Prosastils.

Literatur: RYAN, L. V.: R. A. Stanford (Calif.) 1963.

Äschines [ˈɛsçinɛs], griech. Redner, † Aischines.

Aschkenasi (tl.: Aškenazi), Jakob ben Jizchak, * Janow (Böhmen) um 1550, † Prag 1628, jidd. Autor. – Verfaßte neben talmudisch-legendar. Erzählungen gegen Ende des 16. Jh. das jidd. Erbauungsbuch ›Ze'ena ure'ena‹ (= Kommt und schaut, Hoheslied 3,11), eine ausschmückende und kommentierende Nacherzählung von Pentateuch, Prophetenabschnitten und den Büchern Ruth, Hoheslied, Sprüche, Prediger, Esther. Die älteste erhaltene Ausgabe stammt aus Basel (gedr. Hanau 1622), vorher gab es mindestens 3 frühere Ausgaben in Krakau und Lublin, später über 210 weitere Ausgaben, zuerst in Mittel-, dann auch in Osteuropa und schließlich in den USA sowie in Israel; ursprünglich zur Sabbatlektüre für Frauen bestimmt.

Aschug [russ. von einem tatar. Wort mit der Bedeutung ›Liebhaber, Verliebter‹], wandernder Volksdichter und -sänger bei den anatol. Türken und bei den Völkern des Kaukasus, v. a. bei den Aserbaidschanern und Armeniern seit dem 16. Jahrhundert. Bekannte A.en wurden v. a. im 17. und 18. Jh. gerühmt, so der Georgier Sajat-Nowa. Die A.en trugen ep. Erzählungen, Liebeslyrik und didakt. Dichtungen, die sie z. T. selbst verfaßten, aber auch Volkslieder vor, die sie auf einem Saiteninstrument begleiteten. Es entstanden ganze Schulen der poet., musikal. und darstellenden Kunst der A.en; auch heute werden ihre Verse noch als Volkslieder gesungen.
Literatur: Enc. Islam Bd. 1, ²1960. S. 697.

Äschylus [ˈɛːsçylʊs], griech. Tragiker, † Aischylos.

Aseev, Nikolaj Nikolaevič, russ.-sowjet. Lyriker, † Assejew, Nikolai Nikolajewitsch.

aserbaidschanische Literatur, die älteren Denkmäler der a. L. (bis etwa zum 16. Jh.) sind fast ausschließlich in pers., arab. oder türk. Sprache geschrieben (u. a. die Werke von Nesami und M. Fuzûlî) und werden daher in erster Linie zur pers. bzw. türk. Literatur gezählt. In der daneben bestehenden Volkssspra-

In der daneben bestehenden Volkssprache sind u.a. das Epos ›Kitāb-i Dihdih Qurqūd‹ (= Buch des Dede Korkut), entstanden im 11./12. Jh., aufgezeichnet im 15. Jh., und ein Teil der Dichtung Nasimis geschrieben.

Die Literatur der folgenden Jahrhunderte bestand vorwiegend aus der Volksdichtung, vorgetragen von den Aschugen (âşiks, den sog. fahrenden Sängern). Im 18. Jh. trat neben die Volkspoesie die Kunstdichtung Wakifs und Widadis (*1709, †1809). Nach der Aneignung Nord-Aserbaidschans durch Rußland (1828) nahm die a. L., beeinflußt von der westeurop. Literatur durch die Vermittlung des Russischen und Türkischen, einen bed. Aufschwung. Drama und Prosa führte Achundsada in die a. L. ein; die satir. Dichtung, begründet durch Z̲akir (*1784, †1857), war v.a. durch Sabir vertreten.

Die **sowjet. aserbaidschan.** Literatur begann mit der Lyrik, deren bedeutendste Vertreter Müschfik (Mjušfik, *1908, †1939), Wurgun und Rsa (*1910) waren. Begründer der aserbaidschanisch-sowjet. Dramatik wurde Dschabarly. Der Roman entwickelte sich erst in den 1930er und 40er Jahren, vertreten u.a. durch Gussein (*1909, †1965). Autoren der 2. Hälfte des 20. Jh. sind Anar, M. Ibragimbekow, T. Gusseinow und I. Efendijew.

Im **Iran** erlosch die Publikation von a. L. zunächst mit der Machtergreifung Resa Pahlawis; sie konnte jedoch später, wenn auch unter erschwerten Bedingungen, wieder erscheinen.

Literatur: ARIF, M.: Literatura azerbaidžanskogo naroda. Baku 1958. – Kratkaja literaturnaja enciklopedija. Bd. 1. Moskau 1962. – Literaturen der Völker der Sowjetunion. Hg. v. H. JÜNGER. Lpz. ²1968.

Ashbery, John [Lawrence] [engl. 'æʃbərɪ], *Rochester (N.Y.) 28. Juli 1927, amerikan. Schriftsteller. – Studium an der Harvard und der Columbia University, verschiedene Tätigkeiten bei Verlagen und Zeitschriften; seit 1974 Prof. für engl. Literatur und Creative writing am Brooklyn College in New York; 1976–80 verantwortl. Lyrik-Hg. der Zeitschrift ›The Partisan Review‹; Kunstkritiker renommierter Zeitschriften in Europa und

in den USA. Neben einigen Dramen (›The heroes‹, UA 1952; ›The promisise‹, UA 1956; ›The philosopher‹, alle gedr. in: ›Three plays‹, 1978) und einem gemeinsam mit J. Schuyler veröffentlichten Roman (›Ein Haufen Idioten‹, 1969, dt. 1990) ist A. bes. durch seine Gedichtsammlungen als Mitglied der New York School of Poets bekannt geworden. Aus der Verbindung der Darstellungsmittel der abstrakten Malerei mit seiner Dichtung entstehen seine avantgardist. Kunstauffassung und die collageartige, lyr. Stil, der Anklänge an die Symbolisten und T.S. Eliot besitzt. Den ursprünglich unverbunden sprachl. Abstraktionen etwa in der Anthologie ›Some trees‹ (1956) und den pasticheartigen Gedichten in ›The tennis court oath‹ (1962) steht in den späteren Werken zunehmend der Versuch gegenüber, die metaphys. Dimension der Existenz zu ergründen (›Rivers and mountains‹, 1966) bzw. in der Hinwendung zur eigenen Person einen autobiograph. Sinnkontext zu erstellen, wie in A.s Gedichtsammlung ›Selbstporträt im konvexen Spiegel‹ (Ged., 1975, dt. 1977) sowie in dem an W. Worthworths ›Prelude‹ erinnernden Langgedicht ›Flow chart‹ (1991).

Weitere Werke: Selected poems (1967), The double dream of spring (Ged., 1970), Three poems (Ged., 1972), Houseboat days (Ged., 1977), As we know (Ged., 1979), Shadow train (Ged., 1981), Eine Welle (Ged., 1984, dt. 1988), April galleons (Ged., 1987).
Literatur: SUTTON, W.: American free verse. The modern revolution in poetry. New York 1973. – SHAPIRO, D.: J. A. New York 1979. – J. A. Hg. v. H. BLOOM. New York 1985.

Ashton, Winifred [engl. 'æʃtən], engl. Schriftstellerin, ↑Dane, Clemence.

Asianismus [griech.-lat.], Stilrichtung der antiken Rhetorik; der Begriff tauchte im 1. Jh. v. Chr. in Rom als Schlagwort der Vertreter des ↑Attizismus auf, für die er gleichbedeutend mit schlechtem Stil war. Man unterscheidet zwei Phasen des A.: die erste mit einer Blüte im 3. Jh. v. Chr. (z. B. Hegesias von Magnesia am Sipylos; er galt als Urheber des A.), die zweite im 1. Jh. v. Chr. (Grabinschrift für Antiochos von Kommagene). Er war in zwei Erscheinungsformen ausgeprägt, die sich auch vermischten: einerseits witzelnd-tendenziös mit weichen Rhyth men, andererseits schwülstig-pathetisch mit aufwendiger Rhetorik. Trotz höherer Bewertung des Attizismus in der röm. Literaturkritik (z. B. beim späteren Cicero, Quintilian) gab es auch vollendete Ausformungen des A. bei röm. Schriftstellern (Seneca d. J., Tacitus).

Literatur: WILAMOWITZ-MÖLLENDORFF, U. VON: A. u. Attizismus. In: Hermes 35 (1900), S. 1. – HOCKE, G. R.: Manierismus in der Lit. Rbk. 36.–40. Tsd. 1978. – ROETZER, H. G.: Traditionalität u. Modernität in der europ. Lit. Darmst. 1979. – NORDEN, E.: Die antike Kunstprosa vom 6. Jh. v. Chr. bis in die Zeit der Renaissance. Darmst. ⁹1983. 2 Bde. – CURTIUS, E. R.: Europ. Lit. u. lat. MA. Bern u. Mchn. ¹⁰1984.

Âşık Paşa [türk. ɑ:'ʃik pɑ'ʃɑ], * 1272, † 1332, anatol.-türk. Dichter. – Verfaßte als einflußreicher Scheich eines Derwischordens ein bed. mystisch-didakt. Mesnevī-Epos ›Ġarībnāme‹ (1330), das deutlich unter dem Einfluß des Dschalal od-din Rumi steht.

Âşıkpaşazade Derviş Ahmed [türk. ɑ:ʃikpɑʃɑzɑ:'de dɛr'viʃ ɑh'mɛt], * 1400, † um 1486, osman. Geschichtsschreiber. – Redigierte das Geschichtswerk ›Manāḳib u Tevārīh-i Âl-i ʻOsmān‹, für das er zahlreiche Arbeiten durchweg ungenannter Autoren benutzte. Die Schrift reicht bis zum Jahr 1478 und ist eine der wichtigsten Quellen zur frühen Osmanenzeit.

Ausgabe: Derwisch Ahmed, gen. Aşik-Paşa-Sohn. Vom Hirtenzelt zur Hohen Pforte. Hg. v. R. T. KREUTEL. Graz u. a. 1959.
Literatur: BABINGER, F.: Die Geschichtsschreiber der Osmanen u. ihre Werke. Lpz. 1927.

Âşık Veysel [türk. ɑ:'ʃik vɛi'sɛl], * Sivrialan (Anatolien) 1894, † ebd. 21. März 1973, türk. Dichter. – Letzter bed. anatol. Volksdichter (âşik; mit sieben Jahren erblindet, repräsentierte er den Typus des volkstüml. fahrenden Sängers, der seine Balladen auf der Saz, einem Saiteninstrument, begleitete. Neben mystisch-religiösen Themen spielten auch soziale und Liebeslyrik eine Rolle, u. a. ›Dostlar beni hatırlasın‹ (= Die Freunde sollen sich an mich erinnern, Ged., 1970 und 1973).

Asimov, Isaac [engl. 'æzɪmɔf], * Petrowsk 2. Jan. 1920, † New York 6. April 1992, amerikan. Biochemiker und Schriftsteller russ. Herkunft. – Lebte ab 1923 in den USA (1928 naturalisiert) und war ab 1951 Prof. für Biochemie in Boston. Verfasser zahlreicher populärwiss. Bücher über naturwiss. Themen, u. a. Biochemie, Astronomie und Geschichte der Naturwissenschaften; schrieb ab 1938 auch Science-fiction, u. a. ›Ich, der Robot‹ (R., 1950, dt. 1952), ›Sterne wie Staub‹ (R., 1951, dt. 1960), Foundation-Trilogie (›Der Tausendjahresplan‹, R., 1951, dt. 1966; ›Der galakt. General‹, 1952, dt. 1966; ›Alle Wege führen nach Trantor‹, R., 1953, dt. 1966), ›Die nackte Sonne‹ (R., 1957, dt. 1960), ›Lunatico oder die nächste Welt‹ (R., 1972, dt. 1973), ›Auf der Suche nach der Erde‹ (R., 1982, dt. 1984), ›Nemesis‹ (R., 1989, dt. 1990).

Literatur: FIEDLER, J./MELE, J.: I. A. New York 1982. – GUNN, J. E.: I. A., the foundations of science fiction. New York 1982.

Asinarius [zu lat. asinus = Esel], mlat. Verserzählung über den Märchenstoff vom Eselsprinzen, der dem Typus vom Tierbräutigam zugehört. Um 1200 in Süddeutschland gedichtet. Der Held, als Eselsprinz geboren, im Singen und Lautenspiel ausgebildet, zieht in die Welt, gewinnt eine Königstochter zur Frau und wird durch Verbrennen der Tierhaut erlöst.

Ausgabe: Commedie Latine del XII e XIII secolo. Bd. 4. Genua 1983. S. 139.
Literatur: A. u. Rapularius. Hg. v. K. LANGOSCH. Hdbg. 1929. – LANGOSCH, K.: Waltharius, Ruodlieb, Märchenepen. Basel u. Stg. ²1967.

Asinius Pollio, Gaius, * 76 v. Chr., † 5 n. Chr., röm. Schriftsteller. – Schloß sich, obwohl er überzeugter Republikaner war, 49 Caesar und 43 Marcus Antonius an; war im Jahr 40 Konsul, 39/38 Prokonsul der Prov. Macedonia; zog sich unter Kaiser Augustus ganz ins Privatleben zurück und war literarisch und wiss. tätig. Gründer der ersten öffentl. Bibliothek in Rom und erster Rezitator eigener Werke vor einem Kreis geladener Gäste; Kritiker und Kenner der gesamten röm. Literatur seiner Zeit; Freund von Horaz, Catull und Vergil. Von seinem umfangreichen Werk, das neben Tragödien, Gedichten, Briefen, Reden und grammat. Schriften 17 Bücher ›Historiae‹ (der Jahre 60 bis um 42) umfaßte, sind nur Bruchstücke erhalten.

Literatur: ANDRÉ, J.: La vie et l'œuvre d'A. Pollion. Paris 1949. – HALLER, B.: Caius A. P. als Politiker u. zeitkrit. Historiker. Diss. Münster 1967.

Asịr, Al (tl.: Al-Asīr), Jusuf, * Saida 1815, † Beirut 1890, libanes. Schriftsteller. – Korrigierte die arab. Bibelübersetzung der amerikan. Missionare (1860–65); Autor u. a. eines Diwans (1888) und von ›Al-Maǧallaʰ‹ (= Die Zeitschrift, 1904), die sich mit Fragen zum Gesetz und zu Gerichtsverhandlungen beschäftigt.

Asís, Jorge [span. a'sis], *Avellaneda 1946, argentin. Schriftsteller. – Seine erfolgreichen, durch umgangssprachl. Diktion und sarkast. Humor charakterisierten Romane sind durch scharfe Kritik am moral. Verfall der argentin. Gesellschaft gekennzeichnet.
Werke: La familia tipo (R., 1974), Los reventados (R., 1974), Flores robadas en los jardines de Quilmes. Canguros 1 (R., 1980), Carne picada. Canguros 2 (R., 1981), La ficción política (Essay, 1985), El pretexto de París (Essay, 1985).

Aškenazy, Ludvík [tschech. 'aʃkɛnazi], *Teschen 24. Febr. 1921, † Bozen 18. März 1986, tschech. Schriftsteller. – Floh 1941 in die Sowjetunion; nach dem Krieg Auslandskorrespondent des tschech. Rundfunks; lebte später im westl. Ausland (schrieb auch dt.); Verfasser anmutiger poet. Erzählungen mit oft märchenhaften Zügen (›Wie wir das Glück suchen gingen‹, 1955, dt. 1957; ›Der gestohlene Mond‹, 1956, dt. 1959) für Erwachsene und Kinder; auch Stücke, Drehbücher, Hör- und Fernsehspiele.
Weitere Werke: Der Gast (Dr., 1960, dt. 1962), Der Staatsbräutigam (Kom., 1962, dt. EA 1968), Biskuit (Hsp., 1963, dt. EA 1966), Auf eigene Rechnung (Hsp., 1965, dt. Erstsendung 1964), Wo die Füchse Blockflöte spielen (Kinderb., dt. 1976; Dt. Jugendbuchpreis 1977), Du bist einmalig (Kinder-En., dt. 1981).
Literatur: SCHMIDT, REGULA: L. A. Studien zu seinem Prosawerk. Bern u. Ffm. 1975.

Aškerc, Anton [slowen. 'a:ʃkɛrts], *Senožeti bei Rimske Toplice 9. Jan. 1856, † Ljubljana 10. Juni 1912, slowen. Dichter. – Liberaler, zum Sozialismus neigender Theologe; später antiklerikale Einstellung; literaturkrit. Publizist und Archivar; pflegte als erster slowen. Dichter die Balladendichtung. Seine Lyrik ist volksliedhaft; in ep. Dichtungen behandelte er Stoffe aus der Zeit der Reformation und der Bauernkriege.
Ausgabe: A. A. Izbrane pesmi. Ljubljana 1963.

Askildsen, Kjell [norweg. 'askilsən], * Mandal 30. Sept. 1929, norweg. Schriftsteller. – Psychologisch einfühlsame Romane und Erzählungen; übersetzte F. Kafka und S. Beckett.
Werke: Heretter følger jeg deg helt hjem (En., 1953), Herr Leonard Leonard (R., 1955), Omgivelser (R., 1969), Kjære, kjære Oluf (R., 1974), Hverdag (R., 1976), Thomas F.'s siste nedtegnelser til almenheten (En., 1983), Eine weite, leere Landschaft (En., 1991, dt. 1992).

asklepiadeische Strophen, die von Horaz teils aus der griech. Lyrik übernommenen, teils neu geschaffenen fünf Odenformen, deren Grundelement der ↑ Asklepiadeus ist: 1. a. Strophe: stichisch verwendeter Asklepiadeus minor; 2. a. Strophe: dreimal Asklepiadeus minor und ein ↑ Glykoneus; 3. a. Strophe: zweimal Asklepiadeus minor, ein ↑ Pherekrateus und ein Glykoneus; 4. a. Strophe: ein Glykoneus, ein Asklepiadeus minor, ein Glykoneus und ein Asklepiadeus minor; 5. a. Strophe: stichisch verwendeter Asklepiadeus maior. – Strophen im strengen Sinne sind nur 2, 3 und 4. Die a. S. sind seit der Renaissance auch Bestandteil der dt. Dichtung, bes. Bedeutung haben sie später bei F. G. Klopstock, dann v. a. bei J. Ch. F. Hölderlin, bei L. Ch. H. Hölty und A. von Platen. – ↑ auch Ode.

Asklepiades von Samos (tl.: Asklēpiádēs), griech. Dichter des 3. Jh. v. Chr. – Lebte wahrscheinlich einige Zeit in Alexandria; v. a. bed. Epigrammatiker, der meist Themen erot. Inhalts und der Gelagepoesie mit lebhafter Natürlichkeit in einer sowohl schlichten und knappen als auch kunstvollen Ausdrucksweise behandelt; überliefert sind etwa 40 Epigramme, daneben einige Hinkjamben; wohl auch bedeutender Lyriker, nach ihm ist der ↑ Asklepiadeus benannt.

Asklepiadeus [griech.-lat.], Bez. für zwei nach dem griech. Dichter Asklepiades von Samos (3. Jh. v. Chr.) benannte ↑ äolische Versmaße, die durch einfache bzw. doppelte Wiederholung des ↑ Choriambus in der Versmitte des ↑ Glykoneus entstehen; seit Horaz haben sie geregelte ↑Zäsur und Basis (↑äolische Basis):

⏓⏓–⏑⏑–|–⏑⏑–⏑⏓ A. minor;

⏓⏓–⏑⏑–|–⏑⏑–|–⏑⏑–⏑⏓ A. maior.

Asklepiadeen erscheinen ↑stichisch (z. B. bei Catull, Horaz), meist aber in Strophen (↑asklepiadeische Strophen).

Asklund, Erik, * Stockholm 20. Juni 1908, † ebd. 6. Nov. 1980, schwed. Schriftsteller. – Schrieb sozialkrit. Romane über die Großstadtarbeiterjugend (›Fanfar med fem trumpeter‹, 1934), Novellen, Reportagen u. Kinderbücher.

Weitere Werke: Modisterna (R., 1937), Manne (Nov., 1949), Röd skjorta (Nov., 1951), Mormon Boy (Nov., 1951), Yngling i spegel (R., 1955), Kvarteret Venus (R., 1957), Den underjordiska gången (R., 1970), Kvinna (Ged., 1970).

Asmodi, Herbert, * Heilbronn 30. März 1923, dt. Schriftsteller und Drehbuchautor. – Schreibt v. a. zeitkritisch-iron. Dramen, in denen er Probleme der Nachkriegszeit und der Gegenwart behandelt; auch Lyrik und Kinderbücher. Seit Beginn der 70er Jahre hat er großen Erfolg mit seinen häufig nach literar. Vorlagen geschriebenen Drehbüchern für (oft mehrteilige) Fernsehfilme, u. a. ›Die Frau in Weiß‹ (1971), ›Der rote Schal‹ (1972), ›Der Monddiamant‹ (1974) und ›Lucilla‹ (1980) nach Vorlagen von W. Collins.

Weitere Werke: Jenseits vom Paradies (Schsp., 1954), Pardon wird nicht gegeben (Kom., 1956, auch u. d. T. Schuwaloff und der Weltfrieden), Nachsaison (Kom., 1959), Die Menschenfresser (Kom., 1961), Stirb und werde (Kom., UA 1967), Eine unwürdige Existenz (Fsp., 1971), Jokers Gala (Ged., 1975), Jokers Farewell (Ged., 1977), Vor dem Sturm (Fernsehfilm nach Th. Fontane, 1984), Das Lächeln der Harpyien (En., 1987), Landleben (En., 1990).

Asmus, Pseudonym des dt. Dichters Matthias ↑Claudius.

Asnyk, Adam [poln. 'asnɨk], * Kalisz 11. Sept. 1838, † Krakau 2. Aug. 1897, poln. Schriftsteller. – Redakteur und Politiker; versuchte sich in vielen Gattungen, wurde aber v. a. durch Lyrik bekannt, die zwischen Romantik und Positivismus steht; Betonung der rhythm. Elemente; seine philosoph. Lyrik ist vom positivist. Fortschrittsgedanken geprägt. In dt. Sprache erschien 1887 eine Gedichtauswahl.

Ausgabe: A. A. Poezje. Warschau 1974.

Äsop (tl.: Aísōpos; Aesopus), legendärer griech. Fabeldichter. – Erste Erwähnung bei Herodot (2, 134), demzufolge er in das 6. Jh. v. Chr. zu datieren wäre. Nach den ältesten Quellen stammte er aus Thrakien, gelangte als Sklave nach Samos, wurde freigelassen und später in Delphi wegen Tempelraubs ermordet. Von der jüngeren Überlieferung ist vieles im sog. Äsoproman (vorhandene Fassung wohl aus der Kaiserzeit; das Material reicht bis ins 6. Jh. v. Chr. zurück) erhalten. Die Tierfabeln Ä.s gehen wahrscheinlich auf mündl., teils griech., teils ausländ. Überlieferung zurück. Auf aufdringl. Moralisieren und sittl. Pathos wird verzichtet, die Zusammenfassung der Moral am Ende der Fabeln stammt aus späterer Zeit. Gesammelt wurden sie zuerst von Demetrios von Phaleron (4./3. Jh.). Nachwirkung bei Phaedrus, Babrios und Avianus.

Ausgaben: Aesopus: Corpus fabularum Aesopicarum. Hg. v. A. HAUSRATH. Lpz. 1940–56. 2 Bde. – PERRY, E. B.: Aesopica. Urbana (Ill.) 1952. Nachdr. Salem (N.H.) 1980. – Fabeln v. Ä. u. Ä.ische Fabeln des Phädrus. Dt. Übers. Bearb. v. M. VOSSELER. Mchn. 1959.

Literatur: WIECHERS, A.: Ä. in Delphi. Meisenheim 1961.

Aspazija [lett. 'aspa:zija], eigtl. Elza Rozenberga, * Zaļenieki Daukšas bei Mitau (lett. Jelgava) 16. März 1868, † Dubbeln (lett. Dubulti, heute zu Jūrmala) 5. Nov. 1943, lett. Dichterin. – Trug als Journalistin und mit ihren Gedichten und Dramen, obwohl diese gelegentlich in sagenhafter Vorzeit angesiedelt waren, wesentlich zur Erzeugung sozial-revolutionärer und nat. Stimmungen am Vorabend der Revolution von 1905 bei, deren Scheitern sie und ihren Mann J. ↑Rainis zur Emigration in die Schweiz zwang, aus der sie erst 1920 zurückkehrten; danach Abwendung von der sozialen Thematik.

Werke: Vaidelote (= Die Seherin, Dr., 1894), Zaudētas tiesības (= Verlorene Rechte, Dr., 1894), Sarkanās puķes (= Rote Blumen, Ged., 1897), Sidraba šķidrauts (= Der silberne Schleier, Dr., 1905), Mana dzīve un darba (= Mein Leben und meine Werke, Autobiogr., 1931–40).

Aspenström, Karl Werner, * Norrbärke (Prov. Dalarna) 13. Nov. 1918, schwed. Schriftsteller. – Trat v. a. als Verfasser modernist. Lyrik hervor, schrieb aber auch Erzählungen, Dramen und Essays; seine stark einheitl., z.T. von T.S. Eliot beeinflußten Gedichte vereinen oft visionäre mit konkreten Zügen; übte als Lyriker erhebl. Einfluß auf die schwed. Literatur der 50er Jahre aus.

Werke: Snölegend (Ged., 1949), Litania (Ged., 1952), Dikter under träden (Ged., 1956), Om dagen om natten (Ged., 1961), Trappan (Ged., 1963), Sommar (Essays, 1968), Stackars Job (Dr., 1971), Blåvalen (Nov.n, 1975), Ögonvittnen (Essays, 1980), Tidigt en morgon sent på jorden (Ged., 1980), Det röda molnet (Ged., 1986).

Literatur: ATTIUS, H.: Estetik och moral. En studie i den unge W. A.s författarskap. Stockholm 1982.

Asplund, Karl, * Jäder 27. April 1890, † Stockholm 3. April 1978, schwed. Lyriker und Kunsthistoriker. – Neben bed. kunsthistor. Arbeiten Natur- und Liebeslyrik, die, sicher in der Form, idyllischgraziös oder auch melancholisch, die Bahnen des überkommenen Realismus nicht verläßt; bed. als Übersetzer.

Werke: Hjältarna (Ged., 1919), Daphne (Ged., 1921), Klockbojen (Ged., 1925), Silverbron (Ged., 1936), Septemberskygar (Ged., 1957), Timglaset (Ged., 1965).

assamesische Literatur ↑indische Literaturen.

Asscher-Pinkhof, Clara [niederl. 'asər'pıŋkhɔf], * Amsterdam 25. Okt. 1896, † Haifa 28. Nov. 1984, israel. Schriftstellerin. – War Lehrerin, wurde 1943 in das KZ Bergen-Belsen deportiert; lebte ab 1944 in Palästina; veröffentlichte in niederl. Sprache Gedichte und Erzählungen, später auch Romane; Autorin zahlreicher Kinder- und Jugendbücher. In Deutschland wurde sie v. a. durch ›Sternkinder‹ (1946, dt. 1961) und ›Tirza‹, ein Mädchen aus dem Kibbuz‹ (1953, dt. 1962) bekannt. 1966 erschien ihre Autobiographie ›Danseres zonder benen‹.

Assejew (tl.: Aseev), Nikolai Nikolajewitsch [russ. a'sjejıf], * Lgow bei Kursk 9.Juli 1889, † Moskau 16.Juli 1963, russ.-sowjet. Lyriker. – Zunächst unter dem Einfluß der Symbolisten, wandte sich später dem nachrevolutionären Futurismus zu; blieb formal konventioneller und traditionsverbundener als W. W. Majakowski, dem er einen romanartig angelegten Verszyklus widmete (›Majakovskij načinaetsja‹ [= Majakowski beginnt], 1940); gilt trotz seiner Neigung zum romant., melod., zurückhaltenden Stil als Nachfolger Majakowskis; auch Propagandadichtungen und Agitationslyrik.

Weitere Werke: Budennyj (Poem, 1922), Liričeskoe otstuplenie (= Lyr. Abschweifung, Poem, 1924), Dvadcat' šest' (= Sechsundzwanzig, Ged., 1925).

Asselbergs, Wilhelmus J. M. Antonius [niederl. 'asəlbɛrxs], niederl. Schriftsteller, ↑Duinkerken, Anton van.

Asselijn, Thomas [niederl. 'asəlɛin], * Dieppe um 1620, † Amsterdam Juli 1701, niederl. Dramatiker. – Kind prot. frz. Eltern, lebte in Amsterdam; schrieb zunächst histor. Trauerspiele, wurde berühmt durch seine zahlreichen populären gesellschaftskrit. Lustspiele, von denen sich bes. ›Jan Klaasz of gewaande dienstmaagt‹ (1682) noch lange auf den Bühnen behauptet hat.

Assenede, Diederic van [niederl. 'asəne:də], * um 1220, † nach 1290, fläm. Dichter. – Verfaßte um die Mitte des 13.Jh. u.d.T. ›Floris ende Blancefloer‹ eine Versbearbeitung der sog. aristokrat. Fassung des altfrz. Romans von ›Floire et Blancheflor‹.

Assis, Joaquim Maria Machado de, brasilian. Schriftsteller, ↑Machado de Assis, Joaquim Maria.

Assonanz [zu lat. assonare = tönend beistimmen], vokal. ↑Halbreim, bei dem im Unterschied zum reinen Reim nur die betonten Vokale übereinstimmen, nicht aber die nachfolgenden Konsonanten, z. B. Gang/sacht; sorgsam/kostbar. In der älteren Dichtung ist die A. als Mittel der Verszusammenfassung (↑Laisse) bes. typisch für das altfrz. Heldenepos (↑›Rolandslied‹) sowie allgemein üblich in der Dichtung der vokalreichen roman. Sprachen. In freierer Form finden sich A.en auch in der ahd. und frühmhd. Dichtung. Im Laufe der 1. Hälfte des 12.Jh. verliert die A. an Bedeutung, der reine Reim setzt sich durch. In der Moderne gewinnt die A. als eigenständiges Stilmittel (Erweiterung der Klangfarben) erneute Bedeutung. Auch in der dt. Dichtung wird sie von den Romantikern wiederentdeckt und v.a. in ↑Romanzen mit dem Reim verbunden (z. B. von C. Brentano, J. Frhr. von Eichendorff, L. Tieck, A. von Platen, H. Heine, S. George).

assyrische Literatur ↑babylonisch-assyrische Literatur.

Astafjew (tl.: Astaf'ev), Wiktor Petrowitsch [russ. as'tafjıf], *Owsjanka (Region Krasnojarsk) 1. Mai 1924, russ. Schriftsteller. – Zählt zu den sog. Dorfprosaikern; schrieb z.T. autobiographisch gefärbte Erzählungen, u.a. ›Ilja Werstakow. Eine Kindheit in Sibirien‹ (R., 1959, dt. 1978, 1979 auch u. d.T. ›Die Floßfahrt‹), ›Der Diebstahl‹ (1966, dt. 1969), ›Ferne Jahre der Kindheit‹ (1968, dt. 1980), ›Schäfer und Schäferin‹ (1971, dt. 1975), ›Car'-ryba‹ (= Zar Fisch, R., 1976), ›Posoch pamjati‹ (= Gedächtnisstütze, R., 1980), ›Žizn' prožit'‹ (= Das Leben zu leben, E., 1985), ›Der traurige Detektiv‹ (R., 1988, dt. 1988), ›Zrjačij posoch‹ (= Der Blindenstock, En., 1988); auch Kinderbücher (›Das Pferd mit der rosa Mähne‹, En., 1965, dt. 1979).
Literatur: JANOVSKIJ, N. N.: V. Astaf'ev. Moskau 1982.

Astel, Arnfrid, *München 9. Juli 1933, dt. Schriftsteller. – Schrieb zunächst Naturlyrik, dann Agitprop-Gedichte, wurde v.a. mit seinen politisch-satir. ›Epigrammen‹ auf gesellschaftl. Mißstände bekannt sowie durch seine erfolgreichen Prozesse gegen seine 1971 erfolgte Entlassung als Leiter der Literaturabteilung beim Saarländ. Rundfunk.
Werke: Notstand. 100 Gedichte (1968), Kläranlage. 100 Epigramme (1970), Zwischen den Stühlen sitzt der Liberale auf seinem Sessel. Epigramme und Arbeitsgerichtsurteile (1974), Neues (& altes) vom Rechtsstaat & von mir. Alle Epigramme (1978), Die Faust meines Großvaters & andere Freiübungen (Ged., 1979), Die Amsel fliegt auf. Der Zweig winkt ihr nach (Ged., 1982), Was zu sagen ist (Lyrik u. Prosa, 1988, mit anderen).

Asteriskus [griech. = Sternchen], **1.** von den griech. Grammatikern verwendetes krit. Zeichen (⁎); bei Aristophanes von Byzanz zur Bez. sinnloser Verse, bei Aristarchos zur Kennzeichnung doppelt überlieferter Verse. **2.** im Buch- und Schriftwesen ein Zeichen (*), das auf eine Fußnote hinweist.

Asteronym [griech. astḗr = Stern und ónoma (Dialektform: ónyma) = Name], anonyme Schrift, bei der anstelle des Verfassernamens (meist drei) Sternchen oder Figuren stehen.

Ästhetik [griech.; zu aisthánesthai = (durch die Sinne) wahrnehmen], die Begriffsgeschichte zeigt gegenüber der ursprüngl. Bedeutung, der Lehre von der sinnl. Wahrnehmung, Akzentverlagerungen, die durch die Entwicklung der Wahrnehmungsphysiologie und -psychologie an den Begriff der ›aísthēsis‹ zurückgebunden werden. Insofern das Schöne sinnlich erfahrbar ist, wird Ä. zur *Lehre vom Schönen,* insofern die höchste Erscheinungsform des Schönen die Kunst ist, zur *philosoph. Theorie der Kunst.* Sie hat zu ihrem Inhalt die Bedingungen der Entstehung von Kunstwerken *(Produktionsästhetik),* die Strukturen des ästhet. Gegenstandes in Kunst und Natur *(Gegenstandsästhetik)* und die Art und Weise der Rezeption ästhet. Gegenstände *(Wirkungs-* bzw. *Rezeptionsästhetik).*
In der **Antike** ist bereits vor Platon das Schöne als sinnfällige Erscheinung des Guten aufgefaßt. Schönheit bezeichnet die sichtbare Vollendung und Harmonie einer bestimmten Stufe des Seins (Hesiod, Sappho, Empedokles). Kunst ist Nachahmung (↑Mimesis) dieser Harmonie. Daß das sinnlich Schöne sich nicht unbedingt mit dem Guten deckt, führt zu dem Problem der Kalokagathia (Sokrates). Bei Platon ist das Schöne Thema metaphys. Ontologie. Aristoteles löst die Kunst aus der Metaphysik; Ä. wird zur Theorie der Kunst, ihrer Hervorbringung, Struktur und Wirkung auf dem Hintergrund einer allgemeinen Lehre menschl. Produktivität (Technik, Handeln, Denken). Kunst als ›poíēsis‹ ist Mimesis von Praxis, d.h. Darstellung derjenigen Handlungen, die nicht Mittel zu einem Zweck, sondern selbstzweckhaft sind und erst vom Ganzen eines Lebensentwurfs ihren Sinn erhalten. Die Kunst stellt nicht dar, was war oder ist, sondern was sein könnte: nicht mehr das allgemeine Wahre (Platon), sondern das Mögliche. Dessen Horizont ist der Mythos als einheits- und ganzheitsstiftende Struktur des Werks (Tragödie), der nicht mehr in

einem objektiven Sein, sondern in der Phantasie des Dichters entsteht. Dichtung gewinnt Erfindungs- und Entwurfscharakter. In der Theorie der ›mousikế‹ (Zweckfreiheit) wird Ä. zur Theorie einer von Zwängen und Normen des Alltäglichen freien Beschäftigung. Wirkungsästhetisch entspricht dem die Lehre von der Katharsis, der auf ›Furcht und Mitleid‹ bzw. ›Schrecken und Erbarmen‹ beruhenden Entspannungs-, Heilungs- und Reinigungswirkung der Tragödie, die von G. E. Lessing wieder aufgenommen wird. Während in der Tradition des Hedonismus die Lust am schöpfer. Akt und an der sinnlich schönen Form im Vordergrund steht, bindet die ästhet. Theorie des Hellenismus und der Spätantike Kunst an Ontologie und Pädagogik. Sie ist Versinnlichung der Wahrheit, angenehme Darstellung des Nützlichen (Plutarch, Quintilian); die geistige Schönheit steht höher als die sinnliche; jede ›ars‹ ist Nachahmung der Natur und dient zu deren Beherrschung, Kunst ist im engeren Sinn bloßer Schein, ein müßiger Zeitvertreib ohne Wert (Seneca d. J.). Bei Cicero ist das Schöne das Nützliche und Zweckmäßige. Philostratos gibt eine Theorie der künstler. Phantasie, diese bleibt aber ganz auf die Vervollkommnung der Idee verpflichtet. Bei Horaz hat, wie später bei G. B. Vico, die Kunst eine gesellschaftsbildende Funktion; entsprechend tritt die Wirkungs-Ä. in den Vordergrund. Plotin führt die bei Platon neben der negativen stehende positive Würdigung der Kunst weiter: der künstler. Akt ist ein schöpfer. Akt, die künstler. Formung ist Einbinden des Geistigen in die Materie. Ähnliches gilt bei K. Longinos das Erhabene als das erscheinende Göttliche, das wir bewundern. In der Spätantike entfaltet sich die Diskussion über die künstler. Technik v. a. in der Reflexion der Dichter auf ihr eigenes Tun (Juvenal, Vergil). Auch im **Mittelalter** bleibt das Problem der Schönheit Thema der Philosophen (Boethius, Augustinus, Isidor von Sevilla, Beda Venerabilis, Johannes Scotus Eriugena u. a.). Schönheit ist objektive Eigenschaft des geschaffenen Seins; Kunst bringt nicht hervor, sondern deckt die Schönheit der Natur auf. Die ›artes‹ sind theoret. (›artes liberales‹) und prakt.

(›artes mechanicae‹) Wissenschaften. Schönheit und Fertigkeit, Technik und Metaphysik sind eng verbunden. Dichtung hat einen moral. (ird.) und einen anagog. (überird.) Sinn, das Werk ist Gebrauchsgegenstand, seine Form Metapher einer Bedeutung, Vergegenwärtigung des metaphys. Zwecks. Ästhet. Anschauung erfaßt die Fülle des Wirklichen ohne reflexive Abstraktion (J. Duns Scotus). Kunst ist die vollkommenere Analogie zur Philosophie. Bes. die Musik gilt als Nachbildung der Harmonie des Geschaffenen. Die zentralen Begriffe des rationalen Klassizismus (Thomas von Aquin) sind Klarheit, Vollkommenheit und Proportion. Bei Dante und im Florentiner Trecento beginnt die Wendung der Ä. vom Werk zum freien Künstler, die in der Renaissance vollendet wird. Das Zeitalter der **Aufklärung** ist v. a. auch ein Zeitalter der ästhet. Kritik. Die Künstler machen ihre eigenen Werke zum Gegenstand krit. Reflexion, die Philosophen unternehmen den Versuch, das ›clair-obscur‹ (hell-dunkel) der Empfindungen des Geschmacks zu untersuchen. Bei R. Descartes fallen reine Anschauung und sinnl. Anschauung auseinander, aber bereits die Ä. des Klassizismus empfindet den Reiz des Nichtnormierten. Während das Werk streng den Regeln zu entsprechen hat, wird dem Dichter ein nicht erlernbares Ingenium zugestanden. Abbé Ch. Batteux und N. Boileau-Despréaux führen das Schöne der Künste auf ein Prinzip zurück und erklären einen an soziale Bedingungen gebundenen Geschmack zur überzeitl. Norm; G. E. Lessing stellt dem das Ideal einer rein ästhet. Vernunft entgegen. Die Einsicht in die Wechselbeziehung von sozialer Lage, Geschichtlichkeit und ästhet. Maßstäben wird bei D. Diderot in der Forderung nach einer neuen, zeitgemäßen Kunst produktiv, nachdem bereits J.-B. Du Bos eine Theorie entworfen hatte, die der histor. Veränderung der Künste gerecht zu werden versucht. Mit der Wendung zur subjektivist. Ä. treten die Phänomene des Geschmacks und der künstler. Hervorbringung in den Vordergrund. Natur bedeutet jetzt Natur des Menschen. Damit ist auch in der Ä. die Wende von Metaphysik zur Anthropologie vollzogen. Gleichwohl bleibt der Anspruch auf Allgemeingültigkeit des Geschmacksurteils bestehen, die durch den Gemeinsinn (sensus communis) begründet wird. D. Bouhours stellt dem log. Ideal der Deutlichkeit und Richtigkeit die Feinfühligkeit (delicatesse) gegenüber und vertritt damit eine erste Theorie des ästhet. Scheins. Für Du Bos gelten Einbildungskraft und Gefühl als autonome Quellen der Kunst und der Kunstbetrachtung. Der unmittelbare Eindruck auf den Betrachter und dessen Selbstbeobachtung sind der Ursprung des ästhet. Urteils. Ä. ist Spiegel der Begegnung von Betrachter und Künstler. Bei D. Hume ist die Vernunft selbst von der Einbildungskraft abhängig, das ästhet. Urteil ist wesentlich auf den Willen bezogenes Werturteil. Das Schöne ist nicht das dargestellt logisch Richtige, sondern Ausdruck der Zweckmäßigkeit eines Gegenstands für die Gesamtentwicklung der Persönlichkeit; Norm des Schönen und des Wahren ist die Praxis (Diderot). Unabhängig vom Sensualismus entwickelt A. A. C. Shaftesbury in Anlehnung an Platon, Plotin und Aristoteles die Idee einer ethisch-ästhet. Weisheitslehre, in der das Schöne, das Wahre und das Gute identisch sind. In der Anschauung des Schönen vollzieht sich die Wendung vom Geschaffenen zum Schöpferischen, der intuitive Verstand (intellectus archetypus) des Dichters steht über Erfahrung und Empfindung. Galt bisher das Genie als ›raison sublime‹, so ist es jetzt reine bildende Kraft; dichter. Nachahmung ist wesentlich ›poíēsis‹. Von Shaftesbury nehmen Genie-Ä. und die Theorie von der Autonomie des Schönen ihren Ausgang und werden von E. Young, K. Ph. Moritz, Lessing und I. Kant weiterentwickelt. Die Ä. der genialen Subjektivität findet ihre Ergänzung in der seit der Mitte des 18. Jh. sich entfaltenden Theorie des Erhabenen, mit der das Unregelmäßige und das Häßliche in den Kreis der Betrachtung tritt (E. Burke, Kant). In Deutschland bereitet G. W. Leibniz' Lehre von dem Kontinuum zwischen den dunklen und verworrenen und den klar und deutlich bewußten Vorstellungen die erkenntnistheoret. (A. G. Baumgarten) und schließlich erkenntniskrit. Ä. (Kant)

vor. Nachdem bereits G. B. Bilfinger auf das Fehlen einer Ä. im System der Wolffschen Philosophie hingewiesen hatte, begründet Baumgarten die Ä. als eigenständige philosoph. Disziplin (1750). Er versteht Ä. als Theorie der sinnl. Erkenntnis; sie ist damit nicht der Ethik und Politik untergeordnet (Platon) und ist auch nicht auf poetolog. Definitionen mit pragmat. Anweisungscharakter (Aristoteles, Horaz, die Barockpoetiken) eingeschränkt. Im engeren Sinne versteht Baumgarten unter Ä. die ›Theorie der freien Künste‹, die einen theoret. (Heuristik, Methodologie, Semiotik) und einen prakt. Teil (Anleitung für die Herstellung von Kunstwerken) enthält. Die bedeutendste Leistung des theoret. Teils besteht in dem Versuch, das Wort ›schön‹ (und Synonyma) intersubjektiv überprüfbar und auf Dauer verwendbar einzuführen. Schönheit wird primär nicht Gegenständen zugesprochen, sondern bezieht sich auf die Art und Weise der Erkennbarkeit: ein Gegenstand sinnl. Erkenntnis muß gewisse Kriterien der Vollkommenheit erfüllen, um ›in schöner Weise erkannt‹ zu werden. Von Baumgarten ist die weitere Entwicklung der philosoph. Ä. geprägt, die von der Zuständigkeit der systemat. Philosophie für das Ästhetische ausgeht (G. F. Meier, J. J. Eschenburg, J. A. Eberhard, J. G. Sulzer). Mit Lessings Kritik des am Allgemeinen interessierten Raisonnements über Kunst, mit J. G. Herders Betonung der histor. Differenz der Werke und mit J. J. Winckelmanns Ersetzung der philosoph. Reflexion durch Vergegenwärtigung der individuellen Kunstgebilde, die ihre eigenen Regeln in sich haben, beginnt die Auflösung der philosoph. Ä. durch ästhet. Reflexion der Kunst. In Wiederentdeckung und Vergegenwärtigung der antiken Kunst verbindet sich Ä. mit Geschichtsphilosophie, Utopie und Gegenwartskritik. Parallel entstehen im späteren 18. Jh. die neuen Versuche einer Verbindung von Pädagogik und Wirkungs-Ä. (Sulzer, M. Mendelssohn, Lessing). Schiller (›Über naive und sentimental. Dichtung‹, 1795) und F. Schlegel (›Über das Studium der griech. Poesie‹, 1797) unterziehen die Normativierung der Antike der Kritik und setzen sie zur

Moderne in ein dialekt. Verhältnis. Kant bezieht das Ästhetische auf das Ganze der philosoph. Systematik: die ›Kritik der Urteilskraft‹ (1790) steht zwischen den Kritiken der reinen und der prakt. Vernunft, das Ästhetische vermittelt zwischen Naturnotwendigkeit und Freiheit. Die nicht unterordnende, sondern koordinierend-reflektierende Urteilskraft setzt das Wohlgefallen am Schönen als interesselos, als frei von Kausalität und von moral. Normen voraus. Das Schöne ist zweckmäßig ohne Zweck. Doch diese Bestimmung, ebenso wie die des Genies als ›Talent (Naturgabe), welches der Kunst die Regel gibt‹, bedeutet nicht, daß in der subjektiven Konstitution des Schönen und v. a. des Erhabenen im freien Spiel der Gemütsvermögen die moral. Weltordnung an Geltung verliert. Kunst ist Symbolisierung des Sittlichen, Organ der Repräsentation des Übersinnlichen im Sinnlichen. Das Schöne, das Erhabene und die Kunst gewinnen einzigartigen Wert dadurch, daß sie im ›unheiligen Jahrhundert‹ Ausdruck der höchsten Bestimmung des Menschen sind. Auch Schiller geht von der Spaltung des Individuums aus, die allein in der Versöhnung des sinnlich-empir. ›Stofftriebs‹ mit dem vernünftigen ›Formtrieb‹ im freien ›Spieltrieb‹, im Zustand der ›ästhet. Stimmung‹ aufhebbar scheint. Entsprechend steht zwischen dem ›dynam. Staat‹, der sich die Natur unterwirft, und dem ›eth. Staat‹, der sich die Individuen unterwirft, der ›ästhet. Staat‹, die ›reine Republik‹. Bei F. W. J. von Schelling wird Kunst zum ›Allerheiligsten‹ der Philosophie, sie wird zum Symbol der Versöhnung von Endlichem und Unendlichem, zur einzigartigen Selbstdarstellung des Absoluten, die Paradigma ist für eine ›nach Ideen entworfenen Staatsverfassung‹. Doch dies meint die absolute, philosophisch konstruierte Kunst, die nicht mit den tatsächl. Kunstwerken identisch ist. Der Vorrang des Poetischen gilt v. a. bei den Romantikern (Novalis, F. Schlegel). F. D. E. Schleiermacher entwirft die Theorie der neuen ›Kunstreligion‹, während für Jean Paul die Poesie in Nachahmung der äußeren Natur eine neue Natur schafft, das ›Reich des Unendlichen

über der Brandstätte der Endlichkeit‹. Das Schöne als objektive Harmonie wird zum subjektiven Humor verinnerlicht. Für W. von Humboldt vernichtet die Kunst die Natur, um sie durch die Einbildungskraft als Symbol der überwundenen Fremdheit zwischen Ich und Welt wiederherzustellen. Das Ästhetische ersetzt Religion und Philosophie. Damit beginnt eine Entwicklung, die das Ästhetische nicht mehr in der Philosophie der Kunst, sondern im Kontext einer Philosophie der Existenz interpretiert (S. Kierkegaard). In der systemat. Entfaltung der ästhet. Kunstphilosophie geht K. W. F. Solger G. W. F. Hegel voraus. Für diesen ist Kunst als ›freie und wahrhafte Kunst‹ Auflösung des Widerspruchs zwischen Natur und Geist. Kunst hat Vergangenheitscharakter, weil der moderne Philosoph die Kunst aller Epochen und Völker kennen und in ihren mannigfachen Formen den allen gemeinschaftl. Gehalt – die Idee der Freiheit – erkennen kann. Die Hegelsche Gehalts-Ä. ist zugleich philosoph. Geschichte der Kunst. Neben der Hierarchie der Künste (Architektur – Skulptur – Malerei – ep., lyr. und dramat. Dichtung) steht die histor. Entwicklung von der symbol. über die klass. zur romant. Kunst als Geschichte des sinnl. Scheinens der Idee. Sie hat ihren Höhepunkt im Ideal der klass. Kunst als der Form der Durchdringung von Idee und sinnl. Gestalt erreicht, während in der romant. Kunst das verinnerlichte Allgemeine jede Sinnlichkeit transzendiert und die freie Kunst der ›neuesten Zeit‹ die Grenze des Ästhetischen sprengt. Hegel notiert damit den Bruch zwischen moderner Kunst und tradierten ästhet. Begriffen (schön, erhaben u. a.) und das Phänomen der ›nicht mehr schönen Künste‹. J. K. F. Rosenkranz wiederum sucht das ›Häßliche‹ noch in den Kontext der idealist. Ä. zu integrieren, doch schließlich erscheint diese mit ihrem an der klass. Kunst ausgebildeten Wertsystem als untauglich für das Verstehen moderner Kunst und Literatur. Die hohe Wertschätzung der Kunst und des Schönen in Idealismus und Romantik bleibt auch im Materialismus der 19. und 20. Jh. erhalten; während L. Feuerbach und die Jungdeutschen die Austreibung der Sinnlichkeit aus dem philosoph. und literar. Diskurs kritisieren, hat für K. Marx Kunst Vorbildcharakter als Modell freier Produktivität, in dem die sinnlich-geistige Ganzheit des Menschen zum Ausdruck gelangt. Andererseits ist das Ästhetische als sinnl. Beziehung des Menschen zur Realität, eingebunden in die Gesamtheit des Reproduktionsprozesses. G. Lukács geht von der Widerspiegelung der gesellschaftl. Widersprüche und Ideologien auch in der Kunst aus, während Th. W. Adorno am Gegenbildcharakter und an der humanen Wahrheit der ›authent.‹ Werke festhält, die einerseits autonom sind, jedoch nur dann nicht lügen, wenn sie, kraft ihres Formgesetzes, das Schlechte der Wirklichkeit in sich aufnehmen. Kunst ist die ästhet. Negation des Negativen. Ä. wird zum Modell der negativen Dialektik. Gegen die Widerspiegelungstheorie richtet sich auch E. Bloch. Kunst entwirft, wie etwa der Traum und das Märchen, den ›Vorschein‹ des ›Noch-nicht‹, der Versöhnung von Mensch und Wirklichkeit. Den Wunschcharakter von Kunst betont auch die Psychoanalyse, die ihrerseits in der Fortbildung des Symbolbegriffs und der Einsichten in die Funktionsweise der Alltags- und der künstler. Phantasie wichtige Beiträge zur modernen Ä. liefert. H. Marcuse sucht Psychoanalyse und Marxismus zu verbinden, indem er in Auseinandersetzung mit Schillers ›ästhet. Erziehung‹, Entfremdungskritik um ein Programm ästhetisch vermittelter Wiederherstellung menschl. Kreativität zu ergänzen sucht. Nach der Hegelschen Synopse der Künste erhält die Ä. in den Kunstwissenschaften neue Bedeutung. Am auffallendsten ist der Paradigmenwechsel innerhalb der Hierarchie der Künste. Es ist nicht mehr die Poesie, sondern die Musik, die den obersten Rang im System der Künste einnimmt. Diese Verschiebung wird in der Romantik (W. H. Wackenroder, E. T. A. Hoffmann) vorbereitet und bei A. Schopenhauer (›Die Welt als Wille und Vorstellung‹, 1819) und F. Nietzsche (›Die Geburt der Tragödie aus dem Geiste der Musik‹, 1872) vollendet. Von allen Wissenschaften hat die Wiss. von der bildenden Kunst die größte Affinität zur ›Ä.‹ im ursprüngl. Sinn. Winckelmann integriert die Kunstwissenschaft in die Ä. und umgekehrt. Lessing mit seinem ›Laokoon‹ (1766), in dem er die Grenzen von Malerei und Dichtung zu bestimmen sucht, Herder mit seiner Abhandlung über ›Plastik‹, in der er – gestützt auf Diderot – wahrnehmungsphysiologisch die Ä. auf ihre ursprüngl. Dimension (aisthēsis) zurückführt, Goethe mit seinen Aufsätzen zur got. und antiken Baukunst verbinden in prägnanter Form kunsthistor., handwerklich-techn. und ästhet. Gesichtspunkte. Auch in der Kunstwissenschaft bedeutet das Ende der normativen Ä. die Möglichkeit der Erkenntnis von Stiltypen und die Einsicht in die Historizität des Stilwandels (J. Burckhardt). Von H. Wölfflins Idee einer ›inneren Geschichte des Sehens‹ (W. Rehm), mehr aber noch von seiner Stiltypologie gingen bedeutende Anregungen auf die Literaturwissenschaft aus (O. Walzel). B. Bolzano betont die Leistung des Subjekts bei der Betrachtung von Kunst, die eine von log. und moral. Imperativen freie, kreative Konstruktion ist, deren Gelingen die spezifisch ästhet. Lust entspringt. Auch für F. Th. Vischer ist das Schöne kein Ding, sondern ein Akt; Ä. verbindet sich entsprechend mit Psychologie, Anthropologie und Kulturgeschichte. Die Einfühlungs-Ä. (T. Ziegler, J. Volkelt, Th. Lipps) und die phänomenolog. Ä. (R. Ingarden) gehen ebenso von dem Gedanken aus, daß das Werk sich erst in der Konkretisierung durch den Rezipienten als sinnvolles Ganzes erzeugt. Im Strukturalismus führt die Analyse des Leseprozesses zu einer ›Theorie der Lektüre‹. Die geisteswissenschaftlich-hermeneut. (W. Dilthey, H.-G. Gadamer) ähnlich wie die existentialist. Richtung lehnt die Methoden der exakten Wissenschaften für den Bereich des Ästhetischen ab: das Kunstwerk fordert eine eigene ›Horizontverschmelzung‹ von lebensgeschichtl. Erfahrung und Werk, die eine neue Möglichkeit des Selbst- und Wirklichkeitsverstehens eröffnet. In Anwendung mathemat. Methoden untersuchen die Vertreter der informationstheoret., der abstrakten und der generativen Ä. kommunikative Prozesse zwischen Künstler, Werk und Rezipient. Unter dem Einfluß der ›Philosophie der symbol. Formen‹ (E. Cassirer, S. K. Langer), der analyt. Philosophie (Wiener Kreis, Oxford Philosophy), der Semiotik (Ch. W. Morris) und des Pragmatismus (Ch. S. Peirce, J. Dewey) steht die sprachanalyt. Ä., die sich einerseits der spezif. ›Sprache der Kunst‹ im Vergleich zur Umgangssprache, andererseits einer ›Meta-Ä.‹ – als Propädeutik eines rational begründeten Sprechens über Kunst – zuwendet. Neuerdings rücken die Probleme des Symbolischen (v. a. in Auseinandersetzung mit der Psychoanalyse), des Verhältnisses von Alltagsphantasie und künstler. Produktion sowie von sinnl. und sozialer Erfahrung und, etwa im Kontext der Rezeptions-Ä. (H. R. Jauß), der ›ästhet. Erfahrung‹ in den Mittelpunkt des wiss. Interesses. – ↑ auch Poetik.

Literatur: BAEUMLER, A.: Das Irrationalitätsproblem in der Ä. u. Logik des 18. Jh. bis zur Kritik der Urteilskraft. Halle/Saale 1923. Nachdr. Darmst. 1981. – BAEUMLER, A.: Ä. Mchn. u. a. 1934. Nachdr. Darmst. 1972. – LUKÁCS, G.: Werke. Bd. 10: Probleme der Ä. Bln. ²1969. – Histor. Wörterb. der Philosophie. Hg. v. J. RITTER u. a. Darmst. 1971 ff. Auf 10 Bde. berechnet. – INGARDEN, R.: Das literar. Kunstwerk. Tüb. ⁴1972. – LUKÁCS, G.: Ä. Neuausg. Neuwied 1972. 4 Tle. – Das ästhet. Urteil. Hg. v. R. BITTNER u. a. Köln 1977. – DILTHEY, W.: Ges. Schrr. Bd. 6. Gött. ⁶1978. – GRASSI, E.: Die Theorie des Schönen in der Antike. Köln 1980. – Ästhet. Erfahrung. Hg. v. W. OELMÜLLER. Paderborn 1981. – ASSUNTO, R.: Die Theorie des Schönen im MA. Köln ²1982. – HEIDEGGER, M.: Der Ursprung des Kunstwerkes. Neuausg. Stg. 1982. – JAUSS, H. R.: Ästhet. Erfahrung u. literar. Hermeneutik. Ffm. 1982. – ADORNO, T. W.: Ästhet. Theorie. Ffm. ⁶1983. – POCHAT, G.: Gesch. der Ä. u. Kunsttheorie. Köln 1986. – CASSIRER, E.: Philosophie der symbol. Formen. Darmst. ⁸⁻⁹1987–90. 3 Bde. u. Index-Bd. – ECO, U.: Kunst u. Schönheit im MA. Mchn. 1991. – Von der Rhetorik zur Ä. Studien zur Entstehung der modernen Ä. im 18. Jh. Hg. v. G. RAULET. Rennes 1992.

Ästhetizismus [griech.], Begriff für eine Kunsttheorie und ein künstler. Verfahren, in denen die Darstellung der Wirklichkeit hinter artifizieller Stilisierung der Werke und Thematisierung des Artistischen (↑ L'art pour l'art, ↑ Poésie pure) zurücktritt, und eine literar. Existenzform, in sich narzißt. Abkehr von einer als banal oder beschädigend empfundenen Lebenswelt sowie Opposition gegen Denk-, Sprach- und Bildschemata verbinden und ein Gegenbereich der schönen Form und exzentr. Selbstdarstellung entworfen wird.

Ästhetizist. Elemente finden sich in der Antike, im Hedonismus, im Plotinismus, in der Renaissance und im Manierismus, im galanten Stil und im Rokoko; bes. bei Gottfried von Straßburg (›Tristan und Isolt‹, um 1210) und im ästhet. Immoralismus bei J. J. W. Heinse (›Ardinghello und die glückseeligen Inseln‹, 1787) wird der Zusammenhang von Erotik und Ä. deutlich. Die psycholog. und soziale Problematik der ästhet. Existenz illustrieren Figuren bei Jean Paul, L. Tieck, J.-K. Huysmans (›Gegen den Strich‹, 1884, dt. 1905), O. Wilde, H. und Th. Mann sowie R. Musil (›Der Mann ohne Eigenschaften‹, 1930–43). Im Sentimentalismus, in der Genie- und Autonomieästhetik, in J. J. Wickelmanns erotisch-ästhet. Antike-Interpretation bereitet sich eine Überordnung des Ästhetischen vor, die in der Romantik zur Verschmelzung von Kunst und Leben und, nach dem Ende der ›Kunstperiode‹ (H. Heine) bei C. F. Meyer, A. von Platen und in der Neuromantik weitergeführt wird.

Der eigtl. Ä. – der Begriff wird zuerst in England zur Kennzeichnung des Präraffaelitismus geprägt – entwickelt sich im späteren 19. Jh. v. a. im Symbolismus, Impressionismus und in Kunst und Literatur der Dekadenz und des Fin de siècle und wird von Autoren wie W. H. Pater, J. Ruskin, O. Wilde, A. V. Beardsley (›The Yellow Book‹), G. Flaubert, Ch. Baudelaire, S. Mallarmé, M. Proust, J.-K. Huysmans, H. von Hofmannsthal, S. George und G. D'Annunzio repräsentiert. Dieser Ä. macht gegen Realismus und Naturalismus die Sensibilität des Subjekts geltend, reflektiert jedoch das aus antinomist. und romant. Kunstverständnis auf dem Hintergrund einer bereits bei K. Ph. Moritz und den Romantikern sichtbar gewordenen Funktionskrise und Fragwürdigkeit des Ästhetischen des Künstlers in der bürgerl. Gesellschaft, die bei G. W. F. Hegel, S. Kierkegaard und F. Nietzsche, bei H. James und H. Broch analysiert und bei den literar.

Autoren thematisiert werden. Formale Überanstrengung und Schönheitskult reagieren auf die Entzauberung der Wirklichkeit und der poet. Gegenstände und legitimieren die Integration des Häßlichen; der ›Ästhet‹ wirft sich in die Rollen und Posen des Flaneurs, des Dilettanten, des Dandy oder des einsamen Heros; neben der Flucht aus der ›Natur‹ zu den schönen künstler. Dingen steht die Absicht der Provokation und des Schockierens (Baudelaire) und Übergänge zur Aktion (der ›weiße Sozialismus‹) bei O. Wilde und D'Annunzio. Mit dieser Dialektik von Hermetik und Rebellion steht der Ä. am Beginn der Moderne.

Literatur: LAMSFUSS, G.: Der Ä. André Gides in der Krisis der ästhet. Bildung. Münster 1959. – SLAVENAS, M. G.: The figure of the aesthete in German literature from 1890 to 1910. Buffalo (N. Y.) 1975. – BAUER, R.: Die Wiederkunft des Barock u. das Ende des Ä. In: Fin de siècle. Zur Lit. u. Kunst der Jahrhundertwende. Hg. v. R. BAUER. Ffm. 1977. S. 206. – STEINHILBER, R.: Eduard von Keyserling. Sprachskepsis u. Zeitkritik in seinem Werk. Darmst. 1977. – WUTHENOW, R.-R.: Muse, Maske, Meduse. Europ. Ä. Ffm. 1978. – Naturalismus – Ä. Hg. v. CH. BÜRGER u. a. Ffm. 1979. – SASCHEW, D.: Der Ä. am Scheideweg zw. der philosoph. Klassik u. der Gegenwart. Diss. Lpz. 1980. – GÖBEL, W.: Sherwood Anderson. Ä. als Kulturphilosophie. Hdbg. 1982. – HORSTMANN, U.: Ä. u. Dekadenz. Mchn. 1983. – HOWALD, S.: Ä. u. ästhet. Ideologiekritik. Mchn. 1984.

Miguel Ángel
Asturias

Asturias, Miguel Ángel [span. as'turias], *Guatemala 19. Okt. 1899, †Madrid 9. Juni 1974, guatemaltek. Schriftsteller. – Mütterlicherseits indian. Abstammung; studierte Rechtswiss. in Guatemala und Volkskunde in Paris; seit Mitte der 40er Jahre im diplomat. Dienst; 1954–66 im polit. Exil; 1966–70 Botschafter in Paris. A. verbindet in seinem vorwiegend ep. Werk, das in den kulturellen Traditionen und Mythen seines Landes wurzelt, einen oft brutalen Realismus mit der bildhaft-mag. Sprache der Mayas. Seine Romane sind gekennzeichnet durch starkes polit. Engagement (›Der Herr Präsident‹, 1946, dt. 1957) sowie sozialkrit. und antiimperialist. Akzente; verfaßte auch Gedichte und Dramen. 1967 erhielt er den Nobelpreis für Literatur.

Weitere Werke: Legenden aus Guatemala (1930, dt. 1960), Die Maismänner (R., 1949, dt. 1956), Bolívar (Ged., 1955), Soluna (Kom., 1955), Weekend in Guatemala (En., 1956, dt. 1962), Bananentrilogie (R.-Trilogie: Sturm, 1950, dt. 1965; Der grüne Papst, 1954, dt. 1968; Die Augen der Begrabenen, 1960, dt. 1969), Don Niño oder Die Geographie der Träume (R., 1961, dt. 1969), Eine gewisse Mulattin (R., 1963, dt. 1964), Clarivigilia primaveral (Ged., 1965), Der Spiegel der Lida Sal (En. und Legenden, 1967, dt. 1983), Der böse Schächer (R., 1969, dt. 1980), Viernes de dolores (R., 1972).

Ausgaben: M. Á. A. Teatro. Buenos Aires [2]1967. – M. Á. A. Obras completas. Rio de Janeiro 1969. 3 Bde.

Literatur: CASTELPOGGI, A. J.: M. Á. A. Buenos Aires 1961. – LORENZ, G. W.: M. Á. A. Nw. 1968. – COUFFON, C.: M. Á. A. Paris 1970. – SÁENZ, J.: Genio y figura de M. Á. A. Buenos Aires 1975. – ROGMANN, H.: Narrative Strukturen u. ›mag. Realismus‹ in den ersten Romanen von M. Á. A. Ffm. u. a. 1978. – RODRÍGUEZ, T.: La problemática de la identidad en ›El señor presidente‹ de M. Á. A. Amsterdam 1989.

Aśvaghoṣa [aʃva'goːʃa], buddhist. ind. Dichter um 100 n. Chr. – Lebte vermutlich am Hofe des Königs Kaniṣka; Verfasser des ältesten erhaltenen ind. Dramas, des ›Śāriputraprakaraṇa‹ (= Schauspiel über Śāriputra), von dem wir nur Fragmente kennen, und der beiden ältesten Kunstepen in Sanskrit. Beide, ›Buddhacarita‹ (dt. 1922 u. d. T. ›Buddhas Wandel‹) und ›Saundarānanda‹ (= Die Geschichte vom schönen Nanda; engl. 1932 u. d. T. ›The S. or Nanda the fair‹) haben Stoffe aus der Buddhalegende zum Inhalt. A. gilt nicht nur als bed. Dichter, er ist auch als Musiker und Theologe berühmt. Seine Autorschaft weiterer, meist nur in chin. Übersetzung erhaltener Werke ist umstritten.

Ausgaben: Aṣvaghosha. The Buddha-karita. Hg. v. E. B. COWELL. Oxford 1893. Nachdr. Amsterdam 1970. – Aṣvagoṣha. Saundarananda kāvya of Āryon Bhadanta A. Hg. v. H. SHASTRI. Kalkutta 1939.
Literatur: WINTERNITZ, M.: Geschichte der ind. Lit. Bd. 2. Lpz. 1920. Nachdr. Stg. 1968. – LÜDERS, H.: Das Śāriputraprakaraṇa, ein Drama des A. In: LÜDERS: Philologica Indica. Gött. 1940. – LAW, B. C.: A. Kalkutta 1946. – BHATTACHARYA, B.: A. Santiniketan 1976.

Asynaphie [griech. = Verbindungslosigkeit], Unterbrechung des regelmäßigen Wechsels von Hebung und Senkung in den Versübergängen, wenn also bei zwei aufeinanderfolgenden Versen Hebung und Hebung in der Versfuge aufeinanderstoßen oder entsprechend Senkung und Senkung (Ggs.: ↑ Synaphie).

Asynarteton [griech. = das Unzusammenhängende], metr. Kombination von zwei durch ↑ Diärese getrennten Versen oder Versteilen, bei der das längere Stück vorausgeht (↑ archilochische Verse, ↑ Enkomiologikus).

Asyndeton [griech. = Unverbundenes] (lat. Articulus), die Reihung gleichgeordneter Wörter, Wortgruppen, Satzglieder oder Sätze, die ohne Konjunktionen, d. h. unmittelbar, verbunden sind. Das A., Mittel pathet. Stilerhöhung, dient z. B. als ↑ Klimax: ›es muß auf unser Fragen ein Vieh, ein Baum, ein Bild, ein Marmor Antwort sagen‹ (A. Gryphius, ›Cardenio und Celinde‹, 1658) oder als ↑ Antithese: ›der Wahn ist kurz, die Reu ist lang‹ (Schiller, ›Lied von der Glocke‹). – Ggs.: ↑ Polysyndeton.

Atawa (tl.: Atava), S. [russ. a'tavɐ], Pseudonym des russ. Schriftstellers Sergei Nikolajewitsch ↑ Terpigorew.

Atay, Oğuz [tü.: a'taj], * Istanbul 1934, † ebd. 1979, türk. Romancier. – In seinem Hauptwerk, dem zweibändigen Roman ›Tutunamayanlar‹ (= Die Haltlosen, 1971/72), werden in verschiedenen virtuos gehandhabten Erzähltechniken v. a. die Lebenssituationen und Probleme türk. Intellektueller veranschaulicht, die ihre Wurzeln in der Mittel- und Kleinbürgerschicht des Landes haben.

Atektonik ↑ offene Form.

Atellane [lat.], altitalische Volksposse, deren Name vom Ursprungsort, der osk. Stadt Atella in Kampanien, einem antiken Schilda, abgeleitet ist. Sie erhielt ihre literar. Form durch Pomponius und Novius (1. Jh. v. Chr.). Es traten stets vier Charaktertypen in gleichbleibenden bizarren Masken auf; sie wurden nicht von Berufsschauspielern (Histrionen), sondern von freien Bürgern dargestellt; der Narr Maccus, der Prahler und Vielfraß Bucco, der eitle geizige Alte Pappus und der listige Scharlatan Dossenus (diese Typen leben bis zur ↑ Commedia dell'arte fort als Pulcinella, Brighella, Pantalone und Dottore). Geboten wurden (ursprünglich improvisierte) Ausschnitte aus dem ländl. und kleinstädt. Alltagsleben, es lassen sich aber auch Mythentravestien und satir. Nachahmungen der ↑ Palliata erschließen. Die Handlung entwickelt sich in einfachsten Szenen, in volkstümlich drastisch-derber Sprache voller Wortwitze und Anspielungen, Wortverdrehungen usw. Die literar. Fragmente sind vorwiegend in jamb. ↑ Septenaren abgefaßt. Nach dem 1. Jh. v. Chr. fällt die A. allmählich mit der ähnlich strukturierten ↑ Mimus zusammen und wird nach einem kurzen Wiederaufleben in der Kaiserzeit durch diesen abgelöst.
Ausgabe: Atellanae fabulae. Hg. v. P. FRASSINETTI. Rom 1967.
Literatur: HARTMANN, J. J.: De A. fabula. In: Mnemosyne 50 (1922). – HIEDELL, H.: Die Sprache des Atellana. Diss. Breslau 1941. – FRASSINETTI, P.: Fabula atellana. Genua 1953. – PARATORE, E.: Storia del teatro latino. Mailand 1957.

Äternisten [zu lat. aeternus = ewig], von S. Wronski (Pseudonym für F. Hardekopf) proklamierter Name für die Gruppe der engeren literar. Mitarbeiter der Zeitschrift ›Die Aktion‹, deren Arbeiten F. Pfemfert ›eine Bedeutung über die Zeit hinaus zumaß‹ (P. Raabe). Die Autoren der 10 erschienenen ›Aktionsbücher der Aeternisten‹ (1916–21) – v. a. Hardekopf, C. Einstein, F. Jung, Heinrich Schaefer (* 1889, † 1953), G. Benn – stellen zusammen mit W. Klemm, K. Otten und L. Rubiner (↑ Aktivismus) gleichzeitig den engeren ↑ Aktionskreis dar.

Athanassiadis (tl.: Athanasiadēs), Tassos, * Salihli (Türkei) 1. Nov. 1913, neugriech. Schriftsteller. – Studierte Jura; Verfasser von Romanen, Erzählungen, Biographien und Essays.

Werke: Pantheoi (R., 3 Bde., 1948–61), Ho Dostoevskij. Apo to katergo sto pathos (= Dostojewski. Vom Zuchthaus zur Leidenschaft, Biogr., 1955), Hē aithusa tu thronu (R., 1969, dt. 1981 u. d. T. Der Thronsaal), Hoi phruroi tēs Achaias (= Die Wächter Achaias, R., 2 Bde., 1975), Ho gyios tu hēliu. Hē zōē tu autokratora Iulianu (= Der Sohn der Sonne. Leben des Kaisers Julian, Biogr., 1978), Hoi teleutaioi engonoi (= Die letzten Nachkommen, R., 2 Bde., 1984).

Atharvaveda ↑ Veda.

Athenaeum [griech.-lat.], von F. und A. W. Schlegel 1798 in Berlin gegründete Zeitschrift, die bis 1800 bestand; sie wurde die führende Zeitschrift der Frühromantik. Im A. erschienen u. a. die ›Fragmente‹ von F. Schlegel, Novalis' ›Hymnen an die Nacht‹ und A. W. Schlegels ›Beiträge zur Kritik der neuesten Literatur‹; zu den Mitarbeitern gehörten u. a. auch F. W. J. von Schelling und L. Tieck.
Ausgabe: A. Hg. v. A. W. u. F. SCHLEGEL. Bln. 1798–1800. Nachdr. Darmst. 1983. 3 Bde.
Literatur: SCHLAGDENHAUFFEN, A.: Die Grundzüge des A. In: Zs. f. dt. Philologie 88 (1969), Sonderh. S. 19.

Athenaeum, The [engl. ðɪ æɵə-'niːəm], engl. literar. Zeitschrift, gegr. 1828 von James Silk Buckingham (* 1786, † 1855) als politisch neutrales Organ für Kultur und Dichtung; existierte als bedeutendes Periodikum bis 1921; zu seinen Autoren gehörten namhafte Schriftsteller des 19. und frühen 20. Jh., u. a. Ch. Lamb, Th. Carlyle, R. Browning, W. Pater, T. S. Eliot, R. Graves u. a.; letzter Hg. war J. M. Murry.

Athenaios (tl.: Athḗnaios), griech. Schriftsteller um 200 n. Chr. aus Naukratis (Ägypten). – Verfasser des Werkes ›Deipnosophistaí‹ (= die beim Essen gelehrte Gespräche Führenden) in 30 Büchern (etwa die Hälfte erhalten), bed. wegen der Materialfülle (Anekdoten, Darstellung griech. Lebensgewohnheiten, zahlreiche Zitate aus nicht erhaltenen Werken); wurde bis ins MA benutzt.
Ausgabe: Athenaeus. The Deipnosophists. Griech. u. engl. Hg. v. CH. B. GULICK. London u. New York 1927–41, 7 Bde.

Atherton, Gertrude Franklin [engl. 'æɵətən], * San Francisco (Calif.) 30. Okt. 1857, † ebd. 14. Juni 1948, amerikan. Schriftstellerin. – Ihre Romane, Erzählungen und Essays, die Geschichte und Gesellschaft ihres Heimatstaates Kaliforniens zum Thema haben, gewähren Einblick in das Leben der Menschen von der Spanierzeit bis zur Gegenwart. Ihr populärstes Werk ist eine fiktionalisierte Biographie des Staatsmannes Alexander Hamilton, ›The conqueror‹ (1902).
Weitere Werke: The Californians (R., 1898), Golden Gate country (Geschichte Kaliforniens, 1945).
Literatur: MCCLURE, CH. S.: G. A. Boston (Mass.) 1979. – LEIDER, E. W.: California's daughter. G. A. and her times. Stanford (Calif.) 1991.

Athetese [griech. áthetos = nicht gesetzt, zu verwerfen], in der ↑ Textkritik Tilgung einzelner Wörter, Sätze, Abschnitte aus einem nicht vom Verfasser beglaubigten (meist nur handschriftl. überlieferten) Text als mutmaßl. Abschreibefehler oder spätere Zusätze (Interpolationen).

äthiopische Literatur, das (meist) christl. Schrifttum in den semit. Sprachen Äthiopiens, dessen überwiegender Teil in Gees (Altäthiopisch) abgefaßt ist, demgegenüber das Amharische erst im Laufe der Jahrhunderte an Boden gewinnen konnte, während die Anteile des Tigre und des Tigrinja umfangmäßig geringer, für die ä. L. als Gesamtheit aber von großer Bedeutung sind. Alle diese Sprachen bedienen sich der äthiop. Schrift, die auch die Vokale schreibt und von links nach rechts läuft.
Die ä. L. wurde zunächst aus dem Griechischen und Syrischen, später aus dem Koptisch-Arabischen gespeist, brachte aber auch eigenständige Werke von beachtl. Wert hervor. Herkömmlicherweise wird die ä. L. in zwei Hauptperioden und mehrere Entwicklungswellen gegliedert, die sich aber nicht immer scharf voneinander trennen lassen: In die **aksumitische Periode** (4./5. Jh. bis Ende des 7. Jh.) gehören neben den großen königl. Inschriften zu Aksum die Übersetzung der Bibel einschließlich gewisser Apokryphen, des ↑ Kerellos, des ↑ Physiologos (Fisalgos), der Regel des Pachomios von Tabennese, der Viten des hl. Paulos von Theben und des hl. Antonios sowie von Hippolyts Schrift ›Über den Antichrist‹ direkt aus dem Griechischen ins Gees. Eine **zweite Großperiode** reicht von der Wiedereinset-

zung der salomon. Dynastie (1270) bis zum 18. Jh. bzw. bis zur Gegenwart. Zur Zeit des Kaisers Amdä Sejon I. (1314–44) kam es zu einer neuen Blüte auf literar. Gebiet, obwohl diese nicht einfach als ein Neuanfang zu sehen ist. Es ist vielmehr wahrscheinlich, daß ein uns nicht mehr (oder wenigstens bisher nicht) greifbarer Strom literar. Überlieferungen und Aktivitäten vom Niedergang des aksumit. Reiches bis in diese Zeit reichte. Als Übersetzer (kopt.-)arab. Werke ins Gees wirkte der bekannte Abunä Abba Sälama, dessen Tätigkeit neben verschiedenen Heiligenakten und Homilien auch die Übertragung des Philoxenos von Mabbug (Filkesjus) und des ›Gebrä hemamat‹ [= Akten des Leidens (Christi)] zugeschrieben wird. Von bes. Bedeutung für das kirchl. Leben war neben der Übersetzung des ›Senkessar‹ die des pseudoapostol. Schrifttums: der ›Didaskalia‹ (Dideskelja), des ›Testamentum Domini‹ (Mashäfä kidan zäegsienä Ijäsus Krestos) und des ›Synodos‹ (Senodos/Sinodos). In diese Periode gehören u. a. auch das ↑ Kebrä nägäst, das ↑ Weddase Marjam, das ↑ Täamrä Marjam, Joseph Ben Gorions ›Geschichte der Juden‹ sowie die äthiop. Gestalt verschiedener liturg. Bücher.

Einen weiteren Höhepunkt der ä. L. bedeutet die Regierung des Sära Jakob (1434–68), dem auch selbst eine Reihe theolog. Werke zugeschrieben wird. In seinem Auftrag wurde eines der schönsten Werke der ä. L. geschaffen: das ↑ Arganonä weddase. Neben zahlreichen Homilien, Heiligen- und Mönchsviten ist für diese Zeit das große Werk des ↑ Deggwa zu erwähnen.

Die erneute Konfrontierung mit dem Islam sowie die Kontakte und Kontroversen mit den latein. Missionaren leiteten einen dritten Abschnitt dieser Periode ein. Die Herausforderung durch den Islam fand ihren Niederschlag zunächst in dem 1532–33 verfaßten ›Ankasa amin‹ (= Pforte des Glaubens) des Etschäge Enbakom, dem wir auch die äthiop. Übersetzung des bekannten Barlaam-und Josaphatromans sowie der umfangreichen Weltchronik des Abu Schakir verdanken. V. a. ist dieser Abschnitt aber durch das Entstehen einer kontrovers-

theolog. Literatur gekennzeichnet, so der ›Confessio Claudii‹, des ›Säwänä näfs‹ (= Zuflucht der Seele) und des ›Mäsgäbä haimanot‹ (= Schatz des Glaubens). Die theolog. Auseinandersetzungen geben auch den Anstoß zur Übersetzung der arab. Sammlung patrist. Texte ›Bekenntnis der Väter‹, die in der äthiop. Kirche als ›Haimanotä abäu‹ (= Glaube der Väter) eine zentrale Stellung einnimmt. Im letzten Drittel des 16. Jh. wurde die umfangreiche theolog. Enzyklopädie des Hawi, im 17. Jh. das ↑ Fethä nägäst und als letztes großes Werk in dieser Übersetzungskette das Bußkompendium ›Fäus mänfäsawi‹ (= Geistliches Heilmittel) ins Gees übertragen. Die Auseinandersetzungen mit den latein. Missionaren wirkten übrigens auch in einer anderen Richtung: Man begann nun, Werke aus dem Gees ins Amharische zu übersetzen, was für die Entwicklung des Amharischen von Bedeutung war.

Die Literatur der Falascha, der ›Juden Äthiopiens‹, ist zeitlich schwer einzuordnen (etwa zwischen dem 5. und dem 17. Jh.); sie hat von Werken hat sie mit der christl. ä. L. gemein, daneben stehen aber auch originelle Schriften.

Für die Geschichte des Landes ist die Literatur der Herrscherchroniken von großer Bedeutung; diese historiograph. Werke sind weithin sehr detailliert und zuverlässig. Im Volksglauben hat sich eine umfangreiche Zauberliteratur (zum Teil standardisierte Texte, v. a. in Rollenform verbreitet) angesiedelt, in der neben christl. Elementen auch solche der spätantiken Kultur bis heute lebendig sind.

Für die richtige Einschätzung der klass. ä. L. ist ganz allgemein zu beachten, daß sie mehr eine Geschichte der literar. Traditionen und Zentren als eine Geschichte von Namen, Personen und individuellen Ideen ist. Die Person des Autors, Übersetzers oder Kompilators tritt oft hinter dem Werk zurück, und nur selten sind biograph. Einzelheiten faßbar.

Namen wie Afäwärk Gäbrä Ijäsus (* 1868, † 1947), Herui Wäldä Sellase (* 1898, † 1938) und Mäkonnen Endalkattschäu (* 1892, † 1963) leiten dann zur **modernen amharischen** Literatur über, die nun ganz von der Person des individuellen Autors geprägt wird. In Prosa und

Dichtung spielen moral. Reflexionen eine große Rolle. Von den neueren Vertretern dieser Literatur seien hier nur Käbbädä Mikael (* 1915), Germattschäu Täklä Hawarjat (* 1915), Alämaijähu Mogäs (* 1922), Mängestu Lämma (* 1925) und Säggaje Gäbrä Mädhen (* 1935) genannt.

Literatur: GUIDI, I.: Storia della letteratura etiopica. Rom 1932. – WRIGHT, S.: [Amharic] Literature and fine arts. In: Haile Selassie I. silver jubilee. Hg. v. D. A. TALBOT. Den Haag 1955. – CERULLI, E.: La letteratura etiopica. Florenz u. Mailand ³1968. – RICCI, L.: Letterature dell'Etiopia. In: Storia delle letterature d'Oriente. Hg. v. O. BOTTO. Mailand 1969. – GÉRARD, A. S.: Four African literatures: Xhosa, Sotho, Zulu, Amharic. Berkeley (Calif.) 1971. – KANE, TH. L.: Ethiopian literature in Amharic. Wsb. 1975. – ULLENDORFF, E.: An Amharic chrestomathy. London ²1978. – ULLENDORFF, E.: A Tigrinya (Təgraňňa) chrestomathy. Stg. 1985.

Äthiopistik [griech.], die Wiss. von den Sprachen, der Literatur, der Geschichte und der Kultur Äthiopiens. Die Ä. wurde von H. Ludolf (* 1614, † 1704) im 17. Jh. begründet und von Ch. F. A. Dillmann (* 1823, † 1894) im 19. Jh. auf moderne Grundlagen gestellt. Entsprechend ihrem Forschungsobjekt ist die Ä. sowohl der Orientalistik (Semitistik) als auch der Afrikanistik zugeordnet.

Literatur: Ä. an dt. Universitäten. Wsb. 1968. – LOCKOT, H. W.: Bibliographia Aethiopica-Germanica. Wsb. 1982.

Äthis und Prophilias, fragmentarisch erhaltene frühmhd. Bearbeitung der altfrz. Verserzählung ›L'estoire d'Athenes‹ (Ende des 12. Jh.) eines nicht genauer identifizierbaren Alexandre durch einen vermutlich hess. Herkunft um 1200; der Stoff oriental. Herkunft handelt von einer Freundschaftsprobe: Athis tritt seinem liebeskranken Freund Prophilias die eigene Braut ab und wird später von diesem vor der Hinrichtung wegen Mordverdachts gerettet; der Stoff liegt außerdem in der ›Disciplina clericalis‹ (Anfang 12. Jh.) des Petrus Alfonsi vor, in G. Boccaccios ›Decamerone‹ (1470) u. d. T. ›Titus und Gisippus‹ und in ›Tausendundeine Nacht‹ (endgültige Fassung vermutlich 16. Jh.). Von seiner weiten Verbreitung in Europa zeugen zahlreiche Bearbeitungen, u. a. die von H. Sachs (›Historia der neun getrewen

hayden‹, 1531), S. Franck (›Chronica‹, 1531) und O. Goldsmith (›The story of Alcander and Septimius‹, 1759); Dramatisierungen u. a. durch Sachs (1546) und L. F. de Vega Carpio (›La boda entre dos maridos‹).

Literatur: MERTZ, R.: Die dt. Bruchstücke von A. u. P. in ihrem Verhältnis zum altfrz. Roman. Diss. Straßburg 1914. – RAYNAUD DE LAGE, G.: A. et P. In: Grundr. der roman. Literaturen des MA. Bd. 4. Hg. v. J. FRAPPIER u. R. R. GRIMM. Hdbg. 1978. S. 278. – FALKE, R., u. a.: A. u. P. In: Lex. des MA. Bd. 1. Mchn. u. Zü. 1980.

Atiśa [a'ti:ʃa], *982, † 1054, ind. Mönch. – Stammte aus Bengalen und wurde Abt des buddhist. Klosters Vikramaśīla; folgte 1042 einer Einladung nach Tibet, wo er zusammen mit Rin-chen bzang-po († 1052) buddhist. ind. Texte übertrug. A. betonte die Ordenszucht und Moral und lehrte die spätbuddhist. Mādhyamika-Philosophie. Sein Hauptwerk ist ›Bodhipathapradīpa‹ (= Lampe für den Erlösungsweg, hg. 1957), eine Schrift im Geist des Mahāyāna-Buddhismus. Sein Schüler 'Brom-ston (* 1004, † 1064), der die Sekte der bKa'-gdams-pas gründete, schrieb eine Biographie über Atiśa.

Ausgabe: Boḍhipathapradīpa. Ein Lehrged. des A. (Dīpamkaraśrijñāna) in der tibet. Überlieferung hg. v. H. EIMER. Wsb. 1978.
Literatur: EIMER, H.: Ber. über das Leben des A. (Dīpamkaraśrijñāna). Wsb. 1977.

Atlakviða [altnord.] (Atli-Lied), zu den ältesten Eddaliedern zählendes, möglicherweise nach einer niederdt. Vorlage entstandenes Heldenlied, für das historr. Ereignisse aus der Zeit der Völkerwanderung den Stoff lieferten. Es berichtet vom Zug der Burgunderkönige Gunnar und Högni an den Hof des Hunnenkönigs Atli, von ihrem Tod und der Rache ihrer Schwester Gudrun. Gehört zu den bedeutendsten Quellen des ›Nibelungenliedes‹.

Literatur: HEINRICHS, H. M.: Atlilieder der Edda. In: Lex. des MA. Bd. 1. Mchn. u. Zü. 1980.

Atlamál [altnord.], der Spätzeit (wohl dem 12. oder 13. Jh.) angehörendes Eddalied, vielleicht grönländ. Ursprungs, dem der gleiche Stoff wie der † Atlakviða zugrunde liegt, das jedoch durch Einfügung neuer, oft grausamer Szenen, durch Rückgriffe auf vorhergegangene Ereignisse usw. auf 105 Strophen ausgeweitet wurde.

Literatur: ↑ Atlakviða.

Atlantic Monthly, The [engl. ðɪ ət-'læntɪk 'mʌnθlɪ], in Boston (Mass.) erscheinende Zeitschrift für Literatur, Kunst und Politik; 1857 durch M. D. Phillips auf Anregung von F. H. Underwood (* 1825, † 1894) gegr. und 1857–61 von J. R. Lowell herausgegeben. Veröffentlichte in den ersten Jahren v. a. Beiträge neuengl. Dichter (R. W. Emerson, O. W. Holmes und H. W. Longfellow). Schon während des Bürgerkrieges nahm sie politisch Stellung (gegen die Sklaverei); enthält seit Beginn des 20. Jh. zunehmend Artikel über aktuelle polit., soziale und ökonom. Fragen.

Atrachasis (tl.: Atrahasīs [ursprüngl. Watramchasis, akkad. Watramḫasīs; Atarchasis, akkad. Atarḫasīs]), seit altbabylon. Zeit (17. Jh. v. Chr.) überliefertes babylon. Epos. Inhalt (Textlücken in der Mitte und am Ende): Erschaffung der Menschheit, damit die Götter von Frondienst befreit werden; der Lärm der Menschen stört den Gott Enlil, der sie zu vernichten trachtet durch Pest, Dürre und eine Flut; Rettung des Atrachasis durch seinen Gott Enki. Das A. ist durch die Verarbeitung der sumer. Mythen von Schöpfung und Flut, wovon die Flutsage Teil des späteren ›Gilgamesch-Epos‹ wird, literaturgeschichtlich wichtig auch für die alttestamentl. Parallelen.

Literatur: LAMBERT, W. G./MILLARD, A. R.: Atra-Ḫasīs. Oxford 1969. – SODEN, W. v.: Die erste Tafel des altbabylon. Atramhasis-Mythos. In: Zs. f. Assyriologie u. vorderasiat. Archäologie 68 (1978), S. 50. – SODEN, W. v.: Konflikte u. ihre Bewältigung in babylon. Schöpfungs- u. Fluterzählungen. In: Mitt. der Dt. Orient-Ges. 111 (1979), S. 1.

Atrachowitsch (tl.: Atrachovič), Kandrat Kandratawitsch [weißruss. atra-'xɔvitʃ], weißruss. Schriftsteller, ↑ Krapiwa, Kandrat Kandratawitsch.

Atta, Titus Quinctius ↑ Quinctius Atta, Titus.

Attar (tl.: ʿAṭṭār), Farid od-din, * bei Naischabur (Nordost-Persien) wahrscheinlich 1142/43, † ebd. um 1220, pers. Dichter. – Unternahm zunächst weite Reisen, wurde nach der Rückkehr Drogist (arab.-pers. ›ʿaṭṭār‹); erwarb sich ein umfangreiches Wissen, das er durch zahlreiche Kontakte und Gespräche mit Sufis und Literaten ergänzte; übte auf die pers. myst. Literatur bed. Einfluß aus. Obwohl die überlieferte Anzahl seiner Werke übertrieben ist, bleiben 12 Bücher mit 45 000 Doppelversen und ein Prosabuch; bes. wichtig sind ›Taẕkerat ol-ouliyā‹ (= Das Leben der Heiligen, hg. 1905–07, 97 Lebensbeschreibungen älterer Mystiker, von denen jedoch 23 auf Ahmad Tusi aus dem 12. Jh. und zwei auf einen späteren Autor zurückgehen), ferner das Lehrgedicht ›Manṭeq oṭ-ṭeyr‹ (= Die Sprache der Vögel, hg. 1857, frz. 1863), das Moralbüchlein ›Pandnāme‹ (= Ratgeber, hg. 1819, dt. 1871) und ›Ilahi-nāme. Die Gespräche des Königs mit seinen sechs Söhnen. Eine myst. Dichtung‹ (dt. 1940).

Literatur: RITTER, H.: Das Meer der Seele. Mensch, Welt u. Gott in den Geschichten des Farīduddīn ʿAṭṭār. Leiden 1955.

Per Daniel Amadeus Atterbom im Alter von 20 Jahren

Atterbom, Per Daniel Amadeus [schwed. ˌatərbum], * Åsbo (Östergötland) 19. Jan. 1790, † Stockholm 21. Juli 1855, schwed. Dichter und Literaturhistoriker. – Studium in Uppsala; gründete mit Freunden den ›Aurora förbundet‹, der eine Reform der schwed. Literatur anstrebte; gab seit 1810 dessen Zeitschrift ›Phosphoros‹, in der er auch das Programm der schwed. Universalromantik formulierte, und seit 1812 ihren ›Poetisk kalender‹ heraus. Er reiste nach Deutschland und Italien, wo er mit führenden Geistern Europas in Verbindung kam, wie die ›Reiseerinnerungen‹ (1859, dt. 1867, 1970 u. d. T. ›Reisebilder aus

dem romant. Deutschland‹) zeigen; war
Deutschlehrer des Kronprinzen, wurde
1828 Prof. für Philosophie, 1835 für
Ästhetik und moderne Literatur in Uppsala. A. ist ein romant. Lyriker, beeinflußt von der dt. Romantik und der idealist. Philosophie, insbes. der Naturphilosophie F. W. J. von Schellings. Als Uni-
versalromantiker steht er so in programmat. Ggs. zur Nationalromantik der
›Göten‹ um E. G. Geijer. Er schrieb stimmungsvolle Gedichte naturphilos. Inhalts in farbenprächtiger Sprache, be-
seelte Landschaftsschilderungen. Großen Erfolg hatte er mit dem lyr. Zyklus
›Blommorna‹ (1812). Sein wichtigstes
Werk, zugleich ein Hauptwerk der
schwed. Romantik, ist ›Die Insel der
Glückseligkeit‹ (1824–27, dt. 1831–33),
ein Märchenspiel in der Art L. Tiecks, in
dem sich eine pantheist. Frömmigkeit
mit der Unendlichkeitsperspektive der
Romantik verbindet und die Vereinigung
von Natur, Religion und Kunst in der
Poesie ermöglicht.
Weitere Werke: Fågel Blå (Märchenspiel, 1812),
Svenska siare och skalder (Studien, 1841–55).
Ausgaben: P. D. A. Samlade dikter. Örebro
1854–63. 6 Bde. – P. D. A. Samlade skrifter i
obunden stil. Örebro 1859–70. 7 Bde. in
16 Bden. – P. D. A. Valda skrifter. Hg. v.
F. Böök. Stockholm 1927–29. 6 Bde.
Literatur: Axberger, G.: Den unge A. Uppsala
1936. – Frykenstedt, H.: A.s kunskapsuppfatt-
ning. Lund 1949. – Frykenstedt, H.: A.s livs
och världsåskådning i belysning av den trans-
cendentala idealismen. Lund 1951–52. 2 Bde. –
Landgraf, I.: Über die Einheit im Zyklus
Blommorna in ›Poetisk kalender 1812‹ v.
P. D. A. A. Diss. Gött. 1953. – Tykesson, E.: A.
En levnadsteckning. Stockholm 1954. – Santes-
son, C. H.: Mot lycksalighetens ö. A. studier.
Stockholm 1956.

Atthis [griech.] (Mrz. Atthiden), Titel
att. Lokalgeschichten des 5.–3. Jh.
v. Chr., chronikartiger Darstellungen der
Geschichte Athens mit bes. Berücksichtigung kult. und myth. Fragen unter Benutzung und Rekonstruktion älterer Ma-
terialsammlungen (Königs- und Archon-
tenlisten). Weitere Quellen waren u. a.
Herodot und mündl. Überlieferung. Als
bedeutendste Atthidenschreiber (Atthi-
dographen), deren erster Hellanikos
(5. Jh.) war, gelten Androtion (4. Jh.) und
v. a. Philochoros (4./3. Jh.).
Literatur: Jacoby, F.: A. The local chronicles of

ancient Athens. Oxford 1949. – Jacoby, F.: Die
Fragmente der griech. Historiker. Bd. 3,1–3,2
Leiden 1950–55. 2 Teil-Bde. in 9 Tlen. Teilwei-
ser Nachdr. 1964–69.

Atticus, Titus Pomponius, * 110, † 32,
röm. Schriftsteller. – Begüterter Ritter,
Kunstfreund und Gelehrter; lebte ab 86
in Athen, ab 65 jedoch zeitweise in Rom;
einflußreich durch einen großen Freundeskreis, taktierte er politisch geschickt
zugunsten seines Freundes Cicero, dessen Briefe ›Ad Atticum‹ an ihn gerichtet
sind. A. schrieb selbst den ›Liber annalis‹
(= Jahrbuch), eine Übersicht der röm.
Geschichte, und einen ›Commentarius‹
über Ciceros Konsulat. C. Nepos verfaßte über A. eine Biographie.

Attizismus [griech.], Stilrichtung des
antiken Schrifttums, etwa seit der
2. Hälfte des 1. Jh. v. Chr. Die Vertreter
des A. erhoben als Gegenbewegung zum
↑ Asianismus die Nachahmung der
griech. (att.) Klassiker wie Thukydides,
Lysias und Demosthenes zum Programm. Hauptvertreter waren u. a. Cae-
cilius von Kalakte, Dionysios von Hali-
karnassos, Herodes Atticus, Aristeides.
Im 2. Jh. n. Chr. entstand eine Reihe von
Lexika, die im attizist. Sinne stilbildend
sein sollten.
Literatur: Schmidt, Wilhelm: Der Atticismus
in seinen Hauptvertretern. Stg. 1887–97. 4 Bde.,
Reg.-Bd. – Norden, E.: Die antike Kunstprosa.
Stg. ⁹1983. 2 Bde.

Atwood, Margaret [Eleanor] [engl.
ˈætwʊd] * Ottawa 18. Nov. 1939, kanad.
Schriftstellerin. – Dozentin an verschiedenen Universitäten Kanadas; oft auf
kulturellen Missionen im Ausland. Der
äußerst produktiven Lyrikerin, Erzählerin und Literaturkritikerin geht es v. a.
um die Aufdeckung von Konventionen,
Rollen und Mustern, die das Individuum – bes. die Frau (M. A. gilt als Feministin) – psychisch deformieren. Ihre Erforschung gesellschaftl. Mythologien
führte sie von der Lyrik (u. a. ›The circle
game‹, 1966; ›The journals of Susanna
Moodie‹, 1970, über die Konfrontation
einer Immigrantin und Autorin der Viktorian. Zeit mit der Wildnis; ›Procedures
for underground‹, 1970; ›Power politics‹,
1971; ›Wahre Geschichten‹, 1982, dt.
1984) zum Roman. In ihren Romanen
geht es jeweils um die Selbstfindung ei-

Margaret
Atwood

ner Protagonistin in einer Gesellschaft, in der die Frau Konsumobjekt ist (›Die eßbare Frau‹, 1969, dt. 1985), sich selbst die Wirklichkeit verstellt (›Der lange Traum‹, 1972, dt. 1979, auch u. d. T. ›Strömung‹), als Schundautorin den Realitätsbezug einbüßt (›Lady Orakel‹, 1976, dt. 1984), mit Gefühlsklischees ringt (›Die Unmöglichkeit der Nähe‹, 1979, dt. 1980) und durch einen ›culture shock‹ Selbsterkenntnis gewinnt (›Verletzungen‹, 1981, dt. 1984). Bes. ›Der lange Traum‹ ist ein von Ideen – ökolog., gegen die USA gerichtete Zivilisationskritik, Kopflastigkeit unserer Kultur, heilende Hingabe an Natur, indian. Mythologie und das Irrationale – gelenktes Buch. Der 1985 erschienene Roman ›Der Report der Magd‹ (dt. 1987) ist eine negative Utopie aus feministisch-religiöser Sicht. Dank ihrer psycholog. Ausrichtung ist A. auch eine ausgezeichnete Kurzgeschichtenautorin (›Unter Glas‹, 1977, dt. 1986; ›Die Giftmischer. Horror-Trips und Happy-Ends‹, 1983, dt. 1985). Kontrovers ist ihre These über das Opfer als archetyp. Gestalt in der kanad. Literatur (›Survival‹, Essay, 1972).

Weitere Werke: Der Salzgarten. Short Stories (1983, dt. 1994), Katzenauge (R., 1989, dt. 1990), Poems 1965–1975 (Ged., 1991), Tips für die Wildnis. Short stories (1991, dt. 1991), Poems 1976–1986 (Ged., 1992), Die Räuberbraut (R., 1993, dt. 1994). **Literatur:** GRACE, SH.: Violent duality. A study of M. A. Montreal 1980. – RIGNEY, B. H.: M. A. London u. a. 1987.

Aub, Max [span. aup], * Paris 2. Juni 1903, † Mexiko 23. Juli 1972, span. Schriftsteller dt.-frz. Abstammung. –

Emigrierte nach dem Span. Bürgerkrieg nach Frankreich, wurde 1939–42 in einem frz. Konzentrationslager in Nordafrika festgehalten, lebte ab 1942 in Mexiko, ab 1969 wieder in Spanien. Veröffentlichte Erzählungen und Romane in brillantem, kühl-präzisem Stil, darunter den Romanzyklus über den Span. Bürgerkrieg ›El laberinto mágico‹ mit den Teilen ›Campo cerrado‹ (1943), ›Campo de sangre‹ (1945), ›Campo abierto‹ (1951, dt. 1962 u. d. T. ›Die bitteren Träume‹), ›Campo del Moro‹ (1963), ›Campo francés‹ (1965) und ›Campo de los almendros‹ (1968). Schrieb auch Gedichte und Dramen sowie Essays, v. a. zur span. und mex. Literatur.

Weitere Werke: Poemas cotidianos (Ged., 1925), El rapto de Europa (Dr., 1946), Deseada (Dr., 1954), La poesía española contemporánea (Essay, 1954), Meines Vaters Sohn (R., 1954, dt. 1965), Der Aasgeier (En., 1964, dt. 1966), Tránsito (drei Einakter, dt. und span. 1972), Crimenes ejemplares (En., 1972), La una y otras narraciones (En., 1972), Los pies por delante y otros cuentos (En., hg. 1975). **Ausgabe:** M. A. Ges. Werke. Dt. Übers. Hg. v. A. FAAS. Bln. 1991 ff. Auf mehrere Bde. berechnet. **Literatur:** SOLDEVILA DURANTE, I.: La obra narrativa de M. A., 1929–1969. Madrid 1973. – BORRÁS, A.: El teatro del exilio de M. A. Sevilla 1975.

Aubanel, Théodore [frz. oba'nɛl], * Avignon 26. März 1829, † ebd. 31. Okt. 1886, provenzal. Dichter. – Schrieb zuerst frz. Verse und bediente sich erst später unter Einfluß J. Roumanilles der Sprache seiner Heimat. Wurde bekannt durch eine Sammlung zarter und schwermütiger Liebeslieder, ›Der halbgeöffnete Granatapfel‹ (1860, dt. 1910). Sein bedeutendstes Werk ist der Gedichtband ›Li fiho d'Avignoun‹ (1885). Das einzige veröffentlichte seiner drei fünfaktigen Dramen ist ›Lou pan dóu pecat‹ (1882), eine Ehetragödie aus dem provenzal. Volksleben. A. war auch Mitarbeiter des ›Almanach des Félibres‹, dem Organ der neuprovenzal. Bewegung; er gilt neben Roumanille und F. Mistral als hervorragendste Gestalt der neuprovenzal. Literatur.

Weitere Werke: Lou raubatòri (Dr., hg. 1928), Lou pastre (Dr., hg. 1944). **Ausgaben:** Th. A. Œuvres complètes (provenzal. u. frz.). Avignon 1960–63. 3 Bde. – Th. A.

Œuvres choisies. Avec des documents inédits. Paris ³1976.
Literatur: MAURRAS, CH.: Th. A. Paris ²1928. – SALVAT, J.: ›La grenade entrouverte‹ d'A. Avignon 1960. – DUMAS, R.: Études sur Th. A. Saint-Rémy-de-Provence 1987.

Aube [frz. o:b; eigtl. = Morgendämmerung, Tagesanbruch], Gattung der Troubadourlyrik, im 15. Jh. aus dem Provenzalischen (↑Alba) entlehnt.

Aubignac, François Hédelin, Abbé d' [frz. obi'ɲak], *Paris 4. Aug. 1604, †Nemours (Seine-et-Marne) 27. Juli 1676, frz. Schriftsteller. – Verfaßte neben einer Reihe weniger bed. Tragödien eine für das frz. Theater des 17. Jh. wichtige Theorie der aristotel. drei Einheiten (›La pratique du théâtre‹, 1657).
Ausgabe: La pratique du théâtre. Amsterdam 1715. Nachdr. Mchn. 1971.

Aubigné, Théodore Agrippa d' [frz. obi'ɲe], *Saint-Maury bei Pons (Charente-Maritime) 8. Febr. 1552, †Château du Crest (Gemeinde Jussy bei Genf) 29. April 1630, frz. Schriftsteller. – Studierte in Genf und Paris, stand ab 1573 im Dienst Heinrichs von Navarra, der den überzeugten Kalvinisten 1589 zum Statthalter von Maillezais erhob. Nach dem Tod Heinrichs (1610) war A. Verfolgungen ausgesetzt und ging 1620 nach Genf. Mit den Liebesgedichten an Diana Salviati, ›Le printemps‹ (1570), war er noch der Pléiade verpflichtet. Seine ›Histoire universelle‹ (3 Bde., 1616–20), eine Geschichte der Hugenottenkriege, ist eine hervorragende Geschichtsquelle dieser Zeit. Auch die zeitgeschichtl. Satiren ›Les aventures du baron de Faeneste‹ (1617) und ›La confession catholique du sieur de Sancy‹ (hg. 1660) befassen sich mit den Geschehnissen des ausgehenden 16. Jahrhunderts. Die bedeutendste seiner Dichtungen ist das religiös-polit., satir. Epos ›Les tragiques‹ (1616), ein erschütterndes Dokument des Bürgerkriegs mit Bildern, die in einer apokalypt. Vision des Gerichts gipfeln.
Weiteres Werk: Denkwürdigkeiten aus dem Leben des Th. A. d'A., von ihm selbst an seine Kinder geschrieben (Autobiogr., entst. 1620, hg. 1729, dt. 1780).
Ausgabe: Th. A. d'A. Œuvres. Hg. v. H. WEBER. Paris 1969.
Literatur: GARNIER, A.: A. d'A. et le parti protestant. Paris 1928. 3 Bde. – BAILBÉ, J.: A. d'A.,

poète des ›Tragiques‹. Caen 1968. – PLATTARD, J.: A. d'A. Paris ²1975. – Zeitschrift ›Europe‹. Sondernummer A. d'A. März 1976. – SOULIÉ, M.: L'inspiration biblique dans la poésie religieuse d'A. Paris 1977.

Auburtin, Victor, *Berlin 5. Sept. 1870, †Garmisch-Partenkirchen 28. Juni 1928, dt. Schriftsteller. – Studium der Germanistik und Kunstgeschichte; Mitarbeiter mehrerer Zeitungen (u. a. beim ›Berliner Tageblatt‹); schrieb meisterhafte Feuilletons (›Ein Glas mit Goldfischen‹, 1922; ›Einer bläst die Hirtenflöte‹, 1928; ›Sündenfälle‹, hg. 1970), Novellen, Dramen, Essays.
Weitere Werke: Die goldene Kette und anderes (Nov.n, 1910), Die Kunst stirbt (Essay, 1911), Die Onyxschale (Nov., 1911), Pfauenfedern (En., 1921), Nach Delphi. Reisebilder (1924).

Aucassin et Nicolette [frz. okasɛ̃eniko'let], altfrz. Novelle, zu Beginn des 13. Jh. von einem unbekannten Verfasser in pikard. Mundart geschrieben. Sie behandelt die Liebesgeschichte des Grafensohnes Aucassin und der gefangenen Königstochter Nicolette. ›A. et N.‹ ist die einzige erhaltene ›chantefable‹, eine Prosadichtung mit eingestreuten Liedern und Liedstrophen. Das Motiv ist byzantinisch, die Novelle zeigt den Einfluß des spätgriech. Liebesromans und in der Motivfolge den des ›Apollonius von Tyrus‹.
Ausgaben: Die Gesch. v. A. u. N. Dt. Übers. Wsb. 61.–65. Tsd. 1957. – A. et N. Hg. v. H. SUCHIER. Nachdr. Paderborn u. a. 1957. – A. et N. Hg. v. M. ROQUES. Paris ²1963. – A. et N. Neufrz. v. G. COHEN. Paris 1977.
Literatur: MONSONÉGO, S.: A. et N. Étude stylostatistique du vocabulaire des vers et de la prose dans la chantefable. Paris 1966. – BAADER, R.: Ein Beispiel mündl. Dichtung: A. et N. In: Fabula 15 (1974), S. 1. – WILLIAMS, H. F.: A. et N. In: Lex. des MA. Bd. 1. Mchn. u. Zü. 1980. – A. et N. A critical bibliography. Hg. v. B. N. BAUR u. R. F. COOK. London 1982.

Auctor ad Herennium (De ratione dicendi ad C. Herennium), lat. Lehrbuch der Rhetorik eines unbekannten Verfassers, das im MA als Schulbuch verwendet wurde. Die handschriftl. Überlieferung schreibt es Cicero zu; zweifellos jedoch stammt es nicht von ihm, da es etwa zw. 88 und 85 v. Chr. entstanden sein dürfte. Der Autor bediente sich lat. Terminologie, wie auch lat. Musterstücke und Beispiele; das Verhältnis zu Ciceros

Jugendwerk ›De inventione‹ ist noch ungeklärt.

Audefroi le Bastart [frz. odfrwalbas-
'ta:r] (A. le Bâtard), * vermutlich in der
Picardie im letzten Drittel des 12. Jh.,
† um die Mitte des 13. Jh., Trouvère. –
Gehörte zum Pui d'Arras und war zeit-
weilig in Arras ansässig. Von seinen
Chansons sind 16 erhalten, alle mit Me-
lodien.
Literatur: ZINK, M.: A. le B. In: Lex. des MA.
Bd. 1. Mchn. u. Zü. 1980.

Auden, Wystan Hugh [engl. ɔ:dn],
* York 21. Febr. 1907, † Wien 28. Sept.
1973, engl. Dichter. – Studierte in Oxford; dort war er, nach einem Deutsch-
landaufenthalt, in den dreißiger Jahren
Wortführer einer linksintellektuellen
Dichtergruppe (›Pylon poets‹), der u.a.
C. Day-Lewis, L. MacNeice und S. Spen-
der angehörten; 1935 heiratete er Erika
Mann. Am Span. Bürgerkrieg nahm er
auf republikan. Seite als Sanitäter teil;
1938 reiste er während des chinesisch-
jap. Krieges nach China. Seine Gedichtbände aus dieser Zeit – ›Poems‹ (1930),
›The orators‹ (1932), ›Look, stranger!‹
(1936), ›Spain‹ (1937) u.a. – sind engagierte, marxistisch orientierte Auseinandersetzungen mit Zeitproblemen, die mit
einer Vielfalt lyr. Ausdrucksformen ope-
rieren und Anregungen vom german.
Stabreim bis zum modernen Trivialvers
aufnehmen. Zus. mit Ch. Isherwood
schrieb er kämpfer., formal vom dt. Expressionismus und von B. Brecht beeinflußte Versdramen (u.a. ›The dog beneath the skin‹, 1935; ›The ascent of F 6‹,
1936). 1939 emigrierte A. in die USA und
nahm 1946 die amerikan. Staatsbürger-
schaft an. Religiöse und religionsgeschichtl. Studien brachten, unter dem
Einfluß von S. Kierkegaard und R. Nie-
buhr, eine christlich inspirierte Wende
seines Schaffens; fortan herrschen längere philosoph. Dichtungen vor, u.a.
›Another time‹ (1940), ›New Year letter‹
(1941). ›The sea and the mirror‹ (1945),
ein poet. Kommentar zu Shakespeares
Drama ›Der Sturm‹, behandelt Wechsel-
beziehungen von Kunst und Gesellschaft; die ‚barocke Ekloge‘ ›Das Zeitalter der Angst‹ (1947, dt. 1951) deutet
Existenzprobleme des modernen Men-

Wystan Hugh
Auden

schen. 1956–61 war A. Prof. für Dichtung an der Univ. Oxford, danach lebte
er zeitweise auch in Italien und in Kirch-
stetten (Österreich). Seine Spätwerke
(z. B. ›City without walls‹, Ged., 1967;
›Thank you, fog‹, Ged., 1974) setzen das
lyr. Experimentieren fort und sind von
einer Haltung der überlegenen Humanität gekennzeichnet. A. ist auch als Essayist und als Verfasser von Opernlibretti,
z. B. ›The rake's progress‹ (Der Wüstling)‹
(1951, dt. 1951, mit Ch. Kallman; Musik
von I. Strawinski), ›Elegie für junge Liebende‹ (1961, dt. 1961, mit Ch. Kallman;
Musik von H. W. Henze) hervorgetreten.
Weitere Werke: Journey to a war (Ged., 1939;
mit Ch. Isherwood), Hier und jetzt. Ein Weih-
nachtsoratorium (1944, dt. 1961), The shield of
Achilles (Ged., 1955), Homage to Clio (Ged.,
1960), Des Färbers Hand u. a. Essays (1962, dt.
1965), A certain world: a commonplace book
(1970), Academic graffiti (Ged., 1971), Gedichte
= Poems (dt. und engl., 1973), Wie es mir
schien (Sammlung, hg. 1973, dt. 1977).
Ausgaben: W. H. A. Collected poems. London
1976. – The complete works of W. H. A. Hg. v.
E. MENDELSON. Princeton (N. J.) 1988 ff. Auf
8 Bde. berechnet.
Literatur: SPEARS, M. K.: The poetry of W. H. A.
New York 1963. – FULLER, J.: A reader's guide
to W. H. A. London 1970. – BLOOMFIELD,
B. C./MENDELSON, E.: W. H. A. A bibliography,
1924–1969. Charlottesville ²1973. – CARPEN-
TER, H.: W. H. A. A biography. London 1981. –
JARFE, G.: Der junge A. Hdbg. 1985. – SMITH, S.:
W. H. A. Oxford 1985. – ROWSE, A. L.: The poet
A. A personal memoir. London 1987. – CLINK-
ER, H.: W. H. A., a biography. Oxford 1992.

Audiberti, Jacques [frz. odibɛr'ti],
* Antibes 25. März 1899, † Paris 10. Juli
1965, frz. Schriftsteller. – War Reporter,
später Mitarbeiter verschiedener Zeit-

214 **Audisio**

Jacques
Audiberti

schriften, u. a. von ›La Nouvelle Revue Française‹. Schrieb Lyrik, Prosa, Dramen, Hörspiele und Drehbücher; eigenwilliger Avantgardist und Symbolist. Oft muten seine Dichtungen wie Wortübungen an; begann mit Lyrik über Themen wie Liebe und Tod, über den modernen Menschen, klassisch in der Form, jedoch syntaktisch offen und assoziativ: ›L'empire et la trappe‹ (1930), ›Race des hommes‹ (1937) und ›Des tonnes de semence‹ (1941). Ende der 30er Jahre kam er zur Prosadichtung und verfaßte bed. Romane, wie den okkulten, rätselhaften ›Abraxas‹ (1938), ›Talent‹ (1947), ›Cent jours‹ (1950), ›Le maître de Milan‹ (1950), ›Marie Dubois‹ (1952), ›Les jardins et les fleuves‹ (1954) und ›Infanticide préconisé‹ (1958). Seine bühnenwirksamen surrealist. und burlesken Dramen entstanden nach 1945: ›Der Lauf des Bösen‹ (1947, dt. 1957), ›Quoat-Quoat‹ (1948, dt. 1954), ein tragischgroteskes Spiel um den myth. mex. Gott und einen jungen Forscher. Dämonisch-myth., archaische Kräfte beherrschen auch die Dramen ›Die Frauen des Ochsen‹ (1948, dt. 1961), ›Das schwarze Fest‹ (1949, dt. 1960) und ›Die Zimmerwirtin‹ (1956, dt. 1961). ›Pucelle‹ (Dr., 1952) ist eine moderne Version des Stoffes der Jungfrau von Orléans, in ›Les naturels du Bordelais‹ (1952) verwendet A. das Don-Juan-Ihema.

Weitere Werke: L'abhumanisme (Essay, 1952), Der Glapioneffekt (Parapsychokom., 1959, dt. 1961), Die Ameyss im Fleische (Dr., 1961, dt. 1961), Die Gräber schließen schlecht (R., 1963, dt. 1964).

Ausgabe: J. A. Théâtre. Paris 1956–70. Teilw. Neuaufl. 5 Bde.
Literatur: GIROUD, M.: A. Paris 1973. – GUÉRIN, J.-Y.: Le théâtre d'A. et le baroque. Paris 1976. – A. le trouble-fête. Colloque de Cerisy-la-Salle 1976. Paris 1979. – KOREN, R.: L'anti-récit. Les procédés du style dans l'œuvre romanesque de J. A. Genf 1983. – LENTZEN, M.: J. A. In: Krit. Lex. der roman. Gegenwartsliteraturen. Hg. v. W.-D. LANGE. Losebl. Tüb. 1984 ff. – FARCY, G.-D.: Les théâtres d'A. Paris 1988.

Audisio, Gabriel [frz. odi'zjo], * Marseille 27. Juli 1900, † Issy-les-Moulineaux (Hauts-de-Seine) 26. Jan. 1978, frz. Schriftsteller. – Lebte bis 1929 in Algier. Gilt neben A. Camus, M. Dib, E. Roblès als einer der repräsentativen Vertreter der nordafrikan. literar. Schule. Sein dem Geist und der Kultur des Mittelmeerraumes verpflichtetes Werk umfaßt außer Lyrik (›Hommes au soleil‹, 1923; ›Antée‹, 1932; ›L'hypocrite sacré‹, 1955) lyr. Prosa (›Jeunesse de la Méditerranée‹, 2 Tle., 1935/36) und Romane (›Les compagnons de l'Ergador‹, 1941; ›Contretemps‹, 1963), außerdem Essays, v. a. über Algerien (›Visages de l'Algérie‹, 1953).

Weitere Werke: Poèmes du lustre noir (Ged., 1944), Feuilles de Fresnes (Ged., 1945), Annibal (Biogr., 1964), Fables (1966).

Audoenus, nlat. walis. Dichter, † Owen, John.

Audoux, Marguerite [frz. o'du], eigtl. Marguerite Marie Donquichote, * Sancoins (Cher) 7. Juli 1863, † Saint-Raphaël (Var) 1. Febr. 1937, frz. Schriftstellerin. – Schwere Jugend in öffentl. Waisenhaus, dann Magd, floh 18jährig nach Paris, wo sie sich mit Näharbeiten mühsam ernährte. Ihr bed. autobiograph. Roman ›Marie-Claire‹ erschien 1910 (dt. 1938) mit einem Vorwort ihres Gönners O. Mirbeau; weitere Romane (›Atelier der Marie-Claire‹, 1920, dt. 1938) und Erzählungen folgten.

Literatur: GARREAU, B.-M.: M. A. La couturière des lettres. Paris 1991.

Aue, Hartmann von, mhd. Dichter, † Hartmann von Aue.

Auer, Pseudonym des österr. Schriftstellers Aloys † Blumauer.

Auerbach, Berthold, eigtl. Moses Baruch Auerbacher, * Nordstetten bei Horb am Neckar 28. Febr. 1812, † Cannes 8. Febr. 1882, dt. Erzähler. – Sollte Rabbiner werden, studierte jedoch Rechtswissenschaft, schließlich Philosophie. Als radikalliberaler Student und Mitglied einer Burschenschaft war er Verfolgungen ausgesetzt (u. a. 1837 mehrere Monate auf dem Hohenasperg inhaftiert). A. war Mitarbeiter an der Zeitschrift ›Europa‹ und hatte zu K. Gutzkow Verbindung. Als freier Schriftsteller lebte er in Weimar, Leipzig, Dresden, Berlin, Breslau und Wien. Er trat schon in seinen ersten Romanen ›Spinoza‹ (2 Bde., 1837), ›Dichter und Kaufmann‹ (2 Bde., 1840) für liberale Ideen und die Emanzipation der Juden ein. Er übersetzte Spinoza. Populär machten ihn die realist. ›Schwarzwälder Dorfgeschichten‹ (4 Bde., 1843–54), in denen er idyll. Heimatkunst und volkserzieher. Tendenz geschickt verknüpfte, und die ›Volkskalender‹ (1858–69), die dem Zeitgeschmack entgegenkamen.

Weitere Werke: Andree Hofer (Trauerspiel, 1850), Deutsche Abende (Reden, 2 Bde., 1851–67), Barfüßele (R., 1856), Auf der Höhe (R., 3 Bde., 1864), Das Landhaus am Rhein (R., 5 Bde., 1869), Zur guten Stunde (En., 2 Bde., 1871/72), Waldfried (R., 3 Bde., 1874), Nach 30 Jahren. Neue Dorfgeschichten (3 Bde., 1876), Der Forstmeister (R., 2 Bde., 1879), Brigitta (R., 1880).
Ausgabe: B. A. Werke. In Ausw. hg. v. A. BETTELHEIM. Lpz. 1913. 15 Bde.
Literatur: BETTELHEIM, A.: B. A. Stg. u. Bln. 1907. – SPITZ, E. H.: Studien zu den ›Schwarzwälder Dorfgeschichten‹ B. A.s. Diss. Wien 1957 [Masch.].

Auernheimer, Raoul, * Wien 15. April 1876, † Oakland (Calif.) 7. Jan. 1948, österr. Schriftsteller. – Neffe von Th. Herzl; wurde nach seinem Jurastudium Theaterkritiker in Wien (bis 1933); 1938 KZ Dachau, entkam und floh nach den USA. Verfasser von Lustspielen, biograph. Romanen, fesselnden, amüsanten Erzählungen und Skizzen; trat auch als Übersetzer aus dem Französischen hervor.

Werke: Rosen, die wir nicht erreichen (En., 1901), Die große Leidenschaft (Lsp., 1904), Die Dame mit der Maske (En., 1905), Die glücklichste Zeit (Kom., 1909), Der gußeiserne Herrgott (Nov., 1912), Das Paar nach der Mode (Kom., 1913), Die verbündeten Mächte (Kom., 1915), Maskenball (Nov.n, 1920), Das Kapital (R.,

1923), Casanova in Wien (Kom., 1924), Das Wirtshaus zur verlorenen Zeit (Autobiogr., 1948).

Auersperg, Anton Alexander Graf von, österr. Dichter, † Grün, Anastasius.

Auesow (tl.: Auėzov), Muchtar Omarchanowitsch [russ. au'ɛzɐf], * im Kreis Abajewsk (Kasachstan) 28. Sept. 1897, † Moskau 27. Juni 1961, kasach.-sowjet. Schriftsteller. – Prof. für Literaturwissenschaft; beschäftigte sich mit kasach. und kirgis. Volkskunde, übersetzte A. S. Puschkin, N. W. Gogol und Shakespeare; schrieb eigene Erzählungen und Dramen mit Stoffen aus Geschichte und Gegenwart seines Landes. Als sein Hauptwerk gelten die Romane über den kasach. Dichter † Abai Kunanbajew ›Vor Tau und Tag‹ (2 Bde., 1942–47, dt. 1958) und ›Über Jahr und Tag‹ (2 Bde., 1952–56, dt. 1961).

Weitere Werke: Aufruhr der Sanftmütigen (R., 1928, dt. 1974), Der Schuß auf dem Gebirgspaß (E., 1961, dt. 1964).

Aufbau, Gesamtheit der Strukturelemente (z. B. äußerer A., innerer A., sprachl. A.) eines literar. Werkes.

Auffenberg, Joseph Freiherr von, * Freiburg im Breisgau 25. Aug. 1798, † ebd. 25. Dez. 1857, dt. Dramatiker. – Vorsitzender des bad. Hoftheaterausschusses in Karlsruhe; schrieb in Nachahmung Schillers rhetorisch-pathet., jedoch wenig bühnenwirksame Stücke.

Werke: Die Bartholomäus-Nacht (Dr., 1819), Die Syrakuser (Dr., 1820), Pizarro (Dr., 1823), Alhambra (Dramentrilogie, 1829/30), Die Furie von Toledo (R., 2 Bde., 1832).

Aufführung, in Szene gesetztes Spiel vor Zuschauern, im **Theater** durch Schauspieler, Sänger o. ä., die unter Leitung eines Regisseurs einen dramat. Text auf der Bühne darstellen; der A. gehen in der Regel mehrwöchige Proben voraus, in deren Verlauf auch der Bühnenraum eingerichtet wird; verantwortlich für den Ablauf der Proben (auch der Vorstellungen) ist der **Inspizient**; die erste von mehreren A.en (im Rahmen einer oder mehrerer Spielzeiten) wird **Premiere** genannt, man unterscheidet dabei die **Uraufführung** als erstmalige A. eines Stückes überhaupt von der **Erstaufführung** als erster

A. eines im Original schon gespielten Stückes in einer [deutschsprachigen] Übersetzung. – ↑ auch Inszenierung.

Aufgesang, erster Teil der mittelalterl. Kanzonen- oder Stollenstrophe (↑ Minnesang, ↑ Meistersangstrophe). Die Grundform besteht aus zwei metrisch gleich gebauten ↑ Stollen und hat das Reimschema ab ab. Der A. ist kürzer als der ↑ Abgesang; er ist von diesem meist metrisch oder auch syntaktisch abgesetzt, gelegentlich aber auch syntaktisch und durch Reim mit dem Abgesang verknüpft. Schon früh finden sich auch Erweiterungen des A.s durch Stollen aus drei und mehr Versen oder durch Wiederholung des Grundschemas (doppelter A.kursus). In der mhd. Lyrik etwa seit Friedrich von Hausen, Ende des 12. Jh.; eventuell nach provenzal., frz. Vorbild.

Aufklärung, *im weiteren Sinn* ›der Ausgang des Menschen aus seiner selbstverschuldeten Unmündigkeit. Unmündigkeit ist das Unvermögen, sich seines Verstandes ohne Leitung eines anderen zu bedienen. Selbstverschuldet ist diese Unmündigkeit, wenn die Ursache derselben nicht am Mangel des Verstandes, sondern der Entschließung und des Mutes liegt, sich seiner ohne Leitung eines anderen zu bedienen‹ (I. Kant). Jede A. verwirklicht sich demnach zunächst als *Kritik* an den durch Autoritäten vermittelten Vorstellungen über Natur, Mensch, Gesellschaft, Staat, Gott/Götter und an den je geltenden moral. und jurid. Normen; denn fremdverfügte Vorstellungen und Normen sind die ›Fußschellen einer immerwährenden Unmündigkeit‹ (Kant). Obwohl, wer diese Fußschellen abwirft, zunächst ›auch über den schmalsten Graben einen nur unsicheren Sprung tun wird, weil er dergleichen freie Bewegung [des Verstandes] nicht gewohnt ist‹ (Kant), hofft jeder Aufklärer, im Prozeß der krit. Auseinandersetzung mit dem Überlieferten zu richtigeren Erkenntnissen, sinnvolleren Zwecken und besseren Normen zu gelangen. Denn A. glaubt an den evolutionären *Fortschritt* der Gesellschaften und der Menschheit. Dabei vertraut A. auf die grundsätzlich jedem Menschen in gleicher Weise eigene Vernunft. Wenn Aufklärer die *Autonomie der Vernunft* propagieren, meinen sie, daß die menschl. Vernunft sich selbst als einzige Instanz anerkennen soll, die über wahr, gut und schön entscheidet, v. a. aber, daß die menschl. Vernunft zu *allgemeingültigen* Einsichten in die Gesetze ihrer selbst, des humanen Handelns und der Natur gelangen kann. A. bezeichnet weniger den Konsens über die Inhalte einer systemat. Lehre, als vielmehr den Versuch, den richtigen Gebrauch der Vernunft zu erforschen, also das Interesse an *Methodologie,* und den Versuch, anderen die Fähigkeit und den Mut zu vermitteln, sich ihres Verstandes in richtiger Weise zu bedienen, also das Interesse an *Pädagogik.* A. ist also weitgehend intellektualistisch, gibt kaum Anweisungen für die unmittelbare, polit. Praxis. Im Sinne dieser allgemeinen Bestimmung ist die erste europ. A. die antike Philosophie. Allerdings zeigt sich in ihr auch, wie A. entarten kann: bei einigen Sophisten zur selbstherrl. Beliebigkeit individualist. Rationalität, in Platons Staatslehre zur fakt. Rechtfertigung der Entmündigung der Mehrheit im Namen der Tugend und der gerechten Ordnung.

Als A. *im engeren Sinn* wird die Bewegung bezeichnet, durch die die europ. Gesellschaften zwischen dem Ende des 17. und dem Ende des 18. Jh. sich von den Autoritätsansprüchen der Kirchen, der absoluten Souveräne und der Scholastik zu emanzipieren suchten. Indem sich die Epoche selbst ›Zeitalter der A.‹ nannte, grenzte sie sich bewußt gegen das MA ab, das sie für ›finster‹ hielt, weil es eigene habe, menschl. Vernunft bedürfe der Erleuchtung durch die ›göttl. Autoritäten‹ Kirche und Bibel. Vorbereitet wurde die A. des 18. Jh. durch die Renaissance der antiken Philosophie und Literatur im 15. Jh., durch das Ideal des Humanismus vom selbstbewußten, universal gebildeten Menschen, durch den Zerfall der kirchl. Universalautorität infolge der Kirchenspaltungen und Glaubenskriege des 16. und 17. Jh., v. a. durch die Auseinandersetzung G. Galileis und I. Newtons mit der von den Autoritäten Kirche und Aristoteles abgesicherten geozentr. Kosmologie und teleolog. Ontologie.

Das Bildungsideal der A. des 18. Jh. für jedermann war der ›Philosoph‹, dem es gelingen soll, sich durch den ›esprit critique‹ zum ›esprit philosophique‹ hin zu entwickeln. Gegenstände der Kritik waren v. a. der absolute Wahrheitsanspruch der Offenbarungsreligionen, die teleolog. Kosmologie und Ontologie der Scholastik, der Anspruch der Staaten und ihres Repräsentanten auf göttl. Einsetzung, die Autoritätsansprüche des Vaters über die Familie und des Mannes über die Frau. Philosoph. Neuansätze der A. des 18. Jh. waren v. a.: 1. Theorien und Methodologien menschl. Erkennens, nämlich der vorwiegend engl. Empirismus und der vorwiegend frz. und dt. Rationalismus, deren jeweilige Einseitigkeiten Kant auf den notwendigen Zusammenhang zwischen Erfahrung und Vernunft hin vermittelte; 2. die Ausarbeitung eines im wesentl. naturwissenschaftlich begründeten Atheismus oder die Begründung einer natürl. Vernunftreligion, die so weit konzipiert wurde, daß sie deistische und theistische Deutungen zuließ und die Forderung nach Toleranz der Religionsgemeinschaften einschloß; 3. auf dem Hintergrund des Erkenntnisfortschritts der Physik seit Newton der Entwurf eines mechanisch-materialist. Weltbildes und Menschenbildes; 4. die Entwicklung von Staats- und Rechtsphilosophien, die sich v. a. auf die Theorie vom Gesellschaftsvertrag der im Naturzustand freien Individuen und auf eine säkularisierte Lehre vom Naturrecht gründeten. Genauso kennzeichnend wie die Themen und Inhalte ihrer Philosophie war die Art, wie viele Aufklärer des 18. Jh. ihre Gedanken publizierten. Von der Hoffnung auf Fortschritt aller Menschen und von der Einsicht in die Notwendigkeit der Pädagogik bestimmt, schrieben die meisten Aufklärer für ein breites Publikum. Ihre Medien waren u. a. die in großer Zahl entstehenden, populär abgefaßten Zeitschriften, das Theater (v. a. D. Diderot, Voltaire, G. E. Lessing) und Wörterbücher, v. a. die ›Encyclopédie ou Dictionnaire raisonné des sciences, des arts et des métiers‹, die in 35 Bänden zwischen 1751 und 1780 erschien (↑ Enzyklopädie). An diesem Werk wird die Gefahr sichtbar, die der A.

des 18. Jh. drohte: unbeabsichtigt eine neue Form der Unmündigkeit heraufzuführen, nämlich den Glauben an die Autorität der Wissenschaften, durch den Menschen verleitet werden, vernünftige Autonomie gleichzusetzen mit Fülle an funktionalem Sachwissen. Erst am Ende der Epoche gelang Kant ›die methodisch gemachte A.‹ (G. W. F. Hegel), insofern er sich konsequent der konstruktiven ›Kritik der reinen Vernunft‹ und der konstruktiven ›Kritik der praktischen Vernunft‹ zuwandte.

Literatur: In England stellte J. Miltons ›Paradise lost‹ (1667, dt. 1682, 1855 u. d. T. ›Das verlorene Paradies‹) eine frühe Version poetisierter Theodizee dar. Die Verbindung von krit. Selbstreflexion mit poet. Produktion kennzeichnet das Werk von J. Dryden, den der trag. Stil durch veränderte Motivierung der Leidenschaften reformierte und in seiner Poetik (1668) psycholog. Wahrheit, Regelmäßigkeit und Klarheit forderte. Auch das Lustspiel entwickelte sich zum Instrument bürgerlich-moral. Kritik (G. Farquhar, J. Vanbrugh). Der moral. und soziale Optimismus des engl. Deismus fand seine theoret. Rechtfertigung und dichter. Ausgestaltung in den Lehrgedichten mit A. Pope. Exemplarische Lehrhaftigkeit prägte die Dramatik im beginnenden 18. Jh., die formal am frz. Klassizismus orientiert blieb, inhaltlich jedoch auf volksbildende Wirkung zielte (Th. Southerne, N. Rowe) sowie polit. Zeitfragen behandelte (J. Addison). In den ↑ moralischen Wochenschriften dominierten Themen der bürgerl. Tugend, der gesellschaftl. Norm und des Privatlebens, während J. Gays ›Beggar's opera‹ (1728, dt. 1770, 1960 u. d. T. ›Die Bettleroper‹) als kom. Singspiel die Mentalität der Oberschichten mit den Mitteln der polit. Satire lächerlich machte. D. Defoe entfaltete in seinem Roman ›Robinson Crusoe‹ (1719/20, dt. 1947 [zuerst 1720/1721]) die Selbstbehauptung des puritanisch geprägten Individuums zu einer Philosophie der Gesellschaftsbildung. Bei J. Swift wurde die Satire zum Instrument der polit. und Religionskritik. Die Wendung zum Emotionalismus im Zeichen von Tugend, Mitleid und Rührung bekundete sich in den Romanen von

S. Richardson. In parodist. Wendung gegen den empfindsamen Roman Richardsons schuf H. Fielding einen neuen Typus des kritisch-realist. Romans, in dem die Begebenheiten vom ironisch-reflektierenden Erzähler beherrscht und in dem Psychologie und soziales Milieu aufeinander bezogen sind. Moralisch-empfindsame Kritik prägte den idyll. Patriarchalismus in dem Roman ›Der Pfarrer von Wakefield‹ (1766, dt. 1963 [zuerst 1767]) von O. Goldsmith, während T. Smollett zugunsten von psycholog. und sozialer Realistik auf moral. Stilisierung verzichtete und damit den bürgerl. Wahrnehmungshorizont entgrenzte. In anderer Weise hob L. Sterne den empfindsamen Roman auf ein Niveau jenseits moral. Melodramatik. Das bürgerl. Trauerspiel (G. Lillo), das die Zurückdrängung des Klassizismus beschleunigte und in der Wendung bürgerl. Alltäglichkeit ins Tragische der ↑Ständeklausel sprengte, eröffnete neue Identifikations- und Ausdrucksmöglichkeiten einem Publikum, dessen satir. Selbstbespiegelung das Lustspiel bei S. Foote und bei R. B. Sheridan prägte. Die Neuentdeckung des lange moralistisch verstümmelten oder klassizistisch stilisierten Werks von Shakespeare im späteren 18. Jh. bereitete die Abkehr vom klassizist. Rationalismus und vom moral. Utilitarismus vor; während S. Johnson nochmals die Verbindung von utilitarist. Ethik, Publizistik, literar. Kritik und moralistisch-realist. Literatur vertrat, entwarf die zeitgenöss. Lyrik, v. a. die Landschaftsdichtung von J. Thomson, neue Projektionsräume empfindsam-melanchol. Innerlichkeit und formulierten die Ästhetiker (E. Young, H. Blair), die Lehre vom Vorrang des Genies vor den Regeln, die Rechtfertigung Shakespeares und die Theorie des Poetischen als einer ursprüngl. Schöpfung. In der Definition des Mimetischen als ›poíēsis‹ kam der Prozeß der Autonomisierung der Kunst zum Abschluß, der sich bereits früher in der Wendung vom Belehren zum Vergnügen, von rationalist. A. zum Mitleid und zur Rührung, manifestiert hatte. In Frankreich begann Ende des 17. Jh. die Krise des Klassizismus (↑Querelle des anciens et des modernes). Während die

Dramatik an den klassizist. Normen (Einheiten, Ständeklausel) noch festhielt, entwickelten sich in der erzählenden Dichtung die Freisetzung der poet. Einbildungskraft und neue Themen. Den Paradigmenwechsel spiegeln die Märchensammlung von Ch. Perrault, die Märchensatiren von Antoine Graf von Hamilton (* 1646, † 1720) und die an der Moralistik des 17. Jh. geschulten satir. und pikaresken Romane von A. R. Lesage. An die Stelle der Apologie des Bestehenden trat die ironisch-satir. Entlarvung, Typisierung wurde ersetzt durch psycholog. und soziale Realistik. A. F. Prévost d'Exiles v. a. vermittelte dem frz. Publikum in Übersetzungen und Abhandlungen engl. Philosophie und Literatur, überschritt jedoch in seinen Romanen die tradierten ästhet. Normen zugunsten einer ungeschminkten Darstellung zeitgenöss. Wirklichkeit. Fénelon wurde mit seinem Erziehungsroman ›Les aventures de Télémaque‹ (1699 gedr., dt. 1700, 1788 u. d. T. ›Die Begebenheiten des Telemach‹) zum politisch-satir. Schriftsteller und analysierte in Briefen und Denkschriften die miserable soziale und polit. Lage der Bevölkerung. Bei Crébillon d. J. und J.-B. L. Gresset wird psycholog. Analyse zur Pathographie des Konflikts zwischen Leidenschaft und gesellschaftl. Normen. Früher als im engl. Roman überführte P. C. de Ch. de Marivaux, der Begründer des ›Spectateur Français‹ (1722–23), das in den moral. Wochenschriften ausgebildete Ethos in die Romankunst, aber auch in der Dramatik wurde moral. Rührung zur zentralen Wirkabsicht. Die neue Form der ›Comédie morale‹, die die Melodramatik und die bürgerl. Moral Richardsons und damit den moralisch-psycholog. Realismus des Privatlebens auf die Bühne brachte (Ph. Destouches), fand ihre Entsprechung im rührenden Lustspiel (↑Comédie larmoyante) bei La Chausée, dessen ästhet. Rechtfertigung u. a. Ch. F. Gellert (›Pro comoedia commovente‹, 1749) lieferte, während D. Diderot dem ›Drame bourgeois‹ oder der ›Tragédie bourgeoise‹ als dem neuen ›genre sérieux‹ seinen Platz zwischen Tragödie und Komödie zuwies und mit dem Schauspiel ›Der Hausvater‹ (1758, dt.

1760) selbst ein Muster der neuen Gattung vorstellte. Bei Voltaire wurden die literar. Gattungen zu Instrumenten der ›église philosophe‹ und damit im Sinne der aufklär. Programmatik zur Agitationsliteratur. Der ›Génie d'esprit‹ als poetisch-stilist. Ideal der A.sphilosophie fand in Voltaire seinen glanzvollsten Repräsentanten. Die Tragödie diente der Propagierung polit. und religiöser Freiheit im antiken Gewand; das Epos wurde zur zeitkrit., rückwärtsgewandten Utopie der aufklärer. Hoffnungen; das Lehrgedicht zur sinnl. Veranschaulichung der aufklärer. Freiheits- und Rechtsideen, das Lustspiel und die Satire Medium der Bewußtseins- und Vorurteilskritik und des antimetaphysisch-skeptizist. Raisonnements. J.-J. Rousseau eröffnete in Autobiographie und Roman Einblicke in die zeitlose Innerlichkeit des Subjekts, das sich gegen die moral. und sozialen Kategorien der A. sperrte. Die Lustspiele von P. A. C. de Beaumarchais (›Der Barbier von Sevilla‹, 1775, dt. 1776; ›Der tolle Tag oder Figaros Hochzeit‹, 1785, dt. 1785) scheinen auch den Umsturz der gesellschaftl. Ordnung, den die Revolution von 1789 erfüllen sollte, literarisch vorwegzunehmen. In Deutschland stand gegen Ende des 17. Jh. neben dem an der Renaissancepoetik orientierten gelehrten Drama, dem A. Gryphius allerdings bereits Shakespearesche Elemente einverleibte, die pädagogisch-belehrende Dramatik (Ch. Thomasius) und das Schuldrama (Ch. Weise). Die Trennung von Dramatik und Bühne suchte J. Ch. Gottsched in seiner Reform des Theaters aufzuheben, eingebunden in ein literatur- und bildungspolit. Programm der Sprachreform, wobei er Dichtung auf sinnl. Veranschaulichung der Sittenlehre verpflichtete. Die Verbindung von aufklärer. Rationalismus und Geschmacksbildung fand ihren programmat. Ausdruck in Gottscheds Poetik ›Versuch einer Critischen Dichtkunst vor die Deutschen‹ (1730) sowie in seinen moral. Wochenschriften (›Die vernünftigen Tadlerinnen‹, 1725/26; ›Der Biedermann‹, 1727) und in einem Kanon ›regelgerechter‹ Stücke (›Die dt. Schaubühne nach den Regeln und Exempeln der Alten‹, 6 Bde., 1741–45), der die Herrschaft des

Stegreiftheaters sowie der ↑ Haupt- und Staatsaktionen zu brechen suchte. Wie schon bei Ch. Wolff und später bei J. J. Bodmer, J. J. Breitinger und G. E. Lessing wurde die Fabel in Theorie und Praxis zur exemplar. Gattung aufklärer. Poetik, an der sich die Diskussion über moral. Räsonnement und sinnl. Anschauung entzündete, wobei die Fabeln Äsops und J. de La Fontaines als Muster galten. Neben der Fabel dienten bei Ch. F. Gellert der sentimentale Familienroman nach dem Vorbild Richardsons und die moralisch-didakt. Komödie der Verbreitung der Moralität des ›guten Herzens‹. Die Wirkung Gellerts dokumentierte die Ausbildung eines breiten Lesepublikums, das anstelle des höf. Mäzens zum Adressaten der Literatur und der literar. Zeitschriften wurde (bes. ›Wandsbecker Bote‹, 1771–75; ›Teutscher Merkur‹, 1773–1810), die sich zunehmend ausschließlich ästhet. Fragen widmeten. Früh artikulierte sich in der Satire das neue Ethos des ›gesunden Menschenverstandes‹, in dessen Namen moral. und polit. Kritik geübt wurde (F. R. L. von Canitz, B. Neukirch). Bei G. W. Rabener diente die Satire dazu, auf Grundlage exakter Menschenkenntnis die gesellschaftl. Moral zu verbessern, ein Programm, das noch die Aphorismen G. Ch. Lichtenbergs – allerdings unter den Vorzeichen skept. Selbsterkenntnis – prägte. In den Fabeln und Verserzählungen F. von Hagedorns kündigte sich bereits die Befreiung des Poetischen vom Moralischen an. In der Lyrik der Hallenser Dichter (↑ Hallescher Dichterkreis) zeigte sich die stilist. Verselbständigung der dt. Literatur: anakreont., ›scherzhafte‹ Lieder, Elegien und Idyllen, Epigramme und Fabeln entwarfen antikisch-arkad. Wunschträume jenseits des bürgerl. prosaischen Alltags. Als ›Kunst der Nebenstunden‹ setzte sich hier schon, wie später bei Schiller, die Poesie der durch Arbeit und Pflicht bestimmten Bürgerlichkeit entgegen. Die Suche nach der Versöhnung von Sinnlichkeit und Vernunft prägte das Werk von Ch. M. Wieland, in dessen Satiren, Versepen und Romanen Rokoko und Aufklärung, Schönheitsempfinden und Räsonnement zusammenfließen. Die zu G. W. Leibniz und

220 Aufklärung

A. A. C. Shaftesbury philosoph. entwik-kelte Theodizee, die Lehre von der Vollkommenheit der Welt, die Voltaire in seinem Roman ›Candide oder Die beste Welt‹ (1759, dt. 1776) satir. in Frage stellte, fand ihre bürgerlich-philiströse Darstellung in der Gedichtsammlung ›Ird. Vergnügen in Gott‹ (1721–48) von B. H. Brockes, in deren Naturschilderungen sich eine neue Naturpoesie ankündigte, die auch noch bei A. von Haller durch die Gleichsetzung von Vernunft, Gott und Natur geprägt war. In Hallers Lehrgedichten (u. a. ›Die Alpen‹, in: ›Versuch schweizer. Gedichte‹, 1732) meldeten sich jedoch Skepsis und erkenntnistheoret. Agnostizismus; in Verbindung kritisch-naturwissenschaftl. Beobachtung und zeitkrit. Reflexion wurde die idyll. erhabene Natur zum Schauplatz polit. Freiheit. Die theoret. Auseinandersetzung mit dem rationalist. Klassizismus führten Bodmer und Breitinger weiter, die die Eigenart der Phantasie und die Berechtigung des Wunderbaren betonten. Die hier theoretisch und in Hallers Gedichten poetisch zum Ausdruck kommenden Tendenzen zum Irrationalismus und zum Naturenthusiasmus fanden ihren Höhepunkt im Werk von F. G. Klopstock, der die Ursprünglichkeit des Genies und der ›heiligen Poesie‹ preist, während seine Oden trotz des Übergangs zu freien Rhythmen thematisch und formal – als rational komponierte Ideenlyrik – aufklärerisch geprägt sind. In dem von J. Milton inspirierten Versepos ›Der Messias‹ (1748–73) wird Heilsgeschichte aufklärerisch optimistisch interpretiert. Ähnlich wie E. von Kleist kämpfte Klopstock in Dramatik (›Hermanns Schlacht – Bardiet für die Schaubühne‹, 1769; ›Hermann und die Fürsten‹, 1784; ›Hermanns Tod‹, 1787) und in Theorie (›Die dt. Gelehrtenrepublik‹, 1774) für eine national gesinnte Literatur. Nachdem bereits J. E. Schlegel Shakespeare gegen den Klassizismus gerechtfertigt, den in England entwickelten bürgerlich-moral. Realismus theoretisch geltend gemacht, Gegenstände aus Geschichte und Sage auf ihre Angemessenheit fürs ›Allgemeinmenschliche‹ und ›allgemein Rührende‹ hin überprüft und seine Theorie in Tragödie und Lustspiel

zu realisieren versucht hatte, fanden die Bemühungen um ein nat. Theater und einen neuen dramat. Stil im Dienst national differenzierter ›Erziehung des Menschengeschlechts‹ ihren Höhepunkt im Werk von Lessing. Ähnlich wie bei Gottsched wurde hier Poetik zu Literaturpolitik (›Theatralische Bibliothek‹, 1754–58; ›Hamburgische Dramaturgie‹, 1767–69). Unter dem Einfluß der ›Tragédie bourgeoise‹ in der Definition Diderots entstanden die bürgerl. Trauerspiele ›Miß Sara Sampson‹ (1755) und ›Emilia Galotti‹ (1771) mit ihrer Entgegensetzung von bürgerl. Liebe und höf. Kabale, Tugend und Macht; in seinem dramat. Gedicht ›Nathan der Weise‹ (1779) entstand der Typus des philosoph. Dramas, das Medium aufklärer. Toleranz- und Humanitätsideale ist. Die literaturpolit. und didakt. Programmatik konkretisierte sich bei Lessing in der engen Vermittlung von Dramaturgie und Wirkungsästhetik. Ihre Funktion als Gegenbereich zur Wirklichkeit erfüllte die Bühne vermittels völliger Illusion, die die mitleidende Identifikation mit dem Helden und die ↑ Katharsis als ›Verwandlung der Leidenschaften in tugendhafte Fertigkeiten‹ ermöglichte. Während Lessings polit. Trauerspiel ›Samuel Henzi‹ (1749) eine noch stärker politisch akzentuierte Fortsetzung des ›Nathan‹ (›Der Derwisch‹) Fragmente blieben, artikulierten sich in ästhet. Theorie und poet. Praxis des Sturm und Drang, v. a. unter dem Einfluß Rousseaus, autonomiebedürftige Subjektivität und Leiden an der Gegenwart. Die Tendenz zum Zeitkritischen verschärfte sich zur Darstellung des Pathologischen und der sozialen Unterdrückung, beim jungen Goethe, bei H. W. von Gerstenberg, J. M. R. Lenz, F. M. von Klinger, H. L. Wagner ebenso wie bei J. A. Leisewitz und beim frühen Schiller, dessen philosoph. Schriften, Dramen und Romanfragmente im Dienst der polit. Kritik und des psycholog. Realismus stehen und dessen spätere philosoph. Gedichte nochmals auf die aufklärer. Verbindung von Theorie und Dichtung verweisen. Die mit Goethe vollzogene antikisierend-klassizist. Wendung zur Autonomisierung der reinen Kunstsphäre zeigt jedoch die polit. Resignation vor einem Publikum an, das eher an der Ritterdramatik interessiert war und seine polit. und moral. Interessen eher in Rührstück und Hausvaterdrama widergespiegelt sah (O. H. von Gemmingen-Hornberg, A. von Kotzebue). In der Umformung des pikaresken zum frühaufklärer. polit. Roman entwickelten sich die Verbürgerlichung der Inhalte (Ch. Weise, Wolfgang Caspar Printz [* 1641, † 1717]) und ein Realismus mit satir. Tendenz (Ch. Reuter). Auch im galanten Roman fand zugunsten der ›Gemütsergötzung‹ des Lesers die Säkularisierung des höf. Genres statt (A. Bohse, Christian Friedrich Hunold [* 1680, † 1721], J. G. Schnabel). Die Ferne wurde in den dt. Robinsonaden (Philipp Balthasar Sinold von Schütz, Schnabel) zum ›Asyl der Redlichen‹, einer bürgerl. Gemeinschaft, die sich von der feudal beherrschten Gesellschaft abwandte und auch dem ›Politicus‹ eine Absage erteilte. Aus der Verbindung der angelsächsisch-puritan. Sozialethik mit der empir. Psychologie und dem zur ›Erfahrungsseelenkunde‹ säkularisierten Pietismus entstanden der empfindsame und der autobiograph. Roman (Gellert, J. T. Hermes, Sophie von La Roche, K. Ph. Moritz). An die Stelle äußerer Handlung trat die in Selbstbeobachtung und Experiment begründete Seelengeschichte. Der eigtl. Aufklärungsroman begann mit J. M. von Loens (* 1694, † 1776) ›Der redl. Mann am Hofe‹ (1742). Mit der Autonomisierung des erzählten Ichs wird der Roman zur ›bürgerl. Epopöe‹, zur Geschichte des Konflikts zwischen ›Poesie des Herzens‹ und ›Prosa der Verhältnisse‹ (Hegel). Der in Theorie und Romankunst entwickelte neue Prosastil gewann klass. Ausdruck in den Romanen Wielands. Im Anschluß an Sterne, Fielding und Wielands ›Geschichte des Agathon‹ (1766/67, endgültige Ausgabe 1794) entwickelte Ch. F. von Blankenburg in seinem ›Versuch über den Roman‹ (1774) eine erste Theorie des ↑Bildungsromans und ↑Entwicklungsromans. Der Sternesche Roman wurde in Deutschland zum Vorbild für den autobiographisch empfindsamen Reiseroman (J. C. Wezel, A. von Knigge, Th. G. von Hippel und M. A. von Thümmel). Die zunehmende Verbreitung des

Trivialromans und Unterhaltungsromans signalisierte die Entwicklung des Verlagswesens und des Buchmarktes, die die Existenzform des freien Schriftstellers ermöglichte, aber auch auf einen Lesekonsum verwies, der sich der von Lesegesellschaften, literar. Zeitschriften und Literaturkritik beabsichtigten Einbindung in eine diskutierende Öffentlichkeit entzog. Während die Romanautoren des Sturm und Drang an den satir., sozialkrit. und psychologisch realist. Möglichkeiten des Genres festhielten, wurden bei F. H. Jacobi (›Aus Eduard Allwills Papieren‹, 1775/76; ›Woldemar‹, 1779) die pathološ. Seiten des empfindsam-wertherisierenden Freundschaftskults sichtbar. J. J. W. Heinse fügte den Utopien des 18. Jh. das renaissancehaft antik. Bild erot. Glücks hinzu; die Reiseliteratur dieser Zeit (G. Forster, Moritz, J. G. Seume) erweiterte das Verstehen von fremden Kulturen.

Zur Ästhetik der A. ↑Ästhetik. – ↑ auch die Übersichtsartikel der einzelnen europ. Nationalliteraturen.

Literatur: Das Weltbild der dt. A. Hg. v. F. Brüggemann. Lpz. 1930. Nachdr. Darmst. 1966. – Cassirer, E.: Die Philosophie der A. Tüb. 1932. Nachdr. ebd. 1973. – Götze, W.: Die Begründung der Volksbildung in der A.bewegung. Langensalza 1932. – Schneider, F. J.: Die dt. Dichtung der A.zeit. 1700–1775. Stg. ²1948. – Clark, G. N.: Science and social welfare in the age of Newton. Oxford ²1949. – Hazard, P.: Die Herrschaft der Vernunft. Das europ. Denken im 18. Jh. Hamb. 1949. – Zorn, W.: Weltweite Ursprünge der europ. A. In: Saeculum 2 (1951), S. 114. – Rasch, W.: Die Lit. der A.zeit. In: Dt. Vjschr. für Literaturwiss. u. Geistesgesch. 30 (1956). – Cobban, A.: In search of humanity. The role of the enlightenment in modern history. New York 1960. – Hertz, F. O.: The development of the German public mind. Bd. 2: The age of enlightenment. New York 1962. – Crocker, L. G.: Nature and culture. Ethical thought in the French enlightenment. Baltimore 1963. – Krauss, W.: Studien zur dt. u. frz. A. Bln. 1963. – Gay, P.: The enlightenment. New York 1966–69. 2 Bde. – Europ. A. Hg. v. H. Friedrich u. F. Schalk. Mchn. 1967. – Dichtungstheorien der A. Hg. v. H. Boetius. Tüb. 1971. – Dieckmann, H.: Studien zur europ. A. Mchn. 1974. – Europ. A. Hg. v. W. Hinck u. a. Wsb. 1974–84. 3 Bde. – Schneiders, W.: Die wahre A. Freib. u. Mchn. 1974. – Guthke, K. S.: Literar. Leben im 18. Jh. in Deutschland u. der Schweiz. Bern u. Mchn. 1975. – Engel-Janosi, F.: Formen der europ. A.

Mchn. u. Old. 1976. – KIESEL, H.: Gesellschaft u. Lit. im 18.Jh. Basel u. Mchn. 1977. – KIMPEL, D.: Der Roman der A. Stg. ²1977. – MARTINSON, S. D.: On imitation, imagination and beauty. A critical reassessment of the concept of the literary artist during the early German ‚Aufklärung'. Bonn 1977. – MORAVIA, S.: Beobachtende Vernunft. Philosophie u. Anthropologie in der A. Dt. Übers. Bln. 1977. – NAUMANN, D.: Politik u. Moral. Studien zur Utopie der dt. A. Hdbg. 1977. – Staat u. Gesellschaft im Zeitalter Goethes. Hg. v. P. BERGLAR. Köln u. Wien 1977. – OELMÜLLER, W.: Die unbefriedigte A. Ffm. 1978. – STEINMETZ, H.: Die Komödie der A. Stg. ³1978. – KOPPER, J.: Einf. in die Philosophie der A. Darmst. 1979. – PÜTZ, P.: Die dt. A. Darmst. ²1979. – WILLEY, B.: The seventeenth century background. Studies in the thought of the age in relation to poetry and religion. London 1979. – A. u. Humanismus. Hg. v. R. TOELLNER. Hdbg. 1980. – A. u. literar. Öffentlichkeit. Hg. v. Ch. BÜRGER u. a. Ffm. 1980. – KRIELE, M.: Befreiung u. polit. A. Freib. u.a. 1980. – GUTHKE, K. S.: Das Abenteuer der Lit. Studien zum literar. Leben der deutschsprachigen Länder von der A. bis zum Exil. Bern u. Mchn. 1981. – KONDYLIS, P.: Die A. im Rahmen des neuzeitl. Rationalismus. Stg. 1981. – IM HOF, U.: Das gesellige Jh. Gesellschaft u. Gesellschaften im Zeitalter der A. Mchn. 1982. – MERKER, N.: Die A. in Deutschland. Mchn. 1982. – ZEIM, CH.: Die rhein. Lit. der A. Hildesheim 1982. – A. u. Pietismus im dän. Gesamtstaat 1770–1820. Hg. v. E. TRUNZ u.a. Neumünster 1983. – CONLON, P. M.: Le siècle des lumières. Bibliographie chronologique. Genf 1983 ff. (bisher 7 Bde. erschienen). – CORETH, A./SCHÖNDORF, H.: Philosophie des 17. u. 18.Jh. Stg. 1983. – Frz. Lit. im Zeitalter der A. Hg. v. W. HEMPEL. Ffm. 1983. – WEBER, E./MITHAL,CH.: Dt. Originalromane zw. 1680 u. 1780. Bln. 1983. – DARNTON, R.: Literaten im Untergrund. Lesen, Schreiben u. Publizieren im vorrevolutionären Frankreich Dt. Übers. Mchn. u. Wien 1985. – HORKHEIMER, M./ADORNO, TH. W.: Dialektik der A. Neuausg. Lpz. 1989. – HABERMAS,J.: Strukturwandel der Öffentlichkeit. Neuausg. Ffm. 1990. – Glaube, Kritik, Phantasie. Europ. A. in Religion u. Politik, Wiss. u. Lit. Hg. v. L. BORNSCHEUER u. a. Ffm. 1993.

Auflage, im Verlagswesen die Gesamtzahl der auf einmal hergestellten Exemplare eines Buches, einer Zeitungs- oder Zeitschriftennummer u. a. Veröffentlichungen. Gelegentlich auch die Anzahl von Exemplaren, zu deren Herstellung der Verleger im Rahmen des Verlagsvertragsverhältnisses berechtigt ist. Der v. a. in der Werbung für Zeitungen und Zeitschriften verwendete Begriff A. ist mehrdeutig. Er kann die Druck-A., die verbreitete A. – die auch Werbeexemplare, gratis abgegebene Exemplare und Belegexemplare einschließt – oder nur die verkaufte A. umfassen. Die Höhe der A. ist grundsätzlich an den Verkaufserwartungen orientiert. Neu-A.n können unverändert (oft nicht gekennzeichnete Nachdrucke) oder vom Verfasser oder einem Bearbeiter ergänzt sein (z. B. verbesserte A., neu bearbeitete A., erweiterte A.). Unverkäufl. Bestände werden, wenn nicht eingestampft, im ›modernen Antiquariat‹ abgesetzt (Rest-A.), gelegentlich auch umgebunden und mit neuem Titelblatt wieder angeboten (Titelauflage).
Literatur: HACK, B.: Über A.bezeichnung im Buch. In: Börsenbl. f. den Dt. Buchhandel, Frankfurter Ausg., Jg. 21 (1965), Nr. 36, S. 816.

Auflösung,
1. in antiken Metren kann eine Länge in zwei Kürzen aufgelöst werden, in mhd. Versen können für eine ↑ Mora anstelle der regelmäßigen einen Silbe zwei Silben gesetzt werden.
2. im ↑ Drama gelegentlich verwendet für die Lösung eines Konfliktes.

Aufreihlied, Form der indogerman. Heldendichtung: knappe, andeutende Aneinanderreihung der Taten eines Gottes bzw. Helden; altind., awest., altnord. und lat. Belege (z. B. Vergil, ›Äneis‹).
Literatur: SCHRÖDER, F. R.: Eine indogerman. Liedform. Das A. In: German.-Roman. Mschr. N. F. 4 (1954), S. 179.

Aufsatz,
1. kürzere schriftl. Auseinandersetzung mit einem Thema ohne bes. literar. Anspruch; in der Schule u.a. Mittel der Spracherziehung. Eine erste derartige Ausbildung hatten die Griechen in der ↑ Rhetorik. Es kam darauf an, für Zwecke der Lebenspraxis nach Schemata, die von dem betreffenden Zweck, der Eigenart des Adressaten und der Logik ebenso von der Sprache wie von der Sache her entwickelt waren, schriftlich Reden ausarbeiten zu lernen. Diese Kunst (›téchnē‹) beherrschte die A.schule bis ins 19.Jh. hinein. Eine neue Lage entstand erst durch die Ausbildung der neuen empir. Wissenschaften und ihre Darstellungsformen sowie durch die neuen audiovisuellen Medien.
2. kurze wiss. Abhandlung, meist in Zeitschriften.

Literatur: GEFFERT, H.: Dt. A. u. Stilunterricht. Whm. ³1965. – TILLE, J.: Theorie u. Praxis des A.unterrichts. Wien ⁵1968. – GEBHARDT, M.: Dt. Aufsätze: Unterstufe, Mittelstufe, Oberstufe. 3 Bde. u. Erg.-Bd. Themen unserer Zeit. Mchn. ¹¹⁻¹³1969–78.

Auftakt, aus der musikal. Fachsprache in die Metrik übernommener Begriff für unbetonte Silben, die vor der ersten Hebung eines Verses liegen. Typisch ist der A. in Dichtungen, denen das ↑akzentuierende Versprinzip zugrunde liegt, für den Anfang des jamb. Verses, z. B.: ›Ans Haff nun fliegt die Möwe ...‹ (Th. Storm, Gedicht ›Meeresstrand‹).

Auftritt, kleinste dramat. Spieleinheit innerhalb eines ↑Aktes (vom Erscheinen bis zum Abgehen einer oder mehrerer Figuren); seit dem 18.Jh. im dt. Theater auch synonym für ↑Szene; die Gliederung der Akte in A.e (bzw. Szenen) blieb bis ins 19Jh. die typ. Form des streng gebauten Dramas (↑geschlossene Form).

Aufzug, im Drama (im Hinblick auf das Auf- und Zuziehen des Vorhangs) vereinzelt seit dem 17.Jh. (A. Gryphius, Lustspiele), allgemein seit dem 18.Jh. (J. E. Schlegel, G. E. Lessing) für ↑Akt.

Augenreim, Reim zwischen im Reimbereich orthographisch ident., aber verschieden ausgesprochenen Wörtern, z. B. engl. love/prove oder good/blood.

Augier, Émile [frz. o'ʒje], * Valence (Drôme) 17. Sept. 1820, † Croissy-sur-Seine (Yvelines) 25. Okt. 1889, frz. Dramatiker. – Bibliothekar des Duc d'Aumale; war mit A. Dumas d.J. Begründer und wichtigster Vertreter des frz. Sittenstücks (Comédie de mœurs) während des 2. Kaiserreichs. F. Ponsards Beispiel folgend, wandte er sich zunächst der Antike zu mit der Verskomödie ›Der Schierlingssaft‹ (1844, dt. 1884, 1855 u. d. T. ›Das Gift‹), dem 1851 das Libretto zu Ch. Gounods ›Sappho‹ u. a. folgten; aber schon mit ›Un homme de bien‹ (1845), einem Charakterlustspiel in der Art Molières, ging er zur krit. Darstellung der zeitgenöss. Gesellschaft mit ihrer Geldgier und Genußsucht über. Hervorragendste Beispiele sind: ›Der Schwiegersohn des Herrn Poirier‹ (1854, dt. 1881, mit J. Sandeau), ›Eine Demimonde-Heirath‹ (1855, dt. 1879; gegen die damals geläufige Rehabilitierung der Kurtisane),

›Haus Fourchambault‹ (1878, dt. 1878) u.a.; die älteren Werke sind in Versen, die jüngeren meist in Prosa geschrieben. 1857 wurde A. Mitglied der Académie française.

Weitere Werke: Die Abenteurerin (Dr., 1848, dt. 1877), Gabrielle oder Der Anwalt seiner Ehre (Dr., 1849, dt. 1879), Reichtum (Dr., 1855, dt. 1892, 1881 u. d. T. Unkäufl. Liebe; mit É. Foussier [* 1824, † 1882]), Der Sohn des Giboyer (1863, dt. 1865, 1875 u. d. T. Der Pelikan).

Ausgabe: É. A. Théâtre complet. Paris ²1901–12. 7 Bde.

Literatur: GAILLARD DE CHAMPRIS, H.: É. A. et la comédie sociale. Paris 1910. Nachdr. Genf 1973.

Augsburg, David von, dt. Schriftsteller und Prediger, ↑David von Augsburg.

Augustin, Ernst, * Hirschberg i. Rsgb. 31. Okt. 1927, dt. Schriftsteller. – Lebt als Arzt in München; greift vorwiegend auf psychologisch-psychiatr. Themen zurück, schrieb die phantast. Romane ›Der Kopf‹ (1962), der auf zwei verschiedenen Daseinsebenen spielt, und ›Das Badehaus‹ (1963), eine groteske Hochstaplergeschichte; autobiograph. Züge hat der Roman ›Raumlicht: Der Fall Evelyn B.‹ (1976), in dem die therapeut. Behandlung einer schizophrenen Patientin geschildert wird. A. erhielt 1989 den Kleist-Preis.

Weitere Werke: Mamma (R., 1970), Eastend (R., 1982), Der amerikan. Traum (R., 1989), Mahmud der Schlächter oder der feine Weg (R., 1992).

Augustinus, Aurelius, hl., * Tagaste (Numidien) 13. Nov. 354, † Hippo Regius (Numidien) 28. Aug. 430, abendländ. Kirchenvater. – Sohn eines heidn. Vaters und einer christl. Mutter; führte in seiner Jugend ein ausschweifendes Leben; Lehrer der Rhetorik in Tagaste, Karthago und Rom; um 386 Bekehrung zum Christentum (387 von Ambrosius getauft); seit 396 Bischof von Hippo Regius. – Angeregt durch die Lektüre von Ciceros ›Hortensius‹ kam A. zu seinem philosoph. Denken, das schließlich – nach Umwegen über den Manichäismus, die Skepsis der Akademie sowie die Stoa – in dem v. a. durch Plotin und Porphyrios vermittelten Neuplatonismus seinen eigentlichen Ort fand. A.' philosophisch-theolog. Leistung, durch die er nicht nur den Höhepunkt der Patristik markierte, sondern auch für nahezu ein Jahrtausend die abendländ. Philosophie und Theologie prägte, liegt hpts. darin, daß er den christl. Glauben mit den Mitteln und in der Terminologie des Neuplatonismus philosophisch erörtert (sog. ›augustin. System‹). Bes. nachhaltig wirkten seine philosoph. Theorie der Zeit, die A. als bloß subjektiven Ausdruck menschl. Erlebens und nicht als Gegebenheit der Natur begreift (womit er I. Kants Lehre von der Zeit als reiner Anschauungsform vorgreift), seine moral- und gnadentheolog. Anschauungen (z. B. ›De continentia‹, 395; ›De bono coniugali‹, 401; ›De sancta virginitate‹, 401; ›De natura et gratia‹, 413–415; ›De gratia Christi et de peccato originali‹, 418; ›De gratia et libero arbitrio‹, 426; ›De praedestinatione sanctorum‹, 429), v. a. aber seine Geschichtstheologie (›De civitate Dei‹, 413–426), in der A. eine radikale Zweiweltenlehre vertritt: Es gibt einerseits den Gottesstaat, das sind diejenigen Menschen, die Gott zur Erlösung ausersehen hat, und andererseits den weltl. Staat, der alle anderen Menschen umfaßt. Die Zuordnung trifft Gott allein in seiner Vollkommenheit. Die Weltgeschichte läuft auf eine radikale Trennung dieser Reiche hinaus, die durch das Jüngste Gericht endgültig vollzogen werden wird. – Von literarischer Bedeutung sind v. a. die autobiographischen Schriften des A. ›Soliloquia‹ (386/387), ›Confessiones‹ (397/398) und ›Retractationes‹ (426/427). In ›De doctrina christiana‹ (396–426) erörtert A. theoretisch Probleme einer literar. Hermeneutik und versucht gleichzeitig praktisch, die christl. Verkündigung mit den Kunstgriffen der spätantiken forens. Rhetorik zu vermitteln. Das brachte gerade dieser Schrift im MA große Beliebtheit, so daß sie u. d. T. ›De arte praedicandi‹ 1465 als erste Schrift des A. im Druck erschien.

Ausgabe: A. A. Werke. Dt. Übers. Zü. u. Stg. 1–21950–62. 5 Bde. – Dt. A.-Ausg. Hg. v. C. J. PERL. Paderborn 1955–81. 18 Bde.

Literatur: BARDY, G.: Saint Augustin; l'homme et l'œuvre. Paris 71948. – LOEWENICH, W. V.: Augustin. Mchn. u. Hamb. 1965. – Zum Augustin-Gespräch der Gegenwart. Hg. v. C. ANDRESEN. Darmst. 1–21975–81 (mit Bibliogr.). – BOUMAN, J.: A. Lebensweg u. Theologie. Gießen 1987. – CREMONA, C.: A. Eine Biogr. Dt. Übers.

Zü. 1988. – TRAPÈ, A.: A. A. Ein Lebensbild. Dt. Übers. Mchn. u. a. 1988. – ROLL, E.: Der platonisierende A. Stg. 1990. – MADER, J.: A. A. Philosophie u. Christentum. Sankt Pölten 1991. – MARROU, H.-I.: A. Dt. Übers. Rbk. 57.–59. Tsd. 1991.

Augustiny, Waldemar [...ni], *Schleswig 19. Mai 1897, †Osterholz-Scharmbeck 26. Jan. 1979, dt. Schriftsteller. – Aus Pastorenfamilie, studierte Germanistik und Kunstgeschichte in Hamburg und Berlin; lebte ab 1932 in Worpswede bei Bremen; trat v. a. mit Romanen und Erzählungen, vorwiegend aus dem norddt. Raum, hervor.

Werke: Die Fischer von Jarsholm (R., 1934), Dronning Marie (R., 1935), Die Tochter Tromsees (R., 1938), Die schwarze Gret (En., 1941), Die Braut des Admirals (E., 1942), Die große Flut (1943), Die Wiederkehr des Novalis (R., 1948), Aber es bleibet die Liebe (R., 1952), Albert Schweitzer und Du (Biogr., 1954), Die Frauen von La Rochelle (En., 1959), Maria Rubens (E., 1963), Ein Mann wie Simson (R., 1968), Elise und Christine. Die beiden Frauen im Leben Friedrich Hebbels (Biogr., 1971), Hans Meyboden (Biogr., 1977).

Aukrust, Olav [norweg. ‚œýkrʉst], *Lom (Oppland) 21. Jan. 1883, †ebd. 3. Nov. 1929, norweg. Lyriker. – Versuchte, religiös-myst. Elemente und romant. Rückbesinnung zu vereinen, das Nationale mit dem Universalen zu verbinden; schrieb in dunkler, bilderreicher Sprache, die sich dialektaler und archaischer Elemente bedient, bringt persönl. Glaubenskämpfe in seine Dichtung und war von bed. Einfluß auf die neuere norweg. Literatur.

Werke: Himmelvarden (Ged., 1916), Hamar i hellom (Ged., 1926), Solrenning (Ged., hg. 1930), Norske terningor (Ged., hg. 1931).

Literatur: MAEHLE, L.: Vegen til varden. Oslo 1969.

auktoriale Erzählsituation ↑Erzählsituation.

Aulabühne, Bühnenform des ↑Jesuitendramas und des ↑Schuldramas im 16. Jh.; die Aufführungen fanden in den Aulen der Kollegien statt.

Aulnoy, Marie Catherine Le Jumel de Barneville, Gräfin d' [frz. o'nwa], *Barneville-la-Bertran bei Honfleur um 1650, †Paris 14. Jan. 1705, frz. Schriftstellerin. – Verdankt ihren Ruhm weniger ihren Memoiren, Romanen und Novellen als ihren Märchen (u. a. ›Les illustres fées‹, 1698, daraus dt. 1923 ›Der blaue Vogel‹), mit denen sie das Kunstmärchen quasi als Refugium des Gefühls in einem Zeitalter von Regel, Kalkül und Verstand neben das von Charles Perrault in die Literatur eingeführte Volksmärchen stellte.

Literatur: WILLIAMS, E. D.: The fairy tales of Mme d'A. Diss. Houston (Tex.) 1982. – JYL, L.: Madame d'A. ou la fée des contes. Paris 1989. – ↑auch Scudéry, Madeleine de.

Aurbacher, Ludwig ['aʊər...], *Türkheim 26. Aug. 1784, †München 25. Mai 1847, dt. Volksschriftsteller. – Benediktiner; nach Austritt aus dem Orden Hauslehrer und 1809–34 Prof. für Deutsch am Kadettenkorps in München. A. erneuerte im Geist der Spätromantik Fabeln, Schwänke und geistl. Lieder, verfaßte neben Gedichten, Erzählungen, dramat. Versuchen und pädagog. Büchern die ausgezeichnete Erzählungssammlung ›Ein Volksbüchlein‹ (2 Bde., 1827–29) mit der ›Geschichte von den Sieben Schwaben‹ und eine kulturhistorisch wertvolle Autobiographie.

Weitere Werke: Erinnerungen aus dem Leben einer frommen Mutter (E., 1816), Perlenschnüre (Sprüche, 1823), Erinnerungen an Gastein (Ged., 1824), Dramat. Versuche (1826), Aus dem Leben und den Schriften des Magisters Herle... (En., 1842).

Ausgabe: Schwäb. Odyssee. Hg. v. C. VISEL. Memmingen 1965.

Aurell, Tage, *Christiania (heute Oslo) 2. März 1895, †Mangskog bei Karlstad (Värmland) 20. Febr. 1976, schwed. Schriftsteller. – Nach einigen Jahren als Journalist in Schweden hielt sich A. 1920–30 in Frankreich auf. Seine Romane erzählen in strenger sprachl. Einfachheit von trag. Menschenschicksalen. Indem er die Handlung oft nur in Umrissen andeutet, erreicht er eine wirkungsvolle Konzentration; übersetzte u. a. H. Ch. Andersen, G. Büchner, F. Kafka und Stendhal ins Schwedische, A. Strindberg ins Französische.

Werke: Tybergs gård (R., 1932), Martina (R., 1937, dt. 1965), Skillingtryck (R., 1943), Nya berättelser (Nov., 1949), Viktor (Autobiogr., 1955), Samtal önskas med sovvagnskonduktören (Nov., 1969).

Literatur: MATSSON, R.: Berättaren i Mangskog. T. A.s författarskap till genombrottet 1943. Stockholm 1970.

Aurevilly, Jules Amédée Barbey d' [frz. ɔrvi'ji], frz. Schriftsteller, ↑Barbey d'Aurevilly, Jules Amédée.

Ausdruck, Art und Weise, wie etwas (bestimmte Eindrücke, Emotionen, seel., geistige Vorgänge o. ä.) mit sprachl. Mitteln, durch Mimik oder Gestik u. a. wiedergegeben bzw. dargestellt wird.

Auseklis, eigtl. Miķelis Krogzemis, *Ungurpils Sīpoli (Lettland) 18. Sept. 1850, †Petersburg 6. Febr. 1879, lett. Lyriker. – Führte die Gattung der Ballade in die lett. Literatur ein; seine Vorbilder fand er in der dt. Literatur; Schillers Pathos beeinflußte seine nat., patriot. Lyrik.

Ausgabe,
1. in der Buchproduktion nicht genau umrissener Begriff, der manchmal mit ↑Auflage gleichgesetzt wird. Im allgemeinen bezeichnet A. die durch eine gemeinsame qualitative Besonderheit, wie Format (Taschenbuch-A., Folio-A., Quart-A.), Erscheinungsort, Drucker oder Bearbeiter, Erscheinungsart (Band-A., Lieferungs-A.), Ausstattung (broschierte, gebundene A., Dünndruck-A.), Veranlassung (Jubiläums-A.), Bestimmung (Bühnen-A.) oder Bearbeitung (vollständige, gekürzte, krit. durchgesehene A.) gekennzeichneten Exemplare derselben Auflage. Auch der unveränderte Neudruck einer Auflage (z. B. Buchgemeinschafts-A.) wird A. genannt.
2. im Pressewesen das einzelne Exemplar oder die Gesamtzahl einer Zeitungs- oder Zeitschriftenauflage; je nach Anlaß, Zeitpunkt oder Verbreitungsgebiet spricht man von Sonder-, Regional-, Morgen- und Abendausgaben. – ↑auch Edition.

Ausgabe letzter Hand, die letzte vom Autor selbst redigierte, authent. Ausgabe seiner Werke; wertvoll v. a. für ↑historisch-kritische Ausgaben. Durch Ch. M. Wielands ›Ausgabe von der letzten Hand‹ (1794–1802) und bes. durch Goethes ›Vollständige Ausgabe letzter Hand‹ (Bd. 1–40, 1827–30) als Begriff üblich geworden. – ↑auch Edition.

Ausländer, Rose, geb. Scherzer, *Czernowitz (heute Tschernowzy, Ukraine) 11. Mai 1901, †Düsseldorf 3. Jan. 1988, Lyrikerin. – Lebte 1941–44 versteckt im Ghetto in Czernowitz, als

Jüdin von den Nationalsozialisten verfolgt; nach dem Einmarsch der Russen im Frühjahr 1944 als Deutsche wie eine Feindin behandelt; 1946 Auswanderung in die USA, arbeitete als Übersetzerin und Sekretärin; ab 1965 in Düsseldorf. Ihre Lyrik ist geprägt durch chassid. Mystik; Themen sind v. a. Verfolgung, Emigration, Einsamkeit; auch Prosa und Essays.

Werke: Blinder Sommer (Ged., 1965), 36 Gerechte (Ged., 1967), Inventar (Ged., 1972), Andere Zeichen (Ged., 1974), Ohne Visum (Ged. und Prosa, 1974), Doppelspiel (Ged., 1977), Es ist alles anders (Ged., 1977), Mutterland (Ged., 1978), Ein Stück weiter (Ged., 1979), Mein Atem heißt jetzt (Ged., 1981), Mein Venedig versinkt nicht (Ged., 1982), Festtag in Manhattan (Ged., 1985), Ich spiele noch. Neue Gedichte (1987).
Ausgaben: R. A. Ges. Gedichte. Hg. v. H. E. KÄUFER u. B. MOSBLECH. Köln ²1977. – R. A. Ges. Werke. Hg. v. H. BRAUN. Ffm. 1984–90. 7 Bde. u. Suppl.-Bd.
Literatur: R. A. Materialien zu Leben u. Werk. Hg. v. H. BRAUN. Neuausg. Ffm. 3.–4. Tsd. 1992.

Auslassung ↑ Ellipse.

Auslegung ↑ Hermeneutik, ↑ Interpretation.

Ausonius, Decimus Magnus, * Burdigala (heute Bordeaux) um 310, † ebd. nach 393, lat. Dichter. – Lehrer für Grammatik, dann Rhetorik in seiner Vaterstadt, von Kaiser Valentinian I. zum Erzieher seines Sohnes Gratian berufen, unter dessen Regierung er zu den höchsten Ämtern aufstieg (379 Konsul). Nach Gratians Ermordung zog er sich auf seine Güter in der Heimat zurück. Seine Poesie ist geprägt von spielerisch eingesetzter formaler Gewandtheit; berühmt wurde ›Mosella‹, die lebendige Beschreibung einer Rhein- und Moselfahrt von Bingen bis Trier. Die Werke des A. sind bed. kulturgeschichtl. Quellen.

Ausgabe: A., with an English translation. Hg. v. H. G. EVELYN WHITE. London u. New York 1919–21. 2 Bde.
Literatur: WAMSER, K.: A. u. seine Vorbilder zur Mosella ... Diss. Innsb. 1951. – Concordantia in Ausonium. Hg. v. L. J. BOLCHAZY u. J. A. SWEENY. Hildesheim 1982.

Ausstattung, Gesamtheit der in einer ↑ Inszenierung verwendeten Bühnenbilder, Requisiten, Maschinerie, Kostüme und Masken.

Ausstattungsstück, Bühnenstück, das in erster Linie durch aufwendige ↑ Ausstattung wirkt. Charakteristisch für die höf. Gattungen des Barockdramas, durch sie angeregt auch das ↑ Jesuitendrama. In dieser Tradition stehen auch die ↑ Haupt- und Staatsaktionen des 18. Jh. und die Grand opéra des 19. Jh. (G. Meyerbeer). Durch Überbetonung von Bühnentechnik und Dekorationen gerieten v. a. histor. Dramen des 19. Jh. in die Gefahr der Reduktion auf opt. Reize. Jüngere Formen des A.s sind Operette, Revue, Musical.

Austen, Jane [engl. 'ɔstɪn], * Steventon (Hampshire) 16. Dez. 1775, † Winchester 18. Juli 1817, engl. Schriftstellerin. – Lebte als Tochter eines Geistlichen in ländlich-kleinstädt. Umgebung, die sie schon in ihrer Jugend in burlesken Skizzen und Romanen beschrieb (›Love and friendship‹, entst. 1790, hg. 1922). Ihr nach außen hin ereignisloses Leben endete frühzeitig durch Tuberkulose. In ihren Werken parodierte sie die mod. Schauerliteratur (›Die Abtei von Northanger‹, R., hg. 1818, dt. 1948, 1981 u. d. T. ›Kloster Northanger‹) und die empfindsamen Romane ihrer Zeit (›Gefühl und Verstand‹, R., 1811, dt. 1972, 1982 auch u. d. T. ›Verstand und Gefühl‹, 1984 u. d. T. ›Vernunft und Gefühl‹) und schilderte mit iron. Distanz die enge, oft selbstgerechte Welt des gehobenen Landadels und des bürgerl. Mittelstandes (›Stolz und Vorurteil‹, R., 1813, dt. 1948, 1939 u. d. T. ›Elisabeth und Darcy‹; ›Emma‹, R., 3 Bde., 1816, dt. 1961; ›Anne Elliot‹, R., hg. 1818, dt. 1948, 1968 auch u. d. T. ›Die Liebe der Anne Elliot‹, 1983 u. d. T. ›Überredung‹). Ein ernsthafterer, stärker moralisierender Ton herrscht demgegenüber in ›Mansfield Park‹ (R., 1814, dt. 1968) vor, wo die Heldin – anders als sonst – weniger einen Reifeprozeß durchläuft, als vielmehr von Anfang an die eth. Werte verkörpert, an denen die übrigen Personen gemessen werden. J. A.s Bedeutung für die Vollendung des engl. Gesellschaftsromans des 18. Jh. wurde erst im 20. Jh. gebührend gewürdigt.

Weitere Werke: Lady Susan (Brief-E., hg. 1871), Die Watsons (R.-Fragment, hg. 1871, dt. 1978), Sanditon (R.-Fragment, hg. 1925, dt. 1980).

Jane Austen
(Bleistift-
zeichnung
ihrer
Schwester
Cassandra)

Ausgaben: J. A. Novels. Hg. v. R. W. CHAPMAN. Oxford ³1932–54. 6 Bde. Nachdr. London 1975–80. – The works of J. A. London ²1966. – J. A. Das Romanwerk. Dt. Übers. Hg. v. CH. GRAWE. Ditzingen 1985. 6 Bde. **Literatur:** LASKI, M.: J. A. and her world. New York 1969. – J. A. Bicentenary essays. Hg. v. J. HALPERIN. Cambridge 1975. – CECIL, D.: A portrait of J. A. London 1978. – PARIS, B. J.: Character and conflict in J. A.'s novels. A psychological approach. Brighton 1978. – Bibliography of J. A. Hg. v. D. GILSON. Oxford 1982. – HALPERIN, J.: The life of J. A. Brighton 1984. – TANNER, T.: J. A. London 1986. – MACDONAGH, O.: J. A., real and imagined worlds. New Haven (Conn.) 1991.

Auster, Paul [engl. 'ɔːstə], * Newark (N. J.) 3. Febr. 1947, amerikan. Schriftsteller. – Unterrichtet seit 1986 Creative writing an der Princeton University. Neben zahlreichen Übersetzungen moderner frz. Dichter hat A. eine Reihe bed. Gedichtbände und Erzählungen veröffentlicht. Am bekanntesten sind die intertextuell miteinander verbundenen, die Grenze zw. Fiktion und Realität aufhebenden New-York-Romane, in denen er apokalyptisch Endzeitsituationen der sterbenden Großstadt entwirft (›Im Land der letzten Dinge‹, 1987, dt. 1989), das Schicksal skurriler Existenzen schildert (›Mond über Manhattan‹, 1989, dt. 1990) und kriminalist. Erzählkonventionen selbstreferentiell durch den Einbezug der eigenen Person durchbricht (›Die New-York-Trilogie‹, 1988, dt. 1989: ›Stadt aus Glas‹, 1985, ›Schlagschatten‹, 1986, ›Hinter verschlossenen Türen‹, 1987).
Weitere Werke: Unearth (Ged., 1974), Wall writing (Ged., 1976), Fragments from cold (Ged., 1977), Facing the music (Ged., 1980), White spaces (Prosa, 1980), Die Erfindung der

Einsamkeit (R., 1982, dt. 1993), Disappearances (Ged., 1988), Die Musik des Zufalls (R., 1990, dt.1992), Leviathan (R., 1992, dt. 1994), Mr. Vertigo (R., 1994).

Austin, Alfred [engl. 'ɔstın], * Headingley bei Leeds 30. Mai 1835, † Ashford (Kent) 2. Juni 1913, engl. Dichter. – Rechtsanwalt und Journalist; Hg. von ›National Review‹, Anhänger Disraelis. Nach Tennysons Tod ›poet laureate‹. Schrieb 20 Bände Versdichtungen, außerdem Romane, Dramen und eine ›Autobiography‹ (1911). Bes. populär wurde sein Prosawerk ›The garden that I love‹ (1884).
CROWELL, N. B.: A. A., Victorian. London 1955.

Austin, Mary [engl. 'ɔstın], geb. Hunter, * Carlinville (Ill.) 9. Sept. 1868, † Santa Fe (N. Mex.) 13. Aug. 1934, amerikan. Schriftstellerin. – Frauenrechtlerin; befaßte sich in einem Großteil ihrer Werke (Romane, Erzählungen, Essays und Dramen) mit dem Leben und der Kultur der Indianer in den südkaliforn. Wüstengebieten (›The land of little rain‹, Skizzen, 1903; ›The arrow maker‹, Dr., 1911; ›The American rhythm‹, Essays, 1923).
Weitere Werke: The basket woman (Kurzgeschichten, 1904), A woman of genius (R., 1912), The ford (R., 1917), Earth horizon (Autobiogr., 1932).
Literatur: DOYLE, H. M.: M. A., woman of genius. New York 1939. – Women and American literature. Hg. v. H. W. STAUFFER u. S. J. ROSOWSKI. Troy (N. Y.) 1982.

australische Literatur, in der knapp 200 Jahre alten Geschichte der a. L. lassen sich drei markante Abschnitte die *koloniale* oder *anglo-austral. Epoche* (1788–1880), die *nat. Epoche* (bis etwa 1920) und die *Moderne* erkennen. **Die koloniale Epoche (1788–1880):** Die ältesten literar. Zeugnisse Australiens sind die nüchternen, fast wiss. zu nennenden Reiseberichte und Memoiren von John White (* 1756[?], † 1832), Watkin Tench (* 1758[?], † 1833) und David Collins (* 1756, † 1810), Offizieren des ersten Schiffskonvois, der 1788 die Sträflingskolonie Sydney Cove gründete. Die wichtigsten *Ansätze zur Entwicklung schöngeistiger Literatur* waren in den ersten Jahrzehnten *Balladen*. Formal eng an ir. und engl. Vorbilder angelehnt, entwickelten sie inhaltlich zusehends einen radikalen, autoritätsfeindl. Ton. Thematisch stand die Bewunderung des freien Lebens geächteter Bush Rangers und entsprungener Sträflinge im Mittelpunkt. Bitterer Humor stellte die moral. Werte der kolonialen Gesellschaft als fragwürdig bloß. Die koloniale *Lyrik* spiegelt daneben in den ersten 50 Jahren fast unverändert die Themen und Stilmerkmale der vergangenen klassizist. Epoche Englands (Charles Tompson [* 1806, † 1883], Charles Wentworth [* 1790, † 1872]), bevor die riesige Weite, das lebensfeindlich Bedrohliche oder das Exotische thematisiert wurden. Ch. Harpurs Stärke waren Landschaftsausschnitte mit unübertroffen anschaul. Beschreibungen wechselnder Licht- und Schattenspiele. H. Kendall interpretierte die topographischgeolog. Phänomene der Außenwelt als symbol. Spiegelbilder seines Inneren. A. L. Gordon machte die Ballade literaturfähig und löste die Lyrik von der Thematik und dem Stil der spätviktorian. engl. Vorbilder ab. Sein Schüler Barcroft Henry Boake (* 1866, † 1892) griff bes. die sozialen Mißstände, die Ausbeutung und Lebensfeindlichkeit des Landes auf. Busch und Hinterland standen auch im Mittelpunkt der Werke von Edwin J. Brady (* 1869, † 1952), John O'Brien (* 1879, † 1952), Clarence M. J. Dennis (* 1876, † 1938) und James B. Stephens (* 1835, † 1902).

Die frühen *Romane* der ersten Hälfte des 19. Jh., meist eine Mischung von authent. Memoiren und fiktiver Handlung, zielten vorwiegend auf engl. Leser und ihre Vorliebe für zeitgenöss. Gaunerbiographien oder erzählerisch verbrämte Informationen über das Kolonialleben (James Hardy Vaux [* 1782, † nach 1841], ›Memoirs‹, 1819; Henry Savery [* 1791, † 1842], ›Quintus Servinton‹, 3 Bde., 1830/31; Charles Rowcroft [* 1798, † 1856], ›Tales of the colonies‹, 1843). Der Versuch, austral. Lokalkolorit künstlerisch befriedigend mit engl. Romantradition in Einklang zu bringen, bestimmte die Romane ab der Jahrhundertmitte. H. Kingsleys Emigrantenromane entwarfen verklärend-bewundernd Generationengemälde, deren Hauptmotive Pioniergeist und wirtschaftl. Erfolg waren. M. A.

Clarkes Roman ›Deportiert auf Lebenszeit‹ (1874, dt. 3 Bde., 1877) über das Sträflingssystem und R. Boldrewoods ›Die Reiter vom Teufelsgrund‹ (3 Bde., 1888, dt. 1954) über die Abenteuer von Bush Rangers zur Zeit des Goldrausches verbanden historisierende Erinnerung mit romant. Abenteurergeist. Weitere wichtige Romanciers: Alexander Harris (* 1805, † 1874), Catherine Helen Spence (* 1825, † 1910), James Tucker (* 1808, † 1888[?]), R. C. Praed.

Die nationale Epoche (1880–1920): Das 1880 von Jules François Archibald (* 1856, † 1919) und Alfred G. Gower Stephens (* 1856, † 1933) in Sydney aufgebaute einflußreiche Wochenblatt ›The Bulletin‹ leitete die nat. Phase ein. Die sozial engagierte, radikal-demokrat. Ausrichtung, das Eintreten für gesellschaftl. Reformen und die Interessen der Arbeiter sowie die Ablehnung des engl. Einflusses in der a. L. waren programmat. Leitlinien dieses Blattes. Als Themen bevorzugte es den Busch und rustikales Landleben in einer überwiegenden Männergesellschaft sowie die verklärten Werte der Kameradschaft (›mateship‹), Tapferkeit, Unabhängigkeit und Gleichheit des einfachen Mannes. Der redaktionelle Einfluß dieses Blattes war bes. auf dem Gebiet der Kurzgeschichte und der Lyrik bis in die 30er Jahre des 20. Jh. bedeutend. Das ›Bulletin‹ verhalf auch den von Andrew Barton Paterson (* 1864, † 1941) gesammelten Buschballaden und den von ihm und anderen Autoren gedichteten Kunstballaden mit ihren Darstellungen des Lebens im Hinterland (Outback) zu größter Popularität. Außer solch typisch austral. Dichtung kamen im ›Bulletin‹ bereits um die Jahrhundertwende aber auch Anhänger des engl. und frz. Ästhetizismus und Symbolismus zu Wort (Ch. Brennan, J. Sh. Neilson). Außerhalb des ›Bulletin‹ schrieben W. Baylebridge und B. P. O'Dowd intellektuelle komplexe Lyrik, während ir.-kelt. und mytholog. Anklänge im Werk H. McCraes und V. Daleys bes. auffallen. Auf dem Gebiet der Kurzgeschichte betonte H. Lawson im ›Bulletin‹ Wert und Würde des Lebens der Buscharbeiter und der sozial Benachteiligten der Kolonie. S. Rudd, Price Warung (Pseudonym für

William Astley [* 1855, † 1911]) und Barbara Baynton (* 1882, † 1929) beschrieben den Kampf der austral. Siedler und Sträflinge gegen die extremen Naturgewalten und die Brutalität des frühen Strafsystems in milieugerechtem Idiom und mit trockenem Humor. J. Furphys Roman ›Such is life‹ (1903) repräsentierte zwar thematisch und sprachlich noch die ›Bulletin‹-Schule, wies aber mit seiner an H. James' und J. Conrads Erzähltechnik erinnernden Struktur bereits auf die Moderne.

Die Moderne (seit 1920): Seit etwa 1920 kennzeichnet eine zunehmende Aufgeschlossenheit gegenüber europ. und amerikan. Literaturströmungen die moderne a. Literatur. Verschiedene Literaturzeitschriften und Bewegungen erwiesen sich dabei rezeptionsgeschichtlich als bes. wichtige Medien. Der von Norman Lindsay (* 1879, † 1969) in der kurzlebigen Zeitschrift ›Vision‹ (1923) favorisierte Vitalismus und Ästhetizismus beeinflußte zeitweilig H. McCrae und K. Slessor. Bed. war auch Rex Ingamells (* 1913, † 1955) in Adelaide gegründete ›Jindyworobak‹-Bewegung. Sie forderte, die Kultur der Ureinwohner neu zu bewerten und einen selbstbewußten, schöpfer. Anschluß an internat. Literaturströmungen zu suchen.

In der *Lyrik* spiegelten K. Mackenzie, James McAuley (* 1917, † 1976), A. D. Hope u. a. diesen Prozeß mit ihren von D. Stewart geförderten, konkret-anschaul. Gedichten über real erfahrbare Phänomene der Welt. Judith Wright, Francis Webb (* 1925, † 1974), Bruce Dawe (* 1930) zeigten diesen Einfluß in bedeutungsgeladenen Landschaftsbildern oder Personengedichten. R. D. Fitzgerald oder Rosemary Dobson (* 1920, † 1985) gestalteten dagegen vielfach histor. Begebenheiten in Erzählgedichten mit teilweise neuromant. Zügen. Eine ausgesprochen internat. Note entwickelte die Zeitschrift ›Meanjin Papers‹ (gegr. 1940) nach dem 2. Weltkrieg. Etwa gleichzeitig damit brachte Max Harris (* 1921) in Adelaide das Literatur- und Kunstmagazin ›Angry Penguins‹ (1940 bis 1946) heraus, für das auch Ian Mudie (* 1911, † 1976) und Flexmore Hudson (* 1913, † 1988) schrieben. Ab den

fünfziger Jahren leiteten Vincent Buckley (* 1927) und Ronald A. Simpson (* 1929) eine neue Ära ein. Chris Wallace-Crabbe (* 1934), Evan Jones (* 1931), Noel Macainsh (* 1916) sowie Andrew Taylor (* 1940) gehören zu diesem Kreis der Melbourne University Poets um Buckley. Sie bevorzugen gelehrte Anspielungen und assoziationsreiche, vieldeutige Bilder sowie komplizierte Formen für ihre Gedichte. Andere bed. Gegenwartsdichter sind Rodney Hall (* 1935), Geoffrey Lehmann (* 1940), Les Murray (* 1938) und Thomas Shapcott (* 1935).

Die Vertrautheit vieler Autoren mit wichtigen Vertretern europ. und amerikan. Philosophie und Literatur bereicherte den *Roman* des 20. Jahrhunderts. Thematisch werden gern die psycholog. Bedeutung der Innenwelt und die schon im Ursprung der austral. Gesellschaft angelegten Widersprüche gestaltet. Das bleibende Interesse für die Vergangenheit erfährt aufschlußreiche Akzentverschiebungen, etwa in H. H. Richardsons Trilogie ›The fortunes of Richard Mahoney‹ (1917–29), wo die äußere Handlung des Emigrantenromans deutlich durch die Tragik der inneren Heimatlosigkeit des Titelhelden überlagert ist. Ähnl. Tendenzen weisen die Erzählwerke von M. Boyd (›The Montforts‹, 1928) und Brian Penton ([* 1904, † 1951], ›Landtakers‹, 1934) auf sowie die von Marjorie Barnard (* 1897, † 1987) zus. mit Flora Eldershaw (* 1897, † 1956) verfaßten Romane ›Green memory‹ (1913) und ›Tomorrow and tomorrow‹ (1948). Die Saga, pikareske und dokumentar. Romane sind die Domäne von Miles Franklin (* 1879, † 1954), Vance Palmer (* 1885, † 1959), Christina Stead, D'A. Niland. Sozialkrit. Auseinandersetzungen mit dem Leben in der Stadt, später mit den typ. austral. Problemen der Suburbia, enthalten die Werke von Katherine S. Prichard, Frank Dalby Davison (* 1893, † 1970), Leonard Mann (* 1895, † 1981) sowie die sozialistisch-radikalen Romane von Frank Hardy (* 1917, † 1994) und Kylie Tennant (* 1912, † 1988). Zum Teil satir. Sozialkritik bestimmt auch das Werk von X. Herbert, Sumner Locke Elliott (* 1917), Th. Keneally, K. Mackenzie. Ähnlich wie der 1973 mit dem Nobelpreis für Literatur ausgezeichnete P. White betonen die Romane von R. Stow, Christopher Koch (* 1933) und Hal Porter (* 1911, † 1984) thematisch den austral. Kontext, erzähltechn. Stil und Struktur. Weitere bed. zeitgenöss. Romanciers sind R. Hall, David Ireland (* 1927), D. Malouf, Peter Mathers (* 1931), Barry Oakley (* 1931), Judah Waten (* 1911, † 1985).

Die *Kurzgeschichte* erlebte seit den 1940er Jahren ihre zweite Blütezeit und zeigte zunehmend die Fähigkeit, ausländ. Vorbilder zu absorbieren, insbes. J. Joyce, E. Hemingway und J. Dos Passos. Wichtig für die Entwicklung der Kurzgeschichte wurden die von V. Palmer edierten Jahresanthologien ›From coast to coast‹. Thematisch stehen schlagartige Bewußtseinserhellungen oder -veränderungen (›epiphany‹) und der Erwerb neuer Erfahrungen (›initiation‹) im Mittelpunkt. Formal werden literar. Momentaufnahmen des Lebens durch Episodenstruktur und die Aufgabe traditioneller Erzähltechniken angestrebt. Wichtige Autoren: Thea Astley (* 1925), Murray Bail (* 1941), Marjorie Barnard, Peter Carey (* 1943), Gavin Casey (* 1907, † 1964), Peter Cowan (* 1914), F. D. Davison, Frank Moorehouse (* 1938), B. Oakley, V. Palmer, H. Porter, K. S. Prichard, Ch. Stead, Michael Wilding (* 1942).

Von einem eigenständigen austral. *Drama* kann man erst seit Beginn der Moderne sprechen. Wichtige theoret. und prakt. Impulse kamen von Louis Esson ([* 1879, † 1943], ›Dead timber and other plays‹, 1916) und seinen ›Pioneer Players‹, zu denen Katherine S. Prichard mit ihren vorwiegend polit. Dramen gehörte, sowie von V. Palmer (›The black horse‹, 1924), Betty Roland ([* 1903], ›The touch of silk‹, 1928) und Henrietta Drake-Brockman ([* 1901, † 1968], ›Men without wives‹, 1938). Von D. Stewarts Dramen ›Ned Kelly‹ (1943) und ›Shipwreck‹ (1947) dauerte es bis 1955, als R. Lawler mit ›Der Sommer der siebzehnten Puppe‹ (Buchausg. 1957, dt. 1957) der internat. Durchbruch gelang. Neue Impulse gingen in den 60er und 70er Jahren bes. von universitären Kleinbühnen aus. Dramaturg. und stilist. Ex-

perimente, die Hinterfragung der Tradition und des austral. Selbstverständnisses, Hinterhof- bzw. Vorstadtmotive geben in den häufig umgangssprachl., von vulgären Dialektformen durchsetzten Stücken den Ton an. Die wichtigsten Autoren: David Williamson (* 1943), Alexander Buzo (* 1944), John Romeril (* 1945), Jack Hibberd (* 1940), Dorothy Hewett (* 1923), Alan Seymour (* 1927), Th. Keneally, Peter Kenna (* 1930). **Ausgaben:** The Australian novel. A historical anthology. Hg. v. C. A. RODERICK. Sydney 1945. – Australian bush ballads. Hg. v. D. STEWART u. N. KEESING. London 1976. – The Collins book of Australian poetry. Hg. v. R. HALL. Sydney u. London 1981. – The Oxford anthology of Australian literature. Hg. v. L. KRAMER u. A. MITCHELL. Melbourne 1985. **Literatur:** SCHULZ, J.: Gesch. der a. L. Mchn. 1960. – ELLIOTT, B.R.: The landscape of Australian poetry. Melbourne u. a. 1967. – SAXBY, H. M.: A history of Australian children's literature. Bd. 1: 1841–1941. Sydney 1960. Bd. 2: 1941–1970. Sydney 1971. – ARGYLE, B.: An introduction to the Australian novel 1830–1930. Oxford 1972. – BURNS, D. R.: The directions of Australian fiction, 1920–1974. Melbourne 1975. – REES, L.: A history of Australian drama. Sydney 1973–78. 2 Bde. – The literature of Australia. Hg. v. G. DUTTON. Ringwood ²1976. – The Oxford history of Australian literature. Hg. v. L. KRAMER. Melbourne 1981. – GREEN, H. M.: A history of Australian literature. Revidierte Ausg. v. D. GREEN. Sydney 1984. 2 Bde. – GOODWIN, K. L.: A history of Australian literature. Basingstoke 1986. Nachdr. 1988. – WILDE, W. H., u. a.: The Oxford companion to Australian literature. Neuausg. Melbourne u. a. 1991.

authẹntisch [griech. authéntēs = Urheber, Ausführer], echt, zuverlässig, glaubwürdig. Ein a. Text ist ein Text in der vom Autor beabsichtigten und realisierten Form. – ↑ auch Ausgabe letzter Hand, ↑ Autograph.

Auto [portugies., span.; zu lat. actus = Handlung, Darstellung, Akt], einaktiges geistl. Spiel des spätmittelalterl. span. und humanistischen portugies. Theaters, aufgeführt an den Festtagen des Kirchenjahres; formale Kennzeichen sind Versform sowie gesungene, z. T. getanzte Einlagen. Ältester überlieferter Text: der fragmentarisch (147 Verse) erhaltene kastil. ›Auto de los Reyes Magos‹ (Anfang des 13. Jh.); Entwicklung der Gattung zum bühnenwirksamen Drama durch den Portugiesen Gil Vicente, parallel mit der Entwicklung der weltl. ↑Comedia; Erweiterung des Umfangs, Loslösung von den bibl., liturg. und hagiograph. Vorlagen der Anfangszeit, zunehmender Reichtum der Versmaße, der gesungenen Einlagen, der Themen und Personen, dramatisch lebendigere Handlungen und Dialoge. Die Beliebtheit der A.s bei allen Schichten des Volkes zeigt die große Zahl der Aufführungen: allein in den 50 Jahren der Schaffenszeit L. F. de Vega Carpios schätzungsweise 2 000. Vor P. Calderón de la Barca wurden nur wenige Texte gedruckt. Eine berühmte Sammlung ist der ›Códice de autos viejos‹ der Nationalbibliothek Madrid (96 Stücke). Seit dem Ende des 16. Jh. verdrängte das ↑Auto sacramental fast ganz die anderen Formen geistl. Einakter. In Portugal wurde die Gattung im Rahmen der Theaterreform Almeida Garretts erneuert. – ↑auch Moralität.

Literatur: DONOVAN, R. B.: The liturgical drama in medieval Spain. Toronto 1958. – SHERGOLA, N. D.: A history or the Spanish stage. From medieval times until the end of the 17th century. Oxford 1967. – WARDROPPER, B. W.: Introducción al teatro religioso del siglo de oro. Evolución del auto sacramental antes de Calderón. Salamanca 1967. – SALVADOR MIGUEL, N.: Teatro medieval. Madrid 1973. – Teatro medieval. Hg. v. F. LÁZARO CARRETER. Madrid ⁴1976. – REBELO, L. F.: O primitivo teatro português. Lissabon 1977. – SARAIVA, A. J.: Gil Vicente e o fim do teatro medieval. Lissabon ³1981.

Autobiographie, literar. Darstellung des eigenen Lebens oder einzelner Lebensphasen, denen im Bewußtsein des Autors konstitutive Bedeutung im eigenen Personalisationsprozeß zukommen. Die literar. Selbstdarstellung gehört zu den ältesten Gattungen der Literatur und umfaßt neben der eigentl. A. Lebensläufe, Memoiren, Erinnerungen, Bekenntnisse, den autobiograph. Roman, das Tagebuch, das literar. Selbstporträt, den Brief, Reisebeschreibungen, Tatenberichte, Apologien und Chroniken. – Seit dem 18. Jh. gilt als A. im engeren Sinne die Aufzeichnung der Entwicklung des eigenen Ichs in seinen Beziehungen zur Umwelt. So aufgefaßt ist die A. an den modernen Individualitätsbegriff gekoppelt, wie er auch dem ↑Bildungsroman zugrunde liegt. Zu den Struktur-

merkmalen der A. wird gerechnet, daß das erzählende und erzählte Subjekt identisch sind und die Lebensgeschichte retrospektiv aus der Erinnerung als sinnhafter oder psychologisch motivierter Werdegang erzählt wird. Dabei werden die biograph. Fakten jeweils nach Kriterien ausgewählt, gedeutet und gewertet, die z. T. aus als exemplarisch anerkannten Lebensmustern entnommen, z. T. im Vorgang des Erinnerns erst entwickelt werden. Die A. beanspruchte schon früh einen nur relativen empir. Wahrheitswert. Heute wird gegen die A. vorgebracht, sie sei auf ein gelebtes Leben festgelegt und schließe damit aus oder verdränge, was hätte gelebt werden können und sollen. Das Bewußtsein der Rollengebundenheit und Fremdbestimmtheit der eigenen Identität manifestiert sich im modernen autobiograph. Schrifttum in verfremdenden Darstellungsformen, die z. T. zum autobiograph. Roman hin tendieren.

Geschichte der Autobiographie: Die ägypt. Grabinschriften und seltenen autobiograph. Zeugnisse der griechischröm. Antike können kaum als A. bezeichnet werden. – Als älteste europ. autobiograph. Literatur sind die ›Confessiones‹, die ›Bekenntnisse‹ des Augustinus (entst. 397–398; dt. 1652) in die Geschichte eingegangen. – Aus dem MA sind v. a. die Lebensdarstellung des frz. Theologen und Philosophen P. Abälard (›Historia calamitatum‹ [= Leidensgeschichte], entst. zw. 1133 und 1136) und autobiograph. Erlebnisberichte von Mystikerinnen (z. B. Hildegard von Bingen) bekannt. – Im 16. Jh. entstand ein breites Spektrum autobiograph. Aufzeichnungen: Die A. des schweizer. Humanisten Th. Platter (›Lebensbeschreibung‹, hg. 1840) ist als eine der bedeutendsten A.n des 16. Jh. typisch für die zahlreichen Lebenserinnerungen, die aus autobiograph. Sicht die gesellschaftl., v. a. die kulturelle Wirklichkeit ihrer Zeit darstellten; die ›Lebensbeschreibung‹ von Götz von Berlichingen (1731) steht demgegenüber für den Typus der Kriegs- und Reiseerinnerungen, die neben den Zeitchroniken ebenfalls eine bevorzugte Form der A. des 16. Jh. waren. – Die Darstellung der Entwicklung und Erlebnisse der eigenen

Person oder die Beschreibung der Konflikte und Widersprüche der eigenen Psyche kennzeichnen demgegenüber die autobiograph. Aufzeichnungen von F. Petrarca (›Briefe an die Nachwelt‹, entst. 1370, gedr. 1496, dt. 1910; ›Poet. Briefe‹, entst. zw. 1331 und 1361, gedr. 1501, dt. 1903), die ›Vita‹ des italien. Bildhauers B. Cellini (entst. zw. 1558 und 1566, hg. 1728, dt. 1803 [von Goethe] u. d. T. ›Leben des Benvenuto Cellini Florentinischen Goldschmieds und Bildhauers von ihm selbst geschrieben‹) sowie die Lebensgeschichte des italien. Mathematikers G. Cardano ›De vita propria‹ (1542, fortgesetzt 1575, hg. 1643, dt. 1914 u. d. T. ›Des Girolamo Cardano von Mailand eigene Lebensbeschreibung‹) und v. a. auch die der span. Mystikerin Theresia von Ávila (›Libro de su vita‹, entst. 1562–65, dt. 1649 u. d. T. ›Das Leben der heiligen Mutter Teresa von Jesu ...‹; ›Die innere Burg‹, 1588, dt. 1651). Diese A.n könnten jeweils schon zur Frühgeschichte der neuzeitl. A. gezählt werden. – Im 17. Jh. ragen die polit. A. von J.-F.-P. de Gondi, Kardinal von Retz (›Memoires de Monsieur le Cardinal de Retz‹, hg. 1717, dt. 1799 u. d. T. ›Denkwürdigkeiten des Kardinals v. R...‹) sowie die religiösen A.n J. Bunyans (›Grace abounding to the chief of sinners‹, hg. 1666, dt. 1698 u. d. T. ›Die Gnade Gottes welche sich erstrecket auf die größten Sünden‹), der puritan. Geistlichen in Neuengland (Th. Shepard, ›Autobiography‹, 1646) und der frz. Mystikerin J.-M. Guyon du Chesnoy (›La vie de Madame J. M. B. de la Mothe Guion‹, entst. um 1694, hg. 1720, dt. 1727 u. d. T. ›Das Leben der Frau J. M. Bouvier von la Mothe Guion, von ihr selbst beschrieben‹) aus der Vielzahl der damals beliebten Memoirenliteratur heraus. – Einen erneuten Impuls erhielt die A. im 18. Jh. in Deutschland v. a. durch die Seelenanalysen des † Pietismus; aus dieser Tradition ist v. a. das autobiograph. Werk von J. H. Jung-Stilling (entst. zw. 1777 und 1817, 1835 u. d. T. ›Johann Heinrich Jung's, genannt Stilling Lebensgeschichte...‹) zu nennen. – In Italien haben neben dem A. von V. Alfieri (›Denkwürdigkeiten seines Lebens; von ihm selbst geschrieben‹, entst. zw. 1789 und

1803, gedr. 1806, dt. 1812) sowie der ›Vita‹ des Geschichtsphilosophen G. B. Vico (1729, dt. in Auszügen 1822, 1948 u. d. T. ›A.‹) die Lebenserinnerungen G. G. Casanovas ›Histoire de ma vie‹ (begonnen 1790, dt. in einer bearbeiteten Fassung 1822–28; italien. erstmals 1960–62; dt. in 12 Bdn. 1964–67 u. d. T. ›Geschichte meines Lebens‹) einen geradezu legendären Ruf erlangt, wobei die literar. und kulturgeschichtl. Bedeutung dieser ›Lebensgeschichte‹ bis heute noch kaum bekannt bzw. gewürdigt worden ist; demgegenüber erzielten die ›Bekenntnisse‹ von J.-J. Rousseau (entst. 1764–70, hg. 1782–89, dt. 1786–90) entscheidende geistesgeschichtl. Wirkung; die Autobiographie von B. Franklin (entst. 1771–90, hg. 1868, dt. 1792) artikulierte das Selbstbewußtsein der amerikan. Nation und die Verwirklichungsmöglichkeiten des Individuums im demokrat. Staat. – Als Höhepunkt der A. gilt Goethes ›Aus meinem Leben. Dichtung und Wahrheit‹ (3 Tle., 1811–14, 4. Teil 1833 hg. von J. P. Eckermann); Goethe macht in dem Titel seiner A. kenntlich, was wohl für das Autobiographische überhaupt gilt: Die A. ist kein dokumentar. Protokoll, sondern dargestellte, erzählte Erinnerung, in diesem Sinne sind die Grenzen zum Fiktionalen durchlässig. Die unvollendete A. von Stendhal ›Das Leben des Henry Brulard‹ (entst. 1835–36, hg. 1890, dt. 1923), die A. von F. R. de Chateaubriand (›Von Jenseits des Grabes. Denkwürdigkeiten‹, 1848 bis 1850, dt. 1849/50) und die A.n viktorian. Schriftsteller wie Th. Carlyle (›Sartor Resartus‹, 1834, dt. 1855/56), J. S. Mill (›Autobiographie‹, 1873, dt. 1874) oder J. Ruskin (›Praeterita‹, 3 Bde., 1885–89, dt. 2 Bde., 1903) sind für das 19. Jh. zu nennen, die in der Tradition von Goethes ›Dichtung und Wahrheit‹ stehend, den Anspruch einer zusammenhängenden, chronologisch erzählten A., einer mehr oder weniger geschlossenen Lebensgeschichte repräsentieren. – Demgegenüber entstand im 20. Jh. eine autobiograph. Literatur, die, in ihrer Vielfalt unübersehbar geworden, im wesentlichen als Typus der offenen, gebrochenen, fragmentar. A. gekennzeichnet werden kann, wobei in jüngster Zeit auto-

Aus meinem Leben

Dichtung und Wahrheit.

Von

Goethe.

Erster Theil.

'Ο μη δαρεὶς ἄνθρωπος οὐ παιδεύεται.

Tübingen,
in der J. G. Cottaischen Buchhandlung.
1 8 1 1.

Autobiographie. Titelblatt der
Erstausgabe von Goethes ›Dichtung und
Wahrheit‹ (1811)

biograph. Skizzen (oft Kindheits- und
Jugenderlebnisse) überwiegen. Neben
eher traditionell zu nennenden A.n, u. a.
A. Schweitzer (›Aus meinem Leben und
Denken‹, 1931) oder O. M. Graf (›Wir
sind Gefangene‹, 1927) stehen für diesen
Typus der offenen A. exemplarisch die
A.n von H. Adams (›Die Erziehung des
Henry Adams‹, entst. 1907, gedr. 1918,
dt. 1953), L. Andreas-Salomé (›Lebens-
rückblick‹, entst. 1931–32, hg. 1951),
M. Leiris, dessen gesamtes Werk auto-
biographisch geprägt ist (u. a. ›Mannes-
alter‹, 1939, dt. 1963; ›Lichte Nächte und
mancher dunkle Tag‹, 1945, erweitert
1960, dt. 1981), E. Canetti (›Die gerettete
Zunge. Geschichte einer Jugend‹, 1977;
›Die Provinz des Menschen. Aufzeich-
nungen 1942–72‹, 1973), M. L. Kaschnitz
(›Wohin denn ich‹, 1963), S. de Beauvoir
(›Memoiren einer Tochter aus gutem
Hause‹, 1958, dt. 1960; ›In den besten
Jahren‹, 1960, dt. 1961; ›Der Lauf der
Dinge‹, 1963, dt. 1966; ›Alles in allem‹,
1972, dt. 1974), J.-P. Sartre (›Die Wörter‹,
1964, dt. 1965), A. Nin (›Tagebücher‹,

1966–80, dt. 1968–82), N. Sarraute
(›Kindheit‹, 1983, dt. 1985), A. Robbe-
Grillet (›Der wiederkehrende Spiegel‹,
1984, dt. 1986), M. Duras (›Der Liebhaber‹, 1984, dt. 1985). Eine besondere
Form der A. sind die Erinnerungen von
N. J. Mandelschtam (›Das Jahrhundert
der Wölfe‹, 1970, dt. 1971; ›Generation
ohne Tränen‹, 1972, dt. 1975), die mit den
eigenen Erinnerungen zugleich eine Biographie ihres Mannes O. E. Mandelschtam entwerfen; in diesem Zusammenhang ist auch P. Handke zu nennen
(›Wunschloses Unglück‹, 1972), der neben dem Porträt seiner Mutter ein Bild
seiner selbst zeichnet und mit diesem
Text eine Reihe autobiograph. Romane
einleitet. Aus den an Lebensberichte
schwarzer Sklaven in Amerika anknüp-
fenden afroamerikan. A.n ragt ›Malcolm X, der schwarze Tribun‹ (1965, dt.
1966) heraus. Aus dem Boom autobiograph. Skizzen etwa seit Mitte der 70er
Jahre, die meist zur autobiograph. Erzählung oder zum † autobiographischen Roman tendieren, sind neben M. Frisch
(›Montauk‹, 1975) u. a. P. Rühmkorf
(›Die Jahre, die ihr kennt. Anfälle und
Erinnerungen‹, 1972) und I. Bachmann
(›Malina‹, 1971) zu nennen.

Literatur: PASCAL, R.: Die A. Dt. Übers. u. Bearb. v. K. WÖLFEL. Stg. 1965. – MISCH, G.:
Gesch. der A. Ffm. [2-4]1967–79. 4 Bde. in
8 Tlen. – NEUMANN, B.: Identität u. Rollen-
zwang. Zur Theorie der A. Ffm. 1970. – LE-
JEUNE, PH.: L'autobiographie en France. Paris
1971. – OLNEY, J.: Metaphors of self. The mean-
ing of autobiography. Princeton (N. J.) 1972. –
WUTHENOW, R.-R.: Das erinnerte Ich. Europ. A.
u. Selbstdarstellung im 18. Jh. Mchn. 1974. –
MÜLLER, KLAUS D.: A. u. Roman. Tüb. 1976. –
GUGLIELMINETTI, M.: Memoria e scrittura.
L'autobiografia da Dante a Cellini. Turin
1977. – NIGGL, G.: Gesch. der dt. A. im 18. Jh.
Stg. 1977. – PICARD, H. R.: A. im zeitgenöss.
Frankreich. Mchn. 1978. – SLOTERDIJK, P.: Lit.
u. Organisation von Lebenserfahrung. A.n der
Zwanziger Jahre. Mchn. 1978. – WEINTRAUB,
K. J.: The value of the individualself and cir-
cumstances in autobiography. Chicago (Ill.)
1978. – FRERICHS, P.: Bürgerl. A. u. proletar.
Selbstdarstellung. Ffm. 1980. – SCHWAB, S.: Au-
tobiographik u. Lebenserfahrung. Wzb. 1981. –
FRIEDEN, S.: Autobiography. Self into form.
Ffm. 1983. – KUCZYNSKI, J.: Probleme der A.
Bln. u. a. 1983. – LEHMANN, A.: Erzählstruktur
u. Lebenslauf. Autobiograph. Unterss. Ffm.
1983. – KRONSBEIN, J.: Autobiograph. Erzählen.

Mchn. 1984. – PFOTENHAUER, H.: Literar. Anthropologie. Selbstbiographien u. ihre Gesch. ... Stg. 1987. – PASTENACI, S.: Erzählform u. Persönlichkeitsdarstellung in dt.-sprachigen A.n des 16.Jh. Trier 1993. – STÜSSEL, K.: Poet. Ausbildung u. dichter. Handeln. Poetik u. autobiograph. Schreiben im 18. u. beginnenden 19.Jh. Tüb. 1993.

autobiographischer Roman, Darstellung des eigenen Lebens in Romanform. Als literar. Gattung ist der a.R. nur schwer von der ↑Autobiographie oder dem ↑Bildungsroman und ↑Künstlerroman zu unterscheiden. So enthalten z.B. G. Kellers ›Der grüne Heinrich‹ (1854/1855, 2. Fassung 1879/80), Th. Wolfes ›Schau heimwärts, Engel!‹ (1929, dt. 1932), M. Prousts ›Auf der Suche nach der verlorenen Zeit‹ (1913–27, dt. 1953–57, zuerst 1926–30) und B. Pasternaks ›Doktor Schiwago‹ (italien. 1957, dt. 1958, russ. [Paris] 1959) starke autobiograph. Elemente, ohne wirklich zum a.R. zu zählen. In seiner Haupttendenz hebt der a.R. auf die Darstellung von psych. Folgen der Lebensgeschichte des Autors ab (K. Ph. Moritz, ›Anton Reiser‹, 1785–94; F. Th. Vischer, ›Auch Einer‹, 1879; J. Joyce, ›Jugendbildnis‹, 1916, dt. 1926).

Im 20.Jh. fand der a.R. in Europa und in den USA starke Verbreitung in den 60er und 70er Jahren, wobei die krit. Aufarbeitung der Sozialisationsgeschichte der Autoren und die Auseinandersetzung mit dem eigenen Werk in den Vordergrund traten (B. Vesper, ›Die Reise‹, 1977; E. Plessen, ›Mitteilung an den Adel‹, 1976; B. Schwaiger, ›Lange Abwesenheit‹, 1980; G. Wohmann, ›Ausflug mit der Mutter‹, 1976; Ch. Wolf, ›Kindheitsmuster‹, 1977; J. Barth, ›Letters‹, 1979; ›Sabbatical‹, 1982; P. Handke, ›Die Wiederholung‹, 1986, ›Nachmittag eines Schriftstellers‹, 1987). In den Nachkriegszeiten entstanden autobiograph. Zeitromane, in denen die Autoren über ihre Kriegserlebnisse, Gefangenschaft oder ihr polit. Engagement berichten. Dieser unmittelbare Zeitbezug kennzeichnet auch den a.R. innerhalb der ↑Arbeiterliteratur. Eine Sonderform des a.R.s bildet die ›Wunschbiographie‹, in der, wie z.B. in ›Die Ästhetik des Widerstands‹ (1975–81) von P. Weiss, die Biographie des Autors so umgeschrieben

wird, wie sie hätte gelebt werden können.

Autograph [griech. = Selbstgeschriebenes], vom Verfasser handgeschriebenes Originalmanuskript (heute auch authent. maschinenschriftl. Text); auch vom Autor redigierte Handschrift bzw. Druck. A.en von mittelalterl. Dichtern bilden die Ausnahme, so die Wiener Otfridhandschrift (9.Jh., wahrscheinlich vom Dichter redigiert), das sog. A. von Rulman Merswins ›Neun-Felsen-Buch‹ (14.Jh., von diesem selbst geschrieben), die Wiener und Innsbrucker Handschriften Oswalds von Wolkenstein (beide in der 1. Hälfte des 15.Jh. unter seiner Aufsicht angefertigt). Der Wert der A.en liegt für den Forscher in der Authentizität, für den Sammler in der Seltenheit und Bedeutung. Einer der frühesten dt. A.ensammler war Goethe; seit dem 17.Jh. zuerst Sammlungen durch private Liebhaber, seit dem 18.Jh. zunehmend in öffentl. Bibliotheken, auch in Literaturarchiven; auch wichtige Handelsgegenstände des heutigen Antiquariatsbuchhandels.

Literatur: WOLBE, E.: Hdb. f. A.en-Sammler. Bln. 1923. – HAMILTON, CH.: Collecting autographs and manuscripts. Norman (Okla.) 1961. – MECKLENBURG, G.: Vom Autographensammeln. Marburg 1963. – FRELS, W.: Dt. Dichterhss. von 1400 bis 1900. Stg. 1970. – A.en aus drei Jh. Hg. v. H. ZEMAN. Graz u.a. 1987.

automatische Dichtung, ↑Écriture automatique, ↑experimentelle Dichtung.

Automatismus [griech.], innerhalb der surrealist. Bewegung kommt sowohl in der Dichtung als auch in der bildenden Kunst dem A. eine zentrale Bedeutung zu. A. Breton hat in seinem 1. surrealist. Manifest von 1924 den A. als erster definiert: ›Reiner psych. A., durch den man mündlich oder schriftlich oder auf jede andere Weise den wirkl. Ablauf des Denkens auszudrücken sucht. Denk-Diktat ohne jede Kontrolle durch die Vernunft, jenseits jeder ästhet. oder eth. Überlegung.‹ Der Surrealismus beruht auf dem Glauben an die höhere Wirklichkeit gewisser, bis dahin vernachlässigter Assoziationsformen, an die Allmacht des Traumes, an das zweckfreie Spiel des Denkens‹. – ↑auch Écriture automatique.

Literatur: BRETON, A.: Die Manifeste des Surrealismus. Dt. Übers. Rbk. 1977.

autonome Dichtung, weitgehend mit ↑absolute Dichtung synonym verwandter Sammelbegriff für eine Literatur, deren Sujet sprachl. Prozesse sind. ›Dichten gilt dem Neuen nicht für geschmackvolles Ordnen des irgendwie gegebenen Stoffes. Sie glauben, daß den autonomen Formen des Dichterischen autonome Gebilde entsprechen, die gleichsam von Beginn an spezifisch dichterisch sind‹ (C. Einstein).
Literatur ↑absolute Dichtung.

autonym [griech.], vom Autor unter eigenem Namen veröffentlicht. Ggs.: ↑anonym, ↑ Pseudonym.

Autopsie [griech. = das Sehen mit eigenen Augen], Methode beim Erarbeiten von Bibliographien: die zu verzeichnende Veröffentlichung liegt dem Bearbeiter vor, die Angaben zu ihrer Beschreibung werden also nicht aus sekundären Quellen übernommen.

Autor [lat.; zu augere = fördern, vergrößern, eigtl. = Mehrer, Förderer], Verfasser eines literar., wiss. Werkes oder eines Artikels, Beitrags (für Presse, Rundfunk, Fernsehen).

Autorisation [lat.], Zustimmung eines Autors zu einer Ausgabe **(autorisierte Ausgabe),** einer Textfassung oder der Übersetzung eines Werkes.

Auto sacramental [span.], span. ↑Fronleichnamsspiel, das im Freien (auf öffentlichen Plätzen) auf Festwagen (= ›carros‹, eine Besonderheit des A. s.) v. a. in den großen Stadtzentren (Madrid, Toledo u. a.) aufgeführt wurde: eine allegor. Darstellung des christl. Heilsgeschehens unter sich wandelndem Aspekt im Gewand bibl., mytholog., histor., literar. Stoffe, gern reiche Verwendung von Allegorien und Personifikationen. Höhepunkt des A. s. war die Verherrlichung der Eucharistie im Schlußbild (die Altarsakramente wurden dabei auf der Bühne im Schaubild vergegenwärtigt). Seine Blüte hatte das A. s. bei L. F. de Vega Carpio, Tirso de Molina, A. Mira de Amescua, J. Valdivielso und bes. P. Calderón de la Barca (am bekanntesten wurde ›Das große Welttheater‹ [1675, dt. 1846] durch H. von Hofmannsthals

Nachdichtung im ›Salzburger großen Welttheater‹, 1922). 1765 wurden die Aufführungen unter den Bourbonen verboten. – ↑auch Auto.
Literatur: PARKER, A. A.: Notes on the religious drama in mediaeval Spain and the origins of the A. s. In: The Modern Language Review 30 (1935), S. 170. – BATAILLON, M.: Essai d'une explication de l'A. s. In: Bulletin Hispanique 42 (1940), S. 193. – FRUTOS CORTÉS, E. DE: La filosofia de Calderón en sus A.s s.es. Zaragoza 1952. – PARKER, A. A.: The allegorical drama of Calderón. An introduction to the A.s s.es. Oxford ²1968.

Autran, Joseph [frz. o'trã], * Marseille 20. Juni 1813, † ebd. 6. März 1877, frz. Schriftsteller. – Folgte als Lyriker A. de Lamartine (›La mer‹, 1835), als Tragödiendichter É. Augier (›La fille d'Eschyle‹, 1848); in seinen Erzählungen schilderte er mit Vorliebe die Bretagne (›Marie‹, 1831; ›Les Bretons‹, 1845). Mitglied der Académie française (1868).

Ava, Frau ['a:va], erste namentlich bekannte Dichterin dt. Sprache, vermutlich identisch mit der am 7. Febr. 1127 bei Melk verstorbenen Klausnerin A. (A. inclusa). – Schrieb, von ihren beiden Söhnen beraten, wohl um 1120/25 in stilistisch einfachen, meist assonierenden mhd. Versen eine Heilsgeschichte von der Erlösungstat Christi bis zu den letzten Dingen, bestehend aus ›Leben Jesu‹, ›Von den 7 Gaben des Hl. Geistes‹, ›Der Antichrist‹, ›Das jüngste Gericht‹, ›Leben Johannes des Täufers‹ (Autorschaft umstritten); das Ganze ist keine dogmatisch-theolog. Abhandlung, sondern ein Werk einfacher Laienfrömmigkeit, in dem die gefühlsmäßige Anteilnahme am Leiden Christi überwiegt.
Ausgabe: Die Dichtungen der F. A. Hg. v. F. MAURER. Tüb. 1966.
Literatur: WESENICK, G.: Frühmhd. Dichtung des 12.Jh. aus der Wachau. F. A.s Gedichte. Diss. Wien 1964 [Masch.]. – SCHULZE, U.: A. In: Lex. des MA. Bd. 1. Mchn. u. Zü. 1980.

Avadānaśataka [ava'da:naʃataka], dem ›Hīnayāna‹ zugehörende Sammlung von 100 Prosaerzählungen, die mit Versen durchsetzt sind. Das Werk in buddhist. Sanskrit stammt aus dem 2.Jahrhundert. In 10 Dekaden werden verschiedene Themen behandelt und wird gezeigt, wie sich gute und böse Taten nach dem Tod auswirken.
Ausgabe: A. Hg. v. J. S. SPEYER. Den Haag 1958.

Avancini (Avancinus), Nikolaus [italien. avan'tʃi:ni; dt. avan'tsi:nʊs], * Brez bei Trient 1. Dez. 1611, † Rom 6. Dez. 1686, österr. Dramatiker und Lyriker. – Aus Südtiroler Adelsfamilie, seit 1627 Jesuit; war Leiter der Kollegien in Passau, Wien und Graz und Berater des Ordensgenerals in Rom. A. ist einer der Hauptvertreter des ↑Jesuitendramas und Schöpfer der großen barocken Festspiele, der ›ludi Caesarei‹, am Wiener Hof. Er schrieb Oden nach dem Vorbild des Horaz und Staatsdramen in gutem Latein (etwa 30 erhalten); ›Pietas victrix...‹, das berühmteste, wurde 1659 vor Kaiser Leopold I. aufgeführt. A.s Stücke, in denen die Habsburger verherrlicht wurden, sind allein auf theatral. Wirksamkeit berechnet; sie wurden in prunkvollen Aufführungen, für die die raffinierte Maschinerie des Wiener Jesuitentheaters verfügbar war, dargeboten.

Avantgarde [a'vã:gardə; frz.], seit dem 19. Jh. (O. Rodrigues, ›L'artiste, le savant et l'industriel‹, 1825; D. Laverdant, ›De la mission de l'art et du rôle des artistes‹, 1845) verwendeter Begriff militär. Ursprungs (›Vorhut‹), der im 20. Jh. für die Bereiche von Literatur, Kunst und Musik Exponenten einer Bewegung bezeichnet, die als Vorläufer und Wegbereiter neuer, oft provokativ entwickelter Ausdrucksformen den etablierten Rahmen der ästhet. Normen und Strukturen sprengen; avantgardist. Bewegungen, die gewöhnlich auf heftigen Widerstand des jeweils bestehenden Kulturbetriebs stießen und z. T. noch stoßen, waren u. a. ↑Expressionismus, ↑Dadaismus, ↑Surrealismus, ↑Nouveau roman, ↑absurdes Theater. Vom Standpunkt der Geschichte aus gesehen, gehört nur der Begriff A. zum 20. Jh., nicht das Phänomen; die Geschichte von Kunst und Kultur ist eine Geschichte des Bruchs mit Traditionen und der Erneuerungen, in diesem Sinne sind auch die jüngeren avantgardist. Bewegungen nicht absolut neu und ohne Vorläufer.
Literatur: A. Gesch. u. Krise einer Idee. Hg. v. der Bayer. Akademie der Schönen Künste. Mchn. 1966. – CHVATIK, K.: Strukturalismus u. A. Mchn. 1970. – KOFLER, L.: Zur Theorie der modernen Lit. Düss. ²1974. – Faschismus u. A. Hg. v. R. GRIMM u. J. HERMAND. Königstein i. Ts.

1980. – Lyrik u. Malerei der A. Hg. v. R. WARNING u. W. WEHLE. Mchn. 1982. – SCHOELL, K.: A.theater u. Volkstheater. Ffm. 1982. – DREWS, P.: Die slaw. A. u. der Westen. Mchn. 1983. – Les avant-gardes littéraires au XXᵉ siècle. Hg. v. J. WEISGERBER. Budapest 1984. 2 Bde. – Literar. A.n. Hg. v. M. HARDT. Darmst. 1989. – BÜRGER, P.: Theorie der A. Ffm. ⁸1990.

Avanturierroman [frz.; zu aventure = Abenteuer (↑Aventiure)], Variante des ↑Abenteuerromans, der im 18. Jh. in der Nachfolge von N. Heinsius' Schelmenroman ›Den vermakelijken avanturier‹ (1695) im Titel das Wort ›Avanturier‹ führt. Der Held ist der aus kleinen Verhältnissen stammende Typ des Glücksjägers, der nach Bestehen zahlreicher Abenteuer als angesehener Bürger sein Leben beschließt. Mit dem anonym erschienenen ›Der kurtzweilige Avanturier‹ (1714), einer Übersetzung von Heinsius' Schelmenroman, wurde der A. in Deutschland heimisch. Ihm folgten bis 1769, durchweg von unbekannten Verfassern, etwa 20 A.e, die außerordentlich populär waren.
Literatur ↑Aventiure.

Aveline, Claude [frz. a'vlin], eigtl. Eugène Avtsine, * Paris 19. Juli 1901, † ebd. 4. Nov. 1992, frz. Schriftsteller russ. Abstammung. – Verfasser psycholog., A. France verpflichteter Romane mit sozialer Problematik. Als sein Hauptwerk gilt die Romantrilogie ›La vie de Philippe Denis‹ (mit den Teilen ›Madame Maillart‹, 1930; ›Les amours et les haines‹, 1952; ›Philippe‹, 1955); schrieb auch Kriminalromane (u. a. ›Der zweifache Tod‹, 1932, dt. 1933, 1951 u. d. T. ›Der zweifache Tod des Frédéric Belot‹; ›Wagen 7, Platz 15‹, 1938, dt. 1978; ›Das Tigerauge‹, 1970, dt. 1975), Novellen, Essays (›Et tout le reste n'est rien‹, 1951; ›Le haut mal des créateurs‹, 1973), Reisebeschreibungen, Kinderbücher (›L'arbre tic-tac‹, 1950), kunstkrit. Darstellungen (›Bourdelle‹, 1969), Gedichte (›Portrait de l'oiseau-qui-n'existe-pas‹, 1961), Hör- und Fernsehspiele.
Literatur: Hommage à C. A. Paris 1970.

Avellaneda, Gertrudis Gómez de [span. aβeʎa'neða], span. Schriftstellerin, ↑Gómez de Avellaneda, Gertrudis.

Avenarius, Ferdinand [ave...], * Berlin 20. Dez. 1856, † Kampen (Sylt)

20. Sept. 1923, dt. Schriftsteller. – Neffe R. Wagners; studierte u. a. Kunst- und Literaturgeschichte in Leipzig und Zürich; gründete 1887 die Zeitschrift ›Der Kunstwart‹ und 1903 den Dürerbund, die zur Hebung des Kunstverständnisses weiter Kreise beitrugen; bed. als Förderer von Schriftstellern wie E. Mörike und G. Keller, als Vorbereiter der Heimatkunst sowie als Hg. von Anthologien (›Hausbuch dt. Lyrik‹, 1902; ›Balladenbuch‹, 1907, u. a.); von seinen Dichtungen sind zu nennen die Gedichtsammlung ›Wandern und Werden‹ (1880), die episch-lyr. Dichtung ›Lebe!‹ (1893) und die Dramen ›Faust‹ (1919), ›Baal‹ (1920) und ›Jesus‹ (1921).

Aventiure [avɛn'tyːrə; mhd.; von altfrz. aventure = Ereignis, Geschehnis (zu lat. advenire = herankommen, sich ereignen)], in der mhd. Literatur, bes. in der ↑ Artusdichtung Bez. für ritterl. Bewährungsproben in Kämpfen mit Rittern, Riesen u. a. und gefahrvollen Begegnungen mit Fabelwesen (Drachen u. a.), deren Bestehen Werterhöhung und Ruhm bedeuten. – In der Heldenepik findet sich die Bez. A. in der Bedeutung eines Handlungsabschnittes; als Kapitelüberschrift zuerst in den Handschriften A und C des ›Nibelungenliedes‹. – A. wird weiter für Werke verwendet, die hpts. aus A.n bestehen. Auch die Quelle einer solchen Erzählung wird A. genannt. – Daneben erscheint ›*Frau A.*‹ als Personifikation der Erzählung, z. T. als Dialogpartnerin des Dichters, erstmals bei Wolfram von Eschenbach (›Parzival‹, um 1200 bis 1210), dann bei Rudolf von Ems (›Willehalm von Orlens‹, zw. 1235 und 1240) u. a. bis hin zu Hans Sachs.

Literatur: GRIMM, J.: Frau A. klopft an Benekkes Thür. In: GRIMM: Kleinere Schr. Bd. 1. Bln. 1864. S. 83. – SCHWIETERING, J.: Singen u. Sagen. Diss. Gött. 1908. – MOHR, W.: Parzival u. Gawan. In: Euphorion 52 (1958), S. 11. – BATTS, M. S.: Die Form der A.n im Nibelungenlied. Gießen 1961. – NERLICH, M.: Kritik der Abenteuerideologie. Beitrr. zur Erforschung der bürgerl. Bewußtseinsbildung 1100–1750. Berlin (Ost) 1977. 2 Bde. – KASTEN, J.: Aventure (âventiure). In: Lex. des MA. Bd. 1. Mchn. u. Zü. 1980. – STEINER, G.: Das Abenteuer der Regression. Eine Unters. zur phantasmagor. Wiederkehr der ›verlorenen Zeit‹ im ›Erec‹ Hartmanns von Aue. Göppingen 1983. – Liebe u. A. im Ar-

tusroman des MA. Hg. v. P. SCHULZE-BELLI u. a. Göppingen 1990.

Averčenko, Arkadij Timofeevič, russ. Satiriker und Humorist, ↑ Awertschenko, Arkadi Timofejewitsch.

Averroes [a'vɛroɛs], eigtl. Abul Walid Muhammad Ibn Ahmad Ibn Muhammad Ibn Ruschd, * Córdoba 1126, † Marrakesch 11. Dez. 1198, arab. Philosoph, Theologe, Jurist und Mediziner. – 1169 Richter (Kadi) in Sevilla, 1171 in Córdoba. Obwohl A. lange Zeit die bes. Gunst der Kalifen genoß, wurde er 1195 wegen Religionsfeindlichkeit verbannt, jedoch kurz vor seinem Tod rehabilitiert. A., letzter bed. Vertreter der arab. Scholastik, galt den lat. Scholastikern des MA als ›der Kommentator‹ des Aristoteles. Er sah die Rekonstruktion der ursprüngl. Lehre des Aristoteles und deren Verteidigung gegen Verfälschungen im Neuplatonismus und in der älteren islam. Philosophie als seine Lebensaufgabe an. Diese v. a. in den philosoph. Werken ›Faṣl al-maqāl‹ (= endgültiger Traktat [über die Harmonie von Philosophie und Theologie]) und ›Tahāfut at-tahāfut‹ (= der Zusammenbruch des Zusammenbruchs, latinisiert ›Destructio destructionis‹ [gegen Al Ghassali]) dargelegte rationalist. Position zielt auf die Versöhnung von Offenbarung und Vernunft. Das Verfahren der Vernunft (die wiss. Beweisführungen) wird als vom Koran gefordert interpretiert. A. lehrt im einzelnen die Sterblichkeit der an den Körper gebundenen Einzelseele, während die Vernunft als ein Moment des allen Menschen gemeinsamen ›universellen Verstandes‹ (›intellectus universalis‹) unsterblich ist (Monopsychismus), ebenso die Ewigkeit der Welt (der ewigen, anfangs- und endlosen Schöpfung) und die Einheit Gottes (gegen die christl. Trinitätslehre). A. leistete für die Scholastik, v. a. durch seine zahlreichen ›kleinen‹ (Epitome, Summa), ›mittleren‹ (talhīṣ [= Zusammenfassung, Abriß]) und ›großen‹ (tafsīr [= Erläuterung]) Aristoteleskommentare, einen bed. Beitrag zur Differenzierung und Festigung ihres Begriffsapparats; seine Lehren waren Gegenstand der Auseinandersetzung in der mittelalterl. christl., islam. und v. a. jüd. Philosophie und Theologie. A. verfaßte auch ein großes medi-

zin. Handbuch ›Kulliyāt‹ (= Gesamtheit, Allgemeinheiten), das seit der Mitte des 13. Jh. unter seinem latinisierten Titel ›Colliget‹ und in lat. Übersetzung weite Verbreitung fand.
Ausgaben: A. Corpus commentatorium in Aristotelem. Engl. Übers. Hg. v. H. A. WOLFSON u. a. Cambridge (Mass.) 1958.
Literatur: HORTON, M.: Die Metaphysik des A. Halle/Saale 1912. Nachdr. Ffm. 1960. – GAUTHIER, L.: Ibn Rochd (Averroès). Paris 1948. – ANAWATI, G. C., u. a.: A., Averroismus. In: Lex. des MA. Bd. 1. Mchn. u. Zü. 1980. – MARTIN, A.: Averroès. Grand commentaire de la métaphysique d'Aristote. Paris 1984.

Avęsta ↑ Awesta.

Avgęris (tl.: Augerēs), Markos, eigtl. Georgios Papadopulos, * Karitsa (Epirus) 1883, † Athen 8. Juni 1973, neugriech. Schriftsteller und Kritiker. – Bedeutender Repräsentant der griech. linksorientierten Literatur und Kritik.
Werke: Kritika, aisthētika, ideologika (Essays, 1959), Hapanta (= Alle Werke, 3 Bde., 1964/65), Eisagōgē stēn hellenikē poiēsē (= Einführung in die neugriech. Dichtung, 1971).

Avianus, lat. Fabeldichter um 400 n. Chr. – Autor einer Sammlung von 42 Fabeln in Distichen; Quelle ist u. a. Babrios; das Werk hebt sich von der volkstüml. Art des Phaedrus bewußt ab und war im MA ein viel benutztes Schulbuch.
Literatur: KÜPPERS, J.: Die Fabeln Avians. Bonn 1977.

Avicebron, span.-jüd. Dichter und Philosoph, ↑ Gabirol, Salomon Ben Jehuda Ibn.

Avicęnna, eigtl. Abu Ali Husain Ibn Abd Allah Ibn Sina, * Afschana bei Buchara 980, † Hamadan Aug. 1037, pers. Philosoph und Arzt. – Nach eigenem Zeugnis Autodidakt, beeinflußt nur durch Aristoteles, Al Farabi und Plotin. In der Weiterentwicklung des ihm in neuplaton. Fassung bekannten Aristotelismus trennte A. die Unterscheidungen von Stoff und Form und von Potenz und Akt so weit, daß im Stoff (›materia‹) der Möglichkeit nach auch seine Formen (›essentiae‹) schon enthalten sind, denen dann Gott ihre Wirklichkeit (Existenz) verleiht. Diese neue Unterscheidung von Essenz und Existenz wurde zu einer Grundunterscheidung der lat. Scholastik. Hinsichtlich der Allgemeinbegriffe

nimmt A. die spätere Lösung des Universalienstreits vorweg durch die These, daß die Begriffe (›universalia‹) *ante rem* (vor dem Ding) mit Rücksicht auf den Weltplan (im Verstand Gottes), *in re* (im Ding) im Blick auf die Natur und *post rem* (nach dem Ding) in der menschl. Erkenntnis, d. h. in unseren abstrakten Begriffen, da sind. – Von den über 100 erhaltenen authent. Schriften A.s erlangten v. a. Bedeutung: die Enzyklopädie ›Kitāb aš-šifā‹ (= Buch der Genesung [der Seele vom Irrtum]; seit dem 12. Jh. u. d. T. ›Sufficentia‹ in lat. Übersetzung [z. T.] verbreitet), die die Logik, Naturwiss., mathemat. Wiss. und Metaphysik umfaßt. ›Kitāb an-nağāt‹ (= Buch der Rettung), die Zusammenfassung der Enzyklopädie, ›Kitāb al-išārāt wa at-tanbīhāt‹ (= Buch der Hinweise und Belehrungen) und ›Kitāb al-qānūn fī aṭ-ṭibb‹ (= Buch des Kanons der Medizin), mit dem A. seine größte Wirksamkeit als Mediziner begründete und das bis ins 16. Jh. (in lat. Übersetzung: ›Canon medicinae‹) hinein auch in das europ. Universitätswesen maßgebend war.
Literatur: AFNAN, S. M.: A., his life and works. London 1958. – RYPKA, J.: Iran. Literaturgesch. Lpz. 1959. S. 179. – Enc. Islam Bd. 3, ²1971, S. 941. – ENDRES, G., u. a.: A. In: Lex. des MA. Bd. 1. Mchn. u. Zü. 1980.

Avięnus, Rufius Festus, * Volsinii (Etrurien), röm. Dichter der 2. Hälfte des 4. Jahrhunderts. – Entstammte einem vornehmen Geschlecht; schrieb poet. Bearbeitungen verschiedener griech. Lehrgedichte (u. a. der ›Phainómena‹ des Aratos von Soloi), seine nur fragmentarisch erhaltene ›Ora maritima‹, eine Küstenbeschreibung (von der Bretagne bis zum Schwarzen Meer) in jamb. Trimetern, ist eine der bed. Schriften über antike Geographie und Ethnographie.
Ausgabe: A. Ora maritima. Mit Einl. u. Komm. v. F. A. BERTHOLET. Paris 1934.
Literatur: GRUBER, J.: A. In: Lex. des MA. Bd. 1. Mchn. u. Zü. 1980.

Aviso (Avisa, Avisen) [italien.], im 17. Jh. in Deutschland gebräuchlich für Nachricht; wurde sowohl als Titel von Zeitungen als auch für die gesamte Gattung der damaligen Nachrichtenpublikationen verwendet. Eine der ältesten bisher bekannten Wochenzeitungen in

Deutschland, die 1609 in Wolfenbüttel erstmalig erschien, trug den Titel ›A. Relation oder Zeitung ...‹.

Avtsine, Eugène [frz. av'tsin], frz. Schriftsteller russ. Abstammung, ↑ Aveline, Claude.

Avvakum, Petrovič, russ. Geistlicher und Schriftsteller, ↑ Awwakum, Petrowitsch.

Avyžius, Jonas [litauisch a'vi:ʒjvs], * Medginai (Kreis Joniškis) 16. Mai 1922, litauischer Schriftsteller. – Publiziert seit 1948 Romane, Erzählungen und Dramen, die das konfliktreiche Leben der Nachkriegsjahre in Kreisen der litauischen Intelligenz und auf dem Lande aufzeigen.
Werke: Pirmosios vagos (= Die ersten Furchen, Fn., 1948),] stiklo kalną (= In den gläsernen Berg, R., 1961), Kaimas kryžkelėje (= Dorf am Scheideweg, R., 1964), Zeit der verödeten Höfe (R., 1970, dt. 1974).

Awertschenko (tl.: Averčenko), Arkadi Timofejewitsch [russ. a'vjɛrtʃɪnkɐ], * Sewastopol 18. März 1881, † Prag 12. März 1925, russ. Satiriker und Humorist. – Gründer, Mitarbeiter, Hg. u. a. der liberalen, humorist. Zeitschrift ›Satirikon‹ in Petersburg. Emigrierte nach der Revolution. A. wurde mit humorist. Erzählungen, scharfen Parodien und effektvollen Grotesken bekannt. Seine in der Emigration geschriebenen Werke zeigen anglo-amerikan. Einflüsse und satir., antisowjet. Tendenz.
Werke: Das Verbrechen der Schauspielerin Maryskin (Grotesken, dt. Ausw. 1919), Was für Lumpen sind doch die Männer u. a. Grotesken (dt. Ausw. 1935).

Awęsta (Avesta; pers. Āvistā; mittelpers. Apastāk) [awest. = Unterweisung], die Sammlung hl. Schriften der Anhänger Zarathustras, des späteren Parsismus. Zunächst mündlich tradiert, wurden die zum A. gehörenden Texte z. Z. der Sassaniden (224–651) gesammelt und schriftlich niedergelegt, nach der islam. Eroberung des Iran (seit 636/637) ging ein Teil des A. verloren. Im MA wurde dem unverständlich gewordenen A. ein mittelpers. Kommentar beigefügt (mittelpers. zand = Erklärung), mit dem zusammen das A. als **Zend-Avesta** in Europa Ende des 18. Jh. bekannt wurde.

Das A. enthält zahlreiche Versdichtungen und Prosaschriften mit Gebeten und mytholog. Erzählungen sowie dogmat. und liturg. Texte. Die ältesten Versdichtungen sind die **Gathas,** 16 oder 17 von Zarathustra stammende stroph. Lieder, die einen Teil von dessen Verkündigung enthalten (Deutung wegen grammat. Schwierigkeiten häufig umstritten). Davon zu unterscheiden ist das sog. ›Jung-A.‹ mit folgender Einteilung: 1. **Jasna** (= Opfer), 72 Kapitel liturg. Texte, die beim Rauschtrankopfer vorgetragen wurden, darin eingebettet die Gathas (Jasna 28–34, 43–51, 53 umstritten); einen Anhang hierzu bildet 2. **Wisprat** (awest. vīspe ratavō = alle Herren), 24 Kapitel Gebete und Götteranrufungen; 3. **Jascht** (= Opfer), Lobgesänge auf 21 Gottheiten, zugleich eine wichtige Quelle für Mythologie und Heldensage der alten Iran; 4. **Widewdat** (awest. vīdaēvadāta- = Gesetz über die Abschwörung der [vorzarathustr.] Götter; traditionell irrig Wendidad genannt), eine Sammlung religiöser Gesetze und ritueller Vorschriften; 5. das **Kleine Awesta** (Churtak Awistak), ein Laiengebetbuch.
Ausgaben: Avesta. Hg. v. K. F. GELDNER. Stg. 1885–96. 3 Bde. – Die Gatha's des A. Dt. Übers. v. CH. BARTHOLOMAE. Straßburg 1905. – Avesta. Die hl. Bücher der Parsen. Dt. Übers. v. F. WOLFF. Straßburg 1910. Nachdr. Bln. 1960. – HUMBACH, H.: Die Gathas des Zarathustra. Hdbg. 1959. 2 Bde. – LOMMEL, H.: Die Gathas des Zarathustra. Stg. 1971.
Literatur: Iran. Geisteswelt. Hg. v. G. WIDENGREN. Baden-Baden 1961. – WIDENGREN, G.: Die Religionen Irans. Stg. 1965. – KELLENS, J.: Les textes vieil-avestiques. Wsb. 1988–91. 3 Bde.

Awwakụm (tl.: Avvakum), Petrowitsch, * Grigorowo bei Nischni Nowgorod um 1621, † Pustosjorsk 14. April 1682, russ. Geistlicher und Schriftsteller. – Als Oberpriester (Protopope) Führer der Altgläubigen (Raskolniki), deswegen verfolgt, mehrfach verbannt; auf Befehl des Zaren hin verbrannt. Schrieb Werke v. a. religiösen Inhalts, die zugleich wertvolle Zeugnisse der älteren russ. Literatur sind; bed. ist seine Autobiographie ›Das Leben des Protopopen A.‹ (1672, dt. 1930), die vom traditionellen Vitenschema durch eine psycholog. Selbstanalyse abweicht.

Ausgabe: Das Leben des Protopopen Avvakum, von ihm selbst niedergeschrieben. Aus dem Altruss. v. G. HILDEBRANDT. Gött. 1965. **Literatur:** HUNT, P. H.: The autobiography of the archpriest Avvakum. Diss. Stanford 1979.

Axakow (tl.: Aksakov), Iwan Sergejewitsch [russ. ak'sakɐf], *Nadeschdino (Gouv. Ufa) 8. Okt. 1823, †Moskau 8. Febr. 1886, russ. Publizist. – Popularisierte als Hg. von slawophilen Zeitungen die Ideen seiner gegen westeurop. Einflüsse gerichteten Auffassung von der kulturellen Eigenständigkeit des russ. Volks; neigte zum extremen Slawophilentum, unterstützte die panslawistische Bewegung (1858–78 führendes Mitglied des Moskauer Slawischen Wohlfahrtskomitees); näherte sich dem Gedanken vom ›russischen Messianismus‹; seine literarischen Werke sind politisch und sozial tendenziös. **Literatur:** LUKASHEVICH, S.: I. Aksakov, 1823–1886. Cambridge (Mass.) 1965. – CIMBAEV, N. I.: I. S. Aksakov v obščestvennoj žizni poreformennoj Rossii. Moskau 1978.

Axakow (tl.: Aksakov), Konstantin Sergejewitsch [russ. ak'sakɐf], *Nowo-Axakowo (Gouv. Orenburg) 10. April 1817, †auf Sakinthos (Griechenland) 19. Dez. 1860, russ. Schriftsteller. – Übersetzte Goethe und Schiller; gehörte zu den russ. Hegelianern; kam durch A. S. Chomjakow in den Kreis der Slawophilen. In seinen Schriften zur Geschichte betonte er die Bedeutung der altruss. Dorfgemeinschaft (Mir), die gegenüber dem Staatsbegriff aufgewertet wurde. Gegner des zarist. Zentralismus und der Leibeigenschaft; trat für russ. Eigenart ein, lehnte westeurop. Vorbilder ab; Literaturkritiker; leistete einen bed. Beitrag zur Sprachphilosophie im Sinne des Hegelianismus; sein dichter. Schaffen stand im Dienst seiner historisch-polit. Ideale. **Literatur:** REICHEL, H. CH.: Studien zum slavophilen Weltbild K. Aksakovs. Diss. Bonn 1966.

Axakow (tl.: Aksakov), Sergei Timofejewitsch [russ. ak'sakɐf], *Ufa 1. Okt. 1791, †Moskau 12. Mai 1859, russ. Schriftsteller. – Vater von Iwan S. und Konstantin S. A.; aus einer Landadelsfamilie; Beamter. Gehörte dem Kreis der ›Archaisten‹ an, war mit N. W. Gogol befreundet. Als Schriftsteller fand er erst spät seine eigene Sprache. Berühmt machte ihn die ›Familienchronik‹ (1856,

dt. 1858) und deren Fortsetzung ›Die Kinderjahre Bagrows des Enkels‹ (1858, dt. 1919), eine kulturhistorisch wertvolle Schilderung aus dem patriarchal. Rußland des 18. Jahrhunderts. A. erweist sich als Meister der Naturschilderung und Kenner der Kinderpsyche (Beschreibung seiner Kindheit und Jugend im 2. Teil); übersetzte Molière und N. Boileau-Despréaux. **Literatur:** EVANS, P.: The portrayal of childhood (S. T. Aksakov). Diss. Toronto 1980.

Axioti (tl.: Axiōtē), Melpo, *Athen 15. Juli 1905, †ebd. 22. Mai 1973, neugriech. Erzählerin. – Lebte von 1950 bis 1963 in verschiedenen sozialist. Ländern (u. a. in der DDR) als polit. Flüchtling; schrieb sozial engagierte Romane und Erzählungen. **Werke:** Dyskolēs nychtēs (= Schwere Nächte, R., 1938), Symptōsē (= Zufall, Ged., 1939), Thelete na chorepsome, María? (= Wollen wir tanzen, Maria?, R., 1940), Eikostos aiōnas (= Zwanzigstes Jahrhundert, R., 1946, dt. 1954 u. d. T. Tränen und Marmor), Syntrophoi, kalēmera (= Genossen, guten Tag, R., 1953, dt. 1955 u. d. T. Im Schatten der Akropolis), Kontrabando (Ged., 1959, dt. 1959 u. d. T. Konterbande), Thalassina (= Maritime, Ged., 1961), To spiti mu (= Mein Haus, En., 1965), Kadmo (E., 1972).

Axjonow (tl.: Aksenov), Wassili Pawlowitsch [russ. ak'sjɔnɐf], *Kasan 20. Aug. 1932, russ. Schriftsteller. – Sohn von J. S. Ginsburg; Arzt; verließ 1980 die Sowjetunion (Abschiebung); lebt in den USA; behandelt in Erzählwerken Probleme der Jugend und der Intelligenz in einer den Slang nicht scheuenden, effektiven Sprache; auch Dramen. **Werke:** Drei trafen sich wieder (R., 1960, dt. 1962), Fahrkarte zu den Sternen (R., 1961, dt. 1962), Apfelsinen aus Marokko (R., 1963, dt. 1963), Das Jahr der Scheidung (R., 1965, dt. 1966, 1967 u. d. T. Es ist Zeit, mein Freund, es ist Zeit), Defizitposten Faßleergut (Nov., 1968, dt. 1975), Die Liebe zur Elektrizität (R., 1971, dt. 1973), Der rosa Eisberg oder auf der Suche nach der Gattung (R., 1978, dt. 1981), Gebrannt (R., 1980, dt. 1983), Die Insel Krim (R., 1981, dt. 1986), Sag Rosine (R., 1985, dt. 1990).

Axt, Renate, *Darmstadt 9. Aug. 1934, dt. Schriftstellerin. – In ihrer z. T. bis zum Aphorismus verdichteten Lyrik wird die Ambivalenz des Lebens, Freude und Leid, an exemplar. Material verdeutlicht. Der Prosaband ›Und wenn du weinst, hört man es nicht‹ (1984) ist eine Dokumentation der Schicksale und Leiden von Frauen vor, während und nach einem Gefängnisaufenthalt, die zum Nachdenken über mögl. Hilfen herausfordern will. A. schreibt auch Hörspiele, Theaterstücke und Kinderbücher.

Weitere Werke: 365 Tage (Ged., 1971), Jeder in seine Nacht (Dr., 1980), Ohne Angst (Ged., 1981), Töle sagt: ›Ich schaff das schon‹ (Kinderb., 1981), Gute Besserung, Pia (Kinderb., 1983), Jede Sekunde Leben (Ged., 1984), Florian, du träumst zuviel (Kinderb., 1986), Lichtpunkte (Ged., 1986), Die Reise mit dem Wunderauto (Kinderb., 1990).

Axular, Pedro de [bask. aʃular] (Agerre eta Azpilikueta, P.; Daguerre y Azpilicueta, P.), * Urdax (Urdazubi, Navarra) 1556, † Sare (Labourd) 8. April 1644, bask. Schriftsteller. – Studierte in Salamanca, Priester, seit 1600 in Sare; schrieb auf Verlangen anderer Seelsorger ›Gero‹ (= Nachher, 1643, 1964 mit kastil. Übersetzung), ein Buch asket. Inhalts, das als Meisterwerk bask. Prosa gilt, für Gläubige, die nur das Baskische kannten. A. bediente sich des labortanischen Dialekts, benutzte aber auch Elemente anderer bask. Dialekte. Dank der Autorität A.s wird heute noch von vielen das Labortanische als Literatursprache befürwortet.

Ayala, Francisco [span. a'jala], * Granada 16. März 1906, span. Schriftsteller. – 1934 Prof. für Soziologie und Politikwissenschaft, zunächst in Madrid, dann im Exil in Buenos Aires und Puerto Rico (Gründung der Zeitschrift ›La Torre‹), anschließend Prof. für Literatur an verschiedenen amerikan. Universitäten; 1984 Mitgl. der Span. Akademie. Schrieb neben fachwissenschaftl. Arbeiten Romane, Erzählungen und Essays und übersetzte u. a. Th. Mann, R. M. Rilke, B. Constant und A. Moravia. Im Zentrum seines erzähler. Werks stehen der Span. Bürgerkrieg (›La cabeza del cordero‹, Kurzgeschichten, 1942, ergänzt 1962) und eine pessimist. Sicht des Menschen (›Muertes de perro‹, R., 1958; ›El fondo del vaso‹, R., 1962; ›El jardin de las delicias‹, R., 1971). 1991 erhielt A. den Premio Miguel de Cervantes.

Weitere Werke: Recuerdos y olvidos (Erinnerungen, 2 Bde., 1982/83), El escritor en el siglo (1990), Contra el poder y otros ensayos (Essays, 1992).

Ayala, Pe[d]ro López de [span. a'jala], span. Dichter und Chronist, ↑ López de Ayala, Pe[d]ro.

Ayala y Herrera, Adelardo López de [span. a'jala i ɛ'rrɛra], span. Schriftsteller und Politiker, ↑ López de Ayala y Herrera, Adelardo.

Alan
Ayckbourn

Ayckbourn, Alan [engl. 'ɛɪkbɔːn], * London 12. April 1939, engl. Dramatiker. – War Schauspieler, Regisseur und Produzent an verschiedenen Theatern; seit 1971 Produktionsdirektor des Stephen Joseph Theatre in the Round in Scarborough. Verfasser erfolgreicher Komödien und Farcen mit zunehmend formal experimentellen und inhaltlich sozialkrit. Anklängen, wobei Probleme der Kommunikationslosigkeit und mangelnden Einfühlung innerhalb von Liebesbeziehungen, Ehe und Familie (›Normans Eroberungen‹, Trilogie, 1975, dt. 1975: ›Tischmanieren‹, ›Trautes Heim‹, ›Quer durch den Garten‹; ›Die bessere Hälfte‹, 1971, dt. 1970; ›Schöne Bescherungen‹, 1980, dt. 1982) ebenso angesprochen werden wie das Thema Tod (›Frohe Feste‹, 1974, dt. 1973).

Weitere Werke: Halbe Wahrheiten (1968, dt. um 1970), Konfusionen (1974, dt. 1976), Freunde in der Not (1975, dt. 1976), Schlafzimmergäste (1977, dt. 1977), Ganz unter uns (1978, dt. 1977), Je nachdem, wer mit wem (1981, dt. 1980), Treppauf, treppab (1981, dt. 1980), Stromaufwärts (1981, dt. 1984), Making tracks (1981), Intimate exchanges (1982), Einer für alles (UA 1985, dt. EA 1985), Woman in mind (UA 1986), Henceforward (1988), Man of the moment (1990), The revengers' comedies (1991).

242 Aymé

Ausgabe: A. A. Stücke. Dt. Übers. Rbk. 1994.
Literatur: WATSON, I.: Conversations with A.
London 1981. – WHITE, S. H.: A. A. Boston
(Mass.) 1984. – BARTSCH, U.: A. A.s Dramen-
figuren. Hildesheim 1986. – BILLINGTON, M.:
A. A. London ²1990. – A. A., a casebook. Hg. v.
B. F. DUKORE. London 1992.

Aymé, Marcel [André] [frz. ɛ'me],
* Joigny (Yonne) 29. März 1902, † Paris
14. Okt. 1967, frz. Schriftsteller. – Fand
nach frühen lyr., psychologisierenden
Romanen zu seinem charakteristisch-ori-
ginellen Stil von schockierender Derbheit und herausfordernder, manchmal
obszöner Plastizität der Schilderung. Berühmt wurde v. a. der Roman ›Die grüne
Stute‹ (1933, dt. 1952), ein derb.-kom.
Stück ländl. Sittengeschichte, worin er
die polit. Rivalität zweier Dorffamilien
schildert. Skurrile Situationskomik, erzeugt durch die Steigerung ins Groteske,
Unwirkliche, zeigt der Novellenband
›Der Mann, der durch die Wand gehen
konnte‹ (1943, dt. 1949). A. war auch ein
geschickter Bühnenautor. Poet. Zartheit
kennzeichnet seine Tiermärchen (für
Kinder), viele seiner Novellen, auch die
Komödie ›Die Mondvögel‹ (1955, dt.
1959).

Weitere Werke: Brûlebois (R., 1926), Les ju-
meaux du diable (R., 1927), La table aux crevés
(R., 1929), Les contes du chat perché (Märchen,
1934, dt. Ausw. u. a. 1949, 1954, 1955, 1964), Der
schöne Wahn (R., 1941, dt. 1949), Der Weg ins
Blaue (R., 1946, dt. 1989), Lucienne und der
Schlächter (Kom., 1947, dt. 1955), Der Herr von
Clérambard (Kom., 1950, dt. 1951), La tête des
autres (Dr., 1952), Die vier Wahrheiten (Kom.,
1954, dt. 1960), Die Schubladen des Unbekannten (R., 1960, dt. 1962).
Literatur: VANDROMME, P.: A. Paris 1960. – DU-
MONT, J.-L.: M. A. et le merveilleux. Paris
1970. – LEJEANVRE, A.: La misogynie dans
l'œuvre romanesque de M. A. Grenoble 1981. –
DUFRESNOY, C.: Écriture et dérision. Le comique dans l'œuvre littéraire de M. A. Lille
1982. – Diversité de M. A. Hg. v. Y.-A. FAVRE u.
M. LECUREUR. Paris 1982. – LECUREUR, M.: La
comédie humaine de M. A. Paris 1985. – LECU-
REUR, M.: M. A. Lyon 1988.

Ayraud, Pierre [frz. ɛ'ro], frz. Schriftsteller, † Boileau, Pierre Louis.

Ayren, Armin, Pseudonym Hermann
Schiefer, * Friedrichshafen 7. März 1934,
dt. Schriftsteller. – Lehrer in Stuttgart
und Waldshut, Dozententätigkeit. In seinen Erzählungen und Romanen werden
durchaus normale Menschen in kafka-
esken Situationen Ereignissen ausgesetzt,
die sie nicht mehr selbst steuern können.

Werke: Wer abschreibt, kriegt ne 5! (satir. Sachbuch, 1967, mit K. Halbritter), Der Brandstifter
und andere Abweichungen (En., 1968), Der
Mann im Kamin (R., 1980), Buhl oder der Kon-
junktiv (R., 1982), Das Blaue vom Ei (En.,
1985), Der flambierte Säugling (satir. Lexikon,
1985), Die Trommeln von Mekka (E.n., 1990).

Ayrenhoff, Cornelius Hermann von,
* Wien 28. Mai 1733, † ebd. 15. Aug. 1819,
österr. Dramatiker. – Offizierslaufbahn
in der österr.-ungar. Armee, 1794 Feld-
marschall-Leutnant; Verfasser zahlreicher erfolgreicher Komödien und Tragödien; bei seiner Betonung der äußeren
Form ließ er sich von den frz. Klassizi-
sten J. Racine und N. Boileau-Despréaux
sowie von J. Ch. Gottsched beeinflussen;
stand in Gegnerschaft zum Sturm und
Drang und zu Shakespeare.

Werke: Aurelius... (Trag., 1766), Hermann und
Thusnelde (Trag., 1768, 1769 u. d. T. Hermanns
Tod), Der Postzug... (Kom., 1769), Die gelehrte
Frau (Kom., 1775), Die Liebe in Pannonien
(Trag., 1777), Das Reich der Mode (Kom.,
1781), Die Freundschaft der Weiber (Kom.,
1782), Kleopatra und Antonius (Trag., 1783),
Das neue Theater der Deutschen (Abh., 1804),
Kleinere Gedichte (1810).
Literatur: MONTAG, W.: Kornelius v. A. Mün-
ster 1908.

Ayrer, Jakob, * Nürnberg um 1543,
† ebd. 26. März 1605, dt. Dramatiker. –
Lebte seit 1570 in Bamberg, nach 1593
als Notar und Prokurator beim Stadtge-
richt wieder in Nürnberg. Bed. sind die
69 erhaltenen Tragödien, Komödien,
Fastnachtsspiele und Singspiele, mit denen er die Nürnberger Spieltradition
(Hans Sachs) nach engl. Vorbild beleben
wollte. Seine Stoffe entnahm er u. a. der
röm. Geschichte, der dt. Heldensage, der
Bibel, Schwanksammlungen und Volks-
büchern. Er gab erstmals genaue Büh-
nenanweisungen. Seine stroph. Singspiele schrieb A. auf die Melodien bekannter Volkslieder und kom. Balladen;
sie dienten als Zwischenaktunterhaltung
und werden höher eingeschätzt als sein
übriges Werk.

Ausgaben: Opus Theatricum. Nbg. 1618. 14
Bde. Nachdr. Ffm. 1885. Mchn. 1906. – J. A.
Dramen. Hg. v. A. VON KELLER. Tüb. 1865. 5
Bde. Nachdr. Stg. 1972.
Literatur: HÖFER, G.: Die Bildung J. A.s. Lpz.
1929. – SACHS, H. G.: Die dt. Fastnachtsspiele v.

den Anfängen bis zu J. A. Diss. Tüb. 1957 [Masch.]. – Olf, N.: Der Wortschatz J. A.s. Göppingen 1988.

Aytoun, William Edmonstoune [engl. ɛitn], * Edinburgh 21. Juni 1813, † Blackhills bei Elgin 4. Aug. 1865, schott. Schriftsteller und Kritiker. – Jurist; wurde 1845 Prof. für Rhetorik und schöne Literatur in Edinburgh, 1852 Sheriff von Orkney und Shetland. Mitarbeiter von ›Blackwood's Magazine‹; schrieb Balladen, auch Scherzgedichte und Prosaskizzen von bestechender Komik; sammelte die ›Ballads of Scotland‹ (2 Bde., 1858); bekannt wurden v. a. seine ›Lays of the Scottish cavaliers‹ (1849).
Weitere Werke: The Bon Gaultier ballads (1845, mit T. Martin), Firmilian, a spasmodic tragedy (1854).

Ažaev, Vasilij Nikolaevič, russ.-sowjet. Schriftsteller, † Aschajew, Wassili Nikolajewitsch.

Azaña y Díaz, Manuel [span. a'θaɲa i 'ðiaθ], * Alcalá de Henares 10. Jan. 1880, † Montauban (Frankreich) 4. Nov. 1940, span. Schriftsteller und Politiker. – Republikaner; nach dem Sturz der Monarchie 1931 erst Kriegsminister, dann Ministerpräsident bis 1933; 1936 erneut Ministerpräsident, später bis 1939 Präsident der Republik; emigrierte 1939 nach Frankreich. Wurde literarisch bekannt durch seine Übersetzungen (u. a. Stendhal), seine essayistisch-krit. Schriften und seine Romane.
Werke: Vida de Don Juan Valera (Biogr., 1926), El jardín de los frailes (autobiograph. R., 1927), Plumas y palabras (Essays, 1930), La invención del Quijote (Essays, 1934).

Azcárate, Martín de [span. aθ'karate], Pseudonym des span. Schriftstellers José Luis † Martín Descalzo.

Azeglio, Massimo Taparelli, Marchese d' [italien. ad'dzeʎʎo], * Turin 24. Okt. 1798, † ebd. 15. Jan. 1866, italien. Schriftsteller und Politiker. – Setzte sich für die Einigung Italiens ein; wurde unter Viktor Emanuel II. 1849 Ministerpräsident von Sardinien; wegen Meinungsverschiedenheiten mit C. B. Graf von Cavour 1852 gestürzt. Literarisch stand er unter dem Einfluß A. Manzonis, seines Schwiegervaters. Schrieb romantischpatriot. histor. Romane (›Hector Fieramosca‹, 1833, dt. 1841; ›Niccolò de'

Lapi‹, 1841, dt. 1841). Größere Bedeutung besitzen seine polit. Schriften (›Scritti politici e letterari‹, 2 Bde., hg. 1872) und seine Memoiren (›Meine Erinnerungen‹, 2 Bde., 1867, dt. 1869).
Literatur: Marshall, R.: M. d'A. London u. New York 1966.

Azevedo, Aluízio Tancredo Gonçalves de [brasilian. aze'vedu], * São Luís (Maranhão) 14. April 1857, † Buenos Aires 21. Jan. 1913, brasilian. Schriftsteller. – Verfaßte außer Theaterstücken und Erzählungen v. a. Romane, von denen ›Der Mulatte‹ (1881, dt. 1964) über die Rassendiskriminierung heute als das bedeutendste Werk des Naturalismus in Brasilien gilt.
Ausgabe: A. T. G. de A. Obras completas. Saõ Paulo 1954–61. 12 Bde.

Azione teatrale [italien. at'tsio:ne tea'tra:le], musikal. ›Miniaturdrama‹ (Metastasio), das sich im 17. und 18. Jh. bes. Beliebtheit erfreute und häufig mit Festa teatrale synonym ist. Kleiner als ein eigtl. Drama, aber größer als eine (dramat.) Kantate, bezeichnet A. t. etwa Werke wie die ›Euridice‹ von O. Rinuccini in der Vertonung von I. Peri und G. Caccini (1600) oder den ›Orfeo‹ von R. Calzabigi in der Komposition von Ch. W. Gluck (1762). Bei biblischen Themen wird die A. t. allgemein als **Azione sacra** bezeichnet († Rappresentazione sacra).

Azkue Aberasturi, Resurrección María de [bask. askɥe aβeraƨturi], * Lekeitio (Vizkaya) 5. Aug. 1864, † Bilbao 9. Nov. 1951, bask. Schriftsteller, Komponist und Philologe. – Studierte Theologie in Vitoria und Salamanca, Musik in Bilbao, Brüssel und Köln; schrieb religiöse Bücher, Romane, Erzählungen, Zarzuelas und Opern. Seine philolog. Studien auf dem Gebiet der Lexikologie, der Grammatik und der Volksliteratur waren epochemachend und blieben trotz einiger Mängel bis heute maßgebend.
Werke: Diccionario Vasco-Español-Francés (= Baskisch-Spanisch-Französisches Wörterbuch, 2 Bde., 1905/06), Cancionero popular Vasco (= Baskische Volkslieder, 9 Bde., 1922), Morfología Vasca (= Baskische Formenlehre, 1923), Euskalerriaren Yakintza (= Volksliteratur des Baskenlandes, mit kastil. Übersetzung, 4 Bde., 1935–47).

Azorín [span. aθo'rin], eigtl. José Martínez Ruiz, * Monóvar (Alicante) 11. Juni 1874, † Madrid 2. März 1967, span. Schriftsteller. – Studierte Rechtswiss. in Valencia, widmete sich jedoch bald der Literatur und schrieb in Madrid für republikan. u. a. Blätter; später konservativer Abgeordneter, zeitweilig auch Unterstaatssekretär im Erziehungsministerium; 1924 Mitglied der Span. Akademie; 1936–39 in Frankreich; Vertreter der Generation von 98; Verfasser bed., für das Selbstverständnis Spaniens wichtiger Schriften: ›El alma castellana‹ (1900), ›Auf den Spuren Don Quijotes‹ (1905, dt. 1923), ›España, hombres y paisajes‹ (1909), ›Castilla‹ (1912), ›Clásicos y modernos‹ (1913) u. a.; daneben auch Romane (›Antonio Azorín‹, 1903; ›Don Juan‹, 1922; ›Doña Inés‹, 1925) und Dramen mit surrealist. Tendenz. A. gilt als ein hervorragender Stilist.

Ausgabe: A. Obras completas. Hg. v. A. Cruz Rueda. Madrid 1947–54. 9 Bde.
Literatur: Livingstone, L.: Tema y forma en las novelas de A. Madrid 1970. – Beltrán de Heredia, P.: A. en su inmortalidad. Madrid 1973. – Fernández Pombo, A.: Maestro A. Madrid 1973. – Sequeros López, A.: La mujer en la obra de A. Orihuela 1975. – Risco, A.: A. y la ruptura con la novela tradicional. Madrid 1980. – Glenn, K. M.: A. (José Martínez Ruiz). Boston (Mass.) 1981. – Maas, A.: A. oder der Mensch im Zeichen der Ebene. Eine Auseinandersetzung mit dem Werk A.s am Beispiel von ›La Ruta de Don Quijote‹. Bern u. a. 1984.

Azuela, Mariano [span. a'su̯ela], * Lagos de Moreno (Jalisco) 1. Jan. 1873, † Mexiko 1. März 1952, mex. Schriftsteller. – Arzt; wegen seines polit. Engagements während der Revolution zeitweilig im Exil in den USA. Mit seinem Roman ›Die Rotte‹ (1916, dt. 1930), in dem in stark bildhaften Einzelszenen die ersten Jahre der Revolution dargestellt werden, leitete A. die fruchtbare Tradition des mex. Revolutionsromans ein.

Weitere Werke: Mala yerba (R., 1909), Los caciques (R., 1917), La malhora (R., 1923), La luciérnaga (R., 1932).
Ausgabe: M. A. Obras completas. Mexiko 1958–60. 3 Bde.
Literatur: Robe, S. L.: A. and the Mexican underdogs. Berkeley (Calif.) 1979.

B

Bâ, Amadou Hampaté [frz. bɑ], * Bandiagara (Mali) 1901, † Abidjan im Mai 1991, afrikan. Schriftsteller. – Sammelte die mündlich überlieferten Lieder, Epen und Chroniken der Fulani. In seinem Roman ›Das seltsame Schicksal des Wangrin‹ (1973, dt. 1986) schilderte er die Erlebnisse eines schwarzen Dolmetschers während der frz. Kolonialzeit.

Bâ, Mariama [frz. bɑ], * Dakar 1929, † ebd. 18. Aug. 1981, senegales. Schriftstellerin. – Trat 1943 als eine der ersten Afrikanerinnen in die École normale in Rufisque ein, war Volksschullehrerin; engagiert in der senegales. Frauenbewegung; schildert die islam. Ehe und das Kastenwesen im modernen Senegal.
Werke: Ein so langer Brief (R., 1979, dt. 1980), Der scharlachrote Gesang (R., 1981, dt. 1982).

Johannes
Baader

Baader, Johannes, * Stuttgart 21. Juni 1875, † Adldorf (heute zu Eichendorf, Landkreis Dingolfing-Landau) 14. Jan. 1955, dt. Architekt, Schriftsteller und Journalist. – 1918 Mitbegründer und bis 1922 prägendes Mitglied des Berliner Dadaismus (genannt ›Oberdada‹); aktive Teilnahme an den großen Dada-Soireen. Die erste ›Internat. Dada-Messe‹ (Berlin 1920) zeigte seine Textcollagen und die erste Assemblage ›Das große Plasto-Dio-Dada-Drama‹. Ab 1925 bis Ende des 2. Weltkriegs Journalist beim ›Hamburg. Correspondenten‹.
Ausgabe: J. B. Oberdada. Schrr., Manifeste, Flugblätter, Billets, Werke u. Taten. Hg. v. H. BERGIUS u. a. Gießen 1977.

Baạl Schẹm Tọv (tl.: Ba‘al Šem Ṭôv), eigtl. Israel Ben Elieser, * Okop bei Kamenez-Podolski (Podolien) um 1700, † Międzyboż (Podolien) 22. Mai 1760, Begründer des Chassidismus. – Lebte als Wundertäter (Baal Schem) in den Karpaten. Biograph. Einzelheiten sind durch legendar. Berichte verklärt. Seine Aussprüche und Lehre wurden erst ein halbes Jh. nach seinem Tod von Schülern und Anhängern schriftlich fixiert. Hauptgegenstand der Lehre ist die Vorstellung vom Einssein Gottes mit seiner Schöpfung und der jedem Wesen innewohnenden Gottesherrlichkeit. Das durch den B. Sch. T. begründete Aufbrechen einer neuen schöpferisch-religiösen Kraft innerhalb des poln. und russ. Judentums ist zu sehen als Folge des Zusammenbruchs der messian. Bewegungen des Sabbatai Zwi und der Frankisten sowie als Reaktion gegen die erstarrte rabbin. Religionsgesetzlichkeit und die asket. ↑ Kabbala. Im deutschsprachigen Raum ist der B. Sch. T. v. a. durch Martin Buber bekannt geworden.
Literatur: BUBER, M.: Die Legende des Baalschem. Umgearbeitete Neuausg. Zü. 1955. – DOB BAER BEN SAMUEL: In praise of Baal Shem Tov (Shirhei ha-Besht). Hg. v. DAN BEN-AMOS u. J. R. MINTH. Bloomington (Ind.) 1970.

Baar, Jindřich Šimon, * Klenčí pod Čerchovem (Westböhm. Gebiet) 7. Febr. 1869, † ebd. 24. Okt. 1925, tschech. Schriftsteller. – Kath. Priester; stellte in

Romanen und Erzählungen den Einfluß der Industrialisierung auf das Bauernleben dar und setzte sich mit dem Problem einer Reform des Klerus auseinander; sammelte Märchen der Choden. **Werke:** Johann Cimbura (R., 1908, dt. 1941), Paní komisarka (= Die Frau Kommissär, R., 1923).

Baarle, Caspar van, niederl. Historiker und Dichter, ↑ Barlaeus, Casparus.

Bååth, Albert Ulrik [schwed. bo:t], * Malmö 13. Juli 1853, † Göteborg 2. Aug. 1912, schwed. Dichter. – Seine realist. Gedichte vermitteln stimmungsvolle Bilder seiner Heimatlandschaft Schonen. B. behandelte auch soziale Themen; stilistisch von der altnord. Sagadichtung beeinflußt; Übersetzungen aus dem Altisländischen.
Werke: Dikter (Ged., 1879), Vid allfarväg (Ged., 1884), På gröna stigar (Ged., 1889), Nordiskt forntidsliv (Essay, 1890), Svenska toner (Ged., 1893), Nordmannamystik (Essay, 1898).
Literatur: ÖSTERLING, A.: A. U. B. Minnesteckning. Stockholm 1960.

Bab, Julius, * Berlin 11. Dez. 1880, † Roslyn Heights (N. Y.) 12. Febr. 1955, dt. Theaterkritiker und Schriftsteller. – Dramaturg in Königsberg (Pr) und Berlin; emigrierte 1938. Verfaßte etwa 90 theaterwissenschaftl. Werke und Biographien über Dramatiker und Schauspieler (u. a. ›Richard Dehmel‹, 1926; ›Albert Bassermann‹, 1928; ›Die Devrients‹, 1932); bed. ist v. a. seine Dramaturgie für Schauspieler ›Der Mensch auf der Bühne‹ (3 Bde., 1910).

Babai der Große (tl.: Bābay), * Bet Zabdai um 540, † Isla 628, syrisch-nestorian. Mönch. – Einer der bedeutendsten Schüler der nestorian. Schule von Nisibis; Mönch und Klostervorsteher des Klosters Isla; lehnte kurz vor seinem Tod die Wahl zum Katholikos ab, obwohl er zeitweilig in der Leitung der Kirche mitgearbeitet hatte; hinterließ ein umfangreiches literar. Werk in syr. Sprache (nur z. T. erhalten).
Ausgabe: Babai Magnus. Liber de Unione. Hg. v. A. VASCHALDE. Paris 1915. 2 Bde. CSCO 79.80.
Literatur: BAUMSTARK, A.: Gesch. der syr. Lit. Bonn 1922. Mit Ausschluß der christlich-palästinens. Texte. Nachdr. Bln. 1968. S. 137. – VÖÖBUS, A.: History of the school of Nisibis. Löwen 1965.

Babajęwski (tl.: Babaevskij), Semjon Petrowitsch, * Kunje (Gouv. Charkow) 6. Juni 1909, russ. Schriftsteller. – Absolvent des Gorki-Literaturinstituts, im 2. Weltkrieg Frontkorrespondent; beschrieb in schönfärber. Romanen Probleme des Wiederaufbaus und der Nachkriegsgeneration.
Werke: Der Ritter des Goldenen Sterns (R., 2 Bde., 1947/48, dt. 1951), Licht auf Erden (R., 2 Bde., 1949/50, dt. 1951/52), Aufruhr der Söhne (R., 1961, dt. 1963), Privol'e (= Freiheit, 1980).

Babel (tl.: Babel'), Issaak Emmanuilowitsch [russ. 'babɪlj], * Odessa 13. Juli 1894, † Moskau 27. Jan. 1940 (erschossen), russ.-sowjet. Schriftsteller. – Aus jüd. Familie; Handelsschulausbildung; 1916 erste Publikationen in der von M. Gorki geleiteten Zeitschrift ›Letopis'‹; als Teilnehmer am Bürgerkrieg auf seiten der Bolschewiki 1920 polit. Kommissar in der Reiterarmee des Marschalls S. M. Budjonny, danach in der Zivilverwaltung; Journalist; ab 1923 neue literar. Produktion, die zunächst begeistert, dann kritisch aufgenommen wurde; nach 1935 Verlust der Publikationsmöglichkeiten als Folge der stalinist. Kulturpolitik; 1939 verhaftet; 1957 Rehabilitation. B. wurde berühmt durch die Erzählungen ›Budjonnys Reiterarmee‹ (1926, dt. 1926, Neuübers. 1994 u. d. T. ›Die Reiterarmee‹), deren Stilmerkmal die präzise, oft zyn. Darstellung des grausamen Kriegsgeschehens in lyr., ornamentaler Prosa ist; bed. Formkünstler.
Weitere Werke: Geschichten aus Odessa (1921–24, dt. 1926), Sonnenuntergang (Dr., 1928, dt. 1962), Drei Welten (ges. En., dt. 1931), Marija (Dr., 1935, dt. 1962).

Issaak
Emmanuilo-
witsch Babel

Ausgaben: Isaak B. Ein Abend bei der Kaiserin. Prosa, Reden, Tagebuch, Briefe. Hg. v. H. PROSS-WEERTH. Nw. u. Bln. 1970. – Isaak B. Erste Hilfe. Sämtl. Erzählungen. Nördlingen 1987. – Isaak B. Tagebuch 1920. Hg. v. P. UR-BAN. Dt. Übers. Bln. ²1990. **Literatur:** FALEN, J. E.: I. B. Russian master of the short story. Knoxville (Tenn.) 1974. – MORS-BACH, P.: I. B. auf der sowjet. Bühne. Mchn. 1983. – PIROSHKOWA, A.: Ich wünsche Ihnen Heiterkeit. Erinnerungen an B. Dt. Übers. Bln. 1993.

Babić, Ljubomir [serbokroat. ˈbabitɕ], kroat. Schriftsteller, ↑Gjalski, Ksaver Šandor.

Babits, Mihály [ungar. ˈbɔbitʃ], *Szekszárd 26. Nov. 1883, †Budapest 4. Aug. 1941, ungar. Schriftsteller. – Studierte Literatur in Budapest, Redakteur der größten ungar. Literaturzeitschrift ›Nyugat‹. 1919, in der Räterepublik, war er Prof. an der Univ. Budapest, 1940 Mitglied der Akademie. In den 30er Jahren war B. Führer des literar. Lebens in Ungarn. Er verfaßte Gedichte, Romane, Novellen und Essays, v. a. aber war er Mittler westl. Geistes. Die geschliffene Form seiner Gedichte, seine Neigung zum Gedanklichen, innere Unruhe und melanchol. Verschlossenheit charakterisieren seine Dichtung. B. schrieb nicht nur symbolist. Gedichte, sondern auch volkstüml. Liebes- und Zechlieder. In dem Roman ›Der Storchkalif‹ (1916, dt. 1920) stellt er die Bewußtseinsspaltung dar. ›Das Kartenhaus‹ (R., 1924, dt. 1926) zeichnet die industrialisierte Hauptstadt und kritisiert die Form des gesellschaftl. Zusammenlebens. Ein großes Romanexperiment ist ›Halálfiai‹ (= Söhne des Todes, 1927), eine analyt., psycholog. Schilderung der Intelligenz und der Mittelklasse der Jahrhundertwende. Als Sprachkünstler ragt B. mit seinen Übersetzungen, als Literarhistoriker mit seiner ›Geschichte der europ. Literatur‹ (2 Bde., 1934/35, dt. 1948) hervor. **Weitere Werke:** Kentaurenschlacht (Nov., 1920, dt. 1926), Der Sohn des Virgilius Timár (Nov., 1922, dt. 1923), Frage am Abend (Ged., dt. Auswahl 1983). **Literatur:** RÁBA, G.: B. M. Budapest 1983.

Babo, Joseph Marius von, *Ehrenbreitstein 14. Jan. 1756, †München 5. Febr. 1822, dt. Dramatiker. – Theaterleiter in Mannheim, dann in München,

Mihály Babits

dort auch Prof. für Ästhetik; seinen größten Erfolg hatte er mit dem vielgespielten, von Goethes ›Götz‹ angeregten Ritterstück ›Otto von Wittelsbach‹ (Dr., 1782). Verfaßte auch effektvolle, bürgerl. Lustspiele und Opernlibretti. **Weitere Werke:** Arno (Dr., 1776), Dagobert der Frankenkönig (Dr., 1779), Die Maler (Lsp., 1782), Die Strelitzen (Schsp., 1790), Bürgerglück (Lsp., 1792), Albrechts Rache für Agnes (Schsp., 1808).

Babrios (tl.: Bábrios; lat. Babrius), griech. Fabeldichter um 100 n. Chr. – Lebte als hellenisierter Römer im Orient (wohl Syrien); seine in volkstüml. Sprache gestalteten und in Choliamben gebrachten Fabeln des Äsop weisen ihn als geschickten Erzähler aus, der auch Novellistisches und Anekdotisches aus anderen Quellen hinzufügte; nur z. T. überliefert. Fand schon zu Lebzeiten wie auch später Nachahmer (z. B. Avianus).

babylonisch-assyrische Literatur, die in akkad., der nordostsemit. Sprache Babyloniens und Assyriens auf Keilschrifttafeln seit etwa 2500 v. Chr. bis ins 1. Jh. n. Chr. überlieferte, in weiterem Sinne auch in sumer. Sprache (↑sumerische Literatur) geschriebene Literatur des alten Zweistromlandes. Die mündl. Tradition des 3. Jt. wurde meist erst nach 2000 v. Chr. niedergeschrieben. Mit dem Aussterben der gesprochenen sumer. Sprache (gegen 1800 v. Chr.) begann die akkad. Bearbeitung und Neufassung sumer. Dichtungen. Neue, nur akkad. Gattungen von Literaturwerken kamen hinzu. In der Kassitenzeit (etwa 15.–12. Jh.) wurde v. a. in den Tempeln Babyloniens systematisch die b.-a. L. ge-

sammelt und zu Tafelserien zusammengefaßt, die in den neuassyr. *Bibliotheken* (v. a. Ninive) kanon. Geltung erlangten. Die Texte wurden anonym in Schreiberschulen überliefert, immer wieder abgeschrieben und überarbeitet, nur in Ausnahmefällen ist der Name eines Dichters oder Bearbeiters genannt. Die meist nur lückenhaft erhaltenen Texte sind oft schwer verständlich, auch wegen ihrer gehobenen dichter. Sprache.
Mythen und **Epen** gehören zum ältesten Bestand der b.-a. Literatur. Schon altsumerisch sind die lokalen Mythenkreise um die Götter Enki (Ea), Enlil und Inanna (Ischtar), um den myth. Vogel Ansu, um Schöpfung und Flut. Die beiden letzten Themen wurden im altbabylon. Epos ›Atrachasis‹ verarbeitet. Sicher jünger sind die ep. Dichtungen vom Fluge Etanas auf einem Adler und vom Pestgott Erra. Um Stadtkönige der frühdynast. Zeit (28./27. Jh.), wie z. B. Lugalbanda und Enmerkar, rankten sich sumer. ep. Erzählungen, die z. T. später wie beim ›Gilgamesch-Epos‹ in ein babylon. Epos zusammengefaßt wurden. Auch um spätere histor. Herrscher wie Sargon und Naramsin von Akkad bildeten sich Legenden. Diejenige um den Assyrerkönig Tukulti-Ninurta I. (1233–1197) diente wohl bewußt polit. Zwecken.
Eine nur assyr. Gattung sind die **Königsannalen,** während es histor. Berichte bereits in altsumer. königl. **Bauinschriften** gab und die sog. **Chroniken** trotz später Überlieferung sicher auf alten babylon. Quellen beruhen. Das sog. babylon. Weltschöpfungsepos ›Enuma elisch‹ ist eigentlich ein Lehrgedicht vom Aufstieg des Stadtgottes von Babylon Marduk zum Götterkönigtum. **Lehrhafte Dichtungen** waren im alten Sumer beliebt, v. a. in der Form von **Streitgesprächen** zwischen Gegensatzpaaren wie Sommer – Winter, Hacke – Pflug usw. Sie gehören zur **Weisheitsliteratur,** die außerdem in **Sprichwörtersammlungen, Fabeln** und **Dichtungen,** z. B. um das Hiob-Problem, vorliegt, oft in kunstreicher Sprache. Volkstümlichere Gattungen wie **Schwänke** o. ä. sind kaum überliefert.
Den größten Teil der Keilschrifttexte aber bildet die **religiöse Literatur** im engeren Sinne: **Götterhymnen,** z. T. mit Bitten für bestimmte Herrscher, sowie die **Königshymnen** des frühen 2. Jt. v. Chr. waren ebenso verbreitet wie **Gebete,** die allerdings selten persönl. Frömmigkeit ausdrücken. Auch sie hat man später in ganzen Zyklen je nach Inhalt zusammengefaßt. Man rezitierte sie auch im Rahmen der Festrituale, wie sie hpts. für königl. Feste und das Neujahrsfest bekannt sind. Eine eigene sumer. Gattung bildeten **Klagelieder** (Litaneien), z. B. um die Zerstörung von Akkad oder Ur. Weitaus am häufigsten sind jedoch **Beschwörungstexte,** die für alle Probleme des tägl. und öffentl. Lebens Ritualanweisungen und Rezitationen vorschreiben und zu großen Kompendien zusammengestellt waren. Mit den anderen Errungenschaften der babylon. Kultur gelangte auch der b.-a. L. insbes. in Nordsyrien und Kleinasien zu großem Einfluß, wie z. B. erhaltene churrit. und hethit. Fassungen des ›Gilgamesch-Epos‹, der Sargon-Naramsin-Tradition usw. erweisen.

Literatur: FALKENSTEIN, A./SODEN, W. VON: Sumer. u. akkad. Hymnen u. Gebete. Dt. Übers. Zü. 1953. – OTTEN, H.: Bibliotheken im Alten Orient. In: Altertum 1 (1955), S. 67. – LAMBERT, W. G.: Babylonian wisdom literature. Oxford 1960. – OPPENHEIM, A. L.: Letters from Mesopotamia. Chicago (Ill.) 1967. – BORGER, R.: Hdb. der Keilschriftlit. Bln. 1967–75. 3 Bde. – Ancient Near Eastern texts relating to the Old Testament. Hg. v. J. B. PRITCHARD. Princeton (N. J.) ³1969. – Hymnes et prières aux dieux de Babylonie et d'Assyrie. Hg. v. M.-J. SEUX. Paris 1976. – REINER, E.: Die akkad. Lit. In: Neues Hdb. der Literaturwiss. Bd. 1.:Altoriental. Literaturen. Hg. v. W. RÖLLIG. Wsb. 1978. S. 151.

Bacchelli, Riccardo [italien. bak-'kɛlli], * Bologna 19. April 1891, † Monza

Riccardo
Bacchelli

8. Okt. 1985, italien. Schriftsteller. – War Journalist und Literaturkritiker. Begann mit Gedichten und Dramen (›Poemi lirici‹, 1914; ›Spartaco e gli schiavi‹, Dr., 1920; ›Amleto‹, Dr., 1923), denen Novellen und v. a. [histor.] Romane folgten. Anfang der 20er Jahre schloß er sich einer Schriftstellergruppe um die Zeitschrift ›La Ronda‹ an, die für den klass. Stil nach dem Vorbild A. Manzonis und G. Leopardis eintrat. In B.s literar. Werk zeigen sich neben lebendigem Erzähltalent sein psycholog. Interesse und seine lebhafte Teilnahme an sozialen Fragen. Sein umfangreichstes und charakteristischstes Werk ist die Romantrilogie ›Die Mühle am Po‹ (1938–40, dt. 1952). Außerdem liegen von B. neben Biographien auch Übersetzungen aus dem Französischen (Voltaire, Ch. Baudelaire) vor.

Weitere Werke: Lo sa il tonno (Fabel, 1923), Der Teufel auf dem Pontelungo (R., 1927, dt. 1972), Eine leidenschaftl. Ehe (R., 1930, dt. 1942), Der Sohn des Lais (R., 1932, dt. 1950), Itamar, der Geheilte von Gerasa (R., 1948, dt. 1953), Der Komet (R., 1951, dt. 1990), Tutte le novelle (1953, dt. Ausw. 1959 u. d. T. Die Achterbahn), Du bist mein Vater nicht mehr (R., 1959, dt. 1961), L'Afrodite (R., 1969), Versi e rime (Ged., 1971), Le confessioni letterarie (1973).
Ausgabe: R. B. Tutte le opere. Mailand 1958 bis 1962. 25 Bde.
Literatur: Vicinelli, A.: R. B. Storia di un autore di romanzi storici. Mailand 1961. – Vitale, M.: Bibliografía degli scritti di R. B. 1909–1970. Mailand u. Neapel ²1971. – Saggio, C.: B. e la parola. Mailand u. Neapel 1972. – Saccenti, M.: R. B. Mailand 1973. – Briganti, A.: R. B. Florenz 1980.

Bacchius [ba'x...; griech.-lat.] (Baccheus), antiker Versfuß der Form ◡ – – (amābō), der nach seiner Verwendung in Liedern auf den Gott Bacchus benannt wurde; in der lat. Dichtung häufig in der Komödie, meist üblich im akatalekt. Tetrameter. In der griech. Dichtung wurde der B. meist nur als Abschluß jamb. Verse gebraucht, z. B. im katalekt. jamb. Trimeter.

Bacchylides von Keos [bak'çy:lidɛs], griech. Lyriker, ↑ Bakchylides von Keos.

Bach, Rudolf, * München 14. Sept. 1901, † ebd. 23. März 1957, dt. Schriftsteller. – Dramaturg u. a. in Düsseldorf und Berlin, dann Chefdramaturg des Bayer.

Staatsschauspiels in München, wo er zuletzt als freier Schriftsteller lebte. Verfasser von Gedichten, Essays, Romanen, Operntexten und Übersetzungen.
Werke: Reich der Kindheit (R., 1936), Tragik und Größe dt. Romantik (Essays, 1938, 1948 u. d. T. Dt. Romantik), Ein Jahreskreis (Ged., 1941), Odysseus (Opernlibretto, 1942; Musik von H. Reutter), Der Taugenichts (Opernlibretto, 1947), Klage und Lob (Ged., hg. 1958), Leben mit Goethe (Essays, hg. 1960).

Bachaumont, Louis Petit de [frz. baʃo'mõ], * Paris 2. Juni 1690, † ebd. 29. April 1771, frz. Schriftsteller. – Sein Name ist verbunden mit den ›Mémoires secrets pour servir à l'histoire de la république des lettres‹, einem histor. und literar. Tagebuch, das er von 1762 bis zu seinem Tod führte. Das Werk, ein Dokument ersten Ranges über das gesellschaftl. und literar. Leben zur Zeit Ludwigs XV., wurde nach B.s Tod zuerst von M. F. Pidansat de Mairobert, dann von Mouffle d'Angerville fortgeführt. Von seinen 36 Bänden, die 1777–89 erschienen, stammen nur die ersten vier und ein Teil des fünften von B. selbst.

Bachelin, Oliver [frz. ba'ʃlɛ̃], frz. Dichter, ↑ Basselin, Olivier.

Bachér, Ingrid [ba'xe:r], verh. Erben, * Rostock 24. Sept. 1930, dt. Schriftstellerin. – Urenkelin Th. Storms; gehörte zur Gruppe 47; seit 1949 journalist. Tätigkeiten. Schrieb z. T. Prosa, in der sich Wirklichkeit und Traum vermischen. In ihrer Erzählung ›Ich und ich‹ (1964) beschäftigt sie sich mit dt. Nachkriegsproblemen; ihr 1986 erschienener Roman ›Die Tarotspieler‹ weist sie als empfindsame und sprachbewußte Erzählerin aus; auch Kinder- und Jugendbücher, Bühnen-, Fernseh- und Hörspiele.
Weitere Werke: Lasse Lar oder Die Kinderinsel (E., 1958), Schöner Vogel Quetzal (R., 1959), Karib. Fahrt (Reisebericht, 1961), Das Karussell des Einhorns (Hsp., 1979), Das Paar (R., 1980), Woldsen oder Es wird keine Ruhe geben (R., 1982), Assisi verlassen (E., 1993).

Bächler, Wolfgang, * Augsburg 22. März 1925, dt. Schriftsteller. – Ab 1948 Journalist, lebte 1956–66 als Auslandskorrespondent in Frankreich, seit 1967 in München. Gründungsmitglied der Gruppe 47. Versteht sich sowohl als Naturlyriker als auch als zeitkritisch-polit. Dichter; schrieb auch Prosa.

Ingeborg
Bachmann

Werke: Der nächtliche Gast (R., 1950), Lichtwechsel (Ged., 2 Bde., 1955–60), Türklingel (Ged., 1962), Türen aus Rauch (Ged., 1963), Traumprotokolle (Ged., 1972), Ausbrechen (Ged., 1976), Stadtbesetzung (Prosa, 1979), Nachtleben (Ged., 1982), Der nächtl. Gast (R., 1988), Einer, der auszog, sich köpfen zu lassen (R., 1990).

Bachmann, Ingeborg, * Klagenfurt 25. Juni 1926, † Rom 17. Okt. 1973, österr. Schriftstellerin. – Studium der Philosophie, Germanistik, Psychologie in Innsbruck, Graz und Wien. Tätigkeiten als Rundfunkredakteurin, später auch Fernsehdramaturgin. Gehörte zur Gruppe 47, die ihren ersten Gedichtband ›Die gestundete Zeit‹ (1953) auszeichnete; 1959/1960 erste Dozentin auf dem Lehrstuhl für Poetik in Frankfurt am Main. Zahlreiche Reisen, lebte 1953–57 in Italien, ab 1965 ständig in Rom. Ihre Gedichte, charakterisiert durch vorherrschend freie Rhythmen, besitzen Musikalität und große sprach- und bildschöpfer. Intensität. Sie suchte nach neuen Formen im Hörspiel (›Der gute Gott von Manhattan‹, 1958), verfaßte Libretti für H. W. Henze (›Der Idiot‹, 1952; ›Der Prinz von Homburg‹, 1960; ›Der junge Lord‹, 1965), Erzählungen, Essays, literaturkrit. Schriften sowie Übersetzungen (G. Ungaretti, Th. Wolfe). Erhielt 1964 den Georg-Büchner-Preis.

Ihr Werk ist geprägt vom dem Wunsch, Sehnsucht und Realität, Sensibilität und Intellekt zu verbinden. Immer wieder werden Versuche unternommen, in verborgene Zonen des Ich vorzudringen, die der Welt und dem Menschen eine neue, vollkommenere Gestalt geben könnten.

Selbst bei aller Unerfüllbarkeit dieses Anspruchs fordert B., unverwandt den Blick zu richten ›auf das Vollkommene, das Unmögliche, Unerreichbare, sei es in der Liebe, der Freiheit oder jeder reinen Größe‹ (Rede zur Verleihung des Hörspielpreises der Kriegsblinden, 1959). Daß dies schließlich auf einen Weg in die Einsamkeit, in den Tod führen kann, mußte B. an sich selbst erfahren. ›Todesarten‹ wollte sie eine Trilogie nennen, deren erster Band der autobiograph. Roman ›Malina‹ (1971) ist, deren Mittelstück und Finale das nur in Entwürfen vorhandene ›Requiem für Fanny Goldmann‹ und der Romantorso ›Der Fall Franza‹ (beide zus. hg. 1979) bilden sollten. Das weibl. Liebesstreben, total, kompromißlos, von der geschichtl. Situation nicht beeinflußt, wird vom Mann nicht mitvollzogen. B. zerbrach am Ende an dieser stets aufs neue gemachten Erfahrung; ob der Brandunfall, an dessen Folgen sie starb, willentlich hingenommen, wenn nicht gar von ihr selbst verursacht wurde, ist ungeklärt.

Weitere Werke: Die Zikaden (Hsp., 1955), Anrufung des Großen Bären (Ged., 1956), Das dreißigste Jahr (En., 1961), Ein Ort für Zufälle (Prosa, 1965), Simultan (En., 1972).

Ausgaben: I. B. Werke. Hg. v. CH. KOSCHEL u. a. Mchn. ³1984. 4 Bde. – I. B. Sämtl. Erzählungen. Mchn. ²1985.

Literatur: JOHNSON, U.: Eine Reise nach Klagenfurt. Ffm. 1974. – PAUSCH, H.: I. B. Bln. 1975. – BAREISS, O./OHLOFF, F.: I. B. Eine Bibliogr. Mchn. 1978. – ›Der dunkle Schatten, dem ich schon seit Anfang folge.‹ I. B. – Vorschläge zu einer neuen Lektüre des Werks. Hg. v. H. HÖLLER. Mchn. 1982. – I. B. Hg. v. A. HAPKEMEYER. Mchn. 1983. – I. B. Hg. v. H. L. ARNOLD. Mchn. 1984. – BEICKEN, P.: I. B. Mchn. ²1992. – I. B. – neue Beitrr. zu ihrem Werk. Hg. v. D. GÖTTSCHE u. a. Wzb. 1993. – Schriftwechsel. Eine literar. Auseinandersetzung mit I. B. Hg. v. L. STUDER. Zü. 1994. – ↑ auch Frischmuth, Barbara.

Bachmann, L[uise] G[eorge], * Wien 20. Aug. 1903, † Bad Ischl 17. Juni 1976, österr. Schriftstellerin. – Sängerin und Organistin, Prof. für Musikgeschichte am Pädagog. Institut in Wien; ab 1938 freie Schriftstellerin; schrieb v. a. histor. Künstlerromane; auch Märchen- und Hörspiele sowie Jugendbücher.

Werke: Meister, Bürger und Rebell. Das Lebensbild Tilman Riemenschneiders (R., 1937), Der Thomaskantor (R., 1937), Bruckner (R.,

1938), Wirrwarr in Weimar (Nov., 1941), Drei Kronen eines Lebens (R., 1947), Singen und Sagen. Roman des Minnesangs (1948), Goldsucher (R., 1951), Der sechsfarbige Strahl (R., 1953), Das reiche Fräulein Jaricot (Biogr., 1961), Beethoven contra Beethoven (R., 1963).

Bachmetjew (tl.: Bachmet'ev), Wladimir Matwejewitsch [russ. bax'mjetjɪf], *Semljansk (Gouv. Woronesch) 14. Aug. 1885, †Moskau 16. Okt. 1963, russ.-sowjet. Schriftsteller. – Berufsrevolutionär; ab 1923 Mitglied der proletar. Schriftstellergruppe ›Kusniza‹; schrieb Erzählungen und Romane über Revolution und Bürgerkrieg.
Werke: Prestuplenie Martyna (= Das Verbrechen Martyns, R., 1928), Nastuplenie (= Der Angriff, R., 1938).

Bachtjar, Toto Sudarto, *Palimanan (Java) 12. Okt. 1929, indones. Lyriker. – Während der indones. Revolutionskämpfe Angehöriger der indones. Armee (›Tentara National Indonesia‹), Jurastudium an der Univ. Jakarta, Mitarbeiter mehrerer Zeitschriften. Der von den Dichtern Sitor ↑ Situmorang und Chairil ↑ Anwar nachhaltig beeinflußte B., Angehöriger der ›Angkatan 45‹ (Generation junger Literaten von 1945), schreibt eine eigenwillige und eigenständige Lyrik von existentieller Prägung und syntaktisch ungebundener Form, die durch assoziative Anklänge B.s Dichtung den Charakter der Vieldeutigkeit und des Unausschöpfbaren verleiht.
Werke: Suara (= Stimme, Ged., 1956), Etsa (= Radierungen, Ged., 1958).
Ausgabe: Anthology of modern Indonesian poetry. Engl. Übers. Hg. v. B. RAFFEL. Albany (N.Y.) 1968.
Literatur: TEEUW, A.: Modern Indonesian literature. Den Haag 1967. S. 135.

Bačinskaitė-Bučienė, Salomėja [litauisch batʃɪn'skaːite:bʊ'tʃiɐne:], litauische Schriftstellerin, ↑ Nėris.

Backlist ['bæk...; engl.], Verzeichnis von Büchern eines Verlages, die nicht zum aktuellen Neuerscheinungsprogramm gehören, sondern schon früher erschienen und weiterhin lieferbar sind.
Backseller sind Titel aus der zurückliegenden Produktion, die anläßlich (jedoch nicht zwingend aufgrund) einer aktualisierten Neuauflage nach wie vor erfolgreich am Markt sind. Die B. ist nicht grundsätzlich ein eigener Katalog, sondern oft im allgemeinen Verlagsverzeichnis integriert.

Bacmeister, Ernst ['bak...], *Bielefeld 12. Nov. 1874, † Singen (Hohentwiel) 11. März 1971, dt. Schriftsteller. – Lebte seit 1907 als freier Schriftsteller in Wangen (Bodensee). Befaßte sich in Essays mit den ästhet. Prinzipien, die er in oft klassizistisch strengen Dramen gestaltete; auch Lyriker.
Werke: Die Rheintochter (Dr., 1897), Der Graf von Gleichen (Trag., 1898), Des Fliegers Traum (Lsp., 1912), Überstandene Probleme (Essays, 1923), Arete (Trag., 1925), Der Kaiser und sein Antichrist (Trag., 1934), Kaiser Konstantins Taufe (Trag., 1937), Der Größere (Trag., 1938), Die Tragödie ohne Schuld und Sühne (Vortrag, 1940), Die Spur (Ged., 1942), Der ind. Kaiser (Trag., 1944), Lionardo da Vinci (Trag., 1950), Der lichte Sieg. Ein Brevier (1964).
Literatur: WALCHSHÖFER, H.: E. B. Diss. Erlangen 1959.

Bacon, Francis [engl. 'beɪkən], Baron Verulam (seit 1619), Viscount Saint Albans (seit 1620), *London 22. Jan. 1561, †Highgate (heute zu London) 9. April 1626, engl. Philosoph und Schriftsteller. – Ab 1579 Anwalt in London, 1584 Sitz im Unterhaus. Stellte sich im Interesse seiner Karriere skrupellos in den Dienst des Königshauses. Unter Jakob I. Oberster Kronanwalt und Lordsiegelbewahrer, 1618 Lordkanzler, 1621 wegen Korruption aus allen öffentlichen Ämtern entlassen. B.s wiss. Werk stand unter der Vision eines gewaltigen Anwachsens der techn. und wiss. Kenntnisse, die ihn zur Begründung der Notwendigkeit einer (z. B. in Versuchsreihen) rational geplanten Empirie (gegen deduktiv orientierte Methoden) führte; diese sollte unter Ausschaltung des Zufalls der Vermehrung und v. a. Fundierung menschl. Erkenntnis als Mittel prakt. Herrschaft über die Natur (›Wissen ist Macht‹) und der kollisionsfreien Bedürfnisbefriedigung des Menschen dienen. Der Exemplifizierung dieser Vorstellung ist sein Utopieentwurf ›Neu-Atlantis‹ (Fragment, hg. 1626, dt. 1890) gewidmet. B.s Schriften zeichnet ein bestechend klarer, knapper und nüchterner Stil aus, bes. die ›Essays‹ (1597 [10 Essays], erweitert 1612 und 1625 [58 Essays], dt. 1762 u. d. T. ›Moral., polit. und ökonom. Versuche ...‹), die in der Anschaulichkeit und

Präzision der Darstellung des philosoph. Gedankenbaus selbst zu einem Kunstwerk geformt sind.
Weitere Werke: The advancement of learning (1605, erweitert lat. 1623 u. d. T. De dignitate et augmentis scientarum), De sapientia veterum (1609, engl. 1619), Neues Organon (1620, dt. 1793), History of the reign of King Henry VII (1622).
Ausgabe: F. B. The works. Hg. v. J. SPEDDING u. a. London 1857–74. 14 Bde. Nachdr. Stg. 1962/63.
Literatur: ANDERSON, F. H.: F. B. His career and his thought. Los Angeles (Calif.) 1962. Nachdr. Westport (Conn.) 1978. – VICKERS, B.: F. B. and Renaissance prose. Cambridge 1968. – AHRENS, R.: Die Essays von F. B. Hdbg. 1974. – URBACH, P.: F. B.'s philosophy of science. La Salle (Ill.) 1987. – SZCZEKALLA, M.: F. B. u. der Bakonismus. Ffm. u. a. 1990.

Baconsky, Anatol E., *Chotin (Sowjetunion) 16. Juni 1925, †Bukarest 4. März 1977, rumän. Schriftsteller. – Schrieb v. a. Natur- und Liebeslyrik; Dichter des Lebensgenusses und der Beschaulichkeit; auch Erzähler und Essayist. 1976 erschien sein Roman ›Biserica neagră‹, der in Rumänien nicht veröffentlicht werden durfte, u. d. T. ›Die schwarze Kirche‹ in dt. Übersetzung.
Weitere Werke: Fluxul memoriei (= Die Flut der Erinnerung, Ged., 1957), Imn către zorii de zi (= Hymne an die Morgendämmerung, 1962), Äquinoktium der Wahnsinnigen (En., 1967, dt. 1969), Corabia lui Sebastian (Ged., 1978), Wie ein zweites Vaterland (dt. 1978).

Bacovia, George, eigtl. G. Vasiliu, *Bacău 4. Sept. (nicht 13. Okt.) 1881, †Bukarest 22. Mai 1957, rumän. Lyriker. – Jurist, zeitweise Ministerialbeamter; gestaltete in seinen an den frz. Symbolisten, bes. an P. Verlaine und A. Rimbaud geschulten Gedichten Not und Armut einer düsteren Umwelt; Krankheit und Tod sind häufige Themen seiner oft alptraumhaften Gedichte. Vertonte auch eigene Lyrik und Gedichte M. Eminescus.
Werke: Plumb (= Blei, Ged., 1916), Comedii în fond (= Im Grunde Komödien, Ged., 1936), Stanțe burgheze (= Bürgerl. Stanzen, Ged., 1946), Poezii (Ged., 1956).
Ausgabe: G. B. Opere. Hg. v. M. PETROVEANU. Bukarest 1978.
Literatur: GRIGORESCU-BACOVIA, A.: B. Viața poetului. Bukarest 1962. – PETROVEANU, M.: G. B. Bukarest 1972. – CARAION, I.: B.s sfîrșitul continuu. Bukarest 1977.

Baculard d'Arnaud, François Thomas de [frz. bakylardar'no], *Paris 8. Sept. 1718, †ebd. 8. Nov. 1805, frz. Schriftsteller. – Kam 1750 auf Voltaires Empfehlung an den Hof Friedrichs des Großen; ab 1755 wieder in Paris, wo er sich erneut dem erbaul. Roman und dem Melodram zuwandte.
Werke: L'art de foutre (1741), Les époux malheureux (1745), Les amants malheureux ou le comte de Comminges (1764), Les délassements de l'homme sensible (Nov.n, 1783–87).
Literatur: LA VILLEHERVÉ, B. DE: F.-Th. de B. d'A. Son théâtre et ses théories dramatiques. Paris 1920. – LOUW, G. VAN DE: B. d'A., romancier ou vulgarisateur. Paris 1972. – KIRF, B.: Die Zerknirschung des Herzens: Unterss. zum empfindsamen Theater B.s. Ffm. u. a. 1989.

Baczyński, Krzysztof Kamil [poln. ba'tʃiĩski], Pseudonym Jan Bugaj, *Warschau 22. Jan. 1921, ✕ ebd. 4. Aug. 1944, poln. Lyriker. – Studierte an der illegalen Warschauer Univ., fiel am 4. Tag des Warschauer Aufstands. Sein Vorbild war C. K. ↑Norwid; schrieb formvollendete zeitbestimmte Gedichte und Liebeslyrik, auch Prosa.
Ausgabe: K. K. B. Utwory zebrane. Krakau ³1976.
Literatur: WYKA, K.: K. B., 1921–1944. Krakau 1961.

Badezellenbühne ↑Bühne.

Baekelmans, Lode [niederl. 'ba:kəlmans], *Antwerpen 26. Jan. 1879, †ebd. 11. Mai 1965, fläm. Schriftsteller. – Aus dem Antwerpener Hafenviertel stammend, schildert er realistisch und humorvoll dessen Charaktere. Sein Hauptwerk ist der Roman ›Tille‹ (1912); nach 1920 gewinnt die Novelle bes. Bedeutung.
Weitere Werke: Der Wirt zum blühenden Heideröschen (R., 1903, dt. 1905), Mijnheer Snepvangers (R., 1918), Het rad van aventuur (R., 1933), Robinson (R., 1949).
Literatur: ARENTS, P.: Werken van en over L. B. Bibliogr. Gent 1954. – HUYGENS, G. W.: L. B. Brüssel 1960.

Baelen, Kamiel van [niederl. 'ba:lə], *Turnhout 15. Aug. 1915, †KZ Dachau 17. (11.?) April 1945, fläm. Schriftsteller. – In seinem Werk finden sich Anfänge eines mag. Realismus, basierend auf Augustinus. Verfasser symbolisch-visionärer Romane eines universalen Untergangs, bei dem der Mensch Opfer sein muß; stark religiös fundierte Prosa experimentellen Charakters. B.s Haupt-

werk ist der Roman ›Odyssee Herz‹
(1943, dt. 1960).

Weitere Werke: Een mensch op den weg (R.,
1944), Gebroken melodie (R.-Fragment, hg.
1946).

Literatur: UREEL, L.: K. v. B. Brügge 1958. –
SCHAMPAERT, P.: De romans van K. v. B. In:
Dietsche Warande en Belfort 129 (1984), S. 586.

Baena, Juan Alfonso de [span. ba-
'ena], *Baena 1406 (?), †Córdoba (?)
1454, span. Dichter. – Königl. Schreiber
am Hof Johanns II. von Kastilien; wurde
v. a. bekannt durch den nach ihm benannten ›Cancionero de Baena‹ (begonnen 1445; erste vollständige Ausgabe
1851), der mit seinen 576 Texten aus der
Zeit zwischen 1370 und 1449 einen einmaligen Einblick in die Entstehung einer
genuin kastil. Hoflyrik gibt, die sich in
dieser Periode erst allmählich von den
bestimmenden Einflüssen der provenzal.
und der galicisch-portugies. Dichtung
befreien konnte.

Ausgabe: J. A. de B. Cancionero. Krit. Ausg. Hg.
v. J. M. AZÁCETA. Madrid 1966. 3 Bde.
Literatur: SCHMID, WALTER: Der Wortschatz des
Cancionero de B. Bern 1951. – FRAKER, CH.:
Studies on the ›Cancionero de B.‹. Chapel Hill
1966. – LANGE, W.-D.: El fraile trobador. Zeit,
Leben u. Werk d. Diego de Valencia de León
(1350?–1412?). Ffm. 1971. – ↑auch Cancio-
neiro.

Baerle, Caspar van [niederl. 'ba:rlə],
niederl. Historiker und Dichter, ↑Bar-
laeus, Casparus.

Baermann Steiner, Franz ['bɛːr-
man], österr. Lyriker, ↑Steiner, Franz
Baermann.

Bage, Robert [engl. bɛɪdʒ], *Darley
(heute zu Matlock, Derby) 29. Febr. 1728,
†Tamworth (Stafford) 1. Sept. 1801, engl.
Schriftsteller. – Ursprünglich Papier-
fabrikant; als Quäker aufgewachsen,
wurde er v. a. unter dem Einfluß der
Ideen Voltaires und J.-J. Rousseaus zum
Freidenker und Vertreter einer materialist. Weltanschauung. Verfasser von
sechs z. T. sozialreformer. Romanen:
›Mount Henneth‹ (1782), ›Die Brüder‹
(1784, dt. 3 Tle., 1787/88), ›The fair
Syrian‹ (1787), ›James Wallace‹ (1788),
›Der Mensch, wie er ist‹ (1792, dt. 2 Bde.,
1798) und ›Hermsprong, or, Man as he
is not‹ (3 Bde., 1796), seinem besten
Werk, in dem er einen sog. ›natürl. Mann‹
ohne Religion und Moral, der kritisch

die sozialen und polit. Verhältnisse seiner Zeit beurteilt, schildert.

Literatur: FAULKNER, P.: R. B. Boston 1979.

Bagger, Carl, *Kopenhagen 11. Mai
1807, †Odense 25. Okt. 1846, dän.
Schriftsteller. – Studierte in Kopenhagen, wo er sich als byronesker Typ und
Bohemien stilisierte; schrieb Lyrik, historische Dramen und vor allem extrem
realistische Prosa mit dämonischen
Hauptfiguren.

Werke: Dronning Christine af Sverrig og Mo-
naldeschi (Dr., 1833), Meines Bruders Leben
(R., 1835, dt. 1847).

Baggesen, Jens Immanuel, *Korsør
(Seeland) 15. Febr. 1764, †Hamburg
3. Okt. 1826, dän. Schriftsteller. – Studierte in Kopenhagen in ärml. Verhältnissen. Seine ›Kom. Erzählungen‹ (1785,
dt. 1792) brachten ihm ein Stipendium
für eine Reise, die ihn nach Deutschland,
Frankreich und in die Schweiz führte
(Reisebericht ›Das Labyrinth‹, 2 Bde.,
1792/93, dt. 5 Bde., 1793–95); Bekanntschaft mit Ch. M. Wieland, J. H. Voß,
Schiller, F. G. Klopstock u. a. bed. Vertretern des dt. Geisteslebens. B. schrieb
in dän. und dt. Sprache; Auseinandersetzung mit A. G. Oehlenschläger, dem Vertreter der dän. Romantik, gegen den B.
den Klassizismus vertrat.

Weitere Werke: Parthenais (kom. Epos, 1803),
Heideblumen (Ged., 1808), Der Karfunkel-
oder Klingklingel-Almanach (Parodie, 1810),
Adam und Eva (kom. Epos, 1826).
Ausgaben: J. B. Danske værker. Kopenhagen
1827–32. 12 Bde. in 11 Bdcn. ²1845–47. 12 Bde.
in 6 Bdcn. – J. B. Poet. Werke in dt. Sprache.
Lpz. 1836. 5 Bde.
Literatur: BAGGESEN, A.: J. B.s Biographie. Ko-
penhagen 1843–56. 4 Bde. – HESSE, O. E.: J. B.
und die dt. Philosophie. Diss. Lpz. 1914. – DUM-
REICHER, C. O.: J. B., 1764–1964. Kopenhagen
1964. – FAUTEK, H.: Die Beziehungen J. B.s zu
Fichte. In: Orbis litt. 38 (1983), S. 312.

Bagrizki (tl.: Bagrickij), Eduard Georgijewitsch, eigtl. E. G. Dsjubin,
*Odessa 3. Nov. 1895, †Moskau
16. Febr. 1934, russ.-sowjet. Lyriker. –
Sohn eines armen jüd. Ladenbesitzers;
Teilnahme am Bürgerkrieg, u. a. Propagandist in der Armee. Die sowjet. Kritik
lehnt die frühen Gedichte B.s als dekadent ab; seine Werke der 20er Jahre betonen das Heroische und behandeln Themen aus dem Bürgerkrieg; B.s Vorliebe

für die Romantik beweisen auch seine Übersetzungen ins Russische (R. Burns, S. T. Coleridge, A. Rimbaud und W. Scott).

Bagrjana, Elissaweta, eigtl. E. Ljubomirowa Beltschewa, *Sofia 29. April 1893, †ebd. 24. März 1991, bulgar. Lyrikerin. – Aus wohlhabender bürgerl. Familie; Slawistin; zunächst (bis 1921) Lehrerin. Bedeutende bulgar. Lyrikerin; ihre ausdrucksstarke, musikal. Dichtung (eine erste Ausw. erschien 1927) ist von Lebensfreude (Liebeslyrik) und Optimismus geprägt, im Zentrum steht ihre weibl. Erlebnisfähigkeit; später auch politisch beeinflußt; künstlerisch wertvolle Kinderdichtungen.

Ausgabe: E. B. Izbrana lirika. Sofia 1973. 2 Bde. **Literatur:** Lit. Bulgariens: 1944–1980. Hg. v. T. SHETSCHEW u. a. Dt. Übers. Bln. 1981.

Baguenaude [frz. ba'gno:d = (hohle) Frucht des Blasenstrauches, (übertragen:) Lappalie], spätmittelalterl.-frühhumanist. Gedichtform, vielleicht provenzal. Herkunft; zum ersten Mal bezeugt in ›L'art de rhétorique‹ von J. Molinet (1493). In durchgehendem Versmaß, meist Vierhebern, die oft nicht einmal durch †Assonanzen gebunden sind, werden in jeweils beliebig langen Strophen zusammenhangslose paradoxe Einfälle aneinandergereiht, die auf Verblüffung des Publikums abzielen. Moderne Form: †Nonsensverse.

Literatur: PATTERSON, W. F.: Three centuries of French poetic theory. A critical history of the chief arts of poetry in France (1328–1630). New York ²1966. 3 Bde. – ZUMTHUR, P.: Le masque et la lumière. La poétique des grands rhétoriqueurs. Paris 1978.

Bahar (tl.: Bahār), ›Malek oschschoara‹ (= Dichterfürst), Mirza Mohammad Taghi, *Meschhed 1886, †Teheran 22. April 1951, pers. Schriftsteller. – Trat für die Ideale der Verfassungsrevolution (1905–11) ein; 1910 Hg. des Meschheder Tagblattes ›Nou-Bahār‹ (= Neuer Frühling); 1914 Parlamentsabgeordneter, 1917 Leiter des Literatenkreises ›Dāneškade‹ (= Haus des Wissens) und Hg. der gleichnamigen Revue; nach der Thronbesteigung Resa Pahlawis 1925 Rückzug aus dem polit. Leben. Seine Gedichte sind formal der pers. poet. Tradition verbunden, der Inhalt ist

meist didaktisch, aktualisierend (Kritik an der Hofpolitik, im Frühwerk Eintreten für die Verfassung).

Werke: Sabkšenāsī (= Stilkunde, 1940–42), Dīwān (Ged., hg. 1956). **Literatur:** BROWNE, E. G.: The press and poetry of modern Persia. Cambridge 1914. – ALAVI, B.: Gesch. u. Entwicklung der modernen pers. Lit. Bln. 1964.

Bahdanowitsch (tl.: Bahdanovič), Maxim Adamawitsch [weißruss. baɣda-'novitʃ], *Minsk 9. Dez. 1891, †Jalta 25. Mai 1917, weißruss. Lyriker. – Jurist; formbewußter Verskünstler unter dem Einfluß des Symbolismus; Vertreter der reinen Kunst; Themen der Volksdichtung; auch Übersetzer. Seine gesammelten Werke erschienen erstmals 1927/28 (2 Bde.).

Hermann Bahr (Skizze von Emil Orlik, 1905)

Bahr, Hermann, *Linz 19. Juli 1863, †München 15. Jan. 1934, österr. Dichter und Kritiker. – Studierte klass. Philologie, Jura und Nationalökonomie, u. a. in Berlin, wo er ersten Kontakt zu den Naturalisten bekam. Nach Reisen durch Frankreich, Spanien und Marokko 1890 Lektor des S. Fischer Verlages; Reisen nach Rußland und in die Schweiz; 1894 freier Schriftsteller in Wien, Mit-Hg. der liberalen Zeitschrift ›Die Zeit‹, Theaterkritiker; in der Folge lebte er zeitweise in Salzburg, war Regisseur bei M. Reinhardt in Berlin, Dramaturg am Wiener Burgtheater und ließ sich 1922 in München nieder. Literarisch kam B. vom Naturalismus über die Dekadenz und Neuromantik zum Impressionismus und Expressionismus. Interpret und Fürsprecher der jeweiligen Richtung, nahm er in seinem Werk manches Neue vorweg. Neben geistreichen Kritiken und programmat. Essays sind v. a. seine Bühnenwerke zu nennen, die sich durch glänzende Dialogführung und wirksame Dramentechnik auszeichnen. B. hat sowohl das psycholog. als auch das Drama mit sozialer Thematik in die österr. Literatur eingeführt. Hauptthemen sind jedoch die innere Freiheit des Menschen und die Beziehungen zwischen Mann und Frau, meist ins Wiener Milieu gestellt. Auch seine Rückkehr zur kath. Kirche war Thema einiger Werke.

Werke: Zur Kritik der Moderne (Essays, 1890), Die Mutter (Dr., 1891), Die Überwindung des Naturalismus (Essays, 1891), Theater (R., 1897), Das Tschaperl (Dr., 1898), Der Star (Lsp., 1899), Wiener Theater (Essays, 1899), Der Krampus (Lsp., 1901), Der Meister (Kom., 1904), Ringelspiel (Kom., 1907), Drut (R., 1909), Das Konzert (Lsp., 1909), Wienerinnen (Lsp., 1910), Die Kinder (Kom., 1911), Inventur (Essays, 1912), Expressionismus (Essays, 1916), Himmelfahrt (R., 1916), Die Rotte Korahs (R., 1919), Burgtheater (Essays, 1920), Selbstbildnis (Autobiogr., 1923). **Ausgabe:** H. B.: Zur Überwindung des Naturalismus. Theoret. Schrr. 1887–1904. Hg. v. G. WUNBERG. Stg. u. a. 1968. **Literatur:** KINDERMANN, H.: H. B. Ein Leben f. das europ. Theater. Graz u. Köln 1954. – NIRSCHL, K.: In seinen Menschen ist Österreich. H. B.s innerer Weg. Linz 1964. – DAVIAU, D. G.: Der Mann von Übermorgen. H. B. 1863–1934. Wien 1984. – FARKAS, R.: H. B. Dynamik u. Dilemma der Moderne. Wien 1989.

Bahuschewitsch (tl.: Bahušévič), Franzischak Kasimirawitsch [weißruss. baɣu'ʃɛvitʃ], *Swirany (Gouv. Wilna) 21. März 1840, †Kuschljany 28. April 1900, weißruss. Lyriker. – Rechtsanwalt; steht am Beginn einer weißruss. Nationalliteratur; bed. realist. Dichter des Bauernlebens. Berühmt ist seine Volksliedersammlung ›Dudka belaruskaja‹ (= Weißruss. Flöte, 1891).

Ba Huyên Thanh-Quan [vietnames. ba huiən θaiṇ kuan = Frau des Präfekten von Thanh-Quan], auch Nhan-Khanh genannt, eigtl. Nguyên-Thi-Hinh, *Nghi-Tam im Distrikt Hoan-Long (bei Hanoi), vietnames. Dichterin. – Geburts- und Sterbejahr sind unbekannt; Tochter des Mandarins Nguyen-Van-Ly (*1755, †1837) und vermutlich Zeitgenossin der bedeutendsten Dichterin Vietnams ↑Hô-Xuân-Hu'o'ng. Über ihren zart-lyr., von

tiefem Naturgefühl durchdrungenen Gedichten in chin. und vietnames. Sprache schwebt ein Hauch schwermütiger Sehnsucht nach der glanzvollen Vergangenheit der durch den Tây-So'n-Aufstand (1772–78) erschütterten Lê-Dynastie (1428–1788), deren Niedergang ihr zum Symbol der Vergänglichkeit alles Irdischen wird.

Literatur: DU'O'NG-ĐINH-KHUÊ: Les chefs-d'œuvre de la littérature vietnamienne. Saigon 1966. S. 293.

Baier, Lothar, *Karlsruhe 1942, dt. Schriftsteller und Publizist. – Trat in erster Linie als Kritiker und Essayist hervor (›Französische Zustände‹, 1982; ›Die große Ketzerei‹, 1984; ›Gleichheitszeichen‹, 1985). Veröffentlichte 1985 sein erstes literar. Werk, die Erzählung ›Jahresfrist‹, in der ein dt. Intellektueller der 1968er-Generation, aus der dt. Geregeltheit ausgebrochen, in Frankreich versucht, Fuß zu fassen; die Erzählung endet mit der Erkenntnis der Hoffnungslosigkeit des Ausbruchsversuchs.

Weitere Werke: Un Allemand né de la dernière guerre (Essay, 1986), Volk ohne Zeit. Essay über das hl. Vaterland (1990), Die verleugnete Utopie (Essays, 1993).

Baierl, Helmut, *Rumburg (Nordböhm. Gebiet) 23. Dez. 1926, dt. Schriftsteller. – Nach Studium in Halle/Saale und Leipzig Verlagslektor; ab 1959 Mitarbeit am ›Berliner Ensemble‹, seit 1967 freier Schriftsteller. Debütierte 1953 als Dramatiker mit dem Lehrstück ›Die Feststellung‹, in der das Thema der Republikflucht behandelt wird. Bekannt wurde B. durch die Komödie ›Frau Flinz‹ (1961), in der er die Fabel des Brechtdramas ›Mutter Courage‹ modifiziert.

Weitere Werke: Johanna von Döbeln (Stück, 1967), Der lange Weg zu Lenin (Stück, 1970), ... stolz auf 18 Stunden (szen. Poem, 1973), Die Köpfe oder Das noch kleinere Organon (Prosa, 1974), Die Lachtaube (Kom., 1974), Der Sommerbürger (Kom., 1976), Ihr seid ein Greenhorn, Sir (Kom., 1983), Benefizvorstellung (Kom., 1987; mit K. Freiberg).

Baïf, Jean Antoine de [frz. ba'if], *Venedig 19. Febr. 1532, †Paris Ende Okt. 1589, frz. Dichter und Humanist. – Studierte am Collège Coqueret in Paris, zus. u. a. mit P. de Ronsard und J. Du Bellay, gehörte zum Kreis der ↑Pléiade; trat zuerst mit Liebesgedichten im Stil F. Petrar-cas hervor: ›Amours de Méline‹ (1552), ›Amours de Francine‹ (1555), später mit beschreibenden Gedichten und Überset-zungen griech. und lat. Dramen; grün-dete 1570 mit Unterstützung Karls IX. die ›Académie de musique et de poésie‹. Erstellte zwischen 1567 und 1587 fünf verschiedene, z.T. unvollständige Psal-menübertragungen, die in ihrer für B. typ. Konzentration auf die Vollendung der Form den geistigen Gehalt der Vor-lage nur unvollkommen wiederzugeben vermögen.

Weitere Werke: Le brave (Kom., 1567), Météo-res (Ged., 1567), Passe-tems (Ged., 1573), Mi-mes, enseignemens et proverbes (Ged., 1576). **Ausgabe:** J. A. de. B. Œuvres en rimes. Hg. v. CH. MARTY-LAVEAUX. Paris 1881–90. 5 Bde. Nachdr. Genf 1965. **Literatur:** AUGÉ-CHIQUET, M.: La vie, les idées et l'œuvre de J.-A. de B. Paris 1909. – WITT-SCHIER, H. W.: Die Lyrik der Pléiade. Wsb. 1971.

Bai Juyi, chin. Dichter, ↑ Po Chü-i.

Bailey, Paul [engl. 'bɛɪlɪ], * London 16. Febr. 1937, engl. Schriftsteller. – Schreibt experimentelle Romane über einsame Individuen in entscheidenden, zumeist negativ verlaufenden Krisen-situationen.

Werke: At the Jerusalem (R., 1967), Mein Name ist Ralph Hicks (R., 1970, dt. 1974, 1981 u. d. T. Unbefugte Eingriffe), A distant likeness (R., 1973), Peter Smart's confession (R., 1977), Ga-briel's lament (R., 1986).

Bailey, Philip James [engl. 'bɛɪlɪ], * Nottingham 22. April 1816, † ebd. 6. Sept. 1902, engl. Dichter. – Von der Romantik beeinflußter metaphysisch-myst. Dichter, bekannt v. a. durch seine von Goethes ›Faust‹ beeinflußte dramat. Dichtung ›Festus‹ (1839), die bis zur Ausgabe von 1889 durch mehrfache Er-gänzungen auf 40 000 Verse anschwoll.

Baillie, Joanna [engl. 'bɛɪlɪ], * Both-well bei Glasgow 11. Sept. 1762, † Hamp-stead (heute zu London) 23. Febr. 1851, schott. Dichterin. – Lebte ab 1784 in England; mit W. Scott befreundet; schrieb bewunderte, jedoch auf der Bühne weniger erfolgreiche Dramen, de-ren Charaktere allegor. Leidenschaften verkörpern (publiziert als ›A series of plays in which it is attempted to delineate the stronger passions of the mind‹,

3 Bde., 1798–1812), außerdem humor-volle, volkstüml. schott. Gedichte (u. a. ›Metrical legends of exalted characters‹, 1821).

Ausgabe: J. B. Dramatic and poetical works. London 1851. Nachdr. Hildesheim 1976. **Literatur:** CARHART, M. S.: The life and work of J. B. New Haven (Conn.) 1923.

Bainbridge, Beryl [Margaret] [engl. 'bɛɪnbrɪdʒ], * Liverpool 21. Nov. 1934, engl. Schriftstellerin. – War 1949–60 Bühnenschauspielerin; Verfasserin von Romanen und Fernsehspielen; behan-delt, zumeist mit schwarzem Humor, die Themen Gewalt und Tod, häufig in Ver-bindung mit dem 2. Weltkrieg, so in ›A weekend with Claude‹ (R., 1967), ›An-other part of the wood‹ (R., 1968), ›Har-riet said ...‹ (R., 1972) und ›The dress-maker‹ (R., 1973) sowie in dem Hitler-Roman ›Jung-Adolf‹ (R., 1978, dt. 1979).

Weitere Werke: Der Ausflug (R., 1974, dt. 1979), Sweet William (R., 1975), A quiet life (R., 1976), Injury time (R., 1977), Winter garden (R., 1980), Apology (R., 1984), Filthy lucre (R., 1986), An awfully big adventure (R., 1989), The birthday boys (R., 1991).

Ba Jin, chin. Schriftsteller, ↑ Pa Chin.

Bajjati, Abd Al Wahhab, Al (tl.: Al-Bayyātī), * Bagdad 1926, irak. Dichter. – Trat für den Marxismus ein und machte nach der irak. Revolution 1958 Karriere als Diplomat und Hochschullehrer; in der modernen arab. Poesie führender Vertreter des sozialist. Realismus; auch Übersetzer europ. Gedichte.

Werke: Malāʾikaʰ wa-šayātīn (= Engel und Teufel, 1950), Abārīq muhaššamaʰ (= Zerbro-chene Krüge, 1954), Ašʿār fī l-manfā (= Ge-dichte im Exil, 1957), ʿIsrūn qaṣīdaʰ min Barlīn (= Zwanzig Gedichte aus Berlin, 1959), Diwan (1979). **Literatur:** MOREH, S.: Modern Arabic poetry 1800–1970. Leiden 1976. – JAYYUSI, S. K.: Trends and movements in modern Arabic po-etry. Leiden 1977.

Bajza, Jozef Ignác [slowak. 'baɪza], * Predmier 1754, † Preßburg 1. Dez. 1836, slowak. Schriftsteller. – Kath. Geistli-cher, zuletzt Kanonikus in Preßburg. B. schrieb in Anlehnung an A. Bernoláks Sprache den ersten slowak. Roman (›René mláďenca príhodi a skusenost'i‹ [= Abenteuer und Erfahrungen des jun-gen René], 2 Bde., 1783–85; nach dem Vorbild von Fénelon ›Télémaque‹), fer-

ner scharfe Epigramme und theolog. Werke, bes. Erbauungsschriften.
Literatur: KOTVAN, I.: Literárne dielo J. I. Bajzu. Preßburg 1975.

Bajza, József [ungar. 'bɔjzɔ], * Szücsi (Bezirk Heves) 31. Jan. 1804, † Pest (heute zu Budapest) 3. März 1858, ungar. Dichter. – Lebte nach der jurist. Promotion als freier Schriftsteller, war Redakteur und schließlich Leiter des Nationaltheaters; starb in geistiger Umnachtung. Mitbegründer der Zeitschrift ›Atheneum‹ (1837). Seine Bedeutung liegt in seinen krit. Schriften; Verfasser kraftvoller, kämpferischer Gedichte mit patriotischer Tendenz.
Ausgaben: Összegyűjtött munkái. Hg. v. F. BADICS. Budapest ³1899–1901. 6 Bde. – Válogatott művei. Hg. v. D. TÓTH. Budapest 1959.

Bakalow (tl.: Bakalov), Zanko [bulgar. ba'kalof], bulgar. Schriftsteller, † Zerkowski, Zanko Bakalow.

Bakchylides von Keos [bak'çy:lidɛs] (tl.: Bakchylídēs; lat. Bacchylides), * Iulis auf Keos, griech. Lyriker der 1. Hälfte des 5. Jh. v. Chr. – Neffe des Simonides, mit dem er am Hof Hierons von Syrakus als Rivale Pindars lebte, später auf der Peloponnes; der von den Alexandrinern in den Kanon der neun großen Lyriker aufgenommene Dichter schrieb seine Gedichte, von denen erst 1896 durch Papyrusfunde 14 Epinikien und 6 Dithyramben, später auch einige Fragmente von Trink- und Liebesliedern bekannt wurden, auf Bestellung für Preisträger olymp. und anderer Wettkämpfe; seine Götterhymnen, sprachlich eleganter, sind den Liedern Pindars in Form und Thematik verwandt.
Ausgaben: B. Lieder u. Fragmente. Griech. u. dt. Hg. v. H. MAEHLER. Bln. u. Darmst. 1968. – MAEHLER, H.: Die Lieder des B. (Text mit dt. Übers. u. Komm.). Leiden 1982. 2 Bde.
Literatur: SEVERYNS, A.: Bacchylide. Essai biographique. Paris 1933. – GENTILI, B.: Bacchilide. Studi. Urbino 1958. – Lexicon in Bacchylidem. Hg. v. D. E. GERBER. Hildesheim 1984.

Baker, Ray Stannard [engl. 'bɛikə], Pseudonym David Grayson, * Lansing (Mich.) 17. April 1870, † Amherst (Mass.) 12. Juli 1946, amerikan. Schriftsteller. – Zunächst bekannt als Journalist in der ›Muckraking‹-Bewegung (↑ Muckrakers), dann enger Vertrauter Präsident W. Wilsons, über den er mehrere Werke

veröffentlichte, u. a. eine monumentale Biographie in 8 Bänden (›Woodrow Wilson. Life and letters‹, 1927–39; Pulitzerpreis 1940 für die beiden letzten Bände); schrieb außerdem eine zweiteilige Autobiographie (›Native American‹, 1941; ›American chronicle‹, 1945) und – unter seinem Pseudonym – mehrere Bände Essays (u. a. ›Adventures in contentment‹, 1907).

Bakhuizen van den Brink, Reinier Cornelis [niederl. 'bɑkhœÿzə van dən 'brıŋk], * Amsterdam 28. Febr. 1810, † Den Haag 15. Juli 1865, niederl. Historiker und Essayist. – Begründer der modernen niederl. Geschichtsforschung, arbeitete v. a. über Literatur- und allgemeine Geschichte der Niederlande des 16. und 17. Jahrhunderts. Sein Hauptwerk sind die ›Studien en schetsen over vaderlandsche geschiedenis en letteren‹ (5 Tle., 1863–1913).
Literatur: Uit de werkplaats van R. C. B. v. d. B. Hg. v. J. M. ROMEIN u. I. HAAK. Amsterdam 1951.

Baki, türk. Dichter, ↑ Mahmut Abdülbaki.

Bakin, jap. Schriftsteller, ↑ Takisawa Bakin.

Baklanow (tl.: Baklanov), Grigori Jakowlewitsch [russ. ba'klanəf], * Woronesch 11. Sept. 1923, russ. Schriftsteller. – Nahm als Freiwilliger am 2. Weltkrieg teil, absolvierte das Gorki-Literaturinstitut in Moskau, danach Journalist; Vertreter der krit. nachstalinist. Kriegsliteratur.
Werke: Ein Fußbreit Erde (E., 1959, dt. 1960), Die Toten schämen sich nicht (E., 1961, dt. 1962), Freunde (R., 1975, dt. 1978), Der geringste unter den Brüdern (Nov., 1982, dt. 1983).

Balada [provenzal. = Tanz, Tanzlied (zu spätlat. ballare = tanzen)], Tanzlied, Gattung der Troubadourlyrik, ohne feste metr. Form, allerdings meist mit Refrain. Verwandte Liedformen in der provenzal. Dichtung: ↑ Dansa und ↑ Retroencha, in der altfrz. Dichtung: ↑ Virelai und ↑ Rotrouenge.
Literatur: JEANROY, A.: La poésie lyrique des troubadours. Toulouse u. Paris 1934. 2 Bde. – ↑ auch Ballade, ↑ Ballata.

Balagtas, Francisco [span. ba'laxtas], eigtl. F. Balthazar, * 1788, † 1862, philippin. Dichter. – Verfaßte im Gefängnis das 1838 herausgegebene Langgedicht ›Florante at Laura‹ (= Florante und Laura, neue Ausg. 1946), eine in Anlehnung an span. Ritterepen gestaltete und an versteckten Anspielungen reiche Kampfschrift gegen die span. Kolonialherrschaft.

Balaguer, Víctor [katalan. bələ'ɣe, span. bala'ɣɛr], *Barcelona 11. Dez. 1824, †Madrid 14. Jan. 1901, span.-katalan. Dichter, Historiker und Politiker. – War Journalist, Abgeordneter und Minister; Mitglied der Span. Akademie; prominenter Vertreter der katalan. literar. Renaissance; schrieb ab 1838 zahlreiche erfolgreiche Dramen (u. a. ›Die Pyrenäen‹, Trilogie, 1891, dt. 1892). Sein volkstümlich inspiriertes literar. Werk umfaßt lyr. Gedichte (›Montserrat‹, 1857, dt. 1860), Legenden, Balladen, Novellen aus der katalan. und provenzal. Vergangenheit sowie polit., histor. und literarhistor. Werke.

Weitere Werke: Bellezas de la historia de Cataluña (Schrift, 1853), Poesías completas (Ged., 1874), Tragedias (1879).
Ausgabe: V. B. Obras. Madrid 1882–99. 37 Bde.
Literatur: PAGES DE PUIG, A. DE: V. B. Madrid 1875. – FÁBREGAS, I.: Einl. zu V. B.: Les esposalles de la morta. Raig de lluna. Barcelona 1968.

Balassa, Bálint [ungar. 'bɔlɔʃʃɔ], ungar. Dichter, †Balassi, Bálint.

Balassi (Balassa), Bálint Baron [ungar. 'bɔlɔʃʃi], *Zólyom (heute Zvolen) 20. Okt. 1554, ✕ Esztergom 30. Mai 1594, ungar. Dichter. – Führte ein abenteuerl. Leben, meist als Soldat; konvertierte 1586 zum Katholizismus; bedeutendster ungar. Dichter seiner Zeit. Schöpfer neuer Versformen, u. a. der klangschönen B.-Strophe; schrieb nach anfänglich konventionellen Versuchen eigenständige religiöse und patriotische Lyrik sowie ausdrucksvolle Liebesgedichte; verwandte häufig Bilder, Vergleiche und Themen aus dem Soldatenleben; führte mit der Bearbeitung eines italien. Schäferspiels die Gattung der Liebeskomödie in die ungar. Renaissanceliteratur ein.

Ausgabe: B. B. összes versei. Hg. v. S. ECKHARDT. Budapest 1961.
Literatur: NEMESKÜRTY, I.: B. B. Budapest 1978.

Balázs, Béla [ungar. 'bɔla:ʒ], eigtl. Herbert Bauer, *Szeged 4. Aug. 1884, †Budapest 17. Mai 1949, ungar. Schrift-

steller. – Mußte 1919 wegen kommunist. Neigungen nach Wien emigrieren; lebte dann bis 1931 in Berlin, wo er die expressionist. dt. Literatur kennenlernte; 1931–45 in Moskau, dann wieder in Ungarn; war bereits vorher Mittelpunkt eines esoter. Literaturkreises. In seinem Werk zeigt er Interesse für das Irrationale und für psych. Vorgänge. B. schrieb außer Lyrik auch Romane, Novellen, Märchen und Bühnenstücke, er verfaßte neben Filmdrehbüchern (u. a. zur ›Dreigroschenoper‹, 1931, und zu ›Irgendwo in Europa‹, 1947) grundlegende Studien zur Ästhetik des Films und lieferte Libretti für B. Bartók (u. a. zur Oper ›Herzog Blaubarts Burg‹, 1911); auch Regisseur.

Weitere Werke: Der sichtbare Mensch oder Die Kultur des Films (Abh., 1924, erweitert 1926), Der Geist des Films (Abh., 1930), Unmögl. Menschen (R., 1930), Die Jugend eines Träumers (autobiogr. R., 1946, dt. 1948), Der Film. Werden und Wesen einer neuen Kunst (Abh., 1949).
Literatur: SZABOLCSI, M.: B. B. u. sein Roman ›Unmögl. Menschen‹. In: Studien zur Gesch. der dt.-ungar. literar. Beziehungen. Dt. Übers. Bln. 1969. – NAGY, M. K.: B. B. világa. Budapest 1973.

Balázs, József [ungar. 'bɔla:ʒ], *Vitka 19. März 1944, ungar. Schriftsteller. – Mit traditionalist. Romanen, in denen die bäuerl. Welt und das Leben der Unterprivilegierten geschildert wird, gilt er als wichtigster Fortsetzer des Werkes von Z. Móricz. B. ist auch als Filmautor und Filmdramaturg tätig. Seine Hauptwerke sind: ›Fábián Bálint találkozása Istennel‹ (= B. F.s Begegnung mit Gott, R., 1976) und ›Tausend Jahre wie ein Tag‹ (R., 1975, dt. 1981).

Balbín, Bohuslav [tschech. 'balbi:n], *Königgrätz 3. Dez. 1621, †Prag 29. Nov. 1688, tschech. Historiker und Schriftsteller. – Jesuit; seine (lat.) Arbeiten über böhm. Geschichte und Sprache sind eine leidenschaftl. Verteidigung des Tschechentums.

Werke: Miscellanea historica regni Bohemiae (10 Bde., 1679–1793), Dissertatio apologetica pro lingua slavonica praecipue bohemica (hg. 1775).

Balbuena (Valbuena), Bernardo de [span bal'βuena], *Valdepeñas (Prov. Ciudad Real) 1568, †Puerto Rico

11. Okt. 1627, span. Dichter. – Kam früh nach Mexiko, studierte und promovierte jedoch in Spanien (Sigüenza); 1619 Bischof in Puerto Rico; schrieb ›La grandeza mexicana‹ (1604), eine poet. Beschreibung Mexikos, ferner ›El siglo de oro en las selvas de Erífīle‹ (1607), einen Schäferroman in Prosa und Versen. Sein bedeutendstes Werk ist das Stanzenepos ›El Bernardo o victoria de Roncesvalles‹ (1624).

Literatur: HORNE, J. VAN: B. de B. Biografia y crítica. Guadalajara 1940. – ROJAS GARCIDUEÑAS, J.: B. de B. La vida y la obra. Mexiko 1958.

Balchi, in Afghanistan Beiname des pers. Dichters und Mystikers ↑Dschalal od-Din Rumi.

Balde, Jakob, * Ensisheim (Elsaß) 4. Jan. 1604, † Neuburg a.d. Donau 9. Aug. 1668, dt. Dichter. – Ab 1624 Jesuit; Prof. für Rhetorik, 1638 Hofprediger, 1646–48 bayr. Hofhistoriograph; zeitweise Erzieher am kurfürstl. Hof Maximilians I. Bed. als nlat. Dichter, weniger wichtig ist seine Dichtung in dt. Sprache. Seine Lyrik zeichnet sich durch Gedankentiefe und vollendete Form aus; er galt als ›dt. Horaz‹. B. schrieb neben religiösen, moral. und patriot. Gedichten auch Jagdlieder, Satiren und das Jesuitendrama ›Jephtias‹ (1654); er bearbeitete außerdem die pseudohomer. Epenparodie ›Batracho-Myomachia‹ (Epos, 1637); von A. Gryphius übersetzt, von J. G. von Herder wiederentdeckt.

Ausgabe: Jacob B. Dichtungen. Lat. u. dt. In Ausw. hg. v. M. WEHRLI. Köln u. Olten 1963. Literatur: BERGER, R.: J. B. Bonn 1972. – GALLE, J.: Die lat. Lyrik J. B.s u. die Gesch. ihrer Übertragungen. Münster 1973. – HERZOG, U.: Divina Poesis. Studien zu J. B.s geistl. Odendichtung. Tüb. 1976. – SCHÄFER, E.: Dt. Horaz. Wsb. 1976. – Jacob B. u. seine Zeit. Hg. v. J.-M. VALENTIN. Bern u. a. 1986.

Baldi, Bernardino, * Urbino 6. Juni 1553, † ebd. 10. Okt. 1617, italien. Dichter und Gelehrter. – War Hofmathematiker Ferrantes II. von Guastalla und Abt der Stadt; zuletzt am Hof des Herzogs von Urbino; Humanist von umfassender Bildung, von dessen literar. Werken v. a. das Lehrgedicht ›La nautica‹ (1590), die ›Egloghe‹ (1590) und die ›Vita e fatti di Federigo di Montefeltro, duca di Urbino‹ (3 Bde., gedr. 1824) zu nennen sind; bed. auch als Übersetzer aus dem Hebräischen und Griechischen, als Verfasser von Grammatiken sowie arab., pers. und ungar. Wörterbüchern.

Literatur: ZACCAGNINI, G.: Della vita e delle opere di B. B. Reggio Emilia 1918.

Baldini, Antonio, * Rom 10. Okt. 1889, † ebd. 6. Nov. 1962, italien. Schriftsteller. – Teilnahme am 1. Weltkrieg (›Nostro purgatorio‹, R., 1918); gehörte zur Gruppe um die Zeitschrift ›La Ronda‹; Hg. der Zeitschrift ›La nuova Antologia‹; neuklassizist. Erzähler, humorvoll und träumerisch; sein bekanntestes Werk ist die an J. von Eichendorffs ›Taugenichts‹ erinnernde, autobiograph. Erzählung ›Michelaccio‹ (1924).

Weitere Werke: La dolce calamita (Essays, 1929, 1940 u. d. T. Beato fra le donne), Italia di bonincontro (Reiseb., 1940), Fine ottocento (Essays, 1947), Ariosto e dintorni (Essay, 1959), Un sogno dentro l'altro (hg. 1965). Literatur: ORIOLI, G.: Lettura di B. Rom 1965. – DI BIASE, C.: Lessico di A. B. Florenz 1973.

James
Baldwin

Baldwin, James [engl. 'bɔːldwɪn], * New York 2. Aug. 1924, † Saint-Paul-de-Vence (Alpes Maritimes) 1. Dez. 1987, amerikan. Schriftsteller. – Verbrachte seine Jugend in Harlem; war Prediger in einer Pfingstgemeinde, zeitweilig Gelegenheitsarbeiter, dann publizistisch für bed. Zeitschriften tätig; lebte 1948–58 in Frankreich. B., einer der bedeutendsten Sprecher der schwarzen Amerikaner, trat mit Romanen, Erzählungen, Dramen und krit. Stellungnahmen zu Problemen seiner Rasse und zum Rassenkonflikt hervor.

Werke: Gehe hin und verkünde es vom Berge (R., 1953, dt. 1966), Schwarz und Weiß (Essays,

1955, dt. 1963), Giovannis Zimmer (R., 1956, dt. 1963), Eine andere Welt (R., 1962, dt. 1965), Hundert Jahre Freiheit ohne Gleichberechtigung (Essays, 1963, dt. 1964), Blues für Mister Charlie (Dr., 1964, dt. 1971), Des Menschen nackte Haut (En., 1965, dt. 1974), Amen Corner (Dr., 1968, dt. 1971), Sag mir, wie lange ist der Zug schon fort (R., 1968, dt. 1969), Rassenkampf – Klassenkampf. Ein Streitgespräch (1972, dt. 1973; mit M. Mead), Eine Straße und kein Name (Essays, 1972, dt. 1973), Sie nannten ihn Malcolm X. Ein Drehbuch (1972, dt. 1974), Beale street blues (R., 1974, dt. 1974), Teufelswerk (Essay, 1976, dt. 1977), Zum Greifen nah (R., 1979, dt. 1981), Jimmys Blues (Ged., 1983, engl. und dt. 1984), Das Gesicht der Macht bleibt weiß (Essay, 1985, dt. 1986), The price of the ticket (Essays, 1985).
Ausgabe: J. B. Ges. Erzählungen. Dt. Übers. Rbk. 1968.
Literatur: MACEBUH, S.: J.B. London 1975. – J. B. Hg. v. TH. B. O'DANIEL. Washington (D.C.) 1977. – PRATT, L.H.: J.B. Boston (Mass.) 1978. – SYLVANDER, C. W.: J.B. New York 1980. – HARRIS, T.: Black women in the fiction of J. B. Knoxville (Tenn.) 1985. – CAMPBELL, J.: Talking at the gates. A life of J. B. London u. New York 1991. – J. B. His place in American literary history and his reception in Europe. Hg. v. J. KÖLLHOFER u. a. Ffm. 1991.

Bale, John [engl. bɛɪl], *Cove bei Dunwich (Suffolk) 21. Nov. 1495, †Canterbury im Nov. 1563, engl. Dramatiker. – Karmeliter, wandte sich dem Protestantismus zu; Exil in Holland, dann Bischof in Irland; neue Flucht nach Holland, schließlich von Elisabeth I. zum Domherrn von Canterbury ernannt. Verfasser einer Geschichte der engl. Schriftsteller sowie proreformator. Polemiken. Schrieb bibl. und allegor. Dramen mit antikath. Tendenz und verbindet in ›King John‹ (Dr., 1538) die Form der allegor. Moralität mit nationalgeschichtl. Stoff.
Ausgabe: The complete plays of J. B. Hg. v. P. HAPPÉ. Cambridge 1985–86. 2 Bde.
Literatur: BLATT, TH. B.: The plays of J. B. Kopenhagen 1968. – SPERK, K.: Mittelalterl. Tradition u. reformator. Polemik in den Spielen J. B.s. Hdbg. 1973. – FAIRFIELD, L. P.: J. B. West Lafayette (Ind.) 1976.

Balfas, Muhammad, *Jakarta 25. Dez. 1922, †ebd. 6. Juni 1975, indones. Prosaist und Maler. – Väterlicherseits arab. Abstammung; war 1946/47 Chefredakteur der Zeitschrift ›Masyarakat‹ (= Gesellschaft) und zeitweiliger Mitarbeiter verschiedener Zeitschriften,

nach einer Europareise (1954) und der Übersiedlung nach Kuala Lumpur (1962) wurde er 1968 Lektor für Indonesisch an der Univ. Sydney. B., der als Vorkämpfer der ›Angkatan 45‹ (Generation junger Literaten von 1945) gilt, wurde bekannt als Autor von Kinderbüchern mit Kurzgeschichten, in denen er ergreifende Einzelschicksale heimatloser Kinder, Armer und Unterdrückter aus den Elendsvierteln Jakartas gestaltete.
Werke: Lingkaran-lingkaran retak (= Zerbrochene Kreise, Kurzgeschichten, 1952), Dr. Cipto Mangunkusumo (Biogr., 1952), Retak (= Risse, R., 1965).
Literatur: TEEUW, A.: Modern Indonesian literature. Den Haag 1967. S. 215.

Baliński, Stanisław [poln. ba'liĩski], *Warschau 2. Juli 1899, †London 12. Nov. 1984, poln. Schriftsteller. – Diplomat, lebte im Londoner Exil; begann mit Gedichten für die futurist. Zeitschrift ›Skamander‹; erreichte Reife und Vollendung erst in seinen Gedichten der Exilzeit (›Tamten brzeg nocy‹ [= Das andere Ufer der Nacht], 1943), in denen er die Sehnsucht des Emigranten nach dem Geburtsland gestaltete; auch Novellen.
Ausgabe: S. B. Wiersze zebrane 1927–47. London 1948.

Ball, Hugo, *Pirmasens 22. Febr. 1886, †Gentilino bei Lugano 14. Sept. 1927, dt. Schriftsteller. – Studierte Philosophie und Soziologie, 1910 Regie am Reinhardt-Seminar in Berlin; Dramaturg u. a. in Plauen und München, Bekanntschaft mit F. Wedekind und F. Blei; stand dem ›Blauen Reiter‹ nahe. Von der Front des 1. Weltkrieges kehrte er als erbitterter Kriegsgegner zurück und emigrierte 1915 mit Emmy Hennings (1920 Heirat; †Ball-Hennings, E.) in die Schweiz. 1916 mit H. Arp, R. Huelsenbeck, Marcel Janco und T. Tzara Begründer des Dadaismus, dessen geistiger Vater er ist. Er verfaßte Programmschriften und provozierende Manifeste, schrieb ›Lautgedichte‹, die er selbst vortrug. 1917 Abwendung von der Dada-Bewegung, deren Möglichkeiten ihm erschöpft schienen. In Bern war er Redakteur der ›Freien Zeitung‹. Er konvertierte später zum kath. Glauben. B. war Dramatiker, Lyriker, Erzähler, Essayist und Kulturkritiker. Sein Roman ›Flametti oder vom Dandysmus der Armen‹ (1918) gibt einen Schlüssel zum Verständnis des Dadaismus. In der Streitschrift ›Zur Kritik der dt. Intelligenz‹ (1919, Neubearbeitung 1924 u. d. T. ›Die Folgen der Reformation‹) lehnte B. jegl. Tradition ab und bekannte sich zum Anarchismus, er strebte eine freie ›Internationale der Weltintelligenz‹ an.

Weitere Werke: Die Nase des Michelangelo (Tragikom., 1911), Der Henker von Brescia (Dr., 1914), Byzantin. Christentum (Essays, 1923), Die Flucht aus der Zeit (Tageb., 1927), Hermann Hesse (Biogr., 1927), Tenderenda der Phantast (R., hg. 1967).
Ausgabe: H. B. Der Künstler u. die Zeitkrankheit. Hg. v. H. B. SCHLICHTING. Ffm. 1984.
Literatur: EGGER, E.: H. B. Olten 1951. – STEINKE, G. E.: The life and work of H. B., founder of Dadaism. Den Haag 1967. – H. B.-Almanach. Pirmasens 1977. – TEUBNER, E.: H. B. Eine Bibliogr. Mainz 1992.

Hugo Ball
(Zeichnung
von Kurt
Zander, 1920)

Ballade [frz. und engl. ursprüngl. Tanzlied (zu spätlat. ballare = tanzen)], die ursprüngl. Form der europ. B. ist vermutlich das ↑Tanzlied der roman. Länder (↑Ballata, ↑Balada) mit Refrain, gesungen zum Reihen- und Kettentanz, das formal von den Troubadours weiterentwickelt wurde. Die kunstvoll geformte B. fand ihren Höhepunkt in Frankreich im 14. und 15. Jh. (u. a. bei E. Deschamps, Charles d'Orléans, F. Villon); sie besteht in der Regel aus drei gleichgebauten Strophen und einem Geleit (↑Envoi); dabei entspricht die Zahl der Verse in den Strophen der Zahl der Silben in den Versen (8 oder 10); das Geleit hat die Länge einer halben Strophe (4 oder 5 Zeilen); Strophen und Geleit sind durch die glei-

chen Reime (häufig insgesamt nur 3 Reimklänge) und durch Refrain verbunden. Von Nordfrankreich aus gelangte, im Rahmen der Ausbreitung ritterl. Kultur, der höf. Reihen- und Kettentanz und mit ihm die roman. Ballade nach Deutschland, England-Schottland und Skandinavien. Hier wurde die lyr. Form des Tanzliedes mit ep. Inhalten gefüllt. Es entstand die B. als (gesungenes) Erzähllied. Wie im Heldenlied der Völkerwanderungszeit, bes. in der Form des doppelseitigen Ereignisliedes, verbindet sich in der B. ep. Erzählweise mit dramat. Gestaltung (Konzentration auf die Höhepunkte des Geschehens, Dialogform); hinzu kommt – und hierin unterscheidet sich die B. vom älteren Heldenlied – der Kehrreim, der, vom eigentl. Erzähllied streng getrennt, dem objektiven Geschehen gegenüber die subjektive Anteilnahme der Singenden zum Ausdruck bringt und der B. oft einen weichen und eleg. Ton verleiht. – Die älteste Gestalt der B. als Erzähllied zeigen die **skandinavischen Balladen** des MA (Blütezeit 13./14. Jh.). Diese ursprünglich ritterl. Dichtungsform hat dann als **Volksballade** (↑Kämpevise, ↑Folkeviser) bis in die Neuzeit hinein weite Verbreitung gefunden (Überlieferung mündlich, Aufzeichnungen seit dem 15. Jh.); sie wird (auf den Färöern z. T. bis heute) zum Gruppentanz chorisch gesungen und zeigt ausnahmslos Kehrreim. Als Strophenformen finden sich Zweizeiler und Vierzeiler; die Reimformen sind archaisch (z. T. ↑Halbreime). Stofflich lassen sich 6 Gruppen unterscheiden: 1. Götter-B.n (anknüpfend an nord. Göttermythen; relativ selten; z. B. B.n vom Torekall = Thor), 2. Helden-B.n (Stoffe aus der germanisch-dt. und nord. Heldensage; z. B. B.n von Sivard und Brynild, von König Diderik), 3. naturmag. und Geister-B.n (numinose B.n; z. B. die B. von Herrn Oluf und den Elfen), 4. Legenden-B.n (z. B. B.n von der Jungfrauenquelle), 5. Ritter-B.n (mit literar. Stoffen) und 6. histor. B.n. Wichtige Typen der späteren Kunst-B. sind damit hier vorgebildet. – Auf formal jüngerer Stufe stehen die **englisch-schott.** und **dt. Volksballaden** des Spät-MA, bei denen episch-dramat. Momente vorherrschen; Aufführung zum

Tanz ist hier nicht nachgewiesen, vielmehr ist Einzelvortrag zu vermuten; der Kehrreim fehlt häufig; die Strophenformen entsprechen jedoch denen der skand. B.n; bei den dt. Volks-B.n kommen typisch ep. Strophenformen (Abwandlungen der ↑ Nibelungenstrophe) hinzu. Auch die Stoffkreise decken sich weitgehend mit denen der skand. B.n; bes. Beliebtheit erfreuten sich in Deutschland neben Stoffen aus der [Helden]sage (meist mit Verzicht auf den trag. Ausgang; z. B. ›Jüngeres Hildebrandslied‹; B. vom Herzog Ernst) histor. Stoffe, z. T. sehr frei gestaltet (B.n vom Lindenschmied, von der Bernauerin). An Gestalten der mittelalterl. Dichtungsgeschichte knüpfen die B.n vom Moringer und vom Tannhäuser an; Beispiel einer B. mit literar. Stoff ist die B. von den zwei Königskindern (Hero und Leander). – Neuzeitl. Nachfahren der Volks-B.n, deren Tradition mit dem Humanismus abreißt, sind ↑ Zeitungslieder, ↑ Moritaten und der ↑ Bänkelsang.

Die systemat. *Sammlung der alten Volks-B.n* begann in der zweiten Hälfte des 18. Jh. (in England Bischof Th. Percy, ›Reliques of ancient English poetry‹, 1765; in Deutschland J. G. Herder, ›Volkslieder‹, 1778/79, mit Nachdichtungen englisch-schott. und dän. Volks-B.n); Höhepunkt der Sammeltätigkeit in der Romantik (W. Scott, A. von Arnim und C. Brentano, ›Des Knaben Wunderhorn‹, 1806–08; W. Grimm, ›Altdän. Heldenlieder, B.n und Märchen‹, 1811). Die Bez. ›B.‹ im Sinne von ›Erzähllied‹ findet sich zuerst in Percys Sammlung; das Wort ›B.‹ ist im Deutschen etwa seit 1770 nachweisbar.

Die Sammlungen Percys und Herders gaben den entscheidenden Anstoß zur Entstehung der neuzeitl. (dt.) **Kunstballade,** die, als streng literar. Form, die wesentl. Stilmerkmale der Volks-B. übernahm. Die B.n L. Ch. H. Höltys stellen in der dt. Dichtung den ersten Reflex auf Percys Sammlung dar; sie sind indes noch in schäferl. Milieu angesiedelt (z. B. ›Adelstan und Röschen‹, 1774). Epochemachend war G. A. Bürgers ›Lenore‹ (1774), die auch stimmungsmäßig den Ton der alten numinosen B. traf; neben dem Einfluß Percys machte sich hier die Wirkung

Ossians bemerkbar. In Bürgers Nachfolge wurde die naturmag. und **Geisterballade** zum vorherrschenden Typ des Sturm und Drang; wichtigster Vertreter war neben Bürger der junge Goethe (›Der untreue Knabe‹, ›Der Erlkönig‹; letztere durch Herders Nachdichtung der dän. B. von Herrn Oluf und den Elfen angeregt). – Im ›B.njahr‹ 1797 entwickelten Goethe und Schiller den klass. Typus der ↑ Ideenballade, die formal und thematisch in äußerstem Gegensatz zur Volks-B. steht (Goethe: ›Die Braut von Korinth‹, ›Der Gott und die Bajadere‹; Schiller: ›Der Ring des Polykrates‹, ›Der Taucher‹, ›Die Kraniche des Ibykus‹, 1799: ›Der Kampf mit dem Drachen‹, ›Die Bürgschaft‹). – Die Romantiker (S. T. Coleridge, W. Wordsworth, L. Tieck, Brentano, J. von Eichendorff) kehrten zu schlichteren und volksliedhafteren Formen zurück; lyr. Stimmung und klangl. musikal. Form überlagern die ep. Handlung und regten zu zahlreichen Vertonungen an (F. Schubert, C. Loewe). – Das 19. Jh. setzte z. T. die Tradition der naturmag. und numinosen B. fort (E. Mörike, ›Die Geister am Mummelsee‹, ›Der Feuerreiter‹; A. von Droste-Hülshoff, ›Der Knabe im Moor‹); zum charakterist. B.ntyp des 19. Jh. wurde jedoch die **histor. Ballade** mit vorwiegend dem MA entnommenen Themen (L. Uhland, ›Graf Eberhard der Rauschebart‹, ›Bertran de Born‹, ›Taillefer‹; M. von Strachwitz, ›Das Herz von Douglas‹; Th. Fontane, ›Gorm Grymme‹, ›Archibald Douglas‹; C. F. Meyer, ›Die Füße im Feuer‹); neu waren bibl. Themen (H. Heine, ›Belsazar‹); neu war weiter die Auseinandersetzung mit sozialen Problemen (A. von Chamisso, ›Das Riesenspielzeug‹; Heine, ›Die schles. Weber‹) und mit der modernen Technik (Fontane, ›John Maynard‹, ›Die Brück’ am Tay‹). Die Neuromantik bezog die B. in ihr gegen Realismus und Naturalismus gerichtetes literar. Programm ein (B. als ›aristokrat.‹ Form bei B. von Münchhausen [›Ritterl. Liederbuch‹, 1903, ›Das Herz im Harnisch‹, 1911], L. von Strauß und Torney und A. Miegel); ihre vermeintl. ›Erneuerung‹ der dt. Kunst-B. zeigte im wesentl. epigonale Züge. Die Stilisierung der B. zur

›dt.‹ Gattung (W. Kayser, 1936) wurde hier durch das Pathos des Heroischen und die nationalist. Pose vorbereitet. Die Skepsis gegenüber der B. in der jüngeren dt. Poetologie (etwa bei K. Hamburger) liegt darin begründet. – Dennoch leistete gerade auch das 20. Jh. auf dem Gebiet der B.ndichtung Bedeutendes. Der Expressionismus erschloß der histor. B. neue Themenkreise (Frz. Revolution: G. Heym, ›Robespierre‹; G. Kolmar, B.nzyklen ›Robespierre‹, ›Napoleon und Marie‹) und erneuerte traditionelle B.ntypen durch Subjektivierung der Themen (E. Lasker-Schüler, ›Hebr. Balladen‹, 1913); kunstvolle lyr. Formen (u. a. das ↑ Sonett) wurden bevorzugt. – An die Form des Bänkelliedes knüpften nach F. Wedekind v. a. Klabund, J. Ringelnatz, K. Tucholsky und B. Brecht an: Brecht machte die B. zum Forum akzentuierter Sozialkritik (›Ballade von der Kindesmörderin Marie Farrar‹) und krit. Auseinandersetzung mit dem aktuellen polit. Geschehen (›Legende von der Entstehung des Buches Taoteking auf dem Weg des Laotse in die Emigration‹, ›Kinderkreuzzug‹); er wurde damit zum Schöpfer der polit. B., für die sich der verfremdend wirkende Bänkelton als bes. geeignet erwies und die in der dt. Literatur nach 1945 den Platz der herkömml. histor. B. einnimmt (H. Bienek, W. Biermann, P. Hacks, P. Huchel, G. Kunert, Ch. Reinig u. a.). – ↑ auch Bylinen, ↑ Dumka, ↑ Romanze, ↑ Rondeau.

Ausgaben: Danmarks gamle folkeviser. Hg. v. S. H. Grundtvig u. a. Kopenhagen 1853–1965. 11 Bde. Neudr. Bd. 1–10. 1966–67. – The English and Scottish popular ballads. Hg. v. F. J. Child. Boston u. London 1882–98. 10 Bde. in 5 Bden. – B.n. Hg. v. John Meier. Lpz. 1935–36. 2 Bde. – Dt. Volkslieder mit ihren Melodien. Hg. v. Dt. Volksliederarch. Bln. u. Freib. 1935–67. 5 Bde. – Skand. B.n des MA. Hg. v. I.-M. Greverus. Hamb. 1963. – One hundred ballads, rondeaux and virelais from the late middle ages. Hg. v. N. E. Wilkins. London 1969. – Dt. B.n. Hg. v. H. Fromm. Mchn. ⁶1984. **Literatur:** Kayser, W.: Gesch. der dt. B. Bln. 1936. – Entwistle, W. J.: European balladry. Oxford ³1969. – Poirion, D.: Le poète et le prince. Paris 1965. Nachdr. Genf 1978. – Die dt. B. Hg. v. K. Bräutigam. Ffm. ⁵1971. – Köpf, G.: Die B. Ffm. 1976. – Müller-Seidel, W.: Die dt. B. Umrisse ihrer Gesch. In: Wege zum Gedicht. Hg. v. R. Hirschauer u. A. Weber. Bd. 2: Interpretation dt. B.n. Mchn. ⁴1976. – Freund, W.: Die dt. B. Paderborn 1978. – Hinck, W.: Die dt. B. von Bürger bis Brecht. Gött. ³1978. – Laufhütte, H.: Die dt. Kunst-B. Hdbg. 1979. – Riha, K.: Moritat, Bänkelsong, Protest-B. Königstein i. Ts. ²1979. – Bockholdt, R., u. a.: B. In: Lex. des MA. Bd. 1. Mchn. u. Zü. 1980. – Würzbach, N.: Anfänge und gattungstyp. Ausformung der engl. Straßen-B. Mchn. 1981. – Müller, W. G.: Die englisch-schott. Volks-B. Tüb. 1983. – B.nforschung. Hg. v. W. Müller-Seidel. Königstein i. Ts. 1984. – Morgan, G. A.: Medieval balladry and the courtly tradition. New York u. a. 1993. – Weissert, G.: B. Stg. ²1993.

Ballad-opera [engl. 'bæləd,ɔpərə = Liedoper], satir. Singspiel, das Ende des 17., Anfang des 18. Jh. in England als Reaktion gegen die Vorherrschaft der italien. Opera seria (Hauptvertreter G. F. Händel) entstanden ist. Die B.-o. greift einfache Komödienstoffe auf. In oft possenhaft derbe Prosadialoge sind Tanzszenen, Lieder nach volkstüml. Melodien für Solosänger, Duette oder Chor, z. T. auch parodierte Arien eingestreut. Der baladeske Stil von Bänkelsangton (↑ Bänkelsang) herrscht vor. Von den ↑ englischen Komödianten in Europa verbreitet, wurde die B.-o. entscheidend für die Entwicklung des dt. Singspiels: die 1. dt. Übersetzung einer B.-o. erschien 1743 in Berlin. Berühmteste B.-o. ist die ›Bettleroper‹ (1728, dt. 1960 [zuerst 1770]) von J. Gay, die das Vorbild für die ›Dreigroschenoper‹ von B. Brecht und K. Weill wurde.

Ballad-stanza [engl. 'bæləd,stænzə], svw. ↑ Chevy-Chase-Strophe.

Ballanche, Pierre Simon [frz. ba'lã:ʃ], * Lyon 4. Aug. 1776, † Paris 12. Juni 1847, frz. Schriftsteller. – Drucker und Verleger; schrieb in z. T. poet. Prosa, die durch myst. und symbol. Ausdrucksweise oft schwer verständlich ist, eine Reihe geschichtsphilosoph. Werke (›Antigone‹, 1814; ›Essai de palingénésie sociale‹, 2 Bde., 1827–29, u. a.), in denen er vergeblich christl. Vorstellungen mit dem modernen Fortschrittsgedanken in Einklang zu bringen suchte; Vorläufer der Romantik. 1842 wurde er Mitglied der Académie française.
Literatur: Hervé, G.: P. S. B. Nîmes 1990.

Ballantyne, Robert Michael [engl. 'bæləntaɪn], * Edinburgh 24. April 1825,

† Rom 8. Febr. 1894, engl. Jugendschrift-
steller. – War 1841–48 im Dienst der
Hudson's Bay Company in Kanada;
schrieb den autobiograph. Bericht ›Hudson's Bay‹ (1848) sowie mehr als 80 vielgelesene Abenteuerbücher für die Jugend, u. a. ›Die Schiffbrüchigen auf der
Coralleninsel im stillen Meere‹ (1857, dt.
1863, 1980 auch u. d. T. ›Die Korallen-
insel‹) und ›Die Gorilla-Jäger‹ (En.,
1862, dt. 1867).
Literatur: QUAYLE, E.: B. the brave. London
1967.

Ballard, James Graham [engl. 'bæləd],
* Schanghai 15. Nov. 1930, engl. Schriftsteller. – War 1942–45 in einem jap. Lager interniert; kam 1946 nach England.
Zählt zu den bedeutendsten Vertretern
der experimentellen, die Gattungsgren-
zen sprengenden New Wave innerhalb
der Science-fiction; verfaßt Kurzgeschichten und Romane mit zunehmend
psycholog. Ausrichtung, von der Beschreibung der psych. Auswirkung äußerer Katastrophen (›Der Sturm aus dem
Nichts‹, R., 1962, dt. 1964; ›Karneval der
Alligatoren‹, R., 1962, dt. 1970; ›Welt
in Flammen‹, R., 1964, dt. 1968, 1984
u. d. T. ›Die Dürre‹; ›Kristallwelt‹, R.,
1966, dt. 1969) bis zur Darstellung des
›Inner space‹ anhand psycholog. Desa-
ster, häufig in Verbindung mit Kritik an
den Fetischen der Industriegesellschaft
(›Der vierdimensionale Alptraum‹,
Kurzgeschichten, 1963, dt. 1973; ›Liebe
& Napalm, Export USA‹, Kurzgeschichten, 1970, dt. 1970; ›Die tausend Träume
von Stellavista‹, Kurzgeschichten, 1971,
dt. 1972; ›Die Betoninsel‹, R., 1974, dt.
1981; ›Der stürzende Turm‹, R., 1975, dt.
1981).
Weitere Werke: Hallo Amerika! (R., 1981, dt.
1984), Das Reich der Sonne (autobiograph. R.,
1984, dt. 1985), Der Tag der Schöpfung (R.,
1987, dt. 1990), Das große Herz der Frauen (R.,
1991, dt. 1993).
Literatur: J. G. B. The first twenty years. Hg. v.
J. GODDARD u. D. PRINGLE. Hayes (Middlesex)
1976. – J. G. B., der Visionär des Phantastischen. Hg. v. J. KÖRBER. Meitingen 1985.

Ballata [italien.], volkstüml. zweiteili-
ges Tanzlied (›ripresa‹ oder ›ritornello‹
und Strophe), bezeugt seit dem 13. Jh.;
einfache Grundform aus Elfsilblern,
Reimordnung: xx/aaax. Wichtigste, bes.
für die literar. Ausprägung charakterist.

Variation ist eine vierstrophige B.form,
bei der das ›ritornello‹ bis auf vier, die
Strophe meist bis auf acht Verszeilen
(z. T. Elf- und Siebensilbler gemischt) erweitert ist, mit folgender fester Reimordnung: xyyx/ababbccx (auch ›ballata
maggiore‹ genannt). Inhalt: Tanz,
Scherz, Liebe, Frühlings- und Sommer-
preis. – Schon in der 2. Hälfte des 13. Jh.
literar. Ausprägung durch die Bologne-
ser und Florentiner Vertreter des ↑ Dolce
stil nuovo. Berühmte Beispiele von
G. Cavalcanti und Dante; höchste Blüte
im 14. Jh. neben ↑ Sonett und ↑ Kanzone
(F. Petrarca, G. Boccaccio, F. Sacchetti),
im 15. Jh. noch von Lorenzo de' Medici
und A. Poliziano gepflegt; Mitte des
16. Jh. in Vergessenheit geraten; kurzes
Aufleben im 19. Jh. durch G. D'Annunzio, G. Carducci und seine Schule. – Die
B. wurde im 14. Jh. neben Madrigal und
Caccia die zentrale Form der weltl. Musik Italiens. Im 13. Jh. einstimmiges
Tanzlied für Vorsänger und Chor mit
Begleitung von Instrumenten (Laute,
Viola); wurde im 14. Jh. mehrstimmig (im
Kantilenensatz) gesetzt, wobei die chor.
Ausführung verschwand. Die zweistim-
mige B. ist meist vokalisch, bei Dreistim-
migkeit tritt eine instrumentale Mittel-
stimme hinzu. Die B. unterscheidet sich
im musikal. Aufbau (ABBAA) von der
frz. Ballade und entspricht dem ↑ Virelai.
Hauptmeister war F. Landini, von dessen
154 überlieferten Kompositionen 141
Ballate sind. Im 14. Jh. wurde unterschie-
den zwischen ›ballate‹ als Ballaten, nach
denen getanzt, und ›soni‹ als Ballaten,
die nur literar. Bedeutung hatten. Im
15. Jh. ging die B. im freien Madrigal auf,
blieb jedoch noch mehr als ein Jh. in der
achtsilbigen Sonderform der ›frottola-
barzelletta‹ der Karnevalsdichtung lebendig.
Literatur: MEIERHANS, L.: Die B. Bern 1956. –
GHISLANZONI, A.: Les formes littéraires et musi-
cales italiennes au commencement du XIV⁰ siècle. In: 2. Colloque de Wégimont 1955. Paris
1959. – CORSI, G.: Poesie musicali del Trecento.
Bologna 1970. – SUCHLA, B. R.: Studien zur Pro-
venienz der Trecento-B. Kassel 1976.

Ballek, Ladislav [slowak. 'baljɛk],
* Terany bei Banská Bystrica 2. April
1941, slowak. Schriftsteller. – Lehrer,
Journalist, Redakteur; herausragend ist

sein Roman ›Der Geselle‹ (1977, dt. 1985), der durch den Roman ›Akazien‹ (1981, dt. 1986) fortgesetzt wurde; auch Erzählungen.

Ball-Hennings, Emmy, geb. Emma Maria Cordsen, * Flensburg 17. Jan. 1885, † Sorengo bei Lugano 10. Aug. 1948, dt. Schriftstellerin. – Heiratete 17jährig den Schriftsetzer Hennings; war Mitglied einer Wanderbühne, später erfolgreiche Vortragskünstlerin, u. a. im Kabarett ›Simplicissimus‹ in München, wo sie Kontakt zu den progressiven literar. Kreisen hatte; trat zum Katholizismus über und ging 1915 mit H. † Ball, den sie 1920 heiratete, in die Schweiz. Sie schrieb Erzählungen, Legenden, Gedichte, Autobiographisches und Bücher der Erinnerung an H. Ball.

Werke: Die letzte Freude (Ged., 1913), Gefängnis (R., 1919), Helle Nacht (Ged., 1922), Hugo Balls Weg zu Gott (1931), Der Kranz (Ged., 1939), Das flüchtige Spiel (Autobiogr., 1940), Märchen am Kamin (1943), Das ird. Paradies (Legenden, 1945), Ruf und Echo. Mein Leben mit Hugo Ball (hg. 1953). **Ausgabe:** E. B.-H. Briefe an H. Hesse. Hg. v. A. SCHÜTT-HENNINGS. Ffm. 1984.

Balmont (tl.: Bal'mont), Konstantin Dmitrijewitsch [russ. balj'mɔnt], * Gumnischtschi (Gouv. Wladimir) 16. Juni 1867, † Paris 24. Dez. 1942, russ. Lyriker. – Wegen revolutionärer Neigungen von der Moskauer Univ. gewiesen; emigrierte nach der Revolution von 1905 nach Paris; 1913 kehrte er nach Rußland zurück und ging 1921 erneut nach Paris, obwohl er der Revolution von 1917 zuerst positiv gegenübergestanden hatte. Bed. Dichter des Symbolismus. Seine klangvolle Lyrik ist Ausdruck und Gestaltung eines Individualismus, die durch F. Nietzsches Gedankenwelt theoretisch gestützt wurde; formal beeinflußt von Ch. Baudelaire und E. A. Poe, die er übersetzte; Mittler von Kenntnissen über nichtruss. Literaturen. B. übersetzte u. a. G. Hauptmann, H. Ibsen, P. B. Shelley, W. Whitman.

Werk: V bezbrežnosti (= In die Unendlichkeiten, Ged., 1895). **Literatur:** SCHNEIDER, HILDEGARD: Der frühe Bal'mont. Mchn. 1970. – ALTHAUS-SCHÖNBUCHER, S.: K. D. Bal'mont. Parallelen zu Afanasij A. Fet: Symbolismus u. Impressionismus. Bern u. Ffm. 1975.

Baltrušaitis, Jurgis [litauisch baltru-'ʃaːjtɪs], * Paantvardžiai (Kreis Raseiniai) 20. April 1873, † Paris 3. Jan. 1944, litauischer Dichter. – War in den 20er und 30er Jahren litauischer Gesandter in der Sowjetunion und in Paris. B. schrieb außer Werken in seiner Muttersprache kunstvolle, symbolist. Gedichte in russ. Sprache, in denen ein feierl., eleg. Stil überwiegt; Übersetzungen Lord Byrons, G. D'Annunzios, H. Ibsens, O. Wildes, G. Hauptmanns und A. Strindbergs.

Werke: Zemnye stupeni (= Stufen der Erde, Ged., 1911), Gornaja tropa (= Der Bergpfad, Ged., 1912), Ašarų vainikas (= Der Tränenkranz, Ged., 1942), Poezija (Ged., 1967).

Bałucki, Michał [poln. ba'u̯utski], Pseudonym Elpidon, * Krakau 29. Sept. 1837, † ebd. 17. Okt. 1901, poln. Schriftsteller. – Redakteur; beging nach literar. Mißerfolgen Selbstmord. B. verfaßte außer erzählenden Werken v. a. Komödien ohne tiefere Problematik, die im kleinbürgerl. Milieu spielen; Vorliebe für Schwankhaftes; wegen des Fehlens gesellschaftskrit. Einstellung bald scharf kritisiert.

Werke: Grube ryby (= Dicke Fische, Kom., UA 1881, ersch. 1900), Dom otwarty (= Ein offenes Haus, Kom., 1883), Der Bürgermeister von Pipidowka (E., 1887, dt. 1894).

Balzac, Honoré de [frz. bal'zak], * Tours 20. Mai 1799, † Paris 18. Aug. 1850, frz. Schriftsteller. – Studierte 1816–19 Jura in Paris, zur gleichen Zeit war er Angestellter eines Rechtsanwalts, dann eines Notars; gab mit 20 Jahren das Studium auf und wandte sich ganz der Literatur zu. Er begann zunächst unter verschiedenen Pseudonymen Kolportageromane zu schreiben. Lange Zeit stand er unter dem Einfluß seiner mütterl. Geliebten Laure de Berny (* 1777, † 1836); Mißerfolge als Verleger und Druckereiunternehmer in den Jahren 1825–27, gewagte Spekulationen sowie seine luxuriöse Lebensführung stürzten ihn in große Schulden und zwangen ihn zu immer neuer literar. Produktion. B. war ein rastloser Arbeiter, der schließlich an Erschöpfung starb. Wenige Monate vor seinem Tod heiratete er die poln. Gräfin Ewelina Hańska-Rzewuska (* 1801, † 1882), mit der er seit 1832 in einem nur durch wenige persönl. Begegnungen un-

Honoré de
Balzac
(Daguerreo-
typie von
Félix Nadar,
1842)

terbrochenen Briefwechsel gestanden
hatte.
B. errang seinen ersten literar. Erfolg
1829 mit dem Roman ›Le dernier
Chouan‹ (dt. 1841 u. d. T. ›Die Chou-
ans...‹). Sein Hauptwerk ist die ›Comédie
humaine‹ (1829–54, dt. 1923–26 u. d. T.
›Die menschl. Komödie‹), ein großange-
legtes Werk, das mit mehr als 90 Titeln
nur etwa zwei Drittel des geplanten
Umfanges erreichte. In diesem vielfach
gegliederten Romanzyklus (drei große
Teile: ›Études de mœurs‹, ›Études philosophiques‹ und ›Études analytiques‹,
von denen der erste Teil wiederum in
sechs Gruppen, wie ›Scènes de la vie pri-
vée‹, ›Scènes de la vie de province‹,
›Scènes de la vie parisienne‹ usw., unterteilt ist) schildert B. entgegen der romant.
Manier seiner Zeit mit realist. Genauig-
keit eine Fülle von Personen aus allen
Kreisen der Gesellschaft des nachnapo-
leon. Frankreich (Adlige, Geistliche, Militärs, Handwerker, Bauern, Kleinbürger,
Gauner und Kurtisanen), wobei er natur-
philosophische und historiographische
Methoden auf die Literatur anwandte. In
seinen Romanen gelangen ihm glänzende Milieuschilderungen und – trotz
Typisierung der Figuren – lebensechte
Porträts. Sein Interesse galt v. a. Gestalten, die, beherrscht von einer Leidenschaft, von Begierden oder Machtstre-
ben, ihr Ziel ohne Rücksicht auf andere,
auf Recht und Unrecht erkämpfen oder
ergaunern. Zu den bedeutendsten Romanen der ›Comédie humaine‹ gehören
›Das Chagrinleder‹ (1831, dt. 1888, 1843
u. d. T. ›Der Chagrin‹), ›Oberst Chabert‹
(1832, dt. 1884, 1844 u. d. T. ›Die Doppel-
ehe‹), ›Die Frau von 30 Jahren‹
(1831–44, dt. 1845), ›Der Landarzt‹
(1833, dt. 1923, 1835 u. d. T. ›Der Dorf-
arzt‹), ›Eugénie Grandet‹ (1834, dt. 1845,
1835 in 2 Bden. u. d. T. ›Eugenie. Ein
Genre-Bild‹), ›Vater Goriot‹ (1835, dt.
1835), ›Die Lilie im Tal‹ (1836, dt. 1845),
›Cäsar Birotteaus Größe und Niedergang‹ (2 Bde., 1838, dt. 1927, 1842 u. d. T.
›Geschichte der Größe und des Verfalls
des Cäsar Birotteau‹), ›Verlorene Illusionen‹ (3 Tle., 1837–43, dt. 1909, 1845
u. d. T. ›David Séchard‹), ›Glanz und
Elend der Kurtisanen‹ (4 Tle., 1839–47,
dt. 1909), ›Tante Lisbeth‹ (1846, dt.
1910), ›Vetter Pons‹ (1847, dt. 1919). Neben diesem Hauptwerk, in das B. alle Romane einbezog, stehen die ›Tolldreisten
Geschichten‹ (3 Tle., 1832–37, dt. 1926,
1908 u. d. T. ›Die 30 sehr drolligen und
sehr kuriosen Geschichten...‹), sprachlich und inhaltlich von Rabelais inspiriert, voller Freude am Fabulieren, derb
und voller Leben, außerdem einige Dramen, wie ›Mercadet ou le faiseur‹ (1845),
die jedoch unbeachtet blieben.

Ausgaben: H. de B. Œuvres complètes. Hg. v.
M. Bouteron u. H. Longnon. Paris 1912–40.
40 Bde. – H. de B. Ges. Werke. Dt. Übers. Rbk.
[1-3]1952–64. 40 Bde. – H. de B. Werke. Dt.
Übers. Hg. v. F. Wencker-Wildberg. Wsb. u.
Bln. 1962. 8 Bde. – Lettres à Madame Hanska.
Hg. v. R. Pierrot. Paris 1968–71. 4 Bde. – H. de
B. Die Menschl. Komödie. Dt. Übers. Hg. v.
E. Sander. Mchn. 1971–72. 12 Bde. – La co-
médie humaine. Hg. v. P.-G. Castex. Paris
1976–81. 12 Bde.
Literatur: Curtius, E. R.: B. Bern 1951. Unver-
änderte Taschenbuchausg. Ffm. 1985. – L'An-
née balzacienne 1 (1960) ff. – Guyon, B.: La
pensée politique et sociale de B. Paris [2]1967. –
Longaud, F.: Dictionnaire de B. Paris 1969. –
Barbéris, P.: B. et le mal du siècle. Paris 1970. 2
Bde. – Wurmser, A.: La comédie inhumaine.
Paris 1970. – Barbéris, P.: Mythes balzaciens.
Paris 1972. – Barbéris, P.: Le monde de B. Paris
1973. – Saint-Paulien: Napoléon, B. et l'empire
de la Comédie humaine. Paris 1979. – Wolfzettel, F.: H. de B. In: Frz. Lit. des 19. Jh. Hg. v.
W.-D. Lange. Bd. 1. Hdbg. 1979. S. 217. – Eitel, W.: B. in Deutschland. Ffm. 1979. – Bardèche, M.: B. Paris 1980. – Friedrich, H.: Drei
Klassiker des frz. Romans. Stendhal, B., Flaubert. Ffm. [8]1980. – H. de B. Hg. v. H.-U. Gum-
brecht u. a. Mchn. u. Stg. 1980. – Chollet, R.:
B. journaliste. Paris 1983. – Jung, W.: Theorie
u. Praxis des Typischen bei H. de B. Tüb.
1983. – Maurois, A.: Das Leben des H. de B.

Eine Biogr. Dt. Übers. v. E. Sander u. B. Berger. Zü. 1985. – Marceau, F.: B. et son monde. Paris 1986. – Picon, G.: H. de B. in Selbstzeugnissen u. Bilddokumenten. Dt. Übers. Rbk. 34.–36. Tsd. 1994. – Pierrot, R.: H. de B. Paris 1994.

Balzac, Jean Louis Guez, Seigneur de [frz. bal'zak], * Angoulême 1597, † Balzac (Charente) 18. Febr. 1654, frz. Schriftsteller. – Unter Richelieu Staatsrat und Hofhistoriograph; eines der ersten Mitglieder der Académie française (1634); begründete die Gattung des auf literar. Wirkung angelegten Briefs; seine Briefe (1624 ff.), die seinerzeit außerordentl. Erfolg hatten, sind gekennzeichnet durch kühle Verstandesmäßigkeit und klass. Klarheit des Stils, jedoch nicht immer frei von zeitgenöss. Preziosität.
Ausgaben: Les œuvres de M. de B. Hg. v. V. Conrart. Paris 1665. 2. Bde. – Œuvres choisies. Hg. v. M. Moreau. Paris 1854. 2 Bde.
Literatur: Sutcliffe, F. E.: G. de B. et son temps. Littérature et politique. Paris 1960. – Jehasse, J.: G. de B. et le génie romain 1597–1654. St. Étienne 1977.

Bamm, Peter, eigtl. Curt Emmrich, * Hochneukirch (heute zu Jüchen, Kreis Neuss) 20. Okt. 1897, † Zollikon 30. März 1975, dt. Schriftsteller. – Teilnahme an beiden Weltkriegen; studierte Medizin und Sinologie; Verfasser von Feuilletons für verschiedene Zeitungen; Weltreisen als Schiffsarzt, Chirurg in Berlin; seit 1932 freier Schriftsteller. Aus zwei Vortragsreihen des Nordwestdt. Rundfunks entstanden die beiden Erfolgsbücher ›Die unsichtbare Flagge‹ (1952), ein Bericht des Stabsarztes B. im 2. Weltkrieg an der Ostfront, und ›Frühe Stätten der Christenheit‹ (1955), ein Reisebericht, in

Peter Bamm

dem geschichtl., archäolog. und bibl. Kenntnisse verschmolzen sind. Der Erfolg B.s beruht auf der intelligenten und menschl. Bewältigung und Wiedergabe allgemein interessierender Themen in einer unverschlüsselten, jedem zugängl., gepflegten Sprache.
Weitere Werke: Die kleine Weltlaterne (Feuilletons, 1935), Der i-Punkt (Feuilletons, 1937), Ex ovo (Essays, 1948, erweitert 1956), Welten des Glaubens (Bildband, 1959), An den Küsten des Lichts (Reisebericht, 1961), Anarchie mit Liebe (Feuilletons, 1962), Alexander oder Die Verwandlung der Welt (Biogr., 1965), Adam und der Affe (Essays, 1969), Eines Menschen Zeit (Erinnerungen, 1972), Am Rande der Schöpfung (Feuilletons, 1974), Ein Leben lang (Sammlung, hg. 1976), Eines Menschen Einfälle (Sammlung, 1977).
Ausgaben: P. B. Werke. Zü. 91.–110. Tsd. 1969. 2 Bde. – P. B. Sämtl. Werke. Mchn. 1976. 5 Bde.

Bāṇa (Bāṇabhaṭṭa), ind. Dichter des 7. Jahrhunderts. – Lebte am Hofe des Königs Harṣavardhana von Thanesar und Kanauj, dessen Leben er in dem panegyr. Roman ›Harṣacarita‹ (= Leben des Harṣa, hg. 1909 und 1965, engl. 1897, Nachdruck 1961) beschrieben hat. Das Werk ist eine wichtige Quelle für Sitten und Gebräuche jener Zeit; es enthält auch B.s Lebensbeschreibung; sein Schluß ging verloren. B.s zweites großes Werk ist der von seinem Sohn vollendete Roman ›Kādambarī‹ (hg. 1883, engl. 1896). B. verfaßte ferner das ›Caṇḍīśataka‹ (= 100 Verse an Caṇḍī, hg. und engl. 1917, Nachdruck 1965), 102 Verse zum Preise der Göttin Durgā. B. gilt den Indern als Meister der Sanskritkunstprosa.
Ausgaben: Bāṇa's Kādambarī. Niederländ. Übers. Einl. u. Anm. v. A. A. M. Scharpé. Löwen 1937. – Naravane, V. S.: Three novels from ancient India. Sahibabad 1982.
Literatur: Krishnamoorthy. K.: Bāṇabhaṭṭa. Neu-Delhi 1976.

Bances Candamo, Francisco Antonio de [span. 'banθes kan'damo], * Sabugo 26. April 1662, † Lezuza (Albacete) 8. Sept. 1704, span. Dichter. – Hofdramatiker Karls II.; Verfasser von 24 Komödien (›El esclavo en grillos de oro‹, ›La piedra filosofal‹) und vier Autos sacramentales (darunter ›El gran químico del mundo‹, ›El primer duelo del mundo‹); letzter Dramatiker der Calderónschule.

Literatur: CUERVO-ARANGO Y GONZÁLEZ-CAR-
VAJAL, D.: Don F. A. de B. C. Estudio biblio-
gráfico y critico. Madrid 1916.

Banchs, Enrique [span. bantʃ(s)],
*Buenos Aires 8. Febr. 1888, †ebd.
6. Juni 1968, argentin. Lyriker. – Die
durchsichtige Klarheit und formale Per-
fektion seines lyr. Frühwerks ließen einen der bedeutendsten Dichter seines
Landes erwarten. Nach dem Sonetten-
kranz von ›La urna‹ (1911) folgten jedoch nur noch vereinzelte Gedichte.

Weitere Werke: Las barcas (Ged., 1907), El libro de los elogios (Ged., 1908), El cascabel del
halcón (Ged., 1909), Ayer (Ged., 1930).

Band, einzelnes Buch als Teil eines
mehrteiligen Werkes einer Schriften-
reihe; umgangssprachlich wird B. auch
als Synonym für ›Buch‹ gebraucht.

Bande dessinée [frz. bãddɛsiˈne]
↑Comic strips.

Bandeira Filho, Manuel Carneiro de
Sousa [brasilian. bɐnˈdeira ˈfiʎu], *Recife
(Pernambuco) 19. April 1886, †Rio de
Janeiro 13. Okt. 1968, brasilian. Lyriker
und Literaturkritiker. – War 1913 zur
Kur (Tuberkuloseerkrankung) in Davos,
wo er P. Éluard kennenlernte; 1935
Schulinspektor, 1943 Prof. für lateinamerikan. Literatur in Rio de Janeiro. Übersetzte zahlreiche Werke der Weltliteratur. Seine ersten Gedichtbände (›A cinza
das horas‹, 1917; ›Carnaval‹, 1919; ›O
ritmo dissoluto‹, 1924) sind einem subjektivist. Symbolismus verpflichtet. Mit
›Libertinagem‹ (1930) schloß er sich dem
Modernismo an und wandte sich einer
spezifisch brasilian. Thematik zu;
Grundnote blieb die Verbindung von
Ironie und Melancholie.

Weitere Werke: Estrela da manhã (Ged., 1936),
Opus 10 (Ged., 1952), Estrela da tarde (Ged.,
1963), Der Weg nach Pasárgada (Ged. und
Prosa, span. und dt. Ausw. 1985).

Ausgabe: M. B. F. Poesia completa e prosa. Rio
de Janeiro ²1967.

Bandello, Matteo, *Castelnuovo
Scrivia (Prov. Piemont) um 1485, †Agen
13. Sept. 1561, italien. Schriftsteller. –
Dominikaner; trat um 1526 aus dem Orden aus; ab 1541 in Frankreich; 1550–55
Bischof von Agen. Von B. stammt eine
der schönsten und literarisch folgen-
reichsten Novellensammlungen des
16. Jh.: ›Novellen‹ (4 Tle., 1554–73, dt. 3
Bde., 1818), in der 214 Erzählungen ohne

Rahmen vereinigt sind. Sein Vorbild
G. Boccaccio erreichte B. jedoch nicht.
Am bekanntesten wurde die Novelle
›Romeo und Julia‹, auf die Shakespeare
zurückgriff. B.s Novellen wurden u. a.
von Lope F. de Vega Carpio und A. de
Musset als Quelle verwendet; auch Lyri-
ker (›Canzoniere‹, 1544).

Ausgabe: M. B. Tutte le opere. Hg. v. F. FLORA.
Mailand ⁴1966–72. 2 Bde.

Literatur: PETROCCHI, G.: M. B. Florenz 1949. –
GRIFFITH, T. G.: B.'s fiction. An examination of
the ›Novelle‹. Oxford 1955. – HARTLEY, K. H.:
B. and the ›Heptaméron‹. A study in com-
parative literature. Melbourne 1961. – CRE-
MONTE, L.: M. B. e i casi vari e mirabili delle sue
novelle. Alexandria 1966. – PORCELLI, B.: La no-
vella del Cinquecento. Bari 1973. – FIO-
RATO, A. CH.: B. entre l'histoire et l'écriture.
Florenz 1979.

Bandrowski, Juliusz, poln. Schriftsteller, ↑Kaden Bandrowski, Juliusz.

Bandyopadhyay, Manik, eigtl. Pra-
bodhkumār Banerij, *im Distrikt Dumka
(Bihar) 6. Mai 1908, †Kalkutta 3. Dez.
1956, bengal. Schriftsteller. – Gilt als
profiliertester Autor von Romanen und
Kurzgeschichten in moderner bengal.
Prosa. Seine frühen Romane handeln zu-
meist im ländl. Bengalen, während das
Spätwerk soziale Mißstände in der
Hauptstadt Kalkutta beschreibt; in dt.
Übersetzung liegt u. a. der Roman ›Die
Fischer vom Padma‹ (1936, dt. 1984) vor.

Ausgaben: Manikgranthābalī. Kalkutta 1969.
4 Bde. – M. B. Padma river boatman. Engl.
Übers. St. Lucia 1973. – M. B. Stories. Engl.
Übers. Hg. v. PH. GRANOFF. New York 1984.

Bang, Herman Joachim, *Asserballe
(Alsen) 20. April 1857, †Ogden (Utah,
USA) 29. Jan. 1912, dän. Schriftsteller. –
Versuchte sich als Schauspieler, war
Journalist und Regisseur; Auslandsaufenthalte in Europa und Amerika (Vor-
tragsreisen). B. begann mit Essays, denen
1880 der Roman ›Hoffnungslose Geschlechter‹ (dt. 1900) folgte. B. ging vom
Naturalismus aus (Einflüsse E. Zolas,
H. Ibsens und Ch. R. Darwins), den er jedoch bald überwand. Er ist Schöpfer und
glänzender Vertreter des dän. Impressionismus, Repräsentant der dän. Dekadenz. Ausgeprägtes Gefühl für sprachl.
und rhythm. Feinheiten, tiefes Empfinden, bes. für sich, den unglückl. glau-
benslosen Dichter, einfühlsame Schilde-

rungen unscheinbarer Frauengestalten prägen sein Werk. Meisterhaft sind seine Novellen (u. a. ›Am Wege‹, 1886, dt. 1898), faszinierend seine gelungenen Porträts zeitgenöss. Schriftsteller.

Weitere Werke: Realisme og realister (Essay, 1879), Kritiske studier og udkast (Essays, 1880), Exzentr. Novellen (1885, dt. 1905), Zusammenbruch (R., 1887, dt. 1913), Tine (R., 1889, dt. 1903), Ludwigshöhe (R., 1896, dt. 1908), Eine Erzählung vom Glück (1898, dt. 1922), Das graue Haus (R., 1901, dt. 1909), Sommerfreuden (E., 1902, dt. 1915), Michael (R., 1904, dt. 1906), Die Vaterlandslosen (R., 1906, dt. 1912). **Ausgaben:** H. B. Værker i mindeudgave. Kopenhagen ²1920–21. 6 Bde. – H. B. Ges. Werke. Dt. Übers. Bln. ¹⁻⁷⁵1926. 6 Bde. **Literatur:** H. B. Haabløse slægter. Hg. v. V. SØRENSEN. Kopenhagen 1965. – JACOBSEN, H.: Den tragiske H. B. Kopenhagen 1966. – MORTENSEN, K. P.: Sonderinger i H. B.s romaner. Kopenhagen 1973. – JACOBSEN, H.: H. B. Nye studier. Kopenhagen 1974. – Omkring stuk. Hg. v. O. HARSLØF. Kopenhagen 1977.

Bang-Ba-Lân [vietnames. baŋ ba lən], * Tây-Ninh (Prov. Bắc-Giang, Nord-Vietnam) 1913, vietnames. Dichter. – Vorherrschendes Thema der Lyrik B.-Ba-L.s ist die bäuerl. Lebenswelt und die Landschaft seiner Heimat, deren Zauber er – wie die ihm kongeniale Dichterin Anh-Tho' – in immer wieder abgewandelten Bildern einzufangen sucht. Nach seiner durch die Kriegswirren bedingten Übersiedlung nach Süd-Vietnam lassen seine unter dem Pseudonym Đô-Gan publizierten Gedichte einen bis dahin unbekannten sozialkrit. Aspekt erkennen, indem er die soziale Ungerechtigkeit, die Bestechlichkeit und Unmoral der Beamten und Kriegsgewinnler in Saigon unerschrocken geißelt.

Werke: Tiêng thông reo (= Kiefernrauschen, Ged., 1934), Xu'a (= Einst, Ged., 1941; mit Anh-Tho'), Tho' Bang-Ba-Lân (= B.-Ba-L.s Gedichte, 1957), Tiêng vong du'a (= Stimme des unsicheren Weilers, Ged., 1957).

Ban Gu, chin. Dichter, ↑ Pan Ku.

Bang-Viêt [vietnames. baŋ việt], * Huê 1941, vietnames. Dichter. – Lebt seit 1954 in Hanoi; gehört der Kriegsgeneration an; sein dichter. Schaffen ist, wie auch das seiner Kampfgefährten Xuân-Quinh und Pham-Tiên-Duat, vom Befreiungskampf geprägt.

Werke: Bêp lu'a (= Feuerherd, Ged., 1968), Nhung gu'o'ng mät nhung khoang tro'i (= Gesichter und Himmelsflächen, Ged., 1973).

Banim, John [engl. 'bɛɪnɪm], * Kilkenny 3. April 1798, † Windgap Cottage bei Kilkenny 13. Aug. 1842, ir. Schriftsteller. – Setzte sich zum Ziel, für die ir. Literatur das zu tun, was W. Scott für die schott. vollbracht hatte. Er bot in seinen z. T. in Zusammenarbeit mit seinem Bruder Michael (* 1796, † 1874) verfaßten ›Tales, by the O'Hara family‹ (En., 3 Bde., 1825) mit Elementen der Schauerromantik ausgestattete Schilderungen des irischen Volkslebens. B. war auch Lyriker und Dramatiker.

Bänkelsang [nach der kleinen Bank, die die Vortragenden als Podium benutzten], Lied und Prosageschichte umherziehender Sänger (Bänkelsänger, die von Laute, Violine oder Drehorgel begleitet wurden), auch deren Darbietung; kennzeichnend sind formelhafte Vereinfachung im Sprachlichen, Typisierung der Personen, Situationen und Gefühlsäußerungen. Der B. gibt eine verallgemeinernde, kommentierende und wertende Darstellung der Ereignisse und wird stets zusammen mit einer ausführlicheren, erklärenden Prosafassung dargeboten (Lied und Prosageschichte auch ↑ Moritat genannt) und durch Bildtafeln illustriert. Während noch nach der Darbietung werden Drucke (↑ fliegende Blätter) zum Verkauf angeboten. Der B. gehört in die Tradition des ↑ Ereignisliedes und ist mit dem histor. Volkslied und dem ↑ Zeitungslied verwandt. Er kam, den Zeitungssang allmählich ablösend, im 17. Jh. auf und fand im 18. und v. a. im 19. Jh. weite Verbreitung. Die Texte stammen von anonymen Verfassern, selten von den Bänkelsängern selbst.

Literar. Bedeutung gewann die B. Mitte des 18. Jh. mit dem Erwachen des Interesses gebildeter Kreise an volkstüml. Kunst; er beeinflußte die Balladen- und Romanzendichtung J. W. L. Gleims, G. A. Bürgers, L. Ch. H. Höltys u. a. (›Salon-B.‹, teils parodistisch). Im 19. Jh. dichteten H. Heine und A. H. Hoffmann von Fallersleben polit. Lieder im Bänkelsängerstil, F. Th. Vischer schrieb B.parodien unter dem Pseudonym U. Schartenmeyer. Durch programmat. Literarisierung des B.s empfing die Balladendichtung des 20. Jh. neue Impulse; zu nennen sind v. a. F. Wedekind und

B. Brecht, ferner O. J. Bierbaum, Ch. Morgenstern, E. Mühsam, J. Ringelnatz, Erich Kästner. Einflüsse des B.s zeigen auch Brettl, ↑ Kabarett und ↑ Chanson.

Ausgaben: Die Moritat vom B. Hg. v. E. JANDA u. F. NÖTZOLD. Neuausg. Mchn. 1976. – Das Moritatenbuch. Hg. v. K. RIHA. Ffm. 1981. **Literatur:** OETTICH, G.: Der B. in der Kunstdichtung des 20. Jh. Diss. Wien 1963 [Masch.]. – RIEDEL, K. V.: Der B. Hamb. 1963. – HIRDT, W.: Italien. B. Ffm. 1979. – RIHA, K.: Moritat, Bänkelsong, Protestballade. Königstein i. Ts. ²1979. – B. Hg. v. W. BRAUNGART. Stg. 1985. – KOOLMAN, E.: Bänkellieder u. Jahrmarktdrucke. Old. 1990.

Banks, John [engl. bæŋks], * London 1650 (?), † ebd. 1706, engl. Dramatiker. – Verfasser durchschnittl., jedoch bühnenwirksamer histor. Dramen, die gegen Ende des 17. Jh. großen Erfolg auf der engl. Bühne hatten und v. a. Schauspielerinnen gute Rollen boten.

Werke: Virtue betrayed, or Anna Bullen (Dr., 1682), The unhappy favourite, or The Earl of Essex (1682), The island queens, or The death of Mary Queen of Scotland (1684), The innocent usurper, or The death of Lady Jane Gray (Dr., 1694).

Bannbüchlein ↑ Zauberbücher.

Bănulescu, Ştefan [rumän. bənu-'lesku], * Făcăieni (Ialomiţa) 8. Sept. 1929, rumän. Schriftsteller. – Journalist; u. a. 1968–71 Chefredakteur der Zeitschrift ›Luceafărul‹. Verfasser stilistisch meisterhafter phantastisch-myth. Erzählungen aus der Welt der Dörfer an der Donau (›Iarna bărbaţilor‹ [= Der Winter der Männer], 1965). 1977 erschien als erster Band einer geplanten Trilogie über den Untergang der imaginären Hafenstadt Metopolis der Roman ›Cartea milionarului‹ (= Das Buch des Millionärs).

Weitere Werke: Ein Schneesturm aus anderer Zeit (En., 1965, dt. 1994), Scrisori provinciale (= Briefe aus der Provinz, Essays, 1976), Verspätetes Echo (Prosa, dt. Ausw. 1985).

Banville, Théodore de [frz. bã'vil], * Moulins (Allier) 14. März 1823, † Paris 13. März 1891, frz. Dichter. – Theaterkritiker; ging von der Romantik (V. Hugo) aus, wegbereiter der Parnassiens mit virtuoser Formkunst (Gedichtbände ›Les cariatides‹, 1842; ›Les stalactites‹, 1846; ›Odes funambulesques‹, 1857, u. a.); veröffentlichte 1871 einen ›Petit traité de

poésie française‹, auch dramat. Dichtungen (›Gringoire‹, Lsp., 1866, dt. 1875). **Weitere Werke:** Mes souvenirs (1882), Critiques (hg. 1917). **Literatur:** CARPENTIER, J.: Th. de B. L'homme et son œuvre. Paris 1925. – HARMS, A.: Th. de B. Boston (Mass.) 1983. – LACROIX, R.: Th. de B. Moulins 1990.

Baour-Lormian, Pierre Marie [frz. baurlɔr'mjã], * Toulouse 24. März 1770, † Paris 10. Dez. 1854, frz. Dichter. – Lieferte mit seinen ›Poésies galliques‹ (1801), einer Ossian-Übersetzung für Napoleon, einen wesentl. Beitrag zu Kenntnis u. Wertschätzung des fiktiven kelt. Barden in Frankreich; schrieb erfolgreiche Tragödien im klassizist. Stil (›Omasis‹, 1806, dt. 1808) sowie eine poet. Übersetzung des Buches Hiob (›Le livre de Job‹, 1847); in der Zeit der Romantik einer ihrer entschiedensten Gegner; wurde 1815 Mitglied der Académie française.

Bar (Par), mehrstrophiges Meistersanglied mit einer ungeraden Zahl von stollig gebauten Strophen (↑ Gesätzen), in denen die Stollenform oft stark variiert wird.

Literatur: PLATE, O.: Die Kunstausdrücke der Meistersinger. In: Straßburger Studien 3 (1888), S. 147. Nachdr. in: Der dt. Meistersang. Hg. v. B. NAGEL. Darmst. 1967. – PETZSCH, CH.: Parat-(Barant-)Weise, B. u. B.form. In: Arch. f. Musikwiss. 28 (1971).

Baraka, Imamu Amiri [engl. 'bærəkə], afroamerikan. Schriftsteller, ↑ Jones, LeRoi.

Baranauskas, Antanas [litauisch bara'na:uskas], * Anykščiai 17. Jan. 1835, † Seinai 26. Nov. 1902, litauischer Dichter und Sprachforscher. – Studierte kath. Theologie, war Dozent, später in høhen Kirchenämtern. Seine lyr., oft eleg. Dichtungen geben B.' Naturverbundenheit und seiner engen, mitfühlenden Beziehung zu dem im Zarenreich unterdrückten litauischen Volk Ausdruck. Sein Hauptwerk ist das Poem ›Der Hain von Anykščiai‹ (1858/59, dt. 1967).

Barańczak, Stanisław [poln. ba'rajn-tʃak], * Posen 13. Nov. 1946, poln. Literaturwissenschaftler und Schriftsteller. – Sein Kampf gegen polit. und dichter. Lügen (gegen den ›Denk- und Sprachautomatismus‹) führte zu Konflikten mit der Partei; emigrierte nach 1980 in die USA;

dort Slawist an der Harvard University; schreibt Gedichte, Essays und literaturwiss. Werke; auch Kritiker.

Werke: Korekta twarzy (= Gesichtskorrektur, Ged., 1968), Nieufni i zadufani (= Die Argwöhnischen und die Überheblichen, Essays, 1971), Tryptyk z betonu, zmęczenia i śniegu (= Ein Triptychon aus Beton, Ermüdung und Schnee, Ged., 1980), Uciekinier z utopii. O poezji Z. Herberta (= Flüchtling aus der Utopie. Über die Poesie von Z. Herbert, 1984), Widokówka z tego świata i inne rymy z lat 1986–1988 (= Ansichtskarte von dieser Welt u. a. Verse aus den Jahren 1986–1988, Ged., 1988).

Baranga, Aurel, *Bukarest 20. Juni 1913, † ebd. 10. Juni 1979, rumän. Dramatiker. – Journalist; übte in seinen Dramen Kritik an sozialen Übergangserscheinungen und Mißständen; schrieb v. a. satir. Komödien und auch Farcen; seine Komödie ›Das wutkranke Lamm‹ (1954, dt. 1954) ist eine scharfe antibürokrat. Satire.

Weitere Werke: Siciliana (Farce, 1960), Die öffentl. Meinung. Satire in zwei Teilen (Kom., 1967, dt. 1974), Viaţa unei femei (= Das Leben einer Frau, Dr., 1976).

Ausgabe: Teatru. Bukarest 1971. 3 Bde.

Literatur: DUŢĂ, M.: A. B. In: Lit. Rumäniens 1944–1980. Einzeldarstt. Hg. v. Z. DUMITRESCU-BUŞULENGA u. M. BUCUR. Bln. 1983. S. 231.

Baranskaja, Natalja Wladimirowna, *Petersburg 31. Dez. 1908, russ. Schriftstellerin. – Schildert insbes. zeitgenöss. Frauenschicksale.

Werke: Woche um Woche (En., dt. Ausw. 1979), Ein Kleid für Frau Puschkin (Nov., 1977, dt. 1982), Das Ende der Welt (En., dt. Ausw. 1985).

Barash (tl.: Baraš), Asher [hebr. 'baraʃ], *Łopatyn (heute Lopatin, Gebiet Lemberg) 14. März 1889, † Tel Aviv-Jaffa 4. Juni 1952, hebr. Schriftsteller. – Lebte seit 1914 als Lehrer, Schriftsteller und Redakteur in Palästina; schrieb außer Gedichten (›Tĕmôl‹ [= Gestern], 1945; ›Zel zǫhŏrayim‹ [= Mittagsschatten], 1949) sozialkrit., z. T. autobiograph. Romane (›Tĕmûnôt mibbêt mivšal haššekar‹ [= Bilder aus dem Brauhaus], 1928; ›Pĕraqîm meḥayyê Yaʻāqov Rûḏôrfẹr‹ [= Kapitel aus dem Leben Jakob Ruderfers], 1928) und realist. Erzählungen, v. a. über das Judentum Ostgaliziens, ferner bed. histor. Novellen (u. a. ›Er blieb in Toledo‹, 1943, dt. 1964 in ›Hebr. Erzähler der Gegenwart‹). B. schrieb auch Jugendbücher und übersetzte aus dem Deutschen (›Don Carlos‹ von Schiller, 1928), Englischen und Jiddischen.

Literatur: WAXMAN, M.: A history of Jewish literature. New York 1960. – Enc. Jud. Bd. 4, 1971. S. 200.

Barataschwili (tl.: Baratašvili), Mamuka, georg. Dichter des 18. Jahrhunderts. – Emigrierte mit König Wachtang VI. nach Astrachan und 1730 nach Moskau, wo er 1731 die grundlegende georg. Poetik ›Čašniki‹ (= Weinprobe) schrieb; Autor lyr. Gedichte und Poeme.

Barataschwili (tl.: Baratašvili), Nikolos, *Tiflis 4. Dez. 1817, † Gjandscha 21. Okt. 1845, georg. Dichter. – Aus verarmter Fürstenfamilie. Bedeutendster georg. Romantiker, unter dem Einfluß Lord Byrons und M. J. Lermontows; seine melanchol. Weltschmerzdichtung ist der N. Lenaus verwandt; er schrieb auch patriot. und histor. Gedichte. In dem Versepos ›Bedi kartlisa‹ (= Das Schicksal Georgiens, 1893) behandelte er die Entscheidung von König Erekle II., durch die Georgien 1783 an Rußland gebunden wurde. Deutsch erschienen 1946 das Gedicht ›Der Renner‹ (1842) und 1968 ›Gedichte‹.

Baratynski (tl.: Baratynskij), Jewgeni Abramowitsch, auch J. A. Boratynski, *bei Mara (Gouv. Tambow) 2. März 1800, † Neapel 11. Juli 1844, russ. Lyriker. – Offizier; Freund A. S. Puschkins. Er begann mit anakreont. Gedichten, schrieb dann unter dem Einfluß der frz. Aufklärung philosoph. Lyrik; Meister der Ode und der Elegie; voller Pessimismus und Weltschmerz kritisierte er seine Zeit und die Stellung des Dichters in ihr. Stilistisch wird er als Vorläufer der Symbolisten angesehen. ›Ausgewählte Gedichte‹ erschienen dt. 1948.

Weitere Werke: Ėda (Poem, 1826), Cyganka (= Die Zigeunerin, Poem, 1842; 1831 u. d. T. Naložnica [= Die Konkubine]), Sumerki (= Dämmerung, Ged., 1842).

Literatur: BURTON, D.: Boratynskij. The evolution of his style and poetic themes. Diss. Washington (D. C.) 1975.

Barba Jacob, Porfirio [span. 'barβa xa'koβ], Pseudonym des kolumbian. Lyrikers Miguel Ángel ↑ Osorio.

Barber, John [engl. 'bɑːbə], schott. Dichter, ↑ Barbour, John.

Barberino, Andrea da, italien. Dichter, ↑Andrea da Barberino.

Barbey d'Aurevilly, Jules Amédée [frz. barbɛdɔrvi'ji], * Saint-Sauveur-le-Vicomte (Manche) 2. Nov. 1808, † Paris 23. April 1889, frz. Schriftsteller. – Exzentr. Dandy, zugleich überzeugter Katholik und Royalist. Geistreicher Kritiker, Mitarbeiter konservativer Blätter; kritisierte, selbst beeinflußt von H. de Balzac und W. Scott, scharf die modernen polit. und literar. Strömungen, auch den Realismus, obwohl er ihn stilistisch vertrat. Vom Bösen faszinierter erster Vertreter des psycholog. christl. Romans (Wirkung auf L. Bloy und G. Bernanos). Seine Sprache ist kraftvoll, visionär; Schauplatz seiner Romane ist die Normandie.

Werke: Vom Dandytum und von Georges Brummell (Prosa, 1845, dt. 1909), Eine alte Geliebte (R., 3 Bde., 1851, dt. 1904), Die Gebannte (R., 1854, dt. 1948), Le Chevalier Des Touches (R., 1864), Ein verheirateter Priester (R., 1865, dt. 1968), Die Teuflischen (Nov.n, 1874, dt. 1900). **Ausgabe:** J. A. B. d'A. Œuvres romanesques complètes. Hg. v. J. PETIT. Paris 1964–66. 2 Bde. **Literatur:** PETIT, J.: B. d'A. critique. Paris 1963. – CANU, J.: B. d'A. Paris ²1965. – HOFER, H.: B. d'A., romancier. Diss. Bern 1974. – BOUCHER, J.-P.: ›Les diaboliques‹ de B. d'A. Montreal 1976. – BERTHIER, PH.: B. d'A. et l'imagination. Genf 1978. – B. d'A. cent ans après. Hg. v. PH. BERTHIER. Genf 1990.

Barbier, Auguste [frz. bar'bje], * Paris 29. April 1805, † Nizza 13. Febr. 1882, frz. Dichter. – Studierte Rechtswiss. in Paris; wurde nach der Julirevolution berühmt durch seine formgewandten ›Iambes‹ (1831, dt. 1832) und durch satir. Gedichte, die er gegen die Sittenverderbnis und den Napoleonkult (›L'idole‹) der Zeit richtete; Frucht seiner Reisen sind ›Il pianto‹ (Ged., 1833; dem Unglück Italiens gewidmet) und ›Lazare‹ (Ged., 1837; über das soziale Elend in England); auch Dramatiker, Erzähler und Übersetzer. 1869 Mitglied der Académie française.

Barbosa du Bocage, Manuel Maria [portugies. bɐr'bɔzɐ ðu βu'kaʒ ı], portugies. Dichter, ↑Bocage, Manuel Maria Barbosa du.

Barbour (Barber), John [engl. 'bɑ:bə], * bei Aberdeen um 1316, † Aberdeen 13. März 1395, schott. Dichter. – Ab 1357 Erzdiakon von Aberdeen. Sein Hauptwerk ist das patriot. Epos ›The Bruce‹ (entst. um 1375, ersch. 1616), in dem er den Freiheitskampf der Schotten unter Robert Bruce gegen England darstellt; das Werk gilt als schott. Nationalepos.

Ausgabe: J. B. The Bruce. Hg. v. W. M. MACKENZIE. London 1909.

Barbu, Eugen, * Bukarest 20. Febr. 1924, † ebd. 7. Sept. 1993, rumän. Schriftsteller. – 1962–68 Chefredakteur der Literaturzeitschrift ›Luceafărul‹, ab 1970 Direktor der Zeitschrift ›Săptămîna‹, veröffentlichte außer Gedichten, Theaterstücken und Reiseaufzeichnungen v. a. Novellen und Romane, in denen er entweder die Welt des Sports oder auch das Leben in den Vorstädten Bukarests und auf dem Lande beschreibt; sein bedeutendster Roman, ›Teufelsgrube‹ (1957, dt. 1966), schildert das Leben der alten Vorstadt Bukarests vor dem 1. Weltkrieg. B. schrieb auch Drehbücher für Film und Fernsehen; übersetzte u. a. W. Faulkner, Th. Mann und Dostojewski.

Weitere Werke: Nordchaussee (R., 1959, dt. 1968), Die Flucht der Todgeweihten (Nov.n, dt. Ausw. 1963), Facerea lumii (= Die Schöpfung der Welt, R., 1964), Der Fürst (R., 1969, dt. 1981), Martiriul Sfîntului Sebastian (= Das Martyrium des hl. Sebastian, Nov.n, 1969), Incognito (R., 4 Bde., 1975–80). **Literatur:** MANU, E.: E. B. In: Lit. Rumäniens 1944–1980. Einzeldarstt. Hg. v. Z. DUMITRESCU-BUŞULENGA u. M. BUCUR. Bln. 1983. S. 287.

Barbu, Ion, eigtl. Dan Barbilian, * Cîmpulung 19. März 1895, † Bukarest 11. Aug. 1961, rumän. Lyriker. – Studium der Mathematik in Bukarest, Göttingen und Tübingen; ab 1942 Prof. in Bukarest, Mathematiker von internat. Ruf. Begann mit Gedichten im Stil des frz. Parnasse; Ziel seiner späteren gedanklich abstrakten Gedichte war die objektive Darstellung des Menschen und des Wesens der Welt. B.s hermet., durch hohe Lautmusikalität gekennzeichnete Lyrik war von großem Einfluß auf die moderne rumän. Dichtergeneration.

Werke: Dupǎ melci (= Hinter den Schnecken her, Ged., 1921), Joc secund (= Zweites Spiel, Ged., 1930), Ochean (= Ozean, Ged., hg. 1964), Pagini de prozǎ (= Prosaseiten, Essays, hg. 1968), Das dogmat. Ei (Ged., dt. Ausw. 1981). **Ausgabe:** I. B. Poezii. Hg. v. R. VULPESCU. Bukarest 1970.

Literatur: VIANU, T.: I. B. Bukarest 1935. – PIL-LAT, D.: I. B. Bukarest 1969. – TEODORESCU, D.: Poetica lui I. B. Craiova 1978.

Barbusse, Henri [frz. bar'bys], * Asnières bei Paris 17. Mai 1873, † Moskau 30. Aug. 1935, frz. Schriftsteller. – Journalist; nahm am 1. Weltkrieg teil, wurde entschiedener Kriegsgegner; gründete die Antikriegsbewegung ›Clarté‹ (1919), der zeitweilig auch R. Rolland nahestand; 1923 Mitglied der frz. KP. Am bedeutendsten ist sein in viele Sprachen übersetztes Kriegsbuch ›Das Feuer‹ (1916, dt. 1918), das ›Tagebuch einer Korporalschaft‹, das aus der Sicht des einfachen Soldaten den Alltag an der Front schildert, realistisch die Brutalität und Sinnlosigkeit des Krieges zeigt. Das Buch hat keinen Helden, der Krieg wird als Massenschicksal dargestellt. B.s Entwicklung ging über den Sozialismus zum Kommunismus. Seine Werke stehen im Zeichen seiner polit. Überzeugung.

Henri Barbusse

Weitere Werke: Pleureuses (Ged., 1895, dt. Ausw. 1921), Die Hölle (R., 1908, dt. 1919), Klarheit (R., 1919, dt. 1920), Die Kette (Prosa, 2 Bde., 1925, dt. 1926), Kraft (Nov.n, 1926, dt. 1926), Zola (Biogr., 1931, dt. 1932), Staline (Biogr., 1935).
Literatur: VIDAL, A.: H. B., Soldat des Friedens. Dt. Übers. Bln. 1955. – B. Sondernummer der Zeitschrift Europe. Nov. 1955. – BATCHELOR, M. A.: B., romancier. Diss. Hull 1970/71. – FIELD, F.: Three French writers and the Great War. Studies in the rise of communism and fascism. Cambridge 1975. – RELINGER, J.: H. B., écrivain combattant. Paris 1994.

Barč-Ivan, Július [slowak. 'bartʃ-'ivan], * Krompachy (Ostslowak. Gebiet) 1. Mai 1909, † Martin (Mittelslowak. Ge-

biet) 25. Dez. 1953, slowak. Dramatiker. – In psycholog. Dramen (u. a. ›Mastný hrniec‹ [= Fettnapf], 1941; ›Matka‹ [= Mutter], 1942), deren kompositor. und formale Bewältigung unterschiedlich beurteilt wird, behandelte er soziale Fragen und ethisch-moral. Probleme, wobei er oft von aktuellen Ereignissen ausging; auch Romane und Erzählungen (›Die Rückkehr‹, hg. 1968, dt. 1969).
Literatur: RAMPÁK, Z.: J. B.-I. Preßburg 1972.

Barclay, Alexander [engl. 'bɑːklɪ], * wahrscheinlich in Schottland um 1475, † Croydon (heute London-Croydon) 8. Juni 1552, engl. Dichter. – Geistlicher, Rektor in London; übersetzte und bearbeitete S. Brants ›Narrenschiff‹ (wahrscheinlich nicht nach der Originalfassung) u. d. T. ›The shyp of folys of the worlde‹ (1509). Mit seinen ›Eclogues‹ (5 Tle., 1515–21) versuchte er sich in pastoraler Dichtung; auch didaktisch-allegor. Dichtung und Übersetzungen.
Ausgaben: BRANT, S.: The ship of fools. Übers. v. A. B. Hg. v. T. H. JAMIESON. Edinburgh u. New York 1874. Nachdr. New York 1966. – A. B. Certayne egloges. London 1885. Neudr. New York 1966.
Literatur: POMPEN, A. C. G.: The English versions of The ship of fools. New York 1967.

Barclay, John [engl. 'bɑːklɪ], Pseudonym Euphormio, * Pont-à-Mousson bei Nancy 28. Jan. 1582, † Rom 12. Aug. 1621, engl. nlat. Dichter. – Schrieb nlat. Satiren nach dem Vorbild des G. Petronius; antijesuit. Tendenz in dem satir. Roman ›Euphormionis Lusinini sive Ioannis Barclaii Satyricon‹ (2 Tle., 1603 bis 1607, dt. 1902); kulturhistorisch interessant der Roman ›Argenis‹ (1621, dt. von M. Opitz, 2 Tle., 1626–31), der ein Sittenbild des zeitgenöss. Frankreich gibt; B. schrieb auch lat. Versdichtungen.

Bardach Edler von Chlumberg, Hans ['klʊm...], österr. Dichter, † Chlumberg, Hans von.

Barden [kelt.],
1. kelt. Sänger und Dichter. Als Hofsänger im Dienste von Königen und Fürsten stehend, bildeten sie einen eigenen Stand von privilegierter sozialer Stellung. Sie verfaßten Preis- und Spottlieder, Schlachtengesänge und Totenklagen. Sie begleiteten sich auf dem ›crwth‹, einem

leierartigen Instrument. In Gallien starb ihr Stand mit der Romanisierung aus. In Wales, wo sie in bes. hohem Ansehen standen, sowie in Irland und Schottland gab es B. bis ins 17./18. Jahrhundert. In Irland waren sie der Klasse der ›filid‹ untergeordnet. Diese fungierten als Dichter und Sänger, Richter, Historiker und Genealogen. **2.** seit dem 17. Jh. aufgrund von frz. ›barde‹ und lat. ›barditus‹ Gleichsetzung des kelt. Barden mit dem altnord. ›scáld‹ (↑ Skalde) und dem südgerman. ›scop‹. Der poet. Niederschlag dieser Gleichsetzung zeigt sich in der ↑ Bardendichtung.

Bardendichtung, lyrisch-ep. Gedichte dt. Dichter aus der Zeit von 1766 bis 1775, die im Sinne der altgerman. Skalden bzw. der ↑ Barden dichten wollten. Die B. wurzelte im erwachenden dt. Nationalbewußtsein und dem damit zusammenhängenden Interesse am german. und dt. Altertum. Poet. Niederschlag fand dieses Interesse zunächst in den Arminius-Dramen und Arminius-Dichtungen seit J. E. Schlegel. Die B. wurde durch die Oden F. G. Klopstocks und die lyrisch-ep. Rhapsodien Ossians (1. dt. Übersetzung 1764) angeregt. Am Anfang der dt. B. steht H. W. von Gerstenberg (›Gedicht eines Skalden‹, 1766); es folgen Klopstock und Karl Friedrich Kretschmann (* 1738, † 1809; ›Gesang Ringulphs des Barden. Als Varus geschlagen war‹, 1768). Die dt. B. wandte sich gegen die Frivolität der ↑ Anakreontik und der Wielandschen Dichtungen, denen gegenüber sie die german. Sittenstrenge (Tacitus) betont, weiter gegen die roman. und antiken Elemente in der dt. Dichtung. Kritik und Spötteleien brachten die dt. B. bereits um 1775 wieder zum Verstummen; Nachklänge fanden sich noch nach 1800 (1802 Kretschmanns ›Bardiet‹ und ›Hermann in Walhalla‹).

Bardesanes (tl.: Bardēsánēs; Bar-Daisan), * Edessa 154, † 222, aram. Philosoph und christl. Lehrer. – War geprägt vom synkretist. Kulturmilieu seiner Heimat, in dem sich griech. und oriental. Geistigkeit mit christl. und gnost. Vorstellungswelt trafen. Ob B. selbst in erster Linie Gnostiker und so eine Quelle

für Manis System war, ist umstritten (H. J. W. Drijvers gegen B. Aland), ebenso ob das ihm zugeschriebene ›Buch der Gesetze der Länder‹ mit dem Werk ›de fato‹ identisch ist und überhaupt von B. stammt oder von einem Schüler bzw. redigiert ist. B. gilt ferner als Verfasser von 150 Psalmen. Es ist allerdings noch nicht geklärt, ob diese Psalmen von ihm selbst oder von seinem Sohn Harmonios stammen.

Ausgaben: NAU, F.: Liber legum regionum. In: Patrologia Syriaca 1,2. Paris 1907. S. 490. – DRIJVERS, H. J. W.: The book of the laws of countries. Assen 1965.
Literatur: DRIJVERS, H. J. W.: Bardaiṣan of Edessa. Assen 1966. – ALAND, B.: B. von Edessa – ein syr. Gnostiker. In: Zs. f. Kirchengesch. 81 (1970), S. 334. – DRIJVERS, H. J. W.: B. In: Theolog. Realenzyklopädie. Bd. 5. Bln. u. a. 1980. S. 206. – ALTANER, B./STUIBER, A.: Patrologie. Freib. ⁹1981. S. 101.

Bardiet, Bez. F. G. Klopstocks für seine vaterländ. Dramen ›Hermanns Schlacht‹ (1769), ›Hermann und die Fürsten‹ (1784) und ›Hermanns Tod‹ (1787), gebildet in Anlehnung an ↑ Barditus.

Barditus [lat.], nach Tacitus (›Germania‹, Kap. 3) Vortragsart des german. Schlachtgesangs. – B. wurde im 17. und 18. Jh. als ›Bardengesang‹ interpretiert (↑ Barden, ↑ Bardendichtung) und als bes. literar. Gattung aufgefaßt (↑ Bardiet); in der jüngeren Forschung auf die Vortragsweise hinter vorgehaltenen Schilden bezogen und als ›Schildgesang‹ übersetzt (zu altnord. bardi = Schild); von J. de Vries aufgrund sprachgeschichtl. und sachl. Einwände angezweifelt. J. de Vries und H. Hubert stellen B. zu kymr. ›barddawd‹ (= Bardenkunst) und kehrten damit zur Auffassung des 17. und 18. Jh. zurück.

Literatur: NORDEN, E.: Die german. Urgesch. in Tacitus Germania. Lpz. ³1923. – VRIES, J. de: Kelten u. Germanen. Bern u. Mchn. 1960.

Bar-do-gros-thol [tibet. = Erlösung aus dem Zwischenzustand durch Hören] ↑ Totenbuch.

Barea, Arturo [span. ba'rea], * Madrid 20. Sept. 1897, † Farington (Oxfordshire) 24. Dez. 1957, span. Schriftsteller. – Floh nach dem Span. Bürgerkrieg, an dem er auf republikan. Seite teilgenommen hatte, nach Großbritannien. Sein Hauptwerk ist die spanisch geschriebene, zuerst englisch veröffentlicht autobiograph. Romantrilogie ›Hammer oder Amboß sein‹ (1941–46, span. Originalfassung ›La forja de un rebelde‹ 1951, dt. 1955). Sie gehört, neben den Romanen M. Aubs und J. M. Gironellas, zu den bedeutendsten Werken der span. Gegenwartsliteratur über den Bürgerkrieg.

Weitere Werke: Lorca, the poet and his people (1944), El centro de la pista (En., hg. 1960).

Baretti, Giuseppe, *Turin 24. April 1719, †London 5. Mai 1789, italien. Schriftsteller. – Ging 1751 nach London, wo er das italian. Theater leitete und ein ›Dictionary of the English and Italian language‹ (1760) herausgab; kehrte 1760 über Portugal, Spanien und Frankreich nach Italien zurück und beschrieb seine Reise in den ›Lettere familiari‹ (2 Bde., 1762/63 unvollständig, 1770 vollständig erschienen, dt. 1771 in 2 Tlen. u. d. T. ›Reise von London nach Genua‹). In Venedig gründete er 1763 unter dem Pseudonym Aristarco Scannabue die krit. Zeitschrift ›La frusta letteraria‹, die bes. die Accademia dell'Arcadia bekämpfte und die neuesten Ideen verbreitete; als sie 1765 unterdrückt wurde, ging B. 1766 wieder nach London; mit dem ›Discours sur Shakespeare et sur monsieur de Voltaire‹ (1777) setzte er sich für Shakespeare (gegen Voltaire) ein; auch Übersetzer (P. Corneille, Ovid).

Ausgaben: G. B. Opere. Hg. v. L. PICCIONI. Bari 1911–36. 6 Bde. – G. B. La frusta letteraria. Neu hg. v. L. PICCIONI. Bari 1932. 2 Bde.

Literatur: PICCIONI, L.: Bibliografia analitica di G. B. Turin 1942. – JONARD, N.: G. B., 1719–1789. L'homme et l'œuvre. Clermont-Ferrand 1963.

Bargone, Frédéric Charles [frz. bar-'gɔn], frz. Schriftsteller, ↑ Farrère, Claude.

Barhebraeus [...he'brɛːʊs], *Melitene (heute Malatya) 1226, †Al Maragha 30. Juli 1286, syr.-jakobit. Bischof, Schriftsteller. – Sohn eines Arztes, studierte Medizin, Philosophie und Theologie. Mehrfach schon Bischof, wurde er 1264 zum zweithöchsten Geistlichen der jakobit. Kirche, zum Maphrejan, ernannt. In seinem kirchl. Amt bewies er großes Geschick sowohl im Umgang mit der nestorian. Kirche als auch mit den mongol. Herrschern, die damals noch dem Christentum freundlich gesinnt waren. Als Schriftsteller entfaltete er eine fruchtbare Tätigkeit auf verschiedenen Gebieten. Bes. bekannt ist sein großes Geschichtswerk, das im Rahmen einer Weltchronik Geschichte und Kirchengeschichte bis auf seine Zeit getrennt behandelt. Weniger bed. sind seine poet., rein schulmäßigen Schriften. Bed. ist seine große Dogmatik ›Leuchte des Allerheiligsten‹, in der mit Hilfe der aristotel. Logik argumentiert wird; es werden auch syr. und arab. Quellen verwendet; außerdem stammt von ihm das ›Buch der Weisheit der Weisheiten‹. B. verarbeitet in seiner philosoph. Darstellung zugleich theolog. Einsichten aus Christentum und Islam unter bes. Berücksichtigung des Neuplatonismus.

Literatur: BAUMSTARK, A.: Gesch. der syr. Lit. mit Ausschluß der christl.-palästinens. Texte. Bonn 1922. Nachdr. Bln. 1968. S. 312. – GRAF, G.: Gesch. der christl. arab. Lit. Bd. 2. Vatikanstadt 1947. S. 273. – ORTIZ DE URBINA, I.: Patrologia Syriaca. Rom 1965. S. 221. – KAWERAU, P.: Das Christentum des Ostens. Stg. 1972. S. 63.

Baring, Maurice [engl. 'bɛərɪŋ], *London 27. April 1874, †Beaufort Castle (Beauly, Schottland) 14. Dez. 1945, engl. Schriftsteller. – Diplomat, ab 1904 Korrespondent u. a. in der Mandschurei, in Rußland und in der Türkei; konvertierte 1909 zum Katholiszismus. Romancier, Dramatiker und Kinderbuchautor mit Neigung zu trockenem Witz; behandelte u. a. eth. und religiöse Themen; schrieb Gesellschafts- und Geschichtsromane; auch Lyriker und Essayist.

Werke: Dead letters (R., 1910), Miniaturdramen (1911, dt. 1925), The puppet show of memory (Autobiogr., 1922), C (R., 1924), Cat's cradle (R., 1925), Daphne Adeane (R., 1926, dt. 1931), Tinker's leave (R., 1927), In my end is my beginning (R., 1931), The lonely lady of Dulwich (R., 1934), Have you anything to declare? (R., 1936).

Barker, George Granville [engl. 'bɑːkə], *Loughton (Essex) 26. Febr. 1913, †Itteringham (Norfolk) 27. Okt. 1991, engl. Schriftsteller. – Gehörte zur Mitte des 20. Jh. auffälligsten neuromant. Richtung der engl. Lyrik (neben D. Thomas u. a.); Vorliebe für surrealistische Deformation, apokalyptische Bilder und hysterisches rhetorisches Pathos, das erst in den späteren Gedichten verhaltener wird; verfaßte auch Romane und Dramen.

Werke: Der Dorn im Fleisch (R., 1950, dt. 1951), Collected poems, 1930–1955 (1957), Poems of places and people (Ged., 1971), In memory of David Archer (Ged., 1973), Dialogues (Ged., 1976), Villa Stellar (Ged., 1978), Anno Domini (Ged., 1983). **Ausgabe:** G. B. Collected poems. Hg. v. R. FRASER. London 1987. **Literatur:** Homage to G. B. on his sixtieth birthday. Hg. v. J. HEATH-STUBBS u. M. GREEN. London 1973.

Barker, Harley Granville [engl. 'bɑ:kə], engl. Dramatiker und Theaterleiter, ↑ Granville-Barker, Harley.

Barker, Howard [engl. 'bɑ:kə], * London 28. Juni 1946, engl. Dramatiker. – Gilt neben J. Orton, H. Brenton und D. Hare als Vertreter einer zeitgenöss. Variante der schwarzen Komödie, die durch die Verbindung von politisch-sozialkrit. Ausrichtung mit psychosexueller Thematik gekennzeichnet ist. Dabei werden Verbrechen, insbes. Mord und Vergewaltigung, durch verfremdende Präsentation zum Mittel der Rebellion der individuellen Libido gegen das soziale Über-Ich in Form von Elternhaus oder staatl. Exponenten der Macht. Auch Hör- und Fernsehspiele sowie Gedichte.

Werke: Cheek (Dr., UA 1970), Edward, the final days (Dr., UA 1972), Alpha, Alpha (Dr., UA 1972), Claw (Dr., 1977), Stripwell (Dr., 1977), Fair slaughter (Dr., 1978), The hang of the gaol (Dr., 1978), The good between us (Dr., 1980), The love of a good man (Dr., 1980), Two plays for the right (Dr., UA 1981), No end of blame (Dr., UA 1981), The poor man's friend (Dr., UA 1981), Victory (Dr., 1983), The castle (Dr., 1985). **Literatur:** RABEY, D. I.: H. B. Politics and desire. London 1989.

Barker, James Nelson [engl. 'bɑ:kə], * Philadelphia (Pa.) 17. Juni 1784, † Washington (D. C.) 9. März 1858, amerikan. Dramatiker. – Setzte sich für ein selbständiges amerikan. Theater ein; verfaßte Maskenspiele, Komödien, histor. und polit. Dramen, deren Erfolg bei seinen Zeitgenossen v. a. auf der Behandlung amerikan. Themen beruhte. Sein Melodrama ›The Indian princess; or, La belle sauvage‹ (1808), das den Pocahontas-Mythos zum Thema hat, ist das erste ›Indianerstück‹ eines amerikan. Autors, das aufgeführt wurde.

Weitere Werke: Tears and smiles (Kom., 1807), Marmion; or, the battle of Flodden Field (Dr., 1812), Superstition (Dr., 1824). **Literatur:** MUSSER, P. H.: J. N. B. 1784–1858. Philadelphia (Pa.) 1929.

Barlaam und Josaphat, erbaul. Roman, der aus christl. und buddhist. Legenden und Parabeln zusammengeflossen ist. Älteste Quellen führen einerseits auf die Apologie des Aristeides und auf Martyrologien des 4. Jh., andererseits auf eine Buddha-Vita zurück. Im MA erreichte der Stoff den größten dichter. Widerhall (bes. in Frankreich), später setzten sich Volksbuchfassungen (Spanien, Italien) durch. Mittels Einschub oder Weglassung märchen- und legendenhafter Episoden ließ sich der Roman mehr dem Erbaulichen oder dem Unterhaltenden funktionell zuordnen. **Literatur:** LACKNER, I.: B. u. J. In: Enzyklop. des Märchens. Hg. v. K. RANKE u. a. Bln. 1977. Bd. 1. – KARLINGER, F.: B. u. J. In: Roman. Volksbücher. Hg. v. F. KARLINGER u. I. LACKNER. Darmst. 1978. – BRUNNHÖLZL, F., u. a.: B. u. Joasaph. In: Lex. des MA. Bd. 1. Mchn. u. Zü. 1980.

Barlach, Ernst, * Wedel (Holstein) 2. Jan. 1870, † Rostock 24. Okt. 1938, dt. Bildhauer, Graphiker und Schriftsteller. – Ausbildung an verschiedenen Kunstakademien, 1. Ausstellung 1904 in Berlin; Rußlandreise 1906, die für sein künstler. Schaffen bedeutsam wurde; 1906–09 in Berlin, ab 1910 Wohnsitz in Güstrow. Nicht zuletzt aufgrund seines Eintretens für H. Mann und K. Kollwitz hatte B. unter dem Nationalsozialismus zu leiden; sein Werk galt als entartet und wurde teilweise vernichtet. – B. wußte lange nicht, welcher seiner Begabungen er folgen sollte; die Entscheidung ergab sich durch den Erfolg seiner Ausstellung von Zeichnungen der Rußlandreise (Berliner Sezession 1907). Daneben blieb dann der Dichter und Dramatiker weitgehend unbekannt, obwohl B. beide Gebiete für gleichermaßen wichtig hielt und auf die Verwandtschaft zwischen Plastiker und Dramatiker hingewiesen hat. Seine literar. Arbeiten können als Fortschreibungen, Ausweitungen des Figürlichen durch Sprache verstanden werden. Andererseits greift B. wieder auf bildner. Gestaltungsmittel zurück, sobald das Wort nicht mehr weiterführt; mehrere

Dichtungen B.s sind deshalb Fragmente geblieben. In allen Ausdrucksformen B.s verzahnt sich Wirklichkeit mit Traum, Sozialkritik mit religiöser Symbolik; der Polarität von ›Leibhaftigkeit‹ und ›Geisthaftigkeit‹, dem Grunderlebnis menschl. Leids und der Hoffnung auf Erlösung entstammt auch sein literar. Schaffen: Kurzprosa, acht Dramen (darunter ›Der arme Vetter‹ 1918; ›Der Findling‹ 1922; ›Der blaue Boll‹ 1926), zwei fragmentar. Romane (›Seespeck‹ hg. 1948; ›Der gestohlene Mond‹, hg. 1948) sowie die Autobiographie ›Ein erzähltes Leben‹ (1928); Kleist-Preis 1924.

Weitere Werke: Der tote Tag (Dr., 1912), Die echten Sedemunds (Dr., 1920), Die Sündflut (Dr., 1924), Die gute Zeit (Dr., 1929), Der Graf von Ratzeburg (Dr., hg. 1951), Zehn Briefe an einen jungen Dichter (hg. 1954).
Ausgaben: E. B. Werkverz. Bearb. v. F. SCHULT. Hamb. 1958–71. 3 Bde. – E. B. Die Briefe. 1888–1938. Hg. v. F. DROSS. Mchn. 1968–69. 2 Bde. – E. B. Das dichter. Werk. Hg. v. F. DROSS u. a. Mchn. 5.–9. Tsd. 1968–76. 3 Bde. – E. B. Güstrower Tageb. Hg. v. W. THEOPOLD. Mchn. 1985.
Literatur: FLEMMING, W.: E. B. Bern u. Mchn. 1958. – FRANCK, H.: E. B. Stg. 1961. – GROSS, H.: Zur Seinserfahrung bei E. B. Freib. u. a. 1967. – GRAUCOB, K.: E. B.s Dramen. Kiel 1969. – CARLS, C. D.: E. B. Bln. 1980. – KLEBERGER, I.: Der Wanderer im Wind. E. B. Bln. 1984. – RICHTER, J. H.: Die Konzeption des ›Neuen Menschen‹ in E. B.s dramat. Schaffen. New York u. a. 1992.

Barlaeus, Casparus [bar'lɛ:ʊs], eigtl. Caspar van Baarle (Baerle), * Antwerpen 12. Febr. 1584, † Amsterdam 14. Jan. 1648, niederl. Historiker und Dichter. – Prediger, wegen Zugehörigkeit zu den Remonstranten abgesetzt, dann Prof. für Logik. Schrieb nlat. und niederl. Gedichte (›Poemata‹, 2 Bde., 1628–46; ›Poëzy‹, hg. 1835).

Barletius, Marinus, * Shkodër um 1450, † Rom (?) um 1512, alban. Schriftsteller. – Kath. Priester; ging nach der osman. Eroberung von Shkodër nach Italien. Sein Hauptwerk, eine Biographie des alban. Nationalhelden Skanderbeg (›De vita moribus ac rebus praecipue adversus Turcas gestis Georgii Castrioti, clarissimi Epirotarum principis ... libri tredecim‹, 1508–10), ist trotz starken Einflusses antiker Schriftsteller und mancher Irrtümer bis heute die Grundlage

der Skanderbeg-Forschung. Er schrieb ferner u. a. ›De obsidione Scodrensi ... conciones variae‹ (1504).

Barletta, Leónidas [span. bar'leta], * Buenos Aires 30. Aug. 1902, † ebd. 15. März 1975, argentin. Schriftsteller. – Dramaturg; das von ihm gegründete und ab 1930 geleitete ›Teatro del Pueblo‹ in Buenos Aires galt als eine der besten Sprechbühnen Lateinamerikas. Mitglied der sozialistisch-anarchist. ›Boedo‹-Gruppe. Sein literar. Werk umfaßt alle Gattungen; wegen ihrer scharfen psycholog. und soziolog. Beobachtungen fanden bes. seine Romane und Erzählungen große Anerkennung.

Werke: Los pobres (En., 1925), Royal Circo (R., 1927), La ciudad de un hombre (R., 1943), Historia de perros (R., 1950), Un señor de levita (R., 1972).

Barlow, Joel [engl. 'bɑ:loʊ], * Redding (Conn.) 24. März 1754, † Żarnowiec bei Krakau 24. Dez. 1812, amerikan. Dichter, Politiker und Diplomat. – Mitglied der ↑ Hartford wits; trat im Geiste der amerikan. Revolution für Liberalismus ein und wirkte u. a. erfolgreich ab 1795 als Konsul in Nordafrika. Ab 1811 Botschafter in Paris; starb bei dem Versuch, mit Napoleon während dessen Rußlandfeldzug einen Vertrag mit den USA auszuhandeln, auf dem Rückzug in Polen. Er verwirklichte den Plan eines amerikan. Epos, ›The vision of Columbus. A poem in nine books‹ (1787), das er 1807 erweiterte und u. d. T. ›The Columbiad‹ veröffentlichte. Das humorist. Kleinepos ›The hasty pudding‹ (1796) und einige seiner polit. Schriften sind noch heute lesenswert.

Literatur: WOODRESS, J. L.: Yankee's odyssey; the life of J. B. Philadelphia (Pa.) 1958. – FORD, A. L.: J. B. New York 1971.

Barnard, Chris [afrikaans 'barnart], * Nelspruit 15. Juli 1939, südafrikan. Journalist, Erzähler und Dramatiker. – Mitglied des ↑ Sestigers. Während seine beiden ersten Dramen ›Pa maak vir my 'n vlieër pa‹, (1964) und ›Die swanesang van majoor Sommer‹ (1965) noch seine Vorliebe für das absurde Theater widerspiegeln, entwickelte B. in den siebziger Jahren, bes. in seiner Kurzprosa ›Chriskras‹ (1972) und ›Chriskras n' tweede keur‹ (1976), eine unabhängige, journalistisch und autobiographisch ausgerichtete Ausdrucksweise.

Weitere Werke: Duiwel-in-die bos (En., 1968), n' Stasie in die niet (Dr., 1970), Mahala (R., 1971), Die rebellie van Lafras Verwey (Dr., 1971), Op die pad na Acapulco (Dr., 1975), Man met vakansie (Dr., 1977), Taraboemdery (Dr., 1977), Nagspel (Dr., 1982), Piet-my-vrou (Dr., 1982).

Djuna Barnes

Barnes, Djuna [engl. bɑ:nz], * Cornwall-on-the-Hudson (N. Y.) 12. Juni 1892, † New York 18. Juni 1982, amerikan. Schriftstellerin. – Nach Kunststudium Tätigkeit als Theaterschauspielerin, Journalistin und Illustratorin; während eines langen Aufenthaltes in Paris Freundschaft mit Avantgarde-Künstlern (v. a. G. Stein und J. Joyce); 1939 Rückkehr. Als Autorin von Dramen, Erzählungen und krit. Essays gestaltet sie in lyr. Sprache die unentrinnbare Schrekkenswelt von Alpträumen. Mit diesen am schwarzen Humor und das Theater der Grausamkeit erinnernden Darstellungen beeinflußte sie bes. Henry Miller, N. West und A. Nin. Am bedeutendsten ist der psychoanalyt. Roman ›Nachtgewächs‹ (1936, dt. 1959), der die Problematik menschl. Zusammenlebens zeigt, und dessen Erfolg durch T. S. Eliots anerkennende Kritik lanciert wurde.

Weitere Werke: A book (Kurzgeschichten, Ged. und Dramen, 1923; erweiterte Fassung 1929, dt. 1961 u. d. T. Eine Nacht mit den Pferden; gekürzte Fassung [nur Kurzgeschichten] 1962 u. d. T. Spillway), Ryder (R., 1928, dt. 1986), Ladies Almanach (Prosa, 1928, dt. 1985), Antiphon (Dr., 1958, dt. 1972), Vagaries malicieux (Kurzgeschichten, 1974), Smoke, and other early stories (Kurzgeschichten, 1982), Eine Nacht in den Wäldern (Kurzgeschichten, dt.

Ausw. 1984), Portraits (Prosa, hg. 1985, dt. 1985), Saturnalien (En., dt. Ausw. 1987), New York. Geschichten und Reportagen aus einer Metropole (dt. Ausw. 1987).

Literatur: MESSERLI, D.: D. B. A bibliography. Rhinebeck (N. Y.) 1975. – SCOTT, J. B.: D. B. Boston (Mass.) 1976. – KANNENSTINE, L. F.: The art of D. B. New York 1977. – American women writers. Bibliographical Essays. Hg. v. M. DUKE u. a. Westport 1983. – STROMBERG, K.: D. B. Leben u. Werk einer Extravaganten. Bln. 1989. – FIELD, A.: D. B., eine Biographie. Dt. Übers. Ffm. 1992.

Barnes, Julian [Patrick] [engl. bɑ:nz], * Leicester 19. Jan. 1946, engl. Schriftsteller. – War nach dem Studium der Romanistik als Lexikograph sowie als Literatur- und TV-Kritiker tätig, bevor er als Romanautor hervortrat (zuerst, mit autobiograph. Einschlag, ›Metroland‹, R., 1980, dt. 1989). Breite Beachtung fanden seine experimentellen Romane ›Flauberts Papagei‹ (1984, dt. 1987) und ›Eine Geschichte der Welt in 10½ Kapiteln‹ (1989, dt. 1990), die die Ergebnislosigkeit der in den – parodistisch aufgerufenen – Konventionen des Schreibens und der Kunst gefangenen Suche nach objektiver biographischer bzw. historischer Wahrheit thematisieren. Unter dem Pseudonym Dan Kavanagh schreibt B. außerdem Kriminalromane mit der Leitfigur des bisexuellen Detektivs Duffy (u. a. ›Duffy‹, 1980, dt. 1988; ›Grobes Foul‹, 1985, dt. 1987; ›Vor die Hunde gehen‹, 1986, dt. 1989).

Weitere Werke: Als sie mich noch nicht kannte (R., 1982, dt. 1988, 1993 u. d. T. Vor meiner Zeit), In die Sonne sehen (R., 1986, dt. 1991), Darüber reden (R., 1991, dt. 1992), Das Stachelschwein (R., 1992, dt. 1992).

Barnes, Peter [engl. bɑ:nz], * London 10. Jan. 1931, engl. Dramatiker. – Beeinflußt vom expressionist. Drama, von B. Brecht und A. Artaud, legt B. die Morbidität der Gesellschaft durch die inhaltl. Verknüpfung von Sexualität, Religion, Politik und Gewalt sowie durch den Einsatz parodist., surrealist., grotesker und barocker Mittel mit stark verfremdendem Akzent bloß. Während die frühen Stücke nihilist. Züge tragen (›The ruling class. A baroque comedy‹, 1969; ›The bewitched‹, 1974), gewinnen Ende der 70er Jahre Beschränkungen (›Laughter!‹, 1978) und Möglichkeiten (›Red noses, black death‹, UA 1978) des Lachens als Veränderungspotential themat. Relevanz. Daneben bearbeitete B. auch Dramen von B. Jonson (›The alchemist‹, 1977; ›The devil is an ass‹, 1977; ›Bartholomew fair‹, 1978) und F. Wedekind (›Lulu. A sex tragedy‹, 1971; ›The devil himself‹, 1980).

Weitere Werke: Sclerosis (Dr., UA 1963), Time of the barracudas (Dr., 1968), Clap hands (Dr., 1968), Noonday demons (Dr., 1971), Leonardo's last supper (Dr., 1971), Railways in the Peak District (Dr., UA 1972), The frontiers of farce (Dr., 1977), Barnes' people. Seven monologues (Hsp., 1981), Man in the wind (R., 1988), Sunsets and glories (Dr., 1990).
Literatur: DUKORE, B. F.: The theatre of P. B. London 1981.

Barnet, Miguel [span. barˈnɛt], * Havanna 28. Jan. 1940, kuban. Schriftsteller. – Ethnologe; veröffentlichte außer Gedichtbänden, Artikeln und Essays die ›dokumentar. Romane‹: ›Der Cimarrón. Die Lebensgeschichte eines entflohenen Negersklaven aus Cuba, von ihm (Esteban Montejo) selbst erzählt‹ (1966, dt. 1969), ›Das Lied der Rachel‹ (1969, dt. 1980) und ›Alle träumten von Cuba. Die Lebensgeschichte eines galic. Auswanderers‹ (1981, dt. 1981, 1982 auch u. d. T. ›Gallego‹), die auf geringfügig redigierten Tonbandinterviews beruhen. Gegenüber dem Kanon der literar. Gattungen erschließen sie eine neue Dimension sprachvermittelter Realität.

Weitere Werke: Ein Kubaner in New York (R., 1986, dt. 1990), Das Handwerk des Engels (autobiograph. R., 1989, dt. 1993).

Barnfield, Richard [engl. ˈbaːnfild], ≈ Norbury (Shropshire) 13. Juni 1574, □ Stone (Staffordshire) 6. März 1627, engl. Dichter. – Studierte in Oxford; wurde in elisabethan. Zeit durch seine Eklogen nach dem Vorbild Virgils bekannt (›The affectionate shepheard‹, Ged., 1594); schrieb auch Sonette und satir. Dichtungen.

Ausgabe: R. B., The complete poems. Hg. v. G. KLAWITTER. Selinsgrove (Pa.) 1990.

Barock [italien.-frz.; von portugies. barroco = unregelmäßig (ursprünglich von der Perlenoberfläche gesagt), schief], aus der italien. Renaissance und dem Manierismus um 1600 entstandener Kunststil, der sich über Europa und seine Kolonien verbreitete und in den bildenden Künsten um 1770 abstarb. 1758 definierte die frz. Enzyklopädie das Wort B. als ›superlatif du bizarre‹; der Klassizismus nannte die ›Unnatur‹ v. a. der bildenden Kunst des 17.–18. Jh. ›barock‹. Um 1840 zeichnete sich die B. als eigener Stilbegriff ab, bei J. Burckhardt um 1855 noch als Verfall der Renaissance, um 1875 dann als ihre produktive Fortsetzung. Um 1887 erfolgte die volle kunstwissenschaftl. Würdigung (C. Gurlitt, H. Wölfflin, A. Riegl). Der B.begriff, anfangs auf Italien und seine Einflußgebiete beschränkt, benennt heute die Gesamtepoche (B.zeit, B.kultur) und umfaßt in diesem Sinne auch die klassizist. Stilkomponente bes. Englands und Frankreichs (›style classique‹) sowie das von dort seit etwa 1720 ausgehende Rokoko. Der schweizer. Literarhistoriker Fritz Strich (* 1882, † 1963) übertrug den B.begriff erstmals auf die Literatur und prägte damit einen neuen literar. Stilbegriff.

In **Spanien** ist der Terminus B. für Kunst und Literatur des 17. Jh. gebraucht worden. Aber selbst in der beschränkten Anwendung auf die Literatur des 17. Jh. ist er umstritten. Zu unterscheiden sind zwei Dinge, die in undurchsichtiger Weise zusammenhängen: das barocke ›Lebensgefühl‹ und die barocke Sprachgestaltung des ›conceptismo‹ und ›culteranismo‹. Das B.empfinden ist in Westeuropa am entschiedensten in Spanien entwickelt und von dort über die Nachbarländer verbreitet worden. Der Sprachstil wäre kaum ohne den italien. Einfluß im Spanien des 16. Jh. vorstellbar. Das Lebensbewußtsein dieser Zeit ist von tiefen unauflösbaren Gegensätzen geprägt; neben einem unbändigen Lebenswillen und Immoralismus steht eine vergeistigte Religiosität, neben dem Willen zur Macht ab der Mitte des Jh. das Bewußtsein der Fragwürdigkeit aller Macht und aller menschl. Dinge überhaupt, das sich mit dem Nichts konfrontiert sieht. Die Ungewißheit über Realität oder Traumhaftigkeit des Lebens ist ein beliebter Gedanke des barocken Lebensgefühls. – Außergewöhnl. Reichtum an Metaphern, Bildern, kunstvollen Wortverbindungen und metr. Varietät sind für P. Calderón de la Barca, den maßgeblichsten der vielen Dramatiker des 17. Jh., der in der Nachfolge Lope F. de Vega Carpios dreiaktige ↑ Comedias schrieb und außerdem der bedeutendste Vertreter des ↑ Auto sacramental ist, kennzeichnend. In der Lyrik (L. de Góngora y Argote, F. G. de Quevedo y Villegas) und auch in der aphorist. Prosa eines B. Gracián y Morales finden sich Versuche, durch ausgeklügelte Ausnutzung aller Möglichkeiten des Vergleichs, der Metapher usw. entweder den Leser zum scharfen Nachdenken und Kombinieren (›conceptismo‹) zu veranlassen oder gar den verhüllten Sinn nur einer gelehrten Interpretation zu öffnen (›cultismo‹, ›culteranismo‹ [↑ Gongorismus]).

In **Italien** kündigte sich der Stil der B.zeit bereits in der Sinnenfreudigkeit der Lyrik T. Tassos an, ja schon früher im Konzeptismus der neapolitan. Petrarkisten, dem Deskriptivismus L. Tansillos. Die barocke Lyrik des Seicento, d. h. des 17. Jh. (daher die Bez. ›secentismo‹ für den Stil dieser Zeit) ist undenkbar ohne die Wiederbelebung des antiken Mythos in der Renaissance, die Sprachreinigung durch P. Bembo, der F. Petrarca zur formalen Norm erhebt. Die petrarkist. Lyrik des 16. Jh. hatte sich jedoch erschöpft, sowohl stilistisch als auch inhaltlich. Trotz der genannten Ansätze zur Erneuerung brachte erst G. Marino den Durchbruch. Er erhob die Auffindung des Neuen im Thematischen und in der Form zum tragenden Grundsatz seines Schaffens. Nicht die Befriedigung des Gefühls, sondern des Verstandes wird bei ihm und seinen Nachahmern das Anliegen der Poesie. Die Dichtung des *Marinismo*, wie man sie in Italien nach ihrem Begründer nennt (der Begriff konkurriert mit dem Ausdruck ›secentismo‹, der erst neuerdings durch den Terminus ›barocco‹ abgelöst wird), ist nicht gefühlsmäßig subjektiv, sondern objektiv, nicht in erster Linie Erlebnis und Beichte, sondern gesellschaftsbezogen und repräsentativ. Der Verblüffung des Lesers dient ebensosehr der antithet. Metaphernstil, die überraschende untraditionelle Umgestaltung des antiken Mythos wie die Vielfalt der Themen und Stimmungen, der Ggs. zwischen Weltfreude und Todesbangen, der Wechsel vom Anmutigen zum Grotesken. Doch wird das Bild des italien. B.s einseitig ohne Einbeziehung G. Chiabreras, der, thematisch Marino ähnlich, v. a. um eine Erneuerung der metr. Form durch die Schaffung der variationsreichen Canzonetta bemüht war und gleichfalls viele Nachahmer fand. Wichtigster Theoretiker war E. Tesauro. Das bedeutendste Zeugnis barocker Prosa ist G. Basiles Märchensammlung ›Lo cunto de li cunti‹ (erschienen postum 1634–36, 1674 u. d. T. ›Pentamerone‹, dt. 1846).

Die einseitige nat. Betrachtung der Literatur **Frankreichs** hat der Erkenntnis der Literatur des B.s lange im Wege gestanden. Die Literaturwiss. des 19. Jh. hat von der frz. Literatur des 17. Jh. als der ›klass.‹ Literatur ein idealisierendes Bild gezeichnet. Was nicht in dieses Bild paßte, wurde als ›preziöse‹ Dichtung ausgesondert und als Verirrung betrachtet. Ebenso galt die groteske und burleske Dichtung als eine von der eigentl. ›Klassik‹ abzusondernde Gattung. Seit etwa 1930 erfolgte eine Neubeurteilung der ›Klassik‹ mit der Erkenntnis auch ihres ›preziösen‹ Charakters. Aber erst die Eingliederung der frz. ›Klassik‹ des 17. Jh. in den gesamteurop. Zusammenhang hat den Weg zur Erkenntnis des barocken Charakters der frz. Klassik geöffnet. Es hat sich die Einsicht durchgesetzt, daß die frz. Dichtung des 17. Jh. vom gleichen Formprinzip getragen wird wie die Dichtung G. Marinos und G. Chiabreras (Überraschung des Lesers) und daß sie sich vergleichbarer rhetor. Mittel bedient. Ebenso unbestritten ist die Verschiedenartigkeit der Stilformen innerhalb der frz. Literatur der Zeit sowie die Eigenart der frz. Literatur des 17. Jh. im Vergleich mit der italien. und span. Literatur.

Die B.literatur in **Deutschland** gehört zu einer höfisch gerichteten Kultur. In den zahlreichen Kleinstaaten herrschte ein patriarchal. Gottesgnadentum, das den Fürsten als Landesvater mit den Kreisen seiner Landeskinder zu gegenseitiger Anteilnahme verband. Die Dichter waren überwiegend Beamte, wozu auch die Pastoren gehörten. Sie entstammten dem Bürgertum, waren durch Universitätsstudium und Bildungsreise aufgeschlossen. Durch den Dreißigjährigen Krieg war die Lebensstimmung ernst. Die Unbeständigkeit alles Irdischen war das Grunderlebnis. Der Einsatz für die gottgewollten Werte und Ordnungen galt als höchste Tugend (›magnanimitas‹), wurde im Gedicht gepriesen, in Tragödie und Roman vorgeführt. Ausgedrückt wurde das mit allen Mitteln der Rhetorik. Der virtuose Gebrauch aller Darstellungsmittel führte nicht selten zu Übertreibungen, glitt ab ins Gesuchte. Es wurde aus distanzierender Bewußtheit dargestellt. – Aus kulturellem Verantwortungsbewußtsein wurde schon 1617 die ↑ Fruchtbringende Gesellschaft gegr., die unter der Leitung von Fürst Ludwig von Anhalt-Köthen (1597–1650) Entscheidendes leistete für eine bewußte Pflege der Muttersprache als Grundlage einer eigenen Bildungsliteratur. Spätere Zusammenschlüsse waren Poetenklubs: seit 1633 die ›Aufrichtige Gesellschaft von der Tannen‹ in Straßburg, seit 1636 ›Die Kürbishütte‹ mit S. Dach in Königsberg, seit 1643 die ›Teutschgesinnete Genossenschaft‹ in Hamburg mit Ph. von Zesen, der ↑ ›Nürnberger Dichterkreis‹ (auch ›Pegnes. Blumenorden‹) seit 1644 in Nürnberg um G. Ph. Harsdörffer, der ›Elbschwanenorden‹ seit 1658 unter J. von Rist. Im 19. Jh. bezeichnete man diese alle als ›Sprachgesellschaften‹.

Eigtl. Zentrum des Literaturbetriebes waren die zahlreichen Höfe in Nord- und Mitteldeutschland. Enge Beziehungen bestanden zum Oberfränkischen mit Nürnberg, Ansbach, Bayreuth, auch zu Straßburg. In den kath. Gebieten gab es nur lat. Ordensdichtung.

Den entscheidenden Beginn der dt. B.literatur markierte das ›Buch von der Dt. Poeterey‹ (1624) von M. Opitz. Begeisterte Anhänger verbreiteten sofort diese neue Poesie. Der angesehene religiöse Lyriker J. Heermann arbeitete seine bisherige Produktion nach den neuen Grundsätzen um (1630) und wies damit den Weg für die weitere Ausformung des prot. Kirchenliedes. Die Blütezeit lag in den 50er und 60er Jahren. Überragende Repräsentanten barocken Dichtens waren A. Gryphius und J. J. Ch. von Grimmelshausen. Bed. und charakterist. Leistungen boten P. Fleming, P. Gerhardt, Angelus Silesius, F. von Logau, F. Spee von Langenfeld, auch J. M. Moscherosch. Im Unterschied hierzu illustrierten D. C. von Lohenstein, Ch. Hofmann von Hofmannswaldau, Abraham a Sancta Clara Extreme barocker Formung.

Die *Formen* standen in engem Zusammenhang mit der europ. Mode. Sie wurden bestimmt und normalisiert durch zahlreiche Poetiken im Anschluß an Opitz u. a. von Harsdörffer (1647–53) und D. G. Morhof (1682). Geboten wurden feste Schemata, die formgerecht erfüllt werden mußten. Auf artist. Disziplinierung der Begabung kam es an. Diese Betonung des Technischen wurde unterstützt und beschwingt durch enge Zusammenarbeit mit der Musik. Höchst beliebt und verbreitet war das *Lied*. Neben Geistlichen (J. von Rist, P. Gerhardt u. a.) dichteten M. Opitz, S. Dach, P. Fleming, A. Gryphius religiöse Lieder. Auch das weltl. Lied fand schnell Aufnahme und weite Verbreitung. Vorherrschend waren Liebes-, Trink- und Spottlieder, Hochzeits- und andere Gelegenheitsgedichte. Anspruchsvollere Strophenformen hießen ›Oden‹. Das weltl. Lied hatte seine Zentren in Leipzig und Königsberg (S. Dach). Eine Variation brachte die Einkleidung ins Schäferliche (David Schirmer, * um 1623, † 1683) und schließlich (seit 1680) die pointierte Deklamation der ›galanten‹ Richtung. Daneben wurde das *Sonett* gepflegt. Nach dem Ansatz bei Opitz griffen es Fleming und Gryphius auf. Gryphius verstand auch die Großform der dreiteiligen ›pindar. Ode‹ zu meistern. Bei festl. Anlässen waren Huldigungen in Alexandriner-Reimpaaren beliebt. Dieses Versmaß wurde in der Spruchdichtung viel verwendet, in der Tragödie herrschte es vor. Für Gryphius wurde der Niederländer J. van den Vondel wirksam. Als tragisch galt der Untergang hochgestellter Personen; die histor. Tatsachen wurden stets quellengetreu verwendet und (in Anmerkungen) belegt. Die Hauptfiguren wurden zu Vorbildern an Haltung (›Großmut‹), zu Vertretern ewiger Werte. Die Komödie verwendete nur Prosa (auch Gryphius). Die Effekte der verwandelbaren Kulissenbühne wurden reichlich genutzt, sogar von der Schulbühne, die v. a. Gryphius und Lohenstein aufführte. Der *Roman* setzte früh ein, sowohl in schäferl. Kostümierung als auch in derber Schelmenmanier, der bei Grimmelshausen (›Der Abentheuerl. Simplicissimus Teutsch‹, 1669) seinen Höhepunkt erreichte. Durch Opitz' Hinweis mit der Übersetzung (1644) von J. Barclays Staatsroman ›Argenis‹ (1627) wurde nach frz. Vorbild von A. H. Buchholtz, Herzog Anton Ulrich von Braunschweig-Wolfenbüttel (›Die Durchleuchtige Syrerinn Aramena‹, 1669–73) und Zesen (›Assenat‹, 1670) eine Mischung von Liebeshändeln mit Staatsaffären als höf. Großform ausgebaut bis hin zu Lohensteins ›Großmütigem Feldherrn Arminius ...‹ (hg. 1689/1690). Größten Anklang fand ›Die Asiatische Banise...‹ (1689) von H. A. von Zigler und Kliphausen. Den abenteuerl. Reiseroman kehrten Ch. Weise und Ch. Reuter (›Schelmuffskys Warhafftige Curiöse und sehr gefährl. Reisebeschreibung Zu Wasser und Lande‹, 2 Tle., 1696/97) ins Satirische. Als Traumgeschichte kleidete Moscherosch seine Satire ›Les visiones de Don de Quevedo Villegas...‹ (1640, 1650 u. d. T. ›Wunderl. und Warhafftige Gesichte Philanders von Sittewald‹) ein. Belehrend waren die ›Monatsgespräche‹ (1663–68) von Rist und die ›Frauenzimmer Gesprechspiele‹ (1641–49) von Harsdörffer. Opitz blieb mit seinen Lehrgedichten, die in Alexandrinern abgefaßt sind, ohne Nachfolge.

Ausgaben: B.drama. Hg. v. W. FLEMMING. Hildesheim ²1965. 6 Bde. – Dt. Lit.-Reihe Barock. B.tradition im österr.-bayr. Volkstheater. Hg. v. O. ROMMEL. Neuausg. Darmst. 1964–74. 6 Bde. u. Erg.-Bd. – B.lyrik. Hg. v. H. CYSARZ. Hildesheim ²1964. 3 Bde. u. Erg.-Bd. – Die dt. Lit. Bd. 3: Das Zeitalter des B. Hg. v. A. SCHÖNE. Mchn. ²1968.
Literatur: CROCE, B.: Sensualismo e ingegnosità nella lirica del Seicento. In: CROCE: Saggi sulla letteratura italiana del Seicento. Bari ²1924. – LEBÈGUE, R.: La poésie française de 1560 à 1630. Paris 1951. 2 Bde. – ELWERT, W. TH.: Die nat. Spielarten der roman. B.dichtung. In: ELWERT: Italien. Dichtung u. europ. Lit. Wsb. 1969. – MAYER, JÜRGEN: Mischformen barocker Erzählkunst. Mchn. 1970. – FLEMMING, W.: Das Jh. des B. 1600–1700. In: Annalen der dt. Lit. Hg. v. H. O. BURGER. Stg. ²1971. S. 339. – ROUSSET, J.: La littérature de l'âge baroque en France. Paris ⁸1972. – Europ. Tradition u. dt. Literaturbarock. Hg. v. G. HOFFMEISTER. Bern u. Mchn. 1973. – BARNER, W.: Der literar. B.begriff. Darmst. 1975. – FLEMMING, W.: Einblicke

in den dt. Lit.-B. Königstein i. Ts. 1975. – Dt. B.lit. u. europ. Kultur. Hg. v. M. BIRCHER u. E. MANNACK. Hamb. 1977. – SKRINE, P. N.: The baroque. London 1978. – FLOECK, W.: Die Literaturästhetik des frz. B. Bln. 1979. – SZYROCKI, M.: Die dt. Lit. des B. Stg. 1979. Nachdr. ebd. 1994. – EMRICH, W.: Dt. Lit. der B.zeit. Königstein i. Ts. 1981. – MATHIEU-CASTELLANI, G.: Mythes de l'éros baroque. Paris 1981. – REICHELT, K.: B.drama und Absolutismus. Ffm. 1981. – SPAHR, B. L.: Problems and perspectives. A collection of essays on German baroque literature. Ffm. 1981. – BAUR, R.: Didaktik der B.poetik. Hdbg. 1982. – SCHEITLER, I.: Das Geistl. Lied im dt. B. Bln. 1982. – FISCHER-LICHTE, E.: Semiotik des Theaters. Bd. 2: Vom ›künstl.‹ zum ›natürl.‹ Zeichen, Theater des B. u. der Aufklärung. Tüb. 1983. – VIETTA, S.: Literar. Phantasie. Theorie u. Gesch. B. u. Aufklärung. Stg. 1986. – TRUNZ, E.: Weltbild u. Dichtung im dt. B. Mchn. 1992. – WEHRLI, M.: Humanismus u. B. Hildesheim 1993.

Baroja y Nessi, Pío [span. ba'rɔxa i 'nesi], * San Sebastián 28. Dez. 1872, † Madrid 30. Okt. 1956, span. Schriftsteller. – Ursprünglich Landarzt; Reisen durch europ. Länder, lebte in Madrid; Mitglied der Span. Akademie. Gehört zur sog. Generation von 98. In seinem umfangreichen Werk (mehr als 70 Romane) spiegelt sich sein urwüchsiges, einzelgänger. Wesen. Seiner unerschöpfl. Fabulierkunst gelangen lebensvolle Gestalten, meist einfache Menschen, Abenteurer, Vagabunden. In geschmeidigem, ungekünsteltem Stil schildert er span. Sitten und Zustände. Seine Grundhaltung ist pessimistisch, antiklerikal, sozialkritisch. Sein Hauptwerk, die 22bändige Romanserie ›Memorias de un hombre de acción‹ (1913–35) nimmt den Stoff aus den span. Karlistenkriegen. In Essays setzte B. y N. sich mit literar. und philosoph. Themen auseinander.

Weitere Werke: Der Majoratsherr von Labraz (R., 1903, dt. 1918), Span. Trilogie (R., 3 Tle. 1904, dt. 1 Bd. 1948), Jahrmarkt der Gescheiten (R., 1905, dt. 1927), London, die Stadt des Nebels (R., 1909, dt. 1918), Der Baum der Erkenntnis (R., 1911, dt. 1963), Die Abenteuer des Schanti Andia (R., 1911, dt. 1913, 1961 u. d. T. Shanti Andía, der Ruhelose), Span. Miniaturen (En., dt. Ausw. 1916), Desde la última vuelta del camino (Memoiren, 7 Bde., 1944–49).
Ausgabe: P. B. y. N. Obras completas. Madrid 1946–52. 8 Bde.
Literatur: DEMUTH, H.: P. B. Das Weltbild in seinen Werken. Hagen 1937. – ARBÓ, S. J.: P. B. y su tiempo. Barcelona 1963. – URIBE ECHEVAR-

RÍA, J.: P. B. Santiago de Chile 1969. – PATT, B.: P. B. New York 1971. – FLORES ARROYUELO, F. J.: P. B. Madrid 1973. – ELIZALDE, I.: Personajes y temas barojianos. Bilbao 1975. – Guía de P. B. El mundo barojiano. Hg. v. P. CARO BAROJA. Madrid 1987.

Baron (tl.: Barôn), Devora, * Usda (Gebiet Minsk) 4. Dez. 1887, † Tel Aviv-Jaffa 20. Aug. 1956, hebr. Schriftstellerin. – Kam 1911 nach Palästina; behandelte in ihren Erzählungen v. a. das Leben jüd. Menschen in Weißrußland; sammelte ihre in verschiedenen Zeitschriften erschienenen Erzählungen in mehreren Bänden, von denen ›Paršiyyôt‹ (= Episoden, 1951) mit 41 Erzählungen der umfangreichste ist; in dt. Übers. liegt die Erzählung ›Siwa‹ (1964) vor.

Literatur: Enc. Jud. Bd. 4, 1972, S. 252. – Hauptwerke der hebr. Litcratur. Hg. v. L. PRIJS. Mchn. 1978. S. 93.

Baronjan (Baronean), Hagop, armen. Schriftsteller, † Paronjan, Hagop.

Barrès, [Auguste] Maurice [frz. ba-'rɛs], * Charmes-sur-Moselle (Vosges) 17. Sept. 1862, † Neuilly-sur-Seine 4. Dez. 1923, frz. Schriftsteller. – Jurastudium; fand früh Zugang zu literar. Kreisen (V. Hugo, S. Mallarmé, A. France u. a.); als nationalist. Politiker (Abgeordneter 1889–93 und 1905–23) führender Vertreter der Revancheidee und mit Ch. Maurras geistiger Führer der Rechtsopposition gegen die 3. Republik und der antisemit. Kräfte im Dreyfus-Prozeß; Wegbereiter der Action française. Als Romancier, Essayist und Journalist von beträchtl. Einfluß auf die Öffentlichkeit und bes. die nachfolgende Dichtergeneration (A. Malraux, H. de Montherlant u. a.). In seinen ersten Romanen, die unter dem programmat. Titel ›Le culte du moi‹ (Trilogie mit den Teilen ›Sous l'œil des barbares‹, 1888; ›Un homme libre‹, 1889; ›Le jardin de Bérénice‹, 1891) erschienen, Vertreter eines ästhet. und aristokrat. Kults des Ich. In seiner 2. Schaffensperiode trat er für Kirche und Nationalismus als notwendige irrationale Bindung des Menschen ein. Aufschlußreich sind seine Tagebücher (›Mes cahiers‹, 14 Bde., hg. 1929–57). B. verwendete in seinen Romanen die analyt. Methode des Positivismus. Seit 1906 war er Mitglied der Académie française.

Weitere Werke: Vom Blute, von der Wollust und vom Tode (Essays, 3 Bde., 1894, dt. 1907), Le roman de l'énergie nationale (R.-Trilogie: Les déracinés, 1898; L'appel au soldat, 1900; Leurs figures, 1902), Amori et dolori sacrum (E., 1902), La colline inspirée (R., 1913).

Ausgabe: M. B. L'œuvre. Hg. v. PH. BARRÈS. Paris 1965–66. 7 Bde.

Literatur: BOISDEFFRE, P. M. R. DE: M. B. Paris 1962. – CURTIUS, E. R.: M. B. u. die geistigen Grundll. des frz. Nationalismus. Hildesheim ²1962. – CARASSUS, E.: B. et sa fortune littéraire. Paris 1970. – STERNHELL, Z.: M. B. et le nationalisme français. Paris 1972. – M. B. A selective critical bibliography, 1948–1979. Hg. v. T. FIELD. London 1982. – FRANDON, I.-M.: B. précurseur. Paris 1983. – BROCHE, F.: M. B. Paris 1987.

Barrett Browning, Elizabeth [engl. 'bærət 'braʊnɪŋ], englische Lyrikerin, † Browning, Elizabeth Barrett.

Barri, Giraldus de, Geistlicher und Geschichtsschreiber normann.-walis. Herkunft, † Giraldus Cambrensis.

Barrie, Sir (seit 1913) James Matthew [engl. 'bærɪ], * Kirriemuir 9. Mai 1860, † London 19. Juni 1937, schott. Schriftsteller. – War 1885–1900 Journalist in London; 1930–37 Kanzler der Univ. Edinburgh. Begann mit Gedichten, Romanen und Erzählungen aus seiner schott. Heimat; schrieb ab 1900 v. a. bühnenwirksame Gesellschaftskomödien und Phantasiestücke, in denen sich Humor, Ironie, skurrile und sentimentale Elemente verbinden. Am bekanntesten wurde sein Märchendrama ›Peter Pan‹ (UA 1904, erschienen 1906, dt. 1911).

Weitere Werke: Auld licht idylls (E., 1888), Der kleine Pastor (R., 3 Bde., 1891, dt. 1899), The wedding guest (Dr., 1900), The little white bird (E., 1902), Zurück zur Natur (Dr., UA 1902, erschienen 1914, dt. 1956), Peter Pan im Waldpark (E., 1906, dt. 1911, 1964 u. d. T. Peter Pan in Kensington Gardens), Johannisnacht (Dr., 1917, dt. 1950), Was jede Frau weiß (Dr., 1918, dt. 1920), Mary Rose (Dr., 1924), Shall we join the ladies? (Dr., 1927), The Greenwood hat (Autobiogr., 1930).

Ausgaben: The works of J. M. B. New York 1929–31. 14 Bde. – The plays of J. M. B. Hg. v. A. E. WILSON. London 1942.

Literatur: DUNBAR, J.: J. M. B. The man behind the image. Boston (Mass.) 1970. – WRIGHT, A.: J. M. B.: Glamour of twilight. Edinburgh 1976. – ORMOND, L.: J. M. B. Edinburgh 1987.

Barrili, Anton Giulio, * Savona 14. Dez. 1836, † Carcare bei Savona 15. Aug. 1908, italien. Schriftsteller. –

Kämpfte als Anhänger Garibaldis in dessen Freischaren; betätigte sich als Journalist; ab 1894 Prof. für italien. Literatur in Genua; schrieb etwa 60 Romane (u. a. ›Capitan Dodero‹, 1865; ›Santa Cecilia‹, 1866; ›Come un sogno‹, 1875) und Novellen; Kriegserinnerungen ›Con Garibaldi alle porte di Roma‹ (1895).

Barrios, Eduardo, * Valparaíso 25. Okt. 1884, † Santiago de Chile 13. Sept. 1963, chilen. Schriftsteller. – Wuchs in Peru auf; Schüler der Militärakademie, dann u. a. Bergarbeiter und Artist; 1927/28 und 1953–59 chilen. Erziehungsminister; Verfasser psychologisch vertiefter Romane unter dem Einfluß des Modernismo: ›El niño que enloqueció de amor‹ (1915), ›Un perdido‹ (1917), ›El hermano asno‹ (1922), ›Tamarugal‹ (1944), ›Der Huaso‹ (1948, dt. 1961), ›Los hombres del hombre‹ (1950).

Barros, João de [portugies. 'barruʃ], * Viseu (Beira Alta) (?) 1496, † Ribeira bei Pombal 20. Okt. 1570, portugies. Schriftsteller und Geschichtsschreiber. – Trat früh in den Dienst König Emanuels I., war 1525–28 Schatzmeister und 1532–67 Faktor der ›Casa da Índia‹. Er gilt als einer der bedeutendsten portugies. Prosaschriftsteller und Geschichtsschreiber humanistisch-klass. Prägung. Verfasser des Ritterromans ›Crónica do emperador Clarimundo‹ (3 Bde., 1522), des philosophisch-theolog. Dialogs ›Ropicapnefma‹ (1532), einiger Abhandlungen über die portugies. Sprache, panegyr. und polem. Schriften. Bed. ist v. a. sein Werk ›Ásia‹ (Bd. 1–3 1552, 1553 und 1563, Bd. 4 mit Zusätzen hg. 1615, dt. 5 Tle., 1821), das die Kolonialgeschichte Portugals in Ostindien von etwa 1415 bis 1539 zum Gegenstand hat. Es ist der einzige erschienene Teil der als Geschichte der portugies. Entdeckungen geplanten ›Décadas‹. Das Werk zeichnet sich durch einen kraftvollen, klaren, an Livius orientierten Stil aus.

Literatur: CAMPOS, Á. DE: Vida e obras de J. de B. Lissabon 1921. – BOXER, C. R.: J. de B., Portuguese humanist and historian of Asia. Neu-Delhi 1981 (mit Bibliogr.).

Barry, Philip [engl. 'bærɪ], * Rochester (N.Y.) 18. Juni 1896, † New York 3. Dez. 1949, amerikan. Dramatiker. – Schrieb geistreiche Gesellschaftsstücke und satir.

Komödien, daneben auch Stücke mit psycholog. und religiös-myst. Tendenz.
Werke: You and I (Kom., 1923), The youngest (Kom., 1924), In a garden (Kom., 1925), White wings (dramat. Phantasie, 1926), Paris bound (Kom., 1927), Holiday (Kom., 1929), The animal kingdom (Kom., 1932), Here come the clowns (Kom., 1938), The Philadelphia story (Kom., 1939), Second threshold (Kom., vollendet von R. E. Sherwood, hg. 1951).
Ausgabe: Ph. B. States of grace. Eight plays. Hg. v. B. GILL. New York 1975.
Literatur: HAMM, G.: The drama of Ph. B. Philadelphia (Pa.) 1948. – ROPPOLO, J. P.: Ph. B. New York 1965.

Barstow, Stan[ley] [engl. 'bɑːstoʊ], * Horbury (Yorkshire) 28. Juni 1928, engl. Schriftsteller. – Schreibt Regionalromane und Kurzgeschichten über das Leben im nordengl. Arbeitermilieu, wobei die Unzufriedenheit mit der Begrenztheit der Existenz den Ausgangspunkt des Romans ›Ask me tomorrow‹ (1962; Dr., 1966) sowie der Trilogie um Vic Brown bildet (›Ein Hauch Glückseligkeit‹, R., 1960, dt. 1967; ›Jenseits von Glückseligkeit‹, R., 1966, dt. 1976; ›Der Liebe wahrer Sinn‹, R., 1976, dt. 1979).
Weitere Werke: The desperadoes (En., 1961), Joby (R., 1964), A raging calm (R., 1968), A season with Eros (En., 1971), Mein Bruder, der ungebetene Gast (R., 1980, dt. 1984), The glad eye (En., 1984), Just you wait and see (R., 1986), B-movie (R., 1987), Give us this day (R., 1989).

Bart, Jean, eigtl. Eugeniu P. Botez, * Burdujeni (Kreis Suceava) 28. Nov. 1874, † Bukarest 12. Mai 1933, rumän. Schriftsteller. – Machte als Marineoffizier weite Reisen, deren Erlebnisse er in seinen Reisebüchern beschreibt; verfaßte auch sozialkrit. Novellen und Romane, von denen ›Europolis‹ (1933, dt. 1967) am bekanntesten wurde.
Weitere Werke: Jurnal de bord (= Bordtagebuch, 1901), Datorii uitate (= Vergebene Schuld, En., 1916), Schiţe marine din lumea porturilor (= Seeskizzen aus der Welt der Häfen, En., 1928).

Bartas, Guillaume de Salluste, Seigneur Du, frz. Dichter, † Du Bartas, Guillaume de Salluste, Seigneur.

Bart-Ćišinski, Jakub [sorb. tɕi'ʃinski], * Kuckau (heute Panschwitz-Kuckau) 20. Aug. 1856, † Ostro (Kreis Kamenz) 16. Okt. 1909, obersorb. Dichter. – Kath. Priester, zeitweilig Redakteur. V. a. in seiner Natur- und Liebeslyrik

Schöpfer einer neuen sorb. Literatursprache; trat in patriot. Gedichten gegen die Unterdrückung der Sorben auf; auch Lehrgedichte und religiöse Lyrik, ferner erzählende Werke und Dramen. Deutsch erschienen 1959 die Gedichtauswahl ›Glut des Herzens‹ und 1968 ›Mein Bekenntnis‹.

Ausgabe: J. B.-Č. Zhromadžene spisy. Bautzen 1969 ff. Auf 9 Bde. berechnet.

Bartels, Adolf, * Wesselburen 15. Nov. 1862, † Weimar 7. März 1945, dt. Schriftsteller. – Studierte Geschichte, Literatur- und Kunstgeschichte; ab 1895 Literarhistoriker und Schriftsteller in Weimar. B. war Antisemit und wertete die Literatur fast ausschließlich nach deutschvölk. Gesichtspunkt. Neben umfangreicher Herausgebertätigkeit verfaßte er literarhistor. Werke (›Geschichte der dt. Litteratur‹, 2 Bde., 1901/02) sowie Erzählungen, Romane, Dramen und Gedichte; gilt als Mitbegründer der Heimatkunst und hatte großen Einfluß auf die Literatur in der Zeit des Nationalsozialismus; 1942 wurden ihm die Ehrenmitgliedschaft der NSDAP sowie das goldene Parteizeichen verliehen.

Weitere Werke: Gedichte (1889), Die dt. Dichtung der Gegenwart (1897), Die Dithmarscher (R., 2 Bde., 1898), Martin Luther. Eine dramat. Trilogie (1900–03), Wilde Zeiten (E., 1905), Heimatkultur, Heimatdichtung, Heimatkunst (1924), Der Nationalsozialismus, Deutschlands Rettung (1924), Jüd. Herkunft und Literaturwissenschaft (1925), Der letzte Obervollmacht (R., 1931), Meine Lebensarbeit (1932).

Barth, Caspar von, * Küstrin 21. Juni 1587, † Leipzig 17. Sept. 1658, dt. Humanist. – Studium der klass. und neueren Sprachen, unternahm Bildungsreisen in Italien, Frankreich und den Niederlanden; schrieb philolog. Abhandlungen und nlat. Dichtungen voll gelehrter Allegorie und kosm. Spekulation; war der Verfasser des ersten christl. Epos in dt. Sprache, des ›Deutschen Phoenix‹ (1626).

Barth, Emil, * Haan bei Düsseldorf 6. Juli 1900, † Düsseldorf 14. Juli 1958, dt. Schriftsteller. – Buchdrucker, Verlagsangestellter, ab 1924 freier Schriftsteller. B. war Lyriker, Erzähler und Essayist. Das Schöne und seine Vergänglichkeit ist wesentlichstes Thema seines Werks, das durch seine ausgewogene Sprache besticht. In der Lyrik bevorzugte B. traditionelle Vers- und Strophenformen.

Werke: Totenfeier (Ged., 1928), Das verlorene Haus (R., 1936), Gedichte (1938 und 1942), Der Wandelstern (R., 1939), Das Lorbeerufer (R., 1943), Lemuria (Tageb., 1947), Verzauberungen (En., 1948), Xantener Hymnen (Ged., 1948), Enkel des Odysseus (Ged., 1951), Tigermuschel (Ged., 1956), Meerzauber (Ged., hg. 1961).

Ausgabe: E. B. Ges. Werke. Hg. v. F. N. MENNEMEIER. Wsb. 1960. 2 Bde.

Barth, John [Simmons] [engl. bɑ:θ], * Cambridge (Md.) 27. Mai 1930, amerikan. Schriftsteller. – Seit 1973 Prof. für engl. Literatur an der Johns Hopkins University in Baltimore. Sein bed. Werk steht unter den kompositionellen Leitbegriffen von ›exhaustion‹ (Erschöpfung) und ›replenishment‹ (Auffüllung), als Ausdruck seiner Überzeugung, daß die Möglichkeiten der traditionellen Literatur erschöpft sind und durch parodisierende Wiederholung mit neuem Leben angefüllt werden müssen. Während die ersten beiden Romane, ›The floating opera‹ (1956) und ›Ich bin Jake Horner, glaube ich‹ (1958, dt. 1983), eine weitgehend realist. Auseinandersetzung mit existentialist. Fragen darstellen, greift B. in den folgenden Romanen die konventionellen Erzählen angelegten und ungenutzten Möglichkeiten durch Parodie des Schelmen- und Abenteuerromans in ›Der Tabakhändler‹ (1960, dt. 1968), des Bildungs- und Entwicklungsromans in ›Ambrose im Juxhaus. Fiktionen für den Druck, das Tonband und die menschl. Stimme‹ (En., 1968, dt. 1973) sowie der Erzählungen aus 1001 Nacht in ›Chimera‹ (En., 1972) auf. Der deutlich experimentelle Charakter dieser postmodernen Fiktion der Gegenwart dient als Analogon einer alles beherrschenden Computerwelt in ›Giles goat-boy‹ (R., 1966) und erreicht seinen Höhepunkt in ›Letters‹ (R., 1979), in dem B. die Phänomene von ›exhaustion‹ und ›replenishment‹ an seinem eigenen Werk demonstriert. Die experimentelle Phase scheint durch die Wiederentdeckung des Erzählens als Hinwendung zur eigenen Lebensgeschichte in ›Sabbatical. A romance‹ (R., 1982) und Strukturen klass. Erzählmuster (›The tidewater tales‹, R., 1987; ›The last voyage of Somebody the

sailor‹, R., 1991) überwunden. B.s krit. Essays zur Situation der Gegenwartsliteratur sind in ›The Friday book. Essays and other nonfiction‹ (1984) gesammelt.
Literatur: MORRELL, D.: J. B. University Park (Pa.) u. London 1976. – Critical essays on J. B. Hg. v. J. J. WALDMEIR. Boston (Mass.) 1980. – HARRIS, CH. B.: Passionate virtuosity. The fiction of J. B. Urbana (Ill.) 1983. – ARLART, U.: ›Exhaustion‹ u. ›Replenishment‹. Die Fiktion in der Fiktion bei J. B. Hdbg. 1984. – SCHULZ, M. F.: The muses of J. B. Baltimore (Md.) 1990.

Barthel, Kurt, dt. Schriftsteller, † Kuba.

Barthel, Ludwig Friedrich, * Marktbreit (Landkreis Kitzingen) 12. Juni 1898, † München 14. Febr. 1962, dt. Schriftsteller. – Studierte Germanistik; Staatsarchivrat in München. In seinen Romanen, Novellen und Essays ist viel Eigenerleben verarbeitet. Hervorzuheben ist v. a. seine bildhafte, von J. Ch. F. Hölderlin beeinflußte Lyrik; nach 1933 z. T. überschwengl. Hymnen auf das ›neue Reich‹, von dem er aber schon bald enttäuscht war. Übersetzte Sophokles' ›Antigone‹ (1926).
Weitere Werke: Gedichte der Landschaft (1931), Gedichte der Versöhnung (1932), Tannenberg. Ruf und Requiem (1934), Das Leben ruft (En., 1935), Dom aller Deutschen. Gesänge (1938), Das Mädchen Phoebe (E., 1940), Vom Eigentum der Seele (Essays, 1941), Liebe, du große Gefährtin (Ged., 1944), Blumen (Ged., 1951), In die Weite (Ged., 1957), Das Frühlingsgedicht (1960), Sonne, Nebel, Finsternis (Ged., 1961).

Barthel, Max, * Loschwitz (heute Dresden-Loschwitz) 17. Nov. 1893, † Waldbröl 17. Juni 1975, dt. Lyriker und Erzähler. – Fabrikarbeiter, Mitglied der sozialist. Jugendbewegung; nach 1920 Reise in die Sowjetunion. Entwarf in den ›Versen aus den Argonnen‹ (1916) anschaul. Kriegsbilder mit pazifist. Tenor und gab in anderen Sammlungen, v. a. in den Gedichten ›Arbeiterseele‹ (1920), seinen kommunist. Ideen packenden Ausdruck; 1923 Austritt aus der KPD, wurde Mitglied der SPD; später näherte er sich dem Nationalsozialismus.
Weitere Werke: Lasset uns die Welt gewinnen (Ged., 1920), Das unsterbliche Volk (R., 1933), Argonnerwald (Ged., 1938), Deutschte Männer im roten Ural (R., 1938), Das Land auf den Bergen (R., 1939), Kein Bedarf an Weltgeschichte

(Autobiogr., 1950), Der Wald (Ged., 1960), Roter Mohn (1965).
Literatur: M. B. Hg. v. F. HÜSER. Do. 1959.

Barthélemy, Jean-Jacques [frz. bar-tel'mi], *Cassis (Bouches-du-Rhône) 20. Jan. 1716, † Paris 30. Jan. 1795, frz. Numismatiker, Altertumsforscher und Schriftsteller. – Abbé; wurde 1753 Direktor des Pariser Münzkabinetts, bereiste 1755–57 Italien (Paestum, Herculaneum, Pompeji). Arbeitete 1757–88 an seinem berühmten Reise- und Bildungsroman ›Anacharsis des Jüngeren Reise nach Griechenland‹ (7 Bde., 1788, dt. 7 Bde., 1790–93), in dem ein junger Skythe seine Eindrücke einer Griechenlandreise im 4. Jh. v. Chr. schildert. 1789 Mitglied der Académie française.
Weitere Werke: Carita und Polydor (R., 1760, dt. 1799), Reisen durch Italien (Reiseb., 1801, dt. 1802).
Ausgabe: J.-J. B. Œuvres complètes. Hg. v. M.-G.-B. VILLENAVE. Paris 1821–22. 5 Bde. (mit Biogr.).
Literatur: BADOLLE, M.: L'Abbé J.-J. B. (1716 bis 1795) et l'hellénisme en France dans la seconde moitié du XVIIIᵉ siècle. Paris 1926.

Barthelme, Donald [engl. 'bɑːθəlmi], * Philadelphia (Pa.) 7. April 1931, † Houston (Tex.) 23. Juli 1989, amerikan. Schriftsteller. – Bruder von Frederick B.; arbeitete als Reporter und Redakteur, Hg. von avantgardist. Literatur- und Kunstzeitschriften, Museumsdirektor in Houston und Gastprofessor an der Boston University sowie am City College in New York. B. ist ein Meister postmoderner Kurzprosa. In zahlreichen Kurzgeschichten und drei Romanen demonstriert er die von J. L. Borges bekannten, metafiktionalen Praktiken der Gegenwartsliteratur: Abbau konventioneller Erzählstrukturen, Entlarvung der mimet. Funktion der Literatur als Farce, Negierung einer festgefügten Bedeutung im Text. Thematisch verarbeitet er kulturelle und polit. Aspekte der modernen Gesellschaft durchaus mit sozialkrit. Absicht und parodiert überkommene literar. Texte. Witz, Ironie und schwarzer Humor bestimmen seine experimentellen Erzählungen, die die Sinnfindung dem kreativen Leser aufgeben.
Werke: Komm wieder, Dr. Caligari (En., 1964, dt. 1965), Schneewittchen (R., 1967, dt. 1968), Unsägl. Praktiken, unnatürl. Akte (En., 1968, dt.

1969), City life (En., 1970, dt. 1972), Sadness (En., 1972, dt. 1974, 1986 u. d. T. Am Boden zerstört), Guilty pleasures (En., 1974), Der tote Vater (R., 1975, dt. 1977), Amatöre (En., 1976, dt. 1988), Tolle Tage (Prosatexte, 1979, dt. 1985), Sixty stories (1981), Über Nacht zu vielen fernen Städten (En., 1983, dt. 1991), Der Kopfsprung (En., dt. Ausw. [aus: Sadness, Amatöre und Tolle Tage] 1985), Paradies. Zustände (R., 1986, dt. 1989), Randerscheinungen (En., dt. Auswahl 1987), The king (R., hg. 1990).
Literatur: BRUSS, P.: Victim: Textual strategies in recent American fiction. Lewisburg (Pa.) 1981. – GORDON, L.: D. B. Boston (Mass.) 1981. – COUTURIER, M./DURAND, R.: D. B. London u. a. 1982. – MOLESWORTH, CH.: D. B.'s fiction. Columbia (Mo.) u. a. 1982. – FOLTA, A.: D. B. als postmoderner Erzähler. Ffm. u. a. 1991.

Donald
Barthelme

Barthelme, Frederick [engl. 'ba:-θelmi], * Houston (Tex.) 10. Okt. 1943, amerikan. Künstler und Schriftsteller. – Bruder von Donald B.; nach Kunststudium Ausbildung zum Schriftsteller bei J. Barth an der Johns Hopkins University, seit 1978 Direktor des ›writers program‹ an der University of Southern Mississippi. B. gehört mit seinen meist im Süden angesiedelten Kurzgeschichten und Romanen, die die Einsamkeit der Menschen und die neuen Geschlechterbeziehungen durch die veränderte Stellung der Frau in der amerikan. Gegenwartskultur thematisieren, zu der konventionelle Strukturmittel der Fiktion ignorierenden minimalist. Bewegung in den USA. Am bekanntesten sind die Kurzgeschichtensammlung ›Moon de luxe‹ (1983, dt. 1988) sowie die die Dreiecksbeziehungen eines Mannes mit seiner geschiedenen und einer zweiten Frau

darstellenden Romane, die glücklich (›Zweitehe‹, 1984, dt. 1992, dramatisiert 1985) oder in Verzweiflung (›Leuchtspur‹, 1985, dt. 1989, dramatisiert 1986) enden.
Weitere Werke: Rangoon (Kurzgeschichten, 1970), War and war (R., 1971), Koloraturen (Kurzgeschichten, 1987, dt. 1993), Two against one (R., 1988), Natural selection (R., 1990).

Barthes, Roland [frz. bart], * Cherbourg 12. Nov. 1915, † Paris 26. März 1980, frz. Kritiker und Essayist. – War ab 1977 Prof. für literar. Semiologie am Collège de France. Sein Werk ist charakterisiert durch die auf den Erkenntnissen von Marxismus, Semiotik und Phänomenologie basierende Beschreibung der Welt der Erscheinungen, mit der er eine Rationalisierung von irrationalen Prozessen, verinnerlichten Meinungen sowie normativ verstandenen Denk- und Dichtungstraditionen zu erreichen sucht. Sein brillantes, von hoher, musikalisch geprägter Sensibilität getragenes Spiel mit den Erkenntnisinstrumenten der Sciences humaines, das die angestrebte Objektivierung letztlich in einer Form höherer Weisheit wieder preisgibt, macht ihn zu einer der großen Gestalten der Geistesgeschichte des 20. Jahrhunderts.
Werke: Am Nullpunkt der Literatur (Essays, 1953, dt. 1959), Michelet (1954, dt. 1980), Mythen des Alltags (1957, dt. 1964), Sur Racine (1963), Kritik und Wahrheit (1966, dt. 1967), Die Sprache der Mode (1967, dt. 1984), Das Reich der Zeichen (1970, dt. 1981), S/Z (1970, dt. 1976), Die Lust am Text (1973, dt. 1974), Über mich selbst (1975, dt. 1978), Fragmente einer Sprache der Liebe (1977, dt. 1984), Sollers écrivain (1979), Die helle Kammer. Bemerkungen zur Photographie (1980, dt. 1985), Krit. Essays. Bd. 3 (hg. 1982, dt. 1986).
Ausgabe: R. B. Œuvres complètes. Bd. 1 (1962–1965). Hg. v. E. MARTY. Paris 1993.
Literatur: THEIS, R.: R. B. In: Frz. Literaturkritik der Gegenwart in Einzeldarstt. Hg. v. W.-D. LANGE. Stg. 1975. – LAUERS, A.: R. B. Structuralism and after. London 1982. – FREEDMAN, S./TAYLOR, C. A.: R. B.: A bibliographical reader's guide. New York u. London 1982. – CULLER, R. D.: B. London 1983. – UNGAR, S.: R. B., the professor of desire. London 1983. – RÖTTGER-DENKER, G.: R. B. zur Einführung. Hamb. 1989. – CALVET, L.-J.: R. B. 1915–1980. Dt. Übers. Ffm. 1993.

Bartọ, Agnija Lwowna, * Moskau 17. Febr. 1906, † ebd. 1. April 1981, russ.-sowjet. Schriftstellerin. – Kam durch den

Lehrberuf zur Literatur; in der ehem. UdSSR geschätzte, mehrfach ausgezeichnete Jugendschriftstellerin; ihre einfachen Kindergedichte sollen zu sozialist. Lebenshaltung, Heimatliebe und Fleiß erziehen.

Bartolini, Luigi, *Cupramontana (Prov. Ancona) 8. Febr. 1892, † Rom 16. Mai 1963, italien. Radierer und Schriftsteller. – Prof. an der Hochschule für bildende Kunst in Rom; Mitarbeiter mehrerer Zeitungen und Zeitschriften; aktiver Antifaschist (Gefängnishaft). Veröffentlichte Schriften zu Kunst und Literatur, Gedichte, realist. Romane und Novellen, von denen bes. ›Fahrraddiebe‹ (1946, erweitert 1948, dt. 1952) bekannt wurde. Seine phantast., alptraumhaften Radierungen sind der Bildwelt A. Kubins verwandt.
Weitere Werke: Poesie (1939), La ragazza caduta in città (R., 1945), Frauen (E., 1954, dt. 1957), Racconti scabrosi (En., 1963), Poesie 1911–1963 (hg. 1964).
Literatur: VISENTINI, G.: B. Rovereto 1943. – L. B. 1892–1965. L'uomo, l'artista, lo scrittore. Hg. v. G. APPELLA. Rom 1989.

Bartoš, Jan [tschech. 'bartɔʃ], * Rychnov nad Kněžnou (Ostböhm. Gebiet) 23. Febr. 1893, † Prag 6. Mai 1946, tschech. Dramatiker. – Schuf ein umfangreiches Werk, in dem die zeitkrit. und satir. Dramen Bedeutung haben (›Hrdinové naší doby‹ [= Helden unserer Zeit], Lsp., 1926).

Bartošová, Marie [tschech. 'bartɔʃova:], tschech. Schriftstellerin, ↑ Majerová, Marie.

Bartrina, Joaquín María [katalan. bər'trinə, span. bar'trina], * Reus (Tarragona) 26. April 1850, † Barcelona 3. April 1880, katalan. Lyriker. – Veröffentlichte von Bitternis und Skepsis geprägte Lyrik, in span. Sprache u. a. die Sammlung ›Algo‹ (1874), in Katalanisch ›Epístola‹, ferner in Zusammenarbeit mit Rosendo Arús (*1844, †1891) das Drama ›El nuevo Tenorio‹ (1886).
Ausgabe: J. M. B. Obras poéticas. Barcelona 1939.
Literatur: ROCA Y ROCA, J.: Memoria biográfica de J. M. B. Barcelona 1916.

Bartsch, Kurt, * Berlin 10. Juli 1937, dt. Schriftsteller. – Freier Schriftsteller seit 1967; 1979 Relegation aus dem Schriftstellerverband der DDR; verließ 1980 die DDR, lebt seitdem in Berlin (West); schrieb u. a. epigrammat. Lyrik, Songspiele (›Der Bauch‹, 1977) sowie den Roman ›Wadzeck‹ (1980), außerdem Parodien und Dramen. Sein Werk lebt vom lustvoll-krit. Lachen des kleinen Mannes über die gesellschaftl. Zustände.
Weitere Werke: Zugluft (Ged., 1968), Die Lachmaschine (Ged. und Prosa, 1971), Kalte Küche (Parodien, 1974), Kaderakte (Ged. und Prosa, 1979), Die Hölderlinie (Parodien, 1983), Weihnacht ist und Wotan reitet (Ged., 1985).

Bartsch, Rudolf Hans, *Graz 11. Febr. 1873, † ebd. 7. Febr. 1952, österr. Schriftsteller. – Leitete 1895–1911 als Oberleutnant das k. u. k. Kriegsarchiv in Wien; wurde bekannt durch den Roman ›Zwölf aus der Steiermark‹ (1908), dem eine große Anzahl erzählender Werke aus dem alten Österreich voll süßl. Stimmung folgte, u. a. ›Vom sterbenden Rokoko‹ (Nov.n, 1909), ›Bittersüße Liebesgeschichten‹ (1910), ›Schwammerl‹ (Schubert-R., 1912). Im 1. Weltkrieg großdeutsch-nationalistisch gesinnt; später schrieb er nur noch seichte Unterhaltungsliteratur.

Baruch, Löb, dt. Schriftsteller, ↑ Börne, Ludwig.

Barudi, Al (tl.: Al-Bārūdī), Mahmud Sami, * Kairo 6. Okt. 1839, † ebd. 15. Dez. 1904, ägypt. Politiker und Dichter. – Hat als Dichter die moderne arab. Renaissance stark beeinflußt. Sein zweiteiliger Diwan enthält traditionelle Themen, aber auch Beschreibungen des modernen Lebens. Daneben gilt B. als bed. Vertreter der Naturpoesie.
Literatur: Enc. Islam Bd. 1, ²1960, S. 1069.

Barzelletta [italien.], volkstüml. norditalien. Tanzlied, das aus drei Teilen besteht: ›ripresa‹ (vom Chor gesungen), ›mutazione‹ und ›volta‹; auch ↑ Frottola genannt, eine Sonderform der ↑ Ballata.

Baschan (tl.: Bažan), Mykola Platonowytsch [ukrain. ba'ʒan], * Kamenez-Podolski 9. Okt. 1904, † Kiew 23. Nov. 1983, ukrain.-sowjet. Schriftsteller. – Seine ersten (expressionist.) Gedichte erschienen in den 20er Jahren; paßte sich später den Forderungen des sozialist. Realismus an. Seine Teilnahme am 2.

Weltkrieg schlug sich in einem Zyklus von Kriegsgedichten nieder; übersetzte A. S. Puschkin, W. W. Majakowski u. a.

baschkirische Literatur, neben der bestehenden mündlichen Überlieferung (Epen, Lieder, Märchen) entstand eine b. L. (vorwiegend religiöse Dichtung), die in Turki geschrieben ist, erst im 18. Jahrhundert. Am Anfang des 20. Jh. wirkte der Dichter Gafuri, der, nachdem er zunächst in tatar. Sprache schrieb und deshalb auch der tatar. Literatur zugeordnet wird, als der Begründer der sowjet. b. L. gilt, die mit zahlreichen weiteren Namen vertreten ist, u. a. mit Julty (* 1893, † 1938, Verfasser von Dramen, Romanen und Lyrik), Miftachow (* 1907, † 1942, Dramatiker), Bikbai (* 1909, † 1968, Verfasser von Lyrik und Dramen) und Karim (* 1919, Lyriker).
Literatur: Pisateli sovetskoj Baškirii. Ufa 1955. – Kratkaja literaturnaja ènciklopedija. Bd. 1. Moskau 1962. – Istorija baškirskoj sovetskoj literatury. Ufa 1963.

Bascho (tl.: Bashō), eigtl. Matsuo Munefusa B., * Ueno 1644, † Osaka 12. Okt. 1694, jap. Dichter. – Entstammte einem Samuraigeschlecht, trieb taoist. Studien, war Laienmönch des Zen-Buddhismus; viele Wanderungen, die in seinen Dichtungen Ausdruck fanden; 1672 erschien seine 1. Gedichtsammlung. B. gilt als bedeutendster Haiku-Dichter und vervollkommnete das 17silbige Haiku-Gedicht. Seine Gedichte sind leicht, farbig und prägnant. Anregungen gewann er aus der Natur und dem Landleben sowie den Gedanken Laotses und des Zen-Buddhismus. Von seinen Reisetagebüchern und Gedichten gibt es auch dt. Übersetzungen, u. a. ›Sarumino‹ (Haiku-Sammlung, 1691, dt. 1955), ›Auf schmalen Pfaden durchs Hinterland‹ (1702, dt. 1986), ›Ein Reisetagebuch des Matsuo Bashō‹ (hg. 1768, dt. 1953), ›Hundertundelf Haiku‹ (dt. Ausw. 1985).

Baschow (tl.: Bažov), Pawel Petrowitsch [russ. ba'ʒɔf], * Syssertski Sawod bei Jekaterinburg 27. Jan. 1879, † Moskau 3. Dez. 1950, russ.-sowjet. Schriftsteller. – Absolvierte ein Priesterseminar, ging dann in den Volksschuldienst. Sein Werk ist von der Folklore des Urals beeinflußt. B. pflegte einen fein nuancierenden Erzählstil, er bevorzugte die Gattungen der Märchenerzählung und der legendenhaften Kurzgeschichte. Eines seiner bedeutendsten Werke ist seine Erzählung ›Das lebendige Feuer‹ (1939, dt. 1952); u. a. auch ›Fern und doch nah‹ (Kindheitserinnerungen, 1949, dt. 1953), ›Die Herrin des Kupferberges‹ (Märchen und Sagen, dt. Auswahl 1961).

Baschschar Ibn Burd (tl.: Baššār Ibn Burd), * Basra um 714, † Bagdad 784, arab. Dichter pers. Herkunft. – War von Geburt an blind, versuchte erfolglos Verbindung zu den Omaijaden aufzunehmen, verkehrte in den literar. Kreisen seiner Geburtsstadt, wurde aber wegen seines ausschweifenden Lebens aus Basra verbannt; schloß sich den Abbasiden, insbes. dem Kalifen Al Mahdi (775–785) an, der ihn jedoch wegen seiner Lebensführung töten ließ. Von seinem Werk sind nur einige Gedichte erhalten, in denen er der Tradition (Lobgedicht) verpflichtet ist, aber auch als Erneuerer der Poesie (Satire, Ruhmgedichte, Ghasel) erscheint.
Literatur: BROCKELMANN, C.: Gesch. der arab. Litteratur. Suppl. 1. Leiden 1937. S. 108. – Enc. Islam Bd. 1, ²1960, S. 1080.

Bashō, jap. Dichter, ↑ Bascho.

Basil, Otto ['ba:zıl], Pseudonym Markus Hörmann, * Wien 24. Dez. 1901, † ebd. 19. Febr. 1983, österr. Schriftsteller. – Dramaturg, Verlagslektor, Redakteur; 1945–48 Hg. der avantgardist. Zeitschrift ›Plan‹. Stark intellektuelle Lyrik, Romane, Essays, kongeniale Übersetzungen v. a. frz. Lyrik.
Werke: Zyn. Sonette (1919), Sonette an einen Freund (1925), Benja (E., 1930), Der Umkreis (R., 1933), Sternbild der Waage (Ged., 1945), Apokalypt. Vers (Ged., 1948), Anruf ins Ungewisse (Ged., Essays, 1963), Wenn das der Führer wüßte (R., 1966), Die lyr. Kostüme (1973).

Basile, Giambattista, * Neapel 1575, † Giugliano in Campania (Prov. Neapel) 23. Febr. 1632, italien. Dichter. – War Soldat in venezian. Diensten, 1608 Rückkehr nach Neapel, 1612/13 im Dienst der Gonzaga, später Gouverneur verschiedener süditalien. Städte. Er dichtete in manierist. Stil, teils in italien. Sprache, teils in neapolitan. Dialekt. B. gehört zu den Schöpfern des europ. Kunstmärchens. Seine in neapolitan. Dialekt geschriebenen Märchen, die durch eine Rahmenerzählung zusammengehalten werden (an fünf Tagen werden von 10 Frauen 50 Märchen erzählt), erschienen postum 1634–36 u. d. T. ›Lo cunto de li cunti‹, 1674 als ›Pentamerone‹ (dt. 1846). Die Sammlung wirkte sehr stark u. a. auf Ch. Perrault, C. Gozzi, Ch. M. Wieland, C. Brentano, L. Tieck und die Brüder Grimm.

Ausgabe: G. B. Das Pentameron. Dt. Übers. Essen 1981.
Literatur: HAEGE, L.: Lo Cunto de li Cunti di G. B. Eine Stilstudie. Diss. Tüb. 1934. – KARLINGER, F.: Märchen oder Antimärchen. Gedanken zu B.s Lo viso. Mchn. 1965. – DIENSTBIER, P.: Carlo Gozzi, Jean Cocteau u. die Identität des Märchens. Ursachen u. Zustände typolog. Deformation beim Märchen in seiner Entwicklung bis zur Gegenwart. Salzburg 1975.

Basileios der Große (tl.: Basíleios; Basilius), *Caesarea Mazaca um 330, †ebd. 1. Jan. 379, griech. Kirchenlehrer, Bischof von Caesarea Mazaca. – Aus christl. Aristokratenfamilie; ausgebildet v. a. in Athen; 356 getauft; Mönchsleben; 370 Bischof und Metropolit von Kappadokien. In der Auseinandersetzung mit dem arian. Kaiser Valens erwies sich B. als geschickter Kirchenpolitiker, als Bischof war er ein eifriger Seelsorger, als Theologe stand er auf dem Boden der Beschlüsse des 1. Konzils von Nizäa, die er mit seinem Freund Gregor von Nazianz und seinem jüngeren Bruder Gregor von Nyssa (die drei ›Kappadokier‹) mit Hilfe der neuplaton. Philosophie klarer zu deuten wußte. Diese theolog. Leistung kam auf dem Konzil von Konstantinopel 381 zur Anerkennung. – Neben grundlegenden Werken zur zeitgenöss. Theologie sind zahlreiche Predigten (hier sind v. a. seine neun langen Homilien über das Hexaemeron zu nennen, die u. a. auch Ambrosius beeinflußten) und Briefe kirchenrechtl. und pastoralen Inhalts, eine Anweisung ›Mahnworte an die Jugend über den fruchtbaren Gebrauch der heidn. Schriften‹ (›Pròs toùs néous‹), die den Wert der antiken Literatur anerkennt, und asket. Schriften erhalten.

Ausgabe: Basilius d. G. Ausgew. Schrr. Übers. u. Einl. v. A. STEGMANN. Mchn. 1925. 2 Bde.
Literatur: VISCHER, L.: Basilius d. G. Diss. Basel 1953. – RAUCH, A./IMHOF, P.: Basilius, Heiliger der einen Kirche. Aschaffenburg 1981.

baskische Literatur, das Baskische (bask. Euskara) ist die einzige in Westeuropa erhaltene vorindogerman. Sprache, deren genet. Verbindung mit einer europ. oder außereurop. Sprache nicht nachzuweisen ist. Die Bedingungen für eine geschriebene b. L. waren ungünstig. Das Baskische wird heute diesseits und jenseits der Pyrenäen von annähernd 600 000 Menschen gesprochen. Außerhalb des bask. Sprachgebietes schätzt man die Zahl der Baskischsprechenden (bask. Euskaldunak) auf 150 000. Das Baskische ist in zahlreiche Dialekte zersplittert, von denen das Biskaische, das Gipuzkoanische, das Laburdische und das Sulische die wichtigsten sind. Der Kirche kam, v. a. in den Anfängen der geschriebenen Literatur, eine wichtige Rolle zu. B. Detxepare schrieb das erste gedruckte bask. Buch, ›Linguae Vasconum primitiae‹ (= Anfänge der Sprache der Basken, 1545). Er wurde mit seiner ›Doctrina christiana‹ ein Vorläufer der zahlreichen ›christl. Lehren‹, wie die verlorengegangene von Sancho de Elso (1561), die von Betolaza (1596), die von Esteve Materre (1617) oder von Juan de Beriain (1621). Das erste erhaltene bask. Prosawerk erschien 1571 in La Rochelle und enthält die Übersetzung des NT sowie kleinere kalvinist. Schriften des Joannes Leizarraga (†um 1601). Die Publikation von Sprichwörtersammlungen begann im 16. Jh. mit ›Refranes y sentencias comunes en Bascuence declarados en Romance‹ (1596). Unter den zahlreichen Kompilatoren von bask. Sprichwörtern im 16. und 17. Jh. ist der Geschichtsschreiber Esteban de Garibay (*1522, †1599) erwähnenswert. Die bed. Gedichte von Bertrand Saugis (†um 1627) sind verlorengegangen. Ebenfalls nicht mehr erhalten sind ein bask. Wörterbuch und eine bask. Grammatik des Jacques de Béla (*1586, †1667). Arnauldt d'Oinhenart (*1592, †1667) veröffentlichte im Jahre 1647 die bed. Sammlung ›Les proverbes basques ... plus les poésies du mesme auteur‹. Ferner schrieb er einige Liebesgedichte und eine Elegie auf den Tod seiner im Jahre 1653 verstorbenen Frau. Im Jahre 1643 wurde in Bordeaux ein Meisterwerk bask. Prosa gedruckt, die asket. Schrift

›Gero‹ (= Nachher) von P. de Axular. Der Einfluß dieses auf Labortanisch geschriebenen Buches war so groß, daß dieser Dialekt von vielen als Literatursprache befürwortet wurde. Joannes de Etcheberri (* 1668, † 1749) setzte sich für eine gemeinsame Literatursprache ein, jedoch ohne Erfolg. Die sich um Axular bildende Schule von Sare kennzeichnet das 17. Jahrhundert. Im 18. Jh., durch wirtschaftl. und polit. Gegebenheiten bedingt, verlagerte sich das literar. Gewicht auf die andere Seite der Pyrenäen, wo der Jesuit Manuel de Larramendi (* 1690, † 1766), Autor einer bask. Grammatik ›El imposible vencido‹ (1729), eines ›Diccionario trilingüe del Castellano, Bascuence y Latín‹ und anderer Schriften über das Baskische, das Interesse seiner Landsleute für die eigene Sprache weckte. Das Gipuzkoanische kam bes. zur Geltung. Ein wichtiger Faktor in der bask. Kulturgeschichte ist die Gründung der ›Sociedad Vascongada de Amigos del País‹ im Jahre 1764, die auch zur Förderung der Sprache beitrug. Ihr Gründer, Francisco Xavier María de Munibe, Graf von Peñaflorida (* 1723, † 1785), ist mit seiner kastilisch-bask. kom. Oper ›El borracho burlado‹ (= Der geprellte Säufer, 1764) einer der ersten bekannten bask. Bühnenautoren. Ihm wird auch ein Weihnachtsspiel ›Gavonsariac‹ (= Weihnachtsgeschenk, 1762) zugeschrieben. Zuvor wurde das Weihnachtsspiel ›Gabonetako ikuskizuna‹ (= Schauspiel für Weihnachten, hg. 1897) geschrieben, wobei nicht sicher ist, ob Pedro Ignacio de Barrutia (* 1682, † 1759) der Verfasser oder der Kopist ist. Das erste wichtige Werk auf Biskaisch schrieb Juan Antonio de Moguel (* 1745, † 1804) Ende des 18. Jh., ›Peru Abarka‹ (= Der Professor Peru Abarka, hg. 1881), eine Art Dialogroman mit didakt. Absicht. Außerdem verfaßte er religiöse Bücher, übersetzte B. Pascals ›Gedanken‹ sowie zahlreiche lat. Texte ins Baskische und schrieb mehrere Bücher auf Kastilisch über bask. Themen. Zu erwähnen sind ferner Juan José Moguel (* 1781, † 1849) und seine Nichte Vicenta Moguel (* 1782, † 1854), Verfasserin von ›Ipui onac‹ (= Gute Erzählungen, 1804). Dem gegen Ende des 18. Jh. festzustel-

lenden – z. T. durch Publikationsverbot bask. Bücher verursachten – Tiefpunkt in der b. L. folgte im 19. Jh. eine außerordentlich rege Aktivität sowohl auf philolog. wie auch auf literar. Gebiet. Dies war v. a. das Verdienst von Louis Lucien Bonaparte (* 1813, † 1891). Ihm widmete Arturo Campión (* 1854, † 1937) seine epochemachende baskische Grammatik ›Gramática de los cuatro dialectos literarios de la lengua euskara‹ (1884). In verschiedenen Städten des Baskenlandes entstanden Vereine und Zeitschriften, die sich u. a. die Pflege der bask. Sprache zum Ziel gesetzt hatten, es wurden Dichterwettbewerbe veranstaltet, traditionelle Themen wurden in Romanen bearbeitet, Volkslieder, Erzählungen, Gedichte wurden gesammelt und publiziert. Dieses bis dahin beispiellose kulturelle Erwachen der Basken reichte bis ins 20. Jahrhundert.

Die literar. Produktion erfuhr einen großen Aufschwung in den verschiedenen Gattungen und in verschiedenen Dialekten. Der Suletine Pierre Topet (›Etchahun‹, * 1786, † 1891) schrieb satir. und bissige Verse. J. B. Elissamburu besang die Schönheit der Frau sowie die Vorzüge des Landlebens. In Gipuzkoa, dessen Hauptstadt Donostia in der zweiten Hälfte des 19. Jh. sich zum Kern der bask. Kultur entwickelte, wirkte der Autor der bask. Nationalhymne ›Gernikako arbola‹ (= Der Baum von Gernika, 1851), J. M. Iparragirre, der bekannteste Volksdichter des Baskenlandes; er schrieb patriot. und Liebeslieder. Bedeutendster Vertreter der Spätromantik war Indalecio Bizcarrondo Ureña (›Bilintx‹), der in seinen Gedichten über die nichterwiderte Liebe Schmerz und Ironie verband. Der Biskainer S. Arana Goiri hat zusammen mit dem Philologen R. M. de Azkue Aberasturi das Interesse für das Baskische intensiviert. Ferner schrieb er bed. Gedichte. Das Theater, im Baskischen sehr populär, weist nicht viele Namen von Rang auf. Es fand in J. M. T. Alzaga, der etwa 30 Bühnenstücke schrieb, einen wichtigen Vertreter. D. Agirre Badiola ist v. a. als Romanschreiber berühmt: Der histor. Roman ›Auñamendiko lorea‹ (= Die Blume der Pyrenäen, 1896) sowie die Sittenromane ›Kresala‹

(= Meerwasser, 1906) und ›Garoa‹ (= Farnkraut, 1907) sind am bedeutendsten. Romancier war José Manuel de Echeita (* 1842, † 1915), Autor von ›Josetxo‹ (= Der kleine Joseph, 1909) und ›Jayoterri maittia‹ (= Das geliebte Vaterland, 1910). Zu den wichtigen Prosaschreibern, Essayisten, Kurzgeschichtenautoren usw. zählt Jean Etchepare (* 1877, † 1935), Arzt von Beruf, der in seinem Buch ›Buruchkak‹ (= Ährenbüschel, 1910) einige Themen behandelte, die tabu waren. Evaristo de Bustinza (›Kirikiño‹, * 1866, † 1929) verfaßte die Erzählungssammlung ›Abarrak‹ (= Zweige, 1918). ›Pernando Amezketarra‹ (= Ferdinand aus Amezketa, 1927) von Gregorio de Mujica (* 1882, † 1931) ist eines der beliebtesten volkstüml. Bücher. Nikolas Ormaetexa (›Orixe‹, * 1888, † 1961) schrieb lyr. Gedichte (›Barne munietan‹ [= Im Mark des Innern], 1934) sowie das aus 12 000 Versen bestehende Epos ›Euskaldunak‹ (= Die Basken, 1950). J. M. Agirre gilt als der bedeutendste bask. Dichter. Wie kein anderer hat er die Natur auf unübertroffene Weise geschildert. ›Biotz-begietan‹ (= Im Herzen und in den Augen, 1932) und ›Umezurtzolerkiak‹ (= Gedichte des Waisen, 1934) stellen den Höhepunkt der bask. Lyrik dar.

Mit dem Beginn des Spanischen Bürgerkrieges im Jahre 1936 fand die literar. Renaissance ein jähes Ende. José de Ariztimuño (›Aitzol‹, * 1896) wurde 1937 hingerichtet. Estepan Urkiaga (›Lauaxeta‹, * 1905, † 1937), Autor von ›Bide barrijak‹ (= Neue Wege, 1931) – Gedichten mit deutl. Einfluß lat. und frz. Lyriker – sowie von ›Arratsberan‹ (= In der Abenddämmerung, 1935), mit deutl. Einfluß seines Freundes F. García Lorca, wurde in Guernica kurz nach der Bombardierung festgenommen und zwei Monate später erschossen. Andere Schriftsteller kamen ins Gefängnis oder gingen ins Exil. Das lange Schweigen der b. L. wurde nur sporadisch gebrochen: Telésforo Monzón (* 1904, † 1981) veröffentlichte in Mexiko einen Gedichtband ›Urrundik‹ (= Aus der Ferne, 1945), in Buenos Aires erschienen zwei Romane des Gipuzkoaners Juan Antonio de Irazusta (* 1884, † 1952), ›Joañixio‹ (= Jo-

hann-Ignaz, 1946) und ›Bizia garratza da‹ (= Das Leben ist bitter, 1950). Ein zögernder Neubeginn folgte in den 50er Jahren. In den Zeitschriften ›Egan‹, ›Eusko Gogoa‹, ›Jakin‹ und später ›Olerti‹ trafen sich Schriftsteller der alten und jungen Generation, die neben traditionellen Themen und Formen auch nach neuen Möglichkeiten suchten, u. a. Nemesio Etxaniz (* 1899, † 1982), Pierre Lafitte (* 1901, † 1985), Pierre Mirande (* 1924, † 1973), Joaquín Zaitegi (* 1906, † 1979), Carlos F. Krutwig (* 1921), Ricardo Arregi (* 1942, † 1969) und Luis Mitxelena (* 1915). ›Txillardegi‹ (* 1929) schrieb die Romane ›Leturiaren egunkari ezkutua‹ (= Geheimes Tagebuch von Leturia, 1957), ›Peru Leartza'ko‹ (= Peter von Learza, 1960) und ›Elsa Scheelen‹ (1968). 1969 publizierte Ramón Saizarbitoria (* 1944) den Roman ›Egunero hasten delako‹ (= Weil es jeden Tag beginnt) und Xabier Kintana (* 1946) den Science-fiction-Roman ›Beste izakia‹ (= Das andere Wesen). Gabriel Aresti (* 1933, † 1975) hatte als Lyriker u. a. mit ›Maldan behera‹ (= Bergab, 1960) und ›Harri eta herri‹ (= Stein und Volk, 1964) großen Einfluß. Weitere bekannte Autoren sind Salbatore Mitxelena (* 1919, † 1965), mit ›Arantzazu‹ (1949) und ›Arraun ta amets‹ (= Ruder und Traum, 1956), Joxe Azurmendi (* 1941), mit ›Poem beltzaren arbola‹ (= Baum des schwarzen Gedichtes, 1963) und ›Hitz berdeak‹ (= Grüne Worte, 1971), Xabier Lete (* 1944) mit ›Egunetik egunera orduen gurpillean‹ (= Von Tag zu Tag im Rad der Stunden, 1968) und ›Bigarren poema liburua‹ (= Zweites Gedichtbuch, 1974); Arantxa Urretavizcaya (* 1947) mit ›San Pedro bezperaren ondokoak‹ (= Diejenigen nach dem Sankt-Peter-Vortrag, 1972). Reich und vielfältig ist die volkstüml. Literatur. An das MA knüpft die immer noch sehr lebendige Kunst des ›bertsolari‹ (Improvisierer von Versen) und die ›pastoralak‹ (Hirtenstücke), die bis heute gepflegt werden, an (z. B. Junes Casenaves, ›Ibañeta‹, 1978).

Literatur: Enciclopedia general ilustrada del País Vasco. Bd. 1 Literatura. San Sebastian 1969. – SARASOLA, I.: Historia social de la literatura vasca. Madrid 1976. – Euskaltzaindia. El libro blanco del euskera. Bilbao 1977. – VILLA-SANTE, L.: Historia de la literatura vasca. Bilbao ²1979. – MICHELENA, L.: Historia de la literatura vasca. San Sebastian ²1988.

Basoche [frz. ba'zɔʃ], mittelalterl. Korporation der Pariser Parlaments- oder Gerichtsschreiber, wahrscheinlich 1302 durch Philipp den Schönen gegründet. Berühmt wurden die bei ihren alljährl. festl. Treffen stattfindenden Theateraufführungen (›théâtre de basoche‹), die seit dem 15. Jh. üblich wurden. Die ↑ Farcen, ↑ Sottien und ↑ Moralitäten spielten häufig im Gerichtsmilieu. Der Dialog war gespickt mit polit. und oft rüden privaten Anspielungen. Ab 1538 wurden die Stücke zensiert, nach 1540 wurde die Verspottung lebender Personen verboten; nach 1582 ist das Theater der B. nicht mehr nachweisbar.
Literatur: HARVEY, H. G.: The theatre of the Basoche. Cambridge (Mass.) 1941.

Bass, Eduard, eigtl. E. Schmidt, * Prag 1. Jan. 1888, † ebd. 2. Okt. 1946, tschech. Schriftsteller. – Redakteur; schrieb Feuilletons, polit. Satiren und Reportagen; humorvoller Erzähler aus der Welt des Sports und des Zirkus (›Zirkus Umberto‹, R., 1941, dt. 1951).
Ausgabe: E. B. Dílo. Prag 1955–63. 8 Bde.

Bassani, Giorgio, * Bologna 4. März 1916, italien. Schriftsteller. – Lebte bis 1943 in Ferrara; nahm aktiv am antifaschist. Widerstand teil; Tätigkeit bei verschiedenen Verlagen und beim Rundfunk; lebt in Rom. Schreibt Gedichte, Essays, Erzählungen und psycholog. Romane, die alle in seiner Heimatstadt Ferrara spielen; sein Hauptthema ist das ›Ausgestoßensein‹ aus dem Leben, für das er im jüd. Bürgertum von Ferrara, dem er selbst entstammt, histor. und soziolog. Beispiele fand.
Werke: Ein Arzt aus Ferrara (R., 1958, dt. 1960), Ferrareser Geschichten (En., 1960, dt. 1964), Die Gärten der Finzi-Contini (R., 1962, dt. 1963), Hinter der Tür (R., 1964, dt. 1967), Le parole preparate (Essays, 1966), Der Reiher (R., 1968, dt. 1970), Der Geruch von Heu (En., 1972, dt. 1974), Epitaffio (Ged., 1974), In gran segreto (Ged., 1978), Erinnerungen des Herzens (Texte, dt. Ausw. 1991), In einem alten italien. Garten (Ged., italien. u. dt. Ausw. 1991).
Literatur: VARANINI, G.: B. Florenz 1970. – GÜNTERT, G.: G. B. In: Italien. Lit. der Gegenwart. Hg. v. J. HÖSLE u. W. EITEL. Stg. 1974. S. 381. – DOLFI, A.: Le forme del sentimento.

Prosa e poesia in G. B. Padua 1981. – GRILLANDI, M.: Invito alla lettura di G. B. Neuaufl. Mailand 1988.

Bassarabescu, Ion Alexandru, * Giurgiu 29. Dez. 1870, † Bukarest 27. März 1952, rumän. Schriftsteller. – Veröffentlichte Novellen und Skizzen, in denen er mit Humor und leiser Ironie Mittelmäßigkeit und Eintönigkeit des kleinbürgerl. Lebens in der Provinz schildert.
Werke: Nuvele (= Novellen, 1903), Vulturii (= Die Adler, Nov.n, 1907), Norocul (= Das Glück, Nov., 1907), Domnul Dincă (= Der Herr Dincă, Nov., 1928), Proza (1942).
Ausgabe: I. A. B. Opere complete. Bukarest 1939–40. 2 Bde.

Basselin, Olivier [frz. ba'slɛ̃] (Bachelin), frz. Dichter der 1. Hälfte des 15. Jahrhunderts. – Soll aus dem Tal der Vire in der Normandie stammen und 1450 in der Schlacht von Formigny im Kampf gegen die Engländer gefallen sein. Ihm werden eine Reihe von Liebes- und Trinkliedern, sog. ›Vaudevires‹ (später ›Vaudevilles‹) zugeschrieben, deren Authentizität jedoch nicht gesichert ist; sie erschienen zum erstenmal 1576 als Lieder (›Chants nouveaux du Vau de Vire‹) des normann. Advokaten Jean Le Houx († 1616), der diese Lieder zumindest überarbeitet hat.

Bastard, Lucien [frz. bas'ta:r], frz. Schriftsteller, ↑ Estang, Luc.

Bastide, François-Régis [frz. bas'tid], * Biarritz 1. Juli 1926, frz. Schriftsteller. – War u. a. 1982–85 frz. Botschafter in Kopenhagen, 1985–88 in Wien. Veröffentlichte Erzählungen und Romane, deren Thematik z. T. an J. Giraudoux erinnert, sowie Literaturkritiken (›Saint-Simon par lui-même‹, 1953). Sein Roman ›Alles ist Abschied‹ (1956, dt. 1957; Prix Femina 1956) behandelt das Problem der Ausländer in Frankreich.
Weitere Werke: Lettre de Bavière (R., 1947), La troisième personne (R., 1948), Mariannosch (En., 1957, dt. 1958), La vie rêvée (R., 1962), La palmeraie (R., 1967), La fantaisie du voyageur (R., 1977), Siegfried 78 (Dr., 1978), L'enchanteur et nous (R., 1981), L'homme au désir d'amour lointain (R., 1994).

Bataille, Georges [frz. ba'taj], * Billom (Puy-de-Dôme) 10. Sept. 1897, † Paris 9. Juli 1962, frz. Schriftsteller. – War

1922–42 Bibliothekar der Bibliothèque Nationale in Paris. Hatte Anfang der 20er Jahre durch M. Leiris Kontakte zum frz. Surrealismus, von dem er sich wegen seiner Aversion gegen A. Breton wieder abwandte. 1929 Gründung der Zeitschrift ›Documents‹ als Forum für die Auseinandersetzung mit dem Surrealismus Bretonscher Prägung. U. a. 1931–34 Mitglied des Cercle communiste démocratique. Intensive Beschäftigung mit der Philosophie von Marcel Mauss (* 1872, † 1950) und R. Caillois, mit Psychoanalyse, religionswiss. und ethnolog. Fragen, mit Mystik, Kunst, Literaturwiss. und -kritik. B.s umfangreiches Werk umfaßt philosoph. und polit. Essays, literaturkrit. Veröffentlichungen sowie Erzählungen, Romane und Gedichte, die wegen des in ihnen verwendeten erot. und skatolog. Vokabulars häufig dem pornograph. Schrifttum zugeordnet worden sind. Tatsächlich jedoch verfolgt B. mit ihrer Darstellung das Ziel, die Totalität des Seins zu begreifen, das ohne sie unvollständig bliebe. Er erstrebt die Erfassung des Absoluten, das sich nicht in einem jenseitsorientierten Idealismus verliert, sondern für den Menschen im Augenblick der ›souveränen Kommunikation‹ erfahrbar ist.

Werke: L'expérience intérieure (1943), Le coupable (R., 1944), Sur Nietzsche (Essay, 1945), La haine de la poésie (Essay, 1947), La part maudite (1949), Abbé C. (R., 1950, dt. 1966), La littérature et le mal (Essay, 1957), Der hl. Eros (1957, dt. 1963), Das Blau des Himmels (R., 1957, dt. 1967), Les larmes d'Éros (Essays, 1961), Gilles de Rais (Biogr., hg. 1965, dt. 1968), Das obszöne Werk (dt. Sammlung 1972), Das theoret. Werk (dt. Sammlung 1974). **Ausgabe:** G. B. Œuvres complètes. Hg. v. D. Hollier u. a. Paris 1970–88. 12 Bde. **Literatur:** B. Colloque de Cerisy-la-Salle 1972. Paris 1973. – Bange, E.: An den Grenzen der Sprache. Studien zu G. B. Ffm. u. Bern 1982. – Bischof, R.: Souveränität u. Subversion. G. B.s Theorie der Moderne. Mchn. 1984. – Mattheus, B.: G. B. Eine Thanatographie. Mchn. 1984–88. 2 Bde. – Lange, E.: G. B. In: Frz. Lit. des 20. Jh. Gestalten u. Tendenzen. Hg. v. W.-D. Lange. Bonn 1986. S. 84. – Surya, M.: G. B. La mort à l'œuvre. Paris 1987.

Bataille, Henry [frz. ba'taj], * Nîmes 4. April 1872, † Rueil (heute Rueil-Malmaison, Hauts-de-Seine) 2. März 1922, frz. Dramatiker. – Schrieb erfolgreiche psycholog. Gesellschaftsstücke, die in naturalist. Sprache Probleme der Liebe und exzentrisch-morbide Charaktere behandeln, u. a. ›Maman Colibri‹ (1904), ›La marche nuptiale‹ (1905), ›La femme nue‹ (1908), ›Le scandale‹ (1909), ›L'amazone‹ (1916), ›L'homme à la rose‹ (1920), ›La tendresse‹ (1921), ›La chair humaine‹ (1922).

Ausgabe: H. B. Théâtre complet. Paris 1922–29. 12 Bde.

Bäte, Ludwig, * Osnabrück 22. Juni 1892, † ebd. 30. April 1977, dt. Schriftsteller. – Lehrer und Schulleiter, später Stadtarchivar und Kulturdezernent in Osnabrück. In seinen Erzählungen und Gedichten beschreibt er mit Vorliebe das idyll. Leben seiner Heimatstadt und ihrer Umgebung, auch Übersetzer, Kritiker und Verfasser literar. und kulturpolit. Essays.

Werke: Mondschein und Giebeldächer (Ged., Prosa, 1919), Die Reise nach Göttingen (E., 1922), Im alten Zimmer (En., 1923), Weg durch Wiesen (Ged., 1926), Novellen um Osnabrück (1930), Der Friede (R., 1934), Bühne im Morgenrot (R., 1938), Fenster nach Norden (En., 1939), Der Friedensreiter (E., 1948, 1955 u. d. T. Kurier der Königin), Herrn Lichtenbergs Irrtum (E., 1950), Alles ist Wiederkehr (Ged., 1952), Johanneslegende (E., 1956), Weimar, Antlitz einer Stadt (1956), Rosen nach Lidice (E., 1956), Meisenheimer Novelle u. a. Dichtungen (1958), Justus Möser (Monogr., 1961), Der tönende Tag (Ged., 1967), Goethe und die Osnabrücker (Essay, 1970).

Bates, Herbert Ernest [engl. bɛɪts], * Rushden (Northamptonshire) 16. Mai 1905, † Canterbury (Kent) 29. Jan. 1974, engl. Schriftsteller. – Schrieb erfolgreiche realist. [Kriegs]romane sowie Kurzgeschichten, häufig über das ländl. England, die ihn als Nachfolger von A. P. Tschechow und G. de Maupassant ausweisen.

Werke: In Frankreich notgelandet (R., 1944, dt. 1945), Rückkehr ins Leben (R., 1947, dt. 1948), Flucht (R., 1949, dt. 1950), Das Scharlachschwert (R., 1951, dt. 1952), Liebe um Lydia (R., 1952, dt. 1953), Der schlaflose Mond (R., 1956, dt. 1956), Watercross girl (En., 1959), A moment in time (R., 1964), Vanished world (Autobiogr., 1969), The blossoming world (Autobiogr., 1970), The world in ripeness (Autobiogr., 1972). **Literatur:** Vannatta, D.: H. E. B. Boston (Mass.) 1983.

Bathos [griech. = Tiefe], von A. Pope in der Prosasatire ›Peri báthous, or, ... of

the art of sinking in poetry‹ (1727) gewählte Bez. für den unfreiwilligen Um-
schlag vom Erhabenen (↑Pathos) ins
Banale.

Batjuschkow (tl.: Batjuškov), Konstantin Nikolajewitsch [russ. 'batjuʃkɐf],
*Wologda 29. Mai 1787, †ebd. 19. Juli
1855, russ. Lyriker und Erzähler. – Mit
der frz. und russ. Literatur vertraut; zeitweise im Staatsdienst (Diplomat in Italien); 1821 Ausbruch einer unheilbaren
Geisteskrankheit. Mit W. A. Schukowski,
P. A. Fürst Wjasemski und A. S. Puschkin
Mitglied der progressiven Schriftstellergruppe ›Arsamas‹; B. pflegte nach italien. Vorbildern eine formbewußte Lyrik,
er schuf neue sprachl. Ausdrucksmöglichkeiten.
Werk: Moi penaty (= Meine Penaten, programmat. Epistel, 1814).
Literatur: SERMAN, I.Z.: K. Batjuškov. Boston
(Mass.) 1974.

Baṭ-Mirjam (tl.: Baṭ-Miryam), Joche-
vet, ursprüngl. J. Shelesnyak (russ. Sche-
lesnjak), *Keplice bei Minsk 3. Mai
1904, †Jerusalem 7. Jan. 1980, hebr.
Schriftstellerin. – Lebte seit 1929 in Palä-
stina; Hauptthemen ihrer Lyrik sind die
Landschaft ihrer russ. Heimat und die
Kindheit in der gläubigen Welt ihres Va-
terhauses.
Werke: Miššîrê Rûsyä (= Von den Liedern
Rußlands, 1942), Širîm laggeṭṭô (= Lieder fürs
Ghetto, 1943).

Batrachomyomachia [griech. =
Froschmäusekrieg], lange Zeit fälschlich
Homer zugeschriebenes, in episch-feierl.
Stil abgefaßtes Kleinepos (303 Verse),
über dessen Entstehungszeit die Meinungen auseinandergehen (3. oder 6./5. Jh.
v. Chr.); in Anlehnung an Äsops Tier-
fabel ›Maus und Frosch‹ ist es eine Parodie der ›Ilias‹; es wurde nachgeahmt
und übersetzt (u. a. von G. Rollenhagen
u. d. T. ›Froschmeuseler‹ [1595] und von
J. Balde u. d. T. ›Batracho-Myomachia‹
[1637]).
Ausgaben: Pseudo-Homer: Der Froschmäuse-
krieg. Theodoros Prodromos: Der Katzenmäu-
sekrieg. Griech.-dt. hg. v. H. AHLBORN. Bln.
1968. – GLEI, R.: Die Batrachomyomachie. Ffm.
1984.
Literatur: WÖLKE, H.: Unterss. zur Batrachomyomachie. Königstein i. Ts. 1978.

Batsányi, János [ungar. 'bɔtʃaːnji],
*Tapolca 9. Mai 1763, †Linz 12. Mai

1845, ungar. Dichter. – Propagierte revolutionäre Ideen; wegen Mitwisserschaft
in der ungar. Jakobinerverschwörung
Haft in Kufstein; lebte nach seiner Entlassung 1796 in Österreich und schrieb in
dt. Sprache (die Ode ›Der Kampf‹ erschien 1803 anonym in J. G. von Herders
Zeitschrift ›Adrastea‹).
Ausgabe: J. B. Összes művei. Hg. v. D. KERESZ-
TURY u. A. TARNAI. Budapest 1953–67. 4 Bde.

Batteux, Abbé Charles [frz. ba'tø],
*Alland'huy-et-Sausseuil (Ardennes)
7. März 1713, †Paris 14. Juli 1780, frz.
Ästhetiker. – Lehrer für griech. und lat.
Philosophie am Collège de France;
wurde 1761 Mitglied der Académie française. Begründer der frz. Kunstphilosophie; sein Hauptwerk ›Die schönen
Künste, aus einem Grundsatz hergelei-
tet‹ (1746, dt. 1751) ist eines der wichtigsten Werke der frz. Ästhetik des 18. Jh.,
in dem B. das Prinzip der Nachahmung
der schönen Natur auf Poesie und bildende Künste anwandte. Das Werk übte
v. a. in Deutschland einen bed. Einfluß
aus (J. Ch. Gottsched, J. E. Schlegel,
G. E. Lessing).
Weiteres Werk: Principes abrégés de la littérature (6 Bde., 1777).
Literatur: DANCKELMAN, E.: Ch. B. Sein Leben
u. sein ästhet. Lehrgebäude. Rostock 1902. –
KNABE, P.-E.: Schlüsselbegriffe des kunsttheoret. Denkens in Frankreich. Düss. 1972.

Batu, Selahattin, *Eceabat (Prov. Çanakkale) 25. Dez. 1905, †Istanbul 24. Mai
1973, türk. Schriftsteller. – Prof. für Zoo-
technik an der türk. Veterinärhoch-
schule, zeitweise Aufenthalt in Deutschland; schrieb neben wiss. Arbeiten v. a.
Versdramen und Gedichte; Übersetzungen aus dem Deutschen. In dt. Sprache
erschien 1953 sein Drama ›Helena bleibt
in Troja‹ (1954); erster türk. Autor, der
mit Bearbeitungen antiker Motive erfolgreich hervortrat.

Baudelaire, Charles [frz. bo'dlɛːr],
*Paris 9. April 1821, †ebd. 31. Aug. 1867,
frz. Dichter. – Jurastudium, Reisen nach
Mauritius und Réunion (1841); lebte ab
1842 in Paris, nach der Verschwendung
des väterl. Erbes in ständiger Geldnot,
1844 von seiner Familie unter Vormund-
schaft gestellt; Bekanntschaft mit H. de
Balzac, Th. Gautier, Ch. A. Sainte-Beuve,
E. Delacroix u. a.; Leben und Werk wur-

Charles
Baudelaire

den auch durch die Verbindung mit der Mulattin Jeanne Duval geprägt. Bei Erscheinen seiner Gedichtsammlung ›Les fleurs du mal‹ (1857, dt. 1901 von S. George u. d. T. ›Die Blumen des Bösen‹) Prozeß wegen Gefährdung der Sittlichkeit. B. prägte für seine Dichtung den Begriff ›Moderne‹, um auszudrücken, daß er Neues und Besonderes darin gestalte: Zum einen die Schönheit und Morbidität von Großstadt und Technik, zum andern die Faszination des Bösen, Häßlichen, Abnormen und Kranken. Er erschließt damit der Dichtung eine neue Wirklichkeit. Der ›Empfindungsfähigkeit des Herzens‹, die noch keine Dichtung entstehen lassen kann, setzt er die ›Empfindungsfähigkeit der Phantasie‹ entgegen. Durch sie wird die Erscheinungswelt ›gefiltert‹, mit ihr wird Biographisches verhüllt und verwandelt. Die Verbindung von krit. Intelligenz und dichter. Genie lassen eine vollkommene Dichtung entstehen, die bereits alles umfaßt, was im 19. Jh. noch poetisch erfaßt werden sollte. B. begründete den Symbolismus und war von bed. Einfluß auf P. Verlaine, S. Mallarmé, A. Ch. Swinburne, G. D'Annunzio, S. George u. a. Vorherrschend war bei ihm das Streben nach der Form von untadeliger Schönheit, die ein Spannungsverhältnis eigener Art zum ruhelosen, dissonanten Inhalt erzeugt. ›Les fleurs du mal‹, voller Sprachmagie, von architekton. Strenge und makellosem Rhythmus, sind gültigster Ausdruck des Dichters, der in seinen theoret. Schriften noch über das hinausging, was er in seiner Dichtung verwirk-

lichen konnte. Auch als Kunstkritiker war B. von Bedeutung; er schätzte bes. E. Delacroix, war Anhänger R. Wagners, übersetzte Th. De Quincey und E. A. Poe.

Weitere Werke: Die künstl. Paradiese (1860, dt. 1901), Strandgut (Ged., 1861, dt. 1947), Nouvelles fleurs du mal (Ged., 1861), Kleine Prosagedichte (hg. 1869, dt. 1920), L'art romantique (Aufss., hg. 1869, dt. Ausw. 1960 u. d. T. Aufsätze), Journaux intimes (hg. 1909).

Ausgaben: Ch. B. Œuvres complètes. Hg. v. J. CRÉPET. Paris 1922–65. 19 Tle. – Ch. B. Ausgew. Werke. Dt. Übers. Hg. v. F. BLEI. Mchn. 1925. 3 Bde. – Ch. B. Œuvres complètes. Hg. v. Y.-G. LE DANTEC u. C. PICHOIS. Paris 1961. – Ch. B. Ein Leben im Widerspruch. Briefe. Dt. Übers. u. hg. v. H. HINDERBERGER. Köln 1969. – Ch. B. Œuvres complètes. Hg. v. C. PICHOIS. Paris 1975/76. 2 Bde. – Ch. B. Sämtl. Werke, Briefe in 8 Bden. Hg. v. F. KEMP u. C. PICHOIS. Dt. Übers. Mchn. 1975–92.

Literatur: PORCHÉ, F.: Der Leidensweg des Dichters B. Dt. Übers. Bln. 1930. – BOPP, L.: Psychologie des Fleurs du mal. Genf 1964–69. 4 Bde. – RUFF, M.-A.: B. L'homme et l'œuvre. Neuausg. Paris 1966. – B. im Urteil seiner Zeitgenossen. Hg. v. W. T. BANDY u. C. PICHOIS. Dt. Übers. u. Bibliogr. v. F. PH. INGOLD u. R. KOPP. Ffm. 1.–3. Tsd. 1969. – PIA, P.: Ch. B. Dt. Übers. v. CH. MUTHESIUS. Rbk. 36.–40. Tsd. 1970. – B. Hg. v. A. NOYER-WEIDNER. Darmst. 1976. – SARTRE, J.-P.: B. Ein Essay. Dt. Übers. Rbk. 1978. – BAADER, H.: Ch. B. In: Frz. Lit. des 19. Jh. Hg. v. W.-D. LANGE. Bd. 2. Hdbg. 1980. – POULET, G.: La poésie éclatée. B., Rimbaud. Dt. Übers. – JACKSON, J. E.: La mort B. Essai sur ›Les fleurs du mal‹. Neuenburg 1982. – JENSON, V.: Genèse du spleen baudelairien. Essai d'interprétation. Rom 1982. – VIVIER, R.: L'originalité de B. Brüssel Nachdr. 1991. – ROSS, W.: B. u. die Moderne. Mchn. 1993. – PICHOIS, C./ZIEGLER, J.: B. Dt. Übers. Gött. 1994.

Baudissin, Wolf Heinrich Graf von, * Kopenhagen 30. Jan. 1789, † Dresden 4. April 1878, dt. Schriftsteller und Übersetzer. – Legationsrat in dän. Diensten, lebte seit 1827 in Dresden, wo er Freundschaft mit L. Tieck schloß. Mit dessen Tochter Dorothea ergänzte er mit 13 Stücken die Schlegel-Tiecksche Shakespeare-Übersetzung, übertrug als vermeintliche Jugendarbeiten Shakespeares ›4 histor. Schauspiele Shakespeares‹ ins Deutsche (1836), veröffentlichte u. d. T. ›Ben Jonson und seine Schule‹ (2 Bde., 1836) Übersetzungen zahlr. englischer Stücke, gab ›Molières sämtl. Lustspiele‹ (4 Bde., 1865–67), ›Italien. Theater‹ (1877; u. a. Dramen von C. Gozzi und

C. Goldoni) sowie weitere Werke in dt. Übersetzung heraus.

Bauditz, Sophus, *Århus 23. Okt. 1850, † Kopenhagen 16. Aug. 1915, dän. Schriftsteller. – Theaterkritiker; schrieb selbst Lustspiele, daneben liebenswürdig humorvolle, unproblemat. Novellen.

Werke: Aus dem Forsthause (Nov., 1889, dt. 1899), Wildmoorprinzeß (R., 1896, dt. 1897), Spuren im Schnee (Nov., 1898, dt. 1899).

Bauer, Herbert, ungar. Dichter, ↑ Balázs, Béla.

Bauer, Josef Martin, *Taufkirchen (Vils) 11. März 1901, † Dorfen 15. März 1970, dt. Schriftsteller. – Verschiedene Berufe, 1927 Lokalredakteur, ab 1935 freier Schriftsteller in Dorfen in Oberbayern. Themen seiner sprachlich herben Romane sind Menschen und Landschaft des bayr. Voralpengebietes, Geschichten des Krieges und des Alltags. Erfolg hatte der Roman ›So weit die Füße tragen‹ (1955), in dem B. die Flucht eines dt. Soldaten aus einem sowjet. Kriegsgefangenenlager in Sibirien schildert. Schrieb auch Hörspiele.

Weitere Werke: Achtsiedel (R., 1931), Die Salzstraße (R., 1932), Bäuerl. Anabasis (E., 1933), Das Haus am Fohlenmarkt (R., 1936), Die barocke Kerze (Nov., 1938), Das Mädchen auf Stachet (R., 1940), Die Kraniche der Nogaia (Tageb., 1942), Kranich mit dem Stein (R., 1958), Der Abhang (R., 1961), Opa, du bist mein Freund (E., 1961), Siebtens die Gottesfurcht (R., 1964), Das Mondschiff (E., 1969).

Bauer, Walter, *Merseburg/Saale 4. Nov. 1904, † Toronto 23. Dez. 1976, dt. Schriftsteller. – Entstammte einer Arbeiterfamilie; Lehrer, dann freier Schriftsteller; 1952 Auswanderung nach Kanada, verschiedene Berufe, zuletzt Lektor an der Univ. Toronto. In seiner frühen Lyrik und in seinen autobiograph. Romanen behandelt er mitfühlend die sozialen Probleme der Arbeiter. Er schrieb Reise- und Kriegstagebücher, Entdecker- und Künstlerbiographien, Kurzgeschichten, Hörspiele und Jugendbücher.

Werke: Kameraden, zu euch spreche ich (Ged., 1929), Stimme aus dem Leunawerk (Ged., 1930), Ein Mann zog in die Stadt (R., 1931), Der Lichtstrahl (R., 1937), Die Reise eines jeden Tages (Ged., Prosa, 1938), Das Lied der Freiheit (En., 1948), Besser zu zweit als allein (R., 1950), Mein blaues Oktavheft (Ged., 1954), Folge dem

Pfeil (R., 1956), Nachtwachen des Tellerwäschers (Ged., 1957), Tränen eines Mannes (En., 1958), Klopfzeichen (Ged., 1962), Fremd in Toronto (En., 1963), Ein Jahr (Tageb., 1967).

Ausgaben: W. B. Der Weg zählt, nicht die Herberge. Prosa u. Verse 1928–1964. Hg. v. E. TESSLOFF. Hamb. 1964. – Lebenslauf. Gedichte 1929 bis 1974. Mchn. 1975. – Liebe zu Deutschland heißt Leiden an Deutschland. Briefe 1962 bis 1976. Hg. v. O. RÖDERS. Vastorf 1983.

Bauer, Wolfgang, *Graz 18. März 1941, österr. Schriftsteller. – Studierte Theaterwissenschaft, Romanistik, Jura und Philosophie in Wien und Graz, wo er heute als freier Schriftsteller und Regisseur lebt. Bekanntheit erlangte er zunächst als Mitglied des Forums Stadtpark. Seine Stücke (u. a. ›Magic afternoon‹, ›Change‹, ›Party for six‹, zus. 1969), die beachtl. Bühnenerfolge erzielten, situieren sich in der Gesellschaft ihrer Entstehungszeit; ihre Personen bewegen sich zwischen Konsumverfallenheit und -überdruß; Veränderungsansätze und Ausbruchsversuche verpuffen mangels Alternativen und enden in Gewalt oder Resignation, einer ›No-future‹-Mentalität gewissermaßen, die auch B.s frühe Stücke nach wie vor aktuell erscheinen läßt.

Weitere Werke: mikrodramen (1964), Der Fieberkopf. Roman in Briefen (1967), Das stille Schilf (Ged. und Zeichnungen, 1969, erweiterte Neuausg. 1985), Gespenster, Sylvester ..., Film und Frau (3 Stücke, 1974), Magnetküsse (Stück, UA 1976), Sumpftänzer (Dramen, Prosa, Lyrik, 1978), Batyscaphe 17–26 oder die Hölle ist oben (Stück, 1980), Pfnacht (Kom., 1980), Das Herz (Ged., 1981), Das kurze Leben der Schneewolken (Stück, UA 1983), In Zeiten wie diesen (Fsp., 1984), Die Zeit, die noch bleibt (Ged., 1989).

Literatur: MELZER, G.: W. B. Königstein i. Ts. 1981.

Bäuerle, Adolf, eigtl. Johann Andreas B., *Wien 9. April 1786, † Basel 20. Sept. 1859, österr. Dramatiker. – Gründete 1806 die ›Wiener Theaterzeitung‹, war 1809–28 Sekretär des Leopoldstädter Theaters in Wien; mußte 1859 hoch verschuldet in die Schweiz fliehen. Bed. Vertreter der Altwiener Volkskomödie, Vorläufer F. Raimunds. Schrieb rund 70 Lokal- und Zauberpossen (z. T. gesammelt in ›Kom. Theater‹, 6 Bde., 1820–26), die sich durch treffenden Witz und Wiener Gemüt auszeichnen. Das Stück ›Die Bürger in Wien‹ (1813) brachte die beliebte Figur des Parapluiemachers ↑Staberl auf die Bühne. B. schrieb Romane unter dem Pseudonym Otto Horn, u. a. ›Therese Krones‹ (5 Bde., 1854) und ›Ferdinand Raimund‹ (3 Bde., 1855).

Bauerndichtung, Dichtung, die die bäuerl. Welt als in sich geschlossene Lebensform darstellt. Verfasser und Leser von B. gehören meist nicht dem Bauernstand an (anders als bei der ↑Arbeiterliteratur).
Nur bedingt B. sind die Lieder Neidharts (von Reuenthal; 13. Jh.) und seiner Nachahmer (↑dörperliche Poesie) oder die Verserzählung ›Meier Helmbrecht‹ (um 1250) von Wernher dem Gartenaere und H. Wittenwilers kom. Epos ›Der Ring‹ (um 1400); in ihnen interessiert die im MA verachtete bäuerl. Welt trotz realistisch geschilderter Einzelzüge nicht als Lebensform an sich, sondern dient in ihrer krassen Überzeichnung als anti- oder pseudohöf. Gegenwelt zur parodist. Unterhaltung oder zur Zeitkritik. Spott und Satire kennzeichnen auch die Bauernschwänke (↑Schwank) und ↑Fastnachtsspiele; derb-kom. Karikierung des Bauerntums haftet den aus diesen Traditionen stammenden Bauernspielen bis zur Gegenwart an (↑auch Bauerntheater). Eher einer bäuerl. Wirklichkeit gerecht werden die sog. Bauernklagen, einfache Gedichte von der Not der Bauern zur Zeit des Dreißigjährigen Krieges, bes. im Süden Deutschlands verbreitet. Im Volkslied finden sich zu allen Zeiten bäuerl. Themen: so in Schnitter- und Ernteliedern, Bauernregeln und -sprüchen. Vom Volkslied und Einzelmotiven in Zeitsatiren (J. M. Moscherosch, J. J. Ch. von Grimmelshausen) abgesehen, erfährt die bäuerl. Welt auch im Barock keine eigenständige dichter. Gestaltung. Zwar werden Natur und ländl. Leben zu positiven Werten, die Schäferdichtungen schildern jedoch ein unwirklich-kulissenhaftes Arkadien. Auch die Idyllen des 18. Jh. zeichnen ein verklärtes Bild. – Erst mit der Aufklärung, durch J.-J. Rousseaus und J. G. von Herders kulturphilosoph. Ideen, sozialreformer. Lehren und Bestrebungen, reflektierende

Naturbetrachtung und Kulturkritik und v. a. die sozialpädagog. Impulse der Schweizer H. C. Hirzel und J. H. Pestalozzi wird der Blick frei für die realen Bedingungen der bäuerl. Welt und ihrer Bewohner. In einigen der ›Pfälzer Idyllen‹ Friedrich Müllers (des ›Malers Müller‹, z. B. ›Die Schafschur‹, 1775) oder in Pestalozzis ›Lienhard und Gertrud‹ (4 Bde., 1781–87) erscheinen zum ersten Mal realistisch erfaßte bäuerl. Lebensformen. Als erste echte B. gilt die in K. L. Immermanns satir. Zeitroman ›Münchhausen‹ (1838/39) eingeschobene Erzählung ›Der Oberhof‹, in der in bewußtem Gegensatz zur ›sentimental.‹ Bauernwelt der Idyllen des 18. Jh. die realistisch geschilderte, traditionsgebundene bäuerl. Welt der wurzellosen Zivilisationswelt entgegengestellt wird. Frei von solcher Tendenz und Funktion sind die Romane von J. Gotthelf (z. B. ›Wie Uli der Knecht glücklich wird‹, 1841, ›Uli der Pächter‹, 1849, u. a.). In ep. Breite gestaltet er eine von innen, nicht wie bisher von außen erlebte bäuerl. Welt mit ihren Vorzügen und auch Schwächen und immanenten Gefährdungen und wird zum nicht mehr erreichten Vertreter der Bauerndichtung. Populärer als Gotthelfs Werke wurden im 19. Jh. jedoch die Erzählungen B. Auerbachs, der das Bauerntum sentimentalisierte und eine eigene Gattung der ↑Dorfgeschichte begründete. Authent. B. sind noch L. Anzengrubers Romane (›Der Schandfleck‹, 1877, ›Der Sternsteinhof‹, 1885, u. a.), ferner Romane P. Roseggers (›Jacob der Letzte‹, 1888) und L. Thomas. Anzengruber gilt auch als Begründer eines Bauerndramas, in dem er wie in seinen Romanen z. T. in Mundart und in psychologisch-naturalist. Milieu- und Charakterzeichnung ein drast. Bild bäuerl. Lebens gestaltet. In seinem Gefolge dichteten K. Schönherr, J. Ruederer, der Hamburger F. Stavenhagen u. a. bäuerl. Charaktertragödien und -komödien. Bauernromane schrieben im 20. Jh. H. Stehr, E. Wiechert, L. Weismantel, I. Seidel u. a.; ihro Tondenz, das bäuerl. Leben als im Mythischen wurzelnden Gesundquell gegen die Dekadenz einer überfeinerten städt. Kultur zu stilisieren, bringt sie bisweilen in die Nähe der Dichtungen der ↑Heimatkunst, die ihrerseits in ihrer ideologisierenden Vereinfachung des bäuerl. Lebens den ↑ Blut-und-Boden-Dichtungen des Nationalsozialismus den Weg bereiteten. – Probleme des bäuerl. Daseins, oft in Konfrontation mit dem aufkommenden Maschinenzeitalter, wurden auch in dichter. Werken anderer Länder seit dem 19. Jh. aufgegriffen, jedoch ohne die für manche dt. B.en typ. Prätentionen: in Frankreich von George Sand (›Die kleine Fadette‹, 1849, dt. 1850), H. de Balzac (›Die Bauern‹, 1844, dt. 1923), É. Zola (›Mutter Erde‹, 1887, dt. 1888), F. Jammes, J. Giono; in der Schweiz von Ch. F. Ramuz; in Italien von G. Verga, I. Silone; in Norwegen von B. Bjørnson, K. Hamsun (›Segen der Erde‹, 1917, dt. 1918), T. Gulbranssen; in Schweden von S. Lagerlöf; in Island von G. Gunnarsson, H. K. Laxness (›Salka Valka‹, 1931/32, dt. 1951); in Finnland von A. Kivi, F. E. Sillanpää (›Silja, die Magd‹, 1931, dt. 1932); in Polen von W. S. Reymont; in Rußland von I. Turgenjew, A. P. Tschechow, M. Gorki, I. A. Bunin; das fläm. Bauerntum schildern S. Streuvels, F. Timmermans, das chin. P. S. Buck. Für die Gegenwartsliteratur ist die B. weitgehend belanglos.

Literatur: GEBHARD, A.: Der dt. Bauernroman seit 1900. Diss. Danzig 1939. – WAFNER, K.: Der Bauernroman unserer Zeit. In: Der Volksbibliothekar 3 (1949), S. 143. – KOHLSCHMIDT, W.: Die entzweite Welt. Gladbeck 1953. – ZIMMERMANN, P.: Der Bauernroman. Stg. 1975. – GEBAUER, H. D.: Grimmelshausens Bauerndarstellung. Marburg 1977. – BAUR, U.: Dorfgesch. Zur Entstehung u. gesellschaftl. Funktion einer literar. Gattung im Vormärz. Mchn. 1978. – HOFMANN, T.: Das Bauernthema in der sowjet-russ. Prosa der 20er Jahre. Mchn. 1983. – Der Bauer im Wandel der Zeit. Hg. v. W. HIRDT. Bonn 1986.

Bauernfeld, Eduard von, * Wien 13. Jan. 1802, † ebd. 9. Aug. 1890, österr. Dramatiker. – Studierte Philosophie und Jura, war Beamter in Wien. Er war mit F. Schubert, M. von Schwind, F. Grillparzer, A. Grün, N. Lenau u. a. befreundet. Als Anhänger des bürgerl. Liberalismus nahm er an den revolutionären Bewegungen von 1848 regen Anteil. 1849 aus dem Staatsdienst entlassen, freier Schriftsteller in Wien. B. wurde mit seinen Konversationsstücken und Salonlustspielen, Repertoirestücken (nach frz. Vorbild) ohne höheren literar. Anspruch,

Liebling des Wiener Publikums. Nach frz. Muster stellte er in geistreich-witzigen Dialogen die Wiener Gesellschaft der Biedermeierzeit dar. Bisweilen streift er in seinen Unterhaltungsstücken auch soziale und polit. Fragen. Er erlangte außerdem als Kritiker und Feuilletonist eine gewisse Bedeutung.

Werke: Der Magnetiseur (Lsp., 1823), Leichtsinn aus Liebe (1831), Das letzte Abenteuer (Lsp., 1834), Bürgerlich und romantisch (Lsp., 1835), Die Geschwister von Nürnberg (Lsp., 1840), Der Vater (Lsp., 1840), Zwei Familien (Dr., 1840), Industrie und Herz (Lsp., 1842), Großjährig (Lsp., 1846), Die Republik der Thiere (Dr., 1848), Der kategor. Imperativ (Lsp., 1851), Gedichte (1852), Krisen (Dr., 1852), Frauenfreundschaft (Lsp., 1865), Aus der Gesellschaft (Lsp., 1867), Moderne Jugend (Lsp., 1869), Aus Alt- und Neu-Wien (Memoiren, 1873), Die Verlassenen (Lsp., 1878).
Ausgabe: E. v. B.: Ges. Schrr. Wien 1871–73. 12 Bde.
Literatur: HORNER, E.: B. Lpz. 1900. – ZENTNER, W.: Studien zur Dramaturgie E. v. B.s. Lpz. 1922. Nachdr. Nendeln 1978. – WACHE, K.: E. v. B. Der Schöpfer des Wiener Konversationsstükkes. In: WACHE: Jahrmarkt der Wiener Lit. Wien 1966. – WHELAN, D. H.: Gesellschaft im Wandel: Der Engel mausert sich. Das Bild der Frau in den Komödien E. v. B.s. Bern u. a. 1978. – JASCHEK, CH.: E. v. B. als Literaturrezipient. Diss. Wien 1979.

Bauerntheater, Aufführungen bäuerl. (meist in Vereinen zusammengeschlossener) Laienspieler und die von diesen oder von Berufsschauspielern aufgeführten Mundart- oder Bauernspiele (↑ Bauerndichtung). Dargestellt werden v. a. ↑ Schwänke aus dem Bauernleben oder Heimatstücke, meist literarisch anspruchslos, jedoch auch [Mundart]stücke von L. Anzengruber, L. Ganghofer, L. Thoma, K. Schönherr u. a., oder städt. Kolportagestücke. Im 19. Jh. waren v. a. Schauer-, Ritter- und Räuberstücke beliebt. – Stil und Bau der meist mit Blasmusik umrahmten Stücke sind in der Regel sehr einfach, die Charaktere sind typisiert, die Handlung zielt oft auf derbe Pointen. Die von Bauern gestalteten Aufführungen stehen z. T. in den Traditionen des ↑ Volksschauspiels, durch die Kommerzialisierung im Rahmen des modernen Tourismus und die damit verbundene stilist. und techn. Anpassung an das moderne Berufstheater sind jedoch oft die Wurzeln zum Volksschauspiel abge-

schnitten. Dies gilt teilweise auch für die gegenwärtig seltener aufgeführten Stücke mit geistl. Themen, wie z. B. die von bäuerl. Gemeinschaften seit dem 17. Jh. gepflegten †Passionsspiele (Erl, Oberammergau). – B. sind bes. im süddt., bayr.-österr. Raum verbreitet, vor allem in Fremdenverkehrsgebieten, z. B. das älteste, das ›Kiefersfeldener B.‹, oder das ›Schlierseer B.‹. – Das dt. Fernsehen nahm mit seinem ›Komödienstadl‹ ebenfalls B. in sein Programm auf.
Literatur: LUTZ, J. M.: Bauernbühnen u. Passionstheater. In: Merian 8 (1955), H. 2, S. 50. – B. Hg. v. W. FELDHÜTTER. Rosenheim 1979.

Baum, L[yman] Frank [engl. bɑːm, bɔːm], *Chittenango (N. Y.) 15. Mai 1856, †Los Angeles-Hollywood 6. Mai 1919, amerikan. Schriftsteller. – Journalist, Dramatiker und Autor von Märchen und Kindergeschichten. Begründete seinen Ruhm und den Typus eines eigenständigen amerikan. Märchens mit ›Der Zauberer Oz‹ (1900, dt. 1964; mit 13 Fortsetzungsbänden), das, zus. mit seiner klassisch gewordenen Verfilmung (1939; Regie: V. Fleming), zum Kulturgut der amerikan. Nation gehört.
Literatur: BAUM, F. J./MACFULL, R. P.: To please a child. A biography of L. F. B. Chicago 1961. – Children's novels and the movies. Hg. v. D. STREET. New York 1983.

Baum, Vicki, *Wien 24. Jan. 1888 (1886?), †Los Angeles-Hollywood 29. Aug. 1960, österr. Schriftstellerin. – Harfenistin, Zeitschriftenredakteurin bei Ullstein, ab 1931 in Hollywood, 1938 dort eingebürgert, schrieb seit 1937 v. a. englisch. Im Dritten Reich waren ihre Bücher verboten. Ihre erfolgreichen Unterhaltungsromane (sie war eine der meistgelesenen Autorinnen ihrer Generation) sind spannend und flüssig geschrieben, schildern das Milieu treffsicher und behandeln meist aktuelle Probleme. Ihr größter Erfolg war der Roman ›Menschen im Hotel‹ (1929), der wie viele andere verfilmt wurde.
Weitere Werke: Frühe Schatten (R., 1919), Der Eingang zur Bühne (R., 1920), Die Tänze der Ina Raffay (R., 1921), Die andern Tage (Nov., 1922), Ulle, der Zwerg (R., 1924), Feme (R., 1926), Hell in Frauensee (R., 1927), Stud. chem. Helene Willfüer (R., 1929), Zwischenfall in Lohwinkel (R., 1930), Leben ohne Geheimnis (R., 1932), Das große Einmaleins (R., 1935), Die Karriere der Doris Hart (R., 1936), Liebe und Tod auf Bali (R., 1937, dt. 1937), Hotel Schanghai (R., 1939, dt. 1939), Marion lebt (R., 1942, dt. 1943; 1951 u. d. T. Marion), Kautschuk (R., 1943, dt. 1944, 1952 u. d. T. Cahuchu, Strom der Tränen), Schicksalsflug (R., dt. 1947), Vor Rehen wird gewarnt (R., 1951, dt. 1951), Flut und Flamme (R., 1956, dt. 1956), Die goldenen Schuhe (R., 1958, dt. 1959), Es war alles ganz anders (Autobiogr., hg. 1962).

Baumann, Hans, *Amberg 22. April 1914, †Murnau 7. Nov. 1988, dt. Schriftsteller. – War kurzfristig Volksschullehrer; schrieb, seit 1934 in der Reichsjugendführung in Berlin, v. a. Kampf- und Fahrtenlieder für die Hitlerjugend (u. a. ›Es zittern die morschen Knochen‹, ›Gute Nacht, Kameraden‹); nach dem Krieg Autor von weitverbreiteten Kinder- und Jugendbüchern, in denen er kulturhistor., soziale und polit. Sachverhalte spannend darstellt; auch Autor von Gedichten für Kinder, Sachbilderbüchern, Dramen und Hörspielen.
Werke: Horch auf, Kamerad (Ged., 1936), Die helle Flöte (Ged., 1950), Der Sohn des Columbus (Jugendb., 1951), Die Höhlen der großen Jäger (Jugendb., 1953), Steppensöhne (R., 1954), Die Welt der Pharaonen (E., 1959), Ich zog mit Hannibal (E., 1960), Der Bär und seine Brüder (E., 1961), Löwentor und Labyrinth (Jugendb., 1966), Im Lande Ur (Jugendb., 1968), Dimitri und die falschen Zaren (Jugendb., 1970), Igel haben Vorfahrt (Kinderb., 1970), Flügel für Ikaros (Jugendb., 1978), Das Liederboot (1984).

Baumbach, Rudolf, *Kranichfeld (Thüringen) 28. Sept. 1840, †Meiningen 21. Sept. 1905, dt. Schriftsteller. – Lehrer in Österreich, zuletzt in Triest, dann freier Schriftsteller; ab 1885 in Meiningen. Erhielt entscheidende Anregungen

Vicki Baum

durch J. V. von Scheffel; erster großer Erfolg war seine romant. Novelle ›Zlatorog‹ (1877); Vertreter der von den Naturalisten verspotteten ›Butzenscheibenlyrik‹ (u. a. ›Lindenwirtin, du junge‹).

Weitere Werke: Lieder eines fahrenden Gesellen (Ged., 1878), Neue Lieder eines fahrenden Gesellen (Ged., 1880), Wanderlieder aus den Alpen (Ged., 1883), Erzählungen und Märchen (1885), Kaiser Max und seine Jäger (Epos, 1888), Thüringer Lieder (1891), Aus der Jugendzeit (En., 1895).

Bäumer, Gertrud, * Hohenlimburg 12. Sept. 1873, † Bethel 25. März 1954, dt. Frauenrechtlerin und Schriftstellerin. – Setzte sich zusammen mit Helene Lange und F. Naumann für die Gleichberechtigung der Frau ein; mit H. Lange Hg. des ›Handbuchs der Frauenbewegung‹ (5 Bde., 1901–06); Mitarbeit an den Zeitschriften ›Die Hilfe‹ und ›Die Frau‹; 1919–33 Reichstagsabgeordnete (Dt. Demokrat. Partei), 1920–33 Ministerialrätin im Innenministerium; 1933 ihrer Ämter enthoben. Danach vorwiegend schriftsteller. Arbeiten; bevorzugte in ihren Romanen histor., bes. mittelalterl. Themen.

Werke. Die Frauengestalt der dt. Frühe (1928), Ich kreise um Gott (Schrift, 1935), Adelheid, Mutter der Königreiche (R., 1936), Der Berg des Königs. Das Epos des langobard. Volkes (1938), Gestalt und Wandel. Frauenbildnisse (1939; erweiterte Neuausgabe 2 Bde., 1958/59), Die Macht der Liebe (Dante-Biogr., 1942), Der Jüngling im Sternenmantel (Biogr. Ottos III., 1947), Frau Rath Goethe (Biogr., 1949), Ricarda Huch (Biogr., 1949), Das königl. Haupt (E., 1951), Im Licht der Erinnerung (Autobiogr., 1953).

Baumgart, Reinhard, * Breslau 7. Juli 1929, dt. Schriftsteller. – Bis 1962 Verlagslektor, seitdem freier Schriftsteller; lebt in München. Veröffentlichte 1961 seinen ersten Roman ›Der Löwengarten‹, der – in knapper und ironisch pointierter Sprache geschrieben – in Filmkreisen spielt. In dem Roman ›Hausmusik‹ (1962), in dem er sich der Zeit des Dritten Reiches zuwandte, zeigt er sich als satir. Erzähler. B. wurde v. a. als Essayist (›Die verdrängte Phantasie‹, 1973) und Literaturkritiker (›Aussichten des Romans oder Hat Literatur Zukunft?‹, 1968) bekannt. Schrieb auch Hör- und Fernsehspiele sowie Theaterstücke.

Weitere Werke: Literatur für Zeitgenossen (Essays, 1966), Panzerkreuzer Potjomkin (En.,

1967), Wahnfried. Bilder einer Ehe (1985), Glücksgeist und Jammerseele (Essays, 1986), Auferstehung und Tod des Joseph Roth. 3 Ansichten (1991).

Bawden, Nina [engl. bɔːdn], * London 19. Jan. 1925, engl. Schriftstellerin. – Schreibt ironisch-satir., im Mittelklassemilieu angesiedelte Romane, häufig über Jugendliche (›Eine Miss mit kleinen Fehlern‹, 1960, dt. 1966; ›Tortoise by candlelight‹, 1963; ›Mit Liebe und Geduld‹, 1966, dt. 1968; ›Unter einem Dach‹, 1970, dt. 1973) oder über Frauen und deren Ehe- und Familienprobleme (›Eine Frau in meinen Jahren‹, 1967, dt. 1969; ›The grain of truth‹, 1968; ›Anna Apparent‹, 1972; ›Afternoon of a good woman‹, 1976; ›Familiar passions‹, 1979; ›Walking naked‹, 1981). Verfaßte auch zahlreiche Kinderbücher und [zu Beginn ihrer Karriere] Kriminalromane.

Weitere Werke: In honour bound (R., 1961), Under the skin (R., 1964), A little love, a little learning (R., 1966), George beneath a paper moon (R., 1974), The ice house (R., 1983), Circles of deceit (R., 1987), Family money (R., 1991).

Baxter, James K[eir] [engl. 'bækstə], * Dunedin 29. Juni 1926, † ebd. 22. Okt. 1972, neuseeländ. Schriftsteller. – Einer der bedeutendsten neuseeländ. Dichter. Machte sich als Lyriker, Dramatiker sowie als Kritiker mit der brillant-konzisen Abhandlung ›Recent trends in New Zealand poetry‹ (1951) und den späteren autobiographisch-krit. Essays ›The man on the horse‹ (1967) und ›Aspects of New Zealand poetry‹ (1967) einen Namen. B.s Werk und Leben ist von tiefer Religiosität und engagiertem Eintreten für gesellschaftl. Randschichten geprägt, was auf einen längeren Aufenthalt im Trappistenkloster von Kopua, Hawke's Bay, 1958 zurückzuführen ist sowie auf sein Mitwirken in der kleinen religiösen Maorigemeinde Jerusalem (Hiruharama) am Wanganui River (1967). 1969 gründete er dort ein im franziskan. Geist geleitetes Jugenddorf für sozial gefährdete Maoris. Dieses Engagement hinterließ tiefe Spuren in seinen bedeutenden ›Jerusalem‹-Schriften, besonders in ›Jerusalem sonnets‹ (1970), ›Jerusalem daybook‹ (1971) und ›Autumn testament‹ (1972), die in einer wirkungsvollen Mischung aus Lyrik und Prosa verfaßt sind.

Weitere Werke: Beyond the palisade (Ged., 1944), In fires of no return (Ged., 1958), The wide open cage and Jack Winter's dream (Dramen, 1959), Howrah Bridge and other poems (Ged., 1961), Pig Island letters (Ged., 1966), The devil and Mr. Mulcaley and The band rotunda (Dramen, 1971), The sorefooted man and The temptation of Oedipus (Dramen, 1971). **Literatur:** DOYLE, CH.: J. K. B. Boston (Mass.) 1976.

Bayard, Jean [frz. ba'ja:r], * Charolles (Saône-et-Loire) 17. März 1796, † Paris 20. Febr. 1853, frz. Dramatiker. – Schrieb mit E. Scribe und anderen über 200 unterhaltende, geistreiche Stücke, darunter ›Le gamin de Paris‹ (1836; mit L. É. Vanderburch [* 1794, † 1862]), sowie das Libretto zur kom. Oper ›Die Regimentstochter‹ von G. Donizetti (1840; mit J. H. Vernoy de Saint-Georges [* 1801, † 1875]).

Bayer, Hans, dt. Schriftsteller, † Troll, Thaddäus.

Bayer, Konrad, * Wien 17. Dez. 1932, † ebd. 10. Okt. 1964, österr. Schriftsteller. – Bankangestellter, Barmusiker, Schauspieler und freier Schriftsteller; gehörte zur Wiener Gruppe um H. C. Artmann; Redakteur der Zeitschrift ›edition 62‹; verfaßte anfangs Texte gemeinsam mit anderen Mitgliedern der Wiener Gruppe, später Montagen und Einakter, die damals als avantgardistisch galten. B. will in seinen Texten zeigen, daß jede Kommunikation auf Täuschung beruht, da die Sprache von der Perspektive unserer Wahrnehmung abhängig ist. **Werke:** starker toback, kleine fibel für den ratlosen (1962; mit O. Wiener), der stein der weisen (1963), der kopf des vitus bering (hg. 1965), der sechste sinn (hg. 1966). **Ausgaben:** K. B. Das Gesamtwerk. Hg. v. G. RÜHM. Neuausg. Rbk. 1977. – K. B. Sämtl. Werke. Hg. v. G. RÜHM. Stg. 1985. 2. Bde. **Literatur:** JANETZKI, U.: Alphabet u. Welt. Über K. B. Königstein i. Ts. 1982. – Die Welt bin ich. Materialien zu K. B. Hg. v. U. JANETZKI u. W. IHRIG. Wien u. Mchn. 1983.

Bayer, Osvaldo [span. ba'jɛr], * Santa Fe 18. Febr. 1927, argentin. Schriftsteller. – Journalist und Historiker; emigrierte beim Militärputsch von 1976 in die BR Deutschland; kehrte 1983 nach Argentinien zurück. Seine Studie ›Los vengadores de la Patagonia trágica‹ (4 Bde., 1972–78) über ein Massaker an patagon. Landarbeitern 1921/22 entwirft ein nat. Geschichtsbild aus der Perspektive der Opfer. **Weitere Werke:** Los anarquistas expropiadores (Essays, 1975), Exilio (Essay, 1984; mit J. Gelman).

Baykurt, Fakir [türk. baj'kurt], * Akçaköy bei Burdur 1929, türk. Schriftsteller. – Lebt seit 1979 in der BR Deutschland. Bedeutendster Vertreter der sog. ›Dorfroman‹-Literatur, eine der wichtigsten Strömungen in der türk. Prosa zwischen 1950 und 1975, die die sozialen Konflikte des anatol. Landlebens zum Thema hatte. B.s Romane und Erzählungen kennzeichnen Realismus und anatol. Lokalkolorit. In der BR Deutschland wandte er sich Themen des türk. Migrantendaseins zu. **Werke:** Çilli (= Sommersprossig, En., 1955), Die Rache der Schlangen (R., 1959, dt. 1964), Mutter Irazca und ihre Kinder (R., 1961, dt. 1981), Onuncu köy (= Das zehnte Dorf, R., 1961), Amerikan sargısı (= Der amerikan. Verband, R., 1967), Das Epos von Kara Ahmet (R., 1977, dt. 1984), Die Friedenstorte (En., 1980, dt. 1982), Yüksek fırınlar (= Hochöfen, R., 1983), Nachtschicht und andere Geschichten aus Deutschland (dt. Ausw. 1984).

Bayle, Pierre [frz. bɛl], * Carlat-Bayle (Ariège) 18. Nov. 1647, † Rotterdam 28. Dez. 1706, frz. Philosoph. – Trat 1669 unter jesuit. Einfluß zum Katholizismus über; 1670 Rückkehr zum ref. Protestantismus; 1676 Prof. in Sedan, 1681 in Rotterdam, 1693 Verlust der Professur auf Betreiben des rigoros-kalvinist. Theologen Pierre Jurieu (* 1637, † 1713). B.s skept. Selbständigkeit und sein Eintreten für Toleranz und Atheismus als moral. Alternative zur religiös begründeten Sittlichkeit machten ihn zum Vorbild der in der Aufklärung geforderten vernünftigen Selbständigkeit. In seiner Kritik an jeder Form dogmat. Denkens erscheint Philosophie in Form systemat. Architektonik prinzipiell als Illusion, am überzeugendsten dargestellt im ›Dictionnaire historique et critique‹ (2 Bde., 1696/97, endgültige Fassung 1702, dt. 4 Bde., 1741–44), aus dem die Aufklärung ihre krit. Kräfte zog. B.s Eintreten für eine theologiefreie Sittlichkeit hat zus. mit seiner historisch-krit. Leistung den Weg für das neuzeitl. Denken geöffnet. 1684 gründete er die ›Nouvelles de la République des Lettres‹.

Ausgabe: P. B. Œuvres diverses. Den Haag 1670–1731. Nachdr., hg. v. E. LABROUSSE. Hildesheim 1964–82. 5 Bde. in 6 Tlen. **Literatur:** ROBINSON, H.: B. the sceptic. New York 1931. – MASON, H. T.: P. B. and Voltaire. London 1963. – LABROUSSE, E.: P. B. Den Haag 1963–64. 2 Bde. – RÉTAT, P.: Le dictionnaire de B. et la lutte philosophique au XVIIIᵉ siècle. Paris 1971. – CORTESE, R.: P. B., l'inquietudine della ragione. Neapel 1981.

Baylebridge, William [engl. ˈbɛɪlbrɪdʒ], eigtl. Charles William Blocksidge, *Brisbane 12. Febr. 1883, †Sydney 7. Mai 1942, austral. Schriftsteller. – Autor ideologisch-philosoph. Lyrik und Prosa sowie von Kurzgeschichten. Seine besten Gedichte, die Sonettsequenz ›Love redeemed‹ (1934), zeigen seine Vorliebe für elisabethan. Dichter und die Methaphysical poets sowie seine vollendete Beherrschung des Shakespeare-Sonetts. Seine komplexen, auf G. W. F. Hegels Weltbild aufbauenden metaphysisch-eth. Spekulationen in ›This vital flesh‹ (Ged., 1939) greifen eklektizistisch auf H. Bergsons indeterministisch-vitalist. Philosophie, F. Nietzsches Übermenschen und G. B. Shaws Idee der ›life force‹ zurück.

Weitere Werke: Songs o' the south (Ged., 1908), Australia to England (Ged., 1909) Moreton miles (Ged., 1910), The new life (Ged., 1910), A northern trail (Ged., 1910), Southern songs (Ged., 1910), Life's testament (Ged., 1914), A wreath (Ged., 1916), Seven tales (Prosa u. Ged., 1916), Selected poems (Ged., 1919), An Anzac muster (Ged., 1921).
Literatur: MOORE, T. I.: W. B. In: MOORE: Six Australian poets. Melbourne 1942.

Bayr, Rudolf [ˈbaɪər], *Linz 22. Mai 1919, †Salzburg 17. Okt. 1990, österr. Schriftsteller. – Studierte in Wien Philosophie, Germanistik und Musikgeschichte; danach freier Schriftsteller, Theater- und Literaturkritiker; 1956–84 beim Österr. Rundfunk tätig, zuletzt als Intendant des Landesstudios Salzburg. Bed. durch seine Übersetzungen und Nachdichtungen altgriech. Dramen (nach Sophokles: ›Oidipus auf Kolonos‹, 1946; ›Antigone‹, 1961; ›Elektra‹, 1963; ›König Oidipus‹, 1965; nach Aischylos: ›Agamemnon‹, 1948). Die Übersetzertätigkeit wirkte sich auf sein eigenes dramat. Werk aus, in dem er bevorzugt altgriech. Stoffe behandelt (›Königslegende‹, 1949; ›Sappho und Al-

kaios‹, 1952; ›Delphischer Apollon‹, 1966). B. schrieb außerdem noch Gedichte, Hörspiele, Erzählungen und Romane.
Weitere Werke: Das ungewisse Haus (En., 1946), Der Dekalog (Oden, 1951), Der Zehrpfennig (En., 1961), Der Wolkenfisch (Ged., 1964), Momente und Reflexe (Aufzeichnungen, 1971), Anfangsschwierigkeiten einer Kur (E., 1973), Die Schattenuhr (En., 1976), Der Betrachter (R., 1978), Ein Loch im Lehm (E., 1981), Die Eiben von Sammezzano (Essays, 1984), Salzburg, Stadt und Land (1985), Man liebt nicht auf nüchternen Magen. Vergnügliches über Sitten und Unsitten rund um Essen, Trinken und Geselligsein (1989).

Bazán, Emilia [span. baˈθan], span. Schriftstellerin, ↑Pardo Bazán, Emilia Gräfin von.

Bažan, Mykola Platonovyč, ukrain.-sowjet. Schriftsteller, ↑Baschan, Mykola Platonowytsch.

Bazin, Hervé [frz. baˈzɛ̃], eigtl. Jean-Pierre Hervé-B., *Angers 17. April 1911, frz. Schriftsteller. – Philologiestudium; Résistancemitglied; seit 1973 Präs. der Académie Goncourt. Beschrieb seine Jugend in schonungsloser Offenheit in den Romanen ›Viper im Würgegriff‹ (1947, dt. 1956), ›Das Tischtuch ist zerschnitten‹ (1950, dt. 1956) und ›Die Eule ruft‹ (1972, dt. 1976; alle zus. dt. 1976 u. d. T. ›Familie Rezeau‹); schrieb auch Novellen, Lyrik und Essays.
Weitere Werke: Mit dem Kopf durch die Wand (R., 1949, dt. 1950), Steh auf und geh (R., 1952, dt. 1953), Und brannte zu Asche (R., 1954, dt. 1959), Mein Sohn (R., 1961, dt. 1963), Die sanften Löwinnen (R., 1967, dt. 1970), Glück auf dem Vulkan (R., 1970, dt. 1971), Madame X (R., 1975, dt. 1976), Un feu dévore un autre feu (R., 1978), L'église verte (R., 1981), Abécédaire (Prosa, 1984), Le démon de minuit (R., 1988), L'école des pères (R., 1991), Le neuvième jour (R., 1994).
Literatur: ANGLADE, J.: H. B. Paris 1962. – GREENFIELD, S.: Family and society in twentieth century France. A study of the novels of H. B. Diss. Birmingham 1981.

Bazin, René [frz. baˈzɛ̃], *Angers 26. Dez. 1853, †Paris 20. Juli 1932, frz. Schriftsteller. – Schrieb Romane und Novellen, in denen er in gemäßigt realist. Darstellung v. a. das frz. Provinzleben im Geiste eines extremen katholisch-patriot. Konservativismus schilderte (u. a. ›Landflucht‹, R., 1899, dt. 1901; ›Die Oberle‹,

R., 1901, dt. 1904; ›Le blé qui lève‹, R., 1907). 1903 Mitglied der Académie française.

Bažov, Pavel Petrovič, russ.-sowjet. Schriftsteller, ↑Baschow, Pawel Petrowitsch.

Beaconsfield, Earl of [engl. 'biːkənzfiːld], engl. Staatsmann und Romancier, ↑Disraeli, Benjamin, Earl of Beaconsfield.

Bearbeitung, Veränderung eines originalen literar. (auch musikal. oder wiss.) Werkes, die im Unterschied zur Veränderung durch den Autor selbst (↑Fassung) von [einem] anderen vorgenommen wird. – Während in jüngerer Zeit die B. von Romanen, Erzählungen o.ä. für Bühne, Funk, Film und Fernsehen (↑Adaptation, ↑Bühnenbearbeitung, ↑Dramatisierung) überwiegt, finden sich im 18. und 19. Jh. B.en, die das Originalwerk meist mit dem Anspruch, ›Anstößiges‹ zu entfernen oder Kompliziertes zu popularisieren, nicht selten (bis zur Entstellung) banalisieren, so die gereinigten Ausgaben für die Jugend (J. Swift, ›Gullivers sämtl. Reisen‹, 1726, dt. 1788), auch für andere Leserkreise (z.B. die Shakespeare-B. von Th. Bowdler, 1818; ↑ad usum Delphini). Ältere Werke werden bei Neuauflagen auch nach den Regeln neuerer Rechtschreibung bearbeitet.

Beardsley, Aubrey Vincent [engl. 'bɪədzlɪ], * Brighton 24. Aug. 1872, † Menton 16. März 1898, engl. Zeichner und Schriftsteller. – Der früh an Tuberkulose verstorbene B. gilt v.a. auf zeichner. Gebiet als führender Repräsentant des engl. Ästhetizismus im ausgehenden 19. Jahrhundert. Neben jap. Anregungen griff er in erster Linie den präraffaelit. Schönheitstypus auf, den er mit dekadenten Zügen und grotesken Elementen ausstattete. B. schuf u.a. Illustrationen zu O. Wildes ›Salomé‹ (frz. 1893, engl. 1894, dt. 1903) sowie für die Zeitschriften ›The Yellow Book‹ (1894/95) und ›The Savoy‹ (ab 1896), deren Mit-Hg. er war. Daneben verfaßte er Gedichte und die aus dem Romanfragment ›The story of Venus and Tannhäuser‹ hervorgegangene erot. Groteske ›Unter dem Hügel‹ (in: ›The Savoy‹, 1896, Buchausgabe 1904, dt. 1965).

Ausgaben: The early works of A.B. New York ²1967. – The later works of A.B. New York ²1967.
Literatur: BROPHY, B.: Black and white. A portrait of A.B. London 1968. – WEINTRAUB, S.: A.B. Dt. Übers. v. Ch. SPIEL. Mchn. 1968. – ZATLIN, L. G.: A.B. and Victorian sexual politics. Oxford 1990.

Beat generation [engl. 'biːt dʒɛnə-'reɪʃən], Bewegung der amerikan. Gegenkultur (Counterculture) in der 2. Hälfte der 50er Jahre als Ausdruck der Krise eines Teils der amerikan. Nachkriegsjugend (**Beatniks**). – Heute versteht man darunter im wesentl. die Literatur der B.g., in der sich die Counterculture-Bewegung in ihrem v.a. auch vom Zen-Buddhismus beeinflußten Lebensgefühl widergespiegelt sah. Als Vertreter der Literatur der v.a. in New York und San Francisco angesiedelte B.g., die nicht als einheitl. Gruppe verstanden werden kann, sind v.a. die Romanschriftsteller J. Kerouac (›Unterwegs‹, 1957, dt. 1959) und W.S. Burroughs (›The naked lunch‹, 1959, dt. 1962), die Lyriker A. Ginsberg (›Das Geheul u.a. Gedichte‹, 1956, dt. 1959) und L. Ferlinghetti sowie der Dramatiker J. Gelber zu nennen. Sie stehen, wie fast alle anderen ›beat poets‹ (G. Corso, Michael Rumaker [* 1932], G. Sh. Snyder und Philip Whalen [* 1923] u.a.), in der Tradition der frz. und engl. Romantiker sowie unter dem Einfluß von A. Rimbaud, G. Apollinaire, A. Breton, B. Cendrars und v.a. W. Whitman. Die B.g., mit der u.a. auch Schriftsteller wie N. Mailer, H. Miller, J. D. Salinger sympathisierten, versuchte den von W. Whitman propagierten amerikan. Traum von Freiheit durch Selbstfindung im Erleben zu verwirklichen. Für sie bedeutete dies die vehemente Ablehnung aller Werte und Konventionen der bestehenden Gesellschaft, die Ablehnung aller gesellschaftl. Tabus; an ihre Stelle trat das Programm der Bindungslosigkeit, des ›glücklichen‹ Außenseitertums unter dem Motto: ›die Straße ist das Leben‹; die Straße wurde zum Symbol des Niemandslands; die zentralen Antihelden der Literatur sind gestrandete Underdogs, die Entwurzelten: Landstreicher, Narkotiker, Homosexuelle, Kriminelle, Wanderarbeiter o.ä.; auf der sprachl.

Ebene waren Slang- und Chiffrewörter, die der Sprache des Jazz (als Symbol der Freiheit) entlehnt sind, charakteristisch. Als Vertreter eines radikalen Hedonismus suchte die B.g. mit Hilfe von Drogen und Alkohol u. a. in der Ekstase aller Sinne nach einem neuen, erweiterten Bewußtsein. Die ›inneren‹, unbewußten Räume des Bewußtseins sollten im Rausch schöpferisch neu erfahren werden. Dementsprechend folgte die Literatur keinerlei Gattungsregeln, Improvisation und freie Assoziation, die literar. Rezeption des Jazz, wurden im Verlangen nach einer rein sinnlich vermittelten Literatur zum literar. Stil. So gehörte zur Lyrik nicht nur der bloße Text, die Lyriker verwirklichten sich auch im öffentl. Vortrag in Kombination mit Jazzmusik. – Die ›beat poets‹ wandten sich seit Beginn der 60er Jahre den verschiedensten Stilen und Formen zu. Einige von ihnen (u. a. Ginsberg und Ferlinghetti) gehören auch heute zu den anerkannten Vertretern der avantgardistischen amerikanischen Literatur.

Ausgaben: Junge amerikan. Lyrik. Hg. v. G. CORSO u. W. HÖLLERER. Dt. u. engl. Mchn. 1961. – Lyrik der B.-G. Hg. v. G. CORSO u. W. HÖLLERER. Mchn. 1985.
Literatur: The b.g. and the angry young men. Hg. v. G. FELDMANN u. M. GARTENBERG. New York 1959. Nachdr. 1971. – LIPTON, L.: Die hl. Barbaren. Dt. Übers. v. H. DEGNER. Düss. 1960. – A casebook on the beat. Hg. v. TH. F. PARKINSON. New York 1961. – COHN, N.: Rock from the beginning. New York 1969. – ROXON, L.: Rock encyclopedia. New York 1969. – BETZ, G.: Die Beatgeneration als literar. u. soziale Bewegung. Unters. am Beispiel v. J. Kerouac, ›The subterraneans‹, ›The dharma bums‹ u. ›Desolvation angels‹. Ffm. u. a. 1977. – SPENGEMANN, G.: Jack Kerouac. Spontaneous prose. Ein Beitr. zur Theorie u. Praxis der Textgestaltung von ›On the road‹ u. ›Visions of Cody‹. Ffm. u. a. 1980. – RODENBERG, H. P.: Subversive Phantasie. Unterss. zur Lyrik der amerikan. Gegenkultur 1960–75. Gießen 1983.

Beatrijs [niederl. 'beːɑtrɛis], gebräuchl. Name einer gereimten mittelniederl. Marienlegende des 13. Jahrhunderts. Die ehemalige Nonne B. wird, nach sieben Jahren von ihrem Geliebten verlassen, aus Fürsorge für ihre Kinder zur Dirne. Nach 14jähriger Abwesenheit kehrt sie ins Kloster zurück, wo Maria ihre Stelle während dieser Zeit einge-

nommen hatte, so daß die Abwesenheit B.' nicht bemerkt wurde.

Ausgabe: B. Hg. v. F. LULOFS. Culemborg ³1971.

Beatrijs van Nazareth [niederl. 'beːɑtrɛis vɑn 'naːzaːrɛt], eigtl. B. van Tienen, * 1200, † Nazareth bei Lier 29. Aug. 1268, mittelniederl. Schriftstellerin. – B. war Priorin des Klosters Nazareth der Zisterzienserinnen von Lier. Schrieb in ihrer Muttersprache eine verlorengegangene Autobiographie und etwa zehn myst. Prosaabhandlungen, von denen nur ›Seven manieren van minne‹ erhalten ist. Das Werk stellt das älteste Beispiel mittelniederl. geistl. Prosa dar.

Ausgabe: B. v. N. Seven manieren van minne. Hg. v. L. REYPENS u. J. VAN MIERLO. Löwen 1926.
Literatur: Vita Beatricis. De autobiografie van de Z. B. van Tienen. Hg. v. L. REYPENS. Antwerpen 1964.

Beattie, Ann [engl. 'biːtɪ], * Washington (D.C.) 8. Sept. 1947, amerikan. Schriftstellerin. – Ist v. a. durch ihre Kurzgeschichten in der Zeitschrift ›The New Yorker‹ bekannt geworden, in denen sie vornehmlich die Welt der gehobenen Mittelschicht der Weißen in realist. Ausschnitten schildert. In der Langform nähert sich ihre auch sozialkrit. Prosa dem Gesellschaftsroman.

Werke: Chilly scenes of winter (R., 1976), Distortions (Kurzgeschichten, 1976), Secrets and surprises (Kurzgeschichten, 1979), Amerikan. Sommer (R., 1980, dt. 1981), Jacklighting (Kurzgeschichten, 1981), The burning house (Kurzgeschichten, 1982), Love always (Kurzgeschichten, 1985), Where you'll find me, and other stories (Kurzgeschichten, 1986), Picturing will (R., 1989), What was mine (En., 1991).

Beattie, James [engl. 'biːtɪ], * Laurencekirk (Schottland) 25. Okt. 1735, † Aberdeen 18. Aug. 1803, schott. Philosoph und Dichter. – Prof. für Moralphilosophie und Logik in Aberdeen; wandte sich in ›An essay on the nature and immutability of truth‹ (1770) gegen den Skeptizismus D. Humes; seine poet. Werke, bes. die in Spenserstrophen abgefaßte Dichtung ›The minstrel‹ (2 Bde., 1771–74), sind für die Entwicklung vorromant. Dichtungsauffassung kennzeichnend; auch Essayist.

Ausgaben: J. B. The philosophical works. Hg. v. F. O. WOLF. Edinburgh 1770. Nachdr. Stg. 1970. 6 Bde. – J. B. Poetical works. Hg. v. A. DYCE. London 1831.

Literatur: KLOTH, K.: J. B.s ästhet. Theorien. Mchn. 1973. – KING, E. H.: J. B. Boston (Mass.) 1977.

Beauchamp, Kathleen [engl. 'bi:tʃəm], engl. Schriftstellerin, ↑ Mansfield, Katherine.

Beaumanoir, Philippe de Rémi, Sire de [frz. boma'nwa:r], altfrz. Dichter und Rechtsgelehrter, ↑ Philippe de Rémi, Sire de.

Beaumarchais, Pierre Augustin Caron de [frz. bomar'ʃɛ], * Paris 24. Jan. 1732, † ebd. 18. Mai 1799, frz. Dramatiker. – Zunächst Uhrmacher, eine Erfindung verschaffte ihm Zugang zum königl. Hof, dadurch weitere Verbindungen, bes. zu Finanzkreisen; Abenteurer, Geschäftemacher und Intrigant. Sein erstes Drama ›Eugénie‹, eine freie Bearbeitung des Schicksals seiner Schwester, die von dem span. Dichter J. Clavijo y Fajardo verführt worden war, erschien 1767 (dt. 1768). Nach einigen heute vergessenen Stücken folgten ›Der Barbier von Sevilla‹ (1775, dt. 1776; u. a. 1816 Oper von G. Rossini) und ›Der tolle Tag oder Figaros Hochzeit‹ (1785, dt. 1785; 1786 Oper von W. A. Mozart), die ihn berühmt machten. In den Mittelpunkt beider Komödien stellte B. den Bediensteten Figaro, der, mit Verstand und Mutterwitz begabt, des Autors Angriffe gegen die adlige Gesellschaft, deren Privilegien und Standesdünkel sowie gegen die Politik zum Ausdruck bringt. Geistvoll, spöttisch und zündend verkörpern diese Komödien den neuen Geist der Auflehnung, der zur Frz. Revolution führte. ›Figaros Hochzeit‹ war zunächst verboten, B. setzte die Aufführung erst fünf Jahre vor dem Sturm auf die Bastille durch. – B. ist auch der Gründer der noch heute bestehenden ›Société des Auteurs‹ und zus. mit Decroix und A. de Condorcet Hg. der 1. Gesamtausgabe der Werke Voltaires (70 Bde., 1785–89).

Weitere Werke: Les deux amis (Trag., 1770), Mémoires (Pamphlete, 1773/74), Tartüffe der Zweyte oder Die schuldige Mutter (Trag., 1794, dt. 1795).
Ausgaben: P. A. C. de B. Théâtre complet. Hg. v. R. D'HERMIES. Paris 1952. – P. A. C. de B. Théâtre. Hg. v. J.-P. DE BEAUMARCHAIS. Paris 1980.
Literatur: FRISCHAUER, P.: B. Wegbereiter der großen Revolution. Mchn. 1961. – THOMASSET, R.: B., écrivain et aventurier. Paris 1966. –

FAY, B.: Die tollen Tage. B. oder Die Hochzeit des Figaro. Dt. Übers. Mchn. 1973. – GRENDEL, F.: B., ou la calomnie. Paris 1973. – DESCOTES, M.: Les grands rôles du théâtre de B. Paris 1974. – TIEGHEM, PH. VAN: B. Paris 1978. – SCHERER, J.: Dramaturgie de B. Neuaufl. Paris 1980. – BOUSSEL, P.: B., le parisien universel. Paris 1983. – MORTON, B. N./SPINELLI, D. C.: B., a bibliography. Ann Arbor (Mich.) 1988. – BERGNER, T.: Der unbekannte B. Bln. 1990.

Beaumont, Francis [engl. 'boʊmənt], * Grace-Dieu (Leicester) 1584, † London 6. März 1616, engl. Dramatiker. – Jurist; befreundet mit vielen Dramatikern, u. a. B. Jonson und M. Drayton; enge Freundschaft und Zusammenarbeit (von etwa 1606 an) mit J. ↑ Fletcher, der dem Dramentechniker B. die bühnenwirksamen Stoffe vermittelte. Umstritten ist die Zahl der echten Stücke, ebenso der jeweilige Anteil der beiden Autoren.

Werke: The woman hater (Trag., 1607), Ethelwolf oder der König kein König (Tragikom., 1611, dt. 1785), Der Ritter von der flammenden Mörserkeule (Kom., 1613, dt. 1808), Die Braut (Trag., 1619, dt. 1765), Philaster oder die Liebe blutet (Tragikom., entst. 1608–10, ersch. 1620, dt. 1879).
Ausgaben: Works of F. B. and J. Fletcher. Hg. v. A. GLOVER u. A. R. WOLKER. Cambridge 1905–1912. 10 Bde. Nachdr. 1969. – Dramatic works in the B. and Fletcher Canon. Hg. v. F. BOWERS u. a. Cambridge 1966 ff.
Literatur: WAITH, E. M.: The pattern of tragicomedy in B. and Fletcher. New Haven (Conn.) 1952. Nachdr. Hamden 1969. – APPLETON, W. W.: B. and Fletcher. A critical study. Norwood 1976. – BLISS, L.: F. B. Boston (Mass.) 1987.

Beauvoir, Simone de [frz. bo'vwa:r], * Paris 9. Jan. 1908, † ebd. 14. April 1986, frz. Schriftstellerin. – Studium der Philosophie, Lehrerin, ab 1943 freie Schriftstellerin in Paris. Lebensgefährtin und Schülerin J.-P. Sartres. 1970/71 Hg. der linksextremist. Zeitschrift ›L'Idiot international‹. Schrieb Romane, Essays, Reiseberichte und eine vierbändige Autobiographie (›Memoiren einer Tochter aus gutem Hause‹, 1958, dt. 1960; ›In den besten Jahren‹, 1960, dt. 1961; ›Der Lauf der Dinge‹, 1963, dt. 1966; ›Alles in allem‹, 1972, dt. 1974) auf der Basis des materialistisch-atheist. Existentialismus, zu dessen Verbreitung sie damit wesentlich beitrug. Der Schlüsselroman ›Die Mandarins von Paris‹ (1954, dt. 1955; Prix Goncourt 1954) schildert das Milieu der Pariser Linksintellektuellen um Sartre und erregte Aufsehen wegen der freimütigen Darstellung sexueller Fragen sowie der Kritik am bürgerl. Leben. Die Untersuchung ›Das andere Geschlecht‹ (2 Bde., 1949, dt. 1951), die für die Emanzipation der Frau eintritt, wurde zur Grundlage der zeitgenöss. Frauenbewegung, in der sich S. de B. nach Begegnungen mit Alice Schwarzer (* 1942) ab 1970 stärker engagierte. Aufsehen erregte darüber hinaus der Essay ›Das Alter‹ (1970, dt. 1972), der das Altern v. a. als gesellschaftlich geprägtes Problem behandelt, und ›Die Zeremonie des Abschieds‹ (1981, dt. 1983), eine Darstellung des alternden und sterbenden Sartre. 1975 erhielt sie den Jerusalem-Preis, 1978 wurde ihr der Österr. Staatspreis für Europ. Literatur verliehen.

Weitere Werke: Sie kam und blieb (R., 1943, dt. 1953), Das Blut der anderen (R., 1945, dt. 1963), Alle Menschen sind sterblich (R., 1946, dt. 1949), Amerika Tag und Nacht (Reiseb., 1948, dt. 1950), China. Das weitgesteckte Ziel (Reiseb., 1957, dt. 1960), Ein sanfter Tod (Erinnerungen, 1964, dt. 1965), Die Welt der schönen Bilder (R., 1966, dt. 1968), Eine gebrochene Frau (En., 1967, dt. 1969), Kriegstagebuch. Sept. 1939–Jan. 1941 (hg. 1990, dt. 1994). **Literatur:** FRANCIS, C./GONTIER, F.: Les écrits de S. de B. Paris 1979. – KROLL, R.: S. de B. In: Krit. Lexikon zur fremdsprachigen Gegenwartsliteratur. Hg. v. H. L. ARNOLD. Losebl. Mchn. 1982 ff. – LANGE, E.: S. de B. In: Krit. Lex. der roman. Gegenwartsliteratur. Hg. v. W.-D. LANGE. Losebl. Tüb. 1984 ff. – FALLAIZE, E.: The novels of S. de B. London 1988. – FRANCIS, C./GONTIER, F.: S. de B. Die Biografie. Dt. Übers. Neuausg. Rbk. 16.–20. Tsd. 1989. – BAIR, D.: S. de B. Eine Biographie. Dt. Übers. Mchn. 1990. – ROMERO, CH.: S. de B. Rbk. 75.–77. Tsd. 1994. – MADSEN, A.: Jean-Paul Sartre u. S. de B. Dt. Übers. Rbk. 93.–96. Tsd. 1994.

Bebel, Heinrich, * Ingstetten (heute zu Schelklingen, Alb-Donau-Kreis) 1472, † Tübingen 1518, dt. Humanist. – Prof. der Poesie und Eloquenz in Tübingen, 1501 von Kaiser Maximilian I. zum Poeta laureatus gekrönt; neben Liedern, Hymnen und Elegien schrieb B. eine Anzahl lat. Schwänke (›Libri facetiarum iucundissimi‹, 3 Bde., 1509–14), in denen er knapp und elegant v. a. Themen aus der volkstüml. Überlieferung oder der Erlebniswelt des einfachen Mannes darstellte. Auch poet. und rhetor. Schriften.

Ausgabe: H. B. Von arglistigen Weibern u. gewitzten Tölpeln. Bearb. v. A. WESSELSKI. Köln 1972. **Literatur:** Tübinger Dichterhumanisten. B., Frischlin, Flayder. Hg. v. G. BEBERMEYER. Tüb. 1927. Nachdr. Hildesheim 1967.

Bebey, Francis [frz. beˈbɛ], * Duala 16. Juli 1929, kamerun. Schriftsteller und Komponist. – Lebt in Paris; schildert in seinen Romanen auf humorvolle und versöhnl. Weise die Mißverhältnisse, die durch das Nebeneinander alter und neuer Werte entstehen.

Werke: Der Sohn der Agatha Moudio (R., 1967, dt. 1969, 1987 u. d. T. Eine Liebe in Duala), La poupée ashanti (R., 1973, dt. 1993 u. d. T. Das Alphabet der Sonne während des Regens), King Albert (1976, dt. 1980), Concert pour un vieux masque (Ged., 1980), Nouvelle saison des fruits (Ged., 1980), Alle Menschen sind schwarz. Geschichten aus Afrika und Europa (1989, dt. 1991).

Beccadelli, Antonio [italien. bekkaˈdɛlli], genannt Antonius Panormita, * Palermo 1394, † Neapel 6. Jan. 1471, italien. nlat. Dichter. – Stammte aus einer ritterl. Familie; königl. Beamter. Schrieb in der Nachfolge Catulls und Martials sehr früh mutige, zuweilen gewagt-obszöne Epigramme, die 1424 u. d. T. ›Hermaphroditus‹ erschienen.

Becher, Johannes R[obert], * München 22. Mai 1891, † Berlin 11. Okt. 1958, dt. Schriftsteller. – Studierte Medizin, Philosophie und Literatur, wurde 1918 Mitglied des Spartakusbundes, 1919 der KPD; 1925 Hochverratsprozeß wegen einiger seiner Dichtungen, wurde amnestiert; 1933 emigrierte er über die Tschechoslowakei und Frankreich nach Moskau, wo er 1935–45 Chefredakteur der ›Internat. Literatur. Dt. Blätter‹ war; 1945 Rückkehr nach Berlin, ab 1954 Minister für Kultur der DDR. Der Doppelband mit Gedichten und Prosa ›Verfall und Triumph‹ (1914) machte ihn berühmt und stellte ihn in die Reihe der führenden Expressionisten. Angriff auf die Klassik, die Welt der Väter. Sein Glaube gilt den Aufgaben des Proletariats (›Verbrüderung‹, Ged., 1916). Die ›kranke‹ Welt der Weltkriegszeit, den Zusammenbruch der bürgerl. Welt finden u. a. in den Gedichten ›Päan gegen die Zeit‹ (1918) in zerhackter Sprache und zertrümmerter Syntax Ausdruck. Später entwickelte er sich zum Vertreter des sozialist. Realismus, als dessen Repräsentant er in der DDR gefeiert wurde; schrieb den Text der Nationalhymne der DDR.

Weitere Werke: Der Ringende (Ged., 1911), De Profundis Domine (Dichtung, 1913), An Alle! (Ged., 1919), Gedichte für ein Volk (1919), Arbeiter, Bauern, Soldaten (Dr., 1921), Um Gott (Ged., 1921), Am Grabe Lenins (Dichtung, 1924), (CHCl = CH)₃As Levisite oder Der einzig gerechte Krieg (R., 1926), Maschinenrhythmen (Ged., 1926), Der große Plan (Epos, 1931), Deutschland (Epos, 1934), Der Glücksucher und die sieben Lasten (Ged., 1938), Abschied (autobiograph. R., 1940), Dank an Stalingrad (Dichtungen, 1943), Auf andere Art so große Hoffnung (Tagebuch, 1951), Glück der Ferne – leuchtend nah (Ged., 1951), Sterne unendliches Glühen (Ged., 1951), Der Weg nach Füssen (Dr., 1953), Winterschlacht (Trag., 1953), Sonett-Werk 1913–55 (1956), Liebe ohne Ruh (Ged., 1957).

Ausgabe: J. R. B. Ges. Werke. Hg. v. J. R. B.-Arch. der Dt. Akademie der Künste zu Berlin. Bln. 1966–81. 18 Bde.

Literatur: BECHER, L./PROKOP, E.: J. R. B. Bildchronik seines Lebens. Bln. (Ost) u. Weimar 1963. – HINCKEL, E.: Gegenwart u. Tradition. Renaissance u. Klassik im Weltbild J. R. B.s. Bln. (Ost) 1964. – J. R. B. Bearb. v. H. GÖRSCH. Bln. (Ost) 1967. – HOPSTER, N.: Das Frühwerk J. R. B.s. Bonn 1969. – ABUSCH, A.: Die Welt J. R. B.s. Arbeiten aus den Jahren 1926–1980. Bln. (Ost) 1981. – HAASE, H.: J. R. B., Leben u. Werk. Bln. (Ost) ²1987.

Becher, Ulrich, * Berlin 2. Jan. 1910, † Basel 15. April 1990, dt. Schriftsteller. – Studierte Jura und Graphik (bei G. Grosz), emigrierte 1933 (Wien, Schweiz, Frankreich, Spanien, Brasilien, New York), 1948 Rückkehr nach Europa, lebte in Basel. Seine erzähler. und dramat. Werke sind kritisch-realist., auch zeitsatirisch, voll von Leben und Abenteuern, was sich in seiner Vorliebe für entwurzelte Existenzen, die er ironisch und humorvoll darzustellen vermag, ausdrückt. In mehreren seiner Werke setzt er sich mit dem Schicksal der europ. Emigranten auseinander (›Samba‹, Dr., 1950); die in der Tradition des Wiener Volkstheaters stehende trag. Posse ›Der Bockerer‹ (1946; mit P. Preses) ist eine Satire auf die Hitlerzeit in Österreich.

Weitere Werke: Männer machen Fehler (En., 1932), Niemand (Dr., 1934), Nachtigall will zum Vater fliegen (Novellenzyklus, 1950), Feuerwasser (Trag., 1951), Mademoiselle Löwenzorn

Ulrich Becher

(Kom., 1954), Die Kleinen und die Großen (Posse, 1955), Kurz nach 4 (R., 1957), Der schwarze Hut (E., 1957), Das Herz des Hais (R., 1960), Ihre Sache, Madame (E., 1963), Murmeljagd (R., 1969), Das Profil (R., 1973), William's Ex-Casino (R., 1973), Die Ballade von Franz Patenkindt (1980), Vom Unzulänglichen der Wirklichkeit (En., 1983), Abseits vom Rodeo (Nov., hg. 1991).

Bechstein, Ludwig, * Weimar 24. Nov. 1801, † Meiningen 14. Mai 1860, dt. Schriftsteller. – Apothekerlehre, Studium der Philosophie, Geschichte und Literatur, war Bibliothekar, Archivar und Hofrat. Seine Gedichte und Erzählungen treten an Bedeutung weit hinter seine Leistung als Sammler und Hg. von Sagen und Märchen zurück.

Werke: Märchenbilder und Erzählungen (1829), Der Sagenschatz und die Sagenkreise des Thüringerlandes (4 Bde., 1835–38), Fahrten eines Musikanten (3 Tle., 1837), Dt. Märchenbuch (1845), Dt. Sagenbuch (1852), Neues dt. Märchenbuch (1856).

Ausgabe: L. B. Sämtl. Märchen. Vollständige Ausg. der Märchen B.s nach der Ausg. letzter Hand unter Berücksichtigung der Erstdrucke. Nachwort u. Anm. v. W. SCHERF. Mchn. 1985.

Beck, Béatrix [frz. bɛk], * Villars-sur-Ollon (Schweiz) 30. Juli 1914, frz. Schriftstellerin. – War 1950/51 Sekretärin A. Gides; röm.-kath. Konvertitin; schrieb den Arbeiterpriesterroman ›Léon Morin, Priester‹ (1952, dt. 1952; Prix Goncourt 1952). Autobiographisch sind ihre frühen Romane ›Barny‹ (1948, dt. 1953) und ›Der ordnungswidrige Tod‹ (1950, dt. 1953; beide zus. dt. 1956 u. d. T. ›Die Erde will uns wiederhaben‹). Sie entdeckte intensiver noch als zuvor in ›L'épouvante, l'émerveillement‹ (R.,

1977), ›Noli‹ (R., 1978) und ›La décharge‹ (1979) die an R. Queneau gemahnenden Möglichkeiten des Sprachspiels als Mittel zur Infragestellung einer unkritisch verinnerlichten diskursiven – und damit sozialen – Ordnung.

Weitere Werke: Des accommodements avec le ciel (R., 1954), Le muet (R., 1963), Cou coupé court toujours (R., 1967), Josée dite Nancy (R., 1981), L'enfant chat (R., 1984), Stella Corfou (R., 1988), Un(e) (R., 1989), Une liliputienne (R., 1993), Moi ou autres (En., 1994).

Beck, Karl Isidor, * Baja (Ungarn) 1. Mai 1817, † Während (heute zu Wien) 9. April 1879, österr. Schriftsteller. – Medizinstudium, unstetes Wanderleben. Stand als Lyriker und Epiker dem Jungen Deutschland und einem revolutionären Sozialismus nahe (›Nächte. Gepanzerte Lieder‹, Ged., 1838; ›Lieder vom armen Mann‹, Ged., 1846), eindrucksvolle Gestaltung von Ungarns Landschaft und Volkstum; schrieb den Text zum Strauß-Walzer ›An der schönen blauen Donau‹.

Weitere Werke: Jankó, der ungar. Roßhirt (Vers-R., 1840), Gedichte (1844), Juniuslieder (Ged., 1853).

Becker, Jurek, * Łódź 30. Sept. 1937, dt. Schriftsteller. – Lebte als Kind im Ghetto und im KZ; kam 1945 nach Berlin (Ost), wo er Deutsch lernte; studierte 1957–60 Philosophie, danach Drehbuchautor und freier Schriftsteller; protestierte öffentlich gegen den Ausschluß von R. Kunze aus dem Schriftstellerverband der DDR und gegen die Ausbürgerung von W. Biermann; lebte seit Ende 1977 mit einem befristeten Visum in Berlin (West). Große Bekanntheit erlangte er mit dem in mehrere Sprachen übersetzten Roman ›Jakob, der Lügner‹ (1969); zentrales Thema seiner Romane ist das Glücksverlangen des einzelnen, wobei die dargestellte Realität als Fiktion präsentiert wird. Mit der Tragik des Inhalts sind makabrer Humor und verspottende Ironie verbunden. Schreibt auch Drehbücher (u. a. für die Fernsehserie ›Liebling-Kreuzberg‹, 1986) und Kabaretttexte.

Weitere Werke: Irreführung der Behörden (R., 1973), Der Boxer (R., 1976), Schlaflose Tage (R., 1978), Nach der ersten Zukunft (En., 1980), Aller Welt Freund (R., 1982), Bronsteins Kinder (R., 1986), Warnung vor dem Schriftsteller.

3 Vorlesungen ... (1990), Amanda herzlos (R., 1992).
Literatur: J. B. Hg. v. I. HEIDELBERGER-LEONARD. Ffm. 1992.

Becker, Jürgen, * Köln 10. Juli 1932, dt. Schriftsteller. – Wechselnde Berufe; zeitweise Mitarbeiter beim Westdt. Rundfunk, Verlagslektor; war 1974–93 Leiter der Hörspielredaktion des Deutschlandfunks. Gehörte zur Gruppe 47; veröffentlichte nach ›Phasen‹ (Prosa, 1960; mit Typogrammen von W. Vostell) und ›Feldern‹ (Prosa, 1964) den Prosaband ›Ränder‹ (1968), in dem er in spröder Sprache die Grenzen, die Ränder subjektiver Wirklichkeitserfahrung erkundet; seine experimentelle Prosa zeigt weitgehende Abkehr von den traditionellen literar. Formen, ohne auf strengen Aufbau zu verzichten. Schrieb neben Gedichten auch Hörspiele, Filme und das Theaterstück ›Die Zeit nach Harriman‹ (1971).

Jurek Becker

Weitere Werke: Bilder, Häuser, Hausfreunde (Hsp.e, 1969), Umgebungen (Prosa, 1970), Eine Zeit ohne Wörter (Fotografien, 1971), Schnee (Ged., 1971), Das Ende der Landschaftsmalerei (Ged., 1974), Erzähl mir nichts vom Krieg (Ged., 1977), In der verbleibenden Zeit (Ged., 1979), Erzählen bis Ostende (Prosagedicht, 1981), Die Türe zum Meer (Prosa, 1983), Odenthals Küste (Ged., 1986), Das engl. Feuer (Ged., 1990), Foxtrott im Erfurter Stadion (Ged., 1993).
Literatur: Über J. B. Hg. v. L. KREUZER. Ffm. 1972. – JANSHEN, D.: Opfer u. Subjekt des Alltäglichen. Denkstruktur u. Sprachform in den Prosatexten J. B.s. Köln 1976. – MÜLLER-SCHWEFE, H.-U.: Schreib' alles. Zu J. B.s ›Rändern‹, ›Feldern‹, ›Umgebungen‹; ... Mchn. 1977.

Becker, Knuth [dän. 'bɛgər], * Hjør-ring 21. Jan. 1891, † Vår bei Ålborg 30. Okt. 1974, dän. Schriftsteller. – Zunächst Schmied und Mechaniker; begann mit sozialkrit. Gedichten und dem Schauspiel gegen die bürgerl. Scheinmoral ›I som præker‹ (1922); sein Hauptwerk ist die unvollendete Reihe sechs autobiographisch geprägter ›Romanen om Kai Gøtsche‹ mit den Einzeltiteln ›Das tägl. Brot‹ (1932, dt. 1948), ›Verden venter‹ (2 Bde., 1934), ›Uroligt forår‹ (3 Bde., 1938/39), ›Når toget kører‹ (2 Bde., 1944), ›Marianne‹ (1956), ›Huset‹ (1961, unvollendet); gleichzeitig mit der Haupthandlung wird mit scharfer Kritik an kulturellen und ökonom. Verhältnissen ein Bild von der polit., sozialen und wirtschaftl. Entwicklung Dänemarks gezeichnet.

Becker, Nikolaus, * Bonn 8. Okt. 1809, † Hünshoven (heute zu Geilenkirchen) 28. Aug. 1845, dt. Dichter. – Studierte Jura; 1838 Auskultator in Köln, dann Schreiber bei einem Friedensgericht; dichtete 1840 das seinerzeit populäre sog. ›Rheinlied‹ (›Sie sollen ihn nicht haben‹), das A. de Lamartine mit seiner ›Friedensmarseillaise‹ (1841) beantwortete.

Beckett, Samuel [engl. 'bɛkɪt], * Dublin 13. April 1906, † Paris 22. Dez. 1989, ir.-frz. Schriftsteller. – Studierte in Dublin Romanistik und neuere Literatur; war 1928–30 Lektor für Englisch an der École normale supérieure in Paris (Bekanntschaft mit J. Joyce), dann Dozent für Französisch in Dublin (1930–32); lebte 1933–36 in London, ehe er sich 1937 in Frankreich niederließ. Verfasser von Erzählprosa, Dramatik (Stücke, Hör- und Fernsehspiele) und Lyrik, teils in engl., teils in frz. Sprache; wiederholt auch Tätigkeit als Regisseur. Erhielt 1969 den Nobelpreis für Literatur. – B.s Werke spiegeln seine Überzeugung von der Absurdität des menschl. Daseins und damit das Endzeitbewußtsein des 20. Jh. wider. Kennzeichnend für B. ist dabei das Prinzip der Reduktion, das sich in der Erzählprosa als Rückzug der Protagonisten aus der Umwelt ins eigene Innere äußert, so in ›Mehr Prügel als Flügel‹ (engl. 1934, dt. 1986), ›Murphy‹

(engl. 1938, frz. 1947, dt. 1959), ›Watt‹ (R., engl. 1953, frz. 1968, dt. 1970), und der Romantrilogie ›Molloy‹ (frz. 1951, dt. 1954), ›Malone stirbt‹ (frz. 1951, engl. 1956, dt. 1958) und ›Der Namenlose‹ (frz. 1953, dt. 1959). Alle beschriebenen Vorgänge und Personen werden zu Abspaltungen des Ichs der jeweiligen Hauptfigur. Statt der Möglichkeit einer Identitätsbestimmung tritt so eine Entpersönlichung der Figuren ein, die sich fortsetzt über die monologartigen ›Erzählungen und Texte um Nichts‹ (frz. 1955, dt. 1962, engl. 1967) bis zum Dialog verschiedener Aspekte des Ich in ›Gesellschaft. Eine Fabel‹ (engl. 1980, frz. 1980, engl., frz. und dt. 1981), wo B. Autobiographisches mit Anspielungen auf das eigene Werk verbindet, um den Raum der schöpfer. Phantasie abzustecken. Im Drama werden diese inneren Projektionen auf der Bühne als farcenhafte Schwundstufen menschl. Existenz sichtbar, die sich allmählich dem Nichts annähern. Die Entwicklung verläuft dabei von den an einen Ort fixierten Figuren in ›Warten auf Godot‹ (frz. 1952, dt.

Samuel
Beckett

1953, engl. 1954), B.s bekanntestem Stück, sowie in ›Endspiel‹ (frz. 1957, dt. 1957, engl. 1958) und ›Glückliche Tage‹ (engl. 1961, dt. 1962, frz. 1963) über die an Krüge gefesselten Restfiguren in ›Spiel‹ (dt. 1963, engl. und frz. 1964), den sprechenden Mund in ›Nicht Ich‹ (engl. und dt. 1973, frz. 1975) sowie den sprechenden Kopf in ›Damals‹ (engl. 1974, dt. 1976) bis zur Extremform des 30-Sekunden-Stücks ›Atem‹ (engl. UA 1970,

engl. Ausgabe 1971, dt. 1970, frz. 1971). Mit der radikalen Darstellung des allmähl. Erlöschens aller zu isolierten, zusammenhanglosen Einzeläußerungen herabgesunkenen menschl. Ausdrucksmöglichkeiten, vom Handeln über die Bewegungsfähigkeit bis zum Denken, Fühlen und Sprechen, hat B. die literar. Entwicklung entscheidend beeinflußt.
Weitere Werke: Gedichte (dt. Ausw. 1959), Das letzte Band (Dr., engl. 1959, dt. 1959), Kommen und Gehen (Dr., engl. 1966, frz. 1966, dt. 1966), Residua (Prosadichtungen, frz., engl. und dt. 1970), Der Verwaiser (Prosa, frz. 1971, dt. 1972), Um abermals zu enden u. a. Durchgefallenes (Prosa, engl. 1976, dt., engl. und frz. 1978), Stücke und Bruchstücke (dt., frz. und engl. 1978), Schlecht gesehen, schlecht gesagt (Prosa, frz. 1981, dt. und frz. 1983), Drei Gelegenheitsstücke (engl. und dt. 1983), Was Wo (Stück, engl. 1983, dt. 1984), Stirrings Still. Immer noch nicht mehr. Soubresauts (Prosa, 1988, engl., dt. und frz. 1991), Nohow on (Prosa, 1989).
Ausgabe: S. B. Werke. Hg. v. E. TOPHOVEN u. K. BIRKENHAUER. Ffm. 1976–86. 10 Bde. u. Suppl.-Bd.
Literatur: COHN, R.: S. B. The comic gamut. New Brunswick (N. J.) 1962. – KENNER, H.: S. B. Eine krit. Studie. Dt. Übers. Mchn. 1965. – S. B. The critical heritage. Hg. v. L. GRAVER u. R. FEDERMAN. London 1979. – COHN, R.: Just play. B.'s theater. Princeton (N. J.) 1980. – KNOWLSON, J./PILLING, J.: Frescoes of the skull. The later prose and drama of S. B. New York 1980. – SIMON, A.: S. B. Paris 1983. – RABINOVITZ, R.: The development of S. B.'s fiction. Champaign (Ill.) 1984. – S. B. Hg. v. H. ENGELHARDT. Ffm. 1984. – S. B. in Berlin. Zum 80. Geburtstag. Hg. v. K. VÖLKER. Bln. 1986. – KENNEDY, A. K.: S. B. Cambridge 1989. – KALB, J.: B. in performance. Cambridge 1989. – BIRKENHAUER, K.: S. B. Rbk. 36.–38. Tsd. 1990. – MERCIER, V.: B., B. The classic study of a modern genius. Neuausg. London 1990. – BAIR, D.: S. B., eine Biographie. Dt. Übers. Neuausg. Rbk. 1994.

Beckford, William [engl. 'bɛkfəd], * Fonthill (Wiltshire) 1. Okt. 1760, † Bath 2. Mai 1844, engl. Schriftsteller. – Unternahm weite Reisen, die er in Tagebüchern festhielt (u. a. ›Dreams, waking thoughts and incidents‹, 1783). Berühmtheit erlangte er durch ›Vathek‹, eine arab. Erzählung‹ (dt. 1788), die als herausragendes Beispiel der Schauerliteratur (↑Gothic novel) Exotisches, Dämonisches und Phantastisches teils komischironisch, teils ernsthaft darstellt. Die engl. Übersetzung des in frz. Sprache ver-

faßten Werks erschien ohne Wissen des Autors bereits 1786 (übersetzt von S. Henley), ein Jahr vor der frz. Ausgabe. Die zu der Erzählung gehörenden ›Episoden‹ wurden 1909/10 (engl. 1912, dt. 1964) veröffentlicht.
Ausgaben: The travel diaries of W. B. Hg. v. G. CHAPMAN. Cambridge 1928. – W. B. Vathek. Hg. v. M. LÉOY. Paris 1981.
Literatur: OLIVER, J. W.: The life of W. B. London 1932. – PARREAUX, A.: W. B., auteur de ›Vathek‹. Paris 1960. – LEES-MILNE, J.: W. B. Tisbury 1976. – FOTHERGILL, B.: B. of Fonthill. London 1979.

Beckman, Erik, * Vänersborg 23. April 1935, schwed. Schriftsteller. – Schreibt experimentelle Lyrik und Prosa, in der wortmusikal. Improvisation wie sozialkrit. Engagement von bes. Bedeutung sind.
Werke: Farstu (Ged., 1963), Någon något (R., 1964), Kameler dricker vatten (R., 1971), Sakernas tillstånd (Textbuch, 1973), Tumme (Ged., 1974), Jag känner igen mig (R., 1977), Kärleksgubbar (Ged., 1981), Kommunalrådet cyklar förbi (R., 1982), Katt och sten (R., 1984).

Beckmesser (Peckmesser, Bekmeserer), Sixt[us], * um 1500, † vor 1539 (?), Nürnberger Meistersinger. – Messerschmied; einer der von H. Sachs erwähnten 12 älteren Meister der Nürnberger Singschule. Von B.s Texten ist nur das Neujahrsgedicht ›Freut euch, ir werden cristenleut‹ erhalten, seine Melodien waren bis ins 17. Jh. beliebt.
Literatur: ROSENFELD, H.: Der histor. S. B. u. der Meistergesang (mit Textabdruck). In: Euphorion 47 (1953), S. 271.

Becque, Henry François [frz. bɛk], * Paris 9. April 1837, † ebd. 12. Mai 1899, frz. Schriftsteller. – Demonstriert in seinen Dramen ›Die Raben‹ (1882, dt. 1967) und ›Die Pariserin‹ (1885, dt. 1895), wie unter dem Schein der Sittlichkeit Unmoral, Begehrlichkeit und Materialismus wuchern. Lebensechte Charaktere und Dialoge, straffe Führung der Handlung machten ihn zum Vorläufer des naturalist. Dramas. Auch Gedichte und theoret. Schriften.
Weitere Werke: L'enfant prodigue (Dr., 1868), La navette (Kom., 1878), Les honnêtes femmes (Kom., 1880), Querelles littéraires (Essays, 1890), Souvenirs d'un auteur dramatique (1895).
Ausgabe: H. F. B. Œuvres complètes. Paris 1924–26. 7 Bde. Nachdr. Genf 1979. 3 Bde.

Literatur: DESCOTES, M.: H. B. et son théâtre. Paris 1962. – HYSLOP, L. B.: H. B. New York 1972.

Bécquer, Gustavo Adolfo [span. 'bekɛr], eigtl. G. A. Domínguez Bastida, *Sevilla 17. Febr. 1836, † Madrid 22. Dez. 1870, span. Dichter. – Sollte Maler werden, wandte sich jedoch bald der Literatur zu; ab 1854 in Madrid, wo er in dürftigen Verhältnissen lebte und an Tuberkulose starb. Bed. spätromant. Lyriker und Novellist der span. Literatur des 19. Jh. mit Anklängen an die altspan. Romanzendichtung, an H. Heine und E. T. A. Hoffmann. B. beeinflußte u. a. R. Darío und J. R. Jiménez.

Werke: Cartas literarias a una mujer (Briefe, 1860/61), Cartas desde mi celda (Briefe, 1864), Legenden (En., hg. 1871, dt. 1907, 1982 auch u. d. T. Die grünen Augen. Phantasiestücke), Rimas (Ged., hg. 1871, dt. 1893 u. d. T. Span. Lieder, auch u. d. T. Gedichte).
Ausgabe: G. B. Obras completas. Hg. v. J. u. S. ÁLVAREZ QUINTERO. Madrid ¹¹1964.
Literatur: BROWN, R.: B. Barcelona 1963. – ALONSO PEDRAZ, M.: Segundo estilo de B. Madrid 1972. – MÚGICA, R.: G. A. B. Madrid 1972. – VILLACANAS, J. A.: B. o la poesía de todos. Toledo 1975. – G. A. B. Hg. v. R. P. SEBOLD. Madrid 1982.

Beda (Bâeda), genannt B. Venerabilis [lat. = der Ehrwürdige], hl., *auf dem Territorium des späteren Klosters Wearmouth (gegr. 674, heute in Sunderland, Durham) 672/673, † Kloster Jarrow bei Newcastle upon Tyne 26. Mai 735, ags. Theologe und Geschichtsschreiber. – Wurde seit früher Jugend im Kloster Wearmouth erzogen, wechselte später in das Kloster Jarrow über, wo er bis zu seinem Tode als Lehrer und Schriftsteller tätig war. B.s umfangreiches Gesamtwerk nimmt einen wichtigen Platz in der abendländ. Bildungstradition ein. Er schrieb für den Schulgebrauch Abhandlungen über Metrik, Rhetorik, Orthographie und Naturlehre (›De natura rerum‹). Zwei Handbücher über Chronologie (›Liber de temporibus‹ und ›De temporum ratione‹), denen eine Chronik angehängt ist, waren grundlegend für die mittelalterl. Zeitrechnung. Den Ehrennamen ›Vater der engl. Geschichtsschreibung‹ erwarb er sich mit seinem Hauptwerk ›Historia ecclesiastica gentis Anglorum‹, das die Geschichte Englands von der Eroberung durch Cäsar bis zum Jahre 731 behandelt. Es bildet die Basis für die gesamte engl. Chronistik des Mittelalters. Seine theolog. Werke (Bibelkommentare) beruhen auf der allegorisch-moralisierenden Patristik. B., der zu den geistigen Vätern der karoling. Renaissance gehört, wurde 1899 zum Kirchenlehrer erklärt.
Ausgaben: The complete works of the Venerable B. Lat. u. engl. Übers. Hg. v. J. A. GILES. London 1843–44. 12 Bde. – Bede. Opera historica. Hg. v. C. PLUMMER. Oxford 1896. 2 Bde. in 1 Bd. Teilweiser Neudr. 1948. – Venerable Bede. Ecclesiastical history of the English people. Hg. v. B. COLGRAVE u. R. A. MYNORS. Oxford 1969.
Literatur: THOMPSON, A. H.: Bede, his life, times and writings. Oxford 1935. – WALLACE-HADRILL, J. M.: Bede's Ecclesiastical history of the English people. A historical commentary. Oxford 1988. – BLAIR, P. H.: The world of Bede. London ²1990.

Beddoes, Thomas Lovell [engl. 'bɛdoʊz], *Clifton 20. Juli 1803, † Basel 26. Jan. 1849, engl. Dichter. – Arzt, lebte ab 1825 meist in Deutschland und in der Schweiz. Erkannte als einer der ersten P. B. Shelleys Bedeutung und eiferte ihm nach; verband in seiner Lyrik Leidenschaft und Gedankenreichtum mit Melancholie; seine z. T. lyr. Dramen erhielten Anregungen vom elisabethan. Drama; Hauptwerk ist das Blankversdrama ›Death's jest book‹ (entst. ab 1825, hg. 1850).
Ausgabe: Th. L. B. The works. Hg. v. H. W. DONNER. London 1935.
Literatur: DONNER, H. W.: Th. L. B. The making of a poet. Oxford 1935.

Bedford, Sybille [engl. 'bɛdfəd], *Berlin 16. März 1911, engl. Schriftstellerin. – Das soziohistor. Interesse der Autorin zeigt sich in ihrer Mitarbeit bei verschiedenen Zeitungen und Zeitschriften, u. a. als Gerichtsreporterin, sowie in ihren Reiseberichten (›Zu Besuch bei Don Otavio‹, 1953, dt. 1967). Diese Neigung schlägt sich auch in ihren Romanen nieder, in denen – ähnlich wie bei H. James – die durch den jeweiligen kulturgeschichtl. Hintergrund geprägten Charaktere zur Gegenüberstellung von Unschuld und Korruption dienen (›Das Legat‹, 1956, dt. 1964; ›Ein Liebling der Götter‹, 1963, dt. 1965; ›Kursabweichung‹, 1968, dt. 1969; ›Zeitschatten‹, 1989, dt. 1992). Außerdem schrieb B.

>Aldous Huxley. A biography< (2 Bde., 1973/74).

Bednár, Alfonz [slowak. 'bɛdnaːr], *Rožňová Neporadza 13. Okt. 1914, slowak. Erzähler. – Gymnasiallehrer; nach 1945 Lektor, Redakteur und Übersetzer (aus dem Englischen und Amerikanischen); zu seinen Themen gehören Kriegs- und Nachkriegszeit; z. T. formale Experimente; auch Filmautor.

Werke: Sklený vrch (= Der gläserne Berg, R., 1954), Stunden und Minuten (Nov.n, 1956, dt. 1969), Cudzí (= Die Fremden, E., 1960), Za hrst' drobných (= Für eine Handvoll Kleingeld, R.-Zyklus, 3 Bde., 1970–81).

Bedny (tl.: Bednyj), Demjan [russ. 'bjɛdnɨj], eigtl. Jefim Alexejewitsch Pridworow, *Gubowka (Gouv. Cherson) 13. April 1883, † Moskau 25. Mai 1945, russ.-sowjet. Schriftsteller. – Agitator der bolschewist. Partei im Bürgerkrieg; erzielte als offizieller Dichter der UdSSR hohe Auflagen. Den Mangel an dichter. Niveau im Vergleich zu W. W. Majakowski ersetzte er in seinen Propagandadichtungen durch rhetor. Pathos. Oft gelangen ihm einprägsame, bildhafte Darstellungen. Er bevorzugte Fabel, Satire und Pamphlet.

Bedreddin, Scheich [türk. bɛdrɛ'din], *Simav bei Edirne 1358, † Serrä (Makedonien) 1416, türk. Mystiker und Theologe. – Beeinflußte durch sozialutop. Lehren und Schriften für Jahrhunderte Gruppen sozial und wirtschaftlich Unzufriedener im Osmanischen Reich; wurde als religiöser Schwärmer und Sozialrebell nach einer Revolte seiner Anhänger hingerichtet. B. verfaßte mehr als 50 Werke in der Gelehrtensprache seiner Zeit, dem Arabischen, darunter als bedeutendstes die >Vâridât< (= Eingebungen, türk. hg. 1979).

Bedregal de Conitzer, Yolanda [span. beðre'ɣal de konit'sɛr], *La Paz 17. Aug. 1916, bolivian. Schriftstellerin. – Prof. für Kunstgeschichte, u. a. an der Univ. von La Paz. In ihrer Lyrik verschmelzen Religiosität, indian. Folklore und soziale Kritik. Ihr von lyr. Passagen durchzogener Roman >Bajo el oscuro sol< (1971) reflektiert die Geschichte Boliviens im Rahmen der Lebensgeschichte einer jungen Frau.

Weitere Werke: Almadía (Ged., 1942), Nadir (Ged., 1950), El cántaro del angelito (Ged., 1979).

Beecher-Stowe, Harriet [engl. 'biːtʃə'stoʊ], amerikan. Schriftstellerin, † Stowe, Harriet [Elizabeth] Beecher.

Beer, Johann, Pseudonyme Jan Rebhu, Wolfgang von Willenhag u. a., *Sankt Georgen im Attergau (Oberösterreich) 28. Febr. 1655, † Weißenfels 6. Aug. 1700 (Jagdunfall), österr. Dichter, Komponist und Zeichner. – Vielseitig begabt, studierte in Leipzig Theologie und war seit 1676 als Hofmusikus, Konzertmeister und Bibliothekar im Dienst des Herzogs von Sachsen-Weißenfels. Als volkstüml. Erzähler wird er oft mit J. J. Ch. von Grimmelshausen verglichen; unerschöpfl. Erzählfreude, große Erfindungsgabe kennzeichnen ihn, keine didakt. Absichten, keine Regeln engen ihn ein. Sein Hauptwerk >Zendorii à Zendoriis Teutschen Winter-Nächte< (1682) mit der Fortsetzung >Die kurtzweiligen Sommer-Täge< (1683), zeigt Einflüsse von Grimmelshausen und doch österr. Atmosphäre. B., der sich zeitlebens hinter Pseudonymen versteckt hatte, wurde erst von R. Alewyn (1932) wiederentdeckt; die von Alewyn grundlegend begonnene Zuweisung der Werke ist bis heute nicht endgültig abgeschlossen. B. war auch Verfasser musiktheoret. Schriften (seine Kompositionen sind fast alle verloren); einige seiner Texte schmückte er mit Illustrationen, die er auch selbst in Holz schnitt.

Weitere Werke: Der Symplicianische Welt-Kucker ... (R., 4 Tle., 1677–79), Printz Adimantus ... (R., 1678), Der Abentheuerliche ... Ritter Hopffen-Sack von der Speckseiten (R., 1680), Des berühmten Spaniers Francisci Sambelle wolauspolirte Weiber-Hächel (R., 1680), Der Berühmte Narren-Spital (R., 1681), Dt. Epigrammata (1691), Der kurtzweilige Bruder Blau-Mantel (R., 1700), Der verkehrte Staats-Mann ... (R., 1700), Der Verliebte Österreicher (R., 1704).

Ausgaben: J. B. Sein Leben, von ihm selbst erzählt. Hg. v. A. SCHMIEDKE. Gött. 1965. – J. B. Sämtl. Werke. Hg. v. F. van INGEN u. H.-G. ROLOFF. Bern u. a. 1981 ff.

Literatur: ALEWYN, R.: J. B. Habil. Lpz. 1932. – KREMER, M.: Die Satire bei J. B. Diss. Köln 1964. – MÜLLER, JÖRG J.: Studien zu den Willenhag-Romanen J. B.s. Marburg 1965. – HARDIN, J.: J. B.: Eine beschreibende Bibliographie. Bern u. Mchn. 1983.

Beer, Michael, * Berlin 19. Aug. 1800,
† München 22. März 1833, dt. – Dramatiker. – Bruder des Komponisten G. Meyerbeer; vom Humanitätsideal der Klassik
angeregt, trat er mit der Tragödie ›Der
Paria‹ (1826), die auch Goethes Beifall
fand, für die Emanzipation der Juden
ein.
Weitere Werke: Die Bräute von Arragonien
(Trag., 1823), Klytemnestra (Trag., 1823),
Struensee (Trag., 1829).

Beer, Otto F[ritz], * Wien 8. Sept.
1910, österr. Schriftsteller. – Studium der
Musikwissenschaft; Kritiker und Jour-
nalist. Schrieb Romane und Erzählungen
aus der Welt des Theaters (›Kulissen der
Welt‹, 1938; ›Ich, Rodolfo, Magier‹,
1965), Komödien, Hörspiele, Überset-
zungen.
Weitere Werke: Hotel Zugvogel (R., 1948),
Zehnte Symphonie (R., 1952), Wiedersehen in
Meran (R., 1953), Christin-Theres (R., 1967),
Der Fenstergucker (En., 1974), Einladung nach
Wien (1977).

Beerbohm, Sir (seit 1939) Max [engl.
'bɪəboʊm], * London 24. Aug. 1872, † Rapallo (Italien) 20. Mai 1956, engl. Schriftsteller und Karikaturist. – Gehörte im
ausgehenden 19. Jh. zu den ›neuen Dan-
dies‹ um O. Wilde, war Theaterkritiker in
London; lebte ab 1910 in Rapallo. Seine
geschliffenen, witzigen Essays und Kurzgeschichten, seine glänzenden Parodien
(›The Christmas garland‹, 1895) und der
parodist. Roman ›Suleika Dobson‹
(1911, dt. 1987) reflektieren die kulturelle
Umbruchstimmung des Fin de siècle.
Veröffentlichte auch mehrere Bände Ka-
rikaturen.
Weitere Werke: The works of M. B. (Essays,
1896), Der zärtl. Betrüger (Parabel, 1897, dt.
1957), More (Essays, 1899), Yet again (Essays,
1909), Around theatres (Essays, 2 Bde., 1924), A
variety of things (Essays, 1928), Mainly on the
air (Essays, 1946).
Literatur: RIEWALD, J. G.: Sir M. B., man and
writer. Den Haag 1953. – DANSON, L.: M. B. and
the act of writing. Oxford 1989.

Beer-Hofmann, Richard, * Wien
11. Juli 1866, † New York 26. Sept. 1945,
österr. Schriftsteller. – Jurastudium; befreundet mit Th. Herzl und H. von Hofmannsthal. 1939 Emigration in die
Schweiz, dann in die USA. Förderer der
zionist. Bewegung. Mit ›Schlaflied für
Mirjam‹ (Ged., 1919) wurde er bekannt.

Sein Hauptwerk ist ›Die Historie von
König David‹, eine Dramentrilogie, die
unvollendet blieb (es erschienen nur das
Vorspiel ›Jaákobs Traum‹, 1918, und der
erste Teil ›Der junge David‹, 1933). Seine
Stoffe schöpfte er v. a. aus der Bibel. Aus
der Vereinzelung der Décadence sucht
er eine Erneuerung des Lebensgefühls
durch den Mythos. In der Erzählung
›Der Tod Georgs‹ (1900) findet der in-
nere Monolog bereits Verwendung.
Weitere Werke: Novellen (1893), Der Graf von
Charolais (Trag., 1904), Verse (1941), Herbst-
morgen in Österreich (1944), Paula (autobio-
graph. Fragment, hg. 1949).
Ausgaben: Hugo von Hofmannsthal und
R. B.-H. Briefwechsel. Hg. v. R. HIRSCH u.
E. WEBER. Ffm. 1972. – Große R.-B.-H.-Ausg.
Hg. v. G. HELMES. Paderborn 1993 ff. (auf 6 Bde.
ber.).
Literatur: OBERHOLZER, O.: R. B.-H. Werk u.
Weltbild des Dichters. Bern 1947. – HANK, R.:
Mortifikation u. Beschwörung. Zur Verände-
rung ästhet. Wahrnehmung in der Moderne am
Beispiel des Frühwerkes R. B.-H.s. Ffm. 1984. –
MAYER, ANTON: R. B.-H. u. das Wien des Fin de
Siècle. Biogr. u. Werkausw. Wien 1993. – PE-
TERS, U.: R. B.-H. Zum jüd. Selbstverständnis ...
Ffm. u. a. 1993. – R. B.-H. (1866–1945). Studien
zu seinem Werk. Hg. v. N. O. EKE u. a. Wzb.
1993.

Beers, Jan van, * Antwerpen 22. Febr.
1821, † ebd. 14. Nov. 1888, fläm. Dichter. – Aktiv in der Flämischen Bewegung; bedeutendste Übergangsfigur zwischen Romantik und Realismus.
Werke: De bestedeling (Epos, 1868), Begga
(Epos, 1868), Rijzende blaren (Ged., 1884).

Beets, Nicolaas, Pseudonym Hilde-
brand, * Haarlem 13. Sept. 1814, † Utrecht 13. März 1903, niederl. Schriftsteller. – Zunächst Pfarrer, 1874 Prof. der
Theologie in Utrecht; seine ersten Gedichte stehen unter dem Einfluß Lord
Byrons, den er ins Niederländische übersetzte; meisterhaft gelungen sind seine
von Ch. Dickens beeinflußten humorvollen, realist., z. T. spött. Prosaskizzen
des kleinbürgerl. niederl. Alltags, die er
u. d. T. ›Camera obscura‹ (1839, erweitert
1851, z. T. dt. 1839 und 1866) herausgab;
Erläuterungen dazu u. d. T. ›Na vijftig
jaar‹ (1887).
Literatur: RIJN, G. VAN/DEETMAN, J. J.: N. B.
Rotterdam 1916–20. 3 Bde. in 1 Bd. – DUINKER-
KEN, A. VAN: N. B. In: DUINKERKEN: Het tweede
plan. Amsterdam 1945.

Beffroy de Reigny, Louis Abel [frz. bɛfrwadrɛ'ɲi], *Laon (Aisne) 6. Nov. 1757, †Paris 17. Dez. 1811, frz. Schriftsteller. – Schrieb, meist unter dem Pseudonym ›Le Cousin Jacques‹, erfolgreiche Komödien und Farcen (u. a. ›Nicodème dans la lune ou la révolution pacifique‹, 1791; ›Turlututu, empereur de l'île verte‹, 1797). Die Anspielungen auf politische Zeitereignisse brachten ihn, vor allem in der Zeit von 1792–95, oft in Schwierigkeiten.

Beglaubigung, Stilmittel, das dem Leser die Realität des im literar. Werk Erzählten glaubhaft machen soll. Dies kann u. a. durch die Ichform oder die Berufung auf eine [fiktive] Quelle versucht werden.

Begović, Milan [serbokroat. 'bɛːgɔvitɕ], *Vrlika (Dalmatien) 19. Jan. 1876, †Zagreb 13. Mai 1948, kroat. Schriftsteller. – Zunächst Lehrer; von 1909 an Dramaturg in Hamburg, Wien, schließlich in Zagreb. Übersetzer italien. und dt. Dichtung. Von S. Freuds Erkenntnissen angeregt, schrieb er neben leichteren, bühnenwirksamen Dramen auch psychoanalyt. Problemstücke. Seine nach italien. Vorbild formbewußte Gedichtsammlung ›Knjiga Boccadoro‹ (1900) wurde von der älteren Dichtergeneration angegriffen. B. erschloß auch der Prosa neue sprachl. Möglichkeiten.
Weiteres Werk: Pustolov pred vratima (= Ein Abenteurer vor der Tür, Tragikomödie, 1926).

Béguin, Albert [frz. be'gɛ̃], *La Chaux-de-Fonds 17. Juli 1901, †Rom 3. Mai 1957, schweizer. Literarhistoriker und Schriftsteller. – War 1937–46 Prof. in Basel; übernahm 1950 nach dem Tod E. Mouniers die Leitung der Monatsschrift ›Esprit‹ in Paris; veröffentlichte in frz. Sprache eine Reihe von Essays und literaturwiss. Arbeiten (u. a. ›Traumwelt und Romantik‹, 2 Bde., 1937, dt. 1972; ›Léon Bloy, l'impatient‹, 1944; ›Georges Bernanos in Selbstzeugnissen und Bilddokumenten‹, 1949, dt. 1958; ›Blaise Pascal in Selbstzeugnissen und Bilddokumenten‹, 1952, dt. 1959); auch Übersetzer dt. Dichter des 19. Jh. (L. Tieck, E. T. A. Hoffmann, Jean Paul, G. Büchner, E. Mörike u. a.).

Weitere Werke: Création et destinée (Essays, hg. 1973), La réalité du rêve (Essays, hg. 1974).
Literatur: LEMKE, G.: Unterss. zu Zitat u. Zitiermethode im Werk des Literaturkritikers A. B. Bern u. Ffm. 1973. – GROTZER, P.: Les archives A. B. Inventaire. Neuenburg 1975. – GROTZER, P.: A. B. ou la passion des autres. Neuenburg 1977. – GROTZER, P.: Existence et destinée d'A. B. Neuenburg 1977.

Behaim, Michael, dt. Dichter, ↑Beheim, Michael.

Brendan Behan

Behan, Brendan [engl. 'biːən], eigtl. Breandan O'Beachain, *Dublin 9. Febr. 1923, †ebd. 20. März 1964, ir. Schriftsteller. – Patriot. und religiöses Elternhaus; zunächst Anstreicher, später freier Journalist; langjährige Haft wegen Teilnahme an der ir. Aufstandsbewegung. B.s sozialkrit. Dramen sind durch episodenhafte, sprachlich genaue Milieubeschreibung und durch die Mischung von Tragischem und Komischem gekennzeichnet, wobei der Bezug zu S. O'Casey und zur Tradition der Music hall sowie die Zusammenarbeit mit J. M. Littlewoods (*1914) Theatre Workshop entscheidenden Einfluß ausübten. B.s dramat. Werk entwickelte sich vom Realismus in ›Der Mann von morgen früh‹ (1956, dt. 1962, auch u. d. T. ›Der Spaßvogel‹), einem Stück über das Gefängnisleben vor einer Hinrichtung, bis zur Phantastik in ›Richards Korkbein‹ (hg. 1973, dt. 1977), das Episoden um Sexualität, Tod und Politik miteinander verbindet. Das die Unterbringung einer polit. Geisel in einem Bordell thematisierende Drama ›Die Geisel‹ (ursprüngl. gäl. ›An giall‹, 1958, engl. 1958, dt. 1962) nimmt dabei eine Zwischenstellung ein. Daneben schrieb B. die 1958 für die Bühne adaptierten Hörspiele ›Ein Gutshaus in Irland‹ (1957, dt. 1962), ›A garden party‹ (erschienen 1967) und ›Moving out‹ (erschienen 1967) sowie Gedichte, Erzählungen und eine Autobiographie (›Borstal Boy‹ 1958, dt. 1963; ›Bekenntnisse eines ir. Rebellen‹, 2. Teil, hg. 1966, dt. 1978).

Ausgaben: B. B. The complete plays. Introduction by A. SIMPSON, bibliography by E. H. MIKHAIL. London 1978. – The letters of B. B. Hg. v. E. H. MIKHAIL. Basingstoke 1992. **Literatur:** GERDES, P. R.: The major works of B. B. Bern u. Ffm. 1973. – KEARNEY, C.: The writings of B. B. Dublin 1977. – KAESTNER, J.: B. B. Das dramat. Werk. Ffm. u. a. 1978. – The art of B. B. Hg. v. E. H. MIKHAIL. New York 1979. – MIKHAIL, E. H.: B. B. An annotated bibliography of criticism. London u. a. 1980.

Beheim (Behaim), Michael, * Sülzbach bei Heilbronn 27. Sept. 1416, † ebd. zwischen 1474 und 1478 (ermordet), dt. Dichter. – Lieder- und Chronikdichter, kam im Dienst verschiedener Fürsten durch weite Teile Europas; zuletzt Schultheiß in Sülzbach. Schrieb die Reimchroniken ›Buch von der Stadt Triest‹, ›Pfälzische Reimchronik‹ und ›Buch von den Wienern‹, ferner Lieder im Stil des frühen Meistersangs (religiöse, kunsttheoret. Lieder), polit. Lieder und Liebeslieder.

Ausgabe: Die Ged. des M. B. Hg. v. H. GILLE u. I. SPRIEWALD. Bln. 1968–72. 3 Bde. in 4 Bden.

Beheim-Schwarzbach, Martin, * London 27. April 1900, † Hamburg 7. Mai 1985, dt. Schriftsteller. – 1939–46 in London, dann als Journalist und Redakteur wieder in Hamburg. B.-Sch. erzählt in einfacher Sprache von einfachen Menschen, von Kindern, Heiligen und Abenteurern. Neben Märchenhaftem findet sich Mystisches, aber auch durchaus reale Alltagswelt. B.-Sch. veröffentlichte auch Lyrik, Biographien und Übersetzungen.

Werke: Die Runen Gottes (En., 1927), Die Michaelskinder (R., 1930), Die Herren der Erde (R., 1931), Der Gläubiger (R., 1934), Die Krypta (Ged., 1935), Die Verstoßene (R., 1938), Der dt. Krieg (Epos, 1946), Gleichnisse (En., 1948), Der Unheilige oder Die dieb. Freuden des Herrn von Bißwange-Haschezeck (R., 1948), Die Geschichten der Bibel (1952), Die Insel Matupi (Kindheitserinnerungen, 1955), Das kleine Fabulatorium (En., 1959), Der Mitwisser (R., 1961), Der Stern von Burgund (R., 1961), Lächeln überm Schachbrett (Anekdoten, 1967), Schatzinseln – Zauberberge (En., 1970), Der Liebestrank (Ged., 1975), Das Mirakel (En., 1980), Und doch hast du gelacht (Kurzprosa, 1981), Soso, spricht der liebe Gott (Nov.n, 1983).

Literatur: M. B.-Sch. Bibliogr. Hg. v. J. MAASS u. R. MAACK. Hamb. 1968.

Behn, Aph[a]ra [engl. bɛɪn, bɛn], ≈ Wye (Kent) 10. Juli 1640, † London 16. April 1689, engl. Schriftstellerin. – Wuchs vermutlich in Surinam auf; lebte nach ihrer Rückkehr 1658 meist in London und war nach dem Tod ihres Mannes 1666 zeitweilig als Geheimagentin für Karl II. tätig. B. gilt als erste engl. Berufsschriftstellerin. Sie verfaßte bühnenwirksame, frivole Intrigenkomödien im Stil der Comedy of manners, wie ›The Dutch lover‹ (1673) und ›The rover; or, the banish't cavaliers‹ (1677, 2. Tl. 1681). In ihren Erzählungen und Romanen betonte sie die Empfindsamkeit und nahm in dem Sklavenroman ›Oroonoko oder Die Geschichte des königl. Sklaven‹ (1688, dt. 1966, 1709 u. d. T. ›Lebens- und Liebes-Geschichte des königl. Sklaven Oroonoko in West-Indien‹) J.-J. Rousseaus Auffassung vom edlen Wilden vorweg.

Ausgaben: The works of A. B. Hg. v. M. SUMMERS. London 1915. Nachdr. New York 1967. 6 Bde. – The works of A. B. Hg. v. J. TODD. London 1992–94. 7 Bde. **Literatur:** CAMERON, W. J.: New light upon A. B. Auckland 1961. – LINK, F. M.: A. B. New York 1968. – SACKVILLE-WEST, V. M.: A. B. The incomparable Astrea. New York 1970. – DUFFY, M.: The passionate shepherdess. A. B., 1640–89. London 1977.

Behrangi (tl.: Bihrangī), Samad [pers. behræŋˈgi:], * im Gebiet Aserbaidschan 1938, † ebd. 1968, pers.-aserbaidschan. Schriftsteller. – Verfasser populärer Prosa (Märchen, Fabeln); schöpfte aus der Erzähltradition seiner aserbaidschan. Heimat und verband Heimatdichtung mit polit. Kritik am Pahlawi-Regime; geheimpolizeilich verfolgt, starb er 1968 unter ungeklärten Umständen; seine bekannteste Geschichte wurde 1971 u. d. T. ›Der kleine schwarze Fisch‹ ins Deutsche übersetzt.

Behrens, Katja, * Berlin 18. Dez. 1942, dt. Schriftstellerin. – Übersetzerin amerikan. Autoren (W. S. Burroughs, H. Miller, K. Patchen); Herausgebertätigkeit; war von 1973 bis 1978 als Verlagslektorin tätig, seitdem freie Schriftstellerin. In ihrem ersten Roman (›Die dreizehnte Fee‹, 1983) verbindet sie eine realist. Geschichte aus der Zeit des beginnenden Nationalsozialismus mit Märchenelementen, um die Weitergabe von Denk- und Verhaltensweisen von Generation zu Generation und den Ausbruch aus ihnen aufzuzeigen.

Weitere Werke: Die weiße Frau (En., 1978), Jonas (En., 1981), Im Wasser tanzen. Ein Erzählzyklus (1990).

Behrman, Samuel Nathaniel [engl. 'bɛəmən], *Worcester (Mass.) 9. Juni 1893, †New York 9. Sept. 1973, amerikan. Schriftsteller. – Verfasser von leichten Gesellschaftskomödien mit literar. Anspruch, oft nach Stoffvorlagen anderer Autoren; auch Drehbuchautor, Biograph und Mitarbeiter des ›New Yorker‹.

Werke: The second man (Kom., 1927), Brief moment (Kom., 1931), Biographie und Liebe (Kom., 1932, dt. 1948), Haus Leonie (Kom., 1936, dt. 1948), Der Elfenbeinturm (Kom., 1939, dt. 1947), Jakobowsky und der Oberst (Kom., 1944, dt. 1960; mit F. Werfel), Jane (Kom. nach W. S. Maugham, UA 1946, erschienen 1952, dt. EA 1953), The Worcester account (Jugenderinnerungen, 1954, 1959 dramatisiert u. d. T. The cold wind and the warm), People in a diary (Erinnerungen, 1972).

Literatur: KLINK, W.: S. N. B. The major plays. Amsterdam 1978.

Bei Dao, chin. Schriftsteller, ↑ Pei Tao.

Beig, Maria, *Senglingen (heute zu Meckenbeuren) bei Tettnang 8. Okt. 1920, dt. Schriftstellerin. – Stammt aus einer Bauernfamilie, war Hauswirtschaftslehrerin, lebt seit 1954 in Friedrichshafen. Ihre Erzählungen und Romane spielen in ihrer schwäb.-alemann. Heimat, sie sind geprägt von den Menschen, die dort leben; B. schildert jedoch keine ländl. Idyllen, sondern erzählt in nüchternem, lapidarem Stil, der z. T. von alemann. Mundartwendungen durchsetzt ist, vom harten Alltag.

Werke: Rabenkrächzen (R., 1982), Hochzeitslose (R., 1983), Hermine, ein Tierleben (E., 1984), Urgroßelternzeit (En., 1985), Minder oder zwei Schwestern (R., 1986), Die Törichten (R., 1990), Jahr und Tag (En., 1993).

Beiseitesprechen [frz. à part, italien. a parte], Kunstgriff der Dramentechnik, eine Art ›lautes Denken‹, durch das eine Bühnenfigur ihre meist krit. Gedanken zum Bühnengeschehen preisgibt, scheinbar nur für das Publikum vernehmbar. Seit der Antike bes. in den Komödien (Plautus, Terenz) beliebt, von den Verfechtern klassizist. Dramentheorien (im 17. und 18.Jh.) und von den Naturalisten abgelehnt; wird im modernen Drama wieder häufiger verwendet.

Beispiel, Darstellung eines typ. Einzelfalls (auch als kleine abgeschlossene Erzähleinheit) zur Verdeutlichung einer allgemeinen Aussage; häufiges Element der Rhetorik und der lehrhaften Dichtung (↑ Bispel, ↑ Fabel, ↑ Parabel).

Beit [arab. tl.: bayt = Haus], Zweizeiler, aus denen ein ↑ Ghasel zusammengesetzt ist.

Bek, Alexandr Alfredowitsch [russ. bjɛk], *Saratow 3. Jan. 1903, †Moskau 2. Nov. 1972, russ.-sowjet. Schriftsteller. – Wurde bekannt mit der Novelle ›Kurako‹ (1934); die Verteidigung Moskaus im 2. Weltkrieg hat der Roman ›Die Wolokolamsker Chaussee‹ (1943/44, dt. 1947) zum Thema.

Weitere Werke: Höher und höher (R., 1956, dt. 1958), General Panfilows Reserve (R., 1961, dt. 1965), Die Ernennung (R., Ffm. 1971, in der Sowjetunion 1987, dt. 1972).

Bekenntnisdichtung, spezielle Variante autobiograph. Literatur, die sich schwerpunktmäßig auf die literar. Darstellung der besonderen individuellen Anschauungen, Erfahrungen und psych. Vorgänge (in der Entwicklungsgeschichte) eines einzelnen Menschen konzentriert, bes. typisch für die Literatur des 18.Jh. (Pietismus, Empfindsamkeit, Sturm und Drang), v.a. aber auch für religiöse Dichtung und Liebeslyrik.

Békessy, János [ungar. 'be:kɛʃi], amerikan. Schriftsteller und Publizist österr. Herkunft, ↑ Habe, Hans.

Bekker, Elizabeth, niederl. Schriftstellerin, ↑ Wolff-Bekker, Elizabeth.

Bekker, Gerriet, *Hamburg 23. Okt. 1943, dt. Schriftsteller und Maler. – Seine Erzählungen sind geprägt von seiner Heimat, der Ostsee und der Küste Schleswig-Holsteins; die Wortkargheit der Menschen wird nur durch störendes, aufwühlendes, schlechte Ziele verfolgendes Reden unterbrochen, das die Empfindung latenter Gefahr auslöst. Schrieb auch Gedichte. **Werke:** Petersens Meerfahrt (E., 1982), Wachsflügels Furcht (Ged., 1982), Die Nacht nach Betti Hagen (En., 1985), Leichte Beichte. Gedichte und Bilder (1991), Farbe der Schatten (R., 1992).

Beklemischew (tl.: Beklemišev), Juri Solomonowitsch [russ. bιklι'miʃəf], russ.-sowjet. Schriftsteller, ↑ Krymow, Juri Solomonowitsch.

Belasco, David [engl. bə'læskoʊ], * San Francisco 25. Juli 1853, † New York 14. Mai 1931, amerikan. Bühnenschriftsteller und Regisseur portugies. Herkunft. – War zuerst Schauspieler, dann auch Theaterproduzent; berühmt war die techn. Vollkommenheit seiner Bühnenausstattungen; schrieb, oft in Zusammenarbeit mit anderen, etwa 75 bühnenwirksame Theaterstücke; seine mit John Luther Long (* 1861, † 1927) verfaßte Tragödie ›Madame Butterfly‹ (1900) und sein Schauspiel ›The girl of the golden west‹ (1905) waren Vorlagen für G. Puccinis gleichnamige Opern (1904 und 1910).
Ausgabe: America's lost plays. Hg. v. R. H. BALL. Bloomington (Ind.) 1963–65. 20 Bde.
Literatur: TIMBERLAKE, C.: The bishop of Broadway. The life and work of D. B. New York 1954. – MARKER, L.-L.: D. B. Naturalism in the American theatre. Princeton (N.J.) 1975. – American drama to 1900. A guide to information sources. Hg. v. W. J. MESERVE. Detroit 1980.

Belcampo, eigtl. Herman Pieter Schönfeld Wichers, * Naarden 21. Juli 1902, † Groningen 2. Jan. 1990, niederl. Schriftsteller. – Verfasser humorist. Erzählungen, die von einer originellen Phantasie und Selbstironie zeugen und manchmal ins Absurde führen.
Werke: Verhalen (En., 1935), Liefde's verbijstering (En., 1953), De fantasieën van Belcampo (En., 1958), Luchtspiegelingen (En., 1963).

Belčeva, Elisaveta Ljubomirova, bulgar. Lyrikerin, ↑ Bagrjana, Elissaweta.

Beleño, Joaquín [span. be'leɲo], * Panama 1922, panamaischer Schriftsteller. – Auf persönl. Erfahrungen als Arbeiter in der Kanalzone basiert sein lyrisch-symbolhafter Roman ›Luna verde‹ (1951). Die Rassendiskriminierung in der Kanalzone behandelt ›Gamboa road gang‹ (1960), in dem die Mischung von umgangssprachl. Spanisch und Englisch ein neues Kunstidiom ergibt.
Weitere Werke: Curundú line (R., 1963), Flor de banana (R., 1970).

Belew (tl.: Belev), Gjontscho Georgiew, * Ihtiman 24. Juni 1889, † Sofia 24. Jan. 1963, bulgar. Schriftsteller. – Stellte in Erzählungen und Romanen, die autobiograph. Züge enthalten, v. a. bulgar. Provinzleben dar.
Werk: Slučki iz života na Minko Minin (= Ereignisse aus dem Leben des Minko Minin, R.-Zyklus, 4 Bde., 1940–58; Neuausg. u. d. T. Panorama na edna epocha [= Panorama einer Epoche], 2 Bde., 1960).

Belew (tl.: Belev), Krastjo Dimitrow, * Gorno Brodi (Makedonien) 18. April 1908, bulgar. Schriftsteller. – Lebte einige Zeit als polit. Flüchtling in Frankreich; schrieb Romane aus der Zeit des 1. Weltkriegs, später ›Aufbauromane‹, ferner Erzählungen, Berichte und Reportagen, unter anderem über den Spanischen Bürgerkrieg.
Werke: Probivät (= Der Durchbruch, R., 1937), Mirät (= Der Frieden, R., 1939).

belgische Literatur ↑ niederländische Literatur, ↑ französische Literatur (in Belgien).

Belinski (tl.: Belinskij), Wissarion Grigorjewitsch [russ. bı'linskij], * Sveaborg (Suomenlinna, Finnland) 11. Juni 1811, † Petersburg 7. Juni 1848, russ. Literaturkritiker. – Kam in den Kreis um N. W. Stankewitsch und A. I. Herzen; als Kritiker an literar. Zeitschriften tätig. B. ist Begründer der soziolog. Literaturkritik, die Prinzipien der poet. Ästhetik weitgehend negierend. Er begann als Verfechter der Prinzipien der reinen Kunst, kam dann über Zwischenstationen (J. G. Fichte, G. W. F. Hegel) zu einer Position, die ihn zum Vorkämpfer einer sozialbewußten, realist. Dichtkunst machte. Spürbar ist der Einfluß des frz. utop. Sozialismus. Folge seiner Parteilichkeit in der Beurteilung waren Fehlurteile, bes. gegenüber der älteren Generation. Den literar. Tendenzen seiner Zeit entsprach seine Einstellung eher. Entdecker junger Talente (A. S. Puschkin, N. W. Gogol). Auf die sowjet. Literaturkritik hat B. großen Einfluß gehabt.

Sprachlich hat er mit der Einführung neuer Termini (v. a. aus der dt. Philosophie), die er in seinen Essays verwendete, gewirkt.

Werk: Vzgljad na russkuju literaturu 1847 goda (= Blick auf die russ. Literatur des Jahres 1847, Abh., 1848).
Ausgabe: W. G. B. Ausgew. philosoph. Schrr. Dt. Übers. Moskau 1950.
Literatur: SCHULTZE, BERNHARD: W. G. Belinskij. Mchn. u. a. 1958. – MEHLIG, H. R.: Literaturtheorie u. Literaturkritik des frühen Belinskij. Diss. Münster 1968. – SOBOLEV, P. V.: Éstetika Belinskogo. Moskau 1978.

Bẹll, Acton, Pseudonym der engl. Schriftstellerin Anne ↑ Brontë.

Bẹll, Currer, Pseudonym der engl. Schriftstellerin Charlotte ↑ Brontë.

Bẹll, Ellis, Pseudonym der engl. Schriftstellerin Emily Jane ↑ Brontë.

Bellamy, Edward [engl. 'bɛləmɪ], * Chicopee Falls (Mass.) 26. März 1850, † ebd. 22. Mai 1898, amerikan. Schriftsteller. – Wurde auf einer Europareise (1868) mit sozialen Problemen vertraut; vertrat als Journalist, Erzähler und Essayist sozialutop. Ideen; sein Hauptwerk ist der Roman ›Ein Rückblick aus dem Jahre 2000 auf das Jahr 1887‹ (1888, dt. 1890; Fortsetzung: ›Gleichheit‹, 1897, dt. 1897); schrieb auch Romane, die sein Interesse an psycholog. Problemen zeigen.

Literatur: BOWMAN, S. E.: Year 2000. A critical biography of E. B. New York 1958. Nachdr. 1979. – Die Utopie in der angloamerikan Lit. Interpretationen. Hg. v. H. HEUERMANN u. B.-P. LANGE. Düss. 1984.

Bellamy, Jacobus [niederl. 'bɛlami], Pseudonym Zelandus, * Vlissingen 12. Nov. 1757, † Utrecht 11. März 1786, niederl. Dichter. – Schrieb meist reimlose Gedichte von natürl. Einfachheit; spielte mit seinen ›Vaderlandsche gezangen‹ (1782/83) eine Rolle in der patriot. Bewegung; gilt als Schöpfer der anakreont. Dichtung in der niederl. Literatur.

Weitere Werke: Gezangen mijner jeugd (Ged., 1782), Röschen (Epos, 1784, dt. 1834), Gezangen (Ged., 1785).
Literatur: NIJLAND, J. A.: Leven en werken van J. B., 1757–1786. Leiden 1917. 2 Bde.

Bellay, Joachim Du [frz. bɛ'lɛ], frz. Dichter, ↑ Du Bellay, Joachim.

Belleau, Rémy (Remi) [frz. bɛ'lo], * Nogent-le-Rotrou (Eure-et-Loir) 1528,

† Paris 6. März 1577, frz. Dichter. – Mitglied der Pléiade, hervorgegangen aus dem Kreis um P. de Ronsard und J. A. de Baïf im Pariser Collège de Coqueret; schuf eine Übersetzung von Anakreons ›Liebesliedern‹ (›Odes d'Anacréon‹, 1556), die Hirtendichtung ›Bergerie‹ (1565) in Prosa mit vielen eingestreuten Gedichten und die Gedichtsammlung ›Les amours et nouveaux échanges des pierres précieuses‹ (1576), sein Hauptwerk.

Bellemère, Jean [frz. bɛl'mɛ:r], frz. Schriftsteller, ↑ Sarment, Jean.

Belletristik [zu frz. belles-lettres = schöne Wissenschaften], lange umstrittener Sammelbegriff, der heute alle Literatur (vom Roman bis zum Essay) bezeichnet, die nicht in den Bereich der wiss. oder philosoph. Literatur, der Sach- oder Fachliteratur fällt.

Belli, Gioconda [span. 'beji], * Managua 1948, nicaraguan. Schriftstellerin. – Beteiligte sich aktiv am Widerstand gegen die Somoza-Diktatur. Trat zunächst als Lyrikerin, u. a. mit ›Línea de fuego‹ (1978), hervor. Ihr erster Roman ›Bewohnte Frau‹ (1988, dt. 1988) schildert die Sandinist. Revolution, collagiert mit lyr. Passagen aus der Zeit der span. Conquista.

Weitere Werke: Wenn du mich lieben willst (Ged., dt. Ausw. 1985), Aus einer Rippe Evas (Ged., 1987, dt. 1989), Tochter des Vulkans (R., 1990, dt. 1990).

Belli, Giuseppe Gioacchino, * Rom 10. Sept. 1791, † ebd. 21. Dez. 1863, italien. Volksdichter. – Schilderte in seinen über 2 000 teils humorvollen, teils sarkastisch-realist. Sonetten (teilweise in röm. Dialekt) das Leben und Treiben des Volkes von Rom; gegen Klerus und Adel eingestellt.

Ausgaben: G. G. B. I sonetti. Hg. v. C. MUSCETTA. Mailand 1964–65. 4 Bde. – Die Wahrheiten des G. G. B. Eine Ausw. seiner frechen u. frommen Verse. Hg. v. O. E. ROCK. Dt. Übers. Ffm. 1984.
Literatur: COLOMBI, E.: Bibliografia di G. G. B. dal 1813 al 1866. Rom 1958.

Bẹllman, Carl Michael, * Stockholm 4. Febr. 1740, † ebd. 11. Febr. 1795, schwed. Dichter. – Studierte in Uppsala, war Beamter, Hofsekretär König Gustavs III.; war ständig in wirtschaftl.

Carl Michael
Bellman
(Gemälde
von Peer
Krafft d. Ä.)

Schwierigkeiten. Seine Sammlungen von Liebes-, Trink- und Sterbeliedern, ›Fredmans Episteln‹ (Ged., 1790, dt. 1909) und ›Fredmans sånger‹ (Ged., 1791), die er selbst vertonte, begündeten seine bis heute anhaltende Popularität. In ihnen gehen rokokohafte Anmut, echte Empfindung und realist. Darstellung von Menschen und Ereignissen eine harmon. Verbindung ein. Hinter unersättl. Daseinsfreude, eingefangen in Impressionen aus den Straßen und Trinkstuben Stockholms und seiner ländl. Umgebung, wird aber auch das Wissen um Elend und Tod deutlich; neben bacchant. und Gelegenheitsdichtung auch Prosaschriften und dramat. Arbeiten.

Ausgabe: C. M. B.s skrifter. Stockholm 1925–80. 13 Bde.
Literatur: Kring B. Hg. v. L. G. ERIKSSON u. a. Stockholm 1964. – NORDSTRAND, B.: B. och Bacchus. Lund 1973.

Bellmann, Johann Diedrich (Dieter B.), * Ruschwedel (Landkreis Stade) 8. Mai 1930, niederdt. Schriftsteller. – Von 1973 bis 1989 Dozent an der Theolog. Akad. Hermannsburg bei Celle; nebenberuflich Landwirt. Mit seinen Gedichten, Erzählungen, Bühnenstücken und Hörspielen gehört er zu den führenden Vertretern der niederdt. Gegenwartsdichtung; auch Abhandlungen aus dem Bereich der ev. Theologie und der niederdt. Philologie.

Werke. Min ust Buck (Err., Ged., 1958), Insein ünner den Wind (Ged., 1964), De Himmel is hoch (Dr., 1969), Ulenspeekel op Reisen (Kom., 1971), Lüttjepütt (E. in Dialogen, 1983), Keen Tiet för den Maand. Ein Lesebuch norddt. Mundart-Lyrik (Anthologie, 1993; Hg.).

Bello, Andrés [span. 'bejo], * Caracas 29. Nov. 1781, † Santiago de Chile 15. Okt. 1865, venezolan. Schriftsteller, Jurist, Philosoph und Pädagoge. – Bis 1810 in Venezuela, danach in London; ab 1829 in Chile, mit dem Aufbau des Erziehungswesens beauftragt und Universitätsrektor; Freund A. von Humboldts; vielseitige und einflußreiche Persönlichkeit; als Dichter zunächst im Gefolge der Schule von Salamanca, dann Übergang zur Romantik; auch fruchtbarer Übersetzer (Lord Byron, V. Hugo u. a.), Sprach- und Literaturwissenschaftler (›Gramática de la lengua castellana‹, 1847; Arbeiten über den ›Cantar de Mío Cid‹).

Weitere Werke: Alocución a la poesia (Dichtung, 1823), Silva a la agricultura en la zona tórrida (Dichtung, 1826).
Ausgabe: A. B. Obras completas. Santiago de Chile ²1930 ff.

Belloc, [Joseph] Hilaire [Pierre] [engl. 'bɛlɔk], * La Celle-Saint-Cloud bei Paris 27. Juli 1870, † Guildford (Surrey) 16. Juli 1953, engl. Schriftsteller. – Sohn eines frz. Anwalts und einer Engländerin; in England erzogen, Studium in Oxford; 1902 brit. Staatsbürger, 1906–10 Parlamentsmitglied; befreundet mit G. K. Chesterton. Seine Lyrik ist voll Lebensfreude, Zartheit und Ironie, seine Essays zeichnen sich durch scharfen Intellekt aus (›The hills and the sea‹, 1906; ›On nothing‹, 1908; ›On everything‹, 1909); schrieb auch Reisebücher (›The path to Rome‹, 1902; ›Kreuzfahrt der Nona‹, 1925, dt. 1953), ironisch-satir. Romane und Erzählungen sowie Verse für Kinder. Als Historiker (›A history of England‹, 4 Bde., 1925–31) und Biograph (›Wolsey‹, 1930; ›Oliver Cromwell‹, 1931, dt. 1936) sowie in seinen soziolog. Werken mitunter parteiisch; setzte sich für die Tradition der kath. Kirche ein.

Weitere Werke: Verses and sonnets (Ged., 1895), The bad child's book on beasts (Ged., 1896), More beasts for worse children (Ged., 1897), Cautionary tales (Ged., 1907), Der Sklavenstaat (Abh., 1912, dt. 1925), Die Juden (Abh., 1922, dt. 1927), Gespräche mit einer Katze (Essays, 1931, dt. 1940).
Ausgaben: Selected essays of H. B. Hg. v. J. B. MORTON. London 1948. – H. B. Complete verse. Hg. v. W. N. ROUGHEAD. London 1970.
Literatur: SPEAIGHT, K.: Life of H. B. New York 1957. – BRAYBROOKE, P.: Some thoughts on

H. B. New York 1966. – WILSON, A. N.: H. B.
New York 1984.

Bellow, Saul [engl. 'bɛloʊ], * Lachine
bei Montreal 10. Juni 1915, amerikan.
Schriftsteller. – Studium der Anthropologie und Soziologie; Dozenturen an verschiedenen Universitäten, seit 1962 Prof.
an der Univ. Chicago. Seine brillant geschriebenen Romane und Novellen thematisieren Konfliktsituationen des jüd.
Intellektuellen in der modernen Stadtge-
sellschaft. In realist. Manier weist B. auf
soziale Mißstände im Großstadtleben
hin und zeigt seine Helden in der geistigen Auseinandersetzung mit dem tradi-
tionsgebundenen Judentum Osteuropas,
dem Christentum und dem Existentialismus. Die in der Reflexion der Helden
deutl. Desorientierung entspricht ihrem
Versagen in der zwischenmenschl. Kommunikation. Die unabdingbare Sinnsu-
che führt jedoch zur Bejahung humanist.
Werte, die sich in Grenzsituationen in
der Annahme der menschl. Existenz und
dem damit verbundenen Leiden manifestiert. B.s Hauptwerke sind der pikareske
Roman ›Die Abenteuer des Augie
March‹ (1953, dt. 1956), der Briefroman
›Herzog‹ (1964, dt. 1965), die Geschichte
der Anpassung des Holocaust-Über-
lebenden Sammler an die westl. Welt
›Mr. Sammlers Planet‹ (1970, dt. 1971)
und ein Porträt des Schriftstellers
D. Schwartz ›Humboldts Vermächtnis‹
(1975, dt. 1976; Pulitzerpreis 1976). Bes.
im letztgenannten Roman werden in der
Schilderung des jüd. Schriftstellers autobiograph. Elemente deutlich, die in
›Nach Jerusalem und zurück‹ (Reisebericht, 1976, dt. 1977) im Vordergrund

Saul Bellow

stehen. Daneben schrieb B. auch Kurzgeschichten (›Mosbys Memoiren‹, 1968,
dt. 1973) und Dramen (›Die letzte Analyse‹, 1965, dt. 1968). 1976 erhielt er den
Nobelpreis für Literatur.

Weitere Werke: Mann in der Schwebe (R., 1944,
dt. 1969), Das Opfer (R., 1947, dt. 1966), Das
Geschäft des Lebens (Nov.n, 1956, dt. 1962),
Der Regenkönig (R., 1959, dt. 1960), Der Dezember des Dekans (R., 1982, dt. 1982), Der mit
dem Fuß im Fettnäpfchen (En., 1984, dt. 1985,
1986 u. d. T. Anderen auf den Schlips treten),
Mehr noch sterben an gebrochenem Herzen (R.,
1987, dt. 1989), Ein Diebstahl (Nov., 1989, dt.
1991), Bellarosa Connection (Nov., 1989, dt.
1992), Damit du dich an mich erinnerst (Nov.,
1991, dt. 1993).

Literatur: OPDAHL, K.: Novels of S. B. An intro-
duction. University Park (Pa.) 1967. – BI-
SCHOFF, P.: S. B.s Romane. Bonn 1975. –
NAULT, M.: S. B. His works and his critics. An
annotated international bibliography. New
York 1977. – HASENCLEVER, W.: S. B. Köln
1978. – TANNER, T.: S. B. New York 1978. –
CLAYTON, J. J.: S. B. In defence of man. Bloom-
ington (Ind.) ²1979. – Critical Essays on S. B.
Hg. v. S. TRACHTENBERG. Boston (Mass.) 1979. –
RODRIGUES, E. L.: Quest for the human. An ex-
ploration of S. B.'s fiction. London u. a. 1981. –
BRADBURY, M.: S. B. New York 1982. – DUTTON,
R. R.: S. B. Boston (Mass.) ²1982. – BRAHAM, J.:
A sort of Columbus. The American voyages of
S. B.'s fiction. Athens (Ga.) 1984. – NEWMAN, J.:
S. B. and history. London 1984. – S. B. at
seventy-five. A collection of critical essays. Hg.
v. G. BACH. Tüb. 1991.

Belloy, Dormont de [frz. bɛ'lwa], eigtl.
Pierre Laurent Buyrette, * Saint-Flour
(Cantal) 17. Nov. 1727, † Paris 5. März
1775, frz. Schauspieler und Dramatiker. – Wurde 1771 Mitglied der Académie française; berühmt durch sein der
nat. Geschichte entnommenes Stück ›Le
siège de Calais‹ (1765).

Weitere Werke: Zelmire (Dr., 1762), Gaston et
Bayard (Dr., 1770), Gabrielle de Vergy (Dr.,
1770), Pierre le cruel (Dr., 1772).

belorussische Literatur ↑ weißrus-
sische Literatur.

Below (tl.: Belov), Wassili Iwano-
witsch [russ. bɪ'lɔf], * Timonicha (Gebiet
Wologda) 23. Okt. 1932, russ. Schriftsteller. – Landarbeiter, Tischler; Studium
am Gorki-Literaturinstitut; ab 1956 Erzählungen und Romane über das Leben
der Kolchosbauern; den von der Kritik gelobten ›Zimmermannsgeschichten‹
(1968, dt. 1974) folgte u. a. der Roman

›Vorabende. Nordruss. Chronik 1928‹ (2 Tle., 1971–77, dt. 1983).
Weitere Werke: Lad (= Harmonie, Skizzen, 1979–81), Sonnabendmorgen (En., dt. Ausw. 1985), Razdum'ja na rodine (= Nachdenken über die Heimat, Publizistik, 1986).
Literatur: WANGLER, L.: Vasilij Belov. Mchn. 1985.

Beļs, Alberts, *Rodenpois (lettisch Ropaži) bei Riga 6. Okt. 1938, lett. Schriftsteller. – Schildert in seinen breit angelegten Romanen Schicksale von Mitgliedern der lett. Intelligenz im 20. Jh. ohne ideolog. Vorbehalte, mit psycholog. Feingefühl und stilist. Experimenten, so z. B. in ›Izmēklētajs‹ (= Der Untersuchungsrichter, 1967) oder ›Saucēja balss‹ (= Die Stimme des Rufers, 1973, dt. 1976 u. d. T. ›Deckname ‚Karlsonś‘‹).

Belševica, Vizma [lett. 'belʃevɪtsa], * Riga 30. Mai 1931, lett. Lyrikerin und Erzählerin. – Studierte am Maxim-Gorki-Institut für Literatur in Moskau (1961), entwickelte in der Folgezeit jedoch ihren eigenen Stil in vielseitiger Thematik. Ihre Lyrik wurde auch außerhalb der Grenzen ihres Landes in Übersetzungen bekannt. Sie greift Themen der nat. Vergangenheit und Identität auf, so in einem Poem über den Chronisten Heinrich im 13. Jh.; schildert in ihren Erzählungen ab 1956 menschl. Schwächen und Konflikte mit Humor und Einfühlungsvermögen.
Werke: Visu ziemu šogad pavasaris (= Der ganze Winter ist heuer wie ein Frühling, Ged., 1955), Ķikuraga stāsti (= Geschichten aus Kikurags, En., 1965), Jūra deg (= Das Meer brennt, Ged., 1966), Gadu gredzeni (= Jahresringe, Ged., 1969, darin: Indriķa Latvieša piezīmes uz Livonijas hronikas malām [= Marginalien Heinrichs des Letten zur Livländ. Chronik]), Nelaime mājās (= Unglück im Haus, E., 1979), Kamola tinēja (= Die Knäuelwicklerin, Ged., 1981), Pielbeerbaum im Herbst u. a. Erzählungen (dt. Ausw. 1984).

Beltramelli, Antonio, * Forlì 11. Jan. 1879, † Rom 15. März 1930, italien. Schriftsteller. – Faschist; fruchtbarer Romanschriftsteller, der v. a. durch seine Romane aus der Romagna Bedeutung erlangte; verfaßte auch Kinderbücher.
Werke: Anna Perenna (R., 1904), Gli uomini rossi (R., 1904), Il cavalier Mostardo (R., 1921).

Beltschewa (tl.: Belčeva), Elissaweta Ljubomirowa, bulgar. Lyrikerin, ↑ Bagrjana, Elissaweta.

Beltschewa (tl.: Belčeva), Mara Iwanowa, * Sewliewo 3. Mai 1868, † Sofia 16. März 1937, bulgar. Lyrikerin. – Befreundet mit Pentscho Slaweikow, dessen Lyrik auf ihre Dichtung wirkte. Sie schrieb v. a. idealisierende Liebesgedichte, die ihre Formgewandtheit erkennen lassen. Sie übersetzte F. Nietzsches ›Also sprach Zarathustra‹ (1906) und G. Hauptmanns Drama ›Die versunkene Glocke‹ (1929).

Bely (tl.: Belyj), Andrei [russ. 'bjɛlij], eigtl. Boris Nikolajewitsch Bugajew, * Moskau 26. Okt. 1880, † ebd. 8. Jan. 1934, russ.-sowjet. Schriftsteller. – Oft im westl. Ausland, bes. in Deutschland. Spannungsreiche Freundschaft mit A. A. Blok; Einfluß W. S. Solowjows. Durch K. D. Balmont und W. J. Brjussow stieß B. zur Gruppe der russ. Symbolisten, zu deren bedeutendsten Vertretern er gehört. Experimente mit der Verstechnik (unreine Reime und unregelmäßige Metren verwendete er bewußt). Nach anfangs optimist. Grundeinstellung myst. Neigungen, Vorliebe für das Düstere, Zwielichtige. Seine Prosa steht z. T. in der Nachfolge der Prosa N. W. Gogols, überrascht durch Neologismen. Auch in der Erzähltechnik experimentierte B., dessen Roman ›Petersburg‹ (1913/14, dt. 1959) mit der Erzählweise von J. Joyces' ›Ulysses‹ verglichen worden ist. In dem autobiograph. Roman ›Kotik Letajew‹ (1922, dt. 1993) gestaltete er anthroposoph. Gedanken.
Weitere Werke: Die silberne Taube (R., 1909, dt. 1912), Im Reich der Schatten. Berlin 1921–1923 (Essay, 1924, dt. 1987), Moskva (3 Tle., 1926–32), Ich, ein Symbolist (Autobiogr., entst. 1928, dt. 1987).
Literatur: MASLENIKOW, O. A.: The frenzied poets. A. Biely and the Russian symbolists. Berkeley (Calif.) 1952. Nachdr. New York 1968. – HÖNIG, A.: A. Belyjs Romane. Mchn. 1965. – MOČUL'SKIJ, K. V.: A. Belyj. Engl. Übers. Ann Arbor (Mich.) 1977. – STEINBERG, A.: Word and music in the novels of A. Belyj. Cambridge 1981.

Belzner, Emil, * Bruchsal 13. Juni 1901, † Heidelberg 8. Aug. 1979, dt. Schriftsteller. – Stammte aus einer Handwerker- und Bauernfamilie, Journalist;

begann mit Versepen; schrieb zeitkrit., gegenwartsnahe Romane, u. a. den Antikriegsroman ›Marschieren – nicht träumen‹ (1931).
Weitere Werke: Letzte Fahrt (Ged., 1918), Die Hörner des Potiphar (Epos, 1924), Iwan der Pelzhändler oder ... (Epos, 1929), Kolumbus vor der Landung (Legende, 1934; erweitert 1956 u.d.T. Juanas großer Seemann), Ich bin der König (R., 1940), Der Safranfresser (R., 1953), Die Fahrt in die Revolution oder Jene Reise. Aide-Mémoire (1969).

Bembo, Pietro, * Venedig 20. Mai 1470, † Rom 18. Jan. 1547, italien. Humanist und Dichter. – Lebte in Ferrara, Urbino, Rom, Padua und Venedig (Bibliothekar der Markusbibliothek), zuletzt als Kardinal (ab 1539). Stand als Lyriker in der Nachfolge F. Petrarcas; sicherte durch seine Argumentation im Rahmen der ↑Questione della lingua (Sprachenfrage) die Vorrangstellung des Toskanischen in der italien. Sprache; von seinen literar. Werken sind bes. zu nennen: ›Asolaner Gespräche. Dialog über die Liebe‹ (1505, dt. 1991), ›Prose della volgar lingua‹ (1525), ›Rime‹ (1530), ›Carmina‹ (1533), ›Epistolae‹ (1535), ›Rerum venetarum historiae libri XII‹ (hg. 1551).
Ausgaben: P. B. Opere. Mailand 1808–10. 12 Bde. – P. B. Opere in volgare. Hg. v. M. Marti. Florenz 1961. – Prose e rime di P. B. Hg. v. C. Dionisotti. Turin ²1966.
Literatur: Rabow, H.: Die ›Asolan. Gespräche‹ des P. B. Bern u. Lpz. 1933. – Santangelo, G.: Il B. critico e il principio d'imitazione. Florenz 1950. – Petrocchi, G.: La dottrina linguistica del B. Messina 1959. – Friedrich, H.: Epochen der italien. Lyrik. Ffm. 1964. S. 315. – Floriani, P.: B. e Castiglione. Rom 1976.

Bemelmans, Ludwig [engl. 'bi:məlmənz], * Meran 27. April 1898, † New York 1. Okt. 1962, amerikan. Schriftsteller österr. Herkunft. – Kam 1914 in die USA (1918 naturalisiert); verfaßte und illustrierte Kinderbücher, dann auch humorvolle, zum Teil autobiographische Romane, Kurzgeschichten, Essays und Reiseberichte.
Werke: My war with the United States (Autobiogr., 1937), Madeline (Kinderb., 1939, dt. 1947), Hotel Splendid (R., 1941, dt. 1947), Mit Kind und Krümel nach Europa (R., 1953, dt. 1953), Mein Leben als Maler (Autobiogr., 1958, dt. 1959), Allons enfants ... (R., 1960, dt. 1961).

Ben Akiba, serb. Schriftsteller, ↑Nušić, Branislav.

Jacinto
Benavente

Benavente, Jacinto [span. bena-'βente], * Madrid 12. Aug. 1866, † ebd. 14. Juli 1954, span. Dramatiker. – Journalist; Leiter des span. Nationaltheaters. B., der ein umfangreiches Werk hinterließ (172 Dramen u. a.), erneuerte die span. Bühne der Jahrhundertwende. In der Tradition der ›alta comedia‹ stehend, reicht seine Ausdrucksfähigkeit, die sich v. a. in brillanten Dialogen manifestiert, vom satir. Lustspiel bis zum philosophisch vertieften Drama. Wesentlichstes Thema seiner Dramen sind die Fehler und Schwächen aller Schichten der Gesellschaft. Höhepunkte seines Schaffens sind ›Der tugendhafte Glücksritter oder Crispin als Meister seines Herrn‹ (Kom., 1907, dt. 1917) und ›Die frohe Stadt des Leichtsinns‹ (Kom., 1916, dt. 1919). 1922 erhielt B. den Nobelpreis für Literatur.
Weitere Werke: El nido ajeno (Kom., 1894), La gobernadora (Kom., 1901), La noche del sábado (Dr., 1903), Señora Ama (Kom., 1908), Die Liebe bewährt sich im Unglück (Dr., 1908, dt. 1948), Die Schule der Prinzessinnen (Kom., 1909, dt. 1918), Pepa Doncel (Kom., 1928).
Ausgabe: J. B. Obras completas. Madrid 1947–69. 10 Bde.
Literatur: Pörtl, K.: Die Satire im Theater B.s v. 1896 bis 1907. Mchn. 1966. – Peñuelas, M. C.: J. B. New York 1968. – Mathias, J.: B. Madrid 1969. – Sánchez de Palacios, M.: J. B. Madrid 1969.

Bencúr, Matej [slowak. 'bɛntsu:r], slowak. Schriftsteller, ↑Kukučín, Martin.

Benda, Julien [frz. bɛ̃'da], * Paris 26. Dez. 1867, † Fontenay-aux-Roses bei Paris 7. Juni 1956, frz. Philosoph und Schriftsteller. – War zeitweilig Mitarbeiter von Ch. P. Péguys ›Cahiers de la Quinzaine‹ und Journalist; verfocht gegenüber den Strömungen von Bergsonismus, Vitalismus, Intuitionismus und pathet. Philosophie einen absoluten Intellektualismus, den Kult der reinen Idee, die ›Begeisterung des Geistes‹, und gegenüber gefühlsbetontem Nationalismus das rationale Prinzip der Demokratie. Seine Ideen legte er in zahlreichen philosoph. Abhandlungen und Essays nieder: ›Belphégor‹ (1918), ›Der Verrat der Intellektuellen‹ (1927, dt. 1978), ›La France byzantine ou le triomphe de la littérature pure‹ (1945) u. a.; auch als Romancier und Erzähler Vertreter des reinen Intellekts (u. a. ›L'ordination‹, 1911).

Literatur: THÉRIVE, A.: Moralistes de ce temps, Maeterlinck, B., Lavelle ... Paris 1948. – CHAMBAT, P.: J. B., 1867–1956. Diss. Paris 1976. 4 Bde. [Masch.]. – REVAH, L.-A.: J. B., un misanthrope juif dans la France de Maurras. Paris 1991.

Bendemann, Margarete von, dt. Schriftstellerin, ↑ Susman, Margarete.

Bender, Hans, * Mühlhausen (Rhein-Neckar-Kreis) 1. Juli 1919, dt. Schriftsteller. – Studium der Kunst- und Literaturgeschichte, Kriegsgefangenschaft. Hg. von Anthologien moderner Lyrik; 1954–80 (bis 1968 mit W. Höllerer) Hg. der Zeitschrift ›Akzente‹. In seinen Werken, v. a. Erzählungen und Kurzgeschichten, ist B. stofflich der Gegenwart und jüngsten Vergangenheit verhaftet; seine Themen gestaltet er in sachlich strengem Stil; als Lyriker ohne Pathos.

Werke: Fremde soll vorüber sein (Ged., 1951), Eine Sache wie die Liebe (R., 1954), Lyr. Biographie (Ged., 1957), Wölfe und Tauben (En., 1957), Wunschkost (R., 1959), Das wiegende Haus (En., 1961), Mit dem Postschiff (En., 1962), Die Wölfe kommen zurück (En., 1965), Programm und Prosa der jungen dt. Schriftsteller (Essays, 1967), Die halbe Sonne (En., Reisebilder, 1968), Einer von ihnen. Aufzeichnungen einiger Tage (Prosa, 1979), Bruderherz (En., 1987), Postkarten aus Rom (Autobiogr., 1989). Ausgabe: H. B. Worte, Bilder, Menschen. Geschichten, Roman, Bericht, Aufss. Mchn. 1969.

Bendsen, Bende, * Risum 10. Dez. 1787, † Ærøskøbing 19. Dez. 1875, nordfries. Dichter. – Privatgelehrter und Sprachforscher; Begründer der festlandsnordfries. Schrift- und Literatursprache.

Werk: Die nordfries. Sprache nach der Moringer Mundart, ... (1860).

Benedetti, Mario [span. bene'ðeti], * Paso de los Toros 14. Sept. 1920, uruguayischer Schriftsteller. – Journalist; war als Erzähler, Romancier, Lyriker, Essayist und Dramatiker der meistgelesene Autor seines Landes; lebte 1973–85 im Exil. Kritisiert mit bitterer Ironie das Kleinbürgertum Uruguays in den Erzählungen ›Montevideanos‹ (1959, erweitert 1961). Auf die Auseinandersetzung zwischen Kapitalismus und sozialist. Kräften ist die symbolhafte Handlung des Romans ›Danke für das Feuer‹ (1965, dt. 1987) bezogen.

Weitere Werke: Poemas de la oficina (Ged., 1956), Die Gnadenfrist (R., 1960, dt. 1984), Inventario (Ged., 1963, erweitert 1970), Contra los puentes levadizos (Ged., 1966), El ejercicio del criterio (Essays, 1981), Frühling im Schatten (R., 1982, dt. 1986), Die Sterne und du (En., dt. Ausw. 1984), Verteidigung der Freude (Ged., dt. Ausw. 1985), Auf den Feldern der Zeit (En. und Ged., 1984, dt. 1990), Yesterday y mañana (Essays, 1987), Despistes y franquezas (En. und Ged., 1990).

Ausgabe: M. B. Obras fundamentales. Montevideo 1991 ff. Bisher 12 Bde. ersch.
Literatur: ALFARO, H.: M. B. Detrás de un vidrio claro. Montevideo 1986.

Benedictis, Jacobus de, italien. Dichter, ↑ Iacopone da Todi.

Benedictsson, Victoria, geb. Bruzelius, Pseudonym Ernst Ahlgren, * Hof Domme (Schonen) 6. März 1850, † Kopenhagen 21. Juli 1888, schwed. Schriftstellerin. – Ein schweres körperl. Leiden und die unglückl. Liebe zu G. Brandes trieben sie zum Selbstmord; schrieb vier humorvolle, realist. Bauernnovellen und die beiden Eheromane ›Geld‹ (1885, dt. 1890) und ›Frau Marianne‹ (1887, dt. 1897); bed. sind ihre Briefe und selbstanalyt. Tagebücher.

Ausgaben: V. B. Samlade skrifter. Stockholm 1918–20. 7 Bde. – V. Maria B. Dagboksblad och brev. Stockholm 1928. 2 Bde.
Literatur: ROSENGREN, K. E.: V. B. Stockholm 1965.

Benediktsson, Einar, * Elliðavatn bei Reykjavík 31. Okt. 1864, † Herdisarvík bei Reykjavík 12. Jan. 1940, isländ. Dichter. – Begründer und 1896–98 Hg. der ersten isländ. Tageszeitung; bereiste 1907–22 viele Länder; begann mit polit. Gedichten und impressionist. Lyrik; zunächst dem Realismus verpflichtet, wurde er unter dem Einfluß des französi-

schen Symbolismus der erste Vertreter der Neuromantik in der isländischen Literatur; setzte sich für die Wiederbelebung der Rímurdichtung ein.
Werke: Sögur og kvæði (= Erzählungen und Gedichte, 1897), Hafblik (= Meeresblitzen, Ged., 1906), Hrannir (= Wellen, Ged., 1913), Vogar (= Wogen, Ged., 1921), Hvammar (= Mulden, Ged., 1930).
Ausgaben: E. B. Ljóðmæli. Hg. v. P. SIGURDSSON. Reykjavík 1945. 3 Bde. – E. B. Laust mál, úrval. Hg. v. S. PORSTEINSSON. Reykjavík 1952. 2 Bde.

Benedix, Lena, dt. Schriftstellerin, ↑ Christ, Lena.

Benedix, Roderich, * Leipzig 21. Jan. 1811, † ebd. 26. Sept. 1873, dt. Bühnenschriftsteller. – Schauspieler, Sänger, Bühnenleiter, später freier Schriftsteller; Intendant in Frankfurt am Main, Köln und Leipzig. Schrieb etwa 100 bühnenwirksame, anspruchslose Lustspiele mit z. T. guter Situationskomik, außerdem den Roman ›Bilder aus dem Schauspielerleben‹ (2 Bde., 1847), Erzählungen und Volksschriften.
Weitere Werke: Das bemooste Haupt oder ... (Lsp., 1840), Doktor Wespe (Lsp., 1843), Das Gefängnis (Lsp., 1859), Die zärtl. Verwandten (Lsp., 1866).

Beneit, anglonormann. Dichter vom Ende des 12. Jahrhunderts. – War Benediktinermönch in der Abtei Saint Alban; schrieb eine Vita des hl. Thomas Becket in Versen.

Benelli, Sem, * Prato (Toskana) 12. Aug. 1877, † Zoagli (Prov. Genua) 18. Dez. 1949, italien. Dramatiker. – Journalist und Leiter einer Theatergruppe; beteiligte sich 1918 an der Besetzung von Fiume (Rijeka) unter Führung G. D'Annunzios, 1924 faschist. Abgeordneter; schrieb in der Art D'Annunzios pathet. Dramen und Tragödien, meist mit histor. Hintergrund.
Werke: La maschera di Bruto (Trag., 1908), Das Mahl der Spötter (Dr., 1909, dt. 1912), L'amorosa tragedia (Dr., 1925), Orfeo e Proserpina (Dr., 1929), L'orchidea (Dr., 1938), La paura (Dr., 1947).

Beneš, Karel Josef [tschech. 'bɛnɛʃ], * Prag 21. Febr. 1896, † Rožmitál pod Třemšínem (Mittelböhmisches Gebiet) 28. März 1969, tschech. Schriftsteller. – Bibliothekar, Redakteur; bemühte sich in psycholog. Romanen um Antworten auf Fragen des gesellschaftl. Lebens; dt. erschienen u. a. die Romane ›Das rote Siegel‹ (1940, dt. 1960) und ›Die Vergeltung‹ (1963, dt. 1964).
Weitere Werke: Uloupený život (= Das geraubte Leben, R., 1935), Kouzelný dům (= Das Zauberhaus, R., 1939), Ohnivé písmo (= Die Flammenschrift, R., 1950).
Ausgabe: K. J. B. Dílo. Prag 1958 ff.

Benesch, Kurt, * Wien 17. Mai 1926, österr. Schriftsteller. – Studium der Germanistik und Theaterwissenschaft in Wien; machte mit seinem Heimkehrerdrama ›Im Namen der Menschheit‹ (1949) auf sich aufmerksam, schrieb auch Romane mit tiefem Symbolgehalt; außerdem Hörspiele, Sach- und Jugendbücher.
Weitere Werke: Ein Boot will nach Abaduna (Dr., 1953), Die Flucht vor dem Engel (R., 1955), Akt mit Pause (Dr., 1961), Die vielen Leben des Mr. Sealsfield (R., 1965), Der Sonne näher. Notizen eines Outsiders (1972), Otto und das Kielschwein (Kinderb., 1973), Rätsel der Vergangenheit (Sachb., 1977), Begegnung (En., Essay, Hsp.e, 1979), Archäologie (Sachb., 1980), Vergessene Kulturen (Sachb., 1984), Fabrizio Alberti (R., 1987), Zwischen damals und Jericho (R., 1990), Die Suche nach Jägerstätter (biograph. Anti-Hitler-Roman, 1993).

Benešová, Božena [tschech. 'bɛnɛʃova:], geb. Zapletalová, * Neutitschein (Nový Jičín) 30. Nov. 1873, † Prag 8. April 1936, tschech. Schriftstellerin. – Schrieb unter dem Einfluß G. Flauberts, später F. M. Dostojewskis impressionist. Romane, die sich mit Existenzproblemen des tschech. Bürgertums, bes. der Kriegs- und Nachkriegszeit, auseinandersetzen; auch dem Symbolismus nahestehende Lyrik und impressionist. Dramen.
Werke: Člověk (= Ein Mensch, R., 1920), Don Pablo, Don Pedro und das Mädchen Vera (E., 1936, dt. 1961).
Ausgabe: B. B. Sebrané spisy. Prag 1933–39. 10 Bde.

Beneš Třebízský, Václav [tschech. 'bɛnɛʃ 'trʃɛbi:ski:], eigtl. V. Beneš, * Třebíz 24. Febr. 1849, † Marienbad 20. Juni 1884, tschech. Schriftsteller. – Kath. Priester. Seine auf Quellenstudien beruhenden histor. Romanzyklen behandeln in schwärmerisch-pathet. Stil die geschichtl. Epochen seiner Nation; wenig objektive Darstellung der Reformationszeit.

326 Benét

Werk: Bludné duše (= Irrende Seelen, R., 1879).
Literatur: KÁDNEROVÁ, J./MARIÁNKOVÁ, J.: V. B. T. Kladno 1974.

Benét, Stephen Vincent [engl. bɪˈnɛɪ], * Bethlehem (Pa.) 22. Juli 1898, † New York 13. März 1943, amerikan. Schriftsteller. – Fesselte durch balladeske Darstellung histor. (meist amerikan.) Themen; schrieb auch Kurzgeschichten, Dramen, Hörspiele und Drehbücher. Humor und Einfallsreichtum kennzeichnen seine Werke, von denen der Balladenkranz ›John Brown's body‹ (1928, dt. 1964 u. d. T. ›Er war ein Stein. Eine amerikan. Iliade‹) und ›Western star‹ (Ged., 1943) mit dem Pulitzerpreis ausgezeichnet wurden.
Weitere Werke: Heavens and earth (Ged., 1920), Tiger Joy (Ged., 1925), Ballads and poems, 1915–1930 (Ged., 1931), Thirteen o'clock (Kurzgeschichten, 1937), They burned the books (Dr., 1942), Selected stories (En., 1947), Daniel Webster und die Seeschlange (En., dt. Ausw. 1949).
Literatur: STROUD, P.: S. V. B. Boston (Mass.) 1962.

Benet Goitia, Juan [span. beˈneð ˈɣɔi̯tja], * Madrid 7. Okt. 1927, † ebd. 5. Jan. 1993, span. Schriftsteller. – Straßenbauingenieur; entscheidend beeinflußt vom Werk W. Faulkners, dessen Yoknapatawpha County in B. G.s Werk als myth., überall und nirgends befindl. Ort Región verwandelt wiedererscheint, u. a. in den Erzählungen ›Du wirst es zu nichts bringen‹ (1961, dt. 1992) und in dem Roman ›Rostige Lanzen. Bücher I–VI‹ (1983, dt. 1986; ›Libro VII‹, 1985), einer Chronik des Span. Bürgerkrieges. B., der neben M. Vargas Llosa, C. Fuentes, G. García Márquez und J. Goytisolo als einer der bedeutendsten spanischsprachigen Autoren der Gegenwart gilt, entwirft in seinen fiktionalen Texten, auch an der Technik des Nouveau roman geschult, eine rätselhafte, zweideutige Welt des Ungewissen, in der Personen Schemen und histor. Prozesse Symbole der Nichtigkeit werden. Weit ausholende Satzperioden unterstreichen stilistisch die Unfähigkeit der geordneten Rede, Gewißheiten zu stiften, und dokumentieren inhaltlich eine im Sinne A. Camus' absurde Welt noch einmal geträumter Träume, in der vorherbestimmte Ereignisabläufe

Lösungen ausschließen oder konkrete Antworten unmöglich machen. Auch als Essayist bedeutend.
Weitere Werke: Teatro civil (1959), La inspiración y el estilo (Essays, 1966), Volverás a Región (R., 1967), Una meditación (R., 1969), Ein Grabmal. Numa, eine Sage (2 En., 1971 und 1978, dt. 1989), La otra casa de Mazón (Mischung von Bericht und Drama, 1973), ¿Qué fué la guerra civil? (Essay, 1976), En el estado (R., 1977), Un viaje de invierno (R., 1980), El aire de un crimen (R., 1980), Trece fábulas y media (En., 1981), Sobre la incertidumbre (Essay, 1982), Im Halbschatten (R., 1982, dt. 1991).
Literatur: SOLOMON, B. P.: Arriving where we started. New York 1972. – HERZBERGER, D. K.: The novelistic world of J. B. Clear Creek (Ind.) 1977. – CABRERA, V.: J. B. Boston (Mass.) 1983. – J. B. Hg. v. K. M. VERNON. Madrid 1986.

bengalische Literatur ↑ indische Literaturen.

Moscheh
Ya'akov
Ben-Gavriêl

Ben-Gavriêl (tl.: Bẹn-Gavrîˈel), Moscheh Yaˈakov [hebr. ˈbɛn gavriˈˀɛl], eigtl. Eugen Hoeflich, * Wien 15. Sept. 1891, † Jerusalem 17. Sept. 1965, israel. Schriftsteller österr. Herkunft. – Sohn eines Arztes, im 1. Weltkrieg als österr. Offizier im damals türk. Jerusalem verwundet; siedelte 1927 nach Palästina über, schloß sich der jüd. Freiheitsbewegung an; war ab 1948 Journalist in Jerusalem; stellt erzählfreudig das Leben in Israel aus den verschiedensten Perspektiven dar; außer komisch-iron. Schilderungen verfaßte er u. a. den Roman ›Das Haus in der Karpfengasse‹ (1958), in dem er von den Erlebnissen der Prager Juden im Dritten Reich berichtet, und die bekanntgewordene Autobiographie ›Die Flucht nach Tarschisch‹ (1963); schrieb ferner Erzählungen, Hörspiele, Essays und eine Geschichte Israels.

Weitere Werke: Pforte des Ostens (1923), Frieden und Krieg des Bürgers Mahaschavi (R., 1952), Das anstößige Leben des großen Osman (R., 1956), Der Mann im Stadttor (R., 1960), Die sieben Einfälle der Thamar Dor (En., 1962), Kamele trinken auch aus trüben Brunnen (R., 1965), Ein Löwe hat den Mond verschluckt (E., 1965).

Bengtsson, Frans G[unnar], * Tossjö (Provinz Schonen) 4. Okt. 1894, † Stockholm 19. Dez. 1954, schwed. Schriftsteller. – Schrieb formvollendete Gedichte, stilistisch und sprachlich kunstvolle Essays; sein volkstümlichstes Werk ist der Wikingerroman ›Die Abenteuer des Röde Orm‹ (2 Bde., 1941–45, dt. 1951), der im Sagastil humorvoll-ironisch, mitunter drastisch-derb die Abenteuer eines Wikingergeschlechtes schildert. Verfasser der Biographie Karls XII. (›Das Leben Karls XII.‹, 2 Bde., 1935/36, dt. 1957).

Weitere Werke: Tärningskast (Ged., 1923), Legenden om Babel (Ged., 1925), Silversköldarna (Essay, 1931), Den lustgård som jag minns (Autobiogr., 1953).

Ausgabe: F. G. B. Samlade skrifter. Stockholm 1950–55. 10 Bde.

Beniak, Valentín, * Chynorany 19. Febr. 1894, † Preßburg 6. Nov. 1973, slowak. Lyriker. – Stand unter dem Einfluß des Symbolismus, später der Poésie pure, westeuropäisch orientiert, jedoch heimatverbunden.

Literatur: GREGOREC, J.: Básnický svet V. B.a. Preßburg 1970.

Benincasa, Caterina, italien. Dichterin und Mystikerin, ↑ Katharina von Siena.

Benisławska, Konstancja [poln. bɛni'suafska], * Ryków 6. Jan. 1747, † ebd. 8. Nov. 1806, poln. Dichterin. – Livländ. Aristokratin; ihre religiösen, an J. Kochanowski geschulten Dichtungen (›Pieśni sobie śpiewane ...‹ [= Sich selbst gesungene Lieder], 1776) sind vom Geist barocker Mystik durchtränkt, meditativ, auch sinnlich.

Literatur: BRAJERSKI, T.: O języku ›Pieśni‹ K. Benisławskiej. Lublin 1961.

Beniuc, Mihai [rumän. be'njuk], * Sebiş bei Arad 20. Nov. 1907, † Bukarest 24. Juni 1988, rumän. Schriftsteller. – Kommunist. Funktionär und Parteidich-

ter; in seiner Lyrik beeinflußt u.a. von S. A. Jessenin und W. W. Majakowski; schrieb auch Theaterstücke (›În valea cucului‹ [= Im Kuckuckstal], Kom., 1959), Romane und Essays.

Weitere Werke: Cîntece de pierzanie (= Lieder des Untergangs, Ged., 1938), Oraşul pierdut (= Die verlorene Stadt, Ged., 1944), Der Apfelbaum am Weg (Ged., 1954, dt. 1957), Gedichte (dt. Ausw. 1958), Verwandlung eines Unscheinbaren (R., 1963, dt. 1970), Gedichte (dt. Ausw. 1965), Explozie înnăbuşită (= Erstickte Explosion, R., 1971), Focuri de toamnă (= Herbstfeuer, Ged., 1974), Elegii (= Elegien, Ged., 1979).

Ausgabe: M. B. Scrieri. Bukarest 1972–74. 5 Bde.

Literatur: FLOREA, R.: M. B. In: Literatur Rumäniens 1944–1980. Einzeldarstt. Von einem Autorenkollektiv unter der Leitung von Z. DUMITRESCU-BUŞULENGA u. M. BUCUR. Bln. 1983. S. 192.

Benjamin, Walter, Pseudonyme Detlef Holz, C. Conrad u. a., * Berlin 15. Juli 1892, † Port Bou (Spanien) 26. (27. ?) Sept. 1940, dt. Literaturkritiker und Schriftsteller. – Studierte Philosophie, lebte als freier Schriftsteller seit 1933 in Paris; beging unmittelbar nach der Flucht über die Pyrenäen nach Spanien aus Furcht vor der Auslieferung an die Gestapo Selbstmord. B. war Marxist, er gibt in seinen Werken scharfsinnige Analysen der modernen Gesellschaft, seine Kritik trifft die geistige und sittl. Korruptheit des Bürgertums. Das Fragment gebliebene, unter dem Arbeitstitel ›Pariser Passagen‹ 1927 begonnene und ihn bis zu seinem Tode beschäftigende Spätwerk, von dem in der Hauptsache nur das an Th. W. Adorno geschickte Exposé ›Paris, die Hauptstadt des XIX. Jahrhunderts‹ (1935) existiert, schildert durch die (surrealist.) Interpretation der Architektonik Pariser Verkaufsstraßen des ausgehenden 19. Jh., den dem Bürgertum zugrundeliegenden Warenfetischismus und die es zerstörenden Widersprüche, angelehnt an L. Aragons ›Pariser Landleben‹ (1926, dt. 1969). Der künstler. ›Verwilderung‹ stellt B. Gesetz, Maß und Form entgegen, die er bei Goethe, F. Hölderlin und S. George findet. Knappe Diktion, präziser Ausdruck und straffe Komposition geben seinem Werk hohen literar. Rang. Auch Übersetzer (Ch. Baudelaire, M. Proust).

Weitere Werke: Einbahnstraße (Aphorismen, 1928), Ursprung des dt. Trauerspiels (1928), Das Kunstwerk im Zeitalter seiner techn. Reproduzierbarkeit (1936), Dt. Menschen. Eine Folge von Briefen (1936).
Ausgaben: W.B. Ges. Schrr. Hg. v. R. TIEDE-MANN u.a. Ffm. 1972–85. 6 Bde. in 12 Tlen. – W.B. Ges. Schrr. Werkausgabe. Hg. v. R. TIEDE-MANN u. H. SCHWEPPENHÄUSER. Ffm. 1980. 12 Bde. – W.B. Das Passagenwerk. Ffm. 1983. 2 Bde. – W.B. Sonette. Hg. v. R. TIEDEMANN. Ffm. 1986.
Literatur: BRODERSEN, M.: W.B. – Bibliografia critica generale (1913–83). Palermo 1984. – FULD, W.: W.B. Neuausg. Rbk. 1990. – Über W.B. Hg. v. R. TIEDEMANN u.a. Neuausg. Ffm. 1990. – MAYER, HANS: Der Zeitgenosse W.B. Ffm. 1992. – WITTE, B.: W.B. Rbk. 13.–15. Tsd. 1992. – COHEN, M.: Profane illumination. W.B. and the Paris of surrealist revolution. Berkeley (Calif.) 1993. – MÜLLER, INEZ: W.B. u. Bertold Brecht. Sankt Ingbert 1993. – KIEFER, B.: Rettende Kritik der Moderne. Studien zum Gesamtwerk W.B.s. Ffm. 1994.

Ben Jelloun, Tahar [frz. bɛn ʒəˈlun], * Fès 21. Dez. 1944, marokkan. Schriftsteller. – Studium der Philosophie in Rabat; lebt seit 1971 meist in Paris. Die Zersplitterung des Individuums zw. widersprüchl. Kulturen und Rollen bildet die Basis seines in frz. Sprache verfaßten Werkes, in dem die Suche nach dem Eigenen durch myth. und märchenhafte Bilder marokkan. Erzähltradition führt. Erzählen wird zur Arbeit des Vergessens und Erinnerns. Für den Roman ›Die Nacht der Unschuld‹ (1987, dt. 1988) erhielt B. J. 1987 als erster maghrebin. Autor den Prix Goncourt.
Weitere Werke: Harrouda (R., 1973, dt. 1985), Die Mandelbäume sind verblutet (Ged., 1976, dt. 1979), La réclusion solitaire (R., 1976), Der Gedächtnisbaum (R., 1978, dt. 1989), Das Gebet an den Abwesenden (R., 1981, dt. 1990), Der öffentl. Schreiber (R., 1983, dt. 1987), Sohn ihres Vaters (R., 1985, dt. 1986), Tag der Stille in Tanger (E., 1990, dt. 1991), Mit gesenktem Blick (R., 1991, dt. 1992), L'ange aveugle (Berichte über die Mafia, 1992), L'homme rompu (R., 1994).
Literatur: GAUDIN, F.: Recherches sur l'œuvre romanesque de T. B. J. Diss. Tours 1983. – SCHOETER, U.: T. B. J. In: Krit. Lex. der roman. Gegenwartsliteraturen. Hg. v. W.-D. LANGE, Losebl. Tüb. 1984 ff.

Benn, Gottfried, * Mansfeld (Westprignitz) 2. Mai 1886, † Berlin 7. Juli 1956, dt. Schriftsteller. – Pfarrerssohn, studierte Medizin, war in beiden Weltkriegen Militärarzt, ließ sich 1917 in Berlin als Facharzt für Haut- und Geschlechts-

Gottfried Benn

krankheiten nieder (Praxis bis 1935). B. begrüßte 1933 den Nationalsozialismus (›Der neue Staat und die Intellektuellen‹, Essays, 1933; ›Kunst und Macht‹, Essays, 1934), in dem er, ein an sich unpolit. Mensch, eine Macht sah, die dem europ. Intellektualismus den Kampf ansagte. Nachdem er seinen Irrtum 1934 erkannt hatte, veröffentlichte er 1936–48 nichts (1938 Schreibverbot; 1945–48 Publikationsverbot). Im Aufsatz ›Kunst und Drittes Reich‹ (entst. 1941) demonstriert er seine gewandelte Auffassung. B. begann als Expressionist, in hämmernder Sprache die Welt des Ekels, des verwesenden menschl. Leibes, der für den Menschen mit all seinen geistigen und moral. Ansprüchen steht, darstellend. In hartem Substantivstil stellt er Fachwörter neben Jargonausdrücke, moderne Wortprägungen neben poet., klassisch-romantische. Kalt sezierend und registrierend negiert er das Leben. Der Tragik des Nihilismus setzt er in der zweiten Phase seines Schaffens seinen absoluten Glauben an die formale Kraft der Kunst entgegen. In seinen Gedichten aus der Zeit nach dem 2. Weltkrieg werden die Seinsabgründe in kühleren Kombinationen von Gedanken und Stimmungen deutlich. Sein Haß gegen das Kreatürliche des menschl. Lebens, seine Kultur- und Religionskritik führen ihn zu einem Rückzug in die Innerlichkeit und zur Idealisierung der vormenschl., vorgeschichtl. Zeit.
Weitere Werke: Morgue (Ged., 1912), Gehirne (Nov.n, 1916), Fleisch (Ged., 1917), Das moderne Ich (Essays, 1919), Gesammelte Gedichte (1927), Gesammelte Prosa (1928), Nach dem Nihilismus (Essays, 1932), Stat. Gedichte

(1948), Ausdruckswelt (Essays, 1949), Drei alte Männer (Gespräche, 1949), Der Ptolemäer (En., 1949), Trunkene Flut (Ged., 1949), Doppelleben (Autobiogr., 1950), Fragmente (Ged., 1951), Probleme der Lyrik (Vortrag, 1951), Destillationen (Ged., 1953), Aprèslude (Ged., 1955), Gesammelte Gedichte 1912–56 (1956), Primäre Tage. Gedichte und Fragmente aus dem Nachlaß (hg. 1958).
Ausgaben: G. B. Das Hauptwerk. Hg. v. M. SCHLÜTER. Stg. 1980. 4 Bde. – G. B. Ges. Werke in der Fassung der Erstdrucke. Hg. v. B. HILLEBRAND. Ffm. 1982–85. 5 Bde. – G. B. Sämtl. Werke. Hg. v. G. SCHUSTER. Stg. 1986 ff. Auf 6 Bde. ber. (bisher 4 Bde. ersch.). – G. B. Ges. Werke in 4 Bden. Hg. v. D. WELLERSHOFF. Stg. 6–8 1989–92.
Literatur: WELLERSHOFF, D.: G. B. Phänotyp dieser Stunde. Köln u. Bln. 1958. – USINGER, F.: G. B. u. die Medizin. Mainz u. Wsb. 1967. – BLEINAGEL, B.: Absolute Prosa. Ihre Konzeption u. Realisierung bei G. B. Bonn 1969. – LYON, J. K./INGLIS, C.: Konkordanz zur Lyrik G. B.s. Hildesheim 1971. – CHRISTIANSEN, A.: B. Stg. 1976. – B.-Chronik. Hg. v. H. BRODE. Mchn. 1978. – G. B. Hg. v. B. HILLEBRAND. Darmst. 1979. – RUMOLD, R.: G. B. u. der Expressionismus. Ffm. 1982. – G. B. Hg. v. H. L. ARNOLD. Mchn. 2 1985. – HOLTHUSEN, H. E.: G. B. Stg. 1986. – WELLERSHOFF, D.: G. B. Neuausg. Köln 1986. – G. B. 1886 bis 1956. Hg. v. H. A. GLASER. Ffm. 2 1991. – LENNIG, W.: G. B. Rbk. 83.–85. Tsd. 1991. – PAULER, T.: Schönheit u. Abstraktion. Über G. B.s ›absolute Prosa‹. Wzb. 1992. – RÜBE, W.: G. B. Provoziertes Leben. Stg. 1993. – SOERENSEN, N. P.: Mein Vater G. B. Neuausg. Ffm. 1993.

Bennett, Alan [engl. 'bɛnɪt], * Leeds 9. Mai 1934, engl. Dramatiker. – Geschichtsstudium in Oxford; Schauspieler und Mitautor der Erfolgsrevue ›Beyond the fringe‹ (UA 1960). Verfaßte dann meist polit. Komödien und Farcen, die Widersprüche zwischen menschl. Identitätssuche und klischierter Sprache durchspielen (›Forty years on‹, 1969; ›Getting on‹, 1972; ›Habeas corpus‹, 1973). Zum spektakulärsten Bühnenereignis wurde ›The madness of George III‹ (Dr., 1992). Auch zahlreiche Arbeiten für Film und Fernsehen.
Weitere Werke: The old country (Dr., 1978), Enjoy (Dr., 1980), Objects of affection and other plays for television (Fsp.e, 1982), A private function (Filmskript, 1984), Kafka's Dick (Dr., 1986), Single spies (Dr., 1989), The wind in the willows (Dr., 1991; nach K. Grahames gleichnamigem Kinderbuch).

Bennett, [Enoch] Arnold [engl. 'bɛnɪt], * Shelton bei Hanley 27. Mai 1867,

† London 27. März 1931, engl. Schriftsteller. – Studierte Jura, war Journalist, ab 1896 freier Schriftsteller. Verfaßte zahlreiche Romane, Kurzgeschichten, Dramen und Essays, deren literar. Qualität unterschiedlich ist. Neben glänzend geschriebenen Kolportageromanen (›Das Grandhotel Babylon‹, 1902, dt. 1924) stehen realist. Romane, von denen ›Konstanze und Sophie oder Die alten Damen‹ (1908, dt. 1932) und die Trilogie ›The Clayhanger family‹ mit den Teilen ›Clayhanger‹ (1910, dt. 1930), ›Hilda‹ (1911, dt. 1930) und ›These twain‹ (1916), die das enge Leben in der Kleinstadt des ›pottery district‹ im Norden der Grafschaft Stafford schildern, hervorzuheben sind. B. war auch als Bühnenautor erfolgreich (›Das große Abenteuer‹, 1913, dt. 1926). Charakteristisch für sein essayist. Werk ist ›Leben, Liebe und gesunder Menschenverstand‹ (1923, dt. 1926).
Weitere Werke: Millionenjäger (Schsp., 1903, dt. 1926), Geschichten aus den fünf Städten (En., 1905, dt. 1926), Eine tolle Nummer (R., 1911, dt. 1962), Die Laster der kleinen Leute (R., 1923, dt. 1927).
Ausgabe: A. B. Works. The Minerva edition. London 1926. 7 Bde.
Literatur: WRIGHT, W. F.: A. B. Romantic realist. Lincoln 1971. – DRABBLE, M.: A. B. A biography. New York 1974. – LUCAS, J.: A. B. A study of his fiction. London 1974. – BROOMFIELD, O. R.: A. B. Boston (Mass.) 1984.

Benoit, Pierre [frz. bə'nwa], * Albi (Tarn) 16. Juli 1886, † Ciboure (Pyrénées-Atlantiques) 3. März 1962, frz. Schriftsteller. – Begann als Lyriker unter dem Einfluß der Parnassiens, wandte sich aber nach dem Krieg dem Roman zu und schrieb erfolgreiche, auf genauer Kenntnis des Milieus beruhende, psychologisch folgerichtig aufgebaute [Abenteuer]romane. 1931 Mitglied der Académie française.
Werke: Königsmark (1918, dt. 1924), Atlantis (1919, dt. 1923), Der Salzsee (1921, dt. 1925), Das Fräulein von La Ferté (1923, dt. 1927), Der Jakobsbrunnen (1925, dt. 1929), Alzira (1941, dt. 1948), Montsalvat (1957), Allegria (1962, dt. 1963).

Benoît de Sainte-Maure (B. de Sainte-More) [frz. bənwadsɛt'mɔːr], altfrz. Dichter des 12. Jh. aus Sainte-Maure-de Touraine. – Verfaßte um 1170 nach lat. Chroniken sowie nach der frz. Reimchronik von Wace die ›Chronique des Ducs de

Normandie‹, ferner den ältesten mittelalterl. Trojaroman ›Roman de Troie‹ (30 000 Achtsilbler), der zum Ausgangspunkt fast aller übrigen mittelalterl. Trojadichtungen wurde.

Ausgabe: B. de S.-M. Le roman de Troie. Übers. u. hg. v. E. BAUMGARTNER. Paris 1987.
Litaratur: HANSEN, I.: Zwischen Epos u. höf. Roman. Die Frauengestalten im Trojaroman des B. de S.-Maure. Mchn. 1971. – GNÄDINGER, L.: B. de S.-Maure. In: Lex. des MA. Bd. 1. Mchn. u. Zü. 1980.

Benrath, Henry, eigtl. Albert Heinrich Rausch, * Friedberg (Hessen) 5. Mai 1882, † Magreglio bei Como 11. Okt. 1949, dt. Schriftsteller. – Studierte Geschichte und Philologie, lebte seit 1940 in Oberitalien. B. begann mit Lyrik unter dem Einfluß A. von Platens und S. Georges, dessen Dichterkreis er nahestand; bes. erfolgreich waren seine Geschichtsromane (›Die Kaiserin Konstanze‹, 1935; ›Die Kaiserin Galla Placidia‹, 1937; ›Die Kaiserin Theophano‹, 1940).

Weitere Werke: Der Traum der Treue (Ged., 1907), Die Urnen (Ged., 1908), Flutungen (Nov.n, 1910), Das Buch der Trauer (Ged., 1911), Vigilien (Ged., 1911), Kassiopeia (Ged., 1919), Ball auf Schloß Kobolnow (R., 1932), Die Mutter der Weisheit (R., 1933), Die Geschenke der Liebe (R., hg. 1952).
Literatur: H. B. in memoriam. Hg. v. R. ITALIAANDER. Stg. 1954. – HAGEN, S.: H. B. Bonn 1978.

Bense, Max, * Straßburg 7. Dez. 1910, † Stuttgart 29. April 1990, dt. Philosoph und Wissenschaftstheoretiker. – Begründer der ›informationstheoret. Ästhetik‹; Studium der Mathematik, Physik und Philosophie. Schon in seiner Dissertation ›Quantenmechanik und Daseinsrelativität‹ (1938) zeigt sich für sein Denken charakteristische Drang zu fächerübergreifender Betrachtung. Während des 2. Weltkriegs arbeitete B. als Mathematiker im meteorolog. Dienst und in einem Labor für Hochfrequenztechnik. 1946 wurde er Prof. für Philosophie und Wissenschaftstheorie in Jena; 1949 Übersiedlung nach Stuttgart (nach Auseinandersetzungen mit der SED). – B. versuchte, die traditionelle Ästhetik durch informationstheoret. und semiot. Überlegungen zu erneuern (›Aesthetica‹, 4 Bde. 1954–60). Eine Schlüsselstellung kommt dem Begriff ›Information‹ als meßbarem

Ausdruck des Inhalts eines Textes zu. Daneben spielt die ›Redundanz‹ eine wichtige Rolle. Sie gibt an, wie die Information im Text verpackt ist. Das Verhältnis von Information und Redundanz ist bestimmend für die Schönheit eines Werkes. B. hat auch als Autor versucht, seine ästhet. Theorie umzusetzen (›Bestandteile des Vorüber‹, 1961; ›Entwurf einer Rheinlandschaft‹, 1962; ›Die Zerstörung des Durstes durch Wasser‹, 1967). B. beeinflußte nachhaltig die ›experimentelle Literatur‹, insbes. die ›konkrete Poesie‹ (H. Heißenbüttel, F. Mon u. a.).

Weitere Werke: Geist der Mathematik (1939), Literaturmetaphysik (1950), Descartes und die Folgen (1960), Theorie der Texte (1962), Semiotik (1967), Informationstheoret. Ästhetik (1969), Einführung in die neue Ästhetik (1980), Das graue Rot der Poesie. Gedichte (1983), Nacht – euklid. Verstecke. Poet. Texte (1988), Die Eigenrealität der Zeichen (hg. 1992).
Literatur: Zeichen von Zeichen für Zeichen. Festschr. für M. B. Hg. v. E. WALTHER u. a. Baden-Baden 1990.

Benserade, Isaac de [frz. bɛ̃'srad], * Paris oder Lyons-la-Forêt (Eure) 5. Nov. 1613, † Gentilly bei Paris 20. Okt. 1691, frz. Dichter. – Schrieb Ballette (vertont u. a. von J.-B. Lully) für den Hof Ludwigs XIV., dessen Gunst er genoß, fünf Dramen (u. a. ›Cléopâtre‹, 1636) und lyr. Gedichte. 1674 wurde er Mitglied der Académie française.

Bentlage, Margarete zur, dt. Schriftstellerin, † Zur Bentlage, Margarete.

Beowulf, altengl. Stabreimepos; ältestes und einziges vollständig erhaltenes altgerman. Heldenepos, überliefert in einer Handschrift um 1000. Die Entstehungszeit ist unsicher; vorgeschlagene Datierungen reichen vom 7. bis 10. Jahrhundert. Als Dichter gilt ein gelehrter Mönch, der in den vorchristl. Sagenstoff und in die germanisch-heroischen Werte, ohne sie zu verwischen, christl. Auffassungen eindeutete und möglicherweise von der antiken Epostradition (bes. Vergil) beeinflußt war. Dargestellt werden Lebensausschnitte des Gautenfürsten B., der die Prunkhalle Heorot des Dänenkönigs Hrothgar vom menschenfressenden Moordämon Grendel und dessen Mutter befreit und 50 Jahre später als König der Gauten nach siegreichem Drachenkampf

stirbt. Mit der zeremoniellen Feuerbe-
stattung und dem Totenpreis endet das
auch als kulturhistor. Quelle bedeutsame
Werk.

Ausgaben: B. and the fight at Finnsburg. Hg. v.
F. KLAEBER. Boston (Mass.) [3]1950. Nachdr.
1968. – B. Bearb. v. M. HEYNE u. L. SCHÜCKING.
Hg. v. E. SCHAUBERT. Paderborn [17]1958–63. 3
Bde. – B. u. die kleineren Denkmäler der alt-
engl. Heldensage Waldere u. Finnsburg. Hg. v.
G. NICKEL. Hdbg. 1976–82. 3 Tle.
Literatur: WHITELOCK, D.: The audience of B.
Oxford 1951. Nachdr. 1967. – HOOPS, J.:
Komm. zum B. Hdbg. [2]1965. – BRODEUR, A. G.:
The art of B. Berkeley (Calif.) [4]1971. – SCHU-
BEL, F.: Probleme der B.-Forschung. Darmst.
1979. – The dating of B. Hg. v. C. CHASE. To-
ronto 1981. – CLARK, G.: B. Boston (Mass.)
1990. – Interpretations of B. Hg. v. R. D. FULK.
Bloomington (Ind.) 1991. – STANLEY, E. G.: In
the foreground. ›B.‹. Woodbridge 1993.

Bepp, Pseudonym des schweizer.
Schriftstellers Hugo † Marti.

Béranger, Pierre Jean de [frz. berã-
'ʒe], * Paris 19. Aug. 1780, † ebd. 16. Juli
1857, frz. Lyriker. – Erfolgreichster und
populärster frz. Liederdichter des 19. Jh.;
wandte sich nach unpolit. Anfängen
nach Rückkehr der Bourbonen gegen sie
und die Restauration; er war maßgeblich
an der Bildung der Napoleonlegende beteiligt. Nach dem Sturz der Bourbonen
wurde er als Nationalheld gefeiert. Seine
wichtigsten Werke sind fünf Lieder-
sammlungen (1815–33) und ›Ma biographie‹ (1857).
Literatur: FISCHER, J. O.: P.-J. de B. Werk u.
Wirkung. Dt. Übers. Bln. 1960. – TOUCHARD, J.:
La gloire de B. Paris 1968. 2 Bde.

Berberliteratur, die gesprochene
und gesungene Dichtung der Berber, die
fast ausschließlich mündlich überliefert
wird; nur die Tuareg der südl. Sahara haben eine Schrift, basierend auf einem alten Berberalphabet, bewahrt. Infolge der
arab. Expansion nach Nordwestafrika
(seit dem 7. Jh.) wurden vereinzelt religiöse Schriften in Berbersprachen, jedoch in arab. Schrift aufgezeichnet. Erst
seit dem 19. Jh. liegen umfangreiche
schriftl. Sammlungen von B. vor. Die
Dichtung umfaßt Prosagattungen wie
Sprichwörter, Rätsel, Mythen, Sagen,
Märchen, Schwänke und Tiergeschichten sowie verschiedene Liedgattungen
(z. B. Arbeitslieder). Die bedeutendsten
Genres finden sich in der Lyrik: zum

einen die Volkslieder in Form von Cou-
plets, zum anderen die von professionel-
len Barden komponierten und gesungenen Gedichte zu Religion, Geschichte
und Politik.
Literatur: BASSET, H.: Essai sur la littérature des
Berbères. Algier 1920. – Volksmärchen der Ka-
bylen. Hg. v. L. FROBENIUS. Jena 1921–22. 3 Bde.
Nachdr. Nendeln 1978. – FOUCAULD, CH. E. DE:
Poésies touarègues, dialecte de l'Ähaggar. Paris
1925. – HARRIES, J./RAAMOUCH, M.: Berber popular songs of the Middle Atlas. In: African
language studies 12 (1971), S. 52. – GALAND-
PERNET, P.: Recueil de poèmes chleuhs I: chants
de trouveurs. Paris 1972.

Berberowa (tl.: Berberova), Nina Ni-
kolajewna [russ. bɪr'bjɛrɐvɐ], * Petersburg
8. Aug. 1901, † Philadelphia 26. Sept.
1993, russ. Schriftstellerin. – Ging 1922
mit W. F. Chodassewitsch ins Exil; ab
1925 in Paris, ab 1950 in den USA. Aus
ihrem Werk (Prosa und Lyrik) ragt ihre
Autobiographie ›Ich komme aus St. Petersburg‹ (1972, dt. 1990) hervor.
Weitere Werke: Die Begleiterin (E., 1935, dt.
1987), Astaschew in Paris (R., 1949, dt. 1989),
Der Lakai und die Hure (R., 1949, dt. 1988),
Ljudi i loži (= Menschen und Logen, R., 1986),
Der Traum von Liebe, die bleibt (Nov.n, dt.
Ausw. 1993).

Berceo, Gonzalo de [span. bɛr'θeo],
* Berceo (Prov. Logroño) um 1195, † ebd.
nach 1264, span. Dichter. – Weltgeistlicher; ältester namentlich bekannter
span. Dichter, dessen Nachruhm v. a. auf
seinen geistl. Dichtungen in vierzeiligen,
einreimigen Alexandrinerstrophen (›cua-
derna vía‹) beruht. Sein Gesamtwerk besteht aus vier Heiligenviten (›Vida de San
Millán‹; ›Vida de Santo Domingo de Si-
los‹; ›Vida de Santa Oria‹; ›El martirio
de Sant Laurencio‹ [Fragment]), drei
Texten in der Tradition des zeitgenöss.
Marienkultes (›Milagros de Nuestra Señora‹ u. a.) und zwei dogmat. Prosaschriften (›Sacrificio de la misa‹; ›De los
signos que aparecerán antes del juicio‹).
Ausgaben: G. de B. Poesías. Hg. v. F. JANER.
Madrid 1864. – G. de B. Obras completas. Hg.
v. B. DUTTON. London 1967–82. 5 Bde.
Literatur: ARTILES, J.: Los recursos literarios de
B. Madrid 1964. – GARIANO, C.: Análisis esti-
lístico de los ›Milagros de Nuestra Señora‹. Madrid 1965. – PERRY, T. A.: Art and meaning in
B.s ›Vida de Santa Oria‹. New Haven (Conn.)
1968. – GIER, A./KELLER, J. S.: Les formes narratives brèves en Espagne et au Portugal. In:
Grundr. der roman. Lit.en des MA. Hg. v. W.-D.

LANGE. Bd. 5. Hdbg. 1985. – BARÓ, J.: Glosario completo de ›Los milagros de Nuestra Señora‹ de G. de B. Boulder (Colo.) 1987.

Berchet, Giovanni [frz. bɛr'ʃɛ], Pseudonym Crisostomo, * Mailand 23. Dez. 1783, † Turin 23. Dez. 1851, italien. Dichter frz. Abkunft. – 1821–48 im polit. Exil in Frankreich, England und Belgien; konservativer Monarchist; Freund A. Manzonis. Einer der bekanntesten Vertreter der italien. Romantik, v. a. Lyriker (›Romanze‹, 1822–24; ›Fantasie‹, 1829) mit patriot. Themen; auch Übersetzer und Essayist (›Sul Cacciatore feroce e sulla Eleonora di G. A. Bürger. Lettera semiseria di Crisostomo al suo figliuolo‹, 1816).
Ausgabe: G. B. Opere. Hg. v. E. BELLORINI. Bari 1911–12. 3 Bde.
Literatur: BELLORINI, E.: G. B. B. (1783–1851). Turin ²1941. – CADIOLI, A.: Introduzione a B. Rom 1991.

Berdyczewski, Micha Josef [bɛrdy-'tʃɛfski], hebr. Schriftsteller, † Bin Gorion, Micha Josef.

Berechjia Ben Natronai Ha-Nakdan (tl.: Bərękyä Bęn Naṭrônāy Hannaqdan), hebr. Fabeldichter des 12. oder 13. Jahrhunderts. – Lebte wahrscheinlich in Frankreich. Seine Fabelsammlung ›Mišlê šûʻalîm‹ (= Fuchsfabeln) ist eine Bearbeitung von Fabeln des Äsop (Erstdruck Mantua 1557/58).
Literatur: Enc. Jud. Bd. 4. 1972, S. 596. – Hauptwerke der hebr. Literatur. Hg. v. L. PRIJS. Mchn. 1978.

Berens-Totenohl, Josefa, eigtl. Josepha Berens, * Grevenstein (heute zu Meschede) 30. März 1891, † Meschede 6. Juni 1969, dt. Schriftstellerin. – Auch Malerin; lebte zeitweise in Düsseldorf, ab 1925 im Sauerland; ihre im Edda- und Sagastil geschriebenen Romane spiegeln die in der Überlieferung verwurzelte bäuerl. Welt ihrer westfäl. Heimat.
Werke: Der Femhof (R., 1934), Frau Magdlene (R., 1935), Das schlafende Brot (Ged., 1936), Einer Sippe Gesicht (Epos, 1941), Der Fels (R., 1943), Im Moor (R., 1944), Die Liebe des Michael Rother (E., 1953), Das Gesicht (Nov., 1955), Die heiml. Schuld (R., 1960).

Berent, Wacław, * Warschau 26. oder 28. Sept. 1873, † ebd. 19., 20. oder 22. Nov. 1940, poln. Schriftsteller. – Beeinflußt von F. Nietzsche, dessen ›Zarathustra‹ er übersetzte; übte in kultivier-

ten, ästhetisierenden Romanen Kritik an der gesellschaftl. Dekadenz der Jahrhundertwende; wandte sich später dem histor. Roman zu. Als ein Hauptwerk gilt ›Edelfäule‹ (R., 1903, dt. 1908).
Weitere Werke: Wintersaat (R., 1911, dt. 1985), Żywe kamienie (= Lebende Steine, En., 1918), Nurt (= Strömung, En., 1934).
Ausgabe: W. B. Dzieła wybrane. Warschau 1956–58. 6 Bde.
Literatur: BAER, J. T.: W. B. London 1974. – PASZEK, J.: Styl powieści W. B.a. Kattowitz 1976.

Berg, Bengt Magnus Kristoffer [schwed. bærj], * Kalmar 9. Jan. 1885, † Bokenäs am Kalmarsund 31. Juli 1967, schwed. Ornithologe und Schriftsteller. – Forschungsreisen nach Afrika und Zentralasien; legte auf seinem Landsitz ein Vogelparadies an; bekannt durch seine Tierbücher, die er anschaulich, interessant, unter Einbeziehung der Landschaft gestaltete; schrieb z. T. auch in dt. Sprache.
Werke: Mein Freund der Regenpfeifer (1917, dt. 1925), Die letzten Adler (1923, dt. 1927), Mit den Zugvögeln nach Afrika (1924, dt. 1924), Die Liebesgeschichte einer Wildgans (1930), Der Lämmergeier im Himalaya (1931, dt. 1936), Tiger und Mensch (1934, dt. 1934), Meine Abenteuer unter Tieren (1955).

Bergamín, José [span. bɛrɣa'min], * Madrid 31. Dez. 1895, † San Sebastián 28. Aug. 1983, span. Schriftsteller. – Lebte 1939–59 und 1964–70 im Exil; Gründer und Leiter (1933–36) der Zeitschrift ›Cruz y Raya‹, die vom Neukatholizismus J. Maritains bestimmt war; Verfasser geistreicher, glänzend geschriebener Essays und Kritiken, der von M. de Unamuno und Jugo beeinflußt, die aphorist. Form bevorzugte (u. a. in ›El cohete y la estrella‹, 1923); veröffentlichte auch Lyrik und Theaterstücke.
Weitere Werke: El arte de birlibirloque (Essays, 1930), Disparadero español (Essays, 3 Bde., 1936–40), Fronteras infernales de la poesía (Essays, 1959), De una España peregrina (Essay, 1972), El clavo ardiendo (Essays, 1974), La importancia del demonio y otras cosas sin importancia (Essay, 1974).
Literatur: DENNIS, N.: Posdata sobre J. B. In: Cuadernos hispanoamericanos 301 (1975), S. 143.

Bergelson (tl.: Bərgęlsôn), David, * Ochrimowo bei Uman (Ukraine) 12. Aug. 1884, † Moskau 12. Aug. 1952, jidd. Schriftsteller. – Ging 1920 nach

Berlin, kehrte 1934 in die UdSSR zurück; wurde während der letzten stalinist. Säuberung ermordet. Hauptthema seiner Romane, Novellen und Dramen, die sich durch psycholog. Realismus auszeichnen, sind das Leben der Juden in russ. Kleinstädten zu Beginn des 20. Jh., später auch die Oktoberrevolution und die nachrevolutionäre Gesellschaft sowie der Bürgerkrieg. Dt. erschienen ›Am Bahnhof‹ (Nov.n, 1909, dt. 1922) und ›Das Ende vom Lied‹ (R., 1913, dt. 1923).

Bęrgengruen, Werner [...gry:n], * Riga 16. Sept. 1892, † Baden-Baden 4. Sept. 1964, dt. Schriftsteller. – Studium in Marburg, München und Berlin; konvertierte 1936 zum Katholizismus; 1937 Ausschluß aus der Reichsschrifttumskammer. Bed. sind seine streng gebauten Novellen, die, wie auch seine Romane, auf eine Handlungslinie konzentriert sind. Ausgewogene reife Erzählkunst, Geschlossenheit der inneren und äußeren Form, Fabulierfreude kennzeichnen sein Werk, das häufig histor. Stoffe mit religiöser Thematik, psycholog. und kriminalist. Motiven behandelt; schrieb auch Lyrik, Reise- und Jugendbücher; Übersetzer russ. Literatur.
Werke: Das große Alkahest (R., 1926, 1938 u. d. T. Der Starost), Herzog Karl der Kühne oder ... (R., 1930), Die Feuerprobe (Nov., 1933), Der Großtyrann und das Gericht (R., 1935), Die Rose von Jericho (Ged., 1936), Die drei Falken (Nov., 1937), Der Tod von Reval (En., 1939), Am Himmel wie auf Erden (R., 1940), Der span. Rosenstock (Nov., 1941), Dies irae (Ged., 1945), Pelageja (E., 1947), Das Feuerzeichen (R., 1949), Röm. Erinnerungsbuch (1949), Die heile Welt (Ged., 1950), Der letzte Rittmeister, Die Rittmeisterin, Der dritte Kranz (R.-Trilogie, 1952, 1954 und 1962), Die Schwestern aus dem Mohrenland (E., 1963), Räuberwunder (Nov.n, 1964), Dichtergehäuse (Autobiogr., hg. 1966), Geliebte Siebendinge. Aus den nachgelassenen Aufzeichnungen (hg. 1972).
Literatur: KAMPMANN, TH.: Das verhüllte Dreigestirn. W. B. – Gertrud von le Fort – Reinhold Schneider. Paderborn 1973. – BÄNZIGER, H.: W. B. Weg u. Werk. Bern u. Mchn. ⁴1983.

Berger, Henning [schwed. 'bærjər], * Stockholm 22. April 1872, † Kopenhagen 30. März 1924, schwed. Erzähler. – Lebte längere Zeit in den USA; zahlreiche Novellen und Romane mit Motiven aus Stockholm oder amerikan. Großstädten.

Werke: Drüben (Nov., 1901, dt. 1904), Ysaïl (R., 1905, dt. 1909), Syndafloden (Dr., 1908), Drömlandet (R., 1909), Bendel & Co. (R., 1910, dt. 1914), Die andere Seite (R., 1915, dt. 1919).

Berger, John [engl. 'bə:gə], * London 5. Nov. 1926, engl. Schriftsteller. – Kunststudium, Zeichenlehrer und Maler; Kunstkritiker. Sein sozialistisch orientiertes Interesse an Kunst wird in zahlreichen theoret. Arbeiten deutlich (›Glanz und Elend des Malers Pablo Picasso‹, 1965, dt. 1973; ›Art and revolution: Ernst Neizvestny and the role of the artist in the USSR‹, 1969; ›Das Leben der Bilder oder die Kunst des Sehens‹, 1980, dt. 1981; ›Begegnungen und Abschiede‹, 1991, dt. 1993). Indirekt geht die dort zentrale Frage nach der richtigen künstler. Sehweise auch in B.s experimentelle Romane ein, wobei insbes. der metahistor. Roman ›G‹ (1972, dt. 1990; Booker-Preis 1972) sowie das aus einer Montage von Textsorten bestehende Werk ›Sau-Erde. Geschichten vom Lande‹ (1979, dt. 1982) das Problem der Realitätswiedergabe in der Literatur reflektieren. Auch Drehbücher (mit A. Tanner). 1991 wurde B. mit dem Petrarca-Preis ausgezeichnet.
Weitere Werke: A painter of our time (R., 1958), The foot of Clive (R., 1962), Corker's freedom (R., 1964), Sehen. Das Bild der Welt in der Bilderwelt (1972, dt. 1974), Arbeitsemigranten (Reportage, 1975, dt. 1976; mit Jean Mohr), Eine andere Art zu erzählen (1982, dt. 1984; mit Jean Mohr), Und unsere Gesichter, mein Herz, vergänglich wie Fotos (1984, dt. 1986), Once in Europe (R., 1987), Goya's last portrait (Dr., 1989; mit N. Bielski), Flieder und Flagge. Eine alte Frau erzählt von einer Stadt (R., 1990, dt. 1991), Begegnungen und Abschiede (Essays, 1991, dt. 1993).

Berger, Thomas [Louis] [engl. 'bə:gə], * Cincinnati 20. Juli 1924, amerikan. Schriftsteller. – Seine hintergründigen und teilweise sarkast. Romane entlarven Mythen des Alltags und Klischeevorstellungen des Lebens der amerikan. Mittelklasse. Darüber hinaus verweisen sie auf die Degeneration der Durchschnittsmenschen in Amerika des 20. Jh. sowie auf die Absurdität unserer modernen Zivilisation. B. schuf den Typus des Protagonisten, der durch seine Humanität zum Antihelden wird. Am bekanntesten sind die aus vier Romanen bestehende ›Reinhart-Saga‹ (›Crazy in Berlin‹, 1958; ›Reinhart in love‹, 1962; ›Vital parts‹, 1970; ›Reinhart's women‹, 1981) sowie die komisch-heroische Satire auf die Auseinandersetzungen der Weißen mit den Indianern ›Der letzte Held‹ (R., 1964, dt. 1970).

Weitere Werke: Killing time oder Die Art zu töten (R., 1967, dt. 1970), Regiment of women (R., 1973), Sneaky people (R., 1975), Who is Teddy Villanova? (R., 1977), Die Geheimnisse von Camelot (R., 1978, dt. 1986), Neighbors (R., 1980), The feud (R., 1983), Nowhere (R., 1985), Being invisible (R., 1987), The houseguest (R., 1988), Changing the past (R., 1989), Orrie's story (R., 1990).
Literatur: LANDON, B.: Th. B. Boston (Mass.) 1989.

Berger, Uwe, * Eschwege 29. Sept. 1928, dt. Schriftsteller. – 1951–55 Verlagslektor; lebt als freier Schriftsteller in Berlin. Der Lyriker, Essayist und Erzähler begann mit abstrakten Gedichten, die durch formal strenge und inhaltlich bilderreiche Lyrik abgelöst wurden; sein Werk setzt sich fort im breit angelegten, fast schon ep. Gedicht bis hin zu seinem bisher einzigen Roman ›Das Verhängnis oder Die Liebe des Paul Fleming‹ (1983); rege Herausgebertätigkeit (›Lyrik der DDR‹, 1970; mit G. Deicke).

Weitere Werke: Die Einwilligung (En., 1955), Hütten am Strom (Ged., 1961), Arbeitstage (Tagebuch, 1973), Backsteintor und Spreewaldkahn (Prosa, 1975), Lächeln im Flug (Ged., 1975), Auszug aus der Stille (Ged., 1982), In deinen Augen dieses Widerscheinen (Ged., 1985), Lust und Leichtigkeit. Oden (1989), Flammen oder das Wort der Frau (E., 1990).

Bergerac, Cyrano de [frz. bɛrʒɔ'rak], frz. Schriftsteller, ↑Cyrano de Bergerac.

Berggolz (tl.: Berggol'c), Olga Fjodorowna [russ. bɪrg'gɔljts], * Petersburg 16. Mai 1910, † ebd. 13. Nov. 1975, russ.-sowjet. Schriftstellerin. – Von den Akmeisten, bes. von A. Achmatowa beeinflußt.

Werke: Pervorossijsk (Verspoem, 1950), Vernost' (= Treue, Vers-Trag., 1954), Tagessterne (lyrisch-philosoph. Prosa, 1959, dt. 1963).
Literatur: FIEDLER-STOLZ, E. M.: O. Berggol'c. Mchn. 1977.

Bergh, Herman van den [niederl. bɛrx], * Amsterdam 30. Jan. 1897, † Rom 1. Aug. 1967, niederl. Schriftsteller und Journalist. – Studierte Musik und Jura, war Zeitungskorrespondent, seit 1962 Lektor für italien. Literatur an der Univ. Amsterdam; als Lyriker und Essayist v. a. in seinem Frühwerk einer der bedeutendsten Vertreter des Expressionismus in den Niederlanden, dessen Zeitschrift ›Het Getij‹ er von 1916 an leitete. In seinen späteren Gedichten zeigt sich eine Wendung zum Klassischen.

Werke: De boog (Ged., 1917), De spiegel (Ged., 1925), Het litteken van Odysseus (Ged., 1956), Kansen op een wrak (Ged., 1957), Niet hier, niet heden (Ged., 1962), Wachten op een woord (Ged., 1965).
Literatur: KURPERSHOEK-SCHERFT, A. C. M.: De episode van Het Getij. Den Haag 1956.

Bergius, C. C., eigtl. Egon-Maria Zimmer, * Buer (heute zu Gelsenkirchen) 2. Juli 1910, dt. Schriftsteller. – Flugkapitän, gründete nach dem 2. Weltkrieg einen Verlag; seit 1963 freier Schriftsteller. Neben Fliegerromanen schreibt er Unterhaltungsromane mit histor. und zeitgenöss. Themen.

Werke: Unter mir die Erde (R., 1952), Heißer Sand (R., 1962), Der Tag des Zorns (R., 1967), Das Medaillon (R., 1971), Oleander Oleander (R., 1975), Schakale Gottes (R., 1977), Söhne des Ikarus (En., 1979), Der Feuergott (R., 1980), Span. Roulette (R., 1982), Endstation Tibet (R., 1984), El comandante (R., 1987), Jenseits der Gobi (R., 1989).

Bergman, Bo Hjalmar [schwed. ˌbærjman], * Stockholm 6. Okt. 1869, † ebd. 17. Nov. 1967, schwed. Dichter. – Resignation, aber auch Leidenschaft und Aggressivität bestimmen B.s Lyrik, die in schlichter Sprache und kunstloser Form stimmungsvolle Bilder zu malen weiß; in seinen z. T. trag. Novellen zeigt sich B. als vortreffl. Naturschilderer und ausgezeichneter Darsteller des Stockholmer Lebens.

Werke: Marionetterna (Ged., 1903), Elden (Ged., 1917), Trots allt (Ged., 1931), Gamla gudar (Ged., 1939), Epiloger (Nov., 1946), Stockholmsdikter (Ged., 1947), Skulden (Nov., 1948), Vi vandrare (R., 1961), Makter (Ged., 1962), Det eviga spelet (Dr., 1963), Kedjan (Ged., 1966).
Literatur: ARVIDSON, S.: B. B. Stockholm 1945.

Bergman, Hjalmar Fredrik Elgérus [schwed. ˌbærjman], * Örebro 19. Sept. 1883, † Berlin 1. Jan. 1931, schwed. Schriftsteller. – Erster Erfolg mit dem Roman ›Das Testament Sr. Gnaden‹ (1910, dt. 1912); berühmt wurde er durch den im mittelschwed. Bergslagen spielenden Wadköping-Roman (›Markurell‹,

1919, dt. 1935, auch u. d. T. ›Skandal in Wadköping‹). B. gilt als einer der bedeutendsten Erzähler der schwed. Literatur des 20. Jahrhunderts. Die Literaturgeschichte zählt ihn zu den sog. Totalisten, einer Reihe von Autoren, die ab etwa 1910 um eine realist. Gesellschaftsschilderung bemüht waren. Hinter Humor und Komik seiner Werke, in denen er meist das bürgerl. Alltagsleben in der mittelschwed. Provinz schildert, steckt eine tief pessimist. Grundhaltung.

Weitere Werke: Amouren (R., 1910, dt. 1912), Komedier i Bergslagen (Nov., 1914), Der Eindringling (R., 1921, dt. 1928), Eros' Begräbnis (R., 1921, dt. 1934), Katja im Frack (R., 1925, dt. 1936), Der Nobelpreis (Kom., 1925, dt. 1940), Clownen Jac (R., 1930).

Literatur: LINDER, E. H.: Sju världars herre. Stockholm 1962. – EK, S. R.: Verklighet och vision, en studie i H. B.s romankonst. Stockholm 1964. – LINDER, E. H.: Kärlek och fadershus farväl. Stockholm 1973. – LINDER, E. H.: Se fantasten H. B. Stockholm 1983.

Bergmann, Anton [niederl. 'bɛrxmɑn], Pseudonym Tony, * Lier 29. Juni 1835, † ebd. 21. Jan. 1874, fläm. Erzähler. – Rechtsanwalt in seiner Heimatstadt; sein Hauptwerk, der humorvolle, realist. Roman ›Ernst Staes, Advokat‹ (1874, dt. 1902), eine Meisterleistung der Erzählkunst im Stil der ›Camera obscura‹ von N. ↑Beets, wurde eines der populärsten fläm. Bücher; schrieb ferner ›Twee Rijnlandsche novellen‹ (1870).

Bergr Sǫkkason, isländ. Geistlicher und Schriftsteller der 1. Hälfte des 14. Jahrhunderts. – Seit 1325 Abt des nordisländ. Klosters Munka-þverá; gilt neben Arngrímr Brandsson als der wichtigste Vertreter eines sog. ›florissanten‹ Stils, der bes. in den Benediktinerklöstern Nordislands in der 1. Hälfte des 14. Jh. gepflegt wurde. Neben einer Version der ›Nikolaus saga‹ und der ›Michaels saga‹ wurde ihm eine Reihe weiterer Werke zugeschrieben.

Literatur: HALLBERG, P.: Stilsignalement och författarskap i norrön sagalitteratur. Göteborg 1968.

Bergsøe, Vilhelm [dän. 'bɛrysøː'], * Kopenhagen 8. Febr. 1835, † ebd. 26. Juni 1911, dän. Erzähler. – Schrieb volkstüml., spannende und anschaul. Romane, die von scharfer Beobachtungsgabe und lebhafter Phantasie zeugen.

Werke: Von der Piazza del Popolo (R., 1866, dt. 1870), Aus der alten Fabrik (R., 1868, dt. 1870), Gespensternovellen (1872, dt. 1873), Erindringer (Memoiren, 7 Bde., 1898–1907).

Bergson, Henri [frz. bɛrk'sɔn], * Paris 18. Okt. 1859, † ebd. 4. Jan. 1941, frz. Philosoph und Essayist poln.-engl. Herkunft. – Wurde 1900 Prof. für Philosophie am Collège de France; 1914 Mitglied der Académie française; erhielt 1927 den Nobelpreis für Literatur. B.s philosoph. Denken ist von seinen Zeitbegriffen her zu sehen. Gegen die mechanist. und determinist. naturwiss. Zeitauffassungen betont er die subjektiv erfahrene Zeit als einen unaufhaltsam fließenden Wechsel von Phänomenen, als ›Dauer‹ (›durée‹). Gegen Ch. R. Darwin und H. Spencer vertrat B. einen zweckgerichteten ›Lebenstrieb‹ (›élan vital‹) und baute so – auch gegen den Positivismus in der Tradition der Mystik – eine spiritualist. Lebensphilosophie auf. Diese übte auf Philosophie und weite Kreise der nachnaturalist. Literatur Frankreichs (z. B. den Existentialismus) maßgebl. Einfluß aus.

Werke: Zeit und Freiheit (1889, dt. 1911), Materie und Gedächtnis (1896, dt. 1907), Das Lachen (1900, dt. 1912), Schöpfer. Entwicklung (1908, dt. 1912), Durée et simultanéité (1922), Denken und schöpfer. Werden (1934, dt. 1948).

Ausgabe: H. B. Œuvres. Paris ²1963.

Literatur: Les Études bergsoniennes. 11 Bde. Paris 1948–76. – MARITAIN, J.: La philosophie bergsonienne. Paris ⁵1948. – CRESSON, A.: B., sa vie, son œuvre. Paris ⁶1964. – PILKINGTON, A. E.: B. and his influence. Cambridge 1976. – HUDE, H.: B. Paris 1989–90. 2 Bde. – VIEILLARD-BARON, J.-L.: B. Paris 1991.

Bergsson, Guðbergur, * Grindavík 16. Okt. 1932, isländ. Schriftsteller. – Am bekanntesten ist sein Roman ›Tómas Jónsson, metsölubók‹ (= Tómas Jónsson, der Bestseller, 1966), der mit dem Stil seines vorangegangenen Werkes radikal bricht. Wie in seinen weiteren Romanen übt er darin iron. Gesellschaftskritik und schildert mit oft beißender Schärfe das Leben im heutigen Island.

Weitere Werke: Endurtekin orð (= Wiederholte Worte, Ged., 1961), Músin sem læðist (= Die Maus, die schleicht, R., 1961), Ástir samlyndra hjóna (= Liebe einträchtiger Eheleute, R., 1967), Anna (R., 1969), Það sefur í djúpinu (= Es ruht in der Tiefe, R., 1973), Hermann og Dídi (= Hermann und Dídi, R., 1974).

Bergstedt, Harald Alfred [dän. 'bɛr-sdɛd], eigtl. H. A. Petersen, * Køge 10. Aug. 1877, † Kopenhagen 21. Juli 1965, dän. Schriftsteller. – Schilderte in anmutigen, mitunter iron. und leicht satir. Versen das dän. Kleinbürgerleben; später schrieb er Abhandlungen über Themen von allgemeinem Interesse, teilweise mit pronazist. Tendenz (Zusammenarbeit mit der dt. Besatzung während des 2. Weltkrieges).

Werke: Sange fra provinsen (Ged., 4 Bde., 1913–21), Hans og Else (Epos, 1916), Aleksandersen (R., 1918), Under klokketaarnet (Autobiogr., 1926), Fyraften (Ged., 1938).

Bericht, einfache, sachliche Beschreibung, Darstellung eines Handlungsverlaufs ohne ausmalende (↑ Beschreibung), vergegenwärtigende (↑ Szene) oder reflektierende Elemente; elementare Form ep. Erzählens (↑ Epik), bes. in der ↑ Novelle; auch im Drama als ↑ Botenbericht.

Berk, İlhan, * Manisa (West-Anatolien) 1916, türk. Lyriker. – Verbindet in seinen Gedichten Elemente traditioneller türk. Kunstpoesie mit Einflüssen symbolist. europ. Lyrik; in seiner bemüht artifiziellen Poesie wirkt er gelegentlich als Epigone europ. Vorbilder; veröffentlicht seit 1935.

Berl, Emmanuel, * Le Vésinet (Yvelines) 2. Aug. 1892, † Paris 22. Sept. 1976, frz. Schriftsteller. – Veröffentlichte kulturhistor. Werke, romanhafte Autobiographien und Essays, z. B. ›Mort de la morale bourgeoise‹ (1929) und ›Mort de la pensée bourgeoise‹ (1929), in denen sich B. als scharfer Kritiker der polit., sozialen und geistigen Erstarrung des Bürgertums erweist.

Weitere Werke: Méditation sur un amour défunt (Autobiogr., 1925), Le bourgeois et l'amour (Essay, 1931), Histoire de l'Europe (2 Bde., 1947), Sylvia (Autobiogr., 1952), La France irréelle (Essay, 1957), Rachel et autres grâces (Autobiogr., 1965), A contretemps (Essay, 1969), Le virage (Essay, 1972), Interrogatoire (hg. 1976).

Literatur: MORLINO, B.: E. B. Les tribulations d'un pacifiste. Paris 1990.

Berliner Ensemble [ä'sä:bəl], Theatergruppe, gegr. 1949 im Dt. Theater in Berlin (Ost) von B. Brecht und H. Weigel, die auch die Leitung übernahm; bezog 1954 als eigenes Haus das Theater am Schiffbauerdamm (Bertolt-Brecht-Platz). Das B. E. brachte v. a. Modellinszenierungen von Brecht-Stücken (›Mutter Courage‹, ›Herr Puntila ...‹) heraus. 1971, nach dem Tod von H. Weigel, übernahm R. Berghaus die Leitung, 1977–91 war M. Wekwerth Leiter des B. Ensembles. Seitdem wird das 1992 in eine GmbH umgewandelte B. E. von einer Gruppe (M. Langhoff [1993 zurückgetreten], F. Marquardt, Heiner Müller, P. Palitzsch, P. Zadek, [seit 1994] Eva Mattes) geführt.

Berlinische Monatsschrift, populärwissenschaftl. Zeitschrift, 1783 von J. E. Biester und F. Gedike in Berlin gegr.; erschien ab Band 19 in Jena, ab Band 22 in Dessau u. d. T. ›Berlinische Blätter‹ (1797/98) und ›Neue Berlinische Monatsschrift‹ (1799–1811); veröffentlichte Aufsätze u. a. von I. Kant, J. G. Fichte, J. Möser u. W. von Humboldt.

Bermange, Barry [engl. bə'mā:ʒ], * London 7. Nov. 1933, engl. Dramatiker. – Verfasser zahlreicher experimenteller, absurdist. und zugleich engagiert sozialkrit., z. T. mit Audiocollagen operierender Hör- und Fernsehspiele (z. T. auch in Bühnenfassungen aufgeführt); sie befassen sich mit Bedrohungen durch gesellschaftl. Zwänge (u. a. ›Kein Quartier‹, Hsp., Ursendung 1962, gedr. 1969, dt. um 1970), mit Problemen des Alterns (u. a. ›Nathan und Tabileth‹, Dr. und Hsp., UA 1962, gedr. 1967, dt. um 1970) und mit Gewalt und Krieg (u. a. ›Kriegsschreie‹, Hsp., Ursendung 1981, dt. 1981).

Weitere Werke: Testament (Hsp., 1985, dt. 1985), Radioville (Hsp., 1987, dt. 1987), Der gelbe Klang (Hsp., 1987, dt. 1987).

Literatur: PRIESSNITZ, H.: B. B. Tüb. 1986.

Bernagie, Pieter [niederl. 'bɛrnaxi], * Breda 2. Juli 1656, † Amsterdam 28. Nov. 1699, niederl. Dichter. – Verfasser von Dramen und Komödien nach frz. Muster mit konservativer Tendenz, die lange gespielt wurden, am bekanntesten ›De belachelijke jonker‹ (1684), ›Het studentenleven‹ (1684), ›Arminius, beschermer der Duytsche vryheid‹ (1686).

Bernanos, Georges [frz. bɛrna'no:s], * Paris 20. Febr. 1888, † Neuilly-sur-Seine 5. Juli 1948, frz. Schriftsteller. – Studierte Philosophie und Jura; Mitglied der Action française bis 1919; emigrierte 1938 nach Brasilien, 1945 Rückkehr. Beeinflußt von L. Bloy, war B. der Künder einer geistigen Erneuerung auf kath. Grundlage. Einbildungskraft und Gestaltungskunst prägen seine Werke, in denen nicht so sehr die Handlung, als vielmehr B.' Kampf gegen die Fehler der Menschen seiner Zeit dominiert. Stellte auf realistisch gezeichnetem Hintergrund den Kampf mit dem Bösen als Ringen zwischen Gott und Satan im Menschen dar. Das Böse ist für ihn v. a. die Gleichgültigkeit. Höhepunkt seines Schaffens sind das ›Tagebuch eines Landpfarrers‹ (R., 1936, dt. 1936) und ›Die begnadete Angst‹ (Dr., 1948, dt. 1951). In seinem Spätwerk werden seine vorwiegend polit. Schriften zunehmend polemisch. Versuchte, mit allgemeinen Zeitfragen aufzurütteln: Verhältnis von Welt und Kirche, Angriffe auf die Sattheit und Lauheit des Bürgers.

Weitere Werke: Die Sonne Satans (R., 1926, dt. 1927), Die Freude (R., 1928, dt. 1929), Johanna, Ketzerin und Heilige (Biogr., 1929, dt. 1934), Ein Verbrechen (R., 1935, dt. 1935), Die neue Geschichte der Mouchette (R., 1937, dt. 1937), Die großen Friedhöfe unter dem Mond (Schrift, 1938, dt. 1949), Die tote Gemeinde (R., 1943, dt. 1946), Das Haus der Lebendigen und der Toten (Prosa, 1949, dt. 1951). **Ausgaben:** G. B. Œuvres romanesques. Hg. v. M. ESTÈVE. Paris 1961. – G. B. Essays et écrits de combat. Hg. v. M. ESTÈVE. Paris 1972 ff. **Literatur:** BÉGUIN, A.: G. B. in Selbstzeugnissen u. Bilddokumenten. Dt. Übers. 16.–20. Tsd. Hamb. 1960. – GUILLEMIN, H.: Regards sur B. Paris 1976. – ALBOUY, S.: B. et la politique. Toulouse 1980. – ESTÈVE, M.: Le Christ, les symboles christiques et l'incarnation dans l'œuvre de B. Lille 1982. – CHÉRY-AYNESWORTH, J.: Approche rhétorique de la dialectique des sens chez B. Paris ²1983. – THEIS, R.: G. B. In: Frz. Lit. des 20. Jh. Gestalten u. Tendenzen. Hg. v. W.-D. LANGE. Bonn 1986. – BERNANOS, J.-L.: G. B. à la merci des passants. Paris 1986. – BALTHASAR, H. U. v.: Gelebte Kirche: B. Eins. ³1988. – KOHLHAUER, M.: B. u. die Utopie. Marburg 1992. – GAUCHER, G.: G. B. ou l'invincible espérance. Neuausg. Paris 1994.

Bernard, Carlo [frz. bɛr'na:r], italien. Schriftsteller, ↑ Bernari, Carlo.

Bernard, Jacques Jean (Jean-Jacques) [frz. bɛr'na:r], * Enghien-les-Bains (Val-d'Oise) 30. Juli 1888, † Montgeron (Essonne) 12. Sept. 1972, frz. Schriftsteller. – Sohn Tristan B.s; kam 1941 als Jude ins

KZ Compiègne; als Dramatiker Vertreter eines ›Theaters des Schweigens‹: versuchte, über die bloße Aussage hinaus, Unbewußtes sichtbar zu machen; auch Romancier und Novellist.

Werke: Le voyage à deux (Dr., 1909), La maison épargnée (Dr., 1919), Martine (Dr., 1922), Le jardinier d'Ispahan (Dr., 1939), Le camp de la mort lente: Compiègne 1941/42 (Erinnerungen, 1944), Notre-Dame d'en-haut (Dr., 1952).

Bernard, Marc [frz. bɛr'na:r], * Nîmes 6. Sept. 1900, † ebd. 15. Nov. 1983, frz. Schriftsteller. – Verfasser von Romanen, Novellen und Theaterstücken, in denen er das Leben kleiner Leute schildert. Für seine Erinnerungen ›Pareils à des enfants‹ (1942) erhielt B. 1942 den Prix Goncourt.

Weitere Werke: Zig-zag (R., 1927), Au secours (R., 1931), Anny (R., 1934), Les voix (Dr., 1946), Une journée toute simple (R., 1950), Le carafon (Dr., 1961), La mort de la bien-aimée (autobiograph. Ber., 1972), Au-delà de l'absence (autobiograph. Ber., 1976), Tout est bien ainsi (autobiograph. Ber., 1979), Au fil des jours (Prosa, hg. 1984).

Bernard, Tristan [frz. bɛr'na:r], eigtl. Paul B., * Besançon 7. Sept. 1866, † Paris 7. Dez. 1947, frz. Schriftsteller. – Wurde berühmt durch zahlreiche Komödien (›L'anglais tel qu'on le parle‹, 1899; ›Triplepatte‹, 1905; ›Le petit café‹, 1911), Vaudevilles, satirische Romane (›Les mémoires d'un jeune homme rangé‹, 1899) und Erzählungen; als skeptischweiser Humorist war er eine der angesehensten Persönlichkeiten des Pariser Kulturlebens.

Ausgabe: T. B. Théâtre. Paris 1908–39. 7 Bde. **Literatur:** BERNARD, J. J.: Mon père T. B. Paris 1955. – MERLIN, O.: T. B., ou, Le temps de vivre. Paris 1989.

Bernard, Valère [frz. bɛr'na:r], * Marseille 10. Febr. 1860, † 8. Okt. 1936, neuprovenzal. Schriftsteller und Maler. – Gehörte zum Kreis des ›Félibrige‹; durch den Pessimismus seines Werkes, in dem er u. a. das arme Volk von Marseille besingt, unterscheidet er sich von den übrigen Dichtern dieser Bewegung.

Werke: La paquiho (Ged., 1889), Bagatouni (R., 1894).

Bernardes, Diogo [portugies. bər'nardɪʃ], * Ponte da Barca um 1530, † um 1605, portugies. Dichter. – Lebte am Hofe; wird als der ›portugies. Theo-

phrast‹ oder der ›sanfte Limasänger‹ bezeichnet, weil seine lyr. Dichtungen das
Flüßchen besingen, an dessen Ufern er
seine Jugend verbrachte; seine Redondi-
lhas, Idyllen, Elegien, Oden, Kanzonen,
Ottaven und Sonette, im Stil der Zeit von
F. Petrarca, I. Sannazaro, Garcilaso de la
Vega, J. Boscán Almogáver und T. Tasso
beeinflußt, erschienen unter den Titeln
›Várias rimas ao Bom Jesus e à Virgem
gloriosa sua mãe e a santos particulares‹
(1594), ›O Lima‹ (1596) und ›Rimas
várias, flores do Lima‹ (1596).
Ausgabe: D. B. Obras completas. Hg. v.
M. BRAGA. Lissabon 1945–46. 3 Bde.

Bernárdez, Francisco Luis [span. ber-
'narðes], * Buenos Aires 5. Okt. 1900,
† ebd. 24. Okt. 1978, argentin. Lyriker. –
Konvertit; angesehener Lyriker unter
dem Einfluß von Fray Luis de León und
der frz. Bewegung des Renouveau catholique (P. Claudel, L. Bloy u. a.).
Werke: Orto (Ged., 1922), Bazar (Ged., 1922),
La ciudad sin Laura (Ged., 1928), Poemas ele-
mentales (Ged., 1942), La flor (Ged., 1951), El
arca (Ged., 1953), La copa de agua (Essays,
1963).

Bernardin de Saint-Pierre, Jacques
Henri [frz. bɛrnardɛ̃dsɛ̃'pjɛːr], * Le Havre
19. Jan. 1737, † Éragny bei Paris 21. Jan.
1814, frz. Schriftsteller. – War Ingenieur
in der Armee (1762 Abschied); sein Beruf
und seine sozialreformer. Ideen veran-
laßten ihn zu Aufenthalten auf Malta, in
Rußland und Polen; 1768–70 auf der Insel Mauritius; 1797 Direktor des Jardin
des Plantes in Paris; 1803 Mitglied der
Académie française. Schrieb Reiseberichte, Studien und Erzählungen. Mit seiner Naturauffassung gilt er als Vorläufer
F. R. de Chateaubriands und A. de La-
martines. Unter dem Einfluß J.-J. Rousseaus, mit dem er ab 1772 befreundet
war, entstanden die ›Betrachtungen über
die Natur‹ (4 Bde., 1784–88, dt. 2 Bde.,
1795/96), in denen die Rousseau verpflichtete sentimental-pathet. Erzählung
›Paul und Virginie‹ (1788, dt. 1795) enthalten ist, die seinen literar. Ruhm begründete.
Weitere Werke: Voyage à l'Isle de France (Reisebericht, 2 Bde., 1773), Die indian. Strohhütte
(E., 1790, dt. 1804), Les harmonies de la nature
(Prosa, 3 Bde., hg. 1815).
Literatur: SIMON, J.-J.: B. de S.-P., ou, Le
triomphe de Flore. Paris 1967.

Bernardino de Sahagún [span. bɛr-
nar'ðino ðe saa'ɣun] (Bernhardin von
Sahagún), eigtl. B. Ribeira, * Sahagún
(Prov. León) vermutl. 1499 oder 1500,
† Tlatelolco (heute zu Mexiko) 23. Okt.
1590, span. Franziskaner und Ethnologe. – Seit 1529 Missionar in Mexiko
(Nueva España), lehrte seit 1536 am
Franziskanerkolleg Santa Cruz de Tlatelolco. Seine ›Historia general de las cosas
de Nueva España‹, eine Gesamtdarstellung des Lebens und Glaubens der Azteken, ist das bedeutendste Quellenwerk
für die Kultur der Azteken (↑ altaztekische Literatur).
Ausgabe: Aus der Welt der Azteken. Die Chronik des Fray B. de S. Übers. v. L. SCHULTZE JENA
u. a. Ffm. ²1990.

Bernardon [...'dõː], kom. Gestalt des
Wiener Volkstheaters im 18. Jahrhundert.

Bernardone, Giovanni, italien. Or-
densstifter, ↑ Franz von Assisi.

Bernari, Carlo, eigtl. C. Bernard,
* Neapel 13. Okt. 1909, italien. Schriftsteller. – Erhielt nach seinem ersten sozialrevolutionären Roman ›Tre operai‹
(1934) Schreibverbot; in dem Roman
›Der Vesuv raucht nicht mehr‹ (1952, dt.
1956) zeigt er ein realist. und poet. Bild
neapolitan. Lebens.
Weitere Werke: Quasi un secolo (R., 1940), Napoli pace e guerra (R., 1946), Speranzella (R.,
1949, dt. 1962), Das lichte Morgen (R., 1957, dt.
1960), Era l'anno del sole quieto (R., 1964), Le
radiose giornate (R., 1966), Un foro nel para-
brezza (R., 1971), Napoli, silenzio e grida (R.,
1977).

Bernart de Ventadour [frz. bɛrnardə-
vãta'duːr], auch B. von Ventadorn,
* Schloß Ventadour (Corrèze) zwischen
1125 und 1130, † Abtei Dalon (Dordogne) um 1195, provenzal. Troubadour. –
Nach 1152 am normann. und engl. Hof,
zuletzt im Zisterzienserkloster Dalon;
dichtete zahlreiche Liebeslieder voll In-
nigkeit und Leidenschaft, u. a. auf die
Gattin Heinrichs II., Eleonore von Aqui-
tanien; erhalten sind 45 Lieder, von denen 20 mit Melodien (in 35 verschiedenen Fassungen) überliefert wurden.
Diese Melodien finden sich z. T. auch bei
dt. Minnesängern wieder.
Ausgaben: B. v. Ventadorn. Seine Lieder. Mit
Einl. u. Glossar. Hg. v. C. APPEL. Halle/Saale
1915. – Der musikal. Nachlaß der Troubadours.

Hg. v. F. GENNRICH. Darmst. 1958–65. 3 Bde. –
B. de V. Chansons d'amour. Hg. v. M. LAZAR.
Paris 1966.
Literatur: GHEZZI, M. D.: La personalità e la
poesia di B. de V. Genua 1948. – KAEHNE, M.:
Studien zur Dichtung B.s von Ventadorn.
Mchn. 1983. 2 Bde.

Bernášek, Antonín [tschech. 'bɛrna:-
ʃɛk], tschech. Lyriker, ↑ Toman, Karel.

Berneck, Ludwig, Pseudonym des
österr. Schriftstellers Hermann ↑ Schreiber.

Berner Ton, Strophenform und Melodie, die in den zum Sagenkreis um
Dietrich von Bern gehörenden mhd. Heldenepen verwendet werden.

Berner Übereinkunft, 1886 geschlossener völkerrechtl. Vertrag zum
Schutz des ↑ Urheberrechtes an Werken
der Literatur, Musik und der bildenden
Kunst. Die B. Ü. wurde in der Folge
durch Zusatzverträge abgeändert bzw.
neueren Verhältnissen angepaßt (›revidierte B. Ü.‹). Ihr gehören fast alle europ.
und zahlreiche außereurop. Staaten,
nicht jedoch die USA und die Staaten der
GUS an, welche nur dem ↑ Welturheber-
rechtsabkommen von 1952 beigetreten
sind.

Bernger von Horheim, mhd. Minnesänger des ausgehenden 12. Jahrhunderts. – Seine 6 erhaltenen Lieder sind
Minneklagen und stehen in der Tradition
des rhein. Minnesangs, sie benutzten z. T.
provenzal. und altfranzös. Vorbilder. B.
gehört zum Umkreis des Stauferhofs
(beurkundet bei Philipp von Schwaben).

Bernhard von Clairvaux [frz. klɛr'vo],
hl., * Schloß Fontaine bei Dijon um 1090,
† Clairvaux (Aube) 20. Aug. 1153, Zister-
zienserabt, Mystiker. – Stammte aus burgund. Adel, trat 1112 in das Reformklo-
ster Cîteaux ein, gründete bereits 1115
Clairvaux, von dem zu seinen Lebzeiten
68 Filialgründungen ausgingen. Der Orden der Zisterzienser wurde von ihm wesentlich mitgeprägt. B., seiner glänzenden Beredsamkeit wegen ›Doctor melli-
fluus‹ (= honigfließender Lehrer) genannt, war Berater von Päpsten und Großen seiner Zeit und stand in Verbindung
oder Auseinandersetzung mit den großen
zeitgenössischen Theologen. Seine Bedeutung für seine Zeit, die man in der

Kirchengeschichtsschreibung nach ihm
Bernhardinisches Zeitalter nennt, ist
kaum zu überschätzen. – Als Theologe
vertrat B. eine vom Mönchtum her geprägte Theologie und stand so im Gegensatz zur Dialektik der aufkommenden
Frühscholastik. Seine Mystik wurde bestimmend für das ganze MA, sein Einfluß auf Predigt und geistl. Leben reicht
bis weit in die Neuzeit (u. a. Eckhart,
Dante, Thomas aus Kempen, Luther,
Ignatius von Loyola, Pietismus). Von seinen Werken sind fast 900 Handschriften
erhalten: Sermones (= Predigten, darunter zahlreiche Marienpredigten), Opus-
cula (= Abhandlungen; u. a. ›De gradi-
bus humilitatis‹, vor 1125; ›De diligendo
Deo‹, um 1126; sein Hauptwerk ›De con-
sideratione‹, 1149–52). 1174 wurde B.
heiliggesprochen.
Ausgabe: Die Schrr. des Honigfließenden Leh-
rers B. v. C. Dt. Übers. Hg. v. E. FRIEDRICH.
Wittlich u. Hdbg. 1934–38. 6 Bde. – B. v. C.
Sämtl. Werke, lat. u. dt. Hg. v. G. B. WINKLER.
Innsb. 1990 ff. Auf 10 Bde. berechnet (bisher
3 Bde. erschienen).
Literatur: B. v. C., Mönch u. Mystiker. Internat.
B.-Kongreß. Mainz 1953. Hg. v. J. LORTZ. Wsb.
1955. – CRISTIANI, L.: Saint B. de C. Paris
1962. – BREDERO, A. H.: B. v. C. im Widerstreit
der Historie. Wsb. 1966. – GREGOIRE, R., u. a.:
B. v. C. In: Lex. des MA. Bd. 1. Mchn. u. Zü.
1980. – WENDELBORN, G.: B. v. C. Ffm. 1993.

Bernhard, Thomas, * Kloster bei
Heerlen (Niederlande) 10. Febr. 1931,
† Gmunden 12. Febr. 1989, österr.
Schriftsteller. – Nach kaufmänn. Lehrzeit 1948–51 Lungenkrankheit, die B. zu
längeren Sanatorienaufenthalten zwang;
anschließend Besuch der Hochschule für
Musik und darstellende Kunst in Wien,
dann Salzburg; während des Studiums
Mitarbeit am ›Demokrat. Volksblatt‹,
u. a. als Gerichtsreporter, Buch- und
Theaterkritiker; ab 1957 freier Schriftsteller, lebte in Ohlsdorf/Oberösterreich.
Bereits im ersten längeren Prosawerk,
›Frost‹ (R., 1963), wird eine menschl. Existenz gestaltet, die sich mit den Bedrohungen durch das Absolute wie mit den
kleinl. Intrigen der Mitmenschen ausein-
anderzusetzen hat; diese Thematik wird
weitergeführt bis hin zu den autobiograph. Romanen ›Die Ursache‹ (1975),
›Der Keller‹ (1976), ›Der Atem‹ (1978),
›Die Kälte‹ (1981), ›Ein Kind‹ (1982). In

Thomas
Bernhard

ihnen verarbeitet der Autor eine traumat. Kindheit, die ihm das Gefühl des Uner-wünschtseins, Störenden, Überflüssigen vermittelte, das bis zum Eindruck des Ausgestoßenseins geht (der später durch die Krankheitsisolation verstärkt wurde). Dies zum einen sowie die Sehnsucht nach menschl. Einbindung zum anderen bestimmen Person und Werk; die Ein-samkeit ist Schwäche und Stärke, Not und Trost zugleich. Das Verhältnis zur Umgebung kann charakterisiert werden als ›Abneigung (zueinander), Zuneigung (gegeneinander)‹ (›Amras‹, E., 1964). Das unermüdl. ›Austarieren‹ solcher Pa-radoxa und Extreme, der Wechselbezie-hungen zwischen Todesfaszination und Lebensfreude, Depression und Heiter-keit wird zur Lebensaufgabe, zur künst-ler. Herausforderung. Einen Literatur-skandal löste sein Roman ›Holzfällen‹. Eine Erregung‹ (1984) aus, in dem er sich satirisch-provozierend mit dem österr. Kulturbetrieb auseinandersetzt. Das Schauspiel ›Heldenplatz‹ (1988) stellt eine Abrechnung mit der nationalsozia-list. Vergangenheit Österreichs dar. Er-hielt u. a. 1970 den Georg-Büchner-Preis.

Weitere Werke: Auf der Erde und in der Hölle (Ged., 1957), In hora mortis (Ged., 1958), die ro-sen der einöde. fünf sätze für ballett, stimmen und orchester (1959; vertont von G. LAMPERS-BERG, 1959), Verstörung (R., 1967), Ungenach (E., 1968), Ein Fest für Boris (Dr., 1969), Das Kalkwerk (R., 1970), Der Italiener (Prosa, 1971), Der Ignorant und der Wahnsinnige (Dr., 1972), Die Jagdgesellschaft (Dr., 1974), Korrek-tur (R., 1975), Minetti (Stück, 1977), Der Stim-menimitator (En., 1978), Der Weltverbesserer (Szenen, 1979), Vor dem Ruhestand. Eine Ko-mödie von dt. Seele (1979), Die Billigesser (E.,

1980), Wittgensteins Neffe (E., 1982), Der Schein trügt (Stück, 1983), Der Untergeher (E., 1983), Der Theatermacher (Stück, 1984), Alte Meister (Prosa, 1985), Auslöschung. Ein Zerfall (E., 1986), Warten. Ein Nachlaß (E., 1987).

Literatur: JOOSS, E.: Aspekte der Beziehungslo-sigkeit. Zum Werke von Th. B. Selb 1976. – EN-DRES, R.: Am Ende angekommen. Dargestellt am wahnhaften Dunkel der Männerporträts des Th. B. Ffm. 1980. – B. Annäherungen. Hg. v. M. JURGENSEN. Bern u. Mchn. 1981. – Th. B. Werkgesch. Hg. v. J. DITTMAR. Ffm. 1981. – Th. B. Hg. v. H. L. ARNOLD. Mchn. ²1982. – BARTSCH, K., u. a.: In Sachen Th. B. Königstein i. Ts. 1983. – MEYERHOFER, N. J.: Th. B. Bln. 1985. – SCHMIDT-DENGLER, W.: Der Übertrei-bungskünstler. Studien zu Th. B. Wien 1986. – FIALIK, M.: Der Charismatiker T. B. u. die Freunde von einst. Wien 1992. – SORG, B.: T. B. Mchn. ²1992. – REICH-RANICKI, M.: T. B. Neu-ausg. Ffm. 1993. – HÖLLER, H.: T. B. Rbk. 18.–25. Tsd. 1994.

Bernhardi, August Ferdinand, Pseud-onym Falkenhain, * Berlin 24. Juni 1769, † ebd. 2. Juni 1820, dt. Schriftsteller u. Sprachphilosoph. – 1799–1807 ∞ mit So-phie Tieck; Studium bei F. A. Wolf in Halle/Saale, Befürworter der Humboldt-schen Reformen (›Ansichten über die Or-ganisation der gelehrten Schulen‹, 1818); stand den Frühromantikern, insbeson-dere A. W. Schlegel und seinem Schwa-ger L. Tieck nahe, mit dem er die ›Bam-bocciaden‹ (3 Bde., 1797–1800) veröf-fentlichte, eine Sammlung satir. Erzäh-lungen und Dramen. Sein sprachphilo-soph. Werk ›Sprachlehre‹ (2 Bde., 1801–03) beeinflußte A. W. Schlegel und W. von Humboldt.

Literatur: FIESEL, E.: Die Sprachphilosophie der dt. Romantik. Tüb. 1927. Nachdr. Hildes-heim 1973. – KLIN, E.: A. F. B. als Kritiker u. Lit.-Theoretiker. Bonn 1966.

Bernhardi, Sophie, geb. Tieck, * Ber-lin 28. Febr. 1775, † Reval 12. Okt. 1833, dt. Schriftstellerin. – Gilt als begabte Dichterin der frühen Romantik. Sie ver-öffentlichte Gedichte, Dramen, Romane und Erzählungen, von denen einige in den von ihrem Mann A. F. Bernhardi und ihrem Bruder L. Tieck herausgegebenen ›Bambocciaden‹ (3 Bde., 1797–1800) enthalten sind.

Weitere Werke: Dramat. Phantasien (3 Schsp.e, 1804), Flore und Blancheflur (ep. Ged., 1822), Evremont (R., hg. 1836).

Berni, Francesco, * Lamporecchio (Prov. Pistoia) 1497 oder 1498, † Florenz

26. Mai 1535, italien. Dichter. – Kleriker; lebte an verschiedenen italien. Höfen; starb durch Giftmord. Sein Hauptwerk ist eine Überarbeitung (1542) des ›Orlando innamorato‹ M. M. Boiardos (erster vollständiger Druck 1495), die zwar Sprache, Stil und Versbau des Gedichts verbesserte, ihm aber viel von seiner Kraft und Originalität nahm. Seinen Ruhm verdankt B. burlesk-satir. und parodist. Sonetten und sog. Capitoli, die sich mit Lobpreisung der alltäglichsten Dinge beschäftigen, aber mit einem politisch-satir. Nebensinn verbunden sind (›poesia bernesca‹).

Ausgabe: F. B. Rime. Hg. v. G. BARBERI-SQUAROTTI. Turin 1969.
Literatur: PARISET, C.: Vita e opere di F. B. Livorno 1915. – SORRENTINO, A.: F. B., poeta della Scapigliatura del Rinascimento. Florenz 1933. – FRIEDRICH, H.: Epochen der italien. Lyrik. Ffm. 1964. S. 320. – WOODHOUSE, H. F.: Language and style in a Renaissance epic. B.'s corrections to Boiardo's ›Orlando innamorato‹. London 1982.

Bernlef, fries. Dichter des 8. Jahrhunderts. – Soll (nach der ›Vita sancti Liudgeri‹ des Altfrid [† 849], des 3. Bischofs von Münster) ein geachteter Dichter und Sänger von Heldenliedern gewesen sein; wurde um 780 von Liudger von seiner Blindheit geheilt und zum Christentum bekehrt; verfaßte danach christl. Lieder. Von seinem Werk ist jedoch nichts erhalten.

Bernoulli, Carl Albrecht [bɛr'nʊli], Pseudonym Ernst Kilchner, * Basel 10. Jan. 1868, † Arlesheim bei Basel 13. Febr. 1937, schweizer. ev. Theologe und Schriftsteller. – Prof. für Kirchengeschichte in Basel; veröffentlichte neben theolog. Schriften Romane und Dramen mit vorwiegend histor. Stoffen; auch Lyriker.
Werke: Lukas Heland (R., 1897), Der Sonderbündler (R., 1904), Der Meisterschütze (Dr., 1915), Königin Christine (Dr., 1916), Preis Jesu (Ged., 1918), Der Papst (Dr., 1934).

Bernstein, Elsa, österr. Dramatikerin, † Rosmer, Ernst.

Bernstein, F. W., eigtl. Fritz Weigle, * Göppingen 4. März 1938, dt. Schriftsteller und Zeichner. – Kunst- und Germanistikstudium in Stuttgart und Berlin, unterrichtet Kunst an der Univ. Göttingen. Arbeitete zusammen mit R. Gernhardt und F. K. Waechter an der Beilage ›Welt im Spiegel‹ (Karikatur, Satire, Nonsens-Gedichte) der Zeitschrift ›Pardon‹ (Buchausgabe ›Welt im Spiegel 1964–76‹, 1979); mit Gernhardt und Waechter fand er auch ›Die Wahrheit über Arnold Hau‹ (1974) heraus und mit Gernhardt dichtete und zeichnete er das Buch ›Besternte Ernte‹ (1976). Auch Buchillustrationen und Kinderbücher.
Weitere Werke: Reimwärts (Ged., Bildged., 1981), Sag mal Hund (Bildgeschichten, 1982), Unser Goethe. Ein Lesebuch (1982; Hg., mit E. Henscheid), Lockruf der Liebe (Ged., 1988), Kampf dem Lern. 61 Beiträge zur pädagog. Abrüstung (1991).

Bernstein, Henry [frz. bɛrn'stɛn], * Paris 20. Juni 1876, † ebd. 27. Nov. 1953, frz. Dramatiker. – Schrieb erfolgreiche Theaterstücke aus dem Leben der [vornehmen] Gesellschaft vor und nach dem 1. Weltkrieg; gewandter Dramentechniker und Meister des brutalen Schockeffekts; später Überwiegen des psycholog. Interesses.
Werke: Le détour (Dr., 1902), La rafale (Dr., 1905), Der Dieb (Dr., 1906, dt. 1907), Israël (Dr., 1908), Le secret (Dr., 1913), La galerie des glaces (Dr., 1924), Le venin (Dr., 1928), La soif (Dr., 1949), Evangéline (Dr., 1952).

Bernus, Alexander Freiherr von, * Lindau (Bodensee) 6. Febr. 1880, † Schloß Donaumünster bei Donauwörth 6. März 1965, dt. Lyriker. – Sein Werk wurzelt in der Romantik und im neuromant. Symbolismus; auch Dramatiker, Erzähler und v. a. Nachdichter engl. und lat. Lyrik. Betrieb auch heilkundl. und alchimist. Forschungen.
Werke: Aus Rauch und Raum (Ged., 1903), Maria im Rosenhag (Ged., 1909), Sieben Schattenspiele ... (1910), Liebesgarten (Ged. und Spiele, 1913), Gesang an Luzifer (Ged., 1923), Mythos der Menschheit (Ged., 1938; erweitert 1962 u. d. T. Weltgesang), Die Blumen des Magiers (E., 1950), Leben, Traum, Tod (Ged.-Ausw., 1962).
Literatur: SCHMIDT, F. A.: A. v. B. Dichter u. Alchymist. Nbg. 1971.

Béroalde de Verville, François Vatable [frz. berɔaldɔvɛr'vil], * Paris 28. April 1558, † Tours nach 1623, frz. Schriftsteller. – Sohn eines prot. Theologen, konvertierte und wurde Priester; schrieb neben zahlreichen weniger bed. Romanen, Gedichten und Übersetzungen eine berühmt gewordene Sammlung von (z. T. sehr derben) Schwänken, Wortspielen und Witzen u. d. T. ›Le moyen de parvenir‹ (um 1610, dt. 1914 u. d. T. ›Der Weg zum Erfolge‹).

Bérol (Béroul) [frz. be'rɔl, be'rul], altfrz. Dichter der 2. Hälfte des 12. Jh. aus der Bretagne. – Von ihm stammt das Fragment eines gegen Ende des 12. Jh. verfaßten Tristanromans.

Ausgaben: B. Tristan et Yseut. Hg. v. D. Poirion. Paris 1989. – B. Tristan u. Isolde. Dt. u. altfrz. Hg. u. übers. v. U. Mölk. Mchn. ²1991.

Berossos (Berosos, lat. Berossus, Berosus), * etwa 345, † bald nach 270, Priester des Marduk in Babylon und Geschichtsschreiber. – Verfaßte in griech. Sprache aufgrund einheimischer akkad. Urkunden eine babylon. Geschichte (ähnlich wie † Manetho für Ägypten) unter dem Titel ›Babylōníaka‹ (oder ›Chaldaïká‹?). Nur kurze Bruchstücke sind als Zitate bei späteren antiken Autoren (v. a. Josephus, Eusebios von Caesarea) erhalten. Das ursprünglich dreibändige Werk war für die Überlieferung babylon. Geschichte und Kultur im Hellenismus bedeutsam, für Juden und Christen bes. auch durch dem AT verwandte mytholog. Traditionen (Schöpfung, Flut).

Literatur: Schnabel, P.: B. u. die babylon.-hellenist. Lit. Lpz. 1923. Nachdr. Hildesheim 1967. – Cornelius, F.: Berosos u. die altoriental. Chronologie. In: Klio 35 (1942), S. 1. – Toulmin, S.: The astrophysics of B. the Chaldean. In: Isis 58 (1967), S. 65. – Komoróczy, G.: B. and the Mesopotamian Literature. In: Acta antiqua 21 (1973), S. 125. – Burstein, St. M.: The Babyloniaca of Berossus. Los Angeles (Calif.) 1978.

Berquin, Arnaud [frz. bɛr'kɛ̃], * Bordeaux 1747, † Paris 21. Dez. 1791, frz. Schriftsteller. – Wurde v. a. durch seine moral., naiv-schlichten Erzählungen für Kinder bekannt, die er nach dem Vorbild von Ch. F. Weiße schrieb und mit denen er in Frankreich die Literatur für Kinder begründete (u. a. ›Der Kinderfreund‹, 12 Bde., 1782/83, dt. 2 Bde., 1808; ›L'ami des adolescents‹, 1784; ›Kleine Geschichten und Gespräche für Kinder‹, 2 Bde., hg. 1822, dt. 1830).

Berryman, John [engl. 'bɛrɪmən], * McAlester (Okla.) 25. Okt. 1914, † Minneapolis 7. Jan. 1972, amerikan. Lyriker. – Seine Dichtung ist zunächst in Form und Thema traditions- und natur-

verbunden. Später nehmen seine langen Erzählgedichte, in zykl. Struktur und syntaktisch verschlüsselt sowie Entfremdung von der Umwelt beschreibend, autobiograph. Züge an.

Werke: Poems (1942), The dispossessed (Ged., 1948), Huldigung für Mistress Bradstreet (Ged., 1956, dt. 1967), 77 dream songs (Ged., 1964; Pulitzerpreis 1965), Berryman's sonnets (Ged., 1967), Love and fame (Ged., 1970), Delusions (Ged., hg. 1972), Recovery (autobiograph. R., unvollendet, hg. 1973), The freedom of the poet (En. u. Essays, hg. 1976), Henry's fate (Ged., hg. 1977).

Literatur: Linebarger, J. M.: J. B. New York 1974. – Arpin, G. Q.: J. B. Boston (Mass.) 1976. – Conarroe, J.: J. B. New York 1977. – Gustavsson, B.: The soul under stress. A study of the poetics of J. B.'s dream songs. Uppsala 1984.

Bersezio, Vittorio [italien. bɛr'sɛttsio], Pseudonym Carlo Nugelli, * Peveragno (Prov. Cuneo) 1. März 1828, † Turin 30. Jan. 1900, italien. Schriftsteller. – Schrieb neben einst vielbewunderten Romanen und Novellen eine Anzahl von Theaterstücken im Piemonteser Dialekt, von denen ›Le miserie d'monssù Travet‹ (UA 1863, gedr. 1871), die Komödie eines Kleinbürgers, sein Meisterwerk ist; trat auch als Geschichtsschreiber hervor: ›Il regno di Vittorio Emanuele II‹ (8 Bde., 1878–95).

Bertaut, Jean [frz. bɛr'to], * Donnay (Calvados) 1552, † Sées (Normandie) 8. Juni 1611, frz. Dichter. – Lebte am Hof Heinrichs III.; zuletzt Bischof von Sées; Schüler P. de Ronsards und Ph. Desportes'; schrieb weltl. und religiöse Gedichte, die schon auf die kommende Preziosität hinweisen; frz. Bearbeitung der Psalmen.

Bertelsen, Erik [dän. 'bɛrdəlsən], * Harboør 25. Sept. 1898, † Bogense bei Odense 15. April 1969, dän. Schriftsteller. – Sein Hauptwerk ist die Romantrilogie ›Harboør folk‹ mit den Teilen ›Dagen bryder frem‹ (1938), ›Mænd paa havet‹ (1939) und ›Kvinder ved stranden‹ (1940, zus. 1942) über das Leben jütländ. Fischer im 19. Jahrhundert

Weitere Werke: Havets børn (R., 1921), Vestkystfiskere (Nov.n, 1925).

Berthold von Holle, niederdt. Dichter des 13. Jahrhunderts. – Urkundlich nachweisbar zwischen 1251 und 1270;

stammte aus altem hildesheim. Adel. Schrieb unter dem Einfluß der Wolframschule und Rudolfs von Ems die drei höf. Ritterromane ›Demantin‹, ›Crane‹ und ›Darifant‹, die wenig originell die bekannten Motive des höf. Epos verarbeiten, jedoch die Lust am Fabulieren mit guter Kompositionstechnik verbinden; er benutzt die mitteldt. Literatursprache, zeigt jedoch starken niederdt. Einschlag.
Literatur: MALSEN-TILBORCH, G. VON: Repräsentation u. Reduktion. Strukturen späthöf. Erzählens bei B. v. H. Mchn. 1973.

Berthold von Regensburg, * Regensburg zwischen 1210 und 1220, † ebd. 14. Dez. 1272, dt. Franziskaner. – Theologiestudium in Magdeburg, Wander- und Bußprediger in Deutschland, der Schweiz, in Österreich und Ungarn, wirkungsmächtigster Repräsentant der franziskan. Predigt in dt. Sprache. Aufgezeichnet hat er etwa 250 lat. Predigten, die dt. sind Bearbeitungen von Nachschriften in seinem Predigtstil. Er kritisiert die Lebensführung der Adressaten mit allgemeinen und standesspezif. ethisch-religiösen Argumenten, v.a. die Geldgier. Die Wirkung erzielte B. v. R. mit inhaltlich-erzähler. Mitteln, volkstüml. Sprachgebrauch und lebendiger Rhetorik. Die Nachwirkung der dt. aufgezeichneten Predigten war gering, die der lat. bedeutend.
Ausgaben: B. v. R. Predigten. Hg. v. F. PFEIFFER u. a. Bln. 1965. 2 Bde. – B. v. R.: Dt. Predigten. Hg. v. D. RICHTER. Mchn. 1968. – B. v. R.: Vier Predigten. Mhd./nhd. übers. u. hg. v. W. RÖCKE. Stg. 1983.
Literatur: RIEDER, K.: Das Leben B.s v. R. Freib. 1901. – MERTENS, V.: B. v. R. In: Lex. des MA. Bd. 1. Mchn. u. Zü. 1980.

Bertin, Antoine [frz. bɛr'tɛ̃], auch ›le Chevalier B.‹ genannt, * Insel Bourbon (heute Réunion) 10. Okt. 1752, † Santo Domingo im Juni 1790, frz. Dichter. – Kam 1761 nach Frankreich; Freund des Vicomte de Parny und von C. J. Dorat, nahm am amerikan. Unabhängigkeitskrieg teil; schrieb neben Reiseschilderungen (u. a. ›Le voyage de Bourgogne‹, 1777) erot. Dichtungen nach antikem Muster (›Les amours‹, 1780).

Berto, Giuseppe, * Mogliano Veneto (Prov. Treviso) 27. Dez. 1914, † Rom 2. Nov. 1978, italien. Schriftsteller. –

Seine Romane gehören noch zum Neorealismus der Nachkriegszeit; ›Meines Vaters langer Schatten‹ (R., 1964, dt. 1968) gilt als eines der großen ep. Werke der italien. Literatur der Gegenwart. Verfaßte auch Filmdrehbücher, Hör- und Fernsehspiele.
Weitere Werke: Der Himmel ist rot (R., 1947, dt. 1949), Mein Freund, der Brigant (R., 1951, dt. 1952), Guerra in camicia nera (R., 1955), Oh, Serafina! (R., 1973), La gloria (R., 1978).
Literatur: PIANCASTELLI, C.: G. B. Florenz 1970.

Bertola de' Giorgi, Aurelio [italien. 'dʒordʒi], * Rimini 4. Aug. 1753, † ebd. 30. Juni 1798, italien. Schriftsteller. – Weltgeistlicher, lehrte ab 1782 Geschichte in Neapel; 1784–93 Prof. in Pavia. Machte durch seine Schriften die dt. Dichtung, die er v. a. während eines längeren Aufenthaltes in Wien kennengelernt hatte, in Italien bekannt. Übersetzer der ›Idyllen‹ S. Geßners, die ihm für seine eigenen Dichtungen zum Vorbild wurden; Verfasser mehrerer histor. Werke.
Werke: Clementinische Nächte (Ged., 1775, dt. 1779), Nuove poesie campestri e marittime (Ged., 1779), Idea della poesia alemanna (1779), Idea della bella letteratura alemanna (2 Bde., 1784), Lobrede auf Geßner (1789, dt. 1789), Malerische Rheinreise von Speier bis Düsseldorf (1795, dt. 1796), Rime e prose (1797), Poesie (6 Bde., hg. 1815).
Literatur: PIROMALLI, A.: A. B. nella letteratura del Settecento. Florenz 1959.

Bertran (Bertrand) **de Born** [frz. bɛrträd'bɔrn], Vicomte de Hautefort, * Schloß Hautefort bei Salagnac (Dordogne) um 1140, † Abtei Dalon (Dordogne) vor 1215, provenzal. Troubadour. – Neben weniger bed. Minneliedern sind 27 Sirventes (aus den Jahren 1181–95) erhalten, die Zeugnis geben von seinem Temperament, das ihn scharf und entschieden zu den polit. Ereignissen Stellung nehmen ließ. B. de B. griff in die Auseinandersetzung zwischen König Heinrich II. von England und dessen Söhnen ein, er nahm Stellung für Raimund V. von Toulouse in dessen Streit mit König Alfons II. von Aragonien. Im Alter wurde B. Mönch. Von seinen 45 erhaltenen Liedern ist nur eines mit Melodie überliefert. – Balladen von L. Uhland und H. Heine.
Ausgabe: Die Lieder B.s v. Born. Hg. v. C. APPEL. Halle/Saale 1932. Nachdr. Genf 1973.

Literatur: WINKLER, E.: Studien zur polit. Dichtung der Romanen 1. Bln. 1941. – KLEIN, K. W.: The partisan voice. A study of the political lyric in France and Germany, 1180–1230. Den Haag u. Paris 1971. S. 127. – ALVAR, C.: B. de B. In: Lex. des MA. Bd. 1. Mchn. u. Zü. 1980.

Bertrand, Aloysius [frz. bɛr'trä], eigtl. Louis Jacques Napoléon B., * Ceva bei Savona 20. April 1807, † Paris 29. April 1841, frz. Schriftsteller. – Lebte in Dijon und Paris (ab 1828); schuf mit ›Junker Voland. Phantasien in der Art von Rembrandt und Callot‹ (hg. von Ch.-A. Sainte-Beuve 1842, dt. 1911, 1978 u. d. T. ›Gaspard de la nuit‹) das Prosagedicht als literar. Gattung; in ihm erweckte er das alte Paris zu neuem Leben, beschwor die Nacht und die Hexensabbate; die stoffl. Anregungen stammen aus dem MA, aus Flandern, Italien, Spanien sowie den engl. und schott. Balladen; Wirkung auf Ch. Baudelaire, S. Mallarmé u. a.

Literatur: RUDE, F.: A. B. Paris 1970. – CORBAT, H.: Hantise et imagination chez A. B. Paris 1975.

Bertrand, Louis [frz. bɛr'trä], * Spincourt (Meuse) 20. März 1866, † Antibes 6. Dez. 1941, frz. Schriftsteller. – Lehrer u. a. in Aix und Algier; behandelte in seinen realistisch-anschaulich geschriebenen Romanen mit Vorliebe die Mittelmeerländer, bes. Algerien, und trat für eine Erneuerung Nordafrikas durch Stärkung des lat. Erbes ein, um von dorther auch eine Verjüngung der alternden frz. Kultur zu erreichen: ›Le sang des races‹ (R., 1899), ›Le rival de Don Juan‹ (R., 1903) u. a.; ähnl. Ziele verfolgten seine krit. Schriften ›La fin du classicisme et le retour à l'antique‹ (1897) u. a.; auch Biograph (›Der hl. Augustin‹, 1913, dt. 1927; ›Ludwig der Vierzehnte‹, 1924, dt. 1927). Wurde 1925 Mitglied der Académie française.

Bertrand de Bar-sur-Aube [frz. bɛrträdbarsy'ro:b], altfrz. Dichter der ersten Hälfte des 13. Jahrhunderts. – Geistlicher; Verfasser der zum Wilhelmszyklus gehörenden Chansons de geste ›Girart de Vianc‹ und ›Aimeri de Narbonne‹.

Bertuch, Friedrich Justin, * Weimar 30. Sept. 1747, † ebd. 3. April 1822, dt. Schriftsteller. – Kabinettssekretär und Legationsrat in Weimar. Veröffentlichte eine Übersetzung von Cervantes' ›Don Quijote‹ (6 Bde., 1775–77) und das ›Magazin der span. und portugies. Literatur‹ (3 Bde., 1780–82). 1785 Mitbegründer der ›Allgemeinen Literaturzeitung‹, seit 1786 Mit-Hg. des sittengeschichtlich lehrreichen ›Journals des Luxus und der Moden‹. Weniger bed. sind seine Dramen und Operntexte.

Berwiński, Ryszard Wincenty [poln. bɛr'viįski], * Polwica bei Posen 28. Febr. 1819, † Konstantinopel (heute Istanbul) 19. Nov. 1879, poln. Schriftsteller. – Ab 1845 in der revolutionär-demokrat. konspirativen Bewegung um Posen und Krakau (1846/47 in Haft); 1852–54 Abgeordneter im Preuß. Landtag; ab 1855 in der Türkei (diente u. a. bei den Kosaken); beeinflußt von A. Mickiewicz; schrieb u. a. Liebeslyrik; der Anklage des Adels steht die romant. Hoffnung auf das Volk, das Volkstümliche, die Volksdichtung gegenüber, der er 1854 krit. Studien widmete; neben Gedichten (›Poezje‹, 2 Tle., 1844) auch Erzählungen.

Berzsenyi, Dániel [ungar. 'bɛrʒenji], * Egyházashetye 7. Mai 1776, † Nikla 24. Febr. 1836, ungar. Dichter. – Bediente sich mit Vorliebe der klass. Formen und Gattungen, die er mit romant. Gehalt erfüllte; sein Vorbild war Horaz; schrieb v. a. klangschöne Oden, Elegien, auch Episteln und Lieder.

Ausgabe: D. B. Összes művei. Budapest 1956.
Literatur: MERÉNYI, O.: B. D. Budapest 1966.

Besant, Sir (seit 1895) Walter [engl. bɪ'zænt], * Portsea (heute zu Portsmouth) 14. Aug. 1836, † London 9. Juni 1901, engl. Schriftsteller. – Sozialkritiker und -reformer mit philanthrop. Neigungen. Schrieb v. a. soziale Romane, z. T. aus den Londoner Elendsvierteln, mit denen er das soziale Gewissen seiner Mitbürger aufrütteln wollte. Mit James Rice (* 1843, † 1882) verfaßte er erfolgreiche heitere Romane.

Werke: The golden butterfly (R., 3 Bde., 1876; mit J. Rice), The chaplain of the fleet (R., 3 Bde., 1881; mit J. Rice), All sorts and conditions of men (R., 1882), Dorothy Forster (histor. R., 3 Bde., 1884), Children of Gibeon (R., 3 Bde., 1886), Autobiography (hg. 1902).

Beschreibung, sprachl. Darstellung einer Situation, eines Geschehens, einer

Landschaft, Stadt oder Person o. ä.; in der Literatur als Erzähltechnik bes. im Roman, in der Lyrik seltener als ↑ Gemäldegedicht oder ↑ Dinggedicht; in der antiken Rhetorik als Ekphrasis.

beschwerte Hebung, einsilbig gefüllter Takt im alternierenden Vers der mhd. Dichtung zur Hervorhebung von Namen oder bedeutungsvollen Wörtern (›dér was Hártmàn genánt‹, Hartmann von Aue, ›Armer Heinrich‹, um 1195).

Beschwörungsformel ↑ Zaubersprüche.

Bessa Luís, Agustina [portugies. bɛsɐ'luiʃ], * Vila Meã (Amarante, Bez. Porto) 15. Okt. 1922, portugies. Schriftstellerin. – Sie schildert in ihren Romanen typ. Charaktere des wohlhabenden Bürgertums und des Landadels im Norden Portugals (Prov. Entre Douro e Minho). Auch Essayistin.
Werke: Mundo fechado (R., 1948), Os superhomens (R., 1950), Die Sybille (R., 1954, dt. 1987), Os incuráveis (R., 1956), A muralha (R., 1957), O manto (R., 1961), O sermão do fogo (R., 1963), As relações humanas (R., 1963), As relações humanas (R.-Zyklus, 3 Bde., 1964–66), As pessoas felizes (R., 1975), As fúrias (R., 1977), Fanny Owen (R., 1979, dt. 1993), Um bicho da terra (R., 1984).

Bessenyei, György [ungar. 'bɛʃɛnjɛi], * Bercel 1747, † Pusztakovácsi 24. Febr. 1811, ungar. Schriftsteller. – Gilt als Erneuerer der ungar. Literatur; propagiert in Flugschriften ein philosophisch-kulturelles Programm in Anlehnung an die westeurop., bes. frz. Aufklärung. Seine dramat. Werke entstanden unter dem Einfluß des frz. Klassizismus; in einem utop. Roman mit grotesken, satir. Stilelementen ging B. von Voltaireschen Ideen aus; philosoph. und ästhet. Schriften, Übersetzungen.
Literatur: SZAUDER, J.: B. Budapest 1953.

Besser, Johann von (seit 1690), * Frauenburg (heute Saldus, Lettland) 8. Mai 1654, † Dresden 10. Febr. 1729, dt. Dichter. – Sohn eines Pfarrers, studierte Rechtswissenschaft, wurde 1690 Zeremonienmeister des späteren preuß. Königs Friedrich I., Hofdichter in Berlin und Dresden. Schrieb rhetorisch-dekorative, prunkvolle Gelegenheitsgedichte zu allen Anlässen und frivol-pikante, z. T. derb-obszöne Liebeslieder.

Bessette, Gérard [frz. bɛ'sɛt], * Sainte-Anne-de-Sabrevois (Prov. Quebec) 25. Febr. 1920, kanad. Schriftsteller. – Literaturwissenschaftler, Dozent an verschiedenen Universitäten Kanadas. Schrieb in frz. Sprache zuerst realistisch-satir. Romane über akadem. und kommerzielle Milieus: ›La bagarre‹ (1958), ›Les pédagogues‹ (1961) und ›La commensale‹ (entst. vor 1965, gedr. 1975). ›Le libraire‹ (1960) ist eine witzige Satire der Zensur während der Regierungszeit des konservativen Regierungschefs von Quebec, Maurice Duplessis. Beginnend mit ›L'incubation‹ (R., 1965), wandte sich B. der literar. Vermittlung der Schichten des Bewußtseins zu (interessante Interpunktionsexperimente): ›Le cycle‹ (1971), ein Familienroman in inneren Monologen, und ›Les anthropoïdes‹ (1977), eine Phantasie über die Frühgeschichte. Seine Kurzgeschichten sind gesammelt in ›La garden-party de Christophine‹ (1980).
Literatur: Lectures de G. B. Hg. v. J.-J. HAMM. Montreal 1982. – ROBIDOUX, R.: La création de B. Montreal 1987.

Bessiki (tl.: Besiki), georg. Dichter und Politiker, ↑ Gabaschwili, Wissarion.

Beste, Konrad, * Wendeburg bei Braunschweig 15. April 1890, † Stadtoldendorf 24. Dez. 1958, dt. Schriftsteller. – Pfarrerssohn, Philosophiestudium. Seine Heimatverbundenheit zeigt sich in seinen Romanen und Dramen, die meistens den Ggs. zwischen Land- und Stadtleben behandeln; seine Vorliebe für kauzige Gestalten zeigt sich u. a. in der Löhnefink-Romantrilogie: ›Das vergnügl. Leben der Doktorin Löhnefink‹ (1934), ›Die drei Esel der Doktorin Löhnefink‹ (1937), ›Löhnefinks leben noch‹ (1950).
Weitere Werke: Grummet (R., 1923), Der Preisroman (1927), Das heidn. Dorf (R., 1932), Gesine und die Bostelmänner (R., 1936), Große Pause (Kom., 1938), Das Land der Zwerge (R., 1939), Herrn Buses absonderl. Brautfahrt (R., 1943).

Bestiarium [zu lat. bestia = (wildes) Tier], mittelalterl. Tierbücher, in denen oft legendäre und phantast. Vorstellungen von Tieren nach dem Verfahren des mehrfachen Schriftsinns gedeutet werden. Sie beruhen im wesentl. auf dem ›Physiologus‹ (entst. wohl im 2. Jh. n. Chr. in Alexandria). Am Beginn der frz. Bestiaire-Tradition steht das gereimte B. von Philippe de Thaon (1. Hälfte des 12. Jh.), das nicht nur Tiere, sondern auch Steine allegorisch und heilsgeschichtlich ausdeutet. Aus dem 13. Jh. sind mehrere Bestiarien erhalten, so von Guillaume de Clerc (›Le bestiaire divin‹, um 1220), und von Gervaise (Mitte des 13. Jh.). Richard de Fournival übertrug in der Mitte des 13. Jh. in seinem satir. ›Bestiaire d'amour‹ die Tiersymbolik auf die weltl. Minne. – Auch in England sind zahlreiche, meist stärker naturkundlich orientierte Bestiarien überliefert (40 Handschriften). Bestiarien finden sich u. a. auch in der mittelalterl. byzantin., dt., slaw. und arab. Literatur. Moderne Nachfahren der mittelalterl. Bestiarien sind G. Apollinaires ›Bestiarium oder das Gefolge des Orpheus‹ (1911, dt. 1978), und F. Bleis ›Bestiarium literaricum‹ (1920; erweitert 1924 u. d. T. ›Das große B. der modernen Literatur‹). – ↑ auch Tierdichtung.

Literatur: McCULLOCH, F.: Mediaeval Latin and French bestiaries. Chapel Hill [2]1962. – Bestiaires du moyen âge. Hg. v. G. BIANCIOTTO. Paris 1980. – HENKEL, N., u. a.: B. In: Lex. des MA. Bd. 1. Mchn. u. Zü. 1980. – MALAXECHEVERRIA, J.: Le bestiaire médiéval et l'archétype de la féminité. Paris 1982. – UNTERKIRCHER, F.: Tiere, Glaube, Aberglaube. Die schönsten Miniaturen aus dem B. Graz 1986.

Bestseller [engl.; zu best = am besten und to sell = sich verkaufen], Buch, das während einer Saison oder auch während eines längeren Zeitraumes **(Longseller, Steadyseller)** überdurchschnittl. Verkaufserfolge erzielt; wurden bisher meist belletrist. Werke B., so erscheinen neuerdings in zunehmendem Maße auch populäre Sachbücher auf den Bestsellerlisten. Ob sich ein Werk als B. durchsetzt, hängt von wenig kalkulierbaren Faktoren (Literaturpreise, Verfilmung, Skandale) ab. Neuerdings bestimmen jedoch immer mehr die Verlage die Titel ihres Jahresprogrammes im voraus, die sie mit Hilfe moderner Verkaufs- und Werbestrategien zu B. machen wollen.

Literatur: HACKETT, A. P.: 80 years of best sellers. 1895–1975. New York Neuausg. 1977. – FAULSTICH, W.: Der B.-Roman in Deutschland, England u. Amerika. Ffm. 1986. – Literaturerfolg u. Gesch. Hg. v. W. FAULSTICH. Bardowick 1991.

Bestuschew (tl.: Bestužev), Alexandr Alexandrowitsch [russ. bɪsˈtuʒəf], Pseudonym A. Marlinski, * Petersburg 3. Nov. 1797, ✕ Adler (heute zu Sotschi) 19. Juni 1837, russ. Schriftsteller. – Als Dekabrist 1825 nach Sibirien verbannt, dann zur Bewährung als Soldat in den Kaukasus geschickt, wo er im Kampf fiel. Freund A. S. Puschkins und K. F. Rylejews, schrieb unter dem Pseudonym Marlinski beliebte romant. Romane, bes. mit histor. und kaukas. Stoffen; Einfluß der frz. Romantik.

Werke: Eine Reise nach Reval (E., 1821, dt. 1993), Ispytanie (= Die Versuchung, R., 1830), Ammalat-Bek (R., 1832, dt. 1845), Mulla-Nur (R., 1836).

Literatur: CHMIELEWSKI, H. VON: A. Bestužev-Marlinskij. Mchn. 1966. – LEIGHTON, L. G.: A. Bestužev-Marlinskij. New York 1975.

Besymenski (tl.: Bezymenskij), Alexandr Iljitsch [russ. bɪzɪˈmjɛnskij], * Schitomir 19. Jan. 1898, † Moskau 26. Juni 1973, russ.-sowjet. Lyriker. – Propagandist der sowjet. Kulturpolitik und bed. parteioffizieller Dichter; sein [unerreichtes] Vorbild war W. W. Majakowski; Verteidiger der klass. russ. Literaturtradition; u. a. ›Gedichte des Zorns‹ (1949, dt. 1950).

Bethge, Hans, * Dessau 9. Jan. 1876, † Kirchheim unter Teck 1. Febr. 1946, dt. Schriftsteller. – Lebte nach mehreren Spanienreisen als freier Schriftsteller in Berlin. Schrieb neuromant. Dramen, Gedichte und Novellen, wurde hpts. bekannt durch Nachdichtungen oriental. Lyrik.

Werke: Die stillen Inseln (Ged., 1898), Die chin. Flöte (Ged.-Übers., 1907), Hafis (Ged.-Übers., 1910), Die ind. Harfe (Ged.-Übers., 1913), Annabella (R., 1935), Der asiat. Liebestempel (Ged.-Übers., 1941).

Beti, Mongo, eigtl. Alexandre Biyidi-Awala, Pseudonym Eza Boto, * Mbalmayo bei Jaunde 30. Juni 1932, kamerun. Schriftsteller. – Lehrt an einem Gymnasium in Rouen; seit 1976 frz. Staatsbürger; setzt sich in seinen Romanen mit den geistigen und polit. Problemen des nachkolonialen Kamerun auseinander; lehnt jede Missionstätigkeit Weißer in Afrika ab.

Werke: Die grausame Stadt (R., 1954, dt. 1963), Der arme Christ von Bomba (R., 1956, dt. 1980), Besuch in Kala (R., 1957, dt. 1963), Tam-Tam

für den König (R., 1958, dt. 1959), Main basse sur le Cameroun (Abh., 1972), Perpétue und die Gewöhnung ans Unglück (R., 1974, dt. 1977), Remember Ruben (R., 1974), Sturz einer Marionette (R., 1979, dt. 1982), Les deux mères de Guillaume Ismaël Dzewatama, futur camionneur (R., 1983), La revanche de Guillaume Ismaël Dzewatama (R., 1984).
Literatur: MOURALIS, B.: Comprendre l'œuvre de M. B. Issy-les-Moulineaux 1981. – GARSCHA, K.: M. B. In: Krit. Lex. der roman. Gegenwartsliteraturen. Hg. v. W.-D. LANGE. Losebl. Tüb. 1984 ff.

Betjeman, Sir (seit 1969) John [engl. ˈbɛtʃɪmən], *London 20. Aug. 1906, † Trebetherick (Cornwall) 19. Mai 1984, engl. Schriftsteller. – Studierte in Oxford, lebte zumeist als freier Journalist und Autor; 1972 als Nachfolger von C. Day-Lewis zum ›poet laureate‹ ernannt. Seine Lyrik über Menschen und Natur des heutigen England bevorzugt traditionelle Formen, z. T. in satir. Tonart. Die ›Collected poems‹ (1958, ergänzt 1962 u. 1970) sowie die autobiograph. Dichtung ›Summoned by bells‹ (1960) gelangten zu breiter Beliebtheit. Als Verfasser zahlreicher kulturhistor. Essays, Kunstbücher und -führer (z. B. ›A pictorial history of English architecture‹, 1972) war er Experte v. a. der viktorian. Architektur.
Weitere Werke: Ghastly good taste (Essay, 1933), First and last loves (Essays, 1952), High and low (Ged., 1966), A nip in the air (Ged., 1974).
Ausgabe: B. J. Collected poems. Hg. v. EARL OF BIRKENHEAD. London 1985.
Literatur: STANFORD, D.: J. B. A study. London 1961. – STAPELTON, M. L.: Sir J. B. A bibliography of writings by and about him. London 1975. – HILLIER, B.: Young B. London 1988.

Bettauer, Hugo, *Baden bei Wien 18. Aug. 1872, †Wien 26. März 1925, österr. Journalist und Schriftsteller. – Mußte nach seiner Desertion in die Schweiz fliehen; nach längeren Aufenthalten in den USA ab 1908 endgültig in Wien. Arbeitete für mehrere Zeitungen und Zeitschriften, gründete 1924 die Wochenschrift ›Er und Sie. Wochenschrift für Lebenskultur und Erotik‹, in der er für eine Liberalisierung der Sexualität eintrat und die deshalb in Wien einen Skandal auslöste; angeblich aus sittl. Empörung wurde er 1925 von einem österr. Nationalsozialisten erschossen. B.s Romane, meist zunächst in Tageszeitungen abgedruckt, die meisten später

verfilmt, wurden zu Bestsellererfolgen, weil in ihnen das unmittelbare polit. Geschehen sowie gesellschaftl. Mißstände in Wien spannend und unterhaltsam dargestellt werden.
Werke: Faustrecht (R., 1920), Hemmungslos (R., 1920), Die Stadt ohne Juden (R., 1922), Die freudlose Gasse (R., 1923), Der Kampf um Wien (R., 1923), Das entfesselte Wien (R., 1924).
Ausgabe: H. B. Ges. Werke. Salzburg 1980. 6 Bde. u. Anhang.
Literatur: HALL, M. G.: Der Fall B. Salzburg 1980.

Bettelóni, Vittorio, *Verona 14. Juni 1840, †Kastelruth (Südtirol) 1. Sept. 1910, italien. Schriftsteller. – Lehrer für italien. Literatur in Verona; trat mit realist. Gedichten und Novellen über die Dinge der Alltagswelt hervor. Übersetzer Goethes, H. Heines, Lord Byrons.
Werke: In primavera (Ged., 1869), Stefania ed altri racconti poetici (Nov.n, 1894), Impressioni critiche e ricordi autobiografici (hg. 1914).
Ausgabe: V. B. Opere complete. Mailand 1946–53. 4 Bde.
Literatur: BROGNOLIO, G.: V. B. Bologna 1938. – CALCATERRA, C.: V. B. poeta in lingua parlata. Mailand 1942.

Bètti, Ugo, *Camerino (Prov. Macerata) 4. Febr. 1892, †Rom 9. Juni 1953, italien. Schriftsteller. – War Richter in Parma und Rom. Bed. v. a. als Dramatiker; Thema seiner Theaterstücke, die Einflüsse des Expressionismus zeigen, ist die Verstrickung des Menschen in Schuld und Angst; Befreiung aus der Schuld wird durch religiöse Läuterung möglich. Die Dramen haben einen prozeßartigen Aufbau: Untersuchung, Anklage, Sühne. B. schrieb auch Novellen, Lyrik, einen Roman und trat als Übersetzer hervor. Seine Gedichte kommen in der Form dem Bänkelsang nahe.
Werke: La padrona (Dr., 1927), Canzonette – La morte (Ged., 1932), Erdrutsch (Dr., 1936, dt. 1967), Uomo e donna (Ged., 1937), I nostri sogni (Dr., 1941), Korruption im Justizpalast (Dr., 1944, dt. 1950), Il vento notturno (Dr., 1946), Im Schatten der Piera Alta (R., 1948, dt. 1951), Marito e moglie (Dr., 1949), Die Ziegeninsel (Dr., 1950, dt. 1954), Die Königin und die Rebellen (Dr., 1950, dt. 1955), Die Flüchtende (Dr., 1953, dt. 1956), Der Spieler (Dr., 1953, dt. 1958).
Ausgaben: U. B. Teatro. Bologna 1955. 2 Bde. – U. B. Poesie. Mailand 1957.
Literatur: COLOGNI, F.: U. B. Bologna 1960. – DI PIETRO, A.: L'opera di U. B. Bari 1966.

2 Bde. – CURETTI, E.: Zu den Dramen von U. B. Zü. 1966. – BETTI, E.: Der Dichter U. B. im Lichte seiner Lyrik, Erzählkunst u. Dramatik. Mchn. 1968. – MORO, G.: Il teatro di U. B. Mailand 1973. – KANDUTH, E.: U. B. In: Italien. Lit. der Gegenwart. Hg. v. J. HÖSLE u. W. EITEL. Stg. 1974. S. 119. – MARRONE, G.: La drammatica di U. B. Palermo 1988.

Bettinelli, Saverio, * Mantua 18. Juli 1718, † ebd. 13. Sept. 1808, italien. Schriftsteller. – Jesuit, lehrte in Brescia, Bologna, Venedig, Parma, zuletzt Prof. für Rhetorik in Modena; lebte nach Aufhebung seines Ordens (1773) ganz seiner literar. Arbeit; Hauptwerk: ›Il risorgimento d'Italia negli studi, nelle arti e nei costumi dopo il mille‹ (1775), eine Geschichte der italien. Kultur; seine einflußreichen ›Lettere dieci di Virgilio agli Arcadi‹ (1757), die Dante angriffen, riefen zahlreiche Entgegnungen hervor; seine Dramen und Gedichte haben wenig Bedeutung.
Ausgabe: Opere edite e inedite di S. B. Venedig 1799–1801. 24 Bde.
Literatur: CAPRA, L.: L'ingegno e l'opera di S. B. Asti 1913. – CALCATERRA, C.: La questione estetica delle lettere virgiliane. Parma 1935.

Betulius, Sigmund, dt. Dichter, ↑ Birken, Sigmund von.

Betulius, Xystus, dt. Dramatiker, ↑ Birck, Sixt[us].

Beumelburg, Werner, * Traben-Trarbach 19. Febr. 1899, † Würzburg 9. März 1963, dt. Schriftsteller. – B. hatte großen Erfolg mit seinen den Kameradschaftsgeist verklärenden Kriegsbüchern und Romanen aus dem 1. Weltkrieg; auch seine Bücher um den ›Reichsgedanken‹, von den Nationalsozialisten gefördert, wurden viel gelesen; schrieb später auch histor. und gesellschaftskrit. Werke.
Werke: Sperrfeuer um Deutschland (R., 1929), Die Gruppe Bosemüller (R., 1930), Deutschland in Ketten (R., 1931), Die Hengstwiese (E., 1935), Reich und Rom (R., 1937), Jahre ohne Gnade (Bericht, 1952), Das Kamel und das Nadelöhr (R., 1957), ... und einer blieb am Leben (R., 1958).

Beutelbuch, Einbandform, bei der der Bezug der Buchdeckel am Schnitt so verlängert war, daß sich eine Schleife zur Befestigung, z. B. am Gürtel, binden ließ.

Bevilacqua, Alberto [italien. bevi-'lakkua], * Parma 27. Juni 1934, italien.
Schriftsteller. – Erhielt für den Roman ›Das Auge der Katze‹ (1968, dt. 1970), in dem er sich, wie schon in dem Roman ›Die Califfa‹ (1964, dt. 1967, verfilmt 1970 unter B.s Regie), ironisch gegen jede Heuchelei wendet, 1968 den Premio Strega.
Weitere Werke: Una città in amore (R., 1962), Diese Seite der Liebe (R., 1968, dt. 1968), Das Fest von Parma (R., 1980, dt. 1984), Die Frau der Wunder (R., 1984, dt. 1986).
Literatur: SCORRANO, L.: A. B. Florenz 1983.

Bevk, France [slowen. be:uk], * Zakojca 17. Sept. 1890, † Ljubljana 17. Sept. 1970, slowen. Schriftsteller. – Lehrer; journalistisch und publizistisch tätig; schrieb nach Anfängen als neuromant., symbolistisch beeinflußter Lyriker realist. Erzählwerke mit volkspsycholog. Elementen über kulturelle und soziale Probleme der Slowenen in Italien.
Werke: Veliki Tomaž (= Der große Tomaž, E., 1933), Kaplan Martin Čedermac (R., 1938).

Bewußtseinsstrom ↑ Stream of consciousness.

Beyatlı, Yahya Kemal [türk. bɛjɑt'lï], * Üsküp 2. Dez. 1884, † Istanbul 1. Nov. 1958, türk. Dichter. – Studierte in Paris, wo er mit vielen Literaten in Verbindung stand; von 1915 bis 1923 war er Universitätslehrer in Istanbul; 1923–26 Abgeordneter, dann bis 1949 Diplomat; schrieb, beeinflußt von den frz. Symbolisten, melodiöse Gedichte, von denen viele vertont wurden; Verwendung von klass. Metren. Seit 1961 werden B.s Werke, die bis dahin nur in Zeitschriften verstreut vorlagen, in einer krit. Ausgabe ediert.

Beyer, Absalon Pederssøn [norweg. 'bɛjər], * Aurland 1528, † Bergen 1575, norweg. Dichter. – Nach Studium in Kopenhagen und Wittenberg Theologe in Bergen; Begründer des norweg. Schuldramas; sein Hauptwerk ist die Beschreibung Norwegens ›Om Norgis rige‹ (etwa 1567; danach handschriftlich verbreitet, gedr. um 1780); bedeutsam auch sein Tagebuch 1552–72 (2 Bde., hg. 1963–70).

Beyerlein, Franz Adam, * Meißen 22. März 1871, † Leipzig 27. Febr. 1949, dt. Schriftsteller. – Schrieb zuerst sehr erfolgreiche, kraß realistische Romane und Dramen aus der Welt des Militärs mit antimilitaristischer Tendenz; seine späteren Werke wurden weniger beachtet.

Werke: Jena oder Sedan? (R., 1903), Zapfenstreich (Dr., 1903), Der Großknecht (Dr., 1905), O Deutschland, heiliges Vaterland (En., 1915), Friedrich der Große (R.-Trilogie, 1922–24), Der Siebenschläfer (R., 1924), Der Brückenkopf (R., 1927), Land will leben (R., 1933), Johanna Rosina (R., 1942).

Beyle, Marie Henri [frz. bɛl], frz. Schriftsteller, † Stendhal.

Beyse, Jochen, * Bad Wildungen 15. Okt. 1949, dt. Schriftsteller. – Lebt als freier Schriftsteller in Hamburg. Nach seinem Erstlingswerk ›Der Ozeanriese‹ (R., 1981) veröffentlichte er 1985 die Novelle ›Der Aufklärungsmacher‹, in der Moritz Nicolai, der Sohn des die Berliner rationalist. Aufklärung bestimmenden F. Nicolai, einen Gegenentwurf zum Dogmatismus des Vaters versucht. Die Aktualität dieser histor. Novelle besteht im Aufzeigen der Vermittlung zwischen Vernunft und Verstand einerseits und Gefühl, Natur und Empfindsamkeit andererseits, in der Beschreibung der Einsamkeit des modernen autonomen Menschen.

Weitere Werke: Das Affenhaus (E., 1986), Ultima Thule (E., 1987), Ultraviolett (E., 1990), Larries Welt (E., 1992).

Beyträge zur Critischen Historie der Deutschen Sprache, Poesie und Beredsamkeit, nach den † Monatsgesprächen die erste dt. literar. Zeitschrift im 18. Jh.; hg. von J. Ch. Gottsched von 1732–44.

Beza, Theodor ['be:za], eigtl. Théodore de Bèze, * Vézelay 24. Juni 1519, † Genf 13. Okt. 1605, schweizer. ref. Theologe frz. Herkunft. – Studierte zuerst in Orléans und Paris die Rechte; floh 1548, nachdem er zur ev. Bewegung übergetreten war, nach Genf bzw. Lausanne. Helfer und Nachfolger (1564) J. Calvins bei der Reformation in Genf und Westeuropa, bes. in Frankreich. Von seinen zahlreichen Schriften in frz. und lat. Sprache sind v. a. seine Psalmenübersetzung (Fortführung der Übers. C. Marots, 1553), drei Bände theolog. Traktate (1570–83), die älteste Calvin-Biographie (1575), Abhandlungen über die Verfolgung von Ketzern (1584) und das Widerstandsrecht (verfaßt nach der Bartholomäusnacht 1572) sowie ein Drama

(›Abraham sacrifiant‹, 1550) zu erwähnen.

Ausgabe: Th. Bèze. Correspondance. Hg. v. F. AUBERT u. H. MERLAN u. a. Genf 1960 ff. (bisher 15 Bde. erschienen).
Literatur: GEISENDORF, P. F.: Th. de Bèze. Genf 1949. – GARDY, F.: Bibliographie des œuvres théologiques, littéraires, historiques et juridiques de Th. de Bèze. Genf 1960. – MARUYAMA, T.: The ecclesiology of Theodore B. Genf 1978.

Bezruč, Petr [tschech. 'bɛzrutʃ], eigtl. Vladimír Vašek, * Troppau 17. Sept. 1867, † Olmütz 17. Febr. 1958, tschech. Lyriker. – Postbeamter; stellte in seiner Lyrik mit ankläger. Pathos soziale und nat. Probleme der Arbeiter und Bauern im polnisch-dt. Grenzgebiet seiner Heimat dar; verwendete Dialekt und folklorist. Elemente; von der sozialist. Kritik als Klassiker geehrt.
Werk: Die schles. Lieder (Ged., erschienen ab 1899, 1. vollständige Ausg. 1928, dt. 1917).
Literatur: DVOŘÁK, J.: B.ovské studie. Ostrau 1982.

Bezymenskij, Aleksandr Il'ič, russ.-sowjet. Lyriker, † Besymenski, Alexandr Iljitsch.

Bhagavadgītā [sanskr. = Gesang des Herrn], ind. religiös-philosoph. Lehrgedicht in 18 Gesängen, das in das 6. Buch des † ›Mahābhārata‹ eingefügt ist. Es wird von Krischna, dem Wagenlenker Arjunas, vorgetragen. Anlaß ist die Weigerung Arjunas, sich in der Schlacht des Verwandtenmordes schuldig zu machen. Krischna belehrt ihn, daß jeder nach der Pflicht seiner Kaste zu handeln habe und Arjuna daher als Krieger kämpfen müsse. – In der B. sind verschiedene philosoph. Anschauungen zusammengestellt. Die Zeit ihrer Entstehung ist ungewiß, älteste Schichten stammen vielleicht aus dem 3. Jh. v. Chr. Es gibt zahlreiche ind. Kommentare von Philosophen verschiedener Schulen zur Bhagavadgītā.
Ausgaben: Mahābhārata. The Bhagavad-Gītā. Hg. v. R. C. ZAEHNER. Oxford 1969. – Die B. Hg. v. R. GARBE. Darmst. 1978. – Die Bhagavad-Gītā. Hg. v. K. MYLIUS. Lpz. 1980.
Literatur: LAMOTTE, E.: Notes sur la B. Paris 1929. – OTTO, R.: Der Lehrtraktate der Bhagavad-Gītā. Tüb. 1935. – HUBERT, P.: Histoire de la Bhagavad-gītā. Paris 1949.

Bharata, Verfasser des † Nāṭyaśāstra.

Bhāratayuddha [sanskr. = Kampf (der Nachkommen) des Bhārata], altja-

van. Heldengedicht, das auf Befehl des Herrschers des ostjavan. Königreiches Kediri, Jayabhaya (1135–57), vom Hofdichter Mpu Sedah 1157 begonnen und von Mpu Panuluh vollendet wurde. Das B., das seinen Stoff dem ind. Epos ↑ ›Mahābhārata‹ entnimmt, schildert die Entscheidungsschlacht zwischen den Pāṇḍavas und Kauravas, den miteinander verfeindeten Nachkommen des Ahnherrn des Fürstengeschlechtes Bhārata.
Ausgaben: Bhārata-Yuddha. Oudjavaansch heldendicht. Hg. v. J. G. H. GUNNING. Den Haag 1903. – Bhārata-Yuddha. Niederländ. Übers. Hg. v. R. N. POERBATJARAKA u. C. HOOYKAAS. In: Djåwå 14 (1934).
Literatur: ZOETMULDER, P. J.: Kalangwan. A survey of old Javanese literature. Den Haag 1974. S. 256.

Bhāravi ['ba:ravi], * um 550, † um 600, ind. Dichter. – Verfasser des wegen seiner schwierigen und kunstvollen Sprache von den Indern als klass. Sanskritwerk geschätzten ›Kirātārjunīya‹ (= Arjuna und der Kirāta).
Ausgaben: B.'s poem Kirātārjuniya. Übers. Hg. v. C. CAPELLER. Cambridge (Mass.) 1912. – B. Kirātārjunīyam, Cantos 1–3. Hg. v. M. R. KALE. Delhi ⁴1966.

Bhartṛhari ['bartrihari], ind. Dichter des 7. Jahrhunderts. – Lyriker der klass. Zeit der ind. Literatur; über sein Leben ist, von Legendenbildungen abgesehen, nichts bekannt; verfaßte in Sanskrit drei Spruchsammlungen von je 100 Versen: ›Śṛṅgāraśataka‹ (= 100 Sprüche über die Liebe), ›Nītiśataka‹ (= 100 Sprüche über die Lebensklugheit), ›Vairāgyaśataka‹ (= 100 Sprüche über die Weltentsagung).
Ausgaben: RÜCKERT, F.: Ind. Liebeslyrik. Hg. v. H. V. GLASENAPP. Baden-Baden 1948. – B., Śatakatrayam. Hg. v. D. D. KOSAMBI. Bombay 1959. – B. Poems. Übers. v. B. STOLER-MILLER. New York 1967.

Bhāsa ['ba:za], ind. Dramatiker des 4. oder 5. Jahrhunderts. – Lange Zeit nur aus Zitaten bekannt, wurden ihm elf 1910 entdeckte, anonym überlieferte Dramen und zwei später gefundene zugeschrieben. Der Stoff der Dramen ist meist den Epen ↑ ›Mahābhārata‹ und ↑ ›Rāmāyaṇa‹ entnommen; andere behandeln märchenhafte Liebesgeschichten. Ins Deutsche übersetzt wurden u. a. ›Bālacarita‹ (1922, u. d. T. ›Die Abenteuer des Knaben Krischna‹), ›Avimāraka‹ (1924,

u. d. T. ›Awimaraka‹), ›Svapnavāsavadattā‹ (1926, u. d. T. ›Wāsawadattâ‹) und ›Ūrubhaṅga‹ (1933, u. d. T. ›Eine ind. Tragödie? Durjodhanas Ende‹).
Ausgabe: 13 Trivandrum plays attributed to B. Engl. Übers. Hg. v. A. C. WOOLNER u. L. SARUP. London 1930–31. 2 Bde.
Literatur: WINTERNITZ, M.: Der ind. Dramendichter B. In: Ostasiat. Zs. 9 (1921/22), S. 282. – DEVADHAR, CH. R.: Plays ascribed to B. Their authenticity and merits. Puna ²1951. – PUSALKER, A. D.: B. A study. Delhi ²1968.

Bhattacharya, Bhabani [engl. bæta:-'tʃa:rɪə], * Bhagalpur 22. Okt. 1906, ind. Schriftsteller und Journalist engl. Sprache. – Studierte in Patna und London; behandelt in seinen Romanen v. a. ind. Gegenwartsprobleme.
Werke: Kajoli (R., 1947, dt. 1954), Music for Mohini (R., 1952), Wer auf dem Tiger reitet (R., 1954, dt. 1957, 1958 u. d. T. Das Spiel mit dem Tempel), Alle warten auf das Wunder (R., 1960, dt. 1962), The shadow of Ladakh (R., 1966).
Literatur: CHANDRASEKHARAN, K. R.: B. B. Neu-Delhi 1974.

Bhavabhūti [bava'bu:ti], ind. Dramatiker des 7. oder 8. Jahrhunderts. – Entstammte einer vornehmen Brahmanenfamilie, verfaßte drei Dramen, das ›Uttararāmacarita‹ (= Der zweite Teil von Rāmas Leben), das ›Mahāvīracarita‹ (= Das Leben des großen Helden) und das ›Mālatīmādhava‹ (= Mālatī und Mādhava). Sein Ruhm gründet sich auf der meisterl. Beherrschung des Sanskrit.
Ausgaben: B. Dt. Übers. Hg. v. L. FRITZE. Lpz. 1884. – B. Mahāviracaritam. Hg. v. T. MALL u. A. A. MACDONELL. London 1928. – B. Uttararāmacaritam. Übers. v. C. N. JOSHI u. hg. v. P. V. KANE. Delhi ⁴1962. – B. Mālatīmādhava. Übers. u. hg. v. M. R. KALE. Delhi ³1967.
Literatur: HARSHE, R. G.: Observations on the life and works of B. Delhi 1974.

Bialik (tl.: Bĕyālīq), Chajim Nachman, * Rady (Wolynien) 9. Jan. 1873, † Wien 4. Juli 1934, hebr. Dichter. – Lehrer, lebte seit 1923 in Palästina, gründete zur Pflege klass. jüd. Schrifttums einen Verlag; gilt als Schöpfer und Mittelpunkt einer hebr. Kulturrenaissance. Er bemühte sich bes. um die Erneuerung der hebr. Sprache. Mit Erzählungen, Essays, Märchensammlungen, Legenden und Sagensammlungen gab er dafür ein Beispiel; er verbindet in seinen Werken das Gedankengut jüd. Mystik, rationalen Talmudismus und der Aufklärung. Zusammen mit J. R. Rawnitzki gab er 1908 das ›Sefẹr ha̲-aga̲da̲‹ (= Buch der Legende) heraus. Die von ihm begonnene Sammlung jüd. Geistesgutes wird heute vom B.-Institut in Jerusalem weitergeführt. In dt. Übersetzung erschienen: ›Ausgewählte Gedichte‹ (dt. 1911), ›Gedichte‹ (dt. 1920) und ›Essays‹ (dt. 1925).

Literatur: SIMON, E.: Ch. N. B. Bln. 1935. – KLAR, B.: Ch. N. B. Leben für ein Volk. Wien 1936. – BRESLAUER, S. D.: The Hebrew poetry of H. N. B. (1873–1934) and a modern Jewish theology. Lewiston (N. Y.) u. a. 1991.

Białoszewski, Miron [poln. bjau̯ɔ-'ʃɛfski], * Warschau 30. Juni 1922, † ebd. 17. Juni 1983, poln. Schriftsteller. – Während der Okkupation Studium im Untergrund in Warschau; nahm am Warschauer Aufstand teil; Zwangsarbeit in Deutschland; 1946–52 Journalist. Seine Gedichte sind durch eine groteske Schau der Alltäglichkeit und radikale sprachlich-poet. Experimente gekennzeichnet; 1955 Mitbegründer eines experimentellen Theaters, das bis 1963 bestand, in dem er auftrat und für das er schrieb; auch Erzähler.

Werke: Obroty rzeczy (= Kreislauf der Dinge, Ged., 1956), Nur das war. Erinnerungen aus dem Warschauer Aufstand (1970, dt. 1994), Teatr osobny (= Bes. Theater, szen. Werke, 1971), Odczepić się (= Sich losreißen, Ged., 1978).
Literatur: BARAŃCZAK, S.: Język poetycki M. B.ego. Breslau 1974. – SANDAUER, A.: B. Engl. Übers. Warschau 1979.

Bianciardi, Luciano [italien. bian-'tʃardi], * Grosseto 14. Dez. 1922, † Mailand 14. Nov. 1971, italien. Schriftsteller. – Nach Kriegsende zeitweilig Direktor der Stadtbibliothek in Grosseto; verfaßte mit C. Cassola eine soziologisch-literar. Schrift über Bergarbeiterfragen (›I minatori della Maremma‹, 1955); in seinem Roman ›Das saure Leben‹ (1962, dt. 1967) parodiert er die negativen Seiten der modernen Massengesellschaft.

Weitere Werke: La battaglia soda (R., 1964), Aprire il fuoco (R., 1969), Giorni nostri (Anthologie, hg. 1972; mit D. Manzella).
Literatur: HÖSLE, J.: L. B. In: Italien. Lit. der Gegenwart. Hg. v. J. HÖSLE u. W. EITEL. Stg. 1974. S. 446. – ANGELINI, M. C.: L. B. Florenz 1980.

Bibbiẹna, il, eigtl. Bernardo Dovizi, * Bibbiena (Arezzo) 4. Aug. 1470, † Rom 9. Nov. 1520, italien. Staatsmann, Kardinal (seit 1513) und Dichter. – Reisebegleiter und Sekretär des befreundeten Kardinals Giovanni de'Medici, mit dessen Wahl zum Papst (als Leo X.) sein Aufstieg im diplomat. Dienst der Kurie begann. Er schrieb in Anlehnung an Plautus die durch Witz, lebendigen Dialog und reine Sprache ausgezeichnete, geniale Verwechslungskomödie ›Calandria‹, die 1513 am Hof von Urbino aufgeführt wurde (hg. 1521, dt. 1903).

Ausgabe: Commedie fiorentine del cinquecento. Hg. v. L. RUSSO. Florenz 1939.
Literatur: MONCALLERO, G. L.: Il cardinale Bernardo Dovizi da B. umanista e diplomatico (1470–1520). Florenz 1953.

Bibel, von der seit dem 5. Jh. an übl. griech. Bez. tà biblía (= die Bücher) abgeleitete und schon im Mittelhochdt. als weibl. Singularform (›die B.‹) aufgefaßter Name für eine der bedeutendsten Sammlungen von Schriften der Weltliteratur, die zur ›hl. Schrift‹ (auch heilige Schriften; Bez. nach Römerbrief 1,2), d. h. zum religiösen Text im Sinne einer Offenbarungsurkunde für Christen und, hinsichtlich ihres ersten Teils, auch für Juden wurde. Entsprechend der von Paulus verwendeten Bez. ›koinḗ diathḗkē‹ (= neuer Bund [zwischen Gott und Menschen]; in der lat. Übersetzung ›novum testamentum [= neues Testament]), die eine Verheißung des Propheten Jeremia aufnimmt (Jer. 31,31 spricht von einem ›neuen Bund‹, den Gott mit Israel und Juda schließen wird), wurde für eben diesen alten, vorangegangenen Bund der Gegenbegriff ›palaià diathḗkē‹ (2. Korintherbrief, 3,14; lat. Übersetzung: ›vetus testamentum‹ [= altes Testament]) gebildet und damit auch der heutige Sprachgebrauch, der von Schriften des ›Alten Testaments‹ (Abk.: AT) und denen des ›Neuen Testaments‹ (Abk.: NT) spricht, geprägt.

Die Sprache des AT ist – mit wenigen Ausnahmen in den Büchern Esra und Daniel – Hebräisch, die des NT das Griechisch der hellenist. Zeit (Koine, zu griech. ›koinḗ [diálektos]‹ = die allgemeine [Sprache]). Die Schriften der B. sind in einem Zeitraum verfaßt worden, der weit mehr als ein Jt. umfaßt (ältester Text der B. ist das ›Deboralied‹ [Richter 5] um 1200 v. Chr.), dementsprechend spiegeln sie eine äußerst differenzierte religionsgeschichtl. Entwicklung wider, deren einziges unveränderl. Kennzeichen das Bekenntnis zu dem einen Gott, der in Judentum und Christentum verehrt wird, darstellt.

Als Vorbild ist die B. auch von Mohammed aufgefaßt worden, dessen Religionsstiftung auch die Intention zugrunde lag, seinem Volk eine dieses Vorbild überhöhende Offenbarungsurkunde entstehen zu lassen (↑ Koran).

Die einzelnen bibl. Schriften wurden in unterschiedl. Weise nach inhaltl. Gesichtspunkten zu größeren Einheiten zusammengefaßt, wobei sich deren Reihenfolge nicht mit der Abfolge ihrer Abfassungszeit deckt, da innerhalb fast aller bibl. Bücher ältere Teile neben jüngeren stehen, die von mehreren umfassenden Bearbeitungs- und Umdeutungsbemühungen zeugen, vorwiegend theologisch intendierten redaktionellen Umarbeitungen und Neuformulierungen, die bis zur Festschreibung eines nicht mehr veränderbaren Textbestands (Kanonisierung; für das AT Ende des 1. Jh. n. Chr., für das NT gegen Ende des 2. Jh. abgeschlossen) andauerten.

Altes Testament: Das Judentum unterteilt das AT in drei Gruppen von Schriften: Thora (hebr. tl.: tôrä; = Gesetz), Nebiim (hebr. tl.: něvî'îm; = Propheten) und Ketubim (hebr. tl.: ketuvîm; = Schriften). Diese Dreiteilung ist bereits im AT (Prolog zu Jesus Sirach, um 130 v. Chr.) vorausgesetzt. Die fünf ersten Schriften des AT nehmen eine vorrangige Stellung ein. Sie bilden die Thora, das Gesetz schlechthin, und werden nach ihren Anfangsworten benannt; so heißt z. B. das 1. Buch Mose *Bereschith* (hebr. tl.: běrēšît; = am Anfang). Die christl. Kirchen sprechen von den ›Fünf Büchern Mose‹, die Theologie nennt sie Pentateuch (griech. = Fünfrollenbuch). Der Kirchenlehrer Tertullian führte die folgenden lat. Namen für die Bücher ein: *Genesis* (= Anfang), *Exodus* (= Auszug), *Leviticus* (= levit. Gesetze), *Numeri* (= Volkszählungen) und *Deuteronomium* (= Gesetzwiederholung). Diese Bücher sind nicht von Moses selbst verfaßt (5. Buch Mose, 34 berichtet von dessen

Tod), ihr Titel bezieht sich auf Moses als Hauptgestalt. Der Inhalt des Pentateuch beginnt mit der Schöpfungsgeschichte, der Erschaffung der Welt und des Menschen durch Gott. Die Urgeschichte, die Geschichte des Anfangs der gesamten Menschheit, berichtet über Sündenfall und Paradiesvertreibung, Sintflut und den Turmbau zu Babel. Mit der Zerstreuung der Völker und der Verwirrung der Sprachen geht die Genesis über zur Geschichte der Patriarchen, der ›Väter‹ des jüd. Volkes. Das Buch Exodus wird beherrscht von den Berichten über die Gestalt des Moses als Befreier der Israeliten aus ägypt. Knechtschaft und zugleich Gesetzgeber vom Berg Sinai. Neben weiteren geschichtl. Berichten enthalten die Bücher des Pentateuch gesetzl. und rituelle Vorschriften.

Die Bücher *Josua, Richter* und *Samuel* werden in der jüd. Überlieferung als nur ein Buch angesehen. Zusammen mit den *Büchern der Könige* bezeichnet man sie im Judentum als ›frühere Propheten‹ (hebr. tl.: něvî'îm rišonîm). In den christl. Sprachgebrauch ist diese umgreifende Benennung jenes Schriftenkomplexes nicht eingegangen. Allerdings ist die inhaltl. Verwandtschaft dieser Bücher nicht zu bestreiten. Sie sind histor. Schriften, die die göttlich gelenkte Geschichte des israelitisch-jüd. Volkes von der Landnahme unter Josua über die Zeiten des Königtums, v. a. des Großreichs König Davids, bis zur Trennung in Nordreich Israel und Südreich Juda nach dem Tod König Salomos (926) und zu deren Untergang 587 zum Inhalt haben.

Die Bücher der *Chronik* stellen eine Überarbeitung der Bücher *Josua* bis *Könige* dar und enthalten daneben viele historisch fragwürdige Berichte aus anderen Büchern; ihr Ziel ist die Vereinheitlichung der Geschichte unter dem beherrschenden Gesichtspunkt des voll ausgeprägten Glaubens an den Gott Jahwe und dem des ihm gewidmeten Kults. In den *Prophetenbüchern,* nach jüd. Tradition die ›späten Propheten‹ (hebr. tl.: něvî'îm aḥārônîm), haben die Verkündigung und das Wirken der Propheten des AT ihren Niederschlag gefunden. Ihre Botschaft geißelt die Sünden des Volkes und tröstet in Zeiten der Not, indem sie hinweist auf den zukünftigen Retter, den Messias. Die literar. Gestalt der *prophet.* Verkündigung gliedert sich nach den Persönlichkeiten der Propheten und unterscheidet die drei großen Prophetenbücher *Jesaja, Jeremia* und *Ezechiel* von den ›zwölf kleinen Propheten‹ (Dodekapropheton) *Hosea, Joel, Amos, Obadja, Jona, Micha, Nahum, Habakuk, Zephanja, Haggai, Sacharja, Maleachi.* Als ›*Schriften*‹ schlechthin wird eine letzte Gruppe der Bücher des AT mit unterschiedl. Inhalt bezeichnet. Zu ihnen zählen die *Psalmen*, das Buch *Hiob* und die Apokalypse des *Daniel.* Die Entstehungsgeschichte der nachexil. Gemeinde bildet den Inhalt der Bücher *Esra* und *Nehemia.* Eine Untereinheit innerhalb der ›Schriften‹ bilden die *Megilloth* (hebr. tl.: meğillôt = Rollen). Es handelt sich um die fünf Bücher *Ruth, Hoheslied, Prediger, Klagelieder* und *Esther.* Die jüd. Tradition unterteilt die ›Schriften‹ in die drei *poetischen Schriften* (Psalmen, Sprüche, Hiob), in die fünf *Rollen* und die drei *geschichtl. Bücher* (Esra, Nehemia, Chronik). In der Gruppe der ›Schriften‹ sind die Auffassungen über die Kanonizität einzelner Bücher in den verschiedenen Kirchen nicht einheitlich. Es handelt sich um die sog. Apokryphen (bzw. deuterokanon. Bücher): *Tobias, Judith, Weisheit, Jesus Sirach, Baruch,* die beiden *Makkabäerbücher* sowie Zusätze zu *Esther* und *Daniel.* Die kath. Kirche erklärte sie auf dem Tridentinum 1546 zum vollgültigen Bestandteil der B., während die reformierten Kirchen sie verwarfen. Die luther. Kirchen stellten sie als Anhang in die B.; eine vermittelte Haltung nahm die anglikan. Kirche ein. Die Ostkirchen nehmen die † Apokryphen voll als kanonisch an, fügen ihnen aber ein 2. Esra- und 3. Makkabäerbuch (4. Makkabäerbuch als Anhang) ein (griech.-orthodoxe Kirche) bzw. noch ein 3. Esrabuch unter Streichung des 4. Makkabäerbuchs (russ.-orthodoxe Kirche).

Neues Testament: Die Schriften des NT setzen durchweg die bereits bestehende christl. Gemeinde voraus, ihr Inhalt (Leben und Wirken, Worte und Taten Jesu Christi als Stifter und Zentrum des Christentums, der Erweis von dessen Ei-

genständigkeit gegenüber dem Judentum in Verkündigung, Lehre und Leben) ist an den Bedürfnissen dieser Gemeinde nach Texten, die religiöse Orientierung und liturg. Realisierung im Gottesdienst ermöglichen, ausgerichtet. Ein rein histor. Interesse, z. B. am Leben des histor. Jesus von Nazareth oder an der Geschichte der Ausbreitung des Christentums, tritt hinter diesen Bedürfnissen zurück, wenn auch die erste Hauptgruppe von neutestamentl. Schriften (Evangelien und Apostelgeschichte) den Rahmen von geschichtl. Büchern verwendet. Die Entstehungszeit der einzelnen Bücher entspricht nicht der seit dem 15. Jh. (erste Bibeldrucke) übl. Reihenfolge, darüber hinaus setzen die später als die Paulusbriefe schriftlich fixierten Evangelien eine mündl. Tradition voraus, die in die Zeit der Entstehung der ersten christl. Gemeinden und – bezüglich einiger prägnanter Aussprüche Jesu – in die Zeit Jesu selbst zurückreichen. Die hinsichtlich ihrer schriftl. Abfassung ältesten Texte sind die Paulusbriefe (in zeitl. Reihenfolge): *1. Thessalonicherbrief* (um 50 n. Chr.), *Galaterbrief, 1.* und *2. Korintherbrief* (Teile einer umfangreicheren Korrespondenz), *Römerbrief, Philipperbrief, Philemonbrief* – jeweils benannt nach den in ihnen genannten Adressaten. Die Verfasserschaft des Paulus ist umstritten und unwahrscheinlich beim *Kolosserbrief* und *2. Thessalonicherbrief;* nicht von Paulus stammen *Epheserbrief, 1.* und *2. Timotheusbrief* und *Titusbrief.* Der *Hebräerbrief* nennt Paulus nicht einmal als Namen als Verfasser, er stammt aus der Zeit um 80/90. Das *Markusevangelium* entstand kurz vor 70, gefolgt von *Matthäusevangelium* und *Lukasevangelium* (um 80). Diese drei Evangelien werden Synoptiker genannt, weil ihre Texte weitgehend parallel verlaufen und literarisch voneinander abhängig sind. Das *Johannesevangelium* (etwa 90/95 entst.), in dessen Mittelpunkt die bereits reflektierte Göttlichkeit Jesu steht, unterscheidet sich mit ihrer in Auseinandersetzung mit den zeitgenöss. philosoph. Strömungen entstandenen Theologie deutlich von den Synoptikern. Der Verfasser des Lukasevangeliums ist ohne Zweifel identisch mit dem der *Apostelgeschichte,* zwischen 80 und 90 zur Fortsetzung und Ergänzung des Evangeliums geschrieben. Bei den sog. Katholischen Briefen (*1. und 2. Petrusbrief, 1.–3. Johannesbrief, Judasbrief*) stammt keiner der Briefe von dem Apostel, nach dem er benannt ist. Die *Apokalypse des Johannes* stammt mit Sicherheit nicht von dem Verfasser des Johannesevangeliums, sondern von einem anderen Autor, der sie um 96 als Zusammenfassung von in der zeitgenöss. Literatur geprägten Visionsberichten niederschrieb. Der Judasbrief und der 2. Petrusbrief sind die spätesten Schriften des NT (um 130 entst.).

Übersetzungen: In etwa 1 100 Sprachen liegen Übersetzungen der B. vor. Die bedeutendste Übersetzung allein des AT ist die *Septuaginta* (Abk. LXX; lat. = siebzig). Ihr Name beruht auf einer Legende, nach der die 72 jüd. Gelehrte die Arbeit der Übersetzung ins Griechische (zunächst nur der 5 Bücher Mose) in 72 Tagen vollendet haben sollen. In der syr. Kirche setzte sich in syr. Sprache die *Peschitta* (syr. = die Einfache) durch. Wahrscheinlich ist sie das Werk des Bischofs Rabbula von Edessa (5. Jh.). Für das Lateinische sind zwei wichtige Übersetzungen zu unterscheiden: Nordafrika, wo das Lateinische zuerst zur Kirchensprache wurde, ist wahrscheinlich die Heimat der *Vetus Latina* oder *Itala*. Der kirchlich rezipierte, 1546 auf dem Konzil von Trient für die kath. Kirche als maßgebend erklärte Text wurde die *Vulgata,* die Übersetzung des Hieronymus. Von der got. B.übersetzung des Bischofs Ulfilas (4. Jh.) sind nur Teilstücke erhalten. Die dt. Übersetzung Luthers war von entscheidender Bedeutung für die Reformation und zugleich von fortwirkendem sprachl. Einfluß. Die erste Gesamtausgabe erschien 1534; die letzte von Luther selbst betreute Ausgabe 1545.

Neuere Übersetzungen: Neben der Zürcher Bibel (letzte Bearbeitung 1907–31; erste Ausg. des NT 1524; Vollbibel 1529) sind moderne Übersetzungen immer mehr verbreitet; z. B. von H. Menge (NT seit 1923, AT seit 1926), J. Zink (seit 1965), U. Wilckens (1970). Am weitesten in der Anpassung an moderne Sprache und Vorstellungswelt geht das ›NT 68. Gute Nachricht für Sie‹. Eine ev.-kath.

Einheitsübersetzung der B. (begonnen 1962) ist 1980 erschienen; sie wurde von der Ev. Kirche in Deutschland nur für das NT und die Psalmen anerkannt. Im engl. Sprachgebiet ist die ›Authorized Version‹ von 1611 noch immer in offiziellem Gebrauch, im frz. die ›Version Synodale‹ von 1744. Von bes. Bedeutung ist die ›Bible de Jérusalem‹ (seit 1956) mit umfangreichen Anmerkungen.

Literatur: Rost, H.: Zweitausend Jahre B. Mchn. 1965. – Das NT als Kanon. Hg. v. E. Käsemann. Gött. 1970. – Eissfeldt, O.: Einl. in das AT. Tüb. ⁴1976. – Brunhölzl, F., u.a.: B. In: Lex. des MA. Bd. 2. Mchn. u. Zü. 1983. – Theolog. Realenzyklop. Hg. v. G. Krause u. G. Müller. Bd. 6. Bln. 1980. – Feine, P./Behm, J.: Einl. in das NT. Neu bearb. v. W. G. Kümmel. Hdbg. ²¹1983. – Wegener, G. S.: 6 000 Jahre u. ein Buch. Stg. u. Wuppertal 1985. – The literary guide to the Bible. Hg. v. R. Adler u. F. Kermode. Cambridge (Mass.) 1987. – Conzelmann, H./Lindemann, A.: Arbeitsbuch zum NT. Tüb. u. Stg. ¹⁰1991.

Biblia pauperum [lat. = Armenbibel], mittelalterl. kurze lat. Zusammenfassungen bibl. Texte, v. a. der erzähler. Stoffe des AT, ohne Bilder, für lateinkundige Scholaren und Kleriker. Die Bedeutung des Titels ist umstritten: Bibel für finanziell Arme oder nur wenig gebildete (›Arme im Geiste‹). – Die Bez. B. p. wurde wohl erst in der Neuzeit auf eine andere Bibelform übertragen und seitdem hpts. gebraucht für typologisch angelegte bibl. Bilderzyklen (›biblia picta‹), in denen die wichtigsten Heilsstationen Christi mit entsprechenden Vorausdeutungen (Präfiguration) aus dem AT zusammengestellt sind, um den Verlauf des göttl. Heilsplanes zu verdeutlichen. Im Zentrum einer Bildgruppe steht eine Szene aus dem NT (Antitypus), der zwei Vorausdeutungen aus dem AT (Typus) und vier Prophetenbilder zugeordnet sind. Ergänzt werden die Bilddarstellungen durch Texte. Das lat. Original dieser Bildzyklen, wohl als schemat. Hilfsmittel zur Ausbildung in Homiletik und Katechese gedacht, wird in der Mitte des 13. Jh. in Bayern vermutet. Lat. Handschriften sind seit 1300 erhalten, zweisprachige (lat.-dt.) oder dt. erzählende Fassungen etwa seit der Mitte des 14. Jahrhunderts. In dieser Zeit wurde die B. p. z. T. auch zu umfassenderen Heils-

Biblia pauperum. Seite aus der von Albrecht
Pfister gedruckten ›Biblia pauperum‹ (1462)

geschichten erweitert (›Speculum huma-
nae salvationis‹, 1324). Die dt. ›Armenbibeln‹ wollten das heilsgeschichtl. Verständnis des interessierten Laien vertiefen. Im 15. Jh. war die B. p. in ↑ Blockbüchern verbreitet und wurde schließlich
durch gedruckte Bibelübersetzungen verdrängt.

Literatur: CORNELL, H.: B. P. Stockholm 1925. –
SCHMIDT, GERHARD: Die Armenbibeln des
14. Jh. Graz u. a. 1959. – PLOTZEK-WEDER-
HAKE, G., u. a.: B. p. In: Lex. des MA. Bd. 2.
Mchn. u. Zü. 1983. – BERVE, M.: Die Armenbi-
bel. Beuron ²1989.

Bibliographie [griech. = Bücherbe-
schreibung], im ursprüngl. Sinne (seit
dem 5. Jh. v. Chr.) das Abschreiben, mitunter auch das Schreiben oder Beschreiben von Büchern. Im 18. Jh. bedeutet B.
ganz allgemein das Wissen vom Buch.
Heute versteht man unter B. 1. ein Litera-
turverzeichnis, in dem Bücher, Schriften
und andere Veröffentlichungen (systematisch) erfaßt und beschrieben werden.
Eine B. enthält für jedes Buch insbes. folgende **bibliograph. Angaben:** Verfasser,
Titel, Erscheinungsort und -jahr, Band-
und Seitenzahl, ↑ ISBN und Preis. 2. Eine
Hilfswissenschaft: die Lehre von den Li-
teraturverzeichnissen, ihrer Herstellung
und Benutzung. Sie ist ein Lehrfach in
Lehrinstituten für Bibliothekare und
Buchhändler.
B.n sind ein unerläßl. Hilfsmittel für Bibliotheken, Buchhandel und Wissenschaftler. **Arten der Bibliographien:** Man
unterscheidet: 1. nach ihrer äußeren Erscheinungsform: a) gedruckt selbständige (Bände, Hefte, Karteien) und un-
selbständige (versteckte) Bibliographien.
Letztere können als Literaturangaben in
Büchern, als Anhang oder regelmäßige
Beilage in Zeitschriften enthalten sein;
b) als Datenbanken; c) als CD-ROM;
2. nach ihrer Erscheinungshäufigkeit:
laufende oder period. sowie abgeschlossene oder retrospektive Bibliographien.
Sie werden meist ergänzt durch Register, die den Inhalt mehrerer Nummern
erschließen, oder durch Zusammenfassungen der sich über einen längeren
Zeitraum erstreckenden Publikationen
(Halbjahres-, Jahres-, Mehrjahresver-
zeichnisse). Eine Zusammenfassung
kann auch innerhalb der einzelnen Hefte
laufender B.n erfolgen, indem jeweils die
Titel der vorangegangenen zusammen
mit denen der neuen Berichtszeit in einer
übergreifenden alphabet. Ordnung aufgeführt werden (kumulierende B.n);
3. nach ihrem Inhalt: **Allgemeinbibliogra-
phien,** deren Titelverzeichnung nicht von
inhaltl., sondern von formalen Kategorien abhängig ist (Art des Vertriebs, Er-
scheinungsweise, Druckjahr, Erscheinungsort, Sprache der Publikationen);
Fachbibliographien sind auf ein bestimmtes Wissenschaftsgebiet bezogen, dessen
Literatur sie ohne Rücksicht auf formale
Aspekte verzeichnen. Unter inhaltl. Gesichtspunkten ausgewählt ist auch die Literatur in **Regional- und Lokalbibliogra-
phien;** 4. nach ihrem Zweck: buchhändler., bibliophile Verzeichnisse, **Spezialbi-
bliographien** zu eng begrenzten Gegenständen; 5. nach ihrem Verzeichnungs-
umfang: nat. oder internat., vollständige
oder Auswahlbibliographien; 6. nach der
Unmittelbarkeit der Erfassung (Verzeichnung aufgrund vorliegender Werke,
bezeichnet als ›Autopsie‹, oder Auswer-

tung anderer Literaturverzeichnisse); 7. nach dem Grad und der Tiefe der Beschreibung (anzeigend, wertend, auswählend, erläuternd, kritisch). Während die meisten Fach-B.n die einschlägigen Veröffentlichungen aller Länder in krit. Auswahl berücksichtigen, erstreben die nat. Allgemein-B.n Vollständigkeit in den [verschieden definierten] Grenzen der ›nationalen Literatur‹. – Zu den Titelaufnahmen können Anmerkungen hinzutreten in bezug auf a) buchgewerbl. Qualitäten und buchgeschichtl. Stellung (in Bibliophilenverzeichnissen und Antiquariatskatalogen), b) den Inhalt der verzeichneten Schriften, c) die Wertung des Inhalts.

Das Material einer B. kann geordnet sein 1. alphabetisch nach Autoren bzw. Sachtiteln und (Titel-)Stichwörtern oder Schlagwörtern; in der in den USA gebräuchl. Form des Kreuzkatalogs (›dictionary catalog‹) sind Verfassernamen, Titel und Stichwörter ineinander geordnet; 2. systematisch nach Sachgruppen; 3. chronologisch; 4. topographisch. Diese Ordnungsprinzipien können miteinander kombiniert werden.

Bei **Nationalbibliographien** ergeben sich Unterschiede aus den verschiedenen Abgrenzungen der ›nationalen Literatur‹. Außer dem Schrifttum eines Landes, ganz gleich in welcher Sprache erschienenen, können darin aufgenommen werden: außerhalb der Staatsgrenzen erschienene Literatur der Landessprache, Schriften der dem Lande entstammenden, im Ausland lebenden oder nur dort publizierenden Autoren; Übersetzungen aus der Landessprache sowie die das eigene Land betreffende Literatur anderer Sprachen und Länder. Auch hinsichtlich der aufgenommenen Literaturkategorien gibt es Unterschiede: viele National-B.n verzeichnen nur Bücher, während Zeitschriften und Zeitungen, Hochschulschriften, amtl. Druckschriften, Karten, Musikalien usw. in bes. Verzeichnissen angezeigt werden. – Die National-B.n können hergestellt werden von Nationalbibliotheken, vom nat. Buchhandelsverband, von Verlagen. In **Deutschland** ging bei der Konzeption einer National-B. die Initiative vom Buchhandel (Buchhändler, Verleger) aus. Nach buchhändler.

bzw. verleger. Einzelleistungen (J. C. Hinrichs, W. Heinsius, Ch. G. Kayser, C. Georg und L. Ost) erwarb 1916 der Börsenverein der Dt. Buchhändler (↑ Börsenverein des Deutschen Buchhandels e. V.) mit der Gründung der ↑ Deutschen Bücherei in Leipzig das Monopol für die dt. Allgemein-B. (›Deutsches Bücherverzeichnis‹, Berichtszeit 1911 ff.). Ebenso geht die Gründung der ↑ Deutschen Bibliothek in Frankfurt am Main (1947) maßgeblich auf die Initiative der westdt. Verleger und Buchhändler zurück. In der Zeit von 1947 bis 1990 gab es zwei dt. ›National‹-B.n, die – jede für sich – das Schrifttum des gesamtdt. Bereichs verzeichneten: Für die ehem. Dt. Dem. Rep. führte die Dt. Bücherei in Leipzig 1946 ff. die ›Dt. Nationalbibliographie‹ in gesamtdt. Konzeption fort (das gleichnamige Vorgängerverzeichnis erschien ebd. seit 1931); die mehrjährliche Kumulation dieses wöchentl. Verzeichnisses lief unter dem Namen ›Dt. Bücherverzeichnis‹. In Frankfurt am Main begann 1947 die neu gegründete Deutsche Bibliothek mit der ›Dt. Bibliographie‹, ebenfalls in gesamtdt. Anlage. Seit dem 1. Jan. 1991 sind die ehem. Dt. Bücherei Leipzig, die ehem. Dt. Bibliothek Frankfurt am Main sowie das in Berlin ansässige Dt. Musikarchiv zusammengefaßt unter dem Namen ›Die Dt. Bibliothek‹; ebenso wurden die bibliograph. Verzeichnisse vereinigt unter dem Namen ›Dt. Nationalbibliographie‹. Diese erscheint (wie in unterschiedl. Ausprägung und Zusammensetzung auch schon die jeweiligen Vorgängerverzeichnisse) in mehreren Reihen, u. a. A: Erscheinungen des Verlagsbuchhandels; B: Erscheinungen außerhalb des Verlagsbuchhandels; C: Karten; G: Germanica des Auslandes; H: Hochschulschriften; M: Musikalien; N: Neuerscheinungs-Vorankündigungsdienst; T: (Musik-)Tonträger. Es gibt drei Verzeichnungsstufen: wöchentl. Hefte, halbjährl. und fünfjährl. Kumulationen. Für die Berichtszeit 1972 ff. wird das Datenmaterial auch als On-Line-Datenbank unter dem Namen ›Biblio-Data‹ angeboten; für die Berichtszeit 1986 ff. liegen zudem CD-ROM-Datenbanken vor. Für Hochschulschriften liegt eine separate

CD-ROM vor. – Die Nationalbibliographie **Österreichs** erscheint in ihrer heutigen Form seit 1946: vierzehntäglich ein Heft, eine Sondernummer Musikalien, Jahresregister. Ein Großteil der österr. Buchproduktion wird von der Dt. Nationalbibliographie in deren Fünfjahreskumulationen mit verzeichnet. Ebenso verhält es sich für viele (deutschsprachige) Titel aus der **Schweiz.** Auch hier gibt es alle 14 Tage ein Heft sowie Jahresregister. Das ›Schweizer Buch‹ erfaßt Publikationen aller in der Schweiz gesprochenen Sprachen.

Die einzelnen Epochen des deutschsprachigen Schrifttums sind bibliographisch unterschiedlich erschlossen. Während die 2. Hälfte des 15.Jh. fast lückenlos erfaßt ist, ist das Schrifttum des 16. und 17.Jh. noch unvollständig erschlossen. Abhilfe bringen das noch im Erscheinen begriffene ›Verz. der im dt. Sprachbereich erschienenen Drucke des XVI.Jh. (VD 16)‹ sowie das in Angriff genommene ›VD 17‹.

Neben nationalbibliograph. Projekten haben auch reine Buchhandelsverzeichnisse große Bedeutung für Bibliotheken und Buchhandlungen. Diese ›Verzeichnisse lieferbarer Bücher‹ erfassen die jeweils aktuell lieferbare (bes. auch belletrist.) Buchproduktion eines Landes. In Deutschland verzeichnet das ›Verzeichnis lieferbarer Bücher (VLB)‹ rund 600 000 Titel in (1993) 6 Bänden; dazu in 5 Bänden ein Schlagwortverzeichnis (ohne Belletristik). Ergänzend treten hierzu die die Lagerbestände des Zwischenbuchhandels verzeichnenden Barsortimentskataloge.

Dem Ideal einer internat. Allgemein-B. kommen die veröffentlichten, sehr umfangreichen und daher auch als ›Bibliographien‹ verstandenen Bestandskataloge der großen Universalbibliotheken am nächsten. Es sind dies v.a. die des Brit. Museums, London, der Bibliothèque Nationale, Paris, und u.a. der Library of Congress, Washington. Dem Bemühen um internat. Austauschbarkeit und Vereinheitlichung bibliograph. Verzeichnung widmen sich neben den Buchhandelsorganisationen auch bibliothekar. Vereinigungen (so u.a. die IFLA, International Federation of Library Associations, mit der Erarbeitung der ISBD, International Standard Book Description) sowie die UNESCO.

Literatur: KOPPITZ, H. J.: Grundzüge der B. Mchn. 1977. – TOTOK, W./WEITZEL, R.: Hdb. der bibliograph. Nachschlagewerke. Hg. v. H. J. KERNCHEN. Ffm. ⁶1984–85. 2 Bde. – BARTSCH, E.: Die B. Mchn. u.a. ²1989. – RAABE, P.: Einf. in die Bücherkunde zur dt. Literaturwiss. Stg. ¹¹1994.

Bibliophilie [griech.], bes. Beziehung zu Büchern, die sich durch ihren Wert und ihre Aufmachung von den übl. Ausgaben unterscheiden, z.B. Autographen, Inkunabeln, Erstausgaben, Luxusausgaben, illustrierte Bücher, seltene Drucke, Widmungsexemplare, bes. Einband, typograph. Gestaltung; das Interesse des Sammlers und Bücherliebhabers richtet sich dabei eher auf die Exklusivität des Buches als auf dessen Inhalt. Die B. ist eine Erscheinung, die teilweise bis in die Antike (Cicero) und ins MA (R. de Bury, ›Philobiblon‹, 1345) reicht, allgemeine Verbreitung fand sie seit dem Humanismus und der Renaissance (F. Petrarca, G. F. Poggio Bracciolini). Seit dem 19.Jh. wird die B. von Gesellschaften gefördert (Roxburghe Club London, gegr. 1812; Gesellschaft der Bibliophilen, Weimar, gegr. 1899; Maximilian-Gesellschaft, gegr. 1911), die eigene Zeitschriften und Jahrbücher herausgeben. Bibliophile Ausgaben wurden z. T. auch von privaten Buchdruckereien in limitierten Auflagen hergestellt (z. B. Harry Graf Keßlers ›Cranach-Presse‹, D. H. Kahnweilers Ausgaben); gesucht sind auch die Anfang des 20.Jh. entstandenen Handpressendrucke der ›Doves Press‹, der ›Bremer Presse‹ u.a.; viele bibliophile Werke sind heute nicht oder kaum mehr auf dem freien Markt erhältlich; in der BR Deutschland und Österreich findet jährlich eine Prämierung der ›schönsten Bücher‹ des betreffenden Landes statt.

Literatur: BOGENG, G. A. E.: Die großen Bibliophilen. Lpz. 1922. 3 Bde. – HÖLSCHER, E.: Hdwb. f. Büchersammler. Hamb. 1947. – Lex. der Buchkunst u. B. Hg. v. K. K. WALTHER. Lpz. 1987.

Bibliothek [griech., eigtl. = Büchergestell] (Bücherei),

1. Raum oder Bau, in dem Bücher aufbewahrt werden.

2. Sammlung von Büchern.

Geschichte: B.en sind erstmals im 3. Jt. v. Chr. in Mesopotamien nachgewiesen. Eine der bedeutendsten B.en befand sich in der Hethiterhauptstadt Hattusa (heute Boğazkale). Im griech. Altertum ist eine B. um 500 v. Chr. in Athen erwähnt. Alexandria und Pergamon waren die hellenist. Zentren des griech. B.swesens. Das antike Rom kannte bed. Privat-B.en und große öffentl. Sammlungen. Die frühmittelalterl. B.en des W (Cassiodor gründete um 540 in Süditalien die erste Kloster-B.) machten sich auch die Herstellung des Buches zur Aufgabe. Zu den wichtigsten Kloster- und Kirchen-B.en gehören Grottaferrata, Cluny, Bamberg, die Reichenau und Sankt Gallen. Mit den Univ.-Gründungen im Spät-MA entstanden in den Kollegien Vorformen der Univ.-B.en; Kollegien-B. des Robertus de Sorbona in Paris (1257), Kollegien-B. am Merton-College in Oxford, Collegium Carolinum in Prag (1366). Heidelberg hatte die erste Univ.-B. (1386). Daneben trat seit dem 13. Jh. die Fürsten-B. in Erscheinung (z. B. die B.en Friedrichs II. in Palermo und Neapel). Im Zeitalter des Humanismus und der Renaissance wurden erstmals im abendländ. Kulturkreis öffentl. B.en eingerichtet: z. B. die Marciana in Venedig, die Biblioteca Medicea Laurenziana in Florenz, die Vaticana in Rom. Dt. Humanisten-B.en waren v. a. die Sammlungen H. Schedels und W. Pirckheimers in Nürnberg. Die Bedeutung der Univ.-B.en nahm zu: 1412 erhielt Oxford eine B. der Gesamt-Univ., Wien 1414 eine B. der Artistenfakultät. Vorläufer der öffentl. Stadt-B.en des 16. Jh. entstanden in Nürnberg und Ulm. Typisch für das 16. und 17. Jh. ist der Vorrang der Universitäts- und Fürstenbibliotheken. Aus letzteren gingen die National-, Staats- und Landes-B.en hervor: Paris (Bibliothèque Nationale) 1518, Wien (Österreichische Nationalbibliothek) 1526, Dresden (Sächs. Landes-B.) 1556, München (Bayerische Staatsbibliothek) 1558, Berlin (Preußische Staatsbibliothek) 1659. Die namhafteste dt. B. war im 16. Jh. die Palatina in Heidelberg, im 17. Jh. die Herzog August B. in Wolfenbüttel. Mit der Bodleiana in Oxford erhielt England 1602 die erste öffentl. B., Frankreich 1643 mit der Mazarine in Paris. Mit der Univ.-B. Göttingen trat 1735 der Typus der neuzeitlich organisierten wiss. Gebrauchs-B. hervor. Zur Zeit der Frz. Revolution und nach der Säkularisierung wurden in Frankreich viele Sammlungen verstaatlicht, in Deutschland etliche Universitäten aufgehoben, der Bücherbesitz kirchl. Institutionen ging in weltl. Hand über. Der große Aufschwung der Wiss. im 19. Jh. führte zu bed. Fortschritten im B.swesen. Den wiss. B.en traten Volksbüchereien zur Seite, bes. in Großbritannien (London Library) und in den USA (Public Library in Boston). In Deutschland gehen die Anfänge der Volksbücherei (heute ↑ öffentliche Bücherei) in die erste Hälfte des 19. Jh. zurück (Bürger-B. in Großenhain 1828). Im wiss. B.swesen sicherten sich die preuß. B.en eine führende Stellung. Die Königl. B. in Berlin (bis 1701 Churfürstl. B., ab 1919 Preuß. Staats-B.) leitete Ende des 19. Jh. die Zusammenarbeit der preuß. B.en ein (z. B. Preuß. bzw. später Dt. Gesamtkatalog). 1913 erhielt das Dt. Reich ein zentrales Archiv der deutschsprachigen Buchproduktion in Gestalt der ↑ Deutschen Bücherei in Leipzig, die ab 1921 auch Zentralstelle der dt. Bibliographie war (1947 daneben die ↑ Deutsche Bibliothek, Frankfurt am Main). – Heute umfaßt die Gruppe der staatl. und kommunalen B.en 1. Staats- (National-) und Landes-B.en, 2. Univ.- und Hochschul-B.en, 3. Fach- und Spezial-B.en, 4. Parlaments- und Behörden-B.en, 5. öffentl. Büchereien. Zu den Privat-B.en zählen kirchl. B.en, B.en von Vereinen, Parteien und Gewerkschaften, Industrie- und Betriebsbibliotheken.

Hauptgebiete der bibliothekar. Arbeit: Hierzu gehören Erwerbung und Benutzung der Bücher sowie die formale und inhaltl. Erschließung des Bestandes, der die Kataloge dienen. Man unterscheidet alphabet. Kataloge und Sachkataloge (systemat., Real-, Schlagwortkataloge). Daneben gibt es Sonderkataloge, z. B. für Handschriften, Autographen, Wiegendrucke und Karten. Zu den wichtigsten Benutzungseinrichtungen gehören die Lesesäle, die Ausleihe (Orts- und Fernleihe) und die Auskunfts- und Informationstätigkeit der bibliothekar. Mitarbeiter. – Die B.en haben sich während der letzten Jahre in ihrer Gesamtheit nachhaltig verändert; dies gilt bes. für die wissenschaftl. B.en als institutionelle Bedingung der wissenschaftl. Forschung. Bemüht, den an sie herangetragenen Forderungen des heutigen Wissenschaftsbetriebes zu genügen, machen sie sich mehr und mehr die Errungenschaften der elektron. Datenverarbeitung (EDV) zunutze. Der damit verbundene Umwandlungsprozeß, der tief in die überlieferte Struktur der B.en hineingreift, hat die Erwerbung, Katalogisierung und Bereitstellung der Literatur erfaßt. Die EDV übernimmt die Abwicklung der Erwerbungsdaten und der Titelaufnahme und somit die Erweiterung der Kataloge. In Kooperation sind in den letzten Jahren auf diese Weise umfangreiche EDV-Verbundkataloge entstanden. – Auf dem Gebiet der Neuen Medien stellen sich in neuester Zeit den B.en aller Sparten neue Herausforderungen. Audiovisuelle Materialien, PC-Disketten und CD-ROM-Produkte werden in zunehmendem Umfang neben das traditionelle Buch treten und in die Bestände der B.en aufgenommen.

Literatur: Hb. der B.-Wiss. Begr. v. F. MILKAU, hg. v. G. LEYH. Wsb. ²1952–65. 3 Bde. in 4 Tlen. – BUZÁS, L.: Dt. B.sgeschichte des MA. Wsb. 1975. – WEIMANN, K.-H.: B.sgeschichte. Lehrb. zur Entwicklung u. Topographie des B.swesens. Mchn. 1975. – BUZÁS, L.: Dt. B.sgeschichte der Neuzeit (1500–1800). Wsb. 1976. – BUZÁS, L.: Dt. B.sgeschichte der neuesten Zeit (1800–1945). Wsb. 1978. – Das B.swiss. im Informationszeitalter. Hg. v. E. PLASSMANN u. a. Mchn. 1990. – KRIEG, W.: Einf. in die B.skunde. Darmst. ²1990. – THAUER, W./VODOSEK, P.: Gesch. der öffentl. Bücherei in Deutschland. Wsb. ²1990. – Die wiss. B. Traditionen, Realitäten, Perspektiven. Hg. v. H. HAUFFE u. a. Innsb. 1990. – SENSER, CH.: Die B.en der Schweiz. Wsb. 1991. – HACKER, R.: Bibliothekar. Grundwissen. Mchn. ⁶1992. – JOCHUM, U.: Kleine B.-Geschichte. Stg. 1993. – Bibliotheken '93. Hg. v. der Bundesvereinigung Dt. Bibliotheksverbände. Bln. 1994.

biblisches Drama, Dramentyp, der sich auf bibl. Stoffe beschränkt; er entwickelte sich im 16. Jh. zur Zeit der Reformation. M. Luther hatte die dramat. Darstellung bibl. Themen empfohlen, lehnte aber die herkömml. Typen des ↑geistlichen Spiels, namentlich das ↑Passionsspiel, wegen ihrer Bindung an die kirchl. Liturgie ab. Das b. D. entwickelte sich unter dem Einfluß des ↑Humanistendramas (Aktgliederung durch Chöre, die häufig in der Form dem prot. Kirchenlied folgen, Prolog, Epilog); Forum war die Schulbühne (↑Schuldrama). Die Stoffe sind hpts. dem AT entnommen (↑Bibel). – Mit dem Ende der konfessionellen Auseinandersetzung trat im 17. Jh. das Interesse an bibl. Stoffen zurück. Eine Erneuerung des b. D.s versuchten im 18. Jh. F. G. Klopstock (›Der Tod Adams‹, 1757; ›Salomo‹, 1764; ›David‹, 1772) und J. J. Bodmer. Im 19. Jh. verwendeten bibl. Stoffe v. a. die Oper (G. Verdi, ›Nabucco‹, 1842) und das histor. Drama (O. Ludwig, ›Die Makkabäer‹, 1854); z. T. wurde die bibl. Thematik bewußt umgedeutet (Ch. F. Hebbel, ›Judith‹, 1841). Im 20. Jh. wurden biblische Stoffe in der dramatischen Dichtung mit einem kurzen Aufschwung im ↑Expressionismus vereinzelt aufgegriffen (M. Brod, ›Die Arche Noahs‹, 1913; S. Zweig, ›Jeremias‹, 1917; F. Werfel, ›Paulus unter den Juden‹, 1926; P. Claudel, ›Verkündigung‹, 1912, dt. 1912; Ch. Fry, ›Der Erstgeborene‹, 1946, dt. 1952).

Bich-Khê [vietnames. bik xe], eigtl. Lê Quang-Lu'o'ng, * Phu'o'c Lôc (Prov. Quang Ngai) 24. März 1916, † 17. Jan. 1946, vietnames. Lyriker. – Wie sein Freund und Dichterkollege ↑Han-Măc-Tu' vertritt B.-K. die Richtung des vom frz. Geistesschaffen beeinflußten Symbolismus, die sich die Befreiung der vietnames. Lyrik von den starren Formgesetzen der altchin. Prosodie zum Ziel gesetzt hat. Seine bilderreiche, oft schwer verständl. Poesie durchbricht bewußt die Anonymität der klass. Dichtung. Sein Hauptwerk ist ›Tinh huyêt‹ (= Wesen des Blutes, Ged., 1939).

Bichsel, Peter, * Luzern 24. März 1935, schweizer. Schriftsteller. – Volksschullehrer; wurde 1964 mit einem Band reizvoll schlichter Miniaturen aus dem kleinbürgerl. Alltagsmilieu, ›Eigentlich möchte Frau Blum den Milchmann kennenlernen‹, bekannt. Für den 1967 erschienenen Roman ›Die Jahreszeiten‹, in dem vor dem in Detailtreue geschilderten Hintergrund der dingl. Umgebung

eine nicht existente Figur zu leben beginnt, erhielt B. den Preis der Gruppe 47; 1970 erhielt er den Dt. Jugendbuchpreis.
Weitere Werke: Das Gästehaus (R., 1965; mit anderen), Kindergeschichten (1969), Stockwerke (Prosa, 1974), Geschichten zur falschen Zeit (1979), Der Leser. Das Erzählen. Frankfurter Poetik-Vorlesungen (1982), Der Busant (En., 1985), Schulmeistereien (Reden, Essays, 1985), Irgendwo anderswo. Kolumnen 1980–1985 (1986), Zur Stadt Paris. Geschichten (1993).
Literatur: BÄNZIGER, H.: Über P. B. Bern 1984. – P. B. Hg. v. H. HOVEN. Hamb. 1991.

Bickerstaffe, Isaak [engl. 'bɪkəstɑːf], * Dublin 26. Sept. 1733, † um 1808, ir. Dramatiker. – Zuerst Armeeoffizier; ab 1755 Theaterschriftsteller in London; sein Lebensende in Frankreich liegt im Dunkeln. Verfasser zahlreicher, meist adaptierter Komödien. Gilt mit Stücken wie ›Love in a Village‹ (1762) und ›The Padlock‹ (1768) in Zusammenarbeit mit dem Komponisten Th. T. Dibdin (* 1776, † 1847) als Begründer der engl. kom. Oper.
Literatur: TASCH, P. A.: The dramatic cobbler. The life and works of B. Lewisburg (Pa.) 1972.

Bidermann, Jakob, * Ehingen (Donau) 1578, † Rom 20. Aug. 1639, dt. Schriftsteller. – Philosophie- und Theologiestudium, Prof., widmete sich nach erfolgreicher literar. Laufbahn ganz der Theologie. B., dessen Dramen im wesentlichen zw. 1602 und 1618 entstanden sind, ist der bedeutendste Vertreter des nlat. barocken Jesuitendramas. Stoffe aus Legende, Geschichte und der Bibel liegen den dramatisch bewegten, zwischen ernsten und burlesken Szenen wechselnden Dramen zugrunde, in denen B. bevorzugt den Widerspruch von Sein und Schein darstellt und fordert, alles Irdische in den Dienst Gottes zu stellen. Das erfolgreichste Drama war ›Cenodoxus‹ (UA 1602, hg. 1666, dt. 1635), nach der Legende des hl. Bruno von Köln gestaltet und mit Motiven aus Jedermann, Faust und dem verlorenen Sohn verbunden. Auch lyr., ep. und epigrammat. Werke.
Weitere Werke: Belisar (Trag., UA 1607, hg. 1666), Josephus, Aegypti prorex (Dr., UA 1615, hg. 1666).
Ausgabe: J. B. Ludi theatrales. Hg. v. R. TAROT. Mchn. 1666. Nachdr. Tüb. 1967. 2 Bde.
Literatur: SADIL, M.: J. B., ein Dramatiker des 17. Jh. aus dem Jesuitenorden. Wien 1900. – TA-

ROT, R. G.: J. B.s Cenodoxus. Diss. Köln 1960. – BURGER, H.: J. B.s ›Belisarius‹. Bln. 1966. – LENHARD, P.-P.: Religiöse Weltanschauung u. Didaktik im Jesuitendrama. Interpretationen zu den Schauspielen J. B.s. Ffm. u. a. 1976.

Biebl, Konstantin, * Slavětin 26. Febr. 1898, † Prag 12. Nov. 1951, tschech. Lyriker. – Trat mit sozialen Gedichten hervor; dann Mitbegründer der alog. Richtung des tschech. ›Poetismus‹; auch surrealist. Werke; nach 1945 wieder sozialkrit. Lyrik.
Ausgabe: K. B. Dílo. Prag 1951–54. 5 Bde.
Literatur: KONRÁD, K.: O K. B.ovi. Prag 1952.

Biedermann, Felix, österr. Schriftsteller, † Dörmann, Felix.

Biedermeier, das Wort B. entstammt der Kritik an der Literatur der Restaurationszeit des 19. Jh. in Deutschland, die L. Eichrodt und A. Kußmaul in den ›biederen‹ Reimereien eines schwäb. Dilettanten, S. F. Sauter, repräsentiert sahen, die sie mit eigenen Parodien als ›Gedichte des schwäb. Schullehrers Gottlieb Biedermaier ...‹ 1855–57 in den ›Fliegenden Blättern‹ veröffentlichten. Ende des 19. Jh. wandelte sich die Bedeutung im Sinne von ›guter alter Zeit‹ und setzte sich etwa nach der dt. Jahrhundertausstellung 1906 in Berlin als Stilbez. für Mode und Möbel durch.
Als **literar. Biedermeier** wird mit Bezug auf die polit. Entwicklung in Deutschland zwischen 1815 und 1848 der Zeitabschnitt ›zwischen Romantik und Realismus‹ angesetzt. Kennzeichnend für diese Zeit ist die Dichotomie zwischen Restauration und demokrat., liberaler Opposition (Vormärz), die sich in den unterschiedlichsten ideengeschichtl., literar. und Kunstströmungen widerspiegelt; in der Literatur sind für diese Widersprüche neben den Schriftstellern der sog. eigtl. oder typ. B.dichtung (F. Grillparzer, J. N. Nestroy, A. Stifter, E. Mörike, A. von Droste-Hülshoff, J. Gotthelf u. a.) die des † Jungen Deutschland (u. a. K. Gutzkow, H. Laube, Th. Mundt, L. Börne) und auch des † Byronismus repräsentativ. Dementsprechend ist der Begriff des literarischen B. umstritten. P. Kluckhohn regte 1927 an, B. für die Literatur als Epochenbegriff einzuführen, er setzte sich damit nicht durch. Der Begriff wird in der Literaturwissenschaft

bis heute mit etl. Einschränkungen verwendet, wobei F. Sengle zur Begründung des Begriffs auf die Dominanz der politisch konservativen Schriftsteller verweist. – Ideengeschichtlich ist die Periode zwischen 1815 und 1848 vielfältig gebrochen; die Verunsicherung der gesellschaftl. Werte und Normen, der Zusammenstoß mit der gesellschaftl. Realität war dominant; der Widerspruch zwischen Tradition und kaum akzeptierter Gegenwart mündete in das Streben nach Ausgleich dieser Widersprüche. Dem politisch-gesellschaftl. Leben wurde das Privatleben, der Freundeskreis vorgezogen; Zurückgezogenheit und Resignation, Melancholie und Verzicht, die ›Andacht zum Kleinen‹ (A. Stifter), die Entscheidung für das Unscheinbare mündeten nicht selten, gerade bei den Schriftstellern des B., in Hypochondrie, Wahnsinn und Selbstmord. Andererseits kehrte das B. u. a. zum Empirismus der Aufklärung zurück; ganz im Widerspruch zum Byronismus wollte die biedermeierl. Haltung ihre Situation durch Organisation, Ordnung und Vernunft bewältigen; in der B.literatur wurde die moral. Stimmung der Zeit thematisiert, sie entstand ohne ästhet. oder theoret. Programm, die Literaturauffassung des Jungen Deutschland wurde wegen ihres unmittelbaren Bezugs zur Tagespolitik abgelehnt. Typisch war der Hang zur kleinen Form sowie die Neigung zur Vermischung der Gattungen; die kürzere Erzählprosa, Stimmungsbilder, Märchen, episch-lyr. Kurzformen, auch kleine Hexameterepen und andere Kleinformen mit historisch-idyll. Stoffen, die Novelle (der fragmentar. Roman' ›Maler Nolten‹ [1832, hg. 1877] wurde von Mörike selbst als Novelle in zwei Teilen bezeichnet) wurden gepflegt, bevorzugt wurden auch lyr. Zyklen, Rollenlieder, Singspiele usw.; inhaltlich dominierte die Sensibilität für Stimmungen, Impressionen, Nuancen (bes. A. von Droste-Hülshoff, Mörike). Stifter fand in seinem Spätwerk zur großen Erzählform, u. a. mit seinen Romanen ›Witiko‹ (1865/67) und ›Nachsommer‹ (1857); zur Romanliteratur des B. zählt F. Sengle auch die histor. Romane W. Hauffs, L. Schückings, W. Alexis' und v. a. die Romane J. Gotthelfs und

z. T. Ch. Sealsfields. Bed. war auch das Drama des B., das sich v. a. in Österreich entwickelte, bes. Grillparzer und Nestroy mit seinen bissigen zeitsatir. Lokal- und Zauberpossen. Die B.literatur hpts. mit dem Prädikat der widerspruchsfreien Idylle, der Beschränktheit, Enge und Verniedlichung zu versehen, dürfte mehr als fragwürdig sein, dieser Ruf läßt sich wahrscheinlich auf die Unzahl von dilettant. Belletristik zurückführen, die im Rahmen der B.literatur in zahlreichen Almanachen, Taschen- und Stammbüchern, Haus- und Familienblättern gedruckt und gelesen wurden.

Literatur: HERMANN, G.: Das B. im Spiegel seiner Zeit. Bln. 1913. – KLUCKHOHN, P.: Zur B.-Diskussion. In: Dt.Vjschr. f. Literaturwiss. u. Geistesgesch. 14 (1936), S. 495. – GREINER, M.: Zw. B. u. Bourgeoisie. Gött. 1953. – HERMAND, J.: Die literar. Formenwelt des B.s. Gießen 1958. – Zur Lit. der Restaurationsepoche 1815 bis 1848. Hg. v. J. HERMAND u. a. Stg. 1970. – SENGLE, F.: B.zeit. Stg. 1971–80. 3 Bde. – EISENBEISS, U.: Das Idyllische in der Novelle der B.zeit. Stg. 1973. – Begriffsbestimmung des literar. B. Hg. v. E. NEUBUHR. Darmst. 1974. – QUALTINGER, L.: B.morde. Wien u. Mchn. 1979. – BRANDMEYER, R.: B.roman u. Krise der ständ. Ordnung. Tüb. 1982. – QUALTINGER, L.: B.liebe. Wien u. Mchn. 1982. – BERNHARD, M.: Das B. Düss. 1983. – Dt. Dichter. Hg. v. G. E. GRIMM u. a. Bd. 5: Romantik, B. u. Vormärz. Ditzingen 1989.

Bieler, Manfred, * Zerbst 3. Juli 1934, dt. Schriftsteller. – Seit 1957 freier Schriftsteller. Er unternahm ausgedehnte Reisen in Europa und Kanada, lebte in Berlin (Ost), bis er 1965 nach Prag auswich und im Aug. 1968 über Wien in die BR Deutschland kam; lebt jetzt in München. Verfasser von Parodien (›Der Schuß auf die Kanzel oder...‹, 1958), satirisch-kom. Hörspielen, Erzählungen (›Der junge Roth‹, 1968) und des polit. Schelmenromans ›Bonifaz oder Der Matrose in der Flasche‹ (1963). B. verknüpft polit. und gesellschaftlich-krit. Engagement mit dem Anspruch auf Unterhaltung.

Weitere Werke: Maria Morzeck oder Das Kaninchen bin ich (R., 1969), Drei Rosen aus Papier (Hsp.e, 1970), Der Passagier (E., 1971), Der Mädchenkrieg (R., 1975), Der Kanal (R., 1978), Ewig und drei Tage (R., 1980), Der Bär (R., 1983), Walhalla. Literar. Parodien (1988), Still wie die Nacht (autobiograph. R., 1989), Naïda. Gesammelte Erzählungen (1991).

Bielski, Marcin [poln. 'bjɛlski], * Biała bei Sieradz um 1495, † ebd. 18. Dez. 1575, poln. Chronist. – Lebte u. a. an Magnatenhöfen und in Krakau; Anhänger der Reformation. Sein Hauptwerk ist die ›Kronika wszytkiego świata‹ (= Chronik der ganzen Welt, 1551), in der sich Tatsachen und Fiktion mischen; auch Dichter (Autor der ersten poln. Moralität, einer Komödie sowie von Verssatiren) und Übersetzer.

Bienek, Horst, * Gleiwitz (Oberschlesien) 7. Mai 1930, † München 7. Dez. 1990, dt. Schriftsteller. – Mitglied des Brecht-Ensembles, dann bis 1955 vier Jahre polit. Haft und Zwangsarbeit in einem sowjet. Lager, ab 1956 in der BR Deutschland, ab 1957 Rundfunkredakteur und Verlagslektor, dann freier Schriftsteller. Große Sprachbegabung zeigt sich sowohl in der Lyrik als auch in der Prosa, in der B. das Dasein des isolierten Menschen glaubhaft zu gestalten weiß (›Nachtstücke‹, En., 1959). 1982 vollendete er seine Gleiwitzer Romantetralogie: ›Die erste Polka‹ (1975), ›Septemberlicht‹ (1977), ›Zeit ohne Glocken‹ (1979), ›Erde und Feuer‹ (1982); dieses Werk ist die dichter. ›Rekonstruktion‹ der dt. Provinz Oberschlesien, in der sich die Kindheitsgeschichte des Autors und die Weltgeschichte begegnen. Aufzeichnungen, Materialien und Dokumente der Arbeit an dieser Tetralogie erschienen u. d. T. ›Beschreibung einer Provinz‹ (1983).

Weitere Werke: Traumbuch eines Gefangenen (Ged. und Prosa, 1957), Sechs Gramm Caratillo (Hsp., 1961), Was war was ist (Ged., 1966), Die Zelle (R., 1968), Bakunin, eine Invention (1970),

Horst Bienek

Die Zeit danach (Ged., 1974), Königswald oder Die letzte Geschichte (E., 1984), Der Blinde in der Bibliothek. Literar. Porträts (1986), Das allmähl. Ersticken von Schreien (Vorlesungen, 1987), Birken und Hochöfen (1990), Wer antwortet wem (Ged., hg. 1991).

Literatur: H. B. Aufss., Materialien, Bibliogr. Hg. v. T. URBACH. Mchn. 1990.

Bieńkowski, Zbigniew [poln. bjɛiŋ-'kɔfski], * Warschau 31. Aug. 1913, poln. Schriftsteller und Literaturkritiker. – Redakteur; Verfasser avantgardist. Gedankenlyrik und von Essays über westl. und poln. Literatur; Übersetzer bes. frz. Dichtung (u. a. G. Apollinaire).

Werke: Einführung in die Poetik (Ged., 1959, dt. 1961), Modelunki (= Modellierungen, Essays, 1966), Notatnik amerykański (= Amerikan. Notizbuch, 1983).

Ausgabe: Z. B. Liryki i poematy. Warschau 1975.

Bierbaum, Otto Julius, * Grünberg i. Schlesien 28. Juni 1865, † Dresden 1. Febr. 1910, dt. Schriftsteller. – Nach dem Studium Redakteur der Zeitschrift ›Freie Bühne...‹ (1893), Mitbegründer und Hg. der Zeitschriften ›Pan‹ (1895) und ›Die Insel‹ (1899). Vielseitiger Schriftsteller, auch Kritiker; Förderer der Buchkunst. Er benutzte als Lyriker Formen des Minnesangs, Rokokos, der Anakreontik, des Biedermeiers und des Volkslieds, schrieb Chansons, heitere Erzählungen, satir. Zeitromane, Reiseberichte, Künstlerbiographien und Komödien. Mit seinem Roman ›Stilpe‹ (1897), in dem er das Leben eines Berliner Literaten darstellt, regte er E. von Wolzogen zur Gründung des Kabaretts ›Überbrettl‹ an.

Weitere Werke: Erlebte Gedichte (1892), Studentenbeichten (E., 2 Bde., 1892–97), Irrgarten der Liebe (Ged., 1901), Annemargreth und die drei Junggesellen (En., 1902), Zäpfel Kerns Abenteuer (E., 1905), Prinz Kuckuck (R., 3 Bde., 1906/07), Die Yankeedoodle-Fahrt ... (Reisebericht, 1909), Die Schatulle des Grafen Thrümmel... (Ged., hg. 1910).

Ausgabe: O. J. B. Ges. Werke in 10 Bden. Hg. v. M. G. CONRAD u. H. BRANDENBURG. Mchn. 1912–17 (nur 7 Bde. ersch.).

Literatur: DROOP, F.: O. J. B., ein dt. Lyriker. Lpz. 1912. – KLEMENT, A. VON: O. J. B.-Bibliogr. Wien u. a. 1957. – WILKENING, W. H.: O. J. B. Hg. v. V. MÜLLER u. a. Stg. 1978.

Bierce, Ambrose Gwinett [engl. bɪəs], * Meigs County (Ohio) 24. Juni 1842, † in Mexiko 1914 (verschollen), amerikan.

Schriftsteller. – War nach dem Sezessionskrieg Journalist in Kalifornien, England und Washington. Schrieb, unter dem Einfluß von E. A. Poe, B. Harte und des europ. Naturalismus, Erzählungen unterschiedl. Qualität, die durch grimmigen, schwarzen Humor, zyn. Witz, Menschen- und Lebensverachtung sowie durch die Darstellung von Grenzsituationen bestimmt sind.

Werke: Tales of soldiers and civilians (1891), Der Mönch und die Henkerstochter (En., 1892, dt. 1968), Can such things be? (Kurzgeschichten, 1893), The cynic's word book (1906, 1911 u. d. T. The devil's dictionary, dt. Ausw. u. a. 1964 u. d. T. Aus dem Wörterbuch des Teufels), The shadow on the dial (Essays, 1909), Das Spukhaus (En., dt. Ausw. 1963), Die Spottdrossel (Nov.n und Fabeln, dt. Ausw. 1963), Mitten im Leben sind wir vom Tod umfangen (En., dt. Ausw. 1978), Lügengeschichten und fantast. Fabeln (dt. Ausw. 1987).
Ausgaben: A. B. Collected works. Washington (D. C.) u. New York 1909–12. 12 Bde. – A. B. The collected writings. New York. ²1952. – Werke in 4 Bden. Hg. v. G. HAEFS. Zü. 1986–89.
Literatur: Critical essays on A. B. Hg. v. C. N. DAVIDSON. Boston (Mass.) 1982. – BERKOVE, L. I.: A. B. A braver man than anybody knew. New York 1984. – DAVIDSON, C. N.: The experimental fictions of A. B. Lincoln (Nebr.) 1984.

Biermann, Wolf, eigtl. Karl-Wolf B., * Hamburg 15. Nov. 1936, dt. Lyriker und Liedermacher. – Siedelte 1953 in die DDR über, wo er in Berlin (Ost) lebte. Ab 1960 begann er, zeit- und gesellschaftskrit. Gedichte, Lieder und Balladen zu schreiben, die er selbst vortrug; erhielt schon bald Auftrittsverbote; seine Bücher und Schallplatten konnten nur im Westen erscheinen. Während einer Tournee durch die BR Deutschland wurde er im Nov. 1976 aus der DDR ausgebürgert; lebt heute v. a. in Hamburg; 1988 Auftritt in Moskau, 1989 in der DDR. Erhielt 1991 den Georg-Büchner-Preis und 1993 den Heine-Preis.

Werke: Die Drahtharfe (Ged., 1965), Mit Marx- und Engelszungen (Ged., 1968), Der Dra-Dra (Dr., 1970), Deutschland. Ein Wintermärchen (Poem, 1972), Preußischer Ikarus (Ged., Prosa, 1978), Verdrehte Welt, das seh ich gerne (Ged., Prosa, 1982), Affenfels und Barrikade (Ged., Lieder, 1986), über das Geld und andere Herzensdinge (Prosa, 1991), Der Sturz des Dädalus (Essays, 1992).
Ausgabe: Nachlaß I. Noten, Schrr., Beispiele. Köln 1977.
Literatur: ROSSELINI, J.: W. B. Mchn. 1992.

Biernat z Lublina [poln. 'bjɛrnat z lu-'blina], * Lublin um 1465, † um 1529, poln. Schriftsteller. – Verfasser des ersten gedruckten Buches in poln. Sprache, des Gebetbuches ›Raj duszny‹ (= Seelengärtlein, 1513), sowie (um 1510) des ersten weltl. Werkes der poln. Literatur, einer (antiklerikalen) Fabelsammlung (1578; die erste Ausgabe von 1522 ist nicht erhalten).

Biert, Cla, * Schuls (Graubünden) 26. Juli 1920, † Chur 19. März 1981, rätoroman. Schriftsteller. – Sekundarlehrer u. a. in Chur; veröffentlichte v. a. Novellen, Erzählungen, Essays und schrieb den Roman ›Die Wende‹ (1962, dt. 1984).

Weitere Werke: Pangronds (En., 1949), Amuras (Nov.n, 1956), Laina verda (En., 1958), Her ed hoz (En., 1975), Il descendent (Der Nachkomme, dt. und rätoroman. 1981).
Literatur: CAMARTIN, I.: Gegenwartslit. in Graubünden. Disentis 1976. S. 157.

Biesheuvel, Maarten [niederl. 'bi:shø:vəl], * Schiedam 23. Mai 1939, niederl. Schriftsteller. – Schreibt meist von F. Kafka beeinflußte, z. T. autobiograph. Erzählungen.

Werke: In de bovenkooi (1972); Slechte mensen (1973), Het nut van de wereld (1975), De weg naar het licht (1977), De verpletterende werkelijkheid (1979), Reis door mijn kamer (1984), Schrei aus dem Souterrain (dt. Ausw. 1986).

Bihalji-Merin, Oto [serbokroat. 'bihalji:'mɛrin], * Zemun 3. Jan. 1904, † Belgrad 24. Dez. 1993, serb. Schriftsteller. – Studium in Berlin; ab 1924 Mitglied der KPD; Redakteur (u. a. der ›Linkskurve‹) und Verleger; 1936 Teilnahme am Span. Bürgerkrieg (›Spanien zwischen Tod und Leben‹, dt. 1938, serb. 1956); während des 2. Weltkrieges in dt. Lagern; schrieb Bücher zur Literatur und v. a. zur Kunst; Essayist, Kulturkritiker und Publizist, Erzähler, Dramatiker und Reiseschriftsteller.

Literatur: O. B.-M. Biobibliografija. Belgrad 1976.

Bihārīlāl Caube [bihari'la:l 'tʃaʊbe], * Govindpur bei Gwalior 1595, † Jaipur 1664, ind. Dichter. – Wirkte erst am Hofe Shāhjahāns, später bei König Jai Singh in Jaipur, in dessen Auftrag er um 1662 die ›Satsaīya‹, 726 wohlkomponierte Strophen über die Liebe Krischnas und

Rādhās, im Sinne der Bhakti-Bewegung schrieb.

Ausgaben: Vihāri Lāla. The Satsaiya of B. Hg. v. G. A. GRIERSON. Kalkutta 1896. – B. Liebesgedichte. Dt. Übers. v. L. LUTZE. Freib. 1984.

Bihārī-Literatur [bi'ha:ri] ↑indische Literaturen.

Bihrangi, Şamad, pers.-aserbaidschan. Schriftsteller, ↑Behrangi, Samad.

Bijns (Byns), Anna [niederl. bɛins], *Antwerpen 5. März 1493, †ebd. 10. April 1575, fläm. Dichterin. – Von der Gegenreformation geprägte Lyrikerin; schrieb volkstüml. Gedichte (›Refereinen‹, 3 Bde., 1528–67) und Prosa. Früher wurde ihr das Mirakelspiel ›Mariken van Nimwegen‹ (1519 [?], dt. 1919) zugeschrieben.

Bilac, Olavo Braz Martins dos Guimarães [brasilian. bi'lak], *Rio de Janeiro 16. Dez. 1865, †ebd. 28. Dez. 1918, brasilian. Dichter. – Sprachlich eleganter Lyriker und wichtigster Vertreter der brasilian. parnass. Schule; seine hervorragendsten Liebesgedichte finden sich in der Sammlung ›Poesias‹ (1880, erweitert 1902), danach näherte er sich dem hymn. Epos mit ›O caçador de esmeraldas‹ (1902); am Ende seiner dichter. Laufbahn steht der Sonettband ›Tarde‹ (hg. 1919). Verfaßte auch Erzählungen und Essays.

Weitere Werke: Crônicas e novelas (En., 1894), Conferências literárias (Essays, 1906). **Literatur:** PONTES, E.: A vida exuberante de O. B. Rio de Janeiro 1944. 2 Bde.

Bilbaşar, Kemal [türk. bilba'ʃar], *Çanakkale 31. Jan. 1910, †Istanbul 21. Jan. 1983, türk. Schriftsteller. – Behandelt in künstlerisch verfeinertem Realismus Motive aus westanatol. Dörfern und Kleinstädten, in dem Roman ›Cemo‹ (1966) und dessen Fortsetzung ›Memo‹ (2 Bde., 1970) auch das Leben in den Kurdengebieten des Ostens. Von B. liegen bisher fünf Romane und fünf Bände Erzählungen vor.

Bild,
1. in der *Stilanalyse* zusammenfassender Begriff für die verschiedensten Formen bildl. Ausdrucksweise. Ein sprachl. Bild kann sich auch auf Andeutungen beschränken oder in mehr oder weniger detaillierten Umrissen ausgeführt sein, es kann eine geschlossene ↑Beschreibung

sein, Ausgangspunkt für einen ↑Vergleich oder symbol., chiffrierte Vergegenwärtigung von sinnlich nicht Faßbarem. Auch in der Alltagssprache gibt es eine Unzahl von B.ern, v. a. in Redensarten (›die Ohren spitzen‹, ›lange Finger machen‹). – ↑auch Metapher, ↑Symbol, ↑Allegorie, ↑Gleichnis, ↑Emblem.
2. in der *Dramaturgie* svw. Akt, Szene.
Literatur: PONGS, H.: Das B. in der Dichtung. Marburg ¹⁻³1967–73. 4 Bde. – WELLEK, R./WARREN, A.: Theorie der Lit. Königstein i. Ts. Neuausg. 1985.

Bilderbogen, einseitig bedruckte Blätter, die ein Bild oder eine Bilderfolge mit kurzen Textkommentaren enthalten. Die B. gehen vermutlich auf spätmittelalterl. Andachtsbilder und Altartücher zurück. Sie wurden zunächst handschriftlich von gewerblich organisierten Briefmalern meist auf Papier hergestellt. Seit Mitte des 15. Jh. erlaubte der Druck mit bewegl. Lettern längere Textbeigaben. Anfangs überwogen religiöse Themen (z. B. ›Christus und die minnende Seele‹). Mit Beginn der Massenproduktion nahmen dann auch weltl. Themen zu: Neben den herkömml. religiös-moral. Motiven wurden belehrende, aber v. a. satirisch-witzige Themen (›Altweibermühle‹, ›verkehrte Welt‹, Kuriositäten) beliebt, Themen, die bis ins 19. Jh. den Charakter der B. bestimmten. – Im Zeitalter der Reformation wurde der B. auch als Informations- und Kampfmittel eingesetzt (↑Flugblatt). A. Dürer, S. Brant, H. Sachs, Th. Murner, U. von Hutten, Luther, Ph. Melanchthon schrieben für B. oder ließen Teile größerer Werke in ihnen erscheinen (z. B. S. Brant, ›Das Narrenschiff‹, 1494). – Im 17. Jh. kamen neben den traditionellen groberen Holzschnitt-B. B. mit Kupferstichfolgen auf; sie sprachen vorwiegend ein städt. Publikum an. Führender Verleger der Kupferstich-B. war P. Fürst in Nürnberg. Bis ins 19. Jh. erschienen die B. in großen Auflagen. Berühmt wurden die B. des Verlegers G. Kühn (Neuruppiner Bilderbogen), auch die mehrsprachigen B. von Pellerin in Épinal (seit 1796) und die von J. W. Wentzel (›Weißenburger B.‹, seit 1831). Die pädagogisch-didakt. Ausrichtung der ›Münchner B.‹ ist symptomatisch für die Entwicklung der B. im frühen 20. Jh.: Sie bieten kulturhistor. Anschauungsmaterial und humorvolle ↑ Bildergeschichten; Elemente des B.s leben weiter in ↑ Comics und Photoromanen.

Literatur: ROSENFELD, H.: Der mittelalterl. B. In: Zs. f. dt. Altertum u. dt. Lit. 85 (1954/55), S. 66. – Reallex. der dt. Literaturgesch. Begr. v. P. MERKER u. W. STAMMLER. Hg. v. W. KOHLSCHMIDT u. W. MOHR. Bd. 1. Bln. ²1958. S. 174. – MISTLER, J., u. a.: Épinal et l'imagerie populaire. Paris 1961. – TOSCHI, P.: Stampe popolari italiane dal XV al XX secolo. Mailand 1965. – HILSCHER, E.: Die B. im 19. Jh. Mchn. 1977.

Bilderbuch ↑ Kinder- und Jugendliteratur.

Bilderdijk, Willem [niederl. 'bɪldərdɛik], * Amsterdam 7. Sept. 1756, † Haarlem 18. Dez. 1831, niederl. Dichter. – Rechtsanwalt in Den Haag; floh, politisch mißliebig, nach London, übersiedelte 1797 nach Braunschweig, kehrte 1806 nach Hause zurück; übersetzte Sophokles, Homer, Ovid, Horaz u. a.; sein eigenes, bes. von der griech. und frz. Klassik beeinflußtes Werk umfaßt v. a. vaterländ. Gedichte und Trauerspiele; gilt als bedeutendster klassizist. Dichter in den Niederlanden.

Werke: Elius (Ged., 1785), De ziekte der geleerden (Ged., 2 Bde., 1807), Floris V (Trag., 1808), De ondergang der eerste wareld (Ged., 1820). **Ausgabe:** W. B. De dichtwerken. Hg. v. I. DA COSTA. Haarlem 1856–59. 15 Bde. **Literatur:** KOLLEWIJN, R. A.: B. Zijn leven en zijn werken. Amsterdam 1891. 2 Bde. – W. B. Een overzicht van zijn leven en een keuze uit zijn werken. Hg. v. M. J. G. DE JONG u. W. ZAAL. Kampen 1960. – ZWAAG, W. VAN DER: W. B., vader van het Réveil. Houten 1991.

Bildergeschichte, Darstellung einer Geschichte in Bilderfolgen; etwaige Texte dienen nur der Kommentierung des Bildes, meist unter oder im Bild. B.n gab es bereits in der ägypt. Kunst, in der griech. und röm. Antike (Friese), im MA u. a. in Freskenzyklen in Kirchen, auf Teppichen, Altartüchern u. a. in Bilderbibeln und Armenbibeln (↑ Biblia pauperum) sowie auf den ↑ Bilderbogen, die heute z. T. von den ↑ Comics abgelöst wurden, lernen im Bilderbuch. Auch berühmte Künstler schufen Bilder für B.n (A. Dürer: Marienleben, Offenbarung Johannis, Kupferstichpassionen; D. Chodowiecki; W. Hogarth; Goya; H. Daumier u. a.), jedoch sind hier die Grenzen zum Bilderzyklus und zur Illu-

stration fließend. Berühmt und auch von literar. Reiz sind die B.n von Wilhelm Busch.

Bilderlyrik ↑ Figurengedicht.

Bilderrätsel, graphisch dargestellte ↑ Rätsel, die mit dem Gleichklang bestimmter Wörter und Silben (bei verschiedener Bedeutung und häufig auch Schreibung) spielen. Die Gegenstände werden abgebildet und so zusammengestellt, daß sich aus der ganzen oder teilweisen Lautfolge der mit den Bildern in keinem log. Zusammenhang stehender Begriff oder Satz ergibt. Häufigste Form ist die Verbindung der Bilder mit Zusatz- und Auslassungszeichen, z. B. 'Blatt' = lat, eins' = ein. Ferner zählen hierzu Suchbilder, in denen Bildelemente zu einem weiteren Bild im Bild angeordnet sind, und Gedichte oder Sprichwörter, in denen nur manche Wörter durch Bilder ersetzt sind. Diese B.formen werden auch als ↑ Rebus bezeichnet. – Die Praxis, Namen von Gegenständen auszudeuten, findet sich bereits in der Antike (Weissagungen, bildl. Darstellung von Namen auf Siegeln), dann bes. in der mittelalterl. Heraldik. Höchste Blüte erlebten die B. in den roman. Ländern im 15. und 16. Jh.; bes. in Frankreich waren sie infolge der vielen lautlichen Synonyme weit verbreitet. In Deutschland wurden sie erst im 17. Jh. populär. Sie blieben bis ins 19. Jh. in allen Schichten beliebt und gelangten durch die B.almanache des Biedermeier seit Mitte des 19. Jh. in die Unterhaltungsspalten der Wochenzeitschriften und Journale.

Literatur: HOFFMANN, FRIEDRICH R.: Grundzüge einer Gesch. des B.s. Bln. 1869. – DELEPIERRE, J. O.: Essai historique et bibliographi-

Bilderrätsel. Auflösung: Jägerlatein

que sur les rébus. London 1870. – VOLKMANN, L.: Von der Bilderschrift zum B. In: Zs. f. Bücherfreunde. N. F. 18 (1926).

Bilderschrift (Piktographie), Schrift, in der im Ggs. zur Wortschrift, Wörter und Begriffe durch Bilder oder Symbole wiedergegeben werden. Urtüml. Formen solcher B.en finden sich schon in der Steinzeit. Unter den höher entwickelten Formen sind die chin. Wortbildschrift und die phonetisierte Bilderschrift der ägypt. ↑ Hieroglyphen die bekanntesten. Auch die ↑ Keilschrift geht auf Bildzeichen zurück.

Bildgedicht, unscharfer Sammelbegriff für mehrere Gedichtformen: ↑ Figurengedicht, ↑ Gemäldegedicht.

Bildreihengedicht, Gedicht, in dem ein Gedanke, der in der Überschrift, am Anfang oder am Schluß des Gedichts (oder einer Strophe) formuliert sein kann, durch eine Reihe verschiedener, oft nur in jeweils einem Vers angedeuteter Bilder veranschaulicht wird; bes. häufig im Barock (z. B. A. Gryphius, ›Menschl. Elende‹; Ch. Hofmann von Hofmannswaldau, ›Die Welt‹).

Bildungsroman, vorwiegend auf die deutschsprachige Literatur begrenzte Form des ↑ Entwicklungsromans, die sich im empfindsamen ↑ Reiseroman, in der ↑ Autobiographie v. a. des Pietismus und im autobiographisch-psycholog. Roman (K. Ph. Moritz, ›Anton Reiser‹, 1785–90) im Kontext des Weimarer Klassizismus entwickelte. Der Begriff wurde – im Anschluß an Ch. F. von Blankenburgs ›Versuch über den Roman‹ (1774) – von K. Morgenstern 1803/19 geprägt und von W. Dilthey 1870 übernommen. Als Paradigma kann – poetologisch und wirkungsgeschichtlich – Goethes ›Wilhelm Meister‹ (›Wilhelm Meisters Lehrjahre‹, 1795/96; ›Wilhelm Meisters Wanderjahre‹, 1821, erweitert 1829) gelten, dessen jugendl. Held individuelle Bildungsgeschichte als komplexen Sozialisationsprozeß in gesellschaftl. Enklaven (Theater, Bohème, Adel, pädagog. Provinz) ab seits vom Politischen erfährt und als ›Entsagender‹ in einem bürgerl. Beruf endet, wobei über die Heldenperspektive hinaus ein Bildungs- als Reflexionsverhältnis zwischen Figur, Erzähler und Leser inszeniert wird. Die romant. Gegenkonzeption dazu ist Novalis' ›Heinrich von Ofterdingen‹ (hg. 1802). In der Romantik und im weiteren 19. Jh. tendiert der B. zum ↑ Künstlerroman (L. Tieck) und zur Verschiebung der Bildungsprozesse in Utopie (J. Ch. F. Hölderlin) oder Idylle (A. Stifter). Das ästhet. Bildungsprogramm wird bei E. T. A. Hoffmann parodiert (›Lebens-Ansichten des Katers Murr...‹, 1819–21), bei Jean Paul (›Titan‹, 1800–03) und G. Keller (›Der grüne Heinrich‹, 1. Fassung 1854/55, 2. Fassung 1879/80) kritisiert; der Individualist wird zum Sonderling (etwa bei W. Raabe). Das B.modell gerät in ein Spannungsverhältnis zum Zeit- und Gesellschaftsroman (E. Mörike, J. von Eichendorff, K. L. Immermann). Um und nach 1900 nehmen H. Hesse, R. M. Rilke, R. Musil, Th. Mann u. a. die B.tradition auf, die sich in gebrochener Form u. a. noch bei R. Walser, F. Kafka, M. Frisch, Th. Bernhard, P. Handke und B. Strauß findet.

Literatur: RÖDER, G.: Glück u. glückl. Ende im dt. B. Mchn. 1968. – JACOBS, J.: Wilhelm Meister u. seine Brüder. Mchn. ²1983. – SORG, K.-D.: Gebrochene Teleologie. Studien zum B. von Goethe bis Th. Mann. Hdbg. 1983. – JACOBS, J./KRAUSE, M.: Der dt. B. Mchn. 1989. – MAYER, GERHART: Der dt. B. von der Aufklärung bis zur Gegenwart. Stg. 1992. – SELBMANN, R.: Der dt. B. Stg. u. Weimar ²1994.

Bilhaṇa ['bɪlhana], ind. Dichter des 11. Jh. aus Kaschmir. – Er beschrieb in dem Epos ›Vikramānkadevacarita‹ (= Leben des Königs Vikramānka, hg. 1875, engl. 1965) die Geschichte des Cālukyageschlechts und das Leben seines Mäzens, des Cālukyakönigs Vikramāditya VI.

Weitere Werke: Cauri(surata)pañcāśikā (Ged., hg. 1833, dt. 1886, 1953 u. d. T. Tschaurapantschaschika. Des Pandit B. fünfzig Strophen von heiml. Liebeslust), Karṇasundarī (= Die Frau des Karṇa, Dr., hg. 1932).
Ausgaben: Vikramankadevacarita. Hg. v. V. S. BHARADWAJ. Benares 1958–64. 3 Bde. – Caura pañcāśika an Indian love lament. Hg. v. S. N. TADPATRIKAR. Puna ²1966. – Phantasies of a love thief. Hg. v. B. S. MILLER. New York 1971.
Literatur: MISRA, B. N.: Studies on B. and his Vikramankadevacarita. Delhi 1976.

Bill-Belozerkowski (tl.: Bill'-Belocerkovskij), Wladimir Naumowitsch [russ. 'biljbɪlɛtsər'kɔfskij], * Alexandrija

(Ukraine) 9. Jan. 1885, † Moskau 1. März 1970, russ.-sowjet. Schriftsteller. – Lebte mehrere Jahre in Amerika, ab 1917 wieder in Rußland bzw. in der Sowjetunion; Kulturfunktionär; Erzähler und Dramatiker; sein Hauptwerk ist das mehrfach überarbeitete, den Aufbau der kommunist. Partei verherrlichende Drama ›Sturm‹ (1926, dt. 1959).

Billetdoux, François [frz. bijɛ'du], * Paris 7. Sept. 1927, † ebd. 26. Nov. 1991, frz. Schriftsteller. – Studium am Institut des hautes études cinématographiques; war u. a. Kabarettist, Produzent und Sendeleiter beim Rundfunk; veröffentlichte Romane und Dramen, die teilweise von E. Ionesco und S. Beckett beeinflußt sind.
Werke: L'animal (R., 1955), Tschin-Tschin (Dr., 1959, dt. um 1960), Die Bredburys (Dr., 1961, dt. um 1965), ...Dann geh' zu Thorp! (Dr., 1961, dt. 1961), Und die Welt, Mossjöh? Sie dreht sich, Mossjöh! (Tragikom., 1964, dt. 1964), Durch die Wolken (Dr., 1964, dt. 1965), Les femmes parallèles (Dr., 1971), Rintru pa trou tar, hin! (Dr., 1971), La nostalgie, camarade (Dr., 1974), Réveille-toi, Philadelphie (Dr., 1988).

Billinger, Richard, * Sankt Marienkirchen (Oberösterreich) 20. Juli 1890, † Linz 7. Juni 1965, österr. Schriftsteller. – Lyriker, Dramatiker und Erzähler, der in seinen Werken v. a. Themen aus der bäuerl. Welt seiner Heimat gestaltete. Die Dramen knüpfen an die Tradition des österr. Barockspiels an.
Werke: Das Perchtenspiel (Dr., 1928), Die Asche des Fegefeuers (Autobiogr., 1931), Rauhnacht (Dr., 1931), Rosse (Dr., 1931), Sichel am Himmel (Ged., 1931), Stille Gäste (Kom., 1934), Die Hexe von Passau (Dr., 1935), Lehen aus Gottes Hand (R., 1935), Der Gigant (Dr., 1937), Traube in der Kelter (Dr., 1951), Donauballade (Dr., 1959), Bauernpassion (Dr., 1960).
Ausgaben: R. B.s ges. Werke. Hg. v. W. BORTENSCHLAGER. Wels 1979–83. 7 Bde.
Literatur: BORTENSCHLAGER, W.: R. B. Leben u. Werk. Wels 1981. – RABENSTEIN, E.: Dichtung zw. Tradition u. Moderne: R. B. Ffm. 1988.

Billy, André [frz. bi'ji], * Saint-Quentin (Aisne) 13. Dez. 1882, † Barbizon (Seine-et-Marne) 11. April 1971, frz. Literaturkritiker und Schriftsteller. – Mitarbeiter zahlreicher bed. Zeitschriften und Zeitungen (u. a. von ›Le Figaro‹); veröffentlichte neben Romanen, die geprägt sind von der Erinnerung an seine religiöse Erziehung (›L'approbaniste‹, 1937; ›In-

troïbo‹, 1939; ›Le narthex‹, 1950; ›Madame‹, 1954; ›L'allegretto de la septième‹, 1960) eine Reihe literar. Biographien, u. a. über D. Diderot (1931), H. de Balzac (1944), G. Apollinaire (1947) und Ch. A. Sainte-Beuve (1952), außerdem mehrere Bände Memoiren.

Binding, Rudolf G[eorg], * Basel 13. Aug. 1867, † Starnberg 4. Aug. 1938, dt. Schriftsteller. – Als Erzähler und Lyriker sind Jugend, Liebe, Natur, Krieg und Ehre seine Themen, die er gern mit hoher Gesinnung, Selbstzucht und Opfer in Zusammenhang bringt. Neuklassizist in der Nachfolge C. F. Meyers, bewußte Sprachgestaltung, mitunter Neigung zu Sentimentalität. In seinem ›Offenen Brief‹ an R. Rolland (in: ›Sechs Bekenntnisse zum neuen Deutschland‹, 1933) bekennt er sich zu den Ideen des Nationalsozialismus, betont jedoch, daß er der Bewegung nicht angehört. Sein Erfolg war bes. groß zwischen den beiden Weltkriegen; auch Übersetzer.
Werke: Legenden der Zeit (1909), Die Geige (Nov.n, 1911; darin Der Opfergang), Gedichte (1913), Keuschheitslegende (E., 1919), Unsterblichkeit (Nov., 1922), Reitvorschrift für eine Geliebte (1924), Tage (Ged., 1924), Erlebtes Leben (Autobiogr., 1928), Moselfahrt aus Liebeskummer (Nov., 1932), Die Spiegelgespräche (1932), Die Geliebten (Ged., 1935), Wir fordern Reims zur Übergabe auf (E., 1935), Die Perle und andere Erzählungen (1938), An eine Geliebte. Briefe für Joie (hg. 1950).
Ausgabe: R. B. Ges. Werk. Hg. v. R. BACH. Hamb. 1954. 2 Bde.
Literatur: MARTIN, B.: Dichtung u. Ideologie, Völkisch-nationales Denken im Werk R. G. B.s. Ffm u. a. 1986.

Rudolf G. Binding

Bing, Jon, * Tønsberg 30. April 1944, norweg. Schriftsteller. – Verfasser seriöser Science-fiction-Literatur, in jüngster Zeit u. a. mit den Problemen der Mikroelektronik befaßt.
Werke: Komplex. Novelle-roman (R., 1969), Mizt, (genferdenes planet (R., 1983), Dobbeltgjengere (R., 1984).

Bingel, Horst, * Korbach 6. Okt. 1933, dt. Schriftsteller. – Gelernter Buchhändler, studierte Malerei und Bildhauerei, 1956–69 Hg. der ›Streit-Zeit-Schrift‹; 1974–76 Vorsitzender des Verbandes dt. Schriftsteller. Verfasser knapper, spröder Gedichte voll Ironie und Witz und von Geschichten, die teils skurril sind, teils im imaginären Bereich spielen. Auch Essayist und Hg. von Anthologien.
Werke: Kleiner Napoleon (Ged., 1956), Auf der Ankerwinde zu Gast (Ged., 1960), Die Koffer des Felix Lumpach (En., 1962), Elefantisches (En., 1963), Wir suchen Hitler (polit. Ged., 1965), Herr Sylvester wohnt unter dem Dach (En., 1967), Lied für Zement (Ged., 1975).

Bingen, Hildegard von, dt. Mystikerin, ↑ Hildegard von Bingen.

Bin Gorion (tl.: Bin-Goryôn), Micha Josef, eigtl. M. J. Berdyczewski, * Międzyboż (Podolien) 7. Aug. 1865, † Berlin 18. Nov. 1921, hebr. Schriftsteller. – Erwarb sich bes. Verdienste durch die Erforschung der jüd. Mythen und Märchen, die er in größeren Sammelwerken herausgab; auch Kritiker und Erzähler.
Werke: Die Sagen der Juden (dt. 5 Bde., 1913–26), Der Born Judas (dt. 6 Bde., 1916–22), Sinai und Garizim (dt. hg. 1925/26).

Bing Xin, chin. Schriftsteller, ↑ Ping Hsin.

Binh-Nguyên-Lôc [vietnames. biɲ ŋuiən lok], eigtl. Tô-Vân-Tuân, * Tân Uyên (Prov. Biên Hoa) 1914, vietnames. Schriftsteller und Literaturkritiker. – B.-N.-L., ein äußerst vielseitiger und fruchtbarer Schriftsteller (über 52 Romane, 820 Novellen, ferner Essays und Monographien), behandelt in seinen Werken v. a. gesellschaftskrit. Probleme der Nachkriegszeit.
Literatur DURAND, M. M./NGUYỄN TRÂN HUÂN: Introduction à la littérature vietnamienne. Paris 1969.

Binkis, Kazys, * Gudeliai (heute Kreis Rokiškis) 4. Nov. 1893, † Kaunas 27. April 1942, litauischer Lyriker und

Dramatiker. – Haupt des litauischen Futurismus und Hg. von dessen Zeitschrift ›Keturi vėjai‹ (= Vier Winde); schrieb neben expressionist. Gedichten auch Dramen, u. a. das Antikriegsstück ›Generalinė repeticija‹ (= Generalprobe, hg. 1958); Übersetzer der Werke A. S. Puschkins.
Weitere Werke: Eilerasčiai (= Gedichte, 1913), 100 pavasariu (= 100 Frühlinge, Ged., 1923), Atžalynas (= Jungwald Dr., 1938).

Binnenerzählung, Erzählung, die in eine ↑ Rahmenerzählung eingekleidet ist (z. B. G. Keller, ›Das Sinngedicht‹, 1882).

Binnenreim, im engeren Sinne ein Reim innerhalb eines Verses (auch: innerer Reim): ›Sie blüht und glüht und leuchtet‹ (H. Heine, ›Die Lotosblume‹); auch für andere Reimstellungen im Versinnern gebraucht und für Reime, bei denen nur ein Reimwort im Versinnern steht. – ↑ auch Reim.

Binyon, Robert Laurence [engl. ˈbɪnjən], * Lancaster 10. Aug. 1869, † Reading 10. März 1943, engl. Schriftsteller und Kunsthistoriker. – War 1893–1933 Kustos am Brit. Museum; bemühte sich um die Restauration des Versdramas und schrieb Versepen; Übersetzer Dantes, Verfasser kunsthistor. Schriften, bes. über ostasiat. Kunst.
Werke: Lyric poems (Ged., 1894), Attila (Dr., 1907), The anvil and other poems (Ged., 1916), Arthur (Dr., 1923), Boadicea (Dr., 1927), The burning of the leaves (Ged., hg. 1944).

Biobibliographie, Bibliographie, in der neben Werken von einzelnen Autoren (↑ Personalbibliographie) auch die Veröffentlichungen über deren Leben zusammengestellt sind.

Biographie [griech. = Lebensbeschreibung], wiss. oder literar. Darstellung der Lebensgeschichte eines Menschen. – Zum biograph. Schrifttum gehören die z. T. monumentalen Sammel- und National-B.n, Parallel- und Einzel-B.n sowie Heiligenviten, Nekrologe, Charakteristiken und biograph. Romane. – Die Gattungsdiskussion ist bis heute von der Frage nach der Wissenschaftlichkeit bzw. dem Kunstcharakter der B. bestimmt.
Die **Geschichte** der abendländ. B. beginnt in der griechisch-röm. Antike (Plutarch, Sueton, Cornelius Nepos, Tacitus). Das

in der Antike überwiegende didakt. Interesse an der Präsentation vorbildl. Persönlichkeiten bestimmte nicht nur die Heiligenviten, die in christl. Zeit entstanden, und die Fürsten-B.n des MA, sondern die Funktion der B. bis ins 20. Jahrhundert. Dabei akzentuierte die Renaissance-B. stärker das Individuelle (G. Boccaccio, ›Leben Dantes‹, entst. um 1360, gedr. 1477, dt. 1909; G. Vasaris Sammel-B. der bildenden Künstler Italiens, 1550). Im 18.Jh. ist in Frankreich Voltaires ›Leben Karls XII., König von Schweden‹ (1731, dt. 1733) zu nennen; in England gehört nach S. Johnson (›Biograph. und krit. Nachrichten von engl. Dichtern‹, 1779–81, dt. 1781–83) v.a. J. Boswells ›Denkwürdigkeiten aus Johnson's Leben‹ (1791, dt. 1797) zu den bekanntesten englischsprachigen B.n. In den zahlreichen Charakteristiken und biograph. Essays, die in der Goethezeit entstanden, ging es dabei v.a. um die Darstellung der fortschrittl. Leistungen einer Person bzw. ihrer harmon. Selbstverwirklichung (J. G. Herder, F. Schlegel, G. Forster, Goethe). Ihre eigentl. Blütezeit erlebte die B. nach 1848. Parallel zur heroisierenden Biographik Th. Carlyles (›Geschichte Friedrichs II. von Preußen...‹, 1858–65, dt. 1858–69), entstanden v.a. in Deutschland, gefördert durch den Historismus und die Geisteswissenschaften, eine Vielzahl von wiss. B.n bed. Persönlichkeiten (J. G. Droysen, ›Das Leben des Feldmarschalls Grafen York von Wartenburg‹, 1851–52; R. Haym, ›Herder...‹, 1880–85; Erich Schmidt, ›Lessing‹, 1884–92; W. Dilthey, ›Das Leben Schleiermachers‹, 1870), die bis ins 20.Jh. hinein traditionsbildend wirkten (H. von Srbik, ›Metternich‹, 3 Bde., 1925–54; C. J. Burckhardt, ›Richelieu‹, 4 Bde. 1935–66). Im 20.Jh. folgt die B. den verschiedensten Möglichkeiten. Von S. George ist die geistesgeschichtlich heroisierende B. beeinflußt (E. Bertram, ›Nietzsche. Versuch einer Mythologie‹, 1918; F. Gundolf, ›Goethe‹, 1916). In England fand L. Strachey mit seiner ironisierenden B. ›Queen Victoria‹ (1921, dt. 1925) viele Nachfolger, in Frankreich entwarf R. Rolland literar. Gemälde bed. Künstler und Persönlichkeiten (u.a. ›Ludwig van Beethoven‹, 1903, dt. 1918;

›Das Leben Michelangelos‹, 1905, dt. 1919; ›Mahatma Gandhi‹, 1924, dt. 1924). Neue, bis in die Gegenwart reichende Impulse erhielt die wiss. B. durch die moderne Psychologie und Psychoanalyse. Psychologisierende Tendenzen prägten die nach dem 1. Weltkrieg entstandenen literar. Lebensbeschreibungen von S. Zweig und E. Ludwig sowie v.a. die B.n von A. Maurois, der in Frankreich die ›biographie romancée‹ begründete (v.a. ›Benjamin Disraeli. Lord Beaconsfield‹, 1927, dt. 1928; ›Byron‹, 1930, dt. 1930; ›Auf den Spuren Marcel Prousts‹ (1949, dt. 1956) und A. Savinios B.n (›Narrate, uomini, la vostra storia‹, 1942). Diese B.n stellen eine Verbindung zu dem zur selben Zeit stark vertretenen biograph. Roman her (A. Döblin, ›Wallenstein‹, 1920; F. Werfel, ›Verdi‹, 1924; W. von Molo, ›Mensch Luther‹, 1912 bis 1916; Reinhold Schneider, ›Das Leiden des Camões oder ...‹, 1930; F. Blei, ›Talleyrand‹, 1932; H. Mann, ›Die Jugend des Königs Henri Quatre‹, 1935, ›Die Vollendung des Königs Henri Quatre‹, 1938). Wiss. Akzente setzen die Gesellschafts-B.n S. Kracauers (›Jacques Offenbach und das Paris seiner Zeit‹, 1937) und W. Benjamins (›Charles Baudelaire‹, 1937–39), in denen die Lebensgeschichte als Teil des gesamtgesellschaftl. Prozesses erscheint. Nach dem 2. Weltkrieg wurden die bisher genannten Traditionen, v.a. die des romanhaften biograph. Arbeitens, fortgeführt. Zu den verschiedenen Formen weiterer romanhafter B.n gehören neben M. Yourcenars fiktiver B. des röm. Kaisers Hadrian (›Ich zähmte die Wölfin‹, 1951, dt. 1953) u.a. der satir. Roman M. Bulgakows (›Das Leben des Herrn Molière‹, entst. 1923–33, hg. 1962), H. M. Enzensbergers ›Der kurze Sommer der Anarchie. Buenaventura Duruttis Leben und Tod‹ (1972), G. de Bruyns ›Das Leben des Jean Paul Friedrich Richter‹ (1975), P. Härtlings ›Hölderlin‹ (1976), W. Hildesheimers ›Mozart‹ (1977) sowie u.a. auch A. Carpentiers ›Die Harfe und der Schatten‹ (1979, dt. 1979; über Christoph Kolumbus). Zu den Vertretern der neueren wiss. Biographik gehören u.a. A. Burgess (›Shakespeare‹, 1970, dt. 1982), J.-P. Sartre (›Der Idiot der Familie. Gustave Flaubert 1821–1857‹, 1971/72, dt. 1977–80) sowie P. Ackroyd (›Dickens‹, 1990).

Internat. biograph. Sammelwerke: MICHAUD, J. F.: B. universelle ancienne et moderne. Paris ²1843–65. 45 Bde. Nachdr. Graz 1966–70. – HOEFER, J. C. F.: Nouvelle biographie générale. Paris 1855–66. Nachdr. Kopenhagen 1963–69. 46 Bde. – OETTINGER, E. M.: Moniteur des dates. Biographisch-genealog.-histor. Welt-Reg. Lpz. 1866–82. 9 Bde. Nachdr. Graz 1964. 2 Bde. – The international who's who. Ausg. 1. London 1935 ff. – ARNIM, M.: Internat. Personalbibliogr. (1800–1943). Fortgef. v. F. HODES. Stg. ¹⁻²1952 ff. Bisher 5 Bde. – The new century cyclopedia of names. Hg. v. C. L. BARNHART u. W. D. HALSEY. New York 1954. 3 Bde. – GRIMAL, P.: Dictionnaire des biographies. Paris 1958. 2 Bde. – AGRAMONTE CORTIJO, F.: Diccionario cronológico biográfico universal. Madrid ³1961. – Chamber's biographical dictionary. Hg. v. J. O. THORNE u. T. C. COLLOCOTT. New York Neuausg. 1978. – Webster's biographical dictionary. Springfield (Mass.) 1980. – HYAMSON, A. M.: A dictionary of universal biography of all ages and of all peoples. Detroit (Mich.) Neuaufl. 1981.

Dt. biograph. Sammelwerke: Allgemeine dt. B. Lpz. 1875–1912. 56 Bde. Nachdr. Bln. 1981. – Biograph. Jb. u. Dt. Nekrolog. Hg. v. A. BETTELHEIM. Bln. 1898–1917. 18 Bde. – Wer ist's? Hg. v. H. A. DEGENER. Ausg. 1–10. Bln. 1905–35. Ab Ausg. 11 u.d. T. Wer ist wer? Das dt. Who's who. Hg. v. W. HABEL. Bln. u. Lübeck 1951 ff. – Dt. biograph. Jb. Hg. vom Verbande der Dt. Akademien. Stg. u. a. 1925–32. Bd. 1–5, 10, 11 (m. n. e.). – Neue dt. B. Hg. v. der Histor. Kommission bei der Bayer. Akad. der Wiss. Bln. 1953 ff. Bisher 16 Bde. erschienen. – Who's who in Germany. Ausg. 1. Mchn. 1956 ff. – Die großen Deutschen. Dt. B. Hg. v. H. HEIMPEL u. a. Bln. 1983. 5 Bde.

Österr. biograph. Sammelwerke: WURZBACH, C. VON: Biograph. Lex. des Kaiserthums Österreich. Wien 1856–1923. 60 Bde. u. Reg.-Bd. Nachdr. New York 1966. – Neue österr. B. ab 1815. Wien u. Mchn. 1923 ff. Bisher 22 Bde. erschienen. – Who's who in Austria. Ausg. 1, Zü. 1954 ff. – Österr. biograph. Lex. 1815–1950. Wien 1957 ff. Bisher 9 Bde. erschienen.

Schweizer. biograph. Sammelwerke: Histor.-Biograph. Lex. der Schweiz. Neuenburg 1921–34. 7 Bde. u. Suppl.-Bd. – Who's who in Switzerland, including the Principality of Liechtenstein. Ausg. 1. Zü. 1952 ff. – Schweizer biograph. Arch. Red. W. KELLER. Zü. u. a. 1952–58. 6 Bde.

Bibliographien: RICHES, PH. M.: An analytical bibliography of universal collected biography. London 1934. Nachdr. Detroit (Mich.) 1980. – B.n. In: TOTOK, W./WEITZEL, R.: Hdb. der bi-

bliograph. Nachschlagewerke. Hg. v. H. J. KERNCHEN. Ffm. ⁶1984–85. 2 Bde. **Literatur:** MUSCHG, W.: Das Dichterporträt in der Lit.gesch. In: Philosophie der Lit.wiss. Hg. v. E. ERMATINGER. Bln. 1930. – MÜLLER, J.: Dilthey u. das Problem der histor. B. In: Archiv für Kulturgesch. 23 (1933), S. 89. – OPPEL, H.: Grundfragen der literarhistor. B. In: Dt. Vjschr. für Lit.wiss. u. Geistesgesch. 18 (1940), S. 139. – RICHTER, W.: Über das Schreiben von B.n. In: Dt. Beitrr. 3 (1949), H. 6, S. 479. – THOMAE, H.: Die biograph. Methode in den anthropolog. Wissenschaften. In: Studium Generale 5 (1952), S. 163. – GARRATY, J. A.: The nature of biography. New York 1957. Nachdr. New York 1985. – BÖSCHENSTEIN, H.: Der neue Mensch. Die B. im dt. Nachkriegsroman. Hdbg. 1958. – Biography as an art. Hg. v. J. L. CLIFFORD. New York 1962. – BLÖCKER, G.: B. – Kunst oder Wissenschaft? In: Definitionen. Hg. v. A. FRISÉ. Ffm. 1963. S. 58. – JANDER, E.: Unterss. zu Theorie u. Praxis der dt. histor. B. im 19. Jh. Diss. Freib. 1964. – HIEBEL, F.: Biographik u. Essayistik. Stg. 1970. – SENGLE, F.: Die B. In: SENGLE: Biedermeierzeit. Bd. 2. Stg. 1972. S. 306. – LÖWENTHAL, L.: Die biograph. Mode. In: Sociologica. Bd. 2. Ffm. ²1974. S. 363. – OELKERS, J.: Biographik – Überlegungen zu einer unschuldigen Gattung. In: Neue polit. Lit. 19 (1974), S. 298. – NEUMANN, B.: Die B.-Debatte in Deutschland. In: NEUMANN: Utopie u. Mimesis. Zum Verhältnis von Ästhetik, Gesellschaftsphilosophie u. Politik in den Romanen Uwe Johnsons. Königstein i. Ts. 1978. – SCHEUER, H.: B. Stg. 1979. – Vom Anderen u. vom Selbst. Beitrr. zu Fragen der B. u. Autobiographie. Hg. v. R. GRIMM u. J. HERMAND. Königstein i. Ts. 1982. – NADEL, I. B.: Biography, fiction, fact and form. London u. a. 1984. – HOMBERGER, E./CHARMLEY, J.: The troubled face of biography. Basingstoke 1987. – The biographer's art: new essays. Hg. v. J. MEYERS. London 1989. – KRACAUER, S.: Die B. als neubürgerl. Kunstform. In: KRACAUER: Das Ornament der Masse. Neuausg. Ffm. 1989. – B. zw. Renaissance u. Barock. Hg. v. W. BERSCHIN. Hdbg. 1993. – ↑ auch Autobiographie.

biographischer Roman ↑ Biographie.

Bion (tl.: Bíōn), griech. Dichter des ausgehenden 2. Jh. v. Chr. aus Smyrna. – Letzter griech. Bukoliker (Fragmente erot. Inhalts erhalten). Bed. ist das ausdrucksstarke, in Hexametern geschriebene Klagelied auf den Tod des Adonis, in dem auch oriental. Motive Eingang fanden.

Ausgaben: Theokritos: B. u. Moschos. Übers. v. E. MÖRIKE u. F. NOTTER. Lfg. 3 u. 4. Bln. ⁵1914. S. 157. – Bucolici Graeci. Hg. v. A. S. F. GOW. London 1952.

Bioy Casares, Adolfo [span. 'biọi ka-'sares], * Buenos Aires 15. Sept. 1914, argentin. Schriftsteller. – Neben J. L. Borges, mit dem er viele Jahre zusammenarbeitete (gemeinsames Pseudonym H. Bustos Domecq), einer der wichtigsten Vertreter der phantast. Literatur. Sein bedeutendstes Werk ist der utopisch-philosoph. Roman ›Morels Erfindung‹ (1940, dt. 1965). 1990 erhielt B. C. den Premio Miguel de Cervantes.

Weitere Werke: Fluchtplan (R., 1945, dt. 1977), Der Traum der Helden (R., 1954, dt. 1977), Der Schweinekrieg (R., 1969, dt. 1971, 1978 u. d. T. Tagebuch des Schweinekriegs, Liebesgeschichten (1972, dt. 1987), Schlaf in der Sonne (R., 1973, dt. 1976), El héroe de las mujeres (En., 1978), La aventura de un fotógrafo en La Plata (R., 1985).
Ausgabe ↑ Borges, Jorge Luis.
Literatur: ULLA, N.: Aventuras de la imaginación. De la vida y los libros de A. B. C. Buenos Aires 1990.

Bipontiner (Editiones Bipontinae), 1779 ff. in Zweibrücken (nlat. Bipontium) gedruckte Ausgaben griech. und röm. Klassiker.

Birch-Pfeiffer, Charlotte, * Stuttgart 23. Juni 1800, † Berlin 25. Aug. 1868, dt. Schauspielerin und Bühnenschriftstellerin. – Als Schauspielerin an mehreren Theatern (u. a. 1837–43 in Zürich, dann in Berlin); schrieb rührselige Erzählungen und formte beliebte Romane in Theaterstücke um, die, effektvoll und geschickt aufgemacht, zu ihrer Zeit große Erfolge hatten.

Werke: Hinko (Dr. nach L. Storch, 1829), Der Glöckner von Notre Dame (Dr. nach V. Hugo, 1837), Dorf und Stadt (Dr. nach B. Auerbach, 1847), Die Waise von Lowood (Dr. nach Ch. Brontë, 1855), Die Grille (Dr. nach G. Sand, 1857).

Birck (Birk), Sixt[us], latinisiert Xystus Betulius oder Betulejus, * Augsburg 24. Febr. 1501, † ebd. 19. Juni 1554, dt. Dramatiker. – 1530 Schulleiter in Basel, ab 1536 Rektor in Augsburg. Begründete unter dem Einfluß des schweizer. Volksdramas das deutschsprachige Schuldrama, übersetzte seine dt. Dramen später ins Lateinische; behandelte meist bibl. Themen mit pädagog. Zielsetzung. Schrieb auch prot. Kirchenlieder.

Werke: Judith (Dr., dt. 1532, lat. 1539), Susanna (Dr., dt. 1532, lat. 1537), Beel (Dr., 1535), Tragö-

die wider die Abgötterei (1535), Zorobabel (Dr., 1538), Sapientia Salomonis (Dr., lat. 1547).
Ausgabe: S. B. Sämtl. Dramen. Hg. v. M. BRAUNECK. Bln. 1969 ff. (Auf 4 Bde. berechnet; bisher 3 Bde. erschienen).

Bird, Robert Montgomery [engl. bə:d], * New Castle (Del.) 5. Febr. 1806, † Philadelphia 23. Jan. 1854, amerikan. Schriftsteller. – Autor erfolgreicher histor. Tragödien (›The gladiator‹, entst. 1831, gedr. 1919; ›Oralloossa‹, UA 1832, gedr. 1919; ›The broker of Bogotá‹, UA 1834, gedr. 1917) und Romane (›Calavar, oder der Ritter der Eroberung‹, 2 Bde., 1834, dt. 1848; ›The infidel; or, The fall of Mexico‹, 2 Bde., 1835). Als sein bestes Werk gilt der Grenzerroman ›Der Waldteufel‹ (2 Bde., 1837, dt. 1881, 1891 u. d. T. ›Die Gefahren der Wildnis‹).

Birgitta (B. von Schweden), hl., * Hof Finstad bei Uppsala um 1303, † Rom 23. Juli 1373, schwed. Mystikerin. – Sie lebte seit 1349 in Rom und versuchte, die Päpste aus dem Avignonischen Exil zurückzuführen; gründete den Birgittenorden, wurde 1391 heiliggesprochen. Berühmt v. a. durch ihre Visionen (›Revelationes‹), die in realist., z. T. auch in symbolhaft überhöhter Sprache zu den verschiedenartigsten Themen Stellung nehmen; sie wurden schon früh von B.s Beichtvätern ins Lateinische übersetzt.
Ausgabe: Leben u. Offenbarungen der hl. Brigitta. Übers., bearb. u. hg. v. L. CLARUS. Regensburg ²1888. 4 Bde.
Literatur: Die Offenbarungen der hl. B. v. Schweden. Eingel. v. S. STOLPE. Ffm. 1961. – MONTAG, U.: B. von Schweden. In: Lex. des MA. Bd. 2. Mchn. u. Zü. 1983.

Birk, Sixt[us], dt. Dramatiker, ↑ Birck, Sixt[us].

Birken, Sigmund von (seit 1655), eigtl. S. Betulius, * Wildstein (heute Skalná) bei Eger 5. Mai 1626, † Nürnberg 12. Juni 1681, dt. Schriftsteller. – Mitglied des Nürnberger Dichterkreises; vereint in seinen Dichtungen die Anmut der Schäferlyrik mit der Formkunst und Bildfindung des Barocks. Typisch für ihn ist sein ›Teutscher Kriegs Ab- und Friedens Einzug‹ (1649), den er zur Feier des Abschlußverhandlung zwischen O. Piccolomini und Frankreich (im Rahmen des Westfäl. Friedens) dichtete.
Weitere Werke: Kriegs- und Friedensabbildung (Ged., 1649), Margenis (Dr., UA 1651, gedr.

1679), Geistl. Weihrauchkörner (Ged., 1652), Die truckene Trunckenheit (nach J. Balde, 1658), Pegnes. Gesprächspiel-Gesellschaft (1665), Pegnesis... (Schäfer-R., 2 Bde.), 1673–79), Chur- und Fürstl. Sächs. Heldensaal (1677), Teutsche Redebind- und Dicht-Kunst (1679). **Ausgabe:** S. v. B. Die Tagebücher. Bearb. v. J. KRÖLL. Wzb. 1971–74. 2 Bde. – Werke u. Korrespondenz. Hg. v. K. GARBER u. a. Tüb. 1988 ff. Auf mehrere Bde. ber. – Unbekannte Gedichte u. Lieder. Hg. v. J. R. PAAS. Amsterdam 1990. † auch Harsdörffer, Georg Philipp. **Literatur:** MAI, R.: Bibliogr. zum Werk S. v. B.s. In: Jb. der Dt. Schillergesellschaft 13 (1969), S. 577.

Birkenfeld, Günther, * Cottbus 9. März 1901, † Berlin 22. Aug. 1966, dt. Schriftsteller. – Vor 1933 Generalsekretär des Reichsverbandes dt. Schriftsteller; Verlagslektor, 1945 Mitbegründer des Kampfbundes gegen Unmenschlichkeit. B. schrieb Romane, Dramen, Erzählungen, gab Gedichtanthologien heraus, arbeitete als Übersetzer. Zeitkrit. und histor. Romane stehen im Vordergrund seines Schaffens.
Werke: Andreas (Nov., 1927), Dritter Hof, links (R., 1929), Liebesferne (R., 1930), Augustus (R., 1934, 1962 u. d. T. Die Ohnmacht des Mächtigen), Die schwarze Kunst (R., 1936), Die Versöhnung (R., 1938), Gutenberg und seine Erfindung (1939), Wolke, Orkan und Staub (R., 1955).

birmanische Literatur, die ältesten literar. **Zeugnisse** in Birma datieren aus dem 5./6. Jahrhundert. Es handelt sich um Fragmente von Steinschriften, Votivtafeln, zweisprachige Reliquienbehälter und Graburnen, die im Bereich von Schrikschreta (bei Prome), der von den Pyu gegründeten Hauptstadt, ausgegraben worden sind. Die hier überlieferten Inschriften sind fast ausschließlich dem buddhist. Kanon entnommen und in Pāli abgefaßt. Sie sind Hinweis darauf, in welch hohem Maße das Reich der Pyu seine Kultur Indien verdankt.
Die Geburtsstunde der eigentl. b. L. fällt in den Beginn der von König Anôrahta (1044–77) begründeten Pagan-Dynastie (1044–1287). Das umfangreiche, nur **steininschriftlich** erhaltene Schrifttum – sämtl. frühen Handschriften (Palmblattmanuskripte) sind dem trop. Klima zum Opfer gefallen – ist vorwiegend religiösen Charakters. Der älteste Text ist die für die Entzifferung der Pyuschrift un-

schätzbare viersprachige ›Myazedi‹-Inschrift von 1133 (Pāli, Pyu, Birmanisch und Mon). Die Verfasser dieser und anderer Inschriften, meist Angehörige des Königshauses, hohe Würdenträger, buddhist. Geistliche und Mongelehrte, bleiben ungenannt. Aus dem Jahre 1374 datiert das älteste überkommene Zeugnis für die birman. **Poesie,** die mit der ›Ratanā-Vimān‹-Inschrift des Mönchsgelehrten und Dichters Shin Thilawuntha (1542) ein beachtl. künstler. Niveau erreichte.
Der Einbruch der Mongolen unter Khubilai Khan setzte 1287 der Pagan-Dynastie ein Ende. Ava, in der Nähe von Mandalay, wurde 1364 unter Thadominbya Herrschaftssitz der aus den nordöstl. Bergländern nach Oberbirma eingedrungenen Schanvölker, die das Erbe Pagans antraten. Während der Avaperiode (1364–1555), in der das Birmanische endgültig seine Stellung als Literatursprache neben dem Pāli, der Kirchen- und Gelehrtensprache, festigen konnte, entwickelte sich die auf Palmblättern geschriebene ›Buchliteratur‹. Die älteste überlieferte Schrift ist die von Adunyo, einem Höfling des Königs von Arakan, verfaßte histor. Ballade ›Yakhaing Minthami‹ (= Die Prinzessin von Arakan) aus dem Jahre 1455. Bes. Anliegen der Hofdichter war die **Reimdichtung,** auf die gerade das Mönchtum nachhaltigen Einfluß ausübte. Sie diente fast ausschließlich der Propagierung der buddhist. Lehre. Weltl. Themen als Hemmnisse auf dem Erlösungsweg verpönt. In einer eigens dafür geschaffenen Literaturgattung, dem Lehrgedicht (›pyo‹), wurden Begebnisse aus früheren Existenzen des Buddha Shākyamuni (›Jātaka‹-Erzählungen) in Gedichtform nacherzählt. Bed. Werke dieser Erbauungsliteratur sind ›Paramidôgan‹ (= Zehn Vollkommenheiten, 1491) und ›Hsutaunggan‹ (= Gebet um die Buddhaschaft, 1495?) von Shin Thilawuntha (* 1453, † 1520), die ›Jātaka‹-Erzählungen ›Bhuridat Zatpaung‹ (1484), ›Bhuridat Lingagyi‹ (1484) und ›Kogan‹ (1526) seines Zeitgenossen Shin Rahtathara (* 1468, † 1529). Neben dem Lehrgedicht entwickelten sich weitere literar. Gattungen mit komplizierten Gedicht-

formen: die ›histor. Ballade‹ (›egyin‹), ursprünglich zur Unterweisung der Prinzen und Prinzessinnen bestimmt, ferner das ›Preislied‹ (›môgun‹), eine panegyr. Ode meist mit Bezug auf den regierenden König, schließlich noch die Natur- und Liebeslyrik (›yadu‹), deren bedeutendste Vertreter der Dichtermönch Shin Uttamagyô (* 1453, † 1483), der vom Hof verbannte Dichter Lekwethondara, der Prinz Natshinnaung (* 1578, † 1619) und der Höfling Nawade (* 1545, † 1600) waren. Erst während der Taungu-Periode (1515–1752) und der Kounbaung-Periode (1752–1875) begannen die Hofdichter, wie z. B. Padethayaza (* 1684, † 1754), in bukol. Liedern das Leben der Bauern zu besingen. Durch Kontakte mit Birmas Nachbarn, insbes. mit Thailand, erfuhr die Literatur nachhaltige Anregungen. Sie führten zu neuen freieren Reimgestaltungen, wie z. B. im ›yagan‹-Gedicht, das dem ›pyo‹ formal ähnlich, nunmehr weltl. Sujets behandelte. Unter siames. Einfluß entwickelte sich aus ursprünglich schamanistisch-ekstat. Kulttänzen der Natpriesterinnen und aus pantomim. Szenen über Buddhas Lebensgeschichte (›nibatkhin‹) das **Drama.** Die bedeutendsten Dramatiker waren U Pon Nya (* 1807, † 1866) und U Kyin U (* 1819, † 1853), die ihre Stoffe der Mythologie, den Fabeln und Märchen entlehnten. Die **Prosa** stand an Bedeutung stets hinter der Poesie zurück. Sie wurde allgemein für die Abfassung wiss. Werke verwendet. So gilt noch heute die Sprache der ›Hmannan yazawindôgyi‹ (= Glaspalastchronik) als bester birman. Prosastil und hat später Autoren zur Nachahmung angeregt. Erst spät, nach der Annexion Birmas durch Großbritannien und mit der Einführung des Buchdrucks, wandten sich die Literaten Romanen und Novellen zu.
Der Kampf um die Unabhängigkeit des Landes und die Lösung mannigfacher sozialpolit. Probleme während des Zweiten Weltkrieges und nach dessen Beendigung bilden die Themen der modernen Dichter- und Schriftstellergeneration. Darunter sind bes. zu nennen: der Romancier Maha Hswe (* 1900, † 1953) und sein Roman ›Thuboungyi‹ (= Der Rebell, 1936), der sozialkrit. Roman der

Schriftstellerin Dagoun Khing Khing Le (* 1904) ›Meimma pewa‹ (= Frauenleben), ferner der Roman von Ming Aung (* 1916) ›Mo auk myebyin‹ (= Das Land unter dem Himmel) und der Roman ›Min hmudan‹ (= Beamte, 1950) von U Ong Phe (* 1914), der die korrupte Kolonialverwaltung geißelt.

Ausgabe: Hmannan mahāyāzawingdôawkyi. The glass palace chronicle of the kings of Burma. Engl. Übers. Bearb. v. Pe Maung Tin u. G. H. Luce. Rangun 1960.
Literatur: Bode, M. H.: The Pali literature of Burma. London 1909. – Luce, G. H./Maung Ba Kya (Übersetzer): U Ba Thein. A dictionary of Burmese authors. In: Journal of the Burma Research Society. 10 (1920), S. 137. – Htin Aung, M.: Burmese drama. London u. a. 1937. – Bernot, L.: La littérature birmane contemporaine. In: Colloque du XXIXe congrès international sur les littératures contemporaines de l'Asie du Sud-Est. Communications. Hg. v. P. B. Lafont u. D. Lombard. Paris 1974. S. 9. – Karow, O.: Die b. L. In: Die Literaturen der Welt. Hg. v. W. v. Einsiedel. Herrsching 1981. – Karow, O.: Das birman. Theater (Ausstellungskat.). In: Ich werde deinen Schatten essen. Das Theater des Fernen Ostens. Bln. 1985. S. 67.

Bischoff, Friedrich, bis 1933 Fritz Walter B., * Neumarkt (Schlesien) 26. Jan. 1896, † Großweier (heute zu Achern) 21. Mai 1976, dt. Schriftsteller. – Studierte Germanistik und Philosophie; Rundfunkintendant in Breslau. 1933 amtsenthoben; 1945–65 Intendant des Südwestfunks; maßgebl. Wegbereiter des Hörspiels in den 1920er Jahren. Seine Lyrik und sein Erzählwerk, von der schles. Mystik geprägt, stellen die äußere Welt als eine Offenbarung jenseitiger Mächte dar.

Werke: Gottwanderer (Ged., 1921), Alter (R., 1925), Die goldenen Schlösser (R., 1935), Schles. Psalter (Ged., 1936), Der Wassermann (R., 1937), Himmel und Hölle (En., 1938), Gold über Danae (En., 1953), Sei uns Erde wohlgesinnt (Ged., 1955), Der Rosenzauber und andere Erzählungen (1964).
Literatur: F. B. Linien des Lebens. Hg. v. E. Johann. Tüb. 1956.

Bishop, Elizabeth [engl. 'bɪʃəp], * Worcester (Mass.) 8. Febr. 1911, † Boston (Mass.) 6. Okt. 1979, amerikan. Lyrikerin. – Lebte 16 Jahre in Brasilien; war 1970–79 Dozentin für engl. Literatur an der Harvard University; befreundet mit M. Moore. Schrieb Gedichte mit den stilist. Merkmalen der Umgangssprache.

Ihre meist geographisch fixierte Lyrik zeichnet sich durch präzise sprachliche Wiedergabe des Beobachteten, sanften Humor und iron. Distanzierung vom eigenen Gefühl aus.

Werke: North and south (Ged., 1946), A cold spring (Ged., 1955; Pulitzerpreis 1956), Brazil (Ged., 1962), Complete poems (1969; National Book Award), Geography III (Ged., 1977), That was then (Ged., hg. 1980), Der stille Wahn (hg. 1984, dt. 1990).
Literatur: STEVENSON, A.: E. B. New York 1966. – E. B. and her art. Hg. v. L. SCHWARTZ, S. P. Estess u. H. Bloom. Ann Arbor (Mich.) 1982. – E. B. Hg. v. H. BLOOM. New York 1985. – PARKER, R. D.: The unbeliever. The poetry of E. B. Urbana (Ill.) 1988. – HARRISON, VICTORIA: E. B.'s poetics of intimacy. New York 1993.

Bisk, Anatole, frz. Schriftsteller russ. Herkunft, ↑ Bosquet, Alain.

Bispel, kürzere mhd. Verserzählung (↑ Lehrdichtung), in der sich an einen auf eine Skizze reduzierten Erzählteil eine umfangreiche Auslegung anschließt; verwandt sind ↑ Fabel, ↑ Märe, ↑ Rätsel. Erster bed. Gestalter des B.s als eines selbständigen Typus ist der Stricker (mhd. Dichter, † um 1250); in der Literatur des späten MA ist das B. weit verbreitet. – ↑ auch Exempel.
Literatur: BOOR, H. DE: Über Fabel u. B. Mchn. 1966. – GRUBMÜLLER, K.: B. In: Lex. des MA. Bd. 2. Mchn. u. Zü. 1983.

Biterolf, mhd. Dichter des 13. Jahrhunderts. – Nach Rudolf von Ems Verfasser eines nicht erhaltenen Alexanderepos; vielleicht mit einem Dichter B. identisch, der in der Nähe des thüring. Hofes lebte und im ›Sängerkrieg auf der Wartburg‹ auftritt.

Biterolf und Dietleib, bald nach 1250 wohl in der Steiermark entstandenes, in Reimpaaren abgefaßtes mhd. Heldenepos eines unbekannten Verfassers, der die Gestalten der alten Heldenepen, des Nibelungen- und des Dietrichkreises sich im Kampf messen läßt; erhalten im ›Ambraser Heldenbuch‹ (↑ Heldenbuch).
Ausgabe: Dt. Heldenb. Bd. 1: B. u. D., Laurin u. Walberan. Hg. v. O. JÄNICKE. Zü. ²1963.
Literatur: HEINZLE, J.: B. u. D. In: Lex. des MA. Bd. 2. Mchn. u. Zü. 1983.

Bitow (tl.: Bitov), Andrei Georgijewitsch [russ. 'bitɐf], * Leningrad (heute Petersburg) 27. Mai 1937, russ. Schriftsteller. – Bed. Vertreter der neuen russ.

Erzählprosa; seine ersten Erzählungen erschienen 1963 (›Bol'šoj šar‹ [= Die große Kugel]).
Weitere Werke: Die Rolle (R., 1976, dt. 1980), Das Puschkinhaus (R., 1978, dt. 1983), Voskresnyj den' (= Sonntag, 1980), Die ungeliebte Albina (En., dt. 1982), Mensch in Landschaft. Eine Pilgerfahrt (R.-Trilogie, 1988 ff., dt. 1994), Das Licht der Toten. Erinnerungen an die Realität (En., dt. Ausw. 1990).
Literatur: SCHMID, W.: Materialien zu einer Bitov-Bibliogr. In: Wiener Slawist. Almanach. Jg. 4–5 (1979–80). – CHANCES, E. B.: A. Bitov, the ecology and inspiration. Cambridge u. a. 1993.

Bitterfelder Weg, Programm zur Entwicklung der ›sozialist. Nationalkultur‹ in der ehem. DDR. Auf der 1. Bitterfelder Konferenz (April 1959) sollten die Kulturschaffenden durch direkte Beteiligung am ›sozialist. Aufbau‹ (›Dichter in die Produktion‹) mit Werken des sozialist. Realismus den Werktätigen aktiven Zugang und die Beteiligung in allen Kunstbereichen ermöglichen. Trotz intensiver staatl. Unterstützung dieses Programms mußte die 2. Bitterfelder Konferenz (24./25. April 1964) einräumen, daß die Ergebnisse weit hinter den Erwartungen zurückgeblieben waren. In den 70er Jahren wich die offizielle Kulturpolitik der DDR vom B. W. ab. – ↑ auch Arbeiterliteratur, ↑ Gruppe 61, ↑ Werkkreis Literatur der Arbeitswelt.
Literatur: GRENTE, H.-G.: Versuch über ›Bitterfeld‹. In: Alternative 7 (1963/64). – LIEHNECKE, J.: Der B. W. In: Dt. Studien 1 (1965). – GERLACH, I.: Bitterfeld. Ffm. 1974.

Bitzius, Albert, schweizer. Erzähler, ↑ Gotthelf, Jeremias.

Biyidi-Awala, Alexandre [frz. biji'di], kamerun. Schriftsteller, ↑ Beti, Mongo.

Bizcarrondo Ureña, Indalecio (genannt Bilintx) [bask. biskarrɔndo ureɲa], * Donostia (San Sebastián) 30. April 1831, † ebd. 22. Juli 1876, bask. Lyriker. – Mit seinen empfindsamen, humorvollen Gedichten Hauptvertreter der Romantik in der bask. Literatur.
Literatur: ZAVALA ECHEVERRIA, A.: Bilintx. I. B. Bizitza eta bertsoak (= Leben u. Gedichte). Vida y poesías. Übers. v. M. PELAY OROZCO. San Sebastián 1978.

Bjadulja, Smitrok, eigtl. Samuil Jafimawitsch Plaŭnik, * Possadez 23. April 1886, † 3. Nov. 1941, weißruss.-sowjet.

Schriftsteller. – Jüd. Herkunft; nach anfänglich krit. Haltung gegenüber dem Bolschewismus ab 1930 allmähl. Annäherung an die kommunist. Ideologie und deren ästhet. Prinzipien; Bildhaftigkeit und Volkstümlichkeit zeichnen seine Lyrik und Prosa (Erzählungen, Romane) aus.

Bjarme, Brynjolf, Pseudonym des norweg. Dichters Henrik † Ibsen.

Bjarnhof, Karl, * Vejle (Jütland) 28. Jan. 1898, † Kopenhagen 19. Juni 1980, dän. Schriftsteller. – Erblindete in jungen Jahren; schrieb Novellen und Romane, die stark autobiographisch sind und das Schicksal blinder Menschen mit Einfühlungsvermögen behandeln.
Werke: Frühe Dämmerung (R., 1956, dt. 1958), Das gute Licht (R., 1957, dt. 1958), Der kurze Tag ist lang genug (R., 1958, dt. 1961), Jorim ist mein Name (R., 1960, dt. 1960), Denne sidste sommer (R., 1968), Romersk kvartet (R., 1970).

Bjell, Barany, Pseudonym des dt. Schriftstellers Ernst † Wiechert.

Bjerke, Jarl André, Pseudonym Bernhard Borge, * Christiania (heute Oslo) 21. Jan. 1918, † ebd. 9. Jan. 1985, norweg. Schriftsteller. – Begann mit formstrengen, logisch durchdachten Gedichten, bes. Sonetten; danach Einflüsse der Anthroposophie R. Steiners, gilt als Versvirtuose; hervorragender Übersetzer, u. a. von Shakespeare, Goethe, H. Heine und R. M. Rilke; verfaßte unter dem Pseudonym Bernhard Borge auch Kriminalromane.
Werke: Syngende jord (Ged., 1940), Fakkeltog (Ged., 1942), Eskapader (Ged., 1948), Den hemmelig sommer (Ged., 1951), Det finnes ennu seil (Ged., 1968).

Bjerregaard, Hendrik Anker [norweg. ˌbjæːrəgɔːr], * Ringsaker 1. Jan. 1792, † Christiania (heute Oslo) 7. April 1842, norweg. Dichter. – Seine Dichtung ist geprägt von patriot. Zügen und darin bezeichnend für die Stimmung nach der Lösung von Dänemark im Jahre 1814.
Werke: Sønner af Norge (Ged., 1820), Nordens forening (Nov., 1822), Fjeldeventyret (Dr., 1824), Magnus Barfods sønner (Dr., 1829).
Literatur: NYGAARD, K.: H. A. B. Dikteren og hans tid. Oslo 1966.

Björling, Gunnar Olof, * Helsinki 31. Mai 1887, † ebd. 11. Juli 1960, schwedischsprachiger finn. Schriftsteller. – Radikaler Experimentator, der in seinem Werk die konventionellen dichter. Wertmaßstäbe aufhebt; schwer zugänglich ist seine Gedankenlyrik; in seinen Aphorismen Auflehnung gegen jede Art des Konventionalismus.
Werke: Vilande dag (Ged., 1922), Korset och löftet (Aphorismen, 1929), Solgrönt (Ged., 1933), Ord och att ej annat (Ged., 1945), Luft är och ljus (Ged., 1946), Vårt kattliv timmar (Ged., 1949), Att i sitt öga (Ged., 1954).

Bjørneboe, Jens Ingvald [norweg. ˌbjœːrnəbuː], * Kristiansand 9. Okt. 1920, † Veierland bei Tønsberg 9. Mai 1976, norweg. Schriftsteller. – Seine teilweise schockierenden und vieldiskutierten Romane greifen Themen wie die medizin. Versuche in den dt. KZ, die norweg. Volksschule und die Behandlung von jugendl. Straftätern auf. Häufig wiederkehrendes Motiv ist die Verantwortung des Individuums und das Problem des Bösen als existentieller Gegebenheit.
Werke: Dikt (Ged., 1951), Ehe der Hahn kräht (R., 1952, dt. 1969), Ariadne (Ged., 1953), Jonas und das Fräulein (R., 1955, dt. 1958), Viel Glück Tonnie (R., 1960, dt. 1965), Der Augenblick der Freiheit (R., 1966, dt. 1968), Nackt im Hemd (R., 1967, dt. 1971), Haie. Die Geschichte eines Schiffsunterganges (R., 1974, dt. 1984).
Literatur: WANDRUP, F.: J. B. Oslo 1984.

Bjørnstjerne
Bjørnson

Bjørnson, Bjørnstjerne [norweg. ˌbjœːrnsɔn], * Kvikne (Østerdal) 8. Dez. 1832, † Paris 26. April 1910, norweg. Dichter und Politiker. – Lernte in Oslo H. Ibsen kennen; war Theaterleiter (1857–59 in Bergen, 1865–1867 und 1870–72 in Oslo); engagierte sich politisch, trat für die Unabhängigkeit Norwegens und eine norweg. Demokratie ein, bemühte sich um die Norwegisierung des Theaters und die Volkshochschulbewegung. Als Hg. verschiedener Zeitschriften setzte er sich für die Lösung vieler polit. und sozialer Probleme ein. B. lebte einige Jahre in Kopenhagen, lange Auslandsaufenthalte führten ihn nach Deutschland, Italien, Frankreich und Amerika. Er blieb auch dann geistiger Mittelpunkt der Nation, als er sich auf sein Gut im Gudbrandsdal zurückzog. Seine dichter. Anfänge zeigen ihn im Bann der Romantik. Beeinflußt von G. Brandes und den frz. Realisten, fand er zum Realismus und wurde zum Erneuerer der norweg. Literatur. B.s Erzählungen aus dem Bauernleben sind beeinflußt von dt. Bauernerzählungen, z. B. von B. Auerbach. Die Geschichten ›Synnöve Solbakken‹ (1857, dt. 1859) und ›Arne‹ (1858, dt. 1860) zählen zu den schönsten und bleibenden Werken des Dichters. Aus den Epen, die von den Sagas beeinflußt sind, ragt ›Arnljot Gelline‹ (1870, dt. 1904) heraus. Seine Dramen, von denen die zeit- und sozialkrit. und die Gesellschaftsstücke nur für ihre Zeit von Bedeutung waren, begründeten das moderne realist. norweg. Theater. Seine psycholog. Dramen, v. a. ›Über die Kraft‹ (1883, dt. 1886) und ›Über unsere Kraft‹ (1895, dt. 1896) und ›Paul Lange und Tora Parsberg‹ (1898, dt. 1899), haben sich als von bleibendem Wert erwiesen. Seine außerordentlich umfangreiche Korrespondenz mit europ. Persönlichkeiten zeigt ihn an allen polit. Ereignissen seiner Zeit lebhaft interessiert. B. erhielt als erster Skandinavier 1903 den Nobelpreis für Literatur.

Weitere Werke: Ein frischer Bursche (Nov., 1860, dt. 1861), Sigurd Slembe (Dramentrilogie, 1862, dt. 1903), Maria von Schottland (Dr., 1864, dt. 1876), Das Fischermädchen (E., 1868, dt. 1874), Digte og sange (Ged., 1870), Der Brautmarsch (R., 1873, dt. 1877), Ein Fallissement (Dr., 1874, dt. 1875), Der Redakteur (Dr., 1875, dt. 1878), Der König (Dr., 1877, dt. 1896), Leonarda (Dr., 1879, dt. 1879), Suava (Dr., 1883, dt. 1888), Flaggen über Stadt und Land (R., 1884, dt. 1904), Auf Gottes Wegen (R., 1889, dt. 1892), Laboremus (Dr., 1901, dt. 1901), Wenn der junge Wein blüht (Lsp., 1909, dt. 1909).

Ausgaben: B. B. Ges. Werke in 5 Bden. Hg. v. J. ELIAS. Dt. Übers. Bln. [29]1925. – Briefwechsel mit Deutschen. Hg. v. A. KEEL. Basel 1986–87. 2 Bde.
Literatur: STRASSER, K. TH.: B. B. Lpz. 1922. – MEYEN, F.: B. B. im dt. Schrifttum. Lpz. 1933. – NORENG, H.: B. B.s dramatiske diktning. Oslo 1954. – NORENG, H.: B. Research. A survey. In: Scandinavica 4 (1965), S. 1. – PASCHE, W.: Skand. Dramatik in Deutschland. B. B., H. Ibsen, A. Strindberg auf der dt. Bühne 1867–1932. Basel u. Stg. 1979. – KEEL, A.: B. u. M. Harden. Hg. v. H. UECKER. Ffm. 1984. – B. in Deutschland. Ein Materialienband. Hg. v. A. KEEL. Ffm. u. a. 1985. – AMDAM, P.: B. B., kunstneren og samfunnsmennesket, 1832–1880. Oslo 1993.

Bjørnvig, Thorkild [dän. 'bjœr'nvi:'], *Århus 2. Febr. 1918, dän. Schriftsteller. – Studierte vergleichende Literaturwissenschaft in Århus; schrieb einen bed. Aufsatz über R. M. Rilke, dessen Gedichte er später übersetzte; seit 1960 Mitglied der Dän. Akademie; hatte maßgebl. Anteil an der Entwicklung des Modernismus in Dänemark; bedeutende intellektuell-sensualist. Lyrik; kulturphilosoph. Essays.
Werke: Stjærnen bag gavlen (Ged., 1947), Anubis (Ged., 1955), Rilke og tysk tradition (Essay, 1959), Figur og ild (Ged., 1959), Vibrationer (Ged., 1966), Ravnen (Ged., 1968), Virkeligheden er til (Essays, 1973), Der Pakt – meine Freundschaft mit Tania Blixen (1974, dt. 1993), Delfinen (Ged., 1975), Morgenmørke (Ged., 1977), Også for naturens skyld (Essays, 1978), Hjørnestuen og månehavet (Erinnerungen, 1984).
Literatur: DAHL, P.: Th. B.s tænkning. Kopenhagen 1976.

Black, Willam [engl. blæk], *Glasgow 9. Nov. 1841, †Brighton 10. Dez. 1898, schott. Schriftsteller und Journalist. – Studium der Malerei, dann Journalist in Glasgow und London. Nach anfängl. Mißerfolgen schrieb B. vielgelesene schottische Heimatromane und Abenteuererzählungen; oft Neigung zum Sentimentalen.
Werke: James Merle (R., 1864), A daughter of Heth (R., 1871), A princess of Thule (R., 1873), Macleod of Dare (R., 1878), Shandon bells (R., 1882), Green pastures and Piccadilly (Kurzgeschichten, 1898).

Blackburn, Douglas [engl. 'blækbə:n], *Southwark (Surrey) 6. Aug. 1857, †Royal Tunbridge Wells (Kent) 29. März 1929, südafrikan. Schriftsteller. – Löste den ländlich orientierten Realismus

O. Schreiners ab und konzentrierte sich auf die Auswirkungen der sich schnell ausweitenden Industrialisierung des Transvaal und der Verstädterung der burischen Gebiete; parodierte zeitgenöss. Abenteuer- und Eroberungsromane sowie den ›Kriegstourismus‹ seiner europ. Kollegen (z. B. A. C. Doyle, W. Churchill, E. Wallace) während der Burenkriege und den Mangel an Verständnis und Ausgewogenheit ihrer Kriegsberichterstattung.

Werke: Prinsloo of Prinsloosdorp (R., 1899), A Burgher Quixote (R., 1903), I came and saw (R., 1908), Leaven: A black and white story (R., 1908).

Literatur: GRAY, S.: Southern African literature. Kapstadt 1979.

Blackmore, Richard Doddridge [engl. 'blækmɔ:], * Longworth (Berkshire) 7. Juni 1825, † Teddington (heute zu London) 20. Jan. 1900, engl. Schriftsteller. – Begann als Lyriker; bekannt wurde er durch spannende Romane mit histor. Hintergrund und einfühlenden Beschreibungen der Moorlandschaft von Exeter, von denen ›Lorna, die Königin der Geächteten‹ (R., 1869, dt. 1880) bes. erfolgreich war.

Weitere Werke: Poems (1854), Epullia (Ged., 1854), Clara Vaughan (R., 1864), The maid of Sker (R., 3 Bde., 1872), Springhaven (R., 3 Bde., 1887).

Literatur: BUDD, K.: The last Victorian. R. D. B. and his novels. London 1960.

Black Mountain College [engl. 'blæk 'maʊntɪn 'kɔlɪdʒ], ein von dem Dozenten John Andrew Rice zus. mit progressiven Kollegen und Studenten des Rollins College in Winter Park (Fla.) 1933 gegründetes Reform-College in den Blue Ridge Mountains bei Black Mountain (N. C.). Prinzipien des 1956 gescheiterten Experiments waren Gemeinschaftsleben, interdisziplinäre und praxisnahe Ausbildung sowie die Förderung künstlerisch-kreativer Anlagen. Zu den bed. Künstlern, die sich am B. M. C. aufhielten, gehören der Schriftsteller Ch. Olson, Lehrer von R. Creeley, R. Duncan, D. Levertov, J. Wieners, der Bauhausarchitekt Josef Albers, der Designer Richard Buckminster Fuller, der Tänzer und Choreograph Merce Cunningham, die Maler Willem De Kooning, Franz Kline und Robert Rauschenberg, der

Pädagoge Paul Goodman. Die von Creeley edierte Zeitschrift ›The B. M. Review‹ (1954–57) war für die amerikan. Gegenwartslyrik bes. bedeutend.

Literatur: DUBERMAN, M.: B. M. An exploration in community. New York 1972. – HARRIS, M. E.: The arts of B. M. C. Cambridge (Mass.) 1987.

Blackmur, Richard Palmer [engl. 'blækmə], * Springfield (Mass.) 21. Jan. 1904, † Princeton (N. J.) 2. Febr. 1965, amerikan. Lyriker und Literaturkritiker. – War 1951–65 Prof. für engl. Literatur in Princeton. Veröffentlichte zahlreiche Essays, bes. über engl. Literatur, zu deren Verständnis er in Amerika beitrug; mit seinen Struktur- und Stilanalysen bed. Vertreter des New criticism; schrieb auch Gedichte.

Werke: The double agent (Essays, 1935), From Jordan's delight (Ged., 1937), The expense of greatness (Essays, 1940), Second world (Ged., 1942), Language as gesture (Essays, 1952), Anni mirabilis (Essays, 1956), Form and value in modern poetry (Essays, 1957), Eleven essays on the European novel (Essays, 1964).

Ausgabe: The poems of R. P. B. Princeton (N. J.) 1977.

Literatur: FRASER, R.: The poetry of R. P. B. In: Southern Review 15 (1979), S. 86. – FRASER, R.: R. P. B.: The politics of a new critic. In: Sewanee Review 87 (1979), S. 557.

Blackout ['blɛkaʊt; engl. 'blækaʊt], **1.** plötzl. Abdunkeln der Szene bei Bildschluß im Theater. **2.** im Theater, Film oder Fernsehen kurze Szenenfolge, die eine unvermittelte Schlußpointe setzt.

Blackwood's Magazine [engl. 'blækwʊdz mægə'zi:n], toryist., als eine der ersten Monatsschriften (Monthly magazines) 1817 von dem Verleger William Blackwood (* 1776, † 1834) in Edinburgh gegründete, bis 1980 bestehende, bed. und einflußreiche Zeitschrift für Literatur, Philosophie und Politik. Zu ihren Mitarbeitern zählten u. a. W. Scott, J. G. Lockhart und Th. De Quincey (u. a. mit ›Last days of Immanuel Kant‹, Febr. 1927; dt. u. d. T. ›Die letzten Tage des Immanuel Kant‹, Buchausg. 1984).

Blaga, Lucian, * Lancräm (Siebenbürgen) 9. Mai 1895, † Klausenburg 6. Mai 1961, rumän. Schriftsteller und Philosoph. – Sohn eines orthodoxen Pfarrers; studierte Theologie und Philosophie

(Promotion in Wien); Diplomat, 1939 bis 1949 Prof. für Kulturphilosophie in Klausenburg, wo er dann, wegen der veränderten politisch-ideolog. Bedingungen, in strenger Isolation als Bibliotheksangestellter lebte. Während sein erster Gedichtband ›Poemele luminii‹ (= Die Gedichte des Lichts, 1919) das Licht als Sinnbild des allmächtigen Lebenstriebes verherrlicht, sind die folgenden Werke zunehmend von geschichts- und kulturpessimist. Betrachtungen sowie von der Gedanken- und Formenwelt der autochthonen Orthodoxie beherrscht. Volksmythen und -sagen bearbeitete B. auch in seinen Theaterstücken, die, wie seine Lyrik, expressionist. Züge aufweisen. Der stilist. Besonderheit der rumän. Volkskultur ist auch ein Teil seines umfangreichen zum Mystischen tendierenden philosoph. Werkes gewidmet. Bed. Übersetzer, u. a. von Goethes ›Faust‹ (1955), G. E. Lessing, R. M. Rilke.

Weitere Werke: Pașii profetului (= Die Schritte des Propheten, Ged., 1921), Zamolxe, mister păgîn (= Zamolxe, heidn. Mysterium, Dr., 1921), În marea trecere (= Beim großen Übergang, Ged., 1924), Meșterul Manole (= Der Meister Manole, Dr., 1927), Lauda somnului (= Lob des Schlafes, Ged., 1929), Nebănuitele trepte (= Ungeahnte Stufen, Ged., 1943), Trilogia cunoașterii (= Trilogie der Erkenntnis, Essays, 3 Bde., 1943), Arca lui Noe (= Die Arche Noah, Dr., 1944), Trilogia culturii (= Trilogie der Kultur, Essays, 3 Bde., 1944), Trilogia valorilor (= Trilogie der Werte, Essays, 3 Bde., 1946), Poezii (Ged., hg. 1962), Chronik und Lied der Lebenszeiten (Autobiogr., hg. 1965, dt. 1968), Ausgewählte Gedichte (dt. 1967), Poeme (rumän. und dt. Ausw. 1974), Poeme – Gedichte (rumän. und dt. Ausw. 1980).

Ausgabe: L. B. Opere. Bukarest 1974–80. 7 Bde.
Literatur: BUCUR, M.: L. B. In: Literatur Rumäniens 1944 bis 1980. Einzeldarstt. Von einem Autorenkollektiv unter Leitung v. Z. DUMITRESCU-BUȘULENGA u. M. BUCUR. Bln. 1983. S. 116. – VAIDA-VOEVOD, M.: L. B. Ein rumän. Dichter u. die dt. Lit. Dt. Übers. Hildesheim u. a. 1992.

Blahoslav, Jan, * Prerau (heute Přerov) 20. Febr. 1523, † Mährisch-Krumau (heute Moravský Krumlov) 24. Nov. 1571, tschech. Schriftsteller und Humanist. – Studierte Theologie; ab 1557 Bischof der Böhm. Brüderunität; schrieb u. a. über die Kunst der Kanzelrede, musiktheoret. Schriften und eine Grammatik. Auch Kirchenlieder und die Übersetzung des NT (1564) nach griech. und lat.

Vorlage (dem NT der Kralitzer Bibel [1579–93] zugrundeliegend) geben Zeugnis von seiner Gelehrtheit.

Blaich, Hans Erich, dt. Schriftsteller, † Owlglaß, Dr.

Blair, Eric Arthur [engl. blɛə], engl. Schriftsteller, † Orwell, George.

Blair, Robert [engl. blɛə], * Edinburgh 17. April 1699, † Athelstaneford (East Lothian) 4. Febr. 1746, schott. Dichter. – Geistlicher; sein Ruf als Dichter beruht auf der religiös-schwermütigen Blankversdichtung ›Das Grab‹ (1743, dt. 1784; 1808 von W. Blake illustriert), die ihn zu einem Vertreter der um die Mitte des 18. Jh. beliebten Friedhofspoesie machte.

Blais, Marie-Claire [frz. blɛ], * Quebec 5. Okt. 1939, kanad. Schriftstellerin. – Verließ die Schule mit 15 Jahren und publizierte 1959 – nach Literaturkursen an der Univ. Laval – in frz. Sprache einen meisterhaften Roman, ›La belle bête‹. Ihre Manier: Bewußtseinsstrom und Straßenjargon; eine lyrisch-realistisch-phantast. Welt, in der das Böse dominiert. Höhepunkte ihres Romanschaffens sind ›Schwarzer Winter‹ (1965, dt. 1967), das mit schwarzem Humor dargebotene Elend einer kinderreichen Bauernfamilie in Quebec, sowie die halb autobiograph. Romane ›Les manuscrits de Pauline Archange‹ (1968), ›Vivre! Vivre!‹ (1969) und ›Les apparences‹ (1970). Kurzromane (›Tête blanche‹, 1960; ›L'insoumise‹, 1966; ›David Sterne‹, 1967) behandeln verhinderte Rebellen. Zu nennen sind ferner die Romane ›Le loup‹ (1972; über Homosexualität), ›Un joualonais sa joualonie‹ (1973; eine Satire über die Autoren, die die Volkssprache von Quebec, das ›joual‹, benützen), ›Les nuits d'underground‹ (1978; über lesb. Liebe), ›Le sourd dans la ville‹ (1980; über die Schattenseite Montreals) und ›Visions d'Anna‹ (1982). Auch Lyrikerin und Dramenautorin.

Weiteres Werk: L'ange de la solitude (R., 1989).
Literatur: LAURENT, F.: L' œuvre romanesque de M.-C. B. Montreal 1986.

Blake, Nicholas [engl. blɛɪk], Pseudonym des engl. Schriftstellers ir. Herkunft Cecil † Day-Lewis.

Blake, William [engl. blɛɪk], * London 28. Nov. 1757, † ebd. 12. Aug. 1827, engl.

Dichter, Maler und Kupferstecher. – Besuchte nach einer Kupferstecherlehre kurze Zeit die Londoner Kunstakademie. Schuf ab 1795 v. a. große Farbdrucke zu Themen aus der Bibel (Buch ›Hiob‹), nach Shakespeare und J. Milton, zu E. Youngs ›Nachtgedanken‹, zu Dantes ›Göttl. Komödie‹ sowie, entsprechend seiner Auffassung vom Gesamtkunstwerk, zu eigenen literar. Werken; auch Gemälde der gleichen Thematik. B. gilt als Vorläufer der Präraffaeliten sowie des Jugendstils. Als Dichter wurde B., der mit volksliedhafter Lyrik begann, immer stärker von der Mystik, bes. von E. Swedenborg und J. Böhme, beeinflußt. Seine visionäre Veranlagung ließ ihn zur ›prophet. Dichtung‹ kommen. Er entwickelte für seine irrationale mytholog. und kosmogon. Dichtung eine verrätselnde Symbolik, die im Spätwerk des Romantikers zu Verständnisschwierigkeiten führte, so daß B. erst nach den Interpretationen von A. Ch. Swinburne (1867) und W. B. Yeats (1893) gebührend geschätzt wurde.
Werke: Songs of innocence (Ged., 1789), The marriage of heaven and hell (Prosadichtung, 1790–93), Songs of experience (Ged., 1794), The first book of Urizen (Epos, 1794), The book of Los (Epos, 1795), The four Zoas (Epos 1795–1814), The book of Ahania (Epos, 1795), Milton (Epos, 1808).
Ausgaben: W. B. Werke. Engl. u. dt. v. G. KLOTZ. Bln. 1958. – Complete writings of W. B. Hg. v. G. KEYNES. London 1966. Nachdr. Oxford 1989. – W. B.'s writings. Hg. v. G. E. BENTLEY. London 1979. 2 Bde.
Literatur: KEYNES, G. L.: A bibliography of W. B. New York 1921. Neudr. New York 1969. – KEYNES, G. L.: W. B. Dichter, Drucker, Prophet. Dt. Übers. Wsb. 1965.– KEYNES, G. L.: B. studies. Oxford ²1971. – BENTLEY, G. E.: B. books. Annotated catalogues of W. B.'s writings ... Neuausg. Oxford 1977. – DAVIS, M.: W. B. A new kind of man. London 1977. – PALEY, M. D.: W. B. Dt. Übers. Stg. 1978. – LINDSAY, J.: W. B. His life and work. London 1978. – KING, J.: W. B., his life. London 1991.

Blaman, Anna, eigtl. Johanna Petronella Vrugt, * Rotterdam 31. Jan. 1905, † ebd. 13. Juli 1960, niederl. Schriftstellerin. – Veröffentlichte stark vom frz. Existentialismus beeinflußte düstere Romane, in denen sie Probleme des modernen Lebens behandelt. Ihre häufig im Kleinbürgermilieu spielenden Werke tragen teilweise autobiograph. Züge.

Werke: Vrouw en vriend (R., 1941), Einsames Abenteuer (R., 1948, dt. 1988), De kruisvaarder (Nov.n, 1950), Auf Leben und Tod (R., 1954, dt. 1990), Overdag, en andere verhalen (En., 1957), De verliezers (R., 1960).
Literatur: HAASSE, H./KOSSMANN, A.: A. B. Amsterdam 1961. – A. B. In: Schrijvers prentenboek. Nr. 8. Amsterdam 1962.

Blanche, August [schwed. blaŋʃ], * Stockholm 17. Sept. 1811, † ebd. 30. Nov. 1868, schwed. Schriftsteller. – Schrieb, meist nach fremden Vorlagen, erfolgreiche Theaterstücke, Sensationsromane mit sozialer und liberaler Tendenz und Erzählungen aus dem Stockholmer Leben.
Werke: Positivhataren (Dr., 1843), Taflor och berättelser ur Stockholmslifvet (Nov., 1845), Engelbrecht und seine Dalekarier (Dr., 1846, dt. 1866), Erzählungen des Küsters zu Danderyd (1856, dt. 1878), Erzählungen eines Droschkenkutschers (1863–65, dt. 1925, 1874 u. d. T. Erzählungen eines Miethkutschers).
Ausgabe: Samlade arbeten af A. B. Stockholm 1889–92. 18 Bde.
Literatur: LAMM, M.: A. B. som Stockholmsskildrare. Stockholm ²1950.

Blanchot, Maurice [frz. blɑ̃ˈʃo], * Quain (heute zu Devrouze, Saône-et-Loire) 22. Sept. 1907, frz. Schriftsteller und Literaturkritiker. – Stellt mit seinen Texten herkömml. Formen des Erzählens und der Erfassung von Wirklichkeit auf der Ebene des Schreibens in Frage. Gehört zu den großen Anregern des Nouveau roman und (neben G. Bataille) der Nouvelle critique.
Werke: Thomas der Dunkle (R., 1941, 2. Fassung 1950, dt. 1987), Aminadab (R., 1942), Die Frist (R., 1948, dt. 1962), L'espace littéraire (E., 1955), Le dernier homme (R., 1957), Der Gesang der Sirenen (Essays, 1959, dt. 1962), Warten, Vergessen (Bericht, 1962, dt. 1964), L'entretien infini (Essay, 1969), Le pas au-delà (Prosa, 1973), Der Wahnsinn des Tages (E., 1973, dt. 1979), Die Literatur und das Recht auf den Tod (Essay, 1980, dt. 1982), L'écriture du désastre (Essay, 1980), Von Kafka zu Kafka (Essays, dt. Ausw. 1993).
Literatur: COLLIN, F.: M. B. et la question de l'écriture. Paris 1971. – WILHEM, D.: M. B. La voix narrative. Paris 1974. – LONDYN, E.: B. romancier. Paris 1976. – PRÉLI, G.: La force du dehors. Paris 1977. – STILLERS, R.: M. B. ›Thomas l'obscur‹. Ffm. u. a. 1979. – JACKSON, A. S.: Experience and language in the writings of B. Diss. Cambridge 1980. – NOEL, B.: D'une main obscure. Paris 1982. – HÖLZ, K.: M. B. In: Krit. Lexikon der roman. Gegenwartsliteraturen. Hg. v. W.-D. LANGE. Losebl. Tüb. 1984 ff.

Blanco Fombona, Rufino [span. 'blaŋko fɔm'bona], *Caracas 17. Juni 1874, † Buenos Aires 16. Okt. 1944, venezolan. Schriftsteller. – Bewegtes Leben, u. a. aus polit. Gründen 1909/10 in Haft; lebte 1910–34 in Spanien, wo er den Verlag ›Editorial América‹ gründete und Ausgaben lateinamerikan. Autoren herausbrachte. Als Lyriker wichtigster Vertreter des venezolan. Modernismo, als Romancier behandelt er mit naturalist. Techniken die gesellschaftl. und polit. Zustände in Venezuela; auch Essayist und Historiker.

Werke: Cuentos americanos (En., 1904), El hombre de hierro (R., 1907), Cantos de la prisión y del destierro (Ged., 1911), El hombre de oro (R., 1915), El modernismo (Essay, 1929). **Literatur:** STEGMANN, W.: R.B.-F. u. sein ep. Werk. Bln. 1959.

Blanco-White, José María [span. 'blaŋko'uait], eigtl. J. M. Blanco y Crespo, *Sevilla 11. Juni 1775, † Liverpool 20. Mai 1841, span. Dichter. – Väterlicherseits ir. Abstammung; war u. a. Kanonikus in Cádiz, emigrierte 1810 nach England, wo er zum Protestantismus übertrat; Lyriker der vorromant. Schule, schrieb in span. und engl. Sprache; von seinen engl. Gedichten wurde v. a. das Sonett ›Mysterious night‹ bekannt.

Weitere Werke: Letters from Spain (Prosa, 1822), The life of the Rev. J. B.-W. written by himself (Autobiogr., 3 Bde., hg. 1845). **Literatur:** MÉNDEZ BEJARANO, M.: Vida y obras de don J. M. Blanco y Crespo. Madrid 1920. – ERTLER, K. D.: Die Spanienkritik im Werk J. M. B.-W.s. Bern 1985.

Blandiana, Ana, *Temesvar 25. März 1942, rumän. Schriftstellerin. – Journalistin; artikuliert in ihrer klaren, leidenschaftl. und sensiblen Lyrik, die Sprache bewußt als Mittel zur Überwindung des Todes einsetzt, auf der Basis eines immer wieder berufenen Reinheitsideals Möglichkeiten der Harmonie zwischen Individuum, natürl. wie sozialer Umwelt und Universum. Auch ihre Essays legen Zeugnis von betroffener und reflektierter Zeitgenossenschaft ab.

Werke: Persoana întîia plural (= Erste Person Plural, Ged., 1964), Călcîiul vulnerabil (= Die verwundbare Ferse, Ged., 1966), Cincizeci de poeme (= Fünfzig Poeme, Ged., 1970), Calitatea de martor (= In der Eigenschaft als Zeuge, Essay, 1970), Somnul din somn (= Der Schlaf aus dem Schlaf, Ged., 1977), Cele patru anotim-

puri (= Die vier Jahreszeiten, En., 1977), Întîmplări din grădina mea (= Begebenheiten aus meinem Garten, Ged., 1980), Kopie eines Alptraums (En., 1982, dt. 1988), Die Applausmaschine (R., dt. 1993). **Literatur:** GRĂSCIU, D.: A. B. In: Literatur Rumäniens 1944 bis 1980. Einzeldarst. Von einem Autorenkollektiv unter Leitung v. Z. DUMITRESCU-BUȘULENGA u. M. BUCUR. Bln. 1983. S. 430.

Blankvers [engl. = reiner, reimloser Vers], reimloser jamb. Vers (↑ Jambus), in der Regel mit fünf Hebungen (Füßen) und akatalekt., aber auch hyperkatalekt. Versschluß: ◡́–◡́–◡́–◡́–◡́–(◡́). (›Das Land der Griechen mit der Seele suchend‹, Goethe, ›Iphigenie auf Tauris‹, endgültige Fassung 1787). – Vorform des *engl.* B.es ist der gereimte Heroic verse (z. B. bei G. Chaucer), eine Nachbildung des frz. Vers commun. Aus dem Heroic verse wurde im 16. Jh. durch Aufgabe des Reims und der festen Zäsur die B. entwickelt, erstmals verwendet in der Vergilübersetzung des Earl of Surrey. Als Dramenvers findet sich der B. zuerst in ›Gorboduc‹ (1565) von Th. Sackville und Th. Norton; Th. Kyd, Ch. Marlowe und v. a. Shakespeare machten den B. zum Vers des ↑ elisabethanischen Theaters. Im 17. Jh. fand der B. auch Eingang in das engl. Epos (J. Milton, ›Das verlorene Paradies‹, 1667, 1674 erweitert, dt. 1885 [zuerst 1682]). Zu einer Renaissance des engl. B.es kam es im 18. und 19. Jh. – Erste *dt.* Nachbildungen des B.es finden sich im 17. Jahrhundert. Im 18. Jh. empfahl J. Ch. Gottsched seine Nachahmung; seiner Anregung folgte 1748 J. E. Schlegel in seiner (fragmentar.) Übertragung von W. Congreves ›The mourning bride‹ u. d. T. ›Braut in Trauer‹; nach diesem Vorbild verwendete G. E. Lessing den B. in seinem Dramenfragment ›Kleonnis‹ (1775); mit Ch. M. Wielands ›Lady Johanna Gray‹ (1758) gelangte der B. zum ersten Mal auf die deutschsprachige Bühne; nach ihm griffen F. G. Klopstock und Ch. F. Weiße den B. auf; Lessings ›Nathan der Weise‹ (1779) schließlich verdrängte den ↑ Alexandriner endgültig aus der dt. Drama. Der B. wurde v. a. der Vers des klass. dt. Dramas (Schiller, Goethe). Im 19. Jh. blieb er, in epigonalen Werken z. T. noch im 20. Jh., der vorherrschende dt. Dramenvers

(H. von Kleist, F. Grillparzer, Ch. F. Hebbel, G. Hauptmann u. a.); B. Brecht verwendete den B. gelegentlich zum Zweck der Verfremdung (›Die hl. Johanna der Schlachthöfe‹, 1932). In der dt. Epik findet sich der B. u. a. bei Wieland (›Geron, der Adelige‹, 1777), bei G. A. Bürger in der Homer-Übersetzung; seltener ist er in lyr. Gedichten.

Literatur: HALLER, R.: Studie über den dt. B. In: Dt. Vjschr. f. Literaturwiss. u. Geistesgesch. 31 (1957), S. 380. – BRÄUER, R.: Tonbewegung u. Erscheinungsformen des sprachl. Rhythmus. Profile des dt. B.es. Bln. 1965. – SCHÄDLE, L.: Der frühe dt. B. unter bes. Berücksichtigung seiner Verwendung durch Ch. M. Wieland. Göppingen 1973.

Blanzat, Jean [frz. blã'za], *Domps (Haute-Vienne) 6. Jan. 1906, † Paris 6. Nov. 1977, frz. Schriftsteller. – Lehrer; aktives Mitglied der Résistance; nach dem Krieg wichtige Funktionen in den Verlagen Grasset und Gallimard. Ausgehend von christl. Gedankengut, zeichnet B. asketisch und phantastisch zugleich die Konsequenz des Lebendigen gegenüber der Verlorenheit des Menschen.

Werke: Enfance (R., 1930), A moi-même ennemi (R., 1932), Septembre (R., 1933), L'orage du matin (R., 1942), La gartempe (R., 1957), In einem Zwischenreich (R., 1964, dt. 1966), L'iguane (R., 1966).

Blasco Ibáñez, Vicente [span. 'blasko i'βaɲeθ], *Valencia 29. Jan. 1867, †Menton (Frankreich) 28. Jan. 1928, span. Schriftsteller. – Rechtsanwalt und Journalist; engagierte sich politisch auf seiten der Republikaner; wurde mehrfach verhaftet, floh nach Frankreich und Italien. B. I., der unter dem Einfluß der frz. Realisten und É. Zolas stand, ist der bedeutendste Vertreter des span. Naturalismus. Nach Romanen und Erzählungen aus seiner Heimat behandelte er sozialist. und antiklerikale Themen, später schrieb er histor. Romane, die jedoch nicht die Dichte der früheren Werke haben. B. I. steht nicht nur formal, sondern auch ideell in der Tradition des 19. Jh.; seine Wirkung und Beliebtheit waren groß (Verfilmungen und Bühnenbearbeitungen).

Werke: Die Scholle (R., 1899, dt. 1932), Cañas y barro (R., 1902), La catedral (R., 1903), Der Eindringling (R., 1904, dt. 1906), Die Bodega (R., 1905, dt. 1932), Die Arena (R., 1908, dt. 1910, 1925 auch u. d. T. Die blutige Arena), Die apokalypt. Reiter (R., 1916, dt. 1922).

Ausgaben: V. B. I. Obras completas. Valencia 1923–34. 40 Bde. – V. B. I. Ges. Romane. Dt. Übers. Hg. v. O. A. VAN BEBBER. Zü. [1-2]1928–33. 3 Bde. – V. B. I. Obras completas. Madrid [1-8]1978–80. 3 Bde.

Literatur: GREINER, A.: V. B. I. Der span. Zola? Jena 1932. – BEGER, I.: Der Regionalismus im Werk von V. B. I. Diss. FU Bln. 1957 [Masch.]. – GASCÓ CONTELL, E.: Genio y figura de B. I., agitador, aventurero y novelista. Madrid 1957. – DOMÍNGUEZ BARBERÁ, A.: El tradicionalismo de un republicano. Sevilla 1962. 3 Bde. – MIRANDA, W.: Posición filosófica, religiosa y social en las novelas de tesis de B. I. Lugo 1969. – LOUBÈS, J.-N./LEÓN ROCA, J. L.: V. B. I., Diputado y novelista. Toulouse 1972. – LÉON ROCA, J. L.: V. B. I. Valencia [4]1990.

Blason [bla'zõ:; frz.], deskriptives Preisgedicht oder auch Scheltgedicht, in dem konkrete Details von Lebewesen oder Gegenständen erfaßt sind; meist in 8- bis 10silbigen Versen mit Paarreim und einprägsamer Pointierung. Der zunächst mit der heraldischen Emblematik eng verbundene B. wurde im wesentl. von den Grands rhétoriquers (Guillaume Alexis, P. Gringore u. a.) gepflegt und fand rasch zahlreiche Nachahmer. C. Marot leitete mit seinem ›B. du beau tétin‹ (= B. vom schönen Busen, 1535) die zahllosen B.s auf die Schönheiten des weibl. Körpers ein. Er machte auch mit einer Beschreibung des Häßlichen, dem sog. ›Contre-B.‹, Schule (›B. du laid tétin‹ [= B. vom häßl. Busen], 1536), der bei seinen Nachfolgern oft ins Obszöne ging.

Literatur: WILSON, D. B.: Le b. In: Lumière de la Pléiade. Paris 1966. S. 97. – TOMARKEN, A./TOMARKEN, E.: The rise and fall of the 16th century French b. In: Symposium 29 (1975), S. 139. – VICKERS, N. J.: Preface to the b.s anatomiques. Diss. Yale University 1976. – VARTIER, J.: Le b. populaire de France. Paris 1992.

Blass, Ernst, *Berlin 17. Okt. 1890, †ebd. 23. Jan. 1939, dt. Lyriker. – Mitarbeit an den Zeitschriften ›Die Aktion‹ und ›Der Sturm‹, Hg. der Zeitschrift ›Die Argonauten‹; Kritiker und Schriftsteller in Berlin; wurde 1933 verboten; stand mit seiner formstrengen, intellektualist. Lyrik dem Expressionismus nahe, thematisch z. T. G. Benn verwandt.

Werke: Die Straßen komme ich entlang geweht (Ged., 1912), Die Gedichte von Trennung und Licht (1915), Die Gedichte von Sommer und

Tod (1918), Über den Stil Stefan Georges (Essay, 1920), Der offene Strom (Ged., 1921).

Blatný, Ivan [tschech. 'blatni:], * Brünn 21. Dez. 1919, † Colchester 1990, tschech. Lyriker. – Sohn von Lev B.; gehörte zu einer Gruppe surrealist. Schriftsteller; ab 1948 in Großbritannien, wo er in einer psychiatr. Anstalt lebte.

Werke: Paní Jitřenka (= Frau Jitřenka, Ged., 1940), Hledání přítomného času (= Suche nach der Gegenwart, Ged., 1947), Stará bydliště (= Alte Wohnstätten, Ged., 1979), Poblíž katedrál (= Nahe bei den Kathedralen, Ged., 1980).

Blatný, Lev [tschech. 'blatni:], * Brünn 11. April 1894, † Květnice 21. Juni 1930, tschech. Schriftsteller. – Vater von Ivan B.; ab 1929 Lektor des Nationaltheaters in Brünn; schrieb expressionistisch beeinflußte Dramen und Erzählungen, die durch groteske und satir. Effekte gekennzeichnet sind.

Blatter, Silvio, * Bremgarten (AG) 25. Jan. 1946, schweizer. Schriftsteller. – Lehrer, Maschinenarbeiter; Aufenthalte in Amsterdam und Nordfriesland; seit 1976 freier Schriftsteller in Zürich; war 1984–86 Präsident des Deutschschweizer. P.E.N.-Zentrums; schreibt Hörspiele, Erzählungen und Romane, in denen er u.a. versucht, die immer deutlicher wahrgenommene Zerstörung der Umwelt als Verlust der Natur und Entfremdung von ihr zu beschreiben, die identisch ist mit dem Verlust von Heimat.

Werke: Brände kommen unerwartet (Prosa, 1968), Schaltfehler (En., 1972), Genormte Tage, verschüttete Zeit (E., 1976), Zunehmendes Heimweh (R., 1978), Love me tender (E., 1980), Die Schneefalle (R., 1981), Kein schöner Land (R., 1983), Wassermann (R., 1986), Das sanfte Gesetz (R., 1988), Das blaue Haus (R., 1990), Avenue America (R., 1992).

Blätter für die Kunst, von S. George 1892 gegründete Zeitschrift, von der bis 1919 zwölf Folgen in unregelmäßigen Abständen erschienen (außerdem 1899, 1904 und 1909 3 Bde. Auslese); sie enthielt v.a. literar. Originalbeiträge der Mitglieder des Georgekreises, überwiegend Lyrik.

Blätter für literarische Unterhaltung, 1818 mit dem Titel ›Literar. Wochenblatt‹ von A. von Kotzebue in Weimar gegründete Zeitschrift, die, nachdem sie 1821 in den Besitz von F. A. Brockhaus übergegangen war, in Leipzig bis

1827 als ›Literar. Conversationsblatt‹ und bis 1898 als ›B.f.l.U.‹ erschien.

Blau, Sebastian, Pseudonym des dt. Schriftstellers Josef † Eberle.

blaue Blume, Symbol der romant. Poesie in Novalis' fragmentar. Roman ›Heinrich von Ofterdingen‹ (hg. 1802). Die Suche nach der b. B. steht in der Romantik für die Sehnsucht nach unendl., alle Erfahrungsgrenzen aufhebenden Bewußtseinsdimensionen.

Blaumanis, Rudolfs, * Ergļi (Livland) 1. Jan. 1863, † Takaharju (Finnland) 4. Sept. 1908, lett. Schriftsteller. – Gilt noch heute als Klassiker der lett. Literatur; schildert in seinen Erzählungen und bühnenwirksamen Dramen Schicksale und Konflikte einfacher Menschen seines Volkes.

Werke: Pazudušais dēls (= Der verlorene Sohn, Dr., 1893), Im Schatten des Todes (E., 1899, dt. 1921), Die Randup-Wirtin (Dr., 1899, dt. 1941), Die Indrans (Dr., 1904, dt. 1921), Ugunī (= Im Feuer, Dr., 1905), Zehn lett. Novellen (dt. Ausw. 1953), Im Sumpf u.a. lett. Novellen (dt. Ausw. 1954).

Blažek, Vratislav [tschech. 'blaʒek], * Náchod 31. Aug. 1925, † München 28. April 1973, tschech. Schriftsteller. – Verfaßte satir. Stücke, Erzählungen und Drehbücher. Deutsch liegt vor ›Und das am Heiligabend‹ (Kom., 1960, dt. 1961); im Mittelpunkt steht das Verhältnis eines genormten sozialist. Menschen zu einem Idealisten außerhalb der Partei; lebte ab 1968 in München.

Blažková, Jaroslava [slowak. 'blaʃkova:], * Großmeseritsch (heute Velké Meziříčí, Südmähr. Gebiet) 15. Nov. 1933, slowak. Schriftstellerin. – Schrieb v.a. Kinder- und Jugendbücher, die sich durch ungeschminkte Darstellung auszeichnen; bekannt wurde sie durch die Novelle ›Nylonmond‹ (1961, dt. 1962) und die Jugenderzählung ›Ein Feuerwerk für den Großvater‹ (1962, dt. 1964); lebt seit 1968 in Kanada.

Blei, Franz, Pseudonym Peregrinus Steinhövel, * Wien 18. Jan. 1871, † Westbury (N.Y.) 10. Juli 1942, österr. Schriftsteller. – Philosophiestudium, lebte in München, Wien, Berlin, ab 1933 auf Mallorca, in Frankreich und den USA. Die Bedeutung B.s liegt v.a. in seiner Wirkung als Anreger, Förderer, Kritiker,

Hg. (u. a. mehrerer Zeitschriften) und Übersetzer (A. Gide, P. Claudel, W. Whitman u. a.). Er erkannte früh die Bedeutung H. Brochs und R. Musils. Hervorragende Essays B.s begleiten die literar. Entwicklung (über F. Wedekind, C. Sternheim, R. Walser u. a.). Großen Widerhall fand das ›Bestiarium literaricum‹ (1920; erweitert 1924 u. d. T. ›Das große Bestiarium der modernen Literatur‹), in dem er zeitgenöss. Autoren als Tiere satirisch darstellte.

Weitere Werke: Thea (Kom., 1895), Von amoureusen Frauen (Essays, 1906), Logik des Herzens (Lsp., 1916), Der Geist des Rokoko (Essay, 1923), Die Frivolitäten des Herrn von Disemberg (En., 1925), Erzählung eines Lebens (Autobiogr., 1930), Zeitgenöss. Bildnisse (Essays, 1940).
Ausgabe: F. B. Das große Bestiarium der modernen Lit. Ffm. 1982.
Literatur: EISENHAUER, G.: Der Literat F. B. – ein biograph. Essay. Tüb. 1993.

Karl Bleibtreu (Zeichnung von Ismael Gentz)

Bleibtreu, Karl (Carl), * Berlin 13. Jan. 1859, † Locarno 30. Jan. 1928, dt. Schriftsteller. – Führendes Mitglied des Kreises um M. G. Conrad und dessen Zeitschrift ›Die Gesellschaft‹. In der Kampfschrift ›Revolution der Literatur‹ (1886), die zum Programm des Frühnaturalismus wurde, fordert er von der Dichtung die Behandlung der großen Zeitfragen. Seine stilistisch nachlässigen Erzählungen und Novellen, so ›Schlechte Gesellschaft‹ (1885) und der Roman ›Größenwahn‹ (2 Bde., 1888), sind Darstellungen des Großstadt- und Bohememilieus mit zolascher Direktheit und gesell-

schaftskrit. Pathos. B. verfaßte außerdem eine Vielzahl von historischen Dramen, Schlachtenschilderungen, kriegswissenschaftliche und literarhistorische Werke.

Weitere Werke: Dies irae (R., 1882), Der Nibelunge Not (E., 1884), Lyr. Tagebuch (1885), Welt und Wille (1885), Lord Byron (Dramen, 1886), Die Entscheidungsschlachten des europ. Krieges 1870/71 (1888), Schicksal (Dr., 1888), Weltgericht (Trag., 1888), Ein Faust der That (Trag., 1889), Die Propaganda der That (R., 1890), Weltbrand (R., 1912).
Literatur: FABER, G.: Carl B. als Literaturkritiker. Bln. 1936. Nachdr. Nendeln 1967. – HARNACK, F.: Die Dramen K. B.s. Bln. 1938. Nachdr. Nendeln 1967.

Blest Gana, Alberto [chilen. 'blezð 'yana], * Santiago de Chile 4. Mai 1830, † Paris 9. Nov. 1920, chilen. Schriftsteller. – Verfasser realist., von H. de Balzac, später auch G. Flaubert beeinflußter politisch-sozialer Romane über das Leben in der chilen. Provinz und über die mondäne chilen. Gesellschaft. Den Kampf gegen die Spanier 1814–18 behandelt sein Hauptwerk ›Durante la reconquista‹ (R., 2 Bde., 1897).

Weitere Werke: La aritmética en el amor (R., 1860), Martín Rivas (R., 1862), Los trasplantados (R., 1904), El loco estero (R., 2 Bde., 1909).

Blicher, Steen Steensen [dän. 'bleɡɔr], * Vium (Jütland) 11. Okt. 1782, † Spentrup bei Randers 26. März 1848, dän. Schriftsteller. – Pfarrer in Mitteljütland, dessen einfache Menschen er in seinen realist., psychologisierenden Novellen schilderte; bed. Lyriker.

Werke: Digte (Ged., 1814), Tagebuch eines Dorfkantors (Nov., 1824, dt. 1977, 1948 u. d. T. Damals in Tjele), Sneklokken (Ged., 1826), Hosekræmmeren (Nov., 1829), Telse (Nov., 1829), Præsten i Vejlbye (Nov., 1829), Trækfuglene (Ged., 1838), E bindstouw (En., 1842, dt. Ausw. 2 Bde. u. d. T. Die Strickstube).
Ausgabe: S. S. B. Samlede skrifter. Kopenhagen 1920–34. 33 Bde.
Literatur: NØRGAARD, F.: S. S. B. Ringkøbing 1970. – Omkring B. Hg. v. F. NØRGAARD. Kopenhagen 1974. – BRASK, P.: Om en landsbydegns dagbog. Kopenhagen 1983. 2 Bde.

Blickensdörfer, Hans, * Pforzheim 21. Febr. 1923, dt. Schriftsteller. – Sportjournalist bis 1982, seitdem freier Schriftsteller. Die Romane ›Salz im Kaffee‹ (1980), ›Pallmann‹ (1982) sowie ›Schnee und Kohle‹ (1986) spielen in der Welt des Sports. Die andere Seite seines Werks ist von seiner Kriegsteilnahme geprägt (›Die Baskenmütze‹, R., 1975; ›Weht der Wind von Westen‹, R., 1984). Auch humorist. Romane.

Weitere Werke: Bonjour Marianne (R., 1975), Der Schacht (R., 1976), Die Söhne des Krieges (R., 1978), Alles wegen meiner Mutter (R., 1981), Keiner weiß, wie's ausgeht (En., 1983), Champagner im Samowar (R., 1987), Doppelpaß an der Wolga (R., 1990).

Bligger von Steinach, mhd. Minnesänger um 1200. – Aus Neckarsteinach, zwischen 1152 und 1209 urkundlich bezeugt; aus dem Kreis Friedrichs von Hausen. Erhalten sind zwei Lieder und ein Spruch. Ein verlorengegangenes Epos wird von Gottfried von Straßburg im ›Tristan‹ rühmend erwähnt.

Blindmuster † Probeband.

Blixen, Tania [dän. 'blegsən], eigtl. Baronin Karen Christence B.-Finecke, weitere Pseudonyme Isak Dinesen, Pierre Andrézel u.a., * Rungsted 17. April 1885, † Rungstedlund 7. Sept. 1962, dän. Schriftstellerin. – Besuchte Kunstakademien; Reisen in verschiedene europ. Länder, bewirtschaftete mit ihrem Mann eine Kaffeefarm in Kenia; 1931 Rückkehr nach Dänemark, 1934 erste Veröffentlichung. Den größten Erfolg hatte sie mit ›Afrika, dunkel lockende Welt‹ (1937, dt. 1938), einem Buch poet. Impressionen. Sie steht außerhalb moderner Richtungen. Fabulierfreudig, mit ausgeprägtem Gefühl für Stimmung und Musikalität erzählt sie in kultiviertem Stil Geschichten aus dem Adelsmilieu des 18. Jh., spannungsreich und ironisch distanziert. B. schrieb ihre Werke z. T. zuerst in engl. Sprache.

Weitere Werke: Die Sintflut von Norderney (En., 1934, dt. 1937), Wintererzählungen (1942, dt. 1942, 1958 u.d.T. Kamingeschichten), Schicksalsanekdoten (1955, dt. 1960), Widerhall (En., 1957, dt. 1959), Letzte Erzählungen (dän. 1957, engl. 1957, dt. 1985, z. T. enthalten in Widerhall), Schatten wandern übers Gras (Erinnerungen, 1960, dt. 1962), Ehrengard (E., 1963, dt. 1965), Gespensterpferde. Nachgelassene Erzählungen (hg. 1975, dt. 1984), Moderne Ehe und andere Betrachtungen (hg. 1981, dt. 1987).

Ausgabe: Karen B. Mindeudgave. Kopenhagen 1964. 7 Bde.

Literatur: BRIX, H.: Karen B.s eventyr. Kopenhagen 1949. – Karen B. Hg. v. C. SVENDSEN u. O. WIVEL. Kopenhagen 1962. – KABELL, A.: Karen B. debuterer. Mchn. 1968. – BJØRNVIG, TH.: Pagten. Kopenhagen 1974. – SCHRÖDER, V.:

Tania Blixen

Selvrealisation og selvfortolkning i Karen B.s forfatterskab. Kopenhagen 1979. – THURMAN, J.: Isak Dinesen. The life of a storyteller. New York 1982. – AHRENS, H.: Die afrikan. Jahre der T. B. Eine biograph. Skizze. Düss. 1987. – LASSON, F.: T. B., ihr Leben in Dänemark u. Afrika. Eine Bildbiogr. Dt. Übers. Stg. 1987. – SELBORN, C.: Die Herrin von Rungstedlund. Erinnerungen an meine Zeit mit T. B. Dt. Übers. Stg. 1993. – THURMAN, J.: T. B. Ihr Leben u. Werk. Dt. Übers. Neuausg. Rbk. 16.–19. Tsd. 1993.

Bliziński, Józef [poln. bli'ziĩski], * Warschau 10. März 1827, † Krakau 29. April 1893, poln. Schriftsteller. – Schrieb erfolgreiche Komödien. Seine Vorbilder waren Molière und A. Fredro, dessen literar. Niveau er manchmal fast erreichte; meist humorist. Darstellungen des Lebens poln. Landadliger (›Pan Damazy‹, Kom., 1878); sozialkrit. Elemente fehlen; übersetzte aus dem Französischen.

Ausgabe: J. B. Komedie. Krakau 1967.

Bloch, Ernst, * Ludwigshafen am Rhein 8. Juli 1885, † Tübingen 4. Aug. 1977, dt. Philosoph. – Studium der Philosophie, Musik und Physik; freier Schriftsteller in Deutschland, Frankreich, Italien und der Schweiz; stieß 1912 zu dem Kreis um Max Weber in Heidelberg, woraus ein enger Kontakt zu G. Lukács entstand; 1933 Emigration; 1948 Rückkehr nach Deutschland, Prof. in Leipzig, 1955 Nationalpreis der DDR; 1957 wegen Differenzen mit der SED zwangsemeritiert; 1961 Übersiedlung in die BR Deutschland, Gastprofessur in Tübingen; 1967 Friedenspreis des Dt.

Buchhandels. – B. vertrat einen undogmat. Marxismus, der u. a. die Studentenbewegung der 60er Jahre nachhaltig beeinflußte. Das zentrale Thema seiner Philosophie ist das ›Noch-Nicht‹, die noch offene Zukunft und ihr Wirken in der Gegenwart. Dieser spürte B. in den konkreten Utopien des Alltags (Tagträume, Märchen), aber auch in den großen Entwürfen der Geistesgeschichte nach. Die Sammlung ›Spuren‹ (1930) stellt in erzähler. und aphorist. Form Momente dar, in denen das Noch-Nicht in meist alltägl. Situationen aufblitzt. Wissenschaftlich abgehandelt wurde das Thema Utopie in B.s Hauptwerk ›Das Prinzip Hoffnung‹ (3 Bde., 1954–59; ursprüngl. Titel ›Träume von einem besseren Leben‹) und in seinem ersten größeren Werk ›Vom Geist der Utopie‹ (1918, 2. Fassung 1923). Daneben hat B. ausgedehnte Untersuchungen zu G. W. F. Hegel und zur materialist. Philosophie sowie zur Philosophiegeschichte veröffentlicht. Immer wieder setzte er sich mit Theologie und Christentum auseinander (›Thomas Münzer als Theologe der Revolution‹, 1921, ›Atheismus im Christentum‹, 1973). B.s Werk ist in mehrfacher Hinsicht bedeutsam für die Literatur: Zum einen enthält es eindeutig literar. Arbeiten (z. B. ›Spuren‹), zum anderen schrieb B. viel über Kunst, insbes. über Literatur (gesammelt im Bd. 9 der Gesamtausgabe). B.s Sprache ist eine charakterist. Mischung von philosoph. Fachsprache und Alltagssprache, durchsetzt mit bibl. und marxist. Termini.

Ausgabe: E. B. Gesamtausg. Neuausg. Ffm. 1977–78. 16 Bde. u. Erg.-Bd.
Literatur: WEST, T. H.: Ultimate without God. The atheistic eschatology of E. B. New York 1991. – ZIMMER, J.: Die Kritik der Erinnerung. Die Metaphysik, Ontologie u. geschichtl. Erkenntnis in der Philosophie E. B.s. Groningen 1993.

Bloch, Jean-Richard [frz. blɔk], * Paris 25. Mai 1884, † ebd. 15. März 1947, frz. Schriftsteller. – Studierte Geschichte und Geographie in Paris; war zunächst Prof. in Florenz, wandte sich aber bald der Literatur und der Politik zu; begründete u. a. 1925 mit R. Rolland die Zeitschrift ›Europe‹; politisch linksstehender Dramatiker, Romancier und Essayist; leidenschaftl. Vertreter einer im Ggs. zur ›littérature gratuite‹ im humanist. (insbes. antifaschistisch-demokrat.) Sinn engagierten Literatur.

Werke: Levy (R., 1912, dt. 1927), Simler & Co. (R., 1918, dt. 1926), Kurdische Nacht (R., 1925, dt. 1927), Vom Sinn unseres Jh. (Essays, 1931, dt. 1932), Toulon (Dr., 1944, dt. 1947).

Blockbuch, aus einzelnen Holztafeldrucken zusammengefügtes Buch. Holztafeldrucke sind in China schon seit dem 7. Jh. (spätestens) bezeugt, in Europa finden sich eigenständige Anfänge erst seit dem Ende des 14. Jh.; in Deutschland und in den Niederlanden entstanden Blockbücher etwa seit 1430. – Ein B. bestand entweder aus einseitig (durch Anreibung) bedruckten Blättern (anopisthograph. Blockbücher), deren leere Seiten zusammengeklebt wurden, oder aus beidseitig (mit Presse) bedruckten Seiten (opisthograph. Blockbücher). Die ältesten Blockbücher bringen auf einer Seite bis zu vier meist grobe und stark kolorierte Holzschnittbilder mit handschriftlich eingefügtem Text (chiroxylograph. Blockbücher), später wird der Text entweder mit auf die Bildtafel (den Block) geschnitten oder der Bildtafel steht eine gedruckte Texttafel gegenüber. Selten enthalten Blockbücher nur Texte. Datierungen in Blockbüchern sind selten (die ältesten stammen von 1420, die jüngsten von 1530). Erhalten sind rund 100 Ausgaben spätmittelalterl. Gebrauchs- und Erbauungsliteratur: Biblia pauperum, Apokalypse, Ars moriendi, Totentanz, Chiromantia, Planetenbuch, Wunderwerke Roms. Blockbücher wurden durch den Buchdruck mit bewegl. Lettern schließlich verdrängt.

Blocksidge, Charles William [engl. ˈblɔksɪdʒ], austral. Schriftsteller, ↑ Baylebridge, William.

Bloem, Jakobus Cornelis [niederl. blum], * Oudshoorn 10. Mai 1887, † Kalenberg-Oldemarkt 10. Aug. 1966, niederl. Lyriker. – Seine frühe Lyrik ist von den frz. Symbolisten beeinflußt, die späteren von den ›metaphysical poets‹. B. schrieb auch feinsinnige Essays und geistreiche Aphorismen.

Werke: Het verlangen (Ged., 1921), Media vita (Ged., 1931), De nederlaag (Ged., 1937), Verzamelde gedichten (Ged., 1947 und 1965), Verza-

melde beschouwingen (Essays, 1950), Door-
schenen wolkenranden (Ged., 1958).

Bloem, Walter [blø:m], * Elberfeld
(heute zu Wuppertal) 20. Juni 1868, † Lübeck 18. Aug. 1951, dt. Schriftsteller. –
Rechtsanwalt, freier Schriftsteller; 1911
bis 1914 Dramaturg in Stuttgart; seine
der Gedankenwelt des Bürgertums entstammenden militant-nationalist. Dramen und Romane erzielten Massen-
erfolge.
Werke: Der krasse Fuchs (R., 1906), Das eiserne
Jahr (R., 1911), Volk wider Volk (R., 1912), Das
verlorene Vaterland (R., 1914), Dreiklang des
Krieges (Dr., 1918), Gottesferne (R., 2 Bde.,
1920), Das Land unserer Liebe (R., 1924), Teu-
tonen (R., 1927), Wir werden ein Volk (R.,
1929), Der Volkstribun (R., 1937).

Alexandr
Alexandro-
witsch Blok

Blọk, Alexandr Alexandrowitsch,
* Petersburg 28. Nov. 1880, † ebd. 7. Aug.
1921, russ. Lyriker. – Professorensohn;
reiste 1905 nach dem Scheitern der Revolution ins Ausland; nach der Oktoberrevolution von den parteioffiziellen Stellen
mit Mißtrauen beobachtet, obwohl seine
Sympathien für die Revolution bekannt
waren; zuletzt Dramaturg in Moskau.
Einer der hervorragendsten russ. Lyriker
und der bedeutendste Dichter der zweiten Generation des russ. Symbolismus.
In seiner Lyrik verbinden sich Einflüsse
u. a. von W. A. Schukowski, A. A. Fet und
W. J. Brjussow mit Anregungen durch die
Theosophie W. S. Solowjows. Hauptmo-
tiv des Gedichtzyklus ›Die Verse von der
schönsten Dame‹ (1904, dt. 1947) ist der
Eros, der religiös und mystisch gedeutet

wird. B. übernahm von Brjussow die
Thematik der Großstadtdichtung, die er
nach dem Vorbild F. M. Dostojewskis
mit düsteren Akzenten versah. Die Darstellung der äußeren Welt spiegelt psych.
Geschehen. Auffallendes Stilmerkmal ist
die sprachl. Musikalität; Erschließung
neuer formaler Möglichkeiten; kühn und
genialisch sind seine Metaphern und Assoziationen; zunehmende Neigung zu
Sarkasmus und iron. Distanzierung. Berühmt wurde B.s Beitrag zur Revoluti-
onsdichtung, das ep. Poem ›Die Zwölf‹
(1918, dt. 1921). Bed. lyr. Versdramen als
Beiträge zur Neuromantik, u. a. ›Die Unbekannte‹ (1906, dt. 1946) und ›Rose und
Kreuz‹ (1913, dt. 1922). B. verfaßte auch
literaturkrit. Abhandlungen, er übersetzte u. a. Lord Byron und H. Heine.
Weitere Werke: Die Schneemaske (Ged., 1907,
dt. 1947), Die Skythen (Ged., 1918, dt. 1920).
Ausgaben: A. A. B. Ges. Dichtungen. Dt. Übers.
Mchn. 1947. – A. A. B. Ausgew. Werke. Dt.
Übers. Mchn. 1978. 3 Bde. – A. A. B. Sobranie
sočinenij. Leningrad 1980–83. 6 Bde. – A. B. Ly-
rik u. Prosa. Hg. v. F. MIERAU. Dt. Übers. Bln.
1982.
Literatur: REEVE, F. D.: A. B. between image
and idea. New York 1962. – KEMBALL, R.: A. B.
Den Haag 1965. – BAADE, M.: Aleksandr B.
1880–1921. In: Zs. f. Slavistik 12 (1967), H. 3. –
KLUGE, R.-D.: Westeuropa u. Rußland im Welt-
bild A. B.s. Mchn. 1967. – PYMAN, A.: The life of
A. B. Oxford 1979–80. 2 Bde., Bd.1 u. d. T. A. B.
A biography. – PETERS, J.: Farbe u. Licht. Symbol bei Aleksandr B. Mchn. 1981. – BERBE-
ROVA, N.: A. B. et son temps. Arles 1991.

Blomberg, Erik Axel [schwed. ‚blum-
bærj], * Stockholm 17. Aug. 1894, † İzmir
8. April 1965, schwed. Lyriker. – Schrieb
klare, formstrenge Lyrik, teilweise auch
einfach gestaltete Lieder; auch Kunst-
und Literaturkritiker; bed. Essayist.
Werke: Jorden (Ged., 1920), Den fångne guden
(Ged., 1927), Tidens romantik (Essay, 1931),
Nattens ögon (Ged., 1943), Öppna er, ögon
(Ged., 1962).

Blomberg, Harry [schwed. ‚blum-
bærj], * Strängnäs 19. Dez. 1893, † Bor-
länge 1. Febr. 1950, schwed. Schriftsteller. – Begann mit sozialer Kampfdich-
tung und Vagantenlyrik; schrieb dann
zahlreiche Romane, von denen ›Volk in
der Fremde‹ (1928, dt. 1936) über eine
Gruppe schwed. Rückwanderer aus Süd-
rußland am bekanntesten wurde; später
Hinwendung zum Christentum.

Literatur: H. B. En minnesbok. Hg. v. S. STOLZE. Stockholm 1950.

Blondel de Nesle [frz. blõdεldə'nεl], altfrz. Dichter der 2. Hälfte des 12. Jh. aus Nesle (Somme). – Rund 25 Liebeslieder sind erhalten. Die sich an seinen Namen knüpfende Sage vom treuen Spielmann B., der den gefangenen König Richard Löwenherz mit Hilfe eines ihnen beiden bekannten Liedes findet und befreit, ist historisch nicht begründet.

Ausgabe: B. de N. Lieder. Krit. Ausg. Hg. v. L. WIESE. Dresden 1904.
Literatur: LAVIS, G.: Les chansons de B. de N. Lüttich 1970. – GNÄDINGER, L.: B. de N. In: Lex. des MA. Bd. 2. Mchn. u. Zü. 1983.

Blondel vom Rosenhag, Pseudonym des dt. Schriftstellers Alois Johannes ↑ Lippl.

Blondin, Antoine [frz. blõ'dɛ̃], * Paris 11. April 1922, † ebd. 7. Juni 1991, frz. Schriftsteller. – Journalist; Verfasser existentialistisch und experimentell inspirierter Romane, in denen er nicht ohne Bitterkeit und Trauer Formen individueller Verlorenheit und Marginalisierung behandelt. Erhielt 1979 den Grand prix de littérature der Académie française für sein Gesamtwerk.

Werke: L'Europe buissonnière (R., 1949), Les enfants du Bon Dieu (R., 1952), L'humeur vagabonde (R., 1955), Ein Affe im Winter (R., 1959, dt. 1960), Monsieur Jadis ou l'école du soir (Bericht, 1971), Quat'saisons (Nov.n, 1975), Certificats d'études (Essays, 1977).
Ausgabe: A. B. Œuvres. Hg. v. J. BENS. Paris 1991.
Literatur: AYMÉ, M.: A. B. Paris 1992.

Bloom, Harry [engl. blu:m], * 1903, † Canterbury Juli 1981, südafrikan. Erzähler. – Schrieb realistisch einfühlsame Romane über soziale Konflikte in Südafrika und in nordamerikan. jüd. Slums; verfaßte 1959 das Drehbuch für das erste schwarze Musical ›King Kong‹, das vom Aufstieg und Fall des gefeierten Boxers Ezekiel Dhlamini handelt und das B. zusammen mit Miriam Makeba, Dollar Brand, Todd Matshikiza und Hugh Masekela inszenierte.

Weitere Werke: Die lange Nacht (R., 1956, dt. 1959), Sorrow laughs (R., 1959), Whittakers Frau (R., 1962, dt. 1963).

Bloomfield, Robert [engl. 'blu:mfi:ld], * Honington (Suffolk) 3. Dez. 1766, † Shefford (Bedfordshire) 19. Aug. 1823, engl. Dichter. – Zuerst Landarbeiter; dann Schuhmacher in London; erblindete und starb in Armut. Zeitweilige literar. Berühmtheit brachte ihm der Gedichtband ›The farmer's boy‹ (1800), der das Leben eines verwaisten Bauernburschen im Zyklus der Jahreszeiten beschreibt. Nebst schlichten volkstüml. Gedichten schrieb B. stimmungsvolle Verserzählungen.

Weitere Werke: Rural tales (Ged., 1802), Good tidings (Ged., 1804), Wild flowers (Ged., 1806), Collected poems (2 Bde., 1817), May day with the muses (Ged., 1822).
Literatur: WICKETT, W./DUVAL, N.: The farmer's boy. The story of a Suffolk poet, R. B. Lavenham (Suffolk) 1971.

Bloomsbury group [engl. 'blu:mzbəri 'gru:p], nach dem Londoner Stadtteil Bloomsbury benannter Freundeskreis von engl. Verlegern (Leonard Woolf [* 1880, † 1969]), Kritikern und Schriftstellern (V. Woolf, Clive Bell [* 1881, † 1964], Roger Fry [* 1866, † 1934], D. Garnett), D. MacCarthy [* 1877, † 1952], L. Strachey, E. M. Forster), Malern (V. Bell, D. Grant), Wissenschaftlern (J. M. Keynes) und Philosophen (G. E. Moore), der von 1907 bis etwa 1930 bestand. Die B. g. pflegte Diskussion und Konversation über kunsttheoret., eth., kultur- und sozialkrit. Fragen und gab der kultur- und literargeschichtl. Entwicklung mannigfache schöpfer. Impulse.

Literatur: JOHNSTONE, J. K.: The B. g. New York 1954. Nachdr. 1978. – BELL, Q.: B. London 1968. – EDEL, L.: A house of lions. London 1979. – ANTOR, H.: The B. g. Hdbg. 1986. – ROSENBAUM, S. P.: Victorian Bloomsbury. London 1987. – D'AQUILA, U.: Bloomsbury and modernism. New York u. a. 1989. – CAWS, M. A.: Women of Bloomsbury. New York u. a. 1990.

Bloy, Léon [frz. blwa], * Périgueux (Dordogne) 11. Juli 1846, † Bourg-la-Reine bei Paris 3. Nov. 1917, frz. Schriftsteller. – Wandte sich unter dem Einfluß von J. A. Barbey d'Aurevilly der Literatur zu. Bahnbeamter; wurde unter dem Eindruck der eigenen ärml. Lebensumstände zum haßerfüllten Angreifer und Ankläger von Klerus und Bürgertum. Seine Zuneigung galt den Armen und Demütigen, als Fanatiker des Glaubens fühlte er sich verpflichtet, einen Auftrag Gottes in der gottfernen Welt zu erfüllen. Wegbereiter

Léon Bloy

der modernen kath. Literatur (bed. Einfluß auf G. Bernanos, F. Mauriac, P. Claudel u. a.).

Werke: Der Verzweifelte (R., 1886, dt. 1954), Das Heil durch die Juden (Schrift, 1892, dt. 1953), Die Armut und die Gier (R., 1897, dt. 1950), Der undankbare Bettler. Tagebücher ... 1892–1895 (1898, dt. 1949), Die heilsame Verfolgung. Tagebücher 1896–1900 (1904, dt. 1958), Vier Jahre Gefangenschaft in Cochons-sur-Marne. Tagebücher ... 1900–1904 (1905, dt. 1951), Dans les ténèbres (Prosa, hg. 1918).
Ausgaben: L. B. Der beständige Zeuge Gottes. Eine Ausw. aus dem Gesamtwerk. Hg. v. R. MARITAIN. Dt. Übers. Salzburg 1953. – L. B. Œuvres. Hg. v. J. BOLLERY u. J. PETIT. Paris 1963–75. 15 Bde.
Literatur: CATTAUI, G.: L. B. Paris 1954. – PETIT, J.: L. B. Paris 1966. – DOTOLI, G.: Situation des études bloyennes, suivie d'une bibliographie de 1950 à 1969. Paris 1970. – BESSÈDE, R.: La crise de la conscience catholique dans la littérature et la pensée française à la fin du XIXᵉ siècle. Paris 1975. – SARRAZIN, B.: La bible en éclats. L'imagination scripturaire de L. B. Paris 1977. – BARDÈCHE, M.: L. B. Paris 1989. – L. B. Dossier. Hg. v. M. AUBRY. Lausanne 1990.

Blues [engl. blu:z; amerikan.], wichtigste Gesangsform der nordamerikan. Schwarzen; entstand in der 2. Hälfte des 19. Jh. in den Südstaaten der USA und wurde in den 1920er Jahren populär. – Der B. ist ein solist. Strophenlied, das als Improvisation an bestimmte standardisierte Modelle gebunden ist. Die Text- und Melodiegestaltung lehnt sich eng an das aus der afrikan. Musik bekannte Ruf-Antwort-Prinzip an. Die erste Zeile der Strophe enthält eine Aussage, diese wird in der 2. Zeile (auch modifiziert)

wiederholt, in der 3. Zeile erfolgt eine Bestätigung oder Folgerung bzw. die Pointe des zuvor Gesagten. Die Themen des B. sind dem alltägl. Leben entnommen (›B. von der Anhalterin‹, ›B. vom Gefängnis‹, ›B. vom leeren Bett‹). Die Sprache ist unsentimental und anschaulich; durch Bilder und Vergleiche wird das Thema in zahllosen Variationen paraphrasiert. Die melod. Erfindung verläuft vor dem Hintergrund eines Harmoniemodells, der sog. *Bluesformel,* einem Akkord- und Taktschema, das sich entsprechend dem Aufbau der B.Strophe in drei viertaktige Teile gliedert (A 1–A 2–B). Die Tonalität der Melodien ist durch die neutrale Intonation der 3. und 7. Stufe (Terz und Septime), der sog. *Blue notes,* geprägt, die wie die expressive Tongebung als emphat. Ausdrucksmittel dienen. Das für den Text kennzeichnende variative Moment gilt ebenso für den Gesang; es finden ständig Veränderungen der Melodie, des Rhythmus, der Tongebung statt. Bei instrumentaler Begleitung (vorzugsweise mit Gitarre) entsteht ein Dialog zwischen Singstimme und Instrument, wobei die Gesangspraxis (neben Veränderungen der Melodie v. a. solche der Tongebung: Timbre, Falsett, Fistel, heisere, gutturale, rauhe Laute) auf das Instrumentenspiel übertragen und so eine Gleichberechtigung bzw. Gleichbehandlung von Stimme und Instrument hergestellt wird. – Der B., der geschichtlich (archaischer B., klass. B., zeitgenöss. B.) und stilistisch (Country-B., City-B.) mehrere Phasen durchlaufen hat und seit den 1920er Jahren auch rein instrumental ausgeführt wird, bildete ein wesentl. Element bei der Entstehung des Jazz.

Literatur: CHARTERS, S. B.: Die Story vom B. Dt. Übers. Mchn. 1962. – OLIVER, P.: The story of the B. London 1969. – JONES, L. R.: B. People. Schwarze u. ihre Musik im weißen Amerika. Dt. Übers. Darmst. 1969. – BERENDT, J. E.: B. Köln 1970. – DAUER, A. M.: Der Jazz. Seine Ursprünge u. seine Entwicklung. Kassel ³1977. – GARON, P.: B. and the poetic spirit. New York ²1978. – HUNKEMÖLLER, J.: B. In: Hdwb. der musikal. Terminologie. Hg v. H. H. EGGEBRECHT. Wsb. 1980. – POLILLO, A.: Jazz. Gesch. u. Persönlichkeiten. Dt. Übers. Mchn. 1981. – CHARTERS, S. B.: Der Country B. Rbk. 1982.

Bluette [bly'ɛt; frz. = Fünkchen, (übertragen:) Einfall], kurzes, meist ein-

aktiges Theaterstück oder kleine Ge-
sangsszene, auf eine witzige Situation zu-
gespitzt.

Blum, Adolph, Pseudonym des österr.
Schriftstellers Joseph Alois ↑Gleich.

Blum, Peter Emilius Julius, *Triest
(Italien) 4. Mai 1925, südafrikan. Lyriker
dt.-jüd. Herkunft. – Studierte engl. Literaturgeschichte in Kapstadt und Stellen-
bosch; setzte mit seinen humorist., un-
konventionellen Gedichten in der afri-
kaansen Lyrik der fünfziger Jahre neue
Akzente; Übersetzer Ch. Baudelaires
und G. Apollinaires.
Werke: Steenbok tot poolsee (Ged., 1955), En-
klaves van die lig (Ged., 1958).

Blumauer, Aloys, Pseudonyme Auer,
Obermayer, *Steyr 21. Dez. 1755, †Wien
16. März 1798, österr. Schriftsteller. – Je-
suitennovize bis zur Auflösung des Ordens 1773, später Hofzensor, Buchhändler und Publizist, 1781–94 Hg. des ›Wiener[ischen] Musenalmanachs‹; Freimau-
rer. Dichter der Aufklärung, bekannt
durch das von A. Pope und Ch. M. Wieland beeinflußte kom. Epos ›Die Aben-
theuer des frommen Helden Aeneas ...‹
(1782), eine stilistisch ungleichwertige,
zeitbezogene Travestie der ›Äneis‹.
Weitere Werke: Erwine von Steinheim (Dr.,
1780), Gedichte (1782, erweiterte Ausg. 2 Bde.,
1787), Freimaurergedichte (1786).
Literatur: BECKER-CANTARINO, B.: A. B. and the
literature of Austrian enlightenment. Bln. u.
Ffm. 1973. – ROSENSTRAUCH-KÖNIGSBERG, E.:
Freimaurerei im josephin. Wien. A. B.s Weg
vom Jesuiten zum Jakobiner. Wien 1974.

Blumenspiele (frz. Jeux floraux),
Dichterwettbewerb, bei dem die Sieger
mit goldenen und silbernen Blumenprei-
sen geehrt werden; seit 1324 alljährlich
Anfang Mai in Toulouse unter den Dichtern der ›Langue d'oc‹ veranstaltet. Die
B. wurden von einer der ältesten Dichter-
gesellschaften Europas gegründet, dem
›Consistori de la Subregaya Companhia
del Gai Saber‹. Ihr Ziel war eine Wiederbelebung der nach den Albigenserkrie-
gen (1209–29) vom Niedergang bedrohten provenzal. Dichtersprache und Dich-
tungstradition (Troubadour). Von ihrem
Kanzler Guilhem Molinier ließ die Gesellschaft eine ›Regelpoetik‹, die sog.
↑›Leys d'amors‹, verfassen, die als Dich-

tungsanleitung und als Kriterienkatalog
zur Beurteilung der in den B.n (provenzalisch ›jocs florals‹) auftretenden Dichter gelten sollte. Die Ausstrahlung des
›Consistori‹ war eine der wesentl. Ursachen dafür, daß sich das Provenzalische
auch als Dichtersprache noch bis zum
Ende des 15. Jh. in Südfrankreich be-
hauptete. Nachdem Ludwig XIV. 1694
die poet. Gesellschaft in den Rang einer
Akademie (›Académie des Jeux Floraux‹) mit 40 Mitgliedern erhoben hatte,
wurden in den B.n bis 1895 nur noch frz.
Gedichte zugelassen. Seit dem 19. Jh.
halten auch andere südfrz. Städte (z. B.
Béziers) nach dem Vorbild von Toulouse
ähnl. Spiele ab; an ihnen beteiligten sich
im 19. Jh. z. B. V. Hugo und der Mitbegründer des provenzal. Dichterbundes
↑Félibres, F. Mistral.
Literatur: Jb. der Kölner B. Hg. v. der Literar.
Gesellschaft in Köln. Jg. 1–15 (1899–1913). –
GÉLIS, F. DE: Histoire critique des Jeux floraux,
depuis leur origine jusqu'à leur transformation
en académie (1323–1694). Toulouse 1912.
Nachdr. Genf 1981. – PRAVIEL, A.: Histoire
anecdotique des jeux floraux. Toulouse 1923. –
SÉGU, F.: L'Académie des Jeux Floraux et le ro-
mantisme de 1818 à 1824. Paris 1935–36. 2 Bde.

Blumenthal, Oskar, *Berlin 13. März
1852, †ebd. 24. April 1917, dt. Schriftsteller. – Gründer und bis 1897 Leiter des
Lessing-Theaters in Berlin. Schrieb bühnenwirksame Lustspiele, teilweise in Ge-
meinschaftsarbeit mit G. Kadelburg (›Im
weißen Rößl‹, 1898); auch polem. und
krit. Aufsätze, Theaterkritiken, Epigramme.
Weitere Werke: Gesammelte Epigramme
(1890), Frau Venus (Lsp., 1893), Die Fee Ca-
price (Lsp., 1901), Der Schwur der Treue (Lsp.,
1905), Die drei Grazien (Lsp., 1910; mit R. Lothar), Die große Pause (Lsp., 1915; mit M. Bernstein).

Blunck, Hans Friedrich, *Altona
(heute zu Hamburg) 3. Sept. 1888,
†Hamburg 25. April 1961, dt. Schriftsteller. – 1933–35 Präsident der Reichsschrifttumskammer. Verfasser von Dramen, Lyrik, Balladen, Märchen, Romanen und Erzählungen, v. a. mit Themen
aus german. Vorzeit sowie der hans. Geschichte und Gegenwart; daneben Reisebücher, Hg. von Sagen-Anthologien. B.,
der dem niederdt. Volkstum eng verbunden war, suchte den Sagastil zu erneuern.

Wegen nord. und völkisch-nationalist. Tendenzen zählt er zu den Wegbereitern nationalsozialist. Ideologie; vom Entnazifizierungsausschuß als Mitläufer eingestuft.

Werke: Nordmark (Balladen, 1912), Märchen von der Niederelbe (1923), Neue Balladen (1931), Die Urvätersaga (R.-Trilogie 1934: Streit mit den Göttern, 1925; Kampf der Gestirne, 1926; Gewalt über das Feuer, 1928), Werdendes Volk (R.-Trilogie 1934: Hein Hoyer, 1922; Berend Fock, 1923; Stelling Rotkinnsohn, 1924), König Geiserich (R., 1936), Die Sage vom Reich (Epos, 1941), Unwegsame Zeiten (Autobiogr., 1952), Licht auf den Zügeln (Autobiogr., 1953).

Blunden, Edmund Charles [engl. 'blʌndən], * Yalding (Kent) 1. Nov. 1896, † Long Melford (Suffolk) 20. Jan. 1974, engl. Lyriker und Kritiker. – War nach dem Studium in Oxford und der Teilnahme am 1. Weltkrieg teils journalistisch, teils als Universitätslehrer in Tokio, Hongkong und Oxford tätig. Seine Kriegserlebnisse schilderte er in ›Undertones of war‹ (1928). Seine schlicht betrachtenden pastoralen Gedichte bezeugen ein tiefes Gefühl für die engl. Landschaft (›English poems‹, 1925; ›Poems of many years‹, 1957). Schrieb auch krit. Studien zur engl. Literatur.

Weitere Werke: Near and far (Ged., 1929), Charles Lamb and his contemporaries (Kritik, 1932), Shells by a stream (Ged., 1944), Shelley (Biogr., 1946), After the bombing (Ged., 1949). **Literatur:** THORPE, M.: The poetry of E. B. Wateringbury 1971. – WEBB, B.: E. B., a biography. New Haven (Conn.) 1990.

Blunt, Wilfrid Scawen [engl. blʌnt], * Petworth (Sussex) 17. Aug. 1840, † Southwater (Sussex) 10. Sept. 1922, engl. Dichter und Politiker. – Bis 1869 im diplomat. Dienst; weite Reisen nach Persien, Arabien und Ägypten; trat für die unterdrückten Völker gegen den brit. Imperialismus ein, u.a. für Irlands Homerule; 1887 aus polit. Gründen 2 Monate Gefängnis. Verfasser eigenwillig-kraftvoller, von Byron (dessen Enkelin er heiratete) beeinflußter Erlebnisgedichte sowie idyll. Sonette, Naturlyrik und poet. Dramen; auch Übersetzer arab. Dichtung.

Werke: Sonnets and songs by Proteus (1875), Love sonnets of Proteus (1880), Ideas about India (Prosa, 1885), In vinculis (Sonettzyklus, 1889), Esther (Ged., 1892), Griselda (Vers-E., 1893), Satan absolved (Dr., 1899), The seven golden odes of pagan Arabia (Übers., 1903), Poetical works (2 Bde., 1914), My diaries 1888–1914 (1922). **Literatur:** LONGFORD, E.: B., a biography. London 1979.

Blütenlese, früher verwendete Bez. für ↑ Anthologie.

Blutsegen, Beschwörungsformel (↑ Zaubersprüche) zur Stillung des Blutes oder zur Heilung von Wunden (Wundsegen). Er beginnt meist mit einem Vergleich; häufig Bezug auf ein bibl. Ereignis (z. B. das Blut soll stillstehen wie der Jordan beim Durchzug der Israeliten [Jos. 3, 7–17]), daran schließt sich die eigtl. mag. Formel oder Bitte an. B. sind aus der jüd., altind., griech., lat. und mittelalterl. Überlieferung bekannt (ahd. Zeugnisse: ›Straßburger B.‹, ›Bamberger B.‹, ›Trierer B.‹ u. a.), sie leben z. T. subliterarisch bis heute im Brauchtum der Völker fort.

Blut-und-Boden-Dichtung, Sammelbegriff für eine vom Nationalsozialismus geförderte Literaturrichtung (›Blubo‹), in der der Rassismus (einer ›artreinen Führungsrasse‹) mehr oder weniger offen zutage tritt; sie umfaßt v. a. Bauern-, Siedler- und Landnahmeromane, die oft in histor. Zeit spielen. Themen und Tendenzen entstammen dem Gedankengut der ↑ Heimatkunst, deren zumeist national-emotional bestimmtes, jedoch politisch unklares Programm tendenziös vereinseitigt und propagandistisch verzerrt wurde; zu den Autoren gehören neben den früheren Vertretern der Heimatkunst wie H. E. Busse, F. Griese, J. Schaffner v. a. H. F. Blunck, H. Grimm, Heinrich Anacker (* 1901, † 1971) und Herybert Menzel (* 1906, † 1945). **Literatur:** SCHONAUER, F.: Dt. Lit. im Dritten Reich. Olten u. Freib. 1961. – GEISSLER, R.: Dichter u. Dichtung des Nationalsozialismus. In: Hdb. der dt. Gegenwartslit. Hg. v. H. KUNISCH. Mchn. 1965. – KETELSEN, U. K.: Völkisch-nationale u. nationalsozialist. Lit. in Deutschland 1890–1945. Stg. 1976. – Die dt. Lit. im Dritten Reich. Hg. v. H. DENKLER. Stg. 1976. – WALDMANN, G.: Kommunikationsästhetik. Bd. 1, Die Ideologie der Erzählform. Mit einer Modellanalyse von NS-Lit. Stg. u. Mchn. 1976. – LOEWY, E.: Lit. unterm Hakenkreuz. Ffm. ³1977. – BRESSLEIN, E.: Völkisch-faschistoides u. nationalsozialist. Drama. Ffm. 1980. – Lit. u. Psychoanalyse. Hg. v. K. BOHNEN u. a. Mchn. u. Kopenhagen 1980.

Bly, Robert [Elwood] [engl. blaɪ], * Madison (Minn.) 23. Dez. 1926, amerikan. Lyriker. – Begründer des Magazins ›The Fifties‹, das seinen Namen mit dem jeweiligen Jahrzehnt wechselte (›The Sixties‹ usw.); Übersetzer dt., span., skand. und ind. Literatur. Wurde nach der introspektiven, regionalen Dichtung ›Silence in the snowy fields‹ (1962) zu einem der lyr. Sprecher der Anti-Vietnam-Bewegung (›The light around the body‹, 1967; mit D. Ray Hg. der Gedichtanthologie ›A poetry reading against the Vietnam war‹, 1966). Neuerdings verkündet er die Ablösung der patriarchal. Ordnung der Rationalität durch matriarchal. Sensualität (›Sleepers joining hands‹, 1973).

Weitere Werke: Jumping out of bed (Ged., 1973), Leaping poetry (Studie, 1975), This body is made of camphor and gopherwood (Ged., 1977), This tree will be here for a thousand years (Ged., 1979), The man in the black coat turns (Ged., 1981), Four ramages (Ged., 1983).
Literatur: Of solitude and silence. Writings on R. B. Hg. v. R. JONES u. K. DANIELS. Boston (Mass.) 1982. – Critical essays on R. B. Hg. v. W. V. DAVIS. New York 1992.

Blyton, Enid [engl. blaɪtn], * Beckenham (Kent) 11. Aug. 1896, † London 28. Nov. 1968, engl. Schriftstellerin. – Schrieb seit 1922 etwa 400 Abenteuerbücher für Kinder und Jugendliche, die in zahlreiche Sprachen übersetzt wurden (ins Deutsche neben vielen anderen die Reihe um Hanni und Nanni).
Literatur: STONEY, B.: E. B. A biography. London 1974. – PRIEGER, A.: Das Werk E. B.s. Ffm. 1982. – WILLY, M.: E. B. Bibliography of first editions ... Mansfield 1993.

Bobo [span. = dumm, albern], im span. Theater Narr, Possenreißer.

Boborykin, Pjotr Dmitrijewitsch [russ. bɐba'rikin], * Nischni Nowgorod 27. Aug. 1836, † Lugano 12. Aug. 1921, russ. Schriftsteller. – Adliger, emigrierte 1918. Sein umfangreiches Werk, zu dem Dramen, Romane, Erzählungen und krit. Essays gehören, vermittelt ein Bild der geistigen und gesellschaftl. Wandlungen von der Mitte des 19. Jh. bis ins 20. Jh., bes. in der Schicht der russ. Intelligenz. Deutsch übersetzt erschienen u. a. die Romane ›Abendl. Opfer‹ (1868, dt. 1893) und ›Kitai-Gorod‹ (1882, dt. 1895).

Bobrowski, Johannes, * Tilsit 9. April 1917, † Berlin (Ost) 2. Sept. 1965, dt. Schriftsteller. – Studierte Kunstgeschichte, war bis 1949 in russ. Kriegsgefangenschaft; lebte ab 1950 als Verlagslektor in Berlin (Ost). Einer der ersten in der ehem. DDR lebenden Autoren, deren Werke (u. a. ›Sarmat. Zeit‹, Ged., 1961) gleichzeitig in der DDR und der BR Deutschland veröffentlicht wurden. Seine Gedichte spiegeln das Erlebnis der östl. Landschaft und seiner Menschen; unkonventionelle Sprache und Bilder. Mit dem Roman ›Levins Mühle‹ (1964) erlangte B. internat. Anerkennung. Der nachgelassene Roman ›Litauische Claviere‹ (1966) schildert die gespannten Beziehungen zwischen Deutschen und Litauern im Memelgebiet 1936.

Weitere Werke: Schattenland Ströme (Ged., 1962), Boehlendorff und Mäusefest (En., 1965), Wetterzeichen (Ged., hg. 1966), Der Mahner (En. und Prosa, hg. 1967), Nachbarschaft (Ged., En., Prosa, hg. 1967), Im Windgesträuch (Ged., hg. 1970), Literar. Klima. Ganz neue Xenien, doppelte Ausführung (hg. 1977).
Ausgabe: J. B. Ges. Werke. Hg. v. E. HAUFE. Stg. 1987. 4 Bde.
Literatur: WOLF, G.: Beschreibung eines Zimmers. 15 Kapitel über J. B. Bln. 1972. – BEHRMANN, A.: Facetten. Unterss. zum Werk J. B.s. Stg. 1977. – GAJEK, B./HAUFE, E.: J. B. Chronik. Einf. Bibliogr. Ffm. u. a. 1977. – WOLF, G.: J. B. Bln. 1982. – MECKEL, C.: Erinnerung an J. B. Mchn. 1989. – J. B. oder Landschaft mit Leuten. Bearb. v. R. TGAHRT. Ausst.-Kat. Marbach 1993.

Bocage, Manuel Maria Barbosa du [portugies. bu'ka:ʒi], * Setúbal 15. Sept. 1765, † Lissabon 21. Dez. 1805, portugies. Dichter. – Ging 16jährig zur Marine, hielt sich u. a. in Goa und Macau auf; wurde wegen einer philosoph. Epistel nach Art Voltaires, ›Verdades duras‹, 1797 auf Betreiben der Inquisition eine Zeitlang gefangengehalten. Angesehenes und einflußreiches Mitglied der Nova Arcádia; hervorragender Übersetzer lat. (Vergil, Ovid) sowie frz. Autoren; sein Schülerkreis (›Elmanistas‹) weist bereits den Weg zur Romantik.

Weitere Werke: Rimas (6 Bde., 1791–1814), Poesias (6 Bde., hg. 1853), Poesias inéditas (hg. 1896).
Ausgabe: M. M. B. du B. Opera omnia. Lissabon 1969–73. 6 Bde.

Boccaccio, Giovanni [bɔ'katʃo, italien. bok'kattʃo], * wahrscheinlich Florenz (oder Certaldo?) 1313, † Certaldo bei Florenz 21. Dez. 1375, italien. Dichter. – Unehel. Sohn eines florentin. Kaufmanns; studierte nach einer kaufmänn. Lehre die Rechte, wandte sich jedoch humanist. Studien und der Dichtung zu; fand Zugang zum Hofe des Königs Robert von Neapel. Nicht bewiesen ist sein Liebesverhältnis zu einer unehel. Tochter Roberts, Maria d'Aquino, die lange als Vorbild seiner ›Fiammetta‹ galt. 1340 Rückkehr nach Florenz, wo er Notar und Richter wurde und in bescheidenen Verhältnissen lebte; in den späten Lebensjahren mit F. Petrarca befreundet; 1362 vorübergehende Weltabkehr unter dem Einfluß des Kartäusermönches G. Ciani; die 1373 im Auftrag der Stadt Florenz begonnenen öffentl. Vorlesungen über Dantes ›Divina Commedia‹ (›Commento alla Divina Commedia‹, 3 Bde., hg. 1918) konnte er aus gesundheitl. Gründen nicht zu Ende führen. B. veranlaßte u. a. die erste vollständige Übersetzung Homers ins Lateinische und schrieb selbst auch in lat. Sprache (›De casibus virorum illustrium‹, entst. etwa 1355–60, gedr. um 1475, 9 Bücher, dt. 1965 u. d. T. ›Die neun Bücher vom Unglück berühmter Männer und Frauen‹). Sein reiches literar. Werk wird gekrönt durch die zwischen 1348 und 1353 entstandene, 1470 gedruckte Novellensammlung ›Il Decamerone‹ (dt. 1830 u. d. T. ›Das Dekameron‹, erstmals dt. 1472/73), mit der B. die italien. Novelle zur Kunstform erhob und auf Jahrhunderte festlegte. In eine Rahmenerzählung – sieben Mädchen und drei Jünglinge fliehen vor der Pest (1348) auf ein Landgut, wo sie sich 10 Tage lang mit Geschichten unterhalten – sind 100 Novellen verwoben, die in übermütiger, humorvoller, auch trag. und satir. Gestaltung einen lebendigen Querschnitt durch die Gesellschaft des 14. Jh. geben, wobei B. eine meisterhafte, psychologisch geschickte Charakterisierung der verschiedenen Typen gelingt. Die Skala der Thematik, deren Stoffe er östl. Literaturen ebenso entnimmt wie der griech., röm. und zeitgenöss. volkssprachl. Dichtung, reicht von lyr. Zartheit bis zu obszöner und rustikaler Derbheit. Eine raffiniert einfache Sprache, der leichte Stil und die überlegene künstler.

Form lassen B. als einen der größten italien. Prosaschriftsteller erscheinen, der auf die gesamte Weltliteratur entscheidenden Einfluß ausgeübt hat.

Weitere Werke: Il Filocolo (R., entst. um 1336, gedr. 1472), Il Filostrato (Versepos, entst. um 1338, gedr. 1480, dt. 1884 u. d. T. Troilus und Kressida), Teseida (ep. Dichtung, entst. 1339/ 1340, gedr. 1475), Ninfale d'Ameto (E., entst. um 1341, gedr. 1478, dt. 1924 u. d. T. Aus dem Ameto), L'amorosa visione (allegor. Ged., entst. 1342/43, gedr. 1521), Fiammetta (Vers-R., entst. 1343, gedr. 1472, dt. 1806), Die Nymphe von Fiesole (Dichtung, entst. um 1345, gedr. 1477, dt. 1958), Genealogie deorum gentilium (Traktat, entst. 1347–60, gedr. 1472), Corbaccio (Satire, entst. 1354/55, gedr. 1487, dt. 1907 u. d. T. Das Labyrinth der Liebe), Das Leben Dantes (entst. um 1360, gedr. 1477, dt. 1909), De claris mulieribus (Biographien, entst. etwa 1360–62, gedr. 1439, dt. um 1473 u. d. T. Von etlichen Frowen), De montibus, silvis, fontibus... (Traktat, entst. etwa 1362–66, gedr. 1473).

Ausgaben: G. B. Ges. Werke. Dt. Übers. Hg. v. M. KRELL. Mchn. 1924. 5 Bde. – G. B. Decameron, Filocolo, Ameto, Fiammetta. Hg. v. E. BIANCHI u. a. Mailand 1952. – G. B. Tutte le opere. Hg. v. V. BRANCA. Mailand 1964 ff. (bisher 8 Bde. in 9 Tlen. erschienen). – G. B. Opere in versi. Corbaccio. Trattatello in laude di Dante. Prose latine. Epistole. Hg. v. P. G. RICCI. Mailand u. Neapel 1965. – G. B. Das Dekameron, Dt. Übers. v. K. WITTE Hg. v. H. BODE. Mchn. ²⁰1991.

Literatur: GRABHER, C.: B. Leben u. Werk des Frühhumanisten. Dt. Übers. Hamb. 1946. – LEONE, G.: Johannes utilitatum. Saggio sul Decamerone. Bologna ²1967. – NEUSCHÄFER, H.-J.: B. u. der Beginn der Novelle. Strukturen der Kurzerzählung, auf der Schwelle zw. MA u. Neuzeit. Mchn. 1968. Nachdr. Mchn. 1983. – MUSCETTA, C.: B. Bari 1973. – B.s Decameron. Hg. v. P. BROCKMEIER. Darmst. 1974. – BRANCA, V.: B. medievale. Florenz ⁴1975. – MARCHI, C.: B. Mailand 1975. – BRANCA, V.: G. B. Profilo biografico. Florenz 1977. – BERGIN, TH. G.: B. New York 1981. – TARTARO, A.: B. Palermo 1981. – CONSOLI, J. P.: G. B. An annotated bibliography. New York 1992. – FLASCH, K.: G. B. Mainz 1992.

Boccalini, Traiano, * Loreto 1556, † Venedig 16. Nov. 1613, italien. Schriftsteller. – Studierte in Venedig Rechtsund Literaturwissenschaft; stand in päpstl. Diensten; Verfasser der einflußreichen ›Ragguagli di Parnaso‹ (2 Bde., 1612/13, dt. 1644 u. d. T. ›Relationes auss Parnasso...‹), in denen er in Form fiktiver Gespräche (insgesamt 200 Abschnitte) auf dem von Apoll regierten Parnaß die

literar. und polit. Verhältnisse seiner Zeit
scharf kritisiert. Als staatspolit. Theoretiker zeigte sich B. in der ›Pietra del para-
gone politico‹ (hg. 1615, dt. 1617–20 in
3 Tlen. u. d. T. ›Polit. Probierstein auss
Parnasso‹) und den ›Commentarii sopra
Cornelio Tacito‹ (gedr. 1677).
Ausgabe: T. B. Ragguagli di Parnaso e scritti minori. Bari 1948. 3 Bde.
Literatur: BELLONI, A.: B. Turin 1940. – VARESE,
C.: T. B. Padua 1958.

Bocheński, Jacek [poln. bɔˈxɛi̯ski],
* Lemberg 29. Aug. 1926, poln. Schrift-
steller. – Schrieb neben Essays Gedichte,
Novellen sowie Romane, darunter
›Göttl. Julius‹ (1961, dt. 1962), der wegen
seiner Anspielungen auf zeitgenössische
Zustände in Polen viel diskutiert wurde,
›Tabu‹ (1965, dt. 1966) und ›Der Täter
heißt Ovid‹ (1969, dt. 1975); Übersetzer
Bert Brechts.
Weiteres Werk: Stan po zapaści (= Zustand
nach dem Infarkt, R., 1988).
Literatur: ŁUGOWSKA, J.: Z zagadnień prozy J.
B.ego. Lublin 1971.

Bock, Alfred, * Gießen 14. Okt. 1859,
† ebd. 6. März 1932, dt. Schriftsteller. –
Vater von Werner B.; bed. Erzähler seiner hess. Heimat, meist Darstellungen
aus dem Alltagsleben; schrieb außerdem
Gedichte und Lustspiele; eine Auswahl
von Novellen und Romanen erschien
u. d. T. ›Die harte Scholle‹ (1913).
Weitere Werke: Gedichte (1889), Der Gymna-
sialdirektor (Dr., 1895; mit E. Zabel), Der
Flurschütz (R., 1901), Der Kuppelhof (R.,
1906), Hessenluft (Nov.n, 1907), Die Oberwäl-
der (R., 1912), Der Schlund (R., 1920), Das
fünfte Element (R., 1924).
Ausgabe: A. B. Tagebücher. Hg. v. W. BOCK.
Hdbg. 1959.

Bock, Eugène Karel Marie de, * Bor-
gerhout bei Antwerpen 23. April 1889,
† Schoten 22. Juli 1991, fläm. Schriftsteller. – Hg. der führenden expressionist.
Zeitschrift ›Ruimte‹; veröffentlichte außer Essays, Skizzen und Novellen Studien zur fläm. Literatur sowie die Kulturgeschichte ›De Nederlanden‹ (1949).
Weitere Werke: Hendrik Conscience en de op-
komst van de Vlaamse romantiek (1919), De
Vlaamse letterkunde (1953).

Bock, Werner, * Gießen 14. Okt. 1893,
† Zürich 3. Febr. 1962, dt. Schriftsteller
und Literarhistoriker. – 1939 Emigration
nach Südamerika, 1946–49 Prof. für dt.

Literatur und Philosophie in Montevideo, lebte zuletzt in der Schweiz. B., der
S. George, R. M. Rilke, H. von Hofmannsthal und G. Trakl ins Spanische
übersetzte, hat sich als Mittler europ. und
südamerikan. Kultur verdient gemacht.
Verfasser formal strenger Lyrik und gedanklich präziser Prosa.
Werke: Das ewige Du (Ged., 1930), Der Pudel
der Frau Barboni (R., 1944), Blüte am Abgrund
(Prosa-Ausw., 1951), Wenn ich Staub bin (Ged.,
1956), Ausgewählte Gedichte aus drei Jahrzehnten (1958).
Literatur: Lenz im Herbst. Festschr. f. W. B. zu
seinem 60. Geburtstag. Ffm. 1954.

Bodel, Jean, * Arras um 1165, † ebd.
1210, altfrz. Dichter. – Lebte in Arras als
angesehener Bürger; schrieb u. a. ein
Epos über den Sachsenkrieg Karls des
Großen, ›Saisnes‹ (um 1200), das Mira-
kelspiel ›Li jus de Saint Nicolas‹ (um
1200) und das Abschiedslied ›Li congié‹
(um 1205), mit dem er sich als Leprakran-
ker der Barmherzigkeit der Mitwelt emp-
fahl.
Ausgabe: Le jeu de Saint Nicolas. Hg. v.
A. HENRY. Brüssel 1981.
Literatur: FOULON, CH.: L'œuvre de Jehan B.
Paris 1958. – MERL, H. D.: Untersuchung zur
Struktur, Stilistik u. Syntax in den Fabliaux von
J. B. Bern 1973.

Bodelsen, Anders, * Kopenhagen
11. Febr. 1937, dän. Schriftsteller. – Vertreter des krit. Neorealismus; verknüpft
in seinen Romanen, Hör- und Fernsehspielen realist. Milieuschilderung mit
spannender, oft kriminalist. Handlungsführung.
Werke: Villa Sunset (R., 1964, dt. 1971), Drivhu-
set (Nov., 1965), Brunos tiefgekühlte Tage (R.,
1969, dt. 1971), Strauß (R., 1971, dt. 1978), Uden
for nummer (Nov.n, 1972), Unternehmen Cobra
(R., 1975, dt. 1976), Pengene og livet (R., 1976),
Die guten Zeiten (R., 1977, dt. 1982), År for år
(R., 1978), In guten und in bösen Tagen (R.,
1980, dt. 1982), Domino (R., 1984), Verdunke-
lung (R., 1988, dt. 1990), Rød september (R.,
1991).
Literatur: HEESE, J.: Der Neurealismus in der
dän. Lit. Darst. und Analyse anhand ausgew.
Texte von A. B. und Christian Kampmann. Ffm.
1983.

Bodenstedt, Friedrich Martin von
(seit 1867), * Peine 22. April 1819, † Wiesbaden 18. April 1892, dt. Schriftsteller. –
Studierte Philosophie und Philologie,
war Lehrer in Moskau und Tiflis, wo er
sich Kenntnisse in der tatar., pers., georg.

und armen. Sprache aneignen konnte; 1854 Prof. in München (Slawistik, Altenglisch), 1867 Intendant des Hoftheaters in Meiningen, lebte ab 1878 in Wiesbaden. Verfasser der ›oriental.‹ Gedichte ›Die Lieder des Mirza-Schaffy ...‹ (1851), die man lange für Übertragungen hielt und die seinerzeit ungeheuren Erfolg hatten. Seine Reiseberichte, seine Übersetzungen (A. S. Puschkin, M. J. Lermontow, I. Turgenjew, Sch. M. Hafes, Omar Chaijam, auch Shakespeare u. a.) und seine Anregungen, die er als Mittler östl. Gedankenguts und östl. Literaturen gab, sind sein eigtl. Verdienst; als Epiker und Dramatiker unbedeutend.

Weitere Werke: Tausend und Ein Tag im Orient (Reisebericht, 2 Bde., 1849/50), Shakespeares Zeitgenossen und ihre Werke (3 Bde., 1858–60), Aus dem Nachlasse Mirza Schaffy's (Ged., 1874), Aus meinem Leben (1879), Vom Atlant. zum Stillen Ozean (Reisebericht, 1882), Erinnerungen aus meinem Leben (2 Bde., 1888–90). **Literatur:** SUNDERMEYER, K.: B. u. die ›Lieder des Mirza-Schaffy‹. Diss. Kiel 1932. – GREGOR, R.: F. B. als Vermittler russ. Lit. in Deutschland. Lpz. 1965. – MUNDHENK, J.: F. B. u. Mirza Schaffy in der aserbaidschan. Literaturwiss. Hamb. 1971.

Bødker, Cecil Skaar [dän. 'bødgər], * Fredericia 27. März 1927, dän. Schriftstellerin. – Begann mit abstrakter Lyrik; bevorzugt heute in ihrer Prosa die klassisch-realistische Erzählkunst mit subtilen symbolischen Effekten; preisgekrönte Kinder- und Jugendbuchautorin.

Werke: Luseblomster (Ged., 1955), Der Widder (En., 1961, dt. 1966), Pap (E., 1967), Silas (Jugendbuch, 1967, dt. 1970), Erzählungen um Tavs (1971, dt. 1978), Das Haus der Salzhändlerin (R., 1972, dt. 1976), En vrangmaske i vorherres strikketøj (R., 1974), Eva ekko (R., 1980), Tænk på Jolande (R., 1981), Marias Kind, der Junge (E., 1984, dt. 1986).

Bodleiana (Bibliotheca Bodleiana, Bodleian Library), die von Sir Thomas Bodley (* 1545, † 1613) 1598 neugegründete, mit Handschriften und Büchern reich beschenkte und 1602 eröffnete Universitätsbibliothek von Oxford. Die B., eine Präsenzbibliothek mit rund 4,3 Mill. gedruckten Büchern, steht mit ihrem Reichtum an oriental. Handschriften an führender Stelle.

Bodman, Emanuel Freiherr von und zu, * Friedrichshafen 23. Jan. 1874, † Gottlieben bei Kreuzlingen 21. Mai 1946, dt. Schriftsteller. – Dem Neuklassizismus und der Neuromantik nahestehender Lyriker, Erzähler und Dramatiker.

Werke: Stufen (Ged., 1894), Neue Lieder (Ged., 1902), Erwachen (Nov., 1906), Donatello (Trag., 1907), Der Fremdling von Murten (Trag., 1907), Die heiml. Krone (Trag., 1909), Mein Vaterland (Ged., 1914). **Ausgabe:** E. v. B. Die gesamten Werke. Hg. v. K. PREISENDANZ. Stg. 1951–61. 10 Bde. **Literatur:** E. v. B. zum Gedächtnis. Hg. v. C. VON BODMAN u. H. REINHART. St. Gallen 1947.

Johann Jakob Bodmer (Stich von Johann Friedrich Bause nach einem Gemälde von Anton Graff, 1784)

Bodmer, Johann Jakob, * Greifensee bei Zürich 19. Juli 1698, † Gut Schönenberg bei Zürich 2. Jan. 1783, schweizer. Literaturkritiker und Schriftsteller. – Studierte Theologie, wurde zum Kaufmann ausgebildet, war Prof. für Geschichte und Politik am Gymnasium in Zürich. B. ist bed. als Kritiker und Ästhet in den Auseinandersetzungen um Fragen der Poetik; gemeinsam mit J. J. Breitinger stand er gegen J. Ch. Gottsched, der die klass. Normen der frz. Literatur vertrat, während die Schweizer, beeinflußt von der engl. Literatur, bes. von J. Milton, die schöpfer. Phantasie, die Einbildungskraft, das Wunderbare, die Nachahmung der Natur als wesentl. Elemente der Dichtung verteidigten und propagierten. Verdient gemacht hat sich B. weiter durch die Entdeckung und Herausgabe mittelalterl. Literatur (›Der Parcival‹, 1753; ›Chriemhilden Rache und die Klage‹, 1757), als Übersetzer (Milton) und auch als Historiker. Eigene literar. Werke (Dramen, Satiren, Epen) sind ohne größere Bedeutung. Mit Breitinger Hg. der moral. Wochenschrift ›Die Discourse der Mahlern‹ (1721–23; erweiterte Auflage in 2 Bden. 1746 u. d. T. ›Der Mahler der Sitten‹).

Weitere Werke: Von dem Einfluß und Gebrauche der Einbildungs-Krafft (1727), Crit. Abhandlung von dem Wunderbaren in der Poesie (1740), Crit. Betrachtungen über die Poet. Gemählde der Dichter (1741), Der Noah (Epos, 1752; erweitert 1765 u. d. T. Die Noachide in zwölf Gesängen).
Ausgabe: J. J. B. Schrr. Ausgew. v. F. ERNST. Frauenfeld u. Zü. 1938.
Literatur: WEHRLI, M.: J. J. B. u. die Gesch. der Lit. Frauenfeld 1936. – FLUELER, E.: Die Beurteilung J. J. B.s in der dt. Literaturgesch. u. Lit. Diss. Frib. 1951. – BENDER, W.: J. J. B. u. Johann Jakob Breitinger. Stg. 1973.

Bodmer, Martin, * Zürich 13. Nov. 1899, † Genf 22. März 1971, schweizer. Bibliophile, Mäzen und Schriftsteller. – Erwarb in über 50jähriger Sammlertätigkeit eine der größten und wertvollsten privaten Sammlungen von Werken der Weltliteratur, die etwa 150 000 Bücher, Handschriften und Dokumente (darunter die Gutenbergbibel und die erste Folioausgabe Shakespeares, 1623) umfaßt. Kurz vor seinem Tode wandelte er die ›Bibliotheca Bodmeriana‹ in die ›Martin-Bodmer-Stiftung‹ (heute in Genf) um und machte sie der Öffentlichkeit zugänglich.

Bodmershof, Imma von, * Graz 10. Aug. 1895, † Gföhl bei Krems an der Donau 26. Aug. 1982, österr. Schriftstellerin. – Studierte Philosophie und Kunstgeschichte, stand R. M. Rilke und dem George-Kreis nahe. Ihre Romane aus der bäuerl. Welt enthalten anschaul. Landschaftsbeschreibungen.

Werke: Der zweite Sommer (R., 1937), Die Stadt in Flandern (1939, 1952 u. d. T. Das verlorene Meer), Die Rosse des Urban Roithner (R., 1940), Solange es Tag ist (Nov.n, 1953), Sieben Handvoll Salz (R., 1958), Haiku (Ged., 1962), Die Bartabnahme (R., 1966), Im fremden Garten blüht Jasmin. 99 Haiku (1979).
Ausgabe: I. v. B. Ges. Werke in Einzelausgg. Karlsr. 1982 ff.

Bodon, Joan [okzitan. bu'du], frz. Jean Boudou, * Crespin (Aveyron) 11. Dez. 1920, † Algier 24. Febr. 1975, okzitan. Schriftsteller. – Als Bauernkind im okzitan. Milieu aufgewachsen, lernte B. Französisch erst in der Schule. Eine tiefe Liebe zur okzitan. Sprache und Kultur, gleichzeitig illusionslose Einsicht in deren Untergangsgeweihtheit machen die grundlegende Zwiespältigkeit seines Werkes aus. In diesem erzeugen Tradition und Moderne als einander ausschließende Welten Ambivalenzen und Paradoxien, in denen sich Leser wie Protagonisten verlieren. Doch liegt für B. angesichts existentieller Zerrissenheit im Verlust von Identität eine letzte, absurde Hoffnung auf eine rettende Metamorphose.

Werke: Contes del meu ostal (E., 1951), Contes dels Balssas (E., 1953), La grava sul camin (R., 1955), La Santa Estèla del Centenari (R., 1960), Lo libre de Catòia (R., 1966), Lo libre dels grands jorns (R., 1968), La Quimèra (R., 1974), Sus la mar de las galèras (Ged., 1975), Contes del Drac (E., 1975), Las domaisèlas (R.-Fragment, hg. 1976).
Literatur: HAHN, U.: J. B. In: Krit. Lex. der roman. Gegenwartsliteraturen. Hg. v. W.-D. LANGE. Losebl. Tüb. 1984 ff.

Boé, Jacques [frz. bɔ'e], gascogn. Mundartdichter, † Jasmin.

Boehringer, Robert, * Winnenden 30. Juli 1884, † Genf 9. Aug. 1974, schweizer. Privatgelehrter und Schriftsteller dt. Herkunft. – Seit 1904 mit S. George befreundet (›Mein Bild von Stefan George‹, 2 Bde., 1951); u. a. Hg. von dessen Werken (2 Bde., 1958) und Briefwechsel (›Briefwechsel zwischen George und Hofmannsthal‹, 1938; S. George und F. Gundolf, ›Briefwechsel‹, 1962, mit G. P. Landmann); Gründer der Stefan-George-Stiftung, Stuttgart (1959); auch Verfasser von Lyrik (›Sang der Jahre‹, 1944; ›Gedichte an Frau, Kind und Kindeskinder‹, 1973; ›Späte Ernte‹, 1974), literarhistor. und volkswirtschaftl. Werken.

Boendale, Jan van [niederl. 'bunda:lə], genannt Jan de Clerc, * Boendale bei Tervuren 1279, † Antwerpen zwischen 1347 und 1350, niederl. Dichter. – In Antwerpen Stadtschreiber; Schüler J. van Maerlants, bed. Reimchronist; sein Hauptwerk, das zwischen 1325 und 1333 verfaßte umfangreiche Lehrgedicht ›Der leken spieghel‹, eine Welt- und Heilsgeschichte, enthält neben gelehrten Abhandlungen über Himmel, Hölle, Fegefeuer und die Natur eine Darstellung der Geschichte von der Schöpfung bis zu Karl dem Großen, außerdem u. a. die erste niederl. Poetik.

396 Boerde

Ausgabe: J. v. B. Der leken spieghel. Hg. v. M. DE VRIES. Leiden 1844–48. 4 Bde. **Literatur:** BUUREN, A. VAN, u. a.: B. In: Lex. des MA. Bd. 2. Mchn. u. Zü. 1983.

Boerde [niederl. 'buːrdə = Spaß, Posse, Schwank], erotisch-satir. Erzählungen in der mittelniederl. Literatur.

Boesch, Hans [bœʃ], * Frümsen (Kanton Sankt Gallen) 13. März 1926, schweizer. Schriftsteller. – Begann mit Lyrik, wurde bekannt mit seinem im besetzten Elsaß in der Welt der Bohrtürme und Baustellen spielenden Roman ›Das Gerüst‹ (1960).
Weitere Werke: Oleander, der Jüngling (Ged., 1951), Pan (Ged., 1955), Der junge Os (E., 1957), Die Fliegenfalle (R., 1968), Ein David (Dichtung, 1970), Der Kiosk (R., 1978), Das Unternehmen Normkopf (Satiren, 1985), Der Sog (R., 1988).

Boeters, Karl, dt. Schriftsteller, ↑ Borée, Karl Friedrich.

Boethius, Anicius Manlius Severinus [bo'eːtiʊs, ...tsiʊs], * Rom um 480, † Pavia 524, röm. Philosoph, Theologe, Schriftsteller und Staatsmann. – Inhaber hoher Ämter am Hof des Ostgotenkönigs Theoderichs des Großen, dann wegen seines Eintretens für einen angeklagten Freund selbst des Hochverrats – zugunsten einer oström. Herrschaft in Italien – beschuldigt, eingekerkert und hingerichtet. Im Gefängnis schrieb er sein berühmtes, während des ganzen MA weitverbreitetes ›Trostbuch der Philosophie‹ (›De consolatione Philosophiae‹), einen Dialog, der seiner Hinrichtung harrende B. mit der personifizierten Philosophie führt. Das Werk, das nach Art einer Satire des Menippos Prosa und Gedichte mischt, verschmilzt Elemente der stoischen Ethik mit neuplaton. Metaphysik zu einer Theodizee von eindrucksvoller Geschlossenheit; es wurde von König Alfred dem Großen ins Angelsächsische von Notker Labeo ins Althochdeutsche, übersetzt. Der Plan des B., der lat. Welt die griech. philosoph. Bildung zu vermitteln, blieb Fragment; das Ausgeführte besteht – neben Werken über Arithmetik und Musik – im wesentlichen aus Übersetzungen und Kommentaren der log. Schriften des Aristoteles. Die theolog. Traktate wurden grundlegend für die dogmat. Erörterungen der Scholastik.

Ausgaben: B. The theological tractates, The consolation of philosophy. Hg. v. H. F. STEWART u. E. K. RAND. Lat.-engl. Cambridge 1918. – B. Trost der Philosophie. Hg. v. E. GENSCHATZ u. O. GIGON. Lat.-dt. Zü. u. Mchn. ³1981.
Literatur: ENSSLIN, W.: Theoderich der Große. Mchn. ²1959. – SCHMIDT-KOHL, V.: Die neuplaton. Seelenlehre in der Consolatio Philosophiae des B. Meisenheim 1965. – COURCELLE, P.: La consolation de philosophie dans la tradition littéraire. Paris 1967. – CAMPENHAUSEN, H. VON: Lat. Kirchenväter. Stg. ⁵1983. – GRUBER, J., u. a.: B. In: Lex. des MA. Bd. 2. Mchn. u. Zü. 1983. – B. Hg. v. M. FUHRMANN u. J. GRUBER. Darmst. 1984.

Bogdanowitsch (tl.: Bogdanovič), Ippolit Fjodorowitsch, * Perewolotschnaja am Dnjepr 3. Jan. 1744, † Kursk 18. Jan. 1803, russ. Lyriker. – Aus verarmtem ukrain. Adelsgeschlecht; in verschiedenen Ämtern tätig, u. a. im diplomat. Dienst. Von den Zeitgenossen geschätzter Autor heiterer und witziger Verserzählungen im Anschluß an J. de La Fontaine. Seine Verserzählung ›Dušenka‹ (= Seelchen, 1783), die freie Bearbeitung einer Vorlage von La Fontaine, wurde oft nachgeahmt.

Bogen, Alexander, Pseudonym des dt. Schriftstellers August ↑ Scholtis.

Bogović, Mirko [serbokroat. ˌbɔgɔvitɛ], * Varaždin 2. Febr. 1816, † Zagreb 4. Mai 1893, kroat. Schriftsteller. – Politisch tätig für die illyr. Bewegung. Seine romant. Auffassung von der Bedeutung des Volkes bestimmte sein polit. und literar. Werk; er schuf patriot. Lyrik sowie erzählende und dramat. Dichtungen mit Stoffen aus der kroat. Geschichte.

Bogurodzica [poln. bɔgurɔ'dzitsa = Gottesgebärerin], das älteste bekannte poln. [Marien]lied; erste erhaltene Aufzeichnung von 1407; bereits im 15. Jh. vaterländ. Lied, das auch auf dem Schlachtfeld (u. a. Tannenberg 1410) gesungen wurde.
Ausgabe: B. Hg. v. J. WOROŃCZAK u. a. Breslau 1962.

Bogusławski, Wojciech [poln. bɔgu'suafski], * Glinne bei Posen 9. April 1757, † Warschau 23. Juli 1829, poln. Dramatiker. – Schöpfer des nat. poln. Theaters, zeitweise Leiter des Nationaltheaters, Gründer einer Theaterschule. Seine zahlreichen bühnenwirksamen

Dramen waren als Beitrag zur Einigung des poln. Volkes bedeutsam; viele Werke sind Bearbeitungen oder Übersetzungen westeurop. Vorlagen (u. a. Shakespeare, Molière und G. E. Lessing); bekannt ist v. a. seine musikal. Komödie ›Cud mniemany, czyli Krakowiacy i Górale‹ (= Ein vermeintl. Wunder oder Krakauer und Bergbauern, UA 1794).
Literatur: RASZEWSKI, Z.: B. Warschau 1972. 2 Bde.

Boguszewska, Helena [poln. bɔgu-'ʃɛfska], *Warschau 18. Okt. 1886, †ebd. 11. Nov. 1978, poln. Schriftstellerin. – Schilderte in naturalist. Stil, der von É. Zola beeinflußt ist, soziale Not im Milieu der Elendsviertel und Vorstädte; nach dem 2. Weltkrieg entstanden antifaschist. Werke und Dichtungen, die sich mit der neuen poln. Wirklichkeit auseinandersetzen; auch Kinderbücher.
Werke: Das Haus hinter dem Weichseldamm (R., 1934, dt. 1949), Die Trennung (R., 1949, dt. 1950).
Literatur: BRZUCHOWSKA, Z.: Twórczość H. Boguszewskiej dla dzieci i młodzieży. Rzeszów 1980.

Bogza, Geo [rumän. 'bogza], *Ploieşti 6. Febr. 1908, †Bukarest 13. Sept. 1993, rumän. Schriftsteller. – Beeinflußte die rumän. journalist. Prosa; sein Hauptwerk, ›Das Buch vom Alt‹ (1945, dt. 1964), ist eine Art modernes Märchen, in dem sich Reportage und Dichtung, Realität und Mythos mischen. In seiner Lyrik ist B. nach surrealist. Anfängen politisch und sozial engagiert.
Weitere Werke: Poemul invectivă (= Das Schmähgedicht, 1933), Ioana-Maria. Şaptesprezece poeme (= Ioana-Maria. Siebzehn Poeme, 1937), Das steinerne Land (Reportage, 1946, dt. 1954), Jahre des Widerstands (Reportage, 1955, dt. 1955), Privelişti şi sentimente (= Aussichten und Gefühle, Reportage, 1972).
Literatur: MANN, E.: G. B. In: Literatur Rumäniens 1944 bis 1980. Einzeldarstt. Von einem Autorenkollektiv unter Leitung v. Z. DUMITRESCU-BUŞULENGA u. M. BUCUR. Bln. 1983. S. 203.

Boheme [bo'ɛ:m; frz.; zu mlat. bohemus = Böhme, (dann auch:) Zigeuner (offenbar weil die Zigeuner über Böhmen eingewandert sind)], Künstlerkreise, die sich bewußt außerhalb der bürgerl. Gesellschaft etablierten. Zum ersten Mal in diesem Sinne faßbar um 1830 in Paris (Quartier Latin, Montmartre) als Reak-

tion eines Künstlerproletariats gegen zeitgenöss. polit. Ideologien und bürgerl. Moralvorstellungen; zu den ersten ›Bohemiens‹ gehörten u. a. Th. Gautier und G. de Nerval (›La Bohème galante‹). – Breiteren Kreisen bekannt wurde das B.leben durch H. Murgers Roman ›Scènes de la vie de bohème‹ (1851, 1849 dramatisiert mit Théodore Barrière [*1823, †1877], dt. 1851 u. d. T. ›Pariser Zigeunerleben‹), und dann v. a. durch G. Puccinis darauf fußender Oper ›La Bohème‹ (1896). Realitätsnähere, z. T. autobiographisch gefärbte Gestaltungen der B.existenz und -problematik finden sich u. a. in den Romanen von A. Strindberg (›Das rote Zimmer‹, 1879, dt. 1889), J. Vallès (›Jacques Vingtras‹, 3 Bde., 1879–86, dt. 1951, erstmals dt. in Auszügen 1895), O. J. Bierbaum (›Stilpe‹, 1897), H. Miller (›Plexus‹, 1949, dt. 1955).
Literatur: EASTON, M.: Artists and writers in Paris. The Bohemian idea, 1803–1867. New York 1965. – LABRACHERIE, P.: La vie quotidienne de la bohème littéraire au XIXᵉ siècle. Paris 1967. – KREUZER, H.: Die B. Stg. 1968.

Böhlau, Helene, *Weimar 22. Nov. 1856, †Augsburg 26. März 1940, dt. Schriftstellerin. – Heiratete den zum Islam übergetretenen Schriftsteller und Philosophen Friedrich Arnd (= Omar al Raschid Bey; *1839, †1911), lebte einige Jahre in Konstantinopel, dann in München; bekannt sind ihre Geschichten aus der Altweimarer Zeit mit meisterhaften Schilderungen der bürgerl. Gesellschaft der Goethezeit; später Eintreten für die Rechte der Frau (›Halbtier!‹, 1899).
Weitere Werke: Novellen (1882), Rathsmädelgeschichten (1888), In frischem Wasser (R., 2 Bde., 1891), Der Rangierbahnhof (R., 1895), Die Kristallkugel (E., 1903), Isebies (R., 1911), Der gewürzte Hund (R., 1916), Im Garten der Frau Maria Strom (R., 1922), Die leichtsinnige Eheliebste (R., 1925), Kristine (R., 1929), Die drei Herrinnen (R., 1937).

Böhl de Faber, Cecilia, span. Schriftstellerin, ↑Fernán Caballero.

Böhme, Jakob, *Alt-Seidenberg bei Görlitz 1575, †Görlitz 17. Nov. 1624, dt. Mystiker und Theosoph. – Ließ sich nach Wanderjahren 1599 als Schuhmachermeister in Görlitz nieder, lebte seit 1613 vom Garnhandel; Autodidakt; Studium der Bibel, myst. und naturwiss. Schriften. 1612 schrieb er das Werk ›Aurora, das ist: Morgenröthe im Aufgang und Mutter der Philosophiae‹ (vollständiger Druck 1656), das als Manuskript verbreitet wurde und ihm die Gegnerschaft des Görlitzer Hauptpastors G. Richter einbrachte. Trotz Schreibverbots veröffentlichte er ab 1619 noch 21 Schriften, darunter ›Beschreibung der drey Principien göttl. Wesens‹ (entst. 1619; gedr. 1660), ›Mysterium magnum‹ (entst. 1623; gedr. 1640), ›Der Weg zu Christo‹ (1624). Neuen Verfolgungen mußte er sich 1624 vorübergehend durch eine Flucht nach Dresden entziehen. Den Mittelpunkt seiner von Ph. A. Th. Paracelsus und K. von Schwenckfeld abhängigen Spekulation bildet die Frage nach dem Verhältnis des Bösen in der Welt zu Gott. Er löst sie, indem er ein negatives Prinzip in Gott selbst verlegt. Seine aus mittelalterl. Spiritualismus, myst. Ideen und naturphilosoph. Gedanken entwickelte Kosmogonie stellte B. in bildreicher, oft rätselhafter Sprache dar. Als Denker ungeschult, kommt er zu visionärer Anschauung, deren Wirkung sowohl im Gehaltlichen als auch im Dichterischen begründet ist. Da B. erstmalig philosoph. Schriften in dt. Sprache veröffentlichte, wurde er ›Philosophus Teutonicus‹ genannt. Der dt. Idealismus und die romant. Naturphilosophie nahmen Elemente der Mystik B.s in ihre Spekulationen auf.

Ausgaben: J. B. Sämtl. Schrr. Hg. v. W.-E. PEUCKERT. Neuausg. Stg. 1955–61. 11 Bde. – J. B. Die Urschrr. Hg. v. W. BUDDECKE. Stg. 1963–66. 2 Bde.
Literatur: KOYRÉ, A.: La philosophie de Jacob Boehme. Paris 1929. – KAYSER, W.: B.'s Natursprachlehre u. ihre Grundll. In: Euphorion 31 (1930), S. 521. – BENZ, E.: Der Prophet J. Boehme. Mainz u. Wsb. 1959. – SCHÄUBLIN, P.: Zur Sprache Jacob Boehmes. Winterthur 1963. – TESCH, H.: Vom dreifachen Leben. Ein geistiges Porträt des Mystikers J. B. Swistal-Buschhoven 1971. – KOCHER, K. E.: J. B. Glauben, Erkennen, Wissen. Dannstadt-Schauernheim 1975. – LEMPER, E. H.: J. B. Leben u. Werk. Bln. 1976. – TESCH, H.: J. B. Mchn. 1976. – WEHR, G.: J. B., der Geisteslehrer u. Seelenführer. Freib. 1979. – WEHR, G.: J. B. Rbk. 26.–28. Tsd. 1991. – BONHEIM, G.: Zeichendeutung u. Natursprache. Ein Versuch über Jacob B. Wzb. 1992. – SCHULITZ, J.: J. B. u. die Kabbalah. Ffm. 1993.

Bohomolec, Franciszek [poln. bɔxɔ-'mɔlɛts], * Witebsk 29. Jan. 1720, † Warschau 24. April 1784, poln. Dramatiker. – Jesuit; Lehrtätigkeit; redigierte im Geist einer gemäßigten Aufklärung die moral. Zeitschrift ›Monitor‹; verfaßte zahlreiche Schulkomödien nach frz. Vorbildern, bes. nach dem Muster Molières; vertrat in seinen publizist. und literar. Werken nat. Gedanken.

Literatur: KRYDA, B.: Szkolna i literacka działalność F. Bohomolca. Breslau 1979.

Bohorič, Adam [slowen. 'bo:xɔritʃ], * bei Brestanica (Slowenien) um 1520, † in Deutschland um 1600, slowen. Schriftsteller. – Schüler Ph. Melanchthons; legte die bis 1843 gültigen orthograph. Regeln des Slowenischen fest, die J. Dalmatin in seiner Bibelübersetzung 1584 benutzte, und verfaßte die in Wittenberg 1584 erschienene erste slowen. Grammatik (›Arcticae horulae‹, Nachdr. 1969).

Literatur: A. B. Arcticae horulae. Tl. 2: Unterss. Mchn. 1971.

Bohse, August, Pseudonym Talander, * Halle/Saale 2. April 1661, † Liegnitz 1730, dt. Schriftsteller. – Studierte Rechtswissenschaft, hielt Vorlesungen in Hamburg, war Sekretär des Herzogs von Weißenfels und Prof. der Ritterakademie in Liegnitz. Beschrieb in seinen galanten Romanen höf. Liebesintrigen.

Werke: Der Liebes Irregarten ... (1684), Liebes-Cabinet der Damen (1685), Amor an Hofe (1689), Die Durchlauchtigste Alcestis aus Persien (1689), Der getreuen Bellamira wohlbelohnte Liebes-Probe (1692), Die durchlauchtigste Olorena ... (1694), Die getreue Sclavin Doris ... (1696), Letztes Liebes- und Helden-Gedicht (1706).
Literatur: BREWER, E.: The novel of entertainment during the gallant era. A study of the novels of A. B. Bern u. a. 1983.

Boiardo, Matteo Maria, Graf von Scandiano, * Scandiano bei Reggio nell'Emilia um 1440, † Reggio nell'Emilia 19. Dez. 1494, italien. Dichter. – Erhielt höf. Erziehung, trieb humanist. Studien, stand ab 1469 im Dienst der Herzöge d'Este; war Gesandter, 1480–82 Gouverneur von Modena, ab 1487 von Reggio. Neben seiner Bedeutung als Übersetzer (Herodot, Xenophon, Cornelius Nepos, L. Apuleius) beruht sein Ruhm v. a. auf dem ›Canzoniere o amorum libri‹ (1499), einer Sammlung von Sonetten und Eklogen, in denen er seine

Matteo Maria
Boiardo,
Graf von
Scandiano
(Lithographie
von
P. Rohrbach)

Liebe zu Antonia Caprara besingt, und
dem ›Orlando innamorato‹ (entst.
1476–94, erster vollständiger Druck
1495, dt. 1819/20 u. d. T. ›Rolands Aben-
theuer‹), einem unvollendeten Epos, das
in 68 Gesängen und 26 Oktaven Motive
aus dem Sagenkreis um Karl den Großen
behandelt. B. begründete mit diesem
Werk, das u. a. von L. Ariosto fortgesetzt
wurde, das Ritterepos der Renaissance,
das die mittelalterl. Vorlagen der eigenen
Zeit und ihrer Stimmung des Individuellen genial anpaßt.
Ausgaben: M. B. Tutte le opere. Hg. v. A. ZOT-
TOLI. Mailand u. Verona 1936–37. 2 Bde. – M. B.
Opere volgari. Amorum libri, Pastorale, Lettere.
Hg. v. P. V. MENGALDO. Bari 1962. – M. B. Orlando innamorato. Sonetti e canzoni. Hg. v.
A. SCAGLIONE. Turin ³1974. 2 Bde.
Literatur: BIGI, E.: La poesia di B. Florenz
1941. – MENGALDO, P. V.: La lingua del B. lirico.
Florenz 1963. – FRIEDRICH, H.: Epochen der ita-
lien. Lyrik. Ffm. 1964. S. 281. – BOSCO, U.: La li-
rica del B. Rom 1964. – Il B. e la critica contem-
poranea. Hg. v. G. ANCESCHI. Florenz 1970. –
PONTE, G.: La personalità e l'opera del B. Genua 1972. – MURRIN, M.: The allegorical epic.
Essays in its rise and decline. Chicago 1980. –
WOODHOUSE, H. F.: Language and style in a Renaissance epic. Berni's corrections to B.s ›Orlando innamorato‹. London 1982.

Boie, Heinrich Christian ['bɔyə],
* Meldorf 19. Juli 1744, † ebd. 3. März
1806, dt. Schriftsteller. – Studierte Theologie und Jura, seit 1769 in Göttingen, wo
er Mitglied des ↑ Göttinger Hains war.
Gründete mit F. W. Gotter den ›Göttinger Musenalmanach‹, dessen Allein-Hg.
er 1771–75 war; 1776–88 Hg. der Zeitschrift ›Dt. Museum‹ und 1789–91 von
deren Fortsetzung ›Neues Dt. Museum‹.

1781 Landvogt von Süderdithmarschen
in Meldorf. B.s Bedeutung liegt weniger
in seinem literar. Werk (nur einige seiner
volksliedhaften Gedichte leben fort) als
vielmehr in seiner Eigenschaft als literar.
Anreger und Mittler; auch Übersetzer.
Ausgaben: Ich war wohl klug, daß ich dich fand.
H. Ch. B.s Briefwechsel mit L. Mejer
1777–1785. Hg. v. I. SCHREIBER. Mchn. ²1963.
Nachdr. 1980. – Briefe aus Berlin 1769/70. Hg.
v. G. HAY. Hildesheim 1970.
Literatur: WEINHOLD, K.: H. Ch. B. Halle/Saale
1868. Nachdr. Amsterdam 1970.

Boileau, Pierre Louis [frz. bwa'lo],
* Paris 28. April 1906, † Beaulieu-sur-
Mer (Alpes Maritimes) 16. Jan. 1989, frz.
Schriftsteller. – Schrieb, seit 1950 meist
in Zusammenarbeit mit Thomas Narce-
jac (eigtl. Pierre Ayraud, * Rochefort-sur-
Mer 3. Juli 1908), rund 40 psycholog. Kriminalromane, die großen Erfolg hatten,
u. a. ›Das Nebelspiel‹ (1952, dt. 1954,
1963 u. d. T. ›Tote sollten schweigen‹),
›Ich bin ein anderer‹ (1955, dt. 1957),
›Mensch auf Raten‹ (1964, dt. 1967),
›Das Leben ein Alptraum‹ (1972, dt.
1974), ›Die Unberührbaren‹ (1980, dt.
1981), ›Mamie‹ (1983, dt. 1984), ›Ohne
Spuren‹ (1983, dt. 1985), ›Schußfahrt‹
(1986, dt. 1987). Auch Essays und Drehbücher.
Literatur: LEBRUN, M.: L'almanach du crime
1980. Paris 1980. – BOILEAU, P. L./NARCE-
JAC, TH.: Tandem ou trente-cinq ans de sus-
pense. Paris 1986.

Boileau-Despréaux, Nicolas [frz.
bwalodepre'o], * Paris 1. Nov. 1636,
† ebd. 13. März 1711, frz. Schriftsteller. –
Folgte nach dem Studium von Theologie
und Jura seinen literar. Interessen;
wurde 1677 Hofhistoriograph, 1684 Mitglied der Académie française; befreundet mit J. Racine, Molière, J. de La Fontaine u. a. B.-D.' Werk mit der größten
Nachwirkung ist das Lehrgedicht in vier
Gesängen ›L'art poétique‹ (1674, dt.
1745, 1899 u. d. T. ›Die Dichtkunst‹). Es
hält – wie jede Poetik nachträglich – die
Regeln des literar. Systems der frz. Klassik auf der Basis von antiken Entwürfen
(Aristoteles, Horaz, Quintilian, Longinos) und deren italien. Vermittlern
(M. G. Vida, F. Robortello [* 1516,
† 1567], J. C. Scaliger, L. Castelvetro) fest.
B.-D. forderte Klarheit, Maß, Folgerich-
tigkeit; die Dichtung, als Nachahmung

der Natur definiert, sollte vernünftig sein. B.-D.' Poetik ist wenig originell. Gleichwohl bestimmte sie wesentlich das literar. Verständnis des europ. Klassizismus bis über die Mitte des 18. Jh. hinaus. Erst mit L. S. Mercier, D. Diderot, G. E. Lessing und dem bürgerl. Trauerspiel manifestierten sich antiklass. Strömungen, die in der europ. Romantik unwiederholbar und folgenreich Ausdruck fanden. Als Dichter ist B.-D. ein Meister der klass. Form. Mit scharfem Spott kritisiert er mittelmäßige Autoren in seinen ›Satiren‹ (12 Bde., 1666–1711, dt. 1890); er schrieb auch Huldigungsgedichte, satir. Angriffe auf Klerus und Advokaten (›Le lutrin‹, komisch-heroisches Epos, 6 Gesänge, 1674–83) und Übersetzungen (Longinos).

Weitere Werke: Épîtres (12 Bde., 1674–98), Réflexions sur Longin (1693 und 1713), Dialogue des héros du roman (hg. 1713).
Ausgaben: N. B.-D. Œuvres complètes. Hg. v. C. H. BOUDHORS. Paris 1934–43. 7 Bde. – B. Œuvres complètes. Hg. v. F. ESCAL. Paris 1966.
Literatur: BRAY, R.: B., l'homme et l'œuvre. Paris 1942. – DUMESNIL, R.: B. Paris [10]1943. – KORTUM, H.: Charles Perrault u. N. B. Der Antike-Streit im Zeitalter der klass. frz. Lit. Bln. 1966. – BEUGNOT, B./ZUBER, R.: B. Visages anciens, visages nouveaux. Montreal 1973. – RATHMANN, B.: Der Einfluß B.s auf die Rezeption der Lyrik des frühen 17. Jh. in Frankreich. Tüb. u. Paris 1979. – POCOCK, G.: B. and the nature of neo-classicism. Cambridge 1980. – JORET, P.: N. B.-D., révolutionnaire et conformiste. Paris 1989.

Boisrobert, François Le Métel de [frz. bwarɔ'bɛːr], * Caen 1. Aug. 1592, † Paris 30. März 1662, frz. Dichter. – Lebte ab 1616 in Paris am Hof der Königin Maria von Medici; Ratgeber Richelieus; schrieb Dramen, einen Roman, Novellen und Gedichte (›Épîtres en vers‹, 2 Bde., 1647–59). Spielte eine bed. Rolle bei der Gründung der Académie française, zu deren ersten Mitgliedern (1634) er zählte.
Literatur: MAGNE, E.: Le plaisant abbé de B. Paris [2]1909 (mit Bibliogr.). – CARCOPINO, J.: B. Paris 1963.

Boissard, Maurice [frz. bwa'saːr], Pseudonym des frz. Schriftstellers Paul ↑ Léautaud.

Boito, Arrigo [italien. 'bɔːito], Pseudonym Tobia Gorrio, * Padua 24. Febr. 1842, † Mailand 10. Juni 1918, italien. Komponist und Dichter. – Studierte Musik, war mit G. Rossini, G. Verdi und E. Duse befreundet; beeinflußt von L. van Beethoven und R. Wagner. Genoß als Dichter (Lyrik, Novellen) und Musikkritiker großes Ansehen und war in Mailand einer der führenden Köpfe der literar. Bewegung der Scapigliatura. Schrieb Libretti für eigene Opern (u. a. ›Mefistofele‹, 1868, umgearbeitet 1875) sowie die anderer Komponisten, u. a. zu Verdis ›Otello‹ (1887) und ›Falstaff‹ (1893); übersetzte u. a. C. M. von Webers ›Freischütz‹ sowie Wagners ›Rienzi‹ und ›Tristan und Isolde‹.

Ausgaben: A. B. Tutti gli scritti. Hg. v. P. NARDI. Verona 1942. – Verdi, G./B., A.: Briefwechsel. Hg. u. übers. v. H. BUSCH. Ffm. 1986.
Literatur: VAJRO, M.: A. B. Brescia 1955. – ASHBROOK, W.: A. B. In: The new Grove dictionary of music and musicians. Bd. 2 London 1980.

Bojer, Johan [norweg. 'bɔi̯ər], * Orkdal (Drontheim) 6. März 1872, † Oslo 3. Juli 1959, norweg. Schriftsteller. – War Hütejunge, Fischer, später Unteroffizier und Vertreter, ab 1919 freier Schriftsteller. Seine frühen Werke (bis zum 1. Weltkrieg) sind stark psychologisierend, die Werke der 20er Jahre gestalten das Leben der Fischer und der armen Landbevölkerung in durchaus realist. Stil, insbes. ›Die Lofotfischer‹ (R., 1921, dt. 1923, 1965 u. d. T. ›Der letzte Wiking‹) und ›Volk am Meer‹ (R., 1929, dt. 1930).

Weitere Werke: Ein Mann des Volkes (R., 1896, dt. 1915), Die Macht des Glaubens (R., 1903, dt. 1904), Leben (R., 1913, dt. 1913), Der große Hunger (R., 1916, dt. 1926), Die Auswanderer (R., 1924, dt. 1927), Der neue Tempel (R., 1927, dt. 1929), Des Königs Kerle (R., 1938, dt. 1939), Die Schuld der Kirsten Fjelken (R., 1948, dt. 1950).
Literatur: GAD, C.: J. B. The man and his works. Engl. Übers. New York 1920. – CHESNAIS, P. G. LA: J. B., sa vie et ses œuvres. Paris 1930.

Bojić, Milutin [serbokroat. ‚bɔːjit̮ɕ], * Belgrad 7. Mai 1892, † Saloniki 8. Nov. 1917, serb. Schriftsteller. – Brach in seiner heiteren, lebensbejahenden Lyrik mit dem Pessimismus der älteren serb. Dichtergeneration, der er jedoch formale Anregungen verdankt. Seine Versdramen erschienen postum.

Bo Juyi, chin. Dichter, ↑ Po Chü-i.

Bóka, László [ungar. 'boːkɔ], * Budapest 19. Juli 1910, † ebd. 1. Nov. 1964, ungar. Schriftsteller. – Prof. für moderne Literatur an der Univ. Budapest; schrieb geistreiche Essays, literarhistor. Arbeiten und gekonnt aufgebaute Romane, die eine nuancierte Darstellung seiner Zeit sind; dt. liegen vor: ›Melde gehorsamst‹ (R., 1958, dt. 1961) und ›Graf Dénes‹ (R., 1963, dt. 1969).

Boker, George Henry [engl. 'boʊkə], * Philadelphia (Pa.) 6. Okt. 1823, † ebd. 2. Jan. 1890, amerikan. Schriftsteller. – Diplomat; bed. als Dichter von Sonetten (›Sonnets‹, hg. 1929), die meist nat. Probleme und internat. Ereignisse zum Thema haben; auch romant. Blankverstragödien mit Themen aus dem mittelalterl. Spanien und Italien (›Francesca da Rimini‹, 1855).

Boldrewood, Rolf [engl. 'boʊldəwʊd], eigtl. Thomas Alexander Browne, * London 6. Aug. 1826, † Melbourne 11. März 1915, austral. Romancier. – Kam 1830 nach Australien; war Landbesitzer, Viehzüchter, später Verwaltungsbeamter auf den Goldfeldern und Friedensrichter. Hatte als literar. Vorbilder so ungleiche Autoren wie H. Kingsley und W. Scott, aus dessen Dichtung ›Marmion‹ er sein Pseudonym entlehnte. Sein anschaul., von umgangssprachl. Dialektbesonderheiten durchzogener Erzählstil und seine gute Beobachtungsgabe entwerfen in seinen 18 Romanen ein spannendes Bild vom Leben der Buschräuber, Goldgräber, Farmer und Sträflinge. Sein bekanntester Roman, ›Die Reiter vom Teufelsgrund‹ (1888, dt. 1954), erschien zuerst 1881 in Fortsetzungen in ›The Sydney Mail‹.
Literatur: BRISSENDEN, A.: R. B. Melbourne u. New York. 1972.

Bolesławita, Bogdan [poln. bɔlɛsụa-'vita], Pseudonym des poln. Schriftstellers Józef Ignacy ↑ Kraszewski.

Bolintineạnu, Dimitrie, eigtl. D. Cosmad, * Bolintin-Vale bei Bukarest 1819 (1825?), † Bukarest 20. Aug. 1872, rumän. Dichter. – Wegen Teilnahme an der Revolution 1848 verfolgt, ging er ins Exil; jahrelang auf Reisen; nach der Rückkehr 1863/64 Minister. Verfasser von romantisch-patriot. Gedichten (führte die Gattung der Ballade in die rumän. Literatur

ein), histor. Dichtungen und sozialkrit. Romanen, deren Realistik durch Einschübe von romant. Stilelementen gemildert wird.
Werke: Poezii (Ged., 1847), Manoil (R., 1855), Elena (R., 1862), Traianida (Epos, 1869).
Ausgabe: D. B. Opere alese. Bukarest 1961. 2 Bde.

bolivianische Literatur, während der **Kolonialzeit** gab es in dem Peru zugehörigen Bolivien so gut wie keine Literatur. Eine landeskundl. Darstellung ist Teil der ›Crónica moralizada‹ (1638) des Augustinermönchs Antonio de la Calancha (* 1584, † 1654). Erst im Anschluß an die Unabhängigkeitskriege sind einige Schriftsteller namhaft zu machen. Der romant. sentimentale Roman ›La isla‹ (1854) von Manuel María Caballero (* 1819, † 1866) war das erste Prosawerk mit nat. Kolorit. Die bedeutendsten Gestalten der **Romantik** sind der Lyriker Ricardo José Bustamante (* 1821, † 1886) und Nataniel Aguirre (* 1843, † 1888), Dramaturg und Romancier, der aus liberal-patriot. Sicht in dem Roman ›Juan de la Rosa‹ (1885) die Kämpfe um die Unabhängigkeit darstellte.
Mit dem vielseitigen R. Jaimes Freyre erlebte die b. L. einen Höhepunkt. Seine Gedichtbände ›Castalia bárbara‹ (1897) und ›Los sueños son vida‹ (1917) zählen zu den wichtigeren Werken des hispanoamerikan. **Modernismo.** Vertreter dieser Schule ist auch F. Tamayo, Autor lyr. Tragödien sowie mehrerer Bände formvollendeter Lyrik. Als Antithese zum themat. Exotismus und formalen Ästhetizismus der Modernisten entwickelte sich die erzählende Prosa zum Organ sozialer Kritik. Armando Mendoza Chirveches (* 1881, † 1926) attackierte in dem naturalist. Roman ›Casa solariega‹ (1916) Oligarchie und Klerus; A. Arguedas kämpfte in seinem Hauptwerk ›Raza de bronce‹ (1919) gegen die grausame Unterdrückung der Indios. Die lyr. Passagen des Romans manifestieren die Überwindung des Naturalismus.
In den **20er Jahren** war eine Generation von Lyrikern herangereift, die sich der Natur, den Bewohnern und autochthonen Lebensformen des Landes zuwendete. Zu ihr gehörten u. a. Octavio Campero Echazú (* 1900, † 1970) und Gui-

llermo Viscarra Fabre (* 1901). Der Krieg zwischen Bolivien und Paraguay (1932–35) löste eine Serie literar. Bearbeitungen aus. Er wurde aus antiimperialist. Sicht interpretiert in dem Roman ›Aluvión de fuego‹ (1935) von Oscar Cerruto (* 1912) und den Erzählungen ›Sangre de mestizos‹ (1936) von A. Céspedes. Von letzterem stammt auch der Roman ›Teufelsmetall‹ (1946, dt. 1964), der Monopolkapitalismus und Arbeiterelend in den Zinnminen Boliviens behandelt.

Zu den bedeutendsten Autoren der jüngsten **Moderne**, die in individueller Weise techn. Probleme lösen und eigene Themenkreise entwickeln, zählen die religiös inspirierte Lyrikerin Y. Bedregal de Conitzer und der Romancier Raúl Botelho Gonsálvez (* 1917), der sozialkrit. Realismus mit kompositor. Ästhetik und Lyrismen verbindet. Namhafte Prosaschriftsteller sind ferner Oscar Soria Gamarra (* 1923), Néstor Taboada Terán (* 1929), R. Prada Oropeza. Als Lyriker sind v. a. Jaime Sáenz (* 1921), Edgar Ávila Echazú (* 1930) und P. Shimose, Eduardo Mitre (* 1943) und René Poppe (* 1943) zu nennen.

Literatur: CÉSPEDES ESPINOZA, H.: Historia de la literatura boliviana. Cochabamba 1948. – FINOT, E.: Historia de la literatura boliviana. La Paz ²1955. – GUZMÁN, A.: La novela en Bolivia; proceso 1847–1954. La Paz 1955. – DÍEZ DE MEDINA, F.: Literatura boliviana. Madrid ²1959. – GUZMÁN, A.: Biografías de la literatura boliviana. Cochabamba 1982. – ORTEGA, J.: Narrativa boliviana del siglo XX. La Paz 1984. – CÁCERES ROMERO, A.: Nueva historia de la literatura boliviana. La Paz 1987 ff. Auf 4 Bde. ber.

Böll, Heinrich, * Köln 21. Dez. 1917, † Kreuzau (Gemeindeteil Langenbroich) 16. Juli 1985, dt. Schriftsteller. – Buchhändlerlehre, Soldat im 2. Weltkrieg, Germanistikstudium, ab 1951 freier Schriftsteller; lebte in Köln; Verfasser von Romanen, Erzählungen, Essays, Reden und Hörspielen. – B. setzte sich in seinen ersten Werken mit dem Krieg und dessen Auswirkungen auseinander; harte Anklagen, die, teils satirisch, das Grauen des Krieges und seiner Folgen, Erlebnisse von Heimkehrern, von vereinsamten Frauen, vaterlosen Kindern, Jugend- und Eheprobleme darstellen. In späteren Werken polemisierte er gegen die Restauration in der Nachkriegszeit,

Heinrich Böll

gegen die Sattheit und Lauheit all derer, die vergessen können und wollen. Der Oberflächlichkeit, Scheinheiligkeit, Scheinmoral und der Lieblosigkeit der Menschen untereinander setzte der Moralist B. Verantwortung, Barmherzigkeit und Liebe entgegen. Kritisch durchleuchtete er polit. und gesellschaftl. Gegebenheiten. Er wandte seine Kritik auch auf den kath. Klerus und die breite Masse der oft indifferenten kath. Gläubigen an. Seine engagierten Stellungnahmen zu polit. Fragen, v. a. in der Terrorismusdebatte der 1970er Jahre, riefen oft den Widerspruch der Konservativen hervor. Knappe und sachl. Darstellung, gelegentl. Übertreibungen, eine gewisse Naivität des oft mit direkter Rede arbeitenden ›Erzählers‹, dichte Atmosphäre sind einige Kennzeichen seiner Kunst. Eindrucksvolle Menschenschilderung kennzeichnet seinen Reisebericht ›Irisches Tagebuch‹ (1957); Verfasser zahlreicher Hörspiele; Übersetzer u. a. J. D. Salingers, B. Behans und G. B. Shaws. 1967 erhielt B. den Georg-Büchner-Preis, 1972 den Nobelpreis für Literatur. 1970 wurde er Präsident des P.E.N.-Zentrums BR Deutschland; als Präsident des internat. P.E.N.-Clubs (1971–74) setzte er sich nachdrücklich für politisch verfolgte Schriftsteller ein. Aus dem Nachlaß B.s erschien 1991 die 1946 entstandene Erzählung ›Der General stand auf einem Hügel‹. 1992 folgte der Roman aus dem Jahre 1951 ›Der Engel schwieg‹.

Weitere Werke: Der Zug war pünktlich (E., 1949), Wanderer kommst du nach Spa... (En., 1950), Wo warst du, Adam? (R., 1951), Und sagte kein einziges Wort (R., 1953), Haus ohne

Hüter (R., 1954), Das Brot der frühen Jahre (E., 1955), Im Tal der donnernden Hufe (E., 1957), Doktor Murkes gesammeltes Schweigen (Satiren, 1958), Billard um halbzehn (R., 1959), Ein Schluck Erde (Dr., 1962), Ansichten eines Clowns (R., 1963, dramatisiert u. d. T. Der Clown, UA 1970), Entfernung von der Truppe (E., 1964), Ende einer Dienstfahrt (E., 1966), Frankfurter Vorlesungen (1966), Gruppenbild mit Dame (R., 1971), Neue polit. und literar. Schriften (1973), Die verlorene Ehre der Katharina Blum (E., 1974), Berichte zur Gesinnungslage der Nation (1975), Einmischung erwünscht. Schriften zur Zeit 1973–1976 (1977), Du fährst zu oft nach Heidelberg (En., 1979), Fürsorgl. Belagerung (R., 1979), Vermintes Gelände. Essayist. Schriften 1977–1981 (1982), Ein- und Zusprüche. Schriften, Reden und Prosa 1981–1983 (1984), Frauen vor Flußlandschaft (R., 1985).
Ausgabe: H. B. Werke. Hg. v. B. BALZER. Köln 1977–78. 10 Bde.
Literatur: BERNHARD, H. J.: Die Romane H. B.s. Bln. ²1973. – SCHWARZ, W. J.: Der Erzähler H. B. Bern u. a. ²1973. – B. Unterss. zum Werk. Hg. v. M. JURGENSEN. Bern u. a. 1975. – H. B. Eine Bibliogr. seiner Werke. Hg. v. W. MARTIN. Hildesheim u. a. 1975. – NÄGELE, R.: H. B.: Einf. ... Ffm. 1976. – LINDER, CH.: B. Rbk. 1978. – H. B. Eine Einf. ... in Einzelinterpretationen. Hg. v. H. BETH. Kronberg i. Ts. ²1980. – H. B. Hg. v. H. L. ARNOLD. Mchn. ³1982. – In Sachen B. Hg. v. M. REICH-RANICKI. Mchn. ⁸1985. – REICH-RANICKI, M.: Mehr als ein Dichter. Über H. B. Köln 1986. – VOGT, J.: H. B. Mchn. ²1987. – H. B. Auswahlbibliogr. zur Primär- u. Sekundärlit. Hg. v. G. RADEMACHER. Bonn 1989. – HOFFMANN, G.: H. B. Leben u. Werk. Mchn. 1991. – REID, J.: H. B. Ein Zeuge seiner Zeit. Dt. Übers. Mchn. 1991. – SCHRÖTER, K.: H. B. Rbk. 51.–54. Tsd. 1993. – SOWINSKI, B.: H. B. Stg. 1993.

Bölsche, Wilhelm, * Köln 2. Jan. 1861, † Schreiberhau 31. Aug. 1939, dt. Schriftsteller. – Studierte Philologie und Kunstwissenschaft, Mitglied des † Friedrichshagener Dichterkreises, Mitbegründer der ›Freien Volksbühne‹, Redakteur der Zeitschrift ›Freie Bühne‹. Seine Bedeutung liegt in seiner Popularisierung der naturwissenschaftl. Kenntnisse, deren Einbeziehung er von der Literatur forderte. Er verfaßte Biographien Ch. R. Darwins (1898) und E. Haeckels (1900), pries die ›natürl. Liebe‹ in seinem bekanntesten Werk, ›Das Liebesleben in der Natur‹ (3 Bde., 1898–1903); umfangreiche Herausgebertätigkeit.
Weitere Werke: Die naturwissenschaftl. Grundlagen der Poesie (1887), Der Zauber des Königs

Arpus (R., 1887), Die Mittagsgöttin (R., 3 Bde., 1891), Hinter der Weltstadt (Essays, 1901), Die Abstammung des Menschen (1904), Der singende Baum (En., 1924).
Literatur: HAMACHER, W.: Wiss., Lit. u. Sinnfindung im 19. Jh. Studien zu W. B. Wzb. 1993.

Bolstad, Øivind [norweg. 'bulsta], * Vardø 1. Febr. 1905, norweg. Schriftsteller. – Kritisiert in seinen v. a. in den sozialist. Ländern vielgelesenen Romanen die kapitalist. Gesellschaft Norwegens.
Werke: De gylne lenker (R., 1945), Der Profitör (R., 1947, dt. 1952), Den røde begonia (R., 1947), Das Testament des alten Winckel (R., 1949, dt. 1960), Draußen auf den Inseln (En., 1955, dt. 1959), Fortellinger og fabler (En., 1966), Dødens tango (R., 1967), Apassionata (R., 1968), Jorunn (R., 1969), Sort messe (R., 1970), Tilgi oss ikke for Helene (R., 1975).

Bolt, Robert O[xton] [engl. bɔʊlt], * Sale bei Manchester 15. Aug. 1924, † Petersfield (Hampshire) 20. Febr. 1995, engl. Dramatiker. – Lehrer (1950–58); Verfasser von Dramen, Hörspielen und Filmdrehbüchern (›Lawrence von Arabien‹, 1962; ›Doktor Schiwago‹, 1965; ›Ryans Tochter‹, 1970). In seinen erfolgreichen Stücken gestaltet B. den Konflikt zwischen persönl. Integrität und Konformitätszwängen, wobei in den Realismus der Anfangsperiode (›Blühende Kirschen‹, 1958. dt. 1958, auch u. d. T. ›Blühende Träume‹; ›Der Tiger und das Pferd‹, 1961, dt. 1962) allmählich film. und ep. Elemente einfließen, so in den histor. Stücken ›Thomas Morus‹ (Hsp., 1954; Dr., 1961, dt. 1962), in der dramatisierten Auseinandersetzung zwischen Elisabeth I. und Maria Stuart ›Vivat! Vivat Regina!‹ (1971, dt. UA 1971) und in dem Panorama der Oktoberrevolution ›State of revolution‹ (1978). Stilelemente des absurden Dramas sowie des Theaters der Grausamkeit fanden Eingang in die märchenhaft-phantast. Stücke ›Gentle Jack‹ (1964, dt. 1967) und ›The thwarting of Baron Bolligrew‹ (1966).
Literatur: HAYMAN, R.: R. B. London 1970.

Bom, Emmanuel de, * Antwerpen 9. Nov. 1868, † Kalmthout 14. April 1953, fläm. Schriftsteller. – Gehörte zu den Mitbegründern der fläm. Zeitschriften ›Van nu en straks‹ und ›Vlaanderen‹; schrieb mit ›Wrakken‹ (1898) den ersten psycholog. Roman mit stark naturalist.

Zügen, zugleich den ersten modernen Stadtroman in Flandern; außerdem Erzählungen und Skizzen.

Weitere Werke: Scheldelucht (Skizze, 1941), Het land van Hambelokke (R., 1946).

Bomans, Godfried Jan Arnold, * Den Haag 2. März 1913, † Bloemendaal (Nordholland) 22. Dez. 1971, niederl. Schriftsteller. – Wurde populär mit seinen von Ch. Dickens beeinflußten, durch spieler. Phantasie und ein ausgeprägtes Gefühl für Humor gekennzeichneten Büchern für Erwachsene und Kinder.

Werke: Die Memoiren des Herrn Ministers (1937, dt. 1955), Erik oder das kleine Insektenbuch (1941, dt. 1952), De avonturen van tante Pollewop (1953), Röm. Impressionen (Reisebuch, 1956, dt. 1957), Ich liebe meinen Gartenzwerg (1957, dt. 1959), Godfried Bomans sprookjesboek (1965), Beminde gelovigen (1970).

Literatur: VAN DYCK, J.: Ernst en luim in het werk van G. B. Antwerpen u. a. 1958.

Bonaventura, Pseudonym für den bisher nicht identifizierten Verfasser des Romans ›Nachtwachen. Von B.‹ (1804), möglicherweise F. G. Wetzel oder E. A. F. Klingemann, vielleicht aber auch ein völlig unbekannter Schriftsteller. Die ›Nachtwachen‹, eines der bed. Werke der Hochromantik, enthalten die grotesk-phantast., pessimist. Visionen eines fiktiven Nachtwächters, die dieser auf seinen nächtl. Wegen hat.

Ausgaben: B. Nachtwachen. Hg. v. W. PAULSEN. Stg. 1964. – Nachtwachen. Von B. Nachwort v. R. BRINKMANN. Hamb. 1969. – KLINGEMANN, A.: Nachtwachen von B. Hg. v. J. SCHILLEMEIT. Ffm. 1974.

Literatur: PAULSEN, W.: B.s ›Nachtwachen‹ im literar. Raum. Sprache u. Struktur. In: Jb. der Dt. Schillergesellschaft 9 (1965), S. 447. – BRINKMANN, R.: Nachtwachen von B. Pfullingen 1966. – PFANNKUCHE, W.: Idealismus u. Nihilismus in den ›Nachtwachen‹ von B. Ffm. u. a. 1983. – FLEIG, H.: Literar. Vampirismus: Klingemanns ›Nachtwachen von B.‹. Tüb. 1985.

Bond, Edward [engl. bɔnd], * London 18. Juli 1934, engl. Dramatiker. – Zählt zu den bedeutendsten Vertretern einer polit. Richtung im engl. Nachkriegsdrama; auch Mitarbeit an Drehbüchern, u. a. zu M. Antonionis Film ›Blow up‹, 1966. B. untersucht in seinen Stücken den Zusammenhang zwischen institutioneller und individueller Gewalt und stellt die Frage nach der Rechtfertigung von

Gewalt als Mittel der polit. Veränderung. Nach Anfangsstücken, die in einer Mischung von krassem Realismus und poet. Vision die Situation von Jugendlichen mit Schockeffekten durchleuchten (›Die Hochzeit des Papstes‹, UA 1962, Erstausg. 1971, dt. 1971; ›Gerettet‹ 1965, dt. 1966), wandte sich B. zunehmend (pseudo-)histor. Stoffen zu, zunächst in der Groteske über Königin Viktoria ›Trauer zu früh‹ (1968, dt. 1969), sodann in den im Japan des 17. Jh. angesiedelten, den Kreislauf der Gewalt sowie die Rolle des Intellektuellen problematisierenden Parabeln ›Schmaler Weg in den tiefen Norden‹ (1968, dt. 1969) und ›Das Bündel oder neuer schmaler Weg in den tiefen Norden‹ (1978, dt. 1978). Nach der Shakespeare-Neudeutung ›Lear‹ (1972, dt. 1972) erörterte B. in den Stücken ›Bingo. Szenen von Geld und Tod‹ (1974, dt. 1976) und ›Der Irre. Szenen von Brot und Liebe‹ (1976, dt. 1976) die gesellschaftl. Verantwortung des Künstlers anhand des angepaßten Shakespeare und des nonkonformist. J. Clare. Auch in dem Drama um den Trojanischen Krieg ›Die Frau. Szenen von Krieg und Freiheit‹ (1979, dt. 1979) sowie in dem den Zweiten Weltkrieg im Rückblick verarbeitenden Stück ›Sommer‹ (1982, dt. 1983) steht wie in vielen Stücken B.s die histor. Dimension paradigmatisch für die Gegenwart, was der Autor durch zahlreiche theoret. Äußerungen, u. a. in ausführl. Vorworten, betont. Dort weist er selbst ausdrücklich auf die Entwicklung

Edward Bond

innerhalb seines Werks von sogenannten Frage- zu Antwortstücken ab Mitte der siebziger Jahre hin. B. schrieb auch Texte für H. W. Henze (u. a. ›Wir erreichen den Fluß. Handlungen für Musik‹, 1976, dt. 1976; ›Die Engl. Katze‹, Oper, 1982, dt. 1983) sowie Gedichte (›Poems 1978–1985‹, 1987).

Weitere Werke: Die See. Eine Komödie (1973, dt. 1973), Die Schaukel. Ein Dokumentarspiel (1976, dt. 1977), Grandma Faust. Eine Burleske (1976, dt. 1977), Stein. Ein kurzes Stück (1976, dt. 1977), Restauration. Eine Idylle (Dr., 1981, dt. 1985), The war plays (Trilogie, 1985, Bd. 3 dt. 1987 u. d. T. Die Kriegsspiele), Human cannon (Dr., 1985), Jackets (Dr., 1990), Männergesellschaft (Dr., 1990, dt. 1994).
Ausgabe: E. B. Ges. Stücke. Dt. Übers. Ffm. 1987. 2 Bde.
Literatur: IDEN, P.: E. B. Velber 1973. – WOLFENSPERGER, P.: E. B. Dialektik des Weltbildes u. dramat. Gestaltung. Bern 1976. – SCHARINE, R.: The plays of E. B. Lewisburg u. London 1976. – COULT, T.: The plays of E. B. London 1977. – AICHLREITER, E.: Das politisch-rationale Theater E. B.s. Diss. Salzburg 1978. – FRANKE, J.: Elemente des Theaters der Grausamkeit u. des Absurden im Werk des engl. Dramatikers E. B. Diss. Mainz 1978. – HAY, M./ROBERTS, P.: B. A study of his plays. London 1980. – HIRST, D. L.: E. B. London 1985. – B. on file. Hg. v. P. ROBERTS. London 1985. – SPENCER, J. S.: Dramatic strategies in the plays of E. B. Cambridge 1992.

Bondarew (tl.: Bondarev), Juri Wassiljewitsch [russ. 'bɔndɐrif], * Orsk 15. März 1924, russ. Schriftsteller. – Studium am Gorki-Literaturinstitut. B. ist einer der bedeutendsten Vertreter der sowjet. Kriegsliteratur mit seinen Erzählungen ›Batal'ony prosjat ognja‹ (= Die Bataillone bitten um Feuerunterstützung, 1957) und ›Die letzten Salven‹ (1959, dt. 1961).
Weitere Werke: Vergiß, wer du bist (R., 1962, dt. 1962), Die Zwei (R., 1964, dt. 1965), Heißer Schnee (R., 1970, dt. 1971), Das Ufer (R., 1975, dt. 1977), Die Wahl (R., 1981, dt. 1983), Igra (= Das Spiel, R., 1985).
Literatur: MICHAJLOV, O. N.: J. Bondarev. Moskau 1976. – MAI, B.: Humanismusauffassung u. Heldentyp bei J. Bondarev. Diss. Bln. 1980 [Masch.]. – GORBUNOVA, E. N.: J. Bondarev. Očerk tvorčestva. Moskau 1989.

Bondeson, August [schwed. ˌbundəsɔn], * Vessigebro (Halland) 2. Febr. 1854, † Göteborg 23. Sept. 1906, schwed. Schriftsteller. – Studierte Medizin, wurde Arzt. Kenner des Volkslebens in Halland, sammelte volkstüml. Lieder

und veröffentlichte realist., z. T. humorvolle Bauerngeschichten; sein Hauptwerk ›Skollärare John Chronschoughs memoarer‹ (2 Bde., 1897–1904) ist ein vortreffl. satir. Roman und zugleich eine ausgezeichnete Zeit- und Milieuschilderung.

Bondy, Fritz ['bɔndi], schweizer. Schriftsteller, ↑ Scarpi, N. O.

Boner, Ulrich, latinisiert Bonerius, Predigermönch und Fabeldichter. – Urkundlich zw. 1324 und 1349 als Dominikaner in Bern nachgewiesen; schrieb um 1350 nach lat. Quellen 100 gereimte Fabeln in mhd. Sprache, die, u. d. T. ›Der Edelstein‹ zusammengefaßt, handschriftlich weit verbreitet waren; bereits 1461 erfolgte in Bamberg der erste Druck.

Ausgaben: Der Edelstein von U. B. Hg. v. F. PFEIFFER. Lpz. 1844. – U. B. Der Edelstein. Faksimile der 1. Druckausg. Bamberg 1461. Eingel. v. D. FOUQUET. Stg. 1972.
Literatur: BLASER, R. H.: U. B., un fabuliste suisse du XIVᵉ siècle. Mülhausen 1949. Nachdr. Ann Arbor (Mich.) 1979.

Bongartz, Heinz, schweizer. Schriftsteller, ↑ Thorwald, Jürgen.

Bon Gaultier [engl. 'bɔn 'gɔːltɪə], Pseudonym des schott. Schriftstellers Sir Theodore ↑ Martin.

Bongs, Rolf, * Düsseldorf 5. Juni 1907, † ebd. 20. Nov. 1981, dt. Schriftsteller. – Nach seinem Studium Ausübung verschiedener Berufe, u. a. Archivar, Journalist, ab 1956 freier Schriftsteller. Vom Kriegserlebnis geprägter Lyriker, Erzähler und Dramatiker; er zeigt Vorliebe für zeitnahe Stoffe, die ihm Gelegenheit zur Kritik an der gegenwärtigen Gesellschaft geben.

Werke: Das Hirtenlied (Dichtung, 1933), Flug durch die Nacht (Ged., 1951), Das Antlitz André Gides (Essays, 1953), Die feurige Säule (R., 1953), Absturz (Stück, 1959), Monolog eines Betroffenen (E., 1961), Die großen Augen Griechenlands (Tageb., 1963), Rechenschaft (Ged., 1964), Urteil über einen gemeinen Soldaten (En., 1966), Das Londoner Manuskript (R., 1969), A bis plus minus Zett (Ged., 1972), Oberwelt = Overworld (Ged., dt. und engl. 1977), Ein amerikan. Mädchen (R., 1980).
Literatur: Begegnungen mit R. B. Hg. v. L. HUESMANN u. H. G. RUCH. Emsdetten 1967. – PAULSEN, W.: Versuch über R. B. Darmst. 1973.

Böni, Franz, * Winterthur 17. Juni 1952, schweizer. Schriftsteller. – Kaufmänn. Lehre, seit 1979 freier Schriftsteller. Die Figuren seiner Erzählungen und Romane gehören zu den Außenseitern der Gesellschaft (›Die Wanderarbeiter‹, 1981); sie sind häufig Wandernde, die von der Hoffnung getrieben werden, einer schmerzhaft genau wahrgenommenen Wirklichkeit mit ihren ökonom. Zwängen und dem Scheitern menschl. Gemeinsamkeit entfliehen zu können.

Weitere Werke: Schlatt (R., 1979), Ein Wanderer im Alpenregen (En., 1979), Hospiz (E., 1980), Der Knochensammler (E., 1980), Alvier (En., 1982), Die Alpen (Prosa, 1983), Alle Züge fahren nach Salem (R., 1984), Der Johanniterlauf (Fragment, 1984), Die Residenz (R., 1988), Der Hausierer (Nov., 1991), Amerika (R., 1992).

Bonilla y San Martín, Adolfo [span. bo'niʎa i sanmar'tin], * Madrid 27. Sept. 1875, †ebd. 18. Jan. 1926, span. Jurist, Philosoph und Literarhistoriker. – 1903 Prof. für Handelsrecht in Valencia, 1905 für Philosophie in Madrid. Bed. durch seine Quellenstudien und die Edierung jurist., literar., philosoph. Texte, u. a. des Gesamtwerks von M. de Cervantes Saavedra (›Obras completas de Cervantes‹, 12 Bde., 1914–22).

Werke: Luis Vives y la filosofía del renacimiento (1903), Historia de la filosofía española (2 Bde., 1908–11).
Literatur: GALVARRIATO, J. A.: La obra de A. B. y S. M. Madrid 1918. – PUYOL Y ALONSO, J.: A. B. y S. M. Madrid 1927.

Bonmot [bõ'mo:; frz. = gutes Wort], kurze geistreiche Bemerkung, die sich mit dem gedanklich meist anspruchsvolleren ↑Aphorismus berührt.

Bonnard, Abel [frz. bɔ'na:r], * Poitiers 19. März 1883, † Madrid 31. Mai 1968, frz. Schriftsteller. – Erziehungsminister in der Vichy-Regierung; 1932–44 Mitglied der Académie française; nach dem 2. Weltkrieg als Kollaborateur in Abwesenheit zum Tode, nach seiner Rückkehr aus dem span. Exil 1960 zu 10jähriger Verbannung verurteilt. Schrieb Gedichte (›Les familiers‹, 1906), Romane (›La vie et l'amour‹, 1913), Novellen, psycholog. Essays (›L'amitié‹, 1928), Reisebücher (›En Chine‹, 1924) und Biographien.
Literatur: MATHIEU, O.: A. B., une aventure inachevée. Paris 1988.

Bonnefoy, Yves [frz. bɔn'fwa], * Tours 24. Juni 1923, frz. Schriftsteller. –

Lyriker, Erzähler, Essayist, Kunstkritiker und Übersetzer. Stärker von G. Bachelard und P. Éluard als von P. Valéry inspiriert, strebt sein Werk einen Realismus an, der durch die sprachl. Gestaltung des Konkreten zu einer neuen Spiritualität führt, die die alten Abstraktionen aufhebt. Erhielt 1981 den Großen Preis für Poesie der Académie française.

Werke: Du mouvement et de l'immobilité de Douve (Ged., 1953), Herrschaft des Gestern, Wüste (Ged., 1958, frz. und dt. 1969), Pierre écrite (Ged., 1959), Un rêve fait à Mantoue (Essay, 1967), L'arrière-pays (R., 1972), Im Trug der Schwelle (Ged., 1975, frz. und dt. 1984), Le nuage rouge (Essays, 1977), Rue Traversière (Prosa, 1977, dt. 1980), Poèmes (1982), La présence et l'image (1983), Ce qui fut sans lumière (Ged., 1987), Berichte im Traum (Prosa, 1987, dt. 1990), La vie errante (Prosa, 1992).
Literatur: BUTTERS, G.: Y. B., Poesie u. Mythos. Rheinfelden 1981. – FELTEN, H.: Y. B. In: Krit. Lex. der roman. Gegenwartsliteraturen. Hg. v. W.-D. LANGE. Losebl. Tüb. 1984 ff. – BUTTERS, G.: Y. B. In: Frz. Lit. des 20. Jh. Tendenzen u. Gestalten. Hg. v. W.-D. LANGE. Bonn 1986.

Bønnelycke, Emil [dän. 'bønəløgə], * Århus 21. März 1893, † Halmstad (Schweden) 27. Nov. 1953, dän. Lyriker und Erzähler. – Vertreter einer expressionistisch-futurist. Lyrik, die, von W. Whitman beeinflußt, alle Erscheinungen der Gegenwart, auch Technik und modernes Großstadtleben, thematisch einbezog; seine letzten Romane waren von religiösmoral. Grundsätzen geprägt.

Werke: Asfaltens sange (Ged., 1918), Spartanerne (R., 1919), Gadens legende (Ged., 1920), Lokomotivführergeschichten (1927, dt. 1929), Lokomotivet (R., 1933).

Bonsels, Waldemar, * Ahrensburg 21. Febr. 1880, † Ambach (Starnberger See) 31. Juli 1952, dt. Schriftsteller. – Weite Wanderungen und Reisen in Europa, Ägypten, Indien, Amerika; stellte in empfindsamen, der Neuromantik nahestehenden Erzählungen und Romanen die Natur mythisch-beseelt dar; bes. Erfolg hatten sein märchenhaft geschriebener Roman ›Die Biene Maja und ihre Abenteuer‹ (1912) und das Buch ›Indienfahrt‹ (1916); von seinen Reisen berichtet der Zyklus ›Notizen eines Vagabunden‹ (›Menschenwege‹, 1918; ›Eros und die Evangelien‹, 1921; ›Narren und Helden‹, 1923).

Waldemar
Bonsels

Weitere Werke: Ave vita, morituri te salutant (E., 1906), Blut (R., 1909), Die Toten des ewigen Kriegs (R., 1911), Himmelsvolk (R., 1915), Mario und die Tiere (E., 1927), Tage der Kindheit (Autobiogr., 1931), Marios Heimkehr (R., 1937), Mario. Ein Leben im Walde (R., 1939), Begegnungen (En., 1940), Mortimer (R., 1946), Dositos (R., 1949; 1951 u. d. T. Das vergessene Licht).
Ausgabe: W. B. Wanderschaft zwischen Staub u. Sternen. Gesamtwerk. Geleitwort v. R.-M. BONSELS. Mchn. 1980. 10 Bde. – W.-B.-Studienausgabe Mchn. 1982. 4 Bde.
Literatur: Menschenbild u. Menschenwege im Werk von W. B. Hg. v. R.-M. BONSELS. Wsb. 1988.

Bontempelli, Massimo, *Como 12. Mai 1878, † Rom 21. Juli 1960, italien. Schriftsteller. – Bis 1910 Prof. für Literatur, dann Mitarbeiter und Hg. verschiedener Zeitschriften; 1940–50 Senator. Phantasievoller Schriftsteller mit skurrilem Humor, oft auch mit harter Satire, experimentierfreudig und wandlungsfähig. Begann als Klassizist, stand dann unter dem Einfluß L. Pirandellos, wandte sich dem Futurismus zu und huldigte schließlich einem mag. Realismus. B. schrieb Dramen, Erzählungen und Lyrik; auch Kritiker.
Werke: Das geschäftige Leben (R., 1920, dt. 1991), Die Frau meiner Träume (Nov., 1925, dt. 1925), Der Sohn zweier Mütter (R., 1929, dt. 1930), Die Familie des Fabbro (R., 1932, dt. 1941), Gente nel tempo (R., 1937), Fahrt der Europa (R., 1941, dt. 1956), L'amante fedele (R., 1953).
Ausgaben: M. B. Teatro. Mailand 1947. 2 Bde. – M. B. Racconti e romanzi. Hg. v. P. MASINO. Verona 1961. 2 Bde.

Literatur: BALDACCI, L.: M. B. Turin 1967. – ENGELER, C.: M. B. e i suoi romanzi nel tempo (1927–1937). Zü. 1992.

Bonvesin de la Riva [italien. bomve-'zin 'della 'ri:va], *Mailand zwischen 1240 und 1243, † ebd. zwischen 1313 und 1315, italien. Dichter. – Schrieb neben lat. Werken volkstüml. religiöse und moralisierende Gedichte in Mailänder Mundart.
Werke: Il libro delle tre scritture (vor 1274, hg. 1901), De magnalibus urbis Mediolani (Traktat, 1288, hg. 1915).
Ausgabe: B. de la R. Le opere volgari. Hg. v. G. CONTINI. Bd. 1. Rom 1941 (m. n. e.).

Boo, Sigrid Maren [norweg. bu:], geb. Holmesland, *Christiania (heute Oslo) 23. Aug. 1898, † ebd. 12. Sept. 1953, norweg. Erzählerin. – Schrieb erfolgreiche, heiter-boshafte, gesellschaftskrit. Romane aus dem Alltagsleben.
Werke: Wir, die den Küchenweg gehen (R., 1930, dt. 1932), Sogar in diesen Zeiten (R., 1932, dt. 1933), Du herrliches Leben (R., 1933, dt. 1937), Eines Tages kam sie zurück (R., 1937, dt. 1938), Sonst war es wirklich reizend (R., 1938, dt. 1939).

Böök, Frederik, *Kristianstad 12. Mai 1883, † Kopenhagen 2. Dez. 1961, schwed. Literarhistoriker und Erzähler. – Veröffentlichte eine sehr große Zahl literaturwissenschaftl. Arbeiten; tonangebender Kritiker, einflußreich bei der Verleihung des Nobelpreises für Literatur; gute Beziehungen zu den Nationalsozialisten; schrieb zahlreiche Reiseschilderungen, in denen er sein großes histor. Wissen verwendet und sich mit polit. Verhältnissen auseinandersetzt.
Werke: Sommerspuk (R., 1927, dt. 1938), Resa till Schweiz (Reisebericht, 1932), Der Meisterdieb (Nov., 1934, dt. 1939).
Literatur: ARVIDSSON, R.: F. B.s Bibliografi 1898–1967. Stockholm 1970.

Booker-Preis [engl. 'bʊkə] (Booker Prize), von dem Industriekonzern Booker McConnell und von der National Book League vergebener bed. Literaturpreis (1993: 20 000 £); er wird jährlich für den besten Roman in engl. Sprache, der von einem Bürger des Commonwealth, Irlands oder Südafrikas verfaßt und zum ersten Mal von einem brit. Verleger veröffentlicht worden ist, verliehen. Preisträger seit 1980: W. Golding (1980), S. Rushdie (1981), Th. Keneally (1982), J. M. Coetzee (1983), A. Brookner (1984),

Keri Hulme (* 1947; 1985), K. Amis
(1986), Penelope Lively (* 1933; 1987),
Peter Carey (* 1943; 1988), K. Ishiguro
(1989), A. S. Byatt (1990), Ben Okri
(* 1959; 1991), M. Ondaatje und Barry
Unsworth (* 1930; 1992), Roddy Doyle
(* 1958; 1993), James Kelman (* 1946;
1994). S. Rushdie, der den Preis 1981 für
seinen Roman ›Mitternachtskinder‹ (dt.
1983) erhalten hatte, wurde 1993 mit dem
eigens geschaffenen ›Booker of Bookers‹
für das beste bisher ausgezeichnete Werk
geehrt.

Boon, Louis Paul Albert, * Aalst
15. März 1912, † Erembodegem 10. Mai
1979, fläm. Schriftsteller. – Begann als
Maler; begründete mit seiner Prosa den
fläm. Miserabilismus; schrieb soziale
Romane in kolportagehafter Prosa, in
denen er sich für die unteren Gesell-
schaftsschichten einsetzte und soziale sowie sexuelle Tabus durchbrach. Seine
Formexperimente haben den niederl.
Roman der letzten Jahrzehnte stark beeinflußt (u.a. ›Menuet‹, 1955); Hauptwerk ist der Roman ›Eine Straße in Ter-
Muren‹ (1953, dt. 1970), fortgesetzt in
›Zomer te Ter-Muren‹ (1956).
Weitere Werke: De voorstad groeit (R., 1942),
De bende van Jan de Lichte (R., 1957), Der Pa-
radiesvogel (R., 1958, dt. 1993), De zoon van
Jan de Lichte (R., 1961), Pieter Daens (doku-
mentar. R., 1971).
Literatur: WISPELAERE, P. DE: L. P. B., tedere an-
archist. Den Haag 1976. – BORK, G. J. VAN: Over
De kapellekensbaan en Zomer te Ter-Muren
van L. P. B. Amsterdam 1977.

Bopp, Léon [frz. bɔp], * La Chaux-de-
Fonds 17. Mai 1896, † Genf 29. Jan. 1977,
schweizer. Schriftsteller. – Sein in frz.
Sprache verfaßtes literar. Werk kreist um
die Idee, Wiss. und Theologie zu versöh-
nen, eine geistige Gesamtschau seiner
Zeit zu geben; schrieb auch zahlreiche
Essays.
Werke: Le crime d'Alexandre Lenoir (R., 1929),
Est-il sage? Est-il fou? (R., 1931), Jacques Arnaut et la somme romanesque (R., 1933), Liai-
sons du monde (R., 2 Bde., 1938–49), Catalo-
gisme (Essay, 1946), Philosophie de l'art (Essay,
1954), Psychologie des Fleurs du mal (Abh.,
4 Bde., 1964–69).
Literatur: DUCKWORTH, C.: A study of L. B., the
novelist and the philosopher. Genf 1955.

Boppe, Meister, alemann. Spruch-
dichter und Minnesänger der 2. Hälfte
des 13. Jahrhunderts. – Nachweisbar

zwischen 1275 und 1287; hatte u.a. Beziehungen zu Bischof Konrad III. von
Straßburg und zu Rudolf von Habsburg;
seine Werke sind in verschiedenen Lie-
derhandschriften (u.a. in der ›Großen
Heidelberger Liederhandschrift‹) überliefert, die Authentizität wird jedoch teilweise angezweifelt; galt als Vorläufer des
Meistersangs.

Bor, Matej, eigtl. Vladimir Pavšič,
* Grgar bei Gorizia 14. April 1913, slowen. Schriftsteller. – Zunächst Gymnasiallehrer; journalist. Arbeiten; Kritiker,
dann eigenes literar. Schaffen. Seine Lyrik stand zuerst unter dem Einfluß des
französischen Symbolismus. Während
des 2. Weltkriegs verfaßte B. Partisanen-
lieder und Balladen, die die Tragik des
Kriegsgeschehens gestalten. B. setzte
sich für eine sozialbewußte Theaterlite-
ratur ein. Übersetzer aus dem Englischen
und Deutschen. B. gilt als ein bed. slowen. zeitgenöss. Schriftsteller.
Werk: Previharimo viharje (= Bezwingen wir
die Stürme, Ged., 1942).

Boratynski (tl.: Boratynskij), Jewgeni
Abramowitsch, russ. Lyriker, ↑ Baratynski, Jewgeni Abramowitsch.

Borberg, Svend [dän. 'boːrbɛr'], * Kopenhagen 8. April 1888, † ebd. 7. Okt.
1947, dän. Dramatiker. – Von seinen
Dramen, die S. Freuds Ideen und L. Pirandellos psycholog. Technik verpflichtet sind, war das den dt. Expressionismus
weiterführende Drama ›Ingen‹ (1920) am
erfolgreichsten; bekannt ist auch das
Schauspiel ›Cirkus juris‹ (1935), eine Satire auf die Methoden der Rechtspre-
chung.
Weitere Werke: Sünder und Heiliger (Schsp.,
1939, dt. 1942), Das Boot (Dr., 1943, dt. 1943).

Borchardt, Rudolf, * Königsberg (Pr)
9. Juni 1877, † Trins bei Steinach (Tirol)
10. Jan. 1945, dt. Schriftsteller. – Kindheit in Berlin; studierte Theologie, klass.
Philologie und Archäologie, lebte lange
in Italien, Teilnahme am 1. Weltkrieg. B.
gehörte ursprünglich zum George-Kreis,
war mit R. A. Schröder und H. von Hofmannsthal befreundet. Meister dt.
Kunstprosa, hervorragender Erzähler,
Essayist, Novellist, Lyriker, Redner,
Übersetzer und Interpret. Bewußt in der
europ. Tradition stehend, bewahrte und

Rudolf
Borchardt

vermittelte er nicht nur als Hg. von Anthologien, in Nachdichtungen (bes. Dante) und Übersetzungen das Erbe der Antike und des MA, sondern knüpfte auch mit seinem eigenen dichter. Werk thematisch und formal an dieses an, wenngleich ihm literar. und polit. Themen seiner eigenen Zeit durchaus nicht fremd waren. Stilistisch vielseitig, von strengem Formwillen, erzählt er knapp und klar; seine Lyrik ist musikal., unmittelbare Klangsprache.

Werke: Rede über Hofmannsthal (1905), Geschichte des Heimkehrenden (Das Buch Joram) (1905), Villa (Prosa, 1908), Jugendgedichte (1913), Der Krieg und die deutsche Selbsteinkehr (Rede, 1915), Der Durant (Epos, 1920), Die Päpstin Jutta (Dr., 1920), Das hoffnungslose Geschlecht (En., 1929), Deutsche Literatur im Kampfe um ihr Recht (1931), Vereinigung durch den Feind hindurch (R., 1937), Pisa (Essay, 1938), Der leidenschaftl. Gärtner (Schr., hg. 1951), Kindheit und Jugend (autobiograph. Prosa, hg. 1966).

Ausgaben: R. B. Ges. Werke in Einzelbänden. Hg. v. M. L. BORCHARDT u. a. Stg. 1955–85. 14 Bde. – R. B. Vivian. Briefe, Gedichte, Entwürfe. 1901–1920. Hg. v. F. KEMP u. G. SCHUSTER. Stg. 1985.

Literatur: R. B. Hg. v. H. HENNECKE. Wsb. 1954. – KRAFT, W.: R. B. Hamb. 1961. – VORTRIEDE, W.: R. B. u. die europ. Tradition. In: Jb. der dt. Schillergesellschaft 22 (1978). – R. B., Alfred Walter Heymel, Rudolf Alexander Schröder. Bearb. v. R. TGAHRT. Mchn. 1978. – HUMMEL, H.: R. B. Ffm. 1983. – R. B., 1877–1945. Hg. v. H. A. GLASER u. a. Ffm. 1987. †auch Heymel, Alfred Walter von.

Borchers, Elisabeth, * Homberg (Niederrhein; heute zu Duisburg) 27. Febr. 1926, dt. Schriftstellerin. – Lebt in Frankfurt am Main; Aufenthalte in Frankreich und den USA; seit 1960 Verlagslektorin; schreibt v. a. rhythmischbewegte Lyrik, ferner Prosa, Übersetzungen, Kinderbücher und Hörspiele; Herausgeberin von Anthologien.

Werke: Gedichte (1961), Nacht aus Eis (Spiele und Szenen, 1965), Der Tisch, an dem wir sitzen (Ged., 1967), Eine glückl. Familie u. a. Prosa (1970), Gedichte (1976), Wer lebt (Ged., 1986), Von der Grammatik des heutigen Tages (Ged., 1992).

Borchert, Wolfgang, * Hamburg 20. Mai 1921, † Basel 20. Nov. 1947, dt. Schriftsteller. – Buchhändlerlehre, Schauspieler; Soldat in Rußland, verwundet, zweimal denunziert wegen defätist. Äußerungen, verurteilt zur ›Bewährung‹ an der Ostfront, wegen Krankheit, die zum frühen Tod führte, 1943 entlassen, jedoch erneut verhaftet und verurteilt; nach Kriegsende als Regieassistent und Regisseur beim Theater. B. hatte ungewöhnl. Erfolg mit dem Heimkehrerdrama ›Draußen vor der Tür‹ (1947; auch Hsp.), das, in expressionist. Stil wirkungsvoll geschrieben, das Elend und die Einsamkeit gestaltet, die die Kriegsgeneration nach dem desillusionierenden Kriegsende erwartete. Auch viele seiner Gedichte und Kurzgeschichten spiegeln die persönl. Betroffenheit durch das Erlebnis des Krieges. B.s heutige Bedeutung liegt v. a. darin, daß er, da er als erster versuchte, diesen Krieg und das Nachkriegserlebnis literarisch zu verarbeiten, den Beginn der dt. Nachkriegsliteratur markiert und daß er die Kurzgeschichte als die dieser Literatur adäquate Form durchsetzte.

Weitere Werke: Laterne, Nacht und Sterne (Ged., 1946), An diesem Dienstag (En., 1947),

Wolfgang
Borchert

Die Hundeblume (En., 1947), Die traurigen Geranien u. a. Erzählungen aus dem Nachlaß (hg. 1962).
Ausgabe: W. B. Das Gesamtwerk. Neuausg. Rbk. 1991.
Literatur: GUMTAU, H.: W. B. Bln. 1969. – SCHMIDT, ALFRED: W. B. Bonn 1975. – SCHRÖDER, C. B.: W. B. Neuausg. Mchn. 1988. – RÜHMKORF, P.: W. B. Rbk. 157.–159. Tsd. 1993.

Bordeaux, Henry [frz. bɔr'do], * Thonon-les-Bains (Haute-Savoie) 29. Jan. 1870, † Paris 29. März 1963, frz. Schriftsteller. – Rechtsanwalt; einer der erfolgreichsten kath.-traditionalist. Romanschriftsteller der ersten Hälfte des 20. Jh., sprach mit seinen über 70, bes. von P. Bourget beeinflußten psycholog. Romanen, in denen er Fragen der Familie, der Religion und der Moral vor dem Hintergrund der Provinz (Savoyen) behandelte, v. a. das kath.-konservative frz. Bürgertum an; auch krit. Schriften, Essays, Jugendbücher und Theaterstücke. 1919 Mitglied der Académie française.
Werke: Furcht vor dem Leben (R., 1902, dt. 1904), Les Roquevillard (R., 1906), La robe de laine (R., 1910), La neige sur les pas (R., 1912), Der Irrweg der Freiheit (R., 1913, dt. 1915), Die Magd (R., 1953, dt. 1955), Le flambeau renversé (R., 1961).
Literatur: BERTAUT, J.: H. B., son œuvre. Paris 1924.

Bordewijk, Ferdinand [niederl. 'bɔrdəwεik], * Amsterdam 10. Okt. 1884, † Den Haag 28. April 1965, niederl. Schriftsteller. – Begann mit humorist. Erzählungen, die soziale und gesellschaftskrit. Züge aufweisen; wandte sich später einem traumhaft-myst. Geschehen mit okkultist. Thematik zu; auch Gedichte und Dramen.
Werke: Paddestoelen (Ged., 1910), Fantastische vertellingen (En., 3 Bde., 1919–24), Bint (R., 1934), Büro Rechtsanwalt Stroomkoning (R., 1938, dt. 1939), Noorderlicht (R., 1948), Bloesemtak (R., 1955).

Borée, Karl Friedrich [bo're:], eigtl. K. Boeters, * Görlitz 29. Jan. 1886, † Darmstadt 28. Juli 1964, dt. Schriftsteller. – Studierte Jura, mußte 1934 seine Anwaltspraxis in Berlin aufgeben, war dann freier Schriftsteller; seit 1952 Sekretär der Dt. Akademie für Sprache und Dichtung; schrieb Liebesromane, antimilitarist. Kriegsromane, realist. Erzählungen, Essays.

Werke: Dor und der September (R., 1930), Quartier an der Mosel (R., 1935), Die halbvollendete Schöpfung (Essays, 1948), Ein Abschied (R., 1951), Frühling 45 (R., 1954), Spielereien und Spiegelungen (En., 1961), Erlebnisse (En., 1964).

Borel, Henri Jean François [niederl. bo'rεl], * Dordrecht 23. Nov. 1869, † Den Haag 31. Aug. 1933, niederl. Schriftsteller. – Veröffentlichte einige Studien über chin. Religion, Philosophie, Sprache und Kunst, übersetzte als erster Konfuzius ins Niederländische und schrieb naturalist. Romane und Novellen.
Werke: Weisheit und Schönheit aus China (1895, dt. 1898), Junge Liebe (R., 1899, dt. 1900), Het zusje (1900), Vlindertje (R., 1900), Leliane (R., 1902).

Borel, Pétrus [frz. bɔ'rεl], eigtl. Joseph Pierre B. d'Hauterive, * Lyon 28. Juni 1809, † Mostaganem (Algerien) 14. Juli 1859, frz. Schriftsteller. – Wandte sich nach einem Architekturstudium dem Journalismus zu; als Mitglied eines Literatenkreises, zu dem auch Th. Gautier und G. de Nerval gehörten, glühender Verteidiger einer romant. Vorstellung von Freiheit, die sich in den Künsten und in der Gesellschaft in gleicher Weise manifestieren sollte. Seine formal an den Modellen des 18. Jh. geschulten Gedichte (›Rhapsodies‹, 1832) und seine Prosatexte (›Champavert‹, En., 1833; ›Madame Putiphar‹, R., 1839) entwerfen eine Welt des Morbiden, Zynischen, Gewalttätigen und Verbrecherischen im Geist einer ›frenet.‹ Romantik, die die Literatur als Basis der Revolution und die Zerstörung des Diskurses als Element des Aufstandes versteht. Legte sich den programmat. Namen ›Lycanthrope‹ zu. Aus dem Geiste F. Villons, F. Rabelais' und D. A. F. Marquis de Sades einer der Vorläufer Ch. Baudelaires, A. Rimbauds und Lautréamonts, den die Surrealisten zu den ihren zählten.
Ausgabe: P. B. Œuvres complètes. Hg. v. A. MARIE u. J. CLARETIE. 1877–1922. Nachdr. Genf 1967. 5 Bde.
Literatur: STARKIE, E.: P. B., the lycanthrope. His life and times. London 1954. – STEINMETZ, J.-L.: P. B. Un auteur provisoire. Lille 1986.

Børge, Bernhard, Pseudonym des norweg. Schriftstellers Jarl André † Bjerke.

Børgen, Johan, * Kristiania (heute Oslo) 28. April 1902, † Hvaler (Østfold)

16. Okt. 1979, norweg. Schriftsteller und Literaturkritiker. – Floh während der dt. Besetzung Norwegens nach Schweden; schrieb heitere, amüsant plaudernde Feuilletons. Als sein Hauptwerk gilt die Trilogie mit den Romanen ›Lillelord‹ (1955, dt. 1979), ›Die dunklen Quellen‹ (1956, dt. 1980) und ›Wir haben ihn‹ (1957, dt. 1981); geschildert wird darin, an die Form des Bildungsromans angelehnt, der Niedergang der bürgerl. Kultur.

Weitere Werke: Ingen sommer (R., schwed. 1944, norweg. 1946), Akvariet (Dr., 1947), Jeg (R., 1959), Ein Mann namens Holmgren (R., 1964, dt. 1970), Alles war anders geworden (En., dt. Ausw. 1970), Eksempler (R., 1974).

Jorge Luis Borges

Borges, Jorge Luis [span. 'bɔrxes], * Buenos Aires 24. Aug. 1899, † Genf 14. Juni 1986, argentin. Schriftsteller. – Lebte 1914–21 in der Schweiz und in Spanien; ab 1932 Freundschaft und ab 1942 literar. Zusammenarbeit mit A.↑Bioy Casares (z.T. unter den gemeinsamen Pseudonymen H. Bustos Domecq und B. Suárez Lynch); 1938–46 Bibliothekar, nach dem Sturz J. D. Peróns 1955–73 Direktor der Nationalbibliothek, wurde außerdem 1956 Prof. für engl. Literatur an der Univ. Buenos Aires; seit einem Unfall 1938 fortschreitende Erblindung. B. begann als Lyriker und übertrug den in Spanien entstandenen Ultraismo auf Argentinien. Später wandte er sich mehr und mehr dem Essay und der Erzählung zu. Unter dem Einfluß E. A. Poes, G. K. Chestertons und F. Kafkas wie auch angeregt von L. Lugones Argüello und H. Quiroga ent-

wickelte er eine spezif. Form der phantast. Kurzgeschichte. Stilistisch brillant und flexibel, behandelt er in den Geschichten die Mysterien menschl. Existenz, wobei er sich in breiter Skala die Religionen, Mythologien und Philosophien der Welt nutzbar macht. Als einflußreicher Kritiker und Essayist hat sich B. im wesentlichen mit argentin. Literatur befaßt und als Hg. mehrerer Anthologien und Werkausgaben verdient gemacht. Er erhielt u.a. 1979 (zus. mit G. Diego Cendoya) den Premio Miguel de Cervantes.

Werke: Inquisiciones (Essays, 1925, dt. Ausw. 1966 u.d.T. Das Eine und die Vielen), Discusión (Essays, 1932), Der schwarze Spiegel (En., 1935, dt. 1961), Sechs Aufgaben für Don Isidro Parodi (En., 1942, dt. 1969; mit A. Bioy Casares), Poemas (1943), Labyrinthe (En., dt. Ausw. 1959 aus: Ficciones, 1944, und El Aleph, 1949), Lob des Schattens (Ged., 1969, dt. 1971), David Brodies Bericht (En., 1970, dt. 1972), El oro de los tigres (Ged., 1972), La rosa profunda (Ged., 1975), Das Sandbuch (En., 1975, dt. 1977), Geschichte der Nacht. Neue Gedichte (span. und dt. Ausw. 1984 aus: Historia de la noche, 1978, und La cifra, 1981), Los conjurados (Ged., 1985).

Ausgaben: J. L. B. Obras completas. Buenos Aires 1974. – J. L. B. Ges. Werke. Hg. v. C. MEYER-CLASON, u.a. Dt. Übers. Mchn. 1980–82. 9 Bde. – B., J. L./BIOY CASARES, A.: Gemeinsame Werke in 2 Bden. Hg. v. G. HAEFS. Dt. Übers. Mchn. 1983–85. – J. L. B. Gesammelte Werke. Dt. Übers. Mchn. 1987. 13 Bde.

Literatur: BERVEILLER, M.: Le cosmopolitisme de J. L. B. Paris 1973. – RODRÍGUEZ MONEGAL, E.: B. Paris ²1978. – MASSUH, G.: B., eine Ästhetik des Schweigens. Erlangen 1979. – BELL-VILLADA, G. H.: B. and his fiction. Chapel Hill (N. C.) 1981. – CHOUVIER, B.: J. L. B., l'homme et le labyrinthe. Lyon 1994.

Borgese, Giuseppe Antonio [italien. bor'dʒe:se], * Polizzi Generosa bei Palermo 12. Nov. 1882, † Fiesole 4. Dez. 1952, italien. Schriftsteller. – Literarhistoriker und Germanist, ab 1910 Prof. in Rom, ab 1917 in Mailand, emigrierte 1931 in die USA (1938 amerikan. Staatsbürger), lehrte ab 1949 wieder in Mailand; Schwiegersohn Th. Manns. Bed. als Kritiker, Interpret (G. D'Annunzio, Goethe), schrieb selbst Lyrik, Dramen und Romane, nahm auch zu polit. Fragen Stellung.

Werke: La vita e il libro (4 Bde., 1910–13), Rubè (R., 1921, dt. 1928), I vivi e i morti (R., 1923),

412 **Börjeson**

Der Marsch des Faschismus (1937, dt. 1938),
The city of man (R., 1940; mit Th. Mann).
Literatur: RUFINO, A.: La critica letteraria di
G. A. B. Venedig 1969. – D'ALBERTI, S.: G. A. B.
Palermo 1971.

Börjeson, Johan, *Tanum 23. März
1790, † Uppsala 6. Mai 1866, schwed.
Schriftsteller. – Schloß sich zunächst
dem Kreis um Atterbom an; schrieb später, von Shakespeare beeinflußt, histor.
Dramen; auch Lyrik.
Werke: Erik XIV. (Dr., 1846, dt. 1848), Kärlek
och poesi (Ged., 1849), Solen sjunker (Dr.,
1856).

Borkenstein, Hinrich, * Hamburg
21. Okt. 1705, † ebd. 29. Nov. 1777, dt.
Lustspieldichter. – Vater von Susette
† Gontard; schrieb die erste in Hamburger Dialekt abgefaßte Lokalposse (›Der
Bookesbeutel‹, 1742).

Børli, Hans [norweg. 'bœːrli], * Eidskog 8. Dezember 1918, † Skotterud
26. Aug. 1989, norweg. Schriftsteller. –
Thematisierte in anfänglich naiven, später zunehmend ambivalenten und reflektionsreichen Gedichten und Romanen
die in seinem Beruf als Waldarbeiter gewonnenen Eindrücke und Erfahrungen.
Werke: Tyrielden (Ged., 1945), Han som valte
skogen (R., 1946), Likevel må du leve (Ged.,
1952), Dagene (Ged., 1958), Jeg ville fange en
fugl (Ged., 1960), Ved bålet (Ged., 1962), Isfuglen (Ged., 1970), Kyndelsmesse (Ged., 1972),
Vinden ser aldri på veiviserne (Ged., 1976).

Born, Bertran[d] de, provenzal. Troubadour, † Bertran de Born.

Nicolas Born

Born, Nicolas, eigtl. Klaus Jürgen B.,
* Duisburg 31. Dez. 1937, † Dannenberg
(Elbe) 7. Dez. 1979, dt. Schriftsteller. –
Lyriker und Erzähler, der der von

D. Wellershoff beeinflußten ›Kölner
Schule‹ eines neuen Realismus nahestand; er schildert v. a. eigene Erlebnisse,
eindringlich, aber nicht ohne Abstand;
auch Hörspiele und Essays. Sein im Libanon spielender Roman ›Die Fälschung‹ (hg. 1979) wurde 1980/81 von
V. Schlöndorff verfilmt.
Weitere Werke: Der zweite Tag (R., 1965),
Marktlage (Ged., 1967), Wo mir der Kopf steht
(Ged., 1970), Das Auge des Entdeckers (Ged.,
1972), Die erdabgewandte Seite der Geschichte
(R., 1976), Gedichte 1967–1978 (1978), Die
Welt der Maschine. Aufsätze und Reden (hg.
1980), Täterskizzen (En., hg. 1983).
Literatur: N. B. zum Gedenken. Hg. v.
M. LÜDKE. Rbk. 1988.

Börne, Ludwig, eigtl. Löb Baruch,
* Frankfurt am Main 6. Mai 1786, † Paris
12. Febr. 1837, dt. Schriftsteller. – Studierte Medizin, dann Jura und Staatswissenschaften, war Polizeiaktuar in Frankfurt, wurde als Jude entlassen; 1818
Übertritt zum Protestantismus. Publizist
und Journalist, Reisen nach Paris, wo er
sich 1830 niederließ. Schriftsteller des
Jungen Deutschland, leidenschaftl. Einsatz für die Demokratie als Voraussetzung für soziale und geistige Freiheit. In
den ›Briefen aus Paris‹ (6 Bde., 1832–34)
folgert er aus den Ereignissen während
und nach der Julirevolution die Notwendigkeit einer Revolution in Deutschland.
Die Briefe wurden verboten, ebenso wie
vorher die von B. begründete Zeitschrift
›Die Wage‹ (1818–21), die Angriffe auf
K. W. Fürst Metternich enthielt. Die Kritik B.s wandte sich auch gegen Goethe,
W. Menzel und H. Heine. Als Publizist ist
B. Wegbereiter der krit. Prosa des Feuilletons; witzig, intelligent, bisweilen
scharf und überspitzt, politisch und agitatorisch, sehr subjektiv. Seine Plaudereien, die in ihrem Humor an Jean Paul
erinnern, und geistreichen Aphorismen
sind weniger literarisch denn als Zeitdokumente zu werten.
Weitere Werke: Denkrede auf Jean Paul (1826),
Menzel der Franzosenfresser (1837).
Ausgabe: L. B. Sämtl. Schrr. Hg. v. I. u. P. RIPP-
MANN. Neuausg. Dreieich 1977. 5 Bde.
Literatur: BOCK, H.: L. B. Bln. 1962. – LA-
BUHN, W.: Lit. u. Öffentlichkeit im Vormärz.
Das Beispiel L. B. Königstein i. Ts. 1980. – RIPP-
MANN, I.: B.-Index. Bln. 1985. 2 Bde. – L. B.
1786–1837. Bearb. v. A. ESTERMANN. Ffm.
1986. – MARCUSE, L.: L. B. Neuausg. Zü. 1986.

Ludwig
Börne

Bornemann, Johann Wilhelm Jacob,
* Gardelegen 2. Febr. 1766, † Berlin
23. Mai 1851, niederdt. Schriftsteller. –
Schrieb plattdt. lyr. und erzählende Gedichte; sein volkstüml. Jägerlied ›Im
Wald und auf der Heide‹ fand weite Verbreitung.
Werke: Plattdt. Gedichte (1810), Natur- und
Jagdgemälde (1827), Hymens Jubelklänge
(Ged., 1841), Humorist. Jagdgedichte (hg.
1855).

Bornier, Henri Vicomte de [frz. bɔr-
'nje], * Lunel (Hérault) 24. Dez. 1825,
† Paris 28. Jan. 1901, frz. Schriftsteller. –
Konservator und Bibliothekar in Paris;
Lyriker (›Poésies complètes, 1850–1893‹,
1894), Romancier und fruchtbarer Dramatiker (›Die Töchter Rolands‹, Vers-
Dr., 1875, dt. 1880). 1893 Mitglied der
Académie française.

Boron, Robert de, frz. Dichter, ↑ Robert de Boron.

Borovský, Karel Havlíček, tschech.
Schriftsteller, ↑ Havlíček Borovský, Karel.

Borowski, Tadeusz, * Schitomir
(Ukraine) 12. Nov. 1922, † Warschau
3. Juli 1951, poln. Schriftsteller. – Wurde
1933 nach Polen repatriiert, studierte an
der illegalen Univ. Warschau, 1943–45
im Gefängnis und in KZ-Lagern, in
Auschwitz, zuletzt in Dachau, 1946
Rückkehr nach Polen; Korrespondent in
Berlin; beging Selbstmord. Seine Themen sind die grausamen Morde des Krieges und der Vernichtungslager; schrieb
Gedichte und Prosa.
Werk: Die steinerne Welt (En., 1948, dt. 1963,
1982 u. d. T. Bei uns in Auschwitz; mit den En.
der Sammlung: Abschied von Maria, 1948).

Ausgabe: T. B. Utwory zebrane. Warschau 1954.
5 Bde.
Literatur: WERNER, A.: Zwyczajna apokalipsa;
T. B. i jego wizja świata obozów. Warschau
1971. – DREWNOWSKI, T.: Ucieczka z kamiennego świata: O T. B.m. Warschau ²1978.

Borrow, George Henry [engl. 'bɔrou],
* East Dereham (Norfolk) 5. Juli 1803,
† Oulton Broad (heute Lowestoft, Suffolk) 26. Juli 1881, engl. Schriftsteller und
Linguist. – Weite Reisen auf dem Kontinent und v. a. in östl. Länder; bes. Interesse für Leben und Sprache der Zigeuner
und für Wales; bed. als Übersetzer; seine
literar. Werke sind eine originelle Mischung von Abenteuererzählung und
Autobiographie.
Werke: Fünf Jahre in Spanien (Autobiogr.,
3 Bde., 1843, dt. 1844), Lavengro (R., 3 Bde.,
1851), The Romany rye. A sequel to Lavengro
(R., 2 Bde., 1857, dt. Ausw. aus beiden Romanen 1959 u. d. T. Lavengro), Wild Wales (3 Bde.,
1862).
Ausgabe: G. H. B. Works. Hg. v. C. SHORTER.
London u. New York 1923–24. 16 Bde.
Literatur: KNAPP, W. I.: Life, writings and correspondence of G. B. London 1899. 2 Bde. –
WILLIAMS, D.: A world of his own. Oxford
1982. – COLLIE, M.: G. B., eccentric. Cambridge
1982.

**Börsenblatt für den Deutschen
Buchhandel,** Zeitschrift des dt. Buchhandels; seit 1834 in ununterbrochener
Folge herausgegeben, nach dem 2. Weltkrieg und in der Zeit des Bestehens der
DDR in zwei nebeneinander bestehenden Ausgaben (Frankfurter Ausgabe,
zweimal wöchentlich, Leipziger Ausgabe, wöchentlich); 1991 vereinigt.

**Börsenverein des Deutschen
Buchhandels e. V.,** 1825 wurde in
Leipzig als Standesorganisation der
dt. Verleger und Buchhändler der Börsenverein der Dt. Buchhändler gegründet. Nach dem 2. Weltkrieg wurde in
Frankfurt am Main 1948 und 1955 unter
Anschluß von zehn Landesverbänden
und zahlreichen Arbeitsgemeinschaften
der B. d. D. B. e. V. als Gesamtberufsverband der westdt. Verleger, Buchhändler
und Zwischenbuchhändler neu organisiert. Der Börsenverein wird von einem
auf der (jährlich stattfindenden) Hauptversammlung gewählten neunköpfigen
Vorstand mit jeweils dreijähriger Amtszeit geleitet. Er hat als wirtschaftl. Tochterunternehmen die Buchhändlervereini-

gung GmbH, in der u. a. das Börsenblatt für den Deutschen Buchhandel und die Deutsche Nationalbibliographie erscheinen. Eine weitere Tochter ist die Ausstellungs- und Messe-GmbH des B.s d. D. B. e. V., die v. a. die jährliche ↑ Frankfurter Buchmesse veranstaltet. 1991 erfolgte die Fusionierung der Börsenvereine Frankfurt und Leipzig mit Sitz in Frankfurt am Main sowie einem Filialbüro in Leipzig. – ↑auch Friedenspreis des Börsenvereins des Deutschen Buchhandels.

Borum, Poul Villiam [dän. 'bo:rom], * Kopenhagen 15. Okt. 1934, dän. Schriftsteller. – Debütierte 1962 mit dem Gedichtband ›Livslinjer‹ als intellektuell-experimentierender Lyriker; spätere Entwicklung zu größerer formaler Einfachheit und mehr Innerlichkeit; spielte eine zentrale Rolle in der Debatte um den Modernismus in der dän. Literatur der 60er Jahre.

Weitere Werke: Kendsgerninger (Ged., 1968), Den brændende by (Ged., 1971), Ild over ild (Ged., 1976), Hver dag på ny (Ged., 1982), Tordenfugl (Ged., 1984).

Bosboom-Toussaint, Anna Louise Geertruida [niederl. 'bozbo:m, frz. tu'sɛ̃], * Alkmaar 16. Sept. 1812, † Den Haag 13. April 1886, niederl. Schriftstellerin. – Schrieb, von W. Scott ausgehend, histor. Romane aus der niederl. Geschichte.

Werke: Das Haus Lauernesse (R., 2 Bde., 1840, dt. 1842), De graaf von Leycester in Nederland (R., 3 Bde., 1845/46), Der Delfter Wunderdoktor (R., 3 Bde., 1870/71, dt. 1881).

Ausgabe: A. L. G. B.-T.'s werken. Den Haag 1885–88. 25 Bde.

Boscán Almogáver, Juan [span. bɔs'kan almo'ɣaβɛr], * Barcelona um 1493, † ebd. April 1542, span. Dichter. – Soldat, zeitweilig am Hof Ferdinands und Isabellas; im Gefolge Karls V. in Italien; verschaffte mit seinem Freund Garcilaso de la Vega dem Sonett, der Kanzone, Terzine und anderen italien. Dichtungsformen in Spanien Geltung; führte durch die lyrisch-ep. Dichtung ›Octava Rima‹ (Beschreibung des Hofes der Liebe und des Hofes der Eifersucht) auch die Ottavarime (Stanze) ein und bediente sich in ›Hero und Leander‹ als erster des reimlosen Jambus; übersetzte 1534 ›Il libro del cortigiano‹ von B. Ca-

stiglione (›Los quatro libros del cortesano‹).

Ausgabe: J. B. A. Obras poéticas. Hg. v. M. DE RIQUER u. a. Barcelona 1957.
Literatur: DARST, D. M.: J. B. Boston (Mass.) 1978.

Bosch, Juan [span. bɔs], * La Vega 30. Juni 1909, dominikan. Politiker und Schriftsteller. – Lebte 1937–61 im Exil v. a. in Kuba und Puerto Rico, gründete 1939 die Dominikan. Revolutionäre Partei, wurde, nach dem Sturz der Trujillo-Diktatur erstmals frei gewählt, im Febr. 1963 Präsident seines Landes, im Sept. 1963 durch einen Militärputsch gestürzt. Seine von der Mehrheit des Volkes geforderte Rückkehr an die Macht scheiterte 1965 an der militär. Intervention der USA. 1966–70 im Exil in Spanien und Frankreich; 1990 bei den Wahlen unterlegener Präsidentschaftskandidat. Veröffentlichte neben soziolog. und polit. Essays Romane und mehrere Bände Erzählungen, die v. a. das Leben der Landbevölkerung auf den Antillen behandeln.

Werke: La mañosa (R., 1936), Dos pesos de agua (En., 1941), Das Mädchen von La Guaira (En., 1955, dt. 1990), Der Pentagonismus oder die Ablösung des Imperialismus? (Essay, 1967, dt. 1969), Cuentos escritos antes del exilio (En., 1974), El oro y la paz (R., 1978), Cuentos (En., 1983).
Ausgabe: J. B. Obras completas. Santo Domingo 1989–93. 9 Bde.

Bosch, Manfred, * Bad Dürrheim 16. Okt. 1947, dt. Schriftsteller. – Seit 1972 freier Schriftsteller; beschäftigt sich als Hg. und Autor mit polit. Literatur und Fragen der Arbeiterliteratur. Seine Gedichte stehen anfangs der konkreten Poesie nahe, später schreibt er in alemann. Mundart. In dem Roman ›Der Zugang‹ (veröffentlicht in dem Sammelband ›Geschichten aus der Provinz‹, 1978) verarbeitet er Eindrücke aus seiner Zivildienstzeit in einem Münchener Altersheim.

Weitere Werke: Konkrete Poesie (Ged., 1970), Lauter Helden (Ged., 1971), Lautere Helden (Ged., 1975), Mir hond no gnueg am Aalte (Ged., 1978), Nie wieder! (Texte gegen den Krieg, 1981; Hg.) Was sollet au d Leit denke (Ged., 1983), Zu Gast bei unseren Feinden (autobiograph. Reisebericht, 1986), Was willst du mehr? Epigramme (1991).

Boschilow (tl.: Božilov), Boschidar Borissow [bulgar. bo'ʒilof], * Warna

5. April 1923, bulgar. Schriftsteller. – Mitarbeiter an Zeitschriften und beim Rundfunk, Chefredakteur; bed. Lyriker, schrieb Lyrik über Themen seiner Zeit, auch Poeme in knappen, ausdrucksvollen Versen; auch Dramatiker, Erzähler (Novelle, Roman) und Verfasser eines amerikan. Reiseberichts.

Boschvogel, R. F. [niederl. 'bɔsfoːxəl], eigtl. Frans Lodewijk Jozef Ramon, * Aartrijke (Westflandern) 22. Sept. 1902, fläm. Schriftsteller. – Schrieb eine Reihe erfolgreicher histor. und psycholog. Volksromane. Sein Hauptwerk ist der Roman ›Der Hof der drei Könige‹ (1946, dt. 1957).

Weitere Werke: Nicht verzweifeln, Maria-Christina (R., 1948, dt. 1951), Dein leuchtendes Haar, Amarilla (R., 1950, dt. 1956), Vlaenderen die leu (R., 1951), Nasjenfoe de Tweede (R., 1961), De Brugse mastklimmer (R., 1971).

Bosco, Henri [frz. bɔs'ko], * Avignon 16. Nov. 1888, † Nizza 4. Mai 1976, frz. Schriftsteller. – War u. a. Prof. an den frz. Instituten in Florenz und Neapel, später in Rabat; lebte dann in der Provence. War v. a. Romancier unter dem Einfluß von Villiers de L'Isle-Adam, Alain-Fournier und G. de Nerval mit ausgeprägter Neigung zum Märchen- und Zauberhaften und Bevorzugung provenzalisch-mediterraner Motive. Bes. bekannt wurde der Roman ›Der Hof Théotime‹ (1942, dt. 1953). Schrieb auch Lyrik und Erinnerungen (›Un oubli moins profond‹, 1961; ›Le chemin de Monclar‹, 1962; ›Le jardin des Trinitaires‹, 1966).

Weitere Werke: Der Esel mit der Samthose (R., 1937, dt. 1954), Bucoliques de Provence (Ged., 1944), Das Erbe der Malicroix (R., 1948, dt. 1955), Der verzauberte Garten (R., 1952, dt. 1957), Sabinus (R., 1954), Sylvius (R., 1970), Le récif (Bericht, 1971), Une ombre (R.-Fragment, hg. 1978).

Literatur: SUSINI, J.: H. B., explorateur de l'invisible, suivi d'extraits de son œuvre. Alès 1959. – GODIN, J.-C.: H. B., une poétique du mystère. Paris u. Montreal 1968. – CAUVIN, J.-P.: H. B. et la poétique du sacré. Paris 1974. – BECKETT, S.: La quête spirituelle chez H. B. Paris 1988.

Bosętzky, Horst, dt. Soziologe und Schriftsteller, ↑ -ky.

Bosman, Herman Charles [engl. 'bɔsmən], * Kuils River (Kapprovinz) 5. Febr. 1905, † Johannesburg 14. Okt. 1951, südafrikan. Schriftsteller. – Seine Erzählungen beinhalten eine wohlwollend satir. Schilderung der Abgeschiedenheit des Transvaal (›Mafeking road‹, 1947), wo B. während der 40er Jahre unterrichtete, daneben die Chronik seines eigenen Lebens, v. a. seine Erfahrungen als Journalist und Herausgeber (›Jacaranda in the night‹, 1947) in Pietersburg, seine vierjährige Gefängnisstrafe wegen Totschlags (›Cold stone jug‹, 1949), seinen Europaaufenthalt (›A cask of Jeripigo: sketches and essays‹, 1964) und den Aufstieg der entmachteten Afrikaner in ›Willemsdorp‹ (hg. 1977), dem ersten Roman, der sich thematisch mit der Institutionalisierung der Apartheidpolitik befaßte.

Literatur: GRAY, S.: Southern African literature. An introduction. Kapstadt 1979.

Bosper, Albert, * Lindau (Bodensee) 16. März 1913, dt. Schriftsteller. – Wurde mit dem Kriegsroman ›Der Hiwi Borchowitsch‹ (1958) bekannt. In seinen Werken behandelt er oft sozialkrit. Themen; verwendet Ironie, Humor und surrealist. Mittel.

Weitere Werke: Die schiefen Häuser (R., 1952), Der Onkel und die Bande (En., 1955), Kein Deutschland ohne Ferdinand (R., 1959), Belinda oder das große Rennen (R., 1960).

Bosquet, Alain [frz. bɔs'kɛ], eigtl. Anatole Bisk, * Odessa 28. März 1919, frz. Schriftsteller russ. Herkunft. – Studium in Belgien; während des Krieges in den USA, 1945–51 Verbindungsoffizier und Dolmetscher der Viermächtekommission in Berlin; Journalist; 1961–71 literar. Direktor im Verlag Calmann-Lévy. Vom Surrealismus und Existentialismus beeinflußt; schrieb klassisch stilisierte Gedichte, Romane (›Die Sonne ist weiß wie die Zeit, wenn sie stillsteht‹ (1965, dt. 1967) sowie Essays.

Weitere Werke: Meinem Planeten zum Gedächtnis (Ged., 1948, dt. Ausw. 1949), La grande éclipse (R., 1952), Ni singe, ni Dieu (R., 1953), Premier testament (Ged., 1957), Deuxième testament (Ged., 1959), Verbe et vertige (Essay, 1961), Les petites éternités (R., 1964), Monsieur Vaudeville (R., 1973), Notes pour un pluriel (Ged., 1974), L'amour bourgeois (R., 1974), Les bonnes intentions (R., 1975), Le livre du doute et de la grâce (Ged., 1977), La mère russe (R., 1978), L'enfant que tu étais (autobiograph. R., 1982), Ni guerre, ni paix (autobiograph. R., 1983), Eines Tages nach dem Leben (Ged., frz. und dt. Ausw., 1983), Les fêtes cruelles (autobiograph. R., 1984), Un homme pour un autre (Nov.n, 1985), Lettre à mon père qui aurait eu cent ans (R., 1986), Le métier d'otage (R., 1988), La mémoire ou l'oubli (Tageb., 1990), Demain sans moi (Ged., 1994).

Literatur: LE QUINTREC, CH.: A. B. Paris 1964. – SCHOETER, U.: A. B. In: Krit. Lex. der roman. Gegenwartsliteraturen. Hg. v. W.-D. LANGE. Losebl. Tüb. 1984 ff.

Boßdorf, Hermann, * Wiesenburg bei Belzig 29. Okt. 1877, † Hamburg 24. Sept. 1921, niederdt. Schriftsteller. – Mitbegründer des niederdt. Dramas; schrieb neben Volkskomödien Balladen und Humoresken.

Werke: Bahnmeester Dod (Dr., 1919), Eichen im Sturm (Ged., 1919), Ole Klocken (Ged., 1919), Kramer Kray (Kom., 1920), Der Postinspektor u. a. Humoresken (1920), De rode Ünnerrock (Kom., 1921), Letzte Ernte (Ged., hg. 1922).
Ausgabe: H. B. Ges. Werke. Hg. v. W. KROGMANN. Hamb. 1952–57. 11 Bde.
Literatur ↑ Stavenhagen, Fritz.

Bossert, Rolf * Reşiţa 16. Dez. 1952, † Frankfurt am Main 17. Febr. 1986, rumäniendeutscher Schriftsteller. – Arbeitete als Lektor und Übersetzer an einem rumän. Verlag; Verfasser von Lyrik und Kurzprosa sowie von Kinderbüchern, die sich auch an den erwachsenen Leser richten. Durch ironisch-krit. Stellungnahme setzte sich B. wachsendem staatl. Druck aus, verlor u. a. seinen Posten als Lektor wegen seines Ausreiseantrags in die BR Deutschland; nahm sich wenige Wochen nach der Übersiedlung das Leben.

Werke: Siebensachen (Ged., 1979), Mi und Mo und Balthasar (E. für Kinder, 1980) Neuntöter (Ged., 1984), Auf der Milchstraße wieder kein Licht (Ged., 1986).

Boßhart, Jakob, * Stürzikon (Kanton Zürich) 7. Aug. 1862, † Clavadel bei Davos 18. Febr. 1924, schweizer. Erzähler. – 1899–1914 Rektor des Gymnasiums in Zürich; realist., heimatverbundene Schilderungen des Schweizer Dorflebens und der erdverbundenen Menschen in der modernen Zivilisation.

Werke: Im Nebel (Nov.n, 1898), Das Bergdorf (E., 1900), Durch Schmerzen empor (Nov.n, 1903), Erdschollen (Nov.n, 1913), Irrlichter (Nov.n, 1918), Opfer (Nov.n, 1920), Ein Rufer in der Wüste (R., 1921), Neben der Heerstraße (En., 1923), Auf der Römerstraße (Erinnerungen und En., hg. 1926).
Ausgabe: J. Bosshart. Werke. Frauenfeld [1-2]1950–68. 6 Bde.

Bost, Pierre [frz. bɔst], * Lasalle (Gard) 5. Sept. 1901, † Paris 6. Dez. 1975, frz. Schriftsteller. – Schrieb neben zwei Theaterstücken (u. a. ›L'imbécile‹, 1923) v. a. psycholog. Novellen und Romane. Als sein Hauptwerk gilt der Roman ›Le scandale‹ (1931) über die Jugend nach dem 1. Weltkrieg; verfaßte auch mehr als 20 Filmdrehbücher (u. a. zu ›Teufel im Leib‹, 1947; ›Verbotene Spiele‹, 1952; ›Die grüne Stute‹, 1959).

Weitere Werke: Herkules und Mademoiselle (Nov.n, 1924, dt. 1926), Bankrott (R., 1928, dt. 1930), Monsieur Ladmiral va bientôt mourir (R., 1945).

Boswell, James [engl. 'bɔzwəl], * Edinburgh 29. Okt. 1740, † London 19. Mai 1795, schott. Schriftsteller. – Zeitweise Advokat, versuchte ohne Erfolg, eine polit. Laufbahn einzuschlagen; auch als Lyriker erfolglos. Seine prägende Erfahrung war die Freundschaft mit S. Johnson, dessen Leben er in der berühmtesten Biographie des englischen Sprachraumes, ›Denkwürdigkeiten aus Johnson's Leben‹ (2 Bde., 1791, 1. Bd. dt. 1797, dt. Ausw. 1951) darstellte. 1925 aufgefundene Tagebücher bestätigten sein lange Zeit angezweifeltes schriftstellerisches Talent und korrigierten das Bild B.s nicht unerheblich.

Weitere Werke: Tagebuch einer Reise nach den Hebriden (1785, dt. 1786), Londoner Tagebuch (hg. 1950, dt. 1953).
Ausgaben: Private papers of J. B. from Malahide Castle. Hg. v. G. SCOTT u. F. A. POTTLE. Mount Vernon (N. Y.) 1928–34. 18 Bde./Register. 1937. – Yale edition of the private papers of J. B. Hg. v. F. A. POTTLE u. a. London 1950–60. 7 Bde. – Life of Johnson. Together with Boswells Journal of a tour to the Hebrides ... Hg. v. G. B. HILL. Neuausg. v. L. F. POWELL. Oxford [1-2]1934–64. 6 Bde. Bd. 1–4 Nachdr. 1971.
Literatur: TINKER, CH. B.: Young B. Chapters of J. B., the biographer. Boston 1922. – BRADY, F.: B.'s political career. New Haven (Conn.) 1965. – POTTLE, F. A.: J. B. The earlier years, 1740–1769. New York u. London 1966. – DAICHES, D.: J. B. and his world. New York 1976. – BRADY, F.: J. B. Later years 1769–95. London 1984. – DANZIGER, M./BRADY, F.: B., the great biographer. 1789–1795. London 1989. – COCHRANE, H. S.: B.'s literary art. An annotated bibliography of critical studies, 1900–1985. New York 1992.